Das Buch

Selten sind die Voraussetzungen für eine große Biographie so günstig wie in diesem Fall: Das Objekt ist eine eigenwillige, kraftvolle, nicht unumstrittene und widerspruchsfreie Persönlichkeit, ein »politisches Urgestein«, und stand in bewegter Zeit an zentraler Stelle des Weltgeschehens; eine umfangreiche Autobiographie liegt vor, seine Briefe, die Reden und die Gespräche sind gedruckt, die meisten Akten sind zugänglich, viele Mitarbeiter und Zeitzeugen sowie zusätzliche neue Quellen konnten konsultiert werden. Der Abstand zu Leben und Werk Adenauers ist einerseits weit genug – der Autor ist um 60 Jahre jünger, der erste Band erschien fast zwei Jahrzehnte nach dem Tod des Kanzlers –, um historische Distanz zu wahren, andererseits ist er eng genug, um die Zeit, die Atmosphäre und den politischen Hintergrund aus eigener Beobachtung erfassen zu können.

Das Buch beschreibt nicht nur das Leben Konrad Adenauers, es ist eine politische Biographie, das heißt, auch eine gründliche Geschichte der Adenauer-Zeit, ihrer Innen- und Außenpolitik – insgesamt wohl eine der reichhaltigsten und spannendsten deutschen Nachkriegsgeschichten.

Der Autor

Hans-Peter Schwarz, geb. 1934 in Lörrach, lehrte zunächst in Hamburg und Köln und ist seit 1987 Ordinarius für Politische Wissenschaft und Zeitgeschichte an der Universität Bonn. Er ist Autor der Bände 2 und 3 der großen ›Geschichte der Bundesrepublik Deutschland‹ sowie zahlreicher weiterer Bücher; Mitherausgeber der ›Vierteljahrshefte für Zeitgeschichte‹ und der ›Briefe‹ und der ›Teegespräche‹ Adenauers; Träger des Historikerpreises der Stadt Münster.

Hans-Peter Schwarz:
Adenauer

Band 2:
Der Staatsmann. 1952–1967

Deutscher
Taschenbuch
Verlag

»Helfen Sie, schnell zu Resultaten zu kommen.
Nach dreißig Jahren fängt alles wieder an.«

Adenauer am 28. Januar 1958 zu Hans von der Groeben.

Januar 1994
Deutscher Taschenbuch Verlag GmbH & Co. KG., München
© Deutsche Verlags-Anstalt GmbH, Stuttgart 1991 (ISBN 3-421-06613-2)
Umschlagtypographie: Celestino Piatti
Umschlagbild: Oskar Kokoschka, Porträt Konrad Adenauer © VG Bild-Kunst, Bonn 1993
Satz: Jung Satzcentrum GmbH, Lahnau
Druck und Bindung: C. H. Beck'sche Buchdruckerei, Nördlingen
Printed in Germany · ISBN 3-423-04617-1

Inhalt

DIE ATLANTISCHE ALLIANZ 1952–1955   7
Stillstand   9
Aufbruch in die neue Welt   44
Wie man Erdrutschwahlen inszeniert   66
Mehr Fuchs als Löwe – der Wahlsieger Adenauer   105
Die Agonie der EVG   121
Rückkehr unter die großen Mächte der Welt   140
Anfänge der Entspannung   177
Moskau – eine Reise ins Ungewisse   207

KONSOLIDIERUNG DER BONNER DEMOKRATIE
1955–1957   223
Das wundersame Debakel der Adenauerschen
Saarpolitik   225
Irritationen   234
Bruch mit der FDP   249
Koalitionsspekulationen und Kabinettskräche   264
Strauß wird Verteidigungsminister   270
Die Adenauersche Rentenreform   280
Gründung der EWG im Schatten der Weltkrise von 1956   285
Staatsbesuche   307
Alternativplanungen und Rückwendung zur NATO   320
Vom Atomschock zum Wahlsieg   329
Aufmarsch der Diadochen   348

»GANZ EUROPA IST NOCH NICHT IN ORDNUNG«
1957–1960   365
Zielkonflikte und Machtkämpfe   367
In der Defensive – Hallsteindoktrin und
Kampf gegen den Rapacki-Plan   375

Inhalt

Der Zweifel an den USA und das geheime Atombombenprojekt mit Frankreich	385
Das deutschlandpolitische Kartenhaus	402
De Gaulle	439
Das Berlin-Ultimatum	467
Die Präsidentschaftsposse	502
Die Gespenster der Vergangenheit	526
Von einer Berlin-Krise zur anderen	550
Träumereien an französischen Kaminen	562
»Da sitzt man nun, und alles schwimmt einem weg!«	591

POWERPLAY 1961–1963 — 627

Kennedy	629
Katarakt	640
»Der Alte ist zu allem bereit...«	671
Eingekreist	710
Die Hinwendung zu Frankreich	727
»Ein Abgrund von Landesverrat«	769
Der deutsch-französische Vertrag	810
Der Sturz	826
»Wir sind das Opfer der amerikanischen Entspannungspolitik«	840
Lauter Abschiede	853

IM UNRUHESTAND 1963–1967 — 869

Der Frondeur	871
Abstieg	902
Die Memoiren-Fron	937
Letzte Reisen	961

ANHANG — 989

Nachwort	991
Anmerkungen	997
Quellen	1057
Zeitgenössisches Schrifttum und wissenschaftliche Studien	1063
Personenregister	1071
Bildnachweis	1083

DIE ATLANTISCHE ALLIANZ
1952–1955

*Bundeskanzler Adenauer
in Washington*

Stillstand

Man muß das Eisen schmieden, solange es heiß ist. Adenauer hat zeitlebens nach dieser Maxime gehandelt, und ganz besonders im Jahr 1952. Die Tinte unter den Westverträgen ist kaum trocken, da gibt er am 30. Mai im Kabinett die Parole aus: »Ratifikation noch vor Beginn der Parlamentsferien.«[1]

Er ist seiner Sache recht sicher – zu sicher, wie sich bald zeigt. William Francis Casey, der Herausgeber der *Times*, hört von ihm Anfang Juni, daß mit der Ratifizierung bis Ende Juli 1952 gerechnet werden könne. Der Bundestag werde bereit sein, die Ferien um 14 Tage zu verschieben.[2] Das Kabinett ermächtigt Adenauer denn auch, alle Verträge unverzüglich dem Bundestag zuzuleiten, was am 6. Juni geschieht.

Innen- und außenpolitische Gründe für die große Eile gibt es zuhauf. Je schneller es geht, um so weniger Zeit haben SPD und Teile der Gewerkschaften für eine groß angelegte Gegenoffensive. Ein kleines Gewitter mit Blitz und Donner werde es zwar geben, meint Adenauer in diesen Tagen zu dem *Newsweek*-Korrespondenten Robert Haeger. Doch hinterher »würde die Atmosphäre um so erfreulicher sein«.[3]

Es sind vor allem außenpolitische Überlegungen, die zu größter Beschleunigung Anlaß geben. Das Ringen um die republikanische Präsidentschaftskandidatur in den USA ist bis Anfang Juli 1952 immer noch offen. Der Notenwechsel zwischen Ost und West über eine baldige Deutschlandkonferenz dauert an. Selbstverständlich würde eine sofortige Viererkonferenz, auf die Rußland, aber leider auch Frankreich drängen, alles verzögern. Herbert Blankenhorn, mit dem der Kanzler Mitte Juni diese Möglichkeit erörtert, bekommt von ihm ein beunruhigendes Szenario zu hören. Falls die Westmächte sich im Notenwechsel auf umgehende Abhaltung einer Viererkonferenz einließen, »werde damit das ganze Ratifizierungswerk in Frage gestellt; denn der Bundestag und die deutsche öffentliche Meinung würden zweifellos der Bundesregierung empfehlen, vor Abschluß der Ratifizierung das Ergebnis einer solchen

Konferenz abzuwarten. Das bedeute aber, daß bei einem Scheitern der Konferenz man sehr schwer die Ratifizierung perfizieren könne, da eine solche deutsche Maßnahme dann von Sowjetrußland logischerweise als Drohung gewertet würde.«[4] Noch Anfang Juli, als schon alle Zeitpläne im Schwimmen sind, beschwört er das Kabinett, »den Russen gegenüber müsse man Fakten schaffen«. Übrigens auch Frankreich gegenüber. Wenn es wirklich zur Viererkonferenz komme, so werde zwar nicht er selbst nach Paris fahren. Aber Hallstein »könne dann die Ratifikationsurkunde vorlegen.«[5]

Die Aussichten für die Vertragswerke scheinen anfänglich sogar in Frankreich noch relativ günstig. Der neue Ministerpräsident Pinay ist ein zupackender bürgerlicher Konservativer so ganz nach Adenauers Herzen. Beim ersten Zusammentreffen macht er auf ihn einen guten Eindruck.[6] Als dann auch die Sozialisten mehrheitlich für die Ratifizierung der Verträge eintreten, hält Adenauer den Erfolg bereits für gesichert.[7]

Doch tatsächlich ist der Juni 1952, in dem alles noch vergleichsweise hoffnungsvoll beginnt, bereits der Monat, in dem jene Verlangsamung eintritt, an deren Ende das Scheitern der Europäischen Verteidigungsgemeinschaft (EVG) am 30. August 1954 steht. Dabei kommen die Widerstände deutlich erkennbar aus dem Lager der Bonner Koalitionsfraktionen, auch wenn die Beteiligten mit erheblicher Vorsicht zu Werke gehen.

Bei der Kabinettsitzung am 10. Juni will Adenauer für die Ausschußberatungen nur knapp vier Wochen konzedieren, damit bis zum 10. August alles erledigt ist. Dabei fährt ihm die unüberlegte Bemerkung heraus: »Was sollen die Ausschüsse eigentlich reden?« Jetzt platzt dem CDU/CSU-Fraktionsvorsitzenden von Brentano doch der Kragen: »Sie halten das Parlament für völlig überflüssig.«[8]

Der Chef des Bundespresseamts, Felix von Eckardt, der bei innenpolitischen Fragen »das Gras wachsen« hört, aber auch gute Verbindungen nach Paris unterhält, legt Adenauer am 23. Juni eine illusionslose Lagebeurteilung von drei Seiten Umfang vor.[9] Darin wird in dürren Worten ausgeführt, daß die Hau-Ruck-Strategie zunehmend kontraproduktiv wirkt. Das Parlament, so einer von Eckardts Hauptpunkten, fühlt sich bei diesem Versuch des »Durchpeitschens« in seiner Würde verletzt. In den Koalitionsfraktionen sind die Wunden der Monate April und Mai 1952 noch nicht vernarbt, als Adenauer unter Verweis auf den Zeitplan der Unterzeichnung seine wenig informierten, alles andere als begeisterten parlamentarischen Hilfstruppen kaltschnäuzig überfahren hat. Damit soll jetzt endgültig Schluß sein. So denkt man in der FDP schon lange, nun aber auch in der Unionsfraktion. Zumindest die Form soll gewahrt werden. Und da die Abgeordneten auch nur Menschen sind, spielt wohl auch der Wunsch eine Rolle, die wohlverdienten Parlamentsferien ungestört genießen zu können.

Der wichtigste Punkt für das Zögern aber, so v. Eckardt in seiner Analyse vom 23. Juni, ist »der Komplex Viermächtekonferenz. Die allgemeine Meinung, daß die Aussichten für eine solche Konferenz nach erfolgter Ratifizierung ungünstiger sein werden, sogar erheblich ungünstiger, wird durch kein rationales Argument beseitigt werden können«.[10] Denn: »Niemand will an der Verantwortung für eine verpaßte Chance in der Einheitsfrage beteiligt sein.« Im Kabinett, in der Fraktion, in Gesprächen mit Bonner Journalisten – auf allen Seiten ist es in der Tat vor allem diese Grundstimmung, die Adenauer entgegenschlägt.

Wie in den vorhergehenden Monaten schon ist die FDP das eigentliche Unruhezentrum. Am 6. Juni 1952, also genau an dem Tag, da das Vertragswerk dem Bundesrat zur Ersten Lesung zugeleitet wird, hält Karl Georg Pfleiderer in seinem Wahlkreis Waiblingen eine Grundsatzrede. Sie findet weithin Beachtung. Pfleiderer ist nicht irgendwer. Der damals 53jährige Schwabe war zwei Jahrzehnte im diplomatischen Dienst auf Posten in Mailand, Peking, Moskau und Leningrad, Kattowitz, Paris und Stockholm tätig.[11] Die Zeit nach dem Krieg hat er auf dem elterlichen Weingut in Beutelsbach verbracht, war kurze Zeit Landrat von Waiblingen und ist nun einer der außenpolitisch kenntnisreichsten FDP-Abgeordneten.

Zwar vertritt er im Sommer 1952 noch eine Minderheitsposition innerhalb der eigenen Fraktion. Aber er hat einen mächtigen Patron – Reinhold Maier, der nach Bildung des Südweststaates am 25. April in Stuttgart handstreichartig ein DVP-SPD-BHE-Kabinett gebildet und die CDU als stärkste Partei in die Opposition verwiesen hat. Damit ist aber die Mehrheit für die Verträge im Bundesrat gefährdet. Baden-Württemberg bildet nun über ein Jahr lang das Zünglein an der Waage.

Pfleiderer und Maier, das sieht Adenauer genau, stecken unter einer Decke. Beide sind Bundesbrüder in der »Stuttgardia« und stehen auch sonst in enger Verbindung. Maier hat seinen Landtagswahlkreis gleichfalls in Waiblingen, wo Pfleiderer den Bundestagswahlkreis hält. Man beobachtet genau, wie der Stuttgarter Ministerpräsident zusammen mit seinem Kabinettskollegen Wolfgang Haußmann bei Pfleiderers Grundsatzrede in der ersten Reihe sitzt und kräftig Beifall klatscht. So geht auch das Gerücht um, die beiden hätten die Rede zuvor gründlich abgesprochen.[12] Worin unterscheidet sich nun Pfleiderers Position, die im September 1952 in eine Denkschrift des Titels »Vertragswerke und Ostpolitik« gegossen wird[13], von derjenigen Adenauers? Wie stellt sich jenes Konzept dar, das im bürgerlichen Lager bald als Alternative zu Adenauers Westpolitik verstanden wird?

Pfleiderer ist zum einen der Meinung, daß die Wiedervereinigungschancen auf einer Viererkonferenz baldmöglichst ausgelotet werden sollen. Damit liegt er auf der Linie der SPD oder auch von Publizisten wie Rudolf Augstein, dem Herausgeber des *Spiegel*. Adenauers Besorgnis, auf einer solchen Konferenz könne es zur Wiederherstellung der Einheit Deutschlands in blockfreiem Status kommen, kann ihn nicht schrecken. Wenn man nur den sowjetischen Sicherheitsinteressen gebührendes Gewicht beimesse, so könne es in der Tat denkbar sein, Deutschland wiederzuvereinigen – in den Grenzen von 1937, versteht sich. Es wäre dabei denkbar, daß sowjetische Truppen in den deutschen Territorien östlich der Oder verblieben, während westliche Verbände im Rheinland stationiert würden.

Dieses Konzept wäre freilich weder mit der EVG noch mit dem Generalvertrag vereinbar. Doch Pfleiderer ist davon überzeugt, daß man nicht beides gleichzeitig haben kann – die Wiedervereinigung und die Westverträge. Und er bezweifelt Adenauers Kalkül, nach Errichtung der EVG unter Teilnahme der Bundesrepublik werde der Westen so stark sein, daß sich die Sowjetunion früher oder später aus der »Ostzone« zurückziehen müsse.

Auf dem Hintergrund dieses Alternativ-Konzepts muß Pfleiderers Forderung nach baldigen Ost-West-Verhandlungen über Deutschland aus Adenauers Sicht mehr als verdächtig klingen. Auch Reinhold Maiers vorwiegend landespolitisch und verfassungsrechtlich begründetes Zögern gegenüber der Ratifizierung erscheint somit alles andere als harmlos. Adenauer argwöhnt darin einen geschickt getarnten Versuch, sein noch durchaus ungesichertes außenpolitisches Werk zu ruinieren.

So erstaunt es nicht, daß der Kanzler gerade in diesen Monaten unablässig bemüht ist, sowohl in großen öffentlichen Reden, besonders aber auch intern seinen eigenen Kalkül darzustellen und weiterzuentwickeln. Im Kabinett, im CDU-Bundesvorstand, in den Journalistenrunden und bei jeder geeigneten Gelegenheit sucht er dieselben Grundgedanken in die Köpfe zu hämmern.

Da sind zum einen die altbekannten Axiome seines außenpolitischen

Weltbildes, die er unablässig wiederholt. Erstes Axiom ist die Furcht vor einer Einigung der Vier Mächte auf Kosten Deutschlands. Später wird man diese Dauerängste jener Jahre Adenauers »Potsdam-Komplex« nennen – tiefe Sorge also, die Siegermächte könnten auch das noch rupfen, was dem deutschen Adler in den Westzonen an Federn verblieben ist.

Gewiß weiß der Kanzler, daß die Uhr der Geschichte nicht mehr zum Jahr 1947 zurückgedreht werden kann. Denkbar wäre aber doch ein sehr ungünstiger Friedensvertrag, auf den sich alle Vier einigen. Seine Hauptbestandteile: endgültige Abtrennung der Ostgebiete und des Saarlandes, Reparationen, wirtschaftliche Beschränkungen besonders bei den Zukunftsindustrien und dauernde Sicherheitskontrolle über ein wiedervereinigtes Deutschland. Die Folge: ein erneuter deutscher Isolierungskomplex, die Rückkehr zum deutschen Sonderweg und eine Renaissance des Nationalismus. Daher rührt Adenauers geradezu panische Kritik an bestimmten Formulierungen einer westlichen Antwortnote, die er am 3. Juli den Stellvertretenden Hohen Kommissaren entgegenhält: »er wolle keine historischen Parallelen ziehen, aber der Vergleich mit Versailles, wo Deutschland lediglich Ja oder Nein sagen konnte, dränge sich auf.«[14]

Da hilft es nichts, daß der Hohe Kommissar Frankreichs, André François-Poncet, süffisant bemerkt, »der Kanzler führe einen Kampf gegen Phantome«.[15] Adenauer glaubt die junge deutsche und europäische Geschichte zu kennen, in der Phantome bekanntermaßen eine fatale Rolle spielten. So erscheint ihm auch die Blockfreiheitskonzeption in der national-liberalen, aber nichtsdestoweniger »utopischen« Version Pfleiderers[16] als Abenteuerritt zurück in die Phantomwelt der zwanziger und der dreißiger Jahre.

Daß die Idee einer Viermächtekontrolle besonders in Frankreich noch viele Anhänger hat, ist ihm wohlbekannt. Mit Sorge registriert er, wie dort die Stellung des Verständigungspolitikers Robert Schuman von Monat zu Monat schwächer wird. Mitte Juni 1952 malt er vor dem Kabinett auch das Schreckensbild eines England an die Wand, in dem sich die Tendenz zur Neutralisierung Deutschlands verstärkt.[17] Doch selbst in die USA setzt er kein unbedingtes Vertrauen. Dort könnte der beunruhigend lebendige Neo-Isolationismus gleichfalls eine Einigung mit den Sowjets nahelegen.

Diese Gedankenkette führt meist zu einem zweiten Axiom, das der Kanzler auch in diesen entscheidenden Wochen und Monaten allen

Gremien, in denen er spricht, unablässig vor Augen führt – das Axiom vom sicheren Untergang der westeuropäischen Demokratien, wenn sie sich nicht zusammenschließen. Der hochgerüstete russische Koloß, so unterstreicht er wieder und wieder, sei gewissermaßen die natürliche Hegemonialmacht Europas, falls keine Gegenallianz aufgebaut werde. Wenn es hart auf hart gehe, verfüge Moskau in den kommunistischen Parteien Italiens und Frankreichs zudem über starke Fünfte Kolonnen.

Wie dem zu begegnen ist, predigt Adenauer seit 1948: Zusammenschluß der freien Völker Europas, dauernde Sicherheitspräsenz der USA, koordinierte Ostpolitik, Aufbau einer starken Abschreckung. Also: NATO, EVG, möglichst auch Europäische Politische Gemeinschaft. Kernelement dieser Gemeinschaften muß aber die Bundesrepublik sein.

Und so unterzieht er sein Kabinett, den CDU-Vorstand, alle Journalisten, deren er habhaft wird und die ganze deutsche Öffentlichkeit unablässig derselben Gehirnwäsche: »Ich glaube, daß der Gedanke ›Europa‹ sich entweder in einer Föderation vereinigt und dann weiter bestehen kann, wenn es das nicht tut, geht es unter in seiner bisherigen Form und Kultur. Die Neutralisierung Deutschlands oder das Nichteintreten Deutschlands in den westlichen Kreis würde gleichzusetzen sein mit dem Unmöglichwerden eines europäischen Zusammenschlusses.«[18] Und weiter fürchtet er, »daß Europa ohne Unterstützung durch die USA seinem Ende entgegengeht«[19]. Nur ein einiger und starker Westen könne überleben.

Damit verbunden das dritte Axiom. Es taucht schon in Adenauers Stellungnahmen seit dem Frühjahr 1951 auf und beginnt sich in den Kontroversen des Frühjahrs und des Sommers 1952 voll auszubilden. Von nun an wird es ein Kernelement Adenauerscher Ost- und Deutschlandpolitik darstellen. Das Axiom lautet, daß die Sowjetunion aus purem Eigeninteresse zur friedlichen Lösung der europäischen Streitfragen bereit sein werde, wenn sie mit Drohungen oder Verlockungen nicht zum Ziel komme. »Auf die Dauer«, äußert Adenauer etwa im April 1951, »wird eine Neuregelung der Beziehungen mit dem Ostblock nur möglich sein, wenn auch die Sowjetunion anerkennt, daß es eine irrealistische und friedensgefährdende Politik ist zu versuchen, den Willen großer Völker nach Selbstbestimmung ständig zu mißachten oder mit Gewalt zu brechen«.[20] Häufig bezeichnet er diese außenpolitische Linie mit dem Terminus »Politik der Stärke«, und seine Gegner versäumen nicht, dies als versimpeltes Machtstaatsdenken zu brandmarken. Doch Adenauer entgegnet darauf aus dem Erfahrungsschatz seiner Generation, daß sich halbverrückte Diktatoren letztlich nur von Bomberflotten und Panzerdivisionen beeindrucken lassen.

Anders als in den Jahren 1950 und 1951, in denen er eine sowjetische oder ostzonale Invasion für möglich hält, stellt der Kanzler nunmehr vorwiegend auf die diplomatischen Instrumente ab. Diese müßten freilich in militärischer Macht ihren Rückhalt haben, sonst würde alles Verhandeln zur Neuauflage altvertrauter Appeasementpolitik führen: »Totalitäre Staaten, insbesondere Sowjetrußland, kennen ... nur einen maßgebenden Faktor: das ist die Macht.«[21]

Spekuliert Adenauer also, wie ihm dies nunmehr häufig vorgehalten wird, auf eine diplomatische Kapitulation der Sowjetunion? Oder bemäntelt die Abfolge »erst westliche Stärke – dann erfolgreiche Verhandlungen« nicht doch bloß sein geringes Interesse an einer Wiedervereinigung? Tatsächlich arbeitet er den Zusammenhang zwischen Stärke und Verhandlungen heraus, noch bevor die berühmte Stalin-Note vom 10. März 1952 auf dem Tisch liegt: »Wenn der Westen stärker ist als Sowjetrußland, dann ist der Tag der Verhandlungen mit Sowjetrußland gekommen.«[22]

Während des ganzen Jahres 1952 reichert er die Idee von einer friedlichen Lösung dank sowjetischer Frustration mit den verschiedensten Überlegungen an, die er bald öffentlich, bald intern entwickelt. Vor dem Bundesparteiausschuß der CDU führt er am 12. Januar 1952, also gleichfalls noch vor Eintreffen der ersten sowjetischen Note aus: »Eine Sorge hat Rußland vor allem, daß es nicht in der Lage ist, seine Menschen zu ernähren. Das Durchschnittsalter der Sowjetmenschen liegt bei 38 Jahren, im Westen bei 60. Die großen Projekte, Flußregulierungen usw. der Sowjets sind zwingende Notwendigkeiten, damit der Russe leben kann. Rußland wird vielleicht eines Tages froh sein, wenn es, statt riesige Mittel in die Rüstung zu stecken, andere Projekte stärker finanzieren kann, um für die Menschen eine feste Basis zu finden. Es wird dann bei den Sowjets vielleicht der Eindruck erwachsen, daß weitere Eroberungen für Sowjetrußland ein gewaltiges Risiko bedeuten. Das sind nicht Träume, sondern realistische Erwägungen.«[23]

Eugen Gerstenmaier, der sich damals vor allem der Kontakte zu den westeuropäischen Parlamentariern annimmt und in jenen frühen Jahren ein hundertfünfzigprozentiger Adenauer-Mann ist, hört von ihm dasselbe. Gerstenmaier stellt sich am 24. Oktober 1952 beim Kanzler ein, um – wie Blankenhorn in seinem Tagebuch notiert – eine »Richtlinie« für die Auseinandersetzung mit dem FDP-Abgeordneten Pfleiderer zu erbitten.

Dieser hat eben die nicht besonders neue Idee wieder aufgewärmt, »Europa gleichsam zu einer dritten Macht zu machen« – zwischen den USA mit der NATO und der Sowjetunion mit ihren Satelliten.

Adenauer stellt zwei Fragen. »Wie glaubt man denn, daß die Wiedervereinigung Deutschlands sich vollziehen könne? Würden die Russen je kampflos das Gebiet der Ostzone räumen? Glaubt man, mit Kritik die Frage zu lösen? Wenn man beide Fragen verneine wie er, der Kanzler, es tue, dann bleibe doch nur folgender Weg: Verbindung Westdeutschlands mit Westeuropa und der atlantischen Integration und dadurch Stärkung des Kontinents in wirtschaftlicher (soziale Frage!), politischer und militärischer Hinsicht. Sowjetrußland, wie alle totalitären Staaten, respektiere doch nur die Kraft. Nur wenn Sowjetrußland die Überzeugung gewonnen habe, daß seine subversiven und revolutionären Methoden den Westen nicht sturmreif machen können, nicht unterwühlen können, wenn es die Überzeugung gewinnt, daß eine weitere Expansion nach Westen nicht durchführbar ist, nur dann wird es bereit sein, mit dem Westen zu verhandeln.

Die Verhandlungsbereitschaft ergebe sich dann auch aus einem inneren sowjetischen Grunde; denn der niedrige Lebensstandard, den die Bewohner Sowjetrußlands infolge der ungeheuren Aufrüstung auf sich nehmen müßten, könne nicht auf die Dauer aufrechterhalten werden. Schon deshalb müßten, wenn Rußland einmal erkannt habe, daß die Expansion nach Westen nicht durchführbar sei, ihm Verhandlungen über einen gewissen Interessenausgleich nützlich erscheinen. Nur in dieser psychologischen Situation sei der Moment für eine Verhandlung über die Wiedervereinigung gegeben, Verhandlungen aus einer gewissen Stärke heraus, wobei seitens des Kanzlers nicht daran gedacht werde, die Stärke etwa zu einem ultimativen Vorgehen zu benutzen, wie man das gelegentlich aus der amerikanischen Presse vernehme.«[24]

Der Kalkül ist also relativ klar. Ob schlüssig, ist freilich eine andere Frage. Adenauer erwartet sowjetisches Einlenken dank vernünftiger Einschätzung der wirtschaftlichen und sozialen Kosten des Kalten Krieges. Natürlich, so räumt er gern ein, muß dabei dem Bedrohungsgefühl der Russen Rechnung getragen werden. Mit einem gewissen Erstaunen hören Adenauers Minister, wie dieser Kanzler, den man bald herabsetzend als »Kalten Krieger« bezeichnet, am 10. Mai 1952 bei der Vertragsdebatte im Kabinett bemerkt: »Daß bei Rußland eine gewisse Furcht mitspielt, ist auch klar.«[25]

Am 3. Mai 1952 hat Adenauer eine lange Unterredung mit George

Kennan, der sich auf dem Weg nach Moskau befindet, um dort eine kurze und unglücklich verlaufende Botschafterrolle zu spielen. Allem Anschein nach bestärkt ihn Kennan in der Erkenntnis, daß auch die Sowjetunion ein legitimes Sicherheitsinteresse hat.[26] So greift Adenauer das Thema im Lauf seines kabinettsinternen Plädoyers für die Westverträge nachhaltig auf. Auch Kennan »ist der Auffassung, daß ein Teil der russischen Politik von Furcht diktiert wird und daß man Rußland im geeigneten Augenblick die Furcht nehmen muß«[27].

Damit verbindet Adenauer eine Prognose, die zwar mit weiten Zeiträumen rechnet, aber durchaus ihren richtigen Kern hat: »Die gegenwärtige ungeheure Spannung in der Welt wird ja eines Tages auch vorübergehen. Nach meiner festen Überzeugung ohne Entladung. Unter der Voraussetzung natürlich, daß wir nicht ein sehr billiges Angriffsobjekt für die Russen werden, d. h. daß sie uns unversehrt ohne großen Preis bekommen... Wenn die jetzigen Spannungen einmal vorüber sein werden, d. h. wenn zwischen Sowjetrußland und seinen Satelliten einerseits und dem Westen andererseits ein Arrangement getroffen ist für eine Dauer von 10 oder 20 oder 30 Jahren, wird die Sache sich beruhigen.«[28]

Schon diese Formulierung beweist, daß Adenauer überhaupt keine klaren Zeitvorstellungen hat. Aber er denkt in Prozeßkategorien und weiß jedenfalls eines: es wird seine Zeit dauern, bis die Sowjetunion wirklich verhandlungsbereit ist. Zwei britische Publizisten, denen er Anfang Juni 1952 diese schöne Fata Morgana künftiger Entspannung vor Augen führt, fragen denn auch mit unverhohlener Skepsis, wann dieser Zeitpunkt wohl eintreten werde, in 25 oder in 100 Jahren? Adenauer antwortet und täuscht sich dabei gewaltig: In etwa 5 oder in 10 Jahren.[29] Doch auch hier bemerkt er: man müsse der Sowjetunion die Furcht nehmen. In diesem Zusammenhang wird ihm auch die Einbettung des deutschen Ostens in den Gesamtkontext ostmitteleuropäischer Zusammenhänge mit zunehmender Deutlichkeit bewußt.

Am 9. Juni 1952 stellt sich Cyrus L. Sulzberger bei ihm ein, Pariser Korrespondent der *New York Times*, später deren Herausgeber. An und für sich gewinnt Sulzberger vom Kanzler einen ganz günstigen persönlichen Eindruck: »Er war äußerst freundlich und für einen so vorsichtigen, klugen Mann ziemlich offen. Ich muß sagen, daß er außerordentlich gut erhalten ist und man ihm seine weit über siebzig Jahre nicht ansieht. Er hat ein seltsam hölzernes Gesicht, über das nur dann und wann ein beherrschtes, halbes Lächeln huscht.«[30] Sulzberger, der Osteuropa wie seine Westentasche kennt und die Kriegsjahre durchaus noch nicht vergessen hat, bringt Adenauer allerdings ein großes Maß an Skepsis entgegen. Er vermutet nämlich, daß dieser nur deshalb die Westverträge unterzeichnet hat, um die verlorenen Ostprovinzen wiederzugewinnen.

So fragt Sulzberger, was wohl in Deutschland geschehen würde, wenn sich Moskau durch das sensationelle Angebot einer Revision der Oder-Neiße-Grenze zu einem dramatischen Schachzug entschließen würde. Adenauer merkt, daß er in eine Falle gelockt werden soll und antwortet lächelnd, auch Sulzberger habe nicht bedacht, was viele Deutsche gleichfalls übersähen. In der hölzernen Sprache des Dolmetscherprotokolls liest sich seine Argumentation wie folgt: »Die Frage der Wiedervereinigung Deutschlands und die Freigabe der Sowjetzone durch die Russen sowie das, was Sulzberger gesagt habe, könne für die Sowjetunion niemals eine isolierte Aktion darstellen, sondern müsse von ihr im Zusammenhang mit ihrer gesamten Osteuropapolitik und der Weltpolitik überhaupt gesehen werden.«[31] Denn wenn sich die Sowjetunion entschlösse, die Sowjetzone freizugeben, was würde in Polen, in der Tschechoslowakei, in Ungarn geschehen? Nun, alle diese Länder würden dann unruhig, weil sie gleichfalls ihre Freiheit wiedergewinnen möchten. Und was wäre, wenn Moskau den Deutschen die Gebiete östlich der Oder-Neiße-Linie zurückgeben wollte? Noch größere Unruhe in Polen und in der ČSSR. Daher sei ein solches Angebot unwahrscheinlich.

Als Sulzberger in Sachen Oder-Neiße-Linie insistiert, erinnert Adenauer an seine vielbeachtete Berliner Rede vom 6. Oktober 1951, in der er bemerkt hatte: »Lassen Sie mich mit letzter Klarheit sagen: das Land jenseits der Oder-Neiße-Linie gehört für uns zu Deutschland.«[32] Sowohl die SPD wie die Amerikaner hätten ihm das übelgenommen. Tatsächlich sei er ja auch der Meinung, »nach Wiederherstellung der Einheit Deutschlands« müsse zu Polen unbedingt ein gutes Verhältnis gefunden werden.

Aber wie denn, fragt Sulzberger, ohne Lösung der territorialen Fragen? Jetzt kommt Adenauer wieder auf seine alte Idee eines Kondominiums zurück. Er habe seinerzeit davon gesprochen, »die fraglichen Gebiete entweder einem Kondominium Deutschlands und Polens oder der Verwaltung durch die UNO zu unterstellen, und zwar unter absoluter Gleichstellung der in diesen Gebieten lebenden Bevölkerungsteile.«[33] Heute, meint er abschließend, dürfe er diesen Gedanken nicht mehr äußern, weil man ihm dann den Wunsch nach einer Eroberung Polens unterstellen würde.

Hier und bei anderen Gesprächen in diesem Zeitraum besteht er aber darauf, eine Lösung der deutschen Frage könne nur Hand in Hand mit einer Neuordnung in Ostmitteleuropa gefunden werden. Die Neuordnung dieser Region ohne Krieg setze freilich voraus, daß die Sowjetunion dem zustimme. Dies jedoch sei nur in einem Klima globaler und europäischer Entspannung möglich. Der Terminus »Entspannung« wird damals in diesem Kontext so häufig verwandt, daß Adenauer durchaus als einer der Väter dieses Begriffs verstanden werden darf.

Man muß solche Grundüberlegungen kennen, will man seine außenpolitische Strategie und Taktik während der langen Ratifikationsperiode der Verträge verstehen, an deren Ende die Agonie der EVG steht. Ganz offensichtlich hält er es 1952 für angebracht, das Spiel auf längere Sicht anzulegen. Ost-West-Verhandlungen vor einer Konsolidierung des Westens durch Inkrafttreten der Verträge können aus seiner Sicht allenfalls taktischen Nutzen bringen. Jede alsbaldige grundlegende Neuordnung durch eine Viererkonferenz, wie sie von der SPD, von Pfleiderer, doch auch von Jakob Kaiser angestrebt wird, ist und bleibt für ihn eine Fata Morgana oder aber der direkte Weg ins Verderben.

Am liebsten würde er also die Ratifizierung erzwingen, bevor die vier Außenminister überhaupt zusammentreten. Doch der Forderung nach einer Viererkonferenz über Deutschland kann er nicht direkt entgegentreten. So, wie sich die Lage entwickelt hat, wäre das innenpolitischer Selbstmord.

Aber auch das französische Drängen ist unwiderstehlich. Die Gegner der Verträge in Paris hoffen, mittels einer möglichst lang hingezogenen Viermächtekonferenz die EVG erst einmal auf die lange Bank zu schieben. Doch aus Pariser Sicht ist im Jahr 1952 jede denkbare Entwicklung der deutschen Frage gleich unerfreulich. Auch der sowjetische Vorschlag eines wiedervereinigten, neutralisierten Deutschland mit eigener Nationalarmee kann die Gegner der EVG nur mit Grausen erfüllen. Die Befürworter der Verträge andererseits brauchen eine an sowjetischer Impertinenz gescheiterte Deutschlandkonferenz, um endlich eine sichere Mehrheit zu bekommen.

Obschon Adenauer die französische Forderung nach einer baldigen Viererkonferenz verflucht, bleibt ihm doch nichts anderes übrig, als gute Miene zum bösen Spiel zu machen. Seine Linie, die er dem Hohen Kommissar Englands, Sir Ivone Kirkpatrick, am 13. Juni skizziert, läßt an Deutlichkeit nichts zu wünschen übrig. Blankenhorn notiert: »mit Nachdruck sich zur Abhaltung einer Viererkonferenz bekennen, aber eine genaue Präzisierung aller der bisher noch offen gelassenen Fragen fordern, damit die Konferenz auf solidem Grund und Boden und nicht auf vagen Erwartungen vonstatten ginge. Man solle deshalb das Stadium der Noten noch nicht verlassen, jedenfalls nicht vor dem Ablauf der nächsten 6–8 Wochen, die zur Durchführung der Ratifikation dringend erforderlich seien«.[34]

Die den Westmächten notifizierten Erwartungen Adenauers haben es in sich. In der internen Rohfassung Herbert Blankenhorns lesen sie sich wie folgt:

»1. Beteiligung der gesamtdeutschen Regierung an einem frei vereinbarten Friedensvertrag.

2. Freie Handlungsfähigkeit der gesamtdeutschen Regierung vor und nach dem Friedensvertrag (keine Potsdamer Richtlinien, keine Viermächtekontrolle).

3. Freiheit der gesamtdeutschen Regierung, sich nach freiem Ermessen einer Mächtegruppierung anzuschließen (keine Neutralisierung).

4. Keine Aufgabe des europäischen Einigungswerkes.

5. Keine nationale Armee.

6. Keine Anerkennung der Oder-Neiße-Linie.

7. Absolut freie Wahlen, Freiheitsgarantien vor, während und nach den Wahlen.«[35]

Entsprechend heftig ist der Krach. Adenauer gelingt es zwar, der westlichen Antwortnote einige Giftzähne zu ziehen, doch eben nur einige. Der Zug rollt scheinbar unaufhaltsam auf eine Viererkonferenz zu. Dazu kommt es zwar schließlich doch nicht – weder im Jahr 1952 noch im Jahr 1953. Die letzte westliche Note vom 23. September 1952 wird von Moskau gar nicht mehr beantwortet. Aber im Frühsommer 1952 läßt sich das nicht absehen.

So verzögert sich die parlamentarische Behandlung der Westverträge auch in Bonn. Angesichts einer scheinbar rasch zustande kommenden Deutschlandkonferenz lassen sich weder die Koalitionsfraktionen noch der Bundesrat zum Galopp peitschen. Und alle beteiligten Verfassungsorgane machen sich nun ein Vergnügen daraus, Adenauer daran zu erinnern, daß die Bonner Demokratie keine halbautoritär regierte Kanzlerrepublik, sondern ein Verfassungsstaat ist, in dem die Gewaltenteilung funktioniert.

Zuerst kommt ein Warnschuß aus dem Bundesrat. Während die Bundesregierung nur zwei vergleichsweise nachgeordnete Abkommen aus dem ganzen Vertragswerk für zustimmungspflichtig hält, ist der Bundesrat ganz anderer Meinung. Auch die Hauptverträge seien Zustimmungsgesetze, meinen die Länderregierungen in schöner Einmütigkeit. Allerdings sieht der Bundesrat vorerst von einer abschließenden rechtlichen Bewertung ab. Einmal mehr muß Adenauer bei dieser Gelegenheit konstatieren, daß sich die CDU-Ministerpräsidenten primär als Landesfürsten begreifen, ganz gewiß aber nicht als Schildknappen des Bundeskanzlers. Am meisten beunruhigt jedoch die Haltung Reinhold Maiers. Schon Mitte Juni 1952 hat nämlich das Stuttgarter Kabinett beschlossen, an der Rechtsauffassung festzuhalten, daß auch die Hauptverträge zustimmungspflichtig seien.[36]

Immerhin gelingt es Adenauer, am 10. Juli 1952 die Erste Lesung im Deutschen Bundestag gut über die Bühne zu bringen. Er hat sich mit seiner Rede viel Mühe gegeben und sucht vor allem diejenigen in den eigenen Reihen mitzureißen, die auf Zeit spielen möchten: »Jede sachlich unbegründete Verzögerung der Verträge aber ist nichts anderes als eine in eine andere Form gekleidete Ablehnung, und sie wird von unseren Partnern auch so empfunden werden. Die Weltlage verbietet jetzt, daß die Bundesrepublik einer klaren Entscheidung ausweicht.«[37]

Blankenhorn, ungeachtet aller Bewunderung ansonsten ein eher skeptischer Beobachter der Bundestagsauftritte seines Herrn und Meisters, notiert diesmal in sein Tagebuch: »Die Debatte ein großer persönlicher Erfolg des Kanzlers. SPD entbehrt jeder Konzeption, verteidigt sich schlecht, ist im Angriff völlig unzureichend ... Auf seiten der Koalition sehr erfolgreich Franz Josef Strauß, Gerstenmaier und vor allem der Kanzler selbst, der mit einer sehr wohlpräparierten Rede am Mittwoch die Debatte eingeleitet und sie am Donnerstag mit einer improvisierten, sehr starken Ansprache beendet hat. Die Ratifizierung der Verträge ist so gut wie entschieden.«[38] Entschieden ist indes noch gar nichts. Vielmehr muß Adenauer ohnmächtig zusehen, wie der Zeitplan für die Ratifizierung in immer weitere Fernen entschwindet.

Mehr als eine Zusage der maßgebenden Parlamentarier, die Zweite und Dritte Lesung irgendwann im September vorzunehmen, ist schon bei der Kabinettssitzung am 24. Juni nicht zu erreichen.[39] Tatsächlich treten aber die Fraktionen, nachdem sie aus der Sommerpause zurück sind, im September erst einmal in aller Seelenruhe in eine gründliche Ausschußberatung ein. Und die Ausschüsse sind entschlossen, sich Zeit zu lassen.

Umsonst schreibt Adenauer Mitte September eine Reihe drängender Briefe. »Die ganze Situation erfüllt mich mit ernstester Sorge. Wir geraten völlig in das Schlepptau der Sozialdemokratie«, bekommt von Brentano zu hören.[40] Doch der Fraktionsvorsitzende der CDU/CSU-Fraktion ärgert sich seit Monaten darüber, daß ihm Adenauer nicht den Weg ins Amt des Außenministers freigibt und läßt den Kanzler gerne zappeln. Briefe an die Fraktionsvorsitzenden, in denen Adenauer diese beschwört, es sei »aus außenpolitischen Gründen absolut notwendig«, die Zweite und Dritte Lesung in der ersten Oktoberhälfte vorzunehmen, wandern ohne Wirkung zu tun in die Ablage. Kennt man das nicht inzwischen, daß der Kanzler unablässig zur Eile drängt?! Ist die außenpolitische Lage einmal anders als »sehr ernst«?! Wird es Adenauer je lernen, mit dem Deutschen Bundestag nicht so umzuspringen wie seinerzeit mit der Kölner Stadtverordnetenversammlung?! Von letzterem weiß der alterprobte Gegner Adenauers Robert Görlinger, jetzt Mitglied der SPD-Bundestagsfraktion, ebenso ein Liedchen zu singen wie Jakob Kaiser, der das in Köln vor Ort studiert oder Hermann Pünder, der die Kommunalpolitik Adenauers seinerzeit als Chef der Reichskanzlei von Berlin aus beobachtet hat.

Parlamentarische Gremien sind und bleiben für Adenauer zeitlebens ein notwendiges Übel. Er beugt sich zwar den Institutionen des Parlamentarismus, bleibt aber immer der Meinung, daß das Beste am parlamentarischen System die parlamentarisch verantwortliche Exekutive ist.

Doch die Verlangsamung des Tempos liegt nicht nur am Deutschen Bundestag. Adenauer ist davon überzeugt, daß die plötzlich eintretende Stagnation vor allem darauf zurückzuführen ist, daß die Amerikaner nunmehr für ein Dreivierteljahr nur noch mit sich selbst beschäftigt sind. Beim Nachdenken über die veränderte Lage schreibt er Mitte August aus dem Urlaub auf dem Bürgenstock an den alten Freund Wim J. Schmitz in Amsterdam: »In politischer Beziehung müssen wir Geduld haben, sogar große Geduld. Ich glaube, daß die gegenwärtige Flaute anhalten wird, bis die Präsidentenwahl in Amerika vorüber ist.«[41]

Ausgerechnet in diesen kritischen Wochen scheidet John McCloy aus dem Amt des Hohen Kommissars. Adenauer ist anfangs nicht gut mit ihm ausgekommen. McCloys »robuste, manchmal etwas als oberflächlich anmutende Art« hat ihm, so vermerkt Blankenhorn, nicht behagt.[42] Auch den Deutschen insgesamt hat dieser einstige Unterstaatssekretär mißtraut, der in den Kriegsjahren unter Präsident Roosevelt die Kräfte der USA gegen Deutschland mobilisierte. Längst aber ist McCloy zu einer der wichtigsten Stützen Adenauerscher Politik geworden, nicht zuletzt ein Mann, dessen Wort beim Außenminister in Washington Gewicht hat. Die SPD läßt den scheidenden Hohen Kommissar fühlen, daß sie ihn als Schutzpatron des Bundeskanzlers begreift und bleibt dem

Abschiedsempfang des Bundestagspräsidenten Hermann Ehlers ostentativ fern.[43]

Vergeblich hat Adenauer versucht, John McCloy zu längerem Bleiben zu veranlassen. Nun geht dieser Mann im ungünstigsten Augenblick, doch insgeheim etwas von der Hoffnung beflügelt, bei einem allgemein erwarteten Präsidenten Eisenhower Außenminister oder Verteidigungsminister zu werden.[44] McCloys Nachfolger Donnelly ist eine schwache Figur, die bald verschwindet. Und als sich schließlich im Januar 1953 der berühmte Professor James Conant als neuer Repräsentant der USA einfindet, kommt Adenauer mit diesem überhaupt nicht zurecht. Zu links, zu unpolitisch, zu wenig informiert über das, was in der Bundesrepublik vorgeht, mit zu wenig Einfluß in Washington! So wird der Kanzler drei Jahre lang seufzen, bis endlich im Jahr 1956 mit David Bruce ein Botschafter nach dem Herzen Adenauers entsandt wird.

Mag sein, daß die große Flaute der zweiten Jahreshälfte 1952 also auch eine Folge der Lücke ist, die der amerikanische Proconsul John McCloy hinterlassen hat.

Kein Wunder, daß sich nun die bisher etwas gebremsten Hohen Kommissare Frankreichs und Großbritanniens stärker zu entfalten suchen. Besonders François-Poncet sieht eine seiner Aufgaben darin, die Alternative einer Viermächtelösung der deutschen Frage doch noch offenzuhalten. Er befindet sich damit in Einklang mit einer germanophoben Denkschule des Quai d'Orsay, der die Verständigungspolitik Robert Schumans zu schwächlich erscheint und der deutsche Aufstieg zu rasch.

Unvermeidlicherweise tritt in dieser labilen Phase auch die Saarfrage wieder einmal ins Rampenlicht. Sie ist aus vielen Gründen akut. Am 15. September 1952 steht das deutsche Saar-Memorandum vor dem Ministerrat der Montanunion zur Erörterung. Im Herbst werden im Saargebiet Landtagswahlen stattfinden. Entsprechend groß ist das Drängen der deutschen Öffentlichkeit, Frankreich möge endlich den immer noch nicht zugelassenen pro-deutschen Parteien politische Betätigungsfreiheit einräumen. Adenauer selbst weiß genau, daß das Ratifikationsverfahren im Bundestag stark behindert wird, wenn er nicht entsprechende Zusicherungen herausschlägt.

In Frankreich steht es genau umgekehrt. Immer wenn die Pariser Regierungen oder die Nationalversammlung irgendwelchen Regelungen zustimmen sollen, die der Bundesrepublik größeren Spielraum eröffnen, versuchen sie ein Koppelungsgeschäft mit einer Saarlösung im französischen Sinne.

Im Kabinett nimmt Adenauer kein Blatt vor den Mund: Die Saarfrage sei »eine Frage dritten Ranges«. Auch die Haltung der Saarbevölkerung sei zweifelhaft.[45] Er überzeugt die Ministerrunde, daß angesichts der bevorstehenden Erörterungen über den definitiven Sitz der Montanunion sowie weiterer europäischer Behörden die alte Idee Saarbrücken ins Spiel gebracht werden sollte.

Schon im Februar 1952 hatte der Quai d'Orsay über Claude Cheysson, damals Legationsrat bei François-Poncet, einen entsprechenden Versuchsballon steigen lassen. Adenauer, dem die Vorteile einer solchen Lösung bereits seit längerem einleuchteten, hatte damals allerdings vorsichtig eine Reihe von Bedingungen skizziert: Rückkehr eines Teils des derzeitigen Saargebiets zu Deutschland, Einbeziehung auch französischer Gebiete in das europäische Territorium, Zustimmung der Saarbevölkerung. Das alles natürlich nur, wenn es zu einer europäischen Konföderation komme.

Adenauer hatte nicht gezögert, das Kabinett auf einer Sondersitzung am 4. Februar 1952 darüber zu informieren.[46] Doch wollten sich die Koalitionsfraktionen nicht für eine solche Lösung erwärmen.[47] Das hielt den Kanzler allerdings nicht davon ab, Robert Schuman brieflich und mündlich mitzuteilen, daß eine Regelung mit diesen Punkten denkbar wäre.[48] Im März 1952 setzte Adenauer auch ein personalpolitisches Signal dafür, daß er notfalls den Ausweg einer »Europäisierung« des Saarlandes suchen werde. Gustav Ströhm, der bisherige Saarreferent des Auswärtigen Amts, wurde suspendiert. Ströhm, schon 1935 ein Kämpfer für die deutsche Saar, außerdem SPD-Mitglied, hatte die Gegner der Adenauerschen Saarpolitik allzu großzügig und gezielt informiert.[49]

Nunmehr, Ende Juli 1952, wird der Plan einer »Europäisierung« zur Überraschung Adenauers von Außenminister Schuman ganz offiziell eingebracht: europäisches Statut für die Saar, Saarbrücken als endgültiger Sitz auch für die Organe der Montanunion.[50] Adenauer hält sich bedeckt, bittet um Präzisierung, verweist auf seine schon bekannten Vorbehalte und verlangt außerdem, die Saarparteien seien zuzulassen und die Wahlen um ein halbes Jahr zu verschieben. Außerdem müßten die französisch-saarländischen Wirtschaftskonventionen fallen, die das Saarland an Frankreich ketten.[51]

Die Außenministerkonferenz der Sechs in Paris, auf der dies und anderes am 24. und 25. Juli verhandelt wird, empfindet Adenauer als eine der traurigsten Konferenzen, die er je mitgemacht hat.[52] Glühende Hitze, ganztägige Besprechungen, unterbrochen durch ein Frühstück Ministerpräsident Pinays, das alle Teilnehmer entsprechend ermüdet, Frankreich aber Gelegenheit gibt, die Saarpläne zu lancieren. Allgemeines Feilschen um den Sitz der europäischen Institutionen, wobei fast jede Delegation danach trachtet, diese in ihr Land zu bekommen. Die Verhandlungen dauern die ganze folgende Nacht an bis morgens vier Uhr. Hans von der Groeben, späteres deutsches Mitglied der EWG-Kommission, beobachtet Adenauer, wie dieser spät nach Mitternacht aus dem Konferenzsaal heraustritt, um etwas Luft zu schnappen. Sein einziger Kommentar: »armes Europa!«[53]

Immerhin hat es den Anschein, als werde die französische Regierung den Wahltermin im Saarland verschieben lassen und freie Wahlen genehmigen.[54] Doch diese Aussicht verflüchtigt sich bei den folgenden Verhandlungen. Unter dem Druck der pro-deutschen Saarparteien kommt Adenauer nämlich nicht umhin, nunmehr eine nur provisorische Lösung zu fordern – Begrenzung des europäischen Statuts auf fünf Jahre.[55] Für Frankreich aber besteht der Reiz der Verhandlungen weiterhin darin, doch noch die deutsche Zustimmung zu einer definitiven Lösung zu bekommen. Man dreht sich also wie bisher im Kreis.

Ende November 1952 ist Frankreich in der Saarfrage für einige Monate obenauf. Die Landtagswahlen im Saarland sind von der Regierung Hoffmann durchgeführt worden. Zwar haben die pro-deutschen Gruppen zur Abgabe ungültiger Stimmzettel aufgerufen. Doch die Auszählung erbringt 70,3 Prozent gültige Stimmen für die offiziellen Saarparteien. Adenauer kann nun immerhin intern darauf verweisen, daß alle, die ihn an die Seite der Saar-Opposition gedrängt haben – Jakob Kaiser, die FDP, natürlich vor allem die SPD –, die Lage falsch eingeschätzt haben. Er zieht daraus den Schluß, bis zu den Bundestagswahlen 1953 in der Saarfrage nur noch sehr hinhaltend zu operieren.

Der Unwille, den der Kanzler bei seinem Bemühen um rascheste Ratifikation der Westverträge erregt, resultiert aber nur teilweise aus dem Verdruß der Parlamentarier über seine Überrumpelungsmanöver im Zusammenhang mit den Verträgen. Er ist auch noch nicht primär ein Ergebnis der französischen Saarpolitik. Deutlich zeigt sich im Sommer 1952 vielmehr auch, daß es mit dem Kabinett nicht zum besten steht.

Keiner sieht dies schärfer als Staatssekretär Otto Lenz. Kaum hat Adenauer nach den anstrengenden Monaten seinen Sommerurlaub auf dem Bürgenstock begonnen, da erhält er von Lenz einen zwölfseitigen Brief, in dem dieser eine baldige Kabinettsumbildung anmahnt.[56] Der Staatssekretär im Bundeskanzleramt weiß genau, daß Adenauer immer dann zu weitreichenden Entschlüssen bereit ist, wenn er bei einer leichteren Erkrankung in Rhöndorf oder bei einem längeren Urlaub in den Schweizer Bergen Zeit zum Nachdenken hat. So faßt er alle Überlegungen zusammen, die er und andere Adenauer schon seit Monaten zu bedenken geben.

Schonungslos führt ihm Otto Lenz vor Augen, daß das Kabinett immer noch kein Team ist. Überall Schwachstellen. Die Minister der CDU/CSU sind zwar mit einer Ausnahme – Jakob Kaiser – »treue Anhänger« der Adenauerschen Politik, doch nur, solange der Kanzler in Bonn präsent ist. Kaum ist er fort, so sucht Vizekanzler Blücher das Heft in die Hand zu bekommen. Die Folge – eine schwankende, uneinheitliche Politik. Zudem fehlt unter den Ministern der Union der Zusammenhalt, einigen fehlt überhaupt rechtes politisches Interesse. Und leider hat Adenauer, der alles an sich zieht, die Herren an eine gewisse Unselbständigkeit gewöhnt.

Darauf folgen Einzelempfehlungen, deren jede freilich unterschiedlichste Widerstände hervorrufen muß. Weg mit dem Flüchtlingsminister Lukaschek sowie mit seinem Staatssekretär Schreiber! Beide sind nicht in der Lage, die Vertriebenen an die CDU/CSU zu binden. Am besten wäre jetzt schon eine Einbeziehung des BHE unter Waldemar Kraft. Damit, so glaubt Lenz, der sich in diesen Monaten persönlich sehr um Kraft bemüht, wäre auch schon eine wichtige Vorentscheidung für die Koalition nach den Bundestagswahlen getroffen.

Dann Professor Niklas, der Ernährungsminister, und Postminister Schuberth! Beide machen einen recht kränklichen Eindruck. Adenauer, der sich mit Umbesetzungen erfahrungsgemäß doch schwerer tut, als die Fama vom kalten Machtmenschen Adenauer dies wahrhaben will, tritt dem Unvermeidlichen dann vielleicht am ehesten näher, wenn ein Krankheitsgrund vorliegt, der auch von den Betroffenen akzeptiert werden kann. Lenz ahnt das und verweist auf diesen eleganten Ausweg. Auch später wissen alle, die Adenauer genau kennen, daß für einen Minister oder Mitarbeiter höchste Gefahr im Verzuge ist, wenn der Kanzler bedeutungsvoll bemerkt, der oder jener sei doch leider recht krank.

Zum Innerdeutschen Ministerium bemerkt Lenz nur lakonisch: »Die Zweckmäßigkeit eines Wechsels in der Leitung brauche ich nicht näher zu begründen.« Sollte man nun den evangelischen Berliner Robert Tillmanns an Jakob Kaisers Stelle setzen?

Zur Wünschbarkeit eines Wechsels im Innenministerium bedürfe es gleichfalls nicht vieler Worte. Doch auch die Dienststelle Blank bereite

Ratifizierungsbemühungen

Mit Georges Bidault (Mitte) und Heinrich von Brentano in Straßburg.

Mit Otto Lenz (links) und Walter Hallstein

Sorgen. Blanks Personalpolitik werde nämlich stark von einer Gruppe junger Offiziere beeinflußt, aus denen so etwas wie eine militärische Kamarilla werden könnte zu Lasten der zivilen Leitung. Für beide Positionen – Inneres oder Amt Blank – käme Gerhard Schröder in Frage. Der heikelste Punkt aber ist die Leitung des Auswärtigen Amts. Voller Verdruß muß Adenauer lesen: »Falls Sie es abzugeben beabsichtigen, was ich im Interesse Ihrer Entlastung und der Wahlvorbereitung sehr begrüßen würde, so wird m. E. die CDU-Fraktion Dr. von Brentano präsentieren.« Vorsichtig bemerkt Lenz, er wisse, daß ihn Adenauer im Verdacht habe, gegen das Auswärtige Amt voreingenommen zu sein. Dennoch: »Personelle und sachliche Unzuträglichkeiten« im AA, wohin man auch blicke! Außerdem sei dort die Zahl derer, »die man als zuverlässig im Sinne unseres Staates und Ihrer Politik betrachten kann, verschwindend klein«.

Würde von Brentano Außenminister, so könnte Heinrich Krone die Fraktionsleitung übernehmen. Dann brauchte man nur noch einen guten Parteisprecher, ein paar »kurze, zugkräftige Parolen«, einige Wahlgeschenke, einige zusätzliche Millionen zur Wahlpropaganda, einen stark emotionalisierten Kanzlerwahlkampf »mit wirklich modernen Propagandamethoden« – und alle Sorgen um den Wahlausgang wären behoben.

Bezüglich der Propagandamethoden spricht Lenz schon in dieser aufschlußreichen Denkschrift alle jene Instrumente an, mit deren Hilfe er 1953 tatsächlich den erdrutschartigen Wahlsieg erringen wird: »Werbung mit Kraftfahrzeugen, die mit Film- und Sprechanlage eingerichtet sind«, ein Adenauer-Film, überhaupt viele Filme, ein geniales Plakatprogramm, auch etwas fürs Herz, nämlich vielleicht eine Broschüre »Mein Vater – von Lotte Adenauer.«

Lenz weiß freilich genau, daß er mit Sprengstoff hantiert, wenn er Adenauer einen solchen Brief schreibt. Zwar sind hier im wesentlichen nur Punkte zusammengefaßt, die dieser schon seit langem von der oder von jener Seite zu hören bekommt. Der Vorschlag einer Aufgabe des Auswärtigen Amts in der gegenwärtigen angespannten Lage würde aber nach Auffassung des Kanzlers eine Entmachtung bedeuten. So ist Lenz vorausschauend und frech genug, seine Denkschrift mit dem Satz zu schließen: »Sollten Sie nach meinem Brief auch eine Änderung in der Besetzung des Postens des Staatssekretärs im Bundeskanzleramt für erwägenswert halten, so bin ich gerne bereit, auch darüber nachzudenken.«

Zu seinem eigenen Schaden, wenn auch im Interesse der Sache, beläßt es Lenz allerdings nicht bei diesem vertraulichen Ratschlag. Am Tag nach

Absendung des Briefes bespricht er alles mit dem erprobten Freund aus alten Berliner Tagen, Heinrich Krone, der begreiflicherweise weitgehend zustimmt.

Als Parlamentarischer Geschäftsführer der CDU/CSU-Fraktion hat Krone nämlich vorwiegend die Bürde der Fraktionsarbeit zu tragen, während sich der allzeit reisefreudige von Brentano in der Würde seines Amts sonnt. Krone seinerseits hat nichts Eiligeres zu tun, als am gleichen Tag noch den CSU-Landesgruppenvorsitzenden Franz Josef Strauß zu informieren. Lenz merkt nun, was er angerichtet hat. Doch es ist zu spät. Krone, der mit von Brentano durchaus ein gutes Verhältnis hat, orientiert auch diesen davon, daß ein neuer Vorstoß in Richtung Auswärtiges Amt nun auch mit der Unterstützung von Lenz rechnen kann.[57]

So kommt es am 18. August 1952 auf dem Bürgenstock zu einem großen Krach mit recht weitreichenden personalpolitischen Folgen. Von Brentano, Krone, Franz Josef Strauß reisen an, um mit Adenauer alle möglichen Probleme zu erörtern: Saarfrage und Ratifikation der Westverträge, Koalitionspolitik, Fragen auch des Bundesamts für Verfassungsschutz unter Leitung von Otto John, der nach Meinung Adenauers zu viele SPD-Leute im Amt beschäftigt und nach Meinung von Strauß in der Hand des britischen Secret Service steckt.

Anfangs geht es friedlich zu. Man spaziert auf dem großartigen Felsenweg, beim Abendessen sind die Damen zugegen – Frau Pferdmenges, Frau Lenz, Frau Rust. Nach zehn Uhr abends aber wird es ernst. Adenauer hat an den vorhergehenden Tagen die sehr ins einzelne gehenden Vorwürfe von Lenz gegen das Auswärtige Amt ausführlich mit Hallstein und Blankenhorn erörtert. Im Grunde sind das Vorwürfe an seine eigene Adresse. Schließlich ist er ja der Außenminister. Letzten Endes hat er die Dinge an der Koblenzer Straße also wohl selbst zu sehr schleifen lassen. Auch mit Pferdmenges, der ebenfalls ein paar Urlaubstage auf dem Bürgenstock verbringt, hat Adenauer lange gesprochen, und Pferdmenges hält, wie jeder im Kanzleramt weiß, von Blankenhorn viel, von dem hemdsärmligen Otto Lenz aber weniger. Während des ganzen Urlaubs ist auch Ministerialdirektor Rust zugegen, dessen nüchterne Arbeitsweise Adenauer schätzen gelernt hat. Zwischen Rust und dem unentbehrlichen Globke, der gleichfalls herbeieilt, herrscht ein enges Vertrauensverhältnis, das bis auf die dreißiger Jahre zurückgeht, ebenso zwischen Rust und Lenz.

Ein Netz von feingesponnenen persönlichen Sympathien und Antipathien, Loyalitäten und Rivalitäten, politischen Zielen und sachlichen

Interessen also, wohin man auch immer den Blick wendet! Adenauer weiß das und nutzt die Spannungen unablässig, um ein Optimum an Informationen zu erhalten, so auch jetzt. Und nachdem er sich seine Meinung gebildet hat, schlägt er zu.

Von Brentano, der schon im April des Jahres mündlich und brieflich seinen Anspruch auf das Außenministerium geltend gemacht hat[58], hält sich behutsam zurück. Zuerst verbrennt sich Strauß den Mund mit Kritik am Wiedergutmachungs-Abkommen mit Israel. Schäffer und die CSU sind mehrheitlich dagegen, weil sie die große finanzielle Belastung fürchten. Ebenso ist die CSU nicht gesonnen, ihren Landwirtschaftsminister Wilhelm Niklas zu opfern. Adenauer läßt schon in dieser Phase der Auseinandersetzung erkennen, daß er die von Lenz befürwortete große Kabinettsumbildung ablehnt. Statt dessen skizziert er eine Lösung, wie sie dann im kommenden Jahr verwirklicht wird: zusätzliche Sonderminister mit dem Auftrag, die Verbindung zu den Koalitionsfraktionen zu pflegen. Den Hauptstoß führt Heinrich Krone. Er greift die Personalpolitik im Auswärtigen Amt und in der Dienststelle Blank frontal an. Jetzt explodiert Adenauer, weist die Kritik an Blankenhorn zurück und zeigt sich überhaupt nicht bereit, im Auswärtigen Amt irgendeine personelle Veränderung vorzunehmen. Nun stürzt sich auch Lenz, der alles ausgelöst hat, ins Getümmel. Adenauer sieht sich einer geschlossenen Fronde gegenüber. Da ist ein für sein Dafürhalten viel zu selbstbewußter CSU-Landesgruppenvorsitzender, der ihm mit seinen 38 Jahren doch recht vorlaut vorkommt. Das öffentliche Lob für eine fulminante Bundestagsrede am 7. Februar, mit dem er den Kanzler in einem Moment der Schwäche herauspaukte, ist dem Mann wohl doch zu Kopf gestiegen![59] Da ist Krone, ein gestandener Politiker, älter und reifer gewiß, immerhin schon auf die sechzig zugehend, ein verläßlicher Katholik, seinerzeit stellvertretender Generalsekretär des Zentrums und zweifellos bereits die Säule der CDU/CSU-Fraktion – aber auch er voller Ehrgeiz. Denn daß er die Nachfolge von Brentanos im Fraktionsvorsitz anstrebt, ist mit Händen zu greifen! Schließlich der soignierte von Brentano selbst, der sich vor Ehrgeiz nach dem Außenministerium verzehrt, aber doch ein noch ferneres Ziel im Auge hat – die Kanzlerschaft![60] Und alle suchen sie sich von Brentano schon zu verpflichten – in allererster Linie Otto Lenz, der doch nicht einmal Parlamentarier ist, sondern weisungsgebundener Staatssekretär!

Die Entfremdung zwischen Adenauer und Lenz geht wohl auf diesen nächtlichen Zusammenstoß hoch über dem Vierwaldstätter See zurück, zu dem letzterer abschließend im Tagebuch vermerkt: »Der Abend schloß dann mit einer allseitigen Verärgerung.«[61] Gleich am nächsten Morgen fällt Adenauer über ihn her: ein Komplott! Von Brentano wolle ihn als Kanzler beerben! Ein Staatssekretär im Bundeskanzleramt hat Disziplin zu üben!

Offenbar ist Adenauer fest entschlossen, jeden Vorstoß von Brentanos aufs Auswärtige Amt so lange abzuwehren, bis der außenpolitische Kurs definitiv durchgesetzt ist. Auch Krone muß noch drei Jahre lang warten. Und insgesamt wird es noch elf lange Jahre dauern, bis Brentano und Krone schließlich in präzisem Zusammenspiel den Kanzlerwechsel bewirken – allerdings nicht zugunsten von Brentanos, sondern für Ludwig Erhard.

Alle jene Minister, deren Stühle schon kräftig wackeln, sind dank diesem verunglückten Vorstoß bis zur Regierungsbildung 1953 gerettet. Adenauer hat erkannt, daß jede kleinste Veränderung seine eigene Machtposition von einem Tag auf den anderen ins Rutschen bringen könnte.

Um so mehr gibt ihm das zeitweilige Festfahren der Verträge in den Ausschußberatungen zu denken. Verrät das nicht auch eine in der Koalition generell vorhandene Neigung zur Rebellion – heimlich geschürt von unzufriedenen Granden im Kabinett und in den Fraktionen?

Lästige Querschüsse aus der DDR sorgen in dieser Phase gleichfalls für Unruhe. Kaum ist der Bundestag in die Ratifikationsberatungen eingetreten, da stellt sich eine Volkskammerdelegation ein, um Bundestagspräsident Hermann Ehlers die Vorschläge Ost-Berlins für die Wiedervereinigung zu übergeben. Ihr Leiter ist Otto Nuschke, Vorsitzender der gleichgeschalteten Ost-CDU. Die Aufenthaltsberechtigung der Delegation im Bundesgebiet ist zwar auf zwei Tage beschränkt[62], doch steht zu erwarten, daß die Besucher nichts unversucht lassen werden, auf den Weg der Ratifikation Steine zu rollen.

Adenauer, der sich eben auf den Staatsbesuch von Ministerpräsident Alcide de Gasperi vorbereitet, schreibt dem Bundestagspräsidenten Ehlers einen drängenden Brief, er möge bitte den Empfang absagen wegen Schädigung der außenpolitischen und parteipolitischen Interessen, denn die SPD hat inzwischen klargestellt, daß sie am Empfang nicht teilnehmen wird.[63] Ehlers läßt sich aber nicht beirren. Er erwidert ungerührt, der Empfang sei aufgrund eines ausdrücklichen Beschlusses der CDU/CSU-Bundestagsfraktion und mit Zustimmung auch der anderen Fraktionen festgesetzt worden.[64]

Die Delegation kommt in einem polnischen Flugzeug nach Düsseldorf und wird am Bonner Marktplatz im Hotel »Stern« untergebracht, das Adenauer aus polizeitaktischen Gründen für besonders gut geeignet hält. Der Empfang beim Bundestagspräsidenten dauert genau 18 Minuten. Ehlers vergibt sich nichts, spricht die Besucher auch deutlich auf die politischen Untaten in der DDR an. Doch in der Öffentlichkeit bleibt für Jahrzehnte das Bild eines aufrechten Politikers vom evangelischen CDU-Flügel, der sich – anders als der katholische Kanzler – zumindest gesprächsbereit gezeigt hat.

Adenauer ärgert sich zwar über Ehlers, der damals noch den Kurs verfolgt, »endlich aus der gewissen Erstarrung der Fronten herauszukommen«[65], vermeidet es aber geflissentlich, mit diesem in eine offene Kontroverse einzutreten. Denn in der angespannten Lage des Jahres 1952 ist Hermann Ehlers aus seiner Sicht politisch ebenso unbezahlbar wie Eugen Gerstenmaier oder Robert Tillmanns. Die evangelische Flanke der CDU ist nämlich zur DDR hin nach wie vor völlig offen. Die dortigen evangelischen Kirchenführer können und wollen sich dem Druck ihrer Regierung nicht völlig entziehen, ein innerdeutsches politisches Gespräch zustande zu bringen. Propst Grüber in Berlin drängt ebenso wie der thüringische Bischof Mitzenheim und die protestantische Linke in der Bundesrepublik. Nicht alle Akteure charakterisieren die Vorgänge zwar so scharf wie der konservative Propst Asmussen aus Kiel, der mit Blick auf die Aktivitäten von Kirchenpräsident Niemöller, Pastor Mochalski, Propst Grüber und anderen an Ehlers mit dicker Unterstreichung schreibt: »Das Einbruchs-Tor des Kommunismus in Westdeutschland ist die EKD; es gibt keine Organisation, die ihm so die Wege ebnet.«[66] Doch Adenauer weiß im Jahr 1952 genau, daß er die Massen kirchlich orientierter evangelischer Wähler noch nicht von der Richtigkeit seiner Politik überzeugt hat. Daher unternimmt er alles, den ihm ganz wesensfremden niedersächsischen Parteifreund Hermann Ehlers politisch einzubinden.

Fast alle anderen Größen des Kabinetts und seiner Partei pflegt er brieflich und bei Besprechungen unbedenklich abzukanzeln. Nicht so diesen bullig wirkenden Führer der Evangelischen in der CDU. Adenauer ist froh, ihn für den engsten Parteivorstand zu gewinnen. 302 Stimmen von 307 erhält Ehlers im Oktober 1952 bei den Wahlen zum Stellvertretenden Parteivorsitzenden auf dem CDU-Bundesparteitag in Berlin, genauso viele wie der Vorsitzende Adenauer selbst, während Jakob Kaiser nur 281 Stimmen bekommt. Otto Lenz, der Ehlers nicht besonders grün ist, vermerkt jetzt in seinem Tagebuch: »Die Presse war der Meinung, daß die CDU damit die Wahlen gewonnen hätte.«[67]

Ein anderer Tagebuchschreiber aus der nächsten Umgebung Adenauers, Herbert Blankenhorn, sieht das ähnlich und meint, er halte es nicht für ausgeschlossen, Ehlers »in späterer Zeit einmal als Parteichef oder Bundeskanzler wiederzusehen«.[68]

Als dann die Rechnung mit den Bundestagswahlen 1953 tatsächlich aufgeht, dankt der doch sonst mit Lob durchaus sparsame Kanzler bei der ersten Vorstandssitzung nach den Wahlen »vor allem auch Herrn Kollegen Ehlers, der ... mit einer solchen Kraft der Überzeugung unter den evangelischen Teilen der Bundesrepublik gewirkt hat, daß es sicher zu einem großen Teil sein Verdienst ist, wenn bei dieser Wahl in viel stärkerer Weise als bei der Wahl 1949 die evangelischen Christen zu uns gestoßen sind, trotzdem ein Mann wie Heinemann und wie Niemöller in dieser Weise gegen uns gearbeitet und gehetzt hat«.[69]

Soweit ist es aber im Spätherbst 1952 noch nicht. Vielmehr hat es nun den Anschein, als würden die Westverträge vor dem Bundesverfassungsgericht stranden.

Im Unterschied zu den wachsameren Sozialdemokraten hatte Adenauer der Entstehung des Bundesverfassungsgerichtsgesetzes und dem Vorgang der Richterwahl offenbar keine vorrangige Beachtung geschenkt. Als sich die Schwierigkeiten im ganzen Umfang zeigen, ist er der erste, der vor dem CDU-Bundesparteivorstand offene Selbstkritik übt. Die Väter des Grundgesetzes, also auch ihn selbst, treffe »ein schweres Verschulden«, weil sie die Wahl der Verfassungsrichter durch ein »politisches Parlament« festgelegt hätten. Das Gesetz über das Bundesverfassungsgericht habe den »überspitzten Idealismus« noch weiter überspitzt, indem es die Wahl der Richter mit Zweidrittelmehrheit vorsah.[70]

Er übergeht schweigend, vergißt es aber nicht, daß einer der maßgebenden Abgeordneten, die den Kompromiß mit der Opposition zustande brachten, Kurt Georg Kiesinger war. Wie die Zukunft beweist, ist es nicht zuletzt diese staatspolitisch weitschauende Konsens-Lösung für eine Richterwahl mit qualifizierter Mehrheit, auf der künftig die hohe Autorität des Bundesverfassungsgerichtes mit beruht. In seinen Ratifizierungsnöten der Jahre 1952 und 1953 gibt Adenauer aber auf staatspolitisch weise Verfahren gar nichts, zumal die Wahlgremien von Bundestag und Bundesrat ihr Bestes getan haben, das Gericht mit Politikern oder mit politisch teilweise abgestempelten Ministerialbeamten und Berufsrichtern vollzupacken. Ein Grund dafür liegt gewiß auch in der jüngsten Vergangenheit. Die meisten der in Frage kommenden Berufsrichter hatten der NSDAP angehört und kamen somit nicht als Kandidaten in Frage.

Das Ergebnis der Arbeiten des Richterwahlausschusses ist jedenfalls nach Meinung Adenauers verheerend: »Im Bundesverfassungsgericht«, so gibt er am 15. Dezember 1952 vor dem Bundesparteivorstand der CDU zu bedenken, »sind z. Zt. 23 Richter. Von diesen 23 Richtern sind neun eingeschriebene Mitglieder der SPD, zwei oder drei eingeschriebene Mitglieder der CDU, einer FDP.«[71]

Seitdem mit dem *Rheinischen Merkur* und dem *Spiegel* die Presse der politischen Zusammensetzung des Bundesverfassungsgerichts ihre Aufmerksamkeit zugewandt hat, ist die Terminologie »roter« für den Ersten Senat und »schwarzer« für den Zweiten Senat in aller Munde. Paradoxerweise sitzt Präsident Höpker Aschoff, bis vor kurzem ein maßgebender FDP-Bundestagsabgeordneter, dem »roten« Ersten Senat vor, während der frühere sozialdemokratische Justizminister von Schleswig-Holstein Rudolf Katz, dem »schwarzen« Zweiten Senat präsidiert. Wie die Richter, von denen jeder ja schließlich auch einen Ruf zu verlieren hat, die komplizierte Prozeßmaterie letztlich steuern und entscheiden werden, weiß zwar kein Mensch. Möglich aber ist alles, sogar ein Scheitern der Verträge oder doch eine lange Verzögerung.

Die SPD zeigt sich von Anfang an entschlossen, beim Kampf gegen die Verträge auch alle prozessualen Möglichkeiten auszunützen. Schon am 31. Januar 1952 erhebt sie bei dem zuständigen Ersten Senat – also dem »roten«, wie man in der Bundesregierung besorgt registriert – eine vorbeugende Normenkontrollklage. Das Gericht soll feststellen, ob der EVG-Vertrag mit dem Grundgesetz vereinbar sei. Da alle Prozeßparteien durch ihnen nahestehende Richter jeweils genauestens informiert werden, macht man sich auch bald im Bundeskabinett Sorgen. »Entscheidung über Schicksal des deutschen Volkes liegt in der Hand von 9–12 parlamentarisch nicht verantwortlicher Männer«, notiert Bundesverkehrsminister Seebohm eine Äußerung Adenauers bei der Kabinettssitzung am 22. April 1952 – also noch *vor* Unterzeichnung des Vertragswerks.

Im Juni 1952 sieht es bereits recht kritisch aus. Allem Anschein nach ist der Erste Senat auf bestem Wege, die Zulässigkeit der Klage prinzipiell zu bejahen, auch wenn sie erst einmal als verfrüht zurückgewiesen werden müßte.

Wie es Adenauer in dieser Lage gelingt, den Bundespräsidenten dafür zu gewinnen, das Bundesverfassungsgericht um ein Rechtsgutachten zu ersuchen, ist unklar. Man darf annehmen, daß der mit Heuss befreundete Höpker Aschoff, der sich in Karlsruhe isoliert fühlt und Schlimmes kommen sieht, daran einen gewissen Anteil hat. Der vorsichtige Bundespräsident, dem eine juristische Entscheidung hochpolitischer Fragen an und für sich ein Greuel ist, läßt sich allerdings durch einen damals geheimgehaltenen Kabinettsbeschluß vom 6. Juni 1952 ausdrücklich darum bitten.

Der politische Kerngedanke dieses Schrittes besteht darin, eine gutachtliche Stellungnahme beider Senate zu bekommen. Dadurch werde, so hofft man, der Erste Senat von einem Votum vorerst abgehalten. Bei dem Plenargutachten, das freilich keine Entscheidung in der Sache brächte, wäre wohl auch eine inhaltlich positive Wertung der EVG zu erwarten mit entsprechend günstiger Rückwirkung auf den gesamten Ratifizierungsvorgang. Außerdem steht zu erwarten, daß ein Gutachten für den Bundespräsidenten den größten Teil des Jahres 1952 in Anspruch nehmen wird. Adenauer hätte also Gelegenheit, zwischenzeitlich die Verträge durch Bundestag und Bundesrat zu bringen. Schon die Ratifikation durch eine Bundestagsmehrheit würde es dem Bundesverfassungsgericht fast unmöglich machen, das Vertragswerk zu ruinieren. Man muß annehmen, daß Adenauers Drängen auf umgehende Ratifizierung – im Juli, im Oktober, im November, jedenfalls so rasch wie möglich! – in starkem Maß auch auf solche Überlegungen zurückgeht.

Die Bundesregierung erklärt sich sogar bereit, dieses Gutachten auch für sich als verbindlich anzusehen.[72] Doch die SPD, die ein ihr günstiges Votum des Ersten Senats erwartet, widerspricht dem. Am 30. Juli lehnt das Gericht die vorbeugende Normenkontrollklage der SPD als »im gegenwärtigen Zeitpunkt unzulässig« ab. Im Regierungslager wird erst einmal Entwarnung gegeben.

Adenauer traut jedoch dem Frieden nicht. Von Franz Josef Strauß hört er im August, nur 8 von den derzeit 22 Richtern seien der Meinung, die Verträge seien nicht verfassungsändernd.[73] So ist es nicht eigentlich eine Überraschung, als im Lauf des November immer bedenklichere Nachrichten aus Karlsruhe eintreffen. Adenauer wird nun sichtlich nervös. Aber immer noch will er erreichen, daß der Bundestag *vor* der Verhandlung über das Gutachten für den Bundespräsidenten ratifiziert, obwohl Höpker Aschoff formell darum gebeten hat[74], dem Gericht den Vortritt zu lassen.

Am 18. November 1952 erleidet der Kanzler die erste schwere parlamentarische Niederlage. Gegen den Rat des Bundestagspräsidenten, auch gegen den Rat Gerstenmaiers, sucht er eine Ratifizierung in den Tagen vom 26. bis 28. November zu erzwingen. »Im Grunde«, so diagnostiziert er richtig, »handele es sich ja nur um eine Kraftprobe zwischen Regierungskoalition und Opposition, die im Bundesverfassungsgericht ausgetragen werde.«[75] Die CDU/CSU-Fraktion folgt ihm zwar schließlich, doch nur, um sich bei der Abstimmung im Plenum des Bundestages gehörig zu blamieren. 17 CDU/CSU-Abgeordnete fehlen, ein Teil der FDP zieht nicht mit, und so bleiben die Koalitionsfraktionen mit 166 : 179 Stimmen in der Minderheit. Die Opposition jubelt, im Regierungslager breitet sich Mutlosigkeit aus.

Auf der anschließenden Koalitionsbesprechung wird als Termin für die nächste Ratifikationsdebatte der 3./4. Februar vorgesehen.[76] Wenig später ergibt sich eine veränderte Lage. Seit ein paar Tagen hat Adenauer nämlich ein neues Argument. Der neugewählte amerikanische Präsident Eisenhower wolle im Januar John Foster Dulles zum Außenminister ernennen. Dieser aber sei viel mehr nach Asien als nach Europa orientiert. Finsterste Aussichten, wenn man nicht sofort ratifiziert![77] Schließlich ermannt sich die Koalition, die Zweite und Dritte Lesung doch Anfang Dezember abzuhalten und setzt das im Plenum durch.

Parallel zu den hektischen Geschäftsordnungsdiskussionen in Bonn wogt auch der Kampf in Karlsruhe hin und her. Präsident Höpker Aschoff, verdrossen, krank und von skeptischsten Vorahnungen erfüllt, läßt sich kurzfristig von Staatssekretär Lenz überreden, die öffentliche Verhandlung über das Gutachten für den Bundespräsidenten abzusetzen, bis die Bundestagsdebatte vorüber ist.[78] Kaum hat er sich aber ins Sanatorium begeben, da veranlaßt der sozialdemokratische Vizepräsident Katz eine Mehrheit des Gerichts, über die Sache am 8. Dezember zu verhandeln.

Inzwischen sickert auch im Kabinett durch, daß das Plenum des Bundesverfassungsgerichts wohl gar kein einheitliches Gutachten erstellen wird, sondern ein Mehrheits- und ein Minderheitsgutachten. Höpker Aschoff, von dem diese Information stammt, meint, die jeweilige Mehrheit könne von *einer* Stimme abhängen.[79] Das wird zwar nicht rechtsverbindlich sein, eröffnet aber der SPD die Möglichkeit, unmittelbar nach der Ratifikation durch den Bundesrat erneut eine Normenkontrollklage anhängig zu machen – und zwar wiederum vor dem »roten Senat«, wie Adenauer unter Bezugnahme auf den *Spiegel* in einer Fraktionssitzung am 4. Dezember ganz ungeniert formuliert.[80] Das hieße aber: im Mai oder Juni 1953, kurz vor den Bundestagswahlen, wird schließlich eine – wahrscheinlich negative – Entscheidung vorliegen.

Nun kommen die juristischen Berater Adenauers auf eine ingeniöse

Hüter des Grundgesetzes

*Das Prinz-Max-Palais in Karlsruhe,
erster Sitz des Bundesverfassungsgerichts.*

Idee. Sollte man dem Bundesverfassungsgericht nicht mit einer Organklage der Regierungsfraktionen zuvorkommen? Das hätte viele Vorteile. Zuständig wäre nicht der »rote«, sondern der »schwarze« Senat. Wie immer das Urteil auch ergehen würde, es könnte schon im Februar oder März 1953 ergehen – also in halbwegs sicherem Abstand vom Termin der Bundestagswahlen. Wenn eine Klage erst eingereicht wäre, würde sich auch das unsicher gewordene Gutachten für den Bundespräsidenten von selbst erledigen, besser noch: Heuss sollte es tunlichst zurückziehen.

Die Organklage müßte sich darauf beziehen, daß die Antragsgegner von der SPD der Bundestagsmehrheit das Recht bestreiten, die vorliegenden Vertragsgesetze mit der vorgeschriebenen einfachen Mehrheit zu verabschieden. Allerdings: eine solche Klage kann nur *vor* der Dritten Lesung eingereicht werden, nachdem in der Zweite Lesung nochmals die Entschlossenheit der Mehrheit demonstriert wäre.

Eine riskante Operation! Wer weiß, wie die Welt nach einigen Monaten aussieht, wenn die Dritte Lesung – einen glücklichen Ausgang des Prozesses vorausgesetzt – endlich vorgenommen werden kann? Wie werden die Anhänger der Regierung auf die unvermutete Absetzung der Dritten Lesung reagieren? Wie das Ausland? Wird Frankreich das nicht zum Anlaß nehmen, die Ratifikation noch weiter zu verzögern? Was letzteres angeht, so folgt Adenauer einer lebenspraktischen Maxime: »Die Verträge dürfen nicht an uns, sondern allenfalls an Frankreich scheitern.«[81] Riskiert man nun aber nicht, daß der »schwarze Peter« endgültig bei den Deutschen verbleibt?

Das alles wird Ende November in einer raschen Abfolge von Sitzungen auf alle Vor- und Nachteile abgeklopft. Anfang Dezember hat sich Adenauer entschlossen, völlig umzusteuern. Am Donnerstag, dem 4. Dezember, während die Nachricht von der Verschiebung der Dritten Lesung schon unter den Journalisten kursiert, bearbeitet der Kanzler seine eigene Fraktion, vor allem die Herren der Deutschen Partei, die sich in niedersächsischer Geradlinigkeit nicht mehr von dem Plan der Dritten Lesung im raschen Anschluß an die Zweite Lesung abbringen lassen möchten. Alle Helfer des Kanzlers sind nun eingespannt, Journalisten und den ausländischen Diplomaten die vielschichtigen Gründe für den unerwarteten Bremsvorgang zu erklären. Abgebrühte Kenner der politischen Wirklichkeit bewundern zwar die Advokatenschläue, mit der sich Adenauer den Fallen zu entwinden sucht. Einfachere Geister in den Fraktionen und eine breitere Öffentlichkeit aber sind verwirrt, betreten und in ihrer Auffassung bestätigt, daß dieser Kanzler zu jedem Trick fähig ist.

Obwohl sich die Gesamtheit seiner Außenpolitik in den Wirbeln einer schweren Krise befindet, scheint der immerhin schon sechsundsiebzigjährige Adenauer den Sturm zu genießen. Die Zweite Lesung ist eine der tumultuarischsten, die der Deutsche Bundestag erlebt und wird über Rundfunk in fast jedes deutsche Haus übertragen. Sie beginnt am Mittwoch, dem 3. Dezember, und dauert mit den Abstimmungen bis in die frühen Morgenstunden des Samstag. Adenauer hat seinen großen Auftritt am Mittwoch, wo er mit einer wohlvorbereiteten, temperamentvollen Rede nach Willy Brandt, dem ersten Sprecher der Opposition, alle Register zieht und eine seiner besten Ansprachen hält. Deutschland, so meint er, hat bei den Verträgen die Wahl zwischen Freiheit und Sklaverei, und die SPD betreibe die Geschäfte des Kreml. Demgegenüber nennen ihn die Sozialdemokraten den »Totengräber der deutschen Einheit«.

Am Freitag, inmitten der Empörung über Adenauers Schachzug gegenüber Karlsruhe, wirft er sich dann nochmals in die Debatte, diesmal wieder bemerkenswert frisch, mit kräftiger Stimme, mit böser Polemik und mit humoristischen Reprisen zugleich stets die Aufmerksamkeit fesselnd. Dann begibt er sich einige Zeit zum Abendessen. In den späten Abendstunden des Freitag – die Radauszenen im Plenum gehen immer noch weiter – findet ihn Otto Lenz zusammen mit Pferdmenges in seinem Zimmer. Lenz berichtet, wie Justizminister Dehler den SPD-Abgeordneten Menzel erregt einen Schuft genannt hat. Adenauer findet das ganz in Ordnung und streitet sich dann einige Zeit mit Lenz, der bemerkt, man könne ja das ganze Problem auch lösen, indem man die SPD in eine Koalition hineinnehme.

Otto Lenz jedenfalls, der sich in diesen Monaten innerlich schon von Adenauer zu lösen begonnen hat, bewundert bei dieser Gelegenheit den stoischen Gleichmut des Kanzlers. Mit Blick auf das Verfahren vor dem Zweiten Senat meint der nämlich gelassen, »man müsse einen Schritt nach dem andern tun und dürfe sich durch einen eventuell negativen Ausgang nicht vorher verwirren lassen«[82].

Dann geht es wieder ins Plenum, erneute Radauszenen, denn die Uhr steht schon auf Mitternacht. Fast kommt es zu Handgreiflichkeiten zwischen den Berliner Abgeordneten Robert Tillmanns und Franz Neumann. Ersterer hat in den Saal gerufen, er habe jedenfalls nicht wie die Herren von der SPD die Vereinigung mit der KP mitgemacht. »Dem Bundeskanzler«, beobachtet Lenz, »machte diese Sache ungeheuren

Spaß.« Wie so oft, wenn Adenauer aufgekratzt und müde zugleich ist, gibt er nur noch Zynismen von sich. Als Lenz, der ja kein Abgeordneter ist, sich um halb zwei Uhr nachts verabschiedet, um endlich nach Hause zu gehen, meint Adenauer, er scheine vom Parlament recht wenig zu halten und fügt hinzu: »Er bedauerte ja auch, daß man keine gemäßigte Diktatur einführen könne, es würde viel Zeit sparen.« Und er bleibt bis zur letzten Abstimmung. Deutschlandvertrag und EVG werden mit den sicheren Mehrheiten von 54 bzw. 57 Stimmen angenommen. In derselben Nacht geht auch die Klage nach Karlsruhe ab.

Die nächste unerwartete Wendung in diesen aufgewühlten Dezemberwochen kommt schon am Montag, der auf die Mammutdebatte im Deutschen Bundestag folgt. Mit denkbar großem Unwillen haben die Verfassungsrichter registriert, wie die Objektivität ihrer Entscheidungen seit Monaten von allen Seiten in Zweifel gezogen wird. So betrachten sie die Organklage der Koalitionsfraktionen als Provokation, die nicht hingenommen werden kann. Die Antwort des Gerichts ist psychologisch ebenso verständlich wie rechtlich problematisch. Mit massiver Mehrheit von 20 : 2 Stimmen beschließen beide Senate, die über das Gutachtenersuchen des Bundespräsidenten beraten, daß Gutachten des Plenums über bestimmte verfassungsrechtliche Fragen beide Senate in Urteilsverfahren binden würden.

Damit ist zwar den Spekulationen auf die Mehrheitsverhältnisse im »roten« und im »schwarzen« Senat der Boden entzogen. Die Rechnungen beider Prozeßparteien, der SPD-Opposition und der Mehrheitsfraktionen, gehen nun nicht mehr auf. Doch angesichts der vermutlich höchst unsicheren Mehrheitsverhältnisse im Plenum des Gerichts wird das Schicksal der Verträge aus Sicht Adenauers jetzt noch unkalkulierbarer. Außerdem gewinnt nun das unter ganz anderen Voraussetzungen erbetene Gutachtenbegehren des Bundespräsidenten einen Stellenwert, der vom Antragsteller so nicht erwartet worden war.

Entsprechend heftig ist die Reaktion im Bundeskabinett, das am 9. Dezember zweimal zusammentritt. Um 11 Uhr während der Vormittagssitzung unterrichtet Hallstein telefonisch vom Beschluß in Karlsruhe. Größte Aufregung in der Kabinettsrunde. Adenauer setzt gleich den Ton: »Rechtsbruch!« Das Bundesverfassungsgericht hat »gesetz- und verfassungswidrig« gehandelt. Er erinnert an den berühmt-berüchtigten Streit Reich/Preußen vor dem Staatsgerichtshof in Leipzig nach dem Preußenschlag im Juli 1932 und an die Rolle des seinerzeitigen Reichsgerichtspräsidenten Erwin Bumke. Damals, so meint Adenauer, der seinerzeit mit Walter Simons darüber gesprochen hat, begann der Verfassungsbruch. Wieder einmal tauchen nun am Bonner Kabinettstisch die Gespenster von Weimar auf.

Der nächste Zug obliegt dem Bundespräsidenten. Adenauer ist der Auffassung, daß dieser den Gutachtenantrag zurückziehen sollte. Er fährt unmittelbar nach der ersten Kabinettsitzung am 9. Dezember zu Heuss hinüber, noch bevor die Prozeßbevollmächtigten der Bundesregierung, die Staatssekretäre Walter Hallstein und Walter Strauß, von Karlsruhe zurück sind. Der Staatssekretär im Bundespräsidialamt, Manfred Klaiber, der vorangehen und Heuss den Rat geben möchte, »auf jeden Fall festzubleiben«, wird von Adenauer liebenswürdig aufgefordert, ihn doch im Auto zu begleiten.[83]

Als Adenauer eintrifft, hat der Bundespräsident von der ihn doch in erster Linie betreffenden Karlsruher Entscheidung noch gar nichts gehört. Der Kanzler teilt ihm den Beschluß mit und unterrichtet ihn über die Meinung des Kabinetts. Man müsse nun den Bericht von Hallstein und Strauß abwarten.[84] Ob Heuss schon bei dieser ersten Unterredung mitteilt, er werde seinen Antrag zurückziehen, ist zweifelhaft. In der einzigen schriftlichen Aufzeichnung über die Kabinettsberatungen am Abend dieses Tages, die von Seebohm stammt, wird Adenauer folgendermaßen zitiert: »Bundespräsident wartet auf Ansicht des Kabinetts nach Anhörung von Hallstein und Strauß.«[85]

Das Kabinett schließt sich jedenfalls einstimmig der negativen Einschätzung an, daß der Beschluß des Bundesverfassungsgerichts »einer rechtlichen Grundlage offensichtlich ermangele« und darauf abziele, »Charakter und Tragweite der gutachtlichen Äußerung«, die der Bundespräsident erbeten habe, »wesentlich zu ändern.« Ob eine formelle Bitte an Heuss um Rücknahme des Gutachtenersuchens erfolgt, geht aus dem Kabinettsprotokoll nicht hervor. Blankenhorn, der zugegen war, notiert aber: »Das Kabinett beschließt, den Bundespräsidenten zu ersuchen, seinen Gutachtenantrag zurückzuziehen.«[86] Was von Heuss erwartet wird, ist jedenfalls ganz klar. Adenauer, Blücher, Lehr, Dehler und Storch, begleitet von den Staatssekretären Hallstein und Strauß, werden beauftragt, Heuss die Stellungnahme der Bundesregierung sofort zu überbringen.

Die Minister berichten nacheinander über die Auffassungen des Kabinetts, zuletzt Adenauer selbst.[87] Daraufhin erklärt Heuss, er werde seinen Gutachtenantrag zurückziehen. Tief befriedigt kehrt Adenauer von der Besprechung zurück und meint, »er würde lange nicht mehr so gut schlafen wie heute.«[88] Dazu hat er durchaus Grund, denn nunmehr ist sichergestellt, daß das Bundesverfassungsgericht wieder zu jener umsichtigen Geduld und klugen Selbstbeschränkung findet, die einem ungestörten Abschluß des Ratifikationsverfahrens dienlich sind.

Die Frage, wie stark Adenauer mit Unterstützung des Kabinetts auf die Entscheidung des Bundespräsidenten eingewirkt hat, enthält in jenen aufgewühlten Tagen und Wochen durchaus Brisanz. Sie berührt nämlich das im ganzen gute, aber naturgemäß auch delikate Verhältnis zwischen dem starken Kanzler und dem hochangesehenen Bundespräsidenten.

Zwar trägt Theodor Heuss wie alle seine Amtsnachfolger Sorge, sich vom Parteienstreit abzuheben. Doch das Streben nach gesamtstaatlicher Repräsentation verdeckt auch bei ihm nur mühsam die Bereitschaft zur entschiedenen Parteinahme, wenn es darauf ankommt. Das gilt nicht zuletzt bezüglich der Flügelkämpfe in der FDP, deren Vorsitzender er kurze Zeit war. Es gilt aber eben auch beim Streit über Westbindung, Verteidigungsbeitrag und Wiedervereinigungspolitik. Hier bedarf es keines Drucks der Bundesregierung, ihn auf Kurs der amtlichen Politik zu zwingen. Er hält deren Grundzüge vielmehr selbst für richtig. Doch schätzt er es, sich gut abzusichern, und dazu gehört auch die Taktik, möglichst das Bundeskabinett vorangehen zu lassen. Die Vorgänge um das Gutachten machen das hinlänglich deutlich. Vor allem gilt es, das Dekorum zu wahren und das durchweg freiwillige Zusammenspiel zwischen Kanzler und Bundespräsident nicht allzu offenkundig werden zu lassen. Deshalb ist Heuss mit der im ganzen recht geschickten Art und Weise recht zufrieden, in der Adenauer diesmal ein gewisses Drängen vermeidet. Hingegen trägt er es dem Feuerkopf Thomas Dehler bitterlich nach, daß dieser es für angezeigt hält, ihn bei der nächtlichen Besprechung am 9. Dezember an seinen Amtseid zu erinnern.[89]

Die Erschütterung in den Medien der Republik ist jedenfalls ungeheuer, auch wenn Adenauer einige bei ihm versammelte Journalisten nachdrücklich bittet, doch nicht den dramatisierenden Ausdruck »Staatskrise« zu verwenden.[90] Zwar läßt er an seiner scharfen Verurteilung der Karlsruher Richter keinen Zweifel: »Es handelt sich darum, ob Gesetzgeber in einem demokratischen Staat das Parlament ist oder ein Bundesverfassungsgericht. Was das Stimmenverhältnis angeht, mit dem hier der Beschluß gefaßt worden ist, so ist das für meine Beurteilung des Beschlusses völlig gleichgültig, auch wenn alle dafür gewesen wären, würde ich dabei bleiben: ›Dieser Beschluß widerspricht dem Grundgesetz. Ob das 20, 22 oder 12 Mann sind, ist mir völlig gleichgültig.‹«[91]

Dennoch wiegelt er jetzt ab. Überlegungen, das Bundesverfassungsgerichtsgesetz zu novellieren, werden ebenso verworfen wie die einer Umbesetzung des Gerichtshofes.[92] Und Adenauer sieht es nicht ungern, daß in den Tagen, da die Wellen noch hochgehen, vor allem Bundesjustizminister Dehler die Prügel bezieht, weil er in einer telegraphischen Antwort auf kritische Stimmen aus süddeutschen Juristenkreisen erklärt hat: »Das Bundesverfassungsgericht ist in einer erschütternden Weise von dem Wege des Rechts abgewichen und hat dadurch eine ernste Krise geschaffen.«[93]

Daß die Auseinandersetzung für kurze Zeit alle Verfassungsorgane des Bundes ins Zwielicht rückt, ist nicht zu bestreiten. Und von allen Beteiligten erscheint zweifellos Adenauer als der Bedenkenloseste, auch wenn er sein Bestes tut, die Schuld vor der Tür der SPD und des Bundesverfassungsgerichts abzuladen. In der Tat hat er keine Bedenken. Im Tiefpunkt der Krise bemerkt er voller Erregung zu Globke, »er werde vor nichts zurückschrecken, um die Verträge durchzusetzen, da er andererseits eine Katastrophe für Deutschland voraussehe«[94].

Sind ihm also die Institutionen des Verfassungsstaates gleichgültig? Kennt er allein den Primat der Außenpolitik? Wer ihn in jenen Wochen schärfster Spannungen hört, gewinnt nicht diesen Eindruck. Selbst seine Kritik am Bundesverfassungsgericht, das schließlich erst noch zu seiner Rolle finden muß, zeichnet sich durch eindrucksvoll nuanciertes Rechtsdenken aus, wie etwa eine Journalistenrunde feststellen kann, die er am 10. Dezember zu einem Teegespräch bittet.[95] Man wird auch zu würdigen haben, daß das Bundesverfassungsgericht damals von den Regierungsparteien *unisono* schärfstens kritisiert wird. Ausgerechnet der liberale Justizminister Thomas Dehler läßt sich darin von niemandem übertreffen. Auch ein Jurist wie Gerhard Schröder, der als Bundesinnenminister bald zu einer viel abgeklärteren Einschätzung gelangen wird, bemerkt Mitte November 1952 im engsten Kreis seiner Parteifreunde, das Bundesverfassungsgericht sei »doch nur eine ephemere Randerscheinung«, die vom Parlament geschaffen worden sei.

Dennoch bleibt Adenauers bedenkenlose Entschlossenheit bemerkenswert. Damals wie später beobachtet man bei ihm die fast naive Selbstsicherheit des großen Mannes, der sich als Erfüller einer geschichtlichen Mission begreift und das Heil des Staates mit dem von ihm für richtig Erkannten gleichsetzt. Die Intellektuellen erschrecken, der linksliberalen Presse kommen Bedenken, die Opposition sieht eine halbautoritäre Kanzlerdiktatur im Entstehen, und selbst vielen Parteifreunden Adenauers kommen bei soviel Härte einige Bedenken.

Erstaunlicherweise zeigt sich die breite Masse der Wähler nur vergleichsweise wenig irritiert. Zwar läßt die Stimmungskurve der Regierung einen Einbruch erkennen, doch nicht die persönliche Zustimmungskurve zu Adenauer.[96] Seit November befindet sich diese Kurve wieder im Aufstieg – 34 Prozent im November 1952, 37 Prozent im Januar 1953, 39 Prozent im Februar. Im September 1953 sind 57 Prozent erreicht. Parallel dazu beginnt gegen Ende 1952 auch der große Block der Unentschiedenen bzw. Urteilslosen abzuschmelzen: von 37 Prozent im November 1952 über 36 Prozent im Januar 1953 auf 34 Prozent im März. Im September 1953 werden es noch 28 Prozent sein.

Seitdem Adenauer durch Vermittlung von Otto Lenz auf die Untersuchungen des Instituts für Demoskopie von Elisabeth Noelle-Neumann und Paul Neumann aufmerksam gemacht worden ist, verfolgt er die Ergebnisse der Umfrageforschung mit nie erlahmendem Interesse. Das Meinungsecho auf seine Politik in diesen schwierigen Wochen läßt, so sieht er es, nur *eine* Schlußfolgerung zu: entschiedene Führung, unterstützt von massiver Öffentlichkeitsarbeit zahlt sich aus. So sieht er dem »Jahr der Entscheidung« 1953 ganz gelassen entgegen.[97]

Aufbruch in die neue Welt

Am 9. März 1953 hält der neue amerikanische Außenminister John Foster Dulles im UN-Hauptquartier eine Pressekonferenz ab. Sein Eröffnungsstatement lautet: »Die Eisenhower-Ära beginnt, die Stalin-Ära ist zu Ende... Zehn Jahre lang stand die Welt im Bann der bösen Macht Stalins... Nun, im selben Augenblick, da er stirbt, hat General Eisenhower die Präsidentschaft unserer großen Republik angetreten – ein Mann, der Westeuropa befreit hat, ein Mann mit unvergleichlichem geschichtlichem Prestige. Ein neues Zeitalter beginnt.«[1]

Das Jahr 1953 erscheint in der Tat als eine Art Wasserscheide zwischen zwei Zeitaltern. Der Tod Stalins am 5. März 1953 setzt zwar der Unterdrückung im Ostblock kein Ende. In der DDR wird das Leben für viele während der folgenden Jahre eher noch unerträglicher. Dennoch lockert sich das Sowjetsystem erstmals im Innern. Es beginnt ein Ost-West-Dialog, wie er zuvor nicht vorstellbar war, allerdings zugleich eine ebenfalls so noch nicht dagewesene globale Expansionspolitik der Sowjetunion. Im Unterschied zu den lähmenden Jahren der Stalinzeit gibt es jedenfalls wieder Hoffnung, zumindest aber Veränderung. In der Geschichte der internationalen Beziehungen sind auch die fünfziger Jahre ein sehr bewegtes Jahrzehnt.

Während also in der Sowjetunion die schreckliche Stalin-Zeit zu Ende geht, setzt in den USA die Eisenhower-Ära ein – Jahre beispielloser Prosperität, Jahre amerikanischer Hegemonie und trotz fortdauernder Ost-West-Spannung auch Jahre ohne große Kriege. »Das amerikanische Jahrhundert«, während des Zweiten Weltkriegs von dem Zeitungsverleger Henry Luce in pathetischem Überschwang angekündigt, ist nun Wirklichkeit – Wirklichkeit vor allem auch in Westeuropa, das im amerikanischen Weltsystem politisch zur Ruhe kommt, einen noch Anfang der fünfziger Jahre unvorstellbaren Wirtschaftsboom erlebt und den Katastrophenzyklus der Jahre 1914 bis 1950 erleichtert hinter sich läßt.

Eine neue Epoche beginnt auch in Frankreich, allerdings keine günstige. Das Land kommt mit sich selbst immer weniger zurecht: ein kostspieliger Kolonialkrieg in Indochina, Unruhen in Nordafrika, ein zur Unregierbarkeit tendierendes parlamentarisches System! Am 23. Dezember 1952 ist Antoine Pinay zurückgetreten. Er war, so stellt es sich einem mitleidlosen Blick dar, »das letzte Experiment des französischen Bürgertums«.[2] Mit ihm zusammen verläßt Robert Schuman den Quai d'Orsay, um nie mehr wiederzukehren. Der deutsch-französischen Verständigungspolitik fehlt damit vorerst die französische Galionsfigur. Von nun an folgt eine rasche Abfolge meist schwacher Kabinette, unterbrochen nur von dem für kurze Zeit aufregend selbstbewußten und erfolgreichen Pierre Mendès-France.

Doch bei Adenauer verstärkt sich schon 1951 der Eindruck, daß Frankreich immer mehr zum »kranken Mann Europas« werde. »Der kranke Mann am Bosporus« – so nannte man in den Jahrzehnten vor dem Ersten Weltkrieg das ineffiziente, unmoderne und überdehnte Osmanische Reich. Nun findet man diese wenig schmeichelhafte Bezeichnung für das Frankreich der Vierten Republik. Und wenn man in der CDU unter sich ist, spricht Adenauer verächtlich von den »mehr oder weniger hysterischen Franzosen«[3].

Auch und vor allem in der Bundesrepublik ist das Jahr 1953 eine Epochenzäsur.[4] Das wird schon damals so empfunden. Die Not der ersten Nachkriegsjahre ist vorbei – jedenfalls für die meisten. Die Statistiken zeigen, daß auch die Belastungen und Unsicherheiten der ersten Wiederaufbaujahre der Vergangenheit angehören. Das bessersituierte Bürgertum beginnt bereits mit Auslandsreisen – eine halbe Million bevölkert allein im ersten Halbjahr von 1953 Paris und Rom, fährt bis Jugoslawien und Griechenland, Vorboten einer kommenden Woge deutscher Urlauber.

Untrügliches Indiz für die veränderte Stimmungslage ist die Gesetzgebung. 1952 ist die Wiederaufbaugesetzgebung weitgehend abgeschlossen. Das Lastenausgleichsgesetz wird im Mai 1952 im gleichen Moment durch den Bundestag gepaukt, als die Unterzeichnung der Westverträge ansteht. 1953 aber gibt es über Wochen hindurch nur noch *ein* großes innenpolitisches Thema: das Für und Wider einer Senkung der Kaffeesteuer. Die Auseinandersetzungen um dieses Wahlgeschenk sind zwar noch kein Anzeichen dafür, daß die Bundesrepublik schon eine Wohlstandsgesellschaft darstellt – sie zeigen aber doch, daß die Zeit der »Blut-, Schweiß-und-Tränen-Themen« zu Ende ist. Kein Wunder, daß Adenauer ab 1953 in seine öffentlichen und internen Ansprachen immer häufiger die Warnung einflicht, man solle doch über der neugewonnenen Sekurität die allgemeine Unsicherheit der Weltlage nicht vergessen.

Die Statistiken sprechen eine untrügliche Sprache: Die Bundesrepublik hat auf vielen Feldern die Kriegsfolgen beseitigt und bereits wieder die stärkste Exportmaschine Europas aufgebaut. Niemand verspürt die veränderte Lage besser als ausländische Journalisten, die zu den Bundestagswahlen 1953 eingeflogen werden und über das neue Deutschland berichten. So erscheint am 31. August 1953 in *Time* eine Titelstory über die deutschen Wahlen. Auf dem Umschlag prangt ein Farbfoto Adenauers, im Hintergrund der schwarze Reichsadler auf schwarz-rot-goldenem Farbstreifen. Die Hauptbotschaft des Heftes lautet: »Die westliche Hälfte Deutschlands ist acht Jahre nach der Götterdämmerung von 1945 auf dem Wege, die mächtigste Nation des Kontinents zu werden«, und der Garant dieser Entwicklung ist Adenauer.[5]

Das ist Wahlhilfe, gewiß, überlegt orchestriert von Otto Lenz, Felix von Eckardt und ihren Mitarbeitern. Aber es gibt eben zugleich einem Ensemble von Tatsachen und von Stimmungen Ausdruck. Diese Lage ist nun spürbar anders als in den noch recht labilen Jahren 1950, 1951 oder auch noch Anfang 1952. Bessere Wirtschaftsdaten, optimistischere Stimmung – kurz eine Wirklichkeit, zu deren Charakteristik sich nun rasch die Bezeichnung »Wirtschaftswunder« einbürgert.

Adenauer mit seinem recht sicheren Gespür für Stimmungen erkennt im ersten Halbjahr 1953, daß er sich im Einklang mit den umfassenderen Trends befindet, die im europäischen Staatensystem und global wirksam sind. Wie sich die Ost-West-Beziehungen entwickeln werden, ist unklar.

Zu erwarten ist nach dem Tod Stalins »innere Uneinigkeit« der sowjetischen Führung. Daraus kann sich, so führt er am 11. März 1953 vor dem CDU-Vorstand aus, ebenso eine »gewisse Sicherung und Beruhigung« wie eine »gewisse Beunruhigung« ergeben. Eher glaubt er, daß das Ereignis »die Friedensaussichten nicht erhöht«. Wesentlich ist: »Unsere ganze Hoffnung und Rettung liegt nur darin, daß die amerikanische Politik einen steten Kurs einhält und daß Sowjetrußland weiß, wenn es etwas tut, daß es dann die ganze amerikanische Macht auf dem Halse hat.«[6]

Die Erfahrungen mit der sowjetischen Außenpolitik nach Stalin lassen aber Adenauer bald erwarten, daß sich der Ost-West-Konflikt zunehmend in Regionen außerhalb Europas sowie auf dem Feld der strategischen Rüstung abspielen wird. Die Sowjetunion scheint eine globale Expansionspolitik zu betreiben, und die Friedensgefährdung in Europa ergibt sich vorwiegend aus außereuropäischen Konflikten. Unter diesen Umständen dürften weder Frankreich noch Großbritannien in der Lage sein, die geostrategischen Einflußgebiete in Europa, in Afrika und im Nahen oder im Mittleren Osten ohne amerikanische Unterstützung zu sichern.

Somit setzt Adenauer weiterhin voll auf die USA. Dem Hamburger CDU-Politiker Erik Blumenfeld, der brieflich den Ratschlag erteilt hat, im Wahlkampf 1953 nicht ausschließlich das gute Verhältnis zu den USA hervorzukehren, schreibt er, das werde natürlich nicht geschehen, doch dann kommt der Kernsatz des Antwortbriefes: »Aber auf der anderen Seite bitte ich Sie, doch auch zu berücksichtigen, daß die Amerikaner z. Zt. unsere einzigen Freunde sind und daß wir England und Frankreich zuliebe nicht auf diese, unsere Freunde, die zugleich die Entscheidung in der Hand haben, verzichten können.«[7]

Das ist nicht allein Adenauers Linie des Jahres 1953, sondern mehr oder weniger bis gegen Ende der fünfziger Jahre. Zwar setzt er weiterhin wie in den Zeiten Robert Schumans auf die deutsch-französische Verständigung und ist um außenpolitische Konzertierung mit Großbritannien und Italien bemüht. Ab Mitte 1956 wird sich bei ihm auch eine ganz deutliche Tendenz zur erneuten Intensivierung der deutsch-französischen Beziehungen erkennen lassen, da er nun doch wieder eine mittelfristige Abschwächung der amerikanischen Sicherheitsgarantie für Europa befürchtet. Vor allem die Politik von John Foster Dulles in der Suez-Krise hat eine gewisse Kurskorrektur zur Folge. Aber während dieser ganzen Jahre verbietet sich ein einseitig europäischer Akzent seiner Außenpolitik. Die Kabinette der Vierten Republik, doch auch de Gaulle in seinen

Aufbruch in die neue Welt

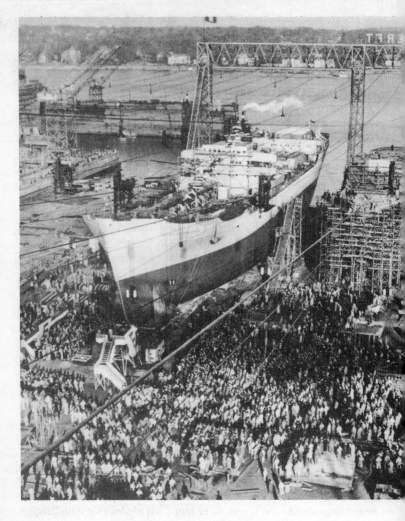

*Die stärkste Exportmaschine Europas.
Ozeanriesen »am laufenden Band« auf der Deutschen Werft
in Hamburg.*

Wirtschaftswunder

Anfängen, erscheinen ihm zu schwach und ohne klaren Kurs. Großbritannien sucht weiterhin eine Weltmachtrolle zu pflegen, die ihm, so sieht es Adenauer, nicht mehr zusteht. Und das ohnehin schwächere Italien wird die Hypotheken seiner starken kommunistischen Partei, des unterentwickelten Mezzogiorno und eines schwierigen Vielparteiensystems nicht los.

Die Beziehungen zu den USA haben also unbedingten Vorrang, zumal ohne amerikanische Unterstützung auch der europäische Zusammenschluß nicht vorankommt, wie das Ringen um die EVG und die Suche nach einer Alternative dazu beweisen. Je weiter es in das Jahr 1953 hineingeht, für um so unwahrscheinlicher hält es Adenauer, daß eine der westlichen Siegermächte nochmals zur Kontrollperiode der Jahre 1949, 1950 oder 1951 zurückkehren könnte. Doch solange die Westverträge nicht ratifiziert sind und solange das militärische Vakuum in der Bundesrepublik besteht, ist nichts endgültig gesichert.

So sieht er bis zur Wiedergewinnung der Souveränität im Frühjahr 1955 seine Hauptaufgabe darin, die Vertragsbasis für die Konsolidierung des deutschen Aufstiegs zustande zu bringen. Da dafür nur die 1951 und 1952 ausgehandelten Verträge vorliegen, heißt das aber bis zum Scheitern der EVG am 30. August 1954 in erster Linie: Hinwirken auf eine Ratifizierung der EVG ohne große Berücksichtigung anderer denkbarer Alternativen. Das gilt übrigens für westliche Vertragsalternativen genauso wie für die gesamtdeutschen Alternativen.

Alle Beteiligten, auch Adenauer, sitzen also vorerst auf der EVG fest. Diese wurde zwar nur deshalb in der vorliegenden Form konzipiert, um den deutschen Wehrbeitrag für Frankreich akzeptabel zu machen. Doch zeigt sich nun, daß die darin enthaltenen Konzessionen nicht mehr genügen. Die ganzen einundeinhalb Jahre von Anfang 1953 bis zum Sommer 1954 müssen also darauf verwandt werden, die politisch eher fehlkonzipierte EVG so zu verändern, daß sie schließlich doch noch als Rahmen für die partnerschaftliche Mitarbeit der Bundesrepublik dienen könnte. Erstaunlicherweise erweisen sich dabei die noch Ende 1952 fast unlösbar erscheinenden Probleme einer Ratifizierung in der Bundesrepublik als vergleichsweise elegant lösbar. Zunehmend unüberwindlich aber sind die Widerstände in Paris, zumal Frankreich seine Ratifikationsbereitschaft nun ganz offen mit einem Saar-Junktim verbindet.

Vordringlich aus Adenauers Sicht erscheint also zu Beginn des Jahres 1953 die rasche Herstellung vertrauensvoller Beziehungen zur neugewählten Eisenhower-Administration, die am 20. Januar ihre Arbeit aufnimmt. Adenauer ist mit Eisenhower erstmals im Februar 1951 zusammengetroffen, als dieser NATO-Oberbefehlshaber in Europa war. Welche persönlichen Eindrücke die beiden voneinander hatten, ist unbekannt. Eisenhowers Bericht über die Begegnung entbehrte nicht der Untertöne. Allem Anschein nach hat ihn damals Adenauers Bemerkung verdrossen, bei einem Verteidigungsbeitrag müsse sich auch der politische Status der Bundesrepublik ändern.[8]

Immerhin: der ehemalige Oberbefehlshaber der »Crusade in Europe« weiß, daß Adenauer von den Nazis verfolgt wurde. Noch ein Jahrzehnt später, als er seine Memoiren schreibt, wird er das kräftig hervorheben. Der aufrechte Bürgermeister von Köln, der sich geweigert hatte, »seinen Rücken vor Hitler zu beugen« und der jetzt »als Führer der neugeborenen Nation« an die Stelle des alten Nationalismus das gute Europäertum setzt! Dieses Adenauerbild bestimmt die Grundeinstellung Eisenhowers, der vom antideutschen Abscheu der Kriegszeit und der ersten Nachkriegsjahre bis hin zur vorsichtigen Sympathie für das neue Mitglied der westlichen Völkerfamilie einen weiten Weg zurückgelegt hat.

Nun steht Adenauer an der Spitze der Regierung eines Landes, das bereits im Begriff ist, zur stärksten Wirtschaftsmacht des europäischen Kontinents zu werden, und Eisenhower ist amerikanischer Präsident. Adenauer ist heilfroh über diese Entwicklung. In der ersten Jahreshälfte von 1952 hatte die Aussicht bei ihm doch große Befürchtungen hervorgerufen, daß die teilweise immer noch isolationistischen Republikaner nach zwanzig Jahren wahrscheinlich wieder den Präsidenten stellen würden. Als sich Eisenhower gegen den Neo-Isolationisten Taft durchsetzt, quittiert er das mit beträchtlicher Erleichterung.[9] Selbstverständlich weiß er, daß Westeuropa keinen idealeren Präsidenten finden könnte als den Befreier der Jahre 1944/45 und bisherigen NATO-Oberbefehlshaber. Allerdings meint er auch nach der Wahl nicht ohne Sorgen, Eisenhower werde wohl noch ein halbes Jahr brauchen, um mit den Neo-Isolationisten im Senat fertig zu werden.[10] Bekanntlich gibt es nur etwas, was Adenauer ähnlich unruhig fürchtet wie die Rote Armee und die Fünfte Kolonne Moskaus, nämlich den eingefleischten Isolationismus der Amerikaner.

Beinahe wäre übrigens McCloy amerikanischer Außenminister geworden – aus Adenauers Sicht der Wunschkandidat. Eisenhower hätte ihn gern genommen. Doch Lucius D. Clay, hinter den Kulissen als Berater weiterhin einflußreich, überzeugte ihn, daß das einen Konflikt mit dem neo-isolationistischen Senator Taft heraufbeschwören würde. So geht das Amt an Dulles. Dieser hintertreibt dann seinerseits die Ernennung von McCloy zum Unterstaatssekretär.[11]

John Foster Dulles ist für Adenauer ein unbeschriebenes Blatt. Anfänglich schätzt er ihn ziemlich falsch ein. Bei verschiedenen Gelegenheiten um die Jahreswende 1952/53 bemerkt er, Dulles sei »mehr für Asien eingestellt«[12]. Er schließt das wohl aus der Tatsache, daß Dulles im Jahr 1951 den Friedensvertrag mit Japan ausgehandelt hat.

Die Besorgnis Adenauers, Amerika könne sich militärisch stärker in Asien engagieren, wird bei ihm auch später immer wieder aufflackern, zuletzt während des Vietnamkrieges. Zumeist fürchtet er dann ein Arrangement der USA mit den Sowjets, das den Zweck haben würde, Amerika in Korea, in Indochina, in der Formosafrage oder schließlich in Vietnam den Rücken freizumachen. Und solche Arrangements könnten auf Kosten Deutschlands erfolgen.

Eigenartigerweise sorgt sich Adenauer auch vor dem »Puritanismus« von Dulles. Aus Paris ist ihm eine Äußerung des neuen Außenministers Bidault zugetragen worden, Dulles sei ein militanter Protestant, dem die katholischen Tendenzen in bestimmten Ländern Westeuropas nicht behagten.[13] Nichts ist verkehrter als solche Vermutungen, wie Adenauer rasch selbst feststellen wird. Dulles ist zwar der Sohn eines presbyterianischen Geistlichen und seit Mitte der dreißiger Jahre eine führende Persönlichkeit in den Organisationen des amerikanischen und des internationalen Protestantismus. Seine zahlreichen Bücher, Aufsätze und Grundsatzreden schon aus den Jahren vor Übernahme des Außenministeriums lassen deutlich erkennen, daß er eine der sehr wesentlichen Tiefenströmungen amerikanischer Außenpolitik verkörpert: den puritanisch geprägten Moralismus, der zwischen guten und bösen Regierungen präzise unterscheidet, aber auch entschlossen ist, möglichst die ganze Welt nach den Grundsätzen der amerikanischen Wertetafel zu ordnen.

Das sind nun freilich Überzeugungen, wie sie auch Adenauers außenpolitisches Weltbild prägen. Es ist nicht leicht auszumachen, ob Dulles oder ob Adenauer in den frühen fünfziger Jahren in ihren vielen Grundsatzreden und Interviews stärkere weltanschauliche Akzente setzt. Doch Adenauers Befürchtung, daß dem kämpferischen Protestantismus von Dulles jene beunruhigend antikatholische Komponente beigemischt ist, die er aus der deutschen Geistesgeschichte so gut kennt, erweist sich als unbegründet. »Er habe einen guten Eindruck«, weiß er Bundespräsident Heuss nach der ersten Begegnung zu berichten und zeigt sich »angenehm enttäuscht, daß er kein enger Puritaner sei.«[14]

Desgleichen stellt er rasch fest, daß die Sorge ebenfalls unbegründet ist, Dulles sei primär auf Asien fixiert. Gewiß, niemand kennt die globalen Verflechtungen der amerikanischen Weltwirtschaft besser als dieser Wallstreet-Anwalt. Dulles hat in den Jahren vor 1914 und im Ersten Weltkrieg als Experte für den karibischen Raum, für Mittelamerika und für Südamerika begonnen, bevor er sich vorwiegend Europa zuwandte. Und es ist auch richtig, daß ihm die geostrategischen Interessen im Pazifik von Jugend auf bestens vertraut sind. Die berühmteste Gestalt der angesehenen Familien, denen er entstammt, Dulles' Großvater John Watson Foster, hat als Außenminister des republikanischen Präsidenten Harrison die Annexion von Hawaii im Jahr 1893 entschlossen betrieben und damit die USA definitiv auf den Weg zur pazifischen Großmacht gebracht. John Foster Dulles selbst ist der wichtigste Architekt des Friedensvertrags mit Japan von 1951, den Adenauer seinerzeit so erfolglos für die Bundesrepublik zu kopieren suchte. Doch über weite Strecken seines Lebenswegs hinweg gilt das Geschäftsinteresse, bald auch die politische Aufmerksamkeit von Dulles doch Europa, genauer gesagt: Kontinentaleuropa. Im Jahre 1904, als der frisch vermählte Adenauer erstmals nach Südfrankreich reist, verbringt John Foster Dulles, damals 16 Jahre alt, fast ein ganzes Jahr in Europa – Französischstudien in Lausanne und Bergtouren in Zermatt, Aufenthalte in Italien und England, eine Fahrradtour in die Provence. Zwei Jahre lang studiert der Princeton-Absolvent 1908 und 1909 an der Sorbonne, wo er vor allem internationales Recht betreibt, aber am Freitagnachmittag um fünf Uhr in einem Zimmer des Collège de France doch auch den Modephilosophen Henri Bergson hört.[15] Es folgt ein längerer Aufenthalt in Madrid, so daß Dulles, als er noch vor dem Ersten Weltkrieg in die berühmte Sozietät Sullivan & Cromwell in New York eintritt, fließend Französisch und Spanisch spricht und, was noch wichtiger ist, die Rechtssysteme und die Mentalität dieser Länder kennt.

Während des Ersten Weltkrieges arbeitet John Foster Dulles in den Bürokratien Washingtons. Dann spielt er als Mitglied der amerikanischen Delegation für die Pariser Friedenskonferenz eine nicht ganz unwichtige Rolle in den Gremien, die über die Reparationsfrage verhandeln. Kein Wunder, daß sich der junge Wirtschaftsanwalt inmitten weitreichender diplomatischer Verhandlungen findet – schließlich ist er ein Neffe des amerikanischen Außenministers Robert Lansing.

In bezug auf Deutschland kann sich Dulles 1919 in Paris jedoch ebensowenig durchsetzen wie die gesamte amerikanische Delegation. Natürlich sieht auch er mit nüchternem Verstand, daß das deutsche Volk besser früher als später wieder ein stabilisierender Produktions-und Konsumtionsfaktor in der Weltwirtschaft werden muß.[16] Man hat jedenfalls den Eindruck, daß der damals 31jährige Dulles sich im Jahr 1919 wesentlich sicherer im Labyrinth der damaligen Außenpolitik zurechtfindet als der seinerzeitige, gleichfalls recht junge Kölner Oberbürgermeister Adenauer, der freilich auf der Verliererseite steht und dort seine nicht eben glorreichen ersten Gehversuche unternimmt.

Von nun an ist Dulles für zwei Jahrzehnte vorwiegend in Mitteleuropa und Ostmitteleuropa tätig. Bald wird er Teilhaber von Sullivan & Cromwell und damit zugleich Teil des Wallstreet-Establishments, das bis zum großen Krach von 1929 Milliarden von Dollars nach Europa pumpt und in den dreißiger Jahren verzweifelt bemüht ist, diese Investitionen zu retten. Er unternimmt dafür zahllose Reisen nach Deutschland, in die Tschechoslowakei, nach Österreich und Schweden, auch nach Polen. In Polen tritt er übrigens erstmals in enge Beziehungen zu Jean Monnet, den er aber schon 1919 kennengelernt hat. Die guten, durch respektvolle Vorurteilslosigkeit charakterisierten Kenntnisse Deutschlands, die Dulles in sein Amt mitbringt, gehen also bis weit in die Zwischenkriegszeit zurück. Mehr als Vorurteilslosigkeit bringt er indes nicht auf. Wenn er sich einem Land auf dem Kontinent emotional verbunden fühlt, so ist das nicht Deutschland, sondern Frankreich. In den letzten Jahren vor dem Zweiten Weltkrieg beginnt dieser inzwischen wirtschaftlich völlig unabhängige Mann sein Interesse vorrangig den weltweiten Organisationen des politischen Protestantismus und der Außenpolitik zuzuwenden. Er gilt als Exponent des internationalistischen Republikanertums von New York, das mit Governor Thomas E. Dewey zweimal – 1944 und 1948 – nach der Präsidentschaft greift und dabei scheitert.

An einigen wichtigen Nachkriegskonferenzen nimmt er maßgebenden Anteil: bei der Gründung der Vereinten Nationen in San Francisco und bei der Moskauer Konferenz, als die Viermächteverwaltung Deutschlands definitiv scheitert. 1947 macht der damals als außenpolitisches Sprachrohr des künftigen Präsidenten Dewey geltende Dulles in verschiedenen Grundsatzartikeln klar, daß die Wirtschaft Westeuropas als ein interdependentes System zu betrachten ist und daher ohne das Ruhrgebiet nicht auskommt. Daraus leitet Dulles die These ab, eine zwangsweise Niederhaltung der deutschen Wirtschaftskraft sei in niemandes Interesse. Aber nach den Erfahrungen von fast drei Jahrzehnten hielte er auch die Errichtung eines blockfreien Deutschland für töricht. So plädiert er zwar für einen Wiederaufbau der deutschen Wirtschaft; doch das Ruhrgebiet soll internationalisiert und eng mit der westeuropäischen Wirtschaft verbunden werden. Es fällt nicht schwer, hier einige Grundgedanken zu erkennen, die bald darauf von Jean Monnet in den Schumanplan eingebracht werden.

Von nun an gehört Dulles zu jener Gruppe von Amerikanern, die eine Lösung des wirtschaftlichen Wiederaufbaus und der politischen Probleme Europas nur dann für möglich halten, wenn es zu einer Integration kommt, die alle Bereiche erfaßt: die Montanindustrie, den Außenhandel und die Währungspolitik, doch auch die Verteidigung. In diese Integrationssysteme, so sieht er immer klarer, muß aber auch das westliche Deutschland einbezogen werden.

Welche langfristige Rolle er den USA in Europa zudenkt, wird nach außen nie ganz deutlich. Manche vermuten, daß selbst Dulles heimlich darauf hofft, nach Errichtung der EVG mit gewichtiger deutscher Beteiligung die amerikanische Militärpräsenz auf dem Kontinent stark reduzieren zu können.[17] Zwar sind seine wirtschaftspolitischen Überzeugungen nicht ganz so ausgeprägt altrepublikanisch wie die Präsident Eisenhowers, der einen Zusammenbruch des amerikanischen Wirtschaftssystems voraussieht, so es nicht gelingt, die Staatsausgaben mitsamt der Staatsschuld drastisch zurückzuschneiden. Das heißt aber auch: starke Reduktion der Verteidigungsausgaben. Doch zumindest weiß Dulles, wie stark jene Kräfte sind, die aus Kostengründen gerne ein Sicherheitssystem der peripheren Verteidigung entwickeln möchten. In einem solchen System aber wären einheimische Bündnisstreitkräfte von vorrangiger Bedeutung – also nicht zuletzt deutsche Truppen in einer Europäischen Verteidigungsgemeinschaft.

Doch anfänglich sieht Dulles die Entwicklung in Westdeutschland durchaus noch skeptisch. Eine Stärkung der Bundesrepublik scheint ihm nur vertretbar, sofern sich diese voll in Westeuropa integriert. Entsprechend positiv ist seine Einschätzung Adenauers. Dieser will, obgleich aufgrund durchaus eigenständiger Analyse der deutschen Interessenlage, weitgehend dasselbe, was auch Dulles für richtig hält.

Dabei ist der eigentlich frankophile Dulles wie viele Amerikaner jener Jahre tief darüber enttäuscht, daß sich Frankreich einerseits als chronisch schwach erweist, andererseits mit der EVG zögert. Bemerkenswerterweise hält Dulles aber nun auch nicht mehr allzuviel von der britischen Politik. In diesem Punkt unterscheidet er sich von manchem Angehörigen des amerikanischen Establishments, das bei seiner Europapolitik unbewußt die Sicht der kulturell und sprachlich mit Amerika so eng verbundenen Briten übernimmt. Die Idee behutsamer britischer Führung der unerfahrenen amerikanischen Weltmacht ist noch während der Kriegsjahre von dem späteren Premier Macmillan angeblich wie folgt formuliert worden: »Diese Amerikaner stellen das Römische Reich von heute dar, und wir Briten müssen, wie die alten Griechen, ihnen beibringen, wie man so etwas regiert.«[18] Dulles kennt aber Europa aufgrund eigener lebenslanger Arbeit so gut, daß er dankend auf eine geistige Leitung durch die Engländer verzichtet.

Die kühle Einstellung von Dulles gegenüber den Briten mag auch noch andere Gründe haben. Premierminister Churchill ist seiner Meinung nach dem Amt des Regierungschefs geistig und physisch nicht mehr gewachsen. Dem Außenminister Eden, der 1955 Premierminister wird, bringt er seit den Tagen der Verhandlungen über den Japanischen Friedensvertrag eine tiefsitzende Abneigung entgegen, wobei auch Mißfallen über den unpuritanischen Lebensstil Edens eine gewisse Rolle spielt.[19] Beide trauen einander nicht über den Weg.

Damit befindet sich Adenauer in einer einzigartigen Position. Wenn Dulles sein Konzept der Europapolitik durchsetzen will, muß er sich vorrangig auf die Bundesrepublik stützen. Spätestens 1953 wird aber deutlich, daß diese Bundesrepublik für die nähere Zukunft mit ihrem Kanzler gleichgesetzt werden kann, der die komplizierte Innenpolitik seines Landes völlig zu kontrollieren scheint und auf europäischer Ebene genau jene Politik gestaltet, die Dulles auch aus amerikanischer Sicht für vordringlich hält. So kommt es, daß Dulles – und mit ihm auch Eisenhower – die amerikanische Europapolitik in starkem Maß auf Adenauer abstellt. Nicht, daß Adenauer führen könnte. Aber wenn er Wünsche äußert, ist die Bereitschaft groß, ihm zu willfahren. Und wenn er bestimmte amerikanische Pläne ablehnt, kommt das praktisch einem Veto gleich.

Zur Übereinstimmung der Politik trägt gewiß auch der Umstand bei, daß in dem Duo Adenauer/Dulles jedem der beiden der Typ des anderen liegt. Adenauer entspricht genau dem Bild des kompetenten, im Rahmen des Möglichen auch zuverlässigen Deutschen, das sich Dulles über fast zwanzig Jahre hinweg beim Umgang mit den Bankiers, Anwaltskollegen und Reichsministerialen gebildet hat. Selbst im Dritten Reich hatte Dulles dann, wenn er nach Berlin kam, nur wenig mit den plebejischen Nationalsozialisten zu tun, wohl aber mit hartgesottenen Wirtschaftsexperten von der Art Schachts und seiner Mitarbeiter. So hat er auch keine Ressentiments und negative Erinnerungen, wie sie beispielsweise bei Eden, Kirkpatrick, François-Poncet oder gar bei einem Résistance-Führer wie Georges Bidault nur zu verständlich sind. Ein Mann wie Adenauer verkörpert in seinen Augen sowohl das neue wie das alte, vor-nazistische Deutschland. Beides weiß er zu schätzen.

Auch Adenauer mag John Foster Dulles als Typ, wennschon dieser nicht jene Spannweite des Temperaments besitzt wie er selbst. Für erfolgreiche Herren aus der Wirtschaft hat er seit den Kölner Tagen immer eine gewisse Bewunderung aufgebracht. Desgleichen schätzt er brillante Juristen. Hallstein, der sich als solcher selbst unentbehrlich macht, sagt von Dulles, den er genau studiert hat: »Bei der Formulierung von juristischen Formulierungen war er der brillanteste Künstler, dem ich je begegnet bin.«[20]

Beim ersten Zusammentreffen tut sich der Kanzler mit Dulles noch etwas schwer. »Sympathisch, jedoch zurückhaltend und vorsichtig«, schildert er ihn Theodor Heuss.[21] Doch er faßt bald Vertrauen, und in den »Erinnerungen« nennt er ihn – seltenes Lob – »einen durch und durch anständigen Menschen«.[22] Bald schreiben sich die beiden Briefe, in denen sie einander als »lieber Freund« anreden, wobei in Adenauers Gebrauch dieser Worte wohl etwas mehr Wärme mitschwingt als bei Dulles.

Zweifellos kommt auch der Gleichklang religiöser Grundüberzeugungen dem Verhältnis der beiden zugute. Das annähernd gleiche Alter mag sich ebenfalls positiv auswirken.

Man kann die psychologische Bedeutung dieses Vertrauensverhältnisses, das sich bei insgesamt 15 Begegnungen festigt, gar nicht überschätzen. Natürlich weiß Adenauer genau, daß nicht nur sein Land, sondern auch er selbst in den westlichen Gesellschaften der zweiten Jahrhunderthälfte als »newcomer« betrachtet wird. Jean Monnet, John Foster Dulles, McCloy – sie bringen eine Kenntnis des westlichen Establishments mit, die Adenauer anfänglich völlig abgeht. Einer seiner ganz wenigen Kontakte in die Sphäre der internationalen Finanzwelt und der internationalen Konzerne war ursprünglich Dannie Heineman, der ihn auch jetzt mehr als je zuvor mit Hintergrundinformationen über seinesgleichen versorgt. In gewisser Hinsicht war es aber symptomatisch, daß Adenauers einziger persönlicher Ausflug ins internationale Geldgeschäft, die Spekulation mit den American Bemberg und den American Glanzstoff-Aktien, ein schrecklicher Reinfall war. Diese Zusammenhänge waren und bleiben ihm fremd.

In Persönlichkeiten wie Dulles, Monnet, McCloy trifft er nun auf Spitzenfiguren jenes innersten Kreises amerikanischer und französischer Eliten, zu denen er bisher keinen Zugang hatte. Sie ziehen ihn in ihr Vertrauen, behandeln ihn wie ihresgleichen und machen ihn – aber mit ihm eben auch sein Land – zum stolzen Mitglied der westlichen Clubs.

Adenauer bemüht sich zwar, auch nur den leichtesten Anschein von Unsicherheit oder gar von offen zutage tretenden Minderwertigkeitsgefühlen zu verbergen. Letztere sind ihm in der Tat immer fremd gewesen oder er verstand sie stets bestens zu tarnen. Aber er weiß doch genau, daß er nunmehr endgültig arriviert ist.

Die »Freundschaft« mit John Foster Dulles hat freilich ihren innenpolitischen Preis. Dulles ist während der ganzen fünfziger Jahre eine Zielscheibe der gemäßigten und der radikalen Linken, weil er zwei wichtige Tendenzen amerikanischer Außenpolitik verkörpert. Er artikuliert einerseits einen zu Selbstgefälligkeit neigenden christlich-konservativen Moralismus. Das irritiert die Linke besonders deshalb, weil sie auf ihre Art und Weise gleichfalls unablässig moralisiert. Und er verkörpert andererseits den unwiderstehlichen Kapitalismus der damals führenden Weltmacht, in dem sich globale Wirtschaftsinteressen, Geostrategie und eben jene Elemente christlich-moralistischer Außenpolitik mischen.

Vielen erscheint die spannungsvolle Verbindung des Christlichen mit dem Kapitalistischen als das eigentlich Provozierende an der Persönlichkeit dieses Außenministers. Adenauer läßt sich dadurch nicht beirren, im Gegenteil. Doch ist die Abneigung, die ihm von seiten der innenpolitischen Gegner entgegengebracht wird, immer zugleich auch Reflex des Hasses auf John Foster Dulles. Das wird sich Ende der fünfziger Jahre, als der Stern von Dulles auch in den USA sinkt, zeitweilig als Problem erweisen. Im Jahr 1953 aber zieht Adenauer aus dieser Verbindung größten Nutzen.

Der erste indirekte Kontakt Adenauers mit John Foster Dulles beginnt jedoch mit einer Irritation. In den schweren innenpolitischen Bedrängnissen des Dezember 1952 hatte der Kanzler verschiedene Möglichkeiten geprüft, der Gefahr eines allgemeinen Stillstandes des Ratifikationsverfahrens durch neue deutsch-französische Gespräche entgegenzuwirken. Die gemäßigten Gaullisten in Paris, deren Stimmen für die Ratifizierung gebraucht werden, fühlen sich damals zwischen ihrem Antikommunismus und ihrer Liebe zur französischen Nationalarmee hin und her gerissen. So sucht der gaullistische General Billotte über den späteren Botschafter Sonnenhol und über Günther Diehl, damals Pressereferent des Auswärtigen Amts, noch vor Weihnachten 1952 ein Geheimtreffen zwischen dem Bundeskanzler und Ministerpräsident Pinay auf einem Schloß bei Senlis zustande zu bringen.[23] Der Preis für die Ratifikation wäre, läßt Pinay über General Billotte und Felix von Eckardt signalisieren, ein Zusatzabkommen, das die supranationalen Elemente der EVG für fünf Jahre aufschieben würde. Zudem müßte Frankreich notfalls das Recht haben, französische Kontingente nach Nordafrika abzuziehen.

Es wirft ein bezeichnendes Licht auf Adenauers totalen Pragmatismus, daß er rasch beschließt, diesen Ausweg zu erkunden. Während die Details der Einladung noch ausgehandelt werden, drängt er beim Stellvertretenden amerikanischen Hohen Kommissar Reber, der noch amtierende Außenminister Acheson möge doch zumindest intern erklären, Deutschland werde in Kürze in die NATO aufgenommen werden.[24] Adenauer hat eben trotz der EVG keinen Augenblick die NATO-Lösung vergessen.

Der schon in Bad Godesberg bereitgestellte Sonderzug muß aber auf Drängen von Hallstein und Blankenhorn abbestellt werden, weil deutlich wird, daß Pinay die Verhandlung hinter dem Rücken Außenminister Robert Schumans führen wollte. Ein paar Tage darauf kann François-Poncet, der – so Adenauer zu Blankenhorn – Robert Schuman » immer gehaßt hat«, dem Kanzler vom Sturz Pinays und damit auch Schumans mit den Worten berichten: »Bei uns dauern die Regierungen zu kurz, bei Ihnen, Herr Bundeskanzler, zu lang.«[25] Adenauer ärgert sich besonders über den damit verbundenen Rat, er möge sich doch aus allen Schwierigkeiten durch Bildung einer großen Koalition mit der SPD heraushelfen.

Wie fest Adenauer damals entschlossen ist, Frankreich fast um jeden Preis goldene Brücken zur Ratifikation zu bauen, zeigt sich erneut Anfang Januar 1953. Der an und für sich pro-europäische neue Ministerpräsident René Mayer fordert nun unter dem Druck der gaullistischen Dissidenten, die seine Regierung stützen, offiziell Verhandlungen über Zusatzprotokolle zum EVG-Vertrag. Er verkündet dabei zugleich ein Junktim zwischen der Ratifizierung und einer Europäisierung des Saarlandes.[26] Adenauer weiß daraufhin nichts Besseres zu tun als schon am nächsten Tag in einer Rede im Bayerischen Rundfunk seine Bereitschaft zur »organischen Weiterentwicklung« des Vertragswerks, auch in Form von »Zusatzprotokollen«, zu signalisieren.

Wenn Adenauer weitgehende Konzessionen erwägt, denkt er dabei nicht nur an Frankreich. Er weiß genau, daß Premierminister Churchill gleichfalls der EVG widerstrebt. Samuel Reber von der amerikanischen Hohen Kommission, der Adenauer von einem Gespräch zwischen Churchill, Eisenhower und Dulles im New Yorker Haus des Bankiers Bernhard Baruch erzählt, weiß Erstaunliches zu berichten. Churchill habe dabei als Alternative zur EVG ein Bündnis Großbritanniens, der USA, Deutschlands und Franco-Spaniens ins Auge gefaßt. Rebers Kommentar: der große alte Mann hat wohl wieder einmal zuviel Whisky getrunken und sich in die Zeiten seines alten Ahnherrn Marlborough zurückversetzt gefühlt![27]

Nun machen aber die neuen Herren in Washington Adenauer sowie den anderen Europäern mit brutaler Offenheit klar, daß eine Alternative zur EVG nicht zur Diskussion steht. Denn eine solche Alternative würde nur weitere, unkalkulierbare Verzögerungen bringen.

Die neue Administration hat jedoch ihr Amt noch nicht angetreten, und so muß man sich eines privaten Kanals bedienen. John McCloy wird also von Eisenhower und Dulles gebeten, dem Kanzler die Bestürzung Eisenhowers über seine jüngsten Äußerungen lebhaft vor Augen zu führen. Das geschieht denn auch. Adenauer merkt, daß er sich vergaloppiert hat und überhäuft Eisenhower nun unter Vermittlung McCloys mit Treueschwüren zur EVG: Die Bundestagsmehrheit wie auch er persönlich hielten an den Verträgen »absolut« fest, er wolle auch die europäische Föderation weiter vorantreiben: »Bitte Eisenhower und Dulles mitzuteilen, daß absoluter Verlaß auf Bundesrepublik und mich.«[28]

Als er hört, Dulles habe sich immer noch nicht ganz beruhigt, hält er flugs vor dem neugegründeten Bonner Presseclub eine Rede, die so ziemlich das Gegenteil dessen enthält, was er ein paar Tage zuvor über den Bayerischen Rundfunk hat verlautbaren lassen.[29] Adenauer zieht daraus eine wichtige Lehre, an die er sich bis zum Scheitern der EVG im August 1954 meistenteils hält: keinerlei irritierende Reden über Zusatzabkommen, doch auch keine internen Alternativplanungen, jedenfalls keine nach außen sichtbaren.

Bald erfährt er, mit welcher Entschiedenheit Dulles bei einer Botschafterkonferenz in Paris kurz vor dem Eintreffen in Bonn alle Bedenken seiner Diplomaten niedergebügelt hat: er verbitte sich jede Diskussion über Alternativen zur EVG in den Botschaften oder gar irgendwelche Hinweise an europäische Regierungen, daß amerikanische Alternativplanungen existierten.[30]

Vergnügt hört Adenauer denn auch, wie der amerikanische Außenminister bei seinem ersten Besuch in Bonn die Herren der SPD heruntergeputzt hat, die ihm ihre vagen Ideen eines europäischen Sicherheitssystems vortrugen. Der Gesprächstermin dauerte nur dreiviertel Stunden, wobei die Hälfte der Zeit für die Übersetzung veranschlagt wurde. Für die USA gebe es überhaupt keine Alternative zu den gegenwärtigen Vertragen, vernehmen die Sozialdemokraten. Man versäumt auch nicht, den Journalisten zu stecken, die Genossen seien wie begossene Pudel abgezogen. Das ist die neue amerikanische Linie: brüske Ablehnung jeder Alternative zu den Verträgen, die Eisenhower von der Vorgängerregierung geerbt hat.

Adenauers von der Opposition so heftig kritisierte Weigerung, bis Ende August 1954 irgendeine Alternative zur EVG als denkbar zu erklären, ergibt sich scheinbar zwingend aus dieser frühen Erfahrung mit der neuen amerikanischen Administration. Es ist also kein naiver Integrations-Idealismus, der ihn dabei leitet, sondern bedingungslose Anerkennung der amerikanischen Führung. Der Hintergedanke: wenn sich Dulles mit seinem recht massiven Druck auf Paris doch nicht durchsetzt, dann wird es in erster Linie *sein* Problem sein, eine Alternativlösung aus dem Hut zu zaubern.

Für Adenauer – inmitten der nach wie vor beträchtlichen Schwierigkeiten mit dem Bundesverfassungsgericht, mit Reinhold Maier sowie mit Teilen der eigenen Koalition – ist die Nachricht vom kompromißlos harten Kurs Amerikas in der EVG-Frage eine frohe Botschaft. Nun kann auch er mit voller Unterstützung durch die Regierung Eisenhower erklären, jeder Widerstand gegen die Verträge führe ins sichere diplomatische Desaster.

Auf diesen Ton sind auch die ersten Gespräche zwischen Adenauer und Dulles gestimmt, für die sich letzterer immerhin einen halben Tag Zeit nimmt. Zum gelinden Entsetzen seiner Umgebung[31] macht Adenauer in Zweckoptimismus: jawohl, er werde die Verträge ohne große Verzögerung baldigst über die parlamentarischen Hürden bringen! Im Bundestag sei noch eine größere Mehrheit als bei der Zweiten Lesung zu erwarten, denn jetzt habe ihm auch die Bayernpartei ihre Unterstützung zugesagt.[32] Erneut versichert er Dulles, er halte nichts von Alternativen zur EVG wie deutsche NATO-Mitgliedschaft oder eine Nationalarmee.[33]

Nicht nur dieses Gespräch mit Dulles verdeutlicht Adenauer einmal mehr, an was ein Bundeskanzler so alles denken muß. Zu den Hobbies General Eisenhowers zählt neben Angeln und Golfspielen auch das Malen. So hatte der stolze Sonntagsmaler dem Bundeskanzler zur Erinnerung an die kurze Zeit als NATO-Oberbefehlshaber ein Wald-Stilleben in schönem Grün verehrt. Irgendwie hatte der Beschenkte vergessen, sich angemessen überschwenglich zu bedanken. Das erste Gefahrensignal kommt, kurz nach der triumphalen Wahl Eisenhowers, in einem Brief von Shepard Stone an Otto Lenz. Als Eisenhower am Wahlabend des 5. November 1952 mit McCloy zusammen in bester Laune auf die ersten Resultate wartet, fragt er plötzlich: »Warum hat Adenauer mir niemals über mein Gemälde geschrieben? Hält er das Bild für künstlerisch wertlos?«[34]

In gelindem Entsetzen über sein Versäumnis beeilt sich Adenauer also, dem Wahlsieger zusammen mit den Glückwünschen ein dick aufgetragenes Kompliment zugehen zu lassen: »Ich habe eine kleine Bitte. Würden Sie mir erlauben, Ihr schönes Gemälde, das ich mit Dankbarkeit und Freude hier vor mir an der Wand sehe, in photographischem Abdruck der deutschen Öffentlichkeit zugänglich zu machen? Es hat schon oft bei meinen Besuchern Staunen und Bewunderung erregt, daß General Eisenhower mit seinen hohen Fähigkeiten der Kriegs- und Staatskunst auch solche künstlerischen Gaben vereint.«[35]

Entweder ist Eisenhower vom Lob des Kanzlers stark beeindruckt und erzählt auch John Foster Dulles davon, oder aber er gehört gar nicht zu den Leichtgläubigen und bittet Dulles vor dessen Reise darum, sich doch einmal dieses wertvolle Bild zeigen zu lassen, das schon oft bei Adenauers Besuchern »Staunen und Bewunderung« erregt habe.

Beim ersten Besuch von Dulles geschieht dies. Dulles übermittelt, wie es sich gehört, zu Beginn die Grüße des Präsidenten und verbindet damit alsbald die Frage nach dem Bild. Er habe noch nie ein selbstgemaltes Bild seines Präsidenten gesehen. Das Bild hängt ganz und gar nicht an der Wand, doch Adenauer bemerkt nur: »Ja, Herr Staatssekretär, das Bild zeige ich Ihnen nachher.« Dolmetscher Weber, der dabeisitzt, beobachtet, wie Adenauer einen Zettel nimmt und in seiner steilen Handschrift draufschreibt: »Bild sofort rahmen und im Ruheraum aufhängen.«

Hallstein verläßt den Raum und veranlaßt das Weitere. Als man nach dem Essen beim Mokka angelangt ist, erreicht Adenauer die Nachricht: »Bild hängt.« Darauf wendet er sich zu Dulles, und Dolmetscher Weber, der so eine der schönsten Adenauer-Anekdoten erhält, überliefert die folgenden Worte des Bundeskanzlers: »Herr Staatssekretär, Sie wollten doch auch noch dieses Bild sehen; da gehen jetzt nur wir zwei mal rauf, und ich zeige Ihnen das Bild.« Im Ruheraum hängt das frischgerahmte Bild, und Adenauer meint nun: »Wissen Sie, Herr Staatssekretär, ich habe mir lange überlegt, wo ich dieses Bild aufhängen soll; ich habe hier diesen Ruheraum, da lege ich mich nach dem Mittagessen ein bißchen hin, und wenn ich dann auf dieser Chaiselongue hier liege, dann ruht mein Blick auf diesem Bild, und ich sage mir, das hat dir persönlich geschenkt der erste Mann des stärksten Landes der westlichen Welt; und

Amerikanische Unterstützung

*Erstes Zusammentreffen Adenauers mit Dulles
am 5. Februar 1953 auf dem Flughafen Köln-Wahn.
Neben Adenauer der amerikanische
Hohe Kommissar Professor James Conant.*

Sie glauben gar nicht, Herr Staatssekretär, was das für mich ein Quell der Inspiration, der Stärke und des Vertrauens ist.«[36]

Dulles ist offenbar beeindruckt und kabelt an den Präsidenten: »Adenauer weiß Ihren Brief sehr zu schätzen und hat uns voller Stolz das Landschaftsbild gezeigt, das Sie ihm geschenkt haben.«[37]

Dieser Brief Eisenhowers bringt endlich die lange erwartete, 1952 erst einmal zurückgestellte Einladung zum ersten Besuch in Washington. Die richtige Fruchtfolge muß allerdings gewahrt werden: erst soll Außenminister Eden den neugewählten Präsidenten aufsuchen, dann der französische Ministerpräsident Mayer, anschließend Ministerpräsident de Gasperi und zum Schluß Adenauer.[38] Adenauer gelingt es aber, den Zeitpunkt so passend zu vereinbaren, daß er im April 1953 als eine Art Triumphator aus den USA direkt zum CDU-Parteitag in Hamburg einfliegen kann.[39]

Wie auch später noch oft nach schwierigen Verhandlungen fordert aber die Natur Adenauers doch ihr Recht. Kaum ist Dulles abgereist, da muß er sich mit der gewohnten fiebrigen Februargrippe zu Bett legen. Noch ein paar Wochen lang wirkt er abgespannt und muß die Grippe mit Penicillin bekämpfen. Richtige Ruhe kann er sich jedoch nicht gönnen, denn der Besuch in Washington verlangt allseits gründliche Vorbereitung.

Außenpolitisch ist er sorgsam bemüht, die Selbstisolierung Frankreichs ihre Wirkung entfalten zu lassen. Der neue Außenminister Georges Bidault, mit dem er ein paar Wochen nach dem Besuch von Dulles erstmals im Kreis der Sechs in Rom zusammentrifft, macht anfänglich auf ihn keinen guten Eindruck. Adenauer, Hallstein, Blankenhorn – sie alle trauern Robert Schuman nach, finden Bidault schlecht vorbereitet, überheblich, eitel und ziemlich unfähig.[40] Seine Europapolitik wirkt diffus, seine Einstellung zu den Verträgen unaufrichtig. Außerdem sei er – so hören die CDU-Vorstandsmitglieder – ein eigenartiger Nachtarbeiter, der seine Leute nachts um 12, 1, 2 oder 3 Uhr holen läßt. »Solche Nachtarbeiter«, meint Adenauer, »sind gewöhnlich nicht gerade sehr stetige und konsequente Arbeiter.«[41] Ein Trost, daß auch die Amerikaner von Bidault einen ganz negativen Eindruck haben.[42] Doch das bringt weder die Verträge voran noch schafft es Entlastung in der Saarfrage.

Günstiger gestaltet sich der Ratifikationsprozeß in der Bundesrepublik. Der Zweite Senat des Bundesverfassungsgerichts weist zwar Anfang März die Organklage der Koalitionsmehrheit als unzulässig zurück. Doch das bedrückt den Kanzler überhaupt nicht. Die Klage der Koalitionsfraktionen hatte vor allem das Ziel, das Gutachtenersuchen des Bundespräsidenten vom Karlsruher Richtertisch wegzubekommen. Das ist erreicht, und nun ist vorerst beim Bundesverfassungsgericht keine Klage in Sachen Westverträge mehr anhängig.

Somit kann Adenauer noch rechtzeitig vor der Amerikareise Anfang April die Dritte Lesung im Bundestag durchsetzen. Zwar schießt die Opposition wieder einen juristischen Torpedo ab in Form eines Antrags auf einstweilige Verfügung des Bundesverfassungsgerichts. Dieses solle der Bundesregierung nach Abschluß des Ratifikationsverfahrens die Weiterleitung der Verträge zur Unterzeichnung und zur Hinterlegung verbieten. Doch selbst das ist Adenauer vorerst ganz recht. Jetzt steht nämlich er als der Kanzler da, der die Dritte Lesung durchgesetzt hat. Die Sozialdemokraten hingegen erscheinen in der deutschen Öffentlichkeit und vor allem in den USA zusehends als verbohrte Störenfriede.

Im März 1953 erfolgt endlich auch die Ratifizierung des Wiedergutmachungsabkommens mit Israel durch den Deutschen Bundestag. Adenauer braucht dafür die Stimmen der SPD. 35 Abgeordnete sind dagegen, 86 Abgeordnete enthalten sich. Zu denen, die nicht zustimmen, gehören sogar zum großen Ärger Adenauers Finanzminister Fritz Schäffer und Franz Josef Strauß. Die Kritiker aus den Reihen der CSU fürchten die hohen Kosten der Wiedergutmachungsgesetze. Auch die heftigen diplomatischen Demarchen der arabischen Staaten haben Wirkung gezeigt. Doch wichtiger als die Beschwerden der arabischen Regierungen ist für Adenauer die Zustimmung der jüdischen Organisationen und Zeitungen in den USA.

Jedermann weiß, daß es ohne Adenauer keine Wiedergutmachungsabkommen gegeben hätte. Zwar arbeitet er wie bisher schon den moralischen Aspekt der Vereinbarungen heraus. »Die gute Außenpolitik setzt die innerlich anerkannte moralische Gleichberechtigung voraus und gerade deswegen«, ermahnt er eine Journalistenrunde anläßlich der Ratifikation, »ist der Israel-Vertrag so bedeutungsvoll für uns.«[43] Doch schon das *timing* der Abstimmung beweist, daß die außenpolitische Zielsetzung gleichfalls stärkstes Gewicht hat. Er weiß zwar, ihm persönlich wird man auch beim kommenden USA-Besuch die »Dinge, die unter dem Nationalsozialismus begangen worden sind«, nicht anhängen – dafür sorgen sein Alter und seine politische Vergangenheit.[44] Aber das neue Deutschland läßt sich vor den amerikanischen Medien mit dem ratifizierten Wiedergutmachungsabkommen als Argument doch glaubhafter darstellen.

Die Amerikareise selbst plant Adenauer so freudig-erregt wie alle späteren großen Reisen in ferne Länder, die er noch nicht kennt. Neben einem vollen politischen Programm muß Gelegenheit bestehen, seiner nimmersatten Neugier auf alles Fremde und Neue zu frönen. Nicht zu vergessen ist das Kulturprogramm, bei dem besonders Besuche in Bildergalerien einzuplanen sind. Aber fast das Wichtigste sind stets die Spitzen-Journalisten, doch auch leichtgeschürzte Berichterstatter der Regenbogenpresse und die Kameraleute der Wochenschau. Otto Lenz verspricht sich von einem Amerikafilm mit Adenauer einen durchschlagenden Erfolg – ganz zu Recht. Und so bringt diese erste USA-Reise von allem etwas: Politik, Horizonterweiterung, Polit-Tourismus und Wahlpropaganda.

Wie man Erdrutschwahlen inszeniert

Selten zuvor und danach hat Adenauer seine Karten so souverän ausgespielt wie in den Monaten vor der entscheidenden Bundestagswahl 1953. Der große Erfolg in den USA beflügelt ihn. Harold Nicolson, der den Oberbürgermeister von Köln vor fast 25 Jahren als junger britischer Botschaftsrat aufgesucht hat, hält Mitte Mai 1953 bei einem großen Essen der Anglo-German Association im Londoner Dorchester Hotel zu Ehren des Bundeskanzlers eine Tischrede und bemerkt bewundernd: »er müsse sagen, daß Adenauer ihm heute 20 Jahre jünger vorkomme als damals.«[1]

Das ist keine reine Schmeichelei. Adenauer hält sich immer noch straff, bewegt sich sicher, läßt keinen Augenblick in seiner Aufmerksamkeit nach. Er wirkt aber ungleich gesünder als in jenen bedrückten Kölner Jahren. Noch keine Spur von Greisenhaftigkeit in den rundlichen Gesichtszügen! Zwar hat er John Foster Dulles vor seinem Amerikabesuch ausrichten lassen, dies sei wohl das einzige Mal in seinem Leben, daß er Amerika besuchen werde.[2] Tatsächlich wird er bis 1963 aber insgesamt zehn Mal nach Washington reisen, auch dann, als der zwölf Jahre jüngere John Foster Dulles schon längst tot ist. Und nie denkt er weniger an sein Ende als in dieser Phase, da er sich von der Woge des Erfolgs getragen sieht.

Wer den Kanzler seit Mitte 1952 im Parteivorstand, im Kabinett oder im engeren Kreis des Kanzleramts hört, gewinnt den Eindruck, daß er vorerst nur zwei große Ziele hat, denen alles untergeordnet wird: die

Ratifikation der Verträge und ein möglichst durchschlagender Wahlsieg im Sommer 1953. Je rascher es auf den Wahltermin zugeht, um so ausschließlicher konzentriert er sich auf diese Ziele.

Die Gegner der Verträge oder diejenigen, die zumindest verzögern möchten, machen jetzt erstmals eine Erfahrung wie fast zwanzig Jahre später unter ganz anderen Vorzeichen die CDU/CSU. Wenn ein Bundeskanzler fest entschlossen ist, ein Vertragswerk um jeden Preis durchzusetzen und wenn es ihm dabei gelingt, Washington, London und Paris auf seiner Linie zu halten, dann können weder die Opposition noch ein Bundesverfassungsgericht noch die öffentliche Meinung widerstehen.

Der erste, der das zu spüren bekommt, ist Ministerpräsident Reinhold Maier. Im Grund befindet er sich in einer noch sehr viel schwierigeren Lage als Adenauer. Er hat die Bundesregierung gegen sich. In der eigenen Bundespartei ist er ziemlich isoliert. Seine einzige Stütze ist die Landespartei, dazu die Sozialdemokraten von Baden-Württemberg mit Justizminister Viktor Renner an der Spitze, der die Verträge über den Bundesrat torpedieren möchte.

Wie jedermann, so beobachtet auch Reinhold Maier voll Verdruß, daß die CDU Adenauers bei den Wählern im Aufwind ist. Ebensowenig kann er sich dem Argument verschließen, daß ein Scheitern der Verträge im Bundesrat die außenpolitische Isolierung der Bundesrepublik zur Folge hätte. Auch die verfassungsrechtlichen Argumente sind vorerst ausgereizt, nachdem Karlsruhe jede Entscheidung bis zur Zeit nach der Ratifikation, das heißt aber praktisch bis nach den Bundestagswahlen, verschoben hat.

Von wann an Maier insgeheim zum Nachgeben bereit ist, läßt sich nicht genau ausmachen. Tatsächlich war schon vor der Amerikareise des Kanzlers zwischen diesem und dem Bundespräsidenten eine Art Handel besprochen worden. Baden-Württemberg und dem damals gleichfalls schwankenden Land Bremen unter Senatspräsident Wilhelm Kaisen sollte, wie Heuss und Adenauer damals vereinbarten, »eine goldene Brücke« gebaut werden. Maier, so Heuss zu Adenauer, sei einverstanden, die Verträge trotz aller verfassungsrechtlichen Bedenken passieren zu lassen, falls der Bundespräsident erkläre, die Vertragsgesetze erst auszufertigen und zu verkünden, wenn das von der SPD angekündigte Normenkontrollverfahren in Karlsruhe seinen Abschluß gefunden habe. In der Sache, so meinte Heuss, wäre das unbedenklich. Eine Ratifizierung in Frankreich sei nicht vor Spätherbst zu erwarten.

Sein Staatssekretär Manfred Klaiber, so informierte Heuss bei der Ge-

Wie man Erdrutschwahlen inszeniert

*Baden-Württemberg als Zünglein an der Waage.
Gebhard Müller (links) und Reinhold Maier beim Regierungswechsel
am 7. Oktober 1953.*

legenheit den Kanzler, habe in diesem Sinn mit Maier gesprochen. Der werde sich »mit größter Wahrscheinlichkeit« darauf einlassen. Adenauer hatte das damals im Prinzip auch für gut befunden, jedoch von einer ausdrücklichen Selbstverpflichtung des Bundespräsidenten abgeraten. Es sei ja auch eine Verpflichtungserklärung der Bundesregierung denkbar, die Ratifizierungsurkunden dem Bundespräsidenten erst nach Klärung der Verfassungsfrage vorzulegen.[3]

Das war Anfang März 1953. Doch danach wird Reinhold Maier von den SPD-Ministern in seinem Kabinett stark unter Druck gesetzt. Zu allem hin versieht er in diesem Jahr auch noch das Amt des Bundesratspräsidenten, muß also doppelt vorsichtig taktieren, kann sich andererseits aber auch der subtilen Steuerungsmöglichkeiten bedienen, die einem Vorsitzenden zu Gebote stehen.

Am Tag vor der entscheidenden Sitzung des Bundesrats, die auf den 24. April festgelegt ist, reist Maier mit seinem gesamten Kabinett nach Bonn. Noch vor der entscheidenden Verhandlung mit Adenauer sucht Manfred Klaiber, Staatssekretär im Bundespräsidialamt, auch er ein Schwabe und Bundesbruder Reinhold Maiers, den Ministerpräsidenten auf. Zu Maiers nicht geringer Verblüffung teilt er diesem im Auftrag Adenauers mit, auch bei allfälligen Unstimmigkeiten mit den Sozialdemokraten im Stuttgarter Kabinett könne er Regierungschef bleiben. Klaiber wiederholt das anschließend in Gegenwart des Bundespräsidenten, und Maier mutmaßt: »Ersichtlich war Theodor Heuss die Rolle eines Bürgen für den geplanten Handel zugeschoben. Gleichzeitig sollte er im Falle des Scheiterns der Aktion den Unmut des Kanzlers von Klaiber allein ableiten.«[4]

Der »Handel«, den Adenauer dermaßen signalisiert, ginge allerdings auf Kosten von Gebhard Müller, der die CDU-Opposition im Stuttgarter Landtag führt und als Chef der stärksten Fraktion das Amt des Ministerpräsidenten in der Villa Reitzenstein für sich beansprucht. Wie Adenauer ihn veranlassen wollte, Maier im Amt zu belassen, ist nicht überliefert.

Maier weist die »Zumutung« zurück und setzt sich am folgenden Tag mit seiner Linie durch, bis zur Erstattung eines Gutachtens durch das Bundesverfassungsgericht zu den Verträgen keine Stellung zu nehmen. Diese Entscheidung fällt mit den Stimmen der SPD-Länder und Baden-Württembergs. Das ist kein Ja, denn würde das Bundesverfassungsgericht feststellen, daß die Verträge im einen oder anderen Punkt gegen das Grundgesetz verstoßen, so müßte sich auch der Bundesrat erneut mit ihnen befassen.

Viel zu spät erst merkt die SPD, daß sie von Maier düpiert worden ist. Der Bundesrat, so kann Adenauer nämlich nun argumentieren, habe auf eine Stellungnahme zu den Hauptgesetzen verzichtet. Diese hätten also ohne Einspruch den Bundesrat passiert. Nach Auffassung der Bundesregierung seien ohnehin nur zwei nicht allzu gewichtige Nebengesetze zustimmungspflichtig. Die CDU-Länder, die bisher auf der Zustimmungspflicht bei allen Gesetzen bestanden haben, schließen sich jetzt dieser Rechtsauffassung an. Erforderlich sei nur noch die Zustimmung des Bundesrats – und damit Maiers – zu diesen beiden Nebengesetzen.

Das bringt die Entscheidung. Unter schärfstem Druck der eigenen Parteifreunde, die sogar mit einem Parteiausschluß drohen, erklärt sich Maier schließlich dazu bereit, den Nebengesetzen zuzustimmen. Damit hat Adenauer das gesamte Vertragswerk erst einmal über alle parlamentarischen Hürden gebracht. Die Mitteilung erreicht ihn in London, und er kommentiert sie nur knapp: eine gute Nachricht.[5] So verfährt er zumeist, wenn man ihm von großen Siegen berichtet: bloß keine überschäumende Freude oder Erleichterung zeigen!

Bleibt noch die ferne Drohung des Bundesverfassungsgerichts. Es ist, so schimpft er acht Tage später im CDU-Vorstand, »der Diktator Deutschlands«[6]. Derzeit bekümmert ihn das aber nicht groß: »Wir können jetzt nichts daran ändern ...«[7]

Inzwischen hat sich seine Sorge nämlich vom Bundesrat weg nach London verlagert. Dort brennt Premierminister Churchill darauf, mit der neuen sowjetischen Führung einen Gipfeldialog zu eröffnen. Die Idee kam Churchill sofort, als er von Stalins Tod hörte. Sein Leibarzt Lord Moran vermerkt unter dem 7. März 1953: »Der Premierminister spürt, daß Stalins Tod zu einer Entspannung führen könnte. Es ist eine einzigartige Möglichkeit, die so nicht wiederkehren wird ...«[8]

Einzigartig ist aber auch die Konstellation im britischen Kabinett. Der Premierminister zeigt beunruhigende Anzeichen von Senilität. Aufgrund zweier schwerer Operationen von Außenminister Eden ist aber auch das Foreign Office für einige kritische Monate praktisch ohne politische Führung. Die dortigen Diplomaten einschließlich Edens sind höchst alarmiert, als der nicht mehr verhandlungsfähige Churchill noch einmal an die Gipfeldiplomatie der Kriegsjahre anknüpfen möchte. Schon Anfang Mai teilt er Eisenhower mit, er wolle Molotow ein Telegramm schicken und seinen Besuch in Moskau vorschlagen.[9]

Eisenhower ist entsetzt und rät dringend ab. Die amerikanischen Argumente gegen eine Gipfelbegegnung sind in den Jahren 1953 und 1954 immer dieselben. Handelt es sich bei der Führungstroika, die nun in Moskau an der Macht ist, nicht um blutbesudelte Helfershelfer Stalins? Malenkow war schließlich jahrelang der Sekretär des Diktators. Kaum eine Schandtat Stalins, die er nicht zur Ausführung gebracht hat! Dazu Berija, der sadistische Geheimdienstchef, Herr – wie man das später nennt – des Archipel Gulag. Auch Molotow hat eine unheilvolle Rolle gespielt.

Ein weiteres Argument der Eisenhower-Administration ist mehr innenpolitischer Natur. Seit der Konferenz von Jalta haben die Republikaner die Gipfeldiplomatie Roosevelts als völlig verfehlte Methode angeprangert. Dulles war einer der schärfsten Ankläger. Soll man nun das alles sofort vergessen, nur weil die neuen Herren in Moskau einige freundliche Gesten machen?

Es gibt aber auch andere Überlegungen, die zum Zögern veranlassen. Erneut zeichnet sich jetzt die Gefahr ab, daß der Ratifikationsprozeß der Verträge – wie im Sommer 1952 schon – durch die bloße Aussicht auf eine Ost-West-Konferenz ganz zum Stillstand kommt. Niemanden erstaunt es, daß der französische Außenminister Bidault wieder einmal eine – höchstwahrscheinlich zum Scheitern verurteilte – Konferenz als Vorbedingung der Ratifizierung der EVG bezeichnet.

Dazu kommt die amerikanische Sorge über die Lage in Großbritannien. Ein schwerkranker Außenminister. Ein Premierminister, der die Dossiers nicht mehr richtig liest und sich zeitweise in einer Traumwelt aufhält, in der vieles durcheinandergeht – Reminiszenzen an das europäische Staatensystem zu Zeiten des Urahnen Marlborough, Empire-Nostalgie, Erinnerungen an die Gipfeltreffen während des Zweiten Weltkrieges und schreckliche Visionen von einer atomaren Weltkatastrophe. So stellt sich die Lage aus dem Blickwinkel von Washington dar. Es gibt dort aber auch noch eine vordringliche, kurzfristige Zielsetzung der neuen Administration. Sie gilt der Herbeiführung eines Waffenstillstands in Korea, der schließlich am 27. Juli 1953 erreicht sein wird.

Die Rücksichtnahme darauf, wie sich eine baldige Ost-West- Konferenz auf die Wahlchancen Adenauers auswirken könnte, ist somit nur *ein* Aspekt unter vielen. Doch auch er hat Gewicht.

Churchill läßt sich jedoch überhaupt nicht bremsen. Die Bombe platzt am 11. Mai mit dem sensationellen Vorstoß des Premiers im House of Commons. Noch einmal läuft Churchill zu großer rednerischer Form auf, beschwört Kriegsgefahr und Friedenshoffnungen, entwirft ein umfassendes Panorama des europäischen Staatensystems, verweist auf legitime sowjetische Sicherheitsinteressen, schlägt eine baldige Gipfelkonferenz der führenden Mächte vor und macht vage Anspielungen auf den Locarno-Vertrag von 1925.

Adenauer verhandelt eben in Paris und ist auf dem Weg nach London. So erlebt er die ärgerliche Verblüffung der französischen Regierung an Ort und Stelle. Frankreich ist von Churchill weder vorweg konsultiert worden, noch hat dieser ihm einen Platz in seiner Gipfeldiplomatie zugedacht.

Da Franzosen und Amerikaner sich einig sind über die Ablehnung dieser nicht abgestimmten Initiative, kann sich Adenauer zurückhalten. Ohnehin ist Churchill in Erinnerung an sein früheres Versprechen Adenauer gegenüber klug genug, eine beruhigende Passage einzuflechten: »Westdeutschland wird keineswegs geopfert oder – ich wähle diese Worte mit besonderer Sorgfalt – etwa aufhören, Herrin des eigenen Schicksals zu sein im Rahmen der Vereinbarungen, die wir und andere NATO-Regierungen mit ihnen getroffen haben.«[10]

Der Besuch Adenauers in London am 14. und 15. Mai, also unmittelbar nach der Friedensrede, geht gut vonstatten. Er beschränkt sich klugerweise darauf, seine Sorgen nicht direkt anzusprechen. Aber er läßt dem Foreign Office durch Blankenhorn doch deutliche Signale geben.[11] Der engste Mitarbeiter des Kanzlers versäumt nicht, auf die Probleme für die Ratifizierung aufmerksam zu machen. Natürlich sei Churchills Initiative Wasser auf die Mühlen der SPD.

Die Gespräche mit Churchill zeigen erneut einen Premierminister, der recht uninformiert und – so Hallstein – fast abwesend wirkt. Adenauer ist bestürzt, und Blankenhorn notiert: »Der alte Mann sitzt schwerfällig in seinem Stuhl, das linke Auge tränt unentwegt, und wenn er sich zu zusammenhängenden Aussagen aufrafft – etwa über den Friedenswillen Großbritanniens – scheint er, wie das bei alten Leuten manchmal der Fall ist, den Tränen nahe zu sein. Wie dieser Mann angesichts seines Körperzustandes das britische Empire leiten will, ist kaum faßbar. Der Kanzler ist von diesem zeitweilig völligen Versagen seines Gesprächspartners sehr negativ beeindruckt und macht seiner Sorge durch entsprechende Notizen auf einem Zettel Papier Luft, den er mir zuschiebt.«[12]

Die offizielle Unterredung der beiden Staatsmänner endet so grotesk wie sie sich hingeschleppt hat. Adenauer drückt Churchill zwei Kisten Zigarren in die Hand, die er unmittelbar vor dem Abflug von der Leitung des deutschen Zigarrenverbandes erhalten hat. Churchill dankt freudig und bemerkt dabei, der letzte Deutsche, der ihm Zigarren geschenkt

Besuch in Downing Street

habe, sei Wilhelm II. gewesen.[13] Beim Lunch, wo Churchill anscheinend gerne seine wichtigsten Feststellungen trifft, erhält Adenauer erneut die Zusage, England werde nichts hinter dem Rücken der Deutschen vereinbaren.[14] Nebenbei bekommt er eine weitere tröstliche Versicherung. Rußland sei zwar in der Tat stark genug, Europa zu überrennen. Doch mache Amerika nun raschen Fortschritt mit neuen Waffen. Man sei dort überzeugt, innerhalb von drei Monaten die zentralen Steuerungskapazitäten sowjetischer Rüstungsindustrie, die Kommunikationssysteme, überhaupt die Fähigkeit zu moderner Kriegführung zerbrechen zu können. Und er erwähnt, England habe auch selbst einige Kernwaffen.

Bei diesem Essen, an dem auch Mrs. Clementine Churchill teilnimmt, beobachtet Adenauer wieder eine unvergeßliche Szene, die er später gern erzählt: »Beim Essen bekam jeder ein Glas Wasser. Churchill ließ sich dazu ein Glas Gin oder Scotch eingießen. Dann holte er eine große schwarze Zigarre heraus und tauchte sie so tief ins Glas, daß nur noch drei bis vier Zentimeter trocken blieben – und dann zündete er sie an.«[15]

Schließlich führt das Gespräch auf die Möglichkeit eines Staatsbesuchs des Premierministers in Deutschland. Zum Erstaunen Adenauers bemerkt Churchill, er überlege sich, nach Köln zu gehen; schließlich habe er mit der Zerstörung dieser Stadt ja einiges zu tun gehabt. Adenauer meint, Churchill werde in Deutschland gut aufgenommen, vermeidet es aber, den zartfühlenden Vorschlag eines symbolischen Auftritts ausgerechnet in Köln zu vertiefen. Jedenfalls versichert der Kanzler dem Premierminister beim Abschied, in bezug auf die britische Politik sei er jetzt vollauf beruhigt.[16]

Die Stimmung Adenauers nach dem Besuch in London wäre wohl weniger gut, würde er von einer Notiz wissen, die Sir Pierson Dixon am 19. Mai einigen Kollegen im Foreign Office zugehen läßt. Nur *einen* Tag nach Adenauers Abreise hat Dixon mit dem Premierminister eine Unterredung, deren Essenz er in lakonischer Kürze wiedergibt: Churchill »denke durchaus noch an die Möglichkeit eines wiedervereinigten und neutralisierten Deutschlands«. Der Premierminister begreife dies als Teil einer Generalbereinigung mit der Sowjetunion, vermerkt Sir Pierson Dixon.

Sir William Strang hört ähnliches, allerdings mit dem wichtigen Zusatz, eine Neutralisierung Deutschlands käme nur dann in Frage, wenn auch die Deutschen das wünschten.[17] Sir Frank Roberts, bei dem damals die Fäden der Deutschlandpolitik zusammenlaufen, ist darüber so alarmiert, daß er noch am gleichen Tag ein langes Memorandum folgenden Inhalts diktiert: Würden die Engländer dieses sowjetische Konzept akzeptieren, dann dürfte ihnen die gesamte Struktur des bisherigen europäischen Sicherheitssystems um die Ohren fliegen. Die Grenzen des Ostblocks könnten sich dann an den Rhein verschieben. Und Adenauer würde bei einer Rückkehr zur Viermächtekontrolle die Wahlen im Herbst verlieren. Die unmittelbare Folge: eine schwache, neutralistische Regierung der Sozialdemokraten oder ein Pendelausschlag zu extremem Nationalismus.

So ganz genau ist man in Bonn zwar nicht unterrichtet. Adenauer spürt jedoch, was sich in Downing Street Nr. 10 zusammenbraut.

Um irgendwie mit der Unruhe in London und Paris fertigzuwerden, stimmt Eisenhower nun einer Konferenz der westlichen Staatschefs auf den Bermudas zu. Auch dies mißfällt Adenauer. Wieder einmal ein exklusives Treffen der drei Siegermächte ohne ihn! An beruhigenden Zusicherungen ist zwar nach wie vor kein Mangel. Doch Sir Frank Roberts schätzt die Stimmung auch im Bundeskanzleramt richtig ein, wenn er bemerkt, alle Deutschen seien überängstlich, Deutschland könne nun doch zur Schachfigur bei der Gipfeldiplomatie werden.

Zwei Tage vor dem 17. Juni 1953 führt Blankenhorn ein denkbar offenes Gespräch mit Sir Con Douglas Walter O'Neill vom Foreign Office. Adenauer sei über die Politik Churchills »zu Tode erschrocken«. Das Wort »Unzuverlässigkeit« fällt. Nicht, daß Adenauer an den Motiven oder an den freundschaftlichen Gefühlen ihm selbst gegenüber zweifle. Aber Churchill sei von der Idee besessen, der einzige Mann in der Welt zu sein, dem es gelingen könnte, mit den Russen zu einem Ausgleich zu kommen. Es sei schrecklich, wie wenig er auf Rat höre. Er sei geistig im Jahr 1945 stehengeblieben und habe keine richtigen Vorstellungen von der seitherigen Entwicklung der Deutschland- und Europapolitik. Bei seinem Besuch am 15. Mai habe er zeitweilig nicht einmal mehr der Sachdiskussion folgen können – »ganz versunken in seine eigene Traumwelt« –, so daß Adenauer Blankenhorn zugeflüstert habe, das sei die reine Zeitverschwendung. Am besten packe man die Akten zusammen und empfehle sich. In Washington sehe man das übrigens gleicherweise.

Die Herren im Foreign Office, denen Blankenhorn so bewegt das Leid des Bundeskanzlers klagt, geben zur Antwort, daß sie selbst nicht wissen, was Churchill in Downing Street 10 ausheckt. Und Außenminister Eden, der allein den alten Mann bremsen könnte, ist krank.

Nun aber kommt es zu drei unerwarteten Vorgängen, die Adenauers Sorgen fast schlagartig verschwinden lassen. Am 16. und 17. Juni bricht der Aufstand in der DDR aus. Am 23. Juni erleidet Churchill einen Schlaganfall. Er ist während einiger entscheidender Wochen fast vollständig amtsunfähig. Und am 10. Juli wird in Moskau die Verhaftung Berijas bekanntgegeben – sicheres Indiz dafür, daß die Führungsverhältnisse in Moskau noch ungeklärt sind und ein Gipfeltreffen schon deshalb verfrüht wäre.

Die internationale Lage bleibt also auch in diesen hektischen Monaten vor Beginn des Wahlkampfes voller Überraschungen und von Labilität gekennzeichnet. Seit er im Sommer 1945 in die Politik eingetreten ist, hat Adenauer jedoch nie etwas anderes erlebt. Noch weiß er nicht, daß sich die Demokratien Westeuropas schon ganz am Ende der gefahrvollen Nachkriegszeit befinden.

Doch auch die Innenpolitik der Bundesrepublik ist noch ziemlich unkalkulierbar. Man darf sie keinen Augenblick sich selbst überlassen. Zwar glaubt Adenauer zu wissen, daß die Bundestagswahlen 1953 auf dem Feld der Außen- und Deutschlandpolitik entschieden werden. Doch er hat nie zu jenen gehört, die von einem Primat der Außenpolitik reden. Politischer Erfolg, das weiß er genau, pflegt sich überhaupt nur dann einzustellen, wenn Außenpolitik und Innenpolitik gleichermaßen die gebührende Beachtung finden.

Bei jeder Kabinettsitzung zeigt sich erneut, mit wieviel Aufmerksamkeit und Eigenwille der Kanzler bestrebt ist, auch die vielen Fäden der Innenpolitik in der Hand zu behalten. Wer 16 Jahre als Oberbürgermeister von Köln hinter sich hat, läßt sich durch die neuen Aufgaben der Außenpolitik nicht von den vertrauten Feldern der Finanzen, der Wirtschafts- und Sozialpolitik, der Verwaltungsfragen oder der öffentlichen Sicherheit weglocken. Keiner seiner Minister mit Ausnahme von Fritz Schäffer und Robert Lehr bringt auf diesen Feldern soviel an Kenntnissen mit.

Adenauer weiß auch genau, wie man sich im Vorfeld von Wahlen zu verhalten hat. Möglichst keine Gesetzgebung in der Vorwahlphase, ermahnt er das Kabinett nachdrücklich – doch vergeblich![18] Denn selbst zweitrangige Vorhaben brächten nur neuen Streit, den er jetzt nicht brauchen kann. Wahlgeschenke wie die Senkung der Kaffeesteuer, gut. Aber selbst dabei zeigt sich, wie aus Wohltaten zum Zweck des Stimmenfangs großer Zank im Kabinett erwachsen kann.

Fast zwangsläufig gerät das Verhältnis zwischen Bundeskanzler und Bundesfinanzminister nunmehr in eine recht kritische Spannungszone. Adenauer und Schäffer verstehen ihre beiderseitigen Absichten nur zu gut. Schäffer läßt sich nicht von seiner Auffassung abbringen, daß Adenauer ein recht gefährlicher Schuldenmacher ist – siehe seine Kölner Jahre bis 1933. Die Neigung zu langfristiger finanzieller Festlegung verstärkt sich erfahrungsgemäß noch vor Wahlen. Aus Schäffers Sicht sind es vor allem auch außenpolitisch motivierte Ausgaben, die seine Stabilitätspolitik erschüttern könnten – Londoner Schuldenabkommen, Besatzungskosten, Verteidigungsbeitrag, Wiedergutmachungsabkommen. Gegen letzteres vor allem zieht Schäffer so erbittert zu Felde, daß das Verhältnis zwischen Adenauer und seinem Finanzminister schon jetzt ziemlich zerrüttet erscheint.

Der Bundeskanzler ist allerdings nicht der einzige Sünder. Je näher es auf die Bundestagswahlen zugeht, um so größer wird die Lust aller Parteien, auf Kosten des Bundeshaushaltes Wahlgeschenke an Rentner, Kriegsopfer, Hausfrauen oder Vertriebene zu verteilen. Die Opposition sucht die Koalitionsfraktionen mit Forderungen zu übertrumpfen, die DP die FDP, beide zusammen die Union. Als der Bundestag endlich in die Ferien geht, vermerkt Heinrich Krone, der als Parlamentarischer Geschäftsführer der CDU/CSU-Fraktion alle Differenzen auszugleichen hat, ziemlich resigniert in seinem Tagebuch: »Die Parteien in der Koalition wissen, daß sie sich diese Sonderwege leisten können. Die Regierung stürzt nicht; der Finanzminister geht nicht. Und der Kanzler? Nun, der will die Wahl gewinnen, und das kostet Geld. Die Parteien kennen in dieser Hinsicht den Taktiker nur zu gut; hier läßt er mit sich reden. Auf die nächsten vier Jahre Regierung kommt es ihm an.«[19]

Auf der internationalen Bühne agiert Adenauer bereits als der große Staatsmann. In der Innenpolitik aber bringen auch diese Bundestagswahlen wie zuvor schon die von 1949 und wie später alle folgenden die Verwandlung des würdigen Kanzlers in einen bedenkenlosen Parteiführer, dem jedes Mittel recht ist. Dabei beobachtet niemand so wachsam und so kühl wie er die noch in ständigem Wandel befindliche Parteienlandschaft. Im damaligen Westdeutschland gibt es keinen scharfsinnigeren Analytiker des Parteiensystems wie ihn, keinen auch, der seine Analysen so weitmaschig anlegt und der seine Beobachtungen oder Schlußfolgerungen so zupackend formuliert. Jeder, der ihm im Kabinett, im CDU-Parteivorstand oder im kleinen Kreis zuhört, muß das neidlos anerkennen.

1952 geht Adenauer noch davon aus, daß die Bundesrepublik weiterhin ein Vielparteiensystem aufweisen wird. Auch 1953, so meint er, wird die Union der FDP und der DP bedürfen. Vielleicht, so läßt er sich von

Otto Lenz raten, braucht man sogar die Flüchtlingspartei Gesamtdeutscher Block/BHE, auch wenn der »Bund der Heimatvertriebenen und Entrechteten« seinen Höhepunkt schon überschritten hat. Im Mai 1953 erweist sich Waldemar Kraft, Vorsitzender des BHE, als Notanker des Bundeskanzlers. Er verspricht diesem für den Fall unüberwindlicher Schwierigkeiten mit Reinhold Maier, der BHE in Niedersachsen werde dann die SPD-Regierung von Hinrich Kopf verlassen, um die Bildung einer bürgerlichen Regierung zu versuchen.[20] Jedenfalls ahnt Adenauer im Frühjahr 1953 noch nicht, ein wie haushoher Wahlsieg ihm im September ins Haus stehen wird. So nimmt er also auch bei den Beratungen über das Bundestagswahlgesetz auf den BHE größtmögliche Rücksicht.

Die Deutsche Partei ist noch nicht so verläßlich kalkulierbar wie später. Adenauer hofft zwar, daß sich die christlich-konservative Richtung um Hellwege und von Merkatz durchsetzen wird und erträgt vorerst mit stoischer Ruhe jede Sonntagsrede seines Verkehrsministers Seebohm. Doch unablässig fürchtet er, es könne der DP oder der FDP gelingen, sich als nationale Rechtsparteien zu profilieren. Schließlich ist ein für nationale Parolen stark anfälliges Wählerpotential zu vermuten, das 1949 noch kaum Bedeutung hatte.

Dabei sind die labilen Massen früherer NS-Anhänger Hauptadressaten der Wahlkampfstrategie aller Parteien des Regierungslagers, doch auch der SPD. »Denken Sie bitte daran«, ermahnt Adenauer am 15. Juli 1953 den CDU-Vorstand, »daß im Jahre 1949 sehr viele frühere Nazis kein Wahlrecht hatten; denken Sie daran, daß das jetzt alles weggefallen ist. Deswegen ist es mir – solange nicht nationalistische Elemente eine seit 1949 bestehende Partei derart unterlaufen, daß sie dieses Gehäuse in Besitz nehmen und damit arbeiten können – vom allgemeinen Standpunkt aus viel lieber, in der FDP und in der DP einen gewissen Prozentsatz solcher nationalistischer Elemente zu sehen, der aber nur so groß sein darf, daß er von den anderen in Schach gehalten werden kann...«[21]

Die Parteien der Koalition sollen also bestrebt sein, so hört man von ihm wieder und wieder, den nationalistischen Treibsand aufzufangen. Dabei fällt der CDU eine Doppelrolle zu. Einerseits muß sie gleichzeitig atlantisch, europäisch und sehr national sein, um die primär national orientierten Wähler an sich selbst zu binden. Andererseits hat sie innerhalb der Koalition die Aufgabe, FDP, DP und vielleicht auch bald den BHE im Sog ihrer Westpolitik zu halten.

Am meisten Probleme schafft die FDP. Sie ist unverzichtbar, doch ihre Entwicklung, so muß Adenauer des öfteren einräumen, ist nur schwer zu prognostizieren. Nach wie vor weist sie einen weit rechts stehenden Flügel auf, der besonders in Nordrhein-Westfalen stark ist. Als Exponent dieser Gruppierung profiliert sich lange Zeit der Verleger Friedrich Middelhauve. Adenauer ist zuversichtlich, diesen Flügel im Regierungslager integrieren und domestizieren zu können, zumal zu Middelhauve seit den alten Zeiten im Landtag von Nordrhein-Westfalen ein gutes persönliches Verhältnis besteht. Ministerpräsident Arnold, der im Prinzip lieber mit rechten Sozialdemokraten als mit rechten Freien Demokraten koaliert, bekommt daher gelegentlich Adenauersche Zynismen zu hören: »Wenn man staatspolitisch die Sache durchdenkt, dann ist mir ... eine FDP mit schwarz-weiß-roten Streifen noch lieber als eine große schwarz-weiß-rote Partei ohne demokratische Streifen.«[22]

»Eine große schwarz-weiß-rote Partei«, die sich aus der FDP entwickeln könnte – das ist eine von Adenauers Sorgen im Jahr 1952. Die Zerschlagung nationalsozialistischer Unterwanderung der nordrhein-westfälischen FDP durch die britische Besatzungsmacht zu Beginn des Jahres 1953 kommt ihm somit sehr zupaß. Zwar wird dabei der britische Hohe Kommissar Sir Ivon Kirkpatrick von sich aus tätig. Doch Adenauer macht vor dem CDU-Vorstand kein Hehl daraus, daß er über »diese Verhaftung Naumanns und Konsorten« alles andere als traurig ist.[23] Allerdings zeigt er sich bald sorgfältig bemüht, abzuwiegeln und daraus doch ja nicht eine Affäre FDP werden zu lassen. Denn ohne die FDP würde die Union in eine große Koalition mit der SPD geradezu hineingedrängt – für Adenauer noch lange ein schlimmer Alptraum.[24]

Sein Verhältnis zur FDP ist und bleibt jedoch zwiespältig. Er wäre kein Politiker, würde er die Freien Demokraten nicht letztlich nach Freund-Feind-Kategorien bewerten. Noch in den »Erinnerungen« gibt er dem ebenso offen wie schlicht Ausdruck: »Es gab in der FDP eine Reihe von Persönlichkeiten, deren politische Einstellung gut war – ich möchte hier nur die Namen Dr. Franz Blücher, Dr. Viktor Emanuel Preusker, Dr. Hermann Schäfer und Dr. Hans Wellhausen nennen.«[25] Zu den FDP-Leuten, die »gut« sind, weil sie seine Politik alles in allem unterstützen, rechnet er besonders auch Bundespräsident Heuss, »mit dem mich ein sehr enges Vertrauensverhältnis verband.«[26] Auch ein Mann wie der Washingtoner Botschafter Krekeler gehört nach Adenauers Meinung in diese Kategorie oder der Bonner Journalist Schumacher-Hellmold – ein offener, warmherziger, katholischer Rheinländer, auf den immer Verlaß ist, wenn es gilt, das Verhältnis zwischen Adenauer und der FDP durch Gespräche hinter den Kulissen zu kitten.

Aber selbst die »guten« Freien Demokraten, zu denen 1953 auch noch Thomas Dehler zählt, irritieren häufig. Sie sind fast durch die Bank ausgeprägt national, und Adenauer sieht schon 1952 und 1953 mit Sorge, wie sich deshalb besonders in der Saarfrage zunehmend Konfliktstoff anhäuft. Es wird somit auch nur eine Frage der Zeit sein, bis sie in der Wiedervereinigungspolitik Taten sehen wollen.

Zu den FDP-Leuten, die nicht »gut« sind, gehört 1953 zweifellos Reinhold Maier, obwohl dessen großes taktisches Geschick Adenauer doch auch wieder imponiert.[27] Ergrimmt registriert er aber, daß Maier zu allem hin auch sarkastisch formulierte anti-klerikale Reden hält. Wie schon im Bundestagswahlkampf 1949 ist protestantisches Ressentiment gegen den politischen Katholizismus ein wichtiger Faktor, der die ansonsten verfeindeten FDP-Flügel zusammenhält. Am meisten stört Adenauer aber damals bei der FDP deren Zerstrittenheit. »Ich sehe dem Ausgang der Wahlen mit Zuversicht entgegen«, schreibt er am 21. Juli 1953 aus dem Urlaub in Bühlerhöhe an Freund Dannie N. Heineman in New York: »Die einzige Sorge, die ich habe, ist die innere Zerrissenheit der Freien Demokratischen Partei. Wir brauchen eine starke und geschlossene Freie Demokratische Partei zur Regierungsbildung.«[28]

Dabei haben die Besorgnisse, Warnungen und Schachzüge auf dem Feld der Parteipolitik nur *ein* strategisches Hauptziel: Ausgrenzung der SPD aus allen denkbaren Koalitionskombinationen. Und da nach den Wahlen das Votum des Bundesverfassungsgerichts über die Westverträge ansteht, muß Adenauer danach trachten, nach Möglichkeit sogar eine verfassungsändernde Zweidrittelmehrheit zusammenzubringen. Dafür wird buchstäblich jede nicht-sozialistische Stimme gebraucht – sei die Partei noch so klein und ihre politische Orientierung noch so fragwürdig.

Über den Tod Kurt Schumachers vergießt er keine Träne. Als dieser am 24. August 1952, einem Sonntag, unter Anteilnahme von Hunderttausenden in Hannover zu Grabe getragen wird, unterbricht er seinen Urlaub auf dem Bürgenstock nicht, läßt sich vielmehr durch Vizekanzler Blücher vertreten und unternimmt am folgenden Tag eine schöne Autofahrt über Axenstraße, Sustenpaß, Rosenlauital, Giessbach und Brünigpaß. Sein nachträgliches Urteil über Schumacher schwankt. Durch Schumachers Führung sei die SPD »einfach zu einer totalitären Partei geworden..., die sich mit dem Staat gleichsetzt«.[29] Im Grunde genommen, resümiert er im Mai 1953, war er »ein Nationalist. Er hat die ganze Sozialdemokratie in dieses nationalistische Fahrwasser hineingebracht.«[30]

Daneben steht aber persönliches Mitgefühl, fast Sympathie: Als Mensch habe er an ihn »eine gute Erinnerung«, vernehmen die Mitglieder des CDU-Vorstandes: »ein Mann von echtem Wollen und von Treue ... Er war dann in den letzten Jahren seines Lebens ein schwerkranker Mann – er war es schon vorher – und muß entsetzliche Schmerzen ausgestanden haben. Und er war ein sehr einsam gewordener Mensch. Er war, wie das ja Enttäuschungen, Einsamkeit und Schmerzen mit sich bringen, ein ungemein mißtrauischer Mensch.« So sei die deutsche Sozialdemokratie »trotz seiner großen intellektuellen Gaben in eine falsche Richtung geraten«[31].

Schumacher ist erst ein paar Monate verschieden, da beginnt der Bundeskanzler schon im Kreis seiner Parteifreunde zu sinnieren, mit ihm sei bis einige Monate vor seinem Tod besser zu verhandeln gewesen als mit der heutigen Sozialdemokratie.[32] Noch größere Versteifung! Ollenhauer sei zu schwach, dem entgegenzutreten: »Ich gebe jede Hoffnung auf ...«[33]

Die SPD sei nach wie vor marxistisch, »eine Klassenpartei«[34], dazu bereit, alle außenpolitischen Erfolge aufs Spiel zu setzen. Gewiß ist er zumindest intern bereit, Differenzierungen vorzunehmen. Ollenhauer unterstellt er immerhin guten Willen. Wehner mißtraut er zutiefst. Daß er damals die Sozialdemokratie tatsächlich so negativ einschätzt, wie er in jeder Rede zum Ausdruck bringt, ist nicht zu bezweifeln.

So stellt sich die Lagebeurteilung Adenauers dar, vor deren Hintergrund er die Wahlvorbereitungen trifft. Er hat keinerlei Bedenken, zu diesem Zweck eine Wahlgesetzänderung zu betreiben, die ihm ein Maximum an Sitzen bringt. Neben dem Schicksal der Verträge gibt es für ihn im Frühjahr 1953 kein wichtigeres Thema als das Wahlgesetz. Vom November 1952 bis Juni 1953 sieht man ihn im Kabinett, in der Fraktion, in Koalitionsberatungen, auf zahllosen Sitzungen bemüht, dabei die Quadratur des Kreises zu bewerkstelligen. Das neue Wahlrecht soll gleichzeitig mehrheitsbildend, für die CDU vorteilhaft, für die kleineren Parteien erträglich und für die Wahlchancen der SPD möglichst abträglich sein. Er selbst favorisiert für die Wahl in den Wahlkreisen das romanische Wahlsystem mit Stichwahlen im zweiten Wahlgang. Es ist ihm aus den Wahlkämpfen im Kaiserreich bestens bekannt und hat dort zur Isolierung der SPD gute Dienste geleistet.

Aber das Bundestagswahlgesetz ist eine der Fragen, in denen er sich nicht durchzusetzen vermag, obschon er den kleineren Koalitionsparteien durch das Angebot von Listenverbindungen und Wahlabsprachen weit entgegenkommen möchte. Ausgerechnet am 16. und 17. Juni, als sich die DDR im Aufstand gegen die SED-Diktatur befindet, leisten sich die Koalitionsparteien eine kleine Regierungskrise in der Wahlrechtsfrage. Die FDP lehnt den Vorstoß gegen das faktisch seit 1949 bestehende Proporzwahlrecht kompromißlos ab. Eine Mehrheit von SPD, FDP und Teilen der CDU spricht sich für jene Regelung aus, die von da an im großen und ganzen Bestand hat. Wütend erklärt Adenauer den FDP-Unterhändlern, die FDP habe beabsichtigt, mit der Wahlrechtsfrage die Koalition platzen zu lassen. Mit diesem Wahlrecht sei die bisherige Koalition nicht mehr möglich.

Doch die Freien Demokraten bleiben ungerührt. So kann Adenauer nur schimpfen, er habe sich ernsthaft überlegt - am 17. Juni! -, in der Sache die Vertrauensfrage zu stellen. Aber das könne er in der jetzigen Lage nicht tun. Die Westmächte würden dann das Vertrauen zu Deutschland verlieren.[35]

Schließlich kommt ihm die FDP entgegen, indem sie in die Fünf-Prozent-Sperrklausel einwilligt.[36] Die Koalition ist gerettet. Damit sind am 17. Juni 1953 gleich zwei historische Entscheidungen gefallen, von denen die zweite länger Bestand haben wird als die erste: Die DDR bleibt ein sowjetischer Satellitenstaat, und die Bundesrepublik erhält ein Bundeswahlgesetz, das künftig allen Angriffen widerstehen wird. Adenauers weitgehendes Scheitern beim Versuch, ein mehrheitsbildendes Wahlrecht durchzusetzen, ist eine seiner empfindlichen Niederlagen mit großer Langzeitwirkung.

Von nun an bestimmt die Deutschlandfrage alle weiteren politischen Manöver der Vorwahlzeit. Der Aufstand in der DDR überrascht Adenauer ebenso wie die gesamte deutsche Öffentlichkeit. Seit Ende Mai haben sich die Vorgänge auf den einzelnen Handlungsebenen verknotet. Zwischen den Westmächten laufen intensive Beratungen über ein Treffen auf den Bermudas, in das sich Adenauer mit einem recht massiven Forderungskatalog von acht Punkten einzuschalten versucht.[37] Es gelingt ihm allerdings nicht, eine Außenministerstellvertreterkonferenz unter Teilnahme der Bundesrepublik durchzusetzen.[38]

Im Bundestag findet ein Wettlauf zwischen Adenauer und der Opposition statt, welche Seite die nun rasch in den Vordergrund rückende Deutschlandfrage am kühnsten angeht. Adenauer ist schneller und läßt am 10. Juni im Deutschen Bundestag überraschend eine außenpolitische Debatte ansetzen. Der Zweck dieses Vorgehens: Er will der SPD zuvorkommen, die eine Resolution vorbereitet, für Viermächteverhandlungen über Deutschland und für ein Treffen der vier Hohen Kommissare einzutreten. Adenauer hingegen sucht die Sozialdemokraten auf eine unklare Äußerung Ollenhauers festzunageln, dieser wolle Viermächteverhandlungen auf der Grundlage des Potsdamer Abkommens führen. Eine Viererkonferenz wird jedoch auch von ihm nicht ausgeschlossen, freilich – das ist stets seine Linie – nur nach sorgfältiger Vorbereitung.

In der Ostzone ging es seit der 2. Parteikonferenz vom 9. bis 12. Juni 1952 steil bergab. Walter Ulbricht hatte dort verkündet, jetzt werde mit dem »Aufbau der Grundlagen des Sozialismus« begonnen – also Planwirtschaft nach sowjetischem Modell und verschärfter Klassenkampf mit Repression und Terrorurteilen. Geplantes Chaos ist die Folge. Am meisten hat der ohnehin schon ums wirtschaftliche Überleben kämpfende gewerbliche Mittelstand zu leiden.

Nach Stalins Tod verschärft sich die Krise. Knappheit allenthalben. In dieser angespannten Lage drängt die neue sowjetische Führung darauf, das Ruder herumzuwerfen. Künftig soll die Konsumgüterindustrie Vorrang erhalten und der Lebensstandard der Bevölkerung schnellstens verbessert werden. Gleichzeitig aber werden unentbehrliche sowjetische Sonderlieferungen gestrichen. Ein katastrophales Hin und Her ist die Folge. Am 28. Mai beschließt die SED-Führung in ihrer Not, die Arbeitsnormen um 10 Prozent zu erhöhen, also praktisch eine Lohnsenkung zu verordnen. Nach heftigen internen Machtkämpfen erfolgt am 9. Juni die Proklamation des »Neuen Kurses«. Viele Maßnahmen des Klassenkampfs gegen die Selbständigen sollen nun aufgehoben werden. Auch eine Lockerung politischen Drucks ist vorgesehen. Das »ist die Bankrotterklärung des kommunistischen Regimes in Deutschland«, kommentiert Adenauer dies am 14. Juni vor 20000 Zuhörern im Augsburger Rosenau-Stadion. Es gelte jetzt, »die Bewegung in die Bahn zu lenken, die zu Frieden und Freiheit in ganz Deutschland führt.«[39]

Wirtschaftschaos und Unterdrückung in der Ostzone führen zu einem kräftigen Flüchtlingsstrom. 1000 bis 2000 Flüchtlinge melden sich täglich in den West-Berliner Auffanglagern. Die Normenerhöhungen sind aber nicht zurückgenommen worden. So schlägt der Volkszorn zuerst bei der Arbeiterschaft in den Großbetrieben und auf den Großbaustellen durch. Doch kaum hat die Volksbewegung begonnen, da wird sie auch schon von sowjetischen Panzern niedergeschlagen. Als der Aufstand am 16. Juni ausbricht und am 17. Juni ausgelöscht wird, ist auch Adenauer zum Zuschauen verurteilt. Weiter als zu einer würdigen Protestrede vor dem Deutschen Bundestag reicht seine Macht nicht.

Da Vertreter aller Fraktionen am 17. Juni nach Berlin geflogen sind,

Volksaufstand im Arbeiter- und Bauernstaat

*17. Juni 1953: Demonstrierende Ost-Berliner Arbeiter
marschieren mit schwarz-rot-goldenen Fahnen durchs Brandenburger Tor.*

gibt der stets auf PR-Wirkung bedachte Otto Lenz den Rat, doch wenigstens zur Beisetzung der Getöteten nach Berlin zu fliegen. Blankenhorn drängt genauso.[40] Wie acht Jahre später bei ähnlicher Gelegenheit, zögert Adenauer zunächst aus Furcht vor außenpolitischen Komplikationen.[41] Dann besinnt er sich aber eines Besseren und nimmt an dem Trauerakt vor dem Schöneberger Rathaus teil.

Am Tag zuvor war er in Paris, und so kommt er erst im Flugzeug dazu, sich mit der Rede zu befassen. In solchen Momenten steht ihm ein altväterisches Pathos zu Gebot. Über hunderttausend Berliner sind versammelt, als er mit fester Stimme einen »Schwur für das gesamte deutsche Volk« ablegt: »Neben die Trauer, neben das Mitleid tritt der Stolz auf diese Helden der Freiheit, der Stolz auf alle, die sich auflehnten gegen diese seit nunmehr acht Jahren währende Sklaverei. Das ganze deutsche Volk hinter dem Eisernen Vorhang ruft uns zu, seiner nicht zu vergessen, und wir schwören ihm in dieser feierlichen Stunde: Wir werden seiner nicht vergessen. Wir werden nicht ruhen und wir werden nicht rasten – diesen Schwur lege ich ab für das gesamte deutsche Volk – bis auch sie wieder Freiheit haben, bis ganz Deutschland wieder vereint ist in Frieden und Freiheit.«[42]

Adenauers Ansprache trifft genau die Stimmung jener Wochen. »Deutsche Einheit ist jetzt das große Stichwort«, beschreibt der Hohe Kommissar James Conant auf einer Konferenz amerikanischer Kommandeure am 29. Juni 1953 die allgemeinen Erwartungen.[43] In der Welle nationaler Gefühle, die übers Land gehen, strömt vieles zusammen: Zorn auf den Polizeiterror, der nun erneut in der Ostzone wütet, ohnmächtige Frustration, ein wenig Angst vor sowjetischer Brutalität, aber auch Hoffnung, daß nun doch manches in Fluß kommen könnte.

Die These des Kanzlers, Deutschland brauche verläßliche Freunde im Westen, brauche vor allem die Amerikaner, scheint nun bestätigt. Nachdem die Rote Armee so brutal in Aktion getreten ist, fällt es auch schwerer, Adenauers Drängen auf einen baldigen deutschen Verteidigungsbeitrag als »blinden Antikommunismus« zu brandmarken, wie Gustav Heinemann und seine Freunde von der Gesamtdeutschen Volkspartei das in diesen Monaten tun. Andererseits erwartet die Öffentlichkeit auch Initiativen. »Ich fürchte, wir werden in Westdeutschland bald eine Menge unrealistischer Diskussionen über die deutsche Wiedervereinigung zu hören bekommen«, meint Conant bei der bereits erwähnten internen Lagebeurteilung. Man ist eben in einem Wahljahr.[44]

Eisenhower und Dulles, selbst Churchill und das Foreign Office sehen das genauso. Man muß Adenauer helfen, der jetzt den deutschen Tiger zu reiten hat – einerseits die dauerhafte Einbindung Deutschlands in den Westen erstrebend, andererseits eine risikolose Wiedervereinigung!

Als am 21. Juni eine drängende Botschaft Adenauers bei Eisenhower eingeht, in dem dieser das Leid des deutschen Volkes auf dem Schreibtisch im Oval Office ablädt, telefoniert der Präsident schon vier Tage später mit Dulles, weil dieser mit der Antwort zu lange auf sich warten läßt. Darin steht denn auch ein schöner Satz über die Wiederherstellung der Menschenrechte, wobei unterstrichen wird, daß beide Regierungen gemeinsam und ernsthaft darauf hinarbeiten – »wir wollen doch etwas Propaganda für Adenauer machen«[45].

Die Eisenhower-Administration beläßt es nicht bei bloß verbaler Unterstützung des Kanzlers. Anfang Juli setzt Bonn ein großes Sofortprogramm in Gang, um durch Verteilung von Lebensmitteln und Kleidern den notleidenden Deutschen in der Ostzone zu helfen. Dabei sollen die Kirchen eingeschaltet werden. Adenauer bittet Eisenhower am 4. Juli telegraphisch um amerikanische Beteiligung, und dieser reagiert umgehend positiv.[46] Als die Sowjetunion, wie zu erwarten, die Verteilung der Hilfsgüter in der Ostzone ablehnt, improvisiert man unter großer Aufmerksamkeit der Medien eine Verteilungsaktion in West-Berlin.

Das spielt sich vor aller Augen ab. Hinter den Kulissen aber setzt Adenauer seinen ganzen Einfluß ein, um die westliche Konferenzplanung zu beeinflussen. Er ist eisern entschlossen, eine Konferenz *vor* den Bundestagswahlen zu verhindern. Denn wer weiß, welche Propagandaerfolge die Sowjetunion dann mitten im Wahlkampf erringen würde? Da er zu Conant kein Vertrauen hat, werden Hallstein und Blankenhorn zu Botschafter David Bruce in Paris entsandt, um über diesen der Zentrale in Washington von Adenauers tiefer Sorge Mitteilung zu machen. Sie teilen Bruce mit, »Adenauer sei absolut sicher, daß die Russen binnen kurzem einen neuen Vorstoß unternehmen würden, um ihn bei den Bundestagswahlen am 6. September zu schlagen.«[47]

Zum großen Erstaunen der westlichen Regierungen nimmt der Kanzler nun eine rasche Kehrtwendung vor. Blankenhorn, dabei unterstützt von Hallstein, überzeugt ihn am 7. Juli, jetzt müsse der Westen umgehend eine Viererkonferenz über die deutsche Frage fordern – allerdings erst für die Zeit nach den Wahlen. Die deutschen Ziele, so Blankenhorn, sind in einer von allen demokratischen Parteien des Bundestages getragenen Fünf-Punkte-Resolution vom 10. Juni festgelegt: 1. Abhaltung freier Wahlen in ganz Deutschland unter internationaler Kontrolle. 2. Bildung einer freien Regierung für ganz Deutschland. 3. Abschluß eines mit dieser Regierung frei vereinbarten Friedensvertrages. 4. Dort erst Regelung der noch offenen territorialen Fragen. 5. Sicherung der Handlungsfreiheit für ein gesamtdeutsches Parlament und eine gesamtdeutsche Regierung im Rahmen der UN-Charta.[48]

Blankenhorn führt noch einen wichtigen Gedanken ein, der für kurze Zeit auf die westlichen Planungen einen gewissen Einfluß gewinnt, dann jahrzehntelang vergessen wird und erst in den Jahren 1989 und 1990 wiederbelebt wird. Den Sowjets solle ein Sicherheitssystem angeboten werden, »wofür gewisse Grundelemente bereits in der EVG enthalten seien«. Also: Integration Deutschlands in eine westliche Sicherheitsgemeinschaft, die ja durchaus auch Kontrollcharakter hat. Wenn »Kontingentsstärke, Rüstung und Rüstungsproduktionskapazität« des wiedervereinigten Deutschland durch Beschluß der Verteidigungsgemeinschaft gebunden sei, liege darin »eine Sicherheitsgarantie nicht nur für den Westen, sondern selbstverständlich auch für den Osten«.[49] Diese Überlegung ist dazu bestimmt, die sowjetische Forderung abzuweisen, als Gegenleistung für die Viererkonferenz müsse die Ratifizierung der EVG zurückgestellt werden.

Blankenhorn geht noch weiter. Er entwickelt einen Phasenplan zur Neustrukturierung des Sicherheitssystems in Deutschland. In einer ersten Phase sei es denkbar, daß die amerikanischen und britischen NATO-Truppen bis hinter den Rhein zurückgezogen würden. Zwischen Rhein und Elbe würden dann nur EVG-Truppen verbleiben – somit auch noch aufzustellende deutsche Kontingente. Im Gegenzug müßten die Russen die Ostzone bis zur Oder-Neiße-Linie räumen und einer UN-Kontrolle über die Demilitarisierung dieses Territoriums zustimmen. So wäre bereits der Ansatz zu einer neutralen Zone in der Mitte Europas geschaffen.

In einer zweiten Phase, meint Blankenhorn, könnten sich dann Engländer und Amerikaner an die Peripherie zurückziehen – nach Nordafrika, Spanien, Großbritannien. »Die EVG würde an der Elbe stehenbleiben. Das neutrale Gebiet zwischen Elbe und Oder-Neiße würde um das Gebiet zwischen Oder-Neiße und deutscher Ostgrenze von 1937 vergrößert werden, wobei dieses Gebiet Deutschland nicht einfach wieder zugesprochen, sondern angesichts der dort jetzt lebenden vier Millionen Polen unter eine internationale Verwaltung gestellt würde, die eine vernünftige Rückgliederung der Flüchtlinge aus diesen Gebieten, soweit sie überhaupt Wert darauf legen, vornimmt.«[50] Hallstein läßt sich überzeugen, und die beiden reisen noch am Abend des 7. Juli nach Bühlerhöhe, wo Adenauer eben eingetroffen ist, um sich bei einem dreiwöchigen Urlaub für den Wahlkampf fit zu machen.

Auch Adenauer zeigt sich beeindruckt. »Wie immer in solchen Situationen«, beobachtet Blankenhorn, »sieht er blitzschnell die politischen Vorteile, die außen- und innenpolitisch in einem solchen Zug liegen. Er diktiert noch in unserer Gegenwart den ersten Rohentwurf für ein Schreiben an den amerikanischen Außenminister in seiner Eigenschaft als Vorsitzender der Außenministerkonferenz in Washington.«[51]

Der heikle Passus über das neue Sicherheitssystem erhält eine vorerst vage Formulierung: »Die Europäische Verteidigungsgemeinschaft soll Ausgangspunkt für ein Sicherheitssystem sein, das die Sicherheitsbedürfnisse aller europäischen Völker, einschließlich des russischen Volkes, berücksichtigt. Dieses System soll sich einfügen in das von Präsident Eisenhower in seiner Rede vom 16. April des Jahres vorgeschlagene System allgemeiner Abrüstung und Sicherheit im Rahmen der Vereinten Nationen.«[52]

Die Idee einer Präzisierung des Sicherheitssystems durch Einbeziehung territorialer Lösungen lehnt Adenauer aber ab. Das sei »verfrüht«. Blankenhorn wird jedoch noch verschiedentlich darauf zurückkommen, und zwei Jahre später legt sich auch Adenauer im Heusinger-Plan gegenüber Amerikanern und Briten auf das Konzept einer Demilitarisierung des Territoriums der DDR nach einer Wiedervereinigung fest.

Blankenhorn, so findet Adenauer, solle aber dann bitte auch in eigener Person die brillante Idee über John Foster Dulles an die Außenministerkonferenz der drei westlichen Großmächte herantragen, die dort vom 10. bis 14. Juli zusammentritt. Dieser sieht klar voraus, welche Verärgerung sein unerbetenes Auftreten hervorrufen wird. Schließlich wollen die Außenminister der drei Siegermächte unter sich bleiben, um zu beratschlagen, wie man mit dem Drängen Churchills und den parlamentarischen Nöten Bidaults am besten fertig wird. Doch Adenauer – die Wahlen fest im Blick – trägt keinerlei Bedenken, sich bei Franzosen und Briten unpopulär zu machen.

Auf dem Weg nach Washington erhält Blankenhorn von Botschafter David Bruce noch den guten Rat, in den Kanzlerbrief an Dulles eine schlaue zeitliche Begrenzung einzubauen.[53] Das geschieht, und so schlägt Adenauer eine Viererkonferenz »spätestens im Herbst« vor – nach den Bundestagswahlen wohlgemerkt, aber doch so nahe, daß das Ratifikationsverfahren nicht lange behindert werden kann.

Als Blankenhorn, den Brief des Kanzlers im Gepäck, in Washington eintrifft, ist er seinen Kollegen vom State Department und vom Foreign Office gegenüber von zynischer Offenheit. Natürlich sei das primär ein Wahlmanöver, sagt er Sir Frank Roberts am Morgen des 11. Juli am Telefon. Der Kanzler habe vernommen, die SED, mit schweigender Unterstützung aus Kreisen der SPD, arbeite mit dem sowjetischen Hohen Kommissar Semjonow an einer großen sowjetischen Initiative für Ende Juli. Deshalb lege Adenauer Wert darauf, daß der Westen sofort selbst eine solche Konferenz vorschlage und klarstelle, daß dies auf die Empfehlung des Bundeskanzlers hin erfolgt sei.

Die Meldung über einen neuen sowjetischen Vorstoß war von Vizekanzler Blücher gekommen. Angeblich wollte Moskau am 15. Juli erklären, ein großer Teil der sowjetischen Truppen sei schon zurückgezogen. Moskau sei bereit, auch den Rest zurückzuziehen, »um damit freie Wahlen in ganz Deutschland schon am 6. September zu ermöglichen«.[54]

Otto Lenz teilte dies Adenauer am 7. Juli als Meldung mit, deren Richtigkeit nicht bestätigt werden könne. Natürlich wäre das pure Propaganda. Doch habe er mit Minister Blücher und Staatssekretär Klaiber abgesprochen, vorsichtshalber eine entsprechende Meldung für die deutsche Presse zu lancieren »und diese aufzufordern, sofort eine solche Maßnahme als ein reines Propagandamanöver darzustellen«.[55] Ein westlicher Vorstoß für eine Deutschlandkonferenz sei jedenfalls überzeugender als der Propagandarummel mit amerikanischen Nahrungsmittellieferungen an die Deutschen in der Ostzone. Adenauer, so fährt Blankenhorn fort, erwarte nicht, daß aus einem Vierertreffen viel, wenn überhaupt etwas herauskomme. Doch der Vorschlag könne bei der Ratifikation in Paris helfen.[56]

Die erste Reaktion auf Adenauers Initiative ist vorauszusehen. Die Hohen Kommissare Großbritanniens und Frankreichs, die Adenauer links liegen ließ, sind sich einig. »Ein durchwegs unglücklich formulierter Brief und ein charakteristisches Beispiel deutscher Taktlosigkeit«, telegraphiert Kirkpatrick nach London.[57] Conant bedauert gleichfalls diesen »unüberlegten, taktlosen Schritt«. Natürlich mache der Kanzler jetzt Wahlkampf, aber wenn er in Bonn gewesen wäre, hätte man ihn vielleicht doch davon abbringen können.[58] Doch er ist 300 Meilen weit weg und damit völlig »out of control.«[59] Bidault und der britische Außenminister Lord Salisbury reagieren ähnlich verärgert.

Aus amerikanischer Sicht aber hat Adenauers Vorstoß zwei wichtige Vorzüge. Er erlaubt es, Churchills Drängen auf einen Gipfel mit diskreter Unterstützung durch das Foreign Office in dem viel besser steuerbaren

Mechanismus einer Außenministerkonferenz sich totlaufen zu lassen. Und er scheint sicherzustellen, daß Adenauer die Bundestagswahlen gewinnt. Denn Blankenhorn hatte keinen Zweifel daran gelassen, die Unterstellungen der SPD könnten doch Wirkung tun: »Adenauers gesamte Stellung sei in Gefahr, da sich die Meinung festsetze, daß er doch etwas gegen die deutsche Wiedervereinigung sei.«[60]

So setzt Dulles einen Beschluß durch, die Sowjetunion für den Herbst 1953 zu einer Außenministerkonferenz über Deutschland aufzufordern. Dieser Vorstoß an die Adresse der Sowjetunion ergeht ausdrücklich »in Konsultation mit der deutschen Bundesregierung«[61].

Jetzt triumphiert Adenauer, denn er hat gleich einen doppelten Erfolg errungen. Zum einen ist nun ein für allemal ein Exempel statuiert. Man wird künftig nicht mehr versuchen, ihn bei Vorbereitungskonferenzen über die deutsche Frage so wie diesmal beiseite zu schieben. Das Verhältnis zu John Foster Dulles beginnt sich jetzt sichtlich zu erwärmen, denn dieser hat offenbar erkannt, was er an dem so eindeutig pro-westlichen Kanzler hat. Zum anderen kann Adenauer nun getrost in die Wahlschlacht ziehen. Noch mehr als zehn Jahre später, als er auf den Vorgang in den »Erinnerungen« eingeht, vermag er seine Befriedigung nicht zu verbergen: »Das war ein Beschluß, der der SPD geradezu den Atem raubte, da sie der Bundesregierung stets vorwarf, wir verhinderten eine Vier-Mächte-Konferenz.«[62]

Die spätere Darstellung in den »Erinnerungen« lenkt übrigens die Aufmerksamkeit nochmals auf einen Grundgedanken, den Blankenhorn damals seinem Kanzler vor Augen geführt hatte: Integration eines wiedervereinigten Deutschlands in die defensiv angelegte westliche Verteidigungsgemeinschaft, um auch »Sowjetrußland«, wie Adenauer die Sowjetunion gern benennt, »Sicherheit gegen ein von ihm gefürchtetes Wiedererwachen des deutschen Militarismus« zu geben.[63]

Mehr als eine Hoffnung ist aber die europäische Einigung im Frühjahr 1953 nicht. Adenauer tut zwar weiterhin sein Bestes, nach innen wie nach außen die Idee der Integration zu propagieren. Aber alles hängt eben doch am ungewissen Schicksal der EVG.

So kommt es, daß er die zuerst vom italienischen Ministerpräsidenten de Gasperi lancierten Pläne einer Europäischen Politischen Gemeinschaft nicht überstürzen möchte. Ihm reicht vorerst *ein* großes Vertragswerk, mit dem es nicht recht vorangehen will. Doch er bemüht sich, diese Option offen zu halten.

Als der belgische Präsident der Montanunion Paul-Henri Spaak im

Auftrag der Ad-hoc-Versammlung Mitte März 1953 in Straßburg dem Ministerrat der Montanunion den Entwurf für eine europäische Verfassung überreicht, plädiert der Kanzler dafür, die wichtigen Verfassungsberatungen keiner bürokratischen Maschinerie von Regierungsexperten zu übertragen.[64] Er möchte den Entwurf weiter in Konferenzen der sechs Außenminister beraten sehen und begrüßt auch das Vorhaben der Ad-hoc-Versammlung, sich in Permanenz zu erklären. Vielleicht – so erwartet er damals – können die Verfassungsberatungen auch die EVG voranbringen.[65]

Doch in den folgenden Wochen macht er ernüchternde Beobachtungen. Der Quai d'Orsay unter Bidault bremst offenbar. Auch die französischen Sozialisten zögern.[66] Jean Monnet, von dem sich Adenauer von Zeit zu Zeit den Dschungel der französischen Innenpolitik erklären läßt, meint, man könne sich in Sachen Integration auf Bidault nicht verlassen.[67] Da es zudem auf die britischen Empfindlichkeiten Rücksicht zu nehmen gilt, hält Adenauer es für richtig, auch deutscherseits die Verfassungspläne nur langsam anzugehen.

Es paßt dem Kanzler gar nicht so recht, als er sich bei der Kabinettsitzung am 8. Mai einer geschlossenen Front von Ministern und Fraktionsvertretern gegenübersieht, die für eine europäische Direktwahl des Parlaments plädieren, wie sie im Verfassungsentwurf vorgesehen ist.[68] Dabei will er sich dem Argument durchaus nicht verschließen, daß eine Direktwahl die europäische Integration im Bewußtsein der Völker stärker als alles andere verwurzeln könnte.[69] Aber um keinen Preis möchte er eine extreme Lösung forcieren, die eine Ratifizierung der EVG in Paris gefährden würde. Vorläufig sollen die Zuständigkeiten der Europäischen Politischen Gemeinschaft nicht über die Montanunion und die EVG hinaus ausgedehnt werden. Eine Kompetenzkompetenz des Europäischen Parlaments lehnt er ab.[70] Mitte Mai gibt er sich jedenfalls schon so zögerlich, daß Washington und Jean Monnet über David Bruce sachte auf ihn einwirken, »das Tempo des europäischen Verfassungswerkes nicht allzu stark zurückzuschrauben«[71].

Als Adenauer kurz nach dem 17. Juni nach Paris fliegt, um im Ministerrat der Montanunion die Verfassungsberatungen voranzubringen, kann er auf diesem Feld nur noch Stillstand feststellen. Blankenhorns Tagebucheintrag vom 22. Juni 1953 spricht für sich: »Das Gesamtbild ist das einer müden, desillusionierten Gesellschaft von Ministern, die vom europäischen Geist nur wenig erfüllt sind. Mit Ausnahme des Bundeskanzlers und de Gasperis haben die Männer offensichtlich vergessen, welche Aufgabe gerade in diesem Augenblick von der Geschichte gestellt ist. Die meisten sind sich dieser Aufgabe nicht bewußt; einige schlafen, andere sind geistig abwesend.«[72]

Zwar schmilzt in der Folgezeit das Eis zwischen dem deutschen Kanzler und dem komplizierten französischen Außenminister Bidault. Dieser gewährt sogar dem Wahlkämpfer Adenauer Unterstützung, indem er Anfang August 1953 zusammen mit dem Ministerrat der Montanunion erst nach Baden-Baden kommt und anschließend nach Bonn. Auch Bidault bekennt sich nun zur deutsch-französischen Verständigung als Voraussetzung für ein vereintes Europa.[73] Schon in dieser Bonner Frühzeit ist symbolische Politik Trumpf. Nach den Besprechungen schreiten die beiden Herren durch den Garten zum Rhein, wo der Rheindampfer »Frieden« mit einigen hundert Renault-Arbeitern an Bord liegt, die Adenauer und Bidault zuwinken.[74] Die Klimaerwärmung in der menschlichen Dimension kann aber nicht verhindern, daß sich die französischen Vertreter weiter gegen allzu ausgeprägte supranationale Elemente im Verfassungsentwurf sträuben.[75]

Es sind also nicht zuletzt Hoffnungen, die Adenauers Wahlkampf beflügeln – Hoffnungen auf baldige Wiedervereinigung, Hoffnungen auf einen europäischen Bundesstaat und Hoffnungen darauf, daß sich beides miteinander als vereinbar erweisen möge. Angesichts des weiten Weges, den die Bundesrepublik seit 1949 zurückgelegt hat, ist eine rasch zunehmende Zahl von Wählern bereit, dem Kanzler zu glauben. Die Zustimmungskurve für Adenauer steigt unablässig. Und so sind die hektischen Aktivitäten an der diplomatischen Front in erster Linie dazu bestimmt, diese wünschenswerte Entwicklung nicht durch Churchills Gipfelnostalgie oder durch weitere sowjetische Deutschlandnoten stören zu lassen.

Die Wahlkampfplanungen hatten im Oktober 1952 voll eingesetzt, als der Wahltermin noch völlig offen war. Dieser wird erst am 30. Juni 1953 auf den 6. September festgelegt. So lange haben die Unsicherheiten wegen des Wahlgesetzes alle anderen taktischen Überlegungen in den Hintergrund geschoben. Wie auch bei späteren Wahlkämpfen scheint es Adenauer zweckmäßig, die Verantwortlichen aus den verschiedenen Funktionskreisen der CDU unter seinem Vorsitz im Kabinettsaal des Palais Schaumburg zusammenzuführen. An den Strategie-Besprechungen, für die sich ein wöchentlicher Sitzungsrhythmus, jeweils am Mittwoch, einpendelt, nehmen grundsätzlich Lenz und Globke vom Bundeskanzleramt teil sowie von Eckardt vom Bundespresseamt, häufig auch

Blankenhorn. Die Bundesgeschäftsstelle der Partei, die für die zentrale Wahlkampfplanung verantwortlich ist, wird durch Bruno Heck vertreten, dem es in diesen Monaten gelingt, das Mißtrauen Adenauers zu überwinden. Dieser hat ihn anfänglich für einen Mann Kiesingers gehalten, dem er damals nicht richtig über den Weg traut. Eine wichtige Rolle spielt in dieser Runde der CDU- Schatzmeister Ernst Bach.

Als es näher auf die Wahlen zugeht, zieht Adenauer auch maßgebende Vorstandsmitglieder und Herren aus der Bundestagsfraktion hinzu. Bisweilen halten Experten für PR-Fragen Vorträge.

Den Beteiligten prägt sich bei diesen Besprechungen vor allem Adenauers Führungsstil ein. Seine allseits als lästig empfundene Neigung, sich selbst um Details zu kümmern und alles besser zu wissen, tritt auch hier wieder einmal zutage. Dazu kommt sein Pessimismus. Er will nicht an die von Monat zu Monat günstigeren Umfragen glauben, die ihm Otto Lenz vorlegt. Allerdings hat er inzwischen einiges Vertrauen zur Demoskopie gefaßt. Als ihm die ersten Befunde der Meinungsforschung vorgelegt wurden, hatte er nämlich noch recht unwirsch reagiert: »Das ist doch Teufelswerk mit der Demoskopie! Wie will man denn das so genau feststellen können, was die Leute politisch und erst recht parteipolitisch denken und wie sie wählen werden! Hellseher und Zukunftsdeutern habe ich immer mißtraut.«[76] Er bleibt den Umfragen gegenüber skeptisch, zumal sich die internationale Lage von Monat zu Monat ändert. Besser, die Wahlkampfstrategen der CDU zittern um den Wahlausgang. Und am wichtigsten, sie zittern vor dem Parteivorsitzenden und Bundeskanzler.

Man kennt Adenauer inzwischen gut genug, um zu wissen, daß er unentwegt tadelt und nur ganz selten lobt. Das gilt besonders für seine leitenden Herren – die Sekretärinnen werden milder behandelt. So haben also alle maßgeblich Beteiligten – Otto Lenz und Hans Globke, Felix von Eckardt und Bruno Heck – wieder und wieder Adenauers gestrenge Urteile über ihre Arbeit zu vernehmen. Er findet, daß alle für den Wahlkampf Verantwortlichen ganz untätig sind, der Energie ermangeln und auch des rechten Kampfgeistes – Bundesgeschäftsstelle, Bundespresseamt, Otto Lenz und seine Organisationen, die für Geldbeschaffung Zuständigen. »Erst wenn alle am Boden zerstört waren«, schildert von Eckardt diesen anstrengenden Führungsstil, »begann Adenauer mit dem allmählichen Wiederaufbau des Kampfgeistes.«[77]

Adenauer ist aber flexibel genug, um aus den Strategiediskussionen auch selbst einiges zu lernen. Felix von Eckardt und Werner Krueger überzeugen ihn davon, daß er sich jetzt unablässig der Presse annehmen muß. Adenauer weiß die Journalisten als notwendiges Übel zu nehmen. Seine Grundeinstellung ändert sich über die Jahre hinweg wenig: Journalisten sind nicht immer angenehm, sie sind sogar häufig höchst unwillkommen, aber sie sind eben zugleich unentbehrlich.[78] So pflegt er nun die deutsche Presse auf vielfältige Weise: durch Hintergrundinterviews mit sorgfältig ausgewählten Korrespondenten und Chefredakteuren, indirekt auch durch *briefings* des Bundespresseamts.

Sein wichtigstes Medium zur Meinungsbeeinflussung in Wahlkampfzeiten ist aber der Sonderzug. Er hat einen Salonwagen, in dem sich der Kanzler mit seinem Stab berät oder sich spät abends beim Gespräch entspannt. Fast genauso wichtig wie der Kanzler-Teil des Zuges ist aber auch der Speisewagen für die Journalisten, für die außerdem ein Schlafwagen bereitsteht. Adenauer läßt sich die Listen der dafür Einzuladenden Wochen zuvor schon vorlegen und will hier nichts dem Zufall überlassen. Diese Berichterstatter sollen schließlich das Medienbild des Wahlkämpfers Adenauer bestimmen. Da dem Kanzler, wie er hofft und dann auch erlebt, auf diesen Reisen die Zustimmung der Massen entgegenschlägt, müßte sich die Hochstimmung auch auf die Journalisten übertragen.

Den Beamten des Bundespresseamts fällt dabei eine wesentliche Aufgabe zu. Sie haben bei den täglich eingeplanten vier, acht oder zehn Kurzkundgebungen im vorweg besonders der Lokalpresse zur Verfügung zu stehen. Ebenso wird sich ihre Aufmerksamkeit auf die insgesamt noch wichtigeren Journalisten im Kanzlerzug zu richten haben. Und Adenauer ist entschlossen, jeden Abend, wenn alles vorbei ist, auch persönlich im Pressewagen aufzutauchen, um mit den Journalisten ein Glas Wein oder ein Glas Sekt zu trinken.[79]

Genauso pfleglich wie die Inlandspresse behandelt er die Auslandspresse, vor allem die amerikanische. Der Terminkalender mag noch so voll sein – in den Monaten vor der Wahl dürfen von Eckardt und Georg von Lilienfeld von der Amerikaabteilung des AA oder Günter Diehl, der selbstbewußte Pressechef des Auswärtigen Amts, fast jeden zu ihm bringen, den sie für einen wichtigen Multiplikator halten.

Für August schließlich wird das Kommen der Creme der amerikanischen Presse vorbereitet. Längst weiß Adenauer, daß wenig dem Ansehen eines Kanzlers so dienlich ist wie respektvolle Berichterstattung ausländischer Zeitungen. Henry Luce, Eigentümer von *Time* und *Life*, trifft zusammen mit Theodore H. White ein, den Adenauer seit den Zeiten des Parlamentarischen Rats kennt. Cyrus L. Sulzberger von der *New York Times* fährt wieder einmal von Paris herüber und notiert: »Ich muß sagen:

er ist ein bemerkenswerter alter Mann. Trotz seiner siebenundsiebzig Jahre sah er jung und kräftig und trotz des Wahlfeldzugs ruhig und ausgeruht aus.«[80] Es entgeht Sulzberger auch nicht, wie sich Adenauer nun seinen Besuchern unaufdringlich als Staatsmann unter Staatsmännern präsentiert: »Hinter seinem Schreibtisch im Hintergrund bemerkte ich die signierten Bilder von Churchill, de Gasperi, Eisenhower und das eines vierten Mannes, dessen Züge ich nicht erkennen konnte – vermutlich war es Robert Schuman.«[81]

Daß der Staatsmann Adenauer in der Wahlwerbung demonstrativ herausgestellt wird, versteht sich von selbst. Eines der Wahlplakate zeigt einen selbstbewußt und formvollendet zugleich den Homburg zum Gruß hebenden Kanzler, quer darüber ein Spruchband: »Er knüpft die Fäden zur freien Welt«. Überhaupt dominiert Adenauer in der Plakatwerbung: »Ein Ja zu Adenauer, und der Aufstieg geht weiter«, »Deutschland wählt Adenauer«, »Alle wählen Adenauer!«

Daneben steht eine Wahlpropaganda, in der die Ängste vor der Sowjetunion mit dem Wiedervereinigungsverlangen gebündelt werden: »Moskau befiehlt: stürzt Adenauer. Nun erst recht CDU.« Adenauers »Schwur für das ganze deutsche Volk« erscheint ebenso auf den Plakaten wie die Warnung: »Wachsam bleiben! CDU«. Und vor den rot umrandeten Umrissen der Ostzone steht ein leidgeprüftes, ärmlich gekleidetes Paar, eingerahmt von dem mahnenden Appell: »Denkt an uns. Wählt CDU.«

Im Juli sammelt er in einem dreiwöchigen Urlaub Kräfte für die Kampagne. Ein Schweizer Aufenthalt in der Vorwahlkampfzeit verbietet sich zwar. So knüpft er wieder an seine Ferien im Schwarzwald an, residiert wie ein Souverän auf Bühlerhöhe, empfängt ausgewählte inländische und ausländische Besucher, führt bei Spaziergängen auf den von der Öffentlichkeit abgeschirmten Waldpfaden ruhige Gespräche und läßt sich von Professor Stroomann physisch in Form bringen.

Gelegentliche Entfernung aus dem Bonner Betrieb ist auch geboten, um zu dem nun schon überall deutlich erkennbaren Byzantinismus wenigstens zeitweise etwas auf Distanz zu gehen. Dazu dient auch ein Buchprojekt. Seit Monaten hat sich Adenauer schon mit dem Plan einer ersten brauchbaren Biographie zu befassen. Ursprünglich wollte Otto Lenz für den Wahlkampf eine populär geschriebene Kurzbiographie herausbringen. Das schon im Druck befindliche Produkt, an dem Alfred Gerigk, der Chefredakteur des Konstanzer *Südkurier* mitgewirkt hat, mißfällt aber dem Kanzler ganz entschieden. Lenz erhält Anfang Juni

1953 einen entrüsteten Brief, in dem Adenauer um Einstellung des Drucks ersucht: »Die Schrift ›Der Kanzler‹ habe ich jetzt zur Hälfte durchgesehen. Sie ist voll von Unrichtigkeiten, und zwar folgenschweren Unrichtigkeiten, voll zweifelhafter Anekdoten ...«[82] Unverständlich, weshalb man ihm die Sache nicht rechtzeitig vorgelegt hat!

Tatsächlich verfolgt er nämlich jetzt den Plan einer seriösen Biographie. Die Anregung kommt von Roswitha Schlüter, einer Tochter seiner hochgeschätzten Nachbarin Frau Schlüter-Hermkes. Die junge Dame ist inzwischen Ärztin und empfiehlt den ansonsten recht unbekannten Publizisten Paul Weymar. Das Buch soll beim Verleger Kindler erscheinen, der auch die Illustrierte *Revue* herausbringt.

Ein paar Tage, nachdem die Kritik an der Kurzbiographie aus der Wahlkampfküche von Otto Lenz zu Papier gebracht wurde, vereinbaren Adenauer und Kindler in Gegenwart von Roswitha Schlüter, daß Weymar eine Kanzler-Biographie schreiben soll. In der Folgezeit stellt Adenauer an persönlich Bekannte Empfehlungsschreiben für Weymar aus und korrespondiert dabei auch mit dieser jungen, tatkräftigen Verehrerin.

Der Aufenthalt auf »Bühlerhöhe«, das er schon aus der Zwischenkriegszeit kennt, ruft also auch die eigene Lebensgeschichte in Erinnerung. Dabei kommt die alte Bitterkeit wieder hoch. »Das Leben«, hatte er schon zwei Jahre zuvor an Roswitha Schlüter geschrieben, »- und namentlich die Zeit seit 1933 und dann die Zeit seit 1949 – hat mich mißtrauisch, entsetzlich mißtrauisch gemacht gegen die Menschen, hat mich zu einer Menschenverachtung und damit zu einer innerlichen Vereinsamung gebracht, die kaum zu ertragen ist.«[83]

Inzwischen hat es den Anschein, als sei er politisch über dem Berg. Ein großer Wahlsieg ist in greifbarer Nähe. Doch die Skepsis bleibt. Kaum einer, sinniert er in einem weiteren Brief an Roswitha Schlüter vom 16. Juni 1953, hat den Mut, »über jemand, der z. Zt. etwas bedeutet, etwas Schlechtes zu sagen. Wenn ich nicht mehr B[undes]K[anzler] bin, wird mit Kübeln schmutziges Wasser über mich ausgegossen werden.«[84]

Die finsteren Erinnerungen und Vorahnungen halten ihn aber nicht davon ab, nunmehr den Wahlkampf in bester Laune zu beginnen. Bereits zur ersten Großveranstaltung am 28. Juli in der Dortmunder Westfalenhalle kommen 20000 Menschen. Adenauer spricht zweieinhalb Stunden lang und erhält stürmischen Beifall. Hier und bei den zahlreichen folgenden Auftritten spürt er, daß sich die Lage im Land beruhigt hat. Keine Spur mehr von den Krawallszenen während der Landtagswahlkämpfe 1950 und 1951. Es versteht sich, daß ihm der Wahlkampf 1953 Spaß macht.

Adenauer trägt aber Sorge, sich nicht allzusehr zu verausgaben. Bis zum Wahltag am 6. September unternimmt er jeweils nur kürzere Wahlreisen – im alten Sonderzug Hermann Görings, wie die Journalisten schmunzelnd berichten. Vielfach arbeitet er tagsüber im Bundeskanzleramt und hat nur am Spätnachmittag oder abends einen Wahlkampfauftritt. Verstärkt nimmt er sich jetzt ausländischer, vor allem amerikanischer Journalisten an.

Die meisten Auftritte finden in Großstädten statt, wobei Reinhold Maiers schwäbische Metropole ebenso ausgespart wird wie München und Nürnberg. Aber er weiß auch, daß doch fast ein Viertel der Wähler noch auf dem Land und in kleineren Städten wohnt. Daher unternimmt er Fahrten nach Schleswig-Holstein oder nach Vechta und Ravensburg, wo die CDU ihre Hochburgen hat, und an die Bergstraße. Wenn ihn ein Landesverband mit einem Auftritt in einer romantischen Umgebung lockt, kann er nur schwer widerstehen. Und so besucht er die Messe in der lichtdurchfluteten Barockkirche von Birnau über dem Bodensee, oder er spricht vor Scharen seiner Anhänger auf Schloß Erbach im Odenwald und vor dem Kaiserdom zu Speyer.

Auch der ehemaligen Wehrmachtsangehörigen wird gedacht. Schon im Dezember 1952 hat er Generalfeldmarschall Kesselring empfangen, der bis vor kurzem von den Briten als angeblicher Kriegsverbrecher eingesperrt worden war. Anfang Juli 1953 darf sich Generalfeldmarschall von Manstein im Bundeskanzleramt einfinden, um mit dem Wahlkämpfer über dessen Verhältnis zu den Soldatenverbänden zu sprechen. Damit auch der Letzte merkt, wie sehr dem Kanzler das Schicksal der Kriegsverurteilten am Herzen liegt, besucht er am 28. Juni das berüchtigte Gefängnis Werl, wo die Briten noch einige der von ihnen verurteilten Wehrmachtsangehörigen gefangenhalten. Zuvor hatte er an einer Wallfahrt von 50 000 heimatvertriebenen Schlesiern zum Gnadenbild der Mutter Gottes in Werl teilgenommen. Adenauer kann allerdings für sich geltend machen, daß er seit Beginn seiner Kanzlerschaft immer wieder für diese Opfer der Militärjustiz interveniert hat. Seit er selbst in Brauweiler einsaß, weiß er, wie Verurteilten zumute ist.[85]

In Werl spricht er mit zwei Generalen, deren Schicksal die konservative Presse und die Soldatenverbände seit Jahren aufregt: mit Generaloberst v. Falkenhorst und dem General der Waffen-SS Kurt Meyer. Beide seien ordentlich untergebracht, berichtet er dem Kabinett.[86]

Da es bei diesen Wahlen vor allem gilt, »den labilen Wählermassen, die zwischen uns, der FDP und der DP schwanken«, klarzumachen, daß sie zur CDU gehören, plant er auch einen Besuch in Friedrichsruh mit Kranzniederlegung an Bismarcks Grab ein. Die Zielgruppe nationaler und protestantischer Wähler wird damit in der Tat erreicht, doch in Frankreich sieht man dies weniger gern. Für Staatspräsident Vincent Auriol, der den Deutschen nichts vergessen und vergeben hat, ist das ein Indiz mehr, daß Adenauer auf unheilvoll vorgebahnten Pfaden wandelt. »Seien wir auf der Hut«, warnt dieser französische Sozialist am 30. September nach den Erdrutschwahlen in der Bundesrepublik einen amerikanischen Journalisten. »Man muß nicht immer nachbeten, daß Adenauer der große Europäer ist. Auch Hitler ist das gewesen, wenn auch auf seine Weise. Die Deutschen wollen sich wiedervereinigen. Man wird sie nicht daran hindern können. Und dann werden sie drangehen, auch ihr Territorium wiederzuvereinigen. Niemals werden sie auf ihre Ostgebiete verzichten, und sie werden alles tun, sie wiederzubekommen. Vergessen wir nicht, daß sich Adenauer vor den Wahlen vor dem Grab Bismarcks verneigt hat...«[87]

Wer den Kanzler genauer kennt, sieht das anders. Blankenhorn, der ihn Ende August auf einer dreitägigen Wahlreise durch Norddeutschland begleitet, wo ihm Zehntausende zujubeln, begreift Adenauer in diesen Tagen nicht als Re-Inkarnation des preußischen Junkers Otto von Bismarck, vielmehr als den seltenen Glücksfall eines charismatischen bürgerlichen Politikers: »Ich habe immer befürchtet, daß das Bürgertum, das politisch in den letzten 60–70 Jahren so oft menschlich versagt hat, nicht in der Lage sein würde, eine Figur zu stellen, die etwas von dem Mythos einer Führerpersönlichkeit besitzt, denn der Massenstaat, in dem wir nun einmal leben, läßt sich nicht allein von klugen Gesetzgebungsmaßnahmen und verstandesmäßig wohlüberlegten Reflexionen führen. Es gehört dazu etwas, was die totalitären Regime besser begreifen: eine dynamische, kraftvolle Figur, die die Phantasie der Menschen und ihr inneres Schutzbedürfnis befriedigt. Der Bundeskanzler hat zweifellos etwas von diesen so schwer zu definierenden Eigenschaften. Es war erstaunlich, wie in diesen kleinen holsteinischen Dörfern, in denen die Flüchtlinge so überwiegen, die ärmsten, einfachsten Menschen ihm gewunken, ihm freundliche Worte zugerufen haben. Das war 1949, als ich den Kanzler auf seinen Reisen begleitete, nicht so ... Es ist nicht nur der Erfolg, es ist das, was ihn auch bei den staatlichen Verhandlungen so schnell in den Vordergrund des Geschehens bringt: es ist diese Verbindung von ruhigem Abwarten, klarem Unterscheidungsvermögen des Wesentlichen und Unwesentlichen und diese Einfühlungsgabe in die Psychologie der Menschen, mit denen er sich beschäftigt. Dabei immer ohne jede Pose, selbstverständlich, natürlich gelassen ...«[88] »Ich bin überzeugt«, schließt Blankenhorn seine Betrachtungen, »daß die Wahlen am 6. September gut ausgehen werden.«

Die Vermittlung von politischem Charisma bedarf allerdings der Organisation. Diese ist im Wahljahr 1953 ziemlich perfekt. Schließlich hat man es in Deutschland gelernt, politische Auftritte massenwirksam zu inszenieren. Lautsprecherwagen mit Marschmusik kündigen in den Dörfern und Städtchen das Herannahen der Kanzlerkolonne an. Flugblattverteiler verstärken die optische Botschaft durch gedruckte Propaganda. Bei den Großveranstaltungen bringen Spielmannszüge die Anwesenden in Stimmung, Fahnen werden geschwenkt, und das Eintreffen der Hauptperson wird kunstvoll oder auch durch den Massenandrang verzögert, so daß jedermann begierig auf die Botschaft des großen Mannes wartet.

Adenauer ist gewiß kein Volkstribun. Aber er weiß, daß sich seine Zuhörerscharen an scharfen Attacken auf die politischen Gegner erfreuen, und er zögert nirgendwo, dieser Erwartung zu entsprechen.

Seine Hauptangriffe richtet er auf die SPD, daneben auf den DGB, der ihn mit dem Aufruf, die Wähler sollten einen besseren Bundestag wählen, besonders gereizt hat. Lange nach dem Ende der Ära Adenauer wird Helmut Schmidt zwar die Legende pflegen, Adenauer habe zu den Gewerkschaften ein friedlich-schiedliches Verhältnis gehabt.[89] Das gilt jedoch nur für die vergleichsweise kurze Periode des DGB-Vorsitzenden Böckler. Doch seitdem der Kanzler die gewerkschaftliche Forderung nach paritätischer Mitbestimmung in der Großindustrie auch über die Montanbetriebe hinaus kompromißlos zurückgewiesen hat, ist das Kriegsbeil ausgegraben, und es wird während der ganzen Ära Adenauer nicht zum Friedensschluß mit dem sozialdemokratisch orientierten DGB und erst recht nicht mit der IG Metall kommen.

1953 fürchtet Adenauer für den Fall eines weniger überzeugenden Wahlerfolgs sogar große politische Streiks, vielleicht gar einen Generalstreik, und läßt das Innenministerium vorsorglich Überlegungen anstellen, was dagegen zu tun wäre. Ihm sei zu Ohren gekommen, erzählt er dem CDU-Vorstand nach dem Wahlsieg, DGB und SPD wollten versuchen, eine Große Koalition mit der SPD zu erzwingen.[90]

Wie erbarmungslos Adenauer den Wahlkampf zu führen bereit ist, zeigt sich in der Schlußphase der Kampagne. Am 19. August behauptet er

Persönliche Angriffe

in einem Schreiben an den Stellvertretenden SPD-Vorsitzenden Mellies, der SPD-Vorsitzende von Solingen, Heinrich Schroth, und Hugo Scharley, gleichfalls aus Solingen, hätten aus der DDR jeweils zehntausend D-Mark für ihren Wahlkampf erhalten. Damit kontert er ein »Weißbuch« der SPD, in dem diese auf die nicht eben unbekannte Tatsache verweist, daß die Wirtschaft für den Wahlkampf des bürgerlichen Lagers Millionensummen aufbringt.

Schroth läßt Adenauer alsbald eine einstweilige Verfügung auf Unterlassung zustellen. Aber die Behauptung steht erst einmal im Raum. Als die Sache Schroth gegen Dr. Adenauer ein gutes halbes Jahr nach den Wahlen vor der Zweiten Zivilkammer des Landgerichts Bonn verhandelt wird, muß Adenauer folgende Erklärung abgeben. »Aufgrund des gerichtlichen Verfahrens habe ich mich davon überzeugt, daß die mir über Herrn Schroth erteilte Information, auf deren Richtigkeit ich nach dem vorgelegten Material vertraute, falsch war. Ich nehme deshalb mit dem Ausdruck des Bedauerns meine Behauptung zurück, daß Herr Schroth Wahlgelder aus der Ostzone erhalten hätte.«[91] Noch nach Jahren werden Adenauers Gegner immer dann auf diesen Vorgang verweisen, wenn sie belegen möchten, welcher Skrupellosigkeit der Wahlkämpfer Adenauer fähig ist.

Vergebens machen ihn von Eckardt oder Otto Lenz gelegentlich darauf aufmerksam, daß persönliche Angriffe eher kontraproduktiv wirken. Die Wähler, zumindest aber die feineren Journalisten, so meinen sie, wünschen sich einen Staatsmann, der das Parteiengezänk meidet. Adenauer pflegt solche Mahnungen mit der ihm eigenen Rechthaberei zurückzuweisen, indem er detailliert nachweist, daß er selbst persönlich viel schärfer angegriffen werde.[92]

Der Stil der persönlichen Angriffe, mit denen Adenauer auch bei diesem Wahlkampf nicht spart, ergibt sich aus der Art und Weise, wie er seine Wahlreden vorbereitet. Seit 1946, als er im klapprigen »Horch« zu den ersten Wahlkämpfen aufbrach, ist er es gewohnt, die Stichworte für seine Ansprachen kurz zuvor auf einen Packen von Zetteln zu werfen. Dazwischen stecken Pressemeldungen über Äußerungen seiner Gegner, auf die er bissig eingeht, statistische Aufstellungen seines Stabes oder sonstige Unterlagen. Sobald er dann spricht, spürt er, daß der Beifall immer dort am stärksten wird, wo er die SPD heftig angreift. Und so läßt er sich hinreißen – kalkuliert zumeist, manchmal aber auch von der Stimmung eines großen Auditoriums mitgerissen – und äußert sich öffentlich so scharf, wie er das im kleineren Kreis ohnehin gewohnt ist.

Wie man Erdrutschwahlen inszeniert

Wahlkampf 1953:
Gottesdienst Anfang August in Birnau.

Geschafft!

Wahlkampf 1953: Ruhepause.

*Glückwünsche der Kinder zur Wiederwahl als Bundeskanzler:
Paul, Libet, Lotte, Konrad (von links nach rechts).*

Aber hat er nicht doch mit seiner heftigen SPD- und DGB-Schelte des Guten zuviel getan? Kurz vor den Wahlen kommen in der Tat ungünstigere Umfrageergebnisse herein. Allensbach schätzt am 4. September 1953 34 bis 38 Prozent für die CDU, 28 bis 33 Prozent für die SPD, 8 bis 12 Prozent für die FDP, 6 bis 10 Prozent für den BHE und 4 bis 5 Prozent für die DP.[93] Adenauers persönliche Zustimmungskurve fällt abrupt von 53 Prozent auf 47 Prozent.[94]

Wenn diese Daten von Ende August die Stimmung richtig erfaßt haben, so findet bis zum Wahltag in der Tat ein bemerkenswerter Swing von den kleineren Parteien hin zur CDU statt. Über die Gründe dafür läßt sich nur spekulieren. Eine Ursache könnte der *band-waggon-effect* sein, wie amerikanische Wahlforscher das Phänomen bezeichnen. Die noch unentschiedenen oder nicht stark festgelegten Wähler rennen zu dem Wagen des Siegers, auf dem die Musik spielt. Doch es ist auch eine andere Ursache denkbar: die massive, in dieser Form einmalige öffentliche Parteinahme der amerikanischen Regierung für Adenauer.

Am Donnerstag, dem 3. September, drei Tage vor den Wahlen, erklärt John Foster Dulles bei seiner Pressekonferenz auf die Frage eines Journalisten, eine Niederlage der Koalition des Bundeskanzlers »würde katastrophale Folgen für die Aussichten Deutschlands auf eine Wiedervereinigung und die Wiederherstellung voller Souveränität« haben: das Ausscheiden Adenauers könnte in Deutschland »eine solche Verwirrung auslösen, daß weitere Verzögerungen der deutschen Bemühungen um Wiedervereinigung und Freiheit unvermeidlich würden«.[95]

Große Aufregung darauf in der amerikanischen Presse, erst recht bei der deutschen Opposition. Die SPD bringt noch rasch Amerika-kritische Wahlkampfmaterialien unter die Leute. Bis zum Wahltag ist die Einmischung von Dulles zugunsten von Adenauer das große Thema, so daß jeder weiß, wo die USA stehen.

Die Umgebung von John Foster Dulles, doch auch Adenauer-freundliche Blätter in den USA, reagieren entsetzt. Hat Dulles vielleicht mit einer einzigen unbedachten Stellungnahme Adenauers Wahlaussichten ruiniert? Allem Anschein nach war diese Stellungnahme nämlich nicht abgesprochen. Dulles selbst macht sich heftigste Vorwürfe und fürchtet noch am Wahltag, eine Wahlniederlage Adenauers würde ihm selbst angelastet werden.[96]

In Wirklichkeit verhält es sich genau umgekehrt. Was aus Amerika herüberschallt, gilt in Deutschland. Die amerikanische Regierung hat bei den deutschen Wählern im Jahr 1953 eine Art Meinungsführerschaft. James

Conant, der mitsamt den amerikanischen Deutschlandexperten die Stellungnahme von Dulles mit Entsetzen vernommen hatte, meint im Jahr 1964 rückblickend, heute sei er davon überzeugt, Dulles habe damit die Wahl für Adenauer gewonnen.[97]

Sicher ist jedenfalls, daß die Amerikapolitik Adenauers im Zentrum der Kontroversen steht, auch wenn die günstige Stimmung für die Regierung nach allgemeiner Meinung ohne die Zufriedenheit mit Ludwig Erhards sozialer Marktwirtschaft undenkbar gewesen wäre.

Am Samstag vor den Wahlen gönnt Adenauer sich nur noch Angenehmes – erstmals klassische Musik von einem Magnetbandgerät. Friedrich Spennrath von der AEG, inzwischen einer der guten alten Freunde Adenauers, erhält unverzüglich einen begeisterten Brief: »Vergangene Nacht kam ich erst um 1 Uhr von einer Wahlrede in Essen zurück. Ich hörte daher erst heute früh, daß das Magnetophon gestern in meinem Hause aufgestellt worden ist. Ich habe mir sofort einiges darauf vortragen lassen und bin geradezu entzückt von der Wiedergabe in dunklen wie in hellen Tönen und allen Feinheiten der Schattierung. Sie wissen daß das Hören guter Musik eine wirkliche Freude für mich ist. Seit Monaten bin ich nicht mehr dazu gekommen. Aber da ich gestern meine Wahlkampagne abgeschlossen habe, werde ich mich wohl von nun an wieder an Ihrem Magnetophon erfreuen und mich erholen können.«[98] Dann fährt er zu einem Essen zu Ehren von Hermann Josef Abs, der für seine Verdienste um das Londoner Schuldenabkommen das Große Bundesverdienstkreuz erhält.[99] Anschließend kehrt Adenauer zu dem neuen Magnettonband zurück, das ihn viele Jahre erfreuen wird. Am Sonntagmorgen geht er, wie es sich gehört, erst zur Kirche, dann zur Wahl. Am Sieg der Koalition ist kaum mehr zu zweifeln. Schon am Donnerstag vor dem Wahltag haben mit Blankenhorn, Hallstein und von Eckardt die ersten Gespräche über die Regierungsbildung begonnen.[100]

Die Auszählung der Stimmen erbringt erst lange nach Mitternacht ein definitives Bild. Noch befindet man sich in der guten alten Zeit. Die computergesteuerten Hochrechnungen am Wahlabend liegen erst in einer ferneren Zukunft. Adenauer begibt sich also am Wahlabend früh zu Bett und äußert die Bitte, ihn um halb sieben zu wecken. Als Felix von Eckardt, schon von Reportern umlagert, morgens um sechs Uhr in Rhöndorf anruft und die Wahlresultate verliest, hört er als Antwort nur: »Vielen Dank, Herr von Eckardt!«[101] Ähnlich kurz angebunden gibt sich der Wahlsieger beim Eintreffen im Bundeskanzleramt: »Diese Sache ist ja nun ganz gut erledigt, nun müssen wir wieder neu an die Arbeit gehen.«[102]

Tatsächlich ist jedermann über die Erdrutschwahlen an dem strahlenden Wahlsonntag des 6. September überrascht – auch Adenauer selbst.[103] 45 Prozent für CDU und CSU statt der 31 Prozent bei den ersten Bundestagswahlen – gute 7 Prozent mehr also, als noch acht Tage zuvor vorsichtig vorausgesagt. In Sitzen gerechnet, ist der Wahlerfolg aber noch viel größer. Denn die Umverteilung der unter die Fünf-Prozent-Hürde gefallenen Stimmen, die aufgrund des Wahlgesetzes verrechnet werden, bringt der CDU/CSU-Fraktion eine absolute Mehrheit im Deutschen Bundestag.

Auch die Verträge sind nun durch – Bundesverfassungsgericht hin oder her. Notfalls kann Adenauer unschwer eine Zweidrittelmehrheit zur Verfassungsänderung zusammenbringen, sollte sich Karlsruhe doch noch negativ entscheiden. Aber wird es das Bundesverfassungsgericht wirklich wagen, gegen dieses Kanzlerplebiszit zu entscheiden?

Wie stark sich Adenauer von nun an fühlt, verrät sein Auftritt am Montagabend auf dem Bonner Marktplatz. Dort veranstaltet die Junge Union unter großer Begeisterung der Bevölkerung einen Fackelzug, und Adenauer erklärt dabei wiederholt, künftig solle man statt von einer Wiedervereinigung Deutschlands lieber von der »Befreiung des Ostens« reden.[104] Ist das ein ganz neuer Adenauer? Läßt der Kanzler jetzt die Maske des Friedensfreundes und des guten Europäers fallen? So fragt man vor allem in Paris.

Auch das Thema Ostgebiete ist nun plötzlich wieder auf dem Tisch. Einem amerikanischen Korrespondenten gegenüber kommt Adenauer auf seine alte Idee zurück, mit einem frei gewordenen Polen über ein deutsch-polnisches Kondominium zu verhandeln oder über eine Unterstellung der Ostgebiete unter die Vereinten Nationen.[105] Das heftige Echo aus dem Vertriebenenlager belehrt Adenauer allerdings darüber, wie wenig er damit den Erwartungen der Ostpreußen, Pommern oder Schlesier entspricht. Doch der Vorstoß zeigt, wie stark er sich jetzt fühlt. Das innen- und außenpolitische Resümee dieser Erdrutschwahl kommt am klarsten in einem Tagebucheintrag Blankenhorns vom 7. September zum Ausdruck. Er dürfte die Stimmung reflektieren, die am Morgen des 7. September im engsten Kreis um Adenauer herrscht: »Wir sind alle der Auffassung, daß der Erfolg nicht so sehr der CDU als dem Kanzler persönlich zuzuschreiben ist. Diese Wahlen sollte man Adenauer-Wahlen nennen, denn die große Masse des Volkes bis in weite Arbeiterkreise hinein hat seine Stimme der Persönlichkeit Adenauers gegeben.« Innenpolitisches Resultat also: Kanzlerdemokratie, wie man dies nun bald nennt.

Und die außenpolitische Bedeutung? »Die Bundesrepublik hat einen Grad von innerer Festigung gezeigt, der sie in die vorderste Reihe der europäischen Mächte stellt. Sie ist die Vormacht auf dem europäischen Kontinent.« Dies deshalb, weil nun auch die europäische Integrationsidee gerettet sei. Blankenhorn, hierin zweifellos die Auffassung Adenauers wiedergebend, fügt allerdings rasch hinzu, es gelte mit äußerster Vorsicht vorzugehen: »Denn nichts wäre gefährlicher, als wenn in Europa der Eindruck entstünde, daß Deutschland im Wege über die europäische Idee die Vormacht an sich reißen wollte.«[106]

Immerhin: »Vormacht auf dem europäischen Kontinent« – acht Jahre nach Kriegsende ist dies nicht wenig. Einige Monate früher hat *Life* bereits eine Titelstory über die Bundesrepublik mit der Überschrift versehen: »A Giant stirs Again«.[107] Der Wahlsieger ist tatsächlich entschlossen, sein Bestes zu tun, daß die Bundesrepublik unter seiner Führung zwar eine Vormachtrolle spielt, doch eben nicht als Gigant gefürchtet wird.

Ob sich Adenauer, seit der Gymnasialzeit ein Liebhaber klassischer deutscher Lyrik, dabei einer Spruchweisheit Schillers erinnert, die dem Kampf zwischen Übermut und Klugheit gilt, ist unbekannt. Der Vers kann aber besser als lange Ausführungen die Maxime charakterisieren, von der sich der Kanzler auch künftig bei dem Bestreben leiten läßt, den Rang Deutschlands in der Staatengesellschaft wiederherzustellen. Er findet sich in dem Gedicht »Das Spiel des Lebens« aus dem Jahr 1796 und lautet:

»Ein jeglicher versucht sein Glück,
Doch schmal nur ist die Bahn zum Rennen,
Der Wagen rollt, die Achsen brennen,
Der Held dringt kühn voran, der Schwächling bleibt zurück,
Der Stolze fällt mit lächerlichem Falle.
Der Kluge überholt sie alle.«[108]

Mehr Fuchs als Löwe – der Wahlsieger Adenauer

Noch nie in der deutschen Geschichte hat eine Partei bei korrekten Wahlen eine absolute Mehrheit der Parlamentssitze errungen. Aber das ist erst in zweiter Linie ein Triumph der Union. »Dies ist Konrad Adenauers Sieg«, kommentiert die *Frankfurter Allgemeine*[1] und gibt damit einer allgemeinen Einschätzung Ausdruck.

Sind die Deutschen also wieder auf dem Weg, ihr Schicksal in die Hand eines starken Mannes zu legen? Könnten dabei Parlamentarismus, Rechtsstaatlichkeit und politischer Pluralismus auf der Strecke bleiben? Kaum sind die Wahlresultate bekannt, da werden solche Befürchtungen in allen Quartieren der Opposition verlautbart, desgleichen da und dort im Ausland. Rudolf Augstein, der auch in den folgenden Jahrzehnten noch viele Proben seiner Urteilsfähigkeit geben wird, bringt die teils echten, teils künstlichen Ängste besonders schön auf den Punkt: »Die CDU ist Staatspartei geworden ... Noch ein solcher Sieg, und die deutsche Demokratie ist verloren.«[2] Bei manchen setzt sich das Klischee vom latent autoritären Charakter des Adenauerschen »CDU-Staates« fest. »Adenauer – Democratic Dictator« lautet noch im Jahr 1963, als sich nun wirklich schon ein Überblick gewinnen ließe, der dümmliche Titel einer in London erscheinenden »kritischen Biographie«.[3]

1953 jedenfalls ist das Bemühen der Gegner Adenauers nur allzu offensichtlich, den konservativen Kanzler, vor allem aber auch seine Wähler in den Schlagschatten Adolf Hitlers zu rücken. Allerdings zeigt der Vergleich doch hinlänglich, welche Welten zwischen diesen beiden Gestalten und ihren Staatsformen liegen.

Gerade die Regierungsbildung 1953 ist ein Lehrstück dafür, daß die Bäume der Kanzlerdemokratie nicht in den Himmel wachsen können – nicht einmal bei der absoluten Mehrheit eines Kanzlers, den Churchill bereits mit dem Reichsgründer Bismarck vergleicht.[4] Adenauer erkennt nämlich ganz offensichtlich, daß jetzt vor allem Mäßigung und Ausgleichsvermögen am Platz sind. Die satte Mehrheit für das Unionslager erschreckt ihn fast etwas, ganz sicher der Wahlerfolg der CSU. »Die CDU/CSU ist zu groß, die anderen sind zu klein, die einen wollen das, was ihnen ziffermäßig zusteht, die anderen fürchten, dann nur noch Anhängsel zu sein«, resümiert Adenauer die Lage lakonisch, aber recht zutreffend in einem Brief an seine Tochter Ria.[5]

Gefragt sind also neben der inzwischen allbekannten Taktik auch Psychologie im Umgang mit den Koalitionspartnern. Denn die Verlierer der Wahl finden sich nicht allein auf seiten der SPD, sondern auch im Regierungslager. Statt 52 Abgeordnete aus dem Bundesgebiet erhält die FDP/DVP nur noch 48, die DP geht um zwei Mandate von 17 auf 15 zurück, und das Zentrum schafft trotz Listenverbindung mit der CDU statt zehn nur noch drei Mandate – dies wohlgemerkt bei einer Vermehrung der Gesamtzahl der Bundestagsmandate von 402 auf 487. Demgegenüber nimmt die Union von 139 auf 243 Sitze zu. Innerhalb des Unionslagers ist die CSU der große Gewinner. Von den 17 Abgeordneten der Bayernpartei im Ersten Bundestag kommt keiner mehr zurück. Dafür wächst die Zahl der CSU-Abgeordneten von 24 auf 52. Damit ist die CSU anstelle der FDP die zweitstärkste Partei im Regierungsbündnis. Kein Wunder, daß der CSU-Vorsitzende Hans Ehard neben anderem von Adenauer alsbald auch die Vizekanzlerschaft für Bundesfinanzminister Schäffer fordert.

Erstmals in der Ära Adenauer, doch nicht zum letzten Mal in der Geschichte der Bundesrepublik muß nun der Kanzler und CDU-Vorsitzende eine gegen die FDP auftrumpfende CSU zügeln und eine aus Schwäche bockig werdende FDP wohlwollend bei der Stange halten. Noch ist das Klima zwischen Adenauer und der FDP relativ gemäßigt. Kein Vergleich mit dem tiefen gegenseitigen Mißtrauen, das sich 1955 aufbaut und Anfang 1956 entlädt. Als der hessische FDP-Abgeordnete Euler gegen Ende der Regierungsbildung im Parteivorstand über die Koalitionsverhandlungen berichtet, äußert er sich recht angetan über den Kanzler: »Soll ich nun ein Loblied auf Adenauer singen? Ich glaube, wir sollten dies nicht tun. Es war sein eigenes Interesse, uns stark an der Regierung zu beteiligen...«[6]

Doch aus Sicht der Freien Demokraten ist und bleibt das Wahlergebnis deprimierend: »Die FDP ist in einen Adenauer-Sog hineingekommen«, meint Friedrich Middelhauve bitter. Und Thomas Dehler bringt das Dilemma auf eine knappe Formel: »Man braucht uns nicht, man kann ohne uns regieren. Auf der anderen Seite ist es schwer für uns, gegen eine Politik zu opponieren, die wir bisher mitgetragen haben und die von uns bestätigt worden ist.«[7]

In derselben Klemme sieht sich die DP. Wenn Adenauer wollte, könnte er entweder nur mit der FDP ohne die DP oder mit der DP ohne die FDP regieren. Vernünftigerweise denkt er aber gar nicht daran, bietet vielmehr beiden an, in der Koalition zu verbleiben und ist sogar zur Hereinnahme des BHE bereit, um eine ausreichende Zweidrittelmehrheit für Verfassungsänderungen zu sichern.

Ein übermäßig hartes Verhandeln verbietet sich unter diesen Umständen für die kleinen Parteien, zumal sie intern von heftigen Gruppenkämpfen und von individueller Begehrlichkeit nach Posten zerrissen sind. Und wer wüßte virtuoser auf der Klaviatur des Politiker-Ehrgeizes zu spielen als Adenauer?

Am problematischsten erscheint ihm vorerst das Unionslager, denn dort ist nun der Übermut am größten. Hier wird auch sofort ein Exempel statuiert, und zwar an Heinrich von Brentano, der – kaum sind die Wahlergebnisse bekannt – voller Begehrlichkeit nach dem Auswärtigen Amt greift. Doch eben in diesem Punkt zeigt sich, wie ein Wahltriumph alles verändern kann.

Noch am Donnerstag vor der Wahl hat Adenauer zu Blankenhorn bemerkt, er sei »als Außenminister nicht mehr zu retten«[8]. Man überlegt schon, ob und wie bei einem Außenminister von Brentano, an dem man wohl nicht mehr vorbeikommt, dem Kanzler dennoch »gewisse Arbeitsgebiete« vorbehalten werden könnten – die Lösung zu der es dann im Juni 1955 kommt, als der Wechsel endlich perfekt wird.

Nun, nach der Adenauer-Wahl vom 6. September, ist alles anders. Heinrich von Brentano überreizt das Spiel, indem er ein vom Kanzler hinhaltend geführtes Gespräch bereits als Entscheidung für die Abgabe des Auswärtigen Amtes an ihn interpretiert und einigen Journalisten voreilig Mitteilung davon macht.

Reinhold Maier, der mit Adenauer sehr viel weniger engen Umgang pflegt als Brentano, aber eben ein viel geschickterer Politiker ist, bemerkt in bezug auf die Verhandlungsart des Kanzlers, er habe »absolut verbindliche Aussagen« vermieden: »Der Gesprächspartner tat gut daran, sich der Relativität der Ausdrucksweise bewußt zu bleiben.«[9] Von Brentano weiß das offenbar nicht – zum großen Verdruß Adenauers. Kaum ist am Mittwoch nach den Wahlen eine entsprechende Meldung in der *FAZ* erschienen, da diktiert er Felix von Eckardt ein scharfes Dementi des Bundespresse- und Informationsamtes. Dessen Kernsatz lautet, »daß die Entscheidung des deutschen Volkes vom 6. September ein so eindeutiges Bekenntnis zur Weiterführung der Außenpolitik durch den Bundeskanzler darstelle, daß die Abgabe der Leitung des Außenministeriums durch Bundeskanzler Dr. Adenauer als nicht aktuell betrachtet werden könne.«[10] Nichts haßt Adenauer nämlich mehr als öffentlich »taktlos« unter Druck gesetzt zu werden, während er noch unentschieden ist.[11]

Nicht zum letzten Mal läßt dieser Vorgang den Frontverlauf im innersten Kreis um den Kanzler sowie an der Fraktionsspitze erkennen. Brentano wird vom Fraktionsgeschäftsführer Heinrich Krone unterstützt, der »fest entschlossen ist, nicht mehr lediglich die Arbeit zu machen, während Brentano nur gelegentlich Stippvisiten macht.«[12] Mit beiden spielt Globke zusammen, der wie zuvor und danach bei allen Personalentscheidungen eine Schlüsselrolle spielt.

Heftigster Widerstand gegen einen Außenminister Brentano kommt von Blankenhorn und von Hallstein. Im entscheidenden Augenblick mobilisiert Blankenhorn Eugen Gerstenmaier, zu dem seit den späten Jahren des Dritten Reiches eine beiderseits wohlgepflegte Beziehung besteht. Gerstenmaier, am 20. Juli 1944 im Bendlerblock verhaftet, hat sich Blankenhorn, der ihm während des Krieges bei Auslandsreisen behilflich war, seinerseits durch einen Persilschein verpflichtet. Als er in Bonn arriviert ist, hält Blankenhorn dann dem vor außenpolitischem Tatendrang nicht zu bremsenden Gerstenmaier die Stange, den die Aussicht auf einen langjährigen Außenminister von Brentano nicht mit Entzücken erfüllt.

Beide finden die Unterstützung der amerikanischen Repräsentanten Professor Conant und Botschafter Bruce, aber auch von Robert Pferdmenges, einer anderen Grauen Eminenz, mit der sich Adenauer bei fast jeder Personalentscheidung berät. Für weitere einundeinhalb außenpolitisch entscheidende Jahre behalten somit Hallstein und Blankenhorn unter Adenauer die Kontrolle über die Außenpolitik. Blankenhorn weiß allerdings, daß er spätestens jetzt in Heinrich von Brentano einen Freund fürs Leben gewonnen hat. Als dieser schließlich doch ans Ziel seiner Wünsche gelangt, zieht er es vor, sich aus Bonn zu entfernen.

Von Brentano reagiert auf den Rückschlag, wie man das schon von ihm gewohnt ist. Erst schimpft er und will alles hinwerfen.[13] Darauf sieht er sich mit der Idee eines Ministers z.b.V. konfrontiert, verbunden mit der Vizekanzlerschaft; letzteres läßt ihn wieder hoffen.[14] Aber auf die Vizekanzlerschaft reflektieren auch andere – Franz Blücher, der diese Position verteidigt, doch ebenso Fritz Schäffer und der 1953 als zugkräftige Wahllokomotive bewährte Ludwig Erhard. Als auch die Fata Morgana der Vizekanzlerschaft verschwindet, verlegt sich von Brentano wieder aufs Abwarten.

In den eigenen Reihen hat Adenauer damit aber schon ganz zu Beginn der Koalitionsverhandlungen für klare Verhältnisse gesorgt. Denn diese Groß-Fraktion ist ihm unheimlich. Hans Wellhausen von der FDP, der ihn damals öfter spricht, meint dazu im FDP-Vorstand: »er ist selber erschrocken über den Haufen, den er hinter sich hat.«[15] Eine derartige Schar von Politikern läßt sich nur mit einer Fraktionsspitze domestizieren, die man vorerst entschieden auf ihre Plätze verweist, deren weitergehender Ehrgeiz zugleich aber eine Gewähr für zeitlich begrenzte Loyalität darstellt.

Ein weiteres bewährtes Mittel zur Domestizierung besteht auch darin, einige Nachwuchspolitiker, die Biß haben, ins Kabinett zu nehmen, um mit ihrer Hilfe die Fraktionen an die Regierung zu binden. Aus dieser

Idee entsteht das Konzept der »Bundesminister für besondere Aufgaben«.

Vier Jahre lang hat sich Adenauer über sein Kabinett beklagt – so, als habe er es seinerzeit nicht selbst zusammengestellt. Die Herren seien vorwiegend recht unpolitische Fachminister, manche zudem krank und wenig aktiv. Das soll sich nun ändern. Gerhard Schröder, jetzt im besten Alter von 43 Jahren, löst den doch ziemlich wilhelminisch auftretenden einstigen Deutschnationalen Robert Lehr ab. Adenauer schätzt Schröder als tatkräftigen, unverbrauchten Mann, der auch das protestantische Element im Kabinett verstärkt. Sein Konkurrent Robert Tillmanns, gleichfalls ein Exponent des politischen Protestantismus, für den sich die Berliner Riege stark gemacht hat, wird mit einem Sonderministerium abgefunden.

Ein weiterer Neuling im Kabinett ist Franz Josef Strauß. Wenn man jemanden schleunigst in die Zucht des Kabinetts einbinden muß, dann diesen Stellvertretenden Vorsitzenden der CSU und Vorsitzenden der CSU-Landesgruppe im Deutschen Bundestag. Nicht auszudenken, wozu er sonst die 52 Abgeordnete zählende CSU-Riege in der Fraktion anstiftet!

Wie ungeniert Strauß ihm gegenüber auftritt, erfährt Adenauer einmal mehr, als er ihm kurz nach den Wahlen das neu zu schaffende Familienministerium anbietet. Das wäre nun in der Tat ein personalpolitischer Mißgriff, was Strauß Adenauer ohne Umschweife ins Gesicht sagt: »Herr Bundeskanzler, damit würde ich die Witzfigur der Nation. Ich bin jetzt 38 Jahre, unverheiratet, ohne Familie – werde ich Familienminister, so fordert das alle Karikaturisten geradezu heraus.«[16] Tatsächlich ist dieses Amt dem selbst kinderreichen Exponenten des streng kirchentreuen und anti-liberalen katholischen CDU-Flügels, Franz-Josef Wuermeling, auf den Adenauer schließlich zukommt, geradezu auf den Leib geschnitten. Auch Wuermeling ist übrigens kein Jasager, aber immerhin der rechte Mann auf dem richtigen Platz.

Strauß weiß allerdings, daß Adenauer es lange nachträgt, wenn man einen von ihm angebotenen Posten ausschlägt. Deshalb erklärt er sich schließlich bereit, als Bundesminister für besondere Aufgaben ins Kabinett einzutreten. Schon damals hat er das Ziel im Auge, erster Verteidigungsminister der Bundesrepublik zu werden.[17] Bei Adenauer geht am 3. Oktober ein vierseitiger Brief des bayerischen Ministerpräsidenten und CSU-Vorsitzenden Hans Ehard ein, der die Forderung artikuliert, »daß die CSU im Interesse einer richtigen Verteilung der Gewichte den allergrößten Wert darauf legt, daß Bayern bei der späteren Schaffung eines Verteidigungsministeriums durch eine geeignete Persönlichkeit aus ihren Reihen und nach ihrem Vorschlag maßgebend in der Führung in diesem Bereiche beteiligt wird.«[18] Wer damit gemeint ist, versteht sich von selbst. Jedermann weiß freilich auch, daß Theodor Blank nicht gesonnen ist, sich die Aussicht auf dieses Amt streitig machen zu lassen.

Die eigentliche Unruhe bei dieser Regierungsbildung geht jedenfalls von der CSU aus. Wenn Adenauer daran gedacht haben sollte, nach den Wahlen den lästigen Finanzminister Schäffer loswerden zu können, so braucht er darauf nun keinen Gedanken mehr zu verschwenden. Schäffer sitzt fester denn je im Sattel, kann nur mit einiger Mühe als Vizekanzler abgewehrt werden und stellt sich gegen Ende der Regierungsbildung an die Spitze einer Fronde in der Unionsfraktion, die an den Plänen, insgesamt vier Sonderminister einzurichten, kein gutes Haar läßt.[19]

Adenauer setzt sich aber mit seinen Vorstellungen durch. Was die Unionsminister angeht, glückt ihm diesmal in der Tat eine Verjüngung durch Politiker, die von nun an im guten und im weniger guten zu Schicksalsfiguren der Ära Adenauer und weit darüber hinaus werden. Bei einer Einladung des neuernannten Kabinetts zum Abendessen findet er in der Tischrede zur Kennzeichnung seiner Absicht einen Vergleich, der nicht jeden erfreuen mag: »Das sei wie auf einem Pferdegestüt, wo man junge und alte Hengste in ein und demselben Stall halte, damit sich beide aneinander gewöhnten, vor allem aber, damit die jungen von den alten lernten.«[20] Zu den alten »Hengsten« aus dem CDU/CSU-Gestüt, von denen angeblich zu lernen ist, gehören neben Schäffer und dem ganz unumstrittenen Ludwig Erhard weiterhin Jakob Kaiser und Anton Storch. Kaiser und Storch leben politisch davon, daß sie die Sozialausschüsse repräsentieren, Kaiser zudem noch die Exil-CDU. Adenauer spielt zwar auch jetzt wieder mit dem Gedanken, Kaiser durch Tillmanns zu ersetzen, begnügt sich aber dann damit, diesen für den Fall weiterer grober Kaiserscher Unbotmäßigkeit als Sonderminister in Reserve zu halten.

Der Stern Jakob Kaisers strahlt nicht mehr hell. In Bonn ist bereits die spöttische Bezeichnung »gesamtdeutscher Jakob« gang und gäbe.[21] Und wie Anton Storch mit dem ehrgeizigen Ziel für die zweite Legislaturperiode fertig werden soll, ein »umfassendes Sozialprogramm«[22] auf den Weg zu bringen, steht auch in den Sternen. Aber Adenauer verfolgt wie bisher die Taktik, den Gewerkschaftsflügel der CDU am liebsten durch schwache Minister vertreten zu lassen, mit denen sich gut »Schlitten fahren« läßt. Außerdem fehlt es dort an überzeugendem Führungspersonal. Der tüchtige Theo Blank reibt sich seit Jahren bei der Bundeswehrplanung auf.

Immerhin findet sich Adenauer bereit, anstelle des altershalber ausscheidenden Wilhelm Niklas einen weiteren Minister ins Kabinett zu nehmen, der eher dem linken Parteiflügel zuzurechnen ist. Seine Wahl fällt auf Heinrich Lübke, dem nicht erst seit seiner Bodenreform als Landwirtschaftsminister von Nordrhein-Westfalen im Jahr 1948 der Ruf des »roten Lübke« anhängt. »Güterschlächter« haben seine Gegner den herben sauerländischen Agrarreformer genannt. Der jetzt Neunundfünfzigjährige war seit den frühen zwanziger Jahren im ländlichen Genossenschaftswesen tätig, gegen Ende der Weimarer Republik auch in der Zentrumsfraktion des Preußischen Landtages. Fast immer fand er sich im Gegensatz zu den Großgrundbesitzern.

Persönlich liegt Adenauer dieser humorlose, dafür aber ungemein dickschädlige Parteifreund überhaupt nicht. Es gibt auch alte Zwistigkeiten, die in die Jahre 1947 und 1948 zurückreichen, als Adenauer den konservativen Flügel der Landtagsfraktion in Düsseldorf anführte. Doch die deutsche Landwirtschaft bedarf eines Reformschubes. Ihre Strukturmängel müssen beseitigt, die landwirtschaftlichen Einkommen an die in den nicht-agrarischen Bereichen herangeführt, Erhaltungssubventionen abgebaut werden. Wenn es im zweiten Kabinett Adenauer neben Ludwig Erhard einen bedeutenden Reformer gibt, so ist dies Heinrich Lübke. Bald kann sich die Bundesregierung mit dem jährlich veröffentlichten »Grünen Plan« schmücken, auch international, obschon der von großagrarischen Interessen beherrschte Deutsche Bauernverband bald gegen Lübke Sturm zu laufen beginnt. Adenauer, der Sachverstand und Initiative schätzt, hält an ihm fest, so daß auch diese Neuerwerbung die Qualität des Kabinetts hebt und – wie Adenauer in seiner Spätzeit zu erfahren haben wird – eine weitere Schicksalsfigur der Union in den sechziger Jahren auf ihren Weg bringt.

Im nachhinein wird man feststellen, daß in diesen Wochen eine gleichfalls weittragende personalpolitische Entscheidung fällt – die Ablösung Thomas Dehlers als Bundesjustizminister. Zur Entschädigung erhält er von seiner Partei den Fraktionsvorsitz und verdrängt im März 1954 Franz Blücher aus dem Parteivorsitz der FDP. Doch ahnt im Oktober 1953, als es zur Trennung kommt, so gut wie keiner der Beteiligten, daß sich aus der Ablösung Dehlers als Bundesjustizminister ein tiefer persönlicher

Zwist mit gravierenden Folgen für das Verhältnis Adenauers zur FDP und der FDP zu Adenauer ergeben wird.

Auf den ersten Blick stellt sich das Problem Dehler als Spätfolge der Wahlkampfschlacht zwischen CDU und bayerischer FDP dar. Dort war es zu einem großen Krach zwischen Dehler und Julius Döpfner, dem Bischof von Würzburg, gekommen. Thomas Dehler, bayerischer FDP-Vorsitzender, aber immerhin auch Bundesjustizminister, hatte gegen Döpfner beim Landgericht Würzburg wegen einer Silvesterpredigt Strafantrag gestellt, weil dieser darin gegen die FDP zu Felde gezogen war. Zu allem hin hatte er das auch noch bestritten und somit der CSU billige Wahlkampfmunition geliefert. Eine fränkische Groteske also, die aber nach haushoch gewonnener Wahl von der CSU genußvoll ausgeschlachtet wird.

Adenauer weiß, daß im Jahr 1953 die konfessionspolitischen Uhren in Bayern und im übrigen Bundesgebiet anders gehen. In Bayern nämlich ist die CSU im Begriff, das große, meist gut katholische Wählerpotential der Bayernpartei zu beerben. Im ganzen Bundesgebiet aber erzielt Adenauer allein deshalb einen Erdrutschwahlsieg, weil ihm der Einbruch in das evangelische Wählerreservoir voll gelingt. So kommt es, daß der CSU-Abgeordnete und spätere Bundesjustizminister Richard Jaeger die Forderung erhebt, die während des Kulturkampfes 1875 eingeführte obligatorische Zivilehe wieder rückgängig zu machen, während andererseits im evangelischen CDU-Flügel Wehklagen angestimmt werden, als man feststellt, daß von zehn Unionsministern im neuen Kabinett nur drei evangelischer Konfession sind. Jedenfalls sind die konfessionellen Fragen vor allem auf Länderebene zwischen der Union und der FDP ein Reizthema, dessen Charme bei Wahlkämpfen immer wieder neu entdeckt wird.

Doch 1953 stürzt Dehler nicht als Opfer des Klerikalismus in der CSU, sondern weil sich höchste Parteifreunde aus der FDP fest entschlossen zeigen, ihn als Justizminister zu verhindern. Der Präsident des Bundesverfassungsgerichts Höpker Aschoff und Bundespräsident Heuss sind Dehlers Hauptgegner. Höpker Aschoff reist zu Heuss und erklärt diesem, die nur zu sichtbaren Unvollkommenheiten des Bundesverfassungsgerichtsgesetzes müßten durch eine Novellierung behoben werden. Das sei aber mit einem Bundesjustizminister Dehler nicht zu machen. Er selbst und einige seiner Kollegen würden zurücktreten, wenn Dehler als Justizminister wiederkehre. Theodor Heuss, der sich über Dehler gleichfalls furchtbar geärgert hat, ist der gleichen Meinung. Er geht soweit,

Franz Blücher und Erich Mende, selbstverständlich auch Adenauer zu erklären, er werde notfalls die Ernennungsurkunde für einen Justizminister Thomas Dehler nicht unterzeichnen. Das wäre ein Verfassungskonflikt von weitreichenden Folgen, weil damit die Gesamtfrage des materiellen Prüfungsrechts des Bundespräsidenten bei Ministerernennungen zur Diskussion stünde.[23] Heuss bittet Höpker Aschoff, Adenauer auf Bühlerhöhe zu besuchen und ihm das gleichfalls vorzutragen.

So kommt es, daß Adenauer unmittelbar nach den Wahlen Dehler bei einer von diesem veranstalteten Cocktail-Party aufsucht und ihn demonstrativ mit einem »Guten Tag, Herr Bundesjustizminister!« begrüßt[24], ein paar Tage später aber kategorisch erklärt, Dehler komme als Minister nicht mehr in Frage.

Dem Führungskreis der FDP, natürlich auch Dehler selbst, ist es wohl bewußt, woher die Schwierigkeiten kommen. Am 19. Oktober, in der Nacht vor der Vereidigung des neuen Kabinetts, findet sich eine Delegation der FDP-Fraktion noch einmal bei Heuss ein, um diesen in letzter Stunde umzustimmen. Vergeblich. So ruft Adenauer am folgenden Tag, eine halbe Stunde vor der Vereidigung der Minister bei dem bisherigen FDP-Wohnungsbauminister Fritz Neumayer an und bittet ihn, das Justizministerium zu übernehmen. Neumayer findet kaum die Zeit, sich in einen schwarzen Anzug zu werfen. Dennoch nimmt es Thomas Dehler dem Bundeskanzler bitter übel, daß er sich seinetwegen nicht mit dem Bundespräsidenten anzulegen bereit war. Treulosigkeit, nachdem er selbst, Dehler, sich seit vier Jahren wie kein anderer für Adenauer in die Schanze geschlagen hat! Adenauer kann lange argumentieren, er sei in einer Zwangslage gewesen. Dehler meint, der Kanzler habe sich schließlich auch in anderen Zwangslagen durchgesetzt, wenn er nur wollte. Aus der Enttäuschung Dehlers wird nun Entfremdung, aus der Entfremdung Widerborstigkeit, aus der Widerborstigkeit Haß, den Adenauer prompt erwidert. Die Folge ist ein politischer Scherbenhaufen. Zwölf Jahre lang reden die beiden nicht mehr unter vier Augen miteinander. Erst im Januar 1965, nachdem auch Adenauer manche Enttäuschung erfahren hat, gelingt es Otto Schumacher-Hellmold, die beiden stolzen Männer miteinander zu versöhnen.[25]

Doch läßt sich erkennen, daß auch die FDP für das Verbleiben Dehlers in seinem Amt nicht auf die Barrikaden geht. Der Katzenjammer über den Wahlausgang ist groß. Keiner in der vergleichsweise kleinen Gruppe ehrgeiziger FDP-Spitzenpolitiker ist dem anderen so richtig grün, denn Ministerposten gibt es nicht viele. Jede Gruppe wirft der anderen vor, den Wahlkampf in den Sand gesetzt zu haben. Doch noch ist Adenauer nicht der große Buhmann der Liberalen wie nach der Jahreswende 1955/56.

Den eigentlichen Sündenbock sehen die meisten in Reinhold Maier. Hat er nicht mit der SPD gegen die Bundesregierung koaliert und dadurch die baden-württembergischen Liberalen von 17,6 Prozent im Jahr 1949 auf 12,7 Prozent heruntergewirtschaftet?! Maier zieht denn auch umgehend die Konsequenzen und macht Platz für eine Große Koalition unter Gebhard Müller, in der dieser faktisch die Stimmführerschaft im Bundesrat besitzt, so daß Adenauer endlich vor dem Bundesrat Ruhe hat.

Noch einmal setzen sich also die »guten« FDP-Leute durch. Blücher, Preusker, Neumayer, Schäfer ziehen ins Kabinett ein und bilden in der Fraktion bis zum bitteren Ende am 23. Februar 1956 den Kern der Adenauer-Anhänger. Aber die fraktionsinterne Abstimmung über den Eintritt in die zweite Regierung Adenauer erbringt aus Sicht des Kanzlers kein ganz erfreuliches Bild, obschon er sich gerade um die FDP große Mühe gegeben hat. Von 44 anwesenden Fraktionsmitgliedern stimmen nur 24 mit »Ja«, 12 sagen »Nein«, und 8 enthalten sich. Grund für die Malaise ist aber nicht Adenauers Person, sondern die ungeheure Mehrheit der Union, die Zweifel aufkommen läßt, ob die FDP überhaupt den »Adenauer-Sog« überleben wird.

Leichter hat es Adenauer mit der Deutschen Partei. Eigentlich möchte er Hans-Christoph Seebohm loswerden, obwohl dieser ein tüchtiger Verkehrsminister ist. Aber Seebohms Sonntagsreden sind ein dauerndes Ärgernis. Andererseits weiß er, daß ihm die DP entgleiten würde, wenn er Heinrich Hellwege und den aus seiner Sicht zuverlässigen Hans-Joachim von Merkatz ins Kabinett nähme, Seebohm aber draußen ließe. Ein FDP-Unterhändler zitiert seinen Ausspruch: »Hellwege wird dann in der Luft zerrissen!«[26] So kommt es zu einem recht grotesken, in der bundesdeutschen Kabinettsgeschichte wohl einmaligen Vorgang. Seebohm erhält am 19. Oktober 1953, einen Tag vor der Ernennung, einen persönlichen Brief Adenauers des Inhalts: »Ich bitte Sie, mir zu bestätigen, daß Sie im Falle Ihrer Wiederernennung zum Bundesminister sich politischer Reden enthalten wollen, mit Ausnahme der Teilnahme am demnächstigen Wahlkampf in Niedersachsen.«[27] Seebohm gibt schriftlich – immerhin aber erst zwei Tage nach vollzogener Ernennung – die erbetene Zusage, schränkt jedoch ein, seine Wahlkreis- und Wahlkampfreden sollten nicht darunterfallen.[28] Adenauer ist damit nicht zufrieden, schreibt eine Woche später erneut und ersucht darum, die politischen Reden auf die nächste Landtagswahl in Niedersachsen einzuschränken; so sei es mündlich ausgemacht worden.[29] Seebohm gibt nun noch weiter nach, verspricht, sich bei politischen Reden tatsächlich auf den Wahlkreis und auf Niedersachsen zu beschränken, ist jedoch stolz genug, in diesem letzten Brief wenigstens die eigentlich verlangte Eingrenzung auf die »nächste Landtagswahl« fallenzulassen.[30] Adenauer bringt nun aber die Größe auf, die Sache auf sich beruhen zu lassen.

In dem immer umfangreicher werdenden Kabinett müssen auch noch zwei Minister des BHE untergebracht werden – Waldemar Kraft und Theodor Oberländer. Adenauer betreibt die Hereinnahme des BHE in die Koalition in der ausgesprochenen Erwartung, daß sich die Flüchtlingspartei auf dem absteigenden Ast befindet. Ihre Funktionäre und Wähler werden sich dann gleicherweise überlegen müssen, wohin sie sich wenden. Eine starke Gruppe tendiert zur SPD. Der Parteiflügel um den Vorsitzenden Kraft mit Oberländer, dem starken Mann des bayerischen BHE, liegt demgegenüber auf Adenauer-Linie. Nimmt man also die eher CDU-orientierten Bataillone jetzt in die Regierung, so besteht gute Aussicht, die eigene Anhängerschaft im Vertriebenenlager zu vergrößern.

Bezeichnenderweise stößt sich Adenauer überhaupt nicht daran, nun erstmals zwei Minister mit einer NS-Vergangenheit ins Kabinett zu bekommen. Waldemar Kraft, ein großer Organisator, Jahrgang 1898, ist Veteran der deutsch-polnischen Volkstumskämpfe in den zwanziger und den dreißiger Jahren. Er war von 1920 bis 1939 im polnisch gewordenen Posen Hauptgeschäftsführer im »Hauptverein der deutschen Bauernvereine« und für die deutsche Minderheit Mitglied des Sejm. 1943 trat er der NSDAP bei und wurde Ehrenhauptsturmführer der SS. Seit 1950 hat er als »Rufer von Ratzeburg« die Flüchtlingsmassen in Schleswig-Holstein, Niedersachsen und im Bayerischen Wald gesammelt, den BHE zu einem phänomenalen Aufstieg geführt und diesen im Interesse seiner Klientel ziemlich bedenkenlos in Länderregierungen verschiedenster politischer Färbung hereingebracht.

Noch problematischer ist die politische Vergangenheit Theodor Oberländers. Er ist Wissenschaftler, Osteuropa-Experte, war 1934 bis 1939 Professor für Landwirtschaftspolitik in Danzig, erhielt 1940 eine Professur in Prag und nahm dann in der Wehrmacht am Ostfeldzug teil, zuletzt im Stab der »Russischen Befreiungsbewegung« General Wlassows. Dieser Rußlandeinsatz wird dann Ende der fünfziger Jahre zum »Fall Oberländer« führen. Seit 1951 ist der jetzt Achtundvierzigjährige Staatssekretär für Flüchtlingswesen in Bayern.

Da man im Jahr 1953 bei Ernennungen zu hohen Ämtern die politische Vergangenheit gründlichst überprüft, weiß Adenauer genau, daß er sich einen ehemaligen Nationalsozialisten ins Kabinett holt – Oberländer war »braun, sogar tiefbraun«, wird er später bemerken.[31] Als Achtzehnjähriger marschierte Oberländer am 9. November 1923 im Demonstrationszug an der Feldherrnhalle mit, 1933 trat er der Partei bei, war SA-Hauptsturmführer und Gauamtsleiter der NSDAP. Er kann allerdings für sich geltend machen, daß er die unmenschliche NS-Politik gegenüber den Ostvölkern öfters kritisiert und sich damit selbst gefährdet hat. Sein Ideal war ein unter deutscher Hegemonie stehendes Osteuropa, in dem die slawischen Völker geschickt, halbwegs human und mit einem gewissen Respekt für ihre kulturelle Eigenart behandelt werden sollten.

Kraft und noch mehr Oberländer sind also zweifellos politische Problemfälle. Sie haben allerdings beide durch loyale Mitarbeit im Rahmen der neuen parlamentarischen Demokratie ihren Gesinnungswandel unter Beweis zu stellen gesucht. Der Vogel »Wendehals« ist zwar 1953 noch nicht entdeckt worden, das Phänomen selbst aber ist wohlbekannt. Adenauer trägt keinerlei Bedenken, sich auch solcher Politiker zu bedienen, sofern sie glaubhafte Anzeichen der Sinnesänderung erkennen lassen. Es fällt auch schwer, ihn deswegen anzugreifen. Denn alle Parteien bemühen sich seit 1949 intensiv um die Millionen früherer NSDAP-Anhänger und Mitglieder. So hat etwa Oberländer einer bayerischen Regierung angehört, die auch maßgeblich von Sozialdemokraten getragen war.

Entsprechend moderat ist damals die Kritik an diesen Neuerwerbungen des Kabinetts. Sogar *Der Spiegel*, der 1959/60 Oberländer zur Strecke bringt, tritt ihm 1954 mit einem pointierten Artikel zur Seite, als in der CDU/CSU-Fraktion Kritik daran laut wird, daß nun im Bundesvertriebenenministerium ehemalige Nationalsozialisten eingesetzt werden.[32]

Symptomatisch für die Entwicklung ist es aber schon, daß 1953 Minister wie Kraft und Oberländer aus Gründen der Koalitionsräson ins Kabinett einziehen, während ein Mann des 20. Juli wie Otto Lenz von Adenauer in die Wüste geschickt wird. Doch der Sturz von Lenz hat ganz unmittelbar mit der Erinnerung an das Dritte Reich zu tun, wenn auch nicht mit seinem eigenen Lebenslauf. Lenz, der im Wahlkreis Ahrweiler ein Direktmandat für die CDU errungen hat, ist es zwar leid, als Staatssekretär im Bundeskanzleramt weiterhin als Adenauers »rechte und gelegentlich linke Hand«[33] zu fungieren. Aber er möchte Minister werden – Informationsminister.

Wie ein so kluger Mann angesichts der frischen Erinnerungen an Goebbels' Ministerium für Volksaufklärung und Propaganda auf eine so selbstmörderische Idee kommen kann, ist schwer verständlich. Doch in welcher Funktion hätte er sonst die von ihm aufgezogenen Organisationen als Minister weiterführen und seiner Leidenschaft für moderne politische *public relations* nachgehen können? Außerdem weiß er, daß der Gedanke eines Informationsministeriums, in das unter anderem die Funktionen des Bundespresseamtes eingehen würden, seit Anfang 1953 auch von Adenauer selbst erwogen wird.[34]

Ganz offensichtlich verhält sich der Kanzler bezüglich der Pläne von Lenz erst einmal abwartend. Er weiß, daß das Bundespresseamt heftig dagegen Stimmung macht.[35] Schon vor den Wahlen schießt *Der Spiegel* den ersten Torpedo ab. Lothar Rühl, damals noch ein junger und recht linker Journalist, hat den Artikel recherchiert. Der Titel sagt alles: »Das Über-Ministerium«.[36] Lenz und Globke, so behauptet *Der Spiegel*, wollen nicht allein ein Propagandaministerium errichten, sondern zu allem hin auch noch die Organisation Gehlen dort eingliedern.

Ob Lenz tatsächlich mit einem solchen Gedanken spielt, ist unklar. Der erste offizielle Organisationsplan, den er nach dem *Spiegel*-Artikel am 2. September Adenauer vorlegt, sieht ein Ministerium mit zwei Abteilungen vor: Bundespresseamt unter dem Bundespressechef und »Öffentliche Angelegenheiten« unter einem »Koordinator«. Die Funktionen der zweiten Abteilung sind nur in Abkürzungen genannt: »Tag X«, »Nachr.«, »Publ.«, »Rel.«, »Dem.«. »Tag X« bezieht sich auf die Planung von Maßnahmen in bezug auf die Wiedervereinigung, um deren Zuständigkeit sich damals auch Vizekanzler Blücher für sein Haus bemüht. »Nachr.« könnte in der Tat die Analyse von Berichten der Nachrichtendienste sein. Mit »Publ.« sind wohl einerseits die Aktivitäten der Bundeszentrale für Heimatdienst, der späteren Bundeszentrale für politische Bildung, gemeint sowie die sonstige PR-Arbeit durch Publikationen im Ausland und Inland. »Rel.« bezeichnet wohl die PR-Arbeit in den kirchlichen Raum hinein und »Dem.« die demoskopischen Aktivitäten.[37]

Während des ganzen September steigern sich die Angriffe auf diese Pläne. In großen Teilen der Presse herrscht helle, wenn auch da und dort etwas künstliche Aufregung. Auch die CDU/CSU-Fraktionsspitze mit von Brentano und Krone wird unruhig. Alle Gegner von Lenz rotten sich zusammen. Adenauer muß befürchten, daß die Opposition bei Fortfüh-

In der Villa Hammerschmidt

*Das zweite Kabinett Adenauer beim Bundespräsidenten, 2. Oktober 1953.
Erste Reihe von links: Hermann Schäfer (Sonderaufgaben),
Jakob Kaiser (gesamtdeutsche Fragen), Anton Storch (Arbeit),
Theodor Heuss, Konrad Adenauer (Kanzler und Auswärtiges),
Gerhard Schröder (Inneres), Waldemar Kraft (Sonderaufgaben);
Zweite Reihe: Heinrich Lübke (Ernährung, Landwirtschaft und Forsten),
Heinrich Hellwege (Bundesrat), Viktor Emanuel Preusker (Wohnungsbau),
Ludwig Erhard (Wirtschaft), Robert Tillmanns (Sonderaufgaben);
oben: Franz-Josef Wuermeling (Familienfragen),
Hans-Christoph Seebohm (Verkehr), Fritz Neumayer (Justiz),
Franz Josef Strauß (Sonderaufgaben), Theodor Oberländer (Vertriebene),
Fritz Schäffer (Finanzen).
Auf dem Bild fehlt Vizekanzler Franz Blücher (wirtschaftliche
Zusammenarbeit);
Siegfried Balke (Post) trat sein Amt erst im Dezember an.*

rung der Pläne nunmehr den Beweis für ihren Vorwurf erhielte, er wolle eben doch ein semi-autoritäres Regime installieren. So läßt er das Vorhaben dementieren, noch bevor er selbst ins Schußfeld gerät. Die Koordination der privaten *public relations*, rät er Lenz, solle von ihm besser in seiner Abgeordneteneigenschaft vorgenommen werden.[38] Dieser konstatiert resigniert, er sei von Adenauer »restlos« fallengelassen worden[39], womit er den Sachverhalt recht zutreffend charakterisiert.

Adenauer hat sich in der zweiten Septemberhälfte erneut für einen vierzehntägigen Nachurlaub auf die Bühlerhöhe zurückgezogen, ist nicht zu sprechen und erledigt das Unangenehme vorerst lieber mit einem anständig langen, aber ganz konventionell gehaltenen Dankschreiben an Lenz für seine »wertvollen Dienste«.[40] Als die beiden wieder zusammentreffen, wirft jeder dem anderen vor, er selbst habe ja die Schuld an dem danebengegangenen Vorhaben und an der Trennung.

Nun hat Adenauer endlich die Möglichkeit, Hans Globke in aller Form zum Staatssekretär im Bundeskanzleramt zu ernennen. Dem Wahlsieger wird vorerst niemand mehr vorwerfen, daß er den Mitverfasser des Kommentars zu den »Nürnberger Gesetzen« zu seinem wichtigsten Mitarbeiter bestimmt. Im nachhinein gewinnt man den Eindruck, als sei der mit Globke aus alten Berliner Zeiten und auch später gut befreundete Otto Lenz von diesem, doch auch von Adenauer, von 1951 bis 1953 geschickt mit einer Ersatzrolle betraut worden, bis endlich für zehn lange Jahre im Bundeskanzleramt die uneingeschränkte Ära Globke beginnen kann.

Alles in allem zeigt diese Regierungsbildung, bei der so viele personalpolitische Weichen für die ganze spätere Adenauer-Zeit gestellt werden, einen meisterlich taktierenden Kanzler, der es vorzieht, nicht als brüllender Löwe, sondern lieber als Fuchs zu erscheinen. Erst läßt er in Bonn die Wogen des personalpolitischen Ehrgeizes aufschäumen, stellt gegenüber von Brentano klar, wer der Meister ist, und entzieht sich alsdann dem Getümmel auf die Bühlerhöhe. Nach der Rückkehr muß es ganz schnell gehen. Weder die eigene Fraktion noch die kleineren Parteien können dem Wahlsieger in den Weg treten, als er die erneute Kanzlerwahl verlangt, noch bevor die Kabinettsbildung abgeschlossen ist. Danach streitet man sich zwar noch um das Postministerium, um Dehler, um manches andere – aber die Seufzer der Enttäuschten und das Knirschen im Koalitionsgebälk können Adenauer nicht weiter stören.

Nachdem somit die innenpolitische Machtbasis mehr vorsichtig als autoritativ konsolidiert ist, kann nun der Kanzler der Bundesrepublik ähnlich behutsam und entschieden seine Westpolitik zum Abschluß bringen – vielleicht sogar gekrönt durch die Wiederherstellung der deutschen Einheit. So jedenfalls sieht das am Ende der Regierungsbildung Hermann Schäfer von der FDP, jetzt stolzer Sonderminister im neuen Kabinett: »Es ist nicht abzusehen die Frage der Wiedervereinigung. Gelingt es Adenauer noch, dies zu erreichen, dann ist er ein so gewaltiger Mann, daß gegen ihn überhaupt keine Chance mehr besteht, um etwa in der verfassunggebenden deutschen Versammlung mit FDP-Geschichten kommen zu können. Es ist ekelhaft, so etwas sagen zu müssen, aber das sind die Realitäten, von denen wir ausgehen müssen.«[41]

Die Agonie der EVG

Ein ganzes Jahr lang nach dem Wahlsieg vom 6. September 1953 tritt Adenauers Außenpolitik indes auf der Stelle. Die wohlbekannten alten Projekte und Streitfragen müssen unablässig auf den Verhandlungstischen hin und her geschoben werden – Westverträge und Ost-West-Verhandlungen, Saarfrage und Europäische Politische Gemeinschaft, westalliierte Sicherheitsgarantien und britischer Beitrag zur Verteidigung des Kontinents.

Alle, die Adenauer genau kennen, wissen ein Lied davon zu singen, daß die raffiniert-taktische Behandlung schwierigster Grundsatzfragen eine seiner großen Stärken ist. Das zeigt sich besonders in dieser Phase, in der nicht neue Ideen gefragt sind, sondern Geduld, Zähigkeit und wachsames Finassieren.

Opposition und gegnerische Presse werfen ihm zwar unentwegt vor, er halte bar jeder Einsicht und ohne jedes Nachdenken über Alternativen an der EVG fest, die in Paris doch nie ratifiziert werde. Daran ist soviel richtig, daß er während dieser langen Stagnationsperiode öffentlich unablässig das revolutionär neue Konzept einer supranationalen Verteidigungsgemeinschaft als einzigen Weg zur Lösung aller sonst unlösbaren Probleme beschwört.

Aber glaubt er das auch noch? Hat er überhaupt je so fest daran geglaubt, wie er behauptet? Wer sich daran erinnert, mit welcher Entschiedenheit er anfänglich eine NATO-Integration mit dem Konzept einer Koalitionsarmee anstrebte, vermag die Zweifel doch nicht ganz zu unterdrücken. Schließlich hat Adenauer auch während der Verhandlungen über die EVG immer betont, er werde nach Installierung der Europäischen Verteidigungsgemeinschaft auf das Thema einer deutschen NATO-Mitgliedschaft zurückkommen. Zwar weiß er genau, daß Eisenhower und Dulles von Alternativen zur EVG überhaupt nichts hören wollen, solange auch nur die geringste Aussicht auf Ratifikation durch die französischen Verfassungsorgane besteht. Dennoch macht er vor allem im Herbst 1953 amerikanischen Besuchern gegenüber mehr als nur Andeutungen darüber, wie intensiv er insgeheim über solche Alternativen nachdenkt. Schließlich ist es kein Geheimnis, daß Winston Churchill nie viel von der EVG gehalten hat und für den Fall weiterer französischer Verschleppungsmanöver die NATO-Lösung vorzieht – notfalls ohne Frankreich.

Am Tag vor der Vereidigung des zweiten Kabinetts Adenauer stellt sich Cyrus Sulzberger von der *New York Times* in Begleitung seines Neffen wieder einmal beim Kanzler ein, der ihn zusammen mit Blankenhorn und von Eckardt zum Mittagessen einlädt. Sulzberger entwickelt ein großes Talent, aus Adenauer bei Kaffee und Cognac Äußerungen herauszulocken, die er eigentlich gar nicht tun möchte. Natürlich, so der Regierungschef, gebe es keine Alternative zur EVG. Seine Linie: Frankreich isolieren, bis es schließlich doch ratifizieren muß. Aber ein solcher Standpunkt lasse sich nicht unter allen Umständen und auf alle Zeiten aufrechterhalten.[1] Damit ist man bei der Möglichkeit eines Scheiterns der EVG. Könnte Paris dann nicht gleicherweise durch sein Veto auch eine NATO-Lösung verhindern? Ist Frankreich nicht sogar noch Besatzungsmacht? Und braucht der Westen im Kriegsfall nicht dringend die französischen Atlantikhäfen? So fragen die Journalisten.

Adenauer bleibt zwar vage: »er habe eine Karte im Kopf, die die USA, Deutschland, England und die Türkei umfasse«. Sulzberger zieht daraus den Schluß: der Kanzler will also die NATO zerschlagen und andere Bündnisse schaffen, auch wenn er zu vorsichtig ist, das offen auszusprechen. Entscheidend sei, so sagt Adenauer dann, daß im Fall des Falles unter allen Umständen rechtzeitig eine Ersatzlösung zur Hand sei. Sonst wären die psychologischen Auswirkungen auf Deutschland fatal. Damit kommt er zum Hauptpunkt. Man muß dann eben ohne Rücksicht auf die NATO, ohne Rücksicht auf Frankreich ein deutsch-amerikanisches Bündnis abschließen. Wenn Großbritannien diesem beitreten wolle – gut. Außerdem solle man sich doch daran erinnern, daß die USA gegen Ende des Krieges ihren Nachschub erfolgreich über die holländischen und belgischen Häfen laufen ließen. Jedenfalls sei er für den Fall einer negativen Haltung Frankreichs für »äußerste Konsequenzen«.

Daß solche Äußerungen einem Journalisten gegenüber unverzüglich auf dem Schreibtisch von Dulles oder von Eisenhower landen, weiß Adenauer genau, oder er nimmt es in Kauf.

Ein paar Wochen später spricht General Gruenther im Bundeskanzleramt vor. Der NATO-Oberkommandierende macht in bezug auf die Ratifizierung der EVG durch Frankreich in Zweckoptimismus und deutet mit Blick auf das inzwischen eingetretene Atomwaffenzeitalter an, wie wichtig eine Regelung des deutsch-französischen Verhältnisses sei. Adenauer geht auf die optimistische Note von Gruenther zuerst ein, verweist dann aber auf die beträchtlichen Schwierigkeiten mit der EVG und auf die noch größeren mit der Europäischen Politischen Gemeinschaft.

Beim Mittagessen warnt Gruenther den Kanzler ganz nachdrücklich vor dem Gedanken einer zweiseitigen deutsch-amerikanischen Abmachung im Fall eines Scheiterns der EVG. Das sei »äußerst gefährlich und praktisch nicht durchführbar«. Die Tiefe des französischen Raumes werde gebraucht, 70 von 125 Flugplätzen der NATO lägen auf französischem Boden. Desgleichen liefen die amerikanischen und britischen Versorgungslinien durch Frankreich.

Das alles ist eine schon massiv offizielle Antwort auf die ungeschützten Äußerungen gegenüber Sulzberger. Doch Adenauer bleibt dabei: in der Bundesrepublik wäre der psychologische Schock beim Scheitern der EVG so groß, daß dann ein amerikanisch-deutsches Bündnis her müsse, am besten ergänzt durch Teilnahme Großbritanniens – und wäre das auch nur ein politisches Bündnis.[2]

Auf Präsident Eisenhower, der seinerzeit als NATO-Oberbefehlshaber das Konzept der EVG mit verantwortet hat und nun eisern daran festhält, wirkt das alles recht irritierend. Am 20. November 1953 muß Dulles Adenauer einen persönlichen Brief schreiben, der nur als scharfe Warnung verstanden werden kann. Aus einer Reihe von Quellen habe man gehört, daß »bestimmte Elemente« in Deutschland Spekulationen darüber anstellten, eine deutsche Teilnahme an der westlichen Verteidigung könne auch auf andere Art und Weise als im Rahmen der EVG erfolgen.[3] Um jedes Mißverständnis auszuschließen, schreibt er ihm deshalb »in völliger Offenheit«, die amerikanische Europapolitik beruhe auf der »gebieterischen Notwendigkeit einer französisch-deutschen Einheit«. Komme es nicht dazu, so wären auch die Ressourcen verschleudert, die die USA nach Europa lenke. Die USA wollten nicht zwischen Deutschland und Frankreich wählen. Also keine Alternative zur EVG! Aber auch: jetzt sei eine Lösung für die Saar am Platz. Adenauer habe Eisenhower und ihm

Die Agonie der EVG

im Weißen Haus versprochen, die Saarfrage werde gelöst. Jetzt sei der entscheidende Augenblick, das in die Tat umzusetzen.

Nun, dies ist das wohlbekannte französische Junktim-Konzept, das ein paar Tage vor diesem Brief bei der großen Debatte über die EVG in der Pariser Nationalversammlung hinlänglich deutlich wurde. Die USA, so muß Adenauer konstatieren, stellen sich also auf die französische Seite, verbitten sich weiterhin jede Alternativ-Diskussion und nötigen ihn zu Saar-Konzessionen, die ihm in der Koalition und in der deutschen Öffentlichkeit nur Kummer einbringen können. Daß sich auch Großbritannien dieser Linie der Eisenhower-Administration anschließt, versteht sich von selbst. Konkretere interne deutsche Alternativplanungen müssen unter diesen Umständen vorerst unterbleiben.

Aber Adenauer mißtraut immer noch Bidault und Bidault dem Kanzler. Cyrus Sulzberger spielt in diesen Wochen die Rolle des Eichhörnchens Zwietracht, das in der germanischen Sage an der Weltesche Yggdrasil hinauf- und herunterläuft, um jedem der oben oder unten sitzenden Fabelwesen Schlechtes über den jeweils anderen zu berichten. So erzählt ihm Außenminister Bidault Ende Oktober, in Bonn verdächtige man ihn, Bidault, eine Zusage Schumans zu einer Saarregelung abzustreiten, die doch in den Akten des Quai d'Orsay vorhanden sei. Bidault bemerkt in diesem Zusammenhang, Adenauer sei zwar ein großer Europäer, aber doch auch »ein schlüpfriger Politiker«. Er »habe ihm stets Unfreundlichkeiten über Schuman und zu Schuman seinerseits Unfreundlichkeiten über ihn gesagt.«[4] Ganz im Vertrauen über nicht Anwesende schlecht zu reden, dies ist nun in der Tat einer der fragwürdigsten Charakterzüge Adenauers, der hier nicht zum ersten und zum letzten Mal zu beobachten ist.

Adenauer seinerseits glaubt zu erkennen, daß Bidault kein guter Europäer ist, sondern viel eher der schwächliche Exponent aller konservativen Kräfte des Quai d'Orsay. Beweis dafür: Adenauers Idee, einem *accord de principe* über die Saar freie Wahlen im Saargebiet vorzuschalten, ist für Bidault unakzeptabel.[5] Das Verhältnis Adenauers zu Bidault bessert sich erst nachhaltig, als dieser auf der Berliner Konferenz mit großer Entschiedenheit die westliche Forderung vorträgt, am Anfang jeder Deutschlandlösung hätten freie Wahlen zu stehen.

Diese Konferenz ist endlich fällig, als die Sowjetunion zur großen Verblüffung der Westmächte einer Außenministerkonferenz in Berlin ohne weitere Bedingungen zustimmt. Das ereignet sich unmittelbar nach einer Abstimmung in Paris, bei der die Regierung Laniel-Bidault nochmals davongekommen ist. Nach Auffassung Adenauers zielt der Konferenzvorschlag in erster Linie auf Frankreich, dessen Expeditionskorps in Indochina bereits in großen Schwierigkeiten steckt. Die Vietminh legt nämlich zugleich ein Waffenstillstandsangebot vor, und Moskau drängt auf eine spätere Fünferkonferenz unter Einbeziehung Rotchinas.

Adenauer fürchtet von nun an, Molotow werde das französische Interesse an einem akzeptablen Arrangement über Indochina nutzen, um als Quidproquo den Verzicht Frankreichs auf die EVG zu erzwingen. Kein Wunder, daß seine nie ganz schlummernden Bedenken vor einer baldigen Viererkonfernz wieder wach werden. Selbst Dulles vermerkt das mit Mißfallen. Mitte Oktober telegraphiert das State Department an die wichtigen amerikanischen Botschaften, Adenauer scheine zu vergessen, daß der Westen auf *sein* Drängen hin den ost-westlichen Notenwechsel über eine Konferenz begonnen habe.[6] Nun sind es die Amerikaner selbst, die es auf einmal sehr eilig haben. Hallstein begibt sich jetzt noch vor einer Gipfelkonferenz der drei westlichen Großmächte auf den Bermudas zu John Foster Dulles und vernimmt von diesem in aller nur wünschenswerten Deutlichkeit, was man in Washington von dem Projekt denkt: »Er sei sich völlig darüber klar, daß die von den Russen nunmehr akzeptierte Viererkonferenz zu nichts führen werde. Sie sei eine vollständige Zeitvergeudung.« Dennoch müsse sie mit Blick auf die Erwartungen der öffentlichen Meinung in den USA, in Frankreich und in Deutschland stattfinden. Doch wennschon, solle man sie sobald als möglich beginnen, vielleicht bereits am 1. Januar 1954. Man solle sie aber auch »so schnell wie möglich hinter sich bringen«.[7] Vorher werde es auch in Frankreich zu keiner Entscheidung über die EVG kommen.

Adenauers Reaktion auf Hallsteins Telegramm: »echt Dulles.«[8] Und er richtet an Churchill, der schon auf die Bermudas abgereist ist, eine Botschaft mit der Warnung, der Westen möge sich doch nicht zu früh auf die Viererkonferenz begeben. Vor allem gelte es erst einmal, intern eine Begründung für den möglichen Abbruch der Konferenz zu vereinbaren, die in der westlichen Öffentlichkeit überzeugen könne, falls die Sowjets eine rein negative Haltung einnähmen.[9]

Den Amerikanern gegenüber gibt Adenauer aber jetzt nach. Kaum ist Hallsteins Telegramm eingetroffen, kann Professor Conant zufrieden nach Washington melden, der Kanzler sei jetzt für eine möglichst baldige Viermächtekonferenz, die hoffentlich kurz und insofern aufschlußreich sein möge, als sie die Franzosen von der Notwendigkeit überzeugen könnte, endlich mit der Ratifikation der EVG voranzumachen.[10]

Adenauers Zweifel hinsichtlich der Erfolgschancen des Ratifikationsprozesses sind aber nicht mehr zu beschwichtigen – amerikanischer Zweckoptimismus hin oder her. Als er mit Dulles Mitte Dezember 1953 in Paris zusammentrifft, stimmt er diesem zwar zu, man müsse alles tun, die EVG ratifiziert zu bekommen. Dann aber verdeutlicht er, für wie labil er die Lage hält. Seinen Informationen zufolge würden sich in der Assemblée Nationale bei einer Abstimmung 310 Abgeordnete für die EVG aussprechen, 300 dagegen. Alles hänge also von der augenblicklichen Stimmung ab. Daher sei er entschlossen, in den entscheidenden Wochen in Frankreich Wein und Fleisch in großer Menge zu kaufen, um dadurch die landwirtschaftlichen Kreise zu beeinflussen.[11]

Von Bidault haben nun beide einen etwas besseren Eindruck. Aber Adenauers Einschätzung der Vierten Republik ist und bleibt negativ: »Frankreich will noch Großmacht sein, aber ich bin der Meinung, daß ganz Europa nicht mehr viel von einer Großmacht hat«.[12]

Die Konferenz in Berlin, so meinen beide, muß nun rasch über die Bühne gehen. Zwei bis drei Wochen werde man verhandeln, informiert Dulles über die Beschlüsse der Bermudakonferenz. Besser vier bis fünf Wochen, erwidert Adenauer – die deutsche öffentliche Meinung fest im Auge. Aber als die beiden sich verabschieden, wünscht er Dulles ein baldiges und kurzes Zusammentreffen mit den Russen und viel, viel Geduld.[13] Eisenhower wird später seine und Dulles' Erwartungen wie folgt resümieren: »Keiner von uns hatte auch nur einen Funken Hoffnung, daß diese Konferenz die Wiedervereinigung Deutschlands bringen könnte.«[14]

Zu den wichtigen Ergebnissen der Pariser Begegnung mit Dulles gehört dessen Zusage, sich für eine Teilnahme Professor Grewes bei den Konsultationen der drei Westmächte zur Konferenzvorbereitung einzusetzen.[15] Somit ist es höchste Zeit, die vom Deutschen Bundestag einschließlich der SPD am 10. Juni 1953 formulierte Abfolge der Schritte zur Wiedervereinigung genau zu präzisieren: »1. die Abhaltung freier Wahlen in ganz Deutschland; 2. die Bildung einer freien Regierung für ganz Deutschland; 3. der Abschluß eines mit dieser Regierung frei vereinbarten Friedensvertrages; 4. die Regelung aller noch offenen territorialen Fragen in diesem Friedensvertrag; 5. die Sicherung der Handlungsfreiheit für ein gesamtdeutsches Parlament und eine gesamtdeutsche Regierung im Rahmen der Grundsätze und der Ziele der Vereinten Nationen.«[16] Adenauer ist zwar skeptisch, ob die Sowjetunion auch nur den Punkt 1 konzedieren wird. Zutreffend vermutet er, daß Molotow bloß die alte Forderung nach Bildung einer paritätischen deutschen Regierung aus Bundesrepublik und Deutscher Demokratischer Republik fordern und eine internationale Kontrolle freier Wahlen ablehnen wird. Was aber, wenn sich Moskau nach dem raschen Schwenk hin zu einer Deutschlandkonferenz tatsächlich doch konzessionsbereit erweisen sollte? Dann muß der Westen durchdachte Vorschläge unterbreiten. Es ist also dringend erforderlich, daß Bonn eigene deutsche Vorstellungen in die Planungen einbringt.

Jetzt vollzieht sich ein bemerkenswerter Vorgang. Kaum ist das Ergebnis der Bermuda-Konferenz bekannt, da läßt Adenauer am 8. Dezember unter dem Vorsitz des Bundesministers des Innern einen Kabinettsausschuß einsetzen, um schleunigst Materialien für die Berliner Konferenz zusammenzustellen. »Von fundamentaler Bedeutung«, faßt das Kabinettsprotokoll die Meinung des Bundeskanzlers zusammen, »sei die Beantwortung der Frage nach dem Verhältnis zwischen einer etwaigen gesamtdeutschen Regierung und der Bundesregierung. Er sei der Auffassung, daß jedenfalls zunächst Aufgabe einer gesamtdeutschen Regierung nur die Ausarbeitung eines Verfassungsentwurfs sei, der einer Nationalversammlung zur Beschlußfassung zu unterbreiten sein werde, und daß dementsprechend bis auf weiteres die Legitimation der Bundesregierung von dem Vorhandensein einer gesamtdeutschen Regierung nicht berührt werde.« Das Kabinett billigt diese Auffassung.[17]

Alsbald zeigen sich innerhalb der Bundesregierung tiefgreifende Meinungsverschiedenheiten. Manche meinen nämlich, die aus freien Wahlen zu bildende Regierung solle dann sogleich die ausübende Gewalt in ganz Deutschland übernehmen. Der Zielpunkt solcher Forderung ist leicht erkennbar. Auf diese Art und Weise würde die demokratisch legitimierte gesamtdeutsche Regierung in der Lage sein, das SED-Regime unverzüglich zu liquidieren. Von ähnlichen Gedanken war auch das von den Verfassungsorganen des Bundes beschlossene Gesetz für gesamtdeutsche Wahlen von 1951 ausgegangen. Die frei gewählte Nationalversammlung sollte demzufolge zum Zweck der Herstellung rechtsstaatlicher Ordnung auch exekutive Kompetenzen wahrnehmen.

Adenauer sieht das nun anders. In einem Interview vom 11. Dezember 1953 arbeitet er auch öffentlich heraus, die frei zu wählende Nationalversammlung dürfe allein verfassunggebende Kompetenzen wahrnehmen. Offensichtlich bezieht er sich dabei auf Artikel 146 des Grundgesetzes: »Dieses Grundgesetz verliert seine Gültigkeit an dem

Tage, an dem eine Verfassung in Kraft tritt, die von dem deutschen Volke in freier Entscheidung beschlossen worden ist.«

Wie aber soll dann das SED-Regime beseitigt werden, wenn sich das deutsche Volk in freien Wahlen gegen die kommunistische Diktatur ausgesprochen hat? Der FDP-Sonderminister Schäfer faßt Adenauers diesbezügliche Ideen wie folgt zusammen: »Man darf nicht nur Wahlen zur Nationalversammlung machen, sondern muß gleichzeitig damit eine Neuwahl in der Sowjetzone verbinden; wenn es gar nicht anders geht unter Umständen auch bei uns, das ist die Überlegung. Dann krempelt man drüben die Geschichte um, und dann ist die ganze Geschichte einfach. Würde man das nicht machen, dann hätte man eine Nationalversammlung, die könnte zwar auch eine vorläufige Exekutive ersetzen, aber diese könnte mangels Grundlagen in der sowjetischen Zone sich doch nicht durchsetzen. Infolgedessen muß das Ziel nicht so sehr abgestellt werden auf eine vorläufige Exekutive, sondern auf eine Neuwahl und eine möglichst schnelle Eingliederung der politischen Kräfte in der sowjetischen Zone. Und aus dieser Tendenz heraus ist das Zurückdrängen der vorläufigen Exekutive gekommen. In dem Moment, wo freie Wahlen sind, ist nicht aufzuhalten, daß sehr bald wechselseitige Verhandlungen einsetzen. Die werden auf wirtschaftlichen und sonstigen Gebieten kommen. Da wird eine Zusammenarbeit notwendig mit einer Sowjetzonen-Regierung und einer Bundesregierung. Aus diesem Grunde ist wieder von entscheidender Bedeutung für uns zu erreichen, daß eine Neuwahl in der sowjetischen Besatzungszone stattfindet, die der unseren angenähert ist.«[18]

Bei einer Besprechung mit Ollenhauer und Wehner – letzterem bringt Adenauer nach wie vor tiefstes Mißtrauen entgegen – vertritt die SPD nun auch ihrerseits die Auffassung, »die von der Nationalversammlung gewählte gesamtdeutsche Regierung müsse volle Regierungsbefugnisse in den Gebieten der Bundesrepublik, in der Sowjetzone und in Berlin haben, da anders die Lage der Bevölkerung in der Sowjetzone nicht sofort erleichtert werden könne.«[19]

Als Adenauer aber die Variante vorschlägt, »gleichzeitig neben den Wahlen zur Nationalversammlung freie Wahlen in den Ländern der Sowjetzone« durchzuführen, kann er vor dem Kabinett berichten, die SPD-Vertreter hätten diesen Gedanken anscheinend positiv aufgenommen.[20]

Das sogenannte Dreiecks-Konzept geht tatsächlich in die Konferenzplanungen der Westmächte ein. Danach soll ein auf freien Wahlen beruhendes gesamtdeutsches Parlament zwar auch einige vorbereitende Befugnisse für die Bildung einer gesamtdeutschen Regierung erhalten. Gleichzeitig würden aber die Bundesregierung und die DDR-Regierung mit unverminderten Zuständigkeiten noch fortdauern.

Nicht enthalten in den Konferenzpapieren ist die Idee von parallelen freien Wahlen in der DDR.[21] Adenauer bemüht sich nun weiterhin in zwei Gesprächen mit Conant, diesem den Gedanken gleichzeitiger freier Wahlen, sei es für die Volkskammer, sei es in den DDR-Ländern, nahezubringen.[22] Das alles erweist sich freilich als überflüssig, weil die Sowjetunion schon bei Punkt 1 – freie Wahlen – zu keinen Konzessionen bereit ist.

Welche Schlußfolgerungen für Adenauers damalige Wiedervereinigungspolitik soll man aus diesem Intermezzo ziehen? Daß gesunder Menschenverstand darin zum Ausdruck kommt, wird sich erst 37 Jahre später erweisen. Vielleicht hat sich der Praktiker Adenauer in der Tat von primär praktischen Überlegungen leiten lassen.

Freilich: das alles sind vorerst nur Eventualplanungen für den aus Adenauers Sicht recht unwahrscheinlichen Fall, daß sich die Sowjetunion bei der Berliner Konferenz in der Frage freier Wahlen überhaupt bewegt. Doch selbst streng geheime Eventualplanungen beinhalten eben bereits weitgehende Festlegungen. Manches wird durchsickern, und man muß zugleich an eine fernere Zukunft denken. Nur zu gut kennt Adenauer die Praxis außenpolitischer Planungsstäbe, auch bei künftigen Konferenzen auf früher vereinbarte Positionspapiere zurückzugreifen. Was 1954 noch nicht spruchreif sein mag, könnte doch später aktuell werden. Insofern sind diese Überlegungen doch aufschlußreich.

Beobachter, die Adenauer kritisch gegenüberstehen, deuten das alles anders. James Conant etwa resümiert am 21. Januar 1954, eine Woche nach Beginn der Berliner Konferenz, eine Äußerung von Brentanos wie folgt: »Das Hauptkennzeichen der Einstellung des Kanzlers ist übergroße Vorsicht, die zu Vorschlägen von derartiger Kompliziertheit geführt hat, daß sie weder von der Öffentlichkeit noch den maßgebenden Politikern des Bundestags verstanden werden konnten.«[23] Adenauer habe fast die ganze CDU-Fraktion gegen sich. Die Sowjets würden ein solches Programm, das zudem auch noch eine Verringerung der Volkspolizei vorsieht, kaum annehmen. Gerstenmaier, Tillmanns, Krone und Staatssekretär Thedieck sehen das ähnlich, erst recht die SPD und große Teile der FDP.

Die Opposition und die kritischen Geister in der FDP ziehen aus Adenauers Position in dieser Frage den Schluß, daß er um jeden Preis die EVG durchbringen möchte und selbst für den Fall größerer sowjetischer

Konzessionsbereitschaft in der Frage freier Wahlen Hindernis nach Hindernis auftürmt.

Mißtrauische britische Beobachter glauben bei allem auch recht niedrige parteipolitische Kalküle zu entdecken. Sie verstehen sehr wohl die Befürchtung der SPD, Adenauer sei fest entschlossen, nach freien Wahlen das Spiel in Deutschland weiter zu bestimmen, um eine gesamtdeutsche Regierung nach dem Modell der Bonner Koalition zu installieren. Man kann das Argument – anders als der britische Hohe Kommissar Sir Hoyer Millar – freilich auch umdrehen. Eben weil die SPD bei gesamtdeutschen Wahlen aus dem 30-Prozent-Ghetto herauszukommen hofft, ist sie für weitgehende exekutive Zuständigkeiten einer gesamtdeutschen Regierung. Sir Hoyer Millar meint dazu jedenfalls abschließend: »Tatsächlich haben wir es hier wieder einmal mit einem typisch deutschen Diskussionsthema zu tun: legalistisch, auf die Zuständigkeiten der Administration bezogen und hundertprozentig hypothetisch.«[24]

In bezug auf Adenauer mag jedenfalls soviel richtig sein, daß er in dem unwahrscheinlichen Eventualfall sowjetischer Konzessionsbereitschaft die Kontrolle des Wiedervereinigungsprozesses keinesfalls aus der Hand geben möchte.

Soweit kommt es aber nicht. Am Ende der mehr als vierwöchigen Berliner Konferenz steht ein vollständiges Scheitern. Adenauer hat nun sein Alibi – auch eine neue sowjetische Führung ist nicht bereit, freie Wahlen zu riskieren! Nicht einmal die Aussicht auf die Bindungsfreiheit einer gesamtdeutschen Regierung, von der im Frühjahr 1952 viel Aufhebens gemacht wurde, konnte sie dazu veranlassen.

Dabei hat sich die Lage seit dem damaligen intensiven Notenwechsel gar nicht grundlegend geändert. Immer noch steht kein einziger westdeutscher Soldat unter Waffen, und das Schicksal der EVG ist nach wie vor ungewiß. Zwar sind alle Weltmächte, einschließlich der Sowjetunion, jetzt öffentlich sichtbar in das Atomzeitalter eingetreten, das die Bedeutung von Landarmeen relativiert. Doch die einschlägigen sowjetischen Kernwaffenplanungen waren Stalin auch schon im Frühjahr 1952 bekannt. Der atomare Faktor stellt sich im Winter 1953/54 nicht wesentlich anders dar als zum Zeitpunkt der berühmten Notenoffensive. Fazit Adenauers: Die Sowjets sind in Europa weder bereit, Krieg zu führen noch Frieden zu schließen. Und die deutsche Frage ist aus ihrer Sicht eben nach wie vor nur ein Teilaspekt des gesamten ostmitteleuropäischen Ostblocks, an dem Moskau entschlossen festhalten möchte – aus ideologischen Motiven ebenso wie aus Gründen der Sicherheitspolitik.

Neue Saar-Verhandlungen

Das versichern sich Dulles und Adenauer gegenseitig, als der amerikanische Außenminister nach der gescheiterten Berliner Konferenz spätabends am 18. Februar für fünfviertel Stunden in Köln-Wahn einen Zwischenstopp einlegt. Nicht ohne Hintergedanken bemerkt Dulles, der Bundeskanzler habe es für wichtig gehalten, »diese Konferenz abzuhalten und bis zum Ende durchzuführen, um der Welt zu beweisen, daß es mit den Russen keinen Kompromiß gebe.«[25]

Adenauer weiß schon, was nun kommt: eine neue amerikanische Pression, zum Dank für amerikanische und französische Festigkeit jetzt in der Saarfrage Konzessionen zu machen, um die Ratifikation der EVG noch vor Ende März zu erreichen. Denn für den 26. April hat man in Genf eine Indochina-Konferenz vereinbart, die es Frankreich erlauben könnte, mit Hilfe der Großmächte aus dem Sumpf dieses immer hoffnungsloseren Kolonialkrieges herauszukommen. Jedermann weiß, daß Molotow nach Konferenzbeginn nichts unversucht lassen wird, ein Tauschgeschäft zwischen einer für Paris akzeptablen Indochina-Lösung und dem engültigen Scheitern der EVG herzustellen. So muß denn versucht werden, eine Ratifikation zuvor zu bewerkstelligen.

Adenauer sagt also zu, er werde nun in der Saarfrage eine Europäisierungslösung auf Grundlage des van Naters-Plans auszuhandeln suchen. Allerdings beinhalte dieser den für ihn unannehmbaren Artikel 19, der besagt, die drei Westmächte *und* die Bundesrepublik würden auch bei einer Friedensregelung die Europäisierung des Saargebiets definitiv akzeptieren. Das wäre aber ein unannehmbares Präjudiz in der Oder-Neiße-Frage.

Dulles befolgt seine in der Saarfrage gewohnte Taktik und bemerkt, von diesen komplizierten und vielfach recht technischen Fragen verstehe er überhaupt nichts. Das könne der Kanzler am besten richten, schließlich sei er einer der fähigsten Staatsmänner überhaupt. Erneut wird an das Präsident Eisenhower gegebene Versprechen erinnert.

So beginnt eine weitere Verhandlungsrunde über die Saar. Sie gestaltet sich für Adenauer genauso enttäuschend wie die früheren. Die französische Position wird Anfang März in einem Saar-Memorandum von Staatssekretär Maurice Schumann dargelegt. Kommentar Blankenhorns: »Eine eindeutige Aufrechterhaltung des französischen Status quo an der Saar in dünner europäischer Aufmachung. Für uns völlig unannehmbar.«[26] In seiner Not unternimmt Adenauer einen unkonventionellen Schritt. Staatssekretär Hallstein entsendet insgeheim Rolf Lahr, der sich im Auswärtigen Amt mit Wirtschaftsfragen der Saar beschäftigt und jetzt am Anfang einer steilen Karriere steht, zum saarländischen Ministerpräsidenten Johannes Hoffmann.[27]

Nach Meinung Adenauers bereitet die Saarfrage auch deshalb so viele Schwierigkeiten, weil bisher kein Zusammenspiel mit den deutschen Politikern des Saar-Regimes möglich war. Dafür gibt es gute Gründe. Sie sind Separatisten, und sie halten sich auch nur an der Macht, weil die prodeutsche Opposition verboten ist. Daher möchte kein bundesdeutscher Politiker mit ihnen zu tun haben. Alle Bundestagsparteien – anfänglich auch Adenauer – sind deshalb darauf aus, eine Zulassung pro-deutscher Parteien zu erreichen. Würden diese bei Landtagswahlen erst eine Mehrheit erhalten, so wäre es im Zusammenspiel mit ihnen möglich, den französischen Einfluß zurückzudrängen.

Tatsächlich zeigt sich nämlich immer mehr, daß die wirtschaftliche Fesselung des Saarlandes an Frankreich für die Saarwirtschaft zunehmend Nachteile bringt. Deutsche Privatinvestitionen unterbleiben. Die natürlichen Wirtschaftsbeziehungen zum Rheinland sind künstlich eingeschränkt. Der Lebensstandard in der Bundesrepublik liegt schon höher. Auf lange Sicht – man rechnet mit dreißig Jahren – werden bei dem intensiven Abbau durch von Frankreich kontrollierte Firmen auch die Kohlelager erschöpft sein. Dann wird auch die saarländische Stahlindustrie keine Zukunft mehr haben. So wäre es im Interesse der Regierung Hoffmann selbst, wirtschaftlich vom einseitigen französischen Einfluß loszukommen. Also Äquidistanz zwischen Frankreich und Deutschland! Langfristig, das weiß Adenauer genau, wird das natürliche Übergewicht der bundesdeutschen Wirtschaft das kleine Land ohnehin in den Bannkreis der Bundesrepublik ziehen.

Prinzipielle Berührungsängste mit dem auf Frankreich ausgerichteten Saar-Establishment hat Adenauer nicht. Doch aus eigenem Erleben weiß er nur zu gut, wie kurz unter den Bedingungen fremder Besatzung der Weg von einer taktischen Kollaboration, um Schlimmeres zu verhindern, zum uneingeschränkten Separatismus ist. Wegen der Verdächtigungen, die – mehr versteckt als offen – im Zusammenhang mit der Rheinlandbesetzung immer noch gegen ihn erhoben werden, muß er allerdings jeden Kontakt mit den Separatisten an der Saar vorsichtig meiden, auch wenn er ihnen emotional recht indifferent gegenübersteht.

In Wirklichkeit bringt er den Führern der pro-deutschen Parteien nämlich durchaus auch Vorbehalte entgegen, sogar recht gravierende. Das gilt für den Parteifreund Hubert Ney, den er für einen Dummkopf hält und einen Nationalisten dazu.[28] Seit Ney im September 1952 in seiner

Gegenwart auf dem Berliner Parteitag ein Grußwort gesprochen hat, steht Adenauers Urteil über ihn fest. Der CDU-Politiker von der Saar hatte damals den nationalsozialistischen Arbeiterdichter Heinrich Lersch zitiert: »Das Reich, das Reich muß uns doch bleiben und frei das Saarvolk sein.«[29] »Das war eine absolut nationalsozialistische Rede«, meint Adenauer dazu: »ich war hart bang, er hätte zum Schluß mit ›Die Fahne hoch‹ geschlossen.«[30]

Noch weniger hält er von dem DPS-Vorsitzenden Heinrich Schneider, der Schlüsselfigur der Saar-Opposition. Schneider war 1931 in die NSDAP eingetreten, allerdings 1937 schon ausgeschlossen worden, weil er als Anwalt politisch Verfolgte verteidigte. Bei einer heftigen Auseinandersetzung im CDU-Vorstand Anfang 1953 bemerkt Adenauer, er könne Schneiders NS-Vergangenheit nicht vergessen. Jakob Kaiser fällt ihm darauf ins Wort: »Sie haben schon soviel vergessen, Herr Bundeskanzler!«

Darauf Adenauer: »Lieber Herr Kaiser! Ich vergesse nicht so leicht, nur zeige ich es nicht immer. Das ist ein großer Unterschied.«[31] Je schärfer die Auseinandersetzungen werden, um so herabsetzender spricht er intern vom »Nationalsozialisten« Schneider.[32] Seine Abneigung gegen ihn ist rein politisch motiviert. Dieser hat es nämlich – so sieht es Adenauer – zusammen mit seinem Parteifreund Richard Becker geschafft, die bundesdeutsche FDP zum offenen Aufruhr gegen Adenauers Saarpolitik anzustacheln.

Ähnlich wenig hält er von der Familie Röchling. Er wirft ihr im CDU-Vorstand vor, Hermann Röchling einerseits als Märtyrer der Sache eines deutschen Saarlandes feiern zu lassen, andererseits aber die Bundesrepublik zu erpressen und die Röchling-Werke schließlich doch mit großem Profit an die französische Schwerindustrie zu verkaufen.[33] Das ist zwar, wie ihm der CDU-Abgeordnete Hellwig kaum verhüllt entgegenhält, die unbegründete Verleumdung eines Verstorbenen.[34] Aber Adenauer sieht es nun einmal so.

Schon im Jahr 1954 wird somit der Kanzler durch die innerdeutsche und saarländische Opposition gegen seine Saarpolitik in eine zusehends negativere Einstellung gegenüber der Saar-Opposition gedrängt. Daß er unter diesen Umständen tief unter der Decke über streng geheime Besuche Lahrs bei Hoffmann ausloten will, ob vielleicht doch ein verschwiegenes Zusammenspiel mit diesem möglich wäre, hat seine innere Logik. Zwar leert der Sendbote Lahr mit dem Ministerpräsidenten des Saarlandes drei Flaschen Wein und kann berichten, daß dieser routinierte Provinzpolitiker »von biedermännisch-jovialem Gehabe, dem gleichwohl die Schläue aus den kleinen Augen hinter der dicken Hornbrille sprach«[35], mit Adenauer ganz gern anknüpfen würde, um aus der moralischen Isolierung als Separatist herauszukommen. Aber auch Hoffmanns Spielraum ist nur ganz schmal. Vor allem möchte er, daß Adenauer offen mit ihm in Verbindung tritt. Aber das kann sich der Kanzler denn doch nicht leisten, denn die Saarfrage droht inzwischen die Koalition mit der FDP zu sprengen.

Der Eiertanz mit den hart verhandelnden französischen Außenpolitikern geht also weiter. Immerhin liegt mit dem vom Europäischen Parlament gebilligten van Naters-Plan nunmehr ein Dokument vor, über das man Punkt für Punkt verhandeln kann. Im Straßburger Nobelhotel Maison Rouge zeichnet sich bei Direktverhandlungen zwischen Adenauer und dem MRP-Minister Pierre-Henri Teitgen eine Einigung auf Grundlage einer Europäisierung des Saarlandes ab. Hallstein und Eugen Gerstenmaier wirken an diesem Kompromiß maßgebend mit.

Allerdings würde die Europäisierung des Saargebiets ein Inkrafttreten der EVG voraussetzen. Unablässig drängt Adenauer darauf, die politischen Freiheiten an der Saar möglichst frühzeitig einzuführen. Außerdem bleibt er im Punkt des Friedensvertragsvorbehalts eisern. Doch Bidault und der Quai d'Orsay legen sich erneut quer, so daß die Vereinbarung vom »Maison Rouge« in der Luft hängen bleibt.

Parallel dazu muß nun auch schon über Zusatzabkommen zur EVG verhandelt werden – eine alt-neue französische Forderung, die jetzt mit großem Nachdruck formuliert wird. Aber das alles erweist sich als vergeblich, denn die Regierung Laniel-Bidault zerbricht am 12. Juni über der Indochinafrage. Dort ist inzwischen die Katastrophe eingetreten. Die Dschungelfestung Dien Bien Phu ist nach langer Belagerung gefallen. Ob aus dem Indochinakrieg ein großer neuer Fernostkrieg unter Teilnahme der USA und Chinas wird, bleibt wochenlang unklar. Auch im französischen Nordafrika hat die Unruhe bereits begonnen, vorerst in Tunesien und in Marokko. Mehr denn je wird so die EVG zum Spielball der unkalkulierbaren Kolonialpolitik und Innenpolitik Frankreichs.

Besonders bedenklich aus Sicht Adenauers ist das Ausscheiden der MRP-Minister. Als Pierre Mendès-France jetzt Ministerpräsident wird, nimmt die französische Schwesterpartei der CDU erstmals nicht mehr an einer Regierung der Vierten Republik teil. Wenn Adenauers Europapolitik voranging, so trotz aller Schwierigkeiten auch deshalb, weil der Quai d'Orsay seit Kriegsende vom MRP kontrolliert wurde. Nun scheidet auch Bidault aus, für immer.

Acht Jahre später wird diese markante Persönlichkeit der Jahre 1944 bis 1954 übrigens nochmals unter eigenartigen Umständen Adenauers Weg kreuzen. In den Wirren des Algerienkrieges ist Bidault inzwischen weit nach rechts abgeglitten und hat sich bereit gefunden, an die Spitze der im Untergrund operierenden O.A.S. zu treten. Anfang 1963 versteckt er sich in Bayern vor den Häschern de Gaulles. Er erinnert sich nun an den Partner und Gegenspieler aus den Jahren 1948 bis 1954, der immer noch ein großer Mann ist, während er selbst wie Freiwild gejagt wird. In einem recht wirren Brief an Adenauer vom 8. März 1963 führt er bewegte Klage darüber, daß er als »ältester Verfechter der deutschfranzösischen Freundschaft« jetzt »den Status eines gejagten Wildes« habe.[36]

Diese Ängste erklären sich aus der Entführung des Obersten Argoud, der wie Bidault selbst eine maßgebende Rolle in der O.A.S. spielt. Eigenen Angaben zufolge wurde er von einer rivalisierenden O.A.S-Gruppe aus einem Münchener Hotel gewaltsam entführt und heimlich über die Grenze gebracht.[37] Man hatte ihm vorgeworfen, die O.A.S verraten zu haben und machte ihn zudem für das Scheitern der Attentate auf de Gaulle verantwortlich.

Bidault, der sich bereits drei Tage zuvor in seiner Eigenschaft als Präsident des Nationalen Widerstands-Rates in einem Leserbrief in der *FAZ* über die Entführung durch jene »Kategorie gaullistischer Polizisten ..., die sich hauptsächlich aus Vorbestraften zusammensetzt und ›Barbouzes‹ genannt werden«, empört, kann sich eigentlich kaum darüber wundern, daß er den Brief ungeöffnet zurückerhält. Adenauer lehnt es ab, das Schreiben anzunehmen und stellt es dem Staatsanwalt zu. Die Annahme sei ihm »unzweckmäßig« erschienen[38], führt er vor dem Fraktionsvorstand aus und distanziert sich damit politisch eindeutig von Bidault. Er sei erstaunt gewesen, »daß sich Bidault entgegen allen diplomatischen Gepflogenheiten direkt an ihn gewendet habe. Er habe ihn dadurch in eine unangenehme Situation gebracht. Entscheidend sei die rechtliche Seite einer Asylgewährung, wobei natürlich geklärt werden müsse, ob Bidault als politisch Verfolgter im Sinne des Grundgesetzes anzusehen sei. Zu prüfen sei auch, ob der Generalbundesanwalt gegen ihn ein Verfahren wegen Geheimbündelei einzuleiten habe. Zuständig für die Entscheidung ist das Land Bayern. Die Bundesregierung tritt lediglich als Ratgeber auf.«[39]

Immerhin wird Bidault jetzt – wohl auf einen Wink aus Bonn hin – unter schärfsten Schutz der bayerischen Polizei gestellt. Voller Groll gegen Adenauer im Herzen verläßt er die Bundesrepublik zunächst in Richtung Portugal und stellt von dort verschiedene Einreisegesuche an südamerikanische Länder.[40] So ändern sich die Zeiten, und es gibt nun einen Politiker mehr, der Adenauer des schwärzesten Undanks bezichtigt.

Im Frühsommer 1954 rächt sich jedenfalls die zeitweilig recht einseitige Ausrichtung der Adenauerschen Frankreichpolitik auf den MRP. Niemand pflegte bisher Kontakt zu dem jungen radikalsozialistischen Ministerpräsidenten Pierre Mendès-France, der nun für ein entscheidendes Dreivierteljahr mit ganz unüblicher Dynamik der französischen Außenpolitik den Stempel seiner unverbrauchten Persönlichkeit aufprägt. Anfänglich bekommt Adenauer aus Kreisen des MRP, der diesen neuen Mann mit seinem Haß verfolgt, nur Schlechtes zu hören. Ein Laizist ohne jede Glaubensbindung! Ein kühler Rechner, der bereit ist, das französische Kolonialreich zu liquidieren, und der sowjetische Hilfe nicht verschmähen wird, um aus Indochina einen halbwegs glimpflichen Abgang zu finden! Ein Technokrat, der Frankreich um jeden Preis wirtschaftlich modernisieren möchte und daher nach Mitteln und Wegen sucht, die Bundesrepublik bei ihrem Aufstieg zur wirtschaftlichen Großmacht zu kontrollieren!

Im Kabinett nimmt Adenauer am 7. Juli 1954 kein Blatt vor den Mund. Worauf der neue Ministerpräsident Mendès-France mit den Westverträgen hinauswolle, sei noch nicht abzusehen. Aber es gebe düstere Anzeichen. Mendès-France, so Adenauer, hat sich mit »Menschen« umgeben, »die doch mehr oder weniger Salon-Bolschewisten sind«. Er beabsichtigt, »zu einer Volksfront-Regierung zu kommen«. Besonders verdächtig ist die Genfer Indochina-Konferenz: »Es fragt sich natürlich, wieso kommt Rotchina dazu, ein Abkommen zu treffen mit Frankreich, obgleich die Lage Frankreichs in Indochina völlig hoffnungslos ist. Es liegt auf der Hand – man kann es nicht beweisen – er hat dafür den Kommunisten versprochen, daß Frankreich die EVG verzögert oder zu Fall bringt.«[41]

So hegt Adenauer finstersten Verdacht, aber er tappt gleichzeitig im dunkeln. Immerhin nimmt es der Kanzler noch hin, daß Mendès-France die EVG vorerst auf Eis legt, quasi im Hau-Ruck-Verfahren erst die Indochinafrage löst und dann in Nordafrika durch rasches Nachgeben Ruhe herstellt. Ohnehin hat er selbst im Juni 1954 genug damit zu tun, für die

CDU die Wahlen in Nordrhein-Westfalen zu bestreiten, vor allem aber dann Ministerpräsident Arnold zu einer Mitte-Rechts-Regierung mit der FDP unter Middelhauve zu veranlassen. Einen Monat später beschäftigt ihn das Überwechseln des Verfassungsschutzpräsidenten Otto John nach Ost-Berlin gleichfalls hinlänglich.

Aber als Mendès-France nach vorläufiger Beilegung der überseeischen Krisen mit ähnlichem Schwung das EVG-Problem aufgreift, ist Adenauers Geduld mit Frankreich erschöpft. Wieder kommt eine neue französische Regierung und verlangt erneut Zusatzabkommen – diesmal unter anderem eine achtjährige Aussetzung der supranationalen Elemente der EVG mit späterem Vetorecht jedes Mitglieds und eine Vereinbarung darüber, daß sich die militärische Integration allein auf die *armées de couverture* beziehen soll, sprich auf die Streitkräfte in Deutschland!

Adenauer ist alarmiert und verärgert. Die französischen Forderungen würden wahrscheinlich neue Ratifikationsverfahren in allen beteiligten Ländern erfordern. Daher vermutet er, daß Mendès-France bereits entschlossen ist, die Verträge endgültig scheitern zu lassen. Vor allem sieht er seine Dauersorge bestätigt, die französische Regierung sei auf dem Weg, sich mit Moskau auf Kosten Deutschlands zu einigen. So wird er es noch in den »Erinnerungen« darstellen[42], und es gibt keinen Grund zur Annahme, daß er nicht auch schon zum Zeitpunkt der Vorgänge genauso denkt.

Jedermann betrachtet es als schlechtes Omen für die supranationalen Verträge, daß einige Minuten vor Beginn der EVG-Krisenkonferenz in Brüssel vom 19. bis 22. August 1954 der Tod de Gasperis bekannt wird. Die Sitzungen werden im engsten Kreis der Delegationsführer abgehalten – immer ein Indiz dafür, daß es sehr, sehr schwierig werden wird.

Zwar gibt Adenauer, der aus dem Urlaub auf Bühlerhöhe herbeigeeilt ist, auf die Verträge nicht mehr besonders viel. Aber er befindet sich jetzt in einer diplomatisch beneidenswerten Position. Paul-Henri Spaak hat den Vorsitz. Spaak ist seit März 1954 belgischer Außenminister und ein Bewunderer Adenauers. Er hat den Bundeskanzler erst ein paar Wochen zuvor bei den Verhandlungen im Straßburger Maison Rouge erlebt und war von dessen großer Kompromißbereitschaft in der Saarfrage beeindruckt. So gibt er Adenauer bei einer Vorbesprechung den guten Rat, sich unter Hinweis auf seine 78 Jahre einem Zusammentreffen mit Mendès-France zu entziehen, um das dieser am Abend vor Konferenzbeginn gebeten hatte. Sonst sei nur zu befürchten, daß Frankreich erneut

Konzessionen in der Saarfrage verlange, und dann läge der »schwarze Peter« bei den Deutschen. Adenauer nimmt sich das zu Herzen und findet sich vier Tage lang nicht zu einem Gespräch mit Mendès-France bereit. Erst als die Konferenz gescheitert ist, sucht Adenauer brieflich um ein erstes persönliches Treffen nach.[43]

Die Isolierung von Mendès-France ist allgemein. Am Rande der Konferenz stärkt der amerikanische Botschafter den fünf Gegenspielern des französischen Ministerpräsidenten den Rücken. Zwar wird Punkt um Punkt über ein vierzehnseitiges französisches Memorandum verhandelt. Doch die Beteiligten hegen den Verdacht, daß Mendès-France eine gescheiterte Konferenz als Alibi braucht, um dann die Verträge in der Assemblée Nationale auflaufen zu lassen, ohne aber selbst dabei zu stürzen. Paul-Henri Spaak behauptet später, Mendès-France habe ihm in einer Verhandlungspause mit folgenden Worten den Entwurf einer wohlformulierten Ansprache gezeigt, die er dann tatsächlich hielt, als alles zu Ende war: »Wir werden uns nicht einigen können, davon bin ich fest überzeugt ... Das hier werde ich sagen, nachdem wir das Scheitern unserer Arbeiten festgestellt haben.«[44]

Nie hat ein französischer Ministerpräsident Adenauer das Verhandeln so leichtgemacht. Er kann sich, wie er Bundespräsident Heuss später berichtet, völlig zurückhalten und der spontanen Ablehnung der französischen Wünsche durch die anderen Konferenzteilnehmer zuhören.[45]

Nun erhebt Mendès-France auch die Forderung, jedes Mitglied der EVG müsse das Recht haben, bei einer Wiedervereinigung Deutschlands auszuscheiden. Adenauer hat sich seinerzeit mit Händen und Füßen gegen jene Fassung des Artikels 7, Absatz 3 des Deutschlandvertrags gewehrt, der die Handlungsfreiheit eines wiedervereinigten Deutschland vorsah. Es ärgert ihn also besonders, nunmehr ganz und gar ohne Überzeugungskraft argumentieren zu müssen, »das wiedervereinigte Deutschland habe nicht das Recht, aus dem Vertrage auszuscheiden«[46].

Daß dies schlicht unrichtig ist und mit der westlichen Strategie auf der Berliner Konferenz nicht zu vereinbaren, weiß er freilich genau. So bemerkt er schließlich ziemlich lahm, daß die Bundesrepublik und West-Berlin drei Viertel Gesamtdeutschlands ausmachen, die Deutschen in der Ostzone fühlten aber wie die im Westen. Daher sei das alles nur eine akademische Frage. Kein Wunder, daß ihm Mendès-France mit dem Hinweis hart entgegentritt, Bidault, Eden und Dulles hätten in Berlin die Bindungsfreiheit eines wiedervereinigten Deutschland ganz anders dargestellt.

Treffen mit Mendès-France

Am Abend des zweiten Verhandlungstags notiert sich Paul-Henri Spaak: »Adenauer ist wirklich erstklassig. Ein Glück, daß wir ihn haben; man muß Deutschland unbedingt festlegen, solange er da ist. Er bleibt unbeirrt, versteht aber da nachzugeben, wo es nötig ist.«[47]

Das Zusammentreffen Adenauers mit Mendès-France am Ende der Konferenz ist mehr als überfällig. Dieser erzählt ihm, seine Mutter sei Elsässerin gewesen, daher habe er Deutsch als Muttersprache gelernt. Er sei ein überzeugter Anhänger der deutsch-französischen Verständigung. Mendès-France läßt allerdings auch bei dieser Unterredung keinen Zweifel daran, daß die Verträge in der vorliegenden Form in der Assemblée Nationale zum Scheitern verurteilt seien. Parlamentarische Mehrheiten könne man eben nicht einfach herbeizaubern. »Allgemein«, resümiert Adenauer in den »Erinnerungen«, »war zu der Unterredung zu sagen, daß der beherrschende Zug das nicht erfolglose Bemühen des Herrn Mendès-France war, sich von seiner besten Seite zu zeigen.«[48]

Wie wenig das Adenauer beeindruckt hat, berichtet er zwei Wochen später dem Bundespräsidenten: »Sein Eindruck von Mendès-France sei, daß er zwar ein fähiger Wirtschaftspolitiker sei, aber durch seine sogenannten Erfolge (Indochina, Nordafrika, wirtschaftliche Vollmachten) sich für einen unwiderstehlichen Staatsmann gehalten habe. Sein Charakter sei aber völlig undurchsichtig und unzuverlässig, und er scheue in der Politik auch nicht vor glatten Unwahrhaftigkeiten zurück.«[49]

Als Adenauer dies bemerkt, hat die Assemblée Nationale bereits entschieden, die EVG nicht weiter zu behandeln, und die Rettungsarbeiten sind schon im Gange. Dabei zeigt sich rasch, daß dem arg verdächtigten Mendès-France ein Kunststück gelingt, an dem zuvor alle mehr oder weniger glühenden Europäer in Paris gescheitert sind – die Durchsetzung von Verträgen, die die Bundesrepublik dauerhaft im westlichen Sicherheitssystem verankern. Noch ist das im Frühjahr 1955 nicht einmal ganz erreicht, da wird ihm freilich dasselbe Schicksal widerfahren wie 1948 Georges Bidault, als dieser die Londoner Protokolle durchgebracht hat, die zur Gründung der Bundesrepublik führten. Er wird gestürzt, erlebt aber anders als Bidault kein politisches Comeback mehr. Sein historisches Verdienst wird darin bestehen, Frankreich die Bürde eines hoffnungslosen Kolonialkriegs abgenommen zu haben und Adenauer die Last eines wahrscheinlich von Anfang an fehlkonzipierten Vertragswerkes, das nicht leben und nicht sterben konnte. So wird dieser große Liquidator und verhinderte Erneuerer Frankreichs eine der entscheidenden Gestalten bei der Westbindung der Bundesrepublik, damit eigentlich auch ein Wohltäter Adenauers. Dieser dankt es ihm aber nie, sondern beklagt immer, wenn von verpaßten Gelegenheiten zur Vereinigung Europas die Rede ist, den Meuchelmord an der EVG vom 30. August 1954.

Rückkehr unter die großen Mächte der Welt

Die Nachricht vom Scheitern der EVG erreicht Adenauer im Urlaub auf Bühlerhöhe. Er liebt diesen Prunkbau im Stil des frühen 20. Jahrhunderts, der wie ein romantisches Schloß auf einem der Vorberge des nördlichen Schwarzwaldes liegt, umgeben von stillen Tannenwäldern. Er genießt den weiten Blick über das Rheintal bis zur blauen Linie der Vogesen, genießt den Komfort und die diskrete Aufmerksamkeit, die dem großen Mann entgegengebracht wird.

Im Grunde ist das Schloßhotel Bühlerhöhe ein ähnlicher Bau wie das Palais Schaumburg. Beide stammen aus der Kaiserzeit, für Adenauer immer noch die eigentliche *belle epoque*. Der Baustil ist eklektizistisch, eine Spur *nouveau-riche*, aber immerhin doch repräsentativ und nicht so gemütlos-funktional, wie ihm die Bauten späterer Jahrzehnte vorkommen. Wenn die Presse oder auch seine Minister halb respektvoll, halb ironisch bemerken, er halte hier »mit Walter Hallstein, Herbert Blankenhorn, Heinrich von Brentano und anderen Notablen Hof«[1], so ist ihm dies ganz recht. Längst hat er erkannt, daß es ihm in der Öffentlichkeit nützt, zeitweilig wie ein republikanischer Monarch aufzutreten oder vornehmen Urlaub zu machen. Außerdem macht es ihm Spaß.

Damit verbinden sich durchaus Züge persönlicher Bedürfnislosigkeit. Von Eckardt etwa wundert sich über »das kleine, mehr als bescheidene Arbeitszimmer des Kanzlers auf Bühlerhöhe«[2]. Da Adenauer zudem mit der medizinischen Betreuung durch Professor Stroomann sehr zufrieden ist, da er auch jeden, den er sprechen will, unschwer von Bonn herzitieren kann, findet man ihn zwischen 1953 und 1956 häufig an diesem schönen Platz. Manchmal sind es nur ein paar Tage, wenn möglich bleibt er aber doch zwei Wochen oder noch etwas länger.

1954 wird ihm der Sommerurlaub allerdings durch den Todeskampf der EVG verdorben. In der zweiten Augustwoche, als Mendès-France seinen Entschluß verkündet hat, die EVG – Sommerpause hin oder her – in der Nationalversammlung zur Abstimmung zu bringen, muß Adenauer

Blick bis zur blauen Linie der Vogesen

Mit Tochter Libet auf Bühlerhöhe im Schwarzwald.

wohl oder übel nach Bonn zurück. Unwillig absolviert er dann die Brüsseler Konferenz, um schließlich doch nochmals in das *buen retiro* Bühlerhöhe zurückzukehren, während man in Bonn teils noch Krisenmanagement betreibt, teils nun doch konkretere Alternativplanungen vornimmt.

Der deutsche Generalkonsul in Paris, Wilhelm Hausenstein, und Carl Friedrich Ophüls sowie Blankenhorn in Bonn wollen aber immer noch nicht einsehen, daß die Uhr supranationaler europäischer Lösungen der Verteidigungsfragen nunmehr definitiv abgelaufen ist. Die Idee einer supranationalen Zusammenfassung Europas wird »auf viele Jahrzehnte gescheitert« sein, »wir sind genauso weit, wie wir im Jahre 1929, vor der hitlerischen Bewegung gewesen sind, wenn die EVG abgelehnt wird«[3], vertraut Blankenhorn in düsterster Stimmung seinem Tagebuch an. Aus seiner Idee wird aber nichts, Eisenhower und Churchill für den Aufruf zu einer Gipfelkonferenz zu gewinnen, um vielleicht auf Grundlage der Brüsseler Verhandlungsergebnisse doch noch in letzter Stunde zu einer Lösung zu gelangen. Eisenhower und Churchill schätzen den Gedanken durchaus nicht, in der Sommerhitze umhergehetzt zu werden, nur um der politischen Klasse in Paris zu Gefallen zu sein. Man hat den Eindruck, daß Adenauer nun auch selbst resigniert hat und den Dingen ihren Lauf läßt.

Felix von Eckardt, der sich am Morgen des 31. August um zehn Uhr zusammen mit Hallstein, Globke und Blankenhorn auf Bühlerhöhe einfindet, berichtet im nachhinein: »Niemals vorher und nachher habe ich Adenauer so verbittert, so deprimiert erlebt.«[4] Allem Anschein nach hat der Kanzler aber auch schon seine Schlußfolgerungen aus dem Debakel gezogen. Er erklärt nämlich, »daß er nunmehr folgende Richtlinien für die Fortführung der deutschen Politik aufstellen werde:

1. Fortsetzung der Politik der europäischen politischen Integration, Zurückstellung der Integration der europäischen Verteidigung.

2. Volle Souveränität (evt. für zwei Zonen).

3. Eintritt in NATO.

4. Abschluß von Verträgen über Aufenthalt von Truppen anderer Länder in der Bundesrepublik.«[5]

Diese Äußerungen sind besonders aufschlußreich für Adenauers innerste Überlegungen, weil sich zu dieser Stunde noch keine konkrete Lösungsmöglichkeit abzeichnet. Auch äußere Einwirkungen – aus dem innersten Kreis, aus dem Kabinett, aus der Fraktion, von Washington und London her – setzen erst danach ein.

Adenauer geht also nun davon aus, daß weitere Bemühungen um Wiederbelebung der EVG vorerst keinen Sinn mehr haben. An der Europapolitik selbst will er jedoch festhalten. Bald wird sich zeigen, daß der Weg über die Wirtschaftsintegration verheißungsvoller ist als das viel zu früh angepackte EVG-Konzept, das in einer Sackgasse endete. Im Lauf des September zeigt sich zwar, daß Blankenhorn oder Politiker wie Eugen Gerstenmaier und der belgische Außenminister Paul-Henri Spaak eine Wiederauflage der EVG doch noch einmal versuchen möchten.[6] Aber Adenauer scheint das nur noch als recht entfernte Möglichkeit für den Fall zu erwägen, daß Frankreich, dessen Zustimmung ja erforderlich ist, eine Aufnahme der Bundesrepublik in die NATO und in einen umgestalteten Brüsseler Pakt ablehnt. Vielleicht kann man ja später, so sagt er im Verlauf der folgenden Wochen zu den Beteiligten, doch wieder irgendwie auf eine EVG-ähnliche Lösung zurückkommen.

Priorität haben nun für Adenauer zwei Ziele: prinzipiell gleichberechtigte Aufnahme in die NATO und alsbaldiger Wegfall der westlichen Besatzungsrechte. Wie alle Beteiligten weiß er freilich, daß gemäß NATO-Vertrag Frankreich gegen die Aufnahme der Bundesrepublik ein Veto einlegen könnte. Desgleichen ist er sich über die Notwendigkeit einer freiwilligen deutschen Zustimmung zu bestimmten Sicherheitsbeschränkungen im klaren, also: keine höhere deutsche Truppenzahl als im EVG-Konzept vorgesehen sowie Beschränkungen bei den Waffensystemen, darunter bei den Kernwaffen. Von Churchill, der ihn in diesen Wochen psychologisch sehr geschickt behandelt, erhält er am 3. September 1954 eine Botschaft in diesem Sinne.[7] NATO-Lösung mit freiwilligen Sicherheitsbeschränkungen – dies ist also nun seine Alternative zur EVG. Wenn er am 1. September die internen Richtlinien dahingehend ändert, daß die NATO nicht mehr explizit genannt wird, so hat das rein taktische Gründe. Er läßt aber in den bilateralen Gesprächen der folgenden Wochen keinerlei Zweifel daran, daß die NATO-Lösung seine erste Option ist und daß er wünscht, man möge auch auf Frankreich in diesem Sinn Druck ausüben.

Als ebenso wichtig wie die NATO-Mitgliedschaft betrachtet er jetzt die uneingeschränkte Souveränität. Seit März 1954 hat er im *crescendo* eine vorzeitige Ablösung der Besatzungsrechte gefordert. Darüber findet am 2. September ein sehr harter Zusammenstoß mit Hochkommissar Conant statt, der zusammen mit Senator Wiley zur Bühlerhöhe reist. Amerikaner und Briten haben zwar vor dem Scheitern der EVG stets aufs feierlichste erklärt, es gebe keine Alternative zu den Verträgen. Doch wurde in der ersten Julihälfte 1954 in strengster Vertraulichkeit eine anglo-amerikanische Arbeitsgruppe in London genau damit befaßt. Dort hat man sich darauf geeinigt, notfalls den Deutschlandvertrag von der EVG abzukoppeln und Frankreich eventuell zu drohen, der Bundesrepublik vorerst bilateral die Souveränität zu geben. Nun war allerdings im Deutschlandvertrag von 1952 keine volle Souveränität vorgesehen. Auch die Londoner Geheimprotokolle vom 12. Juli 1954 sind noch recht restriktiv gefaßt.[8]

Als die anglo-amerikanischen Hohen Kommissare Adenauer jetzt diese Texte mitteilen, läßt er sie wissen, daß dies für ihn völlig unannehmbar sei. Geschickt bezieht er auch Senator Wiley in die Auseinandersetzung mit ein. Das sei ein Text, der von Bürokraten zusammengestellt sei – politisch und psychologisch ganz unannehmbar![9] Natürlich ist er entschlossen, nunmehr bessere Bedingungen als die seinerzeit im Generalvertrag erreichten auszuhandeln. So müssen die Hohen Kommissare schleunigst an ihre Zentralen telegraphieren, man solle doch um Gottes Willen diese vom Kanzler verworfenen Texte nicht, wie geplant, auch an Mendès-France mitteilen. Man würde dabei riskieren, daß er sie in die Öffentlichkeit bringe; dann aber wäre der Scherbenhaufen in der Bundesrepublik noch größer.

Im übrigen ist Adenauer in diesem Punkt nicht unvernünftig. Daß an den westalliierten Rechten in bezug auf Berlin, in bezug auf Deutschland als Ganzes und wohl auch am westalliierten Recht zur Truppenstationierung nicht viel geändert werden kann, weiß niemand besser als er. Doch drängt er darauf, Paris erforderlichenfalls mit einseitigem, vorderhand allein von den USA und von Großbritannien ausgesprochenen Verzicht auf die Besatzungsrechte nachhaltig zu drohen. Aber das schwer lösbare Problem der Souveränität wird eben doch wohl eine Abkoppelung von der Frage des deutschen Verteidigungsbeitrags nicht zulassen.

Offen ist und bleibt bei allen Krisengesprächen dieser Wochen die Frage, was eigentlich geschehen soll, wenn Frankreich gegen eine NATO-Lösung selbst dann ein Veto einlegen sollte, falls diese bestimmte Sicherheitsvorkehrungen gegenüber Deutschland beinhalten würde. Als das Thema Mitte September zwischen Conant, Hallstein und Blankenhorn erörtert wird, weist Hallstein darauf hin, daß Adenauer irgendwelchen Alternativen für diesen Fall noch nicht zugestimmt hat. Aber er signalisiert, man könne sich notfalls so etwas vorstellen wie eine Sicherheitsvereinbarung zwischen den USA, Großbritannien und der Bundesrepublik nach dem Modell des Balkanpakts. Frankreich und die Benelux-staaten könnten dann zur Teilnahme aufgefordert werden, eine lockere Anlehnung an die NATO wäre vorstellbar.

Letzten Endes dreht sich also doch wieder alles um Frankreich. Wird Mendès-France dem Druck der USA und Großbritanniens nachgeben? Welches Spiel spielt er überhaupt? Und wann wird er stürzen wie alle französischen Ministerpräsidenten vor ihm?

Adenauer grollt ihm jetzt bitter, spart anfänglich auch nicht mit öffentlicher Schelte. Seine schlimmsten Befürchtungen einer französisch-sowjetischen Annäherung scheinen sich nun zu erfüllen. Sir Hoyer Millar hört drei Tage nach der Abstimmung in der Nationalversammlung vom Kanzler, Deutschland fühle sich jetzt »eingeklemmt«. Die Bundesregierung traue Mendès-France nicht über den Weg, denn die Pariser Entscheidung sei die logische Folge des Kompromisses bei der Genfer Indochinakonferenz. Molotow – so glaubt Adenauer – hat Frankreich in Indochina von der Angel gelassen; zum Dank hat Mendès-France die EVG geopfert.[10]

Mitte September hört Robert D. Murphy, ein alter Deutschland-Kenner, jetzt Unterstaatssekretär im State Department, aus Adenauers Mund eine noch viel finsterere Motivationsanalyse. Mendès-France habe den Ehrgeiz, Frankreich zur führenden Kontinentalmacht auf wirtschaftlichem und politischem Gebiet zu machen. Deshalb versuche er, »den Konkurrenten Frankreichs, die Bundesrepublik, mit Hilfe der Sowjetunion niederzuhalten«. Und er vernimmt von Murphy, ein mögliches Zusammengehen Frankreichs mit der Sowjetunion sei auch eine der größten Sorgen von John Foster Dulles.[11]

Doch noch hält sich Dulles im Hintergrund, und so wird Sir Anthony Eden Mitte September Adenauers wichtigster Gesprächspartner. Der britische Außenminister hat jetzt seine bald so berühmte historische Mittlermission übernommen. Bei der Blitzreise durch die westeuropäischen Hauptstädte kommt er am 12. September 1954 nach Bonn.

Da Eden nunmehr eine Schlüsselfigur ist, wird er zu Beginn des Gesprächs mit dem Kanzler eines umfassenden Geschichtspanoramas gewürdigt. Adenauer pflegt ein solches Tableau immer dann zu entrollen, wenn es ihm mit einem Gesprächspartner sehr ernst ist. Die Deutschen, so bekommt Eden nun zu hören, seien seit etwa hundert Jahren »unausgeglichen« – nicht aufgrund charakterlicher Konditionierung, sondern als Folge geschichtlicher Umstände. Erst habe die Industrialisierung seit Mitte des 19. Jahrhunderts das deutsche Volk »zu rasch reich gemacht«. Dann habe die Reichsgründung »das deutsche Volk zu rasch in den Besitz politischer Macht« gebracht – dies alles bei Vorherrschen des ostelbischen Faktors in Preußen mit entsprechendem Unverständnis für die westliche Demokratie. Schließlich sei nach dem Ersten Weltkrieg die Einführung der Demokratie mit politischer Schwächung und Wirtschaftskrise Hand in Hand gegangen. So sei es zum Nationalsozialismus und zu dem – anders als 1914 – von Deutschland provozierten Zweiten Weltkrieg gekommen.

Nicht ohne Staunen hört Eden – immerhin 1935 bis 1938 und erneut 1940 bis 1945 britischer Außenminister – von Adenauer, die nationalsozialistische Diktatur habe »nur einen kleinen Teil wirklich überzeugter Anhänger gehabt, die Mehrheit sei dagegen gewesen«, wie bekanntlich auch er selbst. Aber wie wolle man gegen eine Diktatur angehen, wenn sie erst einmal etabliert sei? Nun ist Adenauer beim Kernpunkt. Diese weit zurückreichende psychologische Labilität habe sich durch Krieg und Zusammenbruch noch verstärkt, das alles zusätzlich kompliziert durch die Teilung und die kommunistische Herrschaft in der Ostzone. Die historisch bedingte Unausgeglichenheit der Deutschen könne sich aber, so philosophiert Adenauer weiter, bei guter Entwicklung in eine Ausgeglichenheit verwandeln. Eben dafür die Bedingungen zu schaffen, sei derzeit die Hauptaufgabe: »Bisher sei es besonders bei der jüngeren Generation gelungen, mit der europäischen Idee eine neue Zielsetzung ihrer Hoffnung zu schaffen.« Daß diese anfänglich von den Siegern kam – Churchill, Schuman – und nicht von der eigenen deutschen Regierung, sei psychologisch eher ein Vorteil: »Er sei davon überzeugt, daß es gelingen werde, durch die Idee der Demokratie und Europas die Unausgeglichenheit des deutschen Volkes in eine Ausgeglichenheit zu verwandeln.«

Ein gutes Zeichen dafür, daß der Nationalsozialismus überhaupt niemals wirklich Wurzeln geschlagen habe, sei dessen Verschwinden nach 1945 – trotz physischer und psychischer Not. Aber »wenn Europa nicht werde und wenn Deutschland den Anschluß an den Westen nicht finde«, bestehe die Gefahr, »daß das deutsche Volk ganz sicher Anschluß an den Osten nehme entweder über den Umweg der Neutralisierung oder direkt.«[12]

Auch die Wirtschaftslage Deutschlands scheine besser, als sie tatsächlich sei, da eine ausreichende Kapitalreserve fehle. Erwähnung findet in diesem Zusammenhang der neuerliche Metallarbeiterstreik, zu dem aus der Ostzone 100 Agitatoren entsandt wurden. Somit sei die Bundesrepublik »labiler als jedes andere europäische Land, und eben deshalb müsse jede Erschütterung vermieden werden«.

Nun gehört es freilich zum Standard-Repertoire jedes Regierungschefs, bei diplomatischen Verhandlungen beredt zu klagen, wie labil die eigene öffentliche Meinung und wie dringlich es deshalb sei, seinen Wünschen entgegenzukommen. Ein Kanzler, der vor kurzem einen unerhörten Wahltriumph errungen hat und dessen Regierung auf einer Zweidrittelmehrheit im Parlament basiert, hat es in der Tat kaum nötig, auf seine innenpolitische Verletzlichkeit hinzuweisen. Doch nicht alles ist bei Adenauer Taktik. Zu häufig und in den unterschiedlichsten Konstellationen spricht er davon, daß eine seiner Hauptsorgen die psychologische Labilität des eigenen Volkes ist.

Aufschlußreich ist auch der starke Akzent auf Europa, den er in diesem wichtigen Gespräch für angebracht hält. Weiß er nicht so gut wie jeder andere, wie wenig gerade Eden von den kontinentaleuropäischen Integrationsideen hält? Wird er ihm nicht selbst bei dieser Gelegenheit versichern, daß er nun keine Lust mehr habe, »die alte EVG neu zu beleben«? Wozu also dieses dick aufgetragene Bekenntnis zu einer »europäischen Ideologie«, wie er das früher einmal genannt hat?

Der Hinweis in diesem Moment verrät eben doch, wie wenig Adenauers Europäertum mit spezifischen institutionellen Konzepten verbunden ist. Auch den Gedanken der Supranationalität greift er je nach Lage auf oder stellt ihn zurück. So unterschiedliche Geister wie Churchill und Robert Schuman werden in einem Atemzug als Vorkämpfer der europäischen Idee genannt – übrigens fällt dabei sogar noch der Name des amerikanischen Außenministers James Byrnes. Und dieses gewiß aufrichtige, doch eben auch recht vage Bekenntnis zu Europa erfolgt im gleichen Augenblick, als Adenauer dem britischen Außenminister erklärt, wie wünschenswert ihm die NATO-Lösung erscheine und wie vortrefflich er Edens Gedanken findet, mit der NATO eine Weiterentwicklung des Brüsseler Pakts zur WEU hin zu verbinden.

Daß eine Westeuropäische Union, der auch Italien angehören soll, verschiedene Fliegen mit einer Klappe schlagen kann, vermag Adenauer mit raschem Blick zu erkennen. Die WEU löst das allein im NATO-Rahmen unüberwindliche Problem einer automatischen Sicherheitsgarantie für Deutschland – wichtiges Ziel seit 1949! Sie erlaubt es Großbritannien, dessen Regierung von supranationaler Verteidigungsorganisation nichts hält, Garantien zur Stationierung einer britischen Koalitionsarmee auf dem Kontinent zu geben. Sie führt die Engländer überhaupt näher an den Kontinent heran. Die WEU besitzt auch schon einen ausgebauten bürokratischen Apparat, so daß sich die Frage einer Sicherheitskontrolle der Bundesrepublik in ihrem Rahmen gut organisieren läßt. Und sie ist, wenngleich ganz und gar nicht supranational, eben doch ein westeuropäisches Bündnis, das sich weiterentwickeln läßt – sei das in bezug auf weitere westeuropäische Mitglieder, sei es in puncto Intensität der Zusammenarbeit. Der nächste, mit dem Adenauer nach dem Debakel der EVG darüber berät, wie die Scherben zu kitten wären, ist John Foster Dulles. Er trifft zwei Tage nach Eden ein und freut sich über die vielen Leute, die ihm bei der Fahrt vom Flughafen Köln-Wahn über die Dörfer nach Bonn herzlich zuwinken. Dulles berät mit Adenauer vom frühen Nachmittag bis gegen Mitternacht, alsdann erneut am nächsten Morgen bei der Fahrt zum Flughafen. Für Adenauer ist das Kommen von Dulles zudem ein guter Grund, sich der peinlichen Bundestagsdebatte zum Fall John zu entziehen, der Bonn in diesen Wochen gleichfalls erschüttert.

Dulles hat es – Gastgeschenk für Adenauer – abgelehnt, in Paris bei Mendès-France Station zu machen. Also demonstrativer Schulterschluß mit den Deutschen bei ebenso demonstrativer Isolierung Frankreichs! Nun zeigt sich Adenauer gegenüber Mendès-France wieder milder gestimmt: Wahrscheinlich hat er gar keine pro-kommunistischen Neigungen, sondern ist einfach ein Opportunist![13]

Das Kommuniqué über die Besprechungen zwischen Adenauer und Dulles macht in aller Öffentlichkeit deutlich, daß man in den kommenden Verhandlungen mit einem amerikanisch-deutschen Zusammenspiel rechnen kann. Dulles hat nun die Forderungen Adenauers voll übernommen: »Die Gesprächspartner haben vereinbart, daß die deutsche Souveränität so schnell wie möglich hergestellt werden soll. Sie haben ferner vereinbart, daß Deutschland völlig gleichberechtigt an einem System kollektiver Sicherheit teilnehmen soll.«[14]

Souveränität und Gleichberechtigung – das sind die Grundsätze, mit denen Adenauer bei den künftigen Verhandlungen die französische Position aus den Angeln heben will. Er sträubt sich allerdings noch, zu der Neun-Mächte-Konferenz zu fahren, auf die Eden jetzt drängt. Sie ist unzulänglich vorbereitet. Mendès-France wird sicher wieder die Gelegenheit wahrnehmen, wie in Brüssel »im letzten Augenblick« mit unerfüllbaren Forderungen herauszukommen. Schon jetzt läßt sich absehen, daß Paris den Vorschlag einer WEU gern aufgreifen wird, um in diesem Rahmen die Rüstung der Bundesrepublik voll zu kontrollieren, ohne dabei – wie in der verblichenen EVG – Frankreich einer supranationalen Kontrolle unterworfen zu sehen. Auch die Saarfrage wird wieder aufs Tapet kommen. Soll man das alles riskieren?

Schließlich geben sich die beiden Herren das Versprechen, nur gemeinsam zu der von Eden in London vorgesehenen Konferenz zu gehen oder gar nicht. Gar nicht, wenn sich nicht schon vorweg ein Erfolg einigermaßen abschätzen läßt.[15]

Kurz vor dem Abflug von Dulles sind die Nachrichten aus London recht ungünstig. Adenauer hält es jetzt für angebracht, doch auf eine weitere Alternative zu NATO und WEU zu verweisen, die auch im State Department erörtert wird. Die NATO sei, so bemerkt er nun zu Dulles, im Fall einer ernsten Krise nur bedingt funktionsfähig. Von europäischen Ländern halte er »für absolut zuverlässig: die Benelux-Staaten, die Türkei, Griechenland, Spanien, Deutschland. In eingeschränktem Maß auch England.« Von Frankreich kein Wort.[16]

Immerhin fühlt sich Adenauer nun stark genug, den Teilnehmerstaaten der Londoner Konferenz – die kontinentale Sechser-Gruppe, Großbritannien, die USA und Kanada – am 23. September ein recht weitgehendes Memorandum zu übersenden. Seine Erwartungen sind:

– Verteidigungsbeitrag der Bundesrepublik im Rahmen der NATO und des geänderten Brüsseler Pakts;

– freiwillige Selbstbeschränkung bei Personal und Material auf die im EVG-Vertrag vorgesehenen Maße, aber »Diskriminierungen irgendwelcher Art dürfen nicht stattfinden«[17];

– Bekräftigung der westalliierten Sicherheitsgarantien;

– Aufhebung der Besatzung und Wegfall der Notstandsklausel im Deutschlandvertrag.

Adenauer weiß, daß Mendès-France keineswegs bereit ist, auf diskriminierende Sicherheitskontrollen zu verzichten. So herrscht vor der Londoner Konferenz doch ein beträchtliches Maß an Unsicherheit. Nachdem sich der Kanzler seit dem 30. August auch öffentlich in einiger Ausführlichkeit über die Rolle von Mendès-France recht abfällig geäußert hat, sind die beiden weiter auseinander als bei der Brüsseler Konferenz.

Besonders besorgt ist man in Washington, und zwar weitgehend aus denselben Gründen wie Adenauer. Eisenhower ist in düsterer Stimmung.[18] Dulles argwöhnt immer noch, daß Mendès-France ein neutralistisches Spiel treibt und – neben Molotow auf dem Kutschbock sitzend – mit den Deutschen »Schlitten fahren« möchte. Die amerikanische Führung ist zwar entschlossen, in London zu einer Einigung zu kommen, wenn Mendès-France einen fairen Ersatz für die EVG sucht, aber kurzen Prozeß zu machen, wenn er die Konferenz wieder auffliegen läßt.[19] Dann ist die Stunde der Alternativen ohne Frankreich gekommen, von denen niemand genau weiß, wie sie beschaffen sein könnten.

So sieht man es auch in Bonn. Zwar versichert der britische Unterstaatssekretär Kirkpatrick dem Kanzler am 27. September bei der Ankunft zur Londoner Konferenz, »daß Mendès-France fest verpflichtet worden sei, den Beitritt der Bundesrepublik in den Brüsseler Pakt und in NATO gleichzeitig zu unterstützen.«[20] Aber sicher ist nichts.

Sollte Frankreichs Widerstand gegen einen deutschen NATO-Beitritt unüberwindlich sein, so erscheint jetzt folgende »Ersatzlösung« denkbar: erstens ein um Deutschland und Italien erweiterter Brüsseler Pakt, zweitens Abschluß eines Sicherheitspaktes zwischen den USA, Großbritannien und der Bundesrepublik – mit freiem Stuhl für Frankreich.[21]

In der Tat hat es anfänglich den Anschein, als werde aus der Londoner eine Neuauflage der Brüsseler Konferenz. Wie zu erwarten, erkennt Mendès-France in der WEU-Lösung die beste aller Welten, nämlich eine EVG ohne supranationale Aspekte. Seine Vorschläge zur Inspektion der Bundesrepublik und zur Schaffung eines Rüstungspools sind jedoch so diskriminierend, daß Adenauer anfänglich zutiefst deprimiert ist.[22] Doch seine Position ist noch viel besser als in Brüssel, denn nun hat er neben den Benelux-Staaten und Italien vor allem Dulles und Eden fest auf seiner Seite. Am Konferenztisch sitzt Adenauer neben Dulles. Die beiden sprechen über den Dolmetscher immer wieder leise miteinander und signalisieren auf diese Art und Weise allen Beteiligten, daß so etwas wie eine deutsch-amerikanische Achse besteht.[23]

Genauso wichtig ist aber die Rolle von Großbritannien. Churchill bringt für den fast gleichaltrigen Adenauer ersichtlich Sympathie auf. Zum dritten Mal nach Wilhelm II. und Hitler personifiziert sich für ihn die deutsche Frage, diesmal in einer durchaus akzeptablen Figur. Auf den Kollaps der EVG hat der Premier mit viel Verständnis für Adenauer reagiert. Ein Telegramm an Eisenhower vom 17. September zeigt einmal mehr die Klaue des Löwen, denn Churchill resümiert darin in knappen Worten, was er von der EVG und von Adenauer hält: »Wie Sie wissen, war die EVG sehr verschieden von der ›großen Allianz‹, für die ich mich erstmals im August 1950 in Straßburg eingesetzt hatte... Doch als ich wieder zur Macht kam, habe ich meine Vorurteile heruntergeschluckt, denn ich war der Hoffnung, die Franzosen könnten so zur Hinnahme eingeschränkter deutscher Streitkräfte veranlaßt werden, die ich haben wollte. Ich werfe den Franzosen nicht vor, daß sie die EVG verworfen, sondern daß sie diese erfunden haben. Daß sie mit ihrer Härte Adenauer gezwungen haben, drei Jahre seines Lebens und viel von seiner politischen Kraft zu vergeuden, ist eine Tragödie.«[24]

Aus englischer Sicht besteht nun nochmals eine einzigartige Gelegenheit, die so verdächtigen supranationalen Ideen der Kontinentaleuropäer durch ein eigenes Konzept zu ersetzen. Dazu muß man aber die Zustimmung der Deutschen gewinnen. Adenauer erkennt das genau, vergißt dabei aber nicht, daß ihn immer noch einiges von den Engländern trennt. Zwar hat er vorerst akzeptiert, daß die EVG tot ist. Doch auf die europäische Integration in politischen und wirtschaftlichen Fragen will er nicht verzichten und hat daher Dulles zugepflichtet, als dieser bei seinem Besuch in Bonn zur Vorsicht mahnte: »Mendès-France sagt: Man nimmt die Engländer hinein und das supranationale Prinzip heraus.«[25]

Jetzt in London aber braucht er England. Ohnehin reichte seine ursprüngliche Europa-Idee ja stets weiter als nur bis zur Nordsee und zum Ärmelkanal. Die Behauptung, er sei von Anfang an auf Kosten der deutsch-britischen Beziehungen auf Frankreich fixiert gewesen, war immer unzutreffend. Tatsächlich unternimmt er bis Anfang der sechziger Jahre immer wieder Versuche, die Briten in dem Netz der europäischen Gemeinschaften einzufangen. Allerdings stellt er dabei mit zunehmender Resignation fest, daß sie weiterhin ihre traditionelle Gleichgewichtspolitik betreiben. Zweifellos aber markiert die Londoner Konferenz unmittelbar nach dem Scheitern der supranationalen EVG und angesichts der negativen Haltung Frankreichs einen Höhepunkt deutsch-britischer Zusammenarbeit in den fünfziger Jahren. Die Exponenten dieser Linie sind gleicherweise Churchill und Eden. Doch sie stehen nicht allein. Blankenhorn, der allerdings stets eine ausgeprägte pro-englische Linie vertreten hat, aber nichtsdestoweniger einen illusionslosen Blick besitzt, kann den Kanzler immer wieder darauf hinweisen, daß sich das konservative England Deutschland gegenüber grundlegend geändert hat, ebenso Labour.[26]

Es ist also mehr nur als ein Akt der Courtoisie gegenüber dem einzigen Regierungschef bei der Londoner Konferenz, daß Churchill am ersten Abend für Adenauer in Downing Street 10 ein großes Herrenessen gibt, bei dem sich alles einfindet, was in England Rang und Namen hat – Regierungsmitglieder und Repräsentanten aus dem House of Lords, der Oppositionsführer Attlee, doch auch die Feldmarschälle Montgomery und Alexander.[27]

Adenauer pflegt allerdings mit psychologischem Feingefühl auch die Beneluxländer. Nach dem so harmonisch verlaufenen Herrenessen bei

Churchill findet sich der Kanzler in Begleitung seiner Entourage noch in der Lobby des Claridge's mit Joseph Bech zu einem Whisky zusammen. Bech ist Ministerpräsident und Außenminister Luxemburgs, ein altvertrauter Kampfgefährte der kontinentaleuropäischen Integration. Die Niedergeschlagenheit Adenauers ist immer noch nicht gewichen. Aber er weiß auch, daß er jetzt Bech und über diesen Paul-Henri Spaak sowie dem holländischen Außenminister Beyen doch auch versichern muß, wie er mit den Herzen immer noch an der toten EVG hängt. Lothar Rühl, damals *Spiegel*-Korrespondent, belauscht nun, hinter einer Säule verborgen, wie der Kanzler bewegliche Klage führt: »Daß ich gezwungen werde, die deutsche Nationalarmee zu machen, ist doch ein Unsinn, Herr Bech, das ist doch grotesk ... Ich bin fest überzeugt, hundertprozentig davon überzeugt, daß die deutsche Nationalarmee, zu der uns Mendès-France zwingt, eine große Gefahr für Deutschland und Europa werden wird – wenn ich einmal nicht mehr da bin, weiß ich nicht, was aus Deutschland werden soll, wenn es uns nicht doch noch gelingen sollte, Europa rechtzeitig zu schaffen.«[28]

Mag sein, daß Adenauer in dieser Nachtstunde im Claridge's wirklich so empfindet. Staatsmänner, und nicht nur sie allein, unterliegen erfahrungsgemäß schwankenden Stimmungen, zumal beim Whisky um Mitternacht. Tatsache ist aber, daß er inzwischen voll die NATO-Lösung anpeilt. Doch es gilt, nun auch die Benelux-Länder für ein verändertes Konzept zu gewinnen. Die Aussichten dafür sind freilich durchaus gut, weil Mendès-France den großen Fehler macht, mit dem Plan eines Rüstungspools auch die Benelux-Staaten völlig vor den Kopf zu stoßen. Diese fürchten nämlich, Mendès-France wolle die gesamte Rüstungsindustrie des Kontinents unter französische Kontrolle bringen. Aber zweifellos wiegt das Argument damals wie schon früher und später recht schwer, es gelte, mit dem hochbetagten Kanzler noch rechtzeitig vernünftige und dauerhafte Lösungen auszuhandeln. Adenauer zögert nie, diesen Kalkül seiner westlichen Partner zur Durchsetzung der eigenen Pläne einzusetzen. Als *Der Spiegel* im Jahr 1961 eine über sechs Nummern laufende Adenauer-Serie herausbringt, die viel Beachtung findet, wird der nächtliche Seufzer im Claridge's zur Überschrift und prägt damit für eine Zeitlang das künftige Adenauer-Bild: »Mein Gott, was soll aus Deutschland werden?«[29]

In der nächtlichen Runde im Claridge's macht Adenauer seinen Gesprächspartnern übrigens noch weitere Eröffnungen. Kämen sie an die Öffentlichkeit, so wären sie sehr gravierend, so daß Lothar Rühl es für angezeigt hält, davon nicht einmal der *Spiegel*-Redaktion zu berichten. »Jedes Wort, das heute gesprochen worden ist,« bemerkt Adenauer bei dieser Gelegenheit bedeutungsvoll, »ist jetzt schon in Moskau.« Er hält sowohl Mendès-France wie Herbert Wehner für Einflußagenten der Sowjets.

Den Lauscher selbst wird er mit der ihm eigenen Désinvolture behandeln. Als ihm Rühl eine ganze Reihe von Jahren später bei einem Empfang vorgestellt wird, begrüßt er ihn freundlich mit den Worten: »Herr Rühl, ich kenne Sie ja schon lange. Wir haben einmal einen sehr interessanten Abend in London verbracht.«[30]

In derselben nächtlichen Stunde, als Adenauer und Bech trübsinnige Zukunftsbetrachtungen anstellen, ist das britische Kabinett zusammengetreten. Erst jetzt erhält Außenminister Eden von Churchill grünes Licht, einen zuvor schon gründlich erörterten Vorschlag zu unterbreiten: Großbritannien werde vier Divisionen und die zweite taktische Luftflotte oder entsprechende Äquivalente auf unabsehbare Zeit auf dem Kontinent belassen und sie nicht gegen den Wunsch der Mehrheit der Mächte des Brüsseler Vertrags zurückziehen. Das sind die britischen Garantien, die Frankreich und Adenauer in der Vergangenheit immer wieder erbeten haben.[31]

Am folgenden Tag kann es nun zu jenen gut inszenierten Erklärungen von Dulles und Eden kommen, die einerseits den Manövrierraum von Mendès-France noch weiter einengen, andererseits Adenauer faktische Sicherheitsgarantien geben. Zuerst stellt Dulles – juristisch verklausuliert, wie man dies von ihm kennt – erneut die Zusicherung in Aussicht, amerikanische Streitkräfte in Europa »und Deutschland« zu belassen, »solange eine Bedrohung dieses Gebiets besteht«.[32] Und Eden entrollt seinerseits das säkulare Anerbieten, britische Streitkräfte dauerhaft auf dem Kontinent zu stationieren. Adenauer verfehlt nicht, diese Zusagen entsprechend zu rühmen.

Da die Interessen der Konferenzmehrheit mit denen Adenauers konvergieren, kann dieser eine recht zurückhaltende Verhandlungsstrategie betreiben. In der Frage einer Ablösung des Besatzungsstatuts werfen sich Dulles, Eden und er die Bälle zu. In einem Punkt tritt der Kanzler ganz hart auf: in der Souveränitätsfrage. Die seinerzeitige Formulierung von Artikel 1, Absatz 1 des Deutschlandvertrags, wonach die Bundesrepublik vorbehaltlich der Bestimmungen dieses Vertrags »volle Macht über ihre inneren und äußeren Angelegenheiten hat«, genügt ihm nun nicht mehr. Nach längerem Hin und Her erreicht er schließlich jene dann in Kraft tretende Fassung, in der sich der Begriff Souveränität findet: »Die Bundesrepublik wird demgemäß die volle Macht eines souveränen Staates über ihre inneren und äußeren Angelegenheiten haben.«[33]

Dulles und Eden helfen Adenauer auch, den umstrittenen Artikel VII, Absatz 3 herauszuoperieren.[34] Die aufgrund der seinerzeitigen Intervention von Brentano und von der FDP gefundene Fassung hat Adenauer nie behagt; sie scheint jetzt auch nicht mehr nötig. Doch keine Rose ohne Dorn. Selbst die USA bestehen darauf, daß gewisse Notstandsrechte vorerst erhalten bleiben müssen.

Bei der unvermeidlichen Konferenzkrise über den französischen Wunsch nach diskriminierenden Kontrollen der deutschen Rüstung hält sich Adenauer erst soweit als möglich zurück. Er weiß, daß die Pläne von Mendès-France auch für die Benelux-Staaten unannehmbar sind. Die Konstellation von Brüssel wiederholt sich nochmals: erneut ist Mendès-France völlig isoliert.

Die Konferenz scheint festgefahren wie Wochen zuvor schon die Brüsseler Konferenz. So einigt man sich darauf, nun nur noch im engsten Kreis der Delegationsleiter zu verhandeln, assistiert von je einem Berater. Adenauer entscheidet sich für Oberst Graf von Kielmansegg und nicht für Hallstein, denn es geht jetzt vorrangig um militärtechnische Fragen, die allerdings von denkbar weitreichender politischer Bedeutung sind. Er kennt jedoch Walter Hallstein. Dieser ist ein beinharter, wenn nicht gar penetranter Verhandler, der manchmal nicht sieht oder nicht rechtzeitig einsehen will, wenn die Zeit zum Nachgeben gekommen ist.

Über diesen Teil der Londoner Verhandlungen gibt es nur spätere Berichte einiger Beteiligter – Dulles, Adenauer, Graf Kielmansegg.[35] Der entscheidende Vorgang ist Adenauers Erklärung, aus freien Stücken auf die Herstellung von ABC-Waffen in der Bundesrepublik zu verzichten. Zudem sei die Bundesrepublik bereit, sich in bezug auf die Produktion einer Reihe schwerer Waffen – Kriegsschiffe, Fernbomber, Fernlenkwaffen – der Kontrolle durch den Brüsseler Pakt, die spätere WEU, zu unterstellen.

Der Verzicht auf Produktion von Kernwaffen wird ihm durch analoge Erklärungen des belgischen und des holländischen Außenministers erleichtert. Paul-Henri Spaak hat schon am Vortag verlangt, *alle* kontinentaleuropäischen Staaten sollten einen Produktionsverzicht leisten.[36] Mendès-France weigert sich aber, für Frankreich eine solche Erklärung abzugeben – ein deutliches Indiz dafür, daß das Land schon auf dem Weg ist, eine europäische Kernwaffenmacht nach dem Vorbild Englands zu

Neun-Mächte-Konferenz in London

*Auf der Londoner Konferenz im Herbst 1954 mit
Premierminister Winston Churchill;
unten der Dienstmercedes des Bundeskanzlers
auf der Fahrt zu den Verhandlungen.*

werden. In diesem Zusammenhang kommt es zu einer Szene, die nach Meinung der deutschen Teilnehmer völlig aus dem Rahmen des bei solchen Verhandlungen Üblichen fällt. Eden hat bisher die Sitzungen sehr verbindlich geleitet. »Ein etwas weicher Leiter der Verhandlungen«, registriert Blankenhorn, »der sich nicht zu stark mit seinem Willen aufzudrängen wünscht, wohl auch seiner ganzen Natur nach skeptisch und etwas zynisch die Schwierigkeiten mit teils amüsierter, teils eleganter, manchmal auch etwas oberflächlicher Art zu überbrücken versucht.«[37]

Nun aber fällt er aus der Rolle. »Ich sehe noch jetzt deutlich die Szene vor Augen«, schreibt Adenauer mehr als zehn Jahre später in den »Erinnerungen«. »Mendès-France hatte Zweifel anklingen lassen, ob die britische Beteiligung an dem erweiterten Brüsseler Pakt auch wirklich effektiv sein würde. Eden sprang mit hochrotem Kopf auf, seine Haare sträubten sich vor Empörung. Er fragte, ob man denn nicht erkannt hätte, von welch historischer Bedeutung der Beschluß der britischen Regierung sei, sich mit dem Kontinent zu verbinden.« Und dann weist dieser bei der Gelegenheit mit viel gesundem Menschenverstand ausgestattete britische Außenminister auf den Kern des gesamten Problems der Wiedereingliederung Deutschlands in die Gemeinschaft der Demokratien hin: »Es geht jetzt um die entscheidende Frage, ob Europa im Geiste gegenseitigen Vertrauens aufgebaut wird, oder ob man es am gegenseitigen Mißtrauen zugrunde gehen lassen will. Wenn man von Deutschland verlangt, daß es eine Armee aufstellen soll, um zur Verteidigung dieses Europas beizutragen, dann muß man dieser Armee hinsichtlich ihrer Ausrüstung auch dieselben Möglichkeiten einräumen wie den eigenen Streitkräften.«[38]

Eden macht sich damit die Forderung zu eigen, auf der Adenauer besteht, seit es eine Diskussion über den deutschen Wehrbeitrag gibt. Doch nun hält Adenauer die Konferenz für gescheitert. Zu Unrecht. Am folgenden Morgen erklärt sich Mendès-France bereit, seinen Plan eines Rüstungspools der weiteren Beratung durch einen Ausschuß zu übertragen, wo er schließlich »eingesargt« wird.

Als Adenauer im Oktober 1954 im CDU-Vorstand auf seinen Produktionsverzicht zu sprechen kommt, mißt er dem keine große Bedeutung bei. Eine Kontrolle der C-Waffen sei nicht in Frage gekommen, da dies für die Industriespionage bei der chemischen Industrie alle Türen geöffnet hätte: »Was die Atom-Waffen angeht, so kostet eine neue H-Bombe 10 Millionen Dollar nach dem heutigen Stand. Was sie morgen kostet, weiß man nicht. Daß wir nicht in der Lage sind, solche Bomben herzustellen, liegt auf der Hand. Wir hatten schon im EVG-Vertrag darauf verzichtet. Ich gab diese Erklärung ab. Darauf haben sich Belgien und Holland dem freiwillig angeschlossen, so daß also auch darin nicht der Schatten einer Diskriminierung liegt. Damit war Mendès-France mit seinem Kontrollorgan ein ganz wesentlicher Teil aus der Hand genommen.«[39] Kein Gedanke also daran, daß sich die Bundesrepublik damit für unabsehbare Zeit auf den Status einer Nicht-Kernwaffenmacht festgelegt hatte. Ein paar Jahre später glaubt er freilich zu spüren, daß man das mancherorts genauso sieht. Daher pflegt er verschiedentlich, wenn es bei Gesprächen mit Vertretern westlicher Großmächte um diese Statusfrage geht, ein bemerkenswertes Detail dieser Sitzung zu berichten. Und 1966, als er seinen letzten großen Kampf gegen den Kernwaffensperrvertrag kämpft, nimmt er das auch in die »Erinnerungen« auf: »Als ich diese Erklärung abgegeben hatte, erhob sich Dulles von seinem Platz. Er saß auf der anderen Seite des langen Konferenztisches. Er kam zu mir und sagte mit lauter Stimme, so daß jeder im Saale es hören konnte: ›Herr Bundeskanzler, Sie haben soeben erklärt, daß die Bundesrepublik Deutschland auf die Herstellung von ABC-Waffen im eigenen Lande verzichten wolle. Sie haben diese Erklärung doch so gemeint, daß sie – wie alle völkerrechtlichen Erklärungen und Verpflichtungen – nur rebus sic stantibus gilt!‹ Ich gab ihm zur Antwort, ebenfalls mit lauter Stimme: ›Sie haben meine Erklärung richtig interpretiert!‹ Die übrigen Anwesenden schwiegen.«[40]

Adenauer, der bei internationalen Verhandlungen zahlreiche höchst persönliche Entscheidungen getroffen hat, hält es nun beim Blick auf die langfristige Bedeutung der Sache sogar für angebracht, sich zu rechtfertigen: »Mir ist oft nachgesagt worden, ich sei ein Mann der ›einsamen Entschlüsse‹. Ich halte diese Bezeichnung nicht für richtig. Der einzige wirklich ›einsame Entschluß‹, den ich während meiner Kanzlerjahre faßte, das heißt ohne mein Kabinett, meine Fraktion oder meine Partei zu hören, war der zur Abgabe dieser Verzichterklärung. Die Notwendigkeit hierzu ergab sich aus dem Verlauf der Verhandlungen.«[41]

Graf Kielmansegg, der dabei war und für Adenauer gedolmetscht hat, schließt nicht aus, daß Dulles zu einem anderen Zeitpunkt eine derartige Feststellung bezüglich der »clausula rebus sic stantibus« getroffen hat. Die berühmte Szene habe sich anders abgespielt. Nach Adenauers Verzichterklärung sei die Sitzung unterbrochen worden. Zuerst sei Paul-Henri Spaak auf die Deutschen zugetreten und habe fast im Vorbeigehen zu Kielmansegg gesagt: »Dîtes au Chancelier: il est un plus grand européen que moi.« Adenauer habe etwas die Miene verzogen, nichts gesagt, und Spaak sei weitergegangen. Dann sei Dulles um den Tisch herumgekommen mit den Worten: »Mr. Chancellor, ich möchte Ihnen sehr danken. Ich weiß ganz genau, was dieser ABC-Verzicht für Sie bedeutet, und habe großes Verständnis dafür, daß Sie sich über die weitere Entwicklung Gedanken machen«. Der Begriff »clausula rebus sic stantibus«, so Kielmansegg, sei bei dieser Gelegenheit sicher nicht verwendet worden – weder von Dulles noch von Adenauer. Der Kanzler habe aber daraufhin zu Kielmansegg bemerkt: »Nun ja, sagen Sie mal dem Herrn Dulles: Lassen Sie mich erstmal meine zwölf Divisionen haben. Dann können wir weiter darüber sprechen.« Dulles habe gelächelt und sei aus dem Saal gegangen.[42]

In der Tat denkt Adenauer weder damals noch später an einen prinzipiellen Kernwaffenverzicht der Bundesrepublik. Auch für ihn sind Kernwaffen sehr fragwürdige Erfindungen. Anfänglich ist er wohl der Meinung, sie würden zwar zur Abschreckung und Vergeltung produziert, im Kriegsfalle aber wohl genausowenig eingesetzt wie die Giftgaswaffen im Zweiten Weltkrieg. Schon Ende 1953 kann man auch von ihm vor der internationalen Presse eine jener Reden vernehmen, wie sie damals zu Dutzenden gehalten werden: »Wenn die Atomwaffe einmal so weit ausgebildet ist, daß jeder Staat, der genügend Vorräte von diesen schrecklichen Instrumenten der Vernichtung besitzt, in jedem anderen Staat das Leben vernichten kann, dann vernichtet dadurch der Krieg sich selbst...«[43]

Doch eben weil Kernwaffen vielleicht kriegsverhindernde Waffen sind, darf man seiner Meinung nach nicht darauf verzichten, Angreifern damit zu drohen. Wie ein roter Faden zieht sich die Überlegung durch alle seine einschlägigen Stellungnahmen, die deutschen Truppen müßten ebenso wie die Verbündeten mit modernsten Waffen ausgerüstet werden, sonst würden sie bloßes »Schlachtvieh«. Scharfe Unterscheidungen zwischen Trägersystemen und Sprengköpfen, zwischen Besitz und Eigentum, zwischen taktischen und strategischen Systemen pflegt man in den Jahren 1953 und 1954 noch nicht zu treffen. Wohl aber erfährt Adenauer aus jedem Vortrag, den ihm Heusinger, Speidel oder die NATO-Generalität zu Fragen der Kernwaffen halten, daß diese bereits planmäßig in die westlichen Dispositive einbezogen werden.

Der Produktionsverzicht im Herbst 1954 ist somit aus seiner Sicht alles andere als ein letztes Wort. Dies nicht allein deshalb, weil sich die Entwicklung in vollem Fluß befindet, sondern auch mit Blick auf den internationalen Status der Bundesrepublik. Churchill hat in den letzten Monaten so häufig davon gesprochen, Deutschland sei wieder unter die großen Staaten der Welt zurückgekehrt, daß auch Adenauer dies glaubt. Sehr zufrieden skizziert er am 11. Oktober 1954 vor dem CDU-Vorstand eine großartige Perspektive. Bald sei die Bundesrepublik Mitglied in der NATO. Die Verträge würden wohl Mitte Januar 1955 ratifiziert. Darauf könne Bonn auch einen geeigneten Botschafter nach Moskau schicken: »Wir haben dann auch den Status wiedererrungen, den eine Großmacht haben muß. Wir können dann mit Fug und Recht sagen, daß wir wieder eine Großmacht geworden sind. Wenn Sie an die neun Jahre seit dem Zusammenbruch im Jahre 1945 zurückdenken, dann ist dieser Weg doch sehr schnell zurückgelegt worden, und wir haben das Ziel, das wir uns gesetzt haben, sehr bald erreicht.«[44]

Wer so spricht, denkt nicht daran, den endlich errungenen Status durch diskriminierende Bestimmungen über Kernwaffenbesitz langfristig kompromittieren zu lassen. Da aber alles noch offen ist, auch die Möglichkeit gemeinsamer Entwicklung moderner Waffen, bekümmert ihn im September 1954 der Produktionsverzicht auf deutschem Territorium nicht allzu sehr.

Jedenfalls sieht er die Londoner Konferenz als runden Erfolg an. Die CDU-Vorstandsmitglieder, denen er jahrelang die Vorzüge der EVG schmackhaft gemacht hat, hören jetzt von ihm ganz neue Töne: »Für uns Deutsche insgesamt ist die neue Organisation viel besser, als es die EVG gewesen ist.«[45] Gewiß: der Brüsseler Pakt enthalte »Ansätze« und »Keime« zur Supranationalität. Aber man merkt Adenauer an, wie glücklich er ist, nun endlich die volle NATO-Lösung erreicht zu haben. Mehr denn je setzt er jetzt auf die USA und auch auf Großbritannien, das sich in London auf Dauer mit dem Kontinent verbunden hat.

Genauso setzen die USA auf Adenauer. Längerfristige Pläne zur peripheren Verteidigung Europas werden vorläufig zurückgestellt. Eisenhower, der ursprünglich eher gehofft hatte, die amerikanischen Landstreitkräfte in Europa zu reduzieren, sieht sich nun veranlaßt, die Militärpräsenz in Zentraleuropa zu verstärken. Aus der Improvisation zur Abwehr eines für 1952 oder 1953 befürchteten sowjetischen Überfalls wird langsam ein Dauerzustand – nicht zuletzt deshalb, weil das Deutschland Adenauers eine sichere Basis amerikanischer Vormacht in Westeuropa abgibt.

Drei Wochen später treffen sich die Akteure von London in Paris wieder. Es ist eine Monstreveranstaltung von vier ineinander verschachtelten Konferenzen. Die drei Westmächte handeln mit der Bundesrepublik die letzten Details über die Ablösung des Besatzungsstatuts aus. Fünf Signaterstaaten des ursprünglichen Brüsseler Pakts – Großbritannien, Frankreich und die Benelux-Länder – verhandeln mit der Bundesrepublik und Italien, assistiert von den USA und Kanada, über die Gründung der WEU. 13 NATO-Staaten mit einem Bonner Beobachter erörtern die Modalitäten für die Aufnahme der Bundesrepublik. Schließlich laufen von Anfang bis zum Schluß bilaterale deutsch-französische Verhandlungen, und sie sind die kritischsten.

Inmitten dieses Reigens von Konferenzen steht Adenauer. Er kann darin den bisherigen Höhepunkt seiner außenpolitischen Laufbahn sehen, tritt stolz auf wie ein Monarch und muß doch unablässig darauf achten, in der Saarfrage nicht noch im letzten Moment einen gravierenden Fehler zu machen. Denn Mendès-France hat schon in London zweifelsfrei klargemacht, daß auch er wie alle seine Vorgänger an dem Saar-Junktim festhält.

In der Zwischenzeit hat sich das persönliche Verhältnis zwischen Adenauer und Mendès-France etwas gebessert. Schon in London haben verschiedene persönliche Gespräche das Eis tauen lassen. Auch Blankenhorn respektiert nun diesen »rücksichtslosen, zielbewußten und ehrgeizigen Geschäftsmann«[46], der Frankreich aufrüttelt und nicht alles im lässigen Stil der Vierten Republik verschleppt. Zwischen Blankenhorn und Jean-Marie Soutou, dem jungen und klugen Kabinettschef von Mendès-France, entwickelt sich rasch ein gutes Arbeitsverhältnis, das bis zum Sturz von Mendès-France Anfang Februar 1955 eine Feinabstimmung der deutsch-französischen Politik ermöglicht.

Mendès-France ist entschlossen, sein Verhältnis zum deutschen Bundeskanzler auf eine tragfähige Vertrauensbasis zu stellen. Dieser selbst ist, wie allgemein bekannt, für den Charme schöner Landsitze durchaus empfänglich. So einigt man sich, vor Beginn der Pariser Konferenz einen Nachmittag und einen Abend lang auf Château La-Celle-Saint-Cloud mit viel Zeit zur umfassenden *tour d'horizon* zusammenzutreffen. Madame de Maintenon und Madame Pompadour haben einst in diesem Schlößchen residiert, später Kaiserin Eugénie, die schöne Gattin Napoléons III., und im Zweiten Weltkrieg saß hier die Dienststelle eines deutschen Geheimdienstes. Vor Adenauers Eintreffen wird alles schleunigst restauriert. Der große Park prangt in goldgelbem Herbstlaub. Ganz offenbar hat der kühle, effiziente Mendès-France die Absicht, hier in ländlicher Abgeschiedenheit, auch fern von allen Journalisten, Adenauer für sich und seine neue Politik zu gewinnen.[47]

Mendès-France gibt sich große Mühe, den Kanzler wegen seiner Kontakte mit Molotow zu beruhigen.[48] Vor allem überzeugt Adenauer die Tatsache, daß der neue französische Ministerpräsident das, was er am Verhandlungstisch zusagt, auch im Kabinett und parlamentarisch durchsetzt.

Für Mendès-France steht die wirtschaftliche Modernisierung Frankreichs im Zentrum seines politischen Wollens. So fällt es Adenauer nicht schwer, sein altes Konzept »organischer Verflechtung« erneut aufzugreifen. Er stellt zudem in Aussicht, Frankreich jährlich 500 000 Tonnen Weizen abzunehmen[49], dazu Zucker, einen langfristigen Handelsvertrag abzuschließen und die industrielle Zusammenarbeit zu intensivieren. Moselkanalisierung, deutsche Investitionen in Nordafrika, Errichtung französischer Waffenfabriken im Rheinland und deutscher in Südfrankreich, überhaupt enge Zusammenarbeit in Rüstungsfragen – nichts soll unversucht gelassen werden, um das zerrüttete deutsch-französische Verhältnis erneut zu konsolidieren. Dabei zeigen sich allerdings Widerstände im Bundeswirtschaftsministerium und im Landwirtschaftsministerium. Adenauer muß einmal mehr erkennen, daß Erhard einer Verknüpfung wirtschaftlicher und allgemeinpolitischer Fragen mit großen Reserven begegnet.

Jedenfalls gelingt es Mendès-France, den Kanzler bei diesem Gespräch zu überzeugen, daß auch mit ihm eine Fortführung der europäischen Integration nicht ausgeschlossen ist.[50]

Die gute Stimmung auf Schloß La-Celle-Saint-Cloud verfliegt indes rasch, als man sich von den Höhen künftiger deutsch-französischer Kooperationsprojekte in die Niederungen der Saarfrage begeben muß.

Mendès-France möchte von dem van-Naters-Plan ausgehen, auf dessen Grundlage Adenauer und Teitgen sich im Straßburger Maison Rouge geeinigt hatten. Den Einwand, daß mit der EVG auch der gesamte Rahmen für eine Europäisierung der Saarfrage zerbrochen ist, wischt er mit leichter Hand hinweg – anstelle der Organe der EVG können ja die des Brüsseler Paktes treten. Wichtigster neuer Punkt seines Lösungsvorschlags: zwei Volksabstimmungen der Saarländer sind vorzusehen. Die erste soll drei Monate nach Inkrafttreten des Saarstatuts stattfinden. Und wenn es tatsächlich zu einem deutschen Friedensvertrag kommt, könnte die Saarbevölkerung ein weiteres Mal Gelegenheit erhalten, eine dort zu treffende Saarregelung zu billigen. Ist aber das Statut angenommen, so bleibt es bis zu einer Friedensvertragsregelung. Niemand darf es mehr in Frage stellen – weder Frankreich oder Deutschland noch die Saar-Regierung oder die Saar-Parteien. Wäre das erst gesichert, dann stünde auch nichts mehr im Wege, die Menschen- und Bürgerrechte im Saarland in Kraft zu setzen.[51]

Soweit die offizielle Position. Aus einem Gespräch Blankenhorns mit Soutou, das zwei Tage zuvor stattfand, hat Adenauer jedoch den Eindruck gewonnen, daß Mendès-France bezüglich der Freiheitsrechte an der Saar gesprächsbereiter ist als seine Vorgänger. Noch mehr: Soutou hat Blankenhorn »unter vier Augen und vertraulich« gesagt, »daß noch vor Abschluß eines Friedensvertrags die Saar wieder zu Deutschland zurückkehren werde. Das würde die Folge einer zwangsläufigen Entwicklung sein.«[52] Ist das nur eine Fata Morgana, um Adenauer auf das Terrain einer völkerrechtlich unumstößlichen Lösung zu locken? Oder sieht Mendès-France die Lage an der Saar tatsächlich so realistisch?

Auf La-Celle-Saint-Cloud stimmt auch Adenauer im Prinzip einer definitiven Abtrennung bis zum Friedensvertrag zu. Etwas verächtlich bemerkt er: »Im gegenwärtigen Zeitpunkt besteht eine große Mehrheit für eine Saarautonomie ... Ich bin überzeugt, daß die Saarländer für die Autonomie stimmen, da dort kein Mensch sich den Lastenausgleich oder das Flüchtlingsproblem auf den Hals laden will.« Entschieden wendet er sich aber gegen die Forderung nach einer Volksabstimmung. Vielmehr sollten im Saargebiet die Parteien frei zugelassen werden: »Der frei gewählte Landtag der Saar trifft seine Entscheidung. Mit Zustimmung ist die Rechtsbindung zwischen Frankreich, Deutschland und der Saar eingetreten. Damit verpflichtet sich die Saar, den Vertrag bis zum Friedensvertrag zu beachten. Dann neue Konsultation der Saarbevölkerung. In der Zwischenzeit ist kein Grund für eine Agitation gegen den Vertrag.«

Das werde, so argumentiert Adenauer, zur Beruhigung führen: »Wenn Freiheit der Wahl besteht, dann gibt es eine Mehrheit für die Beibehaltung des Zustandes. Dies ist meine felsenfeste Überzeugung. Nach zehn Jahren spricht kein Mensch mehr von diesen Dingen, da voraussichtlich die europäische Entwicklung dann weiter fortgeschritten ist.«[53]

Statt der Westeuropäischen Union solle der Europarat einen Kommissar oder eine Dreierkommission zur Leitung der auswärtigen Angelegenheiten des Saarlandes bestimmen.

Als Adenauer einer Abstimmung beim Friedensvertrag allein durch die Saarländer zustimmt, weiß er durchaus, daß er damit stillschweigend die offizielle Position räumt, nach der die Bundesrepublik in jeder Hinsicht die Rechtsnachfolge des Deutschen Reiches angetreten hat. Hielte er sich streng an diese Doktrin, so wäre es schwer vorstellbar, daß ein Teil des Staatsvolks allein über seine Zugehörigkeit zum Gesamtstaat abstimmt.

Doch derartige verfassungsrechtliche Feinheiten bekümmern ihn nicht besonders: »Manche Leute sagen, der Teil eines Landes darf sich nicht vom Gesamtverband lösen. Das ist richtig, aber nicht für die Saar gültig. Die Saar ist nie ein Teil der Bundesrepublik gewesen. Wir haben nie ein Besitzverhältnis über die Saar gehabt. Wenn die Saar heute erklärt, daß sie nicht zur Bundesrepublik zurück will, muß die Bundesrepublik das respektieren.« In diesem Zusammenhang hält er Mendès-France freilich vor, Frankreich habe genausowenig ein Recht über die Saar: »Deshalb sind freie Wahlen unerläßlich.«

Damit sind die Ausgangspositionen abgesteckt. Doch Adenauer sieht sich nun in die Ecke getrieben. Eine große Lösung für die Westverträge ist zum Greifen nahe. Kann er es unter diesen Umständen riskieren, wegen der »drittrangigen« Saarfrage alles platzen zu lassen?

Innenpolitisch ist das Saarproblem inzwischen freilich zu einer erstrangigen Kontroversfrage geworden. Adenauer steht unter starkem parlamentarischen Druck. Der große Erfolg bei der Londoner Konferenz ist politisch schon verbraucht. Die SPD, die FDP, der BHE, aber auch eine recht aktive Minderheit in der CDU zeigen sich vorrangig auf die Saar fixiert. Hier hat die Westpolitik des Kanzlers ihre Achillesferse, und natürlich spürt Adenauer diese Gefahr, ohne ihr aber glaubwürdig begegnen zu können.

Plötzlich entdeckt er nun das Parlament. Bisher war er stets der Meinung, daß die Koalitionsfraktionen oder gar die Opposition dort nichts verloren hätten, wo der Kanzler verhandelt. Jetzt aber bittet er die Vorsitzenden der Koalitionsfraktionen nach Paris, berät am 21. Oktober erst vormittags mit ihnen, dann nochmals am Abend. Tags darauf folgt ein Gespräch mit Ollenhauer, Wehner, Carlo Schmid und dem für die Saar besonders engagierten Karl Mommer; alsdann wird die Runde um die Spitze der Koalition erweitert. Der Kanzler speist sogar, seltene Ehre, mit den SPD-Parlamentariern zu Mittag. Und am Sonntagmorgen, wenige Stunden vor Unterzeichnung des Saarstatuts, sichert er sich erneut bei den Koalitionsspitzen ab.

Auf eine Aufzeichnung von sieben Punkten gestützt, schildert er die französischen Forderungen, definiert seine eigene Linie und erörtert ganz besonders die Problematik der Friedensvertragsklausel.[54] Immer

Adenauer entdeckt die Opposition:
Carlo Schmid, Karl Mommer und Erich Ollenhauer (von links)
am Rande der Pariser Konferenz im Oktober 1954.

Im westlichen Club auf der Pariser Konferenz mit
Botschafter François-Poncet, Ministerpräsident Bech (Luxemburg)
und Außenminister Dulles.

noch hält er daran fest, das Statut müsse durch einen frei gewählten Landtag genehmigt werden, bei »Wahl dieses Landtages ein Jahr nach dem Inkrafttreten der politischen Freiheiten.«[55]

Die Parlamentarier ermahnen ihn: vor allem über die Friedensvertragsklausel dürfe kein Kompromiß eingegangen werden.[56] Doch selbst von Brentano und Dehler, die schärfsten Kritiker der Saarpolitik Adenauers im Regierungslager, kehren nun deutlich ernüchtert nach Bonn zurück. Die konkrete Begegnung mit der ineinander verzahnten Pariser Konferenzserie macht auch ihnen deutlich, was in der Saarfrage auf dem Spiel steht.[57] Lange hält das aber nicht vor.

Am Morgen des 22. Oktober 1954, einen Tag vor der geplanten Unterzeichnung der Westverträge, läßt Mendès-France die Beteiligten wissen, er werde diese Verträge nur mit einem fertig ausgehandelten Saarstatut zusammen unterzeichnen.[58] Außenminister Eden gibt an diesem Freitagabend in der britischen Botschaft ein Dinner. Doch schon vor dem Dessert[59] ziehen sich Adenauer und Mendès-France in die Bibliothek des Botschafters zu abschließenden Verhandlungen zurück. John Foster Dulles hält sich in Reserve, um schlimmstenfalls zu vermitteln. Auf seiten Adenauers verhandeln Hallstein und Blankenhorn. Mendès-France wird von Roland de Margerie, politischer Direktor des Quai d'Orsay und später Botschafter in Bonn, und von Soutou begleitet.

Adenauer gelingt es zwar, den Friedensvertragsvorbehalt durchzusetzen. Damit ist das Saarstatut wenigstens verfassungsgerichtsfest. Der institutionellen Verknüpfung des »Europäischen Kommissars« mit der WEU stimmt er aber zu, und als er sich bei der Rückkehr nach Bonn im Journalistenkreis dazu äußerst, meint er zynisch: »Dann zu der Frage: europäische Lösung oder nicht? Ach, es klingt wohl etwas frivol, wenn ich sage, das sind Worte. Nehmen Sie es doch, wie Sie es wollen, ich bin sogar dafür, es europäische Lösung zu nennen.«[60] Tatsächlich zwingt aber Mendès-France den Kanzler, die Volksabstimmung drei Monate nach der Herstellung freiheitlicher Verhältnisse im Saargebiet zu akzeptieren. Vergebens gibt Adenauer zu bedenken, daß dabei nationalistische Töne laut werden könnten. Die zweite Abstimmung über die Saarregelung eines Friedensvertrags hatte er schon in La-Celle-Saint-Cloud konzediert.

Da Adenauer schließlich in die Volksabstimmung über das Saarstatut einwilligt, das ja nach Annahme nicht mehr prinzipiell in Frage gestellt werden darf, kann sich Mendès-France auch mit dem Gedanken abfinden, innerhalb einer Frist von drei Monaten nach Inkrafttreten des Statuts einen neuen Landtag wählen zu lassen.

Eine überzeugende Zurückdrängung des französischen wirtschaftlichen Einflusses, was bei zahllosen Verhandlungen der letzten Jahre angestrebt wurde, gelingt nicht. Rolf Lahr, der an den Pariser Verhandlungen teilweise direkt beteiligt war, meint zu diesem Teil des Ergebnisses: »Immerhin, von diesen Dingen verstehen die Politiker nicht viel, und so werden sich daran hoffentlich die Geister weniger entzünden...« Sein Urteil über die Verhandlungen insgesamt: »Die Franzosen haben ihre glänzende taktische Lage bis zum letzten ausgenutzt; sie haben, krasser ausgedrückt, den Bundeskanzler erpreßt.«[61]

Adenauer kehrt gegen ein Uhr nachts in sein Hotel zurück, »ziemlich erledigt«, wie Lahr beobachtet.[62] Noch lange werden die Beteiligten davon sprechen, daß er sich leise davongemacht hatte, um niemanden in der Botschaft zu stören, derweil Eden und der britische Botschafter noch beisammen saßen, um eventuell beim Zusammenkehren der Scherben zu helfen.

John Foster Dulles telegraphiert am Morgen des 23. Oktober an Eisenhower: »Alles hängt an der Saarfrage, über die Adenauer und Mendès-France gestern nacht bis fast um drei Uhr morgens diskutiert haben. Allem Anschein nach besteht über die politischen Fragen Übereinstimmung. Aber einige wirtschaftliche Fragen sind weiter ungelöst. Sie werden um 11.30 Uhr Pariser Zeit wieder zusammentreffen. Ich kann mir nicht vorstellen, daß die jetzt noch übriggebliebenen Differenzpunkte das ganze Unternehmen ruinieren könnten. Möglich ist es aber, denn Adenauer ist doch ziemlich bis an den Rand der politischen Toleranzgrenze gegangen, und Mendès-France kann recht widerborstig sein.«[63] Tatsächlich läßt nämlich auch Adenauer nun gewisse Ermüdungserscheinungen erkennen. »Kanzler nicht immer sehr stark«, vermerkt der scharf beobachtende Ulrich de Maizière in seinem Tagebuch.[64]

Doch auch das wirtschaftliche Detail wird am Samstagvormittag noch geregelt. Am Nachmittag erfolgt dann die Unterzeichnungszeremonie mit den Fotos für die Geschichtsbücher. Dulles kann seinem Präsidenten nun telegraphieren: »Ich bin glücklich, Sie darüber informieren zu können, daß alles einschließlich der Saar jetzt unterzeichnet, gesiegelt und auf den Weg gebracht ist.«[65] Der Kanzler setzt es auch durch, zur NATO-Ratstagung wenigstens schon als Beobachter eingeladen zu werden. Im Sitzungssaal wird für ihn eine Sonderanlage zur Simultanübersetzung installiert, und so kann er nach dreijährigem Warten endlich seinen ersten Auftritt in der Allianz geben.[66] Vor dem Rückflug nach Bonn gibt Adenauer im Bristol in der Rue St. Honoré, wo man »vornehm, teuer und ungemütlich« gewohnt hat[67], noch eine Pressekonferenz. Seine Botschaft: der 23. Oktober 1954 ist der »Tag der Aussöhnung mit Frankreich«.[68]

Mit Mendès-France hat er sich offenbar auch versöhnt. Weder intern noch bei den folgenden Bundestagsdebatten läßt er auf ihn etwas Böses kommen. Schließlich habe Mendès-France die Saarfrage von Robert Schuman und Bidault geerbt.[69] Am deutlichsten tritt seine Zurückhaltung zutage, als ihn Carlo Schmid im Dezember 1954 im Bundestag in die Enge treibt, indem er ihn an die Feststellung in Paris erinnert, Mendès-France werde die Westverträge nur zusammen mit einem Saarstatut unterzeichnen.[70] Adenauer streitet das glatt ab und macht lieber eine schlechte Figur im Bundestag, als daß er öffentlich zugibt, wie kalt ihn Mendès-France erpreßt hat.

Carlo Schmid, der ihn ein paar Wochen darauf anspricht und dabei andeutet, er habe Mitleid gehabt und ihm nicht noch weiter zusetzen wollen, erhält darauf eine typisch Adenauersche Antwort: »er habe mir ja schon immer gesagt, daß ich kein Politiker sei. Wäre er an meiner Stelle gewesen, er hätte seine Frage gestellt und mich damit vollends umgeworfen...«[71]

Was denkt sich Adenauer, als er die umstrittenen Konzessionen in der Saarfrage macht? Solange man vermuten muß, daß das Statut angenommen wird, hebt er auf den Friedensvertragsvorbehalt und auf die Wiederherstellung der Freiheiten an der Saar ab. Im übrigen: »juristische Spekulationen« mögen hier und da am Platze sein, »aber die Realität ist das Entscheidende, und die Realität ist, daß wenn eine Lösung der Saarfrage nicht gekommen wäre, mit großer Wahrscheinlichkeit Sowjetrußland einen neuen Triumph davongetragen hätte.«[72] Ein Akt kältester Staatsräson also!

Doch scheint er in der Tat vor allem auf freie Landtagswahlen gesetzt zu haben, in denen die pro-deutschen Parteien ihre Chance bekommen hätten. Im übrigen bewies gerade das Jahr 1954 mit den Vorgängen in Tunesien und Marokko, wie wenig verbriefte Rechtstitel gegen eine starke politische Bewegung ausrichten. Wäre es vorstellbar gewesen, daß sich das Statut selbst bei Annahme durch die Saarbevölkerung gehalten hätte, wenn eine große Mehrheit im Saarland – Statut hin oder her – nach freien Landtagswahlen stürmisch die Rückkehr zu Deutschland verlangt hätte? Derlei Kalküle verrät man freilich keinem, nicht einmal der nächsten Umgebung.

Wenig glaubwürdig hingegen wirkt die nachträgliche Rechtfertigung in den »Erinnerungen«: »Würde die Saarbevölkerung das Saarstatut ablehnen, nun: hier lag meine Hoffnung.«[73] Hat der Kanzler, der den Saarländern beim Referendum ein Ja zum Statut empfohlen hat, damit die Wahrheit nicht nachträglich zurechtgebogen? Franz Josef Strauß, der 1954 und 1955 in der Saarfrage stark involviert war, wird lange danach in seinen eigenen »Erinnerungen« eine derart machiavellistisch-doppelbödige Saarpolitik Adenauers durchaus nicht ausschließen. Er begründete das damit, daß derselbe Kanzler, der öffentlich zum Ja für das Saarstatut aufrief, aus seinem Reptilienfonds allein der DPS unter Heinrich Schneider zehn oder elf Millionen Mark zur Verfügung gestellt habe.[74] Auch dabei findet man sich freilich im Land der Behauptungen.

Als Adenauer befriedigt nach Bonn zurückkehrt, reden zu seinem Kummer nur wenige vom endgültigen Durchbruch der Westpolitik. Statt dessen werden ihm von allen Seiten allein die Konzessionen in der Saarfrage um die Ohren geschlagen. Daher ist er nicht unglücklich, nach einem Tag Bonn erneut das Flugzeug besteigen zu können, um via Island die zweite Amerikareise anzutreten. In Washington und New York läßt er sich ausgiebig als großer Staatsmann feiern, nimmt an der Columbia University einen Ehrendoktorhut in Empfang, weiß aber, daß die Reise eigentlich eine überflüssige Anstrengung ist.

Anders als im Frühjahr 1953 vermag eine Amerikareise des Kanzlers auch zu Hause niemanden mehr groß zu beeindrucken. Während seiner Abwesenheit breitet sich in Bonn die Saar-Malaise aus. Der SPD-Bundestagsabgeordnete Walter Menzel bezeichnet Adenauer in Bochum als den »untauglichsten Außenminister«, den Deutschland je besessen habe, und erinnert an das Strafgesetzbuch. Das behandle jeden als Landesverräter, der deutsches Gebiet einem fremden Staat einzugliedern versuche.[75]

Bedenklicher als die scharfen Töne der Opposition sind aber die Risse in der Koalition. Die FDP lehnt das Saarstatut geschlossen ab. Doch das Klima im Kabinett und in den Koalitionsfraktionen ist ohnehin wieder einmal recht schlecht.

Bereits in die schwierigen Vorbereitungsarbeiten für die Pariser Konferenz war am 8. Oktober ein Brief des CSU-Sonderministers Franz Josef Strauß geplatzt, der alle Schwächen der zweiten Regierung Adenauer schonungslos geißelte. Auch die CSU also wird zum Unruhefaktor. Erstmals betreibt Strauß damals einen Abnützungskrieg gegen die FDP, wobei er Adenauer gegenüber barsch feststellt, »daß wir keine Koalition mehr sind«. Schuld daran sei das Fehlen straffer Führung, wozu weder von Brentano als Fraktionsvorsitzender noch Vizekanzler Blücher in der Lage seien. Als Hauptschuldiger wird aber Adenauer selbst genannt: »die zahlreichen außenpolitischen Verpflichtungen nehmen Sie in einem solchen Ausmaße in Anspruch, daß nicht nur Risse in der Koalition eingetreten, sondern auch ernsthafte Schäden in unserer Innenpolitik entstanden sind ... In zunehmendem Maße höre ich die Klage, die auch meiner Erfahrung entspricht, daß Ihnen einfach die Zeit fehlt, um die Fäden dieser schwierigen Koalition fest in der Hand zu halten... Vorbereitung, Durchführung und Auswertung außenpolitischer Konferenzen, Anflug, Aufenthalt oder Abflug westlicher Staatsmänner, Empfang einer Reihe von ausländischen Delegationen hohen Ranges, Besuche der drei Hohen Kommissare und anderer alliierter Persönlichkeiten nehmen Ihre Zeit so stark in Anspruch, daß zu einer ruhigen Beratung der innenpolitischen Probleme einfach keine Möglichkeit mehr bleibt. Bevor ich heute das Wort ergreifen konnte, um einen Kompromißvorschlag zu machen, mußte ich davon Notiz nehmen, daß der türkische Ministerpräsident schon 25 Minuten wartet. Nach Ihrem Weggang verlief die Sitzung noch unerfreulicher...«

In diesem Ton geht es weiter: »Die Einseitigkeit der um Sie herrschenden Verhältnisse wird allmählich unerträglich. Vielleicht bin ich aber der einzige, der es Ihnen sagt, nachdem ich es hundertmal von führenden Kollegen der CDU und der CSU angehört habe.« Strauß spricht einige der konkreten Koalitionsdifferenzen an: den Kampf um die Steuerreform Fritz Schäffers, die systematischen Pressekampagnen der FDP gegen ihn selbst, Franz Josef Strauß, die Koordinationsmängel der Saarpolitik: »Bei uns wird in jedem Ressort eine verschiedene Saarpolitik betrieben, der Bogen reicht von der Parole ›Heim ins Reich‹ bis zur vollendeten Leisetreterei ...«[76]

Mit dem schönen Selbstbewußtsein eines kommenden Mannes scheut sich Strauß überhaupt nicht, in diesem langen brieflichen Ausbruch den Hauptgrund für seinen Zorn zu nennen: Er fühlt sich »an den Rand der politischen Entscheidungen gedrängt« und muß sich vom Kanzler auch noch in einer Koalitionsrunde rüffeln lassen.

Adenauer empfindet den Brief als Unverschämtheit und antwortet mit einem eiskalt drohenden Telegramm.[77] Den Ministern Blücher und Preusker gegenüber, die sich bei ihm über die »Flegeleien« ihres Ministerkollegen Strauß beklagen, gibt er zur Antwort, »er könne Strauß höchstens mal wieder für einige Wochen in Ordnung bringen, hinterher würde es immer wieder neue Schwierigkeiten geben.«[78] So rät er den aufgebrachten Herren von der FDP: »Wissen Sie, aber einen guten Rat muß ich Ihnen doch geben: Sie behandeln im Ton den Schäffer und den Strauß viel zu freundlich. Das sind die nicht gewohnt!«[79] Man einigt sich schließlich auf ein Vermittlungsgespräch unter Vorsitz Adenauers.

Wie schon 1953 ist auch jetzt der Bundesfinanzminister ein Stein des Anstoßes. Vizekanzler Blücher führt Adenauer vor Augen, »daß wir in den nächsten Wochen regierungsunfähig sein würden. Wenn Herr Schäffer am Samstag einen mehrwöchigen Urlaub antritt, würde er expressis verbis seinem Staatssekretär und allen anderen Herren verbieten, irgendwelche Entscheidungen zu treffen.«[80]

Ein anderer Minister, der den Freien Demokraten mißfällt, ist Innenminister Gerhard Schröder. »Unbelehrbar« sei er, meint Franz Blücher mit Blick auf die Behandlung der Affäre John.[81] Auch Adenauer, der Schröder bald für einen seiner besten Minister halten wird, ist 1954 gar nicht mit ihm zufrieden. Schröders Dauerkonkurrent Heinrich Krone hört mit Befriedigung, wie sich Adenauer über »die Art seines Auftretens«, »seine Selbstherrlichkeit« und darüber ausläßt, »daß er nicht in der Lage sei, auf die Argumente anderer zu hören«.[82]

Es sind eben nicht nur die schwierigen Sachfragen oder Koalitionsspannungen, wie sie meist vor Landtagswahlen auftreten – so auch im Herbst 1954. Mindestens ebenso gravierend sind menschliche Rivalitäten oder Unvollkommenheiten.

Einer, der dies 1954 besonders scharf registriert, ist Herbert Blankenhorn. Seit sechs Jahren hat er Gelegenheit, Adenauers Führungsstil aus nächster Nähe zu beobachten. Stärken und Schwächen des Kanzlers sind ihm ebenso geläufig wie die seiner Minister. Im Rückblick auf 1954, immerhin das große Jahr Adenauerscher Außenpolitik, äußert er sich besonders kritisch. Wie vielen bedeutenden Männern will es dem Kanzler nicht gelingen, »sich eine Elite von Nachfolgern zu erziehen. Es gelingt ihm auch nicht, die führenden Kräfte der Koalitionsparteien so zusammenzuschließen, daß eine Gemeinschaft entsteht, in der sich die einzelnen vertrauensvoll zusammenfinden. Heute ist jeder Parteiführer dem anderen spinnefeind, ohne daß der einzelne – ich muß es leider feststellen – für sich allein die Kräfte besäße, die Nachfolge des großen Mannes mit Erfolg anzutreten.«[83]

Einer der möglichen Nachfolger, Hermann Ehlers, ist am 29. Oktober bei einer Mandeloperation unerwartet verstorben – für Adenauer ein schwerer Schlag. Noch von London aus hatte er ihn zum 50. Geburtstag mit Rosen und einem Telegramm bedacht. Derartige Aufmerksamkeiten sind bei ihm zumeist ein untrügliches Zeichen dafür, wie sehr ihm an einer Verbindung liegt.

Die Nachricht vom Tod des Bundestagspräsidenten erreicht Adenauer in den USA, und er bricht die Reise sofort ab, um mit einer Militärmaschine zurückzufliegen. Flugreisen sind im Jahr 1954 immer noch anstrengend. Zwischenlandungen auf den Bermudas und auf den Azoren, dann, als es auf den Kontinent zugeht, Mitteilung, daß die Flughäfen auf dem Kontinent mit Ausnahme von Madrid und Prag wegen Nebels geschlossen sind. Man kreuzt einige Stunden über dem Kanal. Mitten in der Nacht und bei strömendem Regen landet die Maschine schließlich auf dem Flughafen Orly in Paris. Adenauer findet auf einem improvisierten Feldbett in einer Baracke »umgeben von Farbtöpfen und Zimmermanns-Utensilien« knappe vier Stunden Schlaf, dann geht es weiter nach Bremen. Auf den Glockenschlag genau um zehn Uhr betritt dann der Kanzler die Kirche in Oldenburg, wo die Beisetzungsfeierlichkeiten für Ehlers stattfinden – »aufrecht, ruhig, ohne jedes Anzeichen von Nervosität.«[84]

Ein nervöses Treiben setzt aber alsbald in der CDU/CSU-Fraktion in Bonn ein. Adenauer drängt Eugen Gerstenmaier zur Nachfolge von Ehlers als Bundestagspräsident. Er hält ihn damals für einen seiner treuesten Anhänger, bedauert nach wie vor, für ihn nicht schon 1953 im Kabinett Platz gefunden zu haben, und möchte nun einen Mann seines Vertrauens in diesem Amt wissen. Doch in der CDU/CSU-Fraktion kommt es zur offenen Rebellion gegen den Kanzlerwillen. Ernst Lemmer wird aufgestellt, auch mit Unterstützung aus FDP und SPD. Gerstenmaier selbst schwankt, ob das Amt für ihn das Richtige ist, denn sein Ehrgeiz richtet sich auf die Außenpolitik. Letztlich trägt bei ihm wohl die Überredungskunst Adenauers den Sieg davon.

Gerstenmaier setzt sich aber erst im dritten Wahlgang durch, erhält dafür ein liebenswürdiges Handschreiben Adenauers[85] und sitzt nun zunehmend unfroh für 15 lange Jahre auf dem Präsidentensessel fest. Frustriertes Aufbegehren gegen Adenauer, der ihn nie ins Kabinett holt, ist damit vorprogrammiert.

Es kann niemanden erstaunen, daß die aus deutscher Sicht so unerfreuliche Saar-Regelung diese innerlich ungefestigte Koalition ins Flattern bringt. Um sich innenpolitisch Luft zu verschaffen, arbeitet Adenauer nun nachdrücklich jene Elemente der Vereinbarungen heraus, bei denen er sich angeblich durchgesetzt hat. Mendès-France in Paris tut das Gegenteilige. So verdirbt die deutsche Saar-Malaise auch sehr rasch wieder das deutsch-französische Verhältnis, während sie in Bonn an der Koalition nagt.

Und da die Ratifikation in der französischen Nationalversammlung bis zum Jahresende wieder ganz unsicher ist, hat Adenauer auch eine gute Begründung, die Zweite und Dritte Lesung der Verträge in den Februar 1955 hinauszuschieben. Soll diesmal die Assemblée Nationale vorangehen.

Zur Beruhigung der FDP kommt es aber nicht. Stärker als je zuvor gerät sie unter den Einfluß der DPS von Heinrich Schneider. Thomas Dehler, nationalliberal bis auf die Knochen, ein Intimfeind Vizekanzler Blüchers und zunehmend Adenauer-kritisch, reizt die Möglichkeiten einer Opposition innerhalb der Koalition voll aus. Der Kanzler bemüht sich zwar durchaus um die Freien Demokraten und begibt sich vor den entscheidenden Ratifikationsdebatten sogar zusammen mit Hallstein und Blankenhorn zwei Stunden lang in die FDP-Fraktion, um offene Fragen zu beantworten. Doch damit kann er einen großen Koalitionskrach im Bundestagsplenum nicht mehr verhindern.

Die Pariser Verträge selbst sind in der Koalition allerdings unumstritten. Bei der Schlußabstimmung sieht sich die SPD mit 150 gegen 320 Stimmen völlig isoliert. Auch die von ihr inszenierten Protestdemonstrationen verpuffen. Sie beweisen nur, wie gut es Adenauer in den mehr als vier Jahren seit dem Aufbranden der »Ohne-mich«-Welle gelungen ist, große Teile der Bevölkerung mit dem deutschen Wehrbeitrag zu versöhnen.

Angesichts der Mehrheitsverhältnisse kann nicht einmal von einer echten Gefährdung des Saarstatuts die Rede sein. Vorsichtig hat Adenauer Ministerpräsident Mendès-France im Januar 1955 bei einem Treffen in Baden-Baden auf eine recht knappe Mehrheit eingestimmt. Ein wenig zuversichtlicher ist Robert Pferdmenges, der seinen ganzen Einfluß einsetzt, möglichst viele FDP-Abgeordnete zum »Ja« zu veranlassen. So wettet er mit François-Poncet, er wolle diesen zu einem Diner mit 200 Personen einladen, falls die Mehrheit für das Saarstatut die Differenz von 40 Stimmen übersteigt. Tatsächlich liegt aber bei der Dritten Lesung die Mehrheit sogar bei 264 Ja- gegen 204 Nein-Stimmen und 9 Enthaltungen.

Die Enthaltungen kommen teilweise von Kabinettsministern – von Kaiser, Preusker und Schäfer. Justizminister Neumayer bleibt der Abstimmung fern, Vizekanzler Blücher stimmt mit Ja. Er bietet Adenauer in einem honorigen Brief seinen Rücktritt an, weil sich seine Fraktion mit großer Mehrheit fürs »Nein« entschieden hat.[86] Jedenfalls ist der Abstimmungserfolg so unerwartet hoch, daß Robert Pferdmenges wie versprochen zwanzigtausend Mark für ein Diner ausgeben darf.[87]

Das Saarstatut ist also gerettet – für kurze zehn Monate, wie sich bald zeigt. Aber die Koalition mit der FDP ist fast ruiniert. Einen nicht ganz unerheblichen Anteil daran hat Adenauer selbst. Daß die große Mehrheit der FDP so oder so mit »Nein« stimmen würde, war nach Lage der Dinge zu erwarten, aber schließlich auch zu verkraften. Ein Kanzler, der seine Vorhaben schon mit viel geringeren Mehrheiten durchgezogen hat, könnte das eigentlich gelassen hinnehmen, sofern die Dissonanzen nur mit gestopften Trompeten gespielt würden.

Nach Meinung Adenauers geschieht aber mit der Rede des Rechtsanwalts und Notars Max Becker, der das »Nein« seiner Fraktion begründet, das genaue Gegenteil. Ganz entschieden stört den Kanzler das edle Pathos der Ablehnung in der Rede von Becker: »Die deutsch-französischen Beziehungen zu bereinigen, sind wir bereit, Geld und Gut hinzugeben – aber Land und Leute – nein!«[88] Ihn stört freilich noch viel mehr, daß Becker alle schönen Argumente für das Statut mitleidlos zerpflückt. Ob Adenauer jetzt emotional etwas außer Kontrolle gerät, ob die Empörung eher gespielt ist, um allen koalitionsinternen Gegnern des Saarstatuts den Schneid abzukaufen, läßt sich nicht genau ausmachen.

Jedenfalls ist es seine scharfe Replik, die aus der Koalitionsmalaise eine offene Krise werden läßt: »Diese Rede, zu der Herr Abgeordneter Becker sich, anscheinend vielleicht etwas zu wenig vorbereitet, hat hinreißen lassen, hat Deutschland außerordentlich geschadet.«[89] Es ist nicht zuletzt die Lautstärke der Abrechnung des großen Kanzlers mit dem kleinen Abgeordneten aus Hersfeld, die in der FDP-Fraktion Empörung hervorruft.

Daß nach dieser Schelte des Kanzlers Thomas Dehler auf den groben Klotz einen noch viel groberen Keil setzt, versteht sich bei dessen Temperament fast von selbst. Doch was der FDP-Vorsitzende dann am letzten Tag der eher ruhigen Debatten eruptiv herausschleudert, ist viel mehr als eine Kritik in der Sache. Adenauer, ruft er aus, habe ihn durch seine Attacke auf einen Volksvertreter, der nur pflichtgemäß seine wohlerwogene Meinung vorgetragen habe, »menschlich enttäuscht«. Dies ist die erste sehr persönliche Abrechnung Dehlers mit Adenauer – eine zweite, ebenso heftig, wird fast auf den Tag genau drei Jahre später erfolgen. Adenauer hört mit versteinertem Gesicht zu und will dann rasch zu einer empörten Antwort ansetzen. Seine engste Umgebung hält ihn aber mit Mühe zurück, weil das vielleicht den irreparablen Koalitionsbruch zur Folge gehabt hätte. Doch Zuhörer und Beobachter sind sich einig, daß die beiden Männer von jetzt an Feinde sind. Von jetzt an, denn noch ein paar Wochen zuvor hatte Adenauer mit Pferdmenges zusammen überlegt, bei einem Rücktritt Justizminister Neumayers wegen des Saarstatuts Thomas Dehler erneut als Justizminister ins Kabinett zu holen.[90]

Die Koalitionskrise im Gefolge der stürmischen Saar-Debatte ist also von Adenauer wohl nicht absichtlich provoziert. Dagegen sprechen auch die versöhnlichen Worte, die er zum Schluß des Ratifikationsverfahrens findet. Vielmehr hat in einem ohnehin gespannten Verhältnis ein Wort das andere gegeben.

Bei einem Koalitionsgespräch, zu dem es endlich Anfang März 1955 kommt, fliegen die Fetzen. Adenauer hält Dehler vor, das eigentliche Motiv seiner Bundestagsrede sei abgrundtiefer, persönlicher Haß gegen ihn. Dehler bestreitet dies.[91] Adenauer entschließt sich dann doch »im Hinblick auf unsere gemeinsamen politischen Ziele« einen Strich unter die Angelegenheit zu machen.[92] Das verhindert nicht, daß er Dehler schon Anfang April wegen einer Rede vor dem FDP-Parteitag in Oldenburg wieder einen verärgerten Brief schreibt.[93] Doch erhält er darauf am Karfreitag ein versöhnliches Schreiben Dehlers – »mit der Versicherung meiner Verehrung – das ist kein leeres Wort.«[94]

Aber Adenauer will sich gar nicht mehr vertragen. Auf Dehlers vornehmen, versöhnlichen Brief, der durchaus als eine Art Entschuldigung gewertet werden könnte, kommt er am Dienstag nach Ostern noch von Rhöndorf aus erneut auf die inkriminierte Parteitagsrede Dehlers zurück. Nach dem Stenogramm habe dieser wörtlich ausgeführt: »Es ist eine der großen Fehlentwicklungen, daß es nicht gelungen ist, eine gemeinsame Außenpolitik zu treiben. Da kann man Schumacher, da kann man die SPD anklagen. – Aber, meine Damen und Herren, *verantwortlich* dafür ist derjenige, der die Aufgabe hat, die Außenpolitik zu treiben.«

Adenauer meint dazu rechthaberisch: »An diesem Satz kann man nicht drehen und nicht deuten. Sie machen darin mich dafür verantwortlich, für die große Fehlentwicklung, daß es nicht gelungen ist, eine gemeinsame deutsche Außenpolitik zu treiben. Diesen Vorwurf halte ich für restlos unbegründet und empfinde ihn als einen der schwersten Vorwürfe, der mir überhaupt gemacht werden konnte.« Dehler, der Adenauer am Gründonnerstag gleichsam einen Ölzweig als Zeichen des Friedenswillens wenigstens halb entgegengestreckt hat, muß diesen Brief mit der Grußformel »Mit ausgezeichneter Hochachtung« wie einen Guß kalten Wassers empfinden.[95] Mehr als ein Waffenstillstand ist zwischen dem Kanzler und dem FDP-Vorsitzenden von jetzt an nicht mehr zu erwarten.

Der kurze, aber aufschlußreiche Briefwechsel beleuchtet freilich, daß es im Kern eben doch um einen politischen Gegensatz geht. Adenauer ist nach den heftigen Bundestagsdebatten der vergangenen Monate mehr denn je überzeugt, daß die SPD-Führung willentlich oder voll Torheit das Spiel Moskaus spielt. Seit der Berliner Konferenz liegt das sowjetische Gegenkonzept für die Westbindung der Bundesrepublik auf dem Tisch: ein gesamteuropäisches kollektives Sicherheitssystem. Es würde, so ist Adenauer überzeugt, die Sowjetunion zur europäischen Hegemonialmacht machen. Ein kollektives Sicherheitssystem – eben das ist aber auch die vielfach variierte Forderung der SPD, selbst wenn sie unablässig den Vorwurf als ungeheuerlich zurückweist, damit die sowjetische Vorherrschaft zu riskieren, geschweige denn herbeizuwünschen. Neutralisierung, Blockfreiheit, Bündnislosigkeit – das sind für Adenauer geradezu schmutzige Vorstellungen. Eine seiner Reden Anfang Februar, als die Auseinandersetzung auf ihrem Höhepunkt angelangt ist, enthält die Passage: »Im günstigsten Falle würden wir uns zwischen sämtliche Stühle auf die platte Erde setzen, und die anderen würden ihre Schuhe an uns putzen; das aber paßt nicht zu unserem Charakter.«[96]

Jetzt aber hat es den Anschein, als führe Dehler seine Partei genau auf den Weg, auf dem die SPD schon weit vorangekommen ist. Mag sein, daß Adenauer in den zitierten Briefen vor allem seiner bekannten Unart der Rechthaberei nachgegeben hat. Die Angelegenheit ist aber ernster. Auch in Dehler sieht er jetzt einen der Feinde, die sein Lebenswerk bedrohen. Und mit Feinden hat er immer kurzen Prozeß gemacht.

Ebenso nachteilig sind aber auch die internationalen Rückwirkungen der scharfen Replik Adenauers gegen Max Becker. Die französische Regierung wird durch einige seiner Ausführungen veranlaßt, Präzisierungen vorzunehmen, denen Adenauer seinerseits wieder entgegentreten muß. Zudem wird nun die von langer Hand eingefädelte, höchst geheime Verbindung zu Johannes Hoffmann zerstört. Als Adenauer zornbebend ausruft, die Politik seiner Gegner in der FDP würde zur Folge haben, daß die Grandvals, Hoffmanns und ihre Genossen blieben, während er sie doch wegbekommen wolle, ist der Gesprächsfaden mit Saarbrücken zerrissen. Hallstein, der auf der Regierungsbank sitzt, ist darüber so wütend, daß er seine Akten mit den Worten hinwirft: »Das nennt man nun Außenpolitik!« und mit zornrotem Kopf den Plenarsaal verläßt.[97]

Die Turbulenzen über der Saar können aber am endgültigen Inkrafttreten der Westverträge nichts mehr ändern. Am 5. Mai 1955, 12 Uhr mittags, wird die Bundesrepublik Deutschland souverän. Adenauer möchte das mit einer Feierstunde im Deutschen Bundestag begehen und hat bereits eine Ansprache vorbereitet. Doch wie schon bei der Unterzeichnung der Westverträge im Mai 1952 macht ihm die Opposition einen Strich durch die Rechnung. Es kommt zu einem unerfreulichen Geschäftsordnungshickhack, und zu Adenauers Verdruß sprechen dann nur Fraktionsvertreter. Dem Kanzler bleibt nichts anderes übrig, als wenigstens bei der Flaggenhissung vor dem Palais Schaumburg um 12 Uhr seine Proklamation zu verlesen. Deren Kernpunkt: »Wir stehen als Freie unter Freien, den bisherigen Besatzungsmächten in echter Partnerschaft verbunden ... Es gibt für uns in der Welt nur einen Platz: an der Seite der freien Völker.«

Des Ziels der staatlichen Wiedervereinigung und der unfreien Deutschen in der DDR wird dabei gleichfalls gedacht. Ohne dies mit ganz provozierender Schärfe herauszuarbeiten, spricht es Adenauer auch in dieser für ihn wichtigen Erklärung an, daß aus seiner Sicht nur eine Befreiung in Frage kommt. Die Konsequenzen einer Befreiung werden nur angedeutet, doch wer Ohren hat zu hören, kann das leicht herauslesen: Anschluß der befreiten Landsleute an den deutschen Kernstaat Bundesrepublik und Verbleiben Deutschlands in den westlichen Gemeinschaften: »Unser Ziel: in einem freien und geeinten Europa ein freies und geeintes Deutschland.«

Elf Jahre später, als Adenauer die Proklamation vom 5. Mai 1955 in die »Erinnerungen« aufnimmt, arbeitet er dieses Konzept noch klarer heraus. Schon der Name »Bundesrepublik Deutschland« weise darauf hin, »daß von den Verfassungsgebern an *alle* Deutschen gedacht würde ... Mit dem Wort Deutschland wird ausgedrückt, daß die Bundesrepublik der Staat für *alle* Deutschen ist.« Dabei fügt er aber hinzu, daß schon im Grundgesetz »ebenso wie an die Gemeinschaft der Deutschen an die Gemeinschaft der Europäer gedacht worden war.«[98]

Zwei Tage später fährt der Kanzler an der Spitze einer großen Delegation zur NATO-Frühjahrskonferenz in Paris, um mit gehörigem Zeremoniell den Platz der Bundesrepublik in der atlantischen Gemeinschaft einzunehmen. Auch hier viele festliche Reden. Aber für triumphale

Stimmungen ist keinerlei Zeit. Inzwischen ist nämlich eine Lage eingetreten, die die Westbindung bereits wieder zu relativieren droht. Immerhin ist die Architektur des neuen transatlantischen Sicherheitssystems wenigstens im Rohbau fertig. Aber der Kampf um dessen praktische Ausgestaltung geht weiter, und die Komplexitäten Adenauerscher Außenpolitik werden eher größer als kleiner.

Anfänge der Entspannung

1955 ist eines jener Jahre der zweiten Jahrhunderthälfte, in denen der Kalte Krieg fast übergangslos in eine kurze Entspannungsperiode einmündet. Einen Tag, bevor die Westverträge nach letzten Verzögerungsmanövern in Paris den Rat der Republik passieren, bekundet der sowjetische Ministerpräsident Bulganin am 26. März bereits die Bereitschaft zu einer Gipfelkonferenz. Als Test der Moskauer Entspannungsbereitschaft gilt allgemein die feierliche Unterzeichnung des Österreichischen Staatsvertrags am 15. Mai in Wien. Am 7. Juni sieht sich die Regierung Adenauer mit dem sensationellen Vorschlag Moskaus konfrontiert, diplomatische Beziehungen aufzunehmen. Und am 13. Juni steht bereits fest, daß die Regierungschefs Frankreichs, Großbritanniens und der USA während der zweiten Julihälfte in Genf eine Gipfelkonferenz abhalten werden.

Der britische und der amerikanische Botschafter in Moskau berichten übereinstimmend, daß dort ein »Klimawechsel« stattgefunden habe.[1] Die Öffentlichkeit Westeuropas reagiert darauf mit Begeisterung. Dulles muß dem Präsidenten aus Europa kabeln: »Ich bin etwas in Sorge über das leidenschaftliche Verlangen nach einem Treffen der Großen Vier, das hier in Europa herrscht. Man verbindet damit die Annahme, daß vor allem ein Treffen der Regierungschefs so etwas wie ein Wunder bewirken wird. Niemand zeigt Interesse, darüber nachzudenken, wie es dabei überhaupt zu einer fruchtbaren Diskussion kommen könnte. Die bloße Tatsache eines Treffens scheint schon genug ...«[2]

Man müßte eigentlich annehmen, daß Adenauer jetzt vor Zufriedenheit strahlt. Die Westbindung ist perfekt. Statt der angekündigten »Eiszeit« nach Ratifikation der Verträge naht ein Entspannungsfrühling und ein Entspannungssommer. Auch Moskau kann es gar nicht mehr abwarten, mit der neuen »europäischen Großmacht« normale diplomatische

Beziehungen aufzunehmen. Und der sowjetische Rückzug aus Österreich läßt hoffen, daß die Lösung der deutschen Frage vielleicht doch möglich sein wird.

In Wirklichkeit ist Adenauer stark verunsichert. Er spürt nämlich genau, daß von jetzt an die inneren Widersprüche seiner Außenpolitik sichtbar zutage treten werden. Einerseits, so hat er versprochen, hat die Bundesrepublik im NATO-Rahmen »die volle Souveränität wiederbekommen«[3] und das will er unbedingt konkretisieren. Das heißt aber, daß Bonn auch die Beziehungen zur Sowjetunion und zum Ostblock generell autonom gestalten darf. Adenauer selbst hat schließlich seit 1952 dann und wann festgestellt, natürlich beinhalte die Souveränität auch das Recht, Beziehungen zur Sowjetunion aufzunehmen.

Damit sieht er sich vor einem Rattenschwanz schwierigster Probleme. Moskau hat schon einen Botschafter in der DDR sitzen. An völkerrechtlich verbindlichen Festlegungen in bezug auf die DDR führt also kein Weg vorbei. Ähnliches gilt für das Verhältnis zu Polen. Und wie soll nun das ureigenste Ziel deutscher Politik, die Wiedervereinigung, von der Bundesregierung selbst ins Gespräch gebracht werden?

Die Widersprüchlichkeit liegt auch darin, daß Adenauer immer wieder erklärt hat, nach Inkrafttreten der Verträge unverzüglich mit dem Aufbau »der Wehrmacht«, wie er noch lange sagen wird, zu beginnen. Jetzt aber fällt das ausgerechnet mit einer ersten Entspannungsperiode zusammen. Die Neigung Frankreichs und Großbritanniens, unter diesen Umständen doch wieder etwas zu bremsen, zumindest was Zahl und modernste Ausrüstung der deutschen Truppen angeht, läßt sich unschwer prognostizieren. Vor allem aber wird dies das Verhältnis zur Sowjetunion selbst belasten.

Einerseits argumentiert ja Adenauer seit 1948, deutsche Truppen seien ganz zwingend nötig, um die Sowjets von Abenteuern abzuschrecken. Er möchte Deutschland übrigens auch deshalb wieder wehrfähig machen, weil er darin ein Zentralelement der Souveränität erkennt.[4] Andererseits betont er aber stets mit viel Nachdruck, eine Wiedervereinigung Deutschlands sei nur in einem Klima west-östlicher Entspannung möglich. Dabei komme es in erster Linie auf globale und europäische Abrüstung und Rüstungskontrolle an.

Wie läßt sich das alles unter einen Hut bringen? Diese Widersprüche werden ihn bis ans Ende seiner Kanzlerschaft in Atem halten. Sie bewirken auch, daß er das Jahr 1955 nicht mit fröhlicher Zuversicht, sondern höchst beunruhigt und mißmutig durchsteht.

Die inneren Widersprüche Adenauerscher Entspannungspolitik werden nicht zuletzt durch eine charakteristische Ambivalenz auf seiten der Westmächte verschärft. Der Kalte Krieg ist weder in Frankreich und Großbritannien noch in den USA besonders populär. Wenn sich Aussichten zum Entspannungsdialog eröffnen, so kann sich dem keine Regierung leichthin entziehen. Dabei zeigt sich aber dann rasch, daß die Sowjetunion im Zeichen der Entspannung vor allem die westliche Wiedervereinigungspolitik in Frage stellt. Adenauer muß also von seiten der Verbündeten nunmehr zusehends Konzessionen auf Kosten der Bundesrepublik befürchten – Konzessionen bezüglich des Sicherheits-Status oder Konzessionen in der Wiedervereinigungsfrage. Unablässig sieht er sich von nun an unter Erwartungsdruck, doch bitte auch einen deutschen Beitrag zur Entspannung zu leisten. Das heißt aber zumeist: Zugeständnisse in bezug auf die Hinnahme der Teilung und Zugeständnisse an sowjetische Rüstungskontrollinitiativen.

Zugleich aber kennt Adenauer die Furcht der westlichen Kabinette vor deutscher Unzuverlässigkeit. Läßt er sich nämlich selbst zu stark auf den Dialog mit Moskau ein, so verdichten sich bei John Foster Dulles oder in Paris rasch die Ängste vor einem neuen »Rapallo«. Dem läßt sich zwar durch taktfeste Konzertierung der deutschen Ostpolitik im Bündnis entgegenwirken. Doch indem Adenauer diesen Ausweg aus dem Dilemma wählt, verzichtet er zugleich auf spektakuläre Erfolge, die ihm innenpolitische Dividenden einbringen würden. Einmal – im September 1955 – wagt er doch einen ostpolitischen Alleingang, auch wenn dieser im Bündnis hinlänglich abgesichert ist. Aber das interne Echo im Westen auf die Aufnahme diplomatischer Beziehungen zur Sowjetunion zeigt ihm deutlich, daß er damit bereits an die äußerste Grenze des Tolerablen gegangen ist.

Solche widersprüchlichen Erwartungen begleiten also von nun an Adenauers Außen- und Sicherheitspolitik. Sie belasten ihn nicht zuletzt auch innenpolitisch. Wie bisher ist es für die SPD naheliegend, sowjetische Entspannungsinitiativen unterschiedlichster Art aufzugreifen. Nachdem die Bundesrepublik die Souveränität erhalten hat, verstärkt sich aber auch das Drängen aus der FDP, den neugewonnenen ostpolitischen Spielraum im Interesse der Wiedervereinigung auszuloten. Gelegentlich kommen entsprechende Vorstöße sogar aus der CDU. Und die parteipolitischen Manöver zielen allesamt auf eine öffentliche Meinung ab, die nach deutschlandpolitischen Taten verlangt und des Kalten Krieges müde ist.

Anfänge der Entspannung

Diese Grundgegebenheiten bundesdeutscher Ostpolitik im Zeichen der Entspannung zeigen sich erstmals in vollem Umfang im Winter und Frühjahr 1955. Weder Adenauer selbst noch seine engsten Berater glauben nämlich in diesen Monaten daran, daß die Zeit für ertragreiche Verhandlungen mit der Sowjetunion schon gekommen ist.

Mitte Februar lädt Herbert Blankenhorn, damals wie später der eigentliche Vordenker Adenauers, Adolf Heusinger und einige Herren des Auswärtigen Amts zu einem *brainstorming* ein. Thema: Entspannung im deutsch-sowjetischen Verhältnis und Lösung der Wiedervereinigungsfrage. Die denkbaren sicherheitspolitischen Konzessionen werden erörtert. »Liegt der Preis etwa in einer erneuten Rüstungsbeschränkung der Bundesrepublik? ... Genügt es der Sowjetunion, wenn das Potential der wiedervereinigten Ostzone dem Potential Westdeutschlands nicht zuwächst? Soll man eine solche Konzession verbinden mit dem Vorschlag einer entmilitarisierten Zone, die von der Ostsee bis zur Adria quer durch Europa gelegt wird – auf der einen Seite die Ostzone, auf der anderen Seite polnisches und tschechisches Gebiet umfaßt. Entmilitarisiert würde bedeuten, kontrolliert durch eine europäische oder internationale Institution wie die UNO, die in dieser Zone gemischte, aus neutralen, amerikanischen und russischen Truppen zusammengesetzte Kontrolleinheiten unterhält.«[5]

Blankenhorn greift hier also seine schon im Frühjahr 1953 entwickelten Ideen wieder auf. Das Ergebnis ist aber weiterhin ernüchternd. Die kritischen Punkte: man würde sich dabei rasch sowjetischen Vorstößen zur Anerkennung der Oder-Neiße-Linie gegenübersehen, verbunden mit der Forderung nach einem System von Nichtangriffspakten »mit allen Satellitenstaaten«: »Dann hätte die Bundesrepublik für alle Zeiten die Gebiete östlich der Oder-Neiße zediert und das russische Satellitensystem feierlich anerkannt.«[6]

Damit sind die kritischen Punkte aber nicht erschöpft. Es ist als sicher anzunehmen, daß die Sowjetunion auch weiterhin in der Entfernung der amerikanischen Truppen aus Europa die erste Priorität sehen wird. Ein Sicherheitssystem, das die amerikanische Militärmacht in Mitteleuropa beließe, wäre aus Sicht Moskaus unannehmbar. Denn nichts erscheint den Sowjets so »unerträglich«, wie »die Kombination einer deutschen Armee und dem amerikanischen Rüstungs- und Mannschaftspotential«.[7]

Aber auch eine Quasi-Neutralisierung ganz Westeuropas, garantiert von den USA und der Sowjetunion, wäre ein sehr gefährliches Konzept.

Der nüchterne Planer Adolf Heusinger, auf den Adenauer große Stücke hält, erweist sich auch bei dieser Gelegenheit als entschiedener Befürworter starker amerikanischer Truppenpräsenz: Westeuropa wäre im Kriegsfall »ohne die Stationierung amerikanischer Truppen nicht zu halten. Die deutschen Kräfte (zwölf Divisionen) reichen hierzu nicht aus. Die Unterstützung, die diese Kräfte durch Frankreich, Italien, die Benelux usw. erhalten, ist völlig unzureichend und in höchstem Maße unsicher. Im Falle einer Krise in Mitteleuropa würden die amerikanischen, ja selbst die britischen Truppen viel zu langsam zur Stelle sein, um den Vormarsch der Sowjets und ihrer Satelliten rechtzeitig abzufangen.«[8] Ergebnis: »Eine nüchterne Prüfung aller militärischen und politischen Möglichkeiten ergibt deshalb, daß es bei der gegenwärtigen Haltung der Sowjets kein System gibt, das die Sicherheit aller Beteiligten garantiert und die Sowjetrussen veranlaßt, die Wiedervereinigung Deutschlands zuzulassen.«[9]

Ziel der kommenden Verhandlungen kann also nur sein, die Sowjetunion immer wieder vor die kritischen Fragen zu stellen. Moskau muß sich vor der öffentlichen Meinung des Westens dekuvrieren, daß es »nicht bereit ist, den gegenwärtigen Status quo aufzugeben« und daß seine Politik eher darauf abzielt, nach der Absorption weiterer europäischer Gebiets zu greifen: »Wir werden also Sicherheitspläne entwickeln, sie mit den Alliierten abstimmen und den Russen vorschlagen – ohne Illusion, daß hieraus irgend etwas Konkretes, dem Frieden Dienendes entstehen kann.«[10]

Am 9. März 1955 tragen Hallstein und Blankenhorn diese Überlegungen Adenauer in Rhöndorf vor, der wie fast jedes Jahr mit einer Frühjahrsgrippe zu Bett liegt. Dabei wird insbesondere auch noch die Tatsache angesprochen, daß die rapiden Fortschritte der Sowjetunion auf dem Gebiet der Atom- und Wasserstoffbomben jedes Angebot einer Demilitarisierung der Ostzone als unerheblich erscheinen lassen.

Adenauer bekräftigt die Analysen dieser Berater. Der Preis einer Neutralisierung Gesamtdeutschlands in den Formen, wie sie derzeit für Österreich ausgehandelt werden, erscheint ebenso unannehmbar wie der Abzug der amerikanischen Truppen vom Kontinent und aus England. Denn Neutralisierung Deutschlands wäre nur »der erste Schritt zur totalen Evakuierung Europas durch die Amerikaner«. Eine erfolgreiche periphere Verteidigung des Kontinents wäre gleichfalls undenkbar. Die zwölf deutschen Divisionen würden nichts nützen, »solange nicht der Luftschirm (auch mit Atomwaffen) aufrechterhalten wird«.[11]

Eine erfolgreiche Viererkonferenz ist also unter diesen Umständen nicht zu erwarten. Vieleicht wäre ein globales *Quidproquo* denkbar, in das auch die Wiedervereinigung einzubinden wäre. Das vorrangige Ziel der deutschen Außenpolitik muß aber darin liegen, daß nichts geschehen darf, was den »Abzug der amerikanischen Truppen« und eine »Aufgabe ihrer Stützpunkte« fördert.[12]

Auf dem Hintergrund solcher Grundüberlegungen sind die Vorschläge zu verstehen, die Adenauer von nun an bis hin zur letzten Planungsphase der Genfer Konferenz macht. In verschiedenen Telegrammen nach Washington berichtet James Conant, daß der Kanzler in längeren Ausführungen jetzt zweierlei herausarbeitet. *Erstens*: die Sowjetunion befinde sich auf dem Höhepunkt ihrer militärischen Macht. Ein rascher Machtverfall aufgrund binnenwirtschaftlicher Schwierigkeiten und wegen der prekären Beziehung zu China scheine zwar denkbar. Soweit sei es aber noch nicht. Gegenwärtig wäre es daher kontraproduktiv, allein die deutsche Frage zu verhandeln. *Zweitens*: der Westen sollte globale Vereinbarungen über Atomwaffen und strategische Waffen anstreben.[13] In Verbindung damit könne man ein »europäisches Sicherheitssystem« unter Beteiligung aller europäischen Länder, der USA und Kanadas vorschlagen. Substantieller Gehalt eines solchen Systems: »Nicht-Angriffs-Vereinbarungen, gegenseitige Beistandsverpflichtungen, Verlust der Rechte aus dem Vertrag durch Angreifer, Rüstungsbeschränkungen und Rüstungskontrolle sowie Gewaltverzicht in bezug auf territoriale Fragen.« Damit zu verbinden wären neue Vorstöße zur Wiedervereinigung gemäß dem Eden-Plan von 1954. Die NATO müsse aber fortdauern: »Der neue Vorschlag soll dem Aufbau deutscher Streitkräfte nach den Pariser Verträgen nicht im Wege stehen.«[14]

An dieser Grundlinie Adenauers ändert sich bis im Herbst 1955 wenig. Die deutsche Frage, meint der Kanzler im April 1955 »alles andere als enthusiastisch«, soll erörtert werden, doch nicht isoliert, vielmehr in enger Verbindung mit globalen und gesamteuropäischen Entspannungsvereinbarungen. Eine Beteiligung der Bundesrepublik an Viermächteverhandlungen über Deutschland scheint ihm aber wenig zweckmäßig, da dann die Teilnahme von Vertretern der Ostzone unvermeidlich wäre.[15] Deren gleichberechtigte Hinzuziehung, so gibt er am 7. Mai 1955 John Foster Dulles zu bedenken, würde »auf die Bevölkerung der Ostzone einen sehr schlechten Eindruck machen und praktisch als eine Anerkennung der DDR angesehen«. Es gelte aber, den »psychologischen Widerstand« wachzuhalten.[16]

Bei der Planung für die Deutschlandverhandlungen müssen intern auch wieder Details eines europäischen Sicherheitssystems erörtert werden. Schon Ende April meint der Kanzler zu Conant, eine frei gewählte deutsche Regierung könnte eventuell von vornherein mit bestimmten Sicherheitsbeschränkungen einverstanden sein: keine Truppenstationierung östlich der Elbe sowie keine Rekrutierung deutscher Soldaten östlich der Elbe. Ersteres scheint ihm ein diskutabler Vorschlag, letzteres komme »überhaupt nicht in Frage«.

Hinzu tritt dann noch das dornige Problem der Oder-Neiße-Linie, von deren Erörterung Adenauer nur Nachteile erwachsen könnten. Entweder wird er nämlich dazu gedrängt, sie zu akzeptieren, oder er muß darauf bestehen, sie nicht einmal als Preis für die Wiedervereinigung hinzunehmen. Beides wäre gleicherweise belastend.[17]

Immerhin billigt der Kanzler Ende April eine recht weitgehende Instruktion für die Londoner Planungsgruppe, die eine Viermächtekonferenz vorbereitet. Darin ist für den Fall einer Wiedervereinigung vorgesehen:

»1. keine Beeinträchtigung des bestehenden westlichen Verteidigungssystems (weder NATO noch WEU);

2. der Westen ist bereit, die in dem Vertragssystem festgelegten Rüstungsbeschränkungen aufrechtzuerhalten, vorausgesetzt, daß der Osten in gleicher Weise verfährt (Gleichgewicht der klassischen Waffen). Hierbei keine besonders diskriminierenden Auflagen für Deutschland;

3. keine Erhöhung des militärischen Potentials des Westens durch Wiedervereinigung;

4. Schaffung einer von der Ostsee bis an die Adria reichenden demilitarisierten Zone, die u. a. auch die bisher sowjetisch besetzte Zone umfaßt.«[18]

Diese Idee – für den Fall einer Wiedervereinigung – ist mit dem Plan eines »europäischen Garantie- und Beistandspaktes« unter Beteiligung der USA und Kanadas verbunden. Die territorialen Fragen sollen weiterhin unter Friedensvertragsvorbehalt stehen. Und der letzte Punkt dieser zweiseitigen Instruktion für Blankenhorn lautet: »Gesamtdeutschland dürfe hinsichtlich seines internationalen Status keine diskriminierenden Bestimmungen (Neutralisierung) auferlegt werden.«[19] Wichtig ist für Adenauer die Verbindung der europäischen Frage mit globaler Abrüstung, aber auch mit einer Verständigung über die fernöstlichen Spannungen.[20]

Alle diese Überlegungen entwickeln sich vor dem Hintergrund der Lösung des Österreich-Problems durch frei gewählte Neutralität. Damit ist Adenauers Neutralisierungstrauma berührt. Und nun macht sogar Präsident Eisenhower auf einer Pressekonferenz am 18. Mai 1955 eine Äußerung, die ihn aufs höchste alarmiert. Ausgerechnet auf die Frage des Korrespondenten der zur Neutralisierung neigenden französischen Zeitung *Le Monde* bemerkt der Präsident, es scheine sich der Gedanke zu entwickeln, daß man eine Reihe von neutralisierten Staaten von Norden nach Süden durch Europa aufbauen könne. Wäre das eine Neutralisierung nach dem Muster der Schweiz, so würde dies kein militärisches Vakuum schaffen.[21]

Der Phantasie ist damit weiter Spielraum gegeben. Neutral sind bereits Schweden, Österreich und die Schweiz. Um Jugoslawien ist die neue Moskauer Führung intensiv bemüht. Tito, so hört man, könne sich durchaus ein neutrales Deutschland in einem Gürtel neutraler Staaten quer durch Europa vorstellen.[22] Denkt nun auch Eisenhower etwa daran, daß ein wiedervereinigtes Deutschland Neutralitätsstatus erhalten könnte?

Adenauer ist so alarmiert, daß er auf den 25. Mai die Botschafter aus Washington, London und Paris nach Bühlerhöhe ruft. Krekeler, von Herwarth, Freiherr von Maltzan sowie Hallstein und Blankenhorn finden hier einen Kanzler vor, der alles gleichzeitig ist: wütend auf Eisenhower, doch auch auf Dulles, tief besorgt und fest entschlossen, diese Idee »ein für allemal totzumachen.«[23]

Die österreichische Neutralität – »die ganze österreichische Schweinerei« – paßt ihm seit Monaten nicht. Er argwöhnt ein Zusammenspiel nachgeordneter Beamter des State Department mit Wiener Regierungskreisen: »Das Ganze ist getüftelt mit den österreichischen Sozialisten.«[24]

Zu Eisenhower hat er überhaupt kein Zutrauen mehr. Wer wie er selbst den Zusammenhang zwischen Wahlen und Außenpolitik unablässig im Kopf hat, kann auch bei einem amerikanischen Präsidenten nichts anderes als nüchternen Wahlkalkül vermuten: »Eisenhower steht nächstes Jahr zur Wiederwahl. Stellen Sie sich vor, es würde ihm gelingen, mit Rußland zu einem Abkommen zu gelangen, das auch in Asien wirksam wird, dann wäre seine Wiederwahl 120% gesichert.«[25]

Die Amerikaner, so schilt er weiter, »kennen dieses Europa nicht«, verstehen nicht seine Bedeutung. Außerdem: muß bei Eisenhower, aber eben auch in der amerikanischen öffentlichen Meinung, nicht weiterhin eine tiefsitzende Aversion gegen die Deutschen vermutet werden? »Deutschland war doch der Feind. Sie betrachten uns trotz allem nicht als

Freund, sie betrachten uns doch als notwendig gegen Rußland. Wenn sie mit Rußland Ruhe bekommen, indem sie die Satellitenstaaten und gleichzeitig Deutschland neutral machen, ist das ein Gedanke, der nicht so ohne weiteres in seiner ganzen Konsequenz erkannt wird.«[26] Nur allzu deutlich erkennt Adenauer nun also, was alles aus den luftigen Ideen einer »demilitarisierten Zone« werden könnte, wofür er einen Monat zuvor Hallstein und Blankenhorn zumindest gelbes Licht gegeben hatte.

Auch John Foster Dulles hat er im Verdacht, insgeheim doch auf einen neutralen Gürtel hinzuwirken. So ganz will er sich auch nicht von Botschafter Krekeler beruhigen lassen. Dulles, meint er recht abschätzig, begreife nicht, daß ein neutraler Gürtel auch die NATO und die WEU erledigen würde. Dabei hätten doch »alle Neutralisierungssysteme im Grunde genommen, wenn es hart auf hart geht, keine Bedeutung ... Es kommt nur auf eines an, nämlich Abrüstung der großen Nationen.«[27] Dulles' öffentliche Stellungnahme gegen die Idee eines neutralen Gürtels beruhigt ihn zwar wieder etwas. Aber er fragt sich jetzt, ob dieser das State Department richtig im Griff hat, ganz zu schweigen vom Präsidenten im Weißen Haus, der anscheinend Freude daran gewinnt, seine eigene Außenpolitik zu betreiben.

Der Vorfall bestärkt Adenauer in seiner Neigung, das Thema Wiedervereinigung nur mit allergrößter Behutsamkeit ins Spiel zu bringen. Die versammelten Diplomaten erhalten von ihm eine Lektion über die Staatsräson der Bundesrepublik: »Wir haben der Welt mit immer größerer Lautstärke verkündet, die Wiedervereinigung ist das erste Problem der Welt. Das ist falsch. Das erste Problem ist, daß wir in Frieden und Freiheit bleiben, zunächst die 50 Millionen, und dann kommen die 18 Millionen.«[28]

Was geschehen kann, um die USA wieder auf Kurs zu bringen, geschieht. Parallel zur Demarche von Botschafter Krekeler sucht Adenauer über General Speidel auf den NATO-Oberkommandierenden General Gruenther einzuwirken. Er selbst nimmt sich John Foster Dulles Mitte Juni in Washington vor und fragt ihn ziemlich unverblümt, wo eigentlich die amerikanische Außenpolitik gemacht werde – im State Department oder im Weißen Haus? Dulles lernt nun einen deutschen Kanzler kennen, der ihm, dem Außenminister des Präsidenten, ohne Umschweife die Namen jener Gruppe nennt, die – so glaubt er – Präsident Eisenhower negativ beeinflußt: Milton Eisenhower, der Bruder des Präsidenten, leider zugleich ein früherer Mitarbeiter des sowjetfreundlichen Harry Hopkins, Sherman Adams, Senator George, George

Kennan und in Moskau Botschafter Bohlen. Wie will Dulles darauf anders antworten als mit der Versicherung, er besitze nach wie vor das ungeteilte Vertrauen des Präsidenten?![29]

Die wichtigste Maßnahme zur Durchkreuzung der Idee eines neutralen Gürtels ist aber Adenauers Weisung an Theo Blank, umgehend den Entwurf für ein Freiwilligengesetz vorzulegen.[30]

Nachdem Adenauer nun erkannt hat, wie problematisch sich die Idee einer »demilitarisierten Zone« auswirken kann, trägt er schleunigst Sorge, einen Rüstungskontrollplan zu skizzieren, der eben nicht mit dem Konzept eines neutralen Gürtels verknüpft ist. Anfang Juni setzen sich Blankenhorn und Heusinger, assistiert von Professor Kaufmann und Wolfgang von Welck, erneut zusammen, um die alten Ideen aus dem Frühjahr 1953 und die im April 1955 entwickelten Vorstellungen der veränderten Lage anzupassen. Daraus entsteht der sogenannte Heusinger-Plan vom 11. Juni 1955.

An der bisherigen negativen Einschätzung der sowjetischen Politik hat sich immer noch nichts geändert. Die sechsseitige Aufzeichnung beginnt mit der Feststellung, »daß die Sowjetunion ihre politischen Endziele in keiner Weise modifiziert hat ...«. Immerhin habe sie aber am 10. Mai Abrüstungsvorschläge unterbreitet, die sorgfältige Prüfung verdienten. Im Klartext heißt dies: auch dieser Plan ist in erster Linie Spielmaterial für die kommenden Verhandlungen.

Es sei also geboten, bei den Viermächteverhandlungen vier Problemkreise miteinander zu verknüpfen: 1. Allgemeine weltweite Abrüstung unter Einbeziehung des Atomproblems; 2. Rüstungsbeschränkung in Europa; 3. Wiedervereinigung nach Maßgabe eines zu verbessernden Eden-Plans von 1954; 4. Aufbau eines europäischen Sicherheitssystems.[31] Alle Punkte könnten nur zusammen gelöst werden. Vor allem dürften die Punkte 1, 2 und 4 nicht ohne Punkt 3 geregelt werden.

Das eigentliche Neue in dieser Phase der Planungen sind die Gedanken zu Punkt 2. Die gegenwärtige Sicherheitslage in Europa, so findet sich hier ausgeführt, sei durch »ein außerordentliches Mißverhältnis der Kräfte« gekennzeichnet. Seine Beseitigung wäre eine wichtige Voraussetzung für »echte Entspannung«.

Zur Herbeiführung eines Gleichgewichts der Rüstungen ist vorgesehen, »daß in einer Tiefe von 200 km eine demilitarisierte Zone geschaffen wird, die sich von der Ostsee bis zur Adria erstreckt und im wesentlichen größere Teile der sowjetischen Besatzungszone (außer dem Thüringer Wald), Teile des heutigen Polens, der Tschechoslowakei und des östlichen Österreichs umfaßt«. Beiderseits dieser entmilitarisierten Zone müßte »ein Gleichgewicht der militärischen Kräfte hergestellt werden«. Im westeuropäischen Raum wären die NATO-Streitkräfte einschließlich der deutschen Divisionen stationiert; im angrenzenden östlichen Raum die gleiche Anzahl sowjetischer Truppen oder von Streitkräften der Satellitenstaaten. Wegen der derzeitigen beiderseitigen Asymmetrie käme ein Abzug amerikanischer oder britischer Truppen »auf absehbare Zeit« nicht in Frage. Allenfalls könnte als wichtige Konzession der ausdrückliche Verzicht des Westens ausgesprochen werden, die bestehende deutsche Truppenstärke in Höhe von 12 Divisionen im Falle der Wiedervereinigung Deutschlands nicht zu erhöhen.[32]

Heusinger erhält diese Ideen zur weiteren Überarbeitung und händigt dem Kanzler am 12. Juni, einen Tag vor dessen Abreise nach New York, eine Karte der *National Geographic* aus. Mit der Eintragung des Zonenplans auf eine amerikanische Landkarte soll sichergestellt werden, daß niemand zurückverfolgen kann, wo diese Ideen ihren Ursprung haben.[33]

Der Plan weist jetzt drei Zonen auf. Die demilitarisierte Zone I deckt eine tulpenförmige Fläche ab, größtenteils die DDR. Der obere Rand des Tulpenkelches erstreckt sich von Travemünde bis Stettin; der Ansatz der Tulpe liegt bei Triest. Wien und Prag sind einbezogen. Die Zone II reicht westlich bis zum Rhein, erfaßt aber auch die österreichischen und italienischen Alpen und die Lombardei bis zum Po. Die östliche Zone II erfaßt Teile des Baltikums, Polen und einen Teil Ungarns. In dieser Zone gleicher Rüstung sollen keine Raketen und Fernlenkgeschosse stationiert werden. Zone III umfaßt im Westen ganz Frankreich, Italien südlich des Po, Belgien und einen Teil der Niederlande, im Osten westliche Bezirke der Sowjetunion und den größten Teil des Balkans einschließlich Griechenland.

Aus Adenauers Sicht besonders wichtig ist dabei, daß ein Zusammenfallen von Ländergrenzen und Sicherheitszonen konsequent vermieden worden ist – beste Vorkehrung gegen die Idee eines neutralen Gürtels. Selbst im wiedervereinigten Deutschland soll wenigstens der Thüringer Wald zur Sicherheitszone gehören, in der NATO-Truppen stationiert sind.

Der Plan verstirbt schon im frühen Embryonalzustand. Adenauer nimmt die Karte mit nach Washington und übergibt sie dort am 13. Juni John Foster Dulles mit der Bitte um strengstens vertrauliche Behandlung. Der von ihm politisch gebilligte Plan sei für den Fall gedacht, daß sich die Sowjets nicht zurückdrängen ließen.[34] Im übrigen müßten die Einzelheiten von Heusinger noch weiter ausgearbeitet werden.

In ähnlicher Weise wird Harold Macmillan, inzwischen britischer Außenminister, in New York informiert. Adenauer bittet auch ihn, die Karte nicht nach Paris weiterzugeben. Außenminister Pinay sei jedoch ein vertrauenswürdiger Mann, er werde ihn unterrichten.[35]

Tatsächlich wird Frankreich in einem Gespräch zwischen Blankenhorn und Jean-Marie Soutou in großen Zügen informiert. Soutous Kommentar in seinem Bericht an den Quai d'Orsay: »confidences confuses«. Blankenhorn versäumt auch nicht, ihm anzuvertrauen, er selbst habe starke Zweifel, ob ein derartiger Plan für Moskau annehmbar wäre. Doch das Wichtigste sei gegenwärtig, die öffentliche Meinung zufriedenzustellen. Zumindest gelte das für Deutschland.[36]

Das Geheimnis bleibt aber gewahrt. Da sich die Sowjetunion in der Frage freier Wahlen überhaupt nicht bewegt, spielt dieser Plan bei den Ost-West-Verhandlungen keine Rolle. Dasselbe Schicksal hat vorerst auch ein vergleichbarer britischer Vorschlag, in den wohl einige Grundgedanken des Heusinger-Plans Eingang finden.[37] Washington und London kommen aber bei seiner Erörterung schließlich zum nämlichen Schluß: zu kompliziert und für die Sowjetunion zu wenig attraktiv.[38] Wenn es überhaupt zu einer Wiedervereinigung käme, scheint den Briten die Idee einer Demilitarisierung der Ostzone attraktiver. Allerdings haben sie wenig zu erwidern, als Livingston Merchant dies kritisch kommentiert: »Der Plan einer demilitarisierten Zone wäre für die Sowjets kaum annehmbar, es sei denn, sie hielten Ostdeutschland ohnehin für verloren und seien durch innere Schwierigkeiten zur Verzweiflung getrieben.«[39] So verschwindet auch die britische Variante des Heusinger-Plans, der eigentlich ein Adenauer-Plan ist, für 35 Jahre von den Konferenztischen.

Geschichtliche Kurzzeitwirkung ist diesen Überlegungen nicht beschieden. Aber sie sind doch aufschlußreich. Ganz offensichtlich könnte Adenauer, später ein so geschworener Feind von demilitarisierten Zonen, diesen durchaus Geschmack abgewinnen, wenn sie sich nur östlich der Zonengrenze einrichten ließen. Sobald freilich auch nur ein Zipfel der Bundesrepublik mitkontrolliert werden soll, wie das die Briten zur gleichen Zeit vorsehen[40], schwindet sein Interesse.

Die rasche Vorlage dieses Plans beweist auch, wie stark ihn die Neutralisierungsdiskussion beunruhigt hat. Zumindest den Spitzenpolitikern des Westens, im Lauf der Verhandlungen vielleicht sogar einer breiten

Öffentlichkeit, soll dieser Plan beweisen, wie unverbrüchlich der Kanzler auch ein wiedervereinigtes Deutschland in der NATO verankert sehen möchte. Und schließlich ist die komplizierte Anlage der Kontrollzonen dazu bestimmt, jeden Gedanken an die Neutralisierung einzelner Staaten zu verdrängen.

Hatte sich Adenauer bis Ende Mai gegenüber der neuen Entspannungspolitik eher in der Defensive gefühlt, so ist er nach Eingang der Moskauer Einladung zu deutsch-sowjetischen Direktgesprächen rasch wieder obenauf. Am 7. Juni erhält er das Telegramm des Pariser Botschafters Heinrich Freiherr von Maltzan, mit dem der sowjetische Wunsch nach einem Besuch zur Aufnahme diplomatischer Beziehungen mitgeteilt wird.[41] Schon am folgenden Tag erklärt die Bundesregierung in einem Kommuniqué, sie begrüße den russischen Vorschlag und hoffe, die Prüfung der Vorfragen werde zu dem Ergebnis führen, daß eine Aussprache des Bundeskanzlers mit den sowjetischen Staatsmännern zweckmäßig sei.[42] Kein Wort davon, daß zuvor die Verbündeten konsultiert werden sollten! Ebenfalls kein Wort davon, welche Vorfragen denn zu klären wären![43]

Statt dessen bemerkt Adenauer in einem Interview mit United Press, er sei froh, durch eine Aussprache mit der Sowjetunion zur Entspannung beitragen zu können. Offenbar soll also über alle schwebenden Fragen gesprochen werden. Auch gegen den Vorschlag, nach Moskau zu fahren, obwohl sich dort keine Botschaftseinrichtungen befinden, hat er nichts Prinzipielles einzuwenden.

Seine Gründe für soviel Eile sind verständlich. Bisher hat ihn die Opposition im Einvernehmen mit der Ostblockpropaganda als Kalten Krieger verurteilt. Jetzt bezeichnet ihn Moskau selbst als erwünschten Gesprächspartner. Das gilt es zu nutzen. Desgleichen muß er nun nicht mehr grollend beiseitestehen, während Amerikaner, Briten und Franzosen Entspannungspolitik betreiben. Bald wird er selbst über einen eigenen Draht nach Moskau verfügen.

Auch die Koalition mit der FDP wird jetzt wieder leichter. Seit einem halben Jahr schon geht ihm Thomas Dehler mit der Forderung nach Aufnahme diplomatischer Beziehungen auf die Nerven. Jetzt kann er sie aufnehmen, wenn alles gut geht – aber er ist grimmig entschlossen, Dehler nicht in die Verhandlungsdelegation einzubeziehen.

Allerdings spürt Adenauer doch genau, daß er es nun mit den Rapallo-Ängsten im Westen zu tun bekommt. So spielt er am 19. Juni bei Premierminister Eden, der eben Winston Churchill abgelöst hat, den tief Besorgten. Die Sowjetunion wolle ihn mit der Einladung nach Moskau in Schwierigkeiten bringen. Gehe er nicht, so heiße es in der deutschen Öffentlichkeit, er wolle weder Frieden noch Entspannung und Wiedervereinigung. Komme er aber ohne Ergebnis zurück, dann werde man ihn erst recht einen Reaktionär nennen, mit dem kein Verhandeln möglich sei. Moskau, so glaube er, habe ihn vor allem eingeladen, um ihn in der öffentlichen Meinung »kaputt zu machen«[44]. John Foster Dulles hört von ihm dieselbe Klage.[45]

Peinlicherweise muß er ausgerechnet in diesem Moment, als sich jedermann wieder einmal an frühere deutsche Schaukelpolitik erinnert, Dulles und Eden über eine Erkundungsmission Finanzminister Schäffers in Ost-Berlin berichten.[46] Oder ist ihm das vielleicht gar nicht peinlich? Handelt es sich eher um einen Wink mit dem Zaunpfahl?

Der Vorgang ist in vielerlei Hinsicht typisch für Adenauer. Einige Zeit vor der Reise nach Washington, so hält der Kanzler am 30. Juni 1955 in einer Aktennotiz fest, habe ihn Schäffer über einen Kontaktversuch von DDR-General Vinzenz Müller unterrichtet. Beide – Schäffer Jahrgang 1888, Müller Jahrgang 1894 – sind vor dem Ersten Weltkrieg bei den Benediktinern in Mettnau zur Schule gegangen. Die Irrungen und Wirrungen des 20. Jahrhunderts haben Schäffer als CSU-Minister ins Bonner Bundeskabinett geführt. Müllers Lebenslauf ist bewegter: Er wird Berufsoffizier, Generalstäbler, avanciert im Zweiten Weltkrieg zum Kommandierenden General des XII. Armeekorps und kapituliert im Sommer 1944 nach dem Zusammenbruch der Heeresgruppe Mitte bei Minsk. In Gefangenschaft wird er Mitglied des Bundes Deutscher Offiziere, absolviert die Antifa-Schule und findet sich im Frühjahr 1949 als Politischer Geschäftsführer der Blockpartei NDPD in der Ostzone. 1952 ist er bereits Generalinspekteur der Volkspolizei, 1953 Stabschef der kasernierten Volkspolizei und Stellvertretender Minister des Innern. Ein gefährlicher Mann also.

Über einen deutschen Großkaufmann, so berichtet Schäffer angeblich dem Kanzler, habe sich Müller an ihn gewandt mit der Frage, »ob eine Verhandlung zwischen der Bundesrepublik Deutschland und Sowjetrußland nicht möglich sei«. Offenbar hat sich das im Vorfeld der sowjetischen Einladung nach Moskau abgespielt. Der Brief, in dem Schäffer formell von der Kontaktaufnahme berichtet, trägt das Datum des 9. Juni – zwei Tage also nach dem Eintreffen des Telegramms aus Paris, in dem von Moskaus Einladung an Adenauer berichtet wird.

Daß daraus heikle Verwicklungen entstehen können, versteht sich von selbst. Schließlich gäbe es kein besseres Mittel, in den westlichen Hauptstädten begründeten Verdacht vor deutschem Doppelspiel zu säen. Ein knappes Jahr ist es erst her, seit Otto John, der Präsident des westdeutschen Verfassungsschutzes, im Ostsektor von Berlin aufgetaucht ist.

Adenauer veranlaßt Schäffer, ihm einen Brief zu schreiben, den er Dulles vorlesen will. Kernpunkt: Der »deutsche Mann«, von dem Schäffer dem Kanzler berichtet, »ließ mir versichern, daß die Unterredung zum Ziele habe, mir vertrauliche Informationen zu geben, die ich Ihnen weiterleiten solle zur Verwertung bei den Gesprächen, die Sie in diesen Tagen mit den Staatsmännern der uns verbündeten Länder führen werden. Diese Informationen sollen nach einer bestimmten Erklärung dazu dienen, den Erfolg der bevorstehenden Viererkonferenz zu sichern. Ich weiß, daß ich ein hohes persönliches Wagnis eingehe, wenn ich dieser Einladung folge«.[47] Er glaube aber, daß der Vorschlag »ehrlich gemeint ist«. Der Brief ist so abgefaßt, wie man das tut, wenn man sich gegenüber mißtrauischen Dritten absichern möchte.

In Wirklichkeit hat Adenauer also Schäffer erlaubt, nach Berlin zu fahren, um dort im Ostsektor in einem Café den Stabschef der kasernierten Volkspolizei zu treffen. Und das genau zu dem Zeitpunkt seiner Gespräche in Washington!

Doch es kommt noch viel schöner. Adenauer ist vorsichtig, informiert Dulles schon am 13. Juni über die beiden Kontaktversuche Müllers und verliest den Brief Schäffers. Am Abend des 15. Juni, 20 Uhr deutscher Zeit, informiert Schäffer den inzwischen zum Außenminister bestellten von Brentano im Fraktionszimmer der CDU/CSU-Fraktion über seinen Ausflug nach Ost-Berlin. Der Mittelsmann, ein Kaufmann im Ost-Geschäft, habe ihm statt des Zusammentreffens mit Müller eine Unterredung mit Botschafter Puschkin in Ost-Berlin in Aussicht gestellt. Schäffer, so hört von Brentano, habe den Erkundungsversuch nun zu Ende führen wollen und sich von einer russischen Limousine zur Botschaft Unter den Linden fahren lassen. Puschkin habe sich allerdings verleugnen lassen. Statt dessen habe er sich eine dreiviertel Stunde lang mit zwei Botschaftsräten unterhalten und sei dann zurückgekehrt. Soweit Adenauers Aktennotiz.

Am 17. Juni, Adenauer hat eben einen juristischen Ehrendoktor in Harvard erhalten, geht ihm die Nachricht Schäffers zu, »daß der Herr Botschafter sich habe verleugnen lassen.«[48] Ob die Aufzeichnung, die Adenauer darüber anlegt, alles enthält, was zwischen Schäffer und Müller, Schäffer und Puschkin damals oder auch zuvor schon gelaufen ist?[49]

Vielleicht dient Vinzenz Müller nur als Tarnung für ein schon Schäffer und Adenauer von Anfang an bekanntes Treffen mit Puschkin. Wie wäre es sonst vorstellbar, daß ein so nüchterner Mann wie Schäffer ohne Zögern eine sowjetische Limousine besteigt? Schließlich weiß er doch spätestens seit der Affäre John, was daraus entstehen kann! Tatsache ist nämlich, daß spätestens seit Anfang Mai im Bundeskanzleramt verschiedene Signale aus Moskau, Ost-Berlin und Wien eingehen. So erfährt Globke vom »Ochsensepp« Josef Müller, der 1946 und 1947 gute Beziehungen nach Karlshorst unterhielt, daß ihn Puschkin zweimal aufgefordert hat, ihn in Berlin oder sonstwo zu treffen. Als Adenauer davon hört, bittet er, noch abzuwarten: Zunächst müßten die Pariser Verträge in Kraft sein, dann könne man auch an Verhandlungen mit der Sowjetunion denken.[50]

Aus Kreisen der Ost-Berliner Botschaft geht Globke am 2. Mai, also noch vor Unterzeichnung des Österreichischen Staatsvertrags, eine andere Information zu. Die gesamte Entwicklung mit Österreich gehe auf einen Plan Botschafter Semjonows zurück. Dabei sei auch von der Möglichkeit gesprochen worden, den »westdeutschen Kanzler Adenauer« nach Moskau einzuladen. Allerdings wisse die sowjetische Führung genau, daß Adenauer das ablehnen und der Bundestag dem nicht zustimmen würde. Die Sowjetunion sei immer noch verhandlungsbereit, aber sie müsse auf ihrer Ablehnung der Pariser Verträge für Deutschland bestehen.[51]

Noch interessanter ist, was Presseattaché Seiffert von der österreichischen Botschaft, er ist zugleich Mitglied der Österreichischen Volkspartei, einen Tag nach Eingang der sowjetischen Einladung Werner von Lojewski berichtet, der damals als Pressesprecher der CDU fungiert. Er habe, so erzählt er diesem, Anlaß anzunehmen, daß Moskau bei einem Kanzlerbesuch weitergehende Angebote machen werde: vielleicht wolle man sogar die Rückgabe Schlesiens anbieten. Schließlich sei dieses in die Zuständigkeit der Sowjets gefallen, so daß das die Westmächte nichts angehe, vielmehr zwischen der Sowjetunion und Deutschland zu verhandeln wäre. Der sowjetische Preis sei die Errichtung eines kollektiven Sicherheitssystems, dem aber auch die USA angehören könnten. Die Wiedervereinigung werde wohl von den Sowjets nicht zur Sprache gebracht; hier wolle man den Kanzler kommen lassen.

In Moskau schätzt man es derzeit offenbar, über die österreichischen Konservativen Lockspeise anzubieten. Mitte Juli 1955 kommt es schließlich durch Vermittlung Außenminister Figls zu einem Zusammentreffen

Josef Müllers mit dem sowjetischen Botschafter Iljitschew im Wiener Hotel Imperial. Das Treffen dient offenbar dazu, Müller über Adenauers Absichten auszunehmen. Man tastet sich im Gespräch ab, und die sowjetischen Diplomaten wollen vor allem wissen, ob Adenauer wirklich nach Moskau kommen werde. Auch die Möglichkeit eines *back-channels*, wie Kissinger das später nennt, wird angedeutet. Müller gewinnt den Eindruck, die Sowjets wünschten zunächst diplomatische und wirtschaftliche Beziehungen. Er hört auch, daß Figl auf Wunsch bereit sei, Fragen Josef Müllers oder auch Adenauers weiterzugeben.⁵²

Der Vorstoß von Vinzenz Müller paßt also durchaus in die damalige sowjetische Hintertreppendiplomatie. Dennoch ist die Frage nicht einfach zu beantworten, was Adenauer tatsächlich bewegen kann, der Fahrt Schäffers nach Ost-Berlin in einem so kritischen Moment zuzustimmen. Denn ein von Journalisten oder von westlichen Geheimdienstleuten beim Tête-à-tête mit General Müller in einem Ost-Berliner Café oder in der sowjetischen Botschaft Unter den Linden ertappter Finanzminister Schäffer hätte allen westlichen Rapallo-Ängsten denkbar beste Nahrung gegeben.

Allem Anschein nach ist Adenauer ein Informationsgespräch zu diesem Zeitpunkt so wesentlich, daß er – mit Absicherung durch den Brief Schäffers – das Risiko eingeht. Schließlich trifft die Anfrage fast gleichzeitig mit dem Telegramm von Maltzans über die sowjetische Einladung ein. Man kann aus diesem Detail also den Schluß ziehen, wie hervorragend wichtig Adenauer die Einladung ist. Neugier und eigene Freude an der diplomatischen Hintertreppe kommen hinzu.

Die Tatsache, daß der Kanzler dem amerikanischen Außenminister Schäffers Brief vorliest, läßt aber noch einen weiteren Schluß zu. Absicherung, gewiß. Doch auch ein Wink an die Amerikaner, was sich in Deutschland so alles unter der Decke abspielt und was alles möglich ist. Er selbst, Adenauer, stellt sich auch in diesem Moment als treuer Parteigänger des Westens dar, der keine eigene Geheimpolitik betreibt. Aber er deutet an, daß er dies durchaus könnte, wenn ihm nicht Treue mit Treue vergolten wird. Möglicherweise ist das aus seiner Sicht sogar der wichtigste Nutzen des deutsch-deutschen Kontakts zwischen den beiden ehemaligen Schulkameraden aus dem Benediktinergymnasium von Metten, von denen der eine jetzt 67 Jahre alt ist, der andere 61, beide aber durchaus bereit, im Krieg der Ideologien die nationalen Möglichkeiten auszuloten.

Allem Anschein nach hält es Adenauer in diesen Wochen für möglich, daß die Sowjetunion zu einem großen Spiel bereit ist. Botschafter Hans

Kroll, der seit ein paar Wochen die Bundesrepublik in Tokio vertritt, erhält Anfang Juli von seinem Bundesbruder Hans Globke einen erstaunlichen Brief. »Wir rechnen damit, daß man von russischer Seite in Moskau anbieten wird: 1. freie Wahlen, 2. eigene deutsche Armee, 3. Berichtigung der Oder-Neiße-Linie durch Rückgabe von Schlesien, Pommern o. dgl. Dafür wird man den Verzicht auf die Bindung zum Westen fordern. Das würde praktisch bedeuten, daß Amerika an dem weiteren Geschick Europas weitgehend uninteressiert ist, und wir in längstens fünf Jahren ein Satellitenstaat würden. Es ist aber schwierig, die öffentliche Meinung in der Bundesrepublik von der Richtigkeit dieser These zu überzeugen. Sie läßt sich ja gerne einlullen und denkt mehr mit dem Gefühl als mit dem Verstand. Es ist daher leicht möglich, daß schwierige Situationen entstehen. Vorläufig müssen wir aber erst abwarten, wie sich die Dinge in Genf weiter entwickeln...«[53]

Verständlicherweise ist es Adenauer mehr als lästig, ausgerechnet in dieser spannenden Phase das Auswärtige Amt abgeben zu müssen. Seit längerem findet er sich in einer Lage wie seinerzeit bei Bildung der ersten Bundesregierung. Damals hat ihm die Fraktion Gustav Heinemann als Innenminister aufgedrängt. Jetzt soll der Fraktionsvorsitzende von Brentano endlich das Auswärtige Amt übernehmen. Adenauer hatte die Entscheidung bis zum Inkrafttreten der Westverträge herausgezögert. Doch als die Bundesrepublik am 5. Mai 1955 souverän wird, ist dieses Argument verbraucht.

Fast jeder, der mit ihm in diesen Wochen über das Problem spricht, bekommt Kritisches über Heinrich von Brentano zu hören, so etwa Bundespräsident Heuss. Es sind stets dieselben Zweifel: Unerfahrenheit, gekoppelt mit mangelnder Standfestigkeit[54], dies doppelt gravierend in einer so unübersichtlichen außenpolitischen Lage.[55]

Außerdem haben weder Hallstein noch Blankenhorn große Lust, unter einem Außenminister von Brentano zu arbeiten. Schon Mitte 1954 läßt Hallstein wissen, wenn Brentano an die Spitze des Auswärtigen Amts trete, werde er gehen. Adenauer würde dann Blankenhorn zum Staatssekretär machen, doch diesem graust bei dem Gedanken, sich als eine Art Aufpasser Adenauers zwischen dem eigenen Minister und dem Kanzler zu verschleißen.[56] Adenauer aber, der nach den Leistungen des Jahres 1954 mehr denn je von der Unersetzlichkeit Blankenhorns überzeugt ist, beschwört ihn in längeren Gesprächen um die Weihnachtszeit 1954, er müsse ihm unbedingt als zweiter Staatssekretär im Auswärtigen Amt helfen.[57] Auch Globke befürwortet die Lösung Blankenhorn.

Als Blankenhorn erkennt, daß der von ihm favorisierte Gerstenmaier als Außenminister nicht durchzusetzen ist, und als die Außenministerfrage akut wird, schreibt er Adenauer Anfang März einen Brief, der diesen erschüttert. Er habe das Gefühl, »ausgeleiert« zu sein, auch gesundheitlich. So bittet er, ihn als NATO-Botschafter nach Paris zu entsenden. Er könne ja dann einen Teil der Woche in Bonn zur Verfügung stehen.

Adenauer kann sich jedoch die Leitung der Außenpolitik ohne Blankenhorn überhaupt nicht vorstellen, reagiert sehr heftig und kommt nun wieder mit dem alten Vorschlag, zwei Staatssekretäre im Auswärtigen Amt zu ernennen.[58] Wenn Blankenhorn nicht wolle, sei er eben draußen.

Schließlich gewinnt er aber an dem Gedanken doch einiges Gefallen.[59] Hätte er nicht mit einem NATO-Botschafter Blankenhorn, der ihm direkt unterstellt ist, einen Spitzendiplomaten gewissermaßen zur eigenen Verfügung?[60] Alle, die es mit von Brentano und Blankenhorn gut meinen, reden jedoch Adenauer den recht absurden Gedanken einer direkten Unterstellung des NATO-Botschafters aus.[61] Blankenhorn selbst arrangiert sich mit Brentano.[62] Schließlich gibt Hallstein doch dem Drängen Adenauers nach und verbleibt als Staatssekretär im Auswärtigen Amt. Wilhelm Grewe wird Leiter der Politischen Abteilung. Hallstein und Grewe sind langjährige Mitarbeiter Adenauers, die zwar ihrem Minister gegenüber nicht illoyal sein wollen, aber auch nicht gegenüber Adenauer. So ist also Brentano wirksam eingerahmt. Blankenhorn hinterläßt eine Lücke, auch emotional. Seit den Tagen des Zonenbeirats war er Adenauers engster Mitarbeiter. Globke, Hallstein, von Eckardt, Grewe – sie alle sind später gekommen und stehen ihm mit Ausnahme Globkes menschlich nicht so nah. Adenauer nimmt Blankenhorn seinen Weggang anfänglich ziemlich übel, auch deshalb, weil er spürt, daß es um ihn langsam einsam wird. Denn auch von Eckardt drängt hinaus. Er hat sich die Position des UN-Botschafters in New York ausgesucht.

Gegen den Einfluß der Gruppe Globke, Krone, von Brentano gibt es nun im engeren Kreis um Adenauer keine starken Gegengewichte mehr. Dieser erkennt das wohl, holt daher von Eckardt bald wieder zurück, betraut auch Blankenhorn öfters mit Sonderaufgaben. Doch mehr und mehr stützt er sich doch auf Globke und auf den ruhigen Krone, den die CDU/CSU-Fraktion am 15. Juni 1955 gegen Kiesinger zu ihrem Vorsitzenden wählt.

Außenpolitisch hat die neue Konstellation doch eine gewisse Gewichtsverlagerung zur Folge. Noch einmal eröffnet sich nun in der Europapolitik den supranationalen Konzepten von Hallstein und Ophüls freie Bahn.

Da diese Ansätze letztlich mit Großbritannien nicht zu gestalten sind, konzentriert sich die Adenauersche Europapolitik nach der kurzen Unterbrechung des Jahres 1954 noch stärker auf die kontinentale Sechsergemeinschaft. Der anglophile und konsequent atlantische Blankenhorn hatte demgegenüber unablässig versucht, den Draht nach London ebenso intensiv zu nutzen wie den nach Paris. Nun findet sich im engsten Kreis um den Kanzler kein prononcierter Englandfreund mehr. Diese Rolle wird künftig mehr und mehr von Erhard gespielt.

Auch in die Ostpolitik, die erst von jetzt an operativ zu gestalten ist, kommt von Anfang an ein negativer Duktus. »Brentano muß der Außenminister einer aktiven Wiedervereinigungspolitik werden«, vermerkt sein Freund Heinrich Krone am 21. Januar 1955 im Tagebuch. Der möchte das auch gerne. Doch damit gerät er in zunehmende Konfrontation mit Chruschtschow, der sich im Sommer 1955 definitiv auf das Zwei-Staaten-Konzept festlegt – Koexistenz auf Basis der Teilung. Von Brentano will dies ebensowenig akzeptieren wie der scharf zupackende Hallstein oder Wilhelm Grewe. Dann führt aber kein Weg daran vorbei, eine unvermeidlicherweise sterile Isolierungsstrategie gegen die DDR zu betreiben, die für ostpolitische Bewegung wenig Raum läßt. Es ist charakteristisch, daß Adenauer dann, wenn er auch mit Moskau stärker ins Spiel kommen möchte, des öfteren Blankenhorn oder von Eckardt einsetzt, ab 1958 auch den Moskauer Botschafter Kroll.

Mit Blankenhorn geht also doch ein Element der Beweglichkeit, das nun fehlt. Adenauer empfindet das besonders, weil er im Bundeskanzleramt keinen größeren außenpolitischen Apparat besitzt. Wie sich zeigt, behält er zwar in den Schlüsselbereichen bis 1961 die Kontrolle über die Außenpolitik. Doch das kavalleristische, manchmal durchaus halsbrecherische Tempo der ersten langen Phase Adenauerscher Kanzlerschaft geht nun mehr und mehr in die Routine verwalteter Außenpolitik über.

Im Frühjahr 1955 ist die Nachfolgeregelung im Auswärtigen Amt allerdings nur eines von vielen Problemen, die sich im Kabinett stellen. Adenauer ist nicht nur von Brentano, sondern auch Theo Blank gegenüber im Wort. Dieser hat dem Kanzler recht entsagungsvoll, ohne Ministerwürden, gute vier Jahre lang gedient. Jetzt ist er abgewetzt. Einer seiner loyalen Mitarbeiter, der spätere Generalinspekteur Ulrich de Maizière, notiert Ende 1954 in seinem Tagebuch: »Man macht sich Sorge um die Stellung Blanks. Überall wird gegen ihn gearbeitet. Sein eigenes Verhalten ist passsiv, leicht erregbar. Er weicht wichtigen grundlegenden Entscheidungen aus. Er hat Vertrauen zu den Menschen verloren.«[63] Adenauer ist überhaupt nicht mehr zufrieden mit ihm. Nicht nur der Bundespräsident, mit dem der Kanzler das Kabinett wieder und wieder durchhechelt, vernimmt des öfteren Kritik an Blank. Er habe in seinen Leistungen sehr nachgelassen[64] und »sei schon stark im Fahrwasser der Offiziere«.[65] Aber so wie jedermann in der Unions-Führung weiß auch Adenauer, daß es nur eine Alternative zu Blank gäbe – Franz Josef Strauß.

Strauß ist fest davon überzeugt, daß er eine der großen Hoffnungen der Union ist und fühlt sich als Sonderminister für besondere Aufgaben denkbar unwohl. Anfang Februar 1955 bekommt Heinrich Krone von Richard Stücklen, parlamentarischer Geschäftsführer der CSU-Landesgruppe und stellvertretender Fraktionsvorsitzender, zu hören, »wenn nicht in absehbarer Zeit Strauß im Kabinett so verankert werde, daß er eine volle politische Aufgabe habe, werde er aus der Regierung ausscheiden und wieder die Führung der CSU übernehmen.« Stücklen fügt hinzu: dann sei auch mit der Möglichkeit zu rechnen, daß Strauß den Vorsitz der gesamten CDU/CSU- Fraktion beansprucht. Käme er damit nicht zum Zug – Fraktionstrennung![66]

Um etwas Ruhe zu schaffen, lädt Adenauer die CSU-Landesgruppe zum kalten Büffet ein und richtet an Strauß die Frage, ob er nicht Arbeitsminister werden wolle, denn Anton Storch ist leider eine weitere Schwachstelle des Kabinetts. Strauß aber sagt Adenauer ins Gesicht, zum Arbeits- und Sozialminister solle er Theo Blank machen, er selbst würde gerne Verteidigungsminister.[67]

Als Adenauer zögert, läßt sich Strauß etwas Neues einfallen. Er legt Adenauer ein Memorandum für einen Bundesverteidigungsrat vor, der alle Aspekte der Verteidigung, vor allem auch die Zivilverteidigung, zu koordinieren hätte. Unter dem Bundeskanzler als Vorsitzendem soll neben dem Verteidigungsminister ein »Minister für Heimatverteidigung« ernannt werden, der zugleich das Generalsekretariat des »nationalen Sicherheitsrats« oder eines »Bundesverteidigungskabinetts« leitet. Ihm wären unter anderem auch der Bundesnachrichtendienst, Raumordnung und Raumplanung für Verteidigungszwecke, psychologische Verteidigung sowie Atomforschung und Atomplanung im Zusammenhang mit dem Bevölkerungsschutz zu unterstellen.[68] Jeder kann sich den Namen dieses Generalsekretärs denken: Franz Josef Strauß. Schon einige Wochen bevor Strauß diesen Vorschlag einbringt, läßt er wissen, falls diese Pläne nicht bis Juni 1955 realisiert seien, scheide er aus dem Kabinett aus.[69]

Was also Blank im Frühjahr 1955 doch noch Verteidigungsminister werden läßt, ist Adenauers Bangen vor Franz Josef Strauß. Doch weiß er auch, daß dieser endlich eine lohnende Aufgabe verdient hat. So wird Strauß schließlich Atomminister. Zugleich muß Blank ein Staatssekretär zugeordnet werden, der hart genug ist, die Offiziere der zivilen Leitung zu unterwerfen, kenntnisreich genug, die neue Wehrmacht ohne organisatorische Pannen aufzubauen und außerdem ein loyaler Anhänger des Kanzlers.

In diesem Punkt kommen allerdings Koalitionsüberlegungen störend ins Spiel. Die FDP macht nämlich deutlich, daß sie dieses Amt für ihren Verteidigungsexperten Erich Mende fordert. Doch erstens will Adenauer die Freien Demokraten mit ihren ausgeprägt nationalen und militärfreundlichen Neigungen überhaupt nicht in Leitungsfunktionen der »Wehrmacht« sehen. Zweitens aber erst recht nicht einen ehemaligen Berufsoffizier wie den Ritterkreuzträger Erich Mende.

Da man Adenauer aber von allen Seiten rät, doch die SPD beim Aufbau deutscher Streitkräfte einzubinden, bemüht er sich zeitweilig um einen sozialdemokratischen Staatssekretär für das Verteidigungsministerium. Gedacht ist an den inzwischen 65 Jahre alten Senator a. D. Walter Dudek, einen bewährten Hamburger Kommunalpolitiker. Ihn empfiehlt für die Aufgabe, daß er unter dem legendären Noske beim Aufbau der Reichswehr gearbeitet hat. Adenauer läßt es sich nicht nehmen, Ollenhauer brieflich um Zustimmung zu bitten.[70] Doch so billig will sich die SPD nun doch wieder nicht einkaufen lassen.

Nach langem Suchen findet der Kanzler schließlich in Josef Rust die ideale Besetzung. Rust bringt ein großes Opfer. Er ist noch nicht allzu lange ins Wirtschaftsministerium gegangen, wo seine Neigungen liegen. Nun muß er auf dringende Bitten Adenauers in der Ermekeilkaserne für Ordnung sorgen. Am einfachsten erweist sich das bei den Offizieren, schwieriger im Beschaffungsbereich und am allerschwierigsten bei den vorgesetzten Ministern.

Vor allem auf Ordnung kommt es nämlich nach Adenauers Meinung in der bisherigen »Dienststelle Blank« an. Ein für seine Verhältnisse recht warmherziges Handschreiben aus Anlaß der Ernennung Rusts zum Staatssekretär des Verteidigungsministeriums enthält die aufschlußreiche Bemerkung: »Ich ahne, daß Sie viele Mißstände dort antreffen werden; ich fürchte manchmal, daß es dort schlimmer aussieht als irgend einer ahnt. Gehen Sie daher an Ihre Arbeit mit 100% Mißtrauen gegen alle und jeden; besser, man wird angenehm enttäuscht und überrascht als umgekehrt.«[71] Dann folgt der entscheidende Satz: »Da ich Sie kenne, stehe ich in Ihrer Arbeit mit meiner ganzen Autorität hinter Ihnen.« Vier Jahre hindurch, solange Rust im Amt ist, hat Adenauer nun die Gewißheit, über Globke oder in direkter Verbindung mit Rust auf das Verteidigungswesen angemessen einwirken zu können, selbst dann, als Franz Josef Strauß im Herbst 1956 schließlich ans Ziel seiner Wünsche gelangt ist.

Monatelang schwankt Adenauer im Frühjahr 1955, ob er nur im Auswärtigen Amt und im Verteidigungsministerium Neubesetzungen vornehmen soll oder ob eine große Kabinettsumbildung am Platz wäre. Die personellen Schwachpunkte des Kabinetts liegen ihm klar vor Augen: Storch, »der die Sozialreform nicht anpackt«[72], Jakob Kaiser, der immer stärker unter den Einfluß seiner Frau Elfriede Nebgen gerät[73], Neumayer, der ihn – ungeachtet aller Differenzen – manchmal wehmütig an Thomas Dehler denken läßt[74], dazu die unterbeschäftigten Sonderminister.

Untrennbar mit den einzelnen Personen verbunden ist aber das Schicksal der Koalition als Ganzes. Der BHE zerbröselt, ein Teil strebt zur SPD. Oberländer und weitere sechs Abgeordnete verbinden sich mit der CDU. Nachdem die Zweidrittelmehrheit für die Verträge nicht mehr nötig scheint, hält Adenauer auch ein Entgegenkommen in der Wahlrechtsfrage für überflüssig.

Viel gravierender ist nach wie vor die Koalitionskrise mit der FDP. Eine Koalitionsbesprechung am 6. Mai 1955 bringt die Entscheidung. Adenauer fordert die FDP auf, zu bleiben oder zu gehen. Nochmals entschließt sich diese, nun in der Regierung zu verbleiben, und verspricht, Adenauers Außenpolitik mitzutragen.[75]

So entscheidet sich Adenauer für die »kleine Lösung«. Von Brentano wird personalpolitisch eingerahmt und muß außerdem Adenauers direkte Einwirkung in zentralen Bereichen akzeptieren. Mit eingeschriebenem Brief legt der Kanzler unter Verweis auf die schwierige internationale Lage die Spielregeln der künftigen Zusammenarbeit fest: »Ich bitte Sie daher, mich nicht mißzuverstehen, wenn ich bis auf weiteres, um meine Verbindung mit Dulles immer und richtig einsetzen zu können, die Führung der europäischen Angelegenheiten, der Angelegenheiten der USA und der SU, sowie der Konferenzangelegenheiten *nach innen* in der Weise in der Hand behalte, daß ich über alles informiert werde, daß Sie die Schritte, die Sie zu tun beabsichtigen, mir rechtzeitig mitteilen, wie ich auch umgekehrt Ihnen entsprechende Mitteilungen rechtzeitig machen werde. Nach außen soll das nicht hervortreten, es sei denn, daß besonders zwingende Gründe vorliegen. Bei solchen zwingenden Gründen tritt ja auch in anderen Ländern der Regierungschef als Führer der Außenpolitik hervor.«[76]

Damit deutlich wird, daß er an strenge institutionelle Vorkehrungen denkt, teilt Adenauer dies gleichzeitig dem Bundespräsidenten mit und fügt bedeutungsvoll hinzu: »Für wie lange diese Unterstreichung meiner Rechte aus dem Artikel 65 GG gelten soll, müßte ich mir je nach der Entwicklung vorbehalten.«[77] Die Besonderheiten der internationalen Entwicklung werden es mit sich bringen, daß Adenauer bis zum Rücktritt von Brentanos im Herbst 1961 von dieser Erwartung nicht abgehen will.

Die bisherigen großen Herren im Auswärtigen Amt beobachten jeden Auftritt des neuen Ministers mit Luchsaugen. So notiert etwa Blankenhorn über den ersten Besuch Brentanos im NATO-Rat: »Brentano liest nicht sehr glücklich vor. Seine Kenntnis der französischen Sprache ist unzureichend. Welch ein Unterschied zwischen dem Interesse der öffentlichen Meinung an dem heutigen Außenminister und dem alten Herrn bei der ersten NATO-Sitzung! Während dort mindestens 40 Photographen ihn umdrängten, hat nicht ein einziger Brentano einer Aufnahme für würdig befunden. Brentano macht einen sehr nervösen Eindruck, raucht eine Zigarette nach der anderen und, was mir besonders bezeichnend schien, zuckte beim geringsten Geräusch nervös zusammen.«[78]

Niemand braucht sich also darüber zu wundern, daß sich Nachrichten über gravierende Kunstfehler des neuen Ministers alsbald auf Adenauers Schreibtisch türmen. Entsprechend rasch wird auch deutlich, wie groß die inneren Vorbehalte des Kanzlers gegen die Abgabe des Auswärtigen Amts an von Brentano gewesen sind. Zum ersten großen Zerwürfnis kommt es schon Mitte Juni. Der Grund: Während sich Adenauer in den USA aufhält, gibt der neue Außenminister in Bonn eine Pressekonferenz. Aus der scheint hervorzugehen, daß Brentano ungeschützt über die Möglichkeit gesprochen hat, mit der Sowjetzonenregierung informelle Gespräche über die Wiedervereinigung zu führen. Da Adenauer – was Brentano noch nicht weiß – die Erkundungsfahrt Schäffers nach Ost-Berlin selbst gebilligt und Dulles eben davon berichtet hat, muß er in der Tat befürchten, hier könne durch eine Ungeschicklichkeit Brentanos viel Porzellan zerschlagen werden.

Die Reaktion Adenauers ist aber doch ganz unverhältnismäßig. Brentano erhält zwei grobe Fernschreiben, die im Klartext besagen, er möge gefälligst den Mund halten. Adenauer ist so erregt, daß er unter dem Einfluß der Zeitverschiebung in einer schlaflosen Nacht das Problem Brentano zu immer gefährlicheren Dimensionen aufbauscht. Am Morgen des 15. Juni bemerkt er zu Blankenhorn, er sei entschlossen, Brentanos Rücktritt »sofort durchzusetzen«. Er entwirft bereits einen Brief, in dem er die Gründe dafür darlegt, und gibt ihn Blankenhorn zur Überarbeitung. Seine Mordlust legt sich erst, als ein langes Fernschreiben von Brentano eintrifft, in dem dieser unter Beifügung des stenographischen Protokolls nachweist, daß er die inkriminierten Äußerungen überhaupt nicht getan hat.

So geht es im ganzen Jahr 1955 weiter. Rügende Briefe, Telegramme, zornige Aussprachen – Adenauer setzt jedes Mittel ein, den Außenminister zurechtzustutzen, bis dieser ebenso gehorsam und verläßlich funktioniert wie Hallstein, Blankenhorn, Globke oder von Eckardt. Einen politisch selbständigen Außenminister kann und will Adenauer nicht ertragen. Nicht nur die Insider und die gut informierten Journalisten, jedermann bis hin zu den Karikaturisten weiß denn auch bald, daß der Kanzler die Außenpolitik weiterhin als seine *domaine réservée* gestaltet.

Genau am Tag des Beginns der Genfer Gipfelkonferenz begibt sich Adenauer am 18. Juli in ein Schweizer Feriendomizil, in dem er schon lange nicht mehr Urlaub gemacht hat – nach Mürren im Berner Oberland. Dort verbleibt er bis zum 20. August. Der Ort hat aus seiner Sicht drei große Vorzüge.

Mürren liegt – erstens – nicht allzu weit von Genf entfernt, wo vom 18. bis 23. Juli der spektakuläre Vierergipfel über die Bühne geht. Die Genfer Beobachter-Delegation mit Grewe, Blankenhorn und von Eckardt an der Spitze könnte Adenauer somit notfalls auch mündlich unterrichten. Mit Dulles wird vereinbart, erforderlichenfalls über eine abhörsichere Telefonleitung von Bern aus zu telefonieren.[79]

Adenauer weiß durchaus, wie wichtig bei solchen Konferenzen das Bild der Öffentlichkeit ist. Indem er sich so demonstrativ auf einem Schweizer Hochplateau niederläßt, entsteht der Eindruck, als ob der große Kanzler zwar nicht selbst dabei ist, aber gewissermaßen ganz von oben herab Einfluß nimmt. In Wirklichkeit sitzt er freilich in jeder Hinsicht ziemlich abseits – sowohl geographisch wie politisch.

Ein zweiter großer Vorzug ist die Unzugänglichkeit dieses Kurorts für Automobile. Man kann nur mit einer Bergbahn nach oben kommen, die über hohe Viadukte bergauf gezogen wird. Adenauer, diesmal von Tochter Ria begleitet, fühlt sich an die Urlaube in Chandolin erinnert.

Anfänge der Entspannung

Adenauer 1955 beim Spaziergang in Mürren und auf einer Strategiesitzung mit Blankenhorn, Brentano, Hallstein und Grewe; im Vordergrund Paul Adenauer.

Daß die Herren des engeren Kreises – Brentano und Hallstein, Blankenhorn und Grewe – ein beschwerliches Reisen auf sich nehmen müssen, stört ihn überhaupt nicht. Die Bildjournalisten lassen sich freilich auch hier nicht abwehren.

Der dritte und größte Vorzug ist die herrliche Lage. Adenauer hat das Wanderparadies schon vor dem Ersten Weltkrieg entdeckt und von dort aus begeisterte Ansichtskarten verschickt: »Wir sind gesund und glücklich bei Nebel gelandet, heute gutes Wetter. Wir haben hübsche Zimmer und sind recht zufrieden. Gegend und Luft herrlich«.[80] Vierundvierzig Jahre sind seither vergangen, und was für Jahre! Doch die Gegend ist noch genauso prachtvoll wie zuvor, desgleichen hat sich Adenauers Begeisterungsfähigkeit für alpine Landschaften und alpines Wandern nicht abgeschwächt. »Mürren ist sehr schön«, liest Dannie Heineman in einem Brief Adenauers vom 1. August 1955.[81] Das Dorf liegt in über 1600 Metern Höhe über dem Lauterbrunner Tal. Die Bergriesen Eiger, Mönch und Jungfrau vor Augen, kann Adenauer endlich wieder bergwandern. Zwar murrt der Neunundsiebzigjährige dann und wann über den Umtrieb aufgrund der Genfer Konferenz, über die Zeitläufte, über den Regen: »Ich habe hier viel schlechtes Wetter und noch mehr Sorgen und Arbeit. Ich denke aber doch, daß per Saldo etwas für die Stärkung der Gesundheit herauskommt.«[82] Diesen Eindruck nehmen seine Besucher in der Tat mit – er sehe gebräunt aus und erholt, »voller Humor und Gelassenheit, wie stets«.[83]

Eine derartige Briefstelle zeigt freilich nur, wie sehr der Schein trügen kann. Denn was Adenauer bei der Genfer Konferenz und danach beobachtet, gibt aus seiner Sicht zu Humor und Gelassenheit keinerlei Anlaß. Das riesige Medien-Spektakel bestätigt seine schlimmsten Befürchtungen. Großen Ärger gibt es schon gleich zu Beginn, als Ministerpräsident Edgar Faure die Eröffnungsansprache hält. Er ist übrigens der einzige westliche Regierungschef, der des Russischen mächtig ist. Adenauer argwöhnt aber auch aus anderen Gründen, daß er den Sowjets auf Kosten der Bundesrepublik entgegenkommen möchte. Wider alle Absprachen, die zwischen den Außenministern in New York getroffen worden waren, stellt Faure fest, im Fall der Wiedervereinigung könnten sich die vier Mächte darauf einigen, daß das wiedervereinigte Deutschland über keine stärkeren Streitkräfte verfügen dürfe als für die Bundesrepublik in der WEU vereinbart.[84]

Das hätte in einem sehr fortgeschrittenen Stadium der Ost-West- Verhandlungen notfalls als große Konzession vorgelegt werden sollen. Adenauer beauftragt Blankenhorn, dagegen energisch zu protestieren, worauf Faure antwortet, er habe die Abmachungen von New York gar nicht gekannt. Das schlechte Verhältnis zwischen Edgar Faure und Außenminister Pinay ist zwar hinlänglich bekannt. Doch daß derlei geschehen kann, ist nicht geeignet, Adenauers Vorurteil gegen Gipfelkonferenzen abzubauen. Sehr von oben herab fügt Faure dann noch hinzu, er könne doch den Bundeskanzler nicht vor jeder Rede, die er halte, telefonisch konsultieren. Zudem habe Frankreich als Mitgliedsstaat der WEU jederzeit das Recht, entsprechende Vorschläge zu machen. Immerhin: die Wiedervereinigung müsse auf dem Verhandlungstisch bleiben.[85] Adenauer wird also energisch auf den ihm nach Meinung Faures gebührenden Platz verwiesen.

Auch von Eden hört der Kanzler Befremdliches. Die Presse hat dessen Eingangserklärung genau analysiert und herausgelesen, er denke an ein europäisches Sicherheitssystem unter Fortdauer der Teilung Deutschlands.[86] Natürlich wird das rasch dementiert.

Die Konsultation der westlichen Partner mit der deutschen Beobachterdelegation läuft anfangs ebenfalls nur recht zähflüssig an; sie bessert sich aber. Freilich kann damals niemand genau wissen, ob Adenauer wirklich auch alles Wesentliche erfährt, was die Herren bei den zahlreichen Banketten so untereinander austauschen.

Ganz deutlich wird bereits, daß die Sowjetunion ziemlich fest entschlossen ist, den Tagesordnungspunkt Wiedervereinigung Deutschlands »in den Hintergrund zu schieben«. Dafür wird die Frage eines Rüstungskontroll- und Sicherheitssystems nach vorn gezogen. Schon jetzt läßt sich erahnen, worauf alles hinauslaufen könnte, nämlich auf die Normalisierung der Ost-West-Beziehungen auf Grundlage des Status quo der Teilung Deutschlands. In einem Telegramm Blankenhorns vom 20. Juli liest Adenauer den Satz: »Das Problem der Wiedervereinigung beginnt also damit seine Bedeutung als internationales Spannungsproblem Nr. 1 ganz erheblich zu verlieren.«[87] Das dürfte auch Konsequenzen für die Moskauer Verhandlungen haben. Zu befürchten steht, daß die Sowjets »sich mit dieser Frage sehr viel Zeit lassen werden.«[88]

Adenauer kann in der Folge freilich doch befriedigt konstatieren, daß die drei Westmächte an der Koppelung der Wiedervereinigungsforderung mit der Frage von neuen Sicherheitsvereinbarungen festhalten. John Foster Dulles schickt ein beruhigendes Telegramm und bestätigt zugleich Adenauers Verdacht gegen Edgar Faure.[89]

Immerhin gelingt es den Westmächten schließlich, in dem Konferenzkommuniqué die Verknüpfung von Deutschlandfrage und europäischer Sicherheit durchzusetzen und somit den Außenministern, die im Oktober erneut in Genf verhandeln sollen, einige vage formulierte Direktiven auf den Weg zu geben. Doch unmittelbar nach der Schlußsitzung erhält Adenauer ein Resümee des Sachstandes, das unterstreicht, wie voreilig alle Hoffnungen der Öffentlichkeit auf Bewegung in der deutschen Frage gewesen sind: »Die Intransigenz der Sowjets in der Deutschlandfrage habe sogar noch das von den westlichen Experten erwartete Maß übertroffen.«[90]

Man darf sich daher – so stellt sich schon damals die Lage aus der Innensicht dar – keine Illusionen darüber machen, »daß die Russen auf der Außenministerkonferenz im Oktober in der deutschen Frage Entgegenkommen zeigen werden«[91].

Chruschtschows Auftritt in Ost-Berlin nach Abschluß der Genfer Konferenz bestätigt diese Analyse. Die Sowjetunion ist jetzt ziemlich unzweideutig auf das Konzept zweier deutscher Staaten festgelegt. Von nun an wird sich Adenauer unablässig mit der Forderung konfrontiert sehen, Normalisierung und Entspannung zwischen West und Ost auf Grundlage der Teilung zu organisieren. Daß die Westmächte für dieses Konzept nicht ganz unempfänglich sind, zeigt sich gleichfalls schon in Genf.

Damit verändert sich aber auch der Stellenwert von Adenauers Reise nach Moskau. Fortschritte in der Wiedervereinigungsfrage werden jetzt noch unwahrscheinlicher. Statt dessen enthüllt sich das Angebot diplomatischer Beziehungen nunmehr als Moskauer Kunstgriff zur Instrumentalisierung der Zweistaatendoktrin.

Genausowenig erfreulich wie das deutschlandpolitische Ergebnis des Genfer Gipfels erscheinen Adenauer aber auch die Erkenntnisse, die sich daraus über die westlichen Großmächte gewinnen lassen, mit denen die Bundesrepublik eben feierliche Bündnisse eingegangen ist.

Otto Lenz, der wieder einmal vorgelassen wird, trifft auf einen unruhigen Kanzler. Der Ablauf der Genfer Konferenz hat ihn erneut sehr nachdenklich gemacht. »Die Vertrauensschicht für Deutschland«, meint Adenauer, ist »doch noch sehr dünn«, hänge auch allzusehr mit seiner Person zusammen. Immer noch sieht er »die Gefahr, daß die anderen – insbesondere die USA – sich auf unsere Kosten mit den Russen einigen«. Dulles, Eden, Kirkpatrick, vor allem auch Pinay, an den er sich nun stärker anschließt, seien jedoch zuverlässige Leute. Die Bewährungsprobe komme erst in ein paar Jahren, dann könne er wahrscheinlich die deutsche Politik nicht mehr beeinflussen. »Politik«, vernimmt Lenz die wohlbekannte Adenauer-Klage, ist »ein ekelhaftes Geschäft. Er hasse sie, man könne nichts vollenden«.[92]

Dies sind die Tage, in denen der Kanzler an John Foster Dulles einen tief pessimistischen Brief schreibt. »Ich befinde mich zwar hier nicht in so schöner Einsamkeit, wie Sie sie auf Ihrer Insel genießen, aber immerhin ist es hier in den Bergen so einsam, daß man besser tief nachdenken kann als in Bonn. Das Ergebnis dieses Nachdenkens möchte ich Ihnen streng vertraulich im folgenden unterbreiten.«[93]

Dann schreibt er sich alles von der Seele. Die Genfer Konferenz – »ein voller Erfolg für die Russen«. »Durch billige Gesten« haben sie verstanden, alles vergessen zu machen, »was auf ihrem Schuldkonto ruht: Sowjetzone, Satellitenstaaten, Zustände im eigenen Land«, die internationale Wühlarbeit der 5. Kolonnen, »den auf alle freien Länder ausgeübten Zwang, mit aller Macht aufzurüsten«, »ihre Welteroberungspläne«. Adenauers Hauptsorgen sind psychologischer Art: Der »Widerstandsgeist gegen Sowjetrußland« bei den freien Völkern wird nachlassen, vielleicht auch in der Bundesrepublik. Am meisten bedrückt ihn die »Rehabilitierung Rußlands durch die angelsächsischen Mächte«. Und er fügt dramatisierend hinzu: »Als Folge sieht man die Preisgabe Deutschlands durch die angelsächsischen Mächte sich entwickeln.«[94]

Da sich Adenauer erst vor kurzem über den Verlauf der Genfer Konferenz zufrieden geäußert hatte, zieht man in Washington die Augenbrauen hoch. Eisenhower, dem Dulles schon am Tag nach Eintreffen des Briefes eine Übersetzung zeigt, sagt, er sei befremdet. Dulles gibt der Auffassung Ausdruck, daß Adenauer unrecht hat. Aber er sei schließlich fast achtzig. Kein Wunder, daß es ihm schwerfalle, sich auf ein neues Konzept einzustellen, nachdem er so lange einen anderen Kurs verfolgt habe. Schließlich sei doch nun alles in Bewegung, die Wiedervereinigung heute wahrscheinlicher als früher. Friedlicher Wandel sei eben nun das Sicherste. Offensichtlich, so schließt Dulles, mache auch der Gedanke an die Reise nach Moskau Adenauer nervös. Schließlich habe er dort nicht einmal eine Botschaft oder einen Ort, wo er sich äußern könne, ohne abgehört zu werden.[95]

In diesem Sinn ist der lange Antwortbrief von Dulles verfaßt. Er enthält den ermunternden Satz: »Ich glaube, daß die Einigung Deutschlands ›in der Luft liegt‹ und daß wir dafür sorgen müssen, daß es so bleibt.«[96] Als Adenauer 1966 den zweiten Band seiner »Erinnerungen« veröffentlicht, druckt er diesen optimistischen Brief von Dulles kommentarlos ab. Inzwischen ist es hinlänglich bekannt, daß die Prognosen von Dulles und Eisenhower verfehlt waren. Adenauers Gespür hat sich als zutreffend erwiesen, daß der Genfer Gipfel eine weltpolitische Wasserscheide darstellte.

In dieser Lage hat es seine innere Logik, daß Adenauer unbeschadet aller Ablehnung der Teilung jetzt auch seinerseits damit beginnt, den Status quo praktisch zu organisieren. Somit verbringt er wenigstens einen Teil der Urlaubswochen in Mürren damit, die für Anfang September geplante Reise nach Moskau vorzubereiten.

Moskau – eine Reise ins Ungewisse

Im Dezember 1975, zwanzig Jahre nach Adenauers Moskaureise, sucht Elisabeth Noelle-Neumann durch ihr Allensbacher Institut für Demoskopie das Adenauer-Bild in der Bevölkerung zu erfassen. Als größtes Verdienst des ersten Bundeskanzlers wird von den Befragten genannt: »Die Heimführung der deutschen Kriegsgefangenen aus Rußland«. An zweiter und dritter Stelle folgen: »Die Aussöhnung und Freundschaft mit Frankreich« und »Daß er Deutschland wieder zu Ansehen und Geltung in der Welt verholfen hat«.[1]

Solchen Antworten pflegen in erster Linie Bilder zugrunde zu liegen, die unauslöschlichen Eindruck gemacht haben. »Daß er Deutschland wieder zu Ansehen und Geltung in der Welt verholfen hat« – hier hat sich wohl jene Zeremonie auf dem amerikanischen Heldenfriedhof Arlington eingeprägt, die für Adenauers Wahlsieg am 6. September 1953 so wesentlich war. Bei der Aussöhnung mit Frankreich denken die Befragten wahrscheinlich an den Staatsbesuch im Juli 1962: Adenauer und de Gaulle in der Kathedrale zu Reims; der gemeinsame Vorbeimarsch deutscher und französischer Panzerkolonnen in Mourmelon.

Schließlich und zu allererst: Moskau 1955. Die Moskauer Konferenz vom 9. bis 13. September ist vom Anfang bis zum Schluß ein großes Medienereignis, obschon nur 70 bis 80 Journalisten mitreisen können. Damals ist Moskau nämlich noch weitgehend *terra incognita*. »Eine Reise ins Ungewisse«, »in seiner Art sicher ein einmaliger historischer Vorgang«, meint Felix von Eckardt im Rückblick.[2] Das empfinden nicht allein die Beteiligten, die sich in zwei neuen Super-Constellations der Lufthansa, in zwei weiteren Linienflugzeugen und einem Sonderzug zu den Verhandlungen aufmachen. Auch ein Zurückbleibender wie der CDU/CSU-Fraktionsvorsitzende Krone notiert düstere Vorahnungen: »Bei allen der Eindruck, daß etwas Gespenstisches in der Luft liegt. Die Reise nach Moskau ist ein Wagnis. Wir müssen es eingehen.«[3] Ähnlich gespannt ist die Stimmung in der Bevölkerung.

Wenn irgend etwas anormal und zeitgeschichtlich belastet ist, dann das deutsch-sowjetische Verhältnis. Adenauer weiß, daß Millionen seiner Landsleute mit dem Rußlandkrieg und dem sowjetischen Einbruch nach Deutschland im Jahr 1944/45 traumatische Erinnerungen verbinden. In der Ostzone und im Ostblock ist die kommunistische Unterdrückung auch zwei Jahre nach Stalins Tod noch Realität. »Der Kalte Krieg ist nicht zuende«, ermahnt Adenauer selbst am 22. Juni im Vorfeld des Genfer Gipfels das Kabinett.[4] Er ist sich aber genauso über die Stimmung in der Sowjetunion im klaren. Und bei nüchterner Einschätzung muß er trotz aller Befürchtungen vor dem Kommunismus einsehen, daß man mit den Sowjets irgendwie ins reine kommen muß.

Labile Stimmungslage vielerorten, nicht allein bei ihm. Doch alle erwarten auch, daß der Kanzler die sachlichen und psychologischen Widersprüche löst. Die Pressekommentare jener Wochen, doch auch die späteren Erinnerungen der Beteiligten lassen keinen Zweifel daran, daß sich nun alle Erwartungen allein auf Adenauer richten. Zwar hat er sich durch Mitnahme von Repräsentanten des Bundestags und des Bundesrats abgesichert. Aber diese machen ihm deutlich, daß letzten Endes *er* die Verantwortung trägt.

Zusätzlich zu der verfassungsrechtlichen Kompetenzverteilung mögen bei einer solchen Gelegenheit auch uralte Fixierungen nachwirken, die weit in die menschliche Stammesgeschichte zurückreichen: Der Häuptling an der Spitze eines großen Gefolges – »deutsch sein heißt zahlreich sein«[5] – mißt seine Kräfte mit den Häuptlingen des feindlichen Stammes. Adenauers farbige Berichte, die er bald vor dem Parteivorstand, im Kabinett und dann in den »Erinnerungen« gibt, enthalten gleichfalls, wenn auch wohl unbewußt, diese Sicht des Vorgangs. Die großen Ereignisse, die sich einprägen, sind die Rededuelle der beiden Häuptlinge Adenauer und Chruschtschow. Aber immerhin ist der Kanzler Gast, und aus dem Streit und dem harten Verhandeln mag sich irgendwann eine Normalisierung ergeben.

Eine Öffentlichkeit, die so an der Reise Anteil nimmt, wird auch von den symbolträchtigen Bildern stark beeindruckt. Die Landung auf dem Flughafen Wnukowo, auf dem – erst zehn Jahre nach Kriegsende und immer noch im Kalten Krieg – die Spitzen des sowjetischen Kabinetts an der Gangway dem Kanzler der Bundesrepublik Deutschland die Ehre geben. Nach der Sowjethymne ertönt das Deutschlandlied. Adenauer schreitet eine imponierend paradierende Ehrenkompanie ab, von der Felix von Eckardt, der noch das preußische Kadettenkorps erlebt hat, kennerisch meint, »daß keine deutsche Truppe es jemals besser gemacht hätte«.[6] Adenauers »rauh hingesprochener Satz« bei der Begrüßung artikuliert recht selbstbewußt den Alleinvertretungsanspruch: »Zum ersten Mal« verhandle »eine Vertretung des deutschen Volkes mit der Sowjetregierung«.[7]

Ebenso prägt sich eine andere Szene ein, von der die Presse alsbald berichtet: die beispiellos harten Zusammenstöße Adenauers und Chruschtschows am Konferenztisch. Als im Zusammenhang mit der Kriegsgefangenenfrage von den Greueln des Kriegs gesprochen werden muß, stellt Adenauer fest: »Es ist wahr: Deutsche Truppen sind in Rußland eingefallen. Es ist wahr: Es ist viel Schlechtes geschehen. Es ist aber auch wahr, daß die russischen Armeen dann – in der Gegenwehr, das gebe ich ohne weiteres zu – in Deutschland eingedrungen sind und dann in Deutschland viele entsetzliche Dinge im Kriege vorgekommen sind.«[8] »Aufrechnen« schilt man eine solche Bewältigung der jüngsten Vergangenheit später. Und Adenauer plädiert kaum verhüllt dafür, die schrecklichen Vorgänge des Zweiten Weltkrieges nicht in »Trauerarbeit« zu bewältigen, sondern eher ruhen zu lassen: »Ich meine, wenn wir in eine neue Periode unserer Beziehungen eintreten – und das ist unser ernstlicher Wille –, daß wir dann nicht zu tief in die Vergangenheit hineinsehen sollten, weil wir dann nur Hindernisse aufbauen. Der Beginn einer Periode setzt auch eine psychologische Bereinigung voraus.«[9]

Als Chruschtschow daraufhin explodiert und mit den Fäusten droht, erhebt sich Adenauer gleichzeitig und reckt die Fäuste.[10] Polit-Theater also, das nicht fehlen darf, wenn zwei so bedeutende Chargen wie Adenauer und Chruschtschow aufeinanderprallen. Aber eben doch auch mehr: Artikulation des Leidens, des Hasses und der geschichtlichen Verstricktheit von Völkern, die ins Gespräch kommen müssen, wenn die Zukunft neu und hoffentlich friedlich organisiert werden soll. Von der Wünschbarkeit friedlicher Beziehungen mögen damals alle ausgehen, an die Möglichkeit glauben schon viel weniger, an die Wahrscheinlichkeit kaum jemand. Denn noch befindet man sich inmitten des Kalten Krieges, ganz ungeachtet kurzfristiger Entspannung.

Es gibt wenige Szenen in Adenauers Kanzlerzeit, die ihn bei den deutschen Massen so populär machen wie die Entschlossenheit, sich den Sowjetführern nicht im Büßergewand zu nähern. Bei seinem Bericht vor

Moskau – eine Reise ins Ungewisse

*Moskau – eine Reise ins Ungewisse:
Begrüßung auf dem Flughafen Wnukowo (oben);
deutsche Dienstwagen in Moskau (unten).*

Kritische Stunden – und schließlich Erfolg

In einer Konferenzpause mit Chruschtschow und Bulganin, im Hintergrund Carlo Schmid und Kurt Georg Kiesinger (oben); unten die triumphale Rückkehr auf dem Flughafen Köln/Bonn.

dem CDU-Vorstand läßt es sich Adenauer nicht nehmen, das Ergebnis einer Blitzumfrage zu erwähnen. Frage: »Die Sowjets haben es Dr. Adenauer übelgenommen, daß er in Moskau von den Gewalttaten der Roten Armee in Deutschland gesprochen hat. Was meinen Sie, war es notwendig, daß Dr. Adenauer davon gesprochen hat, oder hätte er besser nicht davon sprechen sollen?« 68 Prozent meinen, »es war notwendig«, 15 Prozent »er hätte nicht davon sprechen sollen«.[11] Es sind dieselben 68 Prozent der Befragten, die der Meinung sind, sie seien »mit der Art und Weise, wie Adenauer mit Moskau verhandelt hat, im großen und ganzen einverstanden«[12].

Adenauer selbst beurteilt den heftigen Streit am Konferenztisch sehr kühl: »Es kam, wie es vorauszusehen war, bei diesem ersten Zusammentreffen nach dem Kriege auf beiden Seiten der ganze Groll, der Zorn und die Trauer über alles das heraus, was in diesem Kriege zwischen den beiden Völkern geschehen ist, was das eine Volk dem anderen angetan hat.«[13] Man mußte sich Luft machen, einander kräftig seine Meinung sagen. »Der Kampf war sehr heftig. Die Russen – das muß ich sagen – waren stark im Geben. Sie waren aber auch stark im Nehmen.«[14]

Auch im Rückblick auf die Verhandlungen sucht er freilich Einseitigkeit zu vermeiden: »So scheußlich die Russen bei uns gewütet haben«, erinnert er die Vorstandsrunde der CDU, »ich glaube, die Deutschen haben in Rußland nicht minder große Untaten begangen. Die Zahl der russischen Kriegsgefangenen, die man bei uns absichtlich hat verhungern lassen, im wahrsten Sinne des Wortes, geht in die Millionen.«[15] Und schließlich sei der Hitler-Stalin-Pakt zwar »gemein in seinem Ziel und schlecht in seinen Motiven« gewesen – aber immerhin ein Vertrag![16] Freilich – »es sind viele Jahre seit 1939 vergangen«, doch sollte man sich diese Fakten und Zahlen doch vor Augen halten, »wenn man sich mit Vertretern der Sowjetunion an einen Tisch setzt, um über Fragen zu verhandeln, die aus jenen Jahren und aus jener Periode herstammen.«[17] Selten kommt Adenauers recht selbstbewußte und zugleich realistische Einschätzung der NS-Vergangenheit so deutlich zum Ausdruck wie bei den Moskauer Verhandlungen.

Aber es haften doch auch andere Bilder in der Erinnerung. An einem der Abende des Staatsbesuchs wohnt er mit der sowjetischen Führung im Bolschoi-Theater einer Gala-Vorstellung von »Romeo und Julia« mit der Musik von Prokofjeff bei. Überall sowjetische und deutsche Fahnen. Wieder werden die beiden Nationalhymnen gespielt. Und als die Häupter der beiden feindlichen Familien Capulet und Montague sich in die Arme sinken, schüttelt Adenauer Bulganin und Chruschtschow die Hände. Wie stets bei solchen Szenen ist bei den Beteiligten und den Beobachtern nicht genau auszumachen, von wem die Geste ausgeht. Adenauer besteht in den »Erinnerungen« darauf, daß der erste Impuls von ihm ausgegangen sei, und das Bild von der Versöhnung der streitenden Staatsmänner geht um die Welt.[18]

Genauso stark haften aber dann auch die Szenen bei der Rückkehr: das alte Mütterchen, das dem Kanzler die Hände küssen möchte[19], und schließlich Adenauer im Gespräch mit Heimkehrern in Friedland, die er freigekriegt hat.

Selten in den 14 Jahren der Regierungszeit Adenauers schnellt die Zustimmung zu seiner Politik so rasch in die Höhe wie aufgrund der Moskauer Konferenz: 50 Prozent sind es im Juli 1955, 52 Prozent im August und 59 Prozent im September.[20]

Tatsache aber ist, daß er der sowjetischen Einladung nur mit höchst gemischten Gefühlen gefolgt ist. Auf dem Flug nach Moskau setzt sich Adenauer neben den alten Gefährten Blankenhorn. Die Maschine fliegt bald in 5200, bald in 2000 Metern Höhe über Berlin, Thorn, die ostpreußische Seenplatte, Wilna und Witebsk. Adenauer, neugierig wie stets auf Reisen, erblickt nun erstmals die ziemlich menschenleere russische Landschaft: große Wälder, gelegentlich kleine Katen und größere Siedlungen, Straßen ohne Verkehr, denn man sieht kaum Staubwolken, kleine Viehherden, schließlich in der Ferne die Riesenbauten von Moskau.

Beide ziehen in dieser Stunde Bilanz – eine absonderliche Reise, und ein weiter Weg vom Zonenbeirat in Hamburg über den Parlamentarischen Rat, die Verhandlungen auf dem Petersberg, in London und in Washington! Dann wendet man sich den Erfolgsaussichten der Konferenz zu. Adenauer gibt sich ziemlich illusionslos. An der sowjetischen Politik habe sich so gut wie nichts geändert – »er befürchtet nur, daß diese neuartigen Entspannungsmethoden die Situation im Westen schwächen und Illusionen auslösen, die die Verteidigungsbereitschaft und Immunität gegen geistige Infizierung beeinträchtigen.«[21]

Schon seit Wochen ist Adenauer beim Gedanken an die Einladung nach Moskau mulmig zumute. Hat er vielleicht doch bei der spontanen Annahme einen großen Fehler gemacht?[22] Anfang Juni, als sie unerwartet kam, gab es aber aus seiner Sicht überhaupt keine andere Möglichkeit, als das Angebot aufzugreifen. Man hätte ihn sonst innenpolitisch als »Kalten Krieger« zerrissen. Und gab es eine überzeugendere Widerlegung der von den Sozialdemokraten für den Fall des NATO-Beitritts beschworenen Unheilsprophetien als eine solche Reise? Auch die Alternative, erst zu fahren, wenn die Kriegsgefangenen freigelassen wären, hält der ruhigen Überprüfung nicht stand: »Wenn wir den Russen geschrieben hätten, es kommt keine deutsche Delegation, wenn ihr nicht vorher alle Kriegsgefangenen freigebt, dann würden doch nicht die Russen, sondern die ganze Welt gesagt haben, die Deutschen sind verrückt in ihrer Politik, wie sie immer verrückt gewesen sind.«[23] Man muß also gehen.

Außerdem bestehen im Juni und bis in den Juli hinein durchaus noch gewisse Hoffnungen auf ein Vorankommen in der Wiedervereinigungsfrage. Seit der Genfer Konferenz kann aber auch Adenauer, der zuvor schon recht ungläubig war, nicht mehr an ein Wunder glauben – trotz des ermunternden Briefes von Dulles. Ohnehin führt kein Weg daran vorbei, die deutsche Frage im Oktober allein von den westlichen Außenministern verhandeln zu lassen. Mehr als eine fruchtlose Konfrontation unvereinbarer Positionen wird also in dieser Hinsicht gar nicht möglich sein.

Zugleich rückt aber Chruschtschows Auftritt in Ost-Berlin das Angebot zur Aufnahme von diplomatischen Beziehungen auch mit Bonn in eine schon mehr als zwielichtige Beleuchtung. Will Moskau damit nicht nur sein Zwei-Staaten-Konzept zementieren? So argumentiert Außenminister von Brentano, so sehen es auch Blankenhorn und Hallstein. Daher ihre Empfehlung: in Moskau überhaupt keine Aufnahme diplomatischer Beziehungen! Statt dessen Vorschlag der Einsetzung von vier Kommissionen, die alle Vorbedingungen klären. Das schließt im Auswärtigen Amt freilich nicht aus, auf der Arbeitsebene auch für den Fall einer Entscheidung zum alsbaldigen Botschafteraustausch die erforderlichen Papiere vorzubereiten.[24] Doch Tatsache ist, daß erst einmal künstliche Zwischenlösungen vorgesehen sind.

Zu spät merkt Adenauer, daß er sich damit auf ein völlig verkehrtes Konzept eingelassen hat. Denn was sollte man eigentlich vom Urteilsvermögen eines Kanzlers halten, der mit einer Riesendelegation in Moskau anreist und eine Woche lang mit der Sowjetführung über die Aufnahme von diplomatischen Beziehungen verhandelt, nur um dann einige Expertenkommissionen einzusetzen, die in Ruhe weiterverhandeln?! Eine schlimmere Brüskierung der sowjetischen Regierung, mit der man künftig wohl oder übel irgendwie auskommen muß, wäre gar nicht vorstellbar. Daß Adenauer das nicht schon im voraus erkennt, ist erstaunlich. Immerhin bringt er dann in Moskau selbst genügend gesunden Menschenverstand zur Kurskorrektur auf.

Wenn nämlich in der Wiedervereinigungsfrage ohnehin nur die

bekannterweise unvereinbaren Standpunkte einander gegenübergestellt werden und wenn in der Frage der diplomatischen Beziehungen deutscherseits gar keine echte Bereitschaft herrscht, dann müssen die Verhandlungen ganz zwangsläufig rasch an einen kritischen Punkt kommen. Dann ist es der Sowjetunion nämlich leichtgemacht, eine Freilassung der Kriegsgefangenen faktisch von der Aufnahme diplomatischer Beziehungen abhängig zu machen. Wird aber Adenauer in diesem Fall bei der Linie einer Nichtaufnahme der Beziehungen bleiben können?

Das alles ist voraussehbar, wird allerdings doch nicht mit letzter Schärfe herausgearbeitet. Adenauer überlegt jedoch noch in Mürren, ob er nicht »den ganzen Besuch unter irgend einem Vorwand« absagen soll.[25] Statt dessen läßt er die Vorbereitungen schließlich doch weiterlaufen, verspürt dabei freilich auch immer deutlicher, wie wenig erfreut die westlichen Alliierten beim Gedanken an seine Moskaureise sind. So sagt er schließlich jedermann, der ihn nach der Konferenzstrategie fragt, eine Aufnahme der Beziehungen werde es allenfalls bei Fortschritten in der Deutschlandfrage und bei einer Freilassung der Kriegsgefangenen geben. Doch ob die Sowjets in der Gefangenenfrage nachgeben werden, ist durchaus unsicher, denn die sowjetischen Führer haben schon bei der Genfer Konferenz verlauten lassen, es gebe nur noch verurteilte Kriegsverbrecher, keine Kriegsgefangenen mehr.[26] Ein Vorankommen in der deutschen Frage ist erst recht nicht zu erwarten.

Dennoch hört Livingston Merchant, engster Vertrauter von John Foster Dulles, am 31. August von einem Kanzler, der in »sonniger, ruhiger und zuversichtlicher Gemütsverfassung« aus dem Urlaub nach Bonn zurückgekommen ist, »er sei bereit, mit Moskau Verbindungen aufzunehmen. Dabei denke er an einen Geschäftsträger mit diplomatischen Vollmachten. Doch solange die Sowjetunion das DDR-Regime am Leben erhielte, sei keine echte Normalisierung möglich, wie das in vollen diplomatischen Beziehungen zum Ausdruck käme.«[27]

Merchant kommt bei diesem Gespräch auch auf eine Äußerung des sowjetischen Botschafters Winogradow in Paris zu sprechen, wonach die Sowjetunion Bonn bereits dreierlei angeboten habe: diplomatische Beziehungen, einen Handelsvertrag und ein Kulturabkommen. Als Adenauer das hört, lacht er laut auf und meint: Was hätten die Sowjets denn anzubieten? Die Deutschen wollten zwei Dinge: die Rückkehr der Kriegsgefangenen sowie der Zivilinternierten und die Wiedervereinigung. Sie hätten nicht um diplomatische Beziehungen gebeten, bräuchten nicht den Osthandel und erst recht keine kulturellen Wohltaten der Sowjetunion! Tatsächlich habe er wenig Hoffnung auf einen Erfolg. Möglicherweise müsse er die Verhandlungen abbrechen und nach Bonn zurückkehren. Was meine Herr Merchant dazu?

Blankenhorn ergänzt, man wolle keine endgültigen Entscheidungen, denke vielmehr an die Einsetzung von vier gemischten Kommissionen, die über wirtschaftliche und kulturelle Fragen, über die Kriegsgefangenenfrage und über die Aufnahme diplomatischer Beziehungen verhandeln könnten. Parallel dazu – so wirft Hallstein ein – könne ein Geschäftsträger mit diplomatischem Status eingesetzt werden.[28]

Das erzählt man aber nicht nur den Amerikanern. Adenauer erklärt dasselbe im Kabinett[29] und gegenüber dem Bundespräsidenten: »Er werde versuchen, in der Kriegsgefangenenfrage etwas zu erreichen, müsse aber auf seine Vertragstreue zu dem Westen bestehen und alles vermeiden, das nach einer Anerkennung der DDR aussehen würde. Wahrscheinlich käme deshalb auch die Wiederherstellung voller diplomatischer Beziehungen mit Moskau noch nicht in Frage.«[30] Auch die sorgsam vorbereitete Eröffnungsrede Adenauers ist auf diesen Ton gestimmt: kein Wort von einem in Moskau zu vereinbarenden Botschafteraustausch.[31]

Desgleichen sitzt die deutsche Delegation noch am Abend des ersten Verhandlungstages auf dem hohen Roß, von dem sie dann allerdings rasch heruntergeholt wird. Der amerikanische Botschafter Bohlen berichtet am 10. September nach Washington, daß ihm Blankenhorn versichert hat, der Kanzler sei absolut fest in seiner Haltung, diplomatische Beziehungen nur in Verbindung mit einer Übereinkunft oder einer Zusage in Richtung auf die deutsche Wiedervereinigung aufzunehmen.[32]

Alle diese Indizien lassen nur *einen* Schluß zu: Adenauer hat sich in bezug auf seine Konferenzstrategie völlig verschätzt. Denn bereits der Empfang am Flughafen beweist, daß die sowjetische Führung seinen Besuch protokollarisch als Staatsbesuch wertet und nicht allein als Arbeitsbesuch. Daß Adenauer mit riesigem Gefolge einfliegt, läßt schließlich auch kaum einen anderen Schluß zu. Jetzt erst dämmert es ihm, daß er bei einer Abreise *ohne* Vereinbarung eines Botschafteraustausches die Lage stark verschlechtern würde. Bloß auf die Einsetzung von vier Kommissionen zu drängen, »wäre geradezu eine Beleidigung« der Großmacht Sowjetunion.[33] Im Grunde ist ein Abbruch deutscherseits nach diesem Empfang unmöglich – vorausgesetzt, Moskau bewegt sich in der Kriegsgefangenenfrage.

Nun weiß man in Moskau bereits, daß diese für die Deutschen von zentraler Wichtigkeit ist. Adenauers Entscheidung, Vertreter von Bundestag und von Bundesrat mitzunehmen, sogar Carlo Schmid für die SPD, soll nicht nur zur Absicherung für den Fall unerwünschter Konzessionen oder einer Rückreise ohne Resultat dienen. Sie ist zugleich dazu bestimmt, den Sowjets vor Augen zu führen, in welchem Maß die Forderung nach Freilassung der 9626 Kriegsgefangenen, deren Namen bekannt sind, vom ganzen deutschen Volk getragen wird. Diejenigen, die damals mit Adenauer sprechen, sind davon überzeugt, daß dies für ihn ein Herzensanliegen ist.

Zugleich erkennt er aber nun auch rasch, wie sich die von ihm falsch angelegte Verhandlungsstrategie wirksam korrigieren läßt. Indem er der sowjetischen Forderung nach sofortiger Aufnahme der diplomatischen Beziehungen faktisch allein noch die Bedingung einer befriedigenden Lösung der Kriegsgefangenenfrage entgegensetzt, verschafft er sich einen doppelten Vorteil. Er könnte die Verhandlungen über diesen Punkt jederzeit abbrechen, ohne zu Hause ein Scherbengericht erwarten zu müssen. Und zugleich erlaubt es die stark hochgespielte Kriegsgefangenenfrage, die wenig ruhmreiche Tatsache des Nachgebens in puncto diplomatische Beziehungen in den Hintergrund treten zu lassen.

Keine Rede ist nun mehr von gewichtigen Fortschritten in Sachen Wiedervereinigung als Voraussetzung diplomatischer Normalisierung. Adenauer wäre sogar bereit, auch unter Teilnahme von Vertretern der DDR mit Moskau über die Gefangenenfrage zu verhandeln, obgleich er bei dieser Konzession hofft, daß die sowjetische Regierung ihre diesbezügliche Forderung gar nicht ernst gemeint hat. Denn schließlich bliebe auch Grotewohl nichts anderes übrig, als gleichfalls die Freilassung der zumeist zu 25 Jahren Zwangsarbeit Verurteilten zu verlangen.

Als es schließlich zu dem berühmten Quidproquo auf der Grundlage eines »Ehrenworts« der sowjetischen Führung kommt, ist die empörte Reaktion des amerikanischen Botschafters Bohlen durchaus verständlich. Er schreit Blankenhorn an: »Sagen Sie dem Herrn Bundeskanzler, daß ich ihm dafür danke, daß er am vergangenen Sonntag uns ermahnt hat, den Sowjetrussen gegenüber fest zu bleiben. Es ist mir heute klar geworden, was er unter Festigkeit versteht.«[34] Allerdings kann er nur persönlichen Verdruß artikulieren, denn Präsident Eisenhower selbst hat Adenauer telegraphisch versichern lassen, er stehe hinter ihm, welche Entscheidung Adenauer auch immer für richtig halte.[35]

Das hält aber Bohlen nicht davon ab, am 14. September ein empörtes Telegramm nach Washington zu schicken. »Der vollständige Zusammenbruch der deutschen Position während dieser Verhandlungen bedarf kaum eines Kommentars ... Die Sowjets haben vielleicht ihren größten diplomatischen Sieg in der Nachkriegszeit errungen.« Weshalb Adenauer einen solchen Handel eingehen konnte, sei ein Rätsel. Man könne sich nichts anderes vorstellen, als daß es eine noch unbekannte Vereinbarung gebe, von der aber niemand etwas wisse.[36]

Tatsächlich raten von Brentano, Hallstein, anfänglich auch Blankenhorn, vom Botschafteraustausch nachhaltig ab. Sie sehen nicht nur wie Bohlen, daß dies ein Einknicken unter sowjetischem Druck bedeutet, sondern wollen auch dem »Ehrenwort« Chruschtschows und Bulganins nicht so recht trauen. Vor allem von Brentano äußert sich nun »sehr kritisch« über das Ergebnis von Moskau, nicht zuletzt auch über den Verhandlungsstil Adenauers, der ihm selbst in der Vergangenheit häufig genug Weichheit und allerlei Kunstfehler vorgeworfen hat.[37]

Alles wäre für Adenauer weniger kompliziert, wenn er sich nicht zuvor darauf festgelegt hätte, in Moskau keine vollen diplomatischen Beziehungen zu vereinbaren. Denn er weiß doch seit langem, daß diese ein Wert an sich sind. Einen Zipfel von seinen diesbezüglichen Überlegungen lüftet er vor dem CDU-Bundesvorstand am 30. September 1955: »Ich halte sogar die Herstellung der diplomatischen Beziehungen für einen Vorteil für Deutschland, und zwar steigen wir zunächst im Ansehen der anderen. Man kann es hier in diesem, hoffentlich streng verschwiegenen Kreise sagen. Wir waren doch bisher so der heranwachsende junge Mann, der von den anderen drei nach Belieben mitgenommen oder zu Hause gelassen wurde. Und nun haben wir uns auf einmal in eine Reihe mit ihnen gestellt.« Spöttisch fügt er hinzu: »Im Grunde genommen ist es etwas komisch, wenn wir dasitzen, und die anderen sagen uns, bitte stellt die diplomatischen Beziehungen zu uns her. Ich habe manchmal im Innern darüber lachen müssen. Wir sind ein Volk von 50 Millionen, und die Russen haben 200 Millionen Menschen.«[38]

Die folgenden Tage und Wochen beweisen ihm, daß er mit der Aufnahme der Beziehungen die richtige Entscheidung getroffen hat. Auf die Nachricht von der Freigabe der Kriegsgefangenen geht eine Welle der Begeisterung durch Deutschland. Adenauer ist vorerst innenpolitisch völlig unangreifbar und kann den Vorgang auch den Verbündeten gegenüber als primär humanitären Erfolg darstellen. Sein Ruf, ein harter und gerissener Verhandler zu sein, wird wieder aufgebessert, als durchsickert, daß die vorzeitige Rückkehr der beiden Lufthansa-Flugzeuge über offene Leitung von ihm selbst angeordnet worden sei. So darf man ihn wieder einmal als großen Verhandlungstaktiker in fast aussichtsloser Lage bewundern.[39]

In der Tat gelingt es ihm mit viel Geschick, als grundlegende Vorbedingungen für die sofortige Aufnahme diplomatischer Beziehungen den »Brief zur deutschen Einheit« mit einem schriftlichen Rechtsvorbehalt bezüglich der sowjetischen Grenzen durchzusetzen. Hallstein wirft allerdings in letzter Minute fast alles um, indem er dem Konferenzplenum eine schärfere Fassung des Grenzvorbehalts vorlegt und nicht die mildere, die mit Molotow vereinbart war.[40] Joachim Peckert, damals Ostreferent im Auswärtigen Amt, der jede Nuance dieses Teils der Verhandlungen genau verfolgt, ist überzeugt, daß Adenauer damals die Lage gerettet hat. Indem er gelassen, ohne daß dies nach dem Grundgesetz nötig ist, einen Ratifizierungsvorbehalt durch den Deutschen Bundestag durchsetzt, gewinnt er Zeit, um an dem wachsamen Botschafter Semjonow vorbei nach dem offiziellen Abschluß der Verhandlungen den brieflich formulierten Grenzvorbehalt nachzureichen. Damit ist in den heikelsten Fragen des Alleinvertretungsanspruchs und des Grenzvorbehalts eine gerade noch hinnehmbare Lösung erreicht.

Der Brief, den der Protokollbeamte von Tschirschki noch in der Nacht vor dem Rückflug dem Privatsekretär Bulganins gegen Quittung überbringt, wird in der Folge zu einem der kostbarsten Dokumente Adenauerscher Deutschlandpolitik: »Herr Ministerpräsident, aus Anlaß der Aufnahme diplomatischer Beziehungen zwischen der Regierung der Bundesrepublik Deutschland und der Regierung der UdSSR erkläre ich:

1. Die Aufnahme der diplomatischen Beziehungen zwischen der Regierung der Bundesrepublik Deutschland und der Regierung der UdSSR stellt keine Anerkennung des derzeitigen territorialen Besitzstandes dar. Die endgültige Festsetzung der Grenzen Deutschlands bleibt dem Friedensvertrag vorbehalten.

2. Die Aufnahme diplomatischer Beziehungen mit der Regierung der Sowjetunion bedeutet keine Änderung des Rechtsstandpunktes der Bundesregierung in bezug auf ihre Befugnis zur Vertretung des deutschen Volkes in internationalen Angelegenheiten und in bezug auf die politischen Verhältnisse in denjenigen deutschen Gebieten, die gegenwärtig außerhalb ihrer effektiven Hoheitsgewalt liegen.«[41]

Die Eindrücke, die Adenauer aus den Moskauer Verhandlungen mitnimmt, können schwerlich überschätzt werden. Er hatte nun sechs Tage lang Gelegenheit, die sowjetische Führung zu studieren und hält sie für eher noch gefährlicher als zuvor. Die inneren Machtverhältnisse im Kreml scheinen ungeklärt. In den ersten beiden Tagen, so berichtet er dem Kabinett, hatte er das Empfinden, »daß Chruschtschow der Stärkere sei«. Vielleicht aber nur nach außen: »Der überlegtere Mann ist Bulganin.« Er habe ihm »einen größeren Eindruck gemacht«. Bulganin »kannte das alte Berlin« und sei des Lobes voll für die AEG.[42] Doch er ist ein sehr gefährlicher Gegner. In den Berichten über die Verhandlungen kommt Adenauer zwar öfters auf Bulganins Bonhomie zu sprechen. Aber das ist, so vermutet er, nur die Fassade – »er hat eine kalte Grausamkeit, soweit man das beurteilen kann«. Demgegenüber Chruschtschow – »eine Persönlichkeit von starker Vitalität und Brutalität«. Adenauer entdeckt bei ihm »eine glühende, eine vitale, eine eruptive Grausamkeit« und knüpft daran die Überlegung: »Ein diktatorisch regiertes Staatswesen, das große innere Schwierigkeiten hat – darüber ist kein Zweifel möglich –, mit einem solchen Mann an der Spitze, birgt natürlich für die Entwicklung im Innern wie nach außen eine größere Gefahr in sich, als wenn es von einem kälteren Mann, der die Dinge ruhig überlegt, geführt wird.«[43] Der bequemere Umgang scheint ihm also mit Bulganin möglich, Chruschtschow dagegen hält er für einen »Agitator«, »Propagandisten«, »Parteimann«.[44]

Seine stets skeptische Einschätzung der wirtschaftlichen Leistungsfähigkeit des Sowjetsystems wird durch den Augenschein in Moskau verstärkt. In jedem Gremium, dem er nach der Rückkehr berichtet, kann er sich gar nicht genugtun mit herablassenden und mitleidigen Schilderungen. Überall vermittelt er dasselbe Bild: Die Sowjetunion sei ein nach westeuropäischen Begriffen sehr zurückgebliebenes Land. Die Bevölkerung von Moskau: »trostlos«, »hoffnungslos«, so erbärmlich angezogen »wie bei uns die Leute vielleicht im Jahr 1947«.[45] »Moskau kam mir vor – so habe ich mir das früher immer vorgestellt – wie eine Kolonialstadt, in der die farbige Bevölkerung schwer und ohne Recht arbeiten muß und beherrscht wird von einer kleinen Schar, die über alles gebietet.«[46] Dagegen der Luxus und die Machtentfaltung der herrschenden Funktionäre.

»Die Religion«, so meint er traurig, ist »ausgemerzt«, und er läßt sich durch die vor Ort gewonnene Anschauung in der Überzeugung bestätigen, »daß der Kampf gegen den Kommunismus sich nicht einfach erschöpft in dem Kampf um die Wiedererlangung der uns entzogenen Teile Deutschlands, sondern daß dahintersteht der ungeheuer wichtige

Kampf zwischen Materialismus und christlicher Überzeugung«.[47] Die kommunistische Doktrin sei jedenfalls völlig unverändert. Wie weit die Führung daran glaubt, muß freilich offenbleiben – man kann schließlich niemandem ins Herz sehen.[48] Allem Anschein nach sind kommunistischer Totalitarismus und russischer Nationalismus eine Verbindung eingegangen. Der Kalte Krieg wird also fortgehen.

Besonders bedenklich sieht es aus seiner Sicht in der Deutschlandfrage aus. Während Adenauer zwei oder drei Jahre zuvor noch die Meinung vertreten hat, die Sowjetunion halte primär aus Sicherheitsüberlegungen heraus an der DDR fest, bringt er von Moskau eine andere Einschätzung der sowjetischen Motive für das Festhalten an der DDR mit: »Militärische Gründe spielen dabei für die Russen gar keine Rolle. Es spielt für die Russen auch gar keine Rolle, ob jetzt vielleicht noch einige Fabriken da sind, die etwas wert sind. Es spielt für die Russen keine Rolle, daß 17 oder 18 Millionen Menschen da sind. Für die Russen spielt ein ganz anderer Gesichtspunkt eine entscheidende Rolle. Das trat in den Gesprächen auch sehr klar zutage. Wenn Sowjetrußland die Zone hergibt, dann gibt es damit ein Gebiet preis, das – wie Chruschtschow sich ausdrückt – die Segnungen des Kommunismus erfahren hat. Es gibt diese Menschen zurück an den Kapitalismus mit allen seinen Schrecken. Die Rückwirkungen auf die kommunistischen Parteien Frankreichs und Italiens »sowie auf die Krypto-Kommunisten Deutschlands« wären dann verheerend.[49]

Daß er die Motive zumindest Chruschtschows jetzt so bewertet, ist ziemlich evident. Wenn aber sicherheitspolitische Konzessionen für Moskau so irrelevant sind, wie er hier formuliert, dann gehen auch alle Ideen der Opposition in die Irre, die nach wie vor über ein fundamental neues europäisches Sicherheitssystem zur Wiedervereinigung kommen möchte. Man kann aus solchen Äußerungen jedenfalls den Schluß ziehen, daß er sich nun auf noch längere Fristen in Sachen Wiedervereinigung einzustellen beginnt.

Zufrieden zeigt er sich mit der sowjetischen Einschätzung der Bundesrepublik. Bulganin sei seit seiner Verbindung mit der AEG ein Bewunderer der deutschen Tüchtigkeit. Auch Chruschtschow, so ist er überzeugt, habe bei den harten Verhandlungen »vor den Deutschen doch einen großen Respekt bekommen.«[50]

Eine wichtige Entdeckung hängt er nach der Rückkehr nach Bonn nicht an die große Glocke. Westlichen Gesprächspartnern gegenüber kommt er aber häufig darauf zu sprechen. Chruschtschow, so hört er von diesem bei einem Gespräch unter vier Augen, macht sich Sorgen vor dem kommunistischen China! »Helfen Sie uns, mit Rotchina fertig zu werden!«, soll er ihn verschiedentlich gebeten haben.[51]

So kommt er doch etwas beruhigt zurück. Die Sowjetunion fühlt sich von allen Seiten eingekreist – von den USA, von den mit Amerika verbundenen Westeuropäern, aber auch von China. Immer, wenn er sich künftig Konstellationen ausmalt, die Moskau zu einem Entgegenkommen in der deutschen Frage veranlassen könnten, denkt er auch an einen offenen Konflikt zwischen China und der Sowjetunion. Allerdings sieht er auch die Kehrseite der Medaille. Chruschtschow könnte eben deshalb in Europa definitive Gewinne anstreben, um dann für den Kampf mit China den Rücken frei zu haben.

In den frühen fünfziger Jahren ist ein vielgelesenes Buch aus der Feder Robert Jungks in aller Munde: »Die Zukunft hat schon begonnen«. Es hat die futuristische Technologie in den USA zum Gegenstand. Der Titel könnte aber auch die außenpolitische Zäsur dieser Moskaureise erfassen. Von nun an bis zum Ende seiner Tage hat Adenauers Ostpolitik eine neue Qualität. Er muß auch die Sowjetunion als diplomatischen Partner ernst nehmen. Eine bloß negative Politik ist nicht mehr möglich. Mit der Sowjetunion den direkten Dialog führen, heißt aber auch mit ihrer Forderung nach Anerkennung der DDR unablässig konfrontiert werden. Und am Horizont stellt sich das Problem der Volksrepublik China. Die Bundesrepublik ist dank Adenauer im Jahr 1955 erwachsen geworden. Aber erwachsen sein macht die Diplomatie nicht leichter, sondern eher schwerer. Die Nachkriegszeit ist zu Ende. Doch die Kriegsfolgen sind noch lange nicht aufgearbeitet.

KONSOLIDIERUNG DER BONNER DEMOKRATIE

1955–1957

Das Auswärtige Amt in Bonn.

Das wundersame Debakel der Adenauerschen Saarpolitik

In den achtziger Jahren erfindet Theodor Eschenburg das Stichwort »Stimmungsdemokratie«. Auf festgefügte Wählerblöcke, so soll dieser Terminus zum Ausdruck bringen, ist kaum mehr Verlaß. Die Stimmung in der Bevölkerung, nicht zuletzt bei den politisch Aktiven, gleicht der stets bewegten Oberfläche des Meeres. Verschiedenste Faktoren verändern die Stimmungen – der Konjunkturverlauf, internationale Krisen, Skandale, Landtagswahlen, der Dauerkrach in der Bonner Koalition oder sein zeitweiliges Ausbleiben.

Wer die 14 Jahre Adenauerscher Amtszeit studiert, entdeckt jedoch dasselbe Phänomen. Die politischen Milieus sind zwar alles in allem noch konsistenter, vor allem bei den katholischen Wählern und in ländlichen Gebieten. Doch dauerndes Auf und Ab der Zustimmung zum Kanzler ist nicht die Ausnahme, sondern die Regel.

Dabei markiert das Jahr 1956 ein besonders lange anhaltendes Dauertief. Die Malaise beginnt schon unmittelbar nach der triumphalen Rückkehr Adenauers aus Moskau. Über Wochen hinweg, bis zum Abstimmungstag am 23. Oktober 1955, ist die öffentliche Meinung vor allem auf das politische Ringen im Saarland fixiert. Dabei verrennt sich Adenauer mit seinem bedingungslosen Ja zum Saarstatut so vollständig, daß ihm sogar der getreue Fraktionsvorsitzende Heinrich Krone bei einer Abstimmung im Parteivorstand die Gefolgschaft verweigert.[1]

Es folgt die erste, längere Erkrankung Adenauers vom 7. Oktober bis zum 23. November. Wie üblich sind es die schwachen Bronchien, die diesmal zu einer Lungenentzündung führen. Eine ausgedehnte Nachfolgediskussion in Presse und Rundfunk ist die unvermeidliche Folge. Der Vorgang erinnert die Presse und viele Wähler doch wieder einmal daran, daß die Bundesrepublik von einem sehr alten Mann regiert wird. Als aber das ganze Land mit Ergriffenheit das Eintreffen der Rußlandheimkehrer in Friedland verfolgt, schlägt das für den Kanzler positiv zu Buch. Doch noch ist die Stimmungslage schwankend. Erst nach dem mit großem

Pomp gefeierten 80. Geburtstag Adenauers am 5. Januar 1956 ist er auch in den Umfragen wieder obenauf.

Ebenso rasch erfolgt nun aber ein unaufhaltsamer Niedergang. Der Auslöser dieser Talfahrt ist Adenauers Versuch, Thomas Dehler unschädlich zu machen oder die FDP zu spalten. Die Medien sind weitgehend davon überzeugt, daß hinter dem Versuch der CDU, die FDP durch eine Wahlrechtsreform zu dezimieren, der erbarmungslose Machtwille des Kanzlers die treibende Kraft darstellt. Das stößt ab. Der Sturz der Regierung Arnold in Düsseldorf durch SPD und FDP und der Koalitionsbruch in Bonn werden zu Recht als schwere Niederlage Adenauers verstanden.

Auch mit den großen Vorhaben der zweiten Legislaturperiode geht es nicht voran. Der Aufbau der Bundeswehr – Adenauer spricht immer noch von der »Wehrmacht« – schleppt sich dahin. Fast das ganze Jahr 1956 hindurch trüben zudem heftige öffentliche Auseinandersetzungen um Bundesfinanzminister Schäffer das Bild der Regierung. Adenauer und die Fraktion, den Wahltag bereits fest im Blick, wollen wieder einmal Schäffers Sparkurs nicht mehr mitmachen. Öffentlicher Krach auch mit Wirtschaftsminister Erhard um die Konjunkturpolitik! Und da die Umfragen seit Mitte 1956 eine theoretische Mehrheit von SPD und FDP bei den Bundestagswahlen 1957 als möglich erscheinen lassen, beginnen auch in CDU und CSU die Spekulationen: große Koalition CDU/CSU mit der SPD, Erneuerung der Koalition mit der FDP bei entsprechenden Konzessionen oder gar eine sozial-liberale Koalition?

Im inneren Kreis registriert man, wie nun sogar Adenauer Wirkung zeigt. Krone, der in seiner Eigenschaft als Nachfolger von Brentanos im Fraktionsvorsitz seit Frühsommer 1955 dauernd mit ihm berät und verhandelt, notiert am 14. Mai 1956 in sein Tagebuch: »Zum ersten Male hört man von ihm, daß er des Amtes und der Arbeit oft müde und überdrüssig sei.«[2] Das ist kein Wunder, denn Mitte Mai liegt die Zustimmungskurve Adenauers laut Allensbach nur noch bei 40 Prozent. Im Januar 1956 waren es noch 56 Prozent. Dabei schnellen vor allem die Zahlen jener Befragten empor, die Adenauer ablehnen und nicht einfach unentschieden sind – sicheres Indiz dafür, daß sein Regierungsstil polarisierend wirkt, und zwar diesmal zu Ungunsten der CDU.[3] Die Lage wird so ernst, daß Adenauer in diesem Frühjahr alle Hebel in Bewegung setzt, um Felix von Eckardt wieder an die Spitze des Bundespresse- und Informationsamtes zurückzubekommen.[4]

Schließlich rafft sich Adenauer Mitte Oktober zu dem großen Befreiungsschlag einer Kabinettsumbildung auf. Die Weltkrise im Oktober und November 1956 – Polen, Ungarn, Suez – wird zudem als Bestätigung seiner Außenpolitik aufgefaßt. So ist ab November 1956 wieder ein kontinuierlicher Anstieg der Zustimmungskurve zu registrieren. Im Februar 1957 sind die Umfragedaten bereits so gut, daß Adenauer an den altvertrauten Briefpartner Dannie Heineman in Connecticut höchst vergnügt schreiben kann: »Unsere Wahlaussichten sind gut. Sie steigen nach den demoskopischen Untersuchungen zusehends.«[5]

Zwar behauptet Adenauer mit einem gewissen Recht, er wolle die öffentliche Meinung führen und laufe ihr nicht hinterher. Dennoch werden die Umfragedaten im Bundeskanzleramt, in den Parteizentralen und von der Presse schon seit langem mit größtem Ernst registriert, analysiert und argumentativ eingesetzt. Adenauer unterscheidet sich in diesem Punkt allenfalls insofern von seinen Konkurrenten, als er an seinen Projekten hartnäckiger festhält, dafür aber unablässig taktische Aushilfen erfindet, die negative Trends korrigieren sollen.

Dennoch zeigt genaueres Hinsehen, daß Adenauer ausgerechnet in der recht kritischen Phase zwischen Herbst 1955 und Frühjahr 1957 alle jene Vorhaben durchsetzt, die dann weit über seine Regierungszeit hinaus Bestand haben werden: die zweite Wehrergänzung des Grundgesetzes, das Soldatengesetz und die Regelung des Grundwehrdienstes, die endgültige Bereinigung der deutsch-französischen Beziehungen in den Saarverträgen, doch auch, noch wichtiger, EWG und EURATOM, die »dynamische Rente« und das Kartellgesetz. Demgegenüber verzeichnet er in den folgenden Legislaturperioden bis zum Rücktritt bei fast allen seinen wichtigen Gesetzgebungsvorhaben vorwiegend Fehlschläge. Auch außenpolitisch vermag er dann nur noch zwei große Weichenstellungen durchzusetzen: die Ausrüstung der Bundeswehr mit nuklearen Trägersystemen und den deutsch-französischen Vertrag. So gesehen ist das Jahr 1956 eine Durststrecke auf dem Weg zur dauerhaften außen- und innenpolitischen Konsolidierung.

Für die Westpolitik am wichtigsten ist die Lösung der Saarfrage. Sie hat zwischen 1950 und 1955 alle Versuche Adenauers und seiner Partner in Frankreich behindert, die bilaterale Zusammenarbeit zwischen Paris und Bonn und die multilaterale Integration Europas rasch voranzubringen. Dabei gehört es zu den Paradoxien der Kanzlerschaft Adenauers, daß ihm ausgerechnet die Saarlösung von den Saarländern aufgezwungen wird.

Denn als die Heimatbundparteien im Sommer und Herbst 1955 von ihrem guten Recht Gebrauch machen, zur Ablehnung des Saarstatuts aufzurufen, reagiert Adenauer darauf geradezu verbiestert. Eine recht lückenlose Indizienkette spricht dafür, daß er in den Monaten vor dem Volksentscheid das Saarstatut fast um jeden Preis durchsetzen will, um dann endlich mit einer frei gewählten Saar-Regierung ins politische Geschäft zu kommen.

Ein langes Fernschreiben an Otto Lenz von Anfang August 1955 aus Mürren erlaubt einen tiefen Blick in Adenauers Überlegungen. Lenz ist seit langem auf seiten Adenauers stark in der Saarfrage engagiert und bereitet sich eben auf eine heftige interne Auseinandersetzung mit Ministerpräsident Altmeier sowie der Saar-CDU vor.[6] Was Adenauer ihm mitteilt, ist durchaus zur Weitergabe auch an die Kritiker des Adenauerschen Ja zum Saarstatut bestimmt. Die Ablehnung des Statuts durch die Saar-CDU sei aus vielen Gründen »der größte politische Fehler«. Diese stelle sich damit gegen die Bundes-CDU, begebe sich ins Schlepptau der SPD, mache aber im neuen Saarlandtag auch ein Zusammengehen mit der Christlichen Volkspartei (CVP) – an deren Spitze noch Johannes Hoffmann steht – unmöglich. Damit werde das Saarland »unter Umständen« an die SPD ausgeliefert. Außerdem sei ja weder die Bundesregierung noch die Bundestagsmehrheit »zur Annahme des Saarstatuts gezwungen worden« – eine mehr als kühne Behauptung!

Dann zwei entscheidende Argumente, die Adenauer auch in den folgenden Wochen stets wiederholt: »Es ist meines Erachtens durchaus ausgeschlossen, daß bei Ablehnung des Saarstatuts in absehbarer Zeit neue Vereinbarungen mit Frankreich und den übrigen in Betracht kommenden Ländern zustande kommen. Die Saar würde also wieder zurückkehren zu dem früheren Regime Hoffmann – Hektor.« Im Licht der Vorgänge nach dem 13. Oktober zeigt diese Äußerung deutlich, wie sehr sich Adenauer verrannt hat.

Das zweite Argument ist ein Verweis auf die in der Tat labile internationale Konstellation: »Gerade in der gegenwärtigen außerordentlich kritischen und schwankenden außenpolitischen Lage können wir eine Störung des Verhältnisses zwischen Frankreich (Pinay) und der Bundesrepublik unter gar keinen Umständen brauchen. Eine solche Störung des Verhältnisses zwischen Frankreich und Deutschland würde unzweifelhaft eine sehr besorgniserregende Rückwirkung auf die öffentliche Meinung und die Regierung in den Vereinigten Staaten ausüben.«[7] Ministerpräsident Altmeier erhält einen ähnlichen Brief, der allerdings vorsichtiger formuliert ist.[8]

Alle verfügbaren Umfragen lassen indessen deutlich erkennen, daß die Stimmung im Saargebiet völlig umgekippt ist, seit sich die pro-deutschen Parteien organisieren dürfen und die Nein-Parole propagieren. Im April 1955 bekunden im Saarland bei einer Allensbacher Umfrage noch 59 Prozent der Befragten, sie wüßten nicht, ob sie bei einer Volksabstimmung für oder gegen das Saarstatut votieren wollten. 21 Prozent sind damals für das Statut, 20 Prozent dagegen.[9] Ministerpräsident Mendès-France liegen sogar Zahlen vor, die aus französischer Sicht noch viel schöner sind: 60 Prozent Ja-Stimmen, 15 Prozent Enthaltungen, 15 Prozent Nein-Stimmen. Allerdings befürchtet der französische Botschafter Grandval, daß sich die Zahl der Ja-Stimmen im Verlauf einer langen Referendumskampagne auf 50 bis 52 Prozent verringern könnte. Daher der Vorschlag – aus dem jedoch nichts wird –, das Referendum noch vor dem 1. Juni 1955 abzuhalten.[10]

Schon im August aber sind die Unentschiedenen mit fliegenden Fahnen ins Lager der pro-deutschen Parteien übergegangen, die das Statut ablehnen und für einen Anschluß an die Bundesrepublik eintreten. EMNID ermittelt 79 Prozent Nein-Stimmen. Außerdem möchten 74 Prozent aller stimmberechtigten Saarländer wieder mit Deutschland vereinigt werden.[11]

Da sich die Bundesrepublik und Frankreich im Artikel VI, Satz 3 des Saarstatuts ausdrücklich verpflichtet haben, »jede von außen kommende Einmischung« auf die Meinungsbildung im Saarland zu unterlassen, könnte sich Adenauer spätestens jetzt mit gutem Recht zurücklehnen und dem Schicksal seinen Lauf lassen. Statt dessen sucht er immer noch nach Mitteln und Wegen, eine Ablehnung des Saarstatuts zu verhindern. Nun sieht er den einzigen Ausweg aus dem Debakel in einer gleichzeitigen Demission Ministerpräsident Hoffmanns und des Vorsitzenden der CDU-Saar, Hubert Ney, den er verabscheut. Das könnte, so meint er, jenen Strömungen in der CVP Auftrieb geben, die dem so kompromittierend pro-französischen Kurs Hoffmanns insgeheim widerstreben. Vielleicht, spekuliert Adenauer weiter, wäre dann eine Annäherung von CVP und Saar-CDU auf Grundlage seines Konzeptes möglich: Ja zum Statut, aber Kurskorrektur bei den anschließenden Landtagswahlen.

Adenauer läßt in diesen Wochen vor allem über Otto Lenz sondieren und verhandeln, der nunmehr wieder *persona grata* ist. Doch kann er daneben seiner alten Neigung zu Hintertreppenmanövern nicht widerstehen. Am 1. September empfängt er Jakob Kindt-Kiefer, an dessen Verdienste in den ersten Nachkriegsjahren er sich noch erinnert. Kindt-

Kiefer, geboren in Saarlouis, hatte damals von der Schweiz aus die christlichen Demokraten Westeuropas zusammengebracht, so auch Adenauer und Georges Bidault. Während der kritischen Monate August und September 1950 hatte der Kanzler von den Konnexionen Kindt-Kiefers erneut Gebrauch gemacht.[12]

Kindt-Kiefer, inzwischen in Andernach wohnhaft, taucht also plötzlich wieder auf. Das Kanzleramt gibt über diesen Besuch sogar eine Presseverlautbarung heraus.[13] Das ist höchst ungewöhnlich und kann nur als Signal an die Saar-Parteien verstanden werden. Prompt erscheinen denn auch Presse-Spekulationen: »Rücktritt Hoffmanns?«.[14]

Zugleich allerdings geben die Gegner Adenauers Informationen an die Presse, Kindt-Kiefer sei eine zwielichtige Figur, die sich in wirtschaftlichen Schwierigkeiten befinde.[15] Das öffentliche Echo ist so negativ, daß sich Adenauer rasch distanziert.[16] Im Kabinett muß er am 7. September einräumen, daß Kindt-Kiefer eine Möglichkeit sehe, »Herrn Hoffmann zum Rücktritt zu bewegen«[17], und er fügt quasi entschuldigend hinzu: er habe Kindt-Kiefer schon mindestens drei Jahre nicht mehr gesehen gehabt, kenne ihn aber »aus der Zeit unserer Frankfurter Nöte«[18].

Zu diesem Zeitpunkt ist jedoch ein Mittelsmann schon »verbrannt«. Globke geht mit Brief vom 6. September überdeutlich auf Distanz.[19] Die pro-deutschen Saarparteien, speziell die Saar-CDU, zeigen ihm die kalte Schulter, und nur Ministerpräsident Hoffmann in seiner Not empfängt Kindt-Kiefer auf dem Jagdschloß in Düppenweiler.[20]

Als sich Kindt-Kiefer im November 1955 bei Adenauer mit eingeschriebenem Brief beschwert, er sei durch die Desavouierung in jeder Hinsicht ruiniert[21], hält es dieser doch für angebracht, ihn postwendend zu besänftigen. Denn Kindt-Kiefer macht dunkle Andeutungen auf sein seit 15 Jahren bestehendes Archiv in Otelfingen-Zürich. Der Zynismus des Adenauerschen Antwortbriefes ist allerdings kaum zu überbieten: »Ich bin der Auffassung, daß Sie in der Saarfrage das Beste gewollt haben, Sie haben aber – lassen Sie mich Ihnen das in aller Offenheit sagen – Ihre Stellung und Ihre Fähigkeiten in einer außerordentlichen Weise überschätzt. Es ist Ihnen gegangen, wie es namentlich in politischen Dingen jemand geht: wenn man Erfolg hat, wird man gefeiert, wenn man Mißerfolg hat, wird man verdammt.«[22]

Kindt-Kiefer läßt aber nicht locker. Nun erinnert er Adenauer in einem weiteren Brief daran, er habe ihm bei der Unterredung am 1. September »zu meinem Erstaunen und bald Entsetzen« ins Gesicht geschleudert, Globke habe Heinrich Schneider von der DPS *eine* Million Mark

»ohne jede Kontrollmöglichkeit zur Verfügung gestellt – von anderen Beträgen aus anderen Quellen ganz zu schweigen«. Drohend verlangt er nochmals eine öffentliche Rehabilitierung.[23]

Die Antwort kommt diesmal von Globke. Der Staatssekretär dementiert energisch, verweist darauf, daß er dies auch schon gegenüber dem französischen Botschafter getan hat und ersucht, eine so unzutreffende Behauptung nicht weiter zu verbreiten.[24]

Die finanziellen Hintergründe und eine mögliche Doppelbödigkeit der Adenauerschen Saarpolitik werden sich wohl nie zweifelsfrei aufklären lassen. Franz Josef Strauß, den derlei Manöver nicht erstaunen, hat noch gut 35 Jahre danach gleichfalls behauptet, Adenauer habe damals aus den Reptilienfonds Heinrich Schneider und seiner Partei zehn oder elf Millionen Mark zur Verfügung gestellt.[25] Nachweisbar ist jedenfalls, daß die Operation Kindt-Kiefer nur Teil eines umfassenden Versuchs ist, das Abstimmungsdebakel an der Saar und damit eine schwere Belastung der deutsch-französischen Beziehungen durch Demission Johannes Hoffmanns zu verhindern.

Doch Adenauer beschränkt sich durchaus nicht auf eine Politik hinter den Kulissen. Bereits am 24. April weist er den CDU-Bundesgeschäftsführer Bruno Heck an, im *Deutschland-Union-Dienst* einen Artikel zu bringen, der das Ja der CDU zum Saarstatut deutlich unterstreicht.[26] Damit nicht genug, greift er nun auch persönlich in den Abstimmungskampf ein. Am 2. September hält er in Bochum zum zehnjährigen Bestehen der Westfälischen CDU eine Rede, die von den pro-deutschen Parteien allgemein als »Dolchstoß« empfunden wird[27], während die CVP-Propaganda entsprechend damit arbeitet. Einerseits ruft nämlich Adenauer in Bochum die Saarländer kaum verklausuliert zum Ja auf. Andererseits bekundet er jedoch öffentlich: »die Regierung Hoffmann hat im Saargebiet keinen Boden mehr bei der Bevölkerung.«[28]

Diese Stellungnahme erfolgt genau einen Tag nach zwei Unterredungen, die Adenauer erst mit Kindt-Kiefer, dann mit François-Poncet hatte. Das *timing* ist also perfekt, doch das Echo im Saarland und in der Bundesrepublik so negativ, daß Adenauer spätestens jetzt einsehen müßte, wie wenig er mehr ausrichten kann.

Inzwischen hat die rebellische Stimmung von der rheinland-pfälzischen CDU auch auf die CDU/CSU-Fraktion übergegriffen. Mit Ministerpräsident Altmeier ist Adenauer in der Saarfrage schon längst zerstritten. Jakob Kaiser, immerhin noch Stellvertretender CDU-Vorsitzender und Gesamtdeutscher Minister, sucht Adenauers Saarpolitik seit

1950 zu sabotieren. Innerhalb der CDU/CSU-Fraktion ist es vor allem Fritz Hellwig, damals schon ein einflußreicher Parlamentarier vom Wirtschaftsflügel der Union, der Adenauer und dessen Anhängern höflich in der Form, aber sehr hart in der Sache entgegentritt. Die Stimmung in der Öffentlichkeit ist aber nun so, daß auch die Unterstützung in jenem breiten Mittelfeld der CDU abbröckelt, wo man Adenauer in der Saarfrage bisher aus übergeordneten Gesichtspunkten die Stange gehalten hat.

Das zeigt sich bei einem großen Krach Ende September im CDU-Vorstand. Adenauer erzwingt eine Abstimmung über eine öffentliche Erklärung des Vorstandes, »daß die CDU den im Saarstatut beschrittenen Weg für den besten hält, die Saarfrage und das deutsch-französische Verhältnis zu klären«. 15 Vorstandsmitglieder sind zwar für eine solche Erklärung, doch fünf, darunter der Fraktionsvorsitzende Heinrich Krone, sind dagegen, und sechs enthalten sich. Das ist nach Adenauers Meinung offene Meuterei. Da er ohnehin auf Kohlen sitzt, weil in wenigen Minuten das Abschiedsessen für François-Poncet beginnt, hat er einen doppelten Grund für einen zornigen Abgang.

Das spielt sich am 30. September im CDU-Vorstand ab. Für den 5. Oktober ist ein Zusammentreffen mit Ministerpräsident Faure und Außenminister Pinay in Luxemburg vorgesehen. Im Grunde ist Adenauer jetzt ratlos.[29] Nun entwickelt ihm Otto Lenz, drei Wochen vor der Abstimmung, ein neues Konzept, das auf der Linie seiner bisherigen Bemühungen liegt. Adenauer, so meint Lenz, solle doch Faure und Pinay ein großes Paket vorschlagen: Verschiebung des Abstimmungstermins, Rücktritt der Regierung Hoffmann, Selbstauflösung des saarländischen Landtags, Nichtverkündigung des französisch-saarländischen Wirtschaftsabkommens.[30]

Der Rücktritt Hoffmanns und Adenauers ursprünglicher Wunsch, eine definitive Saarlösung erst nach Wahl eines frei gewählten Landtags auszuhandeln, sollen also nun direkt über Frankreich erreicht werden. Adenauer bringt diese Ideen am 5. Oktober bei einer Besprechung in Luxemburg mit Edgar Faure und Antoine Pinay auch vorsichtig vor. Doch ohne Erfolg.

Seitdem sich in der Wiedervereinigungsfrage eine ganz negative Haltung Moskaus abzeichnet, hat Adenauer bezüglich der Saar noch ein neues Argument. Nun könne man doch nicht mehr, wie noch im Saarstatut vorgesehen, mit der abschließenden Friedensregelung warten. Über die endgültige Zugehörigkeit der Saar müsse »spätestens in drei bis vier Jahren entschieden werden.«[32] Beide widersprechen nicht. Aber Frankreich kann und will nun nicht mehr umsteuern, und so läßt auch der Kanzler den Dingen endlich ihren Lauf.[33]

Am 23. Oktober 1955 stoßen die Saarländer mit 67,7 Prozent das Saarstatut in den Orkus. Nicht nur Frankreich, auch Adenauer ist blamiert. Rolf Lahr, der den Gang der Verhandlungen genauestens kennt, vermerkt dazu unter dem 24. Oktober: »Von Amts wegen müßten wir lange Gesichter machen, wie es offenbar der Bundeskanzler tut. Wir tun es aber nicht. Zunächst ist eine erstaunliche Tatsache festzustellen: Die Pariser Verträge außer dem Saarstatut, an denen uns so viel gelegen war, sind seit mehreren Monaten unwiderruflich in Kraft, während das Abkommen, das den von uns zu zahlenden Preis darstellte, ›aufgeflogen ist‹.« Und auch mit Blick auf Adenauer meint er: »Selten wohl haben bei einem Akt der internationalen Politik alle Beteiligten in so perfekter Weise das Gegenteil dessen getan, was sie hätten tun sollen.«[34]

Nachdem Frankreich allerdings vernünftig reagiert und das Selbstbestimmungsrecht der Saarländer im Prinzip respektiert, kann Adenauer argumentieren, daß in erster Linie seine selbstverleugnende Politik Paris nunmehr einen geordneten Rückzug erlaubt. Wichtig ist und bleibt ihm weiterhin eine einvernehmliche Lösung. Am 22. Oktober, einen Tag vor der Abstimmung, als sich das Resultat schon vorhersehen läßt, schreibt er an Außenminister von Brentano: »Ich halte es für notwendig, daß sich die Bundesrepublik in Paris hinsichtlich neuer Verhandlungen über die Saarfrage nicht in einen Gegensatz zu Frankreich stellt.«[35] Das heißt also: behutsame Schadensbegrenzung ist von jetzt an geboten. Über Hallstein läßt er dem neuen französischen Botschafter in Bonn, Christian de Margerie, den Entwurf für den Text eines »spontanen« Telegramms mitteilen, das sich mit einem ähnlich »spontanen« Telegramm aus Paris kreuzen würde und in dem zum Ausdruck kommt, daß die guten Beziehungen zwischen Bonn und Paris nicht gefährdet werden dürfen. Wie bisher werde man »im europäischen Geist« nach einem Kompromiß suchen.[36]

Während der entscheidenden Stunden nach der Abstimmung hat er in Außenminister Pinay in der Tat einen intelligenten und verständigungsbereiten Partner. Botschafter Grandval und das Kabinett Hoffmann treten zurück, freie Landtagswahlen werden vorgesehen, und bald zeichnet sich ein Kompromiß ab, der im Frühjahr 1956 Wirklichkeit wird. Zwischen der Bundesrepublik und dem Saarland kommt es zu einer »Wiedervereinigung im kleinen«, dafür finanziert Bonn weitgehend die Moselkanalisierung und läßt auch ansonsten Frankreich sowie dem Saargebiet wirtschaftliche Vergünstigungen zukommen.

Die deutsch-französischen Verhandlungen nehmen fast das ganze Jahr 1956 in Anspruch. Adenauer hat dabei mit dem sozialistischen Premierminister Guy Mollet zu tun und weiß es zu schätzen, daß dieser französische Sozialist für das Selbstbestimmungsrecht der Saarländer jetzt mehr Verständnis aufbringt als christliche Demokraten oder konservative Politiker. Die endgültige Einigung erfolgt im Vorfeld der Suez-Intervention. Adenauer unterstützt Frankreich dabei ebenso bedingungslos wie in der Algerienfrage. Dafür erhält er eine glatte Saar-Regelung.

Als das Saarland mit der Bundesrepublik als 11. Bundesland vereinigt wird, demonstriert Adenauer mit großer Selbstverständlichkeit, daß man als Politiker durchaus dort ernten kann, wo man nicht gesät hat. Am 1. Januar 1957 um 6.20 Uhr fährt ein bestens gelaunter Bundeskanzler, der schon früh am Morgen eine Schüssel Kaviar und besten Wein auffahren läßt, im Sonderzug »Comet« von Königswinter nach Saarbrücken. In Mainz steigt Ministerpräsident Altmeier zu, mit dem er sich inzwischen wieder versöhnt hat.[37] Die Herren lassen sich unterwegs in Merzig, in Dillingen, in Saarlouis und in Völklingen bejubeln, und um 10.15 Uhr findet in Saarbrücken ein feierlicher Empfang durch Ministerpräsident Ney statt, über den der Kanzler in den Jahren zuvor so viele Unwerturteile gefällt hat. Zwar steht die Vereinigung von Saar-CDU und CVP noch aus, doch auch Ney ist jetzt nur noch ein Staatsmann der Versöhnung. Stolz schreitet Adenauer in Frack und Zylinder zur großen Feier im Stadttheater Saarbrücken und findet in »unübertrefflicher Ungeniertheit« auch die richtigen Worte: »Das ist der schönste Tag meines Lebens.«[38]

Irritationen

Soweit ist es am 23. Oktober 1955 aber noch nicht. In dieser Hinsicht kann Adenauer froh sein, daß er seit über zwei Wochen mit einer Lungenentzündung in Rhöndorf im Bett liegt. So braucht er keine kritischen Fragen von Journalisten oder der Opposition zu befürchten. Denn die Öffentlichkeit betrachtet die Vorgänge um das Saarstatut nicht eben als Ruhmesblatt. Tatsächlich hat gerade Adenauers Saarpolitik wie wenige andere Vorgänge bewiesen, was für eine Art Kanzler in Bonn regiert – ein Großmeister kühler Staatsräson, der den Vorwurf politischer Doppel-

Wiedervereinigung im kleinen

*1. Januar 1957: Wiedervereinigung der Saar mit der
Bundesrepublik Deutschland. Ein Lehrling der Röchling-Werke
in Völklingen überreicht Adenauer
(mit Vizekanzler Blücher im Sonderzug nach Saarbrücken)
einen Blumenstrauß.*

bödigkeit zwar stets leidenschaftlich zurückweist, diese aber mit hoher Perfektion meistert und selbst aus dem Debakel einen Triumph zu machen versteht.

Im Oktober und November 1955 hilft ihm das jedoch nicht viel. Zu genau wissen alle Beteiligten, wie er sich öffentlich vergaloppiert hat. Und er selbst zweifelt durchaus noch daran, ob sich jetzt mit Frankreich wirklich eine vernünftige Lösung finden läßt. Als Jakob Kaiser ihn bei Bekanntwerden des Ergebnisses beglückt anruft, antwortet ihm Adenauer zornig, er werde ja noch sehen, was er angerichtet habe.[1]

Das Zusammenfallen von Abstimmungsdebakel und Erkrankung Adenauers führt ganz naturgemäß zu verlegenen Überlegungen, wer dem fast Achtzigjährigen denn notfalls nachfolgen könnte. Adenauer schätzt solche Erörterungen überhaupt nicht, denn sie sind stets ein Indiz dafür, daß er gesundheitlich oder politisch angeschlagen ist.

Die Diskussionen über die delikate Nachfolgefrage spielen sich immer auf drei Ebenen ab – in der Presse, zwischen den Spitzenpolitikern von CDU und CSU und bisweilen in Gesprächen Adenauers unter vier Augen oder im engsten Kreis. Sie beginnen nicht erst 1955, begleiten vielmehr die ganze Amtszeit Adenauers, intensiver natürlich in kritischen Phasen.

Die öffentliche Diskussion während der langen Rekonvaleszenzzeit im Herbst ist immer noch recht spekulativ. Von Brentano wird genannt, Ludwig Erhard, auch Fritz Schäffer, der seine Position wieder gefestigt hat. Von den Überlegungen der einzelnen Kronprätendenten oder der Führungsgruppen dringt noch nichts nach außen. Man hat in der Nachfolgefrage bis zu der nun eingetretenen plötzlichen Erkrankung eben doch nur eine recht ferne Möglichkeit gesehen.

Diejenigen, mit denen der Kanzler wirklich vertraulich spricht – Pferdmenges in erster Linie, Globke, in zunehmendem Maß auch Krone – wissen freilich, daß es sich Adenauer gelegentlich durchaus gestattet, über dieses heikelste aller Probleme im Gespräch mit anderen nachzudenken. Freilich mag auch das nie ganz ohne Hintergedanken geschehen. Wenn etwa der präzise, diskrete, aber doch auch gesprächige Pferdmenges, mit dem Adenauer viele wichtige Personalfragen erörtert, bei Großen der CDU die eine oder andere Andeutung fallen läßt, kann das recht verschieden aufgefaßt werden: als Lob und Ermutigung oder als Warnung.

Die Nachfolgefrage hängt auch eng mit dem Problem zusammen, ob das Amt des Bundeskanzlers und der Parteivorsitz künftig stets in einer Hand vereinigt sein sollen. Das muß alle zwei Jahre im Vorfeld der CDU-Vorstandswahlen diskret erwogen werden. Im April 1955, als Adenauer mit Krone darüber spricht, meint er, der künftige Parteivorsitzende sollte Katholik sein, doch nicht unbedingt gleichzeitig Kanzler oder Minister. Er müßte dorther kommen, wo die CDU ihre stärksten Bataillone hat – sowohl konfessionell wie landsmannschaftlich.[2] Sein Nachfolger als Kanzler hingegen, so meint Adenauer bei einem späteren Gespräch, »müsse ein klarblickender, guter und harter Politiker sein.«[3] Krone nennt bei solchen Gelegenheiten Franz Etzel, derzeit Vizepräsident der Montanunion. Adenauer widerspricht nicht – vielleicht aber auch nur, um Etzel in den Bundestag und ins Kabinett zu locken.[4]

Bei Erörterung möglicher Parteivorsitzender ist von Franz Meyers und von Heinrich von Brentano die Rede. Krone vermerkt zu diesen Namen: »Ja und nein. Mehr nein als ja.«[5] Denn mit von Brentano ist Adenauer im ganzen Jahr 1955 nicht zufrieden: zu weich, außerdem viel zu sehr bedacht, ein gutes Klima zur SPD herzustellen![6] Adenauer aber möchte bei den Wahlen 1957 die Gegensätze zur SPD erneut und denkbar scharf herausarbeiten. Denn er ist fest überzeugt, daß sich die SPD, wenn sie erst an der Macht wäre, vom Westen lösen und in Mitteleuropa ein Vakuum schaffen würde.[7]

Während der langen Krankheitsperiode geht der breiteren Öffentlichkeit auch ein anderer Zentralaspekt Adenauerscher Kanzlerschaft auf – die Schlüsselrolle von Staatssekretär Globke. Sieben Wochen lang verläßt Adenauer sein Rhöndorfer Anwesen nicht. In dieser Zeit weitgehender Schonung stellt sich Globke immerhin 14mal meist allein, manchmal mit anderen zusammen ein. Vizekanzler Blücher, inzwischen politisch schon kräftig angeschlagen, wird lediglich dreimal vorgelassen. Der Vizekanzler tritt eben nur in Adenauers Urlaub oder – wie jetzt – zur Leitung der Kabinettssitzungen in Aktion. Faktisch ist Globke der Stellvertreter des Kanzlers. Längst zieht ihn Adenauer schon gelegentlich zu außenpolitischen Fragen heran, auch wenn von Brentano und vor allem Hallstein die Prärogativen des Auswärtigen Amts zu wahren suchen. Da Globke und Krone, aber auch Krone und von Brentano miteinander harmonieren, halten sich die diesbezüglichen Spannungen in Grenzen. Globkes Rolle als »graue Eminenz« wird bei dieser Gelegenheit jedenfalls so auffällig sichtbar, daß es der *Spiegel* im April 1956 für richtig hält, ihn mit einem Globke-Artikel wieder einmal kräftig anzuschießen.[8]

Zur Malaise im Herbst 1955 trägt auch der völlig negative Verlauf der Genfer Außenministerkonferenz bei. Die Russen, bemerkt Adenauer im Parteivorstand kurz und knapp, haben »die zweite Genfer Konferenz vor die Hunde gehen lassen«[9]. Er selbst ist zwar keineswegs überrascht. Doch nun beginnt vielen die Tatsache zu dämmern, daß Adenauers Politik der Westbindung die Wiedervereinigung vielleicht doch nicht bringt.

Bedenklicher als die ohnehin erwartete Versteifung der sowjetischen Haltung in der Wiedervereinigungsfrage erscheint ihm die Weltlage als ganze. Je weiter es ins Jahr 1956 hineingeht, um so besorgter registriert er, »daß tatsächlich die Welt in Flammen steht«[10]. Seit er im Frühjahr 1954 erstmals nach Griechenland und in die Türkei gereist ist, hat Adenauer die geostrategische Bedeutung des Mittelmeers entdeckt. Gegenbesuche aus diesen Ländern und regelmäßige Gespräche mit den Botschaftern sorgen dafür, daß er das östliche Mittelmeer nicht vergißt. Seit Herbst 1955 aber zeigt er sich aufs stärkste alarmiert darüber, daß die Russen – wie ihm Blankenhorn Anfang November in Rhöndorf vor Augen führt – »eine neue Front des Kalten Krieges ... eröffnen«[11].

Das östliche Mittelmeer ist seit Einsetzen der Waffenlieferungen des Ostblocks an Ägypten ein Pulverfaß. Er sieht darin ein sicheres Anzeichen sowjetischer Weltherrschaftsambitionen. Schuld an der dortigen Lage ist seiner Meinung nach nicht zuletzt England: In Ägypten, Zypern und gegenüber Indien treiben die Engländer eine hochfahrende und dumme Politik, bekommt man in diesen Monaten von ihm zu hören. Wie seit Jahren ist er der Meinung, daß Großbritannien weltweit auf dem absteigenden Ast ist.[12] Das Commonwealth ist »nur noch ein Phänomen«, meint er im Juli 1956 zu dem italienischen Verteidigungsminister Taviani.[13] Ministerpräsident Antonio Segni, damals und auch künftig einer seiner italienischen Confidents, hört dasselbe: Die Engländer geben den Russen zu sehr nach, sie sind auch keine überzeugten Europäer.[14] Eden mit Churchill als Premier sei gut gewesen, ohne Churchill aber sei er »schwierig« und »kurzsichtig«, ein »verwöhnter« Charakter. Die Sympathie vom Herbst 1954 ist längst verflogen.

Dazu kommen die Schwierigkeiten Frankreichs in Nordafrika. Wenn Adenauer in den Wochen vor dem Plebiszit an der Saar Paris gegenüber so weich auftritt, dann auch aus Rücksicht auf das französische Engagement in Algerien. Kein konservativer Franzose könnte die dortige Aufstandsbewegung in schlichteren Kategorien sehen als Adenauer von Anfang an bis zum bitteren Ende des Algerienkrieges. »Aufstände in Algier werden nach sowjetischem Muster gemacht«, äußert er sich schon am 22. Juni 1955 im Kabinett, und an dieser Motivationsanalyse hält er über die Jahre hinweg fest.[15]

An der moralischen Berechtigung Frankreichs, die Departements in Algerien zu verteidigen, besteht für ihn keinerlei Zweifel. So erinnert er etwa den amerikanischen Senator Greene ein paar Tage nach dem Scheitern der französisch-britischen Suez-Intervention daran, »daß Algier keine französische Kolonie, sondern seit 1830 eine französische Provinz mit 1,5 Millionen weißen Franzosen sei. Der Kampf Frankreichs um Nordafrika gehe also nicht um die Erhaltung von Kolonien.«[16]

Nicht nur um die westlichen »Ölbasen« im Nahen Osten macht er sich Sorgen, sondern ebenso um das gesamte Mittelmeerbecken: »Die Beherrschung des Mittelmeerbeckens durch Sowjetrußland wäre für Europa einfach das Ende.« Einerseits würden die mohammedanischen Staaten »sofort auf die Seite der Russen treten«, andererseits würde das Frankreich und Italien mit ihren starken kommunistischen Parteien erschüttern.[17] Freilich, was soll man tun? Im Prinzip ist Adenauer nach wie vor bereit, in Algerien Investitionen zu fördern, auch auf dem Rüstungssektor. Er trägt sich auch mit der Idee eines großen westlichen Wirtschaftsplans für das südliche Mittelmeer sowie den Nahen Osten.[18]

Die Alarmstimmung, in die ihn der Algerienkrieg und die Hinwendung Präsident Nassers von Ägypten zum Ostblock versetzt, bringt aber nicht allein geostrategische Befürchtungen zum Ausdruck. Adenauer ist auch zeitlebens ein im späten 19. Jahrhundert geprägter Kolonialist. Sogar in der Epoche rascher Dekolonisierung, die jetzt eingesetzt hat, ist er von der zivilisatorischen Überlegenheit Europas überzeugt.

Seine diesbezüglichen Vorurteile, die immer wieder hervortreten, werden von dem damals weltberühmten Urwaldarzt Albert Schweitzer bestärkt. Dieser große Philanthrop sucht den langsam genesenden Adenauer am 10. November 1955 auf und hält mit seinem Urteil nicht hinter dem Berge. Schwarze seien nach seinen langen Beobachtungen nicht in der Lage, »führende Stellen im modernen Wirtschaftsleben einzunehmen«. Daher sei es unmöglich, »daß Afrika als schwarzer Erdteil selbständig neben die anderen Erdteile trete«. Die These von der Einheit der farbigen Völker sei von den Chinesen aufgebracht. Sie solle ihnen aber nur dazu dienen, ihre Herrschaft auf dem schwarzen Kontinent auszudehnen. Ministerpräsident Malan in Südafrika habe recht. Ohne seine Apartheidpolitik würde Südafrika bereits ein gelbes Land sein. »An der französischen Nordafrikapolitik sei nur zu tadeln, daß die Franzosen nicht von vornherein viel schärfer und konsequenter vorgegangen seien.«[19] Künftig wird sich der Kanzler also auf diesen berühmten Kenner Afrikas als Gewährsmann berufen.

Was damals alle Spatzen von den Dächern pfeifen, sieht natürlich auch Adenauer. Frankreich befindet sich aus vielen Gründen in einer Dauerkrise und ist entsprechend unkalkulierbar. Eigentlich hat er nur noch zu dem konservativen Außenminister Pinay Vertrauen, dem er seine vernünftige Haltung in der Saarfrage ebenso hoch anrechnet wie die klare anti-sowjetische Position auf der Genfer Konferenz. Als Pinay Mitte November eigens von Genf nach Bonn fliegt, um dem physisch immer noch etwas angeschlagenen deutschen Kampfgefährten zu berichten, gibt ihm der Kanzler in Rhöndorf ein Essen für zwölf Personen – eine ganz seltene Auszeichnung.[20]

Doch Ende Januar 1956 wird in Paris die Regierung Guy Mollet gebildet. Der Kanzler ist wieder monatelang düsterster Stimmung. Mollet ist Sozialist, Außenminister Christian Pineau desgleichen.

Am meisten empört ihn ein Interview, das Guy Mollet am 3. April 1956 dem amerikanischen Magazin *U.S. News and World Report* gegeben hat. Mollet vertrat dort die Ansicht, die Probleme der europäischen Sicherheit und Abrüstung seien weniger schwer lösbar als die Deutschlandfrage. Somit müsse man sie vorrangig anpacken. Vor allem bestürzt Adenauer die Feststellung des französischen Ministerpräsidenten, beim Abschluß eines Abrüstungsabkommens zwischen Ost und West würde wohl auch die militärische Stärke Deutschlands völlig neu festgesetzt werden.[21] Noch nachdrücklicher als Mollet sucht Außenminister Pineau den sowjetischen Begriff »Koexistenz« mit Leben zu erfüllen. Adenauer legt dagegen in Paris in aller Form Protest ein.[22]

Die Interviews dieser sozialistischen Politiker sind aber nur die Spitze des Eisbergs. Sowohl in Paris wie in London arbeitet man an Plänen für eine kontrollierte Abrüstung. Wieder einmal muß der Kanzler daran erinnern, daß ohne Zustimmung der nunmehr souveränen Bundesrepublik über deren Territorium nicht verfügt werden darf.[23] Rückblickend bringt Adenauer die Konstellation auf eine einfache Formel, die aber das Wesentliche erfaßt: »In Frankreich, in Großbritannien drängte man auf Abrüstung, und wir in der Bundesrepublik standen vor der Aufrüstung...«[24] Es ist kein Trost, daß in London wie in Paris innenpolitische Schwäche und außenpolitische Überbeanspruchung der Kräfte es geraten erscheinen lassen, die Interessen der Bundesrepublik zu vernachlässigen. Besonders ergrimmt zeigt er sich im Frühjahr 1956 über Großbritannien. Nicht nur, daß die Briten nun von der Bundesrepublik Stationierungskosten verlangen und damit die Finanzplanung für den Bundeswehraufbau gefährden. London setzt sich auch stark für den englisch-französischen Abrüstungsplan ein, der für Großbritannien und Frankreich eine Höchstgrenze der Streitkräfte von 650 000 Mann vorsieht, für alle übrigen europäischen Länder nur 150 000 bis 200 000 Soldaten.[25] Das sollte Deutschland »endgültig zu einer drittklassigen Macht stempeln«, kommentiert er dieses Vorhaben. Wieder einmal werden Adenauers engste außenpolitische Berater zusammen mit Botschafter von Maltzan an den Urlaubsort des Kanzlers zitiert, um über Gegenaktionen zu beraten.[26]

Doch auch in die USA hat Adenauer kein rechtes Vertrauen mehr. Gewiß ist es schmeichelhaft für ihn, daß Dulles in einer Verhandlungspause der Genfer Konferenz zu dem deutschen Beobachter von seinen freundschaftlichen Gefühlen spricht: »Wenn wir Deutschland lieben, so nur, weil wir unbegrenztes Vertrauen in den Bundeskanzler besitzen.«[27] Leider verbindet Dulles damit aber kritische Bemerkungen zum nationalen Überschwang anläßlich des Plebiszits an der Saar.

Wer immer mit dem Kanzler in den ersten Monaten des Jahres 1956 vertraulich berät, bekommt nur düstere Zweifel und Klagen zu hören. Eigentlich traut er niemandem mehr. Besonders unzuverlässig erscheint der französische Außenminister Pineau – er will »die Rolle des Mittlers zwischen Ost und West spielen«.[28] Doch auch Eden ist schwankend, man weiß nicht, ob er wirklich ein Interesse an der Wiedervereinigung Deutschlands hat! Dulles wirft Adenauer vor, daß er zu viel in der Welt herumreist. Selbst Unterstaatssekretär Murphy, den er seit langem als standhaften Antikommunisten kennt, hält er jetzt für zu weich. Erneut ist er in größter Sorge, daß die Großmächte sich auf Kosten Deutschlands einigen könnten. Während Pineau und Mollet gewissermaßen nach Moskau laufen, bereiten sich die Engländer auf einen herzlichen Empfang von Bulganin und Chruschtschow vor. All das, so fürchtet Adenauer, kann nur auf Kosten Deutschlands gehen. Einig sind sich die drei Westmächte bereits darin, von der Bundesrepublik Stationierungskosten zu verlangen, was zu denkbar ungünstigen budgetären und psychologischen Konsequenzen führen wird.

Das alles vollzieht sich vor dem Hintergrund weltweiter sowjetischer Aktivitäten. An Chruschtschow denkt Adenauer nur mit großer Besorgnis.[29] Zeitweilig sieht er ihn auf dem besten Weg, »Stalin II« zu werden.[30]

So sieht der Kanzler die Bundesrepublik – immer noch ein Staat ohne eigene Streitkräfte, ausgesetzt in einer Welt von Feinden oder lauen Freunden. Wenn er im Kabinett oder vor den CDU-Gremien die außenpolitische Lage als »besonders ernst« bezeichnet, ziehen die Spötter zwar nur die Augenbrauen hoch: »war doch immer so!«[31] Doch er spürt nur zu gut, daß sich seine Außenpolitik in einer Flaute befindet. Alles läuft mehr oder weniger gegen ihn. Die drei westlichen Großmächte, von deren Einigkeit soviel abhängt, arbeiten in Nordafrika und im Nahen Osten eher gegeneinander. Die NATO dümpelt vor sich hin, reagiert weitgehend nur noch auf sowjetische Vorstöße. Frankreich und Großbritannien suchen sich durch Rüstungskontrollpolitik Entlastung zu verschaffen. Die USA schwanken zwischen antisowjetischer Einkreisungspolitik nach Art von John Foster Dulles und partieller Verständigungspolitik, für die der Abrüstungsbeauftragte Harold Stassen steht.

Selbstverständlich merkt auch die Öffentlichkeit, daß sich Adenauer nicht mehr voll im Einklang mit den Zeitströmungen befindet. Er verspürt Unsicherheit bis in die Reihen der CDU, wo von Brentano, Kiesinger, ja selbst die CSU, auffällig das Verhältnis zur SPD pflegen.

Besonders verdrießt ihn, daß viele der Schwierigkeiten, in denen seine Außenpolitik steckt, gewissermaßen hausgemacht sind. Anfang November 1955 schon, als er in Rhöndorf langsam wieder zu Kräften kommt und Zeit zum Nachdenken hat, führt ihm Blankenhorn in langem Vortrag recht gnadenlos vor Augen, »daß der deutsche außenpolitische Kredit gegenwärtig erheblich am Sinken sei«. Dafür gibt es eine Reihe von Gründen: die sehr schnelle Kurskorrektur Adenauers in Moskau – ein Fehler, jedenfalls Ursache für Mißtrauen! Die nationalistische Kampagne für das Plebiszit im Saargebiet und ihr Echo in der Bundesrepublik – beunruhigend! Ein Grund zum Mißtrauen auch die starke Verzögerung der deutschen Aufrüstung! Ein halbes Jahr ist man nun schon Mitglied der NATO, doch immer noch steht kein deutscher Soldat unter den Waffen. Andererseits ist das Zögern offensichtlich, für die Verteidigung mehr als sechs Prozent des Bruttosozialproduktes auszugeben. Schließlich die unwürdige Diskussion über die Kanzlernachfolge, obschon Adenauer doch nur leicht erkrankt ist![32]

Die meisten Schwierigkeiten, mit denen sich der Kanzler in den Jahren 1955 und 1956 konfrontiert sieht, erwachsen aus dem Aufbau der Bundeswehr. Zwar ist die Ohne-mich-Phase längst vorbei, doch das Vorhaben ist nach wie vor nicht populär, nicht einmal in der CDU/CSU.

Adenauer selbst steht den deutschen Streitkräften recht zwiespältig gegenüber. So gut wie jeder, der näher mit ihm zu tun hat, weiß von skeptischen Äußerungen über hohe Offiziere zu berichten. Das geht wohl bis auf die Jahre der Weimarer Republik zurück, als das Offizierskorps dem demokratischen Staat mit Reserve begegnete. Die Unterwürfigkeit der deutschen Marschälle gegenüber Hitler war gleichfalls nicht geeignet, Adenauers Vorbehalte zu beseitigen. Jakob Kaiser sorgt dafür, daß in

Bonn Adenauers Diktum aus dem Jahr 1936 bekannt wird: »Haben Sie schon einmal einen General mit einem klugen Gesicht gesehen?«

Der Kanzler sieht in dem preußisch und teilweise noch feudal geprägten Offizierskorps eine Kaste, die man mit gnadenloser Härte der zivilen Kontrolle unterwerfen muß. Selbst frühere Berufsoffiziere wie Erich Mende, die aus dem Bürgertum stammen, bekommen seine instinktive Abneigung zu spüren.

In diesem Punkt treffen sich Adenauers Vorstellungen durchaus mit denen der jüngeren Verteidigungspolitiker in der CDU/CSU, die sich als Frontoffiziere oder als einfache Landser gleichfalls eine kritische Meinung über die hohe Generalität gebildet haben. Als daher der Bundestag, unterstützt von der Ministerialbürokratie im Verteidigungsministerium, ein dichtes Netz ziviler Kontrolle über die Streitkräfte wirft, findet das die volle Unterstützung des Kanzlers.

Sorge vor dem Übermut deutscher Generale ist auch einer der Gründe, die ihn für die Idee einer europäischen Armee aufgeschlossen machen. Eine deutsche Nationalarmee, führt er im September 1951 vor dem CDU-Bundesparteivorstand aus, könnte den Generalen in den Kopf steigen: »Es ist schwierig, unter den 2.000 deutschen Generalen gerade die richtigen auszusuchen.«[33] Und John Foster Dulles hört mit einiger Bewegung, wie der damals schon weltberühmte Kanzler im Oktober 1954 in Washington einen ganzen Abend lang von seinen Sorgen vor einer Wiederkehr der alten preußischen Militärkaste spricht.[34] Dulles vermittelt daraufhin ein Gespräch mit General Ridgway, der ihm darüber einen Vortrag hält, wie man in den USA das Problem der zivilen Kontrolle gelöst hat. Adenauer ist jedoch vorurteilsfrei genug, sich nicht von anti- militaristischen Klischeevorstellungen leiten zu lassen. Offiziere, die mit ihm näher zu tun haben, verspüren durchaus ein wachsendes Verständnis für die professionelle Leistung des Militärs. 1958 besucht er während eines Manövers den Gefechtsstand einer Brigade, läßt sich vom Generalinspekteur und vom Inspekteur des Heeres alles genau erklären und bemerkt dann mit entwaffnender Schlichtheit zu Heusinger: »Sagen Sie mal, Herr Heusinger, haben Sie eigentlich genügend Leute, die sowas können?«[35] Der spätere Generalinspekteur de Maizière, der Adenauer seit Anfang der fünfziger Jahre beobachten kann, resümiert das wie folgt: »Bei aller ihn nie verlassenden Skepsis hatte er durch den Blick in die Praxis wohl doch erkannt, daß man militärisches Führen auch können muß.«[36]

Als Leiter der Militär-Abteilung in der Dienststelle Blank spielt Adolf Heusinger bei ihm seit 1952 die Rolle eines ersten militärischen Beraters.

Er entspricht Adenauers Vorstellungen von einem Militärexperten.[37] Eine »Mischung aus Zartheit, Vorsicht und Härte«, von der Natur ausgestattet mit einem Mona-Lisa-Lächeln und dank lebenslanger Erfahrung ohne jeden politischen Ehrgeiz[38], charakterisiert ihn Gerd Schmückle, unter Franz Josef Strauß Pressesprecher des Verteidigungsministeriums. Still, solide, integer, ohne Show-Effekt, aber auch bedächtig, oft grüblerisch, stets auf äußere Formen bedacht, kennzeichnen ihn andere Offizierskollegen, die ihn während des Zweiten Weltkrieges studieren konnten.[39]

Wie Adenauer selbst, wußte Heusinger von den Widerstandsgruppen gegen Hitler. Doch genauso wie dieser hat er sich ferngehalten, und dies wohl aus denselben Gründen. Er zweifelte an den Erfolgschancen und hielt es daher für unsinnig, sich zu exponieren. Daß Heusinger unter Hitler Chef der Operationsabteilung des Heeres war und neben diesem stehend die Lage vortrug, als die Bombe Graf Stauffenbergs explodierte, stört Adenauer ebenfalls nicht – im Gegenteil. Er kann nur Generale von instrumentaler Qualität brauchen, und so gibt es zwischen 1952 und 1961 nur wenige wichtige militärpolitische Entscheidungen, zu denen er Heusinger nicht hinzuzieht. Es sagt ihm auch zu, in Heusinger einen militärischen Berater zu haben, der nach dem Kriege in besonderer Weise das Vertrauen der Amerikaner gewonnen hat.

Hans Speidel, auf dessen Urteilsvermögen er gleichfalls viel gibt, ist demgegenüber ein politischer Kopf: extrovertiert, diplomatisch, repräsentationsfreudig und – anders als der Amerika-orientierte Heusinger – mit vielen Verbindungen nach Frankreich. Als er 1957 im Schloß von Fontainebleau als Oberkommandierender für »Europa Mitte« einzieht, symbolisiert das zwar die Gleichberechtigung der Bundesrepublik, entfernt ihn aber zugleich aus dem Bonner Entscheidungsprozeß.

Einige Jahre später wird Speidel als eines der berühmten Beispiele für instrumentalen Umgang Adenauers mit deutschen Generalen gelten. Denn daß nur dreizehn Jahre nach der Befreiung Frankreichs der ehemalige Stabschef der Heeresgruppe B auf französischem Boden kommandiert und groß Hof hält, ist nach Meinung de Gaulles doch zuviel der Kontinuität. Dabei kann gar kein Zweifel daran bestehen, daß Speidel – in den entscheidenden Wochen vor und während der Invasion Rommels Stabschef – an der Offiziersverschwörung tatsächlich beteiligt war und nur mit viel Glück die Gestapohaft lebend überstanden hat. Als sich de Gaulle jedoch kaltentschlossen zeigt, Speidel aus seinem Kommando zu verdrängen, riskiert Adenauer zum tiefen Verdruß Speidels keinen großen Krach, um den früheren Ratgeber zu halten.

So ist Adenauers Verhältnis zur Generalität durchaus unterkühlt, ganz besonders aber in den Jahren 1955 bis 1957, als die Aufbaukrise der Bundeswehr ihn selbst politisch stark in Mitleidenschaft zieht. Es hilft den Militärs und ihrem zusehends glücklosen Minister Blank überhaupt nichts, den Kanzler seit Winter 1954 auf die Risiken und die unerläßlichen Voraussetzungen des überstürzten Aufbautempos hingewiesen zu haben.[40] Adenauer nimmt die Warnungen nicht zur Kenntnis und denkt erst recht nicht daran, den westlichen Verbündeten reinen Wein einzuschenken. Aber als sich im Herbst 1956 die Wahrheit nicht mehr verheimlichen läßt, opfert er den glücklosen Minister. Heusinger und Speidel hingegen überstehen das Debakel unbeschädigt.

Doch Adenauer ist auch in bezug auf die Streitkräfte ein vielschichtiger Mann. Seine Abneigung gegen jede Form von Gesinnungspazifismus ist nämlich mindestens ebenso stark entwickelt wie das gut bürgerliche Mißtrauen gegen eine von preußischem Geist inspirierte Generalität. Da er seit Mussolinis, Hitlers und Stalins Zeiten hinlänglich viele gewissenlose Machtpolitiker erlebt hat, findet er bedingungslose Pazifisten auf ihre Art genauso dumm wie Generale, die nur in den Kategorien militärischer Macht denken. Und dieses Kind der Kaiserzeit hält auch stets an der Meinung fest, daß ein Staat nur dann souverän ist, wenn er über eine Wehrmacht verfügt: »Ein Staat, der überhaupt keine Wehrmacht hat, ist kein Staat.«[41]

So sieht er Streitkräfte in starkem Maß als bündnispolitische Faktoren. Je stärker ein Staat, um so gesuchter ist er als Bündnispartner, um so mehr auch respektiert von den Gegnern. Doch mit diesem genuin politischen Verständnis von Streitkräften verbindet sich bis ans Ende der Berlin-Krise die sehr traditionelle Überzeugung, daß die Soldaten eines Landes im Kriegsfall ihre Heimat verteidigen müssen. Zahllose Äußerungen und Einzelmaßnahmen zeigen einen Kanzler, für den die Heimatverteidigung im guten alten Sinn selbstverständlich ist. Auch seiner Befürwortung taktischer Atomwaffen für die Bundeswehr liegen anfänglich durchaus zwei Überlegungen zugrunde: Sie sollen den Ostblock abschrecken, sie sollen im Kriegsfall aber auch die Front halten helfen.

Das ist durchaus mehr als bloß rationales Machtkalkül. Hier wirkt die Sozialisation im Kaiserreich nach, freilich auch die Erfahrung der Jahre zwischen 1936 und 1945. In gewissem Sinn ist für diesen Sohn des Kriegshelden von Königgrätz, der im alten Köln inmitten von Kasernen und Exerzierplätzen aufgewachsen ist, die Armee ein Teil der Lebenswirklichkeit wie Schulen, Krankenhäuser, Gefängnisse oder das Gerichtswesen. So erinnert sich der ehemalige Generalstäbler und spätere Botschafter Rolf Pauls, im Jahr 1949 Adenauer zu Fuß vom Museum Koenig zum Palais Schaumburg begleitet zu haben. Vor der Villa Hammerschmidt, in der noch der belgische General residiert, steht ein Doppelposten, der vom Bundeskanzler keine Notiz nimmt. Adenauer zeigt hin und meint, mehr zu sich selbst als zu Pauls: »Das woll'n wir auch haben.«[42]

Walter Henkels, der Adenauer-Anekdoten und »Goldene Worte« Adenauers sammelt wie andere Leute Schmetterlinge oder Briefmarken, weiß zwar den Ausspruch zu berichten: »Ich war niemals Soldat. Aber beim Deutzer Schützenfest habe ich mal ein Gewehr in die Hand genommen und geschossen. Die Fachleute wunderten sich, daß man so weit an der Scheibe vorbeischießen konnte.«[43] Doch derselbe Kanzler, der sich derart selbstironisch als lebenslangen Nicht-Soldaten karikiert, möchte ab 1955, daß »die Wehrmacht« würdig auftritt, also auch mit Militärkapellen, in schimmernder Wehr und gelegentlich martialisch. Zum Verdruß der Reformer in der Ermekeil-Kaserne insistiert er darauf, daß die Truppe einen Fahneneid ablegt und nicht bloß förmlich verpflichtet wird.[44] Die Anfänge der Bundeswehr, deren erste Soldaten im November 1955 verpflichtet werden, sind ihm viel zu würdelos. »Ich für meine Person«, schreibt er an Theo Blank, »darf Ihnen offen sagen, daß ich es gerne gesehen hätte, wenn alle schon Uniformen gehabt hätten, und wenn zum Schluß der Feier das Deutschland-Lied gespielt worden wäre.«[45] So läßt es sich Adenauer denn auch nicht nehmen, dem ersten Lehrbataillon der Bundeswehr in Andernach schon im Januar 1956, kaum daß es steht, einen Besuch abzustatten. »Der Morgen«, erinnert sich Gerd Schmückle an den berühmten Auftritt, »war winterverhangen, der Himmel verfinstert. Über dem Rhein lagen dicke Nebel. Die schwarz-rot-goldene Flagge hing wie ein nasser Lappen am Mast. Die schmutziggrauen Uniformen der Soldaten verdunkelten die ohnehin düstere Szene. Die geladenen Gäste wirkten bedrückt, als wohnten sie einem Begräbnis, nicht einer Taufe bei.« Dann spielt die Militärkapelle, die Gesichter beginnen zu strahlen. Doch Adenauer bleibt unbewegt: »In Schwarz gekleidet, wirkte er wie ein Gebieter, der um sich herum – marmorkalt – Distanz schafft.« Bei der Ansprache aber – nach fünf Jahren ist er am Ziel seiner Wünsche – wirkt er fast heiter.[46]

Gewiß, das demonstrative Bekenntnis zu den Streitkräften bei dieser und bei anderen Gelegenheiten ist symbolische Politik, um die Bundeswehr im öffentlichen Bewußtsein durchzusetzen. Doch man gewinnt den Eindruck, daß ihm das Militär auch Spaß macht.

Ausschlaggebend sind und bleiben für ihn freilich die politischen Gesichtspunkte. Im Jahr 1955 und 1956 kann es ihm mit der Aufstellung der Bundeswehr nicht schnell genug gehen. Er will möglichst rasch vollendete Tatsachen schaffen. Unablässig schimpft er über die Koalitionsfraktionen, die seinen Plan eines Freiwilligengesetzes torpedieren, mit der Wehrverfassung nicht recht vorankommen, die Beratung des Soldatengesetzes verschleppen und nach seinem Dafürhalten der sozialdemokratischen Opposition viel zu weit entgegenkommen – »Verblendung«, »zum Verzweifeln«, »eine schreckliche Sache«.[47]

Er wäre aber nicht Adenauer, würde er nicht auch in den Stürmen um die Bundeswehr bedenkenlos Ballast abwerfen, wenn ihm dies politisch nötig erscheint. Über ein Jahr lang beispielsweise argumentiert die Regierung, argumentieren alle Fachleute, argumentiert auch die CDU als Partei, daß eine Wehrpflicht von 18 Monaten ein Minimum darstelle. Doch dann macht er sich klar, wie das wohl auf die Wähler wirken wird, wenn am 1. April 1957 Scharen von Wehrpflichtigen für 18 Monate in die schlecht ausgestatteten Kasernen einrücken müssen. Besser also, man erhöht die Zahl der Längerdienenden und läßt die 18 Monate über Bord gehen!

So bittet er am 14. September 1956 die Führungsspitze des Verteidigungsministeriums ins Palais Schaumburg und eröffnet die Sitzung mit der lapidaren Erklärung: »Entweder gewinnt die CDU die Wahl, dann aber nur mit 12 Monaten Grundwehrdienst, oder aber die SPD gewinnt die Wahl, dann wird es überhaupt keine Wehrpflicht geben.«[48] Weder militärische, organisatorische oder bündnispolitische Argumente vermögen ihn auch nur im geringsten umzustimmen. In vollendetem Machiavellismus hindert er aber ein paar Tage später den CDU-Vorstand daran, sich für die 12 Monate zu erklären. Die Generale sollen keine Möglichkeit erhalten zu sagen, sie seien gegen besseres Wissen gezwungen worden: »Das möchte ich nicht. Es handelt sich nicht um irgendeine beliebige Sache, sondern um Leben und Tod. Darum handelt es sich. Und da sollen die Militärs die Verantwortung übernehmen und nicht der Parteivorstand.«[49] Den »Militärs« bleibt Adenauers Kalkül durchaus nicht unverborgen. Ein paar Tage vor der Entscheidung skizziert der damalige Oberst Ulrich de Maizière knapp und durchaus zutreffend im Diensttagebuch: »Kanzler wird von CDU bedrängt, auf 18 Monate Grundwehrdienst zu verzichten. Er ist im Begriff umzufallen. Freitag will Kanzler die leitenden Generale sprechen. Habe Sorge, daß Verantwortung auf Generale abgeschoben werden soll«.[50]

Man muß allerdings sehen, daß der militärpolitische Umgang Adenauers von Anfang an nicht auf die deutsche Generalität beschränkt ist. Die westlichen Regierungen setzen ihre zivilen und militärischen Spitzen schon frühzeitig in Richtung auf das Palais Schaumburg in Marsch, um den deutschen Bundeskanzler für ihre Sicht der Dinge zu gewinnen. Kaum ein Besuch eines maßgebenden Mannes im Verteidigungsministerium, bei dem nicht auch ein Besuch oder ein Essen beim Bundeskanzler mit vorgesehen ist.

Die Besprechungen mit den eigenen Verteidigungsexperten im Vorfeld solcher Besuche sind für den Bundeskanzler stets ein willkommener Anlaß, sich voll unstillbarer Neugier darüber zu vergewissern, was im deutschen Verteidigungsministerium läuft. Konrad Adenauer weiß genau, daß die Militärpolitik einen integralen Teil moderner Außenpolitik darstellt und ist fest entschlossen, auch auf diesem Feld die Fäden in der Hand zu behalten. So kennt er seit Mitte der fünfziger Jahre alle maßgebenden westalliierten Generale aus meist längeren Gesprächen – Matthew Ridgway, den Stabschef des amerikanischen Heeres, den als deutschfreundlich geltenden Alfred Gruenther, SACEUR von 1953 bis 1957, seinen Nachfolger Lauris Norstad, der ihn als Militärtechnokrat beeindruckt, doch nicht immer durch sein politisches Urteilsvermögen, Jean Etienne Valluy, den Vorgänger Speidels als LANDCENT, und Feldmarschall Montgomery, dem auch in Bonn der Ruf vorauseilt, ein politischer Wirrkopf zu sein. Es ist bemerkenswert, einen wie breiten Raum während der Jahre 1955 bis 1963 militärpolitische Beratungen in seinem Tageslauf einnehmen.

So wird einer Fixierung auf die deutsche Generalität von Anfang an entgegengewirkt. Auch auf diesem Feld eignet er sich mit auffälligem Interesse Kenntnisse an, die ihm bis Mitte der fünfziger Jahre recht fremd waren. Wie manche seiner barschen Urteile über bestimmte Ideen Montgomerys, Norstads oder Maxwell Taylors beweisen, spart seine Generals-Kritik auch höchste westalliierte Militärs nicht aus. Diese Vielzahl von Kontakten bewahrt ihn aber davor, nach dem ersten Fehlstart mit der Blankschen Bundeswehrplanung in der Verteidigungspolitik weitere gravierende Fehler zu machen. Nicht nur die Bundeswehr begreift sich vom ersten Tag an als NATO-Armee. Auch der Bundeskanzler eignet sich von Anfang an die multilaterale Perspektive an, obschon immer wieder auffällig ist, mit welchem Eigensinn er darauf beharrt, spezifischen deutschen Sicherheitsinteressen Vorrang zu geben – NATO-Doktrin hin oder her.

Die Jahre 1955 und 1956 sind in dieser Hinsicht Lehrjahre. Erst ab 1957 gewinnt man den Eindruck, daß nun auch Adenauer relativ genau übersieht, wohin in der NATO der Hase läuft.

Bruch mit der FDP

Alle Schwierigkeiten, die im Jahr 1956 kulminieren, zeichnen sich schon in der ersten Jahreshälfte 1955 ab. Bereits im Frühjahr 1955 muß sich Adenauers Auffassung gefestigt haben, daß sie nur mit einer halbwegs einigen Koalition zu bewältigen sein werden. Ostpolitik und Deutschlandpolitik, Militärpolitik und Europapolitik sind dabei immer weniger zu trennen, auch wenn dann im Herbst 1955 ostpolitische Fragen im Vordergrund stehen.

Adenauer ist davon überzeugt, daß es außenpolitisch nur dann wieder vorangehen wird, wenn er zuvor die FDP unterwirft. Notfalls scheint er auch einen Bruch mit dem Koalitionspartner nicht auszuschließen. Der Tanz beginnt schon Ende Februar 1955. Einem Brief Thomas Dehlers an den Kanzler vom 9. März 1955 zufolge soll dieser schon am 28. Februar im Anschluß an eine Verhandlung mit den Vertretern der Koalitionsparteien – aber ohne die FDP – mit engsten Mitarbeitern, darunter von Brentano, Krone, Globke und Blankenhorn ein Gespräch über die FDP geführt haben, bei dem laut einem ihm zugegangenen Protokoll vom 1. März deutlich geworden sei, »daß Dr. Adenauer nunmehr entschlossen ist, die FDP nicht nur aus dem Kabinett auszubooten, sondern, als Voraussetzung dafür, die Aufsplitterung der FDP als politische Partei anzustreben ... Die Absicht des Kanzlers, die FDP als politische Partei abzuservieren, ist durchaus ernst zu nehmen, da er für diesen Zweck aus seinem Verfügungsfonds einen hohen Betrag (man spricht von 1,3 Millionen DM) dafür flüssig gemacht hat, um einzelne Landesgruppen der FDP, die bereits entsprechend ›geimpft‹ sind, aus der finanziellen Abhängigkeit des Bundesverbandes zu lösen.«[1]

Die ganze Angelegenheit ist jedoch insofern recht dubios, als Dehler keinerlei Angaben über seine Informationsquellen macht. Globke erinnert ihn am 15. März daran, daß bereits in der Kabinettsitzung vom 9. März außerhalb der Tagesordnung darauf hingewiesen wurde, »daß eine Reihe gefälschter Niederschriften über angebliche Unterhaltungen des Herrn Bundeskanzlers mit Herren seiner Umgebung, insbesondere den Herren Blankenhorn, v. Eckardt, Pferdmenges, Abs und mit mir, in Umlauf gesetzt seien. Diese Fälschungen seien so abgefaßt, daß sie eine Kenntnis gewisser äußerer Umstände verrieten, der Inhalt der Darstellung sei aber von Anfang bis zu Ende frei erfunden.« Globke vermutet, daß auch die Dehler zugegangene Aufzeichnung vom 1. März, die dieser ihm in Abschrift auszugsweise übersandt hat, »in den Kreis dieser Fälschungen gehört«. Auf die Bitte, ihm, für den Fall, daß das Protokoll nicht vertraulich übermittelt wurde, mitzuteilen, von wem er es erhalten habe, um so »die Nachforschungen nach den Fälschern zu erleichtern«, reagiert Dehler offensichtlich nicht mehr.[2] In einem vom gleichen Tag datierten Schreiben und auch in späteren Briefen an Adenauer geht er zumindest mit keinem Wort auf die in diesem Gespräch angeblich geäußerten Mordabsichten des Kanzlers gegenüber der FDP ein.

Dafür führt er jetzt Beschwerde darüber, der Kanzler wolle ihn laut Auskunft seiner Parteifreunde Schneider und Euler in der Folge »zu vertraulichen Koalitionsverhandlungen nicht mehr beiziehen«. Dies solle er auch am 7. März »vor dem Vorstand der Fraktion der CDU/CSU in gleicher Weise geäußert haben«.[3] Adenauer reagiert prompt und teilt dem Fraktionsvorsitzenden nur einen Tag später auf seinen Brief hin »ergebenst mit, daß ich Herrn Dr. Schneider und Herrn Euler die darin wiedergegebene Mitteilung gemacht habe«. Sie gründe sich vor allem auf zwei Tatsachen: 1. Dehler habe ihn in seiner Bundestagsrede vom 27. Februar öffentlich dafür verantwortlich gemacht, daß es nicht gelungen sei, eine gemeinsame deutsche Außenpolitik zu treiben. 2. Bestimmte Kreise der FDP würden ihm in der Öffentlichkeit vorwerfen, das von ihm unterzeichnete Saarabkommen widerspreche den in Paris während der Verhandlungen getroffenen Verabredungen der Koalitionsparteien.[4]

Dehler verwahrt sich gegen die Vorwürfe, empfindet die Äußerung des Kanzlers, er wolle »keine vertraulichen Besprechungen mehr« mit ihm führen, als »eine bewußte Kränkung«, belehrt ihn aber gleichzeitig, daß die von ihm angeführten beiden Gründe seine Haltung in keinster Weise rechtfertigten. Immerhin besitze er das Vertrauen seiner Fraktion. »Die Zusammenarbeit in der Koalition verlangt, daß Sie alle schwebenden Fragen ohne Vorbehalt mit mir besprechen«, liest Adenauer im Antwortschreiben vom 17. März. Dann folgt die Erklärung zu den gegen ihn erhobenen Vorwürfen: »Es ist nicht richtig, daß ich Sie in persönlicher Weise angegriffen habe.« Und: »Sie haben am 23. Oktober 1954 vormittags um 11 Uhr die Vertreter der Parteien über den Stand der Verhandlungen in der Saarfrage unterrichtet und erklärt, daß Sie am Nachmittag das Statut unterzeichnen wollten. Ich habe dabei Anlaß genommen, auf meine grundsätzlichen Bedenken nochmals hinzuweisen. Mit keinem Wort habe ich die von Ihnen beabsichtigte Regelung gebilligt. Die Fassung des Statuts war uns nicht vorgelegt worden. In der Folge hat Herr Kollege Gerstenmaier versucht, eine Art Sprachregelung zu vereinbaren. Dieses ›Papier‹ war also keine Verabredung der Koalitionsparteien und hatte auf Ihre Verhandlungen keinen Einfluß; noch weniger enthielt es eine Preisgabe des seit Jahr und Tag festgelegten Standpunktes meiner Fraktion.«[5]

Adenauer denkt jedoch nicht daran, von seiner Haltung abzuweichen, erst recht nicht, nachdem Dehler wenig später auf dem Oldenburger Parteitag erneut feststellt, »daß es nicht gelungen ist, die deutsche Außenpolitik zur Gemeinschaftsaufgabe des ganzen Volkes zu machen«[6]. Kurz und unversöhnlich im Ton beantwortet er seinen Brief vom 7. April: Den »Vorwurf halte ich für restlos unbegründet, und ich empfinde ihn als einen der schwersten Vorwürfe, die mir überhaupt gemacht werden konnten«[7]. Anfänglich bildet also vor allem die Saarfrage den Stein des Anstoßes zwischen Adenauer und Dehler.

Auch in den kommenden Monaten bleibt der FDP-Fraktionsvorsitzende nach Ansicht des Kanzlers der böse Geist der FDP. Doch dazu treten nun rasch auch wieder deutschlandpolitische Differenzen. In der Koalitionsbesprechung vom 6. Mai ermahnt Adenauer Thomas Dehler und seine politischen Freunde einmal mehr, die gemeinsame außenpolitische Linie der Regierungskoalition nicht zu verlassen und nicht, in Anlehnung an die Auffassungen der Opposition, nach Sonderwegen in der Deutschlandpolitik zu suchen. Dehler erinnert daraufhin seinerseits Adenauer als den verantwortlichen Regierungschef an seine Pflicht, eine deutschlandpolitische »Konzeption zu entwickeln, die die Voraussetzungen für die Wiedervereinigung, den Status Gesamtdeutschlands, unser künftiges Verhältnis zum Osten und die politischen und wirtschaftlichen Konzessionen zum Inhalt hat, welche Deutschland zusammen mit dem Westen zur Erreichung des Zieles zu gewähren bereit sein kann... Der Gedanke, daß der Westen und mit ihm die Bundesrepublik ohne sehr konkrete Vorstellungen in Verhandlungen mit Sowjet-Rußland hineingehen könnte«, erscheine ihm »kaum erträglich.«[8]

Ein halbes Jahr später kritisiert er in gleicher Weise »die wenig aktive Haltung der deutschen Beobachterdelegation bei der Genfer Außenministerkonferenz« und verlangt angesichts ihres Scheiterns ein Direktgespräch Bonn–Moskau über die Wiedervereinigung.[9] Doch auch von anderer Seite sieht Adenauer nunmehr Strömungen an die Oberfläche kommen, für die er die Bezeichnung »Aufweichung« zur Hand hat. Friedrich Middelhauve, immerhin Stellvertretender Ministerpräsident im Kabinett Arnold, plädiert für direkte Verhandlungen zwischen Bundesregierung und DDR-Regierung, außerdem für die Aufnahme diplomatischer Beziehungen zur Volksrepublik China.[10]

Gerüchteweise hört der Kanzler, daß nun auch August-Martin Euler, in früheren Jahren eine Stütze Adenauers in der FDP, seinerseits an phantasievollen Sicherheitsplänen arbeite. Falls die Wiedervereinigung wirklich erreicht werde, solle Deutschland aus der NATO ausscheiden und durch starke Bewaffnung selbst für seine Sicherheit sorgen. Oder man solle einen demilitarisierten und neutralen Gürtel schaffen – ehemalige Ostzone nach der Wiedervereinigung, Tschechoslowakei, Jugoslawien, Griechenland.[11] Erst ein persönliches Schreiben Eulers vom 23. November, in dem dieser versichert, daß es gerade auf außenpolitischem Gebiet keine Sonderinitiativen seitens seiner Partei gäbe und daß solche Initiativen »nur koalitionsintern bei gemeinsamen Beratungen der außenpolitischen Linie erfolgen« dürfen, stimmt ihn ein wenig versöhnlicher, wenn es auch seine Bedenken gegenüber dem außenpolitischen Kurs des Koalitionspartners nicht auszuräumen vermag. Immerhin bringt Euler auch darin wieder die Idee eines kollektiven Sicherheitssystems über den beiden Machtblöcken im Gegenzug zur Wiederherstellung der deutschen Einheit ins Spiel. Liefe aber ein solcher Vorschlag letztendlich nicht doch auf einen Austritt aus der NATO und damit womöglich auf eine Auflösung der Bündnissysteme hinaus?[12]

Während man ihn so einerseits zu den unterschiedlichsten Spielarten beweglicher Ostpolitik drängen möchte, vermerkt Adenauer gegenüber seiner Europapolitik nur Ablehnung. Im Juni 1955 ist es den sechs Außenministern der Montanunion gelungen, auf der Konferenz von Messina jenen Anlauf zu einer Wirtschaftsgemeinschaft und einem Atompool zu initiieren, aus dem schließlich EWG und EURATOM entstehen. Eben dagegen wendet sich nun die *Freie Demokratische Korrespondenz*: man dürfe sich jetzt nicht aus Enttäuschung über die in Genf verweigerte Wiedervereinigung in »eine europäische Geschäftigkeit« stürzen.[13]

Aus der Rückschau wird deutlich, daß sich in solchen Stellungnahmen der Freien Demokraten in der Tat Wichtiges ankündigt: die – freilich folgenlose – Ablehnung der EWG durch die FDP im Jahr 1957, die spätere

Kampf gegen den Kanzler

Adenauer und Dehler, 1955.

Entwicklung der FDP zur »Anerkennungspartei« in bezug auf die DDR und das große FDP-Thema »Dialog mit Moskau«.

Adenauer erfährt aber noch mehr. Globke teilt ihm am 29. Oktober mit, der *Spiegel*-Verleger Rudolf Augstein und Thomas Dehler hätten sich gefunden. Beim *Spiegel*-Verlag solle mit Augstein als Verleger eine neue Wochenzeitung der FDP herausgebracht werden. Richard Tüngel von der *Zeit* sei bereit, als Chefredakteur zu fungieren. Paul Sethe von der *Frankfurter Allgemeinen* wolle als politischer Kommentator tätig werden. Von den nordrhein-westfälischen FDP-Politikern Rubin, Achenbach und wahrscheinlich auch dem früheren NS-Botschafter Rahn, nunmehr Repräsentant von Coca-Cola in der Bundesrepublik, seien für das Vorhaben zwei Millionen Mark aufgebracht. Genannt wird auch der Name Walter Scheels, damals FDP-Schatzmeister von Nordrhein-Westfalen. Middelhauve, Rubin und Döring hätten mit Augstein und dem *Spiegel* Kontakte angeknüpft, um so »eine schärfere Kampfstellung« gegen Adenauer zu erreichen. Das werde von Dehler voll gebilligt. Döring schwebe eine große liberale Wochenzeitschrift vor, die etwa der Wochenzeitschrift *Das Reich* entsprechen solle.[14] Als Gegenleistung sei Augstein, inzwischen Mitglied der FDP, in Nordrhein-Westfalen ein sicherer Listenplatz für die kommenden Bundestagswahlen zugesagt.

Das alles landet nun auf Adenauers Schreibtisch in Rhöndorf, wo er, immer noch gesundheitlich angeschlagen, mit Blick auf die Novembernebel über dem Rheintal verdrossen überlegt, wie er seine Außenpolitik wieder flott machen könnte. Er ist überzeugt, daß sich um Dehler und im FDP-Landesverband Nordrhein-Westfalen längst eine Fronde gegen seine Außenpolitik herauskristallisiert hat, unterstützt durch die linksliberale Presse.

So entsteht jener dreiseitige Brief an Thomas Dehler, der aus der »Krise Adenauer-Dehler« eine »Krise Adenauer-FDP« macht, mit vollem Bedacht den Stein ins Rollen bringt und den Koalitionskrach provoziert.[15] Das Schreiben ist an Dehler in seiner Eigenschaft als Fraktionsvorsitzender gerichtet und fordert die FDP-Fraktion ultimativ auf, vor der Bundestagsdebatte am 1. und 2. Dezember über folgenden Punkt eine Beschlußfassung herbeizuführen: »Steht die Bundestagsfraktion der FDP wie bisher auf dem Boden der Pariser Verträge, und zwar ohne Änderung?« Der letzte Satz des Briefes macht zweifelsfrei deutlich, daß Adenauer jetzt die Koalitionsfrage stellt: »Es ist besser für Deutschland, in die Bundestagsdiskussion mit einer verkleinerten, aber in sich geschlossenen Mehrheit hineinzugehen, als mit einer Koalition, die in Wirklichkeit keine Koalition mehr ist.«[16]

Doch die FDP läßt sich nicht provozieren. Die Fraktion beschließt den »Entwurf einer Koalitionsvereinbarung«, der die Außenpolitik der Regierung billigt und während des dritten Koalitionsgesprächs auf den Verhandlungstisch gelegt werden sollte. Die im Ersten Bundestag üblich gewesenen Koalitionsbesprechungen unter Vorsitz des Bundeskanzlers sollten »unverzüglich wieder aufgenommen werden und künftig mindestens einmal in jedem Drei-Wochen-Turnus des Bundestages stattfinden.«[17]

Von Brentano, stets verbindlich und jedem Krach abhold, läßt sich unverzüglich auf ein Gespräch mit der FDP-Führung ein und akzeptiert befriedigt deren beruhigende Versicherungen. Adenauer, der jedoch gar keine Versöhnung, sondern den offenen Bruch mit Dehler will, rüffelt seinen Außenminister daraufhin in einem energischen Brief. Dank dieser ganz unangebrachten entgegenkommenden Behandlung durch von Brentano sei es Dehler nämlich möglich geworden, nicht zurückzutreten.[18] Der Brief verrät genau, was Adenauer bezweckt: er will Dehler in der eigenen Fraktion unmöglich machen.

Genau das ist auch Adenauers Strategie bei dem Koalitionsgespräch zwischen CDU/CSU, FDP und DP, zu dem er endlich am 6. und 7. Dezember nach etwa drei Monaten wieder zur Verfügung steht. Diese Besprechung beginnt mit einer Provokation durch den Kanzler, die Dehler zu seinem späteren Verdruß ohne nachhaltigen Widerspruch hinnimmt. Adenauer ersucht nämlich darum, die Besprechung durch zwei Parlamentsstenographen und zusätzlich durch eine Tonbandaufnahme festhalten zu lassen, sagt aber zu, daß jeder Teilnehmer ein Wortprotokoll erhalten wird.

Dieses Versprechen wird nicht eingelöst. Als Dehler ein paar Tage später auf das Protokoll Anspruch erhebt, macht Globke Schwierigkeiten und stellt fest, die Vervielfältigungen müßten vorher von Adenauer genehmigt werden.[19]

Dehler strengt schließlich ein Verwaltungsstreitverfahren auf Herausgabe der Niederschriften und Tonbänder an.[20] Erst als es 1965 zur Versöhnung zwischen Adenauer und Dehler kommt, läßt er die Sache auf sich beruhen.

Erich Mende, der als Protokollführer für die FDP teilnimmt, charakterisiert Adenauers Auftreten völlig zutreffend mit der Bemerkung, dieser habe »wie ein Generalstaatsanwalt« mit der Anklage gegen die Liberalen begonnen. Er hat dabei ein dickes Dossier vor sich liegen, aus dem er vor allem Thomas Dehler alle rednerischen Abweichungen von der vereinbarten Außenpolitik vorhält.[21]

Adenauer weiß wohl genau, weshalb er diese Niederschrift dann unter Verschluß hält. Es gibt wenig sprechendere Beispiele für das, was sich der Kanzler damals auf dem Höhepunkt der Kanzlerdemokratie im Umgang mit den Koalitionspartnern leistet wie diese 140 Seiten umfassenden Niederschriften.[22] Dehler wird vor etwa 20 Teilnehmern wie der Delinquent in einem östlichen Schauprozeß abgekanzelt. Erstaunlicherweise verbittet er sich das nicht energisch, verläßt auch die Sitzung nicht, wozu er allen Grund hätte, sondern wehrt sich bei dem ersten Gespräch nur recht lahm und läßt sich von Adenauer immer wieder ins Wort fallen. Bei der Besprechung am folgenden Vormittag versucht er aus der Defensive herauszukommen, hinterläßt aber doch den Eindruck eines Mannes, der innerparteilich stark angeschlagen ist.

Auffällig ist, wie zurückhaltend die Unterstützung für Dehler aus den eigenen Reihen ausfällt. Adenauer, Stücklen und Krone verlangen lauthals nach »Garantien« dafür, daß die FDP nicht immer wieder in Reden und Interviews ihres Vorsitzenden von der gemeinsamen Außenpolitik abweicht. Erich Mende verteidigt einerseits Thomas Dehler, bemerkt aber doch pointiert, eine »personelle Garantie« könne zwar keiner Partei von außen zugemutet werden, aber am 10. Januar seien ja wieder in geheimer Wahl der Fraktionsvorsitzende und seine Stellvertreter zu wählen. Bezüglich »materieller Garantien« seien doch ohne weiteres schriftliche Koalitionsvereinbarungen denkbar.

In der Tat will Adenauer in diesen bald legendären Besprechungen auf eine personelle Garantie hinaus, ohne das freilich offen zu sagen. Sein Verhandlungsstil läßt nur *einen* Schluß zu: Dehler soll vorgeführt und als völlig unzumutbar gebrandmarkt werden. Er will die FDP-Fraktion durch Androhung des Koalitionsbruchs zwingen, ihren Vorsitzenden in aller Form fallenzulassen. Im Januar, bei der dann ohnehin fälligen Neuwahl, könnte ein anderer Fraktionsvorsitzender gewählt werden, der Koalitionstreue garantiert und schon in den Kulissen bereitsteht – der Wirtschaftsliberale Hans Wellhausen. Ist aber Dehler erst als Fraktionsvorsitzender demonstrativ abgewählt, so wäre zu hoffen, daß er bald auch als Parteivorsitzender fällt. So denkt sich das Adenauer.

Die Rechnung geht anfänglich auch auf. Dehler ist ganz offensichtlich im Wackeln, sonst würde er sich von Adenauer nicht so brutal behandeln lassen. Dann aber begeht die CDU einen kapitalen Fehler: Sie verschärft den Druck auf die FDP, indem sie im Wahlrechtssonderausschuß des

Die Wahlrechtsfrage

Deutschen Bundestags am 14. Dezember einen neuen Vorschlag zur Novellierung des Bundeswahlgesetzes einbringt. Ob und wie stark Adenauer auch aus den eigenen Reihen zu diesem Schritt gedrängt wird, ist schwer auszumachen. Bekanntlich gehört der Fraktionsvorsitzende Heinrich Krone zu jenen CDU-Leuten, denen die Liberalen ein Greuel sind. Daß er jetzt vorprescht, paßt durchaus ins Bild. Hugo Scharnberg, von dem der berühmte Entwurf für ein »Grabenwahlsystem« stammt, hat – wie er im CDU-Vorstand ausdrücklich erklärt – den Antrag erst nach gründlicher Rücksprache mit Krone eingebracht.[23]

Adenauer sucht die Schuld am Hochspielen der Wahlrechtsfrage denn auch bald auf die Fraktion abzuladen, als sich die Auswirkungen dieser Fehlentscheidung erkennen lassen.[24] Doch es ist schwer vorstellbar, daß Krone in einer so wichtigen Frage nicht im Einvernehmen mit Adenauer vorgeht. Zu spät erkennt dieser, welchen Kunstfehler sich die CDU damit geleistet hat. Bisher war die Auseinandersetzung nämlich stark auf Dehler zugespitzt und allein auf das Feld der Außenpolitik eingegrenzt. Jetzt wird aber aus dem Ganzen alsbald ein Streit Union gegen FDP, und zwar auf einem Feld, wo die schon damals recht liberale öffentliche Meinung so gut wie zwangsläufig auf die Seite der von der mächtigen CDU grob unter Druck gesetzten Freien Demokraten treten muß.

An und für sich sind Differenzen in der Wahlrechtsfrage eine Art Dauerbrenner im Verhältnis von CDU und FDP. Seit der Koalitionsbesprechung am 10. Oktober 1955 weiß die FDP, daß ein neuer Wahlgesetzentwurf der CDU/CSU-Fraktion kommt, nachdem zuvor die Einführung des relativen Mehrheitswahlrechts in 400 Wahlkreisen abgelehnt wurde. Schon bei den Wahlrechtsberatungen im Ersten Bundestag hat die FDP Hugo Scharnberg fürchten gelernt, der als Hamburger Bankdirektor ein echter Repräsentant seiner Spezies ist: gewinnend in den Umgangsformen, aber knallhart, wenn es um die Sache geht. Scharnberg versucht es nun mit einem Mischsystem zwischen Proporz- und relativem Mehrheitswahlrecht. Der Grundgedanke des »Grabenwahlsystems« ist einfach: Zwar sollen weiterhin die Landeslisten bestehen, doch die in den Wahlkreisen gewonnenen Mandate dürfen nicht mehr auf der Landesliste abgerechnet werden. Scharnberg rechnet dem CDU-Vorstand am 13. Januar 1956 vor, was das im Bundestag bedeuten würde, unterstellt man ein Wahlresultat wie 1953. Verlieren würden SPD, BHE und FDP, und zwar 27, 13 und – im Fall der FDP – 10 Mandate. Gewinnerin wäre mit einem Plus von 50 Mandaten die Union.[25]

Grund zur Panik hätte die FDP eigentlich noch nicht. Die Union hat schließlich schon des öfteren für die FDP unakzeptable Wahlrechtsvorschläge gemacht und ist dann doch zurückgezuckt. Allerdings könnte die Union ihren Vorschlag diesmal mit Hilfe der DP im Bundestag durchziehen.

Jedenfalls wirkt sich das Vorzeigen dieses Folterinstruments völlig kontraproduktiv aus. Am 10. Januar beschließt der FDP-Bundesvorstand einstimmig, daß das Grabensystem »unannehmbar und keine Diskussionsgrundlage ist«[26]. Dehler wird erneut zum Fraktionsvorsitzenden gewählt. Er erhält 27 Stimmen, Hans Wellhausen nur 22.[27] Auf der Vorstandssitzung Mitte Januar, als es der CDU zu dämmern beginnt, was sie angerichtet hat, bemerkt Robert Pferdmenges, über den viele Kontakte zur FDP laufen, zu Recht: »Vor dem Hineinbringen des Wahlgesetzes in die Diskussion war in der FDP eine Mehrheit für Wellhausen, und zwar 29 Stimmen. 24 Leute, die jetzt für Dehler gestimmt haben, hatten sich vorher verpflichtet, anders zu stimmen. Nach dem Einbringen des Wahlgesetzes sind sie umgefallen.«[28]

Schon zuvor hat Dehler alle seine Hilfstruppen in den FDP-Landesverbänden mobilisiert, wo er politisch stärker ist als in der Bundestagsfraktion. Adenauer sieht sich nun mit der Drohung konfrontiert, im Fall einer Weiterführung der Pläne mit dem »Grabenwahlsystem« werde die FDP die Koalitionen mit der CDU in den Ländern verlassen. Konkret geht es dabei immerhin um sechs Länderregierungen – in Nordrhein-Westfalen, Rheinland-Pfalz, Baden-Württemberg, Niedersachsen, Schleswig-Holstein und Hamburg. Nicht in allen Ländern könnte und wollte zwar die FDP eine Regierung mit der SPD und dem linken Flügel des GB/BHE bilden. Aber es droht doch eine völlige Umkehr der bisherigen »bürgerlichen Koalitionen«.

Als Adenauer am 5. und 6. Januar mit allem Pomp seinen 80. Geburtstag feiert, weiß er bereits, daß er einen schweren Fehler begangen hat. Dehler ist gerettet, die FDP macht nun bundesweit gegen ihn mobil und mit ihr die veröffentlichte Meinung. Auf der CDU-Vorstandssitzung am 13. Januar beobachtet man bereits einen Kanzler, der in der Wahlrechtsfrage schleunigst einen geordneten Rückzug antreten möchte. Allerdings hofft er jetzt auf eine Parteispaltung der FDP. Diese wird sich aber, so argumentiert er nun, am sichersten zugunsten der CDU vollziehen, wenn man in der Wahlrechtsfrage nachgibt.[29]

Das geschieht denn auch. Krone, einer der schärfsten Treiber gegen die FDP, notiert nach schwierigen Verhandlungen am 1. Februar resigniert in sein Tagebuch: »Die Verfechter eines neuen Wahlrechts haben

Repräsentanten der bürgerlichen Republik

Bundespräsident Heuss gratuliert Adenauer zu seinem 80. Geburtstag am 5. Januar 1956.

den Kampf verloren. Dehler ist der Sieger. Es gibt kein neues Wahlrecht.«[30]

Es hilft auch nichts, daß Theodor Heuss sich nun auf seiten von Adenauer und Blücher um die Rettung der Koalition bemüht. Im Grunde sieht er die Lage genauso wie Adenauer: »Ewige Ungewißheit über Dehlers Wankelmut und Koketterie. Tolle Wirrnis: In Nordrhein-Westfalen wollen die Nazi-FDP mit den Soz.-Dem. und Zentrum den CDU Arnold stürzen, der einen ausgezeichneten (protestantischen) Kultusminister hat; dieser Gruppe von Personalehrgeizen scheint das Außenbild, das sie damit schaffen, ziemlich wurst zu sein.«[31]

Inzwischen hat die Gegenbewegung in den Ländern ihre Eigendynamik entwickelt. Der »nationalistische« Flügel der FDP in Düsseldorf, wie Adenauer ihn sieht und auch öffentlich brandmarkt, ist nun entschlossen, mit Blick auf die Bundestagswahl 1957 ein Zeichen zu setzen. Am 21. Februar 1956 wird Ministerpräsident Karl Arnold gestürzt und eine Koalition aus SPD, FDP und Zentrum unter dem SPD-Ministerpräsidenten Fritz Steinhoff gebildet. Mit Mühe und Not, vor allem dank der Unterstützung durch Heinrich Hellwege von der DP, doch auch mit Zustimmung Dehlers, kann verhindert werden, daß die Koalition auch in Hannover in die Brüche geht.

Die Parteispaltung der FDP ist nun nicht mehr abzuwenden. Adenauer hatte seit der Wiederwahl Dehlers seine Hoffnung darauf gesetzt. Doch er hatte sie sich anders vorgestellt. Bei seiner Koalition verbleiben nach dem Auseinanderbrechen der FDP-Fraktion nur 16 von 52 Abgeordneten, darunter die vier Minister. Sie erklären am 23. Februar während der Sitzung der Bundestagsfraktion ihren Austritt.[32]

Dehler hingegen hält sich sowohl an der Spitze der Partei wie der reduzierten Bundestagsfraktion. Diese beschließt am 24. Februar, in die Opposition zu gehen.[33] Auch in den FDP-Landesverbänden setzen sich vorerst die Gegner der Dissidenten durch. In Adenauers Kabinett hingegen sitzen nun vier Minister ohne großen Anhang, die er – mit Ausnahme des Wohnungsbauministers Viktor Emanuel Preusker – für wenig dynamische Politiker hält. In der Öffentlichkeit mindern sie aber das Ansehen der Regierung, denn man wirft ihnen unablässig vor, an ihren Sesseln zu kleben.

Adenauer schwankt, welchen Kurs er steuern soll. Zu Heinrich Krone, der das gerne hört, sagt er am 21. Februar, »er sehe nach reiflicher Überlegung keine andere Antwort auf Düsseldorf als ein Mehrheitswahlrecht für die kommende Bundestagswahl.« Krone fügt hinzu: »In der Wahl der Mittel ist er nie wählerisch.«[34] Eben diese Fähigkeit, in der Wahl der Mittel nicht wählerisch zu sein, beweist er ein paar Tage später erneut, diesmal in der Gegenrichtung. Plötzlich zeigt er sich nämlich bereit, nun sogar Thomas Dehler als Justizminister ins Kabinett zu nehmen.

Am 28. Februar signalisiert der Bonner Journalist und ehemalige FDP-Bürgermeister Otto Schumacher-Hellmold, Dehler habe »den Wunsch nach einer Generalbereinigung«.[35] Tatsächlich sind Dehler und Schumacher-Hellmold befreundet, letzterer kennt auch den »Wankelmut« Dehlers, wie Heuss das genannt hat, und drängt ihn, doch noch einen Versuch zu unternehmen.[36] Adenauer seinerseits hat zu Schumacher-Hellmold gleichfalls Vertrauen. Als Voraussetzung für eine weitere Zusammenarbeit in der Koalition formuliert der Kanzler aber drei Bedingungen: »Wiedervereinigung der beiden FDP-Gruppen ohne Nachteile für die aus der FDP-Fraktion ausgeschiedenen Abgeordneten«, Rücknahme der persönlichen Vorwürfe Dehlers; außerdem müsse die Regierungsumbildung in Düsseldorf rückgängig gemacht werden.[37]

Es hat also doch den Anschein, als wolle Adenauer plötzlich wieder versöhnen statt spalten. Bei einem Wiedereintritt ins Kabinett, vernimmt Schumacher-Hellmold von ihm, sollten die jetzt noch verfeindeten und dann wiedervereinigten FDP-Gruppen jeweils mit zwei Ministern vertreten sein. Auch Dehler »werde in das Kabinett eintreten müssen«. Als Schumacher-Hellmold daraufhin anmerkt, dann müsse wohl Dehler die Vizekanzlerschaft übernehmen, bleibt Adenauer zwar vorsichtig, schließt es aber nicht ganz aus. Er will Dehler jedenfalls wieder zum Justizminister machen. Adenauer regt bei dieser Gelegenheit an, einer der FDP-Minister solle doch Schumacher-Hellmold selbst sein, und denkt dabei an das Verkehrsministerium. Der lehnt aber ab, denn er ist auch mit Seebohm befreundet, dem er dann das Ressort wegnehmen würde.

Der FDP-Vorsitzende steht schon in seinem Büro bereit, um bei gutem Verlauf der Vorgespräche am 29. Februar kurz nach 12 Uhr persönlich zu Adenauer zu kommen, womit er fast irreversible Tatsachen geschaffen hätte. Aber während des Anrufs von Schumacher-Hellmold ist Max Becker bei ihm, hört das Telefonat und macht ihm eine furchtbare Szene, so daß es nicht zu dem Gespräch über die Generalbereinigung kommt. Gleich anschließend muß Dehler wieder in den baden-württembergischen Wahlkampf.

Die Vermittlungsaktion scheitert wahrscheinlich nicht nur aus Zufall. Viel zu viele Kräfte ziehen schon in unterschiedliche Richtung. Das Hauptproblem ist Düsseldorf. Selbst wenn Dehler um jeden Preis in die

Koalition zurückwollte, könnte er die dortigen »Jungtürken« – Weyer, Döring, Scheel – nicht zwingen, Arnold erneut zu inthronisieren. Ein derartiger Gesichtsverlust unmittelbar nach der Regierungsumbildung ist von diesen nicht hinnehmbar. Adenauer würde allerdings eine Schamfrist akzeptieren.[38] Die FDP-Fraktion ist aber in diesen Tagen auf Krawall frisiert und würde es Dehler nicht vergessen, wenn er nun nach allem, was vorgefallen ist, als Vizekanzler und Justizminister selbst wieder ins Kabinett ginge. Auch die Freie Volkspartei (FVP), wie sich die FDP-Dissidenten jetzt nennen, würde zögern, wieder auf die andere Seite des Rubikon zurückzukehren. Als Vizekanzler Blücher eine Woche später von der Vermittlungsaktion Schumacher-Hellmolds erfährt, ist er verständlicherweise entsetzt.[39] Die Initiative versandet, denn inzwischen sieht Adenauer, daß seine Bedingungen vorerst unerfüllbar sind.

Statt einer Konsolidierung seiner innenpolitischen Position hat Adenauer also mit seinem scharfen Vorgehen gegen Dehler das genaue Gegenteil bewirkt. Die Meinungsumfragen sprechen eine deutliche Sprache. Im Januar 1956, zur Zeit seines 80. Geburtstages, lag er in der Zustimmung noch bei 56 Prozent, einen Monat später bei 48 Prozent. Im Mai 1956 sind die 40 Prozent erreicht.[40]

Noch viel schlimmer ist der Schaden auf lange Sicht. Von Anfang an gab es in der FDP ziemlich weitverbreitete Vorbehalte gegen Adenauer sowie bestimmte Spitzenpolitiker, die seine besonderen Gegner waren. Aber als maßgebend erwiesen sich jene Kräfte, die seine Führung dennoch akzeptierten, wenn sie ihn nicht gar bewunderten. Erich Mende, der spätere FDP-Vorsitzende, ist ein gutes Beispiel dafür.

Seit dem unglückseligen Vorstoß mit dem »Grabenwahlsystem« und dem anschließenden Koalitionsbruch hat sich das grundlegend verändert. Feindschaft gegen Adenauer, manchmal sogar Haß auf Adenauer, bestimmt nun die grundlegende Stimmungslage. Selbst als die FDP unter Erich Mende, mit dem Segen von Theodor Heuss, ab 1960 wieder Kurs auf eine Koalition mit der CDU nimmt[41], bleibt die tiefsitzende Abneigung gegen den »Machtmenschen Adenauer« bestehen. Dehler hat ihm bei der stürmischen Koalitionssitzung am 7. Dezember 1955 »Methoden aus der Renaissancezeit« vorgeworfen, »aber nicht Methoden, wie ich mir eine Demokratie vorstelle.«[42] Dieses Adenauerbild wird bei den Liberalen vorherrschend.

Dabei ist es auch kein Zufall, daß der Konflikt über die Außenpolitik ausbricht. Zwar bleibt die FDP NATO-treu, militärfreundlich und entdeckt nach einigen Jahren sogar ihr Herz für die Einigung Europas.

Der Vermittler

*Mittelsmann im Hintergrund zwischen Adenauer und der FDP:
Otto Schumacher-Hellmold (zweiter von links), zusammen mit
Thomas Dehler (links), Wilhelm Heile
und Heinrich Hellwege von der DP (rechts).*

Gleichzeitig drängt sie aber außerhalb oder innerhalb der Regierung unablässig auf experimentelle, unkonventionelle, wagemutige Vorstöße in der Ostpolitik. In Adenauer sieht sie indessen zunehmend den Exponenten eines immobilen Antikommunismus, dem an der Wiedervereinigung überhaupt nichts gelegen ist.

Fred Luchsinger von der *Neuen Zürcher Zeitung* hat also recht, wenn er den Koalitionsbruch als den ohne Zweifel tiefsten Einschnitt in der inneren Geschichte der Bundesrepublik bezeichnet.[43] Dabei markiert der Einschnitt nicht das Ende der bisherigen Politik – Adenauer regiert ja weiter. Aber mit diesem Vorgang werden im bürgerlichen Lager unwiderruflich Kräfte freigesetzt, die in neue Richtungen vorstoßen und sich in den sechziger Jahren schließlich durchsetzen.

Koalitionsspekulationen und Kabinettskräche

Das Jahr 1956 wird also zu jener Phase in der Kanzlerschaft Adenauers, da die Koalitionsmöglichkeiten so offen scheinen wie erst wieder ab Oktober 1961. Kein Gedanke daran, daß er im September 1957 die absolute Mehrheit erringen könnte. Vorerst scheinen drei Szenarios durchaus realistisch: entweder ein Zusammengehen von SPD und FDP im Zeichen der Außenpolitik, für das eine Mehrheit denkbar scheint, oder eine große Koalition von CDU/CSU und SPD. Am unwahrscheinlichsten erscheint im Frühjahr und Sommer 1956 die Wiederauflage der Koalition von CDU/CSU, FDP und DP.

Kein Geringerer als der CDU/CSU-Fraktionsvorsitzende Krone spielt schon im Frühjahr 1956 mit dem Gedanken einer großen Koalition. Am 1. Februar, als er enttäuscht in seinem Tagebuch vermerkt, »Dehler ist der Sieger« setzt er nämlich hinzu: »Zwischen Sozialisten und Liberalen bahnt sich mehr als eine Verständigung an. Es geht nicht anders, die Union muß das Gespräch mit der Sozialdemokratie aufnehmen.«[1]

Der Test für die Anfänge einer Annäherung zwischen CDU/CSU und SPD ist die Grundgesetzänderung über die Wehrverfassung. Sie wird vom Bundestag am 6. März mit den Stimmen der SPD beschlossen. Noch im Januar hatte Adenauer bei einem seiner regelmäßigen Gespräche mit dem Bundespräsidenten festgestellt, »daß die SPD in ihrer Mehrheit neutralistisch und pazifistisch sei, und Erler nur mit einigen wenigen für die Verfassungsänderung eintrete.«[2]

Oberbefehl für den Bundespräsidenten?

Tatsächlich gibt es nämlich seit dem Frühsommer 1955 im Verteidigungsausschuß Ansätze zu einer großen Koalition in Wehrfragen zwischen Fritz Erler und dem CSU-Abgeordneten Richard Jaeger. Adenauer hatte das lange Zeit mit großem Befremden verfolgt. Sein Drängen, mit Blick auf die labile internationale Lage möglichst rasch einige Kader von Freiwilligen aufzustellen und mit der Ausbildung von Spezialisten zu beginnen, läuft sich an der Entschlossenheit der Fraktionen fest, zuvor alle Voraussetzungen für eine zuverlässige zivile Kontrolle der Streitkräfte zu schaffen. Das will zwar auch Adenauer, aber er möchte eben auch so schnell wie möglich deutsche Truppen. »Hätten wir eine Division stehen gehabt«, hält er dem CDU-Vorstand bereits Ende September 1955 vor, »dann wäre unser Ansehen in Moskau und auch in der Welt anders gewesen.«[3]

Inzwischen ist er noch viel nervöser geworden, denn er konstatiert bei Amerikanern und Briten wegen der zögernden Aufstellung deutscher Streitkräfte einen spürbaren Vertrauensverlust. Daß er die Sozialdemokraten jetzt braucht, mißfällt ihm aber durchaus. Mit Erleichterung stellt er indessen fest, daß die SPD wenigstens wie gewohnt gegen das Soldatengesetz stimmt.[4] In der umstrittenen Frage des Oberbefehls paßt ihm der Kompromiß zwischen CDU/CSU und SPD sogar ganz gut in die koalitionspolitische Landschaft. Von Anfang an hatte sich nämlich die FDP mit Blick auf ihren Bundespräsidenten dafür eingesetzt, diesem den Oberbefehl zu geben. Heuss selbst hätte das gleichfalls gern gesehen. Nun, nach dem Koalitionsbruch, braucht man keine Rücksichten mehr zu nehmen. Die SPD setzt den Wehrbeauftragten und das Konzept durch, daß der Verteidigungsausschuß die Rechte eines Untersuchungsausschusses erhält. Dafür verzichtet sie auf ihre Forderung, der Verteidigungsminister müsse dem Bundestag direkt verantwortlich sein, und sie akzeptiert sogar den Oberbefehl des Bundeskanzlers im Verteidigungsfall.

Nichts liegt Adenauer im Frühjahr 1956 jedenfalls ferner als Gedankenspiele mit einer großen Koalition. Man befindet sich noch nicht im Jahr 1961. Aber andere maßgebende Spitzenpolitiker in CDU und CSU können sich das durchaus vorstellen. Es ist symptomatisch, daß Karl Arnold, viel bemitleidetes Opfer der ungetreuen FDP, auf dem Stuttgarter Parteitag der CDU im April 1956 nach dem Amt des Stellvertretenden Vorsitzenden der CDU greift, das durch den Tod von Robert Tillmanns frei geworden ist. Die CDU hätte dann glücklich drei Katholiken an der Spitze – Adenauer selbst und zwei Vertreter des linken Flügels in Stellvertreterpositionen. Das geht selbstverständlich nicht, und so kommt es zur Erweiterung der Stellvertreter Adenauers auf vier. Neben Kaiser und Arnold werden mit Kai-Uwe von Hassel und Bundestagspräsident Gerstenmaier zwei Repräsentanten des eher konservativen protestantischen Parteiflügels gewählt. Von Brentano, Heinrich Krone und Gerhard Schröder bleiben einfache Vorstandsmitglieder. Adenauer verläßt jedoch den Parteitag mit dem Empfinden, daß es durchaus benennbare Persönlichkeiten in der CDU gibt, die für den Fall seines Ausscheidens eine Linksverschiebung der CDU beabsichtigen.

Es gehört zu den Besonderheiten dieses innenpolitisch bewegten Jahres, daß jetzt ausgerechnet aus der CSU Impulse für eine große Koalition zu verspüren sind. Das hängt vor allem mit den Gegebenheiten in Bayern zusammen. Dort regiert unter dem sehr konservativen Sozialdemokraten Wilhelm Hoegner eine buntscheckige Koalition aus SPD, FDP, GB/BHE und Bayernpartei. Die CSU, mit großem Abstand die stärkste Fraktion, sah sich 1954 in die Opposition verwiesen. Ein Hauptgrund dafür, weshalb die CSU bei der Koalitionskrise um Dehler Adenauer so nachhaltig gegen diesen unterstützt, ist ihr Ärger über die Rolle der FDP im Münchener Maximilianeum. Da aber der Dehler-Flügel vorerst obsiegt hat, scheint nun der Gedanke reizvoll, in München mit der SPD zusammenzugehen.

In einem Brief Globkes, der ihn im Tessiner Urlaub erreicht, liest der stets mißtrauische Adenauer einige warnende Sätze des noch mißtrauischeren Globke: »Aufmerksamkeit erfordern die Vorgänge in der CSU. Man will unter allen Umständen wieder in die bayerische Regierung, und ich habe den Eindruck, daß man dafür der SPD eine Koalition auf Bundesebene nach den nächsten Bundestagswahlen in Aussicht stellen möchte. Ich erinnere an die Bemühungen Jaegers um eine Einigung mit der SPD in der Wehrfrage und die Ausführungen Schäffers auf der vorletzten CSU-Vorstandssitzung. Vor allem aber ist auffällig, wie stark sich Strauß gegen Ihre Ausführungen über die Möglichkeit einer Erneuerung der Koalition mit der FDP ausgesprochen hat und wie er dafür eintritt, den Wahlkampf ohne Bindungen zu führen.«[5] Adenauer schreibt prompt zurück: »Ich teile Ihre Ansicht bezüglich der CSU. Auch darüber müssen wir sprechen. Die Rede Strauß' hat mich sehr verstimmt.«[6]

Das Mißtrauen gegen Strauß erhält immer neue Nahrung. Über Baron Oppenheim wird Adenauer zwei Monate später anläßlich von Differenzen mit Finanzminister Schäffer zugetragen, Strauß sei in Gegenwart zahlreicher Personen gefragt worden: »Was fangen Sie an, wenn der Alte

Keine Urlaubsruhe im Tessin

Ihren Schäffer entläßt?« Antwort von Strauß: »Der Alte muß weg.« Und Robert Pferdmenges hört, daß Strauß beim CSU-Parteitag in München ausländischen Journalisten in angeheitertem Zustand erklärt hat: »Der verschlissene Kerl gehört an den Galgen.«[7] Strauß ist freilich klug genug, in der Öffentlichkeit stets nachdrücklich für Adenauer einzutreten.

Auch die Urlaubsruhe wird Adenauer von seinen Gegnern verdorben. Im Februar, inmitten der Koalitionskrise, als er Dannie Heineman für dessen Geschenk zum 80. Geburtstag dankt, wirkt er doch noch ziemlich angeschlagen: »Die Erholung, die ich dringendst nach meiner doch recht schweren Krankheit nötig hatte, habe ich bisher nicht finden können. Die innenpolitische Lage bei uns erforderte und erfordert meine Anwesenheit. Die Strapazen meines Geburtstages habe ich leidlich überstanden. Wenn alles gutgeht, hoffe ich, Anfang April etwa drei Wochen an die Riviera gehen zu können.«[8]

Statt an der Riviera findet sich schließlich eine Villa im Tessin, damals der Geheimtip aller Deutschen, die sich einen Auslandsurlaub leisten können. Adenauer selbst pflegt seit der Studentenzeit sentimentale Erinnerungen an die oberitalienischen Seen mit ihrer subtropischen Flora und ihren malerischen Bergkulissen.

Aber der *Spiegel* hält ihn sogar im Urlaub in Bewegung. Man kann dort lesen, daß die Adenauer vom örtlichen Schweizer Verkehrsverein angebotene Villa in Porza dem ehemaligen Tessiner Faschistenführer Rezzonico gehört.[9] Das verbindet sich schön mit der Kampagne gegen Globke. Bald zieht Adenauer in das Hotel Monte Verità bei Ascona. Damit findet sich der konservative Staatsmann an einem Ort, der vor dem Ersten Weltkrieg als Eldorado aller mit der Zivilisation Zerfallenen gegolten hat. Aber der Tenor seiner Urlaubsbriefe bleibt seit Jahrzehnten zumeist derselbe – leises Stöhnen über Arbeit oder über schlechtes Wetter, meist über beides: »Ich hatte wirklich viel Besuch (mehrfach Pferdmenges, Tessiner Regierung, Dr. Heck CDU usw.) und auch viel Ärger und Arbeit ... Wir sitzen seit zwei Tagen im Regen und seit mehr als vier Tagen ohne Sonne ... Die politische Lage ist nach wie vor sehr beunruhigend. Man kommt aus den Überlegungen nicht heraus. Bald fängt infolge des Regens alles an, sich etwas zu begrünen. Aber ich glaube, bei Euch ist die Vegetation schon weiter fortgeschritten als hier. Wir können nichts dazu tun, wir müssen halt alles nehmen wie es ist.«[10]

Anders als in Bonn kann er sich aber hier doch vom Terminkalender freimachen. Da gibt es dann Stunden, in denen er die Maske des Staatsmanns ablegt und seiner spontanen Neugier auf Menschen nachgibt. Als ihm der Maler Richard Seewald eines seiner Bilder zur Erinnerung an das Tessin ins Hotel schickt, verabredet er sich mit ihm kurzerhand für den nächsten Tag am Kirchplatz in Ronco. Seewald war nämlich von 1924 bis 1931 Professor an der Werkbundschule in Köln, ist damals wegen seiner Rückwendung zur gegenständlichen Malerei von der Linken oft angegriffen worden, doch auch deshalb, weil er sich – zum Katholizismus konvertiert – zeitweilig auf das Malen von Kirchenfenstern spezialisiert hat.

Adenauer genießt es, sich mit Malern zu unterhalten, die in ihrem Bereich Bedeutendes leisten und ihm ungezwungen begegnen. »Es war ein recht kalter Märztag«, erinnert sich Seewald, »und ich trug Mantel und Hut. Der Kanzler aber kam ohne beide um die Ecke der Kirche; er war zu Fuß von Ascona herüberspaziert, begleitet von seiner Tochter und einer Sekretärin und gefolgt von zwei Detektiven, einem Deutschen und einem Tessiner.«[11] Man geht zum Haus von Seewald. Dort liest Adenauer den Spruch »Parve domus, magna quies«, und meint trocken: »An meines müßte man das Gegenteil schreiben – ich meine das in Bonn«.

Die beiden finden sofort Kontakt und beginnen über Gott und die Welt zu plaudern. Adenauer erzählt bei dieser Gelegenheit, die Engländer hätten sich im Unterhaus für seine Absetzung öffentlich entschuldigen wollen, er habe das aber zurückgewiesen. Er rühmt das einfache Leben von John Foster Dulles in seinem Landhaus und macht abfällige Bemerkungen über München: »Was haben sie mir dort zu trinken gegeben? – Dortmunder Bier!« Den pathetischen Ausruf von Seewald »Es wird keinen Krieg geben!« pariert Adenauer mit der Frage, ob er wirklich so sicher sei? Seewald gibt erst eine schöne Begründung für seinen Optimismus, indem er auf die gläubigen Gebete der Menschen im Santo Anno verweist, dann eine leicht zynische: »Wenigstens so lange ich lebe, après moi le déluge.« Darauf Adenauer recht ernst: »Ich kann mir diesen Standpunkt nicht leisten. Ich habe 15 Enkel.« Seewalds Gesamteindruck: »Ich bewahre von diesem Besuch die Erinnerungen an einen bedeutenden Mann, dessen nüchterne Klugheit sich mit einem blitzschnell treffenden Witz paart und dem jegliches falsche Pathos und jegliche Pose fernliegt.«[12]

Dieser alles in allem verregnete Aufenthalt in Ascona markiert zugleich den Übergang aus den Schweizer Ferienorten nach Italien. Es ist bemerkenswert, wie stark dieser alte Mann seit den ersten Semestern in Freiburg und München neben dem badischen Schwarzwald auf zwei Urlaubsparadiese fixiert ist – die Schweizer Alpen und die pittoresken oberitalienischen Seen.

Die Schönheit der Schweiz hat er erstmals Pfingsten 1894 entdeckt.

Mehr als 60 Jahre ist das schon her – eine halbe Ewigkeit. Damals ist er in Gesellschaft seines Leibburschen Hanhart und des Kölner Freundes Custodis angetan mit braunen Hosen, blauem Hausrock, Touristenhemd und weichem Hut, den er von einem Vereinsbruder »gepumpt« hatte, in die Schweiz getrampt. Ein sechzehn enggeschriebene Seiten umfassender Brief an die Eltern beschreibt in allen Einzelheiten den tiefen Eindruck der Schweizer Landschaften.

Man zieht damals per Bahn, per Schiff und zu Fuß über Feldberg, St. Blasien, Albruck und Singen zum Bodensee. Auf dem Hohentwiel wird des Scheffelschen Ekkehard gedacht, und dann geht es »über den See beim Mondenschein« auf die Reichenau, »wo die Hunnen 50 Mönche des Klosters Reichenau verbrannt haben« und wo neben anderen Reliquien ein Krug von der Hochzeit zu Kanaa Erwähnung verdient, »der von einem griechischen Feldherrn im 9. Jahrhundert dorthin gebracht worden ist«. Von Konstanz geht es dann, immer zu Fuß, durchs Toggenburger Land nach Rapperswil am Zürcher See, nach Einsiedeln und schließlich über den Lauerzer See nach Brunnen. Eine Besteigung des Pilatus von Hergiswil aus bleibt zwar im Schnee stecken, die Reisegruppe wandert statt dessen auf den Rigi und kehrt schließlich braungebrannt »etwa so, wie August nach dem Manöver« über Luzern und Basel nach Freiburg zurück.

Der in jugendlicher Begeisterungsfähigkeit verfaßte Brief, den er zu verwahren bittet, spricht alle Reize an, die ihn dann 60 Jahre lang immer wieder in die Schweiz ziehen: historische Stätten, die bis auf die frühchristliche Zeit zurückreichen, Wallfahrtskirchen, in denen ausgiebig die Messe besucht wird, Wanderpfade im Hochgebirge und immer wieder hinreißend schöne, unverdorbene Naturbilder: »Ich glaube, der Vierwaldstättersee ist einer der schönsten Seen der Welt. Sein Wasser ist grün und so klar, daß man noch bei einer Tiefe von circa 10 m deutlich den Boden sehen kann. Unten dieses smaragdene Grün des See's, links und rechts, vorn und hinten – der See macht sehr große Krümmungen – himmelhohe Berge..., deren weiße, pittoreske Spitzen sich in den Fluten spiegeln – ein wunderbares Bild, ich glaube nicht, daß einer von uns dreien diesen Abend vergessen wird.«[13]

Es erstaunt also nicht, daß Adenauer in den folgenden Jahrzehnten unablässig hierher zurückkehrt, noch während der frühen fünfziger Jahre am liebsten auf dem Bürgenstock hoch über dem Vierwaldstätter See residiert und 1955 von Mürren aus letztmalig »auf steilen und geröllbedeckten Bergpfaden« Hochgebirgstouren unternimmt – den Außenminister, den Staatssekretär und den Direktor der Politischen Abteilung des Auswärtigen Amts im Schlepptau.[14]

Dann muß er aber aus verschiedenen Gründen davon Abstand nehmen. Nach der schweren Erkrankung im Herbst 1955 raten die Ärzte zu geringeren Höhen und zu mildem, sonnigen Klima. So kommt er zum Lago Maggiore, und hier steigen offenbar die Erinnerungen an weitere Ferienfahrten auf, bei denen er von München aus die oberitalienischen Seen entdeckt hatte. Ascona freilich gefällt nicht auf Dauer, auch wegen der diesmal besonders lästigen politischen Begleitmusik des Urlaubs.

So findet er schließlich im Frühjahr 1957 zum Comer See, nach Cadenabbia. Er probiert dort eine Reihe von Villen aus, die Villa Rosa, die Villa Arminio, findet die Luft »besonders erfrischend«, die weitläufigen Parkanlagen »gut gepflegt« und erwärmt sich für das Boccia-Spiel.[15] Nachdem ein Versuch mit der Riviera im Februar und März 1958 halb verunglückt – »wir haben zwei Tage im Nebel gesessen und gestern morgen in Eis und Schnee« –, kehrt er nach Cadenabbia zurück, findet dort schließlich die ihm sehr zusagende »Villa Collina« und hat nun endlich einen Ferienwohnsitz, den er bis zum Lebensende genauso regelmäßig und dankbar aufsucht wie seinerzeit das Grand Hotel von Monsieur Pont in der Bergwelt des Wallis.

Aufschlußreich für das Innenleben dieses alten Mannes bleibt es jedenfalls, daß er sich regelmäßig zumindest räumlich vom Bonner Betrieb abzusetzen versteht, der ihn auffrißt, auch wenn er ihn nicht entbehren kann.

Strauß wird Verteidigungsminister

Entscheidende Voraussetzung für die Umkehr des negativen Trends ist die Regierungsumbildung im Oktober 1956. Sie ist seit langem überfällig, und Adenauer weiß das. Doch auch in der Innenpolitik scheut er stets instinktiv vor Radikalkuren zurück. Vizekanzler Blücher, der ihn über acht Jahre hinweg genauestens studiert hat, spricht zu Recht von »der Neigung des Kanzlers«, jeweils für die nächsten »5 Minuten Ruhe zu schaffen«, was zur Folge habe, »daß die große Ordnung der Dinge vermieden wird«.[1]

Diese »große Ordnung der Dinge« würde seit Frühjahr 1956 freilich vor allem auch bedeuten, die FVP-Minister einschließlich Franz Blücher selbst aus dem Kabinett zu entfernen. Längst hat sich gezeigt, daß sie zu schwach und alles in allem auch nicht aktiv genug sind, gewichtige Teile der FDP zu sich herüberzuziehen. Die CSU drängt unablässig auf Remedur, doch Adenauer zögert, weil bei einer Kabinettsbildung auch weitere Fragen angepackt werden müßten – das Problem Fritz Schäffer, das Problem Theo Blank, das Problem Franz Josef Strauß, das Problem Anton Storch, das Problem Jakob Kaiser. Bei Lichte betrachtet besteht das halbe Kabinett aus Problemfällen. Wer jedoch an einer Stelle Veränderungen vornimmt, öffnet den Acheron.

Im Juli 1956 ist Adenauer soweit, dem Bundespräsidenten die Ablösung von drei FVP-Ministern anzukündigen. Nur Blücher soll wegen seiner großen Verdienste das Gnadenbrot erhalten. Franz Josef Strauß als Verteidigungsminister sucht Adenauer aber immer noch zu vermeiden, und er hat sich dafür einen Kunstgriff ausgedacht. Hanns Seidel, der im Januar 1955 Strauß beim Duell um den CSU-Vorsitz geschlagen hat, könnte anstelle von Fritz Neumayer das Justizministerium übernehmen. Adenauer lockt den CSU-Vorsitzenden noch zusätzlich mit einem Platz im Wirtschaftskabinett. Doch Seidel möchte Ministerpräsident in Bayern werden, was ihm 1958 auch gelingt. Und er scheut den bei einer solchen Lösung unvermeidlichen Krach mit Strauß.

Dieser selbst zieht am 10. Juli mit den maßgebenden Herren der CSU-Landesgruppe[2] zu Adenauer, um ihn auf das Desaster hinzuweisen, das sich bei der Bundeswehrplanung schon deutlich abzeichnet. Es fehlt an Ausbildungskadern, an Kasernen, an Uniformen, an Waffen – kurz an allem. Das seit 1954 nicht revidierte Aufstellungsziel von 500 000 Mann, 90 000 davon im ersten Jahr, ist eine Utopie. Natürlich haben sich Blank und sein Staatssekretär Rust abgesichert, vorsorglich auf die finanziellen und gesetzgeberischen Voraussetzungen zur Erreichung der Planzahlen hingewiesen. Das erste alarmierende Schreiben Blanks an Adenauer, elf Seiten umfassend, stammt vom 13. Januar 1954[3], ein weiteres vom 13. Mai 1955.[4] Adenauer ist also durchaus gewarnt. Daß es nicht recht vorangeht, hat viele leicht einsehbare Gründe: die Schwierigkeiten mit der Wehrgesetzgebung, nicht zuletzt im Regierungslager selbst, die vom Bundesfinanzminister aufgebauten Hürden, doch auch das Mißtrauen gegen die Offiziere, aus dem – so Gerd Schmückle später – gleich »zwei Monster« auf einmal aufwuchsen: »die Organisation des Militärs und die seiner zivilen Kontrolleure«.[5]

Wachsen sich aber Probleme, für die es durchaus gute Erklärungen gibt, zum öffentlichen Ärgernis und zur außenpolitischen Belastung aus, dann lädt jeder Kanzler seinen Unwillen dort ab, wo die politische Verantwortung liegt: beim zuständigen Minister. Denn würde dieser nicht als Sündenbock identifiziert, dann müßte der Kanzler ja eingestehen, daß er selbst alles fahrlässig hat schleifen lassen.

Doch im Juli, als die CSU-Landesgruppe praktisch den Kopf von Theo Blank fordert, ist Adenauer noch nicht bereit, die grundlegenden Planungsfehler einzugestehen. Er wird bei dieser Einschätzung von Globke und Rust bestärkt, die immer noch hoffen, nach Verabschiedung der Wehrverfassung und der wichtigsten Wehrgesetze werde sich alles einrenken lassen.[6] Würde man nämlich zugeben, »daß die Aufstellungsziele zu hoch, das Tempo zu schnell und die Organisation mangelhaft waren«[7], wäre der Ministerwechsel unvermeidlich. Niemand weiß das besser als Adenauer selbst, und so vernimmt Strauß bei dieser Besprechung am 10. Juli 1956 eine jener wie ein Peitschenhieb wirkenden Antworten Adenauers, für die er im Kabinett gehaßt und gefürchtet wird: »Herr Strauß, ich habe Sie angehört. Nehmen Sie eines zur Kenntnis: Solange ich Kanzler bin, werden Sie nie Verteidigungsminister!«[8]

Aber Blank ist nur noch ein Verteidigungsminister auf Abruf. Mitte August erhält er von Adenauer einen scheinbar besorgten Brief, in dem dieser anrät, »bis auf weiteres, d. h. bis irgend ein besonderer Anlaß kommt, überhaupt nicht mehr zu reden«. Besser, er denke an seine Gesundheit und schone sich.[9] Von Woche zu Woche wird es dem Kanzler klarer, daß der Bundeswehraufbau über die Kräfte von Blank geht. Nun zeigt sich auch endgültig, daß die auf 18 Monate vorgesehene Wehrpflicht nicht mehr zu halten ist. Mehr als 12 Monate sind innenpolitisch nicht durchsetzbar. Das heißt aber, daß dann die Zahl der Längerdienenden erhöht werden muß. Doch woher sollen diese kommen, wenn von den bis Jahresende 1956 vorgesehenen 96 000 Mann Ende September erst 62 000 Mann stehen?[10] Dazu kommen die Probleme des Atomzeitalters. Schon bei der CDU-Vorstandssitzung am 20. September, als Blank einen halben Offenbarungseid leistet, führt der als Gast hinzugeladene Franz Josef Strauß das große Wort zu den nuklearstrategischen Fragen.

Aber immer noch sträubt sich Adenauer gegen den Gedanken, Strauß zum Verteidigungsminister zu machen. In einem Gespräch mit Krone und Globke beklagt er bitter, von der Fraktion beiseite geschoben zu werden: »Wir müßten den Kampf mit Strauß aufnehmen; wenn es dabei zu einem Bruch zwischen der CDU und CSU käme, müsse das in Kauf genommen werden.«[11] Krone hört in diesem Zusammenhang von

Globke, daß die zunehmend kritischer werdende Lage in der Union dem Kanzler anscheinend doch an die Nieren geht. Adenauer, so Globke, habe ihn beauftragt, »sich mit der Frage seines Ruhegehalts zu beschäftigen«.[12] Doch Adenauer fängt sich bald wieder. Statt zu resignieren, beschließt er, sich mit Strauß zu arrangieren.

Den Ausschlag für die Ablösung Blanks gibt die Erkenntnis, bei der Annual-Review-Sitzung der NATO am 30. Oktober 1956 auch im Bündnis den Offenbarungseid leisten zu müssen. NATO-Botschafter Blankenhorn, der nach langer Krankheit Anfang Oktober wieder nach Bonn zurückkehrt, wo er mit Adenauer und Strauß spricht, drängt nun auf einen Ministerwechsel: »Worauf es uns ankommen muß, ist, schnell durch eine neue Persönlichkeit den neuen Kurs unseres militärischen Aufbaus zu erklären, damit wir raschestens den Eindruck wieder beseitigen, als ob uns an der Erfüllung unserer militärischen Verpflichtungen nicht so dringend gelegen sei. Es wird für einen neuen Minister sehr viel leichter sein, den Rat von der Ernsthaftigkeit unserer Bemühungen zu überzeugen als für den Minister, in dessen Amtszeit die Verzögerungen entstanden sind.«[13]

Der Kanzler muß das nun selbst einsehen. »Wir haben die ganze Zeit gegenüber der NATO nicht die Wahrheit gesagt«, schreibt er am 10. Oktober an Karl Arnold. »Der Annual-Review-Sitzung, die im Oktober stattfindet, müssen wir eingestehen, daß wir die bisher gemachten Zusagen zu erfüllen nicht in der Lage waren. Man wird uns bei der NATO kein Vertrauen schenken, wenn der bisherige Verteidigungsminister dort berichtet und für die Zukunft Versprechen gibt.«[14]

Am 10. Oktober wird ein wegen des Hinauswurfs im Juli immer noch grollender Strauß zum Bundeskanzler gerufen. Als dieser auf das Angebot des Verteidigungsministeriums hin nicht gleich mit beiden Händen zugreift, vernimmt er die entwaffnenden Worte Adenauers: »Herr Strauß, wollen Sie es einem alten Mann übelnehmen, daß er noch in der Lage ist, seine Meinung zu ändern?«[15] Strauß ist klug genug, sich angesichts der Kapitulation Adenauers unverzüglich freie Hand zur drastischen Reduzierung der Bundeswehrplanung zusichern zu lassen und – mit Blick auf die Bundestagswahlen 1957 – eine sehr behutsame Gangart bei der Einberufung der ersten Rekruten zu verlangen.[16]

Wo ein politischer Wille ist, ist auch ein Weg. Strauß ist noch nicht aus dem Atomministerium in die Ermekeilkaserne übergewechselt, als er schon die maßgebenden Herren des Verteidigungsministeriums um eine Revision der Planungen bittet.[17] Speidel widerstrebt, Heusinger erweist sich aber als flexibel und revidiert die Planungen von 500 000 Mann in drei Jahren auf 360 000 Mann bis Ende 1960. Danach sollte das Heer auf den zugesagten Umfang von zwölf Heeresdivisionen mit rund 500 000 Mann erweitert werden.[18]

In der NATO kommt Strauß und mit ihm auch Adenauer mit dem neuen Konzept einer kleineren »Qualitätsarmee« durch, weil in den USA ein paar Monate zuvor bei der Diskussion des sogenannten Radford-Plans die Tendenz deutlich geworden war, die konventionellen Streitkräfte in Europa zu reduzieren, sie dafür aber mit taktischen Kernwaffen auszurüsten. So möchte dies Strauß, so möchte dies Adenauer. Dementsprechend fordert der neue Verteidigungsminister auf der NATO-Ratssitzung im Dezember, die NATO-Verbände müßten bis auf Divisionsebene mit Kernwaffen ausgerüstet werden.[19] Dabei ist es nicht allein Strauß, der von der Notwendigkeit überzeugt ist, die Bundeswehr mit taktischen Kernwaffen auszurüsten. Adenauer sieht das genauso.

Am 20. September 1956, also noch vor dem endgültigen Entschluß, Strauß mit dem Amt des Verteidigungsministers zu betrauen, vernimmt man im CDU-Vorstand aus dem Mund des Kanzlers, in den USA arbeite man darauf hin, »daß man aus Handfeuerwaffen nukleare Geschosse abfeuern kann«. Adenauer zeigt sich darüber gar nicht entsetzt: »Denken Sie einmal daran, welchen Lauf die Vervollkommnung der Waffentechnik seit der Erfindung des Schießpulvers genommen hat. Zuerst waren zwölf Mann nötig, um einen Schuß aus einer Büchse abzugeben. Und wie ist es heute? Mit der Entwicklung muß Hand in Hand gehen eine Anpassung der militärischen Kräfte an diese neuen Waffen. Das ist selbstverständlich. Aber einstweilen sind sie noch nicht da ...«[20] Strauß übersieht zwar damals schon viel besser als der Kanzler die komplizierte Dialektik der Abschreckungsstrategie.[21] Jedenfalls hat Adenauer aber nun einen Verteidigungsminister, der ebenso wie er selbst entschlossen ist, die Kernwaffen nachdrücklich in die Verteidigungsplanung der Bundeswehr mit einzubeziehen.

Wie ambivalent Adenauer bei der Ernennung zum Verteidigungsminister Strauß gegenübersteht, gibt er am Tag vor dem entscheidenden Gespräch mit diesem auch dem Bundespräsidenten zu erkennen: »Er habe die nötige Rücksichtslosigkeit und Vitalität, sich nach allen Seiten durchzusetzen, und werde bei der Erfüllung seiner Aufgabe sich sicherlich so mit der SPD zerstreiten, daß der CSU die Lust auf eine große Koalition vergehe.«[22]

»Die Lust auf eine große Koalition« – dies ist eine Hauptsorge, von der sich Adenauer bis zur Regierungsumbildung getrieben sieht. Schon Anfang August schreibt er an den CSU-Vorsitzenden Seidel, dem er Sympathien für eine große Koalition von CDU, CSU und SPD unterstellt, das möge aus bayerischer Sicht richtig sein: »Vom Standpunkt des Auslandes aus bedeutet es eine Katastrophe«. Und er fährt fort: »Ich darf Sie auch darauf aufmerksam machen, daß die Sozialdemokratie niemals unter mir als Bundeskanzler in eine Große Koalition gehen würde, und daß Sie damit sich dagegen aussprechen, daß ich nach den Bundestagswahlen wieder Kanzler würde. Seien Sie überzeugt, daß wir dann die Wahlen todsicher verlieren werden.«[23]

Doch glaubt er auch in der CDU Freunde eines Zusammengehens mit der SPD auszumachen – Jakob Kaiser und Karl Arnold, neuerdings auch Gerstenmaier.[24] Was er von vorzeitigen Koalitionsspekulationen hält, macht er, als alles abgeschlossen ist, vor der Fraktion deutlich: »Wer das tut, der sollte eigentlich aufgehängt werden ...«[25]

Daß dies keine pure Obsession des Kanzlers ist, beweist eine Denkschrift, die Bundesminister von Merkatz aus Sicht der DP in diesen Tagen zu Papier bringt. Die Analyse beginnt mit den Sätzen: »Der linke Flügel der CDU strebt eine Koalition mit der SPD an. Er wird hierbei vom CDU-Landesverband Nordrhein-Westfalen und der CSU unterstützt...«[26]

In dieser Lage kommt es Mitte September zu einem Treffen Adenauers mit Dehler im Hause von Robert Pferdmenges. Als das rasch bekannt wird und als vor allem in der FDP Kritik an Dehler hochbrandet, bemühen sich beide Seiten um den Nachweis, die Initiative sei vom anderen ausgegangen. Zugrundeliegend ist wohl das Bemühen von Wirtschaftskreisen, die über Ludwig Erhard und Gerhard Schröder arbeiten, den Graben zwischen der Union und der FDP zu überbrücken, um eine große Koalition zu verhindern.[27] Dem Gespräch Adenauers mit Dehler ging ein von dem FDP-Abgeordneten Starke vermitteltes Gespräch zwischen Erhard und Dehler voran.

Adenauer bleibt bei seiner Position vom Frühjahr: Wiederaufnahme der FVP-Dissidenten und Beendigung der SPD-FDP-Regierung Steinhoff in Düsseldorf als Voraussetzung für eine Rückkehr der FDP in die Bundesregierung. Vor allem das zweite könnte Dehler überhaupt nicht erzwingen, selbst wenn er wollte – und so scheitert auch dieser letzte Annäherungsversuch an der ablehnenden Haltung der nordrhein-westfälischen FDP um Weyer und Döring. Er beweist aber, daß nun auch Teile der FDP die Gerüchte um eine große Koalition ernst nehmen und von Existenzängsten umgetrieben werden. Das alles vollzieht sich auf dem Hintergrund von Meinungsumfragen, bei denen die SPD die Union seit September 1956 zu überrunden beginnt. So beginnen schon in der zweiten Jahreshälfte 1956 jene drei Koalitionsmodelle aufzuscheinen, um die das Denken der Parteistrategen in den Jahrzehnten ab 1961 kreisen wird.

1956 möchte Adenauer am liebsten zur kleinen Koalition zurück, und er wird dabei vom Wirtschaftsflügel der CDU mit Erhard, Schröder und Pferdmenges unterstützt. Noch liegen seine eigenen Sympathien für eine große Koalition in weiter Ferne.

Das Modell einer schwarz-roten Koalition findet im großen und ganzen noch dieselben Befürworter wie stets seit 1949 – die Sozialausschüsse mit Karl Arnold und Jakob Kaiser, dazu aber, was neu ist und nicht lange andauert, einige Spitzenpolitiker der CSU. Zu diesen gesellt sich Eugen Gerstenmaier, den seit den Tagen des Widerstands gegen Hitler mit der Gruppe um Kaiser, doch auch mit den Sozialdemokraten manches verbindet.

Schließlich gibt es auch schon Anhänger des Modells einer sozial-liberalen Koalition auf Bundesebene. Dazu rechnen vor allem die Freien Demokraten im Kabinett Steinhoff. Dehler, damals schon karessiert vom *Spiegel*-Herausgeber Rudolf Augstein, schwankt. Seine nationalliberalen Instinkte ziehen ihn an die Seite der SPD, die immer noch am Primat der Wiedervereinigungspolitik festhält. Wirtschaftspolitisch und sozialpolitisch aber trennt ihn wie die meisten Liberalen von den Sozialdemokraten mit ihrem starken SPD-Gewerkschaftsflügel viel mehr als von den Unionsparteien. Theodor Heuss, der Dehler alles andere als gewogen ist, charakterisiert dessen Politik in dieser spannenden Phase wie folgt: »Er schwätzt zu viel, hat aber jetzt Angst, SPD und linke CDU könnten sich finden, und er traut der FDP dann keine Mitwirkungschance zu.«[28]

Langfristiger Koalitionskalkül verbindet sich aber auch bei Adenauer mit den Besonderheiten der personalpolitischen Konstellation. Als er am 9. Oktober dem Bundespräsidenten in seine Überlegungen Einblick gibt, möchte er mit den Sozialausschüssen noch recht pfleglich umgehen. Der Gewerkschafter Theo Blank soll das Verteidigungsministerium an Strauß abgeben und statt dessen das Ministerium für Arbeit und Soziales erhalten, in dem Anton Storch nicht mehr reüssiert hat. Auch in den weniger wichtigen Ressorts großes Stühlerücken. Besonders interessant ist Adenauers Idee, Karl Arnold als Vizekanzler ins Kabinett zu nehmen und mit den Aufgaben Blüchers zu betrauen, der gleichfalls ausscheiden soll.[29]

Tatsächlich findet mit Arnold am 8. Oktober ein Gespräch darüber statt, gefolgt von einem Briefwechsel. Dabei läßt Arnold erkennen, daß er nur ins Kabinett eintreten wolle, wenn auch die Christlichen Gewerkschafter Blank und Storch ihre Ministerien behielten.[30] Damit ist die Lösung Arnold für Adenauer erledigt. Ob er sie nur ins Spiel gebracht hat, um den Widerstand der CDU-Linken gegen die Kabinettsumbildung abzumildern, bleibt unklar. Auch über die eigentlichen Beweggründe Arnolds bei der faktischen Absage läßt sich nur spekulieren. Wahrscheinlich wirkt sich Blanks Weigerung störend aus, direkt aus dem Verteidigungsressort ins Arbeits- und Sozialministerium überzuwechseln. So wird Anton Storch bis zur Regierungsbildung 1957 gerettet, desgleichen Vizekanzler Blücher.

Am 15. Oktober ist schließlich alles erledigt. Adenauer hat es bis zuletzt verstanden, das Fraktionsplenum völlig aus den Verhandlungen herauszuhalten. Er begründet das mit dem Rat des Bundespräsidenten, »eine solche Sitte erst gar nicht einzuführen, weil sie mit dem Grundgesetz in Widerspruch stände«[31]. Dann gibt er die Übernahme des Verteidigungsministeriums durch Strauß, das Ausscheiden Blanks sowie der Minister Schäfer, Neumayer und Kraft bekannt. Eine farbige Neuerwerbung des Kabinetts ist der Berliner Abgeordnete Ernst Lemmer. Er wird nun für kurze Zeit Bundespostminister. Im Parteivorstand meint Adenauer zu ihm: »Herr Lemmer kennt von der Post so viel wie wir alle ... Er ist aber vor allem für uns im Kabinett ein sehr wertvoller Mann, weil er politische Erfahrungen und politisches Fingerspitzengefühl hat, eine Gabe, die im Bundeskabinett relativ selten ist ...«[32] An die Ablösung Schäffers hat sich Adenauer erst gar nicht herangetraut, kritisiert aber vor dem Bundesparteivorstand, »daß sich der Herr Kollege Schäffer nicht als politischer Minister fühlt«. Despektierlich vergleicht er ihn mit dem großen Hund im Andersen-Märchen, der »mit Augen so groß wie ein Teller, auf einer Geldtruhe sitzt und das Geld bewacht, und kein Mensch wagt, an ihn heranzukommen«.[33] Mit nicht zu überbietender Deutlichkeit führt er dann aus, was er von gesunden Finanzen in einem Wahljahr hält: »Wenn wir die Wahlen verlieren, dann sind doch die ganzen Finanzen im Handumdrehen zum Teufel. Deswegen erfüllt man seine Aufgabe als Bundesfinanzminister nach meiner Meinung in einem solchen Jahr besser, wenn man etwas politisch bei der ganzen Sache denkt und handelt.«[34]

Der Streit mit dem gewissenhaften Fritz Schäffer geht also bis weit ins Wahljahr hinein weiter. Schon im Februar 1957 liegt wieder einmal ein

Rücktrittsgesuch Schäffers auf dem Tisch, weil Adenauer ihm bei einer Besprechung vorgehalten hat, seine Handlungsweise sei »unsauber«, wo er doch nur auf seine Pflicht verwiesen habe, »den ordentlichen Haushalt in Einnahmen und Ausgaben abgeglichen zu halten«.[35] Auch diesmal geht Adenauer nicht darauf ein und bemerkt am Schluß seines Antwortschreibens sarkastisch: »Ich ersuche Sie, wie Sie das auch bei Ihren bisherigen Rücktrittsgesuchen gehandhabt haben, von einer Bekanntgabe Ihres Gesuchs um Entlassung abzusehen, bis die Entscheidung gefallen ist.«[36] Die Klagen Schäffers, daß »die Finanzen des Bundes unhaltbar zu werden drohen«[37], verstummen bis zum Sommer 1957 nicht. Aber Schäffer bringt wenigstens die Klugheit auf, seine Kritik nicht mehr an die ganz große Glocke zu hängen. Adenauer jedoch ist nun finster entschlossen, den lästigen Mahner bei nächster sich bietender Gelegenheit abzulösen.

Die somit nur halb geglückte Regierungsumbildung hat aber doch drei Ergebnisse, die sich innerhalb kürzester Zeit als Stärkung Adenauers erweisen. Zuerst und vor allem wirkt die Operation disziplinierend. Der öffentliche Dauerkrach der Minister untereinander hört auf. Zum zweiten wagen diejenigen, von denen Adenauer aus politischen Gründen Nachgeben verlangt, keinen ernsthaften Widerstand mehr. So gelingt es, trotz der Widerstände Schäffers und Erhards, die kostspielige Rentenreform zu verabschieden, an der Adenauer aus sozialpolitischen und wahltaktischen Gründen gleicherweise viel liegt. Er will den arbeitenden Menschen so gut als gesetzlich möglich »die Sicherheit geben, daß sie, wenn sie ins Alter kommen, ein anständiges Leben führen können und nicht als Bettler herumlaufen müssen«.[38] Als drittes positives Ergebnis der Kabinettsbildung erweist sich der Amtswechsel im Verteidigungsministerium.

Adenauer beobachtet den dynamischen, unverbrauchten Franz Josef Strauß weiterhin mit größtem Mißtrauen und läßt auch dann und wann seiner Freude an hausväterlicher Krittelei freien Lauf. Aber er muß zugeben, daß es Strauß gelungen ist, die flatternde Verteidigungspolitik in den Griff zu bekommen. Strauß ist zwar ein Mann, der polarisiert. Aber er gibt den Anhängern der Union das Gefühl, die Sicherheitsfragen in der Hand eines modernen und international erfahrenen Politikers zu wissen. Und die Kritik der Gegner muß anfangs gedämpft ertönen, weil Strauß den Primat der politischen Führung hemdsärmlig demonstriert, zugleich aber durch Verlangsamung des Aufbautempos der Bundeswehr dem Anti-Militarismus etwas die Spitze nimmt. Das ändert sich zwar bald.

Streit mit Schäffer

*Bundeskanzler Adenauer und Finanzminister Schäffer
bei der Besichtigung des Volkswagenwerks; rechts Generaldirektor Nordhoff.*

Doch die Klimaverbesserung dank der Entscheidungen des neuen Ministers ist im Wahljahr 1957 ganz offenkundig.

Adenauer hält es sogar für angebracht, in der Vorwahlkampfphase demonstrativ zur Trauung von Strauß nach Rott am Inn zu kommen, um sichtbar zu zeigen, daß bis auf weiteres seine Huld über diesem Minister leuchtet, dessen Ernennung er so sehr widerstrebt hat und dem er im tiefsten Innern immer noch nicht über den Weg traut. Leicht resigniert vermerkt der Strauß-Gegner Heinrich Krone unter dem 4. Juni 1957 in seinem Tagebuch: »Franz Josef Strauß heiratet. Der Münchener Kardinal traut. Vier Minister und der Bundeskanzler sind unter den Gästen. Höher geht es nimmer; es fehlt nur noch ein Legat des Papstes. Ich hatte dem Kanzler geraten, nicht nach Rott am Inn zu gehen, obwohl er an diesem Tage in Passau war. Der Alte Herr war aber klüger als ich.«[39]

Die Adenauersche Rentenreform

»Bisher ist kein Beispiel dafür bekannt, daß irgendein Gesetz, eine Institution oder sogar Verfassung und Symbole des Staates auch nur annähernd so positive Resonanz gehabt haben wie die Rentenreform.« So urteilt das Institut für Demoskopie in Allensbach nach Abschluß der im Regierungslager heißumstrittenen Gesetzgebung.[1] Diese Einschätzung hat sich über die Jahrzehnte hinweg gehalten. Offenbar ist es der Regierung Adenauer damit gelungen, eine Reform zu schaffen, »die nicht auf die Bismarckschen Gesetze das tausendste oder elfhundertste neue Gesetz setzt, sondern von Grund auf die ganze Sozialgesetzgebung der jetzigen Zeit anpaßt«.[2] Vor dem CDU-Vorstand hatte Adenauer schon unmittelbar nach den Bundestagswahlen 1953 »neue Wege« auf sozialem Gebiet neben der Außenpolitik als »Hauptthema« der Arbeit der zweiten Legislaturperiode bezeichnet.[3]

Die Analyse des vierjährigen Entscheidungsprozesses läßt erkennen, daß diese grundlegende Neuordnung der Alterssicherung ohne das ständige Drängen von seiten des Bundeskanzlers nicht zustande gekommen wäre. Somit ist es berechtigt, von der Adenauerschen Rentenreform zu sprechen.

Auch der Wahlerfolg des Jahres 1957 wird dadurch wesentlich beeinflußt. Die Dritte Lesung des Gesetzes erfolgt nach der bislang längsten Bonner Parlamentsdebatte am 21. Januar 1957. Es ist kein Zufall, daß die

Zustimmungskurve für Adenauer zwischen Ende Januar und Ende Februar 1957 von 45 Prozent auf 48 Prozent ansteigt.[4]

Man geht nicht fehl in der Annahme, daß sich Adenauer in diesem Punkt Bismarck zum Vorbild nimmt. Er möchte nicht allein als großer Außenpolitiker in die Geschichte eingehen, sondern auch als Sozialreformer.

Sein ganzes Leben, auch seine Amtszeit als Bundeskanzler, steht im Zeichen des Ausbaus des deutschen Sozialstaates. Dieser erfährt gerade in der angeblich restaurativen Ära Adenauer eine zuvor beispiellose Ausweitung. Bereits in den Jahren 1950 bis 1953 steigen die öffentlichen Sozialleistungen um 50 Prozent[5] – eine Quote, die höher liegt als in Schweden und Großbritannien, damals Paradepferde wohlfahrtsstaatlicher Maßnahmen. Dementsprechend liegt zwischen 1955 bis 1960 weithin als Folge der Rentenreform die Zuwachsrate der Rentnerhaushalte über derjenigen aller anderen Einkommenskategorien.[6] Die Frage, mit welchen Zielsetzungen Adenauer den deutschen Sozialstaat ausbaut und umbaut, gehört also zu den interessanten Fragen seiner Biographie.

Daß er der Innenpolitik, nicht zuletzt der Sozialpolitik, unablässige Beachtung zuwendet, weiß jeder, der ihn im Kabinett oder im Parteivorstand erlebt. Zwar gibt es immer wieder Perioden, in denen er wegen stärkster außenpolitischer Inanspruchnahme die Zügel der Wirtschafts-, Sozial- oder Rechtspolitik schleifen läßt. Doch ist an seinem innenpolitischen Gestaltungswillen kein Zweifel möglich.

Wie auf anderen Feldern auch, geht er in der Sozialpolitik nicht deduktiv von abstrakten Ordnungsvorstellungen aus, sondern induktiv von Problemlagen, die eine vernünftige Regelung erfordern. Kriterien der Vernünftigkeit gibt es verschiedene. Die Reformgesetzgebung muß der gesellschaftlichen Wirklichkeit entsprechen und den vorfindbaren Trends voraneilen. Konsens im Regierungslager, Akzeptanz bei den Bürgern, doch auch bei den Verbänden sind ebenso wesentlich wie Aspekte der Finanzierbarkeit, wahlstrategische Gesichtspunkte oder der Zusammenhang mit anderen Politikfeldern. Erfolgreiche Politiker vom Schlag Adenauers suchen stets nach Lösungen, die sowohl sachgerecht wie machtgerecht sind.

Ein derart empirisch-induktiver Ansatz läßt sich auch in anderen Bereichen der Sozialpolitik diagnostizieren, denen Adenauer in einzelnen Perioden sein Interesse zuwenden muß: Lastenausgleich und Kriegsopferversorgung, öffentliche Familienpolitik und Wohnungsbau, Arbeitsrechtsgesetzgebung und Gesundheitspolitik.

Adenauer läßt sich nicht als Protagonist bestimmter Interessen begreifen. Auch der Versuch, sein Handeln aus bestimmten Ideenkreisen zu erklären, würde der Eigenart eines so nuancierten und flexiblen Intellektes nicht gerecht, der primär situationsgerecht arbeitet und dabei Widersprüche zu früherem Argumentieren nie ausschließen kann.

Man wird bei Adenauer, der sich aus kleinen Anfängen hochgearbeitet hat, immer wieder recht schneidend formulierte Bekenntnisse zum liberalen bürgerlichen Leistungsethos finden. Rauher Individualismus, Anerkennung des Werte schaffenden, der Natur des Menschen entsprechenden Erwerbs- und Besitztriebs, findet durchaus die Zustimmung dieses realistischen Kenners der Menschennatur. Er begründet seine entsprechenden Positionen aber ebenso häufig aus den ihm von Jugend auf wohlvertrauten Grundsätzen des Subsidiaritätsprinzips. Und es fällt auch nicht schwer, in seinen sozialpolitischen Ausführungen oder Entscheidungen vielfach die alte Idee der Volksgemeinschaft auftauchen zu sehen, modernisiert mit Begriffen wie Solidarität oder »sozialer Friede«. Dabei entdeckt jeder, der sich kritisch mit ihm befaßt, die bei Spitzenpolitikern wohlbekannten Widersprüche. Im Dezember 1954 etwa zieht er im Bundeskabinett gegen den Versorgungsstaat zu Felde und wettert dagegen, daß sich immer breitere Schichten unter das Dach des staatlichen Versicherungsschutzes drängen. Etwas mehr als ein Jahr später aber hören dieselben Minister aus dem Mund desselben Kanzlers, zwischen Selbständigen und Unselbständigen bestehe hinsichtlich ihres Sicherungsbedürfnisses kaum ein Unterschied.[7]

Viel hängt auch davon ab, welche Forderungen jeweils von seinen Gegnern vertreten werden. Verfolgt die SPD wie Mitte der fünfziger Jahre eine sozialpolitische Umarmungsstrategie und erweist sich auch der DGB, an und für sich zumeist eine innenpolitische Gegenkraft, als dialogfähig, so kann man auch bei ihm größere Kompromißbereitschaft erkennen.

Denn dieser Machtmensch, der in Fragen der Außenpolitik unablässig und voller Rechthaberei polarisiert und provoziert, tritt auf dem heiklen Feld der Sozialpolitik viel behutsamer auf. Zwar läßt er die wahltaktischen Gesichtspunkte keinen Augenblick unberücksichtigt und mahnt den CDU-Parteivorstand, eine rasche Verabschiedung der Rentenreform sei »von der allergrößten propagandistischen Bedeutung«.[8] Aus Umfragen weiß er nämlich, daß man das Thema Renten in der Wählerschaft für wichtiger hält als etwa die Wehrfrage.[9] Aber öffentlich wird er das nie einräumen, sondern andere Gesichtspunkte in den Vordergrund rücken, die für seine Rentenreform sprechen: Sicherung des inneren sozialen Friedens, Immunisierung der Bevölkerung gegen kommunistische Agitation und Attraktivität der Bundesrepublik gegenüber der DDR.

Der Gang der Gesetzgebung ist zugleich ein Lehrstück dafür, wie er Reformen instrumentiert sehen möchte – gouvernemental nämlich. Im Bundesparteivorstand umreißt er zwar in recht vagen Formulierungen die generelle Richtung. Doch Konzepte entwickeln soll der Minister für Arbeit und Soziales. Daß Adenauer mit Anton Storch erneut einen Politiker mit dem Amt betraut, der schon im Ersten Bundestag hinlängliche Proben seiner Einfallslosigkeit gegeben hat, bekundet lediglich, daß die Arbeitnehmervertreter der CDU das Arbeits- und Sozialministerium in Erbpacht genommen haben. Es zeugt aber kaum vom Sinn des Kanzlers für die Erfordernisse weitreichender Sozialreform. Seit dem Jahr 1954 verstummen Adenauers Klagen über die Konzeptionslosigkeit seines Ministers nicht mehr. Doch er läßt ihn gewähren, da er Vordringlicheres zu tun hat.

Als Adenauer das Auswärtige Amt abgibt, läßt er den CDU-Vorstand wissen, von jetzt an werde er sich nun neben dem Aufbau der »neuen Wehrmacht« verstärkt auch der »Sozialreform« widmen. Ein Sozialkabinett unter seinem Vorsitz wird gebildet. Aber erneut nehmen außenpolitische Aufgaben seine Zeit in Anspruch, und Vizekanzler Blücher, unter dessen Vorsitz die Beratungen des Sozialkabinetts beginnen, besitzt hervorragende Talente im Verschleppen von Vorhaben, die er für unzweckmäßig hält. Da auch das Finanzministerium und das Bundeswirtschaftsministerium entschiedene Gegner einschneidender sozialpolitischer Reformvorhaben sind, treten die Beratungen auf der Stelle.

In dieser Phase verengt sich das uferlose Vorhaben einer Gesamtreform der Sicherungssysteme auf das überschaubare Projekt einer Teilreform der Rentenversicherung. Auslöser ist eine Denkschrift von Wilfried Schreiber, damals Privatdozent für Volkswirtschaftslehre an der Universität Bonn und zugleich Geschäftsführer des Bundes katholischer Unternehmer. Die Studie trägt den Titel »Existenzsicherheit in der industriellen Gesellschaft«[10].

Schreiber entwickelt darin einen Gedanken, der sich ebenso deutlich von den egalisierenden sozialdemokratischen Plänen einer Minimalrente wie von dem Konzept unterscheidet, daß die individuelle Rente nur aus dem Kapital fließen könne, das während des Arbeitslebens aufgrund gesetzlichen Zwangs angespart wurde. Also weder »Volksrente« noch »Sparvertrag« analog zur Lebensversicherung, sondern ein »Generationenvertrag«. Die aktive Generation muß Monat für Monat einen Prozentsatz des jeweiligen individuellen Bruttoeinkommens in die Rentenkasse abführen, und diese zahlt den jährlich angesammelten Betrag an die vorhandenen Rentner aus. Die Rentenansprüche werden somit durch ein Umlageverfahren gedeckt, wobei die Rente jeweils automatisch an die Entwicklung des Arbeitseinkommens der Erwerbstätigen gekoppelt werden soll.

Paul Adenauer, der damals in Münster Theologie studiert und sich dabei auch bei Professor Höffner – dem späteren Kölner Kardinal – mit sozialethischen Fragen beschäftigt, macht seinen Vater auf diese Expertise aufmerksam. Adenauer liest sie während des Urlaubs in Mürren und ist von dem einfachen Grundgedanken so überzeugt, daß er Schreiber bittet, darüber im Sozialkabinett einen Vortrag zu halten.

Über Silvester 1955/56 liegt Adenauer in Rhöndorf die von Bundeskanzleramt und Arbeitsministerium erarbeitete Vorlage vor. Er versieht sie mit kurzen Randnotizen, aus denen seine Auffassung ersichtlich wird. Die Koppelung der Renten an die Höhe der Löhne und Gehälter findet seine Zustimmung, wobei er auch Anpassungen während der Laufzeit der Rente befürwortet. Ebenso leuchtet ihm der Gedanke ein, daß die Rente den im Arbeitsleben erworbenen Lebensstandard sichern soll. Bedarfsprüfungen bei Rentenzahlungen lehnt er ausdrücklich ab.[11]

Bereits in dieser Phase zeichnet sich eine bis zum Ende des Gesetzgebungsverfahrens auffällige Konstellation ab. Ein Kanzler, der fast um jeden Preis eine qualitative Strukturreform des Rentensystems wünscht und der dabei von dem »Generalsekretariat für die Sozialreform« des Arbeitsministeriums unter Leitung von Kurt Jantz mit technischen Vorlagen unterstützt wird, kämpft in einjährigem Ringen Sitzung für Sitzung alle Widerstände nieder. Fritz Schäffer, der große neue Belastungen auf den Bundeshaushalt zukommen sieht, hält die Pläne für ruinös. Ludwig Erhard macht unterschiedlichste ordnungspolitische Bedenken geltend. Die CDU/CSU-Fraktion teilt in ihrer Mehrheit die Besorgnisse der beiden Minister. Selbst im CDU-Vorstand hält sich die Zustimmung für das Reformprojekt durchaus in Grenzen. FDP und DP bleiben bis zuletzt ablehnend. Doch auch der größte Teil der Wirtschaftsverbände, der Wirtschaftspublizistik und die neo-liberalen Professoren sehen vorwiegend die Risiken der »dynamischen Rente«: Gefährdung der Währungsstabilität, Beeinträchtigung der privaten Kapitalbildung und langfristige Unfinanzierbarkeit.

Es wird Ende 1956, bis Adenauer die Widerstände im Kabinett endlich überwunden hat. Fritz Schäffer verscherzt sich dabei die letzten Sympathien des Kanzlers. Doch er sieht den Bundeshaushalt bei Umstellung des Rentensystems wieder einmal völlig aus dem Lot geraten, muß sich aber damit begnügen, sein ablehnendes Votum zu Protokoll zu geben.[12] Denn Adenauer wischt nun alle Einwände mit dem Argument vom Tisch, bei weiterer Verschleppung der Beratung komme das Rentenreformgesetz nicht zustande.

Am Ende liegt ein Gesetz vor, das von einem zäh entschlossenen Kanzler einem widerstrebenden Kabinett, einer wenig überzeugten CDU/CSU-Fraktion und den fast völlig ablehnenden kleineren Koalitionsparteien letzlich allein unter Verweis auf die Erwartungen der Wähler abgerungen worden ist. Als die Widerstände auf allen Seiten wachsen, ist Adenauer zwar durchaus bereit, zahlreiche Abstriche am ursprünglichen Konzept zuzugestehen. Doch in den grundsätzlichen Linien setzt er sich durch, so daß die Union 1957 als sozial fortschrittliche Partei in den Wahlkampf ziehen kann.

Gründung der EWG
im Schatten der Weltkrise von 1956

Im Verlauf des schwierigen Jahres 1956 ist die Gründung von EWG und EURATOM nur eines von verschiedenen Vorhaben, denen Adenauers Aufmerksamkeit gilt. Doch als mit der »recht strapaziösen«[1] Konferenz von Paris am 19. und 20. Februar 1957 die letzten Hindernisse aus dem Weg geräumt sind, erlaubt er sich im Teegespräch mit einigen Journalisten eine optimistische Langzeitprognose: »Man kann, meine Herren, sehr schwer geschichtliche Urteile aussprechen, wenn alles noch in Bewegung ist, aber vielleicht ist dieser Zusammenschluß das wichtigste Ereignis der Nachkriegszeit.«

Während die Journalistenrunde unablässig nur hören möchte, was der große Kompromiß zum Überseefonds der EWG den deutschen Steuerzahler wohl kosten wird, sucht Adenauer seine Gesprächsteilnehmer darauf einzustimmen, daß sich mit Gründung der EWG etwas ganz Großes ereignet, vergleichbar nur dem Zusammenschluß Deutschlands im 19. Jahrhundert: »Natürlich liegt jetzt sehr nahe der Vergleich mit dem Norddeutschen Zollverein. Wenn Sie sich eine Landkarte zur Hand nehmen aus der Zeit nach den Befreiungskriegen und dann alle diese Länder und Ländchen und ganz kleinen Ländchen sehen, die alle ein eigenes Zollgebiet waren, zum Teil auch eigene Münzen hatten, und die alle ein Leben für sich führten, dann war das für die damalige Zeit sicherlich ein großes Wagnis, diese verschiedenen Wirtschaften und verschiedenen Länder, die verschiedenen Zollgebiete zu einer großen Einheit zusammenzuschließen.« Und nachdenklich fügt er hinzu: Höchstwahrscheinlich »werden erst unsere Enkel die Früchte dessen ernten, was jetzt beschlossen worden ist.« Aber »man muß tatsächlich in der Politik manchmal Visionen haben«.[2]

Weil er überzeugt ist, vielleicht an einem Jahrhundertwerk mitgewirkt zu haben, läßt er es sich auch nicht nehmen, die Römischen Verträge am 25. März 1957 zusammen mit Walter Hallstein höchstpersönlich zu unterzeichnen. Er setzt alle Hebel in Bewegung, die Ratifikation noch im Juli vor dem Ende der Legislaturperiode zu erreichen.

Nun ist er seiner Sache ganz sicher. Aber die einundeinhalb Jahre vor dem endgültigen Durchbruch sind, wie zumeist bei ihm, durch unterschiedliche Taktik und durch ein Spiel mit Alternativen gekennzeichnet.

An seiner Entschlossenheit, den europäischen Zusammenschluß irgendwie und möglichst ohne weitere Pannen voranzubringen, ist allerdings auch nach dem Scheitern der EVG kein Zweifel erlaubt. Doch hält er es 1954 und 1955 für richtig, erst einmal kräftige atlantische Akzente zu setzen und auch zu prüfen, ob es nicht doch möglich ist, Großbritannien in den Prozeß der Integration Europas einzubinden.

Wie alle Projekte der Europapolitik, die er nach kürzerer oder längerer Prüfung aufgreift, kommt auch die *relance européenne* im Frühjahr 1955 von außen. Von vornherein hat er die Qual der Wahl.

Jean Monnet, der bei ihm trotz des Debakels der EVG seit den frühen Tagen des Schuman-Plans immer noch hohes Ansehen genießt, hat sich auf den Plan eines neuen Ansatzes mit der Sektorintegration verbissen. Er möchte einen europäischen Atompool schaffen, die Integration also durch Verflechtung auf dem Feld der Zukunftsenergie voranbringen und hofft, EURATOM an die Institutionen der Montanunion anbinden zu können. Der niederländische Außenminister Beyen wirft demgegenüber ein ganz anderes Konzept in die Diskussion: keine neue Sektorintegration, da sich schon die Montanunion mehr und mehr als wirtschaftspolitische Sackgasse erweist, sondern eine Art großer europäischer Zollunion.

Paul-Henri Spaak, immer noch belgischer Außenminister, nach wie vor glühender Europäer und zugleich einer der geschicktesten Außenpolitiker des Jahrzehnts, manövriert die Benelux-Staaten auf eine Kompromißlinie, die beides anzielt: eine Zollunion à la Beyen und EURATOM à la Monnet.

Demgegenüber insistiert Frankreich unter Mendès-France noch auf dem Plan eines Rüstungspools. Daneben schweben dem bürgerlich-konservativen Außenminister Pinay, einem Gegner supranationaler Behörden, auf den aber Adenauer im Jahr 1955 manche Hoffnungen setzt, regelmäßige Außenministertreffen vor. Sie sollen alle sechs bis acht Wochen erfolgen und – unterstützt durch ein Sekretariat – kleine, aber konkrete Fortschritte erzielen.[3]

Im deutschen Regierungsapparat gehen die Vorstellungen ebenfalls durcheinander. Im Auswärtigen Amt zeigt man sich anfänglich noch vom Gedanken der Sektorintegration fasziniert, gewiß auch deshalb, weil mit der Hohen Behörde der Montanunion wenigstens *ein* Modell supranationaler Integration besteht. Im Bundeswirtschaftsministerium finden sich zwei Tendenzen. Ludwig Erhard, im großen und ganzen auch seine Staatssekretäre Westrick und Müller-Armack, sind davon überzeugt, daß ein weltweites Freihandelssystem die ökonomisch einzig sinnvolle Lösung wäre. Demgegenüber findet die Idee einer Zollunion im Rahmen der Sechs im Leiter der Unterabteilung Montanunion, Hans von der Groeben, einen entschiedenen Befürworter. Er steht mit Josef Rust, 1950 bis 1952 Mitarbeiter Adenauers im Kanzleramt, dann für drei Jahre Ministerialdirektor bei Erhard, in enger Verbindung. Adenauer hat so im Wirtschaftsministerium eine Art Zelle, die zwar wie Erhard streng marktwirtschaftlich denkt, zugleich aber bereit ist, in Richtung der Adenauerschen Integrationspolitik im Sechser-Rahmen einen großen kontinentaleuropäischen Markt zu schaffen.

Bemerkenswerterweise hält sich Adenauer im Vorfeld der Konferenz von Messina, die Anfang Juni 1955 zur Einsetzung des Spaak-Komitees führt, ziemlich zurück. Als ihm Anfang April die Pläne Jean Monnets mitgeteilt werden, reagiert er recht kühl.[4] Nach dem Debakel der EVG kann er sich kein weiteres großartiges Europa-Projekt leisten, das erneut danebengeht. Er denkt damals aber auch stärker an irgendeine Form der politischen Integration. Die Prüfung des Vorhabens einer Zollunion und des EURATOM-Projekts durch eine Expertenkommission unter dem Vorsitz Spaaks hält er zwar für sinnvoll. Doch muß er vom politischen Nutzen des funktionalen Ansatzes eines gemeinsamen Marktes erst noch überzeugt werden.[5] Im übrigen nehmen ihn die Vorgänge auf der Genfer Gipfelkonferenz, die Moskauer Konferenz und die Saarfrage völlig in Anspruch. Danach folgt die längere Krankheitsperiode im Herbst 1955.

Ab Herbst 1955 machen sich kabinettsintern die Widerstände Erhards gegen die EURATOM-Pläne bemerkbar. Erhard betrachtet alles, was von dem dirigistisch gesinnten Jean Monnet initiiert wird, mit größtem Mißtrauen. Auch Atomminister Strauß wendet sich entschieden gegen EURATOM. Er sieht darin einen durchsichtigen Versuch, die junge deutsche Atomindustrie einzufangen und von den USA abzudrängen.

Demgegenüber bringt Spaak am 14. November 1955 bei einem Besuch in Rhöndorf mit großem Nachdruck seine These zum Ausdruck, die seit den Konferenzen von Moskau und Genf entstandene internationale Lage mache neue Anstrengungen für eine Verankerung der Bundesrepublik in Europa dringend erforderlich. Von Adenauer gewinnt er nach wie vor den Eindruck, daß dieser »leidenschaftlich pro-europäisch« ist, weil er in der Integration »das wirksamste Mittel und vielleicht das einzige« sieht, »um Deutschland vor sich selbst zu schützen. Ein in den europäischen Verbänden und damit im Nordatlantikpakt integriertes Deutschland verteidigt sich sowohl gegen einen Individualismus, der nur allzuschnell die Formen eines Nationalismus annimmt, dessen Wirkungen wir ermessen konnten, als auch gegen die Versuchung, sich allein an die Russen zu wenden, die strittigen Probleme unmittelbar mit ihnen zu lösen, ohne den allgemeinen Interessen des Westens Rechnung zu tragen. Die europäische Integration gibt Deutschland einen Rahmen, in dem seine Expansion begrenzt bleibt, und schafft eine Interessengemeinschaft, die es absichert und die uns gegen gewisse Versuche und gewisse Abenteuer absichert.«[6]

Genauso beurteilt auch Adenauer die Situation. Obwohl der Bericht des Spaak-Komitees noch gar nicht vorliegt, hält er es nun für angezeigt, am 19. Januar 1956 an seine Minister eine energische Direktive zu richten. Darin verlangt er unter Bezugnahme auf die Richtlinienkompetenz des Bundeskanzlers nach Artikel 65 GG »eine klare, positive deutsche Haltung zur europäischen Integration«. Dabei wird im einzelnen differenziert: entschlossene Durchführung des Beschlusses von Messina, Integration »zunächst unter den Sechs«, »Herstellung eines gemeinsamen europäischen Marktes«, Schaffung »gemeinsamer Institutionen«, um sowohl »das Funktionieren dieses Marktes zu sichern und gleichzeitig die politische Weiterentwicklung zu fördern«, Integration auf dem Verkehrssektor und Gründung einer europäischen Atomgemeinschaft.

Nicht nur *was* gemeint ist, bringt er hinlänglich deutlich zum Ausdruck, sondern auch *wer* gemeint ist, nämlich Erhard und Strauß. »Der OEEC-Rahmen« genüge nicht, um die politische Zielsetzung zu sichern. In bezug auf EURATOM müsse man aber das Mißtrauen der Weltöffentlichkeit gegen deutsche Versuche »einer rein nationalen Atomregelung« berücksichtigen.[7]

Erhard ist besonders ergrimmt, daß sich der Kanzler mit seiner Befürwortung von EURATOM für ein weiteres Experiment mit der Sektorintegration ausgesprochen hat. Ein »Integrationsbefehl« ist das, beklagt er sich bei Adenauer zwei Monate nach Eingang der Richtlinienweisung.[8] Desgleichen lehnt er den Ansatz der Sechser-Gemeinschaft ab. Großbritannien muß seiner Meinung nach in alle neuen Projekte mit einbezogen werden. Die beiden großen Streitpunkte zwischen Adenauer und Erhard – Aufbau der EWG und die Rolle Englands –, über die es auch künftig immer wieder zum Zerwürfnis kommt, stehen also zwischen ihnen, seit die Gründung der EWG vorbereitet wird. Erhard läßt sich dabei auch ziemlich bedenkenlos von der britischen Diplomatie gegen Adenauer in Stellung bringen.

In den ersten Monaten des Jahres 1956 zweifelt Adenauer aber noch daran, ob Frankreich überhaupt bereit sein wird, sich in vernünftiger Art und Weise an einem gemeinsamen Markt zu beteiligen. Der italienische Ministerpräsident Antonio Segni bekommt in diesen Wochen von ihm zu hören, man dürfe nicht zu lange auf Frankreich warten. Dieses habe die Führung in der europäischen Bewegung verloren.[9] Der sozialistisch geführten Regierung Mollet bringt er anfänglich beträchtliche Skepsis entgegen, vor allem wegen ihrer stark forcierten Entspannungspolitik gegenüber der Sowjetunion.

Als der Spaak-Bericht vorliegt, ist es aber wiederum Adenauer, der sich in einer Regierungserklärung im Deutschen Bundestag und im Kabinett nachhaltig für das Vorhaben ausspricht. Auch Hallstein ist nun voll für das Vorhaben gewonnen.

Doch immer noch hegt Adenauer große Zweifel, ob nicht alles an den französischen Vorbehalten scheitern wird. Wieder sind es vor allem die Italiener, denen er seine Sorgen anvertraut. Das Commonwealth, bekommt Verteidigungsminister Taviani am 5. Juli 1956 von ihm zu hören, sei »nur noch ein Phantom«. Dennoch: Großbritannien sieht dort und nicht in Europa immer noch seine vorrangigen Interessen. Aber auch Frankreich ist labil. Inzwischen hat Adenauer allerdings zu dem sozialistischen Ministerpräsidenten Mollet Vertrauen gefaßt, während er der Politik seines Außenministers Christian Pineau große Vorbehalte entgegenbringt. Dieser ist zwar europäisch gesinnt, hat aber in führender Position in der Résistance mit den Deutschen schlimme Erfahrungen gemacht und zeigt sich entsprechend mißtrauisch.

So trägt Adenauer Verteidigungsminister Taviani die Idee eines möglichen deutsch-italienischen Alleingangs beim europäischen Zusammenschluß vor. Könnte man nicht vielleicht sogar eine Wiederbelebung der EVG in veränderter Form erwägen? Eine modifizierte Europäische Verteidigungsgemeinschaft ohne den Perfektionismus der gescheiterten EVG, dafür aber mit britischer Beteiligung?[10] Taviani winkt allerdings vorsichtig ab und wundert sich wahrscheinlich über die Unverfrorenheit, mit der sich der deutsche Kanzler über alle europaweit negativen Erinnerungen an die seinerzeitige deutsch-italienische Achse hinwegsetzt.

In dieses Bild selbstbewußter Insensibilität gegenüber der jüngsten Vergangenheit gehört auch Adenauers erfolgloses Bestreben, Spanien – immerhin noch das Spanien General Francos – in die Verhandlungen über die Gründung neuer europäischer Institutionen einzubeziehen. Adenauers Argument: man müsse dieses Land aus seiner Isolierung herausführen.[11]

So hält Adenauer zwar an den immer noch aussichtsreichsten Projekten fest, die im Spaak-Bericht schon deutlich konturiert sind und über die seit der Konferenz von Venedig Ende Mai 1956 offizielle Regierungsverhandlungen stattfinden. Er verfolgt aber parallel dazu Alternativen, vielleicht auch Ergänzungen dazu.

Im September 1956 kommt nach einer persönlichen Intervention Jean Monnets sogar seine Bereitschaft ins Wanken, das von diesem favorisierte, im Bundeskabinett aber sehr umstrittene EURATOM-Projekt lediglich als Quidproquo der französischen Zustimmung zum Gemeinsamen Markt zu akzeptieren. Monnet scheidet mit einem halben Versprechen Adenauers, EURATOM zeitlichen Vorrang zu geben. Die deutschen Unterhändler – von der Groeben und Hallstein in erster Linie – sind entsetzt und haben alle Hände voll zu tun, Adenauer von diesem Nachgeben abzubringen. In der Situation des Herbstes 1956 hätte er dadurch in der Tat die immer noch nicht voll entschiedene Regierung Mollet von der Angel gelassen und möglicherweise die Gründung des Gemeinsamen Marktes zunichte gemacht.[12]

Inzwischen wird der Kanzler nämlich von geradezu panischen Sorgen vor einer tiefgreifenden Umorientierung der amerikanischen Europa- und Deutschlandpolitik umgetrieben. Der Entspannungs-Sommer 1955 ist längst vorbei. Mit der ganzen westlichen Öffentlichkeit sieht Adenauer seit Bekanntwerden der umfangreichen sowjetischen Panzerlieferungen an Ägypten einen Nahostkrieg der arabischen Staaten gegen Israel als so gut wie unvermeidlich herannahen. Die Verstaatlichung des Suez-Kanals durch Präsident Nasser im Sommer 1956 verstärkt die Besorgnisse. Die große Ostblockkrise, die im Juni 1956 in Polen beginnt und im Oktober und November 1956 Polen und Ungarn erschüttert, läßt völlig unkalkulierbare Gegenmaßnahmen der sowjetischen Führung erwarten.

In diese Monate fällt die erste große Krise im Verhältnis Adenauers zu den Amerikanern. Noch im April 1956 hat er in einem langen und recht erstaunlichen Brief an Erhard selbst seine Europapolitik dem Primat der Amerika-Bindung untergeordnet. Dabei verwandte er Formulierungen, die sogar die Ernsthaftigkeit seines europäischen Wollens ins Zwielicht rückten, nicht aber seine geradezu bedingungslose Amerika-Orientierung: »Die europäische Integration war das notwendige Sprungbrett für uns, um überhaupt wieder in die Außenpolitik zu kommen. Europäische Integration ist auch um Europas willen und damit um unsertwillen notwendig. Europäische Integration war aber vor allem notwendig, weil die Vereinigten Staaten sie als Ausgangspunkt ihrer ganzen Europapolitik betrachteten und weil ich genau wie Sie die Hilfe der Vereinigten Staaten als absolut notwendig für uns betrachte.«[13]

Um so erleichterter vernimmt er am 12. Juni 1956 bei einem Besuch in Washington die Versicherung von Dulles, die Projekte EURATOM und Gemeinsamer Markt seien nach Auffassung seiner Regierung »für die Rettung Westeuropas lebensnotwendig«.[14] Adenauer wird noch die Ehre zuteil, den erkrankten Präsidenten Eisenhower im Walter Reed Hospital besuchen zu dürfen, und so fliegt er halbwegs guter Dinge nach Hause.

Doch kaum ist er in Bonn zurück, da kommt ihm zu Ohren, Bulganin und Chruschtschow sollten nach den Präsidentschaftswahlen im November nach Washington eingeladen werden. Eine derartige Einladung, hält er Dulles in einem Brief vom 22. Juni 1956 vor, würde in Deutschland »als eine vollständige Umkehr der bisherigen amerikanischen Außenpolitik angesehen«. Damit wäre »die Politik der deutschen Bundesregierung erledigt«.[15] Immerhin ist er vorsichtig genug, das Ganze als ein doch wohl unfundiertes Gerücht anzusprechen. Dulles schreibt postwendend zurück, eine Einladung der beiden Sowjetführer nach Washington werde in der Tat nicht erwogen.

Kaum ist dieser Anfall von Mißtrauen vorbei, da schrillen bei ihm erneut alle Alarmglocken. Die *New York Times* berichtet unter dem Datum des 13. Juli von einem Plan Admiral Arthur Radfords, Vorsitzender der Joint Chiefs of Staff, die konventionellen Streitkräfte der USA um 800 000 Mann zu verringern und die Lücke durch überlegene atomare Feuerkraft zu schließen. Jetzt erinnert er sich auch daran, daß Dulles beim letzten Zusammentreffen etwas kryptisch bemerkt hat, die Eisenhower-Administration sei gegenwärtig damit befaßt, ihren Verteidigungshaushalt den veränderten militärtechnischen Gegebenheiten anzupassen.[16] Auch die britische Entscheidung für die Entwicklung einer Wasserstoffbombe paßt in dieses Bild einer strategischen Revolution auf seiten der angelsächsischen Weltmächte.

Daß dies gerade jetzt kommt, ist von größter Peinlichkeit. Eben hat nämlich die CDU/CSU die Wehrgesetze im Bundestag durchgezogen – bereits verhöhnt von Fritz Erler von der SPD, der Adenauer entgegenhält, seine Wehrpolitik habe den Kontakt zur weltpolitischen Realität verloren.[17]

Aus deutscher Sicht ist immer noch nicht klar, ob es sich bloß um einen Vorstoß der Vereinigten Staatschefs handelt, oder ob die Spitzen der Administration selbst einen neuen Kurs einschlagen. »Radford«, führt Adenauer am 20. Juli 1956 im Kabinett aus, »ist Europa gänzlich unbekannt und vielleicht auch gleichgültig... Das Ganze ist für uns eine grobe Unhöflichkeit.«[18]

Adenauer verschiebt die für Samstag, den 21. Juli, vorgesehene Abreise nach Bühlerhöhe, beruft eine Blitzkonferenz aller wichtigen Botschafter nach Bonn ein und setzt eine konzertierte Aktion zur Durchkreuzung der amerikanischen Planungen ein, die allem Anschein nach noch nicht vom Präsidenten gebilligt sind.[19] General Heusinger wird unverzüglich nach Washington entsandt. Desgleichen sollen die schweren deutschen Bedenken in NATO und WEU vorgebracht werden. Auch Felix von Eckardt wird nach den USA in Marsch gesetzt, um die Politiker beider Parteien zu bearbeiten.[20]

Am Sonntag, dem 22. Juli, bevor er endlich in den Urlaub verreist, diktiert Adenauer in Rhöndorf einen ganz aufgewühlten, persönlichen Brief an John Foster Dulles, in dem alle seine Ängste rückhaltlosen Ausdruck finden:

»1. Wenn auch die Einzelheiten noch nicht festliegen, und wenn auch die Absichten und Pläne der Vereinigten Staaten der NATO noch vorgetragen werden sollen, so ist doch schon jetzt die Grundtendenz dieser Absichten klar erkennbar. Diese Grundtendenz ist: Vervollkommnung und Vermehrung der nuklearen Waffen, Zurücksetzung und Abbau der konventionellen Waffen. Diese treten in den Hintergrund, die Kraft der Vereinigten Staaten konzentriert sich auf die nuklearen Waffen.

2. Man zwingt dadurch die Russen zum gleichen Vorgehen, d. h. ihr Potential auf dem Gebiete der nuklearen Waffen mit ganzer Kraft zu

Sozialdemokratischer Reformer

*Ein Gegenspieler:
der SPD-Wehrexperte Fritz Erler, 1956.*

erhöhen, notfalls unter Zurücksetzung der konventionellen Waffen. Sie werden die Parität in den nuklearen Waffen mit den Vereinigten Staaten bestimmt in absehbarer Zeit erreichen.

3. In völligem Gegensatz zu der bisherigen Politik der Vereinigten Staaten bedeutet diese Politik Aufgabe der Abrüstung auf dem Gebiete der nuklearen Waffen.

4. Da die konventionellen Waffen in den Hintergrund treten, wird ein Krieg zwischen den Vereinigten Staaten und der Sowjetunion, auch wenn er aus einer an sich nicht entscheidenden Ursache entsteht, ein nuklearer Krieg sein, d. h. ein völliger Vernichtungskrieg für den größten Teil der Menschheit.

5. In einem nuklearen Kriege ist die erste Stunde wahrscheinlich entscheidend. Der nukleare Krieg führt daher zum Präventivkrieg.

6. Da die Sowjetunion nach ihrer ganzen Mentalität eher zum Präventivkrieg bereit sein wird als die Vereinigten Staaten, bedeutet die Kräftekonzentration auf den nuklearen Krieg die Vernichtung der Vereinigten Staaten; darüber hinaus, wie ich eben gesagt habe, die Vernichtung des größten Teiles der Menschheit, insbesondere auch Europas einschließlich Englands.

7. Niemand, der eine christliche und ethische Grundhaltung hat, kann diese Entwicklung vor Gott und seinem Gewissen verantworten. Jeder ist aus christlichem Gewissen heraus verpflichtet, sich mit ganzer Kraft für eine kontrollierte Abrüstung auf dem Gebiete der nuklearen Waffen an erster Stelle einzusetzen. Die Bundesrepublik wird diese Haltung einnehmen.

8. Schon die bis jetzt laut gewordenen Pläne und Absichten der Regierung der Vereinigten Staaten lösen eine verheerende Wirkung in Europa aus. Vielleicht erringt die Sowjetunion dadurch den größten, vielleicht entscheidenden Sieg im kalten Krieg, weil Europa, auch Deutschland, das Vertrauen auf die Zuverlässigkeit der Vereinigten Staaten verliert. – Man sieht diese Pläne als einen klaren Beweis dafür an, daß sich die Vereinigten Staaten nicht stark genug fühlen, in dem Wettrüsten zum mindesten gleichen Schritt mit der Sowjetunion zu halten. Die politischen Folgen werden sich sehr bald zeigen, wenn nicht die Vereinigten Staaten sich mit aller Entschiedenheit von diesen Plänen lossagen.

Ich habe, sehr geehrter Herr Staatssekretär, die ganze Situation und die kommende Entwicklung in möglichst kurzer und präziser Form klargelegt.

Nach sehr reiflicher und sehr gewissenhafter Prüfung sage ich nochmals, daß diese Politik mit den Grundsätzen des Christentums und der

Menschlichkeit unvereinbar ist. Daher fühle ich mich verpflichtet, Ihnen so ernst und so nachdrücklich zu schreiben. Ich überlasse es Ihrem Ermessen, von diesem Brief den Gebrauch zu machen, auch gegenüber dem Präsidenten, den Sie für richtig halten. Ich bitte Gott, daß Er Sie leite und führe.«[21]

Die offiziellen amerikanischen Dementis befriedigen nicht. Nach wie vor halten sich Gerüchte, die USA wollten dem NATO-Rat im Dezember 1956 den Rückzug von sechs Divisionen mitteilen.[22]

Dulles zieht aus dem Brief den Schluß, daß es endlich an der Zeit ist, in Bonn einen Botschafterwechsel vorzunehmen. Er ruft den darob wenig entzückten Professor Conant an und bietet ihm den Botschafterposten in Indien an.[23] Als Dulles dem Präsidenten Adenauers Brief zeigt, meint dieser, Adenauers Empfindungen »unterschieden sich nicht sehr von seinen eigenen«. Und er erinnert daran, daß er sich von Anfang an trotz des amerikanischen Vorsprungs für eine Eliminierung der Kernwaffen eingesetzt habe.[24]

Das Antwortschreiben von Dulles ist beruhigend und auf einen ähnlich hohen moralischen Ton gestimmt wie der Alarmbrief von Adenauer.[25] Bald stellt sich auch Allen Dulles ein, der Bruder des Außenministers und Direktor der CIA. Auch er wiegelt ab. Es habe sich nur um Planungsüberlegungen gehandelt. Adenauer bleibt aber bei seinen Beschwerden und Warnungen.[26]

Als Donald A. Quarles, Minister für die Luftstreitkräfte, am 10. September nach Bonn kommt, trifft er auf einen nach wie vor mißtrauischen Kanzler. Er habe, so eröffnete er Quarles, von einem Beschluß der *Standing Group* der NATO gehört, die Vorwärtsstrategie aufzugeben und im Fall eines sowjetischen Angriffs die Verteidigung entlang der Rhein-Ijssel-Linie zu organisieren. Genauso beunruhigt ihn ein *hearing* im US-Senat, bei dem sich viele der dort Auftretenden für einseitige Abrüstungsmaßnahmen aussprachen. Während dieser Darlegung steigert er sich in eine solche Besorgnis, daß er bemerkt: »Es ist nicht zuviel gesagt: mit der NATO ist es aus.«

Schließlich spricht er den beunruhigendsten Konflikt an, auf den sich seit Sommer 1956 alle Aufmerksamkeit richtet: die Suez-Krise. Nachgeben gegen Diktatoren sei immer eine Schwäche. Diese Erfahrung habe man vor allem in Deutschland gemacht. Quarles sucht zu erklären und zu beschwichtigen. Er arbeitet heraus, die USA wünschten weiterhin eine Stärkung der Peripherie, auch durch konventionelle deutsche Streitkräfte, um Angriffen »durch Guerilla-Streitkräfte der Ostzone« zu begegnen.[27]

Damals wie später machen die Vertreter Washingtons unablässig darauf aufmerksam, der Radford-Plan habe überhaupt nie existiert. Dulles habe von dieser Stabsstudie erst aus der Presse erfahren.[28] Adenauer bleibt jedoch ungläubig. Er hält auch weiter an seiner Meinung fest, bei einer bewaffneten Auseinandersetzung komme es nicht auf die erste Woche, sondern auf die erste Stunde an. Bei dem französischen Botschafter Couve de Murville beklagt er sich Anfang Oktober 1956, er habe kein Vertrauen mehr in Eisenhowers Rußland-Politik. Manches laufe wohl an Dulles vorbei.[29]

Immerhin gelingt es Adenauer, Ende September eine ausdrückliche Zusage Eisenhowers zu erhalten, daß die USA weder einen Rückzug noch eine Reduktion ihrer Truppen vorsehen, solange deren Präsenz von den Deutschen und den anderen NATO-Staaten gewünscht wird.[30] Freilich: wie lange wird die amerikanische Regierung an diesem Versprechen wirklich festhalten?

Vor dieser Krise der deutsch-amerikanischen Beziehungen, die mit der Weltkrise im Sommer und Herbst 1956 zusammenfällt, nimmt nun Adenauer eine entschiedene Hinwendung zu Frankreich und Europa vor. Der Vorgang ist durchaus paradox: In dem Augenblick, da es mit der Wiederbewaffung im NATO-Rahmen ernst wird, sieht Adenauer die ganze NATO-Allianz zerbröseln.

Statt dessen also Europa! Von Guy Mollet hat er nun den denkbar günstigsten Eindruck – »ein ausgezeichneter Mann«. Werde er gestürzt, so gebe es nur die »Alternative Diktatur oder Volksfront«.[31] Doch auch Großbritannien will er immer noch veranlassen, am Werk der europäischen Föderation mitzuwirken. Mitte September 1956 besucht ihn der Labour-Vorsitzende Hugh Gaitskell, Anführer des rechten Flügels seiner Partei. Adenauer eröffnet ihm, er sei der erste, dem er seine persönlichen Vorstellungen eines europäischen Staatenbundes entwickle. Er denke, so führt er aus, »an einen Staatenbund, bei dem keinem einzelnen Mitglied ein Vetorecht eingeräumt werden dürfe, in dem jedoch eine gewisse, näher zu bestimmende Minderheit die Möglichkeit des Einspruchs haben solle«.[32] Ein solches Europa könne auf Großbritannien nicht verzichten. Gaitskell erlaubt sich, dies skeptisch zu kommentieren. Doch das hält Adenauer nicht davon ab, eine Woche darauf in einer großen Grundsatzrede in Brüssel auf der Teilnehmerschaft Großbritanniens zu bestehen.

Diese wichtige programmatische Rede vor den »Grandes Conférences Catholiques« skizziert in vielem die Grundgedanken, von denen er sich bis hin zu jener letzten europapolitischen Ansprache leiten läßt, die er am

16. Februar 1967, zwei Monate vor seinem Tod, im Madrider »Ateneo« halten wird.

Die »erste Periode« der Europäischen Integration betrachtet er nun als abgeschlossen. Sie hatte »als Hauptziel, Kriege unter europäischen Völkern für alle Zukunft auszuschließen.«[33] Optimistisch meint er, »daß die Periode der Kriege europäischer« – sprich: westeuropäischer! – »Völker gegeneinander endgültig abgeschlossen ist«. Nunmehr gehe es um anderes: der europäische Zusammenschluß müsse nicht mehr allein »unter innereuropäischen politischen Gesichtspunkten«, sondern unter weltweiten politischen und wirtschaftlichen Aspekten gesehen werden.

Mehr als drei Jahrzehnte nach dem ersten großen Aufruf Graf Coudenhove-Kalergis beschwört dieser einstige Anhänger der Paneuropa-Bewegung vor dem Wetterleuchten des Jahres 1956 erneut die geopolitischen Zielsetzungen der Paneuropa-Bewegung in der Zwischenkriegszeit. »Sowjet-Rußland konsolidiert sich immer mehr« und ist in noch stärkerem Maße »expansiv« als das zaristische Rußland. Die USA, gegen die er sich in der Öffentlichkeit keine kritische Bemerkung erlaubt, sind zwar die Schutzmacht Europas. Aber die »Patronage der Vereinigten Staaten« kann und darf kein Dauerzustand sein. Amerika, so deutet er an, wird sich nicht dazu bereit finden. Unvermeidliche Interessengegensätze zeichnen sich bereits ab, so bei der Suez-Krise. Führungsanspruch »der amerikanischen Weltmacht und Abhängigkeitsgefühl« der »kleineren« europäischen Staaten würden auf Dauer zur »Erschlaffung« führen.[34] Und wie seinerzeit Coudenhove-Kalergi, so spricht auch er von dem »Erscheinen nicht weißer Völker auf der Bühne des politischen Weltgeschehens«[35]. Ob unter diesen Umständen »die europäische Kultur ihre führende Stellung behalten wird?« Wohl kaum, »wenn wir sie nicht verteidigen und den neueren Verhältnissen entsprechend entwickeln, denn auch Kulturen sind, wie die Geschichte zeigt, gefährdet«.[36]

Zweifellos äußert sich in solchen Vorstellungen so etwas wie ein europäischer Nationalismus, in manchem durchaus vergleichbar den Argumenten, mit denen seinerzeit die deutsche Nationalbewegung der Kleinstaaterei den Kampf angesagt hat: »Es hilft nichts, wir müssen manche auf nationalen Vorstellungen und Traditionen beruhenden Hemmungen angesichts der neuen Entwicklungen auf der Erde rücksichtslos über Bord werfen, und wir müssen *handeln*. Andere handeln auch. Eine Entwicklung, die wir Europäer sonst nicht beeinflussen können, geht sonst einfach über uns hinweg.«[37]

Gewiß, so ähnlich hat er gelegentlich auch früher schon gesprochen. Aber die Lage ist nun doch anders. Anfang der fünfziger Jahre war Europa für seine Außenpolitik ein »Sprungbrett«, die Bundesrepublik weitgehend Objekt der internationalen Politik, die amerikanische Hegemonie beruhigend. Jetzt ist die Bundesrepublik eine europäische Führungsmacht, die amerikanische Hegemonie erscheint ambivalenter und gefährdeter denn je, doch auch die bisherigen Formen europäischer Integration haben sich als fragwürdig erwiesen. So kritisiert er im nachhinein den »Perfektionismus« – »eine Krankheit unserer Zeit«.

Wer ihn kennt, weiß, daß er damit die EVG meint. Doch auch die supranationalen Konzepte, die in Jean Monnet oder Walter Hallstein immer noch Fürsprecher haben, erscheinen ihm nun eher hinderlich: »Die europäische Integration darf nicht starr sein, sie muß so dehnbar und so elastisch sein wie irgend möglich.« So kann er der Sektorintegration mit supranationalen Behörden nicht mehr viel abgewinnen, weil sie sich »als einschnürender Panzer« erweisen könnte. Er halte deshalb supranationale Einrichtungen nicht für notwendig, »sie schrecken nur vom Beitritt ab, sie tragen zur Verwirklichung der gemeinsamen Ziele nichts bei, weil hinter solchen supranationalen Einrichtungen keine Gewalt steht ...«. Wie früher spricht er zwar von »Föderation«, meint aber doch einen politischen Staatenbund, in dem neben neuen Integrationsbereichen alles zusammengefaßt werden könnte, was bisher geschaffen wurde: Europarat, Montanunion, Westeuropäische Union. Knapp findet sich angedeutet, daß auch der »gemeinsame Markt« und »die EURATOM-Frage« in die Fluchtlinie seiner staatenbundlichen Vorstellungen fällt.

Ganz ausdrücklich erteilt er dem Gedanken bloß kontinental-europäischer Integration eine Absage, bemerkt zwar voll gesunden Menschenverstands, anfänglich solle die Zahl der Mitglieder nicht zu groß sein, sonst werde alles zu kompliziert und bleibe stecken: »Aber wenn der erste Start gemacht ist, dann sollte man in der Ausdehnung und Vergrößerung nicht ängstlich sein.«[38]

Die Grundsatzrede in Brüssel ist viel mehr als eine Eintagsfliege. Adenauer kommt in jenen Monaten verschiedentlich darauf zurück. Senator Fulbright, der ihm Mitte Dezember 1956 seine Aufwartung macht, vernimmt dieselbe Botschaft, obgleich mit etwas stärkerem Akzent auf der Rolle Amerikas. Europäische Zusammenarbeit im NATO-Rahmen unter amerikanischer Führung, Ausgestaltung der WEU mit gewichtigem britischen Beitrag, Entwicklung der Sechser-Gemeinschaft mittels der Vertragswerke über den gemeinsamen Markt und EURATOM und schließlich die institutionelle Krönung! Selbst wenn Jahre darüber vergingen, prophezeit Adenauer, wird »doch eines Tages der Zeitpunkt gekommen sein, an dem die WEU, die Montanunion, der Gemeinsame Markt und EURATOM zu einem föderalistischen europäischen Gebilde« führen.[39]

Man wird später oft behaupten, Adenauer habe sich erst unter dem Einfluß de Gaulles vom Protagonisten einer europäischen Föderation durch supranationale Institutionen zum Befürworter einer bloß staatenbundlichen Zusammenarbeit zurückentwickelt. Die Brüsseler Rede vom 25. September 1956 – gehalten fast genau zwei Jahre vor dem ersten Zusammentreffen mit de Gaulle – beweist, wie falsch diese Deutung ist. Sie beweist aber auch, wie wenig Adenauer noch Mitte der fünfziger Jahre bereit ist, sich allein auf eine kontinentaleuropäische Integration einzulassen. Erst die Fortdauer britischen Zögerns, britischer Unklarheiten und britischen Doppelspiels in bezug auf die Europäische Wirtschaftsgemeinschaft zwingt auch ihn zur kleineuropäischen Lösung.

Nun erscheint auch das EURATOM-Projekt in einem positiveren Licht. Von Anfang an ist erkennbar, daß EURATOM Frankreich mehr am Herzen liegt als der Gemeinsame Markt. Die französischen Unterhändler haben auch an der Forderung nach dem Offenhalten einer Option für den Bau französischer Kernwaffen nie einen Zweifel gelassen. Umgekehrt ist die Kritik von Atomminister Strauß, doch auch von Ludwig Erhard an den EURATOM-Plänen genauso eindeutig. Bei der Kabinettssitzung am 5. Oktober 1956 führt Strauß aus, »der Euratomvertrag sei für die Bundesrepublik mehr ein Opfer als ein Vorteil. Er fördere die deutsche Entwicklung weniger als daß er sie kontrolliere.«[40] Doch Adenauer traut dem amerikanischen Atomschirm nun nicht mehr. Schon zwei Wochen zuvor hat er im Kabinett festgestellt: »Deutschland kann nicht Atomprotektorat bleiben.«[41] Bedauernd bemerkt er, ohne den Verzicht auf Kernwaffen hätte man seinerzeit nicht die Souveränität erhalten. »Aber, wie mir Dulles damals sagte: das gilt alles rebus sic stantibus.«[42] Nun antwortet er Strauß: »Er möchte über EURATOM auf schnellstem Weg die Möglichkeit erhalten, selbst nukleare Waffen herzustellen.«[43] Die entsprechende Aufzeichnung von Minister von Merkatz lautet wie folgt: »Abschluß von EURATOM gibt uns auf die Dauer die Möglichkeit, auf normale Weise zu nuklearen Waffen zu kommen. Die anderen, auch Frankreich, sind weiter als wir.«[44]

Ganz offensichtlich denkt er dabei an eine deutsche Option und nicht an europäische Kernwaffen. Kein Gedanke also an dauerhaften Kernwaffenverzicht oder an eine prinzipielle Beschränkung der deutschen Nuklearindustrie auf ausschließlich nicht-militärische Nutzung. So wie früher in Großbritannien und jetzt in Frankreich führt das Erschrecken über die Implikationen des amerikanischen Atomprotektorats bei gleichzeitiger Nuklearrüstung der Sowjetunion mit innerer Logik zur Absicht, »auf schnellstem Wege« eigene Kernwaffen herzustellen. Das würde allerdings die Zustimmung der WEU-Unterzeichnerstaaten erfordern.

Während EURATOM aus Sicht des Auswärtigen Amts vor allem auch den Nutzen besitzt, über ein deutsches Junktim die Bereitschaft Frankreichs zum Vertrag über den Gemeinsamen Markt zu erhalten, sieht somit Adenauer in EURATOM auch einen Eigenwert und spricht sich dafür aus, notfalls den EURATOM-Vertrag schon vor einem Vertrag über den Gemeinsamen Markt zu unterzeichnen und das Junktim dann erst beim Ratifizierungsverfahren wirksam werden zu lassen.

Obwohl Adenauer immer noch primär an einen politischen Zusammenschluß Europas denkt und in der Kernwaffenfrage auch die Option einer deutschen Eigenproduktion anstrebt, hält er in diesen Wochen zäh daran fest, daß der Weg dazu vorerst nur über EURATOM und den Gemeinsamen Markt führt. Entscheidend ist in dieser Phase die Überzeugung, in Guy Mollet einen Partner zu haben, der »wirklich den europäischen Fortschritt« und »auch den Gemeinsamen Markt« will.[45] Das zeigt sich deutlich, als die Verhandlungen am 19. und 20. Oktober bei der abschließenden großen Ministerverhandlung in Paris in die Krise führen. Die deutsche Delegation mit von Brentano, Erhard und Strauß ist nämlich bei dieser Gelegenheit in verschiedenen Punkten nicht mehr kompromißbereit, vor allem gegenüber den französischen Forderungen nach sozialer Harmonisierung – gewiß ein wichtiger Punkt in einem gemeinsamen Markt, zugleich aber auch eine heilige Kuh für ein stark von Sozialisten bestimmtes Kabinett. Außenminister Pineau erklärt denn auch vor der Presse, die Konferenz sei ein völliger Fehlschlag.

Erhard fährt triumphierend nach Bonn zurück und sieht das ungeliebte Projekt des gemeinsamen Marktes bereits in Scherben. Er gewinnt von Brentano und Strauß dafür, angesichts der Probleme mit Frankreich nur einen Grundlagenvertrag über die Prinzipien und Institutionen des Gemeinsamen Marktes abzuschließen, die detaillierte Ausarbeitung der Artikel aber den künftigen Organen zu überlassen. Im Grunde geht Erhard auch das noch zu weit. Er verfolgt immer noch das Ziel einer europäischen Freihandelszone unter Einschluß Großbritanniens und leitet dazu am 29. Oktober Adenauer eine dreißig Seiten umfassende Denkschrift zu.[46]

Die Protagonisten des gemeinsamen Marktes – Hallstein, Carstens, von der Groeben, auch Franz Etzel in Luxemburg – bestärken aber Adenauer in seiner Entschlossenheit, Frankreich mit geschickt formulierten Kompromißformeln entgegenzukommen.

Erhard gegenüber argumentiert Adenauer, selbst wenn sein Plan besser wäre, könne es die Bundesrepublik mit Blick auf die Vorgänge in Ungarn und in Ägypten nicht verantworten, »den Boden der Brüsseler Konzeption zu verlassen«.[47] Die Besprechung Adenauers mit Erhard findet am 31. Oktober statt – das Schicksal der Ungarischen Revolution steht noch auf des Messers Schneide, in Ägypten ist die Intervention Frankreichs und Großbritanniens nur noch eine Frage von Tagen, wenn nicht Stunden. Eine Weltkrise größten Ausmaßes treibt rasch ihrem Höhepunkt zu, und in dieser Lage beugt sich Erhard dem politischen Argument des Kanzlers. Vizepräsident Franz Etzel bemerkt Dritten gegenüber genüßlich, aber zum großen Verdruß des Bundeswirtschaftsministers, dieser sei in der Besprechung mit Adenauer »völlig umgefallen.«[48]

Die deutsche Entscheidung wird in einer Ressortbesprechung am 3. November getroffen. Adenauer setzt sich hier mit seiner Forderung durch, bei den Besprechungen in Paris kompromißbereit zu verhandeln, damit eine Einigung möglich wird. Europa, so argumentiert er, dürfe in dieser Lage nicht auseinanderfallen.[49] Karl Carstens, damals im Auswärtigen Amt zuständig für Europa-Fragen, erhält den Auftrag, mit Robert Marjolin bis zu der am 6. November geplanten Reise Adenauers nach Paris eine Einigung in den umstrittenen Punkten herbeizuführen.

Allerdings sieht sich Adenauer nun wegen des Vorhabens scharfem Druck ausgesetzt, am 6. November mit der Regierung Guy Mollet in Paris zu verhandeln. Die antikolonialistischen Sozialdemokraten brandmarken die Reise in die Hauptstadt eines der Aggressoren von Suez. Doch auch von Brentano warnt, unter anderem mit dem Argument, in der DDR könnte, ausgehend von den Diskussionen an der Humboldt-Universität, jederzeit gleichfalls ein offener Aufstand ausbrechen »und einen blutigen Bürgerkrieg auslösen«.[50] Darf der Bundeskanzler unter diesen Umständen die Bundeshauptstadt drei Tage lang verlassen? Und wird die französische Regierung in diesem Augenblick Zeit für ernsthafte Verhandlungen über den Gemeinsamen Markt und EURATOM haben?

Doch Adenauer entscheidet, an dem Reiseplan festzuhalten. Mit dem Angriff auf Suez hat er überhaupt keine Probleme. Nasser, so sieht er es, ist ein Westentaschen-Diktator; je früher man ihm die Zähne zeigt, um so besser. Er ist voll von der moralischen Berechtigung der Suez-Intervention überzeugt und sieht die Vorgänge auch jetzt vor allem in geostrategischer Perspektive: »Die Beherrschung des Mittelmeerbeckens durch Sowjetrußland wäre für Europa einfach das Ende. Auf der einen Seite des Mittelmeerbeckens liegen die mohammedanischen Staaten, die sofort auf die Seite der Russen treten würden. Auf der anderen Seite liegen Frankreich und Italien mit starken kommunistischen Parteien.«[51]

Die Minister, die am 7. November zu einer Sondersitzung des Kabinetts zusammentreten, erleben einen Adenauer, der die Suez-Intervention bedingungslos gutheißt: »Ich habe die Engländer und Franzosen restlos verstanden: ob sie es gestatten sollten, daß ein unerzogener Hitler ihnen ständig die Gurgel zuhielt und ob sie, die Franzosen, in Algier, das über 100 Jahre zu Frankreich gehörte, weiter das Blut ihrer Soldaten gefährden sollten.«[52] Schuld an der Krise trägt nach seiner Auffassung auch England, das 1954 »unbegreiflicherweise« freiwillig die Kanalzone geräumt hat, »obgleich damals in Ägypten die Dinge noch drunter und drüber gingen«.[53] Noch größere Schuld trägt auf westlicher Seite die amerikanische Regierung: »Sie ist nicht genügend unterrichtet und kennt zu wenig die anderen Völker.« Die plötzliche Ablehnung des Kredits für den Assuan-Damm ist aus seiner Sicht »politisch einer der schwersten Fehler«, der »überhaupt im Vorderen Orient gemacht werden konnte«[54].

Am meisten aber entsetzt ihn das gegen Frankreich und Großbritannien gerichtete Zusammenspiel der USA und der Sowjetunion im Weltsicherheitsrat. Adenauers tiefverwurzelter Verdacht, Amerika und Rußland könnten sich über eine »Teilung der Welt« einigen, erhält dadurch neue Nahrung: »Das ist genau das, was ich im Jahre 1945 dem damaligen amerikanischen Gouverneur in Köln gesagt habe«, meint er beim Rückblick auf die Suez-Krise im Kabinett: »Wenn sie zum Krieg kommen mit Rußland, kommen sie zur Teilung.« Im Atomzeitalter wird diese Tendenz noch verstärkt: »Bei der Entwicklung der nuklearen Waffen ist es letzten Endes eine Konsequenz, entweder muß man sich bekämpfen, was furchtbar ist, oder sie teilen die Herrschaft der Welt unter sich – und alle anderen Länder bedeuten nichts mehr. Genau in dieser Richtung liegt der Radford-Plan.[55]

Es ist nicht nur das amerikanisch-sowjetische Zusammenspiel in der Suez-Krise, das ihn erregt, sondern ebenso der Briefwechsel Eisenhower – Bulganin und die Kehrtwendung der USA »um 180 Grad« in der Abrüstungsfrage, die sich im Radford-Plan äußere, an dessen Existenz er immer noch glaubt. Darin komme die Überzeugung zum Ausdruck, mit den Russen ein Einvernehmen zu erreichen.[56]

Tief besorgt, wie er ist, sucht er auf allen Seiten nach Auswegen.

NATO-Reform, besonders durch Verstärkung der politischen Funktionen des Bündnisses und Fortführung des früheren Vertrauensverhältnisses mit den USA, wenn möglich! Parallel dazu und als Alternative für den Fall verstärkter amerikanischer Abwendung vom Kontinent eine politische Föderation Europas mit starkem Nachdruck auf gemeinsamer Verteidigung! Zugleich aber – auch diese Linie ist deutlich erkennbar – Verstärkung des politischen Gewichts der Bundesrepublik durch beschleunigten Aufbau der Bundeswehr! Denn letzten Endes ist auch auf die westeuropäischen Großmächte kein Verlaß: »Seien Sie sich doch über folgendes klar«, resümiert er seine Schlußfolgerungen aus der Suez-Krise, »wenn die Situation so weitergeht, wie sie jetzt ist – seien Sie überzeugt davon, daß ich recht habe –, dann werden England und Frankreich uns zuerst an die Russen verkaufen, damit sie am Leben bleiben in der Hoffnung, daß noch etwas anderes kommt. Wir können aber nicht verkauft werden, wenn wir eine Wehrmacht haben.«[57]

Adenauers Entschluß, inmitten der Krise im Direktgespräch mit Paris den Gemeinsamen Markt und EURATOM auf den Weg zu bringen, ist also alles andere als eine einseitige Option für Frankreich oder für Europa. Soweit es das westliche System angeht, verfolgt Adenauer nie eine Politik des Entweder-Oder. Es heißt bei ihm immer »Sowohl-als-auch«, freilich mit jeweils stärkerer Akzentsetzung für diese oder für jene Kombination im Bündnis. Und im Herbst 1956 ist er davon überzeugt, daß nunmehr vor allem Europa und die Verbindung mit Frankreich gestärkt werden müssen.

Es sind auch die inneramerikanischen Vorgänge, die ihm nun endgültig die Augen öffnen für die Problematik völliger Abhängigkeit von den USA. Erst die lange Krankheit des Präsidenten, dann die Rekonvaleszenzperiode mit Ungewißheit darüber, wer eigentlich im Weißen Haus die Außenpolitik macht, dann die so gut wie unvermeidliche Lähmung der westlichen Vormacht im Vorwahlkampf und im Wahlkampf für die Präsidentschaft! In der Nacht vom 2. auf den 3. November bricht Dulles unter der Last der physischen und psychischen Anspannung zusammen und muß sofort operiert werden. Ob und wieweit er noch Einfluß auf die Entscheidungen hat, bleibt unklar. Bald wird bekannt, daß durch die Operation ein krebsartiges Geschwür entfernt worden ist. Der Höhepunkt der Spannungen am 5. November ist zugleich der Tag vor den Präsidentschaftswahlen.

Die Welt durchlebt die schlimmste Krise seit 1945, als sich Adenauer entschließt, den Staatsbesuch in Frankreich zu absolvieren, ihn allerdings von drei Tagen auf einen Tag zu verkürzen. Der Sonderzug des Kanzlers verläßt Bonn am Abend des 5. November. Am Morgen dieses Tages sind nach tagelanger Bombardierung ägyptischer Ziele die ersten Bataillone britischer und französischer Fallschirmjäger über der Kanalzone abgesprungen. Als sich Adenauer gegen Mitternacht zurückgezogen hat, geht in der Nachrichtenzentrale des Sonderzugs die Kurzfassung jener Note der Sowjetunion ein, in der diese London und Paris mit Raketen bedroht, falls der Angriff auf Ägypten nicht sofort eingestellt werde. Was aus dieser Drohung resultieren kann, ist jedermann klar.

Adenauer muß sich erneut zu seinen Beratern begeben und läßt Botschafter von Maltzan mitten in der Nacht in Paris anrufen. Dessen umgehende Anfrage bei der französischen Regierung erbringt, daß Adenauers Besuch gerade jetzt sehr erwünscht sei.

So wird der auf ein Abstellgleis rangierte Sonderzug wieder in Fahrt gesetzt, und morgens um acht Uhr trifft ein übernächtigter Kanzler am Gare de l'Est auf die noch übernächtigteren Gastgeber, denn das französische Kabinett hat bis sechs Uhr morgens getagt. Von Eckardt wird diesen Auftakt des bald legendären Besuchs Adenauers in Paris später wie folgt schildern: »Als der Kanzler mit den Mitgliedern der französischen Regierung aus dem Bahnhof trat, war der Platz voller Menschen, die Adenauer stürmisch begrüßten. Eine Kompanie der Garde civile erwies die Ehrenbezeugungen. Das Deutschlandlied und die Marseillaise klangen auf. Der Kanzler nahm die Ehrungen wie ein Standbild unbeweglich entgegen. Ich dachte an die Szene auf dem Ehrenfriedhof in Arlington bei Washington. Auch an diesem Morgen mußte der Abgebrühteste die Bedeutung der Stunde und ihre Symbolkraft empfinden. In der ernstesten Stunde, die Frankreich seit Ende des Krieges erlebte, standen die beiden Regierungen eng zusammen.«[58]

Während die Allianz zwischen den USA, Großbritannien und Frankreich in diesen Stunden Blessuren bekommt, von denen sie sich im Fall Frankreichs nie mehr richtig erholt, ist dies das erste und bisher einzige Mal in der Geschichte, in der die Spitzenpolitiker des französischen und des deutschen Kabinetts, unterbrochen von häufiger Abwesenheit französischer Minister, gemeinsam beraten, wie eine Lage zu bewältigen ist, bei der es um Leben und Tod beider Völker geht. Als Adenauer in Bonn darüber berichtet, meint er, die Franzosen hätten es nicht für ausgeschlossen gehalten, »daß an dem Tag, da wir in Paris waren, die ersten Raketen über Paris losgingen«[59].

Die Haltung der Eisenhower-Administration in bezug auf die sowjeti-

Die schlimmste Weltkrise seit Kriegsende

*Gründung der EWG im Schatten der Weltkrise:
am 6. November 1956 in Paris mit Ministerpräsident Mollet (rechts)
und Außenminister Pineau.*

schen Drohungen ist nach wie vor ausweichend, und so meint Adenauer nach Lektüre des Telegramms von Botschafter Hervé Alphand, das beim Mittagessen eintrifft: »Blasen Sie die Aktion am Kanal ab!«[60] Tatsächlich bleibt Frankreich kaum mehr eine andere Wahl, denn zuvor schon hat Eden die Annahme der UN-Waffenstillstandsresolution akzeptiert. Bei seinem Bericht im Kabinett bemerkt Adenauer: »Damit wurde ein dritter Weltkrieg möglicherweise verhindert.«[61]

In der Zwischenzeit arbeiten Karl Carstens und Robert Marjolin einen deutsch-französischen Kompromiß über die noch strittigen Fragen des Gemeinsamen Marktes aus, der ohne größere Diskussion gebilligt wird. Am Nachmittag werden die restlichen Tagesordnungspunkte kurz abgehakt. Adenauer nutzt die Gunst der Stunde, den französischen Ministern die Notwendigkeit der europäischen Einigung vor Augen zu führen. Seine Kritik an den USA fällt so scharf und so pessimistisch aus, daß sich von Brentano offen davon distanziert. Durchgängige Zweideutigkeit der amerikanischen Politik, seit Frühjahr 1954 eine Geheimkorrespondenz zwischen Eisenhower und Bulganin, Tendenzen der beiden Weltmächte zum Ausgleich auf Kosten der Verbündeten, der verhängnisvolle Radford-Plan – alles kommt nun zum Erstaunen der französischen Teilnehmer zur Sprache.[62]

Psychologisch legt dieser Besuch in der Krise die Basis für eine bemerkenswerte Intensivierung der deutsch-französischen Zusammenarbeit mit dem Kabinett Mollet und den darauf folgenden letzten Kabinetten der Vierten Republik. Entscheidend ist dabei auch, daß Mollet kurz zuvor das verfehlte französische Engagement im Saarland gegen großzügige wirtschaftliche Kompensationen Bonns zum Abschluß gebracht hat. Doch zweifellos wirkt sich jetzt in Frankreich das Mißtrauen gegen die USA und eine gewisse Enttäuschung über die Briten stark aus.

Zwar schiebt die französische Regierung in bezug auf den Gemeinsamen Markt kurz nach der historischen Konferenz am 6. November neue finanzielle Forderungen nach. Im Februar 1957 muß Adenauer nochmals nach Paris reisen, um im Kreis der Sechs beträchtliche deutsche Leistungen für den Entwicklungsfonds der EWG zu konzedieren, von denen insbesondere die Kolonialmächte Frankreich und Belgien profitieren werden.

Doch die Gründung der EWG ist nun gesichert, damit aber, so zeigt die fernere Zukunft, das wichtigste Projekt Adenauerscher Europapolitik, das weit über seinen Tod hinaus Bestand haben wird. So gesehen gehören die kritischen Monate des Jahres 1956 und von Anfang 1957, in denen durchaus unklar ist, ob die EWG überhaupt je ins Leben treten wird, zu den langfristig folgenreichsten seiner vierzehnjährigen Kanzlerschaft.

Staatsbesuche

Nach Adenauers Meinung sind die Jahre 1955 bis 1957 eine zusammenhängende Periode weltpolitischer Krisen. Der Begriff des Krisenmanagers ist zwar noch nicht erfunden. Doch genau so versteht er die Aufgabe des Bundeskanzlers.

Der deutschen Öffentlichkeit stellt sich aber ein angenehmeres Bild dar. Um die Bonner Diplomatie weht dank einer Vielzahl von Staatsbesuchen der Duft der großen weiten Welt. Alles dreht sich dabei um den Bundeskanzler, selbst dann, wenn der Bundespräsident Gastgeber ist. Da Theodor Heuss im Unterschied zu seinem Nachfolger auch keine große Reisetätigkeit entfaltet, richtet sich die entsprechende Aufmerksamkeit vorrangig auf Adenauer, der bei erster sich bietender Gelegenheit auch in damals noch fernere Länder aufbricht.

Ein umfassenderes Verständnis des Kanzlers muß diesem Aspekt seiner Tätigkeit sehr wohl Beachtung schenken. Darin kommen nämlich sowohl psychologische wie substantielle Aspekte Adenauerscher Außenpolitik zum Ausdruck. Die psychologischen: eine ganz ursprüngliche Freude an der Repräsentation, auch bemerkenswertes Talent dazu. Was schon in der Kölner Oberbürgermeisterzeit zu beobachten war, kommt jetzt in großem Stil erneut zur Entfaltung. Das verbindet sich mit einer geradezu unstillbaren Neugier auf fremde Länder, auf bedeutende Staatsmänner des Auslandes und auf neue Informationen. Substantiell äußert sich in der Fülle von Staatsbesuchen und sonstigen Begegnungen die Tatsache, daß die Bundesrepublik Deutschland nach bescheidenen Anfängen rasch zu einem wichtigen Mitglied der Staatengesellschaft geworden ist.

Schon bald wird die Öffentlichkeit Staatsbesuche in Bonn sowie den Reisebetrieb der Bonner Größen nur noch gelangweilt zur Kenntnis nehmen. In dem Jahrzehnt von Mitte der fünfziger bis Mitte der sechziger Jahre aber ist das alles noch relativ neu und interessant. Adenauer und sein gewiegter Pressechef von Eckardt wissen das genau. Kanzlerreisen in fernere Länder, großes Zeremoniell und die Auftritte exotischer Staatsgäste stellen eine fast kostenlose Sympathiewerbung nicht allein im Ausland dar, sondern auch beim deutschen Publikum. Gerade in den kritischen Jahren 1956 und 1957 hat der Kanzler dies dringend nötig.

Der Besuchsreigen beginnt schon in den frühen fünfziger Jahren, lange vor der Souveränitätserklärung der Bundesrepublik. Neben den Außenministern der Westalliierten sind es in erster Linie die gut europäisch gesinnten Italiener, die das Eis brechen und mit denen sich ein ständiges Hin und Her der Staatsbesuche einspielt. Ihre Deutschfreundlichkeit ist bemerkenswert und ein wichtiger Faktor früher Adenauerscher Diplomatie. Nachdem unter De Gasperi der Anfang gemacht wurde, geht es 1956 mit freundschaftlich inszenierten Besuchen Ministerpräsident Segnis in Bonn und Adenauers in Rom weiter.

Anders als im Fall Frankreichs verbindet Adenauer mit Italien die weltanschauliche Gemeinsamkeit der christlichen Demokratie, wennschon auf italienischer Seite irritierende Fortschritte der linken Kräfte, besonders die nach wie vor starke Stellung der Kommunisten Adenauer beunruhigen. Doch für um so wichtiger hält er die Pflege der Beziehungen. Es ist der gemeinsame Antikommunismus, der hier wie dort die Bereitschaft zur Integrationspolitik beflügelt. Aus Sicht Adenauers wäre diese ohne Italien nicht vorstellbar.

Seitdem er vor mehr als einem halben Jahrhundert Italien als Student mit dem Zug durchreist oder erwandert hat, fühlt er sich dem Land auch emotional verbunden. Das verstärkt sich jetzt noch, denn im Frühjahr 1957 entdeckt er das malerische Cadenabbia am Comer See. Es wird zum Urlaubsparadies seines letzten Jahrzehnts, und so wie sich die Bonner Prominenz anfänglich ins Berner Oberland zu bemühen hatte, gibt man sich nun in den traumhaft schönen Parks oberitalienischer Villen die Ehre, falls einen der Kanzler überhaupt zu sprechen geruht.

Bemerkenswert früh beginnt auch Österreich mit offiziellen Besuchen. Der ÖVP-Außenminister Karl Gruber, begleitet von seinem sozialistischen Staatssekretär Bruno Kreisky von der SPÖ, macht im Mai 1953 eine erste offizielle Visite. Das Verhältnis zu Österreich ist gut, wennschon etwas heikler als das zu Italien. Zwischen beiden Ländern gibt es nämlich schwierige Fragen des deutschen Eigentums. Zudem beobachtet Adenauer die in Wien vorherrschenden Tendenzen mit Sorge, den Abzug der sowjetischen Truppen mit der Zusage eines Neutralitätsstatus zu erkaufen. Natürlich befürchtet er einen Präzedenzfall für Deutschland. Mehr als die Zusage einer Neutralität aus »eigenem souveränen Entschluß«[1] ist aber nicht zu erreichen.

Das Verhältnis zu Österreich

Als störend empfindet der Kanzler auch österreichische Gelüste, von der Bundesrepublik Wiedergutmachung einzufordern. Als er davon hört, läßt er Außenminister Gruber mitteilen: »Wenn Österreich von uns Wiedergutmachung verlangt, werden wir die Urne mit den Gebeinen Adolf Hitlers nach Wien schicken.«[2]

Aber alles in allem sind es nicht die Differenzen, die in Adenauers Verhältnis zu den Österreichern bestimmend sind, sondern die Empfindung, daß man einander braucht und daher gut kooperieren kann. Wie dem ganzen Establishment der Bundesrepublik sind auch dem Kanzler weitere Anschlußgelüste völlig fremd, nachdem die Zwangsehe der Jahre 1938 bis 1945 im Debakel endete. Persönlich liegen ihm die Österreicher wohl nicht besonders.[3] Doch das darf auf die Politik keinen bestimmenden Einfluß haben.

Österreich ist aus Adenauers Sicht ein kleineres Nachbarland, dem man mit Respekt begegnen und um dessen Unterstützung man sich bemühen muß – darin nicht anders als die Schweiz und die Niederlande, Belgien, Luxemburg oder Dänemark. Wahrscheinlich sind es in erster Linie die kleinen Anfänge bundesdeutscher Außenpolitik, die auch bei Adenauer zum betont pfleglichen Umgang mit den schwächeren Nachbarn Anlaß geben. Jedenfalls ist es auffällig, einen wie guten Ruf dieser erste Bundeskanzler von Anfang an bei den Regierungen und auch größtenteils in der Presse der mittel- und westeuropäischen Kleinstaaten hat.

So wird diesen bei der frühen Besuchsdiplomatie Adenauers eine ausgesucht pflegliche Behandlung zuteil, auch dann, als die Bundesrepublik souverän wird und weltweite diplomatische Beziehungen unterhält. Die Benelux-Staaten werden in den Sechser-Gemeinschaften umworben und bei den entsprechenden Außenministertreffen regelmäßig aufgesucht. Auch den dänischen Ministerpräsidenten Hansen heißt man im Februar 1955 noch vor Übergabe der Souveränität in Bonn mit großer protokollarischer Aufmerksamkeit willkommen. Und es ist eben kein Zufall, daß die ersten großen Staatsbesuche, die Adenauer nach dem 5. Mai 1955 in Mittel- und Westeuropa unternimmt, im Februar 1956 nach Rom führen, im September 1956 nach Belgien und im Juni 1957 nach Wien.

Wien ist übrigens auch deshalb für Adenauer von Interesse, weil sich die Sowjets seit 1954 des öfteren österreichischer Mittelsmänner bedienen, um nach Bonn Signale zu übermitteln. Das läßt sich auch umgekehrt nutzen. Noch in den Jahren der Berlin-Krise spielt das eine gewisse Rolle, und niemand eignet sich nach Meinung Adenauers besser dafür als der sozialistische Staatssekretär und Außenminister Bruno Kreisky.[4]

Staatsbesuche

Vor dem Löwentor in Mykene, 1954.
Mit Kaiserin Sorayah, 1955.

Sympathiewerbung

*Besuch des griechischen Königspaares in der
Universität Bonn, 1956.
Mit Königin Sirikit von Thailand, 1960.*

Bemerkenswert ist, daß Adenauer viel früher als nach Brüssel oder Wien zwei höchst ausgiebige Staatsbesuche nach Griechenland und in die Türkei unternimmt. Dort ist er nämlich schon im März 1954 hochwillkommen.

Man mag sich darüber wundern, daß ihn ausgerechnet die Griechen so frühzeitig einladen und von der jüngsten Vergangenheit überhaupt nichts hermachen. Schließlich hat doch auch Griechenland zu den Opfern der Wehrmacht gehört, es hat deren Härte bei der Partisanenbekämpfung erfahren und während der deutschen Besetzung schrecklich gehungert. Daß man Adenauer dennoch willkommen heißt, ist aber nur für den ein Rätsel, der nicht beachtet, wer damals im Lande tonangebend ist. König Paul hat seine Marineausbildung auf der Kadettenschule Mürwick erhalten. Königin Friederike ist eine Enkelin von Wilhelm II. und eine Tochter des Herzogs von Braunschweig. Und wie Adenauer ist auch Marschall Papagos, der damalige starke Mann Griechenlands, ein harter Antikommunist, freilich gleich dem Kanzler einer von der raffinierten Sorte. Fast zur gleichen Zeit nämlich nehmen beide eine Normalisierung ihrer Beziehungen zur Sowjetunion vor.[5]

Es versteht sich von selbst, daß der humanistisch gebildete Adenauer den Staatsbesuch, bei dem er wie ein Souverän empfangen wird, nur allzu gern mit einem großen Besichtigungsprogramm verbindet. Er möchte alles sehen, was sich überhaupt in einen sechstägigen Aufenthalt hineinpressen läßt – die Akropolis und den Theseus-Tempel, das Deutsche Archäologische Institut und das Daphne-Kloster, Delos und Santorin, wo sich der Achtundsiebzigjährige mutig auf einen Reitesel schwingt, Epidaurus, Nauplia, Tyrins, Mykene und natürlich Olympia. Überall wird er mit südländischer Gastfreundschaft empfangen. Auf Santorin lassen Fackelträger bei Nacht an einer Bergwand den Namen »Adenauer« aufleuchten.

Acht Tage sind für Griechenland veranschlagt. Somit ist es ein Gebot des Taktes, sich genauso lange in der Türkei feiern zu lassen, wo die Deutschfreundlichkeit nie durch eine Besatzung gelitten hat. Gastgeber ist hier Ministerpräsident Menderes, den Adenauer dann sechs Jahre hindurch bei NATO-Tagungen und bei einem Deutschlandbesuch immer wieder trifft, bis er durch einen Militärputsch gestürzt wird und am Galgen endet. Viele der türkischen Generale sind in Deutschland ausgebildet worden. Die Deutschfreundlichkeit des Landes ist ungebrochen. Adenauer besucht Ankara, Istanbul, Izmir, das frühere Smyrna, und vergißt auch nicht die türkische Militärakademie, wo er mit einem dreifachen »Sieg-Heil« verabschiedet wird. »Man muß das, ohne mit der Wimper zu zucken, ertragen!« kommentiert er dies vor dem CDU-Bundesparteivorstand.[6] Aber er erträgt es gerne.

Gewiß kommt in diesen und späteren Fernreisen, bei denen stets eine seiner Töchter – Lotte Multhaupt, Ria Reiners oder Libet Werhahn – als First Lady repräsentiert, eine ganz naive Freude am Reisen, Schauen und Sich-feiern-lassen zum Ausdruck. Doch er ist überzeugt, damit zugleich große Politik zu machen.

Natürlich erinnert er sich genau an die nähere und fernere deutsche Orientpolitik. Als er 13 Jahre alt war, hat Wilhelm II. anläßlich der Verlobung seiner Schwester Sophie eine erste große Reise nach Griechenland und anschließend an den Hof des Sultans in Konstantinopel unternommen. Die ehemalige kaiserliche Botschaft mit ihren riesigen Festräumen und die malerische Sommerresidenz des Botschafters erinnern an die Zeiten deutscher Großmachtpolitik in den Jahrzehnten vor dem Ersten Weltkrieg und bei den Schlachten um die Dardanellen. Jetzt findet der Kanzler den Palast am Bosporus im Zustand fortgeschrittenen Verfalls und veranlaßt dessen schleunige Renovierung, um vor den Türken nicht das Gesicht zu verlieren.[7] Derselbe Adenauer, der 1916 als Erster Beigeordneter des kaiserlichen Köln beim Empfang einer bulgarischen Delegation seine erste konkrete Berührung mit dem Balkan hatte, legt nun, 1954, als Kanzler der Bundesrepublik Deutschland am Grabe Generalfeldmarschalls von der Goltz und am Ehrenmal des deutschen Soldatenfriedhofs einen Kranz nieder.

Einige rasch hingeworfene Bemerkungen im CDU-Bundesparteivorstand machen übrigens deutlich, wie genau er sich darüber im klaren ist, durch dieses Flagge-Zeigen noch vor Rückgabe der Souveränität einen geostrategischen Raum zu betreten, in dem der britische Einfluß nunmehr schon seit Jahrzehnten dominiert. In diesen Ländern öffne sich, so führt er aus, »für eine deutsche Außenpolitik in Zukunft ein weites und gutes Feld«. Und er fügt hinzu: »Darüber in der Öffentlichkeit zu sprechen, hat keinen Zweck. Meine Reise dorthin ist sowieso in manchen europäischen Ländern etwas scheel betrachtet worden, wenn man auch dazu geschwiegen hat. Amerika stoßen wir dadurch nicht vor den Kopf. Aber in diesen Ländern liegt nach meiner Auffassung die Zukunft unserer außenpolitischen Macht.«[8]

Das sind zweifellos Nachklänge wilhelminischer Zungenschläge, und die Spitze gegen Großbritannien ist deutlich spürbar. Wie argwöhnisch das Foreign Office jede deutsche Aktivität im östlichen Mittelmeer registriert, weiß er schon deshalb genau, weil die Aktivität früherer Wehrmachts- und SS-Offiziere, doch auch von deutschen Raketenspezialisten in Ägypten seit Anfang der fünziger Jahre des öfteren vom Hohen Kommissar Großbritanniens kritisch zur Sprache gebracht worden ist.

Eben das aber reizt Adenauer. Und nachdem er die Region nunmehr aus eigener Anschauung zu kennen glaubt, kann man gelegentlich seine herablassende Kritik an der Kurzsichtigkeit Londons vernehmen. Ministerpräsident Antonio Segni, Mitte der fünziger Jahre einer seiner ausländischen Vertrauten, bekommt im Juli 1956 eine Fülle detaillierter Unwerturteile über die britische Politik im östlichen Mittelmeer zu hören. London betreibe in Ägypten, Griechenland und Zypern eine »kurzsichtige Politik, und das alles sei eine große Gefahr für Europa«[9].

Adenauer sieht allerdings damals schon genau, daß in diesen Ländern der amerikanische Einfluß den britischen überlagert hat. Im Frühjahr 1954 gehören Griechenland und die Türkei der NATO an, während die Bundesrepublik noch ferngehalten wird. Rasch zeigt sich, daß die USA deutsche Wirtschaftsaktivität und deutsche Wirtschaftshilfe im Nahen und Mittleren Osten nicht als Rivalität betrachten – im Gegenteil. Aus dem anfänglich noch etwas zurückhaltenden Engagement in der Türkei wird mit amerikanischer Ermutigung ein ganz offenes, wobei zur Wirtschaftshilfe bald auch die Militärhilfe hinzutritt.

Eine ähnliche Tendenz läßt auch Adenauers erstaunlich starkes Interesse am Iran erkennen. Wiederum verbinden sich bei ihm innenpolitische Überlegungen mit außenpolitischem Kalkül. Seitdem der junge Schah die gebürtige Berlinerin Soraya Esfandiari zur Kaiserin des Iran gemacht hat, gehört dem Paar die erst liebevolle, dann kritische Aufmerksamkeit der deutschen Massenpresse. Es trifft sich glücklich, daß der Vater Sorayas iranischer Gesandter in Bonn ist. Nach Auffassung des Bundespresseamts kann also ein Bonn-Besuch des Schahs mit Soraya dem Ansehen des Kanzlers nur dienlich sein.

Dieser Staatsbesuch im Februar 1955 ist einer der ersten, bei dem sich die Bundesrepublik und nicht zuletzt Adenauer bereits im Wirtschaftswunder sonnen. Hofberichterstatter, Fotografen und Zeitkritiker vermerken gleicherweise, daß in Bonn unter Stabführung von Erika Pappritz vom Protokoll des Auswärtigen Amts eine neu-deutsche Gesellschaft ins Scheinwerferlicht tritt. Der stolze Bundeskanzler aber bringt in diesen teils neureichen, teils etwas bemüht aufpolierten Gesellschaftsbetrieb einiges von der Allüre des alten Deutschland.

Sehr gerne nimmt Adenauer die Gegeneinladung nach Teheran an.

Sie wird so gelegt, daß sie – im Frühjahr 1957 – bereits in die Vorwahlkampfzeit fällt. Nachdem Ludwig Erhard zum Verdruß Adenauers schon verschiedentlich durch große Fernreisen auf sich aufmerksam gemacht hat, erachtet es der Kanzler hoch an der Zeit, einen prunkvollen Besuch in Persien zu machen, das immer noch als Märchenland gilt. Eine ausführliche Berichterstattung durch Wochenschau und Boulevardpresse über Adenauer im Schloß des Schah-in-Schah, in Schiras, in Isfahan und in Persepolis bewirkt den gewünschten Effekt. Doch das ist nur die Wahlpropaganda-Seite.

Nach Adenauers Auffassung stellt die Iran-Reise einen weiteren, nun noch viel ernsteren Vorstoß in das nah- und mittelöstliche Spannungsfeld vor. Zu seinem Kummer ist ihm die arabische Welt wegen der von ihm zäh weitergeführten Israel-Politik verschlossen. Zwar hält er zu den Botschaftern des Irak, Ägyptens und Syriens durchaus Kontakt und plädiert bei Dulles gelegentlich dafür, doch auch den arabischen Sensibilitäten Rechnung zu tragen. So hätte er es durchaus gern gesehen, wenn der Assuan-Staudamm von einem internationalen Konsortium unter Führung der USA gebaut worden wäre. Aber wegen der Bonner Wiedergutmachungspolitik ist während der ganzen fünfziger Jahre eine Intensivierung der deutsch-arabischen Beziehungen unmöglich. Die Botschafter Bonns haben alle Hände voll zu tun, eine diplomatische Anerkennung der DDR durch Ägypten und Syrien zu verhindern.

Bleibt also nur der Iran. Adenauer ist sich auch in diesem Fall durchaus bewußt, wiederum Empfindlichkeiten zu verletzen. Nach der Rückkehr meint er im Kabinett: »Die Briten haben mein Erscheinen in Teheran nicht gern gesehen. Die Briten haben den Vater des jetzigen Schah abgesetzt.«[10] Doch seit dem Sturz Ministerpräsident Mossadegs gehört Persien zur amerikanischen Einflußsphäre. Einige Wochen nach der Iran-Reise vermerkt Adenauer im Gespräch mit Dulles jedenfalls ausdrücklich die kritischen Kommentare der britischen Presse wegen seiner Iran-Reise.

Inzwischen sind dem Kanzler die Interessenlagen im Nahen und Mittleren Osten auch schon besser vertraut als im Jahr 1954. Gerne hört er von John Foster Dulles, daß dieser eine engere amerikanisch-deutsche Zusammenarbeit in der Region anregt. Das sei schon deshalb zweckmäßig, meint Dulles, weil Deutschland jetzt von jedem kolonialistischen Makel frei ist.[11]

Trotz des amerikanischen Wohlwollens tritt Adenauer in Teheran aber doch behutsam auf. Als der Schah eine deutsch-iranische Zusammenarbeit bei der wirtschaftlichen Entwicklung des Landes vorschlägt, antwortet er vorsichtig, man brauche dazu aber auch Kapital aus anderen Ländern, speziell aus den USA. Er spricht sich dagegen aus, bei gemeinsamen Industrieprojekten deutsche Manager an die Spitze zu stellen.[12]

Der Iran zeigt sich besonders an einem Pipeline-Projekt interessiert, das von Ghom aus in die Türkei bis nach Eskanderum am Mittelmeer führen soll. Wie nicht anders zu erwarten, möchte Teheran für solche und andere Projekte eine Vorfinanzierung, hofft aber, dank der Öleinnahmen in etwa drei Jahren mit der Tilgung beginnen zu können. Adenauer ist von diesen Investitionsplänen sehr angetan. Hingegen hält er das von dem amerikanischen Botschafter Richards vorgeschlagene Vorhaben, ein Stahlwerk mit der Kapazität von 300 000 bis 400 000 Tonnen zu bauen, für völlig unrealistisch.

Bei der Rückkehr aus Persien bekundet er, der Schah mache auf ihn einen guten Eindruck. Das Konzept, die Erdölgewinne zur Industrialisierung des Landes einzusetzen, sei richtig. Im übrigen versteht er aber seine eigene Iranpolitik als Unterstützung von John Foster Dulles, der seit 1954 den Mittelostpakt mit Pakistan, Iran, Irak und der Türkei favorisiert. Die drei islamischen Staaten Pakistan, Iran und die Türkei, so führt er im Kabinett aus, seien ein »Schutzwall« der freien Welt gegen Rußland und China. Das Konzept Adenauerscher Mittelostpolitik ist jedenfalls klar: Deutschland kann dort nur in engster Zusammenarbeit mit den USA auftreten und muß dabei vorwiegend seine Wirtschaftskraft, doch auch seinen kulturellen Einfluß zum Tragen bringen.

Alles in allem trifft es zu, daß Adenauer seine Außenpolitik in außereuropäischen Regionen vorwiegend im Rahmen der großen Ost-West-Auseinandersetzung konzipiert. Ein weiterer bestimmender Faktor ist die Rücksichtnahme auf Frankreich, wobei auch hier geostrategische Überlegungen nicht fehlen. Daß daneben auch wirtschaftliche Gesichtspunkte in seiner Überseepolitik Gewicht haben, versteht sich beim Kanzler einer exportorientierten Industrienation von selbst.

Bemerkenswerterweise meint er aber auch im Nahen und Mittleren Osten, ähnlich wie früher schon in Griechenland oder in der Türkei, an eine Traditionslinie deutscher Außenpolitik anknüpfen zu können. Gelegentlich gibt er das sogar Ausländern gegenüber recht ungeniert zu erkennen.

So führt er beispielsweise am 21. Juli 1958 mit Botschafter David Bruce eine bemerkenswerte Unterredung. Bruce kennt sich in der Welt der Geheimdienste aus. Unter »Wild Bill Donovan« hat er im Zweiten Weltkrieg erst mit Sitz in London, dann in Paris die OSS-Aktivitäten in Westeuropa geleitet. Nun berät er mit dem Kanzler des neuen Deutschland die nach der Revolution im Irak vom 14. Juli entstandene Lage. Und was bekommt er zu hören? Seit 1941, als eine prodeutsche Revolution im Irak stattfand, habe man dorthin gute Verbindungen und Informationen. Der Anführer der seinerzeitigen Revolution solle jetzt Staatspräsident werden. Tatsächlich seien die neuen Herren des Irak durchaus bereit, mit dem Westen zusammenzuarbeiten. Nur gegen die Briten richte sich ihre Abneigung. Adenauer rät daher, im Irak nicht militärisch zu intervenieren und bemerkt hochmütig, die Bundesrepublik werde keine Vermittlerrolle übernehmen. Deutschland genieße im Nahen Osten Ansehen und könne dort maßgebenden Einfluß ausüben. Dies wolle er nicht aufs Spiel setzen.[13]

Schwarzafrika, dessen Dekolonialisierung allerdings auch erst seit 1958 in großem Tempo einsetzt, spielt bei Adenauer eine deutlich nachgeordnete Rolle. Die Staatsbesuche Haile Selassies, des Negus von Abessinien, im Herbst 1954 und später des Präsidenten Tubman im Herbst 1956 oder von Sekou Touré im Herbst 1959 sind aus seiner Sicht nicht viel mehr als Farbtupfer im Bonner Gesellschaftskalender. Albert Schweitzer hat ihn in der altmodischen Auffassung bestärkt, die Afrikaner seien noch völlig unfähig, sich selbst zu regieren. Selbst als ihm Ben Gurion im Frühjahr 1960 entschieden widerspricht, zeigt er sich nicht bereit, dieses Vorurteil nachhaltig zu revidieren.[14]

Sehr ernst nimmt er hingegen den Umbruch in Asien. Es ist kein Zufall, daß drei der wichtigen Staatsgäste, denen er im Juni und Juli 1956 viel Zeit widmet, aus diesem Raum kommen – Staatspräsident Sukarno von Indonesien, der indische Ministerpräsident Nehru und Ministerpräsident Menzies von Australien. Auch Adenauer ist im April 1955 durch die Konferenz der Blockfreien in Bandung aufgeschreckt worden. Daß er darin eine Störung des ihm so sehr einleuchtenden Konzepts weltweiter anti-kommunistischer Allianzen erkennt, versteht sich von selbst. Ausgerechnet im Frühjahr 1955, als für eine kurze Zeit auch in der Bundesrepublik die Wogen des Neutralismus aufzuschäumen beginnen, setzen so wichtige Staaten wie China, Indien, Indonesien und das damals noch einflußreiche Jugoslawien Marschall Titos entsprechende Akzente. Adenauer versteht zwar die anti-kolonialistischen Impulse gut, fürchtet aber zugleich, daß die Blockfreiheitsbewegung der expansiven Politik Moskaus und Pekings zu Diensten ist.

Seit der Genfer Gipfelkonferenz vom Sommer 1955 sieht er gewissermaßen alle Dämme brechen. Im November 1955 absolvieren Chruschtschow und Bulganin einen sehr erfolgreichen vierzehntätigen Staatsbesuch in Indien, anschließend in Burma und Afghanistan. Darauf folgt der Staatsbesuch der beiden sowjetischen Führer in London im April 1956 und die Gespräche Guy Mollets und Pineaus in Moskau im Juni desselben Jahres, deren Auswirkungen Adenauer nach Kräften einzudämmen sucht.

So kommt dem Staatsbesuch Nehrus Mitte Juli 1956 nach Adenauers Auffassung durchaus Bedeutung zu. Wie wenig er allerdings von Nehru hält, gibt er einen Monat zuvor Cyrus Sulzberger recht unverblümt zu verstehen: »Nehru solle zu Hause bleiben, es gebe bestimmt in Indien selbst genug zu tun.« »Nehru gegenüber« – den er aber noch gar nicht persönlich kennt – »habe er immer ein unangenehmes Gefühl. Er sei sehr eitel und wolle immer im Mittelpunkt stehen.«[15] Sulzberger überzeugt ihn jedoch davon, daß es sich lohnt, mit Nehru gründlich zu sprechen.[16] Im Kabinett äußert er sich nach einem vorbereitenden Besuch des indischen Botschafters nicht viel freundlicher: »Ich habe eine große Enttäuschung erfahren. Nehru kommt nicht mit großen Ideen, sondern will wirtschaftliche Hilfe.«[17]

Tatsächlich macht aber der indische Staatsgast auf Adenauer doch einen starken Eindruck. Die Würdigung dieser Begegnung in den »Erinnerungen« wird der vielschichtigen Persönlichkeit des indischen Staatsgründers deutlich besser gerecht als die vorher geäußerten Urteile.[18] Die beiden Herren gehen respektvolls miteinander um, entrollen mit viel Geschick ihr beiderseitiges Weltbild und vermeiden nach Möglichkeit direkte Zusammenstöße.

Die größten Meinungsunterschiede zeigen sich erwartungsgemäß bei der Einschätzung der Sowjetunion. Adenauer beharrt darauf, daß sie nach wie vor »sehr expansiv« sei. Beispiel: die Waffenlieferungen an Ägypten. Daher müsse man militärisch stark sein. Diktatoren verstünden nur die Sprache der Macht.[19] Nehru betont demgegenüber stärker, daß sich *alle* Großmächte eben wie Großmächte verhalten und Gelegenheiten zur Einmischung gerne wahrnehmen. Nötig sei eine staatsmännische Betrachtungsweise, nicht eine militärische.[20]

Man versteht sich also nicht oder will sich nicht verstehen. Adenauers abschließendes Urteil: »Sein Denken war ein merkwürdiges Gemisch von indischen und englischen Ansichten, die ihn dazu verführten, die Realitäten der Politik zu verkennen.«[21]

Immerhin bestärkt ihn Nehru in seiner Auffassung, daß die Umwälzungen in Asien auch die europäischen Zusammenhänge künftig zunehmend beeinflussen würden. Das gelte vor allem für China, was Adenauer Gelegenheit gibt, auch Nehru von Chruschtschows Sorgen vor den Chinesen zu erzählen. Offenbar sind mit China und Indien ganz neue Potenzen in die internationale Politik eingetreten: »Was kann man nicht alles tun mit Menschen, die nur von einer Handvoll Reis leben!«[22]

Noch 1966, kurz vor seinem Tod, als sich Adenauer bereits in Kenntnis des Vietnamkrieges, des indisch-chinesischen Krieges von 1962 und der Wirren in China die langen Gespräche mit Nehru in Erinnerung rufen wird, bleibt sein vielleicht stärkster Eindruck, mit ihm einem Mann begegnet zu sein, der die politische Haltung von 400 Millionen Menschen bestimmt.[23]

So ist es eine recht eigenartige Grundstimmung, mit der ihn die Revolutionierung Asiens erfüllt: nachklingende wilhelminische Ängste vor der »gelben Gefahr«, Anwandlungen von Neo-Malthusianismus, geostrategische Überlegungen und der Glaube an die Bedeutung großer Männer in Epochen des Umbruchs.

Und da sein Verstand stets in starkem Maß von der Anschauung angeregt wird, ist es vor allem die große Weltreise im Frühjahr 1960, aus der er ein faszinierendes Bild globaler Interdependenz gewinnt: »Wenn man die gewaltige Landmasse Amerikas sich vergegenwärtigt«, diktiert er beim Rückblick darauf Mitte der sechziger Jahre, »wenn man die unendliche Wassermasse des Pazifischen Ozeans sieht, diese ungeheuren Räume und dann auf Ostasien stößt, auf die Japaner mit ihren 100 Millionen, auf dem Festland auf die Chinesen mit ihren 600 Millionen, dann wird einem sehr klar, wie das, was dort geschieht, auf uns zurückwirkt und daß wir dafür einen offenen Blick haben müssen, daß wir uns an diese Weite und an die trotzdem vorhandene enge Verbundenheit der Kontinente gewöhnen müssen, um die richtige Politik treiben zu können.«[24]

Besonders alarmiert zeigt er sich, als er auf die künftige Zusammensetzung der UN aufmerksam gemacht wird. De Gaulle, so führt er im Januar 1960 vor dem Kabinett aus, habe ihm bei der letzten Zusammenkunft einen Zettel gegeben, auf dem die UN-Mitglieder der kommenden Jahre aufgestellt waren. Und er verliest: »30 schwarze Staaten, 20 muselmännische, 18 asiatische, nicht muselmännische, 12 sowjetische, 18 Zentral- und südamerikanische – 98 zusammen.« Demgegenüber stünden 15 westliche Staaten: »Das seien die Aussichten der künftigen Weltpolitik.«[25]

Auch der Blick auf die globalen Umwälzungen und Interdependenzen trägt letzten Endes dazu bei, Adenauers Bemühungen um die Einigung Europas zu intensivieren, führt ihm aber ebenso deutlich vor Augen, daß

»Europa« – so sagt er immer, meint aber Westeuropa – ohne die USA verloren wäre.

Alternativplanungen und Rückwendung zur NATO

Unmittelbar nach der Suez-Krise in der ersten Novemberwoche 1956 hat es den Anschein, als liege die NATO in Scherben. Der republikanische Senator Greene trifft am 16. November einen Kanzler, der sich über die amerikanische Außenpolitik der letzten vier bis fünf Monate heftiger beklagt als je zuvor.

Adenauer weiß durchaus, was er damit tut. Schließlich ist Präsident Eisenhower, den er bei dieser Gelegenheit implizit heftig kritisiert, eben wiedergewählt worden. Und Senator Greene gilt als derzeit wichtigster Außenpolitiker auf dem Capitol Hill. Die Beschwerden des Kanzlers an die Adresse von John Foster Dulles, Allen Dulles oder Minister Quarles konnten noch als interne Unmutsäußerungen begriffen werden. Indem der Kanzler nunmehr auch einen amerikanischen Spitzenparlamentarier in Gegenwart von Botschafter Conant über sein Mißtrauen informiert, macht er das Zerwürfnis mit Eisenhower und Dulles quasi öffentlich. So sieht man das im State Department.[1]

Die immer länger werdende Latte von Vorwürfen und Verdächtigungen läuft darauf hinaus, daß Eisenhower und Dulles selbst wesentlich zum Zerfall der NATO beigetragen haben: durch ihren gegen Frankreich gerichteten Anti-Kolonialismus in der Algerien-Frage, durch die Suez-Politik, durch völlig unzulängliche Informationspolitik im NATO-Rat, durch zu große Vertrauensseligkeit gegenüber den Sowjets, nicht zuletzt aber durch den verheerenden Radford-Plan, der das Konzept weltweiter nuklearer Abrüstung diskreditiert habe.

Zwar versichert Adenauer, ihm sei sehr daran gelegen, der NATO eine verstärkte politische Rolle zu geben. Doch es klingt in amerikanischen Ohren mehr als bedenklich, wie er nun die militärische Stärkung der Allianz herunterspielt und bedeutungsvoll bemerkt, man dürfe die Russen nicht reizen.[2] Liegt das nicht auf der Linie der erst ein paar Wochen alten deutschen Entscheidung, die Wehrpflicht statt auf 18 Monate auf bloß 12 Monate festzulegen? Und hat Bonn diesen Schritt nicht getan, ohne die NATO zuvor hinlänglich zu konsultieren? Paßt sich Adenauer vielleicht jetzt doch auch dem innenpolitischen Druck der SPD an, die in

Gestalt von Herbert Wehner selbst nach dem sowjetischen Eingreifen in Ungarn weiterhin zur Entspannungspolitik aufruft?

Wüßte man in Washington, welche Ideen im Umkreis Adenauers erneut zu gären beginnen, so wäre die Sorge noch größer. Denn wieder einmal, wie schon im Frühjahr 1953 und im Juni 1955, unternehmen Blankenhorn, von Eckardt und Heusinger einen Vorstoß, Adenauer für einen großen Phasenplan zu gewinnen, in dem Abrüstung und Wiedervereinigung miteinander verbunden werden. Und diesmal schwankt Adenauer stärker als früher. Felix von Eckardt glaubt seit seinem kurzen Aufenthalt als deutscher UN-Beobachter in Amerika das Gras wachsen zu hören. Vermutlich im September 1956 verfaßt er handschriftlich den Entwurf einer siebenseitigen Denkschrift. Man werde wohl, so glaubt er, nach den Präsidentschaftswahlen mit einer »tiefgreifenden Überprüfung« der amerikanischen Außenpolitik rechnen müssen: »Es kann kaum noch ein Zweifel darüber bestehen, daß in drei spätestens vier Jahren die amerikanischen Truppen Deutschland, vielleicht sogar ganz Europa verlassen haben werden. Alle guten Beobachter der USA-Politik stimmen darin überein.«[3] Desgleichen sei nun klar erkennbar, daß die USA das Gewicht stärker von der NATO weg auf die Vereinten Nationen legen würden. Zugleich zeichne sich für die nähere Zukunft eine Verständigungspolitik mit der Sowjetunion ab.

Andererseits gebe es ähnliche Tendenzen zur Entspannung auch in der Sowjetunion. Der Ostblock in den alten Formen sei erschüttert; russische Hoffnungen auf Expansion nach Westen bestünden nicht mehr.

Der Grundgedanke von Eckardts: Die Außenpolitik der Bundesrepublik muß mit diesen großen Tendenzen in Einklang gebracht werden und sie zur Lösung der deutschen Frage ausnutzen. Da Eisenhower sein eigenes Konzept allem Anschein nach noch nicht festgelegt hat, sollte ein kräftiger Anstoß von der Bundesregierung kommen. Daß dabei auch wahlstrategische Überlegungen eine Rolle spielen, versteht sich von selbst. Besser als jeder andere kennt von Eckardt damals die Labilität der öffentlichen Meinung in der Bundesrepublik. Er weiß auch, daß Herbert Blankenhorn, seitdem er Anfang Oktober 1956 nach langer Krankheit wieder auf die Bonner Szene zurückgekehrt ist, gleichfalls darauf drängt, »durch ein paar starke Initiativen« auf dem Feld der Außenpolitik so wie 1953 die Malaise in der Wählerschaft zu überwinden. Damals war es nach Meinung Blankenhorns der Plan einer Viererkonferenz über Deutschland[4], diesmal könnte es ein Bündel von Vorschlägen sein, das Adenauer an die Spitze westlicher Entspannungspolitik bringen müßte.

Gemäß der ersten handschriftlichen Fassung sieht der Plan von Eckardts für die Jahre 1957 bis 1959 einen allmählichen Abzug der Sowjetunion aus der DDR sowie aus den Satellitenstaaten und der Amerikaner aus Deutschland vor. Die beiderseitigen Luftstreitkräfte sollen noch verbleiben. Ein überlappender Radarschirm gibt beiden Seiten mehr Sicherheit. In diesem Zeitraum wird die Bundeswehr auf etwa 310 000 Mann aufgebaut. Die zahlenmäßige Begrenzung der Bundeswehr wäre jedoch von einer UN-Kommission international zu kontrollieren. Desgleichen sollen die Armeen in den Satellitenstaaten parallel zum sowjetischen Abzug auf rund 300 000 Mann begrenzt und hinsichtlich der Höchstgrenzen gleichfalls von der Vereinten Nationen kontrolliert werden.

In einer zweiten Phase würden diesem Plan zufolge nach dem Jahr 1959 auch die beiderseitigen Luftstreitkräfte aus Deutschland abgezogen. Die Bundesrepublik würde zwar Mitglied der NATO bleiben und die Ostblock-Staaten verblieben im Warschauer Pakt. Doch die beiderseitigen Höchststärken und die Bewaffnung wären international kontrolliert. Im Jahr 1959 solle eine allgemeine Abrüstungskonferenz stattfinden »mit dem Ziel, zu einem umfassenden Rüstungs-Abkommen zu gelangen, das *alle* fremden Stationierungen auf *europäischem* Boden beseitigt«.

Der Wiedervereinigungsprozeß wäre somit diesen Vorstellungen zufolge in einen geordneten Rückzug der beiden Weltmächte eingebettet. Als erste Phase notiert sich von Eckardt, dabei wohl Gedanken Albrecht von Kessels aufgreifend, die Entsendung von Wirtschaftsmissionen in die osteuropäischen Länder, »beginnend mit Polen«, um dort eine Vertrauensbasis zu schaffen.

Da nicht damit zu rechnen sei, daß die Sowjetunion – schon mit Rücksicht auf die osteuropäischen Staaten – gleich zu Beginn freie Wahlen in Deutschland akzeptiere, müsse ein anderes System gefunden werden. Auch dazu wird ein Phasenplan vorgesehen. Als erster Schritt zur deutschen Wiedervereinigung plant von Eckardt für das Jahr 1959, nach Abzug der östlichen und westlichen Landstreitkräfte, ein Plebiszit, »in dem die Bevölkerung gefragt wird, ob sie die Wiedervereinigung wünscht und ob sie bereit ist, *bestimmte Opfer in der östlichen Grenzziehung* für eine solche Wiedervereinigung zu bringen«. Nach einem positiven Ausgang des Plebiszits fände die Wahl zu einem zahlenmäßig klein gehaltenen deutschen »National-Rat« statt (ca. 1 Abgeordneter auf 1 Million Einwohner). Aufgabe dieses National-Rats: innerhalb eines Jahrs Erarbeitung eines »Statuts« zur Wiedervereinigung, das einem zweiten Plebiszit zu unterwerfen ist. Die Arbeiten des National-Rats würden in Berlin erfolgen, der ebenso wie der Rat selbst einer UN-Kommission unterstellt wäre. Eine Kommission des National-Rats hätte mit den östlichen Staaten über die Grenzfragen zu verhandeln »nach dem Prinzip des individuellen Heimatrechts«.

Für 1960 seien allgemeine freie Wahlen in ganz Deutschland vorzunehmen, »aus denen die erste provisorische gesamtdeutsche Regierung gebildet wird, die die Verfassung für das Reich ausarbeitet.« Dem folgen eine Volksabstimmung über die Verfassung, den Zusammentritt des Reichstags und die Wahl einer ersten Regierung auf vier Jahre. »Der neue deutsche Staat und seine Grenzen erhält eine umfassende Garantie durch die USA und die SU.«

Gedacht ist auch an einen zweiten Plan, »Europa-Plan« genannt, »der alle europäischen Einigungsbestrebungen zusammenfaßt unter besonderer Berücksichtigung der *Einbeziehung* der osteuropäischen Staaten zu einer europäischen Organisation«.

Aufschlußreich sind von Eckardts Vorstellungen über den zeitlichen Ablauf. Er meint, daß der »Sicherheits- und Wiedervereinigungsplan« im Lauf des Monats Januar 1957 zusammen mit dem Europa-Plan konzipiert werden sollte. Vorzusehen sei ein – eventuell nach den Bundestagswahlen zusammentretender – »Deutscher Rat« aus Abgeordneten und Regierungsvertretern, der sofort die Arbeiten an dem Sicherheits- und Wiedervereinigungsplan aufzunehmen hat.

Auf internationaler Ebene müsse Präsident Eisenhower möglichst bald davon unterrichtet werden, daß der Bundeskanzler an einem Phasen-Plan arbeite, den er im März 1957 vorzutragen wünsche. Schon im Vorfeld einer für März 1957 einzuplanenden Amerikareise Adenauers müßten die Elemente des Plans Eisenhower vorliegen. Im April 1957, so notiert von Eckardt, soll der Plan fertiggestellt und allgemein verständlich formuliert werden. Schließlich »Verkündigung des Plans in seinen Grundzügen auf dem CDU-Parteitag im Mai 1957«[5].

Schon diese Urfassung der Initiative läßt deutlich erkennen, daß zwei Ziele miteinander verbunden werden sollen: einerseits rechtzeitige Einflußnahme auf die große Ost-West-Strategie der zweiten Eisenhower-Administration, andererseits die Herstellung eines Wahlknüllers.

Die nächste Fassung des Plans, eine neun Schreibmaschinenseiten umfassende Skizze, ist schon viel weniger detailliert. Auch Blankenhorn hat nun daran mitgewirkt. Der internationale Kalender bleibt im großen und ganzen. Doch kommt eine behutsame und rechtzeitige Information der NATO-Partner, des künftigen NATO-Generalsekretärs Spaak, auch des sowjetischen Außenministers hinzu. Als Rüstungskontrollzone wird nun ein Raum zwischen dem Rhein und der Linie Weichsel/Narew vorgesehen. In bezug auf den deutschen »National-Rat« findet sich deutlicher herausgearbeitet, daß er »über keine Exekutive und keine gesetzgeberische Befugnis« verfügen darf. Man erinnert sich wohl an die seinerzeitigen Einwände Adenauers gegen die Pläne für gesamtdeutsche Wahlen im Winter 1953/54.

Beim Thema »gesamteuropäische Föderation« wird die ursprüngliche Gedankenskizze etwas angereichert. Nun ist die Rede von einer »föderativen Dachorganisation«. Ihr sollen »alle europäischen Länder ungeachtet ihres Gesellschaftssystems angehören können«. Hauptziele: friedliche Streitschlichtung, Überwachung der Einhaltung völkerrechtlicher Normen, Schaffung der Grundlagen für europäische Großraumwirtschaft. Da die Rüstungslast bei einer Verwirklichung dieser Pläne geringer würde, andererseits auch die Furcht der kleinen Staaten »vor einer deutschen Vorherrschaft in Europa« abzubauen ist, soll sich die Bundesregierung bereit erklären, über eine internationale Organisation »nennenswerte wirtschaftliche Beiträge zum Aufbau der unterentwickelten europäischen und Nah-Ost-Gebiete zu leisten«.[6]

Am Nachmittag des 3. Januar 1957 stellen sich von Eckardt und Blankenhorn, die auch persönlich befreundet sind, bei Adenauer ein und suchen ihn in einem langen Gespräch für ihre Pläne zu gewinnen. Erstaunlicherweise nimmt Adenauer diese Ideen, die eine völlige Abkehr von seiner bisherigen Außenpolitik beinhalten würden, »im wesentlichen positiv auf«[7]. So machen sich die beiden – nach Einholung militärischen Rats bei General Heusinger – daran, die großartige Zukunftsvision in die Form eines sechsseitigen Briefs an Präsident Eisenhower zu gießen und entsprechend bekömmlich aufzubereiten.

Die dem Briefentwurf an Eisenhower zugrunde liegende Konstellationsanalyse der inneren Entwicklung im Ostblock bleibt trotz der ungarischen Tragödie auf einen sehr optimistischen Grundton gestimmt. Auch bei den Sowjets gewinne die Idee in zunehmendem Maße an Boden, »daß ihre Position in der Sowjetzone und im Satellitenraum mit den Mitteln militärischer Herrschaft auf die Dauer nicht mehr aufrechterhalten werden kann«. Eine Reihe weiterer Ausführungen gipfelt in der Feststellung: »Alles das zusammengenommen könnte die Sowjetunion unter Umständen zu einer Überprüfung ihrer Außenpolitik im Sinn einer Räumung der mitteleuropäischen Gebiete veranlassen. Der Westen hat deshalb alles Interesse, derartige Tendenzen zu einer Neuorientierung der sowjetischen Politik durch eine entsprechende außenpolitische Haltung zu fördern und zu erleichtern. Dies ist umso dringlicher, als die Anwesenheit russischer Kräfte besonders in Polen eine echte Gefahr für den Weltfrieden darstellt ... Wir müssen unter Umständen mit neuen Zuspitzungen der Lage rechnen. Kommt es aber dort zu einer Explosion, so ist ein Übergreifen des Aufstandes auf die Sowjetzone mit allen seinen gefährlichen Auswirkungen auf den Westen wohl kaum zu vermeiden.«[8]

Es folgt dann das Skelett des Plans, den von Eckardt zuvor skizziert hatte. Für die zweite Phase 1959 und 1960 wird ein Rückzug der sowjetischen Truppen auf die Sowjetunion und der »anglo-amerikanischen Truppen an die Peripherie Westeuropas« vorgesehen. Doch tritt nun noch ein neuer Gedanke hinzu: »Gleichzeitig könnten die von anglo-amerikanischen und sowjetischen Truppen geräumten Staaten auf jede thermo-nukleare Kriegführung verzichten, wobei Großbritannien, die Vereinigten Staaten und Sowjetrußland unter den Auspizien der UN-Charta eine Garantie übernehmen würden, um jede thermo-nukleare Aggression gegen diese Länder auszuschließen.«

Zwar sollen NATO und Warschauer Pakt fortbestehen, doch der Entwurf geht so weit, das bislang Undenkbare zu formulieren: »Zu einem späteren Zeitpunkt, nach Verwirklichung aller vorgenannten Pläne, könnte unter Berücksichtigung der dann bestehenden Verhältnisse eine Überprüfung der Notwendigkeit ihres Fortbestandes erfolgen.«[9]

In dieser Adenauer vorgelegten Fassung haben es von Eckardt und Blankenhorn für angezeigt gehalten, den »Europa-Plan« etwas auszuschmücken. Der Adenauer in diesen Monaten so liebe Gedanke einer »Zusammenfassung der vielgestaltigen Einigungsbestrebungen« erhält eine recht handfeste Fassung: »Vielleicht sollten wir versuchen, einen Schritt weiter zu gehen und einen Ständigen Europäischen Konsultativrat als ersten Ansatz zu einer europäischen Regierung zu schaffen. In diesem Konsultativrat könnten zunächst die sieben WEU-Staaten, dann aber auch andere westeuropäische Regierungen, soweit sie hierzu bereit sind, durch einen Kabinettsminister (vielleicht den ersten stellvertretenden Außenminister) ständig vertreten sein. Aufgabe dieses europäischen Kabinetts wäre, die Einheitsbestrebungen zu aktivieren und eine gemeinsame Politik in allen Europa betreffenden politischen und wirtschaftlichen Fragen zu entwickeln.«

Als von Eckardt und Blankenhorn zusammen mit Heusinger am Abend des 7. Januar wieder in Rhöndorf vorfahren, treffen sie hier schon Globke und einen Kanzler, der an der »großzügigen Initiative« und in der Suche nach »neuen Wegen« nur noch das sieht, was alles an Schrecklichem daraus erwachsen könnte. Blankenhorn vermerkt die folgenden Bedenken des Kanzlers: »negative psychologische Wirkung eines Antrags auf Zurückziehung der amerikanischen Truppen aus Kontinentaleuropa auf Amerika selbst (Deutschland verläßt die gemeinsame Verteidigung, geht eigene Wege); auf Deutschland (Sorge, daß die deutsche Bevölkerung, die sich inzwischen an den amerikanischen militärischen Schutz gewöhnt hat, sich den Gefahren eines russischen Zugriffs preisgegeben fühlen könnte); auf die osteuropäischen Staaten, deren Freiheitsdrang im wesentlichen dadurch genährt wird, daß die amerikanischen Truppen in unmittelbarer Nähe stehen; auf die übrigen westlichen europäischen Partner, deren Mißtrauen gegen Deutschland schnell erwachen könnte und die auf die Stationierung amerikanischer Truppen wegen ihrer eigenen Sicherheit entscheidenden Wert legen, vor allem Belgien, Holland, aber auch Frankreich und Italien.«[10] Das sind in der Tat die geradezu klassischen Sorgen Adenauers, die ihm aber auch schon bei dem Gespräch am 3. Januar hätten präsent sein können.

Immerhin gefällt Adenauer die Idee eines Deutschen National-Rats mit begrenzten Vollmachten. Allerdings hält er von den Vereinten Nationen nur wenig. Somit will er die Wahlen zum National-Rat unter Aufsicht der Vier Mächte durchgeführt sehen.

Aus dem Plan eines Truppenabzugs der Großmächte aus Deutschland wird nun der insgesamt harmlosere Plan eines »Rüstungsgleichgewichts.« In der zweiten Phase, zu erreichen etwa im Jahr 1959, die ursprünglich bereits den Abzug der Sowjetunion hinter den Bug und der Amerikaner an die Peripherie Europas sehen sollte, ist nun nur an eine Räumung Deutschlands bei gleichzeitiger Entmilitarisierung der Ostzone gedacht. Dabei wird der alte Gedanke des seinerzeitigen Heusinger-Plans aufgewärmt, eine Wiedervereinigung dürfe nicht zu einer Erhöhung der deutschen militärischen Gesamtstärke führen.

Doch obwohl der zweite Entwurf des Briefes an Eisenhower alle Einwände des Kanzlers berücksichtigt, rückt dieser nun völlig von dem Plan ab. Auch die Idee des National-Rats paßt ihm jetzt nicht mehr.[11] Inzwischen zeichnet sich nämlich immer deutlicher ab, daß die Sowjets entschlossen sind, im Ostblock weiterhin schonungslos durchzugreifen. Da hilft es auch nichts, daß Blankenhorn, unterstützt von Globke, das stets recht gewichtige innenpolitische Motiv nochmals in den Vordergrund rückt: Adenauer wird die Wahlen verlieren, wenn er nicht baldmöglichst in die außenpolitische Offensive geht.[12]

Die Initiative sackt in sich zusammen, obschon Franz Josef Strauß viel Verständnis signalisiert. Enttäuscht vermerkt Adenauer auch, daß seine verschiedenen öffentlichen Hinweise auf »verdünnte Zonen« und auf die Notwendigkeit einer Abschaffung der Kernwaffen die deutsche Öffentlichkeit eher verunsichert haben.

Zudem liegen nun neue Umfragen vor. Sie beweisen eine Zunahme des Sicherheitsbedürfnisses in der Bevölkerung. Außerdem festigt sich von Tag zu Tag Adenauers Überzeugung, daß gerade die Labilität in Polen der Sowjetunion jedes Nachgeben in der deutschen Frage verbietet. Sie braucht die Ostzone als Klammer. So kehrt Adenauer zum Konzept einfacher Lösungen zurück. Unbedingte Priorität soll die Wiederherstellung der Einheit im NATO-Bündnis haben. Das wird zudem helfen, den Wahlkampf gegen die SPD so polarisierend zu führen wie nur irgend möglich. Klares Profil der CDU, klare Fronten, klare Begriffe!

Nun schwenkt auch Blankenhorn rasch ein. Die Angst vor den Russen, so berichtet er aus den Beratungen des NATO-Rats, hat jetzt alle europäischen Länder gepackt. Unter diesen Umständen darf von Konzepten keine Rede mehr sein, die den Abzug der amerikanischen Truppen implizieren. Und im Handumdrehen wird aus dem großen Plan, der schon mittelfristig zur Überwindung von NATO und Warschauer Pakt führen sollte, das Projekt einer großen NATO-Tagung in Bonn im Monat Mai 1957.[13]

Immerhin zeigt diese kurze Phase *nach* der großen Ostblockkrise und im Nachklang des Zweifels an den USA *eines* mit hinlänglicher Klarheit: dieser Kanzler ist *nie* auf ein Konzept unverbrüchlich festgelegt. Wenn sich die Umstände fundamental zu ändern scheinen, liebäugelt auch er mit jenen höchst unkonventionellen Ideen, die er verdammt, so sie von Politikern der SPD, der FDP oder aus dem Lager der linken Intellektuellen vorgetragen werden.

Eine dauerhafte Nachwirkung der sowjetischen Machtentfaltung und der amerikanischen Unklarheiten im Herbst 1956 bleibt also. Von jetzt an ist Adenauer fest entschlossen, seinerseits den Dialog mit der Sowjetunion so demonstrativ zu führen wie die anderen westlichen Mächte auch. Die Zeiten, da der sowjetische Botschafter in Bonn auf dem Trockenen saß, sind vorbei. Als der neu entsandte, Adenauer durchaus sympathische Botschafter Smirnow eine in relativ freundlichem Ton gehaltene persönliche Botschaft Ministerpräsident Bulganins überbringt, kann es Adenauer mit der Antwort gar nicht schnell genug gehen. Schon drei Wochen nach Übergabe der Note läßt der Kanzler eine positiv gehaltene Antwort überreichen. Doch überall sitzen Bremser. Brentano und Hallstein wollen es nicht unwidersprochen hinnehmen, daß Moskau ganz ungeniert nur noch mit dem Zwei-Staaten-Konzept arbeitet. Außerdem liegt dem Auswärtigen Amt viel daran, Verhandlungen über wirtschaftliche Zusammenarbeit mit dem immer noch offenstehenden Problem der Repatriierung von deutschen Zivilinternierten zu verbinden.

Das sowjetische Außenministerium hält erst recht an seinen Positionen fest. Adenauer muß einmal mehr zur Kenntnis nehmen, wie schwer sich jeder Versuch eines deutsch-sowjetischen Dialogs gestaltet, sobald man konkret zu den Sachfragen kommen möchte.

Schließlich wird Mitte Juni 1957 Botschafter Rolf Lahr an der Spitze einer großen Delegation nach Moskau entsandt. Adenauer ermahnt ihn zuvor »wie ein betagter Vater, der den Sohn in ein schwieriges Abenteuer hinausziehen sieht«.[14] Zu Recht, denn Anfang August muß Lahr schon wieder demonstrativ zur Berichterstattung zurückbeordert werden, weil die sowjetische Seite so kompromißlos in die Verhandlungen geht, daß zeitweilig nicht einmal eine Einigung über die Tagesordnung möglich erscheint.

Sowohl Adenauer wie die Sowjets haben nun vorrangig die Bundestagswahlen 1957 im Blick. Adenauer will im Heiligenschein eines Kanzlers auftreten, der auch nach Osten hin gesprächswillig ist. Gromyko – und wohl vor allem Chruschtschow – möchten das Gegenteil demonstrieren. Außerdem spiegelt die sowjetische Deutschlandpolitik auch die Machtkämpfe im Kreml. Ministerpräsident Bulganin, dem die Bereitschaft zur Verständigungspolitik mit Adenauer unterstellt wird, verliert seit Frühjahr 1957 immer mehr an Einfluß. Chruschtschow, auf den Adenauer seit den Moskauer Verhandlungen schlecht zu sprechen ist, wird zusehends zur uneingeschränkt dominierenden Figur.

Daß Adenauer zu Beginn des Jahres 1957 in der Tat ein paar Tage lang zu spekulieren vermochte, ihm könne in der Wiedervereinigungsfrage ein großes Spiel gelingen, erscheint aus Sicht der Jahresmitte 1957 bereits als unvorstellbar. Denn inzwischen ist zu den wohlbekannten Streitfragen im deutsch-sowjetischen Verhältnis noch ein weiterer, brisanter Konfliktstoff hinzugekommen – die Ausrüstung der Bundeswehr mit Kernwaffenträgern im Verein mit der Stationierung angelsächsischer Atomwaffen auf dem Territorium der Bundesrepublik.

Vom Atomschock zum Wahlsieg

Sollte Adenauer ernstlich gehofft haben, die NATO vorwiegend politisch zu reaktivieren, dann hat er die Rechnung ohne Amerikaner und Briten gemacht. Die USA sind nämlich nachhaltig damit befaßt, ihre Streitkräfte auf dem europäischen Kontinent mit taktischen Kernwaffen auszurüsten. Auch in der Regierung Macmillan ist eine Umrüstungsdebatte im Gang, die in manchem der Diskussion um den Radford-Plan gleicht. Die konventionellen Streitkräfte erweisen sich als zu teuer. Demgegenüber erscheint der Aufbau strategischer und taktischer Kernwaffen als billigere Lösung. Die Erfahrungen der Suez-Krise sind für London ein weiterer Grund, einen Großteil der Ressourcen auf Atomwaffen und atomare Trägersysteme zu verwenden.

Adenauer weiß zwar, daß die NATO-Truppen, somit auch die deutschen, früher oder später mit taktischen Kernwaffen ausgerüstet werden müssen. Die in Ost und West galoppierenden Fortschritte der Nukleartechnik und der entsprechenden Trägersysteme lassen gar keine andere Wahl. Doch klammert sich der Kanzler längere Zeit an die Hoffnung, eine kritische öffentliche Auseinandersetzung über die westlichen Kernwaffen in der Bundesrepublik wenigstens noch aus den Bundestagswahlen 1957 heraushalten zu können. Aber darin täuscht er sich.

Unausweichlich beginnt sich somit im Herbst 1956 eine weitere Grundsatzentscheidung westdeutscher Sicherheitspolitik vorzubereiten, die bis in die neunziger Jahre von Bedeutung sein wird: die Ausrüstung der Bundeswehr mit nuklearen Trägersystemen. Dadurch wird die Bundesrepublik zwar keine autonome Kernwaffenmacht. Doch ist sie auf dem Wege, sich als zumindest heteronome Kernwaffenmacht zu etablieren. Wohl liegen dabei Planung und Verfügungsgewalt über die taktischen Kernwaffen bei den USA und bei den NATO-Instanzen, doch die Bundesrepublik ist beteiligt, insofern sie Trägersysteme zur Verfügung stellt.

Allianzpolitisch, doch auch in bezug auf die Sowjetunion kommt diesem Vorgang größtes Gewicht bei. Ausgerechnet im Jahr 1956, als Adenauer in Stunden des schwärzesten Pessimismus die NATO schon halb totgesagt hat, wandelt sich diese zum Nuklearbündnis. Aus dem Desaster der Suez-Krise entsteht nicht etwa eine ausgeprägte politische Allianz, sondern ein Nuklearsystem unter amerikanischer Hegemonie. Und der von den eigenen Propagandisten gerne als »Erz-Zivilist« porträtierte Adenauer muß nun bis ans Ende seiner Kanzlerzeit und darüber hinaus

Nuklearpolitik in des Wortes allgemeinster und spezifischer Bedeutung treiben.

Seit der Berliner Blockade in den Jahren 1948 und 1949 nimmt Adenauer wie jedermann an, daß den amerikanischen Streitkräften in Deutschland auch Atombomben zur Verfügung stehen. Einflußmöglichkeiten auf Verbringung und Lagerung bestehen nicht. Selbst als die Bundesrepublik souverän wird, erfolgt bis Anfang der sechziger Jahre keine Information über Zahl und Standort der amerikanischen Kernwaffen.

Schon im Herbst 1953 werden bestimmte amerikanische Einheiten auch mit 28-cm-Atomkanonen ausgerüstet. Immerhin erhält Adenauer damals schon Gelegenheit, auf die USA wenigstens so weit einzuwirken, daß durch das Auftauchen des halben Dutzends kaum manövrierfähiger Riesengeschütze keine Störung seines Bundestagswahlkampfes erfolgt. Nachdem im Frühjahr 1955 die Souveränität zuerkannt ist, erfolgen immerhin im vorweg Informationen über die Stationierung bestimmter Systeme. Adenauer weiß jedoch genau, daß der Truppenvertrag den Westalliierten das Recht gibt, ihre Streitkräfte in Deutschland so auszurüsten, wie sie dies für richtig halten.

Aus seiner Sicht ist in den USA und in Großbritannien, doch leider auch in der Sowjetunion, ein weitgehend unumkehrbarer Prozeß im Gange, die Kernwaffen zu miniaturisieren und sowohl taktische Luftstreitkräfte wie das Heer damit auszustatten. Zwar beklagt er es im Herbst 1956 lebhaft, daß die Diskussion über die Einführung von Gefechtsfeldwaffen einsetzt, bevor diese überhaupt in ausreichender Zahl zur Verfügung stehen. Doch er ist entschlossen, zumindest Trägersysteme für die Bundeswehr zu fordern.

Als das Thema im Frühherbst 1956 in der WEU hochkommt, fällt das ausgerechnet in die erste große Phase Adenauerschen Mißtrauens gegen die USA. In Statusfragen ist der Kanzler ohnehin stets sehr empfindlich, und so hält er es für unerträglich, »daß nur zwei Mächte in der Welt die großen nuklearen Waffen haben und damit über das Schicksal der Welt bestimmen«.[1]

Mit Blick auf die Bundeswehr ist das für ihn auch eine Frage prinzipieller Gleichberechtigung. Es geht aus seiner Sicht nicht an, die deutschen Divisionen und Geschwader schlechter auszurüsten als die amerikanischen oder die britischen: »Wir dürfen nicht den Zustand erreichen, daß man sagt, die Kolonialvölker sind die Infanteristen, die konventionelle Konflikte ausfechten müssen.«[2]

Die Frage hätte im Fall von Kampfhandlungen auch eine recht praktische Bedeutung. Offensivstöße des Gegners würden sich unvermeidlicherweise gegen die von deutschen Divisionen gehaltenen Frontabschnitte richten, falls diese nicht ebenso wie die amerikanischen und die britischen mit Kernwaffen ausgerüstet wären. Drastisch spricht der Kanzler des öfteren davon, konventionell ausgerüstete deutsche Truppen wären bloß »Schlachtvieh« – ein unerträglicher Gedanke.

An seiner prinzipiellen Forderung nach nuklearer Teilhabe läßt er daher nie einen Zweifel aufkommen, zumal die gesamte Waffenentwicklung in diese Richtung zu verlaufen scheint. Kein Wunder, daß Franz Josef Strauß durchaus mit Wissen und Billigung des Kanzlers auf der NATO-Ratssitzung am 14. Dezember 1956 die Forderung erhebt, »daß die NATO-Verbände in Europa bis zur Division hinunter Atomwaffen zur Verfügung haben müßten«[3]. Damit befindet er sich in guter Gesellschaft – Großbritannien, Frankreich, die Niederlande und die Türkei argumentieren ähnlich.

Doch zwischen den ersten Planungsgesprächen und der Einführung von Gefechtsfeldwaffen bei der Truppe liegt auch damals ein längerer Zeitraum. Adenauer ist zwar nie so unklug, so etwas wie einen »Doppelbeschluß« zu formulieren. Dies würde sowjetischen Druck von außen, Schwanken auf seiten der USA und pazifistische Kampagnen im Innern geradezu zwangsläufig provozieren. Aber er fordert nachdrücklich, den Zeitraum *vor* einer Stationierung für Abrüstungsverhandlungen zu nutzen, ohne sich jedoch in bezug auf die Systeme oder den Zeitraum festzulegen. Im Grunde hält er die Nuklearrüstung für unvermeidlich. Die Forderung nach Abrüstung soll Zeit gewinnen und zugleich den Sowjets die Verantwortung für die Einführung unpopulärer Waffensysteme zuschieben.

Was sich auf der NATO-Ratstagung im Dezember 1956 noch halbwegs unter der Decke halten läßt, bricht im Frühjahr 1957 wie eine Flutwelle über eine unvorbereitete Öffentlichkeit herein. Als Adenauer Mitte Februar von den britischen Umrüstungsplänen hört, argwöhnt er, daß in erster Linie Kritik an der Schwächung der westlichen Kampfkraft laut werden könne, wenn Großbritannien vierzigtausend Mann und die 2. Taktische Luftflotte aus Deutschland abzieht. Da man sich mitten im Aufbau der Bundeswehr befindet, erscheint ihm schon dies recht lästig, weil es der Opposition wohlfeile Argumente liefert. Hinzu kommt noch, daß die Briten für ihre in Deutschland stehenden Truppen Stationierungskosten verlangt und auch zugesagt erhalten haben. Und nun die Pläne eines Teilabzugs!

Daß England zu Lasten der konventionellen Verteidigung der zentraleuropäischen Front eigene Wasserstoffbomben herstellen möchte und damit seinem Weltmachtstatus aufhilft, ärgert Adenauer gleichfalls, genauso aber die Franzosen. Ihnen beiden sei bei dem Gedanken nicht wohl, einen Freund zu haben, der nukleare Waffen besitzt, während man selbst keine hat, sinniert Adenauer im Februar 1957 beim Tête-à-Tête mit Guy Mollet, worauf dieser repliziert: »Dann müssen wir eben auch in fünf Jahren nukleare Waffen haben.«[4]

Im März 1957 hofft Adenauer jedoch, beim Gespräch mit Botschafter Steel in Cadenabbia eine Lösung gefunden zu haben, die das Problem der britischen Umrüstung entschärft und vor allem über den Wahltag ins Jahr 1958 hinausschiebt.[5]

Damit ist es aber bald vorbei. Am 4. April veröffentlicht der britische Verteidigungsminister Duncan Sandys das neue britische Verteidigungs-Weißbuch. Adenauer kennt Sandys seit dem Sommer 1946. Damals hat der Schwiegersohn Churchills auf einer Reise durch Westeuropa auch ein Gespräch mit dem noch nicht lange amtierenden Vorsitzenden der CDU in der britischen Zone geführt, der ihm die »Vereinigten Staaten von Europa« als einzig sinnvolle Antwort auf alle sonst unlösbaren Fragen angepriesen hat.[6] In der Tat griff Churchill dann in seiner berühmten Zürcher Rede diese und andere Anregungen auf, als er »a kind of United States of Europe« forderte.

Churchill ist zwar inzwischen gebrechlich und hat im Mai 1956 nur mit einiger Mühe die Ehrungen bei Verleihung des Karlspreises in Aachen absolviert, von Adenauer mit großer Zuvorkommenheit behandelt. Sein Schwiegersohn aber ist im Frühjahr 1957 alles andere als altersschwach und verdirbt mit seinen höchst resoluten Umrüstungsplänen Adenauer beinahe den Wahlkampf. Das Konzept der Briten ist ganz klar: forcierter Aufbau einer starken Kernwaffenmacht auf Kosten der Army und der Navy, damit aber auch auf Kosten der kontinentaleuropäischen Verbündeten.

Genau besehen sind es freilich nicht nur die Briten, die Adenauer in Schwierigkeiten bringen. Er selbst ist es, der mit einer unüberlegten Äußerung einen Hornissenschwarm von Kritikern aufscheucht.

Auf einer Pressekonferenz am 5. April, einen Tag nach Veröffentlichung des britischen Weißbuchs, führt er nämlich seelenruhig aus, die Deutschen könnten die Entwicklung hin zu den taktischen Nuklearwaffen nicht stoppen, sie könnten sich nur anpassen. Dabei trifft er wieder einmal die Unterscheidung zwischen »großen« und »kleinen« Kernwaffen und fährt dann fort: »Die taktischen Waffen sind nichts weiter als die Weiterentwicklung der Artillerie. Selbstverständlich können wir nicht darauf verzichten, daß unsere Truppen auch in der normalen Bewaffnung die neueste Entwicklung mitmachen. Die großen Waffen haben wir ja nicht.«[7]

In der Öffentlichkeit entsteht der Eindruck, daß der Kanzler in der Kernwaffenfrage eine Wendung um 180 Grad vorgenommen hat. War er nicht noch im Sommer und Herbst 1956 ausdrücklich für eine rein konventionelle Ausrüstung der Bundeswehr eingetreten? Bestand seine Antwort auf die rasante Entwicklung von atomaren Sprengköpfen und Trägersystemen nicht darin, unablässig nach kontrollierter Abrüstung dieser Massenvernichtungsmittel zu rufen?

Das ist richtig, doch intern hatte er nie einen Zweifel daran gelassen, daß erforderlichenfalls auch die Bundeswehr mit »modernsten Waffen« ausgerüstet werden müsse. Wer sich wie Adenauer von Anfang an, nämlich seit dem Jahr 1948, für einen Verteidigungsbeitrag im Rahmen der westlichen Allianz entschieden hat, kann nun nicht innehalten, wenn die NATO-Strategie aus zwingenden Gründen die Ausrüstung mit taktischen Kernwaffen erfordert. Wie der leidenschaftliche Brief an John Foster Dulles vom August 1956 beweist, ist sich zwar Adenauer aller Implikationen dieser Entwicklung bewußt, auch der moralischen. Einen Ausweg sieht er aber letztlich nicht. Und als sich die oppositionelle SPD einschließlich der Aufrüstungsgegner in den Gewerkschaften und in der Evangelischen Kirche in die Kernwaffenfrage verbeißen, steht einmal mehr die Gesamtheit seiner Sicherheitspolitik auf dem Spiel.

Freilich ist die verharmlosende Präsentation der taktischen Kernwaffen als Fortentwicklung der Artillerie ein bemerkenswerter Mißgriff. Adenauer hat dies zwar seit Sommer 1956 vor dem Kabinett oder vor dem CDU-Vorstand schon des öfteren ausgeführt, meist auch mit denselben Worten. Doch es ist ein Unterschied, solche ungeschützten Vergleiche intern vorzunehmen oder auf einer Pressekonferenz.

Damit ist die erste große Atomdiskussion in der Geschichte der Bundesrepublik eröffnet. Und da in den Augen der Öffentlichkeit alles von einer Pressekonferenz des Bundeskanzlers seinen Ausgang nimmt, wird sie zumindest anfänglich zu einer Diskussion über Adenauer. Nicht nur seine moralische Sensibilität, auch sein Urteilsvermögen erweckt nun erhebliche Zweifel.

Den schlimmsten Schlag versetzt ihm aber gar nicht die SPD, sondern eine Gruppe von Wissenschaftlern mit Weltruf. Am 12. April, also genau eine Woche nach der Pressekonferenz Adenauers, wird in Göttingen, im Mekka der Atomforschung, die »Göttinger Erklärung« veröffentlicht. Ein Telegramm mit der Erklärung geht an den Bundeskanzler. Unterzeichnet ist das Dokument von der Creme deutscher Atomphysiker, darunter die vier Nobelpreisträger Max von Laue (1914), Werner Heisenberg (1932), Otto Hahn (1944) und Max Born (1954). Ein Teil dieser Wissenschaftler steht seit Jahren mit der Bundesregierung in durchaus enger Verbindung, so die Professoren Otto Hahn, Werner Heisenberg und Wolfgang Riezler. Heisenberg vor allem hat Adenauer seit 1951 direkt und indirekt auf die großen Möglichkeiten friedlicher Nutzung der Kernenergie hingewiesen und auf eine rasche Aufhebung der alliierten Restriktionen gedrängt. Der Kanzler selbst zeigte sich von Anfang an von der Kernenergie fasziniert und setzt seinen ganzen Einfluß für einen zügigen Aufbau dieser Zukunftsindustrie ein. Die Gründung der Deutschen Atomkommission am 26. Januar 1956 fand am Kabinettstisch im Palais Schaumburg unter dem Vorsitz des Atomministers Franz Josef Strauß statt, und im Anschluß an die Gründungssitzung gab Adenauer an seinem Amtssitz ein Essen.

Gerade in dem Bemühen der maßgebenden deutschen Atomphysiker um internationales Comeback liegt aber ein wesentliches politisches Motiv ihres Protests. Sie wollen möglichst rasch und möglichst komplikationslos Anschluß an die Grundlagenforschung, auch an die industrielle Forschung des Auslandes finden. Das scheint ihnen aber am sichersten erreichbar bei konsequentem Verzicht auf militärische Nutzung, die alles nur erschweren könnte. Es sind also durchaus keine apolitischen Wissenschaftler, die hier protestieren, auch wenn sie sich nun so geben. Einige von ihnen waren auch mit den Arbeiten am »Uranverein« befaßt, der im Zweiten Weltkrieg an einem deutschen Atombombenprojekt gearbeitet hat. Desgleichen sind sie mit dem internationalen Diskussionsstand unter den Atomphysikern bestens vertraut, auch mit den sehr kontroversiellen ethischen Auseinandersetzungen, die dort seit dem Abwurf der ersten Atombomben die Gelehrtenrepublik erschüttern.

Aus dem Kreis der Unterzeichner bestehen auch, wie Adenauer rasch erfährt, Verbindungen zu prinzipiellen Gegnern seiner Verteidigungspolitik. Der Verfasser der »Göttinger Erklärung«, Professor Carl Friedrich von Weizsäcker etwa, ein Sohn des ehemaligen Staatssekretärs des Auswärtigen Amts in den Jahren 1938 bis 1943, war schon im Juni 1954 an einem Gespräch zwischen Vertretern der Evangelischen Kirche und Naturwissenschaftlern beteiligt, an deren Zustandekommen Martin Niemöller, Leiter des kirchlichen Außenamts der EKD, maßgebenden Anteil hatte. Und zwei Jahre später hatte der Rat der EKD, wiederum beraten von einigen Wissenschaftlern, den Christen unter den Atomphysikern die Nichtbeteiligung an der Entwicklung von Kernwaffen empfohlen.

Unter den deutschen Atomphysikern wird vermutet, daß Franz Josef Strauß beim Aufbau der deutschen Nuklearindustrie auch an eine militärische Nutzung denkt. Erörterungen, wie sie im Oktober 1956 in bezug auf EURATOM im Kabinett geführt wurden, pflegen nicht völlig geheim zu bleiben. Allerdings richtet sich der Verdacht vor allem gegen Franz Josef Strauß. Adenauer wird, ganz zu Unrecht, eher Nichtwissen und ein schon recht seniles Gewährenlassen unterstellt. Daß er durchaus auch eine treibende Kraft bei allen Bemühungen ist, der Bundesrepublik die nukleare Option offenzuhalten, wird weder damals noch später voll erkannt. Die Formulierung »Weiterentwicklung der Artillerie« scheint diese Fehleinschätzung zu bestätigen. Ohne ihn mit Namen zu nennen, bringt die »Göttinger Erklärung« massiv zum Ausdruck, daß Adenauer von der zerstörerischen Wirkung der Kernwaffen keine Ahnung habe. Seine Unterscheidung zwischen »kleinen« und »großen« Atombomben wird mitleidlos zerpflückt: Jede einzelne taktische Atombombe oder Granate hat eine ähnliche Wirkung wie die erste Atombombe, die Hiroshima zerstört hat. Da die taktischen Atomwaffen heute in großer Zahl vorhanden sind, würde ihre zerstörende Wirkung im ganzen sehr viel größer sein. Als »klein« bezeichnet man die Bomben nur im Vergleich zur Wirkung inzwischen entwickelter »strategischer« Bomben, vor allem der Wasserstoffbomben. Darauf folgt der Hinweis, man könne »mit Wasserstoffbomben die Bevölkerung der Bundesrepublik heute schon ausrotten«. Schließlich die politische Schlußfolgerung: »Für ein kleines Land wie die Bundesrepublik glauben wir, daß es sich heute noch am besten schützt, wenn es ausdrücklich und freiwillig auf den Besitz von Atomwaffen jeder Art verzichtet. Jedenfalls wäre keiner der Unterzeichner bereit, sich an der Herstellung, der Erprobung oder dem Einsatz von Atomwaffen in irgendeiner Weise zu beteiligen.«[8]

Zu Recht versteht Adenauer diese Erklärung als persönlichen und durchaus politisch gezielten Angriff. Es verdrießt ihn auch, daß ihn keiner der Unterzeichner, obwohl teilweise persönlich mit ihm bekannt, zuvor angesprochen hat. Somit ist seine erste Reaktion so grob, wie man das bei ihm gewohnt ist, wenn er sich in die Ecke gedrängt sieht. Die Herren hätten schließlich vor Abgabe einer öffentlichen Erklärung mit ihm sprechen können! Kenntnisse der größeren Zusammenhänge und auch der Schutzmöglichkeiten für die Zivilbevölkerung im Ernstfall gingen ihnen ab! Unterstützung findet der Kanzler in seiner Kritik durch den Verteidigungsminister. In dessen Stellungnahme zur Erklärung der Atomwissenschaftler heißt es herablassend: »Der Bundesregierung und insbesondere dem Verteidigungsministerium ist die Wirkung der Atomwaffen auf Grund der vorliegenden genauen Informationen aus dem Ausland mindestens genauso bekannt wie den Wissenschaftlern.«[9]

Die Reaktionen aus dem Lager der Physiker und in der Presse belehren ihn aber darüber, daß er sich damit erneut unvorsichtig exponiert hat. Die Leute glauben eben dem Fachmann und nicht dem Politiker.

Blitzschnell schaltet er daraufhin um. Schon wenige Tage nach der Erklärung empfängt er fünf der 18 Unterzeichner im Bundeskanzleramt. Es sind die Professoren Gerlach, Hahn, von Laue, Riezler und von Weizsäcker. Von zehn Uhr morgens bis nachmittags um fünf steht er zur Verfügung, flankiert von Strauß, Hallstein, Rust und Globke. Zuerst läßt er die Generale Heusinger und Speidel Vortrag halten, dann erklärt er selbst seine Sicht der Dinge.

Zum Schluß erhält er, woran ihm vor allem liegt: ein in seiner Art einzigartiges Kommuniqué, unterzeichnet von ihm selbst und sämtlichen anwesenden Regierungsvertretern sowie den anwesenden Physikern. Der Kernsatz darin ist die Feststellung, daß »die Bundesrepublik nach wie vor keine eigenen Atomwaffen produzieren wird und daß die Bundesregierung demgemäß keine Veranlassung hat, an die deutschen Atomwissenschaftler wegen einer Beteiligung an der Entwicklung nuklearer Waffen heranzutreten«.[10] Zugleich wird hier die altbekannte Linie Adenauers erneut bestätigt, die Bundesregierung werde ihre Anstrengungen darauf richten, »durch ein Abkommen zwischen allen Mächten eine generelle atomare Bewaffnung der sich in Ost und West gegenüberstehenden Armeen zu vermeiden«.

Damit hat sich Adenauer erst einmal aus den nicht zuletzt von ihm selbst geschaffenen Schwierigkeiten herausgewunden. Tatsächlich ist ja eine Produktion deutscher Kernwaffen überhaupt noch nicht spruchreif, und indem Adenauer das Ziel einer Verhandlungslösung proklamiert, glaubt er, auch Zeit gewonnen zu haben. Im übrigen hat er sich alle Optionen offengehalten und dafür sogar die Unterschrift seiner wichtigsten Kritiker erhalten.

Die öffentlichen Erörterungen gehen aber weiter, verstärkt auch durch eine drohende Note der Sowjetunion. Ende April erscheint ein atompazifistischer Aufruf des in Deutschland hochgeachteten Albert Schweitzer, der, so bemerkt Adenauer im CDU-Vorstand sarkastisch, »von einem Großteil der deutschen Bevölkerung als ein Evangelium hingenommen« wird.[11] Auch die Umfragen erbringen höchst bedenkliche Befunde. 64 Prozent der Befragten sprechen sich im April 1957 gegen eine Ausrüstung der Bundeswehr mit Atomwaffen aus, 17 Prozent sind dafür, 19 Prozent unentschieden.[12]

Viele Anzeichen deuten nun darauf hin, daß Adenauer unter diesen Umständen alle Spuren verwischen und auf Zeit spielen möchte. Doch das wird durch den internationalen Fahrplan nicht eben erleichtert. Anfang Mai findet in Bonn die große NATO-Frühjahrstagung statt, die im Vorfeld der Bundestagswahlen der Bevölkerung vor Augen führen soll, welche Rolle Adenauer inzwischen im Kreis der freien Völker spielt. Adenauer ist stolz darauf, daß es ihm gelungen ist, die Konferenz an seinen Regierungssitz zu bringen. Prominentester Gast ist John Foster Dulles. Seit dem letzten Zusammentreffen mit Adenauer im Juni 1956 ist eine politische Ewigkeit vergangen. Nun soll die zeitweilig stark angeschlagene Verbindung im persönlichen Kontakt wieder erneuert werden, bevor Adenauer Ende Mai selbst in die USA reist. Das gelingt auch. Ironisch bemerkt der Kanzler, die Russen hätten »ihre Bombe« bezüglich der Atomwaffen etwas zu früh für die Bundestagswahlen abgeworfen. Dulles erwidert fröhlich, bei der Wahlkampagne Eisenhowers gegen Stevenson sei dasselbe geschehen. Man könne sich geradezu darauf verlassen, daß die Russen bei westlichen Wahlen solche Fehler machten.

Etwas ernster werdend, geht Adenauer dann auf die Ursachen der Atomängste in der Bundesrepublik ein. Das seien weitgehend Erinnerungen an den letzten Krieg. Ausdrücklich betont er, daß die USA als wichtigste Schutzmacht das Recht haben müßten, über ihre Waffen selbst zu bestimmen. Die Meinung der SPD sei sinnlos, die Bundesrepublik solle keine eigenen Atomwaffen haben und die Alliierten sollten ihre Kernwaffen nicht auf deutschem Territorium stationieren.

Dulles unterstreicht nachdrücklich, die Entwicklung der Kernwaffen müsse weitergehen, sofern es nicht zur kontrollierten Abrüstung komme. Adenauer bringt zwar die Feststellungen zur Sprache, die er in dem gemeinsamen Kommuniqué mit den Atomphysikern getroffen hat, fügt aber rasch hinzu, er habe sich nicht auf eine Zusage eingelassen, daß die Bundesrepublik niemals Atomwaffen erwerben werde. Soweit er wisse, verfügten die USA noch nicht über taktische Kernwaffen. Diese Zeit müsse somit für Abrüstungsverhandlungen genutzt werden.

Sobald die taktischen Kernwaffen aber erst einmal Realität seien, müsse auch Deutschland die Lage erneut überprüfen.

Darauf beklagt sich Adenauer bitter über General Montgomery, immerhin Stellvertreter des SACEUR Norstad, der eine Verteidigung in der Tiefe des Raumes verlangt und dabei für die Rückführung der belgischen und niederländischen Divisionen plädiert hatte. Leider habe Norstad dem viel zu wenig widersprochen.

Das gibt Dulles Gelegenheit, nochmals mit Nachdruck darauf zu verweisen, daß im Fall einer sowjetischen Invasion moralische Überlegungen einen massiven Vergeltungsschlag gegen Moskau verbieten. Dadurch würden Millionen Menschen vernichtet. Hingegen gebe es eine definitive Entwicklung taktischer Kernwaffen, die sehr bald verfügbar sein könnten. Würden derart ausgerüstete Truppen an der Grenze aufgestellt, so wäre eine Invasion feindlicher Streitkräfte praktisch unmöglich.

In diesem Zusammenhang äußert Adenauer den dringenden Wunsch, im Fall eines britischen Abzugs aus Norddeutschland amerikanische Kampftruppen dort stationiert zu bekommen.[13]

Nach der Besprechung, an der deutscherseits von Brentano, Strauß und Heusinger teilnehmen, kann kein Zweifel mehr daran bestehen, daß Washington auch von der Bundesrepublik erwartet, Atomwaffenträger in Gestalt von Artillerie, Jagdbombern und Raketen in die Bundeswehr einzugliedern. Die Fragen der Reichweite, der Stationierung und der Befehlsgewalt über Atomwaffenträger sind zwar noch offen. Sonnenklar aber ist, daß Adenauer der Einführung von Kernwaffen im Prinzip zustimmt.[14]

Auch bei dem Besuch Premierminister Macmillans in Bonn kurz nach der Frühjahrstagung der NATO betont Adenauer, nur eine Ausrüstung mit taktischen Atomwaffen könne den Angriff in Mitteleuropa abwehren.[15]

Öffentlich festlegen möchte er sich aber noch nicht. Einen Tag vor der großen Atomdebatte im Deutschen Bundestag am 9. Mai 1957 findet in Zimmer 119 N des Bundeshauses eine Kabinettsitzung unter Teilnahme von Fraktionsvertretern statt. Derselbe Kanzler, der eben Dulles gegenüber praktisch eine Zusage gegeben hat, plädiert nun dafür, den begreiflichen Sorgen der Bevölkerung entgegenzukommen. Folgende Hauptpunkte müßten bei der Debatte herauskommen: erstens der unbedingte Wille, auf jede Weise ein Abrüstungsabkommen zu erreichen, zweitens die Unmöglichkeit, den Wirkungen von Atomwaffen zu entgehen, selbst wenn man darauf verzichtet, drittens Bemühung um ausreichende Schutzmaßnahmen.

Adenauer wird also vor den Wahlen abwiegeln und vorerst für eine Rüstungskontroll-Lösung plädieren. Allerdings hütet er sich vor einer zu engen Koppelung. Denn es ist so gut wie sicher, daß die Londoner Abrüstungsverhandlungen keinen substantiellen Durchbruch erbringen können. Die USA und Großbritannien sind zur Einführung atomarer Schlachtfeldwaffen entschlossen – und er genauso.

Immerhin bremst er nun so stark, daß Franz Josef Strauß bei der Rückerinnerung aus dem Abstand von mehr als dreißig Jahren den Eindruck gewinnt, Adenauer habe bei dieser Sitzung für ein Nein zur Stationierung plädiert, er selbst aber habe widersprochen.[16] Doch tatsächlich akzeptiert Adenauer die von Strauß formulierte Regierungserklärung weitgehend und regt nur einige stilistische Änderungen an.

Die große Bundestagsdebatte am 10. Mai wird vor allem von Strauß und Gerstenmaier bestritten. Gerstenmaier gelingt es, die Erörterungen auf jene anspruchsvolle moralische Ebene zu rücken, auf der man sich auch künftig in Deutschland zu bewegen liebt, wenn von den neuartigen Massenvernichtungswaffen die Rede ist. Der Kanzler schlängelt sich mit einer vergleichsweise kurzen Intervention durch, wobei er nachhaltig dazu aufruft, bei der Londoner Abrüstungskonferenz Fortschritte zu erzielen.[17] Wie schlecht die Aussichten für eine Einigung dort stehen, mußte ihm allerdings Dulles schon zehn Tage zuvor auseinandersetzen. Adenauer hat ihn daraufhin beschworen, selbst dann, wenn sich ein Scheitern abzeichne, die Londoner Verhandlungen im Abrüstungsunterausschuß der Vereinten Nationen bis über den Zeitpunkt der Bundestagswahlen hinaus zu verzögern.[18]

Wie wenig wohl es Adenauer beim Gedanken an das zu früh aufgekommene Atomwaffenthema aber immer noch ist, läßt er einen Tag nach der Bundestagsdebatte im Parteivorstand der CDU erkennen. Groß ist nach wie vor seine Sorge, »daß sich der Bundestagswahlkampf in erster Linie abspielen wird im Zeichen der Außenpolitik, und zwar im Hinblick auf die atomare Ausrüstung«[19]. Er glaubt in der Wählerschaft einen »Schock« zu verspüren, »weil diese Frage nicht irgendwie rational, mit irgendeiner Überlegung, sondern einfach emotional beantwortet würde«.[20]

Nach solchen und ähnlichen Erkenntnissen präsentiert er sich den gleich ihm etwas ratlosen CDU-Größen aber dann doch wieder als ein Parteiführer, der psychologisches Gespür mit machiavellistischer Demagogenkunst verbindet: »Jetzt handelt es sich um einen Kampf gegen die Angst; denn die Angst ist auch bei unseren Leuten vorhanden, die sonst zu uns halten. Deswegen kann man die Angst nach meiner Meinung nur noch mit einer größeren Angst vertreiben.«[21] Was genau er sich dabei denkt, wird bei dieser Sitzung nicht völlig klar. Doch als er in der heißen Phase des Wahlkampfs kühl die Behauptung aufstellt, »daß mit einem Sieg der SPD der Untergang Deutschlands verknüpft ist«, wird deutlich, was damit gemeint war.[22]

Machiavellistische Demagogie – dies ist jedoch nur der eine Teil seiner Antwort auf die in ihrer Art genauso demagogische Angstkampagne der SPD. Der andere Teil besteht in der Einsicht, daß gerade bei Fragen, in denen kreatürliche Angst im Spiel ist, viel davon abhängt, ob es gelingt, den Leuten »wieder etwas Vertrauen einzuflößen«.[23]

Politisches Vertrauen beruht aber auch auf der Überzeugtheit von der überlegenen Moralität eigenen Handelns. Daher setzt er seinen ganzen Charme ein, Professor Helmut Thielicke mit einem Vortrag zum Thema »Verantwortung und Gewissen im Atomzeitalter« für den CDU-Parteitag in Hamburg zu gewinnen. Thielicke ist der damals bekannteste lutherische Ethik-Professor, zugleich ein gewaltiger Kanzelredner, Sympathisant der CDU, doch kein Parteimitglied.

Thielicke ist jedoch auch ein Mann, der sich gern bitten läßt, und so sieht sich Adenauer veranlaßt, ihn in einem persönlichen Gespräch zu bearbeiten. Dabei gibt er eine Probe seiner vielgerühmten Kunst der Menschenbehandlung, von der sich Thielicke noch in seinen ein Vierteljahrhundert später geschriebenen Lebenserinnerungen tief berührt zeigt.

Das Palais Schaumburg beeindruckt durch seine Stille, und kaum hat Thielicke das Vorzimmer Adenauers betreten, kommt dieser dem ihm noch Unbekannten mit ausgebreiteten Armen entgegen: »Herr Professor, Sie werden doch so 'nen alten Mann wie misch nisch im Stich lassen!«[24] Als das Thema Vortrag schon nach fünf Minuten erledigt ist, weil Adenauer für alles »Carte blanche« gibt – Kritik an der CDU, Länge der Rede, keine Zensurierung – kommt man auf Fragen der praktischen Ethik. Thielicke beginnt über eines seiner Lieblingsthemen, die Sexualethik, zu dozieren und vernimmt dabei vom Kanzler, er selbst habe die sexuelle Aufklärung seiner Frau überlassen, und auf die Frage »Warum das?«, antwortet Adenauer: »Ich hatt' Angst, ich ging zu weit!«[25] Nach ethischer Wegweisung zur Nuklearfrage zeigt sich der Kanzler in diesem Gespräch nicht begierig.

Für ebenso wichtig wie die theologische Orientierung verunsicherter CDU-Delegierter hält Adenauer aber auch die Aufklärung über die Folgen radioaktiver Verseuchung. Ohne zuzugestehen, wie ihn das selbst heimlich beunruhigt, kommt er im CDU-Vorstand auf Albert Schweitzer zu sprechen. Schweitzer hat gesagt, so führt Adenauer in bekannt unnachahmlicher Manier aus, »daß nämlich das Gras, die Kühe, die Milch, der Regen und die Eier und was weiß ich alles noch radioaktiv seien«. Nun kenne er ihn persönlich – »ein sehr kluger und reizender Mann; aber ich bin davon überzeugt, daß das alles nicht richtig ist. Das kann ich natürlich nicht sagen, denn dann heißt es: Der soll den Mund halten.« Wenn also seine Parteifreunde ihm auf der Suche nach einem Physikprofessor behilflich sein würden, der »konkret darüber sprechen könnte: Es ist nicht an dem, es ist nicht berechtigt, – dann würde ich das für sehr gut halten«.[26]

Adenauers Entscheidung, Thielicke auf dem CDU-Parteitag die Plattform zu einer zweistündigen, tiefschürfenden ethischen Reflexion aus lutherischem Geist einzuräumen, erweist sich als überlegte Regie. Niemand kann nun sagen, daß er es sich mit dieser Gewissensfrage zu leicht macht. Im Anschluß an den Vortrag findet sofort eine Diskussion statt, und Adenauer ist der erste, der den Redner einerseits kräftig lobt, andererseits aber, wie Thielicke richtig bemerkt, »in meisterlicher Improvisation mit der einen Hand nahezu alle meine kritischen Spitzen extrahierte, wobei er mir mit der anderen über die Wange strich«.[27]

So tritt Adenauer innerhalb eines Monats erst eine Lawine los und versteht sie dann unter Aufbietung aller taktischen Künste aufzufangen. Zu diesen Künsten gehören auch Hunderte von Veranstaltungen der Arbeitsgemeinschaft Demokratischer Kreise, die sich landauf, landab mit der sowjetischen Gefahr auseinandersetzen. Das Thema Atomwaffen wird zwar 1958 nochmals aufkochen, doch mit dem CDU-Parteitag ist die Atomdebatte erst einmal ausgestanden. Recht getrost macht sich Adenauer nun Ende Mai zu einer Amerikareise auf, um dort noch die nötige Feinarbeit zu leisten. General Norstad, der ihn kurz zuvor aufsucht, trifft ihn in »ausgezeichneter Stimmung, gesundheitlich sehr gut beieinander«. Der einundachtzigjährige Kanzler erzählt ihm, daß er im Juli, August und September, ausgenommen die Sonntage, jeden Abend auf einer großen Veranstaltung sprechen wird. Fritz Schäffer hat ihm den Rat gegeben, er müsse sich dem Volk zeigen. Die Intellektuellen mögen wetterwendisch oder unsicher sein, aber die großen Wählermassen, so meint dieser Kenner der bayerischen Volksseele, »halten nach wie vor an Adenauer fest«.[28]

Nicht nur die deutschen Volksmassen halten weiterhin an Adenauer fest. Auch Eisenhower und Dulles setzen einmal mehr bedingungslos auf diesen Kanzler. Der tiefen Dissonanzen in der zweiten Jahreshälfte 1956 soll nicht mehr gedacht werden. Schon Anfang Mai 1957 hat Dulles bemerkenswerte Eröffnungen gemacht. Die USA hätten erkannt, daß sich Großbritannien als Großmacht auf dem Abstieg befinde. Im Grunde, so Dulles, ist das bereits ein säkularer Vorgang. Er blieb nur deshalb verborgen, weil England sowohl im Ersten wie im Zweiten Weltkrieg von starken Alliierten unterstützt wurde, insbesondere von den USA. Verborgen geblieben auch deshalb, fügt Dulles hinzu, weil die deutsche Staatsführung 1914 und 1939 so dumm gewesen sei, eine ganze Armee von Gegnern gegen sich mobil gemacht zu haben. Die schon lange latent vorhandene Situation Großbritanniens sei in der Suez-Krise offenbar geworden, als es eine von den USA losgelöste Politik betreiben wollte. Das problematische Verteidigungs-Weißbuch, in dem London tiefe Streichungen bei der Navy und den Landstreitkräften vornehme, unterstreiche dies.

Wie ganz anders demgegenüber Deutschland, bekommt Adenauer zu hören. Dank der erleuchteten Führung des Kanzlers sei nunmehr die wahre Position Deutschlands zum Durchbruch gekommen. Das deutsche Volk solle tief dankbar und stolz und bereit sein, diese Verantwortung zu übernehmen. Vielleicht sei Adenauer persönlich nicht in der Lage, das so zu präsentieren, denn er sei in gewissem Maß der Held dieses Bildes. So wolle er selbst gern dazu beitragen, diese unter Adenauer erreichte Position der Deutschen ins rechte Licht zu rücken.[29]

Die Botschaft ist sonnenklar und geht Adenauer wie Honig ein. Statt der *special relationship* zwischen den USA und Großbritannien existiert nun eine deutsch-amerikanische Partnerschaft. Die verkehrte deutsche Geschichte der ersten Jahrhunderthälfte ist endlich auf den richtigen Weg gebracht. Dabei bringt Dulles als Selbstverständlichkeit zum Ausdruck, daß die Bundesrepublik ganz einfach Deutschland ist. Die Ostzone verbleibt ein sowjetisches Protektorat, das nicht einmal Erwähnung verdient.

Bei Adenauers Amerikabesuch Ende Mai 1957 wird das ein paar Wochen zuvor in Bonn vertraulich Mitgeteilte protokollarische Wirklichkeit. Keinem anderen Staatsmann außer Nehru ist bisher die Ehre zuteil geworden, auf Eisenhowers Farm bei Gettysburg eingeladen zu werden und dessen Zuchtbullen vorgeführt zu bekommen. Bei allen Begegnungen zwischen Eisenhower und Adenauer gewinnt man stets den Eindruck, daß der Präsident die menschlich gewinnendere, herzlichere Gestalt ist. Adenauer versteht es zwar, seine Vorbehalte zu tarnen, kann aber im nachhinein selten von der *médisance* lassen.

Protokollarische Ehren

*Mit Dwight D. Eisenhower auf der Farm
des amerikanischen Präsidenten bei Gettysburg.*

Zugleich erweist sich Washington vorbehaltlos bereit, im Kommuniqué der Besprechungen das seit Sommer 1955 bereits in Auflösung begriffene Junktim zwischen Abrüstung und Wiedervereinigung nochmals ostentativ zu bekräftigen. Keine Abrüstungsmaßnahme, wodurch die Wiedervereinigung präjudiziert wird!

Nach soviel praktischen und symbolischen Freundschaftsbeweisen liegt Adenauer wieder ganz auf amerikanischem Kurs. Zum letzten Mal vermag er einen Bundestagswahlkampf mit dem vollen Segen des Weißen Hauses zu führen.

Auch seine Sorgen über die amerikanische Abrüstungsdiplomatie haben sich jetzt zerstreut. Kurz vor dem Abflug nach Washington hatte er Norstad ans Herz gelegt: »Ich werde die Wahlen gewinnen, wenn die Amerikaner keinen Fehler machen.«[30] Bei der Rückkehr aus Washington hat er die Versicherung von Eisenhower und Dulles in der Tasche, die Londoner Abrüstungskonferenz notfalls erst dann platzen zu lassen, wenn die Bundestagswahlen vorbei sind. Somit kann der Kanzler die Atomkampagne der SPD seelenruhig mit dem Hinweis abwehren, man müsse nun alles tun, um die Abrüstungsverhandlungen zum Erfolg zu führen.

Je näher der 15. September rückt, um so mehr erscheint ein neuer Wahlsieg Adenauers wie ein unabwendbares Naturereignis. Seine Einsätze vor großen Volksmassen sind noch schonungsloser und zahlreicher als im Jahr 1953. Kein Bundesland wird diesmal ausgelassen. Noch dichter als damals strömen jetzt die Massen zusammen, wenn Lautsprecherkolonnen das Herannahen des Bundeskanzlers ankündigen. Die Wahlen sind erneut ein Kanzlerplebiszit. Auch die Wahlwerbung ist noch perfektionierter. Als Clou wird allgemein der Slogan »Sicherheit – keine Experimente« betrachtet – zum Schlagwort verdichteter Sekuritätswunsch Mitte der fünfziger Jahre. Adenauer hat jedoch eben wieder erfahren, auf wie dünner Decke man sich bewegt. Durch die Atomkampagne der Opposition waren die Wähler für wenige Wochen aus jener geschäftigen Selbstsicherheit aufgeschreckt worden, in der man damals wie später eine Art Epochensignatur der späten fünfziger Jahre zu erkennen glaubt.

Rudolf Augstein, der Adenauers Weg von Anfang an prononciert boshaft, doch auch mit einer gewissen Bewunderung kommentiert, nennt ihn während dieses Wahlkampfs einen »demagogischen Patriarchen«[31]. Genau danach verlangen offenbar die Wählermassen – nach einem erfolgreichen, hartgesottenen, verführerisch unterhaltsamen und völlig selbstsicheren Patriarchen, der ihnen verspricht, es werde schon alles gut-

Schonungsloser Einsatz

*Wahlkampfszenen 1957:
im Sonderzug und bei einer Rede in Michelstadt.*

gehen, wenn man nur die CDU wählt. Adenauer selbst ist der Auffassung, daß jede öffentliche Meinung den »Atomschock« einmal durchstehen muß, wenn sie mit der Furchtbarkeit dieser Waffen konfrontiert wird.[32] Das scheint nun überwunden.

Niemand denkt jetzt mehr daran, daß der unglückliche SPD-Vorsitzende Ollenhauer knapp ein Jahr zuvor durch die Welt gereist ist, um sich als künftigen Bundeskanzler einzuführen. Jetzt erweckt Adenauer fast den Anschein, als habe er selbst ihn erfunden.

Noch lange Jahre danach erinnert sich Bruno Kreisky an eine peinliche Episode anläßlich eines Empfangs in der Godesberger Redoute. Er steht in einer Gruppe mit Ollenhauer zusammen, als Adenauer hinzutritt. Einer aus der Runde bemerkt taktlos: »Wie wäre es, Herr Ollenhauer: Wir leihen Sie nach Österreich aus und borgen uns dafür den Herrn Kreisky.« Ollenhauer lacht verlegen, aber Adenauer treibt den schlechten Scherz auf die Spitze: »Nein, den Herrn Ollenhauer brauche ich.«[33]

Der Wahlsieg Adenauers übertrifft noch den des Jahres 1953. Bei einer Wahlbeteiligung von 87 Prozent gewinnt die Union aus CDU und CSU fast 55 Prozent der Mandate und 50,2 Prozent der abgegebenen Stimmen. Die FDP unter dem als Parteiführer glücklosen Reinhold Maier sackt auf 7,7 Prozent ab. Die SPD stagniert weitgehend und kommt nur auf 31,8 Prozent. Die Ära Adenauer hat ihren Zenit erreicht.

Auch gesundheitlich befindet sich Adenauer während dieses Wahlkampfs und danach in vorzüglicher Verfassung. Seine Umgebung staunt, wie prächtig er das Tief des Winters 1955/56 überwunden hat. Das berühmte Wahlplakat, das ihn als braungebrannten Mann in besten Jahren zeigt, mit rundem Gesicht, straff zurückgekämmten Haaren und mit leuchtend blauen Augen, ist zwar von den Werbegrafikern leicht geschönt. Doch wenn er ein paar Stunden an der Sonne verbracht hat, sieht er tatsächlich noch fabelhaft aus. Er hält sich immer noch kerzengerade, geht sicheren Schrittes, ist stets blitzschnell in den Reaktionen und fast unermüdlich.

Seine Anhänger und die wenigen verbliebenen Freunde sehen ihn schon auf dem Weg zum 90. Geburtstag, der 1966 zu feiern sein wird. So bringt etwa der alte Freund Dannie Heineman aus Greenwich in Connecticut am 15. September, als die Siegesnachrichten aus Deutschland eingehen, einen Glückwunsch zu Papier. Manchmal treffen Knittelverse die Stimmung eines großen Augenblicks besser als dies weitgespannte politische Analysen tun könnten:

Alte Freunde

Im Park Dannie Heinemans.

> »Nach den großen Resultaten,
> Die man könnte schon erraten,
> Durch Vergleich mit Adenauer
> Und dem Gegner Ollenhauer,
> Müssen alle freien Staaten
> Einen großen Ochsen braten ...
> In vier Jahren, ohne Frage,
> Stehn Sie vor derselben Lage
> Und derselbe Ollenhauer
> Liegt dann wieder auf der Lauer.
> Wäre gerne auch dabei,
> Doch neunzig Jahr' sind allerlei ...
> Ihre Staatskunst wird Sie schützen,
> Verdi's, Titian's Beispiel nützen.
> Auch denken wir an Freund Johannes:
> Was Konrad will, mein Gott, er kann es!«[34]

Adenauer freut sich auch über die Erinnerung an den väterlichen Förderer Johannes Hamspohn.[35] Doch er, der ehemals selbst recht unbeschwerte Jugendgedichte gedrechselt hat, findet nun nur noch die Zeit, in staatsmännisch gestelzter Prosa zu antworten: »Es würde manches leichter sein, wenn es allen Politikern gelingen würde, mit derselben Weisheit und demselben Humor zu denken und zu schreiben wie Sie es getan haben.«[36]

Leicht fällt ihm eben doch nichts mehr, auch nicht die Regierungsbildung mit absoluter Mehrheit. Und so schreibt er an Heineman schon am 8. Oktober wieder: »Die Bundestagswahl ist zwar vorüber, aber die Bildung einer Bundesregierung ist ein nicht minder schwieriges Geschäft als eine Wahl zu gewinnen.«[37]

Aufmarsch der Diadochen

In der vierzehnjährigen Ära Adenauer ist die Regierungsbildung von 1957 kein besonders spektakulärer Vorgang: das übliche Handgemenge, in dem Politikerehrgeiz, Sachprobleme, Parteiformationen, Verbandsmacht und die Macht der Presseorgane von einem erfahrenen Kanzler und seinem stets präsenten Staatssekretär zu manipulieren sind.

Obschon die absolute Mehrheit der Unionsparteien feststeht, dauert

Regierungsbildung

der Vorgang paradoxerweise länger als üblich. Als das muntere Treiben schon über einen Monat währt, führt Adenauer vor der CDU/CSU-Fraktion bewegte Klage: »voll innerer Empörung« stellt er fest, daß man versucht, »ihn an Händen und Füßen zu knebeln«. Außerdem bleibe in keinem Ministerium etwas geheim, alles finde seinen Weg in die Presse. Was sei nicht alles zu bedenken und auszugleichen: die Wünsche der »verschiedenen Stände«, die Interessen des Nordens und des Südens, die Konfessionsfrage, die Wünsche der CDU-Sozialausschüsse, die der Frauen! Doch schließlich muß das Kabinett ja auch arbeitsfähig sein; es darf also nicht nur die Abgesandten von Gruppen und Regionen vereinigen! Der Wahlsieger vom 15. September schließt mit dem Ausruf: »Lieber drei Bundestagswahlen hintereinander als eine Kabinettsbildung!«[1]

Allzu ernst nehmen darf man solche Seufzer jedoch nicht. Sie sind Teil eines Rituals, das in pluralistischen Systemen ganz unvermeidlich ist. Immerhin läßt sich dabei studieren, wie es um die Kräfteverteilung innerhalb der Union beschaffen ist, mit der Adenauer in der Phase absoluter Mehrheit zu regieren hat. Auch die Diadochenkämpfe der späten Adenauerjahre kündigen sich schon ganz leise an.

Parallel dazu ruiniert der Abbruch der diplomatischen Beziehungen zu Jugoslawien alle Ansätze einer beweglichen Ostpolitik. Die versteinerte Hallstein-Doktrin wird bis ans Ende seiner Kanzlerschaft auf Adenauer lasten. Das gibt den sechs Wochen dieser Regierungsbildung eine weit in die Zukunft wirkende Bedeutung.

Als die Wahlresultate bekannt werden, kann über die innenpolitischen Kräfteverhältnisse für die Legislaturperiode 1957 bis 1961 kein Zweifel bestehen. Die SPD ist vorerst ganz aus dem Spiel und dazu verurteilt, ihre Wunden zu lecken. Dasselbe gilt für die FDP. Kein Grund mehr, sie in die Koalition hereinzunehmen. Als die Frage den Bundesparteivorstand der CDU beschäftigt, meint Adenauer dazu: »Nach meiner Meinung sollte man die FDP ihrer inneren Entwicklung in Ruhe überlassen. Vor allem sollte man sich nicht selbst Läuse in den Pelz setzen.« In dieser Hinsicht sei er in den letzten vier Jahren klüger geworden.[2]

Nur die Deutsche Partei ist noch in der Regierung willkommen. Sie wird im norddeutschen Raum gebraucht, um vagabundierende Elemente aus dem rechten Lager zu binden. Zudem ist ihr Vorsitzender Heinrich Hellwege als Ministerpräsident von Niedersachsen der ruhende Pol in der dort noch recht vielschichtigen Parteienlandschaft. Hans Joachim von Merkatz und Hans-Christoph Seebohm verbleiben also im Kabinett, aber Adenauer hegt Hintergedanken: »Daß die Deutsche Partei ewige Zeiten vor sich haben wird, glaube ich auch nicht.«[3] Der Moment, da die Deutsche Partei dem Sog der CDU nicht mehr widerstehen kann, wird in dem Augenblick erreicht sein, als die DP-Hausmacht in Niedersachsen bei den Landtagswahlen im Frühjahr 1959 wegbricht.

Der Trend zum Zweiparteiensystem hat mit den Bundestagswahlen 1957 seinen Gipfelpunkt erreicht. Jetzt hält Adenauer sogar ein Verschwinden der FDP für möglich. Ist nicht auch sie im Begriff, auf die Dimension einer Regionalpartei zu schrumpfen mit Stützpunkten in Baden-Württemberg und Nordrhein-Westfalen? Winston Churchill, so erzählt der Kanzler im CDU-Parteivorstand, hat ihm vor Jahren eine interessante Eröffnung gemacht. Auf Adenauers Frage, worauf er den überall in Europa zu vermerkenden Rückgang der Liberalen zurückführe, bekam er zur Antwort: »Die Sache ist sehr einfach. Als die liberalen Parteien stark waren, haben sie berechtigte Forderungen vertreten. Diese Forderungen haben sich mehr oder weniger alle Parteien zu eigen gemacht, so daß der Liberalismus keine Daseinsberechtigung mehr hat, weil seine Forderungen im wesentlichen im Laufe der Jahrzehnte erfüllt worden sind.« Und Adenauer fährt fort: »Ich glaube, so geht es auch mit den deutschen Liberalen.«[4] Bleiben also CDU und CSU. Nach wie vor besitzt die Bundes-CDU gegenüber Adenauer nicht viel politisches Eigengewicht. Ihr Vorstand hat bei der Regierungsbildung so gut wie nichts zu bestellen. Adenauer beruft ihn auf den 19. September ein. Dort macht er deutlich, daß er nicht ernsthaft daran denkt, die FDP wieder in die Koalition hineinzunehmen. Immerhin: völlig ausschließen möchte er es doch nicht. Ausgeschlossen ist nur »eine schwarz-rote Koalition.«[5] Bei Licht betrachtet, beläßt ihm der Vorstand also freie Hand für die Regierungsbildung. Danach tritt er erst wieder am 17. Januar 1958 zusammen.

Über politisches Gewicht verfügen nur die Fraktion und die Landesverbände, am Rande noch die Junge Union unter Gerhard Stoltenberg sowie die CDU-Sozialausschüsse. Doch auch letztere haben 1957 nur noch wenig zu bestellen. Karl Arnold, der sich in den Bundestag wählen ließ und dem Adenauer noch ein Jahr zuvor in seiner Not das Amt des Vizekanzlers angeboten hatte, geht nun völlig leer aus. Zwar findet sich Theo Blank jetzt bereit, dem Kabinett als Arbeits- und Sozialminister wieder beizutreten. Adenauer und die Fraktion fühlen sich ihm gegenüber zur Wiedergutmachung verpflichtet. Außerdem haftet ihm von allen Spitzenpolitikern des Gewerkschaftsflügels der CDU noch am wenigsten jener Ruch der linken Sozialausschüsse an, den Adenauer seit seinen Tagen als CDU-Vorsitzender in der britischen Zone verabscheut.

Die Mitte-Rechts-Verschiebung im Unionslager zeigt sich bei der Regierungsbildung 1957 noch deutlicher als ein Jahr zuvor bei der Regierungsumbildung. Daß Adenauer im Moment seines größten Triumphes, da er nun völlig freie Hand hat, die Parteilinke fast auf Null bringt, spricht Bände. Allerdings weist er in der Fraktion auch ausdrücklich auf einen Hauptgrund für die Schwäche dieses Elements hin – den großen Mangel an erfahrenen Arbeitnehmervertretern.[6]

Ernst zu nehmende Machtzentren aber sind die Landesverbände der CDU. Doch genau besehen herrscht dort eine ziemliche Asymmetrie. An der Vorherrschaft der Landesverbände Rheinland und Westfalen in der Bundesregierung hat sich noch nichts geändert. Im Gegenteil. Innerparteilich gesehen, bedeutet die Ära Adenauer das Dominieren von CDU-Spitzenpolitikern aus Nordrhein-Westfalen im Kabinett. Das wird sich erst 1961 und 1962 etwas ändern, als mit Kai-Uwe von Hassel ein Repräsentant der schleswig-holsteinischen CDU Verteidigungsminister und mit dem Familien- und Jugendminister Bruno Heck wenigstens *ein* Schwabe aus dem Unionslager Minister wird.

Das Kabinett von 1957 ist also wieder in weiten Teilen von nordrhein-westfälischen Ressortchefs geprägt. NRW stellt mit Adenauer den Bundeskanzler, mit Heinrich Lübke den Landwirtschaftsminister, mit Gerhard Schröder den Innenminister, mit Theo Blank den Arbeits- und Sozialminister, mit Paul Lücke den Wohnungsbauminister und nun mit Franz Etzel sogar noch den Bundesfinanzminister. Darin kommt zum Ausdruck, daß Nordrhein-Westfalen damals das Kernland der CDU ist – dank der starken Parteiorganisationen, dank der Wirtschaftskraft des Landes, aber auch dank dem Umstand, daß mit Adenauer von Anfang an der große Parteiboß des Rheinlandes im Bundeskanzleramt regiert.

Landauf, landab findet sich in den CDU-Landesverbänden schon die Überzeugung, daß es so nicht weitergehen kann. Als man aber endlich damit Ernst machen möchte, den vielfältigen Problemen der Parteiorganisation abzuhelfen, erhält wiederum ein Exponent des Rheinlandes die Aufgabe übertragen – Franz Meyers aus Mönchengladbach, ehemaliger Innenminister aus dem Kabinett Arnold und ab Juli 1958 Ministerpräsident von Nordrhein-Westfalen. Natürlich stammt auch der Bundesschatzmeister der CDU, Oberbürgermeister Ernst Bach, aus NRW, ganz zu schweigen von Adenauers heimlichem Schatzmeister Robert Pferdmenges.

Immerhin: der Bundesaußenminister kommt aus Hessen. Doch das politische Gewicht dieses Landesverbandes ist gering, seit sich die CDU im Land Hessen in einer strukturellen Minderheitsposition befindet.

Auffällig ist, wie wenig sich während der ganzen fünfziger Jahre das schwäbische Element im Kabinett durchsetzt, obwohl die CDU seit 1953 mit Gebhard Müller in Stuttgart den Ministerpräsidenten stellt. Doch die Parteiorganisation im Südwesten ist in drei Landesverbände aufgesplittert. Zwar führt Ludwig Erhard, der seinen Wahlsitz in Ulm hat, die Landesliste von Baden-Württemberg an. Doch jedermann weiß, daß er landsmannschaftlich ein Franke und kein Schwabe ist. Der einzige Schwabe in einer CDU-Spitzenposition ist Bruno Heck, Bundesgeschäftsführer der CDU. Aber Adenauer legt trotz gewachsener Wertschätzung für Heck Wert darauf, den Geschäftsführer in dienender Funktion zu halten.

Bei der Regierungsbildung 1957 kommen die prominentesten schwäbischen Abgeordneten besonders schlecht weg. Adenauer fühlt sich zwar verpflichtet, Eugen Gerstenmaier das Innerdeutsche Ministerium anzubieten. Doch das ist diesem zu wenig. Da auch kein anderes Ressort frei ist, das seinen außenpolitischen Interessen entspricht, verbleibt er lieber im Amt des Bundestagspräsidenten. In dieser Funktion wird er Adenauer rasch lästig. Er ist nicht in die Disziplin des Kabinetts eingebunden, sieht sich auch als über der Fraktion stehend an und trägt daher überhaupt keine Bedenken, zeitweilig eine Art Ein-Mann-Opposition innerhalb der CDU zu spielen. Während der dritten Legislaturperiode bilden die Geschichten von den Wortgefechten zwischen Adenauer und dem selbstbewußt-derben Gerstenmaier den Gesprächsstoff auf vielen Bonner Parties.

Noch unzufriedener ist Kurt Georg Kiesinger. Zu Beginn der Regierungsbildung hat es den Anschein, als werde Adenauer seinen glanzvollen Einsatz als Debattenredner endlich lohnen und ihn als Bundesjustizminister ins Kabinett nehmen, wozu er prädestiniert wäre. Aber auch diesmal läßt sich der Eindruck nicht abwehren, daß Adenauer seit den Wochen, als er ihn im Herbst 1950 erfolglos in das Amt des Bundesgeschäftsführers der CDU bringen wollte, gegen Kiesinger verschwiegene Vorbehalte hegt – er hat nämlich auch das Angebot des Justizministeriums mit der Erwartung verbunden, daß Kiesinger es aufgebe, wenn die Botschaft in Washington für ihn frei werde.[7]

Doch bei Adenauer ist man erst Minister, wenn die Ernennungsurkunde überreicht ist. Als sich die Notwendigkeit ergibt, für Fritz Schäffer einen angemessenen Platz zu finden, läßt der Kanzler Kiesinger ohne Wimpernzucken fallen und verspricht ihm als Trostpreis den Botschafterposten in Washington. Verständlicherweise reagiert Kiesinger sauer und erlegt sich künftig keinen Zwang mehr auf, im Verein mit Eugen

Gerstenmaier, Fritz Erler und Carlo Schmid bei Versuchen zur Überbrückung der außenpolitischen Gegensätze kleinere oder größere Komplotte gegen Adenauer zu schmieden. Adenauer nimmt ihm das sehr übel und läßt ihn 1958 gerne in die Villa Reitzenstein in Stuttgart ziehen, als sich Gebhard Müller entschließt, Präsident des Bundesverfassungsgerichtes zu werden. Adenauer muß es aber dann als Ironie des Schicksals betrachten, ausgerechnet diesen Parteifreund, der unter ihm nicht ins Kabinett gelangen konnte, in seinen letzten Monaten noch als Bundeskanzler zu erleben.

Eigenartig ist die Rolle, die der CDU-Landesverband Berlin spielt. Die Ära Adenauer hat mit einer ganzen Reihe von CDU-Größen begonnen, die aus Berlin kamen – Jakob Kaiser, Robert Tillmanns und auch Otto Lenz. Ab 1956 ist Berlin nur noch durch Ernst Lemmer vertreten. Doch wird die nunmehr geringe zahlenmäßige Repräsentation der Stadt im Kabinett dadurch mehr als ausgeglichen, daß seit 1955 mit Heinrich Krone ein Wahlberliner die Unionsfraktion anführt. Wie wichtig das ist, wird während der Berlin-Krise von 1958 bis 1963 offenkundig. Man könnte also nicht sagen, daß Berlin unter Adenauer nur das Gnadenbrot ißt. Er hat mit der Stadt längst wieder seinen Frieden gemacht. Doch verglichen mit den CDU-Landesverbänden Rheinland und Westfalen sind die Politiker aus der ehemaligen Reichshauptstadt mit Ausnahme Heinrich Krones doch nur ein fünftes Rad am Wagen.

Neben Nordrhein-Westfalen spielt im dritten Kabinett Adenauer ganz eindeutig Bayern die Hauptrolle. Strauß behält selbstverständlich mit verstärktem Gewicht das Verteidigungsministerium. Fritz Schäffer kann sich immerhin als Justizminister halten, so daß doch zwei klassische Ressorts in bayerischer Hand sind. Auffällig ist, mit wieviel Weitblick die CSU nach jenen Ministerien greift, von denen aus sich modernste Technologie nach Bayern dirigieren läßt. Obwohl Adenauer das Wohlergehen seines Stammlandes Nordrhein-Westfalen doch eigentlich stets im Auge hat, läßt er fast alle Ministerien, über die sich Technologiepolitik machen läßt, achtlos an CSU-Minister fallen – das Atomministerium unter Siegfried Balke, das Post- und Fernmeldeministerium unter Richard Stücklen, im Grunde auch das Bundesministerium für Verteidigung. Ungewollt, doch langfristig wirksam leistet der Kanzler des Westens damit einen Beitrag zur Modernisierung des Südens.

Vordergründig dreht sich die schwierige Regierungsbildung vom Anfang bis zum Schluß um die politische Zukunft von Fritz Schäffer. Doch das illustriert nur die erheblich verstärkte Position der CSU. Adenauer beginnt die Verhandlungen mit dem festen Entschluß, den Finanzminister auszuwechseln und hält daran unbeirrt fest. Theodor Heuss, Hans Globke, Heinrich Krone – ihnen besonders und manchem anderen zählt er alles auf, was ein Verbleiben Schäffers »völlig unmöglich« macht.[8] Er verzögere den Aufbau der Bundeswehr, indem er die 1956 nicht verausgabten 3 1/2 Milliarden mit immer neuen Begründungen nicht freigeben möchte. Daher auch das Zerwürfnis mit Franz Josef Strauß. Seine Finanzpolitik habe die Kapitalbildung in der deutschen Wirtschaft so gut wie verhindert. Bei den seinerzeitigen Verhandlungen, die mit den Ländern über eine neue Finanzverfassung zu führen waren, habe der Finanzminister zudem so unflexibel verhandelt, daß letztlich der Bund geschädigt worden sei. Immer wieder zeige sich Altersstarrsinn, selbst bei kleinsten Ausgaben.

Kurz: Adenauer will endlich einen bequemeren Finanzminister haben. Das möchte freilich fast jedermann im Kabinett und in der Fraktion. Zu den lautesten Rufern im Kampf gegen Schäffer gehört der Fraktionsvorsitzende Heinrich Krone. Schäffer widerfährt nun das Schicksal jedes Bundesfinanzministers, der gegenüber den Ausgabenwünschen der Ressorts und des Kanzlers Härte aufgebracht hat. Auch maßgebende Politiker der CSU möchten ihn aus dem Amt scheiden sehen. Andere wollen aber an ihm festhalten. Besonders der CSU-Vorsitzende Hanns Seidel will verhindern, daß Schäffer nach Bayern zurückkehrt und dort nach dem Parteivorsitz greift. Dann würde der möglicherweise nach den Landtagswahlen triumphierend ins Amt des bayerischen Ministerpräsidenten zurückkehren, aus dem ihn General Eisenhower im Sommer 1945 hinausgeworfen hat. Schäffer hat »ganz Bayern mobil gemacht«, notiert Krone in seinem Tagebuch.[9] Adenauer muß einen Ausweg finden zwischen jenen CSU-Politikern, die Schäffer unbedingt als Bundesfinanzminister los werden wollen und jenen anderen, denen der Gedanke an die Rückkehr Schäffers nach München schlaflose Nächte bereitet.

Um überhaupt voranzukommen, macht der Kanzler schließlich das Angebot, aus dem ERP-Ministerium und aus Teilen des Bundesfinanzministeriums ein neues Bundesschatzministerium zurechtzuschneiden, Schäffer an dessen Spitze zu stellen und ihm zugleich das Amt des Vizekanzlers zu übertragen.[10] Doch Schäffer ziert sich und möchte damit auch noch den Vorsitz im Wirtschaftskabinett verbunden sehen. Der schwierige Schäffer als Koordinator der Wirtschaftspolitik – das würde Adenauer nun freilich überhaupt nicht passen, noch weniger aber Ludwig Erhard, der das für völlig unannehmbar hält.

Die Vizekanzlerschaft

Jetzt verliert Adenauer die Geduld. Er ist inzwischen bereits wieder zum Bundeskanzler gewählt, und das Kabinett steht immer noch nicht. So bietet er Schäffer das Justizministerium an, und der nimmt postwendend an.[11] Damit ist dieser Zentralpunkt der Regierungsbildung erledigt, allerdings zu Lasten Kiesingers, der sich nun bitter getäuscht sieht.

Teile der Presse spekulieren schon aus Anlaß dieser Regierungsbildung darüber, daß bereits die Figuren für die Nachfolge Adenauers zurechtgeschoben werden. Vor allem die schließliche Betrauung Erhards mit der Vizekanzlerschaft wird von den Erhard-freundlichen Zeitungen so interpretiert. Aber weder Adenauer noch Erhard sind damals der Meinung, damit sei schon der Kronprinz herausgestellt. Das Amt des Vizekanzlers hat nämlich nach Meinung Adenauers bloß dekorative Bedeutung. Zu Beginn der Regierungsbildung ging er ganz selbstverständlich davon aus, Erhard die Vertretung des Bundeskanzlers zu übertragen.[12] Adenauers Angebot der Vizekanzlerschaft an Schäffer ist ein Notbehelf, und als der Kanzler Erhard von seinen Schwierigkeiten berichtet, wäre dieser durchaus mit Schäffer als Vizekanzler einverstanden. Mit dem Senioritätsprinzip ließe sich das gut rechtfertigen. Für Erhard kommt es damals vor allem darauf an, Schäffers Griff nach dem Amt des Vorsitzenden des Wirtschaftskabinetts zu verhindern.

Man kann daraus den Schluß ziehen, daß Erhard auf die Kanzlernachfolge keine ausgeprägten Aspirationen hat. Er fühlt sich nämlich als Wirtschaftsminister wohl, kennt im Grunde auch seine Grenzen, wird nicht von heftigem Machtwillen bewegt und wäre damit zufrieden, weiterhin als Verkörperung des Wirtschaftswunders auf dem Postament zu stehen. Noch seine anfängliche Bereitschaft, im Frühjahr 1959 als Bundespräsident zu kandidieren, beweist dies. Tatsächlich ist Erhard aber seit der Regierungsbildung 1957 ein Getriebener – getrieben von der ihm nahestehenden Presse, getrieben aus den Reihen der Fraktion, getrieben auch von seiner unmittelbaren Umgebung.

Adenauer spürt das genau. Es gibt ein paar Politiker, denen er keinesfalls zutraut, seine Nachfolge zu übernehmen. Einer von diesen ist Erhard, ein anderer von Brentano, über den Adenauer bei Theodor Heuss des öfteren gedämpfte oder heftige Klage führt, so etwa am 8. Juli 1958: Er sei sich klar darüber, »daß Brentano auf Dauer die Leitung des Auswärtigen Amtes nicht behalten könne. Auf den übermäßigen Nikotin- und Kaffeegenuß des Ministers habe er bei früheren Besprechungen beim Bundespräsidenten bereits mit Sorge hingewiesen. Der Minister sei nervlich am Ende. Er sei zwar hochintelligent, und wenn er arbeite, auch fleißig.

Es fehle ihm aber jede Stetigkeit und Zielklarheit. Der ordnungsgemäße Ablauf der Geschäfte im Auswärtigen Amt sei auch noch keineswegs gewährleistet...«[13] Was er zwischen 1955 und 1961 an diesem Außenminister hatte, geht Adenauer erst auf, als er seit Sommer 1963 mit Gerhard Schröder hoffnungslos zerfallen ist. Dann erst – bei der Trauerfeier im November 1964 – findet er für »die Gestalt des politischen Führers Heinrich von Brentano« bewegte Worte. »Wir waren Freunde im wahren Sinne des Wortes«, hört jetzt die Trauerversammlung aus seinem Mund.[14] Davon ist 1957 und in den folgenden Jahren wenig zu verspüren.

Erst recht kein Gedanke daran, daß etwa Franz Josef Strauß in die Rolle eines Kanzlernachfolgers hineinwachsen könnte. *Der Spiegel* baut zwar zunehmend die Schreckensvision eines Bundeskanzlers Strauß auf, um diesem zu schaden. Doch in der Unionsspitze weiß man genau, daß die kleinere Unionsschwester CSU nicht den Kanzler stellen darf, zumal die CDU selbst eine Überfülle entsprechend ambitionierter Politiker aufweist.

Strauß hat in der CDU mächtige Feinde. Der Fraktionsvorsitzende Heinrich Krone gehört ebenso dazu wie Heinrich von Brentano sowie der mit beiden eng liierte Hans Globke. Diese Gruppe hat dauernden Zugang zum Kanzler, hinterbringt ihm brühwarm jeden Ausrutscher des Verteidigungsministers und gibt damit dem ohnehin nie ruhenden Mißtrauen Adenauers ständige Nahrung. Da ist die Unart, in leicht alkoholisierter Stimmung vor Journalisten zu bramarbasieren.[15] Da sind die persönlichen Spannungen zu einem Teil der hohen Offiziere, denen gegenüber Strauß den Boß herauskehrt.[16] General Heusinger leidet unter ihm, aber ebenso jene Beamten wie Rust, Hopf oder Gumbel, die als Helfer und ein wenig auch als Kontrolleure von Strauß im Verteidigungsministerium plaziert sind.[17]

Seit 1958 wird es zwischen Adenauer und Strauß in zunehmendem Ausmaß zu politischen Differenzen kommen. Strauß hält es in der fluiden Situation im Februar 1958 für richtig, mit eigenen Ideen über eine atomwaffenfreie Zone an die Öffentlichkeit zu gehen.[18] Im Juni 1958 ergrimmt er Adenauer noch mehr. Dieser erhält in einem knappen Brief Mitteilung von einer grundlegenden Änderung im Aufbau der Bundeswehr, worüber Strauß auch auf einer Pressekonferenz berichtet. Jetzt wird er der Standard-Behandlung unterzogen, die Adenauer seinen Ministern in solchen Fällen angedeihen läßt: eiskalter Brief, strengste Sprache – »Pflichtverletzung«, »eklatante, empfindliche Störung meiner Politik« –, dann die übliche, von Globke aufgesetzte Belehrung über die Zuständigkeitsregelung der Regierungsorgane nach Artikel 65 und 67 GG, schließlich die Abmahnung mit in solchen Fällen üblichem Hinweis auf Artikel 64 GG, wonach der Bundeskanzler beim Bundespräsidenten die Entlassung eines Ministers beantragen kann.[19]

Strauß bringt jedoch die Kühnheit auf, den Brief des Kanzlers einfach zu ignorieren. Als ihm Adenauer daraufhin in Gegenwart von Ludwig Erhard, von Brentanos und von Etzel erregte Vorhaltungen macht, zeigt sich Strauß in keinerlei Weise nachgiebig, so daß Adenauer mit der Bemerkung schließt, er wisse schon, wen er dem Bundespräsidenten als Nachfolger vorschlagen werde.[20]

So geht es zwischen den beiden weiter. Auch gegen einen Nachfolger Strauß würde Adenauer also Himmel und Hölle in Bewegung setzen. Doch dessen bedarf es gar nicht, denn die CSU und Strauß selbst kennen ihre Grenzen. Strauß ist schon froh, wenn er trotz des ständigen Wühlens von Globke und Krone sein Ministeramt behält.

Wahr ist aber auch, daß es kein Minister Adenauer recht machen kann. Läßt ein Ressortchef seinem Haus viel Leine wie von Brentano, so wird er wegen administrativer Saumseligkeit und Konzeptionslosigkeit gescholten. Führt er straff und ohne große Bedenken, überall anzuecken, so wie Strauß das tut, dann handelt er sich den Vorwurf des Berserkertums und des Mangels an Integrationsfähigkeit ein. Tritt er fair und kompromißbereit auf wie Erhard, muß er sich auch wieder sagen lassen, sein Haus nicht in Ordnung zu halten, zu weich zu sein, zu naiv und zu unpolitisch. Am besten von seinen Ministern gefällt Adenauer in diesen Jahren Gerhard Schröder. Es fällt auf, daß jetzt in den recht offenen Unterredungen mit Heuss nie mehr wie in den Anfängen ein böses Wort über ihn zu hören ist.

In Adenauers Augen hat Schröder seit dem schwierigen Anfang als Innenminister sehr gewonnen. Er ist fleißig, diszipliniert, versteht sich in der Öffentlichkeit ein Image zu schaffen, ist auch umsichtig dabei, sich eine politische Hausmacht aufzubauen – im »Evangelischen Arbeitskreis« der CDU, doch auch in der Wirtschaft. Bei den Kabinettsberatungen erweist er sich als einer jener wenigen Minister, die auch zu Fragen außerhalb seiner Ressortzuständigkeit fundierte Beiträge artikulieren.

Adenauer vermerkt bei ihm aber noch weitere Eigenschaften, die er zu schätzen weiß. Schröder schlägt gegenüber der Opposition eine sehr scharfe Klinge, er ist – anders als mancher der Kabinettskollegen – ein politisches Naturtalent, er hat sich bisher dem Kanzler gegenüber absolut loyal verhalten, ist aber in politischen Machtfragen genauso kühl wie

Adenauer selbst. Der weiß auch seit langem, daß das Interesse dieses mit nunmehr 47 Jahren noch vergleichsweise jungen Mannes der Außenpolitik gehört. Bei seinen Überlegungen, die unentwegt um die Nachfolgefrage kreisen, wird also auch Schröder in Betracht gezogen. Adenauers Einstellung schwankt. Bald sieht er in ihm einen durchaus denkbaren Nachfolger[21], bald steht er den Schröderschen Kanzler-Ambitionen mit Reserve gegenüber.[22]

Zu denen, die seit 1957 in der Öffentlichkeit als mögliche Nachfolger Adenauers gehandelt werden, gehört auch Eugen Gerstenmaier. Da ihm von Brentano als Bundesaußenminister zuvorgekommen ist, will er sich auch 1957 nicht mit einem zweitrangigen Ministerposten ins Kabinett einbinden lassen. Als Bundestagspräsident fühlt er sich aber auch über der Fraktion stehend. Ob er in diesen Jahren die Nachfolge Adenauers ernsthaft anstrebt, ist nicht sicher erkennbar. Adenauer gewinnt jedenfalls seit der Regierungsbildung den Eindruck, in Gerstenmaier einen sehr selbstbewußten Gegner zu haben, der kaum eine Gelegenheit ausläßt, sich gegen ihn zu profilieren. Bald kommt er ihm mit einer rüstungskontrollpolitischen und deutschlandpolitischen Grundsatzrede in die Quere, die als Öffnung der CDU zur SPD hin verstanden werden kann.[23] Bald prellt er mit dem Vorschlag einer großen internationalen Konferenz vor, auf der ein Friedensvertrag mit Deutschland zu schließen wäre, was Adenauer für »sehr schädlich« hält.[24] Oder er verschiebt im Einvernehmen mit Kiesinger eigenmächtig eine außenpolitische Debatte[25] und bemüht sich, aus Adenauers Sicht zur Unzeit, eine Parlamentarierdelegation nach Moskau zu entsenden.

In der Öffentlichkeit, so registriert Adenauer, wird das aus vielen Gründen leider gut aufgenommen. Gerstenmaier ist – neben Jakob Kaiser – ein echter Widerstandskämpfer gewesen. Das verschafft ihm in der Publizistik Respekt. Er bringt aus dieser Lebensphase die Überzeugung mit, daß der Staat und die Zukunft Deutschlands über den Parteien stehen. Es ist also nicht nur schwäbische Kameraderie mit Kurt Georg Kiesinger oder Carlo Schmid, wenn er unablässig Vorstöße für eine überparteiliche Ost- und Deutschlandpolitik unternimmt. Damit weiß er sich auch in der Tradition des deutschen Widerstandes, in dem Konservative und Sozialdemokraten gleicherweise zusammenwirkten. So verbindet ihn auch mit dem zusehends nach vorn drängenden SPD-Abgeordneten Fritz Erler das Bewußtsein, wie dieser in Hitlers Gefängnissen gequält worden zu sein. Im Bundestag der Jahre seit 1956 läßt sich immer deutlicher eine kleine Gruppe maßgebender Außenpolitiker der CDU und der SPD erkennen, die an einer Überwindung der Polarisierung arbeiten. Ihre Schlüsselfigur ist Gerstenmaier, der zu Kanzlerberatern wie Blankenhorn und von Eckardt zeitweilig engen Kontakt hält.[26]

Gerstenmaiers öffentlicher Einfluß gründet sich aber auch auf seine Fähigkeit, die politischen Entscheidungsfragen grundsätzlich und auf eine Art und Weise zu behandeln, bei der er anscheinend vom tagespolitischen Streit abhebt. In der Publizistik und im gebildeten Bürgertum wird dieser nachdenkliche Stil geschätzt, der sich nach Meinung vieler so wohltuend von der Streitsucht und Rechthaberei Adenauers unterscheidet. Der Bundestagspräsident ist also der Mann fürs Feine und für den überparteilichen Konsens. Damit bringt er Adenauer immer wieder zur Weißglut. Mit keinem seiner Parteifreunde und – sieht man von Dehler und Heinemann ab – auch mit keinem Gegner aus der Opposition setzt sich Adenauer in den Jahren 1957 bis 1961 so ingrimmig auseinander wie mit Gerstenmaier. Als Aspirant auf das Bundeskanzleramt bleibt Gerstenmaier aber ein Außenseiter. Würde er tatsächlich eine Chance zur Kanzlernachfolge erhalten, dann nur – so hört man aus der Bonner Gerüchteküche – als Kanzler einer großen Koalition.[27]

Nun taucht bei der Regierungsbildung ein neuer möglicher Thronprätendent auf: Franz Etzel. Indem ihn Adenauer in die Position des Finanzministers bringt, macht er zweierlei klar: Der Wirtschaftsflügel der CDU soll stärkeres Gewicht erhalten, und zugleich möchte er mit Etzel einen verläßlichen Vorkämpfer der europäischen Integration an seine Seite bringen. Aber wird mit ihm 1957 wirklich schon ein Kronprinz in Stellung gebracht?

Der jetzt fünfundfünfzig Jahre alte Etzel kommt wie Adenauer selbst und ein erheblicher Teil des Adenauerschen Kabinetts aus kleinen Verhältnissen. Sohn eines Ackerbauern, Werkstudent, ein begabter, fleißiger, grundsolider Jurist, Fachmann für Gesellschaftsrecht. Seit 1930 ist er, unterbrochen von Kriegsdienst, in Duisburg als Industrieanwalt tätig. Seine politischen Sporen hat er sich in der Studentenpolitik der frühen dreißiger Jahre verdient. 1931 bis 1933 hat er eine führende Position im Jugendverband der Deutschnationalen bekleidet, war alsdann jedoch klug genug, sich von der NSDAP fernzuhalten.

Immerhin also ein Mann konservativen Zuschnitts, zudem evangelisch. Er gehört in der CDU Rheinland zu den CDU-Leuten der ersten Stunde und nimmt maßgebenden Anteil an Formulierung und Durchsetzung der »Düsseldorfer Leitsätze«, mit denen die CDU das, was 1949 noch vom christlichen Sozialismus übriggeblieben ist, über Bord kippt. Im Ersten

Bundestag zählt er bereits zu den maßgebenden Wirtschaftspolitikern der Fraktion und identifiziert sich stark mit dem Schuman-Plan. Von 1952 bis 1957 wacht er als Vizepräsident der Montanunion in Luxemburg an der Seite Jean Monnets über die deutschen Interessen und ist einer von denen, die Adenauer für das Konzept des Gemeinsamen Marktes gewinnen.

Daß er evangelischer Konfession ist, bedeutet seit 1953 nicht mehr unbedingt einen Makel, denn inzwischen hat die ehemals stark katholisch geprägte CDU weit ins evangelische Wählerpotential ausgegriffen. Von Brentano und Heinrich Krone würden ihm nicht widerstreben. Letzterer vermerkt Mitte 1956 in seinem Tagebuch: »Am Abend bei Brentano. Wir sprechen über Personalien nach der Bundestagswahl. Brentano will Außenminister bleiben und nicht Bundeskanzler werden. Auch er nennt Franz Etzel als späteren Kanzler und meint, das gäbe ein gutes Gespann.«[28] Man hat den Eindruck, daß Etzel für Politiker wie von Brentano und Krone vor allem deshalb genehm wäre, weil er andere Prätendenten ausschließen würde – Ludwig Erhard und Gerhard Schröder.

Manche vermuten, daß auch der Kanzler selbst den wirtschaftsnahen Etzel insgeheim als Alternative zu Erhard aufbaut, doch das sind 1957 noch Journalistengerüchte. Dies schon deshalb, weil Adenauer damals eine Kanzlerkandidatur Erhards noch nicht als wirklich ernsthafte Möglichkeit in Betracht zieht. Zu Beginn der Regierungsbildung ist Adenauer auch nicht einmal sicher, ob er Etzel, wie es dann geschieht, zum Finanzminister machen kann. Damals ist nämlich auch noch der CSU-Vorsitzende Hanns Seidel ein durchaus denkbarer Kandidat.[29] Außerdem ist unklar, ob Etzel, der den Posten des Vizepräsidenten der Montanunion noch nicht aufgegeben hat, überhaupt ins Kabinett eintreten möchte. Adenauer streitet es Theodor Heuss gegenüber auch ab, ein Europaministerium schaffen zu wollen, das in den Kabinettsspekulationen des öfteren mit Franz Etzel in Verbindung gebracht wird.[30] Zu genau weiß der Kanzler, daß dies sowohl den Krieg mit von Brentano wie mit Erhard bedeuten würde.

Die Vorstellung ist überhaupt falsch, ein Adenauer könne sich in Personalfragen auf *eine* Lösung festlegen. Schließlich kennt man seine Neigung, wenn irgend möglich Alternativen bereitzuhalten. In bezug auf Führungspersonal läßt er sich von unausgesprochen sozialdarwinistischen Überlegungen leiten: In Spitzenpositionen gehören Politiker, die hart, geschickt und zur Führung fähig sind. Das ist aber erst zu erkennen, wenn sich ein Politiker über Jahre in Kabinett und Fraktion zu bewähren hatte.

Wer 1957 fragt, welcher CDU-Politiker nach Adenauers Meinung als Nachfolger in Frage käme, darf nämlich auch den Fraktionsvorsitzenden Heinrich Krone nicht vergessen. In einer Regierung, die, bei allem Respekt für die kleine DP, im Grunde doch von einer einzigen Fraktion getragen wird, ist der Fraktionsvorsitzende nach dem Kanzler der wichtigste Mann. Niemand weiß das besser als Adenauer selbst. Seit Juni 1955, als sich Krone in einer Kampfabstimmung gegen Kiesinger durchgesetzt hat, läßt er diesem die pfleglichste Behandlung zuteil werden – unablässige Besprechungen und Telefonate, häufige Unterredungen in Rhöndorf oder am jeweiligen Urlaubsort, Übersendung von Briefdurchschlägen, Telegrammen, Aktennotizen, zahllose indirekte Kontakte über Globke. Adenauer tut wirklich sein Bestes, Krone in die Entscheidungsprozesse einzubinden, seinen Rat zu erfragen und ihn auf seine Ziele hin zu orientieren. In ähnlicher Weise hat er sich in den Kölner Oberbürgermeisterjahren auf Johannes Baptist Rings gestützt, den getreuen Vorsitzenden der Zentrumsfraktion im Kölner Rathaus.

Der Kontrast zu den Jahren 1945 bis 1955, als von Brentano Fraktionsvorsitzender war, ist offensichtlich. Während dieser des öfteren höchst unwirsche Briefe des Kanzlers erhielt und seinerseits vergleichsweise energisch zurückschrieb, werden zwischen Adenauer und Krone nur ganz selten kritische Briefe gewechselt. Dies auch deshalb, weil Krone ständig zum Gespräch oder telefonisch präsent ist. Wenn Adenauer aber doch einmal seiner Unart nachgibt, Krone brieflich genauso grob abzukanzeln wie er das gelegentlich mit jedem seiner »Weggenossen« tut, und zornig unterschreibt »mit hochachtungsvollem Gruß Ihr ergebener«, ist zu erwarten, daß Krone mit ruhiger Würde postwendend repliziert: »Sehr geehrter Herr Bundeskanzler, ich glaube, es dient der uns beiden gemeinsamen Sache, wenn ich Ihnen Ihren Brief von heute morgen wieder zurückgebe. Nach wie vor mit freundlichen Grüßen Ihr ergebener Krone.«[31]

In der Stille seines Tagebuchs seufzt Krone dann allerdings: »Der Kanzler wird härter und schroffer, einseitig und ungerecht. Ich habe ihm seinen Brief umgehend zurückgegeben. Er irrt, wenn er meint, ich ließe in dieser Weise mit mir verfahren. Beim nächsten Gespräch werde ich reine Bahn schaffen.«[32] Dessen bedarf es aber gar nicht. Ein paar Tage später kann er nämlich vermerken: »Der Kanzler meinte gestern, unser Streit sei doch wohl beigelegt. Damit wollte er auf den Brief eingehen, den ich ihm zurückgeschickt hatte. Ich gab nach, ich war einverstanden.«[33]

Die kleine Szene sagt viel aus über den Stil der beiden. Adenauer ist in diesem Verhältnis der Antreibende, auch der viel Schwierigere und Unausstehlichere. Krone hingegen ist die Geduld in Person, ein Politiker von tiefer, katholisch geprägter Religiosität, völlig unbestechlich, verschwiegen, ohne großen Ehrgeiz nach Ministerämtern oder gar nach dem Kanzleramt. Wer einen Politiker vorwiegend danach beurteilt, ob er originell, brilliant und unterhaltsam ist, kommt bei Krone nicht auf seine Rechnung. Einer von denen ist Theodor Heuss, der in einem Brief an Toni Stolper ein barsches Urteil formuliert: »zu hölzern, langweilig ...«, »so redlich er ist, Funktionärstyp und Fraktionsvorsitzender nur aus Verlegenheit in den internen Konkurrenzen«.[34]

Krone pflegt einen für Bonner Verhältnisse geradezu provozierend schlichten Lebensstil. Dieser Sohn eines Arbeiters im Weserbergland lebt noch als Spitzenpolitiker bis an sein Lebensende in einem Häuschen in Dottendorf, einfach wie seine Eltern, geht nicht zu Staatsempfängen, weil er keinen Frack anschaffen möchte, und ist zur öffentlichen Selbstdarstellung weder fähig noch willens. Seine Überzeugungen sind stark: Einheit Deutschlands, Freiheit Berlins, öffentliche Geltung des christlichen Sittengesetzes, Bejahung der Vaterlandsverteidigung, vor allem aber Einheit der Partei. Krone zweifelt nie daran, daß dies auch die Grundüberzeugungen des Kanzlers sind.

Im Lebensstil und in der Fähigkeit, eine Mammutfraktion zusammenzuhalten, gleicht er auf eigenartige Weise Herbert Wehner, auch wenn dieser viel cholerischer und zynischer ist, was Krone völlig abgeht. Kein Wunder, daß die beiden einander schätzen. Nachdem sich Wehner und Krone gefunden haben, vergeht kein Geburtstag Krones, an dem Wehner nicht vor allen Gratulanten früh am Morgen vorbeikommt, einen Blumenstrauß mitbringt und mit dem Jubilar plaudert.[35]

Adenauer gegenüber versteht sich Krone als treuer Diener der Sache, für die der Kanzler steht, und eines großen Mannes, den er bewundert. Treuer Diener seines Herrn also, mit Würde und Eigenwille gewiß, aber eben ein Diener, nicht etwa ein Politiker mit eigenen Visionen oder eigenem Machtwillen. Und das ist es, was diesen schon im Bonner Betrieb der fünfziger Jahre etwas fremdartigen Fraktionsvorsitzenden für Adenauer so unbezahlbar macht. Krone hält seinem Kanzler den Rücken frei, erledigt im Verein mit dem Fraktionsgeschäftsführer Will Rasner die parlamentarische Drecksarbeit, sagt Adenauer sehr offen, was in der Fraktion machbar ist und was nicht, widerspricht auch hart, wenn nötig, doch eher in der Art eines tüchtigen alten Pfarrers, der sich von Irrtümern, Ungeduld und Bosheiten bei den Großen und Kleinen in seiner Gemeinde nicht aufregen läßt. Als sich Adenauer und Erhard im Jahr 1959 hoffnungslos verzanken, ist es in erster Linie dem Vermittlungsgeschick Krones zuzuschreiben, daß noch vier Jahre hindurch eine halbwegs funktionierende Zusammenarbeit im Kabinett möglich wird.

Denkt Adenauer, dieser skeptische, kluge und zynische Menschenkenner wirklich im Ernst daran, Heinrich Krone, dessen Verdienste und Grenzen er so gut kennt, könne sein Nachfolger werden? Daß er ihm dies seit 1957 verschiedentlich andeutet, ist sicher und wird von Krone dann auch in seinem Tagebuch kommentarlos vermerkt.[36] Anfänglich ist das aber wohl eher ein Akt der Höflichkeit, vielleicht auch Ausdruck des Bemühens, Krone an sich zu binden und ihm auf diese Art und Weise Respekt zu erweisen. Denn so er nur will, ist auch Adenauer durchaus der Herzenshöflichkeit fähig. Wenn man in vertraulicher Unterredung mit dem Fraktionsvorsitzenden immer wieder die CDU-Größen auf ihre Eignung zur Kanzlernachfolge abklopft, ist es schließlich eine Sache schlichten Takts, gelegentlich darauf hinzuweisen, daß auch dieser für die Aufgabe in Frage käme.

Doch Adenauer weiß genausogut wie Krone, daß dieser die Show-Dimension der Politik verabscheut, die aber für den Erfolg eines Kanzlers mit entscheidend ist. Auch in der Führung großer Ressorts besitzt er keine Erfahrung, genausowenig in den praktischen Fragen der Außenpolitik. Seit 1961 ändert sich das. Je stärker die Anhänger Erhards auf seine Kanzlerschaft drängen, um so reizvoller erscheint Adenauer die Idee, Erhard mit Krone aus dem Feld zu schlagen. Doch Krone ist zu klug, sich auf dieses Spiel des Kanzlers einzulassen.

Tatsache ist jedenfalls, daß der zusehends innerlich einsamer werdende Adenauer zu Krone Vertrauen hat und seinen Wert kennt. Ohne ihn würde er es nicht schaffen, nach der Bundestagswahl 1957 noch gute sechs Jahre Kanzler zu bleiben – zwar nicht unangefochten, aber doch unbesiegt. Adenauer stürzt, als auch Krone im Frühjahr 1963 zur Überzeugung gelangt, daß ein Kanzler Adenauer von jetzt an nicht mehr zu halten wäre und die CDU in die Tiefe reißen würde. Damals amtiert zwar der tief verletzte von Brentano erneut als Fraktionsvorsitzender, und Krone gehört dem Kabinett an. Doch sein Wort hat weiterhin viel Gewicht. Zwischen 1957 und 1961 aber ist Krone der zweitmächtigste Mann in der Bundesrepublik.

Über vergleichbaren Einfluß in allen Bereichen verfügt nur noch Staatssekretär Globke. Da er kein Wahlamt innehat, beruht sein Gewicht in den Entscheidungsprozessen völlig auf dem Vertrauen des Kanzlers. Doch würde Adenauer – immerhin nun gegen Mitte der achtzig gehend – mit der Last seiner Aufgaben ohne Globke nicht mehr fertig.

Der Staatssekretär des Bundeskanzleramts ist über die bloß instrumentale Funktion spürbar hinausgewachsen. Dank seiner Vertrauensleute in den Ministerien und über die »Montagsrunde« der Staatssekretäre vermag er auf die Bundesministerien steuernd Einfluß zu nehmen, soweit Großbürokratien, an deren Spitze ehrgeizige Parlamentarier stehen, überhaupt steuerbar sind. Als in der Wolle gefärbter CDU-Mann besitzt er aber auch das Vertrauen der Parteiführer in den Ländern und der CDU-Spitzenpolitiker in Bonn. Hier stützt er sich vor allem auf seine enge Verbindung zu Krone und von Brentano. Zum Diadochen kann er nie werden. Aber wenn »der Alte« sich der Diadochen so lange zu erwehren vermag, dann allein dank der Augen und Ohren Globkes, der schlechthin unersetzbar ist.

Soll man also für die Jahre 1957 bis 1961 von einem Machtdreieck Adenauer-Krone-Globke sprechen? Dies nur, sofern man nie vergißt, daß Adenauer immer noch die schlechthin entscheidende politische Potenz ist, auch in den Fragen der Innenpolitik. Aber ohne die beiden wäre er zum Scheitern verurteilt.

»GANZ EUROPA IST NOCH NICHT IN ORDNUNG«
1957–1960

NATO-Konferenz in Paris vom 14. bis 20. Dezember 1957.

Zielkonflikte und Machtkämpfe

Welchen außenpolitischen Gebrauch will Adenauer von der Machtfülle machen, die durch den Wahltriumph vom 15. September 1957 bestätigt worden ist? Als er sich kurz nach der Wahl vor dem Bundesparteivorstand dazu äußert, verbleibt er im allgemeinen – Maßhalten! Keine deutsche Hybris! »Respektable« Bescheidenheit: »Der Zusammenbruch liegt erst zwölf Jahre zurück. Die Leute haben noch nichts vergessen.«[1] Da er aber vor noch nicht allzu langer Zeit in demselben Gremium geprahlt hat, wir sind »wieder eine Großmacht geworden«[2], muß man solche Anwandlungen von Nachdenklichkeit vorwiegend als Ausdruck von Stimmungsschwankungen werten. Eine Neubewertung des deutschen Standorts ist das nicht. Auch was er am Schluß derselben CDU-Vorstandssitzung formuliert, ist kein Programm, sondern nur Ausfluß einer Grundstimmung. Die Verantwortung sei ungeheuer – für die Entwicklung im geteilten Deutschland, für die Entwicklung in Westeuropa: »Wir sind noch kein fertiges Land. Ganz Europa ist noch nicht in Ordnung. Alles das kommt noch auf uns zu. Und wir sind hier die führende Partei.«[3]

Neuordnung Europas und Deutschlands, dies ist nun in der Tat die Aufgabe, der er sich nach wie vor gegenübersieht. Wie bisher, ergeben sich konkrete Gestaltungsmöglichkeiten nur im westlichen Europa. Hier entsteht die EWG, sogar, große Ehre, unter der Präsidentschaft von Walter Hallstein, dem bisher engsten Mitarbeiter Adenauers. Hier liegt auch künftig der Schwerpunkt Adenauerschen Gestaltungswillens: bilaterale Zusammenarbeit mit Frankreich, Trilateralismus Deutschland – Frankreich – Italien, Verhandlungen über die Politische Union der Sechs, Einbeziehung Großbritanniens in die Integrationsgemeinschaft. Alle Hoffnungen auf gesamteuropäische oder gesamtdeutsche Neuordnung verblassen hingegen in dieser dritten Amtszeit, an deren Ende der Berliner Mauerbau vom 13. August 1961 steht.

Doch die Frage, welche vorrangigen Ziele er sich im Herbst 1957 stellt, verfehlt im Grunde die Bedingungen bundesdeutscher Politik, aber ebenso die Haltung, in der sich Adenauer den Fragen der Außenpolitik nähert. Das Land und sein Kanzler müssen in erster Linie auf Möglichkeiten und Gefährdungen antworten, die von außen herankommen, vielfach unvorhergesehen. Kaum ist der Wahlsieg in den Scheuern, da zwingt bereits die Anerkennung der DDR durch Tito unversehens zu einer Entscheidung, die Adenauers ostpolitischen Bewegungsspielraum bis zum Ende seiner Kanzlerschaft einschränkt.

Noch stehen der Gemeinsame Markt und die bilaterale deutsch-französische Zusammenarbeit mit den letzten Kabinetten der Vierten Republik in ihren Anfängen, da droht die Machtergreifung General de Gaulles. Schon die bloße Möglichkeit, daß de Gaulle an die Spitze Frankreichs treten könnte, erfüllt Adenauer mit Entsetzen. Angesichts des Todeskampfs der Vierten Republik trägt er Blankenhorn auf, Ministerpräsident Pflimlin und Antoine Pinay auszurichten, »daß im Interesse von NATO und der europäischen Integration eine Machtergreifung de Gaulles verhindert werden müsse«[4] – nicht ahnend, daß sich mit de Gaulle sehr rasch eine enge deutsch-französische Zusammenarbeit ergeben wird, ja sogar eine Aussicht auf das, was Adenauer heimlich immer gewünscht hat: eine Alternative zur amerikanischen Hegemonie.

Unvorhergesehen sind überhaupt alle Krisen des Jahres 1958: die Staatskrise in Frankreich, die neue Nahostkrise im Libanon, im Irak und in Jordanien, die fernöstliche Krise um Quemoy und Matsu und schließlich auch die Berlin-Krise.

Immerhin: Adenauer weiß, daß Außenpolitik empirisch und induktiv betrieben werden muß. Das erklärt, weshalb er wie auch in seiner Innenpolitik verschiedene Linien nebeneinander herlaufen läßt. Der Hauptakzent liegt 1957 und 1958 auf dem Aufbau der Bundeswehr im Rahmen der NATO, wobei die Durchsetzung der Kernwaffenausrüstung unausweichlich ist. Wer den Bundeskanzler in dieser Phase primär als »Atlantiker« erkennt, versteht ihn sicher richtig. Die Bedingungen im Bündnis, die technologische Entwicklung und die Außenpolitik Chruschtschows lassen ihm gar keine andere Wahl, wenn er am Konzept der Sicherheit durch NATO-Integration und amerikanische Präsenz festhalten möchte.

Damit verbindet sich aber auch die Linie engster deutsch- französischer Sicherheitspartnerschaft. Nie zuvor und danach arbeiten Paris und Bonn innerhalb der NATO-Militärorganisation so eng zusammen wie vom Oktober 1957 bis zum Mai 1958. Nie zuvor und danach zeigen sie sich auch so wie damals zur gemeinsamen Herstellung von Kernwaffen und Trägersystemen entschlossen.

Staatsbesuch in Großbritannien

Empfang bei der Queen, 1958.

Dennoch wäre es unrichtig, darin für das Jahr 1958 bereits die definitive Entscheidung für ein kontinentaleuropäisches Konzept zu vermuten. Es gibt durchaus auch noch die Linie bemühter deutsch-britischer Zusammenarbeit. Adenauers Beziehungen zu den jeweiligen englischen Premierministern und Außenministern sind zwar während der ganzen fünfziger Jahre stark bewegt, als ginge es um Verhältnisse zwischen Sanguinikern. Doch nie seit dem Jahr 1954 waren sie so entspannt wie im April 1958 nach einem Besuch Adenauers in London. »Ich, der ich immer gezweifelt habe, ob England wirklich zu Europa kommen will«, führt er jetzt vor dem Kabinett aus, »bin nunmehr überzeugt davon, daß England die EWG finden wird.«[5] Bundespräsident Heuss vernimmt dasselbe: »Er sei glücklich, daß er durch diesen Besuch sein sehr skeptisches Urteil über die englische Politik gründlich habe ändern können.«[6] Für kurze Zeit kehrt er somit zur Überzeugung der frühen fünfziger Jahre zurück, daß Europa zusammen mit England aufgebaut werden muß.

Seit dem Sommer 1955 ist bei ihm aber auch deutlich eine Linie zu erkennen, die Westpolitik durch konstruktive Schritte in Richtung auf Osteuropa zu ergänzen. Seine Gegner werfen ihm zwar vor, er habe keine Ostpolitik, doch die Wirklichkeit sieht anders aus. Manches davon hat sicherlich nur Alibi-Charakter gegenüber der Opposition und jener Publizistik, die nach einfallsreichen Initiativen verlangen. Aber anderes ist doch als Ouvertüre zu einer Bewegungspolitik gedacht.

Die Perioden, in denen sich Adenauer wegen sowjetischer Intransigenz vom Dialog nichts Substantielles verspricht, sind gewiß länger und zahlreicher als die, in denen er echte Fortschritte für möglich hält. Er weiß auch, daß der Erfolg jedes Versuchs, auf die Veränderungen im kommunistischen Bereich positiv zu reagieren, letztlich davon abhängt, ob Moskau den Satellitenstaaten mehr Bewegungsspielraum einräumt. Immerhin entsendet er aber im September 1955 mit Kurt Georg Pfleiderer den Exponenten einer ausgesprochen optimistischen und beweglichen Ostpolitik als Botschafter nach Belgrad. Schon im April desselben Jahres, also noch vor der berühmten sowjetischen Einladung vom 7. Juni, hatte er sogar vor, ihn gegebenenfalls als ersten deutschen Botschafter nach Moskau zu schicken.[7]

Nach dem »polnischen Oktober« vom Herbst 1956 läßt er es auch zu, daß das Auswärtige Amt behutsam sondiert, zu welchen Bedingungen und in welchen Formen diplomatische Beziehungen zu Polen möglich wären. Und sowohl das Jahr 1957 wie die erste Jahreshälfte 1958 sieht verschiedenste Versuche, vor allem mit der Sowjetunion selbst ins

Gespräch zu kommen – über Botschafter Smirnow, durch die Verhandlungen Botschafter Lahrs in Moskau, durch einen persönlichen Briefwechsel mit Ministerpräsident Bulganin, durch Verständigungssignale wie die vielbeachtete Grundsatzrede vom 16. Dezember 1957 auf der Pariser NATO-Konferenz und schließlich beim Besuch von Anastas Mikojan im April 1958.

Damit verbindet sich die Linie, eine allgemeine Abrüstung zu propagieren und dabei zugleich die Möglichkeit von Fortschritten in der deutschen Frage auszuloten. Die Skepsis Adenauers ist in diesen Punkten ähnlich groß wie bezüglich der Entspannungsbereitschaft Chruschtschows generell. Aber auch hier zeigt sich doch ein gewisses Bestreben, den Status quo der starren Ost-West-Konfrontation aufzulockern. Die Probe darauf, ob Adenauer die Kraft aufbrächte, eine konstruktivere Politik der Sowjetunion seinerseits mit angemessenen Konzepten zu beantworten, kann freilich nie gemacht werden. Dafür sind die Perioden einer gewissen sowjetischen Aufgeschlossenheit wie im Sommer 1955, im Frühjahr 1957 oder im Frühjahr 1958 zu kurz. Die von Chruschtschow im Herbst 1958 ausgelöste und bis zum Herbst 1962 immer wieder erneuerte Offensive gegen Berlin erstickt dann ohnehin alle Ansätze zur Verständigungspolitik mit dem Osten. Immerhin zeigen aber selbst die internen Berlin-Planungen einen Kanzler, der unter Umständen einen großen Ausgleich mit Moskau für möglich hält und dafür Vorbereitungen trifft.

Daß diese unterschiedlichen Linien vielfach zueinander in Widerspruch geraten, daß die Züge auf dem einen Feld mit denen auf anderen oft nicht zur Übereinstimmung zu bringen sind, ist eine Grundbedingung jeder Außenpolitik. Diese inneren Widersprüche treten bei einem Staatsmann der Art Adenauers besonders deutlich hervor, der auch in den auswärtigen Beziehungen unablässig taktische Alternativen vorsieht und alles in allem ein Meister der Kunst ist, mit mehreren Bällen gleichzeitig zu spielen.

Allerdings erfordert dieser Stil der Außenpolitik ein hohes Maß an Kontrolle des Details, wozu Adenauer schon aufgrund seines knapp bemessenen Zeithaushalts nur noch partiell in der Lage ist. Er versucht es aber, und so gibt es Phasen wie etwa den Sommer 1958, als ein so genauer Beobachter wie Blankenhorn vermerkt: »Das Schwergewicht der Außenpolitik hat sich wieder ganz auf die Person des Bundeskanzlers verlagert. Die Botschafter von Bedeutung gehen in erster Linie zu ihm, und auch sonst scheint er sehr viel stärker als früher in die Gestaltung der Dinge einzugreifen.«[8]

Seit er das Auswärtige Amt abgeben mußte, fehlt ihm freilich der große Apparat. Er behilft sich zwar mit den Fachreferenten im Bundeskanzleramt, setzt vor allem im Jahr 1957 von Eckardt, eigentlich Chef des Bundespresseamts, und den NATO-Botschafter Blankenhorn ein, später auch gelegentlich Globke. Doch da Außenminister von Brentano zu Recht beanspruchen darf, der erste außenpolitische Berater des Kanzlers zu sein, führt das zu unablässigen Friktionen. Besonders kritisch ist in dieser Hinsicht der Zeitraum vom Winter 1956 bis ins Frühjahr 1958. Gewiß überzeichnet man komplizierte Entscheidungsprozesse zumeist, wenn man Gegensätze über Konzepte oder Einzelfragen zu schlicht auf bestimmte Personen oder Gruppen zurückführt. Aber in den Fragen der Ostpolitik wird doch ziemlich deutlich, daß sich hier Sachfragen und Positionskämpfe miteinander verbinden.

Wie schon ihr seinerzeitiger Widerstand gegen die sofortige Aufnahme diplomatischer Beziehungen mit Moskau verdeutlicht hat, plädieren von Brentano und Hallstein ungeachtet ihrer tiefgreifenden persönlichen Gegensätze alles in allem für einen kompromißlos harten Kurs gegenüber der Sowjetunion. Brentano ist allem Anschein nach auch die treibende Kraft beim Abbruch der diplomatischen Beziehungen zu Jugoslawien nach dessen Anerkennung der DDR im Herbst 1957. Dabei spielt die Sorge des Außenministers vor einer »Kettenreaktion« in der Anerkennungsfrage die Hauptrolle. Allerdings bemüht er sich zugleich um eine flexible Polenpolitik mit dem Ziel, bei Ausklammerung der Grenzfragen eine diplomatische Normalisierung zu erreichen. Als Methode zur Ingangsetzung der Wiedervereinigungspolitik setzt die Spitze des Auswärtigen Amts noch bis Ende der fünfziger Jahre auf den konventionellen Ansatz von Verhandlungen der vier Deutschlandmächte. Sie erweist sich damit als genauso orthodox wie die Opposition.

Demgegenüber findet man in Blankenhorn und von Eckardt Befürworter eines Kurses, der allzu harte Maßnahmen vermeidet, jedoch dem weitverbreiteten Bedürfnis nach Flexibilität Rechnung trägt und auf die überlegene Wirtschaftskraft der Bundesrepublik vertraut. Blankenhorn meint Anfang Oktober 1957, auf dem Höhepunkt des internen Ringens um den Abbruch der diplomatischen Beziehungen zu Jugoslawien: »Das wirtschaftliche und politische Gewicht der Bundesrepublik ist heute bereits so groß, daß uns die Anwesenheit eines DDR-Botschafters in gewissen Hauptstädten kühl lassen kann ... Andererseits werden wir nur so das uns einzwängende Korsett juristischer Konstruktion sprengen und als eine magnetische Kraft im Satellitenraum die Kräfte stärken, die langsam, Schritt für Schritt, zu einer engeren Orientierung nach Westen und damit zur Freiheit tendieren.«[9]

Damit liegt er, wenn auch nicht ungeschützt, auf der Linie des unglücklichen Botschafters Pfleiderer, dem der Bankrott seiner Jugoslawien-Mission das Herz bricht und der ein paar Tage vor seinem Tod Anfang Oktober 1957 in einer großen Denkschrift zur »Neugestaltung der deutschen Ostpolitik« letztlich für eine Hinnahme der Zwei-Staaten-Doktrin plädiert, um den Ostblock von innen her auflösen zu helfen.[10] Aufgeklärte Ostpolitiker aus dem inneren Kreis wie von Eckardt oder Blankenhorn beginnen sich doch mit dem Gedanken anzufreunden, daß die Ingangsetzung und Förderung interner Veränderungsprozesse deutschlandpolitisch ertragreicher sein könnten als eine starre Fixierung auf die völkerrechtliche Verpflichtung der vier Deutschlandmächte, die Wiedervereinigung Deutschlands herbeizuführen. Die personellen Gegensätze verschärfen sich, als Adenauer in den Monaten November und Dezember 1957 nachhaltig die Rückkehr Blankenhorns als Staatssekretär ins Auswärtige Amt betreibt. Seine Beziehungen zu von Brentano sind wieder einmal auf einem Tiefpunkt angelangt.[11] Allerdings spricht sich Hallstein aus gutem Grund gegen eine Lösung mit zwei Staatssekretären aus. Zudem hat Blankenhorn einen sehr lästigen Prozeß am Hals, den der Ministerialdirektor Strack aus dem Bundeswirtschaftsministerium wegen einer Quisquilie gegen ihn und Hallstein angestrengt hat und dessen Ende abgewartet werden soll.[12]

Mitte Dezember aber tritt der Erbfall ein. Adenauer ist nämlich das Kunststück gelungen, die französische Regierung zu bewegen, Walter Hallstein zum Präsidenten der Europäischen Wirtschaftsgemeinschaft vorzuschlagen. Eine einmalig günstige Konstellation ermöglicht dies. Die französische Regierung, der immer mehr an EURATOM als am Gemeinsamen Markt gelegen war, wünscht Louis Armand als Präsidenten von EURATOM. Außerdem stellt Frankreich auch schon den Präsidenten der Montanunion. Die Benelux-Staaten wollen in der Frage des Sitzes der neuen Gemeinschaften mit Brüssel zum Zug kommen, können also nicht noch die Präsidentschaft der EWG für sich beanspruchen. Daß Adenauer aber Frankreich zu veranlassen vermag, sich für Hallstein einzusetzen, ist auch ein Beweis für den vorzüglichen Stand der deutsch-französischen Beziehungen.[13]

Mit Hallstein entfernt sich eine weitere wichtige Figur der frühen und mittleren Kanzlerjahre aus der unmittelbaren Umgebung Adenauers. Dieser hat ihn immer geschätzt, weil er ihm in manchem wesensverwandt ist – ein beinharter, stets bestens präparierter Verhandler, im Kern arrogant, geschworener Feind flusiger Unklarheiten, auch ein führungsstarker Behördenchef. Daß Hallsteins kompromißloses Bestehen auf logischen, in sich widerspruchsfreien Positionen ihren Preis hat, weiß Adenauer genau. Die harte Verknüpfung des Alleinvertretungsanspruchs mit der Bereitschaft zum Abbruch der diplomatischen Beziehungen ist ein Beispiel dafür. Kein Wunder, daß die Presse seit 1958 von »Hallstein-Doktrin« spricht und den Staatssekretär als Beispielfall für doktrinäre und rein juristische Betrachtungsweise stigmatisiert.

In bezug auf die EWG jedoch erweist sich Hallsteins stark vom Gesellschaftsrecht geprägtes Integrationskonzept als ein großer Wurf. Ihm kommt das Verdienst zu, den stets viel zu pragmatischen Adenauer auf die Idee einer überstaatlichen Rechtsgemeinschaft mit festgenagelt und als EWG-Präsident davon nicht mehr entlassen zu haben. Tatsächlich denkt Adenauer viel stärker in den Kategorien bloßer Regierungskooperation als Hallstein, und zwar schon bevor diese ursprüngliche Neigung des Kanzlers durch de Gaulle verstärkt wird. Bald mißfällt Adenauer denn auch die eigenständige Aktivität der supranationalen Kommission und die schnelle Gangart der Integration.[14] Doch Adenauer mag seinen früheren Mitarbeiter gelegentlich desavouieren, bremsen kann er ihn nicht. Außerdem ist er viel zu klug, den deutschen Präsidenten der EWG zu demontieren.

Im Dezember 1957 wäre jedenfalls der Weg für die Rückkehr Blankenhorns als Staatssekretär ins Auswärtige Amt wieder frei. Jetzt aber stößt Adenauer auf den geballten Widerstand von Brentanos, Globkes und Krones.[15] Blankenhorn und von Eckardt nehmen in diesen Wochen so nachhaltigen Einfluß auf Adenauer, daß Globke überlegt, sein Amt zur Verfügung zu stellen.[16] Ähnlich entschieden wehrt sich von Brentano.

In dieser Lage gelingt es den Gegnern von Eckardts und Blankenhorns, das nie ruhende Mißtrauen Adenauers zu beleben.[17] Beide beratschlagen nämlich in diesen Wochen und Monaten des öfteren mit Gerstenmaier. Und dieser hat sich nun entschlossen, an der Spitze einer fraktionsinternen Fronde den Kanzler auf einen flexiblen Entspannungskurs zu drängen, vielleicht auch von Brentano als Außenminister abzulösen. Arbeitet Blankenhorn also darauf hin, unter einem Außenminister Gerstenmaier Staatssekretär des Auswärtigen Amts zu werden?

Am 20. Januar 1958 kommt es zum ersten großen Krach zwischen Adenauer und Gerstenmaier im CDU/CSU-Fraktionsvorstand.[18] Auch im CDU-Bundesvorstand äußert Gerstenmaier offen, daß er mit der außenpolitischen Methode Adenauers nicht mehr übereinstimme. Daraufhin warnt Adenauer Blankenhorn ausdrücklich, sich mit Gerstenmaier zu eng einzulassen. Von Eckardt bekommt ebenfalls heftige Vorwürfe wegen seiner Verbindung mit Gerstenmaier zu hören.[19]

Vordergründig triumphiert Brentano und kann auch den von ihm gewünschten Staatssekretär Hilger van Scherpenberg durchsetzen. Doch Adenauer informiert ihn auch weiterhin nicht ausreichend, führt vielmehr in Briefwechseln, Gipfelbegegnungen und Botschaftergesprächen häufig seine eigene Außenpolitik am Auswärtigen Amt vorbei.[20] Im Juli 1958, nach schweren Presseangriffen auf den Außenminister, verteidigt er ihn zwar in der Öffentlichkeit, meint aber zu Theodor Heuss ganz im Vertrauen, er sei sich klar darüber, diesen nicht auf Dauer an der Spitze des Auswärtigen Amts halten zu können.[21] In den Nachfolgespekulationen ist zwar nun häufig von Gerhard Schröder die Rede, aber Adenauer möchte noch nicht auf diese Lösung zusteuern.[22] Es ist erst die Berlin-Krise, die von Brentano rettet. Denn ein Außenministerwechsel mitten im Strom scheint nun wenig zweckmäßig.

Wenn man die eigenartig sprunghafte, unklare und in sich nicht sehr stimmige Außenpolitik verstehen möchte, die Adenauer seit den Bundestagswahlen 1957 betreibt, müssen diese Machtkämpfe im engsten Kreis und die Unruhe in der Fraktion mit berücksichtigt werden. Hauptursache der meisten Differenzen und Frustrationen ist dabei die Deutschlandpolitik.

In der Defensive – Hallsteindoktrin und Kampf gegen den Rapacki-Plan

Zwar erwarten viele Anhänger Adenauers, daß der triumphale Wahlsieger nun endlich auch kraftvolle Vorstöße in der Wiedervereinigungsfrage unternimmt. Aber seit dem Scheitern der Genfer Außenministerkonferenz im Herbst 1955 weiß Adenauer, daß auf diesem Feld alles stagniert. Die Sowjetunion ist von jetzt an mit großer Konsequenz bemüht, die völkerrechtliche Anerkennung der DDR voranzubringen. Auch in Frankreich und Großbritannien zeigt sich ein deutliches Bestreben, Abrüstungs- und Rüstungskontrollverhandlungen erforderlichenfalls mit faktischer Anerkennung des Status quo der deutschen Teilung zu verbinden. Adenauer treiben sogar Befürchtungen um, daß London und Paris

Rüstungskontrollvereinbarungen zwischen Ost und West erstreben, die indirekt dazu dienen, Zahl und Bewaffung der Bundeswehr zu begrenzen. Im Frühjahr 1956 ist dies eine seiner größten Sorgen.[1] Nicht einmal mehr die USA erweisen sich gegenüber der Versuchung des Ost-West-Dialogs auf Grundlage des Status quo ganz standhaft.

Adenauers immer vorhandene Zweifel wachsen, ob es sinnvoll ist, gleichzeitig über die europäische Sicherheit und eine Lösung der deutschen Frage zu verhandeln. Beharrt nämlich die Bundesregierung zu entschieden auf parallelen Fortschritten in beiden Fragen, so manövriert sie sich in die Rolle des Störenfrieds der Entspannungspolitik. Zugleich muß sie dabei wieder und wieder erfahren, wie die Verbündeten auf verhandlungsfähige Positionen drängen, und das wären regelmäßig deutsche Konzessionen sowohl in der Sicherheits- wie in der Deutschlandfrage.

So neigt Adenauer immer stärker dazu, die Abrüstung, vor allem der Kernwaffen, als Wert an sich zu betrachten und eine Abkoppelung von der deutschen Frage hinzunehmen. Dies entspricht ohnehin seiner Erwartung, wonach die Wiedervereinigung nur in einer Phase erfolgen kann, die durch drei Elemente gekennzeichnet ist: durch allgemeine Ost-West-Entspannung, also mehr beiderseitiges Vertrauen, durch Fortschritte bei der Abrüstung und durch eine Schwächeperiode der Sowjetunion. Dafür scheinen aber noch alle Voraussetzungen zu fehlen. Die Ostblock-Krise des Jahres 1956 erweist sich als Schwalbe, die noch keinen Sommer macht.

Zwar will auch Adenauer die orthodoxe Lösungsmethode der deutschen Frage nicht ganz aufgeben, auf Deutschland-Konferenzen der Vier Mächte eine Gesamtlösung auszuhandeln. Die deutsche öffentliche Meinung, die Opposition zumal, die CDU/CSU-Fraktion, doch auch das Auswärtige Amt sind auf diesen Ansatz stärker fixiert als je zuvor.

Doch während die deutschlandpolitische Offensive an der seit Gründung der Bundesrepublik heiß umkämpften Front der Deutschland-Konferenzen immer aussichtsloser erscheint, muß sich die Aufmerksamkeit zunehmend darauf richten, wenigstens in der Defensive zu obsiegen. Dabei geht es nicht einmal mehr um Überwindung der Teilung, sondern vorrangig darum, daß sie sich nicht vertieft und dauerhaft verfestigt. Denn weltweit machen sich nun die Bemühungen der Sowjetunion bemerkbar, die DDR als zweiten deutschen Staat diplomatisch ins Spiel zu bringen. Damit wird die Bundesrepublik Deutschland im Innersten ihres Selbstverständnisses getroffen, der allein legitime deutsche Kernstaat zu sein.

Der Alleinvertretungsanspruch ist so alt wie die Regierung Adenauer. Von Anfang an hat der Kanzler herausgearbeitet, daß die Bundesrepublik Deutschland die Rechtsnachfolge des Deutschen Reiches angetreten hat und als demokratischer Verfassungsstaat der einzig legitime Staat in Deutschland ist. Auch Adenauers Außenpolitik der Westbindung hat nicht nur den »Weststaat« Bundesrepublik im Auge, sondern ebenso ein wiedervereinigtes Gesamtdeutschland.

Doch hat der Alleinvertretungsanspruch noch eine weitere außenpolitische Implikation: Wie eigentlich soll die Bundesrepublik reagieren, wenn ein Drittstaat, mit dem Bonn diplomatische Beziehungen unterhält, die DDR anerkennt? Das Problem stellt sich in vollem Umfang erst, als die Bundesrepublik souverän wird und wenig später zur Sowjetunion diplomatische Beziehungen aufnimmt. Adenauers entsprechende Stellungnahme im Bundestag am 22. September 1955 weist durchaus jene vorsichtige Flexibilität auf, die Wilhelm Grewe, jetzt Leiter der Politischen Abteilung im Auswärtigen Amt, empfiehlt: Die Bundesrepublik würde »auch künftig« die Aufnahme diplomatischer Beziehungen mit der DDR durch Drittstaaten als »unfreundlichen Akt ansehen«, da er geeignet wäre, die Spaltung Deutschlands zu vertiefen.[2] Das politische Ziel von Sanktionen besteht natürlich in der internationalen Isolierung der DDR.

Diese Formel entspricht dem pragmatischen Naturell des Kanzlers, weil sie, je nachdem, wie der einzelne Fall gelagert ist, ein breites Spektrum an Reaktionen offenhält. Pragmatismus ist vor allem deshalb geboten, weil sich Adenauer nun auch der Frage stellen muß, wie man es denn mit allen jenen Ostblockstaaten halten soll, die seit November 1949 die DDR anerkannt haben. Im Grunde könnte man ihnen gegenüber verfahren wie im Fall der Sowjetunion – Vereinbarung von Rechtsvorbehalten in der deutschen Frage bei gleichzeitigem Ausgehen von einer »Geburtsfehlertheorie«, die realistischerweise in Rechnung stellt, daß den Satellitenstaaten überhaupt keine andere Wahl blieb.

Der im Auswärtigen Amt selbst sehr unterschiedlich beurteilte Fragenkomplex diplomatischer Beziehungen zu den Satelliten wird akut, als sich im Oktober 1956 in Polen unter Wladyslaw Gomulka eine nationalkommunistische Regierung etabliert. Diese legt in den Anfängen durchaus ein gewisses Maß innenpolitischer Liberalität an den Tag. In der westdeutschen Öffentlichkeit werden nun überall Stimmen laut, man müsse Polen auf dem Weg zu mehr innerer und äußerer Freiheit helfen. Wäre es nicht jetzt an der Zeit, die deutsche Polenpolitik zu aktivieren?

Die Presse, die Opposition, wichtige Außenpolitiker der Fraktion drängen. Wilhelm Grewe plädiert für die Errichtung von Handelsmissionen, um von dieser Plattform aus aktiv zu werden.[3] Auch Brentano wird dafür gewonnen, mit der reformkommunistischen Regierung Gomulka den Dialog zu beginnen.

Adenauer selbst bleibt vorsichtig. Einerseits registriert er im Herbst 1956 eindeutige Anzeichen der »Unzufriedenheit mit dem sowjetrussischen Vasallentum«[4], andererseits macht er sich klar, daß letztlich alles von der Bereitschaft der UdSSR zur Auflockerung des Satellitengürtels abhängt. Das sowjetische Eingreifen in Ungarn macht ihn völlig skeptisch.[5] So sieht er vorerst auch keine rechten Ansatzpunkte für eine aktive Polenpolitik. Noch gilt zwar Gomulka als ein freiheitlicherer Kommunist, den man halten müsse. Im Februar 1957, als die Lage weiterhin recht unübersichtlich ist, führt Adenauer im Bundesvorstand der CDU aus, das Auswärtige Amt müsse »die ganze Frage der Beziehungen zu den Ostblockstaaten, insbesondere zu Polen«, mit großer Vorsicht behandeln: »Wir dürfen nichts tun, was etwa Gomulka nicht für taktisch richtig hielte.«[6]

Nicht einmal im Parteivorstand spricht er davon, denkt aber immer daran, daß man die Sowjets im eigenen Machtbereich nicht unnötig reizen sollte. Allem Anschein nach ist er entschlossen, die tastenden Schritte in den Bereich der Satelliten-Staaten auch gegenüber Moskau behutsam abzusichern. Im April 1958, als die erste Polenbegeisterung schon vorbei, das Thema der Beziehungen zu Warschau aber nach wie vor aktuell ist, entspinnt sich zwischen dem Stellvertretenden sowjetischen Ministerpräsidenten Mikojan und Adenauer ein aufschlußreicher Dialog.

Mikojan äußert sein Unverständnis darüber, weshalb die Bundesrepublik keine diplomatischen Beziehungen zu den kommunistischen Staaten aufnimmt, beispielsweise zu Rumänien oder Bulgarien. Die Bundesrepublik, gibt Adenauer zur Antwort, befürchte, daß dadurch Differenzen zwischen ihnen und der Sowjetunion eintreten könnten, weil vielleicht in Moskau der Eindruck entstünde, man wolle diese Staaten ins westliche Lager herüberziehen. Auf Mikojans Bemerkung hin, dies sei wirklich nicht der Fall, fragt Adenauer wie aus der Pistole geschossen: Und Polen? Mikojan antwortet, auch im Fall Polen würde die Sowjetunion eine Aufnahme diplomatischer Beziehungen begrüßen.[7] Doch das wird Adenauer nicht davon abbringen, auch in den folgenden Monaten mit dem Argument zu arbeiten, man müsse es vermeiden, durch allzu aktive Polenpolitik Rußland im eigenen Herrschaftsbereich zu reizen.

Adenauer vermeidet es tunlichst, über innenpolitische Beweggründe seiner Zurückhaltung zu sprechen. Sie verstehen sich aber in einem Wahljahr von selbst. Die Vertriebenenpartei BHE muß unter die Fünf-Prozent-Grenze gedrückt werden. Doch auch danach nötigt der Blick auf die Vertriebenenwähler zur Behutsamkeit.

Allzu starkes Gewicht hat der wahltaktische Kalkül damals bei Adenauer freilich nicht. Schließlich wird der Grundsatz, daß die Grenzfrage bis zum Friedensvertrag offengehalten werden muß, auch von SPD und FDP nachhaltig vertreten. Selbst als Carlo Schmid, der am stärksten polonophile aller SPD-Politiker, im März 1958 gegen den Rat Brentanos eine Reise nach Warschau unternimmt, um dort einen Vortrag zu halten und politische Gespräche zu führen, hält er vor dem Außenpolitischen Ausschuß des Sejm an dieser Position fest.[8]

Daß Adenauer die Vertreibung für ein großes Unrecht hält, das bei einer Gesamtregelung wiedergutgemacht werden müßte, bringt er intern und öffentlich immer wieder zum Ausdruck. Er denkt durchaus an eine Wiederansiedelung jener vertriebenen Deutschen, die das wünschen. Offenbar hat er auch 1957 die Kondominiumsidee noch nicht aufgegeben. Zwei Wochen nach der Bundestagswahl 1957 bemerkt er nämlich in einem Fernsehinterview, eine Entspannung zwischen Deutschland und Polen werde das Ergebnis der Anerkennung des Heimatrechts der Vertriebenen und der Integration der Gebiete jenseits von Oder und Neiße in eine gesamteuropäische Einheit sein.[9]

Dies ist seine Antwort auf die Anerkennung der Oder-Neiße-Linie durch Jugoslawien anläßlich eines groß aufgezogenen Besuchs von Gomulka in Belgrad.[10] Man vermutet schon, daß dem polnische und vor allem auch sowjetische Einflußnahme zugrunde liegt. Doch Adenauer wirkt über von Eckardt darauf hin, die Bedeutung dieser Nachricht, die in die letzte Wahlkampfphase hereinplatzt, tunlichst herunterzuspielen.[11]

Immer noch hält Adenauer an einer positiven Polenpolitik der kleinen Schritte fest. Sein Fernsehinterview am 27. September 1957 erlaubt keine andere Deutung: schrittweises Vorgehen, Geduld, Ruhe sind die beschwörenden Stichworte. Allem Anschein nach will er sich Grewes Empfehlung zu eigen machen, mit der Errichtung von Handelsmissionen zu beginnen.

Doch trotz deutlicher deutscher Demarchen gegenüber Jugoslawien geht Staatspräsident Tito am 15. Oktober noch viel weiter und gibt die Aufnahme diplomatischer Beziehungen zur DDR bekannt. Damit gerät der Alleinvertretungsanspruch der Bundesrepublik ins Wanken. Brentano, der in diesen Tagen für drastisches Vorgehen plädiert, begründet das im Kabinett mit der Gefahr einer »Kettenreaktion«. 25 bis 35 weitere Staaten würden die DDR anerkennen, wenn man den Schritt Titos mit einem bloßen Protest quittiere. Dann wäre das Konzept einer Wiedervereinigung durch freie Wahlen nicht mehr haltbar. Man werde dann hören: »Eure These von den freien Wahlen hat ihre Glaubwürdigkeit verloren, wenn Ihr es hinnehmt, daß zwei deutsche Staaten bestehen.«[12]

Vorsichtig fügt Brentano allerdings hinzu, die ostpolitische Bewegungsfreiheit werde dadurch nicht beeinträchtigt. Niemand habe beispielsweise den Abbruch der Beziehungen Polens zur DDR verlangt, wenn es zur Bundesrepublik Beziehungen unterhält. Denn Polen ist »mit dem Geburtsfehler zur Welt gekommen«.[13] Brentano kann auch darauf hinweisen, daß der NATO-Rat einer harten deutschen Haltung zustimmt. Er hat das scharfe Vorgehen gegen Belgrad diplomatisch sorgfältig abgesichert, indem er dort die deutsche Haltung durch Hallstein persönlich vortragen ließ.[14]

Als die Frage am 17. Oktober im Kabinett zur Entscheidung ansteht, hat sich Adenauer für den harten Kurs Brentanos und Hallsteins schon entschieden. Er begründet sein Plädoyer für den Abbruch in erster Linie nicht mit deutschlandpolitischen Argumenten, sondern unter Verweis auf die labile Weltlage. Auch ihn hat die erst ein paar Tage zurückliegende Nachricht alarmiert, daß es der Sowjetunion vor den USA gelungen ist, einen Weltraumsatelliten, den Sputnik, ins All zu schießen. Rückschlüsse auf den überlegenen Entwicklungsstand der sowjetischen Raketenwaffe lassen sich daraus unschwer ableiten. »Amerikanische Priorität nicht mehr gewährleistet. Falsche Sparsamkeit und Nachgiebigkeit«, notiert von Merkatz die Eingangsüberlegungen des Kanzlers: »Labile Weltlage. Das benützt der Herr Tito, um sich wieder dem Ostblock anzuschließen. Weiche Linie: Würde als Neigung verstanden werden, daß wir uns dem Ostblock gefügig zeigten.« In dieser Lage darf kein Zweifel aufkommen, »daß unsere Politik geradlinig und fest ist.«[15]

Als Lemmer seine Zustimmung zum Abbruch mit dem Hinweis verbindet, dann könne man aber auch keine Beziehungen mit Polen aufnehmen, unterstreicht Adenauer nochmals seine eben geäußerte pessimistische Weltsicht und läßt dann erkennen, daß er auf Jugoslawien genau so ergrimmt ist wie auf Polen: »Tito ist ein Räuberhauptmann, der überall Geld nimmt ... Gomulka kommt wieder nach Moskau gerückt.«[16]

Das Kabinett beschließt einstimmig den Abbruch, allerdings mit einer wichtigen Einschränkung: Brentano soll die Frage vor der Veröffentlichung nochmals mit den Fraktionen im Deutschen Bundestag erörtern und anschließend dem Bundeskanzler berichten.

Nun erfolgen im letzten Moment noch Interventionen derer, die den Abbruch der Beziehungen für falsch halten. Eugen Gerstenmaier stellt sich am frühen Vormittag des 18. Oktober bei Adenauer ein mit der Warnung, »sich durch eine zu legalistische Außenpolitik nicht zu einer Art Syngman Ree abstempeln zu lassen«. Langfristige Isolierung im Westen und Beeinträchtigung des deutschen Einflusses auf die Blockfreien würden dadurch heraufbeschworen.[17] Felix von Eckardt trägt Adenauer kurz danach ähnliche Bedenken vor.[18] Ganz offenbar handelt es sich um eine konzertierte Gegenaktion der Gruppe Gerstenmaier, Blankenhorn und von Eckardt.[19]

Vor allem Blankenhorn hat sich in eine Reihe von Befürchtungen gesteigert, die dann nicht eintreten: Ägypten, Syrien, vielleicht sogar Indien könnten gleichfalls die DDR anerkennen! Soll man dann gleichfalls die Beziehungen abbrechen? Wenn nicht, würde aber der Gesichtsverlust groß sein. Eine der Sorgen derer, die lieber weich reagiert hätten, bestätigt sich allerdings: »Wir würden uns«, prognostiziert Blankenhorn am 15. Oktober, »auf lange Sicht die Möglichkeit nehmen, eine initiativreichere Politik im Satellitenraum zu betreiben. Die Beziehungen zu Polen, sei es auch nur wirtschaftspolitischer Art, sind damit auf lange Zeit zurückgestellt.«[20]

Adenauer beläßt es jedoch bei dem Beschluß zum Abbruch, denn keiner der Kritiker vermag überzeugend darzutun, daß der mögliche Schaden bei einem Nicht-Abbruch geringer wäre.[21] Immerhin möchte er nun Blankenhorn wieder ganz nach Bonn zurückholen.

Brentano und Hallstein setzen sich also mit ihrer harten Linie gegenüber Jugoslawien durch. Ihr Kalkül erweist sich auch als zutreffend, denn bis auf das kommunistische Kuba möchte zu Lebzeiten Adenauers kein anderer Staat profitable Beziehungen zur geachteten Bundesrepublik gegen eine Anerkennung des Regimes in Ost-Berlin eintauschen. Adenauer wirft aber den beiden doch vor, ihn in dieses Dilemma gebracht zu haben. Ohne verfrühte Festlegungen Brentanos auf eine Art Automatik des Abbruchs der Beziehungen bei Anerkennung der DDR wäre das Dilemma vielleicht zu vermeiden gewesen.[22]

Ob Adenauer es wirklich sehr bedauert, daß vorerst auch im Verhältnis zu Polen wieder eine Vereisung eintritt, darf bezweifelt werden. Er hat zwar den Sondierungen des Auswärtigen Amts nichts in den Weg gelegt. Doch nach den Vorgängen in Belgrad ist schwer zu bestreiten, daß die Regierung Gomulka die Krise in den deutsch-jugoslawischen Beziehungen geradezu provoziert hat. Adenauer zieht daraus den Schluß, daß eben auch Polen genauso wie Jugoslawien an der sowjetischen Kette liegt – wenigstens außenpolitisch. Anläßlich einer Erörterung im Bundeskabinett, bei der Mitte November 1957 das Thema finanzieller Hilfe für Polen auf der Tagesordnung steht, meint er illusionslos: »Polen wird nichts tun, was Moskau nicht will, andererseits schreit alles in Deutschland nach wirtschaftlichen Beziehungen mit Osteuropa.«[23]

Ein paar Monate später hat sich seine negative Einstellung vollends verfestigt. »Nach meiner Meinung«, gibt er Blankenhorn zu demselben Thema brieflich zu bedenken, »ist die Steigerung des Handelsvolumens mit den osteuropäischen Ländern mit äußerster Vorsicht zu betrachten. Es steckt nach meiner Meinung keine psychologische Waffe darin, die gewisse Annäherungstendenzen innerhalb der Satellitenstaaten (nach Westeuropa) verstärken könnte. Der Schlüssel von allem liegt nach wie vor in Moskau, und Moskau wird jede Annäherungstendenz eventuell mit blutiger Gewalt unterdrücken und wird denjenigen, im vorliegenden Falle uns, die eine solche Politik unterstützen, sehr unfreundlich gegenüberstehen. Bei diesen Fragen ist besondere Vorsicht am Platze.«[24]

Auf Polen ist er ganz besonders schlecht zu sprechen, seit er feststellt, wie alle seine innenpolitischen Gegner den Vorschlag des polnischen Außenministers Rapacki aufgreifen, in Deutschland und Polen eine kernwaffenfreie Zone zu schaffen.[25] Die polnische Diplomatie sucht zwar den Anschein zu erwecken, als handle es sich dabei um eine genuin polnische Initiative. Doch der erstmals am 2. Oktober 1956 vorgelegte und dann im Vorfeld der NATO-Konferenz vom Dezember 1957 erneut präsentierte Plan greift lediglich sowjetische Vorschläge auf, die seit März 1956 auf dem Tisch liegen. Der eigentliche Urheber ist nicht Rapacki, sondern Gromyko.[26]

Während Adenauer in der Frage der Kernwaffenausrüstung noch etwas auf Zeit spielt, läßt er an seiner scharfen Ablehnung des Rapacki-Plans von Anfang an keinen Zweifel, als dieser ins Gespräch kommt. Seine Einwände sind stets dieselben und werden künftig eine Art klassisches Repertorium gegen jede Neuauflage dieses Sicherheitskonzeptes bilden.

Vertragliche Zusicherungen, im Fall einer Denuklearisierung das entsprechende Gebiet nicht nuklear anzugreifen, so argumentiert er, sind kein Schutz. Man muß vom Ernstfall ausgehen. Die Gefahr eines Angriffs mit Atomwaffen stellt sich erst im Krieg: »Wenn es, was Gott verhüten wolle, je zu einer heißen Auseinandersetzung kommen würde, dann fände diese statt, ganz gleich, ob ein Rapacki-Plan abgeschlossen wäre oder nicht.«[27] Kernwaffenmächte können in atomwaffenfreie Zonen sowohl »hineinschießen« wie darüber »hinwegschießen«. Derlei Vereinbarungen haben eben gar keinen Zweck: »Wenn Sowjetrußland über dieses Gebiet hinweg mit atomaren Waffen nach Frankreich schieße«, gibt im April 1958 Mikojan zu bedenken, »und wenn umgekehrt von Frankreich aus die Amerikaner und Franzosen über dieses Gebiet hinweg mit atomaren Waffen nach Rußland schössen, so würden die entstehenden radioaktiven Wolken bei Westwind von der einen Seite, bei Ostwind von der anderen Seite her in dieses Gebiet hineingetrieben werden, und die Sowjetunion könne ja nicht den Winden gebieten, eine bestimmte Richtung einzuhalten.«[28]

Damit verbindet sich das genauso gewichtige allianzpolitische Argument. Amerikaner und Briten sind offenbar fest entschlossen, ihre in Deutschland stationierten Truppen mit Kernwaffen auszurüsten. Will man diese Truppen halten, muß man auch deren Bewaffnung in Kauf nehmen. Als Adenauer Anfang Februar 1958 in seinem Urlaubsort Vence in Südfrankreich von den ersten großen Demonstrationen zugunsten des Rapacki-Plans hört, schickt er an Globke ein besorgtes Fernschreiben: »Lese aus Telegrammen, daß dort in größeren Städten Versammlungen für polnischen Vorschlag atomwaffenfreie Zone abgehalten werden. Befürchte, daß Vorschlag, der unsere Sicherheit aufs äußerste gefährdet, Anhänger gewinnt. Gleiches gilt für Stimmung in anderen NATO-Staaten. Bitte daher in Bundestagsverhandlungen betr. Stationierungskosten durch Regierungsvertreter und Vertreter Koalitionsparteien ausführlich darzulegen, daß atomwaffenfreie Zone, die Deutschland umfaßt, NATO sprengt ohne jede Gegenleistung der Russen, daß Plan daher für uns unannehmbar.«[29] Der Rapacki-Plan sei »eine Falle der Russen«. Seine Durchführung würde »die Auflösung von NATO zur Folge haben.«[30] Er sieht darin aber auch eine unannehmbare Herabminderung des Status der Bundesrepublik unter den westlichen Mächten. Diese Überlegung ist freilich nur für feinere Ohren bestimmt, so für die des NATO-Botschafters Herbert Blankenhorn. Dieser ist ein Adressat jener Urlaubsbriefe, mit denen ein wieder einmal tief besorgter Adenauer von Vence aus die Herren seiner nächsten Umgebung bombardiert. Dabei vernimmt Blankenhorn nicht nur die wohlbekannte Auffassung: »Rapacki-Plan nach wie vor für uns völlig unannehmbar. Es wäre gut, wenn auch der NATO-Rat bald zu der gleichen Stellungnahme käme.«[31]

Adenauer macht dabei auch die Statusfrage geltend. Militärisch verdünnte Zone: »Ich bitte, in dieser Frage äußerste Vorsicht zu beobachten. Bei dem Fortschritt der Waffentechnik sind meines Erachtens militärisch verdünnte Zonen völlig zwecklos, wenn man an eine Verhütung eines großen Krieges denkt. Und das soll ja der Zweck sein. Sie stempeln aber *die* Staaten, die ganz oder zum Teil innerhalb der militärisch verdünnten Zone liegen, zu Staaten zweiter Klasse, da sie sich einer besonderen Kontrolle hinsichtlich der militärischen Verdünnung unterwerfen müssen. In Paris hat mich gerade Herr Dulles, ich glaube, Sie waren dabei, auf die allgemeinen politischen Folgen hingewiesen, die für Deutschland entstehen würden, wenn es mit einem erheblichen Teil einem besonderen Status, wie der militärisch verdünnten Zone, unterworfen würde. Ich verspreche mir, ich wiederhole das, gar nichts Positives davon, ich habe die Sache reiflich geprüft.«[32] An dieser Auffassung hält er auch künftig fest. Als die Idee einer mitteleuropäischen Kontrollzone im Frühjahr 1959 wieder auftaucht, und zwar ausgerechnet in einem von Frankreich vorgelegten Konferenzpapier, richtet er an Brentano ein kurzes, energisches Schreiben: »Über ein Papier, das einen solchen Vorschlag enthält, ist für mich jede Diskussion ausgeschlossen. Ein solcher Vorschlag, mag er an noch so viele Punkte angeknüpft sein, ist für uns deklassierend und beleidigend ... Ich bitte Sie, die deutsche Delegation anzuweisen, das Dokument dem französischen Vertreter höflich aber entschieden zurückzugeben ... Ich stelle Ihnen anheim, ob Sie die Delegation bevollmächtigen wollen hinzuzusetzen, daß dies in Ihrem oder in Ihrem und meinem Namen erfolgt.«[33]

Durchgehend sind es die Briten, denen er entsprechende Sympathie für eine mitteleuropäische Kontrollzone unterstellt. Im Dezember 1957 hält George Kennan über die BBC die »Reith Lectures«, in denen er die ihm schon lange am Herz liegenden Disengagement-Ideen in neuer Form wiederaufwärmt. Die Vortragsreihe des berühmten amerikanischen Diplomaten findet weltweit Beachtung. Sofort wird Adenauers Verdacht wach, »daß die Vorträge Kennans im BBC von englischer Regierungsseite angeregt und gesteuert gewesen seien«[34].

Darüber kommt es auch zu einem Zwist mit Theodor Heuss, wie er seit den Auseinandersetzungen über die Nationalhymne in den frühen fünfziger Jahren nicht mehr ausgetragen wurde. An und für sich ist die fast durchgängige außenpolitische Übereinstimmung zwischen Adenauer und Heuss ein bemerkenswertes Phänomen. Sie wird dadurch gefestigt, daß beide bestimmten FDP-Politikern herzliche Abneigung entgegenbringen – Thomas Dehler (»er schwätzt zu viel«), Marie Elisabeth Lüders (»sie lügt hysterisch«), der »Nazi-FDP« in Düsseldorf.[35] Jetzt hält es Heuss für richtig, in seiner Neujahrsansprache auf Kennan einzugehen und ihn einen »behutsam-geistvollen« Mann zu nennen.

Adenauer, der ihm eben zu Weihnachten ein Buch gesandt hat und von ihm gleichfalls voll Herzlichkeit gegrüßt wurde[36], schreibt nun in nur mühsam gedämpftem, grantigstem Kanzler-Stil, das »schadet« der Politik des Bundeskabinetts wie auch der Mehrheit des Bundestages: »Herr Kennan ist zur Zeit derjenige Mann, der infolge seiner unrealen Betrachtungsweise zu der Aufweichung in Deutschland in peinlichster Weise beiträgt. Bei der großen außenpolitischen Debatte, die wir demnächst haben werden, wird Herr Kennan Kronzeuge der SPD sein.«[37] Heuss weist den Vorwurf »mit ganz einfacher Bestimmtheit zurück.«[38]

In der folgenden Aussprache klingt das Donnergrollen ab, denn Adenauer bedauert nun in aller Form, den Bundespräsidenten verletzt zu haben. Der Brief sei in dieser Form geschrieben worden, weil er sich führenden Politikern der Westmächte gegenüber, insbesondere Dulles, ein »Alibi« verschaffen wollte. Und obwohl er eigentlich aus Paris einen günstigen Eindruck von Eisenhower zurückgebracht hat[39], stimmt er vor Heuss erneut das große Klagelied an: »Seine Hauptsorge bleibe nach wie vor, daß die USA, auf die wir doch einfach angewiesen seien, das Vertrauen zu den westeuropäischen Mächten verlieren und sich dann eines Tages über den Rücken der europäischen Mächte hinweg und auf deren Kosten mit der Sowjetunion einigten.«[40]

Der Zweifel an den USA und das geheime Atombombenprojekt mit Frankreich

Adenauer mißtraut im Herbst 1957 allen – den Sowjets, den Sozialdemokraten, der eigenen Fraktion, dem Auswärtigen Amt und dem Verteidigungsministerium, am meisten aber den Amerikanern. Wie schon einmal im Sommer und Herbst 1956 wird er nun unablässig vom Zweifel an Amerika umgetrieben.[1] Der »Sputnik-Schock« tut auch bei ihm seine Wirkung. Chruschtschow, so führt er am 17. Oktober vor dem Kabinett aus, zielt allem Anschein nach darauf ab, mit den USA zu einem zweiseitigen Abkommen über die Weltprobleme zu gelangen – unter Ausschaltung aller übrigen Mächte. Leider komme ihm die amerikanische Politik dabei entgegen: »Die durch unverantwortliche Nachlässigkeit mancher maßgebender Persönlichkeiten in den USA (Eisenhower, Stassen, der bisherige Verteidigungsminister Wilson) im wesentlichen erreichte Rüstungsparität zwischen beiden großen Mächten gebe Chruschtschow eine gute Basis für diese Politik. Es müsse Aufgabe der Politik der Bundesrepublik sein, eine derartige Entwicklung zu verhindern.«[2]

In vergleichsweise rascher Folge finden am 11. Oktober sowie am 11., 19. und 26. November Sitzungen des Bundesverteidigungsrats statt, dazwischen eine Serie von Besprechungen mit Strauß, Heusinger, Rust, Gehlen, mit den Spitzen des Auswärtigen Amts und mit NATO-Botschafter Blankenhorn. Dabei gewinnt Adenauer die Überzeugung, daß man in den USA die sowjetische Raketen- und Nuklearrüstung genauso verschlafen hat wie im Bonner Verteidigungsministerium.

Er beklagt sich darüber, auf seine pointierte Frage nach dem Stand der sowjetischen Raketenrüstung seien ihm Strauß und Heusinger die Antwort schuldig geblieben. Desgleichen beteuern sie, daß über die Lagerung sowjetischer Kernwaffen in den Satellitenstaaten nichts bekannt sei. Anders Gehlen. Als er zwei Tage nach der Sitzung des Bundesverteidigungsrates, auf der die Spitzen des Verteidigungsministeriums passen müssen, zum Vortrag gebeten wird[3], stellt er sich mit einem ganzen Koffer dicker Aufzeichnungen ein, aus denen sich, so überzeugt er Adenauer, konkrete Angaben über die unvorstellbare große Ausrüstung der Roten Armee mit nuklearen Waffen und Raketen-Waffen ergeben. Gehlen weist auch nach, daß die Sowjetunion umfangreiche Kernwaffenarsenale in Ostmitteleuropa stationiert hat. Heusinger ist daraufhin beim Kanzler für einige Zeit völlig unten durch, weil er das nicht gewußt hat. Am liebsten würde er ihn abberufen, wäre nicht die Sorge vor dem dann unvermeidlichen politischen Aufsehen.

Die Aufregung des Kanzlers ist allerdings etwas künstlich. Schon im Mai des Jahres hat nämlich General Norstad auf Befragen hin eingeräumt, daß sich in den Satellitenstaaten sowjetische Kernwaffen befänden – auch wenn er dabei bestrebt war, diesen Sachverhalt als ungesichert darzustellen und herunterzuspielen. Verteidigungsminister Strauß hat bei dieser Gelegenheit darauf hingewiesen, in der DDR stünden wohl Geschütze, die für konventionelle wie für nukleare Munition geeignet seien.[4]

Wie Adenauer dem Verteidigungsministerium ein halbes Jahr später »völliges Versagen« bei der Feindaufklärung vorwerfen kann, ist somit nicht ganz verständlich. Hat er nun im November 1957 die frühere Unterredung vergessen? Oder sucht er einfach nach einem Vorwand, um seinem Unwillen darüber Luft zu machen, daß er einer baldigen Entscheidung in der Stationierungsfrage nicht mehr ausweichen kann?

Die Aufarbeitung des Sputnik-Schocks durch Adenauer beweist einmal wieder, welches Gewicht den Informationen der früheren »Organisation Gehlen« im Bundeskanzleramt zugemessen wird. Seit Ende 1950 geht General Gehlen, dessen Organisation damals noch von den Amerikanern finanziert wird, bei Globke ein und aus.[5] Adenauer empfängt ihn erstmals 1951[6], von da an in unregelmäßigen Abständen. Er will einen eigenen Geheimdienst haben, und so wird die Organisation Gehlen im Frühjahr 1956 dem Bundeskanzleramt angegliedert. Aus dem General wird der Präsident des Bundesnachrichtendienstes. In den Dachstübchen des Palais Schaumburg sitzt eine offizielle Verbindungsstelle zur Zentrale des Bundesnachrichtendienstes in Pullach, die täglich an Globke berichtet.[7]

Allem Anschein nach setzen Adenauer und Globke während der ganzen fünfziger Jahre hindurch ziemliches Vertrauen in Gehlen. Daß eine so günstig plazierte Verbindungsstelle auch das nach München melden kann, was im Bundeskanzleramt aufzuschnappen ist – Kabinettsbeschlüsse, hochvertrauliche Angelegenheiten – wird offenbar nicht hinlänglich bedacht. Erst während der *Spiegel* – Krise und als der Spionagefall Felfe immer größere Dimensionen annimmt, richtet sich Adenauers Mißtrauen auf Gehlen.

Doch im Herbst 1957 ist der Chef des BND für Adenauer die große, wenngleich bisweilen auch mehr oder weniger stark angezweifelte Autorität in bezug auf die sowjetischen Streitkräfte – genauso wie er das seinerzeit bis zum Zusammenbruch für Adolf Hitler gewesen war. Gehlen weist ihm klipp und klar nach, daß die amerikanischen Interkontinentalraketen »hinter dem Stand der sowjetischen Raketentechnik weit zurückgeblieben« sind.[8] Zum Glück können aber die Bomber des Strategic Air Command immer noch eine Nutzlast von fünf bis sechs Tonnen Atombomben mit sich führen, während die sowjetischen Raketen auch in Zukunft nur Sprengköpfe bis zu einundeinhalb Tonnen zu transportieren in der Lage sind.[9]

Norstad hat Adenauer voller Überzeugungskraft versichert, Amerika sei heute und noch in den kommenden zehn Jahren in der Lage, jedes gewünschte Ziel in der Sowjetunion zu zerstören.[10] Aber würden die USA im Ernstfall die Sowjetunion wirklich mit Atombomben vernichten? Die Bereitschaft zur Abschreckung wird von Adenauer jetzt immer stärker bezweifelt, nachdem die amerikanischen Zentren den sowjetischen Interkontinentalraketen im Kriegsfall schutzlos preisgegeben wären. Er zweifelt übrigens auch an der Härte Eisenhowers, notfalls den Einsatzbefehl zu erteilen. Diejenigen, denen er vor der Pariser NATO-Konferenz sein Herz ausschüttet, vernehmen wieder einmal jede Menge kritischer Urteile über den amerikanischen Präsidenten: inaktiv, zu weich, außerdem unter dem schlechten politischen Einfluß seines Bruders Milton Eisenhower stehend. Auch später wird Adenauer Milton Eisenhower als den bösen Geist in der Umgebung des Präsidenten verdächtigen.[11]

Die Beratungen im Herbst 1957 bestärken Adenauer in seiner Auffassung, daß kurz- und mittelfristig an einer Stationierung amerikanischer Raketensysteme in Europa kein Weg vorbeiführt. Dabei werden aus der Sicht Washingtons nicht nur Kurzstreckenraketen zum Zweck der Interdiktion sowie nukleare Luftabwehrraketen gebraucht, sondern auch strategische Mittelstreckenraketen. Diese können allerdings erst 1959 zur Verfügung stehen.

So will er zwar den USA in der Frage der Atomrüstung ein treuer Gefolgsmann sein, weil hier deutsche und amerikanische Interessen übereinstimmen. Das politische Verhältnis zu Dulles scheint aber seit Herbst 1957 erneut und zwar bis zum letzten Besuch des todkranken Außenministers im Februar 1959 empfindlich gestört, und zu Eisenhower hat er ohnehin nie richtiges Vertrauen. Adenauer und Dulles schreiben sich zwar weiterhin Freundschaftsbriefe.[12] Doch wahrscheinlich geben gerade die forcierten Freundschaftsbeteuerungen der Empfindung Ausdruck, daß der Graben zwischen den USA und der Bundesrepublik breiter wird. Bald äußert sich Adenauer auch zu Dritten über Dulles recht kritisch. Schon beim ersten Besuch in Colombey im September 1958 läßt er de Gaulle wissen, neulich sei Dulles in Bonn gewesen und habe zum Nahen Osten »Ideen entwickelt, die mich erschauderten«[13]. Zweifel daran, ob Dulles auch gesundheitlich noch lange wird durchhalten können, kommen hinzu.

Wenn Adenauer wirklich einmal einen Amerikaner trifft, zu dem er volles Vertrauen hat, macht er in schwärzestem Pessimismus. »Die Zeiten sind noch nie so schlecht gewesen wie heute«, hört ein erstaunter McCloy den Wahlsieger des 15. September 1957 seufzen. Heusinger, der auch zugegen ist, unkt gleichfalls, die Russen könnten bei einem Überraschungsangriff ganz Westeuropa in ein paar Tagen überrennen. Doch McCloy hält keinen Trost bereit. In der Tat, die nächsten zwei Jahre würden sehr gefährlich sein.[14]

Ein sicher wirksames Rezept zur verläßlichen Harmonisierung der Interessengegensätze zu den USA sieht Adenauer nicht. NATO-Botschafter Blankenhorn plädiert dafür, mit den Problemen durch bessere Konsultation im NATO-Rat überzeugender fertig zu werden, überhaupt das Atlantische Bündnis stärker zu einer politischen Organisation zu entwickeln, ihm auch klare Aufgaben bei der Entspannungspolitik zu setzen. Adenauer macht sich denn auch einen in diesem Sinn konzipierten Briefentwurf Blankenhorns zu eigen[15] und erhält daraufhin von Dulles aufmunternde Zusicherungen.[16]

Was ihm aber Blankenhorn berichtet, der dazu Dulles konsultiert hat, kann Adenauer überhaupt nicht beruhigen. Da Eisenhower weitgehend ausfällt, konzentriert sich alles, Planung und Ausführung, auf John Foster Dulles. Schon rein organisatorisch kann die amerikanische Großmacht der Fülle von Problemen gar nicht gewachsen sein, die auf sie einstürmen. Dulles beklagt sich, daß es ihm schon schwerfalle, seinen Informationsverpflichtungen gegenüber dem Kongreß, dem Präsidenten und dem Nationalen Sicherheitsrat nachzukommen. Die Entscheidungen müssen oft so schnell aufeinander folgen, sie müssen manchmal auch geheimgehalten werden, so daß eine Beteiligung aller 15 NATO-Regierungen ausgeschlossen ist. Daher auch, so hört Adenauer von Blankenhorn, die vorherrschende Tendenz bei Dulles: »Erhaltung des status quo, Abwehr sowjetischer Testversuche, die die Grenzen des amerikanischen Einflußbereiches da und dort zu ungunsten der freien Welt verschieben wollen – also eher Reaktion als Initiative, Beharrung als bewegliche Taktik.«[17]

In Adenauers Augen wirkt die amerikanische Großmacht wie ein schwerfälliger Riese, der nur damit befaßt ist, Europa und Deutschland mit Kernwaffen vollzustopfen. Seine Beunruhigung wächst, als ihn Heusinger auf die komplizierte Kommandostruktur der NATO aufmerksam macht. Er sei zu dem Schluß gekommen, meint Heusinger, »daß die ganze Sache im Ernstfall innerhalb 24 Stunden zusammenbrechen werde«[18].

Immerhin hat es den Anschein, als habe sich Adenauer schon recht resigniert mit dem Gedanken einer Stationierung jener Mittelstreckenraketen in der Bundesrepublik abgefunden, die dann nur in Großbritannien, Italien und in der Türkei aufgestellt werden. Er ist sich zwar mit

Theodor Heuss darin einig, daß dies zu heftigen Protesten in den Regionen und Gemeinden führen würde, die für die Stationierung vorgesehen sind, hofft aber in dieser Hinsicht auf mobile Raketenrampen. Ein sowjetischer Erstschlag gegen sie wäre ziemlich ausgeschlossen, was die psychologische Situation erleichtern könnte.[19] Der Wahlsieg hat eben nur kurzfristige Erleichterung verschafft. Die Grundstimmung in der Bevölkerung gegenüber der Atomrüstung ist nach wie vor labil. Die Opposition fängt sich erstaunlich schnell, dabei auch ermutigt durch ihren Erfolg bei den Hamburger Bürgerschaftswahlen am 10. November 1957. Und ständig unternimmt die Sowjetunion unterschiedlichste Vorstöße, die Atombewaffnung der Bundeswehr zu verhindern.

Das beste Indiz für die Veränderung der Stärkeverhältnisse zwischen den beiden Weltmächten ist der massive sowjetische Druck auf die deutsche Öffentlichkeit und auf Adenauer selbst. Botschafter Smirnow läßt keine Gelegenheit vorbeigehen, ihm den dringenden Rat zu geben, doch gefälligst die Finger von den Kernwaffen zu lassen. Sogar auf seinem Empfang zum 82. Geburtstag, schimpft Adenauer, habe er die Unverschämtheit besessen, ihn darauf anzusprechen.[20]

Ein paar Tage vor der NATO-Gipfelkonferenz im Dezember 1957 in Paris richtet Ministerpräsident Bulganin ein langes Schreiben an ihn, in dem er dringend vor einer Ausrüstung der Bundeswehr mit Kernwaffen warnt. Überhaupt solle Adenauer sich vor Augen führen, worauf er sich mit der Einrichtung amerikanischer Raketenstützpunkte in Deutschland einlasse: »Westdeutschland liegt doch unmittelbar an der Berührungslinie zweier militärischer Gruppierungen, wobei jedes in seinem Gebiet liegende militärische Ziel von modernen Waffen sogar geringerer Reichweite getroffen werden kann. Dieser Umstand mag die militärischen Führer jenes Landes, das die Stützpunkte im Hoheitsgebiet der Bundesrepublik Deutschland fern von seinen lebenswichtigen Zentren errichtet hat, wenig beunruhigen, und sie entscheiden nach ihrem Ermessen die Frage des Einsatzes dieser Stützpunkte. Was kümmert sie das Schicksal Hamburgs und Düsseldorfs, Kölns und Münchens!«[21] Nie seit der Suez-Krise ist aus Moskau eine so grobschlächtige Raketendrohung gekommen. Dabei hat sie Ministerpräsident Bulganin zum Absender, den Adenauer als den deutschfreundlichsten der Sowjetführer einschätzt!

Offensichtlich wird hier im Gefolge des Sputnik-Erfolgs eine beängstigende Drohkulisse aufgebaut. Und die innenpolitischen Auswirkungen sowjetischen Drucks und sowjetischer Verhandlungsangebote lassen nicht auf sich warten.

Bereits zwei Monate nach dem Wahltriumph im September hat es den Anschein, als sei es in der deutschen Öffentlichkeit schon völlig vergessen, daß Adenauer eben die absolute Mehrheit errungen hat. Die SPD denkt überhaupt nicht daran, sich mit der Atombewaffung abzufinden. Und ingrimmig konstatiert Adenauer, wie sich nun auch in der CDU/CSU-Fraktion Tendenzen regen, die SPD außenpolitisch irgendwie zu integrieren.

Der CDU/CSU-Fraktionsvorsitzende Heinrich Krone ermuntert Adenauer im Plenum des Bundestags, künftig mit der SPD den Dialog zu pflegen.[22] Tatsächlich hat das letzte Gespräch des Kanzlers mit Ollenhauer nämlich vor knapp zweieinhalb Jahren stattgefunden.[23] Wird der Kanzler auf diesen Mißstand angesprochen, so pflegt er zu antworten, Ollenhauer wünsche nur in Begleitung Wehners zu kommen, dem aber sei nicht zu trauen. General Norstad bekommt von ihm im Mai 1957 zu hören, in der SPD gebe es starke pro-russische Kräfte, die unter dem Einfluß von Wehner stünden. Ollenhauer habe vor Wehner kapituliert.[24]

Um Herbert Wehner geht es im Oktober und November 1957 erneut, als die SPD für diesen wieder den Vorsitz im Innerdeutschen Ausschuß verlangt, wozu sie nach dem schon lange praktizierten Verfahren berechtigt ist. Eine starke Gruppe in der Fraktion will dies nicht zulassen. Begründung: Wehner hat Innenminister Gerhard Schröder in einem seiner polternden Debattenbeiträge mit Wyschinski verglichen, Stalins Hauptankläger bei den berüchtigten Schauprozessen.[25] Das empört aber nicht nur Schröder. Es ist bezeichnend, daß Adenauer in vorderster Front der Wehner-Gegner zu finden ist: »Hinsichtlich der Zusammenarbeit mit der SPD solle man sich doch nicht in rosaroten Träumen bewegen.« Besser »den offenen Kampf als der verdeckte!«[26]

Doch diejenigen, die das Verhältnis zur SPD entkrampfen möchten, sind der Auffassung, daß man Wehner nicht mehr dauernd seine kommunistische Vergangenheit um die Ohren schlagen sollte. Vor allem Heinrich Krone hat sich zu dieser Auffassung durchgerungen, und so erleidet Adenauer im Fraktionsvorstand und in der Fraktion eine deutliche Niederlage. 117 Fraktionsmitglieder sprechen sich dafür aus, Wehner als Ausschußvorsitzenden zu akzeptieren, 95 sind dagegen, einer enthält sich.[27] Adenauer registriert jetzt die Entstehung einer Fronde, der Gerstenmaier, Kiesinger, Furler, Höcherl und Majonica angehören, während in dieser Frage Gerhard Schröder, Richard Jaeger, Wuermeling und Blank auf seiner Seite stehen.[28] Besonders beunruhigt es ihn,

*Mit Felix von Eckardt am Rande der
NATO-Ratstagung in Paris, Dezember 1957.*

diesmal nicht von Heinrich Krone unterstützt zu werden. Genauso bedenklich findet er, daß ein großer Teil der Presse für Wehner und die Fraktionsmehrheit Partei nimmt. Kaum hat er die Wahlen gewonnen, spürt er somit den innen- und außenpolitischen Boden erneut wegrutschen.

Seine Antwort auf diese Lage erinnert in vielem an die Art und Weise, wie er im Vorfeld der Wahlen auf vergleichbare Vorgänge reagiert hat. Vor den Ohren der deutschen Öffentlichkeit spielt er auf der Friedensharfe: Den Höhepunkt bildet die große Pariser NATO-Konferenz, wo er in Gegenwart aller Regierungschefs des Westens dazu aufruft, die Auffassungen der Sowjets auf diplomatischem Weg zu prüfen. Zugleich fordert er den NATO-Rat auf, konstruktive Vorschläge über die wirtschaftlichen Beziehungen zu den Satelliten Moskaus »als Mittel zur Überwindung der Zweiteilung Europas« auszuarbeiten.[29] Das wirkt so überzeugend, daß der Adenauer stets gewogene Bonner Korrespondent der *Neuen Zürcher Zeitung*, Fred Luchsinger, berichtet, er habe damit »für einen Augenblick den Kreis seiner Freunde und Sympathisanten um einige Gruppen von Leuten erweitert, die er bisher wohl nie unter seinen Heerscharen hatte. Nationalisten, Sozialisten, Neutralisten haben auf die Kunde von den ersten Konferenztagen Beifall geklatscht.«[30]

Auch Heinrich Krone ist aufs höchste verwundert: »Wie eine Bombe schlug die Rede ein. Will der Kanzler seinen Kurs ändern? Jubel auf der Linken, auch in Deutschland.«[31] Eilig fliegt er nach Paris und hört von Adenauer, er sei »vor seinem Gewissen verpflichtet, gerade jetzt, wo er die Sorge nicht loswerde, es könne zu einem Kriege kommen, alles, so weit er könne, zu tun, um ein solches Unheil aufzuhalten.«[32]

Offenbar ist ihm also der scharfe Brief Bulganins doch in die Knochen gefahren, denn er hat es für richtig gehalten, Smirnow noch schnell vor der Abreise kommen zu lassen, um ihn zu beschwichtigen. Auch die Einflüsse Blankenhorns und von Eckardts sind in diesem Moment noch deutlich zu verspüren.

Die Hinhaltetaktik gegenüber den Sowjets sucht er das ganze Frühjahr 1958 bis in den Sommer hinein durchzuhalten, genauso das unentwegte öffentliche Rufen nach einer Gipfelkonferenz mit dem Hauptziel allgemeiner Abrüstung. In Wirklichkeit denkt er überhaupt nicht daran, auf die Kernwaffenstationierung zu verzichten. Zwei Tage vor dem Verständigungsappell trifft er im Bristol mit Dulles zusammen und beginnt das Sachgespräch mit der Feststellung, »daß die Mehrheit des Bundestages der Lagerung nuklearer Waffen und der Errichtung von Raketenabschußbasen auf Bundesgebiet zustimme.«[33] Freilich: im Dezember 1957 ist dies bloß Zukunftsmusik. Die Sache muß im Parlament und in der Öffentlichkeit erst noch durchgesetzt werden.

Voller Vorsicht bewegt er sich also in diesen Wochen und Monaten auf die Linie zu, jenseits derer die große öffentliche Auseinandersetzung über die Kernwaffenstationierung beginnt. Bereits jetzt kreisen seine Überlegungen um die Frage, wie man mit der theoretischen Möglichkeit fertig werden könnte, daß ein amerikanischer Präsident im Kriegsfall den Einsatzbefehl für die strategischen Kernwaffen nicht erteilt und damit die Verbündeten preisgibt oder daß er einen allein auf Europa begrenzten Einsatz taktischer Kernwaffen vorsieht mit den entsprechenden Folgen für Deutschland.

In diese Überlegungen hinein stößt Mitte November eine französische Initiative, aus der in kürzester Zeit eines der erstaunlichsten Vorhaben in der an Geheimprojekten nicht armen Ära Adenauer erwächst, um dann ebenso schnell wieder wie vom Erdboden verschlungen zu werden.

Nach kurzfristiger Vorankündigung[34] sucht Staatssekretär Maurice Faure, begleitet von Botschafter Couve de Murville, am 16. November 1957 Adenauer zu einer streng vertraulichen Unterredung auf. Es ist Samstagnachmittag, so daß es am zweckmäßigsten erscheint, die französischen Besucher im Wohnhaus Adenauers in Rhöndorf zu empfangen. Erst findet ein Vorgespräch mit von Brentano und Hallstein statt. Dann bittet Adenauer die vier Herren zu sich und läßt sich über das Besprochene Vortrag halten. Was Maurice Faure zu berichten hat, ist mehr als erstaunlich. Allem Anschein nach haben die maßgebenden Herren der französischen Regierung in aller Heimlichkeit den Beschluß gefaßt, die Bundesrepublik Deutschland und Italien zur gemeinsamen Entwicklung von Atombomben und entsprechenden Trägersystemen einzuladen. Der französische Generalstab ist angeblich von dem Vorhaben informiert und hat es gebilligt.[35]

Tags zuvor, so berichtet Faure, habe in Paris eine geheime Besprechung stattgefunden, an der nur Ministerpräsident Gaillard, Außenminister Pineau, Verteidigungsminister Chaban-Delmas und eben Maurice Faure teilnahmen. Diese Runde, die insgesamt erst seit genau zehn Tagen dem Kabinett angehört, ist so bemerkenswert wie ihre Vorschläge. Félix Gaillard steht an der Spitze eines der letzten Kabinette der Vierten Republik, die vom Algerienkrieg immer mehr geschwächt und gleichzeitig nach rechts getrieben wird. Er ist Vorsitzender der Radikalsozialisten, ein politisches Wunderkind von 38 Jahren. 1944, im hoffnungsvollen Alter von 25 Jahren war er bereits Mitglied der Provisorischen Regierung Frankreichs unter de Gaulle. Maurice Faure, drei Jahre jünger noch als Gaillard, ist gleichfalls ein führender Radikalsozialist. Auch Christian Pineau, der die Sozialisten repräsentiert, kommt aus der Résistance. Zusammen mit Guy Mollet hat er das Suez-Debakel eingebrockt, und man weiß nicht, gegen wen seine Abneigungen derzeit größer sind – gegen die Amerikaner, die die französischen Fallschirmjäger der Fremdenlegion auf dem Weg nach Suez bei Kilometer 24, vor Elkantara, gestoppt haben, gegen die Sowjets, von denen Paris damals mit Fernraketen bedroht wurde, oder gegen die Briten, die zu langsam vorrückten und zu früh aufgegeben haben. Der vierte in diesem Bund ist Jacques Chaban-Delmas, ein dissidenter Gaullist, auch er ein Held der Résistance, immerhin schon 42 Jahre alt. 1954 war er bereits Verteidigungsminister.

Alle stammen sie also aus der Résistance, alle sind sie ungeachtet der Parteizugehörigkeit stark national gesinnte Politiker, und keiner von ihnen hat seine politische Laufbahn als Freund der Deutschen begonnen. Pineau war von 1943 bis 1945 in Buchenwald inhaftiert. Sein Damaskuserlebnis in bezug auf die Bundesrepublik war der Paris-Besuch Adenauers im November 1956. Ähnlich steht es mit den anderen. Diese Gruppe macht nun durch ihren Abgesandten Maurice Faure Adenauer und seinen engsten Vertrauten von den Schlußfolgerungen Mitteilung, die sie aus dem Sputnik-Schock ziehen: gemeinsame Herstellung von Atomwaffen durch Frankreich, die Bundesrepublik und Italien.

Die französische Analyse der nuklearstrategischen Weltlage deckt sich weitgehend mit der Adenauers. Zwar werden die USA ihre europäischen Basen noch eine Reihe von Jahren brauchen. Doch je rascher sie einerseits ihre Interkontinentalraketen entwickeln und je verwundbarer durch sowjetische Kernwaffen sie andererseits werden, um so mehr ist früher oder später ein militärischer Rückzug aus Europa zu befürchten. Für diesen Tag muß vorgesorgt werden.

Auf eine Zusammenarbeit mit Großbritannien glaubt die französische Regierung nicht zählen zu können. Das gilt übrigens auch für das britische Projekt einer Freihandelszone. Zu deutlich ist die Entschlossenheit der Tories unter Macmillan, neben den USA als zweite atlantische Weltmacht aufzutreten.[36] Daß die Engländer nun die Wasserstoffbombe haben, hat die Franzosen »ganz wild gemacht«, kommentiert Adenauer in seiner gewohnt spöttischen Manier dieses Motiv, als er ein paar Wochen später mit Dulles über den Vorschlag spricht.[37]

Faure präsentiert die französischen Pläne als Vorhaben, das sich durchaus im NATO-Rahmen entwickeln und in ersten Umrissen auch schon auf der NATO-Konferenz im Dezember vorgestellt werden soll. Die Absicht ist aber ganz deutlich, neben den USA und Großbritannien einen kontinentaleuropäischen Atompool aufzubauen, der Atomsprengköpfe und Trägersysteme entwickelt. Inwieweit dieser letztlich dazu dienen soll, allein die Kernwaffensysteme Frankreichs aufzubauen unter nachgeordneter Beteiligung der Deutschen und der Italiener, bleibt offen.

Mit Zweifeln an der Zuverlässigkeit des amerikanischen Atomschirms findet man in diesen Monaten bei Adenauer ein nur allzu offenes Ohr. Die französischen Besucher vernehmen als Echo der Lagebeurteilung durch Maurice Faure die ganze lange Liste Adenauerscher Beschwerden, Befürchtungen und Frustrationen gegenüber Washington. Dabei differenziert er sorgfältig zwischen John Foster Dulles, in dessen harten Antikommunismus er Vertrauen setzt, und dem Weißen Haus. Am meisten aber macht ihn der Blick in eine fernere Zukunft besorgt: Schrecklich, die Abhängigkeit Europas von Amerika! Alle vier Jahre, wenn wieder ein Präsident zu wählen ist, dieselbe Ungewißheit über den Kurs der nächsten amerikanischen Regierung! Braucht man sich da zu wundern, daß England sein Heil im Bau einer eigenen Wasserstoffbombe sucht![38]

Zu dem konkreten Vorschlag bemerkt er, die von Faure skizzierte Politik sei richtig. Man müsse sie aber so betreiben, daß Differenzen mit dem Weißen Haus vermieden werden. Vielleicht revidiere auch England seinen Kurs. Schließlich seien die Briten nicht so dumm, an das Gedeihen ihres Landes zu glauben, wenn sowohl Amerika wie Kontinentaleuropa eigene Wege gehen.

Von Brentano, der bei dem Vorgespräch in bezug auf eine deutsche Teilnahme an der Kernwaffenentwicklung recht zugeknöpft war, macht nochmals deutlich, daß die europäischen Staaten »Raketen und Kernwaffen zu ihrer Verfügung« erhalten sollten, »um im Fall eines Angriffs gerüstet zu sein«. Adenauer distanziert sich darauf von seinem Außenminister, indem er hinzufügt: »Wir müssen sie produzieren.«

Das ermutigt Faure zu der Feststellung, man denke an die Massenproduktion von Düsenflugzeugen und Raketen, wofür aber Frankreich die Mittel fehlen, solange der Algerienkrieg Riesensummen verschlingt. Auf die Frage, ob Deutschland die Herstellung von Atomwaffen in die gemeinsamen Anstrengungen einbeziehen wolle, nachdem Italien schon einverstanden sei, antwortet Adenauer bejahend. Von Brentano bemerkt daraufhin nochmals, er habe nicht die Absicht, eine offizielle Änderung von Verträgen vorzuschlagen.

Einem Treffen zwischen Strauß und Chaban-Delmas, wie es von den Franzosen vorgeschlagen wird, stimmt Adenauer zu, bemerkt aber, dabei solle nur über konkrete Fragen wie die Produktion von Panzern und Raketen sowie über wissenschaftliche Zusammenarbeit gesprochen werden. Doch bitte keine Erörterung allgemeinpolitischer Probleme! In wesentlich politischen Fragen habe er nur ein relatives Vertrauen in die Militärs. Abschließend bemerkt Adenauer, allmählich komme man der EVG wieder näher.

Maurice Faure hat für die deutschen Teilnehmer an dieser historischen Unterredung noch ein Abschiedsgeschenk bereit: Man solle die europäische Hauptstadt zwischen Straßburg und Kehl auf einem europäischen Gebiet errichten und die Rheinbrücke erweitern.

Schon vier Tage später treffen Chaban-Delmas und Strauß in Paris zusammen. Strauß ist von Blankenhorn über die Vorschläge des französischen NATO-Botschafters und von Hallstein über die Besprechung Adenauers mit Faure unterrichtet.[39] Auch Adenauer selbst, so läßt er wissen, habe mit ihm über die Pläne gesprochen. Von Chaban-Delmas erfährt er, daß Frankreich im nächsten, spätestens im übernächsten Jahr in der Sahara die ersten Versuchsexplosionen mit Kernwaffen durchführen werde. Daß man zuerst mit dem italienischen Außenminister Taviani gesprochen habe, sei ein Zufall des Terminkalenders. Vordringlich sei eine deutsch-französische Übereinkunft mit dem Anfang 1957 geschlossenen Abkommen von Colomb-Béchar als Ausgangspunkt.[40]

Aus den Darlegungen von Chaban-Delmas schält sich ein recht komplexes französisches Vorhaben heraus. Bei der NATO-Tagung möchte Ministerpräsident Gaillard als Sprecher der kontinentaleuropäischen Staaten mit der Forderung auftreten, der atomaren Zweiklassengesellschaft in der NATO ein Ende zu bereiten. Nachdem die Sowjetunion schon längst über die technischen Kenntnisse zur Herstellung der Atombombe verfügt, wünscht Paris eine Teilhabe an den amerikanischen Atomgeheimnissen. Das dürfte aber günstigenfalls nur zu erreichen sein, wenn die Arbeiten an den eigenen Nuklearwaffen entschieden vorangetrieben werden. Es geht auch um die Entwicklung einer Mittelstreckenrakete der Reichweite von 1600 bis 2000 Kilometern.[41]

Hier kommen – so wird behutsam dargelegt – Deutschland und Italien ins Spiel. Frankreich braucht dafür vor allem deutsche finanzielle Hilfe, doch auch technisches Know-how. Desgleichen ist Paris auch sehr an der politischen Unterstützung durch Adenauer gelegen, der sich aber mit Blick auf die Fesseln des WEU-Vertrags zurückhalten könnte. Im

Grunde zweifelt auch Chaban-Delmas daran, daß die USA und Großbritannien auf ihr Atommonopol verzichten könnten. Lehnen sie aber eine Unterstützung der kontinentaleuropäischen Arbeiten an eigenen Kernwaffen ab, so ist man zum Alleingang legitimiert. Dann gilt es, wie Chaban-Delmas beim anschließenden gemeinsamen Essen formuliert, »allein zu forschen, zu finden und zu fertigen«.

Bei diesem wie bei anderen Gesprächen wird deutlich, daß auch das Angebot an die Bundesrepublik nicht ganz ohne Hintergedanken gemacht wird. Natürlich weiß man in Paris genauso wie in Bonn, daß Deutschland in den Pariser Verträgen sowohl auf die Kernwaffenproduktion wie auf die Herstellung von Mittelstreckenraketen verzichtet hat. Die Arbeiten an der Atombombe müßten also mit deutscher Unterstützung auf französischem oder italienischem Hoheitsgebiet durchgeführt werden. Noch kein Wort davon, wem die Sprengköpfe später gehören würden. Immerhin meint Chaban-Delmas mit großer Geste, »das gemeinsame Ziel sei es, unseren Staaten die Mittel in die Hand zu geben, die es ihnen jeden Augenblick ermöglichten, den eigenen lebenswichtigen Interessen Eingang in die NATO-Politik zu verschaffen, damit zu jedem Zeitpunkt in der Zukunft, selbst dann, wenn der technische Fortschritt Deutschland und Frankreich als Abschußbasis nicht mehr interessant erscheinen lasse, im Falle eines Angriffs auf Deutschland oder Frankreich auf jeden Fall der unmittelbare und totale Kriegsfall für die gesamte Allianz gegeben sei.«[42] Auch nach dieser Auffassung blieben die WEU-Vereinbarungen erst einmal in Kraft, wodurch Frankreichs ohnehin schon bestehende Führungsrolle noch verstärkt wäre. Deutschland könnte vorerst nur den Trittbrettfahrer auf dem Gefährt spielen, das für französische Atombomben gezimmert wird.

Wie gering die Erwartung von Chaban-Delmas und Strauß ist, die Arbeiten mit Unterstützung der USA oder Großbritanniens voranzutreiben zu können, zeigt ihre Übereinstimmung, daß vorerst alles sehr, sehr geheim betrieben werden müsse. Strauß erklärt zwar unter Bezugnahme auf Adenauer die deutsche Bereitschaft, sich zu beteiligen, weist aber ausdrücklich auf die Beschränkungen durch die Pariser Verträge hin. Deren formelle Änderung wäre schwer, da es sich um ratifikationsbedürftige Abkommen handelt. Jeder diesbezügliche Versuch würde die öffentliche Meinung beunruhigen und »zweifellos zu ultimativen Maßnahmen der Sowjetunion führen«. Jeder neue Schritt könne also nur »völlig geräuschlos, völlig geheim und vollkommen legal erfolgen.«[43]

So einigt man sich darauf, die erforderlichen Mittel gegenüber Finanzministerium und Bundestag als deutschen Beitrag zu einem »europäischen Forschungsinstitut für Flugkörper« zu tarnen. Chaban-Delmas verspricht, bei der Suche nach einem Vorwand zu helfen. Die Öffentlichkeit wird mit der Erklärung hinters Licht geführt, Strauß habe den Buß- und Bettag zu einem persönlichen Besuch bei Botschafter Blankenhorn und seinen Militärattachés genützt, dabei auch Chaban-Delmas einen Höflichkeitsbesuch abgestattet.

Bezeichnenderweise bemerkt der Gaullist Chaban-Delmas dann noch, man solle doch auf keinen Fall die Absicht äußern, den »übelriechenden Kadaver« der EVG wieder zum Leben zu erwecken. Der damalige Verteidigungsminister Chaban-Delmas hat nämlich am 30. August 1954 selbst zu denen gehört, die der EVG den Todesstoß gegeben haben. Ministerpräsident Gaillard, mit dem Adenauer ein paar Wochen später darüber spricht, sieht das freilich anders: Im Grunde genommen komme man wieder zur EVG zurück, allerdings mit einem Unterschied – Chaban-Delmas hat das Protokoll unterzeichnet![44]

Schon am folgenden Tag finden sich Strauß und sein Staatssekretär Rust bei Adenauer ein und berichten.[45] Der Kanzler ist also voll unterrichtet und gibt offenbar grünes Licht für die Unterzeichnung eines höchst vorsichtig formulierten Dokuments.[46]

Welche innen- und außenpolitischen Erschütterungen das Geheimprojekt auslösen könnte, ist Adenauer genauso bewußt wie allen anderen Beteiligten. Dementsprechend bewegt er sich mit der ihm eigenen Vorsicht. Dulles wird von ihm persönlich über die Gespräche zwischen Frankreich, der Bundesrepublik und Italien in Kenntnis gesetzt, noch bevor die NATO-Konferenz begonnen hat. Die Verteidigungsminister seien zu Verhandlungen ermächtigt, doch habe die Bundesregierung noch nicht zugestimmt. Gelange man zu einem Abkommen, so würden NATO und WEU informiert, und es würde allen anderen Mitgliedern zum Beitritt offenstehen. Mit frommem Augenaufschlag fügt er hinzu: »Der Gedanke, daß einmal alle Staaten Bomben dieser Art herstellen könnten, sei schrecklich.«[47]

Nach dieser Eröffnung ist das bei Dulles aufkeimende Mißtrauen deutlich zu verspüren. Offiziell habe man von Frankreich bisher nur vage Andeutungen vernommen. Dulles äußert den Wunsch, Genaueres zu erfahren, spricht von der Gefahr einer atomaren Weiterverbreitung und erwähnt die Idee einer Nuklearagentur, der neben Frankreich, Deutschland und Italien auch die USA sowie Großbritannien angehören sollten. Offenbar überlegt er, wie sich die kontinentaleuropäische Initiative einfangen läßt, spricht allerdings auch keine Mißbilligung des Vorhabens aus. Doch bekommt Adenauer zu hören, wie wenig Dulles von Frankreich hält: »der schwächste Punkt der NATO«, ein krankes Land, Regierungen, die immer nur ein paar Wochen im Amt bleiben, dazu nicht selten aus lauter Schwäche herausfordernd ... Dulles bricht ab, doch Adenauer hat die Warnung begriffen.

Entsprechend behutsam äußert er sich am folgenden Tag Ministerpräsident Gaillard gegenüber. Der tritt allerdings genauso katzenpfötig auf. Man befindet sich am Vorabend einer großen NATO-Konferenz in der französischen Hauptstadt. Somit leuchtet ihm der Gedanke von Dulles, eine Atomagentur aus den fünf Ländern zu bilden, durchaus ein. Ihm geht es vor allem um die Gleichberechtigung.[48] Adenauer ist zwar auch der Meinung, man solle andere zur Mitarbeit auffordern, hält aber doch an der ursprünglichen Idee fest: »Nachdem Großbritannien die H-Bombe besitze«, sollten »logischerweise auch die anderen NATO-Staaten die gleichen Waffen haben«. Und er fügt hinzu: Auch zu Dulles habe er von A-Bomben und H-Bomben gesprochen: »Solange es sich um Forschung und Untersuchung handle, könne nichts passieren.«[49]

Genauso wie in der Kernwaffenfrage versteht man sich beim Blick auf die großen geostrategischen Fragen. Gaillards Aufmerksamkeit ist ganz auf die sowjetischen Wühlereien in Nordafrika und in Schwarzafrika fixiert. Adenauer bestätigt, daß er die Dinge nicht anders sieht: Rußland ziele darauf ab, »Westeuropa über Deutschland einerseits und über Ägypten und das Mittelmeer andererseits einzukreisen«[50].

Der Altersunterschied zwischen den beiden könnte nicht größer sein. Gaillard ist im Jahr 1919 geboren, als der immerhin schon dreiundvierzigjährige Adenauer als Oberbürgermeister von Köln seine ersten, wenig sicheren Schritte in die Außenpolitik unternimmt. Aber die kolonialistische Perspektive ist beiden gemeinsam. Es beglückt Adenauer, in Gaillard auf einen jungen, dynamischen Franzosen zu stoßen, der nicht daran denkt, mit Hilfe Rußlands die Deutschen einzukreisen, sondern mit ihm zusammen überlegt, wie man der sowjetischen Einkreisung Herr werden könnte. So verabschiedet er sich aufs freundlichste mit den Worten, niemand werde »an dem Block Frankreich, Italien, Bundesrepublik und eventuell den Benelux-Ländern« vorbeigehen können: »Den Kern dieses Blocks bilde Frankreich und Deutschland, und das sei schon seit Jahren seine Politik gewesen.«[51]

Die Verhandlungen über eine gemeinsame Kernwaffenforschung und -produktion gehen zügig weiter. Schon am 21. Januar 1958 wird in Bonn über ein detailliertes Abkommen beraten. Adenauer ist weiterhin voll informiert und empfängt die Verteidigungsminister Chaban-Delmas, Taviani und Strauß zu einem Frühstück. Eine eigenartige Konstellation! Hier treffen sich Deutsche und Italiener, die 15 Jahre zuvor noch in der Achse verbunden waren, in tiefstem Geheimnis mit dem Verteidigungsminister Frankreichs, um ein Abkommen auszuarbeiten, das dem britischen Weltmachtanspruch entgegenwirken und alle drei Länder wieder mit den atomaren Insignien moderner Großmächte ausstatten soll.

Bei derartigen Anlässen kann man sich immer darauf verlassen, daß Adenauer weitgespannte historische Reflexionen beisteuert. Da man ihm gesagt hat, daß Chaban-Delmas auf England besonders schlecht zu sprechen ist[52], erfreut ihn Adenauer mit der Bemerkung: »England war ein mächtiges Reich ... Der langsame Niedergang ist viel schlimmer als der schnelle Niedergang, den Deutschland erfahren hat.«[53]

Am Ostermontag 1958 wird das dreiseitige Abkommen von den Verteidigungsministern in Rom unterzeichnet, immer noch unter strenger Geheimhaltung. Frankreich wünscht eine gemeinsame Finanzierung der Isotopentrennanlage in Pierrelatte. Die Kosten sind im Verhältnis 45:45:10 aufgeteilt.[54] Noch ist die Finanzierungsfrage ungesichert. Man rechnet insgesamt mit Kosten von vorerst 140 Millionen Dollar.[55] Auch eine Besichtigung von Pierrelatte durch die Verteidigungsminister steht auf dem Programm. Dann bricht die Vierte Republik zusammen.

Als de Gaulle Ministerpräsident wird, sistiert er das Abkommen. Genauso unverzüglich schiebt Adenauer nun die Verantwortung für das dreiseitige Abkommen auf Franz Josef Strauß. Hat er ihm nicht gesagt, er solle in der Angelegenheit vorsichtig sein?[56]

Der Rücktritt von dem Abkommen wird von dem neuen französischen Verteidigungsminister Guillaumat in besonders kränkenden Formen vollzogen. So endet dieser riskante Ausflug zum gemeinsamen Atombombenbau in allgemeiner Verärgerung.

Die Episode ist aufschlußreich. Auch Adenauer weiß nun, daß das Spiel der internationalen Politik nach den Regeln des Atomzeitalters gespielt werden muß. Eben deshalb traut er auf lange Sicht weder den Amerikanern noch den Briten. Er möchte aber irgendwie an Kernwaffen herankommen, und so ist ihm das Angebot der moribunden Vierten Republik durchaus willkommen. Allerdings will er dabei keinen Augenblick lang die Sicherheitspartnerschaft zu den USA riskieren. Das sofortige Eingehen auf die Verlockung des Kabinetts Gaillard zeigt aber auch, was von seinen zahllosen Sprüchen zur allgemeinen Abrüstung zu halten ist.

Das deutschlandpolitische Kartenhaus

Manchmal entwickelt Adenauer ausgesprochenes Geschick, mit taktischen Kniffen einer schwierigen Lage zu entkommen und sich damit gleichzeitig in noch größere Schwierigkeiten zu verwickeln. So wirbt er vor den Wahlen im Jahr 1953 für den Gedanken einer Deutschland-Konferenz, an deren Nutzen er gar nicht glaubt. Als es dann dazu kommt, ist die Verlegenheit groß.

Das gleiche Bild zeigt sich zwischen Dezember 1957 und Sommer 1958. Um die unvermeidliche Atombewaffnung propagandistisch durchzusetzen, hat er auf der NATO-Konferenz in Paris seine ganze Autorität für Rüstungskontroll- und Abrüstungsverhandlungen mit der Sowjetunion in die Waagschale geworfen. Chruschtschow greift diesen Ball ohne Zögern auf. Auch ihm liegt in erster Linie an wirkungsvoller Propaganda, und so drängt er seit Anfang 1958 mit Macht auf eine Gipfelkonferenz.

In der westeuropäischen Öffentlichkeit wird die sowjetische Entspannungspolitik begeistert aufgenommen. Hat sich denn nicht eben der NATO-Gipfel und dort in erster Linie der Bundeskanzler nachdrücklichst zum Entspannungsdialog bekannt? Sogar Skeptiker wie Dulles und im Grunde ja auch Adenauer selbst müssen ihre Aufmerksamkeit nun wohl oder übel auf die Konferenzvorbereitung konzentrieren. Der diplomatische Kalender in der ersten Jahreshälfte 1958 wird somit weitgehend durch die wie üblich komplizierte Festlegung westlicher Verhandlungspositionen, durch wechselseitige Propaganda und durch entsprechenden innenpolitischen Streit ausgefüllt.

Adenauer weiß längst, daß es keinen besseren Anlaß gibt, sich mit den Verbündeten zu zanken und auch intern jede Menge Ärger zu bekommen, als die Vorbereitung einer Ost-West-Konferenz. Diesmal ist das nicht anders, und nachdem der Zug erst einmal rollt, muß er sogar eine fröhliche Miene aufsetzen, geht es doch um das zur Rettung der Menschheit bestimmte Ziel der allgemeinen Abrüstung. Dazu tritt in der Bundesrepublik die weiterhin drückende, zunehmend mit größerer Ungeduld diskutierte Wiedervereinigungsfrage. Erneut schürzen sich nun wieder alle Knoten der so gut wie unlösbaren deutschen Fragen: Status eines wiedervereinigten Deutschland, Phasenschritte auf dem Weg zur Wiedervereinigung, die Rolle der DDR, Truppenabzug und Truppenverdünnung in Zentraleuropa, Bundeswehraufbau und Atombewaffnung.

Noch ist in der deutschen Öffentlichkeit die Überzeugung ungebrochen, daß diese Probleme nur durch Verhandlungen der vier Mächte zu lösen sind. Und die außenpolitische Orthodoxie in allen politischen Lagern hält an dem Dogma der Verbindung von Maßnahmen zur »europäischen Sicherheit« mit Fortschritten in der »deutschen Frage« fest. Dabei will es der alte Glaube, daß keine Sicherheitsvereinbarung mit der Sowjetunion getroffen werden darf, die nicht mit einem sichtbaren Schritt auf dem Wege zur Überwindung der Teilung gekoppelt ist.

Doch diese Orthodoxie unterliegt in zwei Punkten der Erosion. Zum einen findet die Auffassung zunehmend mehr Anhänger, daß die DDR, selbst wenn man sie langfristig aufheben möchte, anfänglich irgendwie in den Entspannungsprozeß mit einbezogen werden müsse. Zum anderen sind jetzt viele davon überzeugt, wegen der höllischen Kernwaffen sei der Abrüstung unbedingter Vorrang einzuräumen. Alle, die sich von Ost-West-Verhandlungen über Deutschland viel versprechen, drängen zudem auf elastische Positionen, die den Sowjets Anreize bieten und verhandelbar sind.

Einige spielen schon seit längerem mit dem Gedanken gesamtdeutscher technischer Kommissionen – im Auftrag der Vier Mächte, versteht sich! – , um dem Drängen Moskaus nach Verhandlungen zwischen den beiden deutschen Staaten die Spitze zu nehmen. Ihr Wortführer ist Herbert Wehner, dessen Einfluß in der SPD sichtlich zunimmt. Doch was ist technisch, was politisch, und wird ein Dialog mit der DDR nicht schließlich doch mit der Anerkennung enden?

Andere sehen die Kompromißmöglichkeiten eher in dem Sicherheitssystem, in das ein wiedervereinigtes Deutschland eingegliedert werden sollte. Und sie suchen der Sowjetunion die Freigabe der DDR in einem solchen System schmackhaft zu machen, indem sie auch schon in frühen Phasen des Wiedervereinigungsprozesses, solange die Pakte noch bestehen und Deutschland geteilt ist, »militärisch verdünnte Zonen«, Inspektionszonen oder atomwaffenfreie Zonen vorsehen. Freilich: Würde sich die Bundesrepublik damit nicht einen von Ost und West kontrollierten Status einhandeln, ohne die Wiedervereinigung zu erreichen?

Selbst ganz kühle Planer wie Generalinspekteur Heusinger, an deren atlantischer Orientierung keinerlei Zweifel erlaubt ist, kommen doch ins Nachdenken, ob nicht ein Quidproquo von Denuklearisierung und konventioneller Abrüstung möglich wäre. Denn anders als die Luftwaffe steht das Heer den Konzepten der Kriegführung mit taktischen Gefechtsfeldwaffen voller Reserve gegenüber.

So erfährt Adenauer im Januar 1958 von einer Stellungnahme Heusingers zum Rapacki-Plan, in der dieser – vorsichtig zwar, wie stets, für Adenauers Geschmack aber nicht vorsichtig genug – den Gedanken einer allmählich zu erreichenden *balance of power* in Zentraleuropa entwickelt. Gegenwärtig stünden rund 60 »Ostdivisionen« etwa 15 »Westdivisionen« gegenüber: »Wenn es gelingen würde, dieses Verhältnis zugunsten des Westens auf etwa vier Ost : drei Westdivisionen zu bessern, dann wäre ein etwaiges Gleichgewicht an konventionellen Streitkräften erreicht, das den beiderseitigen Verzicht auf Atomeinsatz in einer atomfreien Zone ermöglichen könnte. Das bedeutet, daß die Sowjets ihrerseits als Äquivalent für eine atomfreie Zone mit der Zurücknahme ihrer Truppen aus der Sowjetzone beginnen müßten.«[1] Der NATO-Oberkommandierende Norstad reagiert darauf zwar mit großen Bedenken. Das würde den Abzug beträchtlicher amerikanischer, englischer und französischer Truppen bedeuten! Wie will man aber dann erwarten, daß amerikanische Truppen im Ernstfall wieder rechtzeitig zur Verfügung stehen?

Da aber aus solchen Plänen ablesbar ist, wie stark sich das Konzept von Rüstungskontrollzonen bereits im Denken der Deutschen festgebissen hat, kontert Norstad nun mit einem eigenen Vorschlag: beide Deutschland, die Benelux-Staaten, Polen und die Tschechoslowakei könnten eine mitteleuropäische Kontrollzone bilden, in der etwa 1500 Russen auf westlicher Seite und 1500 Amerikaner im Osten jede Truppenbewegung kontrollieren und damit die Gefahr von Überraschungsangriffen ausschließen.[2] Besorgt muß Adenauer somit feststellen, daß das allgemeine Pläneschmieden im Vorfeld einer Gipfelkonferenz sogar den SACEUR und John Foster Dulles erreicht hat, mit dem der Kontrollzonenplan abgestimmt ist.[3]

Und sein Unbehagen wird nicht geringer, als er im April 1958 bei Gelegenheit eines an und für sich gut verlaufenden Besuches in London beobachten muß, wie zäh das Foreign Office wieder einmal die eigenen Pläne für eine truppenverdünnte Zone aufwärmt.[4]

Die Vorhaben der westalliierten Diplomatie im Vorfeld der Ost-West-Konferenz sind indes nur ein dünnes Rinnsal, verglichen mit der Flut von Plänen, die in jenen Monaten aus der deutschen Öffentlichkeit auf Adenauer einströmen. Von Brentano, dessen Auswärtiges Amt in diesem Punkt durchaus nicht müßig ist, schreibt dazu sarkastisch an Adenauer: »So scheint es nachgerade zu einer Zwangsvorstellung zu werden, daß jeder erwachsene Deutsche einen ›Plan‹ vorzulegen hat! Und wenn man die Mehrzahl dieser Pläne als das bezeichnet, was sie in Wirklichkeit sind, nämlich als unrealistische Wunschvorstellungen, oder auch als lebensgefährliche Experimente, dann kommt wieder die übliche Feststellung, es fehle der Bundesregierung an Phantasie und Elastizität.«[5]

Pläne von seiten der SPD, der FDP, neuerdings auch aus der CDU! Selbst Franz Josef Strauß läßt sich nicht lumpen und veröffentlicht, während sich Adenauer in Südfrankreich im Urlaub aufhält, in der *Politisch-Sozialen Korrespondenz* ein »Fünf-Punkte-Programm für Entspannung und Wiedervereinigung«, das ihm sein Pressesprecher Oberst Gerd Schmückle und Wolfram von Raven aufgesetzt haben.[6] Darin lassen sich übrigens Teile der von Heusinger entwickelten Ideen über eine *balance of power* wiederfinden.[7] Auch Blankenhorn, immer noch NATO-Botschafter, robbt sich wieder mit Vorschlägen zu einem Gesamtplan heran.[8]

Inmitten dieses Wirbels wirkt Adenauers Zögern mehr als erratisch. Wie man es von ihm gewohnt ist, arbeitet er mit der Taktik des »Ja-aber«. Ja zu einer Gipfelkonferenz, aber nur mit beschränktem Teilnehmerkreis sowie nach sorgfältiger diplomatischer Vorbereitung.[9] Man weiß nicht, was ihm in diesen Monaten mehr Sorge macht – ein frustrierter Wiedervereinigungsnationalismus, der vorerst besonders in den Reihen der FDP artikuliert wird, oder der Atompazifismus der Linken. Beides wirkt in die CDU/CSU-Koalition hinein und muß von ihr verarbeitet werden.

Wie unerwartet rasch die deutschlandpolitischen Frustrationen ihn selbst in Bedrängnis bringen, zeigt sich in einer denkwürdigen Nachtsitzung des Deutschen Bundestages am 23./24. Januar 1958. Im Hexenkessel dieser haßerfüllten Debatte, die erst lange nach Mitternacht zu Ende geht, erlebt Adenauer die erste große parlamentarische Niederlage seit 1949.

Konzentrische Angriffe von allen Seiten. Sie gelten der Regierungspolitik insgesamt, zielen aber alle mehr oder weniger auf Adenauer persönlich. Erich Mende wirft ihm Mißachtung des Parlaments vor, weil er die Oppositionsparteien nicht hinlänglich informiert, statt dessen über die Presse und den »kleindeutschen Rundfunk« Außenpolitik zu machen versucht.[10] Ausgerechnet Reinhold Maier, der am 23.März 1933 für das Ermächtigungsgesetz gestimmt hat, wirft nun die Frage auf, wo denn die zwölf Millionen ehemaliger NSDAP-Mitglieder heute politisch engagiert seien, und erinnert Adenauer an die Vergangenheit einiger seiner Bundesminister.[11] Gemeint ist damit wohl vor allem Staatssekretär Globke, der hinter ihm auf der Regierungsbank sitzt.

Wieweit sich die FDP in der Opposition inzwischen von der Regierung entfernt hat, beweist sogar der an und für sich doch recht gemäßigte Erich Mende, als er die Vision beschwört, ein wiedervereinigtes Deutschland solle in ein Bündnissystem einbezogen werden, »dem sowohl die Vereinigten Staaten wie die Sowjetunion angehören müßten«[12]. FDP und SPD betonen erneut in ziemlicher Eintracht, daß den freien Wahlen die Einigung der Vier Mächte auf den politischen und militärischen Status Gesamtdeutschlands voranzugehen hat. Doch die Priorität der freien Wahlen wird nun auch aus den Reihen der CDU angezweifelt. Das beweist beispielsweise der Debattenbeitrag von Johann Baptist Gradl aus Berlin. Alles in allem markiert diese Debatte einen Wendepunkt. Von nun an tritt das Konzept »Zuerst freie Wahlen!« deutlich zurück – auch in der CDU/CSU.

Beim Thema »freie Wahlen« knüpft auch Thomas Dehler an, der erst in den Abendstunden zu Wort kommt, als man im Regierungslager die Debatte schon für überstanden hält. Drei Viertel der vorgesehenen Redezeit ist bereits vorbei, das Plenum nur noch mäßig besetzt. Es füllt sich aber rasch wieder, als Dehler zu einer furiosen Rede anhebt. Nie zuvor und danach ist Adenauer so gnadenlos persönlich attackiert worden. Da man Dehler aber ohnehin immer einen gewissen Rabatt gewährt, wenn er sich bei einer seiner Reden »am Beifall besäuft«[13], zielen die meisten seiner Übertreibungen ins Leere. Wer nimmt das schon ernst, wenn er ausruft, die Regierung bereite einen Krieg gegen die Sowjetunion vor, sie steure auf einen »Kreuzzug« hin.[14] Anders aber steht es mit den Enthüllungen, die er zur Deutschlandpolitik Adenauers zwischen 1951 und 1955 ausbreitet. Hier spricht immerhin ein langjähriges Kabinettsmitglied, prominenter FDP-Politiker auch noch in den Jahren der Regierungsbeteiligung 1953 bis 1955, ein Mann, der von sich selbst behauptet, er habe Konrad Adenauer lange geglaubt. Und dieser frühere Mitstreiter behauptet nun, gestützt auf sein Insiderwissen – Kabinettsberatungen, Gespräche mit dem Bundeskanzler –, ganz außer sich und vor Entrüstung bebend, daß Adenauer die Wiedervereinigung überhaupt nie gewollt habe. Deshalb die seinerzeitige Forderung »zuerst freie Wahlen«, der doch Moskau nie zustimmen konnte, deshalb Adenauers Zustimmung zur Bindungsklausel, deshalb die konsequente Weigerung, das Angebot der Stalin-Note vom Frühjahr 1952 auszuloten, deshalb die mangelnde Konzessionsbereitschaft bei der Berliner Konferenz von 1954, deshalb auch die Torpedierung der Eden-Pläne von 1955!

Wer Dehlers Verhältnis zu Adenauer über Jahre hinweg verfolgt hat, vermutet, daß diese giftige Rede nicht nur kalkuliert ist, sondern einer tiefen Haßliebe entspringt. »Solche persönlichen Rachefeldzüge sind etwas Scheußliches«, sinniert Theodor Heuss.[15] Aber sie wirken.

Die Vergangenheit der Jahre 1950 bis 1955, so glauben viele zu spüren, beginnt Adenauer nun einzuholen, denn auf Dehler folgt ein weiterer Dissident der frühen fünfziger Jahre – Gustav Heinemann. Auch aus ihm spricht das Ressentiment. 1953 hat ihn Adenauer bei den Bundestagswahlen als evangelischen Tagträumer lächerlich gemacht und zudem noch mit wenig feinen Methoden an die Seite der Kommunisten gerückt. Inzwischen hat Heinemann mit den Besten seiner Anhänger zur SPD gefunden und muß sich nun dort eine neue politische Plattform schaffen. Sein Einstand ist die große Anklagerede dieser Nacht, in der Adenauers Wiedervereinigungspolitik vor einer entsetzten CDU/CSU-Fraktion und einer Millionenhörerschaft am Rundfunk auseinandergenommen wird. »Bald salbungsvoll, bald hart und eruptiv«[16] vollzieht er seine Rache am Kanzler, der wie versteinert auf der Regierungsbank sitzt, merkwürdig verfremdet durch eine schwarze Sonnenbrille, die er zum Schutz gegen das andauernde Blitzlichtgewitter trägt.

Schneidender, analytischer, pointierter noch als Dehler entfaltet Heinemann die These von den »versäumten Gelegenheiten«. Während aber bei Dehler ein vergleichsweise schlichter Nationalliberalismus die Triebfeder bildet, verbinden sich bei Heinemann kalter protestantischer Fundamentalismus und politischer Kalkül auf eine Art und Weise, wie sie in europäischen Parlamenten seit den großen Reden Gladstones nicht mehr so vollendet zu beobachten war. Besonders erregt es die CDU, mit wieviel dialektischer Meisterschaft dieser führende Protestant die weltanschaulichen Gräben zum Kommunismus zuschüttet: Christus sei »nicht gegen Karl Marx gestorben, sondern für uns alle.«[17] Auch Heinemann ist fest entschlossen, Adenauer bei dieser Gelegenheit wenigstens rhetorisch zu vernichten, und dies gelingt ihm auch.

Denn genauso verheerend wie die haßerfüllten persönlichen Abrechnungen wirkt die Tatsache, daß sich sowohl Adenauer wie die anderen Außenpolitiker der CDU/CSU-Fraktion zur substantiellen Widerlegung der Vorwürfe nicht bereit finden. Der Fraktionsvorsitzende Heinrich Krone spricht zwar, doch nur um einmal mehr unter Beweis zu stellen, daß weder die Redekunst zu seinen besonderen Gaben gehört noch die detaillierte Kenntnis weiter zurückliegender außenpolitischer Zusammenhänge. Außenminister von Brentano hat zwar von Wilhelm Grewe Zettel auf Zettel erhalten und beteiligt sich schließlich auch an dem rhetorischen Schlagabtausch, aber ohne spezifischen Gebrauch von Grewes Hinweisen zu machen.[18] Das ist jedoch kein Wunder, denn von Brentano selbst gehörte seinerzeit zu den Kritikern des Artikels 7,3 des Generalvertrags. Der Kanzler aber starrt nur hochmütig und abwesend in den nächtlichen Tumult, wo sich das Scherbengericht über seine frühere Deutschlandpolitik vollzieht, und schweigt beharrlich. Als Dehler im März 1955 schon einmal in vergleichbarer Schärfe mit ihm abgerechnet hatte, konnte ihn seine Umgebung nur mit Mühe davon abbringen, durch eine scharfe Replik die damals noch bestehende Koalition mit der FDP zu ruinieren. Jetzt aber rafft er sich nicht zur Entgegnung auf.

Über die Gründe dafür schweigt er sich auch später aus. Ermüdung? Verachtung für die abtrünnigen Minister? Erwartung, daß ihn einer seiner Gefolgsleute heraushaut – von Brentano, Kiesinger, Gerstenmaier? Als er die Kämpfe der fünfziger Jahre in den »Erinnerungen« nochmals Revue passieren läßt, geht er auf diese Niederlage mit keinem Wort ein, gibt sich allerdings viel Mühe, seine Überlegungen zur »Russischen Noten-Offensive«[19] plausibel zu machen.[20]

Man kann in dieser nachträglichen Rechtfertigung drei Verteidigungslinien erkennen: Erstens seien die sowjetischen Noten ein Störmanöver gegen den Abschluß der Westverträge gewesen. Hätte er positiv reagiert, dann wäre die Bundesregierung wahrscheinlich zwischen allen Stühlen gesessen mit dem großen Risiko eines »Diktatfriedens« der Vier Mächte. Zweitens habe der Notenwechsel deutlich gemacht, »daß die Sowjetunion die Aushandlung und den Abschluß eines Friedensvertrages mit einem durch eine freie Regierung vertretenen Deutschland im Prinzip nicht wollte«.[21] Letztlich bestehe also keine konkrete sowjetische Bereitschaft, mit freien Wahlen zu beginnen und die so legitimierte deutsche Regierung als Verhandlungspartner zu akzeptieren. Schließlich drittens: die Blockfreiheit eines wiedervereinigten Deutschland hätte faktisch den militärischen Abzug der USA aus Europa und das Ende der europäischen Integration bedeutet. Die Sowjetunion würde dann aufgrund ihres gewaltigen Übergewichts den entscheidenden Einfluß gewonnen haben.

Hätte Adenauer dies in der Nachtsitzung vom 23./24. Januar 1958 artikuliert, so wäre die primär defensive Gesamtanlage seiner damaligen Außenpolitik deutlich beleuchtet worden – kompromittierendes Zugeständnis in der stark veränderten Konstellation von 1958, als viele von der inzwischen erstarkten Bundesrepublik eine sehr aktive Wiedervereinigungspolitik erwarten. Soll er wirklich eingestehen, daß er in den bisher acht Jahren seiner Kanzlerschaft zu keinem Zeitpunkt eine auch nur halbwegs unriskante Wiedervereinigungspolitik für möglich gehalten hat? Denn halbwegs unriskante Wiedervereinigung hieße eben für ihn: politische, militärische und wirtschaftliche Westbindung auch des wiedervereinigten Deutschland, also auch Rückzug der Russen aus der DDR und den sonstigen Satellitenbereichen.

Nur *ein* Debattenredner der Fraktion arbeitet den Zentralpunkt heraus, daß sich Adenauer in erster Linie von einem Ansatz leiten ließ, den man später die »Staatsräson der Bundesrepublik« nennt. Es ist Hermann Höcherl, der zornig mit der These aufräumt, die Wiedervereinigung sei die erste Aufgabe der deutschen Politik: »Der Kern dieser Debatte und der Ausgangspunkt für jede Überlegung jedes verantwortlichen Deutschen, ganz gleich welcher Couleur, muß sein: zunächst einmal die Sicherheit in Freiheit für unsere fünfzig Millionen Menschen. Das ist der Ausgangspunkt von allem, denn ohne diese Sicherheit in Freiheit gibt es weder eine Wiedervereinigung noch einen sozialen marktwirtschaftlichen Staat, wie wir ihn haben und wie Sie ihn mitgenießen.«[22]

Auffälligerweise greift Adenauer dieses Räsonnement bald danach auf. Mitte Februar 1958, als er sich an die Riviera zurückgezogen hat und dort über die nächsten diplomatischen Schritte nachsinnt, schreibt er an Herbert Blankenhorn in Paris: »Ich bitte Sie, in Ihren Formulierungen daran zu denken, daß das Hauptanliegen Deutschlands die Bewahrung der Freiheit der Bundesrepublik ist. Sie erscheint mir in keiner Weise gesichert. Unser Hauptanliegen muß sein, die Freiheit der 52 Millionen absolut zu sichern. Wir können an die Befreiung der 17 Millionen jenseits des Eisernen Vorhangs überhaupt nur denken, wenn es uns gelingt, die Freiheit der 52 Millionen zu sichern.«[23]

Die Auswirkungen der Blamage in der Nacht vom 23. zum 24. Januar 1958 sind beträchtlich. Alle publizistischen Gegner Adenauers, zuvorderst Rudolf Augstein, Paul Sethe, Hans Zehrer, Erich Kuby, sehen sich nun bestätigt. Sie unternehmen in den folgenden Wochen ihr Bestes, der Öffentlichkeit einzuhämmern, daß dieser Kanzler die Wiedervereinigung nie gewollt hat und dies nun in offener parlamentarischer Feldschlacht durch Schweigen zugeben mußte. Die Versuche des Regierungslagers, durch eine Pressekonferenz des kundigen Professors Grewe[24] und durch eine Radioansprache Adenauers[25] dem verheerenden Eindruck entgegenzutreten, vermögen den schlechten Eindruck dieser Nachtsitzung nicht zu überlagern. Von jetzt an lauten die Schlagworte der Opposition »versäumte Gelegenheiten« oder Verpassen der »Sternstunde« im Frühjahr 1952, was von den Regierungsanhängern als eine »neue Dolchstoßlegende« kritisiert wird.

Schwer angeschlagen reist Adenauer am 31. Januar in die Alpes Maritimes ab, um dort den ganzen Februar hindurch Urlaub zu machen. Das

Hotel Château du Domaine de St. Martin sur Vence liegt 500 Meter hoch »und hat dementsprechend einen weiten Blick über die Voralpenlandschaft und die Meeresbucht von Nizza«[26]. Zuletzt hat Adenauer zusammen mit seiner ersten Frau Emma die Provence durchquert – genau 54 Jahre ist das her. Jetzt fühlt er sich alt und doch etwas verbraucht: »In der Sonne ist es schön warm. Ich fühle aber auch, wie abgespannt ich war.«[27]

Er empfängt nur wenige politische Besucher. Georges Bidault und seine Frau suchen ihn zum Mittagessen auf[28] – fünf Jahre später wird er den vor de Gaulle nach Bayern Geflohenen als Unperson behandeln. Pierre Pflimlin, gegenwärtig Finanzminister in der Regierung Gaillard, macht ihm seine Aufwartung. Wie seinerzeit mit Robert Schuman kann er sich mit diesem konservativ gesinnten Elsässer in deutscher Sprache unterhalten, und was er dabei über die innere Lage Frankreichs vernimmt, beunruhigt ihn sehr.[29]

Er selbst stattet bei dem dreiundachtzigjährigen Winston Churchill einen Besuch ab. Dieser macht ganz in der Nähe in Roquebrune, bei seinem Verleger Emery Reves, Urlaub.[30] Die Atmosphäre ist gelockert, »fast ganz unpolitisch«[31]. Adenauer ist stolz darauf, daß ihm Churchill zum Abschied ein von ihm gemaltes Bild schenkt. Als er selbst auf dem Altenteil sitzt, im Zimmer 119 des Bundesratsflügels, erhält diese stimmungsvolle Ansicht des klassischen Tempelchens den Ehrenplatz hinter seinem Schreibtisch. Von Churchill hat er eine gute Meinung. Daß er sich nach dem Krieg für die Deutschen eingesetzt hat, bleibt unvergessen. Das hält ihn aber nicht ganz davon ab, scharf auf die kleinen Schwächen dieses großen Mannes zu achten. Auch beim Besuch in der Villa La Pausa zu Roquebrune macht er eine solche Beobachtung: »Als ich ihn verließ, da begleitete er mich noch nach draußen. Aber noch beim Hinausgehen griff er in eine Wandnische, holte eine Flasche heraus und nahm einen kräftigen Zug – direkt aus der Flasche!«[32]

Im übrigen ertönt in Vence erneut die wohlbekannte alte Klage: »Aus der leidigen Politik kommt man ja nun leider nicht heraus. Von außen drängt sie sich an einen heran, und auch im Innern beschäftigt man sich unwillkürlich damit. Der Fluch unserer Zeit.«[33] Regelmäßige Fernschreiben und ein Besuch Globkes, die wie gewohnt langen Briefe von Brentanos und die Berichte Blankenhorns regen ihn zu gleichfalls langen Antworten an.

Doch bieten die Spaziergänge im Vorfrühling von Vence doch auch Anlaß zu einigen selbstkritischen Überlegungen. Die Organisation seines eigenen Büros soll verbessert werden. Globke vernimmt mit einigem

Leidige Politik – auch im Urlaub

Adenauer in Vence, Frühjahr 1958.

Befremden, daß er einen Beamten des höheren Dienstes sucht, »der die Aufgabe übernimmt, die ein Kabinetts-Chef übernehmen soll.« Adenauer denkt dabei an einen Herrn mittleren Alters, der politisches Verständnis hat. Aber ist nicht Globke selbst der Kabinetts-Chef des Kanzlers?

Wieder einmal faßt er gute Vorsätze: »Ich muß den Kopf unter allen Umständen frei behalten für die großen Fragen. Das kann man nicht tun, wenn man fortwährend wegen allen möglichen Kleinigkeiten in Anspruch genommen wird. Auch muß ich mit meinen körperlichen Kräften ganz anders sparsam umgehen als bisher. Gerade diese letzten Wochen zeigen mir doch, wie absolut notwendig ich bis auf weiteres bin.«[34]

Ein paar Tage später haben sich die Überlegungen noch weiter konkretisiert. Vor allem eine rechtzeitige Koordination der Gesetzgebung sei notwendig: »Die Bundesministerien wenden sich in der Regel nur an das Bundeskanzleramt, wenn sie einen Konflikt mit einem anderen Ministerium haben oder wenn nach ihrer Meinung der Gesetzesentwurf kabinettsreif ist.« Das muß sich ändern, eventuell durch personelle Verstärkung der einzelnen Referate im Bundeskanzleramt. Globke spürt, wie von Vence her ein zunehmend kritischer Wind weht: »Ich halte daher auch eine sehr starke Entlastung des Staatssekretärs des Bundeskanzlers für eine absolute Notwendigkeit. Wie die Dinge zur Zeit liegen, kann der Staatssekretär dem Bundeskanzler ... nicht die Hilfe sein, die er ihm sein muß. Ich glaube daher, daß die Stelle eines Unterstaatssekretärs im Bundeskanzleramt eingerichtet werden müßte, dem zur selbständigen Erledigung Aufgaben zu übertragen wären.«[35]

Globke reist an, man unterhält sich eingehend, und das System bleibt weitgehend dasselbe. Adenauer schleppt auch in den kommenden Jahren die Fülle der Aufgaben des Bundeskanzlers und des Parteiführers der CDU weiter, wobei er, wie bisher, das meiste auf die Schultern von Globke überwälzt. Immer noch beschäftigt ihn die Niederlage bei der Debatte am 23./24. Januar, und seine Korrespondenz mit Globke beweist, daß er nach Schuldigen sucht: »Bitte, stellen Sie in unauffälliger Weise folgendes fest:

1.) Welcher Beamter hatte in der bekannten Bundestagsdebatte das ganze Material bei sich?
2.) Auf wessen Geheiß hatte er es in die Sitzung mitgenommen?
3.) Wußte Brentano darum?
4.) Wer hat die Fakten Herrn Höcherl mitgeteilt?

Ich sah, daß sie auf einem Papier verzeichnet waren, von dem Herr Höcherl sie ablas, und warum sind sie gerade Herrn Höcherl gegeben worden und nicht Herrn Krone oder besser noch mir? Am richtigsten wäre es ja gewesen, wenn Brentano sie vorgetragen hätte.«[36]

Über Krone und Globke treibt er die Fraktion an, möglichst rasch eine neue außenpolitische Debatte durchzuführen, auf die man besser vorbereitet ist. Von Eckardt erhält den Auftrag, ein Weißbuch über die Vorgänge 1952 und die nachfolgenden Jahre zusammenzustellen. Befriedigt vernimmt er, daß sich Partei und Fraktion »in Alarmzustand befinden«[37].

Das Debattendebakel mag auch erklären, weshalb er nun für ein paar Wochen nachdrücklich darauf hinwirkt, die Frage Wiedervereinigung als integralen Bestandteil westlicher Planung für die Gipfelkonferenz zu begreifen. Jawohl, versichert er in einem Brief vom 14. Februar 1958 NATO-Botschafter Blankenhorn, Abrüstungsvorschläge und Vorschläge zur Sicherheit Europas in Verbindung mit der Wiederherstellung der deutschen Einheit müßten als »Gesamtvorschlag« entwickelt werden: »Ich halte das für notwendig, damit nicht schließlich als ungelöstes Problem die Wiedervereinigung übrigbleibt. Ich hoffe, daß die Vertreter der anderen Länder zu der Einsicht gekommen sind, daß die Frage der Wiedervereinigung sicher eine deutsche Frage, aber genau so gut eine allgemein europäische, ja Weltfrage ist.«

Wie sehr er sich dabei noch der Prügel erinnert, die er vor ein paar Wochen von Dehler und Heinemann im Deutschen Bundestag erhalten hat, geht aus dem nächsten Satz dieser Instruktion hervor: »Wenn nicht in einer gemessenen Zeit die Frage der Wiedervereinigung einer Lösung näher kommen wird, laufen wir Gefahr, daß durch die skrupellose Agitation unserer Opposition die Mehrheit der Bevölkerung allmählich am Westen irre wird und daß die Frage der Lösung der Bande mit dem Westen und der Neutralisierung Deutschlands eine ernsthafte Frage wird, wie sie jetzt noch nicht ist.« Im gesamten NATO-Bereich müsse die Verklammerung der Wiedervereinigung mit allen anderen Fragen »absolut sicher sein«, sonst könnte etwa eine kommende Labour-Regierung in London versucht sein, »die Wiedervereinigung als rein deutsche Angelegenheit darzustellen und zu behandeln.«[38]

Das ist nun doch wieder nichts anderes als die klassische Koppelung von Wiedervereinigung und Abrüstung, wie sie seit Jahren vor allem vom Auswärtigen Amt vertreten wird. Steht diese Linie aber nicht im Widerspruch zur Erkenntnis, daß eben diese starre Koppelung entweder zu problematischen Konzessionen in der Sicherheitsfrage führt oder aber verhindert, daß sich die Sowjets überhaupt an den Konferenztisch setzen? Dies alles trifft zu; Tatsache ist aber, daß Adenauer sich jetzt und auch in den folgenden Wochen in das Thema Wiedervereinigung ganz bemerkenswert verbeißt.

Das erstaunt allerdings schon deshalb nicht, weil auch in der fernen Bundesrepublik die Deutschlandfrage im Februar 1958 landauf, landab das große Thema der Diskussion ist. Zweifellos tun aber die Vorwürfe seiner beiden Feinde Wirkung, und noch stärker die zweifelnden Mienen seiner Anhänger.

In der CDU/CSU-Fraktion hat das Versagen bei der außenpolitischen Debatte zu einem deutlichen Autoritätsverlust Adenauers geführt. Dieser sucht zwar die Schuld auf die Fraktionsführung, auf den Bundestagspräsidenten und auf Kiesinger, den Leiter des Fraktions-Arbeitskreises 5 für Außenpolitik, zu schieben. Doch Kiesinger denkt überhaupt nicht daran, die Rolle des Sündenbocks für Adenauers Versagen zu spielen. Bei einer fraktionsinternen Manöverkritik bemerkt er kühl, die zuständigen Minister und der Bundeskanzler seien nun einmal die Hauptsprecher. Wie soll denn der Arbeitskreis 5 ohne wirkliche Information durch Regierung und Fraktionsführung seine Aufgabe erfüllen?! Dann folgen einige harte Sätze: Man muß sich darüber im klaren sein, daß »in menschlich absehbarer Zeit« die Fraktion ihren Kampf ohne den Kanzler durchfechten muß. Ein Adenauer mag es sich noch leisten können, die Wahlen »gegen die Intellektuellen« zu gewinnen. Seine »Epigonen« könnten sich das nicht leisten.[39]

Der so unfreundlich gescholtene Fraktionsvorsitzende macht in diesen Tagen seinerseits die Beobachtung, daß das Vertrauen in den Kanzler einen Knacks bekommen hat. Ein Tagebucheintrag vom 1. Februar spricht Bände: »Das Mehrheitswahlrecht und die Frage nach dem kommenden Kanzler sind die wichtigsten Aufgaben der nächsten Zeit.«[40] Während sich Adenauer in Vence regeneriert, melden bereits die Nachfolgeaspiranten beim Fraktionsvorsitzenden ihre Ansprüche an. Notiz vom 18. Februar: »Am Abend mit Brentano zusammen. Er will also doch gern Kanzler werden.«[41] Notiz vom 22. Februar: »Erhard interessiert sich für Fragen, die er bisher links liegen ließ; er will Kanzler werden.«[42] Notiz vom 28. Februar: »Es läßt Schröder nicht schlafen, daß Gerstenmaier im öffentlichen Urteil vor ihm liegt. Auch im Urteil der Fraktion.«[43]

Das Bild ist also sonnenklar: Sobald Adenauer auch nur das kleinste Schwächezeichen erkennen läßt, suchen die Diadochen rasch ihr Gefolge zu sammeln.

Der einzige halbwegs offene Herausforderer ist Gerstenmaier. Dabei ist nicht klar, ob er von Brentano beerben möchte oder Adenauer. Die durch das Vorpreschen von Dehler und Heinemann ausgelöste Konfrontation hat nämlich seine Kreise ebenso gestört wie die Ollenhauers und Fritz Erlers. Letztere wollen es mit einer Umarmungsstrategie versuchen, und die flexibleren CDU-Leute sind bereit, sich von der Opposition umarmen zu lassen. Zur Angleichung der beiderseitigen Positionen soll der Auswärtige Ausschuß des Deutschen Bundestags dienen.[44]

In einer Grundsatzrede vor dem Landesparteitag der CDU Württembergs rechnet Gerstenmaier zwar kräftig mit Heinemann ab, wirft aber dabei gleichzeitig einen Vorschlag in die Diskussion, der die festgefahrene Deutschlandpolitik erneut flottmachen soll. Auch er vertritt nun die These der Opposition, daß eine Wiedervereinigung ohne vorherige Festlegung des militärischen und politischen Status Deutschlands schwer vorstellbar ist. Zudem macht er einen unkonventionellen Vorschlag: Statt eines Streits mit den Russen, ob die Wiedervereinigungsfrage erneut auf die Tagesordnung der Gipfelkonferenz kommen soll, wäre es besser, generell das Thema »Friedensvertrag mit Deutschland« erörtern zu lassen.[45]

Adenauer, der von seinem Feriendomizil auf dem Château du Domaine de St. Martin aus alle Vorgänge zu Hause wie ein Luchs beobachtet, hält den Gedanken einer Friedenskonferenz über Deutschland damals wie später für eine Schnapsidee. Kaum hat er von der Stuttgarter Rede vernommen, da schreibt er auch schon an von Brentano: »Etwas Sorge macht mir wiederum unser Freund Gerstenmaier mit seinem Vorschlag, einen Friedensvertrag mit den Russen zu schließen. Wie er glaubt, etwas Derartiges machen zu können, ohne daß die Frage der DDR gleichzeitig in Angriff genommen wird, ist mir schleierhaft. Ich halte aber derartige, plötzlich in die Öffentlichkeit hinausgeworfene Ideen eines Mannes, der sich in der Stellung Gerstenmaiers befindet, für sehr schädlich, weil die öffentliche Meinung immer verwirrter wird und über all dem die so außerordentlich starke Bedrohung durch die Sowjetunion vergessen wird.«[46] Globke gegenüber äußert er sich noch schroffer: »Ich erschrecke über die außenpolitische Tätigkeit Gerstenmaiers. Wenn irgendwo, gilt in der jetzigen Situation das Wort ›Viele Köche verderben den Brei‹.«[47]

Wird die Frage eines deutschen Friedensvertrags aufgeworfen, so stellt sich nämlich nicht allein das prinzipielle Problem der sowjetischen Zwei-Staaten-Doktrin. Seit Ende 1956 fordert Walter Ulbricht die Bundesrepublik auf, sich mit der DDR durch völkerrechtliche Verträge zu einer Konföderation zusammenzuschließen. Die Absicht seines Vorschlages liegt auf der Hand: Der Ostzonen-Staat soll auf diese Weise völkerrechtlich anerkannt, die kommunistische Diktatur als gleichberechtigt legitimiert, die vergleichsweise kleine DDR mit ihren rund 17 Millionen Einwohnern innerhalb der Konföderation mit demselben Gewicht ausgestattet werden wie die mehr als dreimal größere Bundesrepublik. Außerdem besäße die SED in einem Konföderationsverbund legale Möglichkeiten, mittels der dann wieder zugelassenen KPD und deren Tarnorganisationen auf die Bundesrepublik einzuwirken. Letztlich ist das also nur eine neue Version der alten sowjetischen These, die Lösung der deutschen Frage sei in erster Linie Sache der beiden Staaten in Deutschland.

Entsprechend abweisend verhält sich Adenauer. Es ist auch unschwer vorherzusehen, daß das Konföderationskonzept von der Sowjetunion auch dann vorgeschlagen würde, wenn es auf der Gipfelkonferenz oder in deren Gefolge zur Erörterung der deutschen Frage käme. Sollte sich die Sowjetunion nämlich tatsächlich mit der Forderung nach einem deutschen Friedensvertrag konfrontiert sehen, könnte sie sich sogar elastisch erweisen, imdem sie dessen Unterzeichnung durch die deutsche Konföderation zugestände. An der Zweistaatlichkeit würde sich dadurch aber faktisch nichts ändern.

Ende 1956, als die SED den Konföderationsvorschlag auf den Tisch legt, ist noch nicht öffentlich bekannt, daß die Kommunisten in Ost-Berlin dafür die Vaterschaft Fritz Schäffers reklamieren können. Das teilen sie erst im November 1958 einer staunenden Öffentlichkeit mit. Schäffer wollte den schon 1955 mit dem DDR-General Vinzenz Müller gesponnenen Gesprächsfaden nicht fallenlassen. Er brachte sogar – immerhin Bundesfinanzminister in der Regierung Adenauer – die Kühnheit auf, sich am 20. Oktober 1956, also auf dem Höhepunkt der Ostblock-Krise, drei Stunden lang mit Vinzenz Müller in dessen Wohnung im Ostsektor Berlins zu besprechen. Dabei, so Ost-Berlin später, habe er die Konföderationsidee »im Sinne der Zusammenarbeit der Benelux-Staaten« als einen Weg zur Wiedervereinigung in die Diskussion eingeführt.[48] »Diese mischen sich nicht in ihre inneren Angelegenheiten, aber arbeiten wirtschaftlich und auch auf sonstigen Gebieten eng zusammen.«[49]

Was alles Schäffer bei den verschiedenen Treffen – mit Vinzenz Müller oder mit anderen Chargen – vorgeschlagen hat, vermag Adenauer nicht genau auszumachen. Schäffer selbst behauptet, er habe den Vorschlag von freien Wahlen gemacht, denen ein ganzes Jahr lang freie Wahlvorbereitung mit beiderseits ungehindertem Rednereinsatz vorangehen sollte.[50]

Es gibt aber recht deutliche Indizien dafür, daß nicht allein die Reise nach Berlin im Juni 1955, sondern auch die am 20. Oktober 1956 mit dem Kanzler abgesprochen ist. Am Freitag, dem 19. Oktober, konferieren die beiden Herren nämlich fast einundeinhalb Stunden lang ohne Zeugen, nur Globke wird zwischendurch für fünf Minuten hereingerufen. Und am Montag, dem 22. Oktober, ist Schäffer schon wieder bei Adenauer.

Bei seinem Bericht vor dem Bundesparteivorstand am 27. November 1958 bestreitet Adenauer auch gar nicht, daß er von der Unterredung mit Vinzenz Müller wußte – dieser ist damals Stellvertreter des Ministers für nationale Verteidigung. Nur von dem Treffen in der Wohnung Müllers habe er nichts gewußt. Schäffer zufolge habe man sich in einem Café getroffen.[51] Aus der Aufforderung Adenauers an die CDU-Vorstandskollegen, am besten schweige man über die ganze Sache, geht hervor, wie unwohl ihm bei dem allem ist. Womöglich werde demnächst noch ein Tonband präsentiert, meint er ahnungsvoll. Doch Tonbänder könne man bekanntlich fälschen.

Bemerkenswerterweise kommt Minister Schäffer völlig ungerügt davon, obschon es – vor dem Hintergrund der Affäre John – ein mehr als starkes Stück war, verschiedentlich in den Ostsektor Berlins zu fahren und dort mit Sowjets und mit Deutschen geheime Gespräche zu führen.

Aus Sicht der Ost-Berliner Machthaber muß es sich jedenfalls so darstellen, als finde die Idee einer Konföderation auf seiten der Bundesregierung Interesse. Wäre es sonst denkbar, daß sich ein führendes Kabinettsmitglied durch geheime Zusammenkünfte in Ost-Berlin dermaßen exponiert? Und kann man sich wirklich vorstellen, daß Adenauer davon gar nichts wissen soll?

Wie immer sich die Dinge auch verhalten haben mögen, im März 1958 ist jedenfalls allen Beteiligten bewußt, wie viele kritische Fragen auftauchen werden, sobald die Vier Mächte bereit sein sollten, über die Wiedervereinigung zu verhandeln. Am kritischsten aber wird es für Adenauer selbst, denn was immer er tut, er steht nun mehr denn je unter Verdacht, auf die Wiedervereinigung keinen Wert zu legen.

Als der Kanzler am 5. März nach Bonn zurückkommt, sieht man ihn daher erst einmal entschlossen, in der deutschen Frage aktiv zu werden. Dabei will er allerdings klarstellen, daß die Ost- und Deutschlandpolitik weiterhin Kanzlerreservat ist und nicht etwa die Sache der CDU/CSU-Fraktion oder gar des Bundestagspräsidenten. Denn kaum hat er am Bonner Bahnhof den Fuß auf den Boden gesetzt, wissen die wartenden Journalisten schon von einer neuen Unbotmäßigkeit zu berichten. Der Fraktionsvorsitzende Krone war ihm zusammen mit Globke bis Ludwigshafen entgegengefahren, um ihn noch vor dem Rencontre mit den Bonner Journalisten über die Entwicklungen der letzten Tage zu unterrichten. Als die drei Herren aber aussteigen, erfahren sie zu ihrer großen Verblüffung, daß die ursprünglich für den 13. März[52] festgelegte außenpolitische Debatte von Gerstenmaier nach Absprache mit Kiesinger auf unbestimmte Zeit verschoben worden ist.

Mit melancholischem Augenaufschlag berichtet der Kanzler ein paar Tage später dem Bundespräsidenten, wie er seine CDU nach der Rückkehr aus dem Urlaub vorgefunden hat: »Nichts wie Krach, nichts wie Krach«.[53] Das ist aber eigentlich nicht die Ausnahme, sondern die Regel, wenn der Kanzler für ein paar Wochen von Bonn entfernt ist. Einer der intimen Kenner der damaligen Bonner Szene, Fred Luchsinger von der *Neuen Zürcher Zeitung*, kommentiert das wie folgt: »Die Neigung zu größerer Eigenwilligkeit in außenpolitischen Äußerungen bei Abwesenheit des alten Herren wie auch der Dressurakt, mit dem die Disziplin jeweils nach seiner Rückkehr wiederhergestellt wird, gehört zu den schon fast verbindlich gewordenen politischen Bräuchen Bonns, an denen sich die Beobachter zu ergötzen pflegen.«[54] In der Tat macht Adenauer auf ein paar erregten Sitzungen klar Schiff und erzwingt nun eine außenpolitische Debatte am 20./21. März, um die eigene Fraktion wieder zusammenzuschweißen.

Alle, mit denen er in diesen Tagen und Wochen spricht, treffen einen Kanzler, der in der deutschen Frage irgendwie vorankommen möchte. »Die Gefahr einer Ausklammerung der Deutschlandfrage sei doch groß, und damit werde die Wiedervereinigung auf unbestimmte Zeit vertagt«, läßt er am 11. März den Bundespräsidenten wissen.[55] »Wenn es nicht gelingt, die Wiedervereinigung auf die Tagesordnung der Gipfelkonferenz zu bringen, dann Status quo unvermeidlich«[56], führt er im Kabinett aus. Das gleiche hört Außenminister Pineau Ende März: »Es sei für ganz Europa, insbesondere für Frankreich wichtig, daß das deutsche Problem frühzeitig gelöst werde.«[57] Wer genauer zuhört, vernimmt allerdings gleichzeitig Relativierungen. Und diese werden von nun an zusehends gewichtiger.

Doch hat es gerade im März 1958 den Anschein, als ob Moskau seinen recht unwilligen Kurs gegenüber der Bundesrepublik korrigieren könnte. Zwar lehnt es die sowjetische Diplomatie weiterhin strikt ab, die Frage der Wiedervereinigung Deutschlands auf die Tagesordnung der Gipfelkonferenz zu setzen. Statt dessen wird die Zwei-Staaten-Doktrin betont. Aber am 6. März teilt Sonderbotschafter Lahr aus Moskau mit, daß sich die Sowjetregierung bei den nun schon acht Monate dauernden Verhandlungen in der Repatriierungsfrage bewegt hat. Am 8. März erfolgt die Paraphierung der Vereinbarungen, insbesondere eines deutsch-sowjetischen Handelsvertrags. Einen Tag später findet im Spiridonowka-Palais ein großes Fest statt, und Anastas Mikojan, jetzt zweiter Mann in der Sowjetunion nach Chruschtschow, läßt Botschafter Lahr bei dieser Gelegenheit wissen, daß er zur Unterzeichnung des Handelsvertrags nach Bonn kommen will, um das 1955 mit Adenauer begonnene Gespräch fortzusetzen.[58]

Parallel dazu führt der Kanzler am 7. März ein erstes langes Gespräch mit Botschafter Smirnow, um das dieser gebeten hat. Adenauer hegt damals gewisse Zweifel, ob der sehr selbstbewußt auftretende Smirnow überhaupt in Moskau Gewicht hat und im Kreml korrekt berichtet. Mikojan versichert ihm zwar bald, daß das der Fall sei.[59] Später, nachdem er Smirnow ein paar Jahre lang beobachtet hat, ist seine Einstellung ziemlich negativ. Jetzt nennt er ihn »den verschlagenen Botschafter Smirnow«. Doch man muß nehmen, was man bekommt.

Das Gespräch mit Smirnow zeigt einmal mehr die sowjetische Kompromißlosigkeit in puncto Zwei-Staaten-Doktrin und Konföderationskonzept. Es zeigt auf der anderen Seite einen Kanzler, der Smirnow mit allen denkbaren Argumenten die Wiedervereinigungsidee schmackhaft machen möchte, indem er zwar einerseits die bekannte Forderung nach Wiedervereinigung durch freie Wahlen unterstreicht, andererseits aber doch auch ganz neue Töne anklingen läßt. Bei der Forderung nach dem Selbstbestimmungsrecht für die Bevölkerung in der Sowjetzone gehe er »nicht von nationalen Erwägungen aus«. Ulbricht müsse weg: »Lassen Sie die Bevölkerung der Sowjetzone frei über ihr eigenes Schicksal entscheiden!«[60] Man kann ihn also so verstehen, daß er sich – ähnlich wie seinerzeit mit dem Saar-Statut – ein partielles Selbstbestimmungsrecht für die Deutschen in der DDR vorstellen könnte.

Der nächste Schritt Adenauerscher Ost- und Deutschlandpolitik ist ein Nasenstüber für Polen. Drei Tage nach der Unterredung mit Smirnow muß sich Adenauer nach Köln begeben. Dort findet in St. Andreas eine feierliche Zeremonie statt. Adenauer wird in Gegenwart des österreichischen Bundeskanzlers Raab und des Erzbischofs von München und Freising Kardinal Wendel durch Pater Marian Tumler, Hochmeister des Deutschen Ritterordens, als Ehrenritter investiert. Stolz läßt sich der Repräsentant deutscher Westbindung bei dieser Gelegenheit im Schmuck des weißen Mantels mit dem schwarzen Kreuz jenes Ordens ablichten, dessen wichtigste geschichtliche Leistung die Kolonisation des deutschen Ostens gewesen ist. Eben deshalb gibt es für den zeitgenössischen polnischen Nationalismus nur wenige Symbole, die so zur Anstachelung von Ressentiments geeignet sind.

Schwer zu glauben, daß ein geschichtsbewußter Deutscher wie Adenauer nicht spürt, welches Signal er damit in Richtung Polen setzt. Doch wenig hat ihn in den vergangenen Monaten so verdrossen wie Gomulkas Coup in Belgrad und der Rapacki-Plan. Auf Polen ist er derzeit ganz schlecht zu sprechen, und das ist seine Art und Weise, dies zum Ausdruck zu bringen. Als die Termine für die Zeremonie in Köln festgelegt werden, weiß Adenauer zwar noch nicht, daß Carlo Schmid als erster bundesdeutscher Spitzenpolitiker am 9. März nach Warschau reisen wird und damit den Anfang macht mit deutsch-polnischer Verständigungspolitik. Der Kontrast ist aber perfekt und wird von ihm keineswegs bedauert.

Genauso wenig war das Zusammentreffen mit dem deutsch-sowjetischen Dialog eingeplant. Doch ist Adenauer der sehr strikten Auffassung, daß es in der Ostpolitik fast nur auf die Sowjetunion ankomme. Der polonophile Blankenhorn bekommt am 14. Februar von ihm zu hören: »Der Schlüssel von allem liegt nach wie vor in Moskau...«[61] Polen zählt vorerst nicht.

Als der Kanzler am Tag nach Verleihung der Ehrenritterwürde für zwei Stunden zum Bundespräsidenten kommt, tut er allerdings so, als habe es sich um eine reine Gaudi gehandelt. Heuss selbst, der den Vorgang überhaupt nicht anstößig findet, nimmt ihm das durchaus ab und hat sein helles Vergnügen an einem Foto, das Adenauer im Schmuck der Insignien des Deutschritterordens zeigt. Abends schreibt er an Toni Stolper: »Das Bild, auf dem er ja viel besser wirkt als der rundliche Raab, lege ich Dir bei. Ehe er kam, schrieb ich stenographisch schnell eine Strophe, so in dem Schiller-Stil an Carlo (Schmid) mit dem äthiopischen Ordensbande. Es machte ihm einen Heidenspaß, obwohl die Sache christlich war. Als er über die Straße gehen mußte, sei er sich wie im Fasching vorgekommen. Köln sei für derlei recht geeignet. Aber es ergab sich, daß er, in seinen Instinkten antipreußisch, doch einmal in der großartigen Marienburg war, vermutlich bei einem ›Städtetag‹ in Königsberg. Aber es ergab sich dann, bevor wir in die Gegenwart stiegen, doch ein gutes Gespräch über die Ritterorden, zumal über die Templer...«[62]

Es ist kein Widerspruch zur Investitur als Ehrenritter des Deutschen Ordens, daß Adenauer sechs Wochen später mit Professor Stomma von der oppositionellen Znak-Gruppe im Sejm einen ersten polnischen Politiker empfängt und diesem versichert, wie sehr ihm an einer Verständigung zwischen Deutschen und Polen gelegen wäre.[63] Zwar trägt ihm dieser die polnischen Beschwerden vor – Atombewaffnung der Bundeswehr, Polen-kritische Publikationen in der Bundesrepublik, auch Adenauers Auftritt als Deutschordensritter. Aber fast im gleichen Atemzug versichert Stomma dem Kanzler, eine Aufnahme diplomatischer Beziehungen, vielleicht auch nur die Errichtung von Handelsmissionen, würde ein positives Echo finden, und ein deutscher Grenzvorbehalt sei denkbar.

Auch gegenüber Polen beobachtet man eben die Adenauersche Taktik der Wechselduschen: erst ein grober Keil auf den groben Klotz, dann wieder, wenn das Wirkung gezeigt hat, verständigungsbereite diplomatische Unterredungen.

Im Grunde arbeitet er auch den Sowjets gegenüber mit dieser Taktik: Dialog und Ansätze zur Verständigungspolitik in den Gesprächen mit Smirnow und im Briefwechsel mit Ministerpräsident Bulganin einerseits, Festhalten an den deutschen Forderungen andererseits. Seit Jahren erklärt er seinen CDU-Leuten: »Wir müssen mit den Russen doch eines Tages wieder zusammenkommen.«[64] Verhandeln empfiehlt sich allerdings erst, »wenn man mindestens so stark ist wie die Russen.«[65] Was er angesichts der 1957 und 1958 wenig erfreulichen Stärkeverhältnisse allenfalls als Vorgeplänkel betrachtet, wird Smirnow und Mikojan gegenüber freilich schon sehr viel gewichtiger akzentuiert.

Wie zäh er aber die deutschen Interessen gewahrt sehen möchte, zeigen die Verhandlungen Sonderbotschafter Lahrs in Moskau. Adenauer will den sowjetischerseits gewünschten Handelsvertrag erst zugestehen, wenn man seinem Wunsch nach Rückführung der Zivilinternierten entspricht. Es sind etwa 25 000 Menschen.[66]

So muß Lahr in Moskau acht Monate lang verhandeln, denn Adenauer hat ihn verdonnert: »Sie gehen nicht von Moskau weg, bis Sie hinausgeschmissen werden«.[67] Als am 5. März 1958, zwei Tage vor dem ersten langen Gespräch Adenauers mit Smirnow, Botschafter Semjonow in der Repatriierungsfrage nachgibt, zeigt sich auch Rolf Lahr, dieser muntere Adept der Rußlandpolitik seines Kanzlers, davon überzeugt, »daß die Sowjets wie rohe Eier zu behandeln sind, während ihr eigener proletarischer Umgangston solche Rücksicht nicht kennt.«[68] Das dabei skizzierte Rezept über den Umgang mit Sowjets wird auch von Adenauer durchweg befolgt: »drei Teile Geduld und je ein Teil Sturheit, Aufrichtigkeit und Signorilità«[69].

Alles in allem ist Adenauer nämlich im Frühjahr 1958 zu nichts weniger bereit, als den Sowjets entgegenzukommen. Priorität hat nicht ein erfolgreicher deutsch-sowjetischer Dialog, sondern der möglichst rasche Aufbau einer modernen Bundeswehr. Seit der Pariser Gipfelkonferenz ist er auch wieder von Dulles' Standhaftigkeit überzeugt: »Wir können Gott danken, daß Herr Dulles da ist.«[70] Je stärker sich die Sowjetunion darstellt, um so fester wird seine Entschlossenheit, die USA um jeden Preis in Deutschland festzuhalten. »Wenn die Russen wollen, können sie in einem Tag hier in Bonn sein«, kann man im Januar 1958 von ihm hören. Somit braucht man die Amerikaner, »sonst ist es aus mit uns«.[71] Wenn diese aber die Kernwaffenrüstung zur Bedingung für ihr Verbleiben machen, dann muß das eben durchgezogen werden.

Deshalb bleibt die Entschlossenheit zum Aufbau einer mit modernsten Waffen ausgerüsteten Bundeswehr eine der wenigen Konstanten seiner ansonsten verwirrenden außenpolitischen Taktik. Das bekräftigt er bei jeder Gelegenheit, etwa gegenüber von Brentano in einer energischen Weisung vom 7. Februar: »Ich bin absolut dagegen, und ich bitte Sie, das sehr nachdrücklich zu vertreten, daß wir irgendetwas tun, was das vorgesehene Tempo unserer Aufrüstung verlangsamen würde. Jeder derartige Schritt würde meines Erachtens für NATO eine Katastrophe sein, würde aber auch unseren Einfluß in NATO, unsere Bedeutung in der Außenpolitik erheblich beeinträchtigen«.[72] In dem fraglichen Kontext geht es zwar um die Verhandlungen über Stationierungskosten mit Großbritannien. Aber das gilt auch für die Kernwaffen. Anfang März muß er feststellen, daß der Entscheidungsbedarf hier noch dringender ist als in bezug auf die Konferenzplanung für den Ost-West-Gipfel. Aus Washington, wo sich Franz Josef Strauß in der ersten Märzwoche zu Besprechungen aufhält, kommt die Nachricht, daß dieser sich auf die Einführung von Matador-Raketen festgelegt habe. Das sind Boden-Boden-Raketen von tausend Kilometern Reichweite. Sie sind so kostspielig und so wenig treffgenau, daß sie sich nur bei Ausstattung mit einem atomaren Sprengkopf lohnen würden.[73] Strauß erklärt zwar, es handle sich dabei lediglich um Übungsgerät, womit nichts präjudiziert wäre. Aber die SPD spielt das sofort hoch und startet nun, unterstützt vom DGB und linksprotestantischen Gruppen, eine bundesweite Anti-Atomtod-Kampagne.

Doch auch die NATO verlangt eine Stellungnahme zum Planungsdokument MC 70. Es sieht die Einführung von taktischen Kernwaffen bis auf Divisionsebene, die Ausrüstung von Jagdbombergeschwadern auch für den Atombombenabwurf und die Aufstellung von Flugabwehrbataillonen mit nuklear bestückten Raketen vor. Außerdem muß das Kabinett den NATO-Fragebogen ARQ 1958 verbindlich beantworten.

Es ist also absehbar, daß die Kernwaffenfrage ins Zentrum der von Adenauer möglichst rasch gewünschten Bundestagsdebatte rücken wird. Jetzt bedürfen auch die mittelfristigen Verpflichtungen gegenüber der NATO und die entsprechenden Beschaffungsmaßnahmen dringend einer parlamentarischen Ermächtigung. Am 18. März findet die Fraktionssitzung der CDU/CSU statt, auf der Adenauer, zusammen mit Franz Josef Strauß, seine Mannschaft in die große Konfrontation mit der SPD hineinjagt. Zwar schwenkt er wie gewohnt die Friedenspalme, indem er laut nach einer baldigen Gipfelkonferenz zur allgemeinen Abrüstung ruft. Doch das ist nur die propagandistische Verpackung. Tatsächlich erleben die rund 270 Abgeordneten der CDU/CSU einmal mehr den kämpferischen, anti-russischen Adenauer, wie er in der Union seit 1949 längst zum Mythos geworden ist.

Am Anfang beschwört der Kanzler Erinnerungen an die ersten Nachkriegsjahre. Auch er habe damals zu denen gehört, die hofften, »daß niemals wieder ein Krieg kommen würde und niemals eine Aufrüstung und Bewaffnung. Ich wenigstens habe damals auf diesem Standpunkt gestanden. Aber die Zeit wurde anders als damals erwartet und geträumt, und ich erinnere mich noch lebhaft der Monate um Weihnachten 1948, als der Parlamentarische Rat hier war, als die Leute, die an der Straße nach Olpe und weiter wohnten, jeden Augenblick nachts meinten, die russischen Panzer vorbeirollen zu hören. Damals zuerst kam wieder der Gedanke, daß schließlich ein großer, schwerer Konflikt in Aussicht stünde, der auch auf unser Volk übergreifen würde, und daß wir uns darauf rüsten müßten.«

In diesem Stil fährt er fort. Immer waren es zwei Gegner – die Russen und die SPD – die dem Eintritt in die NATO erbitterten Widerstand entgegengesetzt haben. Wer aber jetzt, wie es die SPD faktisch verlangt, wieder aus der NATO austreten würde, nähme den Rückzug der USA in Kauf und somit, »daß die Länder Europas dem russischen Riesen allein gegenüberstehen«. Das ist die Kernfrage, um die es bei der Debatte gehen wird.

Verächtlich fegt er alle religiösen Argumente gegen die Kernwaffen hinweg: »es wird auch mit dem Christentum dabei operiert, obgleich ich nach meiner Meinung auf dem Standpunkt stehe, daß man für seine Religion alles hingeben müsse, aber nicht die Religion hingeben dürfe, wie man das tun würde, wenn man sich den Russen preisgäbe. Ich habe auch versucht, mich in die Gedankengänge dieser Herren einzufühlen: Ich kann es nicht. Es ist einfach unmöglich, und was die Leute sagen, ist einfach auch verstandesmäßig falsch, vollkommen falsch.«

Man stelle sich Deutschland ohne nukleare Waffen vor – die Truppe völlig schutzlos bei jedem Zusammenstoß. Dazu fünf bis sechs Millionen Kommunisten in Frankreich, nicht viel weniger in Italien, »die ebenfalls von Moskau die Parole bekommen würden. Und was würde übrigbleiben?« Vielleicht die USA, wahrscheinlich nicht einmal Großbritannien, wenn Labour an die Regierung käme.

Dagegen die weiterhin weltrevolutionäre Sowjetunion, die »eine Zangenbewegung großen Stils« ausführt, um Westeuropa von zwei Seiten zu umfassen, vom Mittelmeer und von Osten. »Wenn da zwischen den USA und Sowjetrußland ein Krieg ausbricht, dann – das ist so sicher wie das Amen im Gebet – wird keiner von den beiden dieses Land dem anderen gönnen können. Wir haben dieses wirtschaftliche Potential, und das kann keiner dem anderen gönnen, und da wird nichts anderes übrigbleiben, als daß dieses Land einfach der Schauplatz eines furchtbaren atomaren Krieges wird, und daß wir dann als dessen Opfer untergehen.« Verzicht auf Kernwaffen kann dieses Schicksal nicht abwenden, denn die Großmächte werden nicht nachfolgen: »Das ist eine solche Utopie, daß man nicht versteht, wie die Leute auf so etwas hereinfallen.«

Dann fährt er fort: »Wie ist Rettung möglich aus diesem schrecklichen Dilemma?« Mit der größten Chuzpe, aber wahrscheinlich in diesem Moment in vollem Ernst verknüpft er nun die Idee der allgemeinen Abrüstung und der Politik der Stärke in einem einzigen Gedanken: Rettung ist möglich »nur dadurch, daß wir zu einer kollektiven, kontrollierten Abrüstung kommen, sonst gibt es doch keine Möglichkeit! Es ist niemals in der Welt so gewesen, daß ein Staat mit dem anderen um lebenswichtige Fragen verhandelt hat, wenn sie nicht mindestens auf gleichem Niveau der Stärke standen. Daher können wir nur den Frieden retten, wenn wir mit dazu beitragen, daß der friedliebende Teil der Welt stärker ist als die Sowjetunion; nicht, um sie niederzuschlagen, sondern um auf diese Weise wirklich zu aussichtsvollen Verhandlungen zu kommen. Das war immer das Ziel, daß der freie Westen so stark würde gegen die Sowjetunion, daß aussichtsvolle Friedensverhandlungen möglich sind, und daß wir gleichzeitig für unsere eigene Sicherheit und die Freiheit unserer Kinder und Kindeskinder dabei sorgen.«[74]

Es sind in der Tat erst »die Kinder und Kindeskinder«, vor dessen Augen sich die Richtigkeit dieses Konzepts einer Politik der Stärke zum Zweck von Verhandlungen herausstellen wird. Im März 1958 klingt das wie zynische, wenn auch erfolgreiche Demagogie. Denn jetzt muß überhaupt nicht mehr der Bundestag als Ganzes überzeugt werden. Die eigentlich entscheidende Abstimmung über die Atombewaffnung im Fall der Erfolglosigkeit von Abrüstungsverhandlungen findet in der CDU/CSU-Fraktion statt. Diese Fraktion aber ist das Finassieren ihrer Außenpolitiker leid, sie verlangt nach harter Führung, und so gelingt es Adenauer, seine Truppe einmal mehr geschlossen hinter die »Politik der Stärke« zu bringen. Der katholische CDU-Abgeordnete Peter Nellen, dessen Gewissensbedenken die oppositionelle Presse breitesten Raum eingeräumt hat, ist in dieser Riesenfraktion von 279 Abgeordneten tatsächlich ein Einzelgänger.

Kaum aber hat der Kanzler seine Leute mit schärfsten antisowjetischen Parolen auf den Kampf mit der SPD eingeschworen, da empfängt er am 19. März 1958 auf dessen Wunsch erneut Botschafter Smirnow. Dieser verliest ein nach Meinung Adenauers unfreundliches Aide-mémoire zur deutschen Frage auf der Gipfelkonferenz. Wenn die Bundesrepublik das Thema Wiedervereinigung tatsächlich erörtert sehen möchte, könne das nur als Wunsch betrachtet werden, die Einberufung der Konferenz zu verhindern.

Die sowjetische Taktik ist klar. Während in Bonn gewissermaßen schon die Kriegstrommeln für die große viertägige Bundestagsdebatte zu vernehmen sind, will Moskau den Kanzler vor eine sehr unangenehme Wahl stellen. Entweder gibt er in der Forderung nach Erörterung des deutschen Wiedervereinigungswunsches auf der Gipfelkonferenz nach. Dann bietet er den Angriffen von Gegnern wie Dehler eine offene Flanke, die ihm Lauheit in der nationalen Frage vorwerfen. Oder aber er gefährdet das Zustandekommen der Konferenz durch Härte in der Wiedervereinigungsfrage, dann kann er der Anti-Atomtod-Kampagne der SPD nicht mehr glaubwürdig mit der Forderung nach einem Abrüstungsgipfel entgegentreten.[75]

Wie sehr dieser Besuch mit der Bundestagsdebatte am folgenden Tag zusammenhängt, verdeutlicht eine Unterredung, um die Außenminister von Brentano am 20. März Smirnow ersucht. Brentano beklagt sich dabei nachdrücklich darüber, daß die Existenz des tags zuvor überreichten Aide-mémoire schon ein paar Stunden später bei der Presse und den Abgeordneten bekannt gewesen sei, teilweise sogar der Inhalt. Smirnow seinerseits übt daran Kritik, daß Felix von Eckardt seinen Besuch bei Adenauer bereits öffentlich kommentiert habe, bevor er überhaupt wieder seine Botschaft erreicht hätte.[76]

So also ist der Kontext beschaffen, in dem Adenauer die später berühmt gewordene Anfrage an die sowjetische Regierung richtet:

Könnte ein neutraler Status der DDR nach dem Vorbild Österreichs bei gleichzeitiger Umgestaltung im Innern nicht so etwas wie eine vorerst akzeptable Kompromißlösung darstellen?[77] Ausgerechnet in einer Phase verschärfter Konfrontation nimmt Adenauer nun eine nach Lage der Dinge recht sensationelle Sondierung vor. Sie hat allein schon deshalb Gewicht, weil er sich damit persönlich exponiert.

Lange bevor das »Modell Österreich« im Sommer 1960 durch Karl Jaspers in die öffentliche Diskussion geworfen wird[78], hat also Adenauer darüber nachgedacht und, was noch wichtiger ist, gegenüber Moskau einen entsprechenden Vorstoß unternommen. Erstaunlicherweise hält auch die sowjetische Seite dicht, so daß die Anfrage erst neun Jahre später durch Adenauer selbst bekanntgemacht wird.[79] Auswirkungen auf die spätere öffentliche Diskussion hat das aber wenig. Die theoretische Denkmöglichkeit »Freiheit in der DDR ohne Einheit« ist seit 1960 im Gespräch und wird bis zum Jahr 1990 durch die Tagträume der Deutschen geistern.

Interne Überlegungen, die dem vorangehen, werden zwar auch später nicht bekannt. Allem Anschein nach handelt es sich aber hier doch um einen mehr als improvisierten Vorstoß. Unter dem Einfluß Blankenhorns und Felix von Eckardts hat Adenauer während des Dezembergipfels der NATO den Ost-West-Dialog vorsichtig begrüßt und dabei auch von seinem Vorhaben eigener deutscher Sondierungen berichtet, ohne dabei auf Widerspruch zu stoßen.[80] Falls es zu einer Gipfelkonferenz kommt, könnte, so sieht er das noch im April 1958, ein institutionalisierter Ost-West-Dialog entstehen, der ein, zwei oder drei Jahre dauern mag – regelmäßige Gipfelbegegnungen, Außenministertreffen, Expertenverhandlungen.[81] Zwar hat das vorrangige Problem der allgemeinen Abrüstung auf alle Fälle am Anfang zu stehen, doch vielleicht gleichrangig mit dem Thema Entspannung. Darunter ließe sich dann die Wiedervereinigungsfrage subsumieren.

Soll aber dieser Teil der Verhandlungen nicht von vornherein zum Dialog der Stummen degenerieren, dann wäre, so läßt sich der Kalkül Adenauers nachvollziehen, ein elastisches Vorgehen vorstellbar. Adenauer erinnert sich jetzt, wie er später in den Memoiren betont, der Erfahrungen mit dem Saarland.[82]

Zeigt sich nicht in vielen Punkten eine Analogie? Eine der Deutschlandmächte hat ein Staatswesen mit eigener Marionettenregierung geschaffen, das von der Bundesrepublik Deutschland lange Zeit nicht anerkannt wird. Die Existenz dieses Regimes vergiftet aber die deutsch-französischen Beziehungen, bis man sich auf das Saar-Statut einigt. Dieses sieht die Herstellung freiheitlicher Verhältnisse im Saarland vor, allerdings gekoppelt mit einer Anerkennung des Saargebiets als eigenem Staat. Adenauer zeigt sich bereit, das Prinzip der Selbstbestimmung auf die Deutschen im Saargebiet einzuschränken – also die Abtrennung vom Gesamtstaat hinzunehmen, wenn die Bevölkerung des Saarlandes das akzeptiert. Zwischen einer frei gewählten Saar-Regierung, so hat er noch im Sommer 1955 gehofft, und der Bundesregierung werden sich dann bald vernünftige Regelungen treffen lassen. Tatsächlich ist es dank der Gunst der Umstände noch viel besser gekommen. Was also der sowjetischen Regierung über Botschafter Smirnow in vagen Umrissen als Österreich-Lösung vorgetragen wird, ist tatsächlich eine Art Saarland-Lösung. »Europäisierung« des Saarlandes dort – ein Neutralitätsstatus der DDR nach dem Vorbild Österreichs hier.[83] In beiden Fällen aber innere Autonomie, wobei die Bevölkerung die Möglichkeit erhalten muß, »so zu leben, wie sie es wünsche.«[84] Adenauer ist sogar unvorsichtig genug, Smirnow fast mit der Nase darauf zu stoßen, daß er mit Blick auf die DDR jetzt intensiv an das Modell Saarland denkt. Er hat nämlich schon bei der letzten Unterredung am 7. März an »das große Maß an Geduld und Geschick« erinnert, das Sonderbotschafter Lahr, derzeit in Moskau verhandelnd, »bei den schwierigen Saar-Verhandlungen« bewiesen hat.[85] Mitte 1958 wird sich der Kanzler mit dem Gedanken tragen, Lahr eventuell als nächsten Botschafter nach Moskau zu entsenden.[86]

Das alles wäre gewiß genauso umstritten wie Adenauers seinerzeitige Saarpolitik, und Adenauer weiß dies bestens: »Wenn dies in der deutschen Öffentlichkeit bekanntwerden würde, riskierte ich, von meinen eigenen Leuten gesteinigt zu werden.«[87] Ähnlich verstohlen hat er Anfang 1952 dem Quai d'Orsay zu verstehen gegeben, daß er vielleicht über eine Europäisierung des Saarlandes mit sich reden lassen würde. Und wie damals auch würde eine solche Lösung im Fall der DDR mit allen denkbaren verfassungs- und völkerrechtlichen Vorbehalten umkleidet. Im ersten der beiden Gespräche, bei dem Adenauer noch vorsichtig um den heißen Brei herumschleicht und erst Andeutungen macht, hat er in dieser Hinsicht schon einen Ansatz formuliert, der sich von dem bisher gültigen Konzept der freien Wahlen in ganz Deutschland entfernt: »Lassen Sie die Bevölkerung der Sowjetzone frei über ihr eigenes Schicksal entscheiden!«[88]

Indem er Smirnow, der zuvor als Botschafter in Wien amtiert hat, das Ganze als Österreich-Modell anpreist, will er natürlich den Anschein erwecken, als lasse sich die Zweistaatlichkeit und die Neutralität der DDR vertraglich garantieren. Doch niemand weiß besser als er, was im Saarland in Gang gekommen ist, nachdem es gelungen war, »den dort lebenden Menschen die Möglichkeit zu einer freien Willensentscheidung bei der Wahl ihrer Regierung zu verschaffen«[89].

Aus der Rückschau des Jahres 1965, in dem Bundesregierung und Bevölkerung nach wie vor zur Ablehnung der Zwei-Staaten-Doktrin Moskaus entschlossen sind, bemerkt er denn auch entschuldigend in den »Erinnerungen«: »Die Chance einer Wiedervereinigung zu einem späteren Zeitpunkt blieb offen.«[90] Man mag ihm das sogar abnehmen. Doch genauso bedenkenlos hätte er sich wohl auch im Fall der DDR auf eine Getrenntentwicklung in Analogie zum Modell des Saar-Statuts eingelassen mit der seit Ende der fünfziger Jahre immer plausibler erscheinenden Begründung, »daß das Wichtigste eine Erleichterung des Loses der Menschen in der Zone war«[91].

Im Jahr 1958 bedrückten ihn offensichtlich am meisten die Kirchenverfolgung, das Bauernlegen und die unablässige Fluchtbewegung nach West-Berlin – allein 1957 über eine viertel Million Menschen.

Der ganze außenpolitische Kontext im ersten Vierteljahr 1958 macht allerdings überdeutlich, daß Adenauer mit dieser »ganz konkreten Frage«, die er zu prüfen bittet, vorerst nur eine Sondierung vornimmt – mit der Bitte, doch ja die Diskretion zu wahren.[92] Immerhin wäre es bei positiven Signalen aus Moskau denkbar gewesen, die westlichen Konferenzplanungen auf die Forderung freier Wahlen nur in der DDR bei gleichzeitigen Verhandlungen über deren vorläufige Betandssicherung zu orientieren. Man wäre dann dem sowjetischen Konzept der Zwei-Staaten-Doktrin entgegengekommen, doch unter sehr erschwerten Bedingungen. Außerdem weiß Adenauer schon, daß Mikojan demnächst nach Bonn kommen möchte. Zur vorherigen bilateralen Erörterung dieser Grundsatzfrage stünde also der zweite Mann in der Sowjethierarchie zur Verfügung.

Sehr glaubwürdig wirkt dieses weitreichende Verständigungsangebot freilich nicht. Smirnow bemerkt tags darauf zu von Brentano, die Rede Adenauers bei dem Pariser NATO-Gipfel habe bei der sowjetischen Regierung »viele Hoffnungen erweckt«. Jedoch seien nach diesem einen Schritt vorwärts in der Zwischenzeit zwei oder drei Schritte zurück gemacht worden.[93] Gemeint ist damit auch die Bundestagsrede Adenauers, die dieser nur wenige Stunden nach der Unterredung mit Smirnow gehalten hat. Ähnlich scharf wie zwei Tage zuvor in der Fraktion

»Weltherrschaftspläne der Sowjets«

*Adenauer am 20. März 1958 im Bundestag.
Diese viertägige Debatte »gehört zu den härtesten
der ganzen Ära Adenauer«.*

artikuliert Adenauer hier sein Credo von den Weltherrschaftsplänen der Sowjets, von der Unverzichtbarkeit der NATO, von der Wünschbarkeit allgemeiner Abrüstung und von der Politik der Stärke.[94]

Diese viertägige Bundestagsdebatte gehört zu den härtesten der ganzen Ära Adenauer. Anders als zwei Monate zuvor ist die Unionsfraktion jetzt »scharf« gemacht und entsprechend kämpferisch. Doch im Gegensatz zu damals ist es nun nicht Adenauer, sondern Franz Josef Strauß, der die Entrüstung der Opposition auf sich zieht. Man schenkt sich nichts. Als Fritz Erler die Rede von Strauß mit der berüchtigten Sportpalastrede von Goebbels vergleicht, verläßt die Unionsfraktion den Plenarsaal. Am Schluß wird die Resolution mehrheitlich angenommen, die beim Ausbleiben einer kontrollierten Abrüstung die Ausrüstung der Bundeswehr mit – wie der Euphemismus lautet – »den modernsten Waffen« vorsieht.[95]

Aus Adenauers Sicht kommt es jetzt vor allem darauf an, sich der Anti-Atomtod-Bewegung zu erwehren. Erneut sieht er die SPD »in einer Entwicklung zur Radikalisierung, die jedem Menschen sehr ernste Sorgen machen muß.«[96] »Ich kenne die deutsche Sozialdemokratie seit vielen, vielen Jahren. Ich habe mit prominenten Leuten der Sozialdemokratie Fühlung gehalten, als ich noch Oberbürgermeister von Köln war und auch während der Weimarer Zeit. Aber das, was die Sozialdemokratie jetzt macht, wäre früher niemals möglich gewesen.«[97] Dabei denkt er an die Pläne, in sozialdemokratisch regierten Kommunen, doch auch in Hamburg, Volksbefragungen gegen die Atombewaffnung durchzuführen, ebenso an die Drohung mit einem Generalstreik. »Es handelt sich um den Anfang der Außerkraftsetzung der Verfassung«, kommentiert er das im Kabinett und erwirkt den Beschluß, dagegen mit allen juristischen Mitteln vorzugehen.[98]

Seiner Meinung nach hat die Radikalisierung verschiedene Gründe: drei verlorene Bundestagswahlen, innerparteilicher Machtkampf zwischen Apparatschiks und Reformern sowie Bemühung der SPD, nach dem KPD-Verbot die Kommunisten zu sich herüberzuziehen.[99]

Ähnlich wie schon ein Jahr zuvor gilt aber seine Hauptsorge der »Psychose« in der Bevölkerung.[100] Von Eckardt rät dazu, dem mit einer vereinfachten Parole entgegenzutreten: »Kampf dem Atomtod in *allen* Ländern! Durch kontrollierte Abrüstung!«[101] Dieser Slogan soll durch eine Plakataktion und die Postwurfsendung eines Kanzlerbriefes an alle Haushaltungen popularisiert werden, dazu eine Versammlungswelle der Regierungsparteien und der ADK. Im übrigen aber rät der Bundespressechef, den hektischen Feldzug der SPD seinen Kulminationspunkt erreichen zu lassen und dann zum Gegenangriff überzugehen.[102]

Es versteht sich von selbst, weshalb die Gipfelkonferenz mit dem Hauptthema »allgemeine, kontrollierte Abrüstung« unter diesen Umständen für Adenauer immer wichtiger wird. Demgegenüber muß die Wiedervereinigungsfrage in den Hintergrund treten. Nach einer Besprechung beim Kanzler am 11. April läßt das Auswärtige Amt ein aufschlußreiches Botschaftertelegramm herausgehen. Die Gipfelkonferenz, so wünsche dies Adenauer, müsse auf die Vier Mächte begrenzt werden. Sie müsse »vor allem darauf konzentriert werden, Fortschritte in der Abrüstungsfrage zu erzielen. Die Bedeutung der allgemeinen Abrüstung sei überragend; im Verhältnis zu ihr könne das Problem der Wiedervereinigung in Verbindung mit der Schaffung eines europäischen Sicherheitssystems vorübergehend in den Hintergrund treten. Selbstverständlich müsse weiter an deutscher Frage gearbeitet werden, wenn es auch zur Zeit nicht angebracht sei, eigene Vorschläge vorzulegen. Die Lösung der deutschen Frage werde sich, wenn erst einmal auf dem Gebiet der Abrüstung eine erste Vereinbarung und damit ein gewisser Grad der Entspannung erreicht sei, wesentlich leichter erreichen lassen. Auf keinen Fall dürfe es dazu kommen, daß wir das Zustandekommen einer Gipfelkonferenz durch die Aufwerfung der deutschen Frage verhinderten.«[103]

Adenauer stellt hier einmal mehr fest, daß es zur Zeit an der notwendigen Voraussetzung zur Schaffung eines europäischen Sicherheitssystems fehle: »Durch Entwicklung der modernen Waffen sei das Genfer Konzept des Zusicherungsvertrages heute überhaupt problematisch. Insbesondere sei es abzulehnen, daß Deutschland – wie etwa im Rapacki-Plan – mit Polen und Tschechoslowakei auf gleiche Stufe gestellt werde. Rapacki-Plan und ähnliche geographisch eng begrenzte Pläne seien gleichbedeutend mit erstem Schritt zur Neutralisierung.«

Eine Absage erfährt auch »der im Auswärtigen Amt entwickelte Plan einer wirtschaftlichen Zusammenarbeit in Europa zugunsten der Satellitenstaaten«. Er fand, so heißt es in dem Telegramm lakonisch, »nicht den Beifall des Herrn Bundeskanzlers. Er hält es für notwendig, die durchaus nicht unbegrenzten Mittel des Westens für wirtschaftliche Unterstützung unserer Verbündeten im östlichen Mittelmeer oder in Ländern wie Pakistan einzusetzen. Außerdem erscheint es ihm verfehlt, Vorschläge zu unterbreiten, die von der Sowjetunion sofort als gegen sie gerichtet erkannt werden würden.«[104] In diesem Sinn äußert sich Adenauer von nun an allen westlichen Gesprächspartnern gegenüber.

So sucht er etwa im April Premierminister Macmillan in London für das Konzept einer Abfolge mehrerer Entspannungsgipfel zu gewinnen, unterbrochen von Expertenverhandlungen. Dabei solle die Frage der Ostzone nicht an erster Stelle behandelt werden, sie dürfe aber auch nicht unter den Tisch fallen. In diesem Zusammenhang erinnert er daran, wie lange man verhandeln mußte, um schließlich den Westfälischen Frieden zu schließen.[105] Und der Westen hat es eben mit einem Gegner zu tun, der phantasielose Sturheit mit großer Geduld verbindet. Gromyko, so gibt Adenauer dem Gesprächspartner Macmillan zu bedenken, ist »als scharf verhandelnder ›Holzkopf‹ bekannt«[106].

Anfang Mai äußert er sich gegenüber Botschafter David Bruce noch viel entschiedener: Man darf die deutsche Frage »nicht zum Angelpunkt« einer Konferenz machen, sondern sie nur allgemein unter dem Thema »Entspannung« verhandeln. Wenn das Vorhaben einer Gipfelkonferenz scheitere, müsse die Schuld dafür klar bei der Sowjetunion liegen.[107]

Nachdem Adenauer selbst gegenüber Bruce schon verschiedentlich sein innenpolitisches Motiv angedeutet hat, läßt von Brentano am 5. Juni, einen Monat vor der wichtigen Landtagswahl in Nordrhein-Westfalen, bei John Foster Dulles schließlich die Katze aus dem Sack. Ja, die taktischen Unterschiede der Position gegenüber der Gipfelkonferenz seien in der Tat innenpolitisch bedingt – die Wahlen in Nordrhein-Westfalen![108]

Mitte Juni bekommt der amerikanische Botschafter schließlich aus dem Mund Adenauers zu hören, es habe in der Vergangenheit eine Zeit gegeben, in der die Reihenfolge Beseitigung der Ursachen der Spannungen und dann Abrüstung richtig gewesen sei. Jetzt aber müsse der Anfang mit der Abrüstung gemacht werden, dann erst Entspannung mit Wiedervereinigung.[109]

Seine innersten Gedanken eröffnet der Kanzler wie so häufig dem Intimus Blankenhorn. Das deutsch-amerikanische Verhältnis funktioniere nicht. Sein Verdacht verstärke sich, daß Dulles die Wiedervereinigungsfrage benutzen wolle, um die Idee einer Gipfelkonferenz zu torpedieren oder sie abzubrechen. Die Gipfelkonferenz dürfe aber nicht an der negativen Haltung der Sowjets in der Deutschlandfrage scheitern: »Einmal würde das von der öffentlichen Meinung in Deutschland selbst nicht gewünscht werden, zum anderen könne die Bundesregierung die schwere Last der atomaren Bewaffnung nur auf sich nehmen, wenn gleichzeitig der Beweis erbracht werde, daß man alles, aber auch alles daran setze, das Verhältnis zu Sowjetrußland zu entspannen.«[110]

Auf die Verbündeten wirkt dieser augenscheinliche Kurswechsel in der Wiedervereinigungsfrage aber doch recht befremdlich. Schließlich ist Adenauer selbst es gewesen, der noch im Vorjahr – allerdings in den Monaten vor einer Bundestagswahl, wo jede List erlaubt ist – Eisenhower und Dulles mit Forderungen bedrängt hat, an der Koppelung von Wiedervereinigung und Abrüstung eisern festzuhalten. Dulles zieht verwundert die Augenbrauen hoch: Ist auch der Kanzler inzwischen so weich, daß er sogar die Wiedervereinigung zurückstellt?[111]

Natürlich ist Adenauer die Friedenssicherung durch allgemeine Abrüstung durchaus nicht gleichgültig. Er hat sich dazu selbst Gedanken gemacht. Wäre es nicht vernünftig, gibt er David Bruce zu bedenken, wenn sich die Verhandlungen vorrangig auf die Abschuß- und Trägervorrichtungen beziehen würden? Die Atombomben lassen sich schließlich nicht kontrollierbar beseitigen, wohl aber die Trägersysteme! Und man solle auch den Kontrollaspekt nicht übertreiben. Schließlich ist eine kontrollierte Abrüstung, die zu 75 Prozent funktioniert, immer noch besser als gar keine Abrüstung! Doch allen, die in jenen Monaten mit Adenauer über dieses Thema sprechen, ist sonnenklar, daß der Abrüstungsgipfel in erster Linie dazu herhalten soll, Adenauer fünf Landtagswahlen gewinnen zu helfen, die 1958 anfallen und der CDU die Mehrheit im Bundesrat kosten könnten.[112]

Sollte er im Frühjahr 1958 je eine leise Hoffnung auf sowjetisches Umdenken in der Deutschlandfrage gehegt haben, so ist diese spätestens Ende April 1958 gleichfalls zunichte. Am 27. März 1958, kurz nachdem sich die Bundestagsmehrheit für die Atombewaffnung ausgesprochen hat, wird Bulganin abgesetzt. Von allen Sowjetführern, glaubt Adenauer seit 1955, wäre er noch am ehesten für eine Verständigung mit Deutschland zu gewinnen. Jetzt übernimmt Chruschtschow neben dem Posten des Ersten Sekretärs des ZK der KPdSU auch noch das Amt des Ministerpräsidenten und ist damit so mächtig wie Stalin. Adenauer hält ihn für einen üblen Burschen, der weder mit Deutschland noch mit dem Bundeskanzler viel Gutes im Sinne hat. Somit ist eher eine Verschärfung der Gegensätze zu erwarten.

Der Besuch des Stellvertretenden Ministerpräsidenten Anastas Mikojan in Bonn bestätigt die skeptischen Erwartungen. Zwar versteht Adenauer den wie ein russischer Großfürst auftretenden Armenier[113] durchaus zu nehmen. Von Eckardt weiß hübsche Geschichtchen in Umlauf zu bringen, die beweisen sollen, daß der Kanzler mit dem hohen Russen kräftig gerauft, sich aber auch ganz gut vertragen hat. Hat von Eckardt es nicht mit eigenen Augen gesehen, wie Adenauer sich die Tischrede Mikojans vorgenommen und die schlimmsten Attacken herausgestrichen hat?! Welch ein Kontrast zu von Brentano, der dem Gast am Vortag nicht entgegengetreten ist, als dieser in der Tischrede aufs gröbste gegen Bonn vom Leder gezogen hat ...

Das Ergebnis dieses deutsch-sowjetischen Spitzengesprächs ist aber negativ. Adenauers Anregung einer Österreich-Lösung für die DDR wird nicht einmal eines Kommentars gewürdigt.[114] »Mikojan wurde geschickt«, so vermerkt Adenauer in einer Aufzeichnung vom 26. April 1958, »um den Versuch zu machen, mich davon zu überzeugen, daß es in unserem Interesse sei, nicht nuklear aufzurüsten. Als er sah, daß das vergeblich sei, gab er die Versicherung ab, daß die Sowjetunion keinen Krieg wolle und daß er zur konventionellen Abrüstung bereit sei.«[115]

Alles in allem beweist der Besuch, daß man sich auf Konfrontationskurs befindet. Ein kurzer und gerader Weg führt von den Drohungen Mikojans im April 1958 zum Berlin-Ultimatum Chruschtschows, verbunden mit der Forderung nach einem Friedensvertrag mit den zwei deutschen Staaten.

Innenpolitisch verschafft der Auftritt Mikojans in Bonn Adenauer allerdings Entlastung. Es fällt der Opposition schwer, einen Kanzler der Kriegstreiberei zu beschuldigen, dem der zweite Mann in der Sowjetunion eine alles in allem doch respektvolle Aufwartung gemacht hat. Die Anti-Atomtod-Kampagne sackt zusehends in sich zusammen, je mehr es auf die Wahlen in Nordrhein-Westfalen zugeht, die auf den 6. Juli terminiert sind.

Adenauer setzt sich hier fast noch schonungsloser ein als bei den Bundestagswahlen 1957. Ob es der Kampfgeist des Kanzlers und der CDU ist, ob der Mitleidseffekt wegen des Tods von Karl Arnold kurz vor dem Wahltag den Wahlsieg bewirkt, ist schwer zu bestimmen. Tatsache bleibt, daß die CDU trotz der atompazifistischen Generalmobilmachung der SPD mit 50,4 Prozent der Stimmen eine klare Mehrheit im nordrhein-westfälischen Landtag erringt.

Die Auswirkungen dieser neuen Wahlniederlage von SPD und FDP sind weitreichend. Die radikal-pazifistischen Gruppierungen bei den Sozialdemokraten sind damit innerparteilich diskreditiert. Der Reformflügel um Fritz Erler, Willy Brandt, Heinrich Deist, Helmut Schmidt und Karl Schiller registriert das erleichtert. Der Wahlausgang ist zugleich eine Niederlage der linksprotestantischen Kirchlichen Bruderschaften und schwächt somit auch die Gruppierung um Gustav Heinemann.

Konfrontationskurs

*Adenauer mit Mikojan und Botschafter Smirnow.
Der Kanzler versteht den wie ein russischer Großfürst auftretenden
sowjetischen Politiker durchaus zu »nehmen«.*

Genauso wichtig ist die Rückwirkung auf die FDP. Die Düsseldorfer Jungtürken um Weyer, Döring und Scheel verlieren innerparteilich an Gewicht. Der Fraktionsvorsitzende Erich Mende, der Adenauer noch bei der großen Debatte im März zum Rücktritt aufgefordert und eine Regierungsbildung zur Ausführung eines »Programms des nationalen Notstands« verlangt hat[116], nimmt von nun an Kurs auf eine Erneuerung der bürgerlichen Koalition.[117] Ein Wahlsieg von SPD und FDP, sinniert Adenauer vor dem Bundesparteivorstand der CDU, wäre »verheerend, ja vernichtend gewesen.«[118] Jetzt aber ist die Atombewaffnung innenpolitisch durchgesetzt.

Die Wiedervereinigungspolitik, im Februar und März des Jahres noch ganz im Vordergrund auch der Adenauerschen Überlegungen, tritt nun ganz in den Hintergrund. Es ist kein Zufall, daß der Kanzler auf der CDU-Vorstandssitzung, bei der er als Wahlsieger von Nordrhein-Westfalen auftreten kann, eine Art resignierten Nachruf auf neun Jahre Wiedervereinigungspolitik formuliert: »Wir müssen wohl doch feststellen, daß wir uns alle miteinander in der Schätzung des Zeitpunktes, an dem eine Wiedervereinigung erfolgen kann, getäuscht haben. Als wir in den Jahren 1948 und 1949 im Parlamentarischen Rat saßen und sich Sowjetrußland mit den drei anderen westlichen Mächten als Besatzungsmacht fühlte, waren wir alle der Auffassung, daß das Grundgesetz, das wir damals schufen, nur eine beschränkte Zeit Geltung haben würde und daß es dann durch eine Verfassung ersetzt werde, die von einer Nationalversammlung, und zwar aus sämtlichen Besatzungszonen Deutschlands gewählt, beschlossen würde. Das sind immerhin fast 10 Jahre her. Die Verhältnisse in der Welt haben sich immer mehr zugespitzt und verhärtet. Die beiden Fronten gegeneinander sind immer größer geworden und schärfer ausgeprägt worden. Wir sehen nun – darüber müssen wir uns völlig klar sein –, daß es absolut irreal gedacht war zu glauben, die Frage der Wiedervereinigung lösen zu können, ohne daß eine allgemeine Entspannung in der Welt eintritt.«[119]

Von jetzt an singt er das hohe Lied der »menschlichen Erleichterungen«: »Die Politik der Wiedervereinigung muß bis auf weiteres darauf gerichtet sein, das menschliche Zusammengehörigkeitsgefühl diesseits und jenseits des Eisernen Vorhangs lebendig und wach zu halten.«[120]

Genau betrachtet, hat er das Entspannungskonzept mit seiner Pointe einer Politik der Stärke zwar seit den frühen fünfziger Jahren vertreten. Doch in der offiziellen Politik mit ihrem starken Akzent auf Deutschlandkonferenzen und freien Wahlen kam es nicht zur operativen Umsetzung dieser Erkenntnis. Da inzwischen auch das internationale Interesse an einer Gipfelkonferenz den Höhepunkt überschritten hat, kann er alle Überlegungen aus dem Frühjahr vorerst zu den Akten geben – einschließlich des Österreich-Plans, auf den Moskau überhaupt nicht angebissen hat.

Ob er insgeheim schon einsieht, daß die Sondierung, die er bei Smirnow am 19. März 1958 unternommen hat, ein schwerer diplomatischer Kunstfehler gewesen ist? Kann ein Bundeskanzler dem Nachlassen seiner Widerstandskraft gegen das Zwei-Staaten-Konzept deutlicheren Ausdruck geben als durch eine derart ungeschützte Eröffnung? Wie muß das auf die Gegenspieler wirken, von deren Bedenkenlosigkeit er doch nach wie vor überzeugt ist!

Vor noch nicht allzulanger Zeit hat Schäffer in Ost-Berlin die Konföderationsidee zum besten gegeben. Nunmehr signalisiert sogar der Bundeskanzler selbst in hochoffizieller, wenngleich vertraulicher Sondierung, daß er sich durchaus ein Nebeneinander zweier deutscher Staaten vorstellen könne. Sollte die Sowjetunion angesichts von soviel Nachgiebigkeit wirklich bereit sein, das Ulbricht-Regime zu opfern oder nicht mehr entschieden auf der Zwei-Staaten-Doktrin zu beharren? Muß sich Chruschtschow nicht geradezu angestachelt fühlen, die ohnehin wankende Position durch kräftigen Druck vollends zum Einsturz zu bringen, wie das dann in dem ultimativ unterbreiteten Friedensvertragsentwurf mit zwei deutschen Staaten geschieht?

Sobald aber andere auch nur Andeutungen einer Aufweichung der Wiedervereinigungspolitik machen, fällt der Kanzler sie mit schwerer Keule an. Am 27. November 1958 etwa reitet er während einer langen Sitzung des Bundesparteivorstandes der CDU immer wieder darauf herum, die CDU/CSU-Fraktion, erst recht selbstredend SPD und FDP, ließen deutliche »Aufweichungserscheinungen« erkennen. Was ist geschehen? Von Brentano hat sich bitter beklagt, die Sozialdemokraten im Auswärtigen Ausschuß wünschten in einer Note an die Sowjetunion nur noch die »deutsche Frage« anzusprechen und nicht mehr die »Wiedervereinigung«. Angeblich haben sich auch Kiesinger und seine CDU-Freunde in diesem Punkt anfänglich kompromißbereit gezeigt.

Derselbe Kanzler, der in höchst eigener Person ein knappes Dreivierteljahr zuvor dem sowjetischen Botschafter gegenüber recht problematische Eröffnungen gemacht hat, regt sich nun im Bundesparteivorstand der CDU gewaltig auf: »Diese Aufweichungstendenzen in unserer Haltung haben begonnen in dem Bundestagsbeschluß vom 2. Juli dieses Jahres, in dem anstelle der bisherigen Formulierungen der sehr weiche und alles umfassende Ausdruck ›Lösung der deutschen Frage‹ gebraucht worden ist, während wir bis dahin immer ganz klar unterschieden haben zwischen ›Wiedervereinigung‹ und ›Lösung der deutschen Frage‹. Diese letzte Frage, die auch die Oder-Neiße-Linie umfaßt, haben wir bewußt zurückgestellt ...« Immer hätten »wir« gesagt: »Wiedervereinigung in Freiheit! – Wir haben immer wieder gesagt, an der Spitze müßten stehen freie und kontrollierte Wahlen, damit eine neu gebildete gesamtdeutsche Regierung mit den vier Mächten über einen Friedensvertrag verhandeln könne. Aber alles das verschwindet allmählich vom Tisch ...«[121]

Während er so schimpft und lamentiert, wird ihm eine Meldung über den Inhalt des eben übergebenen sowjetischen Berlin-Ultimatums hereingereicht, dessen Hauptpunkte er kommentarlos verliest. Ein paar Minuten zuvor hat er sich »sehr erschüttert« darüber gezeigt, wie negativ sich die »Aufweichungstendenzen« bereits auf seiten der Westmächte auswirkten. Von Blankenhorn hat er nämlich gehört, daß sich de Gaulle sehr nachdrücklich erkundigt hat:[122] »Glauben Sie nicht, daß es im deutschen Volk erhebliche Strömungen gibt, die bei Abzug der Sowjets aus der Ostzone sich auch mit einem kommunistischen deutschen Teilstaat abfinden würden?«[123] Blankenhorn hat das natürlich energisch dementiert. So ganz genau berichtet das Adenauer den Vorstandsmitgliedern der CDU zwar nicht, aber er will sie problembewußt dafür machen, was man mit unüberlegten Initiativen alles anrichten kann, vor allem auch bei den Russen – siehe die von Chruschtschow angekündigte Berlin-Note: »Ich bin davon überzeugt – das kann ich natürlich nicht beweisen –, daß ebenso wie bei den drei Westmächten – wenn auch zunächst noch nicht tiefgehend – auch auf russischer Seite der Eindruck eines Aufweichungsprozesses bei uns entstanden ist, daß nämlich doch allmählich das deutsche Volk auf Rußland wegen der Frage der Wiedervereinigung zukommt.«[124]

SPD, FDP, das Auswärtige Amt, Gerstenmaier, die CDU/CSU-Fraktion – sie alle machen sich also schuldig, wenn sie nur den geringsten Schritt vom Pfad der offiziellen Deutschlandpolitik abweichen. In der Tat hat diese seit 1956 zunehmend die Gestalt eines Kartenhauses angenommen, das insgesamt einzustürzen droht, sobald man an der einen oder der anderen Stelle nur *eine* Karte herausnimmt. Wenn aber Adenauer wie bei dem Gespräch mit Smirnow am 19. März 1958 in ungeschütztester Art und Weise an ein besonders wankendes Stück des Kartengebäudes rührt, ist das große Staatskunst!

Das Jahr 1958 mit allem Hin und Her in der Deutschlandfrage zeigt jedenfalls einen Kanzler, der selbst einigermaßen hilflos vor dem Kartenhaus sitzt, in dem alles locker und stets vom Kollaps bedroht zusammenhängt: Nicht-Anerkennung eines zweiten deutschen Staates, die Lage der Menschen in der DDR, das Berlin-Problem, Abrüstungs- und Rüstungskontrollpolitik, NATO-Strategie und Aufbau der Bundeswehr, der Status der Bundesrepublik in der Allianz und die deutsche Innenpolitik. Da er immer ein »Täter« war, kann und will er es jedoch gar nicht lassen, an diesem Kartenhaus weiterzubauen, es durch Einschieben oder Wegnehmen einzelner Karten zu verändern – vielleicht sogar, ohne daß man dessen vorerst richtig gewahr wird, ein neues Kartenhaus zu errichten. Aber alles ist bereits im Schwanken, auch schon vor der im November 1958 von Chruschtschow ausgelösten Berlin-Krise.

De Gaulle

Seit den Urlaubstagen in Vence weiß Adenauer, daß Frankreich am Rande des Abgrunds steht. Dort hat ihm Finanzminister Pflimlin am Anfang des Jahres den ganzen Umfang der Zerrüttung vor Augen geführt, in die der Algerienkrieg die Vierte Republik gestürzt hat. Von den Szenarios, die der französische Gast entwickelte, ist eines so unerfreulich wie das andere – Bürgerkrieg oder Volksfront oder Militärdiktatur. Pflimlin sieht nur eine Rettung: die Betrauung de Gaulles mit diktatorischen Vollmachten.[1]

Doch der Name de Gaulle weckt in Adenauer lauter unangenehme Erinnerungen. Im Sommer und Frühherbst 1945 hat er sich zwar in Erwartung französischer Kontrolle über das linke Rheinufer auf geheime Techtelmechtel mit gaullistischen Offizieren eingelassen und jene großen Auftritte mit Interesse verfolgt, die de Gaulle, auch damals Ministerpräsident, quer durch die französische Zone zu inszenieren wußte.[2] Doch als ihn die Briten rasch absetzten, war Adenauer sorgfältig bemüht, alle Spuren zu verwischen. De Gaulles bald klar erkennbares Konzept, die linksrheinischen Gebiete vom Reich abzutrennen, das Ruhrgebiet zu internationalisieren und von Südwürttemberg-Hohenzollern bis Hessen einen Gürtel schwacher deutscher Satellitenstaaten zu kontrollieren, ist von jetzt an für die CDU in der britischen Zone ein Alptraum, auch für deren Vorsitzenden Adenauer. Alle negativen Tendenzen französischer

Deutschlandpolitik in den Jahren vor Gründung der Bundesrepublik sieht nun auch er in de Gaulle und in den Gaullisten personifiziert.

Die seitherigen Erfahrungen des Kanzlers sind gleichfalls nicht geeignet, von de Gaulle günstiger zu denken. Adenauer weiß, daß letzten Endes er und seine Anhänger 1954 das Scheitern der EVG verursacht haben. Da der General im Dezember 1944 mit Stalin den Sowjetisch-Französischen Beistandsvertrag abgeschlossen hat, steht er auch für eine diplomatische Konstellation, die Adenauer mehr fürchtet als alles andere – ein direktes Zusammenwirken Frankreichs und Rußlands mit dem Ziel der Niederhaltung Deutschlands.

Außerdem waren alle jene Franzosen, mit denen Adenauer seit 1950 deutsch-französische Verständigungspolitik betrieben hat, Parlamentarier der Vierten Republik – Robert Schuman und Pierre Henri Teitgen, George Bidault, Antoine Pinay, Guy Mollet, neuerdings Félix Gaillard und Pierre Pflimlin. »Ces princes qui nous gouvernent«[3], schilt der Erzgaullist Michel Debré diese Politiker voll Verachtung. De Gaulle aber steht für eine andere Republik – autoritär, bonapartistisch, nationalistisch. Gründe genug also, jeden Kontakt zu ihm und zu seinen Anhängern zu unterlassen.

Der Aufruhr in Algier am 13. Mai 1958 und der dadurch ausgelöste Todeskampf der Vierten Republik machen Adenauer sehr besorgt. Am Montag, dem 19. Mai, über die Mittagszeit, suchen ihn von Brentano und Blankenhorn auf – drei Stunden, bevor de Gaulle im Palais d'Orsay erstmals seit drei Jahren wieder eine große Pressekonferenz abhält und damit sein Comeback einleitet. Blankenhorn hat schon zwei Tage zuvor von dem alten Gefährten Laloy vernommen, daß sich in der Umgebung von Staatspräsident Coty bereits eine Stimmung für de Gaulle abzeichnet. Adenauer selbst erinnert sich noch sehr gut, daß vor noch nicht drei Monaten auch Pflimlin in de Gaulle den Retter gesehen hat. Ausgerechnet Pflimlin aber hat am 14. Mai 1958 zusammen mit Guy Mollet ein Kabinett der nationalen Konzentration gebildet.

»Der Kanzler«, vermerkt Blankenhorn nach diesem Gespräch im Palais Schaumburg, »war über die Möglichkeit einer Entwicklung de Gaulle sehr besorgt; denn er sah eine dreifache Gefahr: 1. direkten Draht Paris – Moskau mit dem Ziel einer besonderen französisch-russischen Sicherheitsvereinbarung, 2. Herauslösung Frankreichs aus NATO, und 3. Beendigung der französischen Integration.«[4] Allerdings kennt niemand genau die augenblicklichen außenpolitischen Vorstellungen des Generals.

Jedenfalls gibt Adenauer Weisung, Mollet und Pflimlin seiner Unterstützung ihrer demokratisch-sozialistischen Koalition zu versichern. Die Machtergreifung de Gaulles müsse im Interesse der NATO und der europäischen Integration verhindert werden.[5]

Bereits die erste Reaktion Adenauers gilt also jenen Themen, die ihn beim Blick auf de Gaulle künftig unablässig beschäftigen: der Gefahr einer Hinwendung zu Rußland, der NATO und Europa.

Nach der Investitur de Gaulles wirkt es zwar beruhigend, Couve de Murville, bisher Botschafter in Bonn, als neuen französischen Außenminister zu wisssen. Couve hat sich während seiner Botschafterzeit in Bonn Vertrauen erworben, auch bei Adenauer.[6] Doch die Ernennung eines hohen Beamten ohne politische Hausmacht kann auch negativ gedeutet werden – de Gaulle möchte die Außenpolitik selber führen!

Wenn es je einen Antigaullisten gegeben hat, dann ist dies Adenauer in den ersten Wochen und Monaten nach der Machtübernahme. Innerlich stehe de Gaulle der Bundesrepublik völlig ablehnend gegenüber, schildert er dem Bundespräsidenten Anfang Juli 1958 seine Eindrücke. De Gaulles einziges Ziel: die Hegemonialstellung Frankreichs in Europa. Völlig negativ auch die Einstellung zur EWG. Deshalb denke er selbst auch gar nicht daran, meint Adenauer, Frankreich etwa zu helfen, vierte Atommacht zu werden. Hauptziel der deutschen Politik müsse es vielmehr sein, »in steter Übereinstimmung mit Großbritannien zu handeln«. Auch engster Kontakt zu Italien sei wesentlich.[7] Während die deutsch-französischen Beziehungen vom Herbst 1956 bis Mai 1958 gut waren wie nie zuvor, bahnt sich jetzt eine tiefe Entfremdung an.

Es ist nicht nur das allgemeine Bild von de Gaulle, das Adenauers Ablehnung bewirkt – er reagiert auch auf recht konkrete Vorgänge. Von allen Seiten kommen sehr beunruhigende Nachrichten.

Pierre de Guillaumat, neuer französischer Verteidigungsminister, läßt Franz Josef Strauß auf dessen Anfrage hin wissen, daß de Gaulle das dreiseitige Geheimabkommen einfach auf Eis gelegt habe.[8] Das ist ein glatter Affront. Treibende Kraft beim Abschluß des Abkommens ist schließlich die französische Regierung gewesen. Will ein Staat nach einem Regierungswechsel von internationalen Abmachungen zurücktreten, so müßten dem korrekterweise Verhandlungen mit den Partnern vorausgehen. Guillaumat, ein recht hochfahrender Herr, sagt Strauß sogar ins Gesicht, die fraglichen Besprechungen hätten gar nicht stattgefunden. Dabei war er vor dem Regierungsantritt de Gaulles selbst in der Sache in Bonn, um mit Strauß darüber zu konferieren.[9]

Ein paar Tage, nachdem Strauß dies berichtet hat, geht ein Brief von General Speidel ein. Er amtiert als stolzer Oberbefehlshaber der Landstreitkräfte Europa Mitte mit Sitz in Fontainebleau und unterhält zur französischen Generalität enge Beziehungen. Speidel teilt nun als absolut einwandfreie Information aus deutschen Geheimdienst-Kreisen in Paris mit, daß die sowjetische Regierung de Gaulle ein Bündnis vorgeschlagen und dabei Unterstützung beim Bau der französischen Atombombe versprochen habe. Bedingung: Ausscheiden Frankreichs aus der NATO und Neutralität.[10] Von einem Mitarbeiter Pinays vernimmt Adenauer Ähnliches.[11] Angeblich, so läßt er den amerikanischen Botschafter Bruce wissen, will de Gaulle tatsächlich auf die sowjetischen Lockungen eingehen.[12] Später setzen französische Regierungskreise eine Deutung dieser Vorgänge in die Welt, die verharmlosend und machiavellistisch zugleich ist: In den ersten unsicheren Wochen habe der General die französische kommunistische Partei neutralisiert, indem er auf sowjetische Avancen scheinbar positiv einging. Das mag sich in der Tat so verhalten haben, doch wer will schon durchschauen, welches Spiel de Gaulle tatsächlich spielt?

Aus Kreisen von EURATOM vernimmt der Kanzler, Frankreich werde schon in einem halben Jahr die Atombombe besitzen – also deutlich früher, als zuvor verlautbart ist. Ist dies nicht bereits ein Indiz dafür, daß die Sowjetunion das benötigte Plutonium zur Verfügung stellen wird?[13]

Es beunruhigt Adenauer auch, von einem Abgesandten de Gaulles vernehmen zu müssen, eine Unterstellung französischer Truppen unter einen deutschen Oberbefehlshaber komme einfach nicht mehr in Frage. Gemeint ist General Speidel. Adenauer antwortet darauf dem Präfekten Picard, der ihm dies und anderes Unerfreuliche ausrichtet, 13 Jahre nach Kriegsende habe er für eine solche Auffassung keinerlei Verständnis.[14]

Unter diesen Umständen verspürt Adenauer überhaupt keinen Drang, nach Paris zu reisen, um dem fragwürdigen General seine Aufwartung zu machen. Je länger, desto mehr kommen ihm allerdings Zweifel, ob sein Zögern richtig ist, de Gaulle zu einem klärenden Gespräch aufzusuchen. Dulles hat schon brieflich eine Andeutung in dieser Richtung gemacht.[15] Auf eine andere indirekte Anregung des Präfekten Picard, der ihn wohl im Auftrag de Gaulles aufsucht, reagiert er zwar noch negativ. Könnte es nicht zu Fehldeutungen führen, wenn er, Repräsentant eines besiegten Volkes, de Gaulle in Paris aufsuche? Und ist protokollarisch nicht Frankreich an der Reihe, nachdem er Guy Mollet schon im November 1956 einen offiziellen Besuch abgestattet hat?[16] Doch Präfekt Picard macht Adenauer klar, wie von jetzt an die Spielregeln beschaffen sind: Ein de Gaulle lädt nicht ein, man muß vielmehr um eine Audienz nachsuchen. Auch ein britischer Premierminister und ein amerikanischer Außenminister haben darum gebeten, ihm ihre Aufwartung machen zu dürfen.[17]

Nach längerem Überlegen findet sich Adenauer also schließlich bereit, Staatssekretär van Scherpenberg nach Paris zu entsenden, um eine Tagesordnung für die Gespräche aufzustellen.[18] Wenn später de Gaulle in seinen »Mémoires d'espoir« pointiert bemerkt, Adenauer habe um eine Unterredung gebeten, so trifft das zu.[19] Immerhin macht der Kanzler einigermaßen deutlich, wie penibel auch er in den Fragen der Etikette zu sein pflegt, und begibt sich erst einmal nach Cadenabbia in den Urlaub. Noch vor der Abfahrt vernimmt er jedoch, daß ihn de Gaulle nach Colombey-les-deux-Églises einlädt. Die persönliche Einladung nach Colombey ist zwar als protokollarische Auszeichnung zu verstehen. Aber Adenauers Sorgen sind noch nicht behoben. Ein paar Tage vor dem Besuch, der in die Rückreise von Cadenabbia nach Bonn eingeplant wird, schreibt er an Robert Pferdmenges: »Ich fahre hier am 13. September ab bis Baden-Baden. Dort übernachte ich und fahre am 14. September weiter nach Colombey-les-deux-Églises – ein notwendiger, wenn auch nicht sehr angenehmer Besuch –, übernachte dort und fahre Montag früh nach Baden-Baden zurück.«[20]

Offenbar vermag ihn auch Antoine Pinay nicht recht zu beruhigen, der eigens am 16. August insgeheim nach Cadenabbia reist, wo Adenauer, umsorgt von den Töchtern Ria und Lotte, inmitten einer großen Parkanlage in der »Villa Arminio« residiert.

Es sind in diesen Jahren vor allem zwei Franzosen, mit denen er sich offen bespricht, nachdem Robert Schuman keine große politische Rolle mehr spielt – Jean Monnet und eben Pinay. Pinay hat sich entschlossen, bei de Gaulle das Finanzministerium zu übernehmen. Bis zum Bruch im Januar 1960 wird dieser Geistesverwandte Ludwig Erhards einen liberalen Kurs der Wirtschaftspolitik und die loyale Mitarbeit Frankreichs am Aufbau der EWG garantieren. Er ist dann der letzte nichtgaullistische Politiker der Vierten Republik, der de Gaulles Kabinett verläßt, nachdem der Sozialist Guy Mollet schon im Januar 1959 ausgeschieden ist. Zunehmend wird sich de Gaulle von da an auf seine erprobten gaullistischen Anhänger wie Michel Debré, André Malraux, Georges Pompidou, auf hohe Beamte des Typs Couve de Murville und Jacques Rueff oder – im Verteidigungsbereich – auf gaullistische Generale stützen. Der Herbst 1958 ist aber noch eine Phase des Übergangs von der Vierten zur Fünften Republik. Niemand weiß, ob und wie der General einen Ausweg aus dem Algerienkrieg findet. Auch außenpolitisch scheint er doch weniger festgelegt, als seine »Mémoires de guerre« vermuten lassen.

Dort hat er ganz zu Beginn des ersten Bandes pathetisch erklärt, Frankreich sei seiner Identität nur sicher, wenn es den »ersten Rang« einnehme.[21] Die Stichworte *grandeur*, *patrie*, *dignité*, *fierté*, die dort und nicht nur dort anklingen, sind auch Adenauer bestens bekannt und lassen ihn einen engen Nationalismus befürchten. Adenauer ist vor allem besorgt, daß die Europapolitik der letzten zehn Jahre, doch auch alles, was im Rahmen der NATO aufgebaut wurde, an de Gaulle weitgehend vorbeigegangen sei.[22]

Pinay streitet das nicht ab. Doch er weist darauf hin, daß de Gaulle vernünftigem Rat durchaus zugänglich ist. Hätte man ihn mit seinen politischen Freunden allein gelassen, dann wäre es allerdings zu einem anti-europäischen Präsidialregime gekommen.[23] Einige Wochen zuvor hatte Pinay nämlich durch seinen Mitarbeiter Violet Adenauer wissen lassen, in der engsten Umgebung des Generals – Pompidou, Guillaumat, Malraux werden genannt – gebe es tatsächlich eine anti-europäische Gruppe, die sich nach dem französisch-sowjetischen Bündnis zurücksehne.[24] Diese Gefahr scheint vorerst gebannt. Das Wort der pro-europäischen Politiker – Pinay, Pflimlin und Guy Mollet – hat offenbar doch Gewicht.

Auch Couve de Murville wird von Pinay in diesem positiven Zusammenhang genannt. Zwar ist er ein Skeptiker, der an nichts glaubt, meint Pinay, aber während der Bonner Botschafterzeit sei er zum »Europäer« geworden. Gewiß bevorzuge de Gaulle die bloße Regierungskooperation und zeige deutliche Vorbehalte gegen die EWG-Bürokratie.[25] Aber es gibt, so meint Pinay, Grund zur Hoffnung, ihn bei einer Reihe von Fragen doch auf die Integrationsschiene zu bekommen. Denn er habe erklärt, die EWG-Verträge nicht zerreißen zu wollen. Am Gemeinsamen Markt und an der deutsch-französischen Zusammenarbeit wolle er festhalten.

Auch Pinay bestätigt Adenauers Verdacht, daß de Gaulle wenig von der NATO hält, solange diese von den USA dominiert wird. Denn die Amerikaner sind eben nach seiner Meinung ein »neues Volk ohne Vergangenheit, das Europa nicht versteht.«[26] Sein Wille, in der NATO die

Vorherrschaft der USA zurückzudrängen, sei eindeutig. Doch der Besuch von Dulles bei de Gaulle sei in der Tat gut verlaufen. Pinay schildert amüsiert, wie der General seinen Besucher zappeln ließ: eine ganze Stunde lang habe er ihn sprechen lassen und ihn dabei »mit indifferenten, hochmütigen Blicken betrachtet«. Dann habe er sich bei seiner Antwort sehr liebenswürdig gezeigt, worauf sich die Züge des zuvor recht eingeschüchtert wirkenden Dulles entspannt hätten.[27] Das sind Details, wie sie Adenauer stets interessieren. Franz Josef Strauß, den der Kanzler Anfang August nur recht unwillig zu einer Unterredung mit de Gaulle ziehen ließ, oder auch General Speidel wissen Ähnliches zu berichten. Besonders französische NATO-Generale würden bei den Audienzen de Gaulles ganz schrecklich behandelt, beispielsweise General Valluy, immerhin NATO-Oberbefehlshaber für den Bereich Mitteleuropa: »Der Staatschef habe hinter seinem Schreibtisch gesessen, sei zur Begrüßung nicht aufgestanden, habe ihm auch nicht die Hand gereicht, vielmehr befohlen: ›Setzen Sie sich, General!‹ Dann: ›Reden Sie, General!‹ Er, Valluy, habe die militärische NATO-Integration erläutert. De Gaulle habe ihn kurz angehört, dann angeherrscht: ›Gehen Sie, General, Sie sind kein französischer Offizier mehr.‹«[28]

Hinter diesem hochmütigen Auftreten stecke die Absicht, Frankreich zumindest teilweise aus der militärischen NATO-Integration herauszulösen, die französischen NATO-Offiziere wieder allein auf Frankreich hin zu orientieren, bei Widerstreben aber abzulösen, und auch keine deutschen Oberbefehlshaber über französische Großverbände mehr zuzulassen. Einen pompös auftretenden deutschen General wie Speidel als Befehlshaber der Landstreitkräfte im Abschnitt Europa Mitte (LANDCENT) mit Sitz in Fontainebleau betrachte de Gaulle als Zumutung.

Immerhin vernimmt Adenauer von Pinay aber auch, de Gaulle sei insgesamt »menschlicher« geworden.[29] Es bleibt freilich das Bild eines unberechenbaren Mannes – stolz, hochmütig und bei seinen Entscheidungen auch stark von Gefühlen bestimmt.[30]

Besonders interessiert Adenauer natürlich, wie de Gaulle ihn selbst sieht. Pinay kann nur das Beste berichten. Schon bei dem ersten Gespräch, das sie über ein Zusammentreffen mit Adenauer führten, habe de Gaulle bemerkt: »Der Bundeskanzler ist ein großer Herr; er freue sich, wenn er zu ihm komme.«

Damals denkt de Gaulle aber noch an einen Besuch in Paris, worauf Pinay – so vernimmt Adenauer – doch einiges zu bedenken gibt: immerhin ist Adenauer nun seit neun Jahren Regierungschef eines großen Landes mit 50 Millionen Einwohnern, die ganze Welt anerkennt seine moralische Haltung, dazu ein Herr von über 80 Jahren. Man kann ihn also nicht wie einen gewöhnlichen Bittsteller behandeln. De Gaulle bemerkt, er wolle sich das alles überlegen, und daraus ist nun die Einladung nach Colombey erwachsen.[31]

Adenauer läßt Pinay wissen, daß er de Gaulle gebeten hat, keine Einzelprobleme zu besprechen, sondern die großen Fragen. Beruhigt ist er allerdings immer noch nicht ganz. Der Zweifel treibt ihn um, ob de Gaulle ihn wirklich als gleichrangig ansieht. Ist nicht die abgekühlte Stimmung gegenüber den deutschen Offizieren in Paris ein bedenkliches Zeichen? Pinay rät ihm darauf, doch ja nicht komplexbeladen aufzutreten – »mit dem Vorurteil belastet, einem besiegten Volk anzugehören«. Schließlich wisse man in Frankreich gut genug, daß Hitler es war, der den Krieg verschuldet hat. Außerdem sei auch nicht zu vergessen: de Gaulle ist sehr religiös, er wird ihn schon deshalb gut aufnehmen.

Im Kern hängt bei diesem heiklen Rencontre alles von dem Bild ab, das sich de Gaulle jetzt von Deutschland macht. Er kennt das Land und die Deutschen aus eigenem Erleben nämlich besser als jedes andere, allenfalls England ausgenommen – viel besser auch als Adenauer je Frankreich kennengelernt hat.

Seine erste Begegnung mit Deutschland liegt fast genauso lange zurück wie die Adenauers mit Frankreich. Der Schüler de Gaulle verbringt ein paar Jahre hindurch die Sommerferien im Schwarzwald, so etwa im Jahr 1908. Damals steht er in einem badischen Dorf gedankenvoll vor einem Kriegerdenkmal für die Gefallenen des Siebzigerkrieges – 41 von etwa 100 Kriegsteilnehmern des Dorfes sind gefallen. In den Zeitungen liest er schon von der schlechten Stimmung gegen Frankreich, und einer der Briefe des damals Siebzehnjährigen enthält die Feststellung: »Seit drei Jahren hat sich in Europa etwas verändert, und indem ich das feststelle, denke ich an das Unbehagen, das den großen Kriegen vorhergeht...«[32]

Als junger Berufsoffizier mit Ausbildung in Saint-Cyr rückt er am 1. August 1914 ein, kämpft zwei Jahre an der Front, wird zweimal verwundet und gerät schließlich in die Hölle von Douaumont. Sein Oberschenkel wird von einem deutschen Bajonett durchbohrt, er fällt vor Schmerzen in Ohnmacht und findet sich beim Aufwachen inmitten eines Stoßtrupps hagerer Gestalten der preußischen Gardeinfanterie.[33] Darauf folgen 32 Monate einer »verhaßten Gefangenschaft« in deutschen Offiziersgefangenenlagern: Osnabrück, Szczuczyn im tiefsten Polen, dann

Ingolstadt, Rosenberg und Wülzburg in Franken. Fünfmal entflieht er und wird immer wieder eingefangen. Deutsche Feldjäger und Gendarmen behält er also in besonders nachhaltiger Erinnerung. Die erhalten gebliebene Korrespondenz bestätigt indessen, daß er gemäß der Genfer Konvention korrekt behandelt wird, Post und Pakete von zu Hause erhält und eine ausgedehnte Lektüre betreiben kann, so auch von deutschen Büchern. Der feudalistische Geist Alt-Europas wirkt sich wenigstens noch in der Behandlung gefangener Offiziere aus. Bei dieser Lektüre stößt er auch auf Friedrich von Bernhardis »Deutschland und der nächste Krieg« – ein Buch, das nicht eben geeignet ist, seine Vorurteile gegenüber dem preußisch-deutschen Imperialismus abzubauen. Im Gefangenenlager trifft er auch englische und russische Offiziere – einer von diesen ist der spätere sowjetische Marschall Tuchatschewski. Er perfektioniert sein Deutsch, führt auch immer wieder Unterhaltungen mit seinen Bewachern. Doch das Bild von den Deutschen ist naturgemäß gemischt, eher negativ: »Sie werden lachen«, schreibt er in einem seiner Briefe nach Hause, »wenn ich Ihnen sage, daß es unter den Deutschen, die uns umgeben, eine Menge von Leuten gibt – oft sind es Gebildete –, die die Kühnheit aufbringen, von Zeit zu Zeit von einer Allianz ihrer Rasse mit der unseren zu sprechen, wenn es erst wieder Friede ist.«[34] So verbringt also de Gaulle jene Jahre, in denen Adenauer zum letzten Oberbürgermeister des kaiserlichen Köln aufsteigt, gleichfalls in Deutschland. Bei den zahllosen Gesprächen, die er zwischen 1958 und 1967 mit Adenauer führt, wird er freilich nie auf Details seiner Jahre in der Gefangenschaft eingehen.

Im November 1918 wird de Gaulle entlassen und kann seine Offizierskarriere fortsetzen. Das Empfinden, einer verlorenen Generation anzugehören, ist ihm nicht fremd. Es verbindet ihn übrigens später auch mit Harold Macmillan, der als britischer Offizier in Flandern gleichfalls Schlimmstes durchgemacht hat. 1920 gehört de Gaulle zu dem Ausbildungsstab General Weygands, der Marschall Pilsudski hilft, den Ansturm der Roten Armee auf Warschau zurückzuwerfen. Sein polnischer Adjutant hört ihn sagen: »So ist es, Medvecki, wir sind die Generation der Katastrophen...«[35]

Die nächste Begegnung mit Deutschland erfolgt 1924 in Mainz. Später, gegen Ende der Rheinlandbesetzung, während der Jahre 1927 bis 1929, tut er sogar zwei lange Jahre Garnisonsdienst in Trier. De Gaulle, der vorher und nachher überwiegend in Stabspositionen und als Offiziersausbilder tätig ist, führt hier das Kommando über ein Jägerbataillon. Der spätere Außenminister Gerhard Schröder, damals Gymnasiast in Trier, ist in diesen Jahren erstmals mit ihm zusammengetroffen. Groß, hochmütig, charakteristische lange Nase, das Bambusstöckchen unter dem Arm so sei er pünktlich wie eine Uhr jeweils an den deutschen Schülern vorbeistolziert, die diesem Don Quijote von der Besatzung entsprechend spöttisch begegneten.[36] Sie wissen nicht, daß der seltsame Offizier 1924 schon ein scharfsinniges Buch veröffentlicht hat – »La discorde chez l'ennemi« –, in dem er sich bereits als Meister der politischen Psychologie erweist und dabei sowohl die Fehler General von Klucks während der Marneschlacht wie die Ludendorffs in den Jahren 1916 und 1917 scharfsinnig analysiert.

Damals wie später zeigt er sich von Deutschland fasziniert. Es ist nicht nur so, daß sich Bewunderung und Furcht vor dem »Reich« einander ständig abwechseln[37] – sie sind unauflöslich miteinander verbunden. Schon während der Trierer Zeit ist er sicher, daß die Revanche Deutschlands unvermeidlich ist, denn er gehört zu den Franzosen, die das Schrifttum der deutschen Neo-Nationalisten kennen – so etwa Moeller van den Brucks »Drittes Reich«.[38] Sein publizistischer Kampf für die Panzerwaffe, der ihn während der dreißiger Jahre in Paris als Militärreformer bekanntmacht, ist nichts anderes als ein Versuch, die unvermeidliche Auseinandersetzung mit der modernsten Waffe zu bestehen. Dabei kennt dieser konservative Offizier auch keine außenpolitischen Tabus: »Wir bewegen uns rasch auf den Krieg mit Deutschland zu ... Man muß alle Gegner Deutschlands zusammenschließen«, auch die Sowjetunion. »Es geht ums Überleben, alles andere ist schöne Literatur« – so schreibt er 1935 an seine Mutter.[39]

Im Jahr 1940 bis 1945 personifiziert er als Führer des »Freien Frankreich« den Kampf gegen Deutschland. Kein Wunder nach allen diesen Erfahrungen, daß sein Konzept zur Endlösung der deutschen Frage von klassischer Einfachheit ist: »Man kann und muß wieder ein Bayern, ein Württemberg, ein Rheinland-Pfalz, ein Westfalen, hessische Länder usw. errichten. Man muß die Stücke Deutschlands organisieren.«[40] Zynisch bemerkt er 1944, beim Vormarsch auf Saarbrücken, zu Philippe Barrès: »Sie werden sehen, eines Tages werden alle Deutschen das Lothringer Kreuz tragen.«[41] So läßt er denn im Herbst 1945 die Bürgermeister und Landräte in den großen Städten der französischen Zone zusammenführen und malt ihnen ein ebenso großartiges Bild der Zukunft in Verbindung mit Frankreich aus, wie er das zuvor gegenüber den schwarzen und arabischen Notabeln in Brazzaville oder in Algier getan hat.

Aber selbst im Krieg faszinieren ihn deutsche soldatische Tapferkeit und deutsche Militärorganisation. Jean Laloy bezeugt, daß er im Dezember 1944, als ihn die sowjetischen Gastgeber nach Stalingrad führen, am Abend dieses Tages von seiner Bewunderung für »das große Volk« gesprochen hat, das bis an die Wolga vorgedrungen ist und auch jetzt noch den Armeen Eisenhowers widersteht.[42]

Doch bald fürchtet er Stalin und dessen Fünfte Kolonne noch mehr als die besiegten Deutschen. Nun schwelgt er in historischen Vergleichen mit der Völkerwanderungszeit: Wie seinerzeit Römer, Gallier und Germanen auf den Katalaunischen Feldern müssen nunmehr alle Völker der europäischen Zivilisation gegen die Hunnen zusammenstehen![43] Irgendeine Art der Aufrüstung der Bundesrepublik wünscht auch er, doch keinesfalls die EVG. Immerhin schreibt er am 31. August 1954 in einem Brief an François Perroux: »Doch irgendeine Einheit Europas wird kommen. Aber welche? Und wie? Und in welchen Etappen? Diese Frage muß von der Politik beantwortet werden.«[44]

Mit der Staatsgründung in Westdeutschland findet er sich ab. Den politischen Wiederaufbau Deutschlands betrachtet er vor allem als das Werk Adenauers, freilich als eine nie ganz gefestigte Gründung.

In dem Respekt vor dem Kanzler äußert sich auch sein Glaube an die großen Männer in der Geschichte. Dem hat er erstmals 1932 in den Essays »Le fil de l'épée« Ausdruck gegeben. Dort reiht er ein historisches Beispiel ans andere – große Patrioten, die ihr Land gerettet, große Führer, die den Massen hohe und weite Horizonte aufgezeigt, die dem Volk Energie und Selbstvertrauen eingeflößt haben.[45] Im Krieg, so hat er schon 1924 geschrieben, gibt es nur »Gelegenheiten und Persönlichkeiten.«[46] Im Fall Deutschlands ist offenbar Adenauer die Persönlichkeit, die zählt.

Anfang August 1958 findet der neue französische Ministerpräsident die Zeit, an Robert d'Harcourt ein paar Dankeszeilen für das ihm dedizierte Buch »L'Allemagne d'Adenauer« zu übersenden. D'Harcourt ist ein Bewunderer des Kanzlers und vernimmt nun von de Gaulle, daß auch dieser auf Adenauer zu setzen bereit ist, obschon er gewisse Zweifel in bezug auf das deutsche Volk noch nicht unterdrücken kann: »Wer durchdringt, wer erklärt besser als Sie das Deutschland Adenauers? Trotz dem, was gewesen ist, aber aus gutem Grund mit Blick auf die Gegenwart und voller Hoffnung für die Zukunft lieben und bewundern Sie dieses vielschichtige, leidvolle, so schlecht faßbare Volk. Es muß Ihnen beweisen, daß Sie recht haben. Wie sehr wünscht sich jedermann, der ein Herz und der Verstand hat, daß es dies tun möge!«[47]

Man darf annehmen, daß Adenauers energische Kontrolle über das

Parlament de Gaulle ganz besonders beeindruckt hat. Der scharfe Kritiker der französischen Parlamentarier zu Zeiten der Vierten Republik bewundert in dem ersten Bundeskanzler einen Staatsmann, der die politische Klasse seinem harten Willen gefügig gemacht hat. Einige Jahre später, in den Jahren 1962 und 1963, als auch Adenauer die Kontrolle über das Parlament zu entgleiten beginnt, sieht de Gaulle die Zukunft der Bundesrepublik in düsteren Farben: »Deutschland geht ganz allmählich einer Auflösung entgegen. Adenauer hat sich mit allen Kräften dagegen gestemmt. Er hat dieses Land aus dem Chaos herausgeführt, und es wird ins Chaos zurücksinken...«[48]

1958 aber steht Adenauer auf dem Gipfel seiner Macht. Unbeirrt hat er sich auch in allem Auf und Ab zur deutsch-französischen Verständigung bekannt. In der Korrespondenz de Gaulles taucht sein Name erstmals am 29. Oktober 1945 auf, und zwar in einem bemerkenswerten Zusammenhang. De Gaulle, damals Ministerpräsident, skizziert dem General Koenig, Militärgouverneur der französischen Zone, seine Strukturvorstellungen für Deutschland. Keine deutschen Zentralverwaltungen, aus denen »ein neues Reich« erwachsen könnte! Statt dessen Errichtung streng lokaler Verwaltungsstrukturen – in der Pfalz, in Hessen-Nassau, in der Rheinprovinz und in Baden! Jedes dieser Territorien sei für sich zu behandeln. Für das Saarland ist eine Verschmelzung mit der französischen Wirtschaft vorzusehen. Überhaupt sollen die Menschen besonders auf dem linken Rheinufer auf Frankreich hin orientiert werden, der einzigen Zuflucht angesichts der Zusammenhanglosigkeit des alliierten Besatzungssystems: »Es gibt viele Anzeichen, daß sie das begreifen. Die Haltung einer Persönlichkeit vom Gewicht Adenauers ist dafür kennzeichnend.«[49]

Als Adenauer in den Interviews vom März 1950 seine Vorschläge für eine deutsch-französische Union entwickelt[50], findet die recht wolkige Idee fast nur bei de Gaulle Beifall. Dieser ist damals Chef des rabiat antikommunistischen »Rassemblement du Peuple Français« (RPF) und bemerkt: »Kanzler Adenauer ist der Vorkämpfer für eine Entente, vielleicht eines Tages einer Union zwischen unseren beiden Völkern. Ich möchte feststellen, daß ich die Handlungen und Äußerungen Konrad Adenauers seit dreißig Jahren mit Interesse und Anteilnahme verfolge.«[51]

Es ist offensichtlich: Adenauers seinerzeitige Rheinlandpolitik von 1918 bis 1924 und der wenig überlegte Flirt mit den gaullistischen Offizieren im Sommer und Frühherbst 1945, die ihm so viel Ärger bereiteten, beginnen sich nun mit langer Verzögerung politisch auszuzahlen. Wahrscheinlich hatte Adenauers Name auch schon im französischen Hauptquartier in Mainz einen guten Klang, als de Gaulle sich dort vom September 1924 bis Juli 1925 als Stagiaire im 4. Bureau des Generalstabs der Rheinarmee aufhielt.[52]

Was immer Adenauers Motive und Initiativen damals im einzelnen auch bezweckt haben mögen, sie haben immerhin einen de Gaulle auf ihn aufmerksam gemacht. Bei ihm gilt er seither als Verständigungspolitiker, der Frankreich besonders zugewandt ist – »der fähigste aller Deutschen und zugleich derjenige, der am meisten bestrebt ist, sein Land auf dem Wege und an der Seite Frankreichs zu engagieren«, wie die wohlüberlegte Würdigung in de Gaulles »Mémoires d'espoir« rühmend hervorhebt.[53] Diese Sätze werden nach Adenauers Tod formuliert; das Buch erscheint 1970, im Todesjahr de Gaulles.

Eine eigenartige Konstellation also. De Gaulle ist zwar zeitlebens von Deutschland geradezu existentiell fasziniert – viel stärker als Adenauer von Frankreich. Doch dieser Faszination in Furcht und Bewunderung entspricht nach den intensiveren Begegnungen bis Ende 1918 eine auffällige Abwesenheit persönlicher Kontakte mit Deutschen. Seit der Entlassung aus der Gefangenschaft hat er sie offenbar vermieden, sowohl in der Garnisonszeit zu Trier, doch auch in den dreißiger Jahren in Paris und genauso seit 1949. Sein Deutschlandbild beruht also auf lange zurückliegenden Erinnerungen, auf ausgedehnter Lektüre, auf Presseberichterstattung und auf Gesprächen mit französischen Diplomaten, Offizieren und Ingenieuren. Der erste und einzige Deutsche, mit dem er in einen direkten und intensiven geistigen Austausch treten wird, ist Adenauer.

Anders als de Gaulle hat sich Adenauer vor 1949 über das Geistesleben, die Wirtschaft oder die Politik in Frankreich nie wirklich vertieft informiert. Seither allerdings steht er indirekt und direkt mit der französischen politischen Szene in einer fast täglichen Berührung, kennt wenigstens einen Teil der politischen Klasse persönlich. Daß seine Beziehungen zu Frankreich mit einer Serie politischer Dummheiten begonnen haben – 1919, 1945 – ist längst vergessen. Inzwischen verfügt er über ein gutes Fingerspitzengefühl für die Eigenart des französischen Denkens und für die Besonderheiten französischer Innen- und Außenpolitik.

Diese beiden so verschiedenen Persönlichkeiten finden nun auf Anhieb Gefallen aneinander. François-Poncet, der Adenauer genauer kennt als jeder andere Franzose, hat im *Figaro* recht präzise prognostiziert, was sich ereignen wird: »Die beiden Gesprächspartner, jeder seines Wertes bewußt, von argwöhnischer Natur und auf Wahrung der Geheimnisse bedacht, mögen auf den ersten Blick einigermaßen starr erscheinen. Jeder von ihnen wird dem anderen Eindruck machen, ohne daß sie es gestehen. Der Kontakt wird sich aber rasch einstellen, der Strom wird funktionieren.«[54]

Adenauers Stimmung hebt sich schon bei der Autofahrt von Baden-Baden nach Colombey. Ein strahlender Sonntagmorgen im September, freundlich winkende Leute entlang der Route ins Département Haute Marne. Adenauer ist über den schlichten Lebensstil des angeblich so hochmütigen Generals überrascht: »De Gaulle wohne in einer sehr kargen Landschaft mit einer armen Bevölkerung in einem einfachen Haus, das nur im Parterre einige gut eingerichtete Räume hat, jedoch sonst sehr primitiv sei«, erzählt Adenauer zwei Tage später dem Bundespräsidenten.[55] »Ihm sei alles sehr einsam vorgekommen, ringsum Wald und kein Dorf.«[56] Bei einem Spaziergang durch den Garten, so notiert er sich, führt ihn de Gaulle zu einer Stelle, »an der wir über die Gartenhecke hinwegsehen konnten. Er machte eine weitausholende Bewegung: So weit auch Ihr Auge schweift, Sie sehen in dieser Einsamkeit nicht eine einzige menschliche Siedlung – ein armes Land.« Adenauer, der diesen rätselhaften Menschen nun besser zu verstehen glaubt, kommentiert das: »In der Tat war dem so. Und dies war die Landschaft, in die es ihn zog.«[57]

Die Begrüßung am Eingang zum Park ist herzlich wie die zweier einfacher Landedelleute, die sich zu einem stilvollen Sonntagsbesuch treffen. Sehr günstig vermerkt Adenauer die vorzügliche Absperrung. Presse und Fotografen können somit die gute Atmosphäre eines halb privaten Besuchs nicht stören.[58] »Alle Vorurteile«, hört Heuss den Bundeskanzler weiter berichten, »die er aus deutschen Berichten und Gesprächen mit Amerikanern gehabt habe, hätte er sofort aufgeben müssen, da er in de Gaulle einem völlig anderen Mann begegnet sei. Er sei weder taub noch halb blind und trage nur beim Lesen eine Brille. Überrascht habe ihn auch, daß de Gaulle etwas deutsch spreche, da er in jungen Jahren fast jedes Jahr im Schwarzwald zum Erlernen der deutschen Sprache gewesen sei.«[59] Der Dolmetscher Jean Mayer, der allein bei der zweieinhalbstündigen Unterredung zugegen gewesen sei, habe nur selten vermitteln müssen.

Später, als 1966 der dritte Memoirenband Adenauers erscheint, wird die Welt über den Inhalt dieses wichtigen ersten Gesprächs in der Bibliothek des Generals recht genau unterrichtet. Dem Bericht Adenauers liegt

»*Der Strom wird funktionieren.*«

*Erstes Zusammentreffen mit de Gaulle in Colombey
am 14. September 1958.*

das dreizehnseitige Dolmetscherprotokoll Jean Mayers[60] sowie eine fünf Seiten umfassende, undatierte Aufzeichnung Adenauers zugrunde.[61] Das wichtigste Ergebnis verkündet ein Kommuniqué, das zur Gänze von de Gaulle formuliert ist[62]: »Wir glauben, daß die frühere Gegnerschaft ein für allemal überwunden sein muß und daß Franzosen und Deutsche berufen sind, in gutem Einvernehmen zu leben und Seite an Seite zu arbeiten.«

Aus Sicht de Gaulles ist wohl erst jetzt das »historische Wunder« – so de Gaulle – der Versöhnung zwischen Deutschland und Frankreich gleichsam verbrieft und gesiegelt, nachdem der Führer des »Freien Frankreich« sein Ja gesagt hat. Adenauer erinnert aber bei der Pressekonferenz ein paar Tage später daran, daß neun Jahre politischer Arbeit vernichtet gewesen wären, wenn man sich in Colombey nicht gefunden hätte.[63] Auch in den »Erinnerungen« zeigt er sich bemüht, die Kontinuität beiderseitiger Verständigungspolitik seit Robert Schuman herauszuarbeiten, nicht zuletzt die Fortschritte unter den Ministerpräsidenten Guy Mollet und Félix Gaillard.

Schon das Kommuniqué bezeichnet die »enge Zusammenarbeit« zwischen beiden Ländern als Grundlage des konstruktiven Aufbaus Europas und deutet an, daß die Zusammenarbeit »organisiert« werden muß. Wie im einzelnen, bleibt aber auch in den Gesprächen offen. Wenn in der Presse unmittelbar nach dem Treffen das Stichwort *entente cordiale* auftaucht[64], so bringt das den Geist der Begegnung durchaus angemessen zum Ausdruck.

Was Adenauer als wichtigste Ergebnisse dieser großen Tour d'horizon festhält, geht aus dem Bericht hervor, den er Theodor Heuss erstattet. De Gaulle habe erklärt, daß sich die Angst vor Deutschland in Vertrauen gewandelt habe. Kein Wort von Hegemonialansprüchen, hingegen ein Bekenntnis zu Europa. Überraschend offen de Gaulles Erklärung, Frankreich sei krank und leide an Größenwahn. Die Wiedervereinigung sei von ihm als gutes Recht der Deutschen bezeichnet worden – aber bitte ohne Krieg! Adenauer registriert eine sehr reservierte Haltung gegenüber den USA und gegenüber England bei gleichzeitiger Bereitschaft zu enger Konsultation Frankreichs mit Deutschland. Offenbar hat Adenauer von Colombey auch den festen Eindruck mitgenommen, daß de Gaulle mit einer neuen Verfassung und durch ruhige Führung Frankreich stabilisieren wird.

Von Interesse ist allerdings auch das, was Adenauer sowohl gegenüber Heuss wie auch später in den »Erinnerungen« teilweise unerwähnt läßt.

Tatsächlich ist er selbst es nämlich, der sich über die Amerikaner und die NATO mit noch viel dezidierterer Kritik äußert als de Gaulle. »Die NATO hat mich unglücklich gemacht«, da von den USA jahrelang vernachlässigt. »Was Großbritannien anbetrifft, so verfolgt es eine unmögliche Politik« – siehe Zypern und Island. »Der außenpolitische Apparat der Vereinigten Staaten ist schlecht ... Als Dulles neulich in Bonn gewesen ist, haben wir über den Nahen Osten gesprochen, und er hat Ideen entwickelt, die mich erschauerten ...«

Als de Gaulle in das gleiche Horn stößt, beginnt er behutsam abzuwiegeln: »Auch ich will es nicht, daß wir ein Instrument der Amerikaner sind. Ich habe selbst Meinungsverschiedenheiten mit M. Dulles über seine Rußlandpolitik gehabt, aber, solange die Gefahr besteht und solange es keine Abrüstung gibt, müssen wir mit den Vereinigten Staaten vereint bleiben. Es würde furchtbar sein, wenn sich die Vereinigten Staaten von Europa trennen würden. Man muß ihnen indessen immer offen sagen, was wir von ihrer Politik halten. Was die NATO angeht, bin ich Ihrer Meinung« – de Gaulle hatte den Mangel politischer Einheit beklagt. »Aber wir können nicht zulassen, daß diese Organisation zugrunde geht. Wir müssen unser Bestes tun, um sie zu erhalten.«[65] Wie soll man diese harschen Urteile Adenauers schon bei der ersten Unterredung mit de Gaulle erklären? Unwiderstehlicher Hang zur *médisance*, von der er nie ganz frei ist, auch wenn das auf Kosten des »Freundes« John Foster Dulles geht? Selbstgefällige Überzeugtheit von dem eigenen überragenden Ingenium auf allen Feldern der Außenpolitik – auch im Nahen Osten? Werben um das Vertrauen de Gaulles, indem er jene Kritik an der NATO, an den USA und an England höchstpersönlich artikuliert, die, wie man weiß, von dem General häufig zu hören ist?

Solche Motive sind nie auszuschließen und haben damals wie später in den Beratungen mit de Gaulle ein gewisses Gewicht. In Wirklichkeit sagt Adenauer aber bei dieser Gelegenheit nur das, was er seit Monaten denkt. Die Amerika-kritische Stimmung, die ihn seit dem Frühjahr 1958 wieder einmal bewegt, hat sich eher verstärkt. »Ich muß sagen, Amerika gefällt mir zur Zeit gar nicht«, hört Theodor Heuss im Juli 1958 von ihm.[66] Das ist noch vor dem Zusammentreffen mit Dulles und dem tiefen Entsetzen über die neue Nahost-Krise im Juli 1958.

Sturz der pro-britischen Monarchie im Irak, Entsendung englischer Fallschirmjäger nach Jordanien, Landung amerikanischer *marines* im Libanon – das alles vollzieht sich während der ersten Monate, in denen de Gaulle als Ministerpräsident die Zügel zu ergreifen beginnt. Adenauer ist seit Jahren schon der Meinung, daß Dulles im Nahen Osten Fehler auf Fehler macht und deutet ihm dies Ende Juli 1958 auch selbst an.[67]

Seine gleichzeitigen Äußerungen im Kabinett lassen eine Einschätzung der Nahost-Krise erkennen, wie sie landauf, landab in den deutschen Zeitungen zu finden ist: »Das arabische Erwachen« werde nicht richtig erkannt. Im Nahen Osten herrsche aber soziales Elend und Ungerechtigkeit, das Geld fließe ganz an die Oberschichten. Was aus der Verbindung der sozialen und der nationalen Frage wird, wisse niemand. Aber natürlich – und in diesem Punkt steht er gegen die öffentliche Meinung – müssen die USA und Großbritannien handeln. Man muß auch zu den Verbündeten stehen, der große Krieg ist wohl nicht zu erwarten.[68] Die Verantwortung für die Schwierigkeiten – und das wirft er beiden vor – liegt aber eben doch auch in starkem Maß bei den USA und bei Großbritannien.

Nicht wie kritisch er über Washington und London denkt, ist also jetzt, im September 1958, erstaunlich. Bemerkenswert ist aber, wie ungeschminkt er de Gaulle, den er eben zum ersten Mal trifft, dies alles zu wissen gibt.

In einem Punkt allerdings wahrt er ungeachtet aller Werturteile über England bemerkenswerte Zurückhaltung – in bezug auf die Freihandelszone. De Gaulle macht bei dieser ersten Unterredung schon eines ganz klar: »Wenn die Freihandelszone den Gemeinsamen Markt hindern oder stören sollte, so werden wir ihr nicht wohlwollend gegenüberstehen...«[69] Er verbindet das mit der Erklärung, notfalls die Stützmaßnahmen des EWG-Vertrags in Anspruch zu nehmen. Adenauer, der damals den Briten noch die Freihandelszone zugestehen möchte und zudem unter dem Druck des Kabinetts steht, entzieht sich der Antwort.

Weit in die Zukunft weisend sind schließlich jene Ausführungen de Gaulles, die die Ostpolitik betreffen. »Wir müssen den Frieden nach dem Osten ausdehnen, nach Polen zum Beispiel, welches nicht in asiatischen Händen bleiben darf. Dies trifft auch für die Tschechoslowakei, Ungarn, Rumänien und – warum nicht? – für das europäische Rußland zu ... Es handelt sich darum, ganz Europa zu gestalten, oder es wird kein Europa geben.«[70]

Adenauer sind solche Visionen nicht fremd. Er betont, auch er sei für die Entspannung auf Grundlage kontrollierter Abrüstung. Ein Quidproquo von Wirtschaftshilfe für die Sowjetunion gegen eine Lösung der Wiedervereinigung und der osteuropäischen Probleme sei für ihn denkbar. Im Hinblick auf Polen, an dessen Schicksal de Gaulle seit den Tagen des

»Wunders an der Weichsel« Anteil nimmt, zieht er sich auf seine bekannte Formel zurück: beste Beziehungen nach der Wiedervereinigung. Eine »preußische Politik« gegenüber Polen dürfe es nicht wieder geben. Dann aber die Einschränkung: »Es ist zwecklos, Rußland zu verärgern. Darum zögern wir, diplomatische Beziehungen mit Polen herzustellen.«[71]

Manches wird bei dieser Gelegenheit nur angedeutet. Adenauer scheidet durchaus mit dem Eindruck, daß de Gaulle insgeheim große ostpolitische Pläne hegt. Dies macht er deutlich, als Macmillan drei Wochen später nach Bonn kommt und sich gerne Näheres von der Begegnung in Colombey berichten läßt. Adenauer meint bei dieser Gelegenheit: »Er hat auch von der Möglichkeit einer Ausweitung der Europäischen Vereinigung auf die Satellitenstaaten und selbst auf das europäische Rußland gesprochen. Dies sei vielleicht nicht realistisch.«[72]

Alles in allem aber kehrt Adenauer hochbeglückt aus Colombey zurück und erzählt erst einmal jedermann in Bonn, wie sehr sich de Gaulle »während elf Jahren völliger Ruhe in der ernsten Landschaft« gewandelt hat.[73] »Kein Nationalist«, notiert von Merkatz weiter zum Bericht im Kabinett. »In der Sprechweise sehr abgeklärt. In manchen Bemerkungen über Zeit und Weltlage fast etwas von Resignation.«[74]

Der Honigmond dauert genau 27 Tage. Am 8. Oktober aber kommt Blankenhorn eilends nach Bonn und berichtet, daß de Gaulle die Lawine »Dreierdirektorium« nun endgültig losgetreten hat.[75] Nach dieser Vorstellung soll eine Weltorganisation der freien Welt gegründet werden mit einem Direktorium der USA, Großbritanniens und Frankreichs. Die NATO ist als der europäische Zweig dieser Organisation in Aussicht genommen. Der Anspruch auf ihre Direktoriumsrolle ergibt sich nach de Gaulles Meinung aus der globalen Verantwortung der drei Weltmächte. Sie müßten über alle globalstrategischen Fragen einen ständigen Meinungsaustausch pflegen und entsprechende Aktionspläne ausarbeiten, besonders auf dem Kernwaffensektor. Eisenhower soll Frankreich zudem ein französisches Vetorecht bezüglich der amerikanischen Kernwaffen einräumen, die in Frankreich stationiert sind.[76]

Paul-Henri Spaak hat Blankenhorn eine Kopie des Memorandums gezeigt, das er in seiner Eigenschaft als Generalsekretär der NATO von de Gaulle zur Kenntnis erhielt. Die Originalschreiben sind am 17. September 1958 an Eisenhower und Macmillan gegangen – genau drei Tage also nach dem offenen und freundschaftlichen Gespräch in Colombey.[77]

Die Nachricht kommt für den Kanzler allerdings nicht völlig überraschend. Ministerpräsident Fanfani hat Adenauer am 31. August, zwei Wochen vor der Reise nach Colombey, in Cadenabbia aufgesucht. Das Zentralthema ist de Gaulle. Fanfani, der im August in Paris die fällige Aufwartung gemacht hat, konstatiert bei de Gaulle zwar eine im ganzen positive Entwicklung gegenüber der Zeit vor zehn Jahren. Der General habe sich für eine denkbar enge deutsch-französisch-italienische Kombination ausgesprochen, vor allem auf dem Rüstungssektor. Dabei trete er auch für eine gemeinsame Kernwaffenproduktion der drei Länder ein – das dreiseitige Abkommen vom Ostermontag 1958 ist also noch nicht ganz tot.

Doch Fanfani wird den Verdacht nicht los, daß de Gaulle bloß darauf aus ist, Frankreich mit deutscher und italienischer Hilfe zur einzigen Atommacht des westeuropäischen Kontinents zu machen. Desgleichen stelle er sich wohl vor, alleiniger Sprecher dieser kontinentaleuropäischen Kombination nach außen zu werden. Adenauer und Fanfani sind sich natürlich völlig einig, daß jeder Führungsanspruch Frankreichs abzulehnen ist. Zwischen den drei Ländern muß völlige Gleichberechtigung herrschen.[78]

Auch Spaak hat gewarnt und dem NATO-Botschafter Blankenhorn am 9. September den dringenden Rat gegeben, bei dem Besuch in Colombey »in sehr entschiedener Form die Frage eines Direktoriums aufzuwerfen und de Gaulle zu verstehen zu geben, daß die Bundesrepublik sich nicht dem Gedanken anschließen werde, daß Frankreich der Sprecher für die europäischen Staaten sei«[79]. Doch Adenauer ließ sich in Colombey von der schönen Stimmung einlullen und hat dies versäumt.

Um so größer ist jetzt sein Ärger. Kurzerhand ersucht er Blankenhorn, der bei den deutsch-englischen Gesprächen am 8. Oktober gar nicht dabei sein sollte, noch vor dem Dinner für die englische Delegation Macmillan alles zu berichten, was er von Spaak unter dem Siegel der Verschwiegenheit erfahren hat.[80] Das ist Blankenhorn genauso unangenehm wie der Auftrag, Sir Anthony Rumbold aus dem Stab Macmillans den Wunsch Adenauers nach Überlassung einer Kopie des Memorandums vorzutragen.[81]

Macmillan registriert den Verdruß des Kanzlers mit größtem Vergnügen. Beim Dinner brilliert Adenauer noch mit einer seiner berühmten Tischreden – Rückblick auf die Entstehung des Petersberger Abkommens, Lob für General Robertson, auch für Botschafter Steel. Macmillan seinerseits beschwört die Notwendigkeit deutsch-britischer Zusammenarbeit in einer zusehends interdependenten Welt. »Interdependenz« ist das große Schlagwort der mittleren fünfziger Jahre. Danach aber läßt

Adenauer in kleinem Kreis seinem Ärger über de Gaulle freien Lauf. »Er zeigte seinen Abscheu und sein Ressentiment«, vermerkt der bewundernswert fleißige Tagebuchschreiber Macmillan. »Er habe de Gaulle vertraut. Erst vor ein paar Wochen sind die beiden zu vertraulichen Gesprächen zusammengetroffen. Jetzt versetzt er Deutschland und den Bemühungen des Kanzlers um deutsch-französische Freundschaft diesen Schlag usw., usw.«[82]

Macmillan, der de Gaulle in den Jahren 1942 und 1943 gründlich studieren konnte, belehrt Adenauer nun, was man von diesem großen General zu halten hat: »Er sei eben imstande, seine Freunde mit seltsamer Ungeschicklichkeit und Grobheit zu behandeln. Der Grund dafür: sein mystisches Sendungsbewußtsein und sein Egoismus.«[83]

De Gaulle, so hört Adenauer bei dieser Gelegenheit von Macmillan, habe die Gewohnheit, seine vielen und oft recht problematischen Ideen auf einer Unzahl von Notizzetteln niederzulegen. Seine Umgebung sehe ihre Aufgabe vor allem darin, diese Notizzettel möglichst unauffällig zur Seite zu bringen, ehe daraus Schaden entstehen könne. Und der britische Premierminister macht sich ein Vergnügen daraus, den Kanzler in dem Verdacht zu bestärken, daß de Gaulle noch in den politisch-strategischen Vorstellungen der Zeit vor dem Zweiten Weltkrieg lebt.[84] Doch bemerkt er besänftigend, es gebe keine britisch-amerikanische Vormachtstellung in der Welt und es dürfe auch keine britisch-amerikanisch-französische geben.[85]

Das alles ist jedoch Spiegelfechterei. In Wirklichkeit besteht zwischen dem britischen Ministerpräsidenten und dem amerikanischen Präsidenten dahingehend eine gewisse Übereinstimmung, daß man im dreiseitigen Gespräch über de Gaulles Memorandum sprechen solle. Macmillan hat mit de Gaulle sogar für den Besuch bei Adenauer eine Sprachregelung vereinbart, falls dieser auf das Thema »Dreierdirektorium« zu sprechen käme.[86] Er denkt auch gar nicht daran, Adenauer das Memorandum de Gaulles zugänglich zu machen. Am Tag nach dem abendlichen Gespräch mit dem Kanzler, der sich auch am folgenden Morgen immer noch »verletzt und verärgert« zeigt, telefoniert der britische Botschafter Sir Harold Caccia mit Dulles, Adenauer sei in der Tat aufgebracht, doch man solle rasch voranmachen.[87] Bereits am 13. Oktober vereinbaren Eisenhower und Dulles, Dreiergespräche über de Gaulles Memorandum auf Ebene der Unterstaatssekretäre zu beginnen.[88] Am 16. Oktober bemerkt Dulles in einem Telephongespräch, Macmillan meine, wir sollten mit diesen Gesprächen voranmachen.[89]

Allem Anschein nach ist es in erster Linie NATO-Generalsekretär Spaak, der die von de Gaulle gestartete und von Macmillan ebenso wie von Eisenhower anfänglich durchaus nicht völlig abgelehnte Initiative zu durchkreuzen versucht. Er erkennt den Flurschaden, den die Idee des Dreierdirektoriums in der NATO anrichtet, besonders bei den Deutschen und den Italienern.

Schon am 13. Oktober empfängt Adenauer den italienischen Botschafter Quaroni, und die beiden stimmen in ihrer Ablehnung des Dreierdirektoriumsvorschlags überein.[90] In Briefen an de Gaulle und Dulles bringt der Kanzler freilich sein Widerstreben nur in gedämpfter Art und Weise zur Kenntnis und versucht, die ungute Initiative auf eine generelle Erörterung der NATO-Reform auszuweiten.[91]

Der Vorgang beunruhigt Adenauer aus vielen Gründen. Alle Anzeichen sprechen dafür, daß er in diesem Punkt keinem seiner großen Verbündeten voll über den Weg trauen darf. Mißgestimmt spürt er nun, wie er im Kreis der früheren Kriegsgegner eben doch ein Newcomer ist. Der Jubel: »wir sind wieder eine Großmacht«, war verfrüht.

Dabei erweckt die personelle Konstellation besondere Bedenken. Zwischen Eisenhower und Macmillan besteht ganz offensichtlich ein fast freundschaftliches Verhältnis, seit die beiden im Januar 1943 in Nordafrika erstmals zusammentrafen – Eisenhower als Oberbefehlshaber der alliierten Streitkräfte und Macmillan als britischer Kabinettsminister mit dem Auftrag Churchills, die Verbindung mit dem alliierten Hauptquartier in Algier sicherzustellen. Nach dem Debakel der Suez-Affäre im November 1956 ist es Macmillan, der jetzt als Premier die *special relationship* mit den USA wiederherstellt. Es sind also die angelsächsischen *cousins*, die sich in Gestalt von Eisenhower und Macmillan erneut gefunden haben.

Der Dritte im Bund ist de Gaulle – auch er im Algier des Jahres 1943 ein Mitspieler bei der Vorbereitung des großen Aufmarschs gegen Deutschland. Adenauer kommt zwar Unterschiedliches zu Ohren. Daß zwischen de Gaulle und den Angelsachsen in Nordafrika keine Harmonie herrschte, kann man inzwischen schon in den Memoiren der Akteure lesen. Immerhin scheinen aber Macmillan und de Gaulle persönlich gut miteinander ausgekommen zu sein.[92] Wieweit auch noch zwischen Eisenhower und de Gaulle eine gewisse Kameraderie aus diesen fernen Tagen – immerhin erst 15 Jahre! – verblieben ist, weiß Adenauer nicht. Der spätere Botschafter in Bonn, Vernon A. Walters, der bei vielen Begegnungen de Gaulles mit amerikanischen Würdenträgern gedolmetscht hat, ist überzeugt, daß er Eisenhower nicht nur Respekt, sondern

Wärme entgegenbrachte.[93] Es ist wohl vor allem de Gaulle, der Eisenhower mag. Die tiefe Entfremdung von den USA erfolgt erst während der Präsidentschaft Kennedys und vor allem unter Johnson.

Jedenfalls wird Adenauer von nun an durch den Verdacht umgetrieben, auch innerhalb des Westens könne eine anti-deutsche Allianz wieder entstehen. Verschiedentlich muß er verdrossen registrieren, daß mit westlichen Gipfeltreffen zu viert auch noch Dreiertreffen zwischen Eisenhower, Macmillan und de Gaulle verbunden sind. Selbst in der »Standing Group« in Washington, so argwöhnt er, findet eine exklusive Zusammenarbeit der ehemaligen Kriegsalliierten statt. Als man im Sommer 1959 in engster NATO-Runde in der prachtvoll gelegenen Villa Stikker in Menaggio am Comer See zusammensitzt, behauptet Adenauer steif und fest, es gebe ein Zweiergremium, in dem die USA und Großbritannien eng zusammenarbeiten. Er wünsche, daß auch die kontinentaleuropäischen Interesssen dort vertreten seien. Vergebens suchen ihn General Norstad und der niederländische OEEC-Botschafter Dirk Stikker vom Gegenteil zu überzeugen. Immerhin räumt Norstad vorsichtig ein, seit de Gaulles Vorschlag hätten verschiedentlich »informelle« Besprechungen stattgefunden, um den französischen Wünschen gerecht zu werden.[94] Der Kanzler bekommt aber auch von ihm zu hören, zwischen den USA und Deutschland seien die Konsultationen genauso zahlreich wie zwischen den USA und Großbritannien.

Doch Adenauer läßt nicht locker. Bei Gelegenheit des Besuchs Präsident Eisenhowers in Bonn, zehn Tage nach der Besprechung am Comer See, kommt er erneut auf das ärgerliche Thema zurück. Obwohl ihm Norstad versichert hat, die britisch-amerikanische Organisation »Combined Chiefs of Staff« sei 1946 aufgelöst worden, bemerkt er, Norstad habe gesagt, sie würden »allmählich« abgebaut. Eisenhower präzisiert dann nochmals, sie seien »völlig« verschwunden, worauf Adenauer repliziert: »Das hängt davon ab, was man unter völlig versteht.« Auch Eisenhower deutet indessen an, es gebe eine Ad-hoc-Zusammenarbeit in gemeinsam interessierenden Krisengebieten.[95]

Spaak hat also recht, wenn er in seinen »Memoiren« auf eine Besonderheit von Adenauers Charakter hinweist – »die Leichtigkeit, mit der er extreme Ansichten weit eher aufgrund gefühlsmäßiger Reaktionen als aufgrund von Tatsachen vertrat. Ich erlebte ihn abwechselnd heftig anti-britisch, anti-amerikanisch und anti-französisch. Bei den meisten Gelegenheiten beruhte sein leidenschaftliches Urteil auf einer irrtümlichen Auslegung bestimmter Vorfälle, was sich immer wieder beobachten ließ.«[96]

Mitte Oktober 1958, als das alles beginnt, erkennt de Gaulle sehr rasch, was er bei Adenauer angerichtet hat. Dabei befremdet es den Kanzler am meisten, daß de Gaulle in einem Brief an Macmillan den Eindruck erwecken wollte[97], als habe er Adenauer in Colombey in groben Zügen von seinen Direktoriumsplänen unterrichtet.[98] De Gaulle unternimmt nun alles, Adenauer zu beruhigen. Er erklärt sich brieflich[99], setzt den Generalsekretär des Quai d'Orsay, Louis Joxe, mit weiteren Erklärungen ins Palais Schaumburg in Marsch[100] und drei Tage später nochmals den neu nach Bonn entsandten Botschafter Seydoux.[101]

Inzwischen hat die Öffentlichkeit durch Veröffentlichungen im *Il Tempo* und im Düsseldorfer *Mittag* von den Vorgängen Wind bekommen. Adenauer erinnert jetzt Seydoux an seine seinerzeitige Reise nach Paris im Schatten der Raketendrohung vom Herbst 1956 und an die Gespräche mit Guy Mollet. Er habe damals geraten, doch in Washington nachfragen zu lassen, ob die USA im Fall eines sowjetischen Angriffs bereit seien, einen atomaren Gegenschlag zu führen. Guy Mollet könne selbst bestätigen, wie die Antwort ausgefallen sei. Man kann eben die Amerikaner »einfach nicht festlegen« – auch zu dreien nicht. Die institutionelle Methode ist im Krisenfall zwecklos, selbst wenn die US-Regierung dem Vorschlag de Gaulles zustimmen sollte![102]

Doch er sucht de Gaulle auch recht offen deutlich zu machen, wie wenig sein Führungsanspruch in Kontinentaleuropa gerechtfertigt sei. Joxe bekommt von ihm zu hören, wenn die einzige Eintrittskarte in den Rang einer Weltmacht der Besitz einer Atombombe sei, dann seien die USA weiterhin in einer Klasse für sich. Was ist eine einzige Atombombe gegen ihr gewaltiges Atomarsenal.[103] Nicht einmal das Argument der weltweiten Interessen läßt er gelten. Während der letzten Nahost-Krise habe Ben Gurion seinen Unterstaatssekretär insgeheim zu ihm nach Bonn geschickt. Der habe festgestellt, wenn es nicht gelinge, Nordafrika und den Vorderen Orient in die wirtschaftliche Sphäre Europas einzubeziehen, werde der Nahe Osten an Rußland verlorengehen, damit aber auch das Mittelmeer. In wirtschaftlicher Hinsicht spiele aber Deutschland eine besonders wichtige Rolle.[104]

Mit Blick auf das Zögern in der NATO, doch auch der USA fühlt sich Adenauer Ende Oktober gegenüber de Gaulle schon wieder soweit obenauf, daß er ihm durch Seydoux mit kaum verhüllter Ironie ausrichten läßt, er möge sich nicht blamieren: »Es liege ihm aus politischen und persönlichen Gründen sehr daran, de Gaulle einen Mißerfolg zu ersparen«, doch stelle er anheim, ob Seydoux diese Bemerkung weitergeben wolle.[105]

Nicht einmal besonders unterschwellig spielt in die nun im ganzen doch wieder kritische Entwicklung der deutsch-französischen Beziehungen auch das »Mirage«-Problem stark herein. Jedermann weiß in diesen Monaten, daß Amerika die Luftwaffe mit dem »Starfighter« ausrüsten möchte, während die französische Regierung alle Hebel für eine Anschaffung der »Mirage III« in Bewegung setzt. Die Luftwaffe plädiert aus vielen Gründen, nicht zuletzt aus technischen Überlegungen heraus, für den »Starfighter«. Franz Josef Strauß schwankt, ärgert sich aber dann so nachhaltig über seinen französischen Kollegen Guillaumat, daß er dem Drängen der Generale für den »Starfighter« nicht mehr widerstrebt.[106]

Nun beginnt man von Paris aus, Verteidigungsminister Strauß schlechtzumachen. Jean Monnet, der ihm die Gegnerschaft gegen EURATOM nicht verzeiht, erzählt überall herum, er sei »nicht zuverlässig«.[107] Guillaumat und Strauß, meint auch Pinay, könnten seit längerem nicht miteinander.[108] Es kommt Adenauer auch zu Ohren, daß der legendäre Maurice Daussault de Gaulle recht nahesteht. Seit 1951 werde der General von Daussaults Zeitschrift *Jours de France* unterstützt.[109]

Adenauer, der schon das ganze Jahr nicht besonders mit Strauß harmoniert, schiebt nun alles auf seinen Verteidigungsminister. Er selbst wäre ja aus politischen Gründen durchaus für die »Mirage«. Aber Strauß und seine Techniker ... Am besten also, man spreche mit ihm.[110] In Wirklichkeit weiß er, daß die im Frühherbst 1958 getroffene Entscheidung zugunsten des »Starfighter« endgültig ist.

Für wie vordringlich Adenauer den engen Kontakt mit de Gaulle hält, zeigt die Entscheidung, seinen besten Mann, Herbert Blankenhorn, als Botschafter nach Frankreich zu entsenden. Das wird allerdings dadurch kompliziert, daß Blankenhorn ja noch NATO-Botschafter gleichfalls mit Sitz in Paris ist. Doch de Gaulle stößt sich nicht an der zeitlichen Überschneidung beider Funktionen, die er bei jedem anderen für unannehmbar halten würde. So groß ist derzeit sein Interesse an der Zusammenarbeit mit Adenauer.

Im November 1958 sind die Irritationen im Verhältnis zu de Gaulle jedenfalls soweit wieder beigelegt, daß ein neues Treffen angepeilt wird, diesmal, wie es dem Protokoll entspricht, auf deutschem Boden und mit gründlich vorbereiteter Tagesordnung. Da de Gaulle wegen der Nähe des französischen Hauptquartiers in Baden-Baden ein Treffen auf Bühlerhöhe ungern sehen würde, einigt man sich schließlich auf eine Zusammenkunft in Bad Kreuznach.

Adenauer vermeint erneut den Flügelschlag der Geschichte zu vernehmen. Das Kurhaus in Kreuznach, wo das Treffen stattfindet, war im Ersten Weltkrieg zeitweilig der Sitz des Großen Hauptquartiers. Genau auf den Plätzen, auf denen de Gaulle und er gegenüber von Brentano, Couve de Murville und Pinay saßen und zusammen zu Mittag speisten, so erzählt er im CDU-Bundesparteivorstand, hätten im Ersten Weltkrieg Wilhelm II. und der damalige Nuntius Pacelli gesessen, als dieser die Friedensbotschaft des Papstes überbrachte: »Einige Jahrzehnte später sitzen nun der französische Ministerpräsident und der deutsche Bundeskanzler an der gleichen Stelle...«[111] Wenn man sich mit etwas Phantasie vor Augen führt, daß sich das alles im gleichen Hause und in den Räumen wie damals abgespielt hat, dann sieht man erst recht den Wandel in der Geschichte und daß tatsächlich eine neue Zeit angebrochen ist...«[112] In der Tat habe er »noch keiner internationalen Verhandlung beigewohnt, bei der zwischen allen Beteiligten ein derartiger Ton der Offenheit und der Herzlichkeit geherrscht hat wie gestern in Kreuznach zwischen den Franzosen und den Deutschen«[113].

In seiner Tischrede, die selbstredend für die Presse bestimmt ist, feiert de Gaulle die deutsch-französische »Entente« und spart nicht mit Elogen für den Gastgeber. Alle Anwesenden hätten das Empfinden, »von einem Strom mitgerissen zu werden, der die Geschichte unserer beiden Länder mit sich führt«. Die Hauptrolle habe der Bundeskanzler gespielt, und er entbietet seine Verehrung »sehr freundschaftlich und in schlichten Worten dem großen Mann, dem großen Europäer, dem großen Deutschen«[114]. Der Affront mit dem Dreierdirektorium ist damit vorerst aus der Welt geschafft.

Der einzige Schandfleck auf dem schönen Tag ist nach Adenauers Auffassung eine Demonstration der »Falken« mit dem Slogan »Freiheit für Algerien«. Die treibende Kraft dabei: der sozialdemokratische Bundestagsabgeordnete Hans-Jürgen Wischnewski. »Das ist«, meint Adenauer, »ungefähr das Übelste, was die Sozialdemokratie tun konnte, um Deutschland zu schaden.«[115]

Es ist bemerkenswert, wie bedingungslos Adenauer sich für die französische Algerienpolitik einsetzt, solange de Gaulle nicht Kurs auf ein Arrangement mit der algerischen Unabhängigkeitsbewegung (FLN) genommen hat. Anläßlich des Besuchs von Eisenhower in Bonn am 26. August 1959 etwa hat dieser den Eindruck, daß der Kanzler »vom algerischen Problem nahezu besessen« ist.[116] Er muß sich einen langen Vortrag Adenauers anhören, man werde schließlich das Mittelmeer und den Nahen Osten an die Sowjets verlieren, wenn Frankreichs Kampf gegen den Aufstand nicht unterstützt würde. Eisenhower scheidet mit dem Eindruck eines engen Zusammenspiels zwischen Adenauer und de Gaulle in dieser Frage.[117]

In Bad Kreuznach setzt ganz leise auch ein anderes Zusammenspiel ein, das wesentlich weitreichender ist als Adenauers Position in bezug auf Algerien. Hier legt sich de Gaulle in aller Öffentlichkeit darauf fest, mit dem Aufbau der EWG energisch zu beginnen und die Schutzklauseln des EWG-Vertrags nicht in Anspruch zu nehmen. Deutsche und Franzosen sind gleicherweise überrascht. Clappier und Wormser bemerken nach der Sitzung zu Blankenhorn, sie hätten es nie für möglich gehalten, daß der General so weit gehen würde.[118] Vorausgegangen ist dem Treffen in Kreuznach aber eine offizielle Stellungnahme der französischen Regierung vom 14. November. Paris lehnt darin die britischen Freihandelsvorstellungen ab. Diese laufen darauf hinaus, zwischen dem Gemeinsamen Markt und den restlichen OEEC-Ländern eine Freihandelszone mit gemeinsamen Außenhandels-Tarifen zu schaffen, aber ohne weitreichende Harmonisierungsmaßnahmen im Innern. Indem sich Adenauer und de Gaulle in Bad Kreuznach so demonstrativ zu einer gemeinsamen EWG-Politik bekennen, nehmen sie indirekt gegen die Pläne Macmillans Stellung. Jedenfalls wird man das in London so interpretieren. Das Wort »Freihandelszone« erscheint nicht einmal im Kommuniqué.[119]

David Steel, der britische Botschafter, zeigt sich überzeugt, daß de Gaulle in Bad Kreuznach Adenauer dafür gewonnen hat, den Maudling-Plan einer europäischen Freihandelszone abzuwürgen.[120] Im Vorfeld von Bad Kreuznach kommt es in der Tat zu erheblichen Meinungsverschiedenheiten zwischen Adenauer und Erhard. Letzterer sucht unablässig nach Kompromissen, um »die protektionistische Haltung Frankreichs« gegenüber den OEEC-Ländern zu überwinden[121]: »Es wäre darum für unsere deutsche Politik ein wirklich großer Schlag, wenn wir vor der deutschen Öffentlichkeit bekennen müßten, daß wir uns als die drittgrößte Handelsnation der Welt in einen engen Rahmen einsperren ließen, denn nach allem, was Frankreich in diesen letzten Monaten bezeugte, kann ja kein Zweifel mehr bestehen, daß es den Gemeinsamen Markt im Sinne einer protektionistischen Abschnürung verstanden wissen will.«[122]

Adenauer antwortet darauf, indem er Erhard – wenn auch mit höflicher Begründung – untersagt, zur Ministerratssitzung der OEEC in Paris zu reisen.[123] Ein Brief Erhards vom 21. November geht nicht ab, beleuchtet aber deutlich, wo damals wie später seine Vorbehalte gegen die Frankreichpolitik Adenauers liegen. Leider sei die französische Industrie in protektionistischem Denken erzogen worden. Dieses Land, anders als Deutschland nur »in relativ geringem Umfang mit der Weltwirtschaft verflochten«, versuche unablässig, den Kurs der EWG-Außenwirtschaftspolitik im Sinn seiner protektionistischen Tradition zu bestimmen. Mit mindestens zehn französischen Ministern habe er deswegen gesprochen. Jeder habe im Grunde eine Reform der protektionistischen Wirtschafts- und Finanzpolitik für richtig gehalten, doch keiner habe das gewagt. Nicht einmal »ein autoritäres Regime wie das de Gaulles« finde den Mut dazu. Damit »erhebt sich aber die Frage, ob und wie lange sich Europa gefallen lassen wird, sich einem französischen Diktat zu unterwerfen und ob wir gut daran tun, uns in den Fragen der europäischen Wirtschaftspolitik mit Frankreich solidarisch zu erklären.«[124]

In Wirklichkeit hat jedoch Adenauer entgegen dem Augenschein doch eine Option gegen England vermieden. Das behauptet er jedenfalls später in einem unveröffentlichten Diktat für die Memoiren.[125] Ein Rundtelegramm von Karl Carstens an die wichtigsten Auslandsvertretungen stützt diese Feststellung.[126] Doch Adenauer sieht die Zwangslage kommen. De Gaulle hat Botschafter Blankenhorn am 24. November – zwei Tage vor Bad Kreuznach – bei Übergabe seines Beglaubigungsschreibens bereits klipp und klar gesagt, der Zusammenhang zwischen EWG und Freihandelszone sei aus seiner Sicht das wichtigste Thema in Bad Kreuznach: »Er hoffe nicht, daß Herr Erhard zusätzliche neue Forderungen und Wünsche habe, denn es könnte sonst sein, daß Frankreich sich am Gemeinsamen Markt überhaupt desinteressiere.«[127] Man einigt sich zwar nochmals darauf, mit den anderen OEEC-Ländern weiterzuverhandeln. Doch wahrscheinlich hat Adenauer im dreistündigen Gespräch unter vier Augen doch leise signalisiert, auf welche Seite er sich notfalls schlagen wird.

Wenn somit Adenauer jetzt voll auf die Entente mit de Gaulle setzt, damit aber indirekt und auf längere Sicht zugleich gegen Großbritannien optiert, so sind dafür nicht allein langfristig skeptische Einschätzungen der amerikanischen und britischen Politik maßgebend. Es gibt einen noch sehr viel konkreteren Anlaß für den deutsch-französischen Schulterschluß.

Der Vorschlag de Gaulles zu einem baldigen Treffen, das dann in Bad Kreuznach stattfindet, ergeht am 12. November. Zwei Tage zuvor hat Chruschtschow im Moskauer Sportpalast jene Rede gehalten, mit der er die Berlin-Krise auslöst: schärfste Angriffe gegen Adenauer und Strauß, Drohung, die Bundesrepublik würde einen Krieg keinen Tag überleben, und Ankündigung seiner Absicht, das Vier-Mächte-Abkommen über Berlin zu kündigen. Adenauer findet sich damit innerhalb weniger Tage an die Wand gequetscht und ist nun völlig vom guten Willen der drei großen Verbündeten abhängig. Alle drei erscheinen sie indessen dem Kanzler auf ihre Art und Weise nicht ganz zuverlässig.

Am unberechenbarsten aber wirkt im Spätherbst 1958 immer noch General de Gaulle. Er weist eben die problematischste Vorgeschichte auf. Bald wird Adenauer zwar erkennen, daß er in Sachen Berlin mehr Vertrauen verdient als Macmillan und Eisenhower. Vorerst ist aber noch die Sorge vorherrschend. Beim Zusammentreffen mit Fanfani Mitte Dezember 1958, das gleichfalls schon im Schatten der Berlin-Drohung steht, läßt Adenauer denn auch an dem wichtigsten Motiv seiner Frankreichpolitik keinen Zweifel. In der dürren Sprache der Dolmetscherprotokolle liest sich das wie folgt: »Es sei absolut notwendig, alles zu tun, um zu verhindern, daß Frankreich Rußland gegenüber Tendenzen entwickelt, die für ganz Europa gefährlich werden könnten.«[128] Vertrauen und Mißtrauen stehen damals wie später in Adenauers Politik gegenüber de Gaulle eng nebeneinander. So sucht er seinen unberechenbaren Partner von jenseits des Rheins in enger Umarmung festzuhalten, damit er doch ja nicht der Versuchung nachgibt, sich dem noch unberechenbareren Feind im Osten zuzuwenden.

Das Berlin-Ultimatum

Seit den Tagen des Parlamentarischen Rats behandelt Adenauer das Berlin-Problem mit jener Vorsicht, die einer politischen Zeitbombe angemessen ist. Die Lage der Stadt ist seiner Meinung nach so prekär, daß jede Veränderung ihres Status untunlich wäre. Vor allem deshalb widersteht er in den Anfängen der Bundesrepublik der Versuchung, Berlin voll in den Bund zu integrieren. Damals wie später kann er jedoch den Verdacht nicht zerstreuen, dabei vorwiegend aus eigensüchtigen parteipolitischen Motiven zu handeln, denn Berlin würde im Bundestag und im Bundesrat das Gewicht der SPD etwas verstärken. Diese Überlegung ist ihm gewiß nicht fremd, genauso wie sie auch jenen Sozialdemokraten geläufig ist, die auf stärkere, wenn nicht volle politische Integration drängen.

Der erste diesbezügliche Vorstoß im Herbst 1949 stößt jedenfalls bereits auf den prinzipiellen Widerstand des Kanzlers. Das Drängen der Berliner SPD ist damit aber nicht zu Ende. Als Chruschtschow am 27. November 1958 das auf sechs Monate befristete Berlin-Ultimatum stellt, ist dem gerade wieder eine Periode längerer Bemühungen des Regierenden Bürgermeisters Willy Brandt nach vollem Stimmrecht für die Berliner Bundestagsabgeordneten vorangegangen. Brandt wird dabei von CDU-Bürgermeister Walter Amrehn unterstützt.

Die Note, in der Chruschtschow seine Forderung nach Umwandlung Berlins in eine »Freie Stadt« und nach Abzug der Westmächte offiziell vorlegt, läuft während einer Sitzung des CDU-Bundesvorstands ein. Entsprechend kritisch kommentiert Adenauer die Rolle Brandts: »Wenn man verlangt, daß Sowjetrußland die Abmachungen peinlich beachtet, die über Berlin getroffen worden sind, dann müssen auch Berlin, die Bundesrepublik und die ganzen westlichen Faktoren peinlich das beobachten, was nun abgemacht worden ist.«[1] Ähnlich bitter kommentiert er das Vorpreschen Brandts gegenüber dem britischen Botschafter Steel.[2] Adenauer sieht in dem damals 45 Jahre alten Brandt einen ehrgeizigen Nachwuchspolitiker, der sich mit solchen Forderungen profilieren möchte.

Mindestens ebenso groß wie gegenüber der SPD sind die Vorbehalte des Kanzlers gegen Kräfte aus den eigenen Reihen, die in Berlin gleichfalls in die Offensive gehen möchten. Zum Zeitpunkt des Berlin-Ultimatums ist die Initiative des CDU-Abgeordneten Gerd Bucerius allerdings schon eingeschlafen. Der Hamburger Verleger hatte während der Ostblock-Krise im Herbst 1956 eine große politische Offensive mit dem Ziel gestartet, »den Sitz der Hauptstadt der Bundesrepublik nach Berlin zu legen«[3]. In einem Brief an Adenauer argumentierte Bucerius damals: »Die Schwäche des Ostens wird jeden Einspruch verhindern. Aber der Moment der Schwäche des Gegners muß ausgenutzt werden. So ungefährdet wie heute können wir gewiß nicht wieder nach Osten vorstoßen... Der allgemeinen Aufweichung setzen wir die Politik der Stärke entgegen«. Bucerius hatte seinen Appell für eine »Politik der Stärke« mit einem Appell an Adenauer selbst geschlossen: »Wieder einmal besteht die Chance, die ganze Nation auf Ihren Namen zu einigen. Konrad Adenauer in Berlin: das ist eine Tat und eine Parole.«[4]

In der Öffentlichkeit hatte sich Adenauer bei dieser Aktion tunlichst bedeckt gehalten, sie aber über Globke und Krone eiskalt abgewürgt. Neben dem verfassungsrechtlichen Argument – es gibt keine »Hauptstadt der Bundesrepublik«[5] – und rein praktischen Überlegungen ist es auch aus Sicht des Bundeskanzlers in erster Linie die Rücksicht auf den prekären Berlin-Status, die das nicht zuläßt. »Man sollte nicht die Russen in Berlin provozieren«, gibt er bei solchen und anderen Gelegenheiten zu bedenken.[6]

So kommt es also zu dem Kompromiß, den Reichstag wieder aufzubauen, wobei sich die Stilunsicherheit von Politikern und Architekten bei der innenarchitektonischen Gestaltung des früher so eindrucksvollen Wallot-Baus wieder einmal peinlich dekuvriert. Ebenso beschließt man, einen zweiten Amtssitz des Bundespräsidenten in Berlin einzurichten und den Deutschen Bundestag dort regelmäßig Präsenz demonstrieren zu lassen.

Wenn sich Adenauer in der Hauptstadtfrage nicht exponiert, so hat das seinen guten Grund. Innerhalb der eigenen Partei und in Teilen der Öffentlichkeit wird er den Ruf der Berlin-Feindlichkeit nicht los, den er sich in dem innerparteilichen Streit der Jahre 1945 bis 1948 eingehandelt hat. Nachdem seine Erinnerungen an die NS-Begeisterung vieler Berliner in den Jahren von Gauleiter Goebbels jedoch abgeklungen sind und als der Parteiflügel um Jakob Kaiser unterworfen ist, hat sich auch Adenauers Anti-Berlin-Stimmung verflüchtigt. Sie war aber zwischen 1935 und 1948 recht stark. Jetzt sieht man ihn der Stadt gegenüber in einer Gemütslage, die zwischen einem gewissen Wohlwollen und Indifferenz pendelt. Adenauer fliegt vergleichsweise häufig nach Berlin – zu offiziellen Besuchen der Stadt, zu Wahlkampfauftritten, zur »Grünen Woche«, zu Sitzungen des Bundestags oder der CDU. Neben Bonn und Köln gibt es keine andere deutsche Stadt, in der er so häufig zu finden ist wie in Berlin.

Otto Lenz, der Adenauer in den frühen fünfziger Jahren häufig zu längeren Besuchen nach Berlin lotst, Felix von Eckardt, Heinrich Krone – sie alle treffen dort auf einen Kanzler, der lebendiges Interesse am Wiederaufbau der einstigen Reichshauptstadt nimmt und sich an der begeisterten Aufnahme durch die Berliner labt. Viele hochpolitische Auftritte werden von ihm mit voller Absicht nach Berlin gelegt, beginnend mit der Rede im Titania-Palast, gefolgt vom erstmaligen Absingen der dritten Strophe des Deutschlandliedes[7] am 18. April 1951. Schon damals kontrastiert die Sympathie der Berliner Massen für den Kanzler aus dem Westen deutlich mit der Behauptung angeblicher Berlin-Feindlichkeit, wie sie in der Adenauer-kritischen Presse verbreitet wird.

Selbst wenn das stark entwickelte Ego Adenauers für die jeweils sehr respektvollen Empfänge durch den Berliner Senat und den Jubel der

Massen weniger empfänglich wäre, würde es doch der Blick auf die Bonner Berlin-Lobby nahelegen, alles Denkbare für die alte Reichshauptstadt zu tun. Einer der großen Berlin-Freunde ist Bundespräsident Theodor Heuss. Heinrich Lübke wird ihm darin nicht nachstehen. Und wenn Adenauer sich in der Kabinettsrunde umsieht, bemerkt er so manchen, der einige der besten Jahre seines Lebens in Berlin verbracht hat oder doch wenigstens von Zeit zu Zeit – sei es beruflich, sei es als Soldat – gern in die Metropole gekommen ist.

Gerhard Schröder, den an und für sich viel mehr mit dem Rheinland verbindet, war dort in den dreißiger Jahren Rechtsanwalt. Heinrich Lübke hat in den zwanziger und den dreißiger Jahren dort gearbeitet. Hans-Joachim von Merkatz ist als wissenschaftlicher Referent am Kaiser-Wilhelm-Institut und am Ibero-amerikanischen Institut tätig gewesen. Ein begeisterter Wahlberliner ist natürlich auch Ernst Lemmer, der gesamtdeutsche Minister. Sogar Ludwig Erhard, an und für sich ein bodenständiger Franke, hat dort noch während des Krieges häufiger seinen Schwager Guth von der Deutschen Bank besucht und bleibt der Stadt gewogen. Vor allem die Staatssekretäre und andere enge Mitarbeiter Adenauers sind fast durch die Bank bis 1945 in Berlin tätig gewesen: Otto Lenz, Hans Globke, Felix von Eckardt, Herbert Blankenhorn, Wilhelm Grewe. Genauso stark ist die Riege politisch gewichtiger Berlin-Freunde in der Fraktion – Heinrich Krone, Kurt Georg Kiesinger, Eugen Gerstenmaier, um nur einige zu nennen. Auch dort wimmelt es von Wahlberlinern, die vielfach echte Berlin-Fans sind. Dasselbe Bild übrigens auch bei der SPD, wo Erich Ollenhauer oder Herbert Wehner schon in den zwanziger und frühen dreißiger Jahren in Berlin politisch Wurzeln geschlagen haben.

Die meisten dieser Politiker stammen aus anderen deutschen Regionen, haben aber die damals noch faszinierende und prägende Anziehungskraft der Metropole Berlin erfahren. In gewisser Hinsicht stellt Adenauer also keine Ausnahme dar. Auch im Auf und Ab seines eigenen Lebens ist Berlin immer wieder ein Bezugspunkt gewesen, und zwar durchaus kein durchgehend negativer. Es fällt ihm nicht schwer, in der allgemeinen Berlin-Sympathie der fünfziger Jahre mitzuschwimmen, in der bei den meisten, zugegeben oder nicht, auch Nostalgie nach jenen Jahren mitschwingt, in denen man jünger und voller Hoffnungen war oder aber die Abenteuer des Krieges erlebt hat.

Ohne Kenntnis dieser vielfältigen biographischen Berlin-Bezüge würde man die Einhelligkeit nicht verstehen, mit der das bundesdeutsche

Establishment, Adenauer inbegriffen, das an und für sich nicht lebensfähige Berlin mit großen Subventionen durchbringt und Chruschtschows Griff nach Berlin zurückweist.

Kompromißloses Nein – das ist auch die erste Reaktion Adenauers, als Chruschtschow erst in zügellosen Reden droht und dann sein Ultimatum vorlegt. Demonstrativ fliegt der Kanzler Anfang Dezember für zwei Tage nach Berlin, wo am 8. Dezember Wahlen stattfinden, und setzt am Tag zuvor bei einem großen Auftritt in der Deutschlandhalle den Ton seiner Taktik in dieser Anfangsphase der Krise: »Zuerst muß die Note weg.«[8] Die Linie also: keine Verhandlungen unter dem Diktat eines Ultimatums.

Chruschtschows Friedensvertragsentwurf trifft erst im Januar ein. Doch schon im November und Dezember ist die Vermutung allgemein, daß das Ultimatum auch und vielleicht sogar in erster Linie darauf abzielt, die Anerkennung der DDR durchzusetzen. Daneben kann man noch vieles andere vermuten: die Absicht, die Bundesrepublik zu isolieren; den Aufbau einer Drohkulisse zur Behinderung der Atombewaffnung; die Unterbindung der Massenflucht aus der DDR. Auf die Zusammenhänge zwischen Berlin-Ultimatum und Anerkennungsproblematik verweist auch der Umstand, daß die DDR parallel zum Ultimatum die Husarenritte Fritz Schäffers nach Ost-Berlin an die große Glocke hängt. Man muß also für die folgenden Monate, schlußfolgert Adenauer daraus, ein weiteres Drängen Ulbrichts auf Konföderation der beiden deutschen Staaten erwarten.

Bezeichnenderweise findet eine der prinzipiellen deutschlandpolitischen Diskussionen im Bundesvorstand der CDU ausgerechnet am 27. November statt, als die Note Chruschtschows eingeht. Adenauer beklagt sich hier bitter darüber, wie leichtfertig die CDU/CSU-Fraktion ihre Grundsatzpositionen ins Schwimmen geraten ließ. Später, nachdem der sowjetische Friedensvertragsentwurf eingeht, reitet er in der Fraktion eine weitere große Attacke gegen alle älteren und neueren Versuche, in den Zentralfragen des Deutschlandproblems »Flexibilität« zu praktizieren.[9] Chruschtschow, führt er am 24. November auch gegenüber Theodor Heuss aus, würde seinen Vorstoß »sicher nicht« unternommen haben, wenn er sich nicht durch die Stellungnahmen maßgebender Politiker der Bundesrepublik dazu ermuntert gesehen hätte.[10]

An erster Stelle nennt er hier und auch später immer wieder Herbert Wehner mit seinen Vorschlägen »der Notwendigkeit unmittelbarer Gespräche mit den Stellen der sogenannten DDR«[11]. Der Antrag der SPD-Fraktion, ein Amt »für innerdeutsche Regelungen« zu schaffen, ziele gleichfalls darauf ab. Noch eindeutiger seien maßgebliche Leute der FDP. Aber leider könnten auch Äußerungen von CDU-Politikern Chruschtschow »durchaus Anlaß zu der Annahme geben, daß sich in Teilen der CDU ein Umschwung in der Beurteilung über das Verhältnis zu sowjetzonalen Stellen anbahne«.[12] Adenauer erwähnt dabei Kiesinger (»er ist zu weich«) und Gerstenmaier (»er tut es aus Geltungsbedürfnis«).[13]

Schon ganz in den Anfängen vermutet Adenauer in gewohnter Skepsis, daß unter dem Druck der Drohung, nach dem 27. Mai 1959 die Kontrolle über die Zugangswege nach Berlin an die DDR zu übergeben, alle ungelösten und unlösbaren Grundfragen der Deutschlandpolitik aufplatzen werden: das Verhältnis zur DDR und die Grenzfrage zu Polen, die Disengagement-Thematik und die Kernwaffenfrage, der Grundsatz der freien Wahlen und die Hallstein-Doktrin.

Dem amerikanischen Publizisten Walter Lippmann gegenüber meint er in bezug auf die Deutschlandpolitik der Opposition: »Die Dummheit ist die größte Macht in der Welt und die Feigheit; das sind die beiden größten Mächte.«[14] Das Gespräch mit dem berühmten Kolumnisten findet zwar erst Mitte März statt. Adenauers völlig negative Einschätzung jedes Versuchs, ausgerechnet unter dem Druck des Ultimatums in neue Deutschlandverhandlungen einzutreten, steht aber von Anfang an fest. Ebenso genau weiß er freilich, daß er damit gegen die vorherrschenden Tendenzen im Inland und im Ausland steht. Alle frustrierten Deutschlandpolitiker der Opposition und in der CDU/CSU freuen sich fast über das Ultimatum, weil sie nun ihre alten Ideen erneut aufpolieren können. Doch auch für diejenigen im westlichen Ausland, denen die Wiedervereinigungspolitik lästig ist oder die Nuklearbewaffnung der Bundeswehr problematisch erscheint, muß das Ultimatum als erwünschter Anlaß erscheinen, Adenauer zu Konzessionen zu drängen.

Dennoch versucht der Kanzler anfänglich, sich gegen die Flut zu stemmen. Felix von Eckardt erhält den Auftrag, drei inhaltlich gleichlautende persönliche Schreiben an Dulles, Macmillan und de Gaulle zu entwerfen. Sie werden von Adenauer verschärft und zeigen am deutlichsten, welchen taktischen Kurs er in den Anfängen der Krise steuert.[15] Er ersucht – erstens – um Festigkeit der Berliner Garantiemächte und der NATO »auch im ernstesten Fall«, weil sonst in Berlin eine Panik mit der Folge von Massenflucht ausbrechen würde. Eine solche Unruhe und Panik würde sich auf die ganze Bundesrepublik, auf Europa und auf die Freie Welt ausdehnen. Also »Domino-Effekt« eines Nachgebens in Berlin, wie man das später formulieren würde. Zweitens spricht er sich klar dagegen aus, »den sowjetischen Angriff auf die Freiheit Berlins durch ein Angebot an die Sowjetregierung zu beantworten, das deutsche Problem in seiner Gesamtheit zu diskutieren... Ein Junktim in der Behandlung beider Fragen würde nämlich entweder die Freiheit Berlins in Frage stellen oder die Lösung des gesamtdeutschen Problems auf einen Weg führen, der zu einer mehr oder weniger verschleierten Kapitulation vor den sowjetischen Forderungen führen müßte.«[16]

Diese Linie überzeugt Eisenhower und Dulles. Im Vorfeld der NATO-Ratstagung in Paris neigen auch sie dazu, vorerst keine neuen Deutschlandverhandlungen zu beginnen.[17] Das läßt sich aber nicht durchhalten. Bei den Regierungen der Allianz ist die Neigung überstark, das Ultimatum mit Verhandlungen zu überspielen, in die sowohl die ganze Deutschlandfrage wie die Abrüstung Eingang finden. Darauf drängt nicht zuletzt auch NATO-Generalsekretär Spaak.[18] Tatsächlich geht aber auch von Brentano schon mit der Absicht nach Paris, »Verhandlungen zum gesamten deutschen Problem« anzuregen.[19]

Das Nordatlantische Bündnis weist also Mitte Dezember das Ultimatum entschieden zurück, doch das tapfere Kommuniqué endet mit den Sätzen: »Der Rat ist der Auffassung, daß die Berlinfrage nur im Rahmen eines Abkommens mit der Sowjetunion über die gesamte deutsche Frage gelöst werden kann. Er erinnert daran, daß die Westmächte sich wiederholt bereit erklärt haben, dieses Problem sowie die Fragen der europäischen Sicherheit und der Abrüstung zu prüfen. Sie sind nach wie vor bereit, die Frage zu erörtern.«[20]

Selbstverständlich greift Moskau diesen Wink mit dem Zaunpfahl alsbald mit der Forderung auf, über einen Friedensvertrag mit zwei deutschen Staaten zu verhandeln. Schon Mitte Januar wird deutlich, daß an einer neuen Deutschlandkonferenz unter denkbar schlechten Voraussetzungen kein Weg vorbeiführt.

Aus Washington und aus London kommen unablässig bedenkliche Signale. Das beginnt schon in der zweiten Novemberhälfte. Während Adenauer John Foster Dulles vor anfänglichen Konzessionen warnt[21], die nur neue Forderungen nach sich ziehen könnten, möchte dieser das Problem mit einem Trick lösen.[22] Könnte man, so gibt er zu bedenken, die DDR-Organe im Fall einer Übertragung der Rechte durch Moskau nicht einfach als Beauftragte, als *agents*, behandeln – freilich nur, solange sie sich im Rahmen der alliierten Vereinbarungen halten? Dulles kommt am 26. November sogar auf einer Pressekonferenz mit dieser Idee heraus, wird allerdings vom Präsidenten zurückgepfiffen.[23] Adenauer leuchtet die Agententheorie vor allem deshalb nicht recht ein, weil er den breiten Fächer weiterer Möglichkeiten kennt, die Chruschtschow und Ulbricht gegen Berlin einzusetzen vermögen. Die Kontrolle alliierter Begleitpapiere ist eben nur *ein* Aspekt des Gesamtproblems.

Ein anderer Aspekt ist das Prinzip des Primats der freien Wahlen, das sicher in der einen oder anderen Weise wieder zur Diskussion stehen wird, wenn eine Deutschlandkonferenz zusammentritt. Auch dazu kommen in der ersten Januarhälfte aus den USA beunruhigende Nachrichten. Erneut beginnt Dulles auf einer Pressekonferenz laut nachzudenken und meint, freie gesamtdeutsche Wahlen seien nicht unbedingt »der einzige Weg, auf dem die Wiedervereinigung erreicht werden könnte«[24]. Damit beweist er auf lange Sicht zwar eine gewisse prognostische Kraft, aber Adenauer muß daraus den Schluß ziehen, daß nun auch John Foster Dulles den Konföderationsvorstellungen näherrückt.

Einen Tag später wird Botschafter David Bruce ins Palais Schaumburg zitiert und trifft auf einen Kanzler, der, flankiert von seinem Außenminister, ganz tiefe Sorge und helle Entrüstung ist. Diese Äußerung, hält er Bruce empört vor, zieht die Grundlagen der gemeinsamen Außenpolitik seit 1953 unter den Füßen weg. Sie ist ein Verstoß gegen die Pariser Verträge von 1954. Sie ermutigt die SPD mit Wehner an der Spitze, aber auch Teile der FDP, auf Verhandlungen mit der Sowjetunion zu drängen. Und dramatisch ruft er aus: »Die Bundesregierung bewegt sich am Rande eines Abgrundes.«[25]

Adenauer ist besonders deshalb aufgebracht, weil man in Washington trotz des Ultimatums Anastas Mikojan zu Gesprächen empfängt. Die alte Sorge meldet sich wieder, daß es schließlich doch zu Arrangements zwischen den beiden Weltmächten kommt.

Der Kanzler sieht in diesen Wochen indes nicht nur die Felle seiner Deutschlandpolitik wegschwimmen. Er muß auch den Gedanken ernst nehmen, daß sich die Bundesrepublik im Frühsommer 1959, zum zehnten Jahrestag ihres Bestehens, in ein atomares Schlachtfeld verwandeln könnte. In den westlichen Hauptstädten regt sich durchaus schon Kriegsfurcht. Am besorgtesten in dieser Hinsicht zeigen sich die Briten.

Von allen westlichen Regierungschefs wird Harold Macmillan am stärksten von Erinnerungen an die blinde Torheit umgetrieben, in der die Regierungen Europas im Jahr 1914 ihre Völker auf die Schlachtfelder getrieben haben. Er hat ein Recht zu dieser Sorge. 20 Jahre alt, ist er 1915 in die Hölle von Flandern gezogen, hat dann an der Somme gekämpft, ist dreimal verwundet worden, hat lange Monate im Lazarett gelegen und mit viel Glück überlebt, während Dutzende seiner Freunde gefallen sind.

Aus diesem Krieg bleibt Macmillan nicht nur die Abneigung gegen unfähige Generäle, die ihre fernen Regimenter von schönen Schlössern aus dirigieren. Ebenso ausgeprägt ist sein instinktives Mißtrauen gegenüber jenen Politikern oder Diplomaten, die für eine sehr harte Politik am Rande des Krieges eintreten, ohne selbst den Dreck der Front im Schützengraben erlebt zu haben. John Foster Dulles ist einer von ihnen, Chruschtschow gehört wahrscheinlich auch dazu und ganz sicher der »Erzzivilist« Adenauer, der, so hat es jetzt den Anschein, Amerikaner und Briten in eine Kraftprobe mit der Volkspolizei hineinjagen möchte. Außerdem haben zwei Kriege bei Macmillan sehr gemischte Gefühle gegenüber den Deutschen hinterlassen. Weshalb sollen sich ausgerechnet Briten, Russen, Franzosen und Amerikaner in den dritten Weltkrieg stürzen, weil Adenauer den zweiten deutschen Staat nicht anerkennen möchte?

Die erste, spürbare Warnung vor der in London herrschenden Stimmung spricht Botschafter David Steel aus, der bis dato zu Adenauers Lieblingsbotschaftern zählt, weil der ihn schon lange kennt und weil Steel außerdem Schwiegersohn von Lord Clive ist, mit dessen seinerzeitiger Tätigkeit in Köln sich gute Erinnerungen verbinden. Steel ist der erste westliche Botschafter, der Adenauer am 22. Dezember 1958 pointiert darauf aufmerksam macht, daß es höchstwahrscheinlich in ein paar Monaten um Leben und Tod gehen dürfte. In Deutschland freilich, bemerkt er mit diplomatischer Zurückhaltung, wird das »nicht immer und überall voll erkannt«.

Adenauer, der feine Ohren hat, bemerkt dazu nur, zwar sei die Lage ernst, er glaube aber nicht, daß es zum Krieg komme.[26] Doch die Botschaft hört er wohl heraus: Macmillan möchte um jeden Preis verhandeln, weil er einen Krieg fürchtet oder zu fürchten vorgibt. Vorangegangen ist schon eine höfliche Zurückweisung der Bitte Adenauers, rasch zu Gesprächen mit Macmillan nach London fliegen zu dürfen. Dieser nimmt es Adenauer mehr und mehr übel, daß er in der Frage Freihandelszone de Gaulle zuneigt und hält ihn sich unter Verweis auf das besonders ungesunde Nebelwetter vom Leibe.

Mitte Januar kommt Steel zur Berichterstattung nach London, und Macmillan hält aus der Unterredung die folgenden Eindrücke Steels fest: »Kanzler Adenauer ist in schlimmer Lage und altert rasch. Die übrigen

(Brentano, usw.) sind unfähig oder unwillens, unter diesen Umständen neue Ideen zu entwickeln. Adenauer ist bald heftig pro-französisch und pro-de-Gaulle, bald hochgradig kritisch. Aber es hat den Anschein, als ob er mich immer noch mag! In Sachen Berlin usw. tritt er – offiziell – für absolute Härte und eine feste Front gegen Rußland ein. Hinter den Kulissen aber ringt er die Hände und sagt, Rußland und der Westen seien wie zwei D-Züge, die aufeinander losrasen.«[27]

Zur Unruhe Adenauers trägt auch ein Besuch bei, den David Bruce am 13. Januar 1959 abstattet, um mit ihm und Franz Josef Strauß die Durchführungsabkommen für MC/70 zu besprechen. Es geht dabei um die Ausrüstung der Bundeswehr mit atomaren Trägersystemen.[28] Wahrscheinlich ist es ein bloßer Zufall des Zeitpunktes, aber was ist in diesen Wochen schon Zufall?[29]

Adenauer gibt sich bei dieser Gelegenheit ganz hart. Notfalls müßten die drei Besatzungsmächte in Berlin gegenüber der Volkspolizei Gewalt anwenden. Sonst hat Amerika verspielt! Franz Josef Strauß macht darauf aufmerksam, daß heute eine Versorgung der Bevölkerung durch eine Luftbrücke rein technisch nicht mehr zu leisten ist. Er bittet auch, Bundesregierung und Bundeswehr selbst dann an den Planungen zu beteiligen oder zumindest darüber zu informieren, wenn an keine aktive Teilnahme der Bundeswehr an den Operationen gedacht ist.

Damit spricht er einen der kritischsten Punkte der Berlin-Krise an. Erst ab 21. Juli 1961 werden nämlich deutsche Regierungsvertreter in die Krisenplanung für Berlin voll einbezogen. Daneben läuft eine weitere, besonders geheime Planung unter dem schönen Deckwort »Live oak«[30], auf die Bonn gleichfalls keinen Einfluß hat.

Dem amerikanischen Botschafter gegenüber äußert Adenauer seine Überzeugung, daß ein heißer Krieg vermeidbar sei. Das erzählt er jetzt und in den nächsten Monaten jedem. Zugleich polemisiert er aber auch gegen den Besuch von Mikojan in Amerika, vor allem gegen dessen »glorreichen« Empfang durch die Geschäftswelt. Auch von Bruce hört er die Frage, ob nicht der Westen die Sowjetunion zu einer Konferenz zwingen sollte. Offenbar ist der Zug bereits in Fahrt auf eine große Deutschlandkonferenz. Nicht nur bei ausländischen Diplomaten wie David Steel hinterläßt Adenauer im Januar 1959, als die Zone der Entscheidungen näherrückt, einen nervösen Eindruck. Es ist auffällig, daß er in diesen Wochen mit ausgewählten Bonner Journalisten offene Diskussionen führt. Erfahrene Beobachter wie Georg Schröder, Robert Strobel oder Max Schulze-Vorberg treffen auf einen Kanzler, der nicht nur eigene

Politik »verkaufen« möchte, sondern bei diesen Hintergrundgesprächen eine Art *brain-storming* erwartet. Festgelegt scheint er nicht, sondern offen für vieles.[31]

Denselben Eindruck gewinnt Blankenhorn, der ihn am 23. Januar aufsucht: »Er sieht die ungeheure Gefahr mit aller Deutlichkeit, aber wie wir alle ist er sich noch nicht im klaren, wie man ihr begegnen könnte. Der alte Mann hat mich sehr bewegt. Er steht in seinem hohen Alter mehr oder weniger allein diesen Problemen gegenüber; denn er hat nur sehr wenige Menschen, mit denen er sich gern über derartige Fragen beredet. Zum Teil ist es seine eigene Schuld; denn er hat keine Beziehung zu seinem Außenministerium, das völlig ohne Instruktionen bienenfleißig an Analysen und Plänen arbeitet, ohne daß diese je über den Schreibtisch des Staatssekretärs oder Ministers hinausgehen. Er hat keinen vertrauten Zirkel im Kabinett oder in der Partei, mit dem er einmal à fond und in wirklicher Sachkenntnis die Dinge erörtert. Seine Beziehung zu seinem Außenminister ist wenig fruchtbringend, da dieser kaum einen wirklich eigenen Standpunkt hat. Nun treffen diese großen Probleme, die unsere Existenz in Frage stellen, auf Menschen, die in der vergangenen 12jährigen Aufbauzeit stark verbraucht sind. Es will mir gelegentlich scheinen, als ob die Müdigkeit, die natürliche Folge übergroßer Aktivität, um sich greift und man einfach nicht mehr die Spannkraft besitzt, die zahlreichen Nuancen durchzudenken und schließlich daraus einen eigenen Standpunkt zu entwickeln.«[32]

Die Herren des inneren Kreises, mit denen Adenauer bei seiner Suche nach Auswegen rechnen kann, sind in der Tat nicht sehr zahlreich. Aus seinem Außenminister hat er selbst jeden Ansatz zu eigenständigen Konzepten herausgeprügelt. Zugleich erwartet er aber doch kreative Ideen. Von Brentano kennt den Vorwurf der Ideenlosigkeit nur zu gut und greift deshalb im Auswärtigen Amt immer wieder nach neuen Ansätzen, die freilich vor dem kritischen Auge Adenauers nur selten bestehen, so daß sich der Eindruck unablässigen Schwankens verstärkt.

Krone hat mit der Fraktion genug am Hals, ist kein Diplomat und kann allenfalls beurteilen, was innenpolitisch machbar ist. Im Frühjahr 1959 gerät aber das bisherige Vertrauensverhältnis in eine Krise, weil Krone in der Präsidentschaftsfrage einen eigenen Kurs steuert.

Grewe weilt schon als Botschafter in Washington und steht somit nicht mehr kontinuierlich zur Verfügung. So entsendet Adenauer Anfang Januar 1959 hastig Felix von Eckardt zu einer Sondierungsreise in die USA – eine jener »Fallschirmspringer-Aktionen des Kanzlers, die ich selbst wenig liebte«, wird der das später nennen.[33] Parallel dazu setzt der Kanzler auch Ministerialdirektor Dittmann nach den USA in Marsch mit dem von vornherein zum Scheitern verursachten Auftrag zu verhindern, daß der Präsident Anastas Mikojan empfängt.[34]

Felix von Eckardts Aktien notieren im Winter 1958/59 bei Adenauer aber recht niedrig. In der Deutschlandpolitik wirft der Kanzler ihm und auch seinem Freund Blankenhorn vor, daß ihre kühnen Verhandlungskonzepte viel zuviel einbeziehen. Vor allem aber ist er darüber verärgert, daß große Teile der meinungsbildenden Presse für eine sehr bewegliche Konferenzstrategie plädieren und »den Alten« für unfähig halten, noch neue Ideen einzubringen. Schuld an der schlechten Presse, so glaubt Adenauer, kann aber doch nur der Chef des Bundespresse- und Informationsamtes sein.

Bleibt also Globke. Dieser völlig überbürdete Mann unternimmt es nun, für Adenauer einen integralen Plan für eine Interimslösung und eine Gesamtlösung auszuarbeiten. Krone, einer der wenigen, dem diese Ausarbeitungen bekanntwerden, nennt sie in einer Tagebuchnotiz vom 5. Februar 1959 »den Globke-Plan«. Er wird die Dokumente im Jahr 1974 zur Veröffentlichung freigeben, als sich die CDU angesichts der »neuen Ostpolitik« der Sozial-Liberalen des Vorwurfs zu erwehren hat, außer sterilen Konzepten von der Art der Hallstein-Doktrin seit den fünfziger Jahren zur Deutschlandpolitik nichts Kreatives beigesteuert zu haben.[35]

Der auf fünf Seiten entwickelte Plan beinhaltet eine Folge von 26 Punkten, gegliedert in fünf Abschnitte: I. Wiedervereinigung, II. Zwischenstatus, III. Berlin, IV. Mitwirkung der Vereinten Nationen, V. Wirtschaftliche Bestimmungen. Wie die Überschriften schon erkennen lassen, geht es um eine Interimslösung für die Deutschlandfrage und für Berlin, die Altes und Neues zusammenbindet.

Das Alte: nach wie vor wird am Prinzip der demokratischen Legitimierung aller grundlegenden Regelungen festgehalten. Innerhalb einer Interimsphase von fünf Jahren sollen stattfinden: eine Volksabstimmung zur Wiedervereinigung, wobei Bundesrepublik und DDR als getrennte Einheiten figurieren, parallel dazu »gesamtdeutsche« freie Wahlen. Die frei gewählte »gesamtdeutsche« Volksvertretung wählt eine Regierung und entscheidet sich für NATO oder Warschauer Pakt – die Option der Neutralität bleibt unerwähnt. Wie immer die Entscheidung für die Paktsysteme ausfällt, bleibt das Gebiet, das aus einem der Pakte austritt, »von allen militärischen Verbänden, Einrichtungen und Anlagen frei«. Hinsichtlich der Grenzen ist nur ein Gewaltverzicht des wiedervereinigten

Deutschland vorgesehen – das übliche Trockenfutter. Es fällt nicht schwer, in diesen Teilen der Ausarbeitung Elemente früherer Pläne zu identifizieren – Heusinger-Plan und bestimmte Positionen zur Lösung der deutschen Frage aus dem Jahr 1955.

Völlig neu aber sind die präzisen Vorstellungen Globkes zur Anerkennung der DDR. Sie wird in diesem Planungspapier ebenso wie die Bundesrepublik als souveräner Staat begriffen, zu dem diplomatische Beziehungen aufzunehmen sind. Was in den Überlegungen zu einer Österreich-Lösung vom März 1958 noch eine recht vage Idee war, ist nun genauer ausgeführt, allerdings zugleich deutlicher relativiert.

Die entscheidende Konzession einer Anerkennung der DDR wird nämlich mit vielen Bedingungen verbunden. Die DDR müßte ihre Existenz, ebenso wie die Bundesrepublik, in einer Volksabstimmung zur Disposition stellen und, wenn eine Mehrheit in beiden deutschen Staaten die Wiedervereinigung wünscht, alsbald zu freien Wahlen bereit sein und sich auflösen. Sie müßte außerdem Grundrechte gewähren, die nicht weiter ausgeführt sind – das wäre ein denkbarer Verhandlungsgegenstand. Weitere Bedingungen: Aufhebung aller Beschränkungen für den innerdeutschen Verkehr und getrennte freie Wahlen in beiden deutschen Staaten ein Jahr nach Inkrafttreten des Vertrages.

Der Sinn dieser Bedingungen ist klar: In der DDR soll eine Entwicklung in Gang kommen wie seinerzeit im Saarland. Die viel größere politische und wirtschaftliche Attraktivität der Bundesrepublik würde dann zur Folge haben, daß die Zugehörigkeit zum Warschauer Pakt nicht mehr allzu drückend wäre.

In dieses Konzept ist die Berlin-Regelung eingebunden: »Das Gebiet von Berlin (West-Berlin und Ost-Berlin) wird mit Inkrafttreten dieses Vertrages Freie Stadt.« Die Freiheit der Verkehrsverbindungen wird garantiert; Aufsicht und Garantie liegen bei einer Kommission der Vereinten Nationen mit Vertretern Irlands, Jugoslawiens, Österreichs, Schwedens und der Schweiz.

Schließlich ist ein Wiedergutmachungsfonds der UN vorgesehen, in den das wiedervereinigte Deutschland zehn Milliarden DM einzahlt. Damit wären alle Reparationsansprüche abgegolten.

Eine derartige Ausarbeitung hat verschiedene Funktionen. Sie macht deutlich, in welche Richtung man sich bewegen könnte. Sie beleuchtet den Zusammenhang zwischen den Problemfeldern, macht auch auf logische Konsequenzen bestimmter Regelungen aufmerksam.

Sie markiert ganz sicher Maximalpositionen, die in den Verhandlungsprozeß eingebracht werden könnten oder auch nicht. Überhaupt stellt sie vorerst nur ein internes Diskussionspapier dar – unverbindlich, offen für Gegenargumente und durchaus noch nicht ein Konzept, auf das sich Adenauer etwa schon gedanklich festgelegt hätte. Festlegungen vor oder während eines Verhandlungsprozesses liegen diesem Taktiker ohnehin nicht.

Was ihm an den Überlegungen Globkes attraktiv erscheint, ist gerade der Umstand, daß in ihnen eine Vielzahl von Bausteinen verbunden sind, mit denen sich je nach den internationalen und den innenpolitischen Gegebenheiten so oder anders arbeiten läßt. Seit Anfang Januar 1959 brütet Adenauer zusammen mit Globke und Krone über der Frage, welche Rückfallpositionen denkbar wären. Die Idee zur Ausarbeitung des Globke-Plans erwächst wohl bei einer langen Aussprache der drei in Rhöndorf – einen Tag nach den unverzichtbaren Feierlichkeiten zum 83. Geburtstag, zu dem Theodor Heuss ein im vorab aufgebundenes Probestück seiner »Wanderungen mit Stift und Feder« übersendet, verbunden mit einer ironischen Reminiszenz: »um Sie zum Jahresbeginn nicht wieder zu ›beunruhigen‹, habe ich bei der Sylvester-Ansprache George Kennan *nicht* erwähnt.«[36]

Offenbar in Fortführung der Ideen vom Frühjahr 1958 entwickelt Adenauer bei dem Gespräch mit Globke und Krone am 6. Januar einige Grundgedanken, die auf eine Interimslösung hinauslaufen: »Da mit der Wiedervereinigung auf Jahre nicht zu rechnen sei, solle man sie als jetzt nicht durchführbar ansehen; die Zone bleibe in der Macht Pankows, die Bundesrepublik im Bündnis des Westens; es müsse im Wissen um die Lage, wie sie ist, zu Gesprächen kommen, die auf eine Humanisierung der Verhältnisse in der Zone hinausgingen.«[37] Was der Kanzler vor allem unter »Humanisierung« versteht, wird von ihm zumeist genau umschrieben, wenn er die Interimslösung auf Basis des Status quo gegenüber westlichen Gesprächspartnern vorsichtig anspricht. Er denkt dabei an eine Beendigung der Kirchenverfolgung durch das Ulbricht-Regime und an Erleichterungen im innerdeutschen Reiseverkehr.[38]

Von Eckardt, intern ein Rivale Globkes, der von der seinerzeitigen »Österreich-Anfrage« über Smirnow gehört, vielleicht auch zu dem seinerzeitigen Vorstoß geraten hat, plädiert in diesen Wochen für »mutige Entschlüsse« – die »Zone« erhält »den Status eines eigenen Staates nach dem Beispiel Österreichs«, während die Bundesrepublik bleibt, was sie ist, »auch im Verband der NATO.«[39] So weit will aber Globke nicht gehen und wohl auch nicht der Kanzler.

Wie skeptisch Adenauer freilich die Lage einschätzt, macht er in einem Journalisten-Gespräch am 22. Januar deutlich. »Mein Gesamteindruck ist«, resümiert Georg Schröder, 1953 bis 1973 Leiter des *Welt*-Büros in Bonn, »daß Adenauer unter dem Druck der Amerikaner und Engländer weiß, daß seine bisherige Linie nicht einfach so weiter vertreten werden kann. Er sucht Meinungen und Anregungen außerhalb seiner bisherigen Umgebung. Eine eigene klare Vorstellung hat er noch nicht, was taktisch und inhaltlich zu geschehen hat. Es können aber bisherige Positionen – Hallstein-Doktrin, Verhältnis zur DDR, Beziehungen zu den Satelliten – von Adenauer aus realpolitischen Gründen viel schneller vielleicht über Bord geworfen werden, als manche ahnen, die diese Standpunkte dogmatisieren.«[40]

Und Max Nitsche von der *Rheinischen Post*, ein anderer Teilnehmer an diesem Gespräch, notiert im nachhinein einen Ausspruch des Kanzlers: »Über kurz oder lang werden wir an der Anerkennung der DDR nicht vorbeikommen.«[41] Adenauer hofft an diesem Spätnachmittag allerdings, mit einer bloßen De-facto-Anerkennung davonzukommen, vielleicht mitverpackt in Abrüstungsvereinbarungen. Auch die Oder-Neiße-Frage sieht er jetzt in ihrer vollen Tragweite auf die Bundesrepublik zukommen. Doch vielleicht, so überlegt er, könnte man das mit einem freiwilligen Gewaltverzicht auffangen.

Bei dieser Unterredung zeigt er sich defensiv und resignativ: Er denkt vorrangig über einen Katalog dessen nach, was unbedingt erhalten bleiben soll, wenn Deutschland nicht in die Hände der Sowjetunion fallen soll: die NATO, die europäische Integration und die Forderung nach allgemeiner Abrüstung. Entscheidend sei eine Atempause, bis sich in Rußland etwas bewegt. Trotz allem Pessimismus hofft er aber immer noch, daß sich eines Tages in der Sowjetunion eine innere Wandlung vollziehen könne: »Wir müßten die Freiheit der Bundesrepublik erhalten, bis einmal, wann weiß ich nicht, die Verhältnisse in Rußland sich ändern. Wenn man sich allerdings vorstelle, dieser starke, kommunistisch-aggressive Staat bleibt immer so, sei das ein schrecklicher Gedanke.« Und er verabschiedet sich von den Journalisten mit der Bemerkung: »Wir hätten gemeinsam laut gedacht, vielleicht wäre morgen schon alles wieder anders.«[42]

Klar ist in diesen Tagen und Wochen, was er auf alle Fälle aus den Verhandlungen heraushalten möchte: die Atombewaffnung der Bundeswehr. In diesem Punkt deutet sich im Januar schon ein Konflikt mit dem Auswärtigen Amt an. Während nämlich Adenauer seinen Gesprächspartnern immer wieder einhämmert, daß alles, was in Richtung Rapacki-

Plan führen könnte, tabu ist[43], eröffnet von Brentano dem Freund Krone, er denke an eine Abrüstungsinitiative und »an einen weitreichenden Disengagement-Plan.«[44]

Auf dem Hintergrund dieser Grundstimmung stellt der Plan, den Globke Anfang Februar fertig hat[45] und kurz vor dem letzten Bonn-Besuch von Dulles mit Krone und mit Adenauer erörtert, eher wieder die Rückkehr zu einer Linie dar, bei der die alte Wiedervereinigungsforderung immer noch von zentraler Bedeutung ist. Doch daß die orthodoxe Deutschlandpolitik damit über Bord geworfen wäre, ist sowohl Krone wie Globke klar, als sie am Vortag des Gesprächs mit Adenauer darüber diskutieren: »Im Grunde die Hinnahme, daß Pankow existiert, daß mit einer Wiedervereinigung in absehbarer Zeit nicht zu rechnen ist und daß es uns deshalb zunächst auf eine Besserung der inneren, menschlichen Verhältnisse ankommen muß. Die Forderung nach freien Wahlen in Ost und West wird nicht aufgegeben; doch sieht dieser Plan vor, daß der Termin für diese Wahl um Jahre, etwa zehn Jahre zurückgestellt wird.«[46]

Das ganze Gespräch zeigt einen sehr vorsichtigen Adenauer. Er möchte das Auswärtige Amt noch nicht in diese Pläne einweihen. Noch viel weniger denkt er daran, die Fraktionsvorsitzenden Erler und Mende ins Bild zu setzen.[47] Ist das ein Zeichen dafür, daß ihm dieser originelle, aber auch hochproblematische Plan viel zu weit geht? Will er ihn nur in der Hinterhand halten für den Fall, daß alles noch viel schlimmer kommt? Dennoch gewinnt zumindest Krone den Eindruck, daß Adenauer schon jetzt auf den Globke-Plan eingehen möchte. Bezeichnenderweise versteht er ihn in starkem Maß als Nachgeben gegenüber den Westmächten, wofür sie »als Gegenleistung« verstärkte Zusicherungen ihres Beistandes leisten sollen.[48]

Beim weiteren Nachdenken beschäftigen ihn besonders die völkerrechtlichen Unklarheiten der Lage Deutschlands. Globke erhält am 26. Februar einen vierseitigen, handkorrigierten Katalog mit 17 Fragen, aus denen die unruhigen Gedanken des Kanzlers deutlich ablesbar sind. Etwa: Was geschieht, wenn eine der Siegermächte ohne Zustimmung der anderen »die D.D.R.«, wie es wörtlich heißt, als selbständigen Staat anerkennt? Der Name dieses Staates wird nicht genannt, aber es kann nur ein Land gemeint sein: Großbritannien. Oder eine Frage, die an die Wurzel des Selbstverständnisses der Bundesrepublik rührt: »Behaupten wir nicht, daß trotz des Widerspruchs Sowjet-Rußlands, wir, die Bundesrepublik, die die früheren West-Zonen umfaßt, dadurch, daß die drei westlichen Besatzungsmächte ihr alle Rechte bis auf wenige durch den Deutschland-Vertrag gegeben haben, ein souveränes Gebiet seien? Kann nicht analog diesem Vorgehen Sowjet-Rußland völkerrechtlich das gleiche bezüglich der D.D.R. mit Recht behaupten?«

Dann schließen sich weit ausholende Analogiefälle aus der Geschichte des Völkerrechts an: »Unter welchen Umständen ist die Abtrennung Elsaß-Lothringens vom alten Deutschen Reich erfolgt? – Wie war der Auflösungsprozeß völkerrechtlich betrachtet beim Türkischen Reich, das über Ägypten, Griechenland, die Balkanländer zunächst volle Souveränität hatte, dann diesen immer mehr Rechte gab, oder zuließ, daß diese sich Rechte beilegten, bis sie völkerrechtlich souveräne Staaten wurden, um dann schließlich – wodurch? – selbständige Staaten zu werden? – Wie ist bei der Überlassung von Teilen Österreichs an die verschiedenen Nachfolgestaaten der tatsächliche und der völkerrechtliche Vorgang gewesen?«[49]

Die Fragen verraten, wie sich Adenauer spätestens jetzt voll bewußt wird, an einem staatsrechtlichen Auflösungsprozeß von historischen Dimensionen mitzuwirken. In bezug auf eine Interimslösung beunruhigt vor allem die Frage: wie weit kann man gehen, wenn der Auflösungsprozeß völkerrechtlich nicht endgültig werden darf?

Globke gibt den Fragenkatalog Adenauers an Ministerialdirektor Mercker im Bundeskanzleramt weiter. Dieser hat schon zwei Tage später die Meinungen der Völkerrechtler aufgelistet, nicht ohne an den verschiedensten Punkten darauf hinzuweisen, daß die Rechtslage Deutschlands sehr verschieden beurteilt werde und daß die zahlreichen Veränderungen in der Staatenwelt der neueren Geschichte nur sehr bedingt als Beispiel bei der Beurteilung der deutschen Rechtslage herangezogen werden können.[50] Natürlich ist die Deutschlandfrage für die Juristenzunft genauso unklar, vielschichtig und voller Widersprüche wie für die Diplomatie oder für den zum praktischen Handeln verurteilten Kanzler. Experten können nicht viel weiterhelfen, allenfalls darin bestärken, alles so behutsam wie möglich anzupacken.

Wie die nähere und fernere Zukunft zeigt, ist Adenauer nur bereit, aus dem »Globke-Plan« vorwiegend zwei Elemente herauszugreifen und in die Verhandlungsvorbereitungen einzuführen: die Idee einer auf fünf oder auf zehn Jahre befristeten Interimslösung für Deutschland und Berlin sowie die menschlichen Erleichterungen. Die Verknüpfung mit einem Wiedervereinigungsprozeß, wie sie in der Ausarbeitung vorgesehen ist, bleibt bei den späteren Sondierungen vorerst unerwähnt. Allerdings ist die Lage eben nie so ganz kritisch, daß mehr als erste Andeutungen angebracht erscheinen. Was Adenauer schließlich in einen präzisen Verhandlungsvorschlag noch alles eingebaut hätte, läßt sich nicht beantworten. Doch bleibt der Eindruck, daß aus dem Globke-Plan vorerst nur die rein defensive Idee eines »Stillhalteabkommens« auf Grundlage einer vorläufigen Hinnahme der Teilung Deutschlands entnommen wird.

Der erste, dem Adenauer eine gewisse Kompromißbereitschaft signalisiert, ist Premierminister Macmillan. Bei der Besprechung am 13. März deutet er die Möglichkeit eines »Stillhalteabkommens« an, das auf keinen Fall länger als fünf Jahre dauern dürfe. Macmillans pointierte Frage, ob dann das deutsche Volk einem mehrjährigen Status quo in der Sowjetzone und in Berlin zustimmen würde, beantwortet Adenauer bejahend, doch mit der Einschränkung: »natürlich könne es niemals der heutigen Situation einer Dauerlösung zustimmen.«[51]

Unmittelbar nach dem Besuch Macmillans teilt er das auch dem amerikanischen Botschafter David Bruce mit. Er habe angeregt, von Chruschtschow eine Zusicherung zu erhalten, »daß der Status quo für etwa fünf Jahre beibehalten würde, um eine ruhige und vernünftige Diskussion zu ermöglichen.« Eine *de jure*-Anerkennung der DDR könne dem deutschen Volk jedoch nicht zugemutet werden.[52] Chruschtschow, so verlangt Adenauer, solle die Zustimmung zu diesem »Stillhalteabkommen« aber als Vorbedingung für eine Gipfelkonferenz abgerungen werden. Drei Tage später führt er im Fraktionsvorstand aus: »Wenn wir den Status quo für Berlin und die Zone behalten, haben wir für heute so gut wie alles erreicht. Wiedervereinigung – wer weiß wann!«[53]

Sechs Wochen später und bereits in Erwartung der Genfer Außenministerkonferenzen geht Adenauer bei einem langen Gespräch mit Botschafter Bruce in der Stille von Cadenabbia noch etwas mehr aus sich heraus. Fortschritte in der deutschen Frage verspricht er sich von der Genfer Konferenz überhaupt nicht. »Die Aussichten für die Wiedervereinigung und für einen Friedensvertrag«, führt er Bruce vor Augen, sind »gleich Null.« Er habe die deutsche Delegation angewiesen, die Wiedervereinigung nur als sekundäre Frage zu behandeln. Es geht um die Sicherung von Berlin: »Wenn Berlin verlorengehe, werde es mit der Wiedervereinigung auf unendliche Zeit aus sein. Deshalb solle man sich überlegen, ob man nicht unter Verweis auf das Pariser Abkommen (von 1949) dafür sorgen könne, daß der Verkehr zwischen der Zone und der Bundesrepublik nicht behindert werde und die christlichen Kirchen frei arbeiten könnten. Dann werde Ost-Deutschland auf lange Jahre hinaus nicht kommunistisch werden. Er gebe zu, daß für diesen Plan Geduld erforderlich sei.«

Nach wie vor hofft er auf die langfristig entspannungsfördernden Auswirkungen einer allgemeinen Abrüstung und fährt dann fort: »Um die

Kompromißbereitschaft signalisiert

Adenauer und Macmillan.

ganzen Fragen nicht abreißen zu lassen, habe man auch die Möglichkeiten eines Stillhalteabkommens geprüft, und Herr Globke habe darüber etwas ausgearbeitet.«[54] Erneut spricht er von dem Wunsch, Chruschtschow solle für die von ihm angestrebte Gipfelkonferenz mit einem »Stillhalteabkommen« zahlen. Hier nimmt Adenauer also direkt auf den »Globke-Plan« Bezug. Man darf somit vermuten, daß er gegebenenfalls auf andere Elemente dieses Papiers zurückgegriffen hätte. Als er ein paar Wochen danach[55] mit einer kleinen Journalistenrunde die Lage diskutiert, schließt er eine Kontrolle der Zugangswege und – neben westlichen Kontingenten – die Präsenz von UN-Truppen in Berlin nicht aus. Eine *de jure*-Anerkennung der DDR komme aber nicht in Frage, denn das hieße ja völkerrechtlich die Spaltung Deutschlands sanktionieren. Über die Zugangswege könne man aber mit DDR-Vertretern verhandeln. Bei den ziemlich freimütigen internen Diskussionen dieser Monate fallen oft erfrischend unkonventionelle Äußerungen, die den Teilnehmern im Gedächtnis bleiben, etwa: »Und wenn dann so einer, der sich drüben Minister nennt, hierherkommt, werden wir es hinnehmen. Daran stirbt man nicht. Das war auch schon früher meine Meinung.«

Als sich Chruschtschow schließlich bereit findet, das Berlin-Ultimatum verstreichen zu lassen, hat auch Adenauer vorerst keinen Grund mehr, von einem Interimsabkommen oder vom Globke-Plan zu sprechen. Doch immer dann, wenn die Berlin-Frage eine kritische Wendung zu nehmen droht, kommt er darauf zurück, so gegenüber dem Verleger Axel Springer, der ihn am 8. September 1960 in Cadenabbia besucht. Die Annäherung zwischen Adenauer und Springer, die jetzt beginnt, vollzieht sich gewissermaßen im Zeichen des Globke-Plans. Befriedigt liest Globke in einem Brief des Kanzlers aus Cadenabbia: »Ich habe ihm in großen Umrissen Ihren Plan, ich meine den vor über einem Jahr konzipierten, entwickelt. Er stimmte dem mit offensichtlicher Überzeugung zu und wiederholte mehrmals, daß ihn bei seiner Politik nicht eine Vorliebe für Berlin oder nationales Empfinden leite, sondern das Bestreben, 17 Millionen Deutschen und den Berlinern die Freiheit wiederzugeben, ihr Leben so zu führen, wie sie es wollten und wie wir es tun.«[56]

Die kritische Situation, die bei dem Gespräch mit Springer im September 1960 bevorsteht, ist eine Debatte über Deutschland und Berlin auf der UN-Generalversammlung im Herbst 1960. Dies mag auch für Globke der Anlaß sein, dem Plan eine neue Fassung zu geben.[57]

Aus der Idee eines »Stillhalteabkommens« vor dem Hintergrund des »Globke-Plans« werden dann in den Jahren 1962 und 1963 die Vorstellungen eines »Waffenstillstandes« von zehn Jahren Dauer. Erstmals spricht Adenauer gegenüber Botschafter Smirnow in strengstem Vertrauen davon am 6. Juni 1962.[58] Wieder muß er damals nämlich befürchten, daß die angelsächsischen Verbündeten in der Berlin- und Deutschlandfrage einknicken könnten. Und erneut verbindet er damit die Erwartung, »daß die Menschen in der DDR freier leben könnten«. So würde hoffentlich eine Atmosphäre der Beruhigung und gegenseitiger Achtung zwischen beiden Ländern geschaffen werden können. Eine Verständigung über die strittigen, noch nicht gelösten Fragen wäre dann leichter. Während dieser Phase einer Beruhigung könnte man sich auf das entscheidende Problem, die allgemeine Abrüstung, konzentrieren. Mit niemandem außer mit Staatssekretär Globke, so läßt er Smirnow jetzt wissen, habe er bisher über diese Idee gesprochen. Der Inhalt des Vorschlags sei deshalb auch nur für die Ohren Chruschtschows bestimmt. Sollte Chruschtschow interessiert sein, könne man über Einzelheiten sprechen.

Sobald Chruschtschow in der Tat einiges positive Interesse daran erkennen läßt, setzt Adenauer ganz gegen Ende seiner Kanzlerschaft auch Kennedy ins Bild.[59] Dem Plan eines zehnjährigen Stillhalteabkommens gibt er nun die recht unpassende Bezeichnung »Burgfriedensplan«. Er betont bei diesem Gespräch, die Wiedervereinigung sei unerläßlich, hänge aber natürlich von der jeweiligen Situation ab. Dieselben Eröffnungen macht er einen Monat später Präsident de Gaulle.[60]

Ganz offensichtlich markieren also die ersten Monate der Berlin-Krise, in denen der Globke-Plan entsteht, einen dauerhaften Einschnitt in der Deutschlandpolitik Adenauers. Von jetzt an hält er nur noch Stillhaltevereinbarungen auf der Grundlage des Status quo der bestehenden Teilung für realistisch. Es ist kein Zufall, daß er aus dem Globke-Plan nur die Elemente »Zwischenlösung« und menschliche Erleichterungen herausgreift, während alles, was an die Phasenpläne zur Wiedervereinigung erinnert, beiseite gelegt wird. Gut denkbar, daß auch Globke, der die Lage und seinen Herrn und Meister genau kennt, die Ideen der Volksabstimmung über die Wiedervereinigung, der freien gesamtdeutschen Wahlen und einer gesamtdeutschen Regierung nur als Verpackung für das Status-quo-Konzept einbaut, vielleicht auch mit Blick darauf, daß das Papier in den innersten deutschen Entscheidungsprozeß eingeführt wird oder gar in falsche Hände geraten könnte. Kein Zweifel ist allerdings daran möglich, daß Adenauer die deutsche Frage mit dem Endziel einer Wiedervereinigung durchgehend offenzuhalten entschlossen ist. Stets, wenn er das Stillhalteabkommen vertraulich ins Gespräch bringt, wird er auch darauf abheben. Aber ob mehr als ein Rechtstitel zu haben sein wird, bezweifelt er, seit die Sowjetunion so sichtlich an militärischer Stärke zugenommen hat. Als man ihm bei einer dieser internen Diskussionen zu bedenken gibt, daß Ulbricht die vor einer Anerkennung gemachten Zusagen vom ersten Tag an nicht einhalten würde, zuckt er nur resigniert die Achseln und meint – so erinnert sich einer der Teilnehmer: »Wir müßten wenigstens ein Papier bekommen, auf das wir uns später berufen könnten.«

Die gelegentlichen Verweise auf den Globke-Plan lassen auch erkennen, wie es ihn doch etwas beruhigt, wenigstens eine halbwegs durchdachte Sammlung von Bausteinen für eine Interimslösung in der Tiefe des Panzerschranks zu wissen. Konzeptionell jedenfalls hat seine Deutschlandpolitik Anfang 1959 ihre Endphase erreicht, von der aus es weder weiter voran noch zurückgeht. Man kann die Zäsur sogar noch genauer bestimmen – sie liegt in den ersten beiden Februarwochen 1959.

Am 3. Februar nämlich stellt sich der britische Botschafter David Steel ein und überbringt Adenauer ein Schreiben seines Premierministers vom Vortage. Es enthält die Mitteilung, daß Macmillan die Einladung zu einem Staatsbesuch in die Sowjetunion angenommen hat. Beruhigend wird vermerkt, es handle sich um eine Erkundungsreise, nicht etwa um Verhandlungen. Erbittert erzählt der Kanzler Walter Lippmann ein paar Wochen später, wie er den Botschafter daraufhin angefahren hat: »Ja, Paris ist ja eine Messe wert, und ich verstehe ja auch, daß man gern Wahlen gewinnt, aber sieben bis zehn Tage für eine Wahlreise, das ist ein bißchen viel.«[61] Botschafter Steel, so berichtet Adenauer kurz nach dieser Unterredung, habe daraufhin einen hochroten Kopf bekommen und jeden wahlstrategischen Kalkül entschieden bestritten.[62]

Natürlich möchte Macmillan sein einseitiges Vorpreschen als verantwortungsvollen Versuch zur Rettung des Weltfriedens verstanden sehen. Doch Adenauer bleibt dabei: eine Verbesserung der Wahlchancen der Tories ist der einzige Nutzen, den er dabei zu erkennen vermag.[63] Als sich Adenauer Theodor Heuss gegenüber bei einer späteren Besprechung wiederum beklagt, Macmillan tue alles nur mit Blick auf die bevorstehenden Wahlen, kann sich dieser die Bemerkung nicht verkneifen, vielleicht denke Macmillan dasselbe von Adenauer. Der ist wenigstens bei dieser Gelegenheit ehrlich genug, das mit einem »herzhaften Lachen« zu quittieren.[64]

Doch es kommt bei der Unterredung mit Steel noch schlimmer. Zweimal bemerkt der Botschafter nämlich pointiert, die DDR existiere eben nun einmal. Die Öffentlichkeit frage sich, ob es sich lohne, für die Anerkennung der DDR in den Krieg zu ziehen.[65] Adenauer befürchtet jetzt ernsthaft, Macmillan könnte sich bei seiner Reise versucht sehen, den Sowjets Anerkennungsbereitschaft in Aussicht zu stellen. Kein Wunder, daß er nun seinerseits dem Gedanken eines »Stillhalteabkommens« nähertritt, der sich im »Globke-Plan« findet. Zwei Tage nach der Vorsprache von Steel vermerkt Krone, daß Adenauer auf den »Globke-Plan« eingehen möchte.[66]

Der Kanzler ist wütend. Als er wenig später die Fraktionsvorsitzenden bei sich hat, gewinnt zumindest Krone den Eindruck, daß er »mit der Anerkennung Pankows durch England rechnet«[67]. Auch Theodor Heuss hört von ihm, wie sehr es ihn beunruhigt, daß Macmillan ohne vorherige Konsultation mit den Verbündeten eine ganze Woche in die Sowjetunion fährt.[68]

Schlagartig steigt nun wieder das Englandbild vom »perfiden Albion« auf, das seit dem Ersten Weltkrieg in vielen deutschen Seelen schlummert. Auch das Klischee, daß vor allem der Wirtschaftsneid die negative britische Deutschlandpolitik bestimmt, ist jetzt erneut zu hören.[69]

Persönlich ist Macmillan völlig bei ihm unten durch. Noch nach Jahren kommt er voller Groll auf die nicht im vorweg abgestimmte Reise zu sprechen, bei der wohl so vieles weggegeben, in Aussicht gestellt und verdorben worden sei, was die Verbündeten nie genau erfahren. Das Verhältnis zum britischen Premierminister renkt sich zwar doch etwas ein, als dieser ein Jahr später zugibt, seine Rußlandpolitik sei gescheitert.[70] Es wird aber nie wieder dasselbe wie zuvor. Noch 1965, als Macmillan wie Adenauer bereits nicht mehr im Amt sind, bezeichnet Adenauer Macmillan als »dumm«, wenn er gelegentlich die Reihen der britischen Premierminister durchhechelt.[71]

Macmillan seinerseits ist auch nicht ein Mann, der offen bekundete Abneigung mit Wohlwollen registriert. Seine Tagebucheinträge vom Frühsommer 1959 sprechen eine deutliche Sprache. 28. Mai: »Adenauer ist, wie viele alte Männer, eitel, mißtrauisch und habgierig ... Für ihn bin ich Neville Chamberlain re-incarnatus, und so weiter ...« 18. Juni: »Adenauer ist jetzt halb verrückt ...« 27. Juni: »De Gaulle und Adenauer hoffnungslos! Adenauer, weil er ein treuloser und streitsüchtiger alter Mann ist ...« 23. Juli: »... ein halb verrückter Adenauer«.[72]

Bemerkenswerterweise spielt auch bei Macmillan der Vorwurf der Treulosigkeit eine wichtige Rolle. Adenauer, so wirft er diesem vor, habe ihm Unterstützung bei den Verhandlungen über die Freihandelszone versprochen, doch nur, um ihn bei der ersten besten Gelegenheit an de Gaulle zu verraten.[73] Als die beiden nach Macmillans Moskau-Reise Mitte März in Bonn einen ersten großen Zusammenstoß haben, kommt Adenauer auf die bedenkliche anti-deutsche Stimmung in Großbritannien zu sprechen und vermerkt sich dessen Antwort: »Geben Sie uns die Freihandelszone, dann wird es besser werden.«[74]

So steht es also menschlich und politisch zwischen dem deutschen Kanzler und dem britischen Premierminister in einer Krise, in der die Einigkeit gegenüber Chruschtschow nötiger wäre denn je.

Zur gleichen Zeit macht die amerikanische Deutschlandpolitik Sorgen, wenn auch aus anderen Gründen. Im Kongreß dominieren die Demokraten, und sie drängen auf umfassende Verhandlungen, darin nicht ganz unähnlich Labour in Großbritannien sowie der SPD und der FDP in der Bundesrepublik. Wie die Äußerungen von Dulles zeigen, muß auch dieser schon dem innenpolitischen Druck aus dem Kongreß Rechnung tragen. Ihm vergibt Adenauer jedoch leichter als einem Macmillan. »Es kann ja jeder einmal eine schwache Stunde haben«, bemerkt er begütigend im Journalistenkreis. Und er teilt dort mit, daß Dulles nicht mehr auf die Agententheorie zurückgekommen sei.[75]

In der ersten Februarwoche 1959 sieht Dulles eine Rundreise durch die westeuropäischen Metropolen vor, um die Führungsmächte der NATO wieder auf eine Linie zu bringen. Zur Einstimmung auf die Gespräche übersendet Adenauer am 30. Januar einen persönlichen Brief mit einem zehnseitigen Memorandum.[76]

Darin markiert er einen ganz harten Kurs. Chruschtschow wolle keinen Krieg, sondern strebe die Weltherrschaft an. Sein Ziel sei das westeuropäische Wirtschaftspotential, denn dann wäre er den USA überlegen. Das ist ein Gedanke, den Adenauer in diesen Wochen gegenüber jedermann äußert. Er sei, verrät er im Kreis der damals bevorzugten Journalistenrunde, in seinen Befürchtungen bestärkt worden, als ihm Hallstein neulich dargelegt habe, das Potential der EWG verhalte sich zu dem der USA wie 17:20. Wenn aber der sowjetische Friedensplan einschließlich der Konföderationsidee Wirklichkeit werde, dann gerate erst die Bundesrepublik unter sowjetische Kontrolle, anschließend ganz Westeuropa. Also eine Domino-Theorie, dazu bestimmt, Dulles jede gefährliche Sympathie für irgendwelche Spielarten des Konföderationsgedankens auszureden, desgleichen die Meinung, es gehe primär nur um Deutschland! Wenn aber – so das Argument – gar nicht in erster Linie Berlin oder Deutschland das Ziel ist, sondern ganz Europa, dann verbietet sich auch jede Konzession![77]

Immerhin: Adenauer hätte etwas zu offerieren. Wie wäre es mit der Herstellung diplomatischer Beziehungen zu Polen und zur Tschechoslowakei bei einer entsprechenden Lösung der Berlinfrage? Sogar »eine wohlformulierte Erklärung über die Oder-Neiße-Linie« zieht er in Erwägung, doch mit den bekannten deutschen Positionen, versteht sich: Gewaltverzicht und Bewahrung des Rechts auf Heimat. Zusätzlich wäre ein Angebot wirtschaftlicher Zusammenarbeit mit Polen denkbar.[78]

Dulles schüttelt nur leicht den Kopf, als diese Botschaft eingeht. In einem Telefonat mit seinem engsten Mitarbeiter Livingston Merchant summiert er den Inhalt des Briefes: »Es findet sich nichts Neues drin. Sein Hauptpunkt: es wäre ein Mißverständnis, die Teilung Deutschlands als Ursache der Spannungen in der Welt zu verstehen – die Spannung hat tieferliegende Ursachen. Er reitet auf der These herum, man müsse die Abrüstung allem vorgehen lassen.« Dulles und Merchant stimmen aber darin überein, daß dies den Wagen vor das Pferd spannen hieße. Man kennt sie schon, diese fixe Idee des Kanzlers. Mehr als das und den billigen Vorschlag eines Gewaltverzichts mit Polen und der Tschechoslowakei hat Adenauer also nicht zu bieten!

Fast zur gleichen Zeit, als Adenauer sein hartes Memorandum abgehen läßt, sind in Washington die Vorentscheidungen gefallen. Eisenhower kippt die »Agententheorie« endgültig über Bord. Er spricht sich aber auch gegen die Empfehlung der Vereinigten Stabschefs aus, am gleichen Tag, an dem ein alliierter Konvoi nach Berlin an der Weiterfahrt gehindert würde, sofort eine Division in Marsch zu setzen. Vielmehr sollen in diesem Fall, wie Dulles empfiehlt, Sicherheitsrat und Generalversammlung der Vereinten Nationen aktiviert und eine große Propagandaaktion gestartet werden. Ob und wann Gewalt angewandt wird, ist dann vom Präsidenten zu entscheiden. Um Chruschtschow möglichst einen Rückzieher zu erlauben, ohne das Gesicht zu verlieren, soll Mitte April eine Vier-Mächte-Außenministerkonferenz über verschiedene Aspekte der deutschen Frage zusammentreten: »Diese Gespräche könnten einen Deckmantel darstellen, der den Sowjets die unbegrenzte Verschiebung oder Modifikation ihres gegenwärtigen ›Ultimatums‹ bezüglich Berlin erlauben könnte.«[79]

Am Abend vor dem Eintreffen von Dulles findet auch bei Adenauer nochmals im engsten Kreis Kriegsrat statt. Die Stimmung ist sehr gedrückt, und man gewinnt den Eindruck, daß der Kanzler jetzt seinen harten Kurs zu revidieren beginnt. Von Brentano, Globke und Krone wissen, daß er im Grunde schon entschlossen ist, ein Stillhalteabkommen anzustreben.[80] Dazu wird eine große Konferenz unvermeidlich sein. Adenauer liegt auch eine Stellungnahme General Heusingers vor, der klipp und klar darauf aufmerksam macht, daß ein Durchbruch nach Berlin nur unter Einsatz von Kernwaffen erfolgreich sein kann.[81] Die Sowjetunion besitzt nämlich in der DDR eine erdrückende konventionelle Überlegenheit von 20 erstklassigen Divisionen. Auch General Clay ist dieser Meinung, weiß Felix von Eckardt zu berichten.[82] Wer also eine neue Landblockade brechen will, muß sehenden Auges den dritten Weltkrieg riskieren, wobei in Deutschland von Anfang an Kernwaffen eingesetzt würden.

Adenauer macht bei dieser Vorbesprechung einen ratlosen Eindruck. Zum ersten Mal in langen Kanzlerjahren muß er nun im Angesicht nuklearer Vernichtung Position beziehen. Zwar spricht er sich weiterhin mit der Überlegung Mut zu, Chruschtschow werde es schon nicht zum letzten kommen lassen. Aber lehrt der Blick auf den Sommer 1914 nicht, wie gravierend man sich in solchen Fällen verkalkulieren kann?

Als der amerikanische Außenminister am Vormittag des 7. Februar eintrifft, folgt eine neue, deprimierende Entdeckung. Dulles ist nur noch ein Schatten seiner selbst. Er hat 20 Pfund Gewicht verloren – ein vom Tod gezeichneter Mann. Zwar läßt er Adenauer wissen, es sei bei ihm kein Krebs festgestellt worden. Doch der Augenschein spricht dagegen. »Wir können nicht mehr lange mit ihm rechnen«, berichtet Adenauer abends nach der ersten Besprechung.[83] Doch was ist dann? Kompromisse zu Lasten der Deutschen auch von Seiten Amerikas? Diese Tendenz läßt sich schließlich überall im westlichen Lager beobachten, »Oder-Neiße-Linie, Berlin, Wiedervereinigung – uns eine Herzenssache, den anderen nur ein Interesse«[84].

Dulles spürt rasch, daß Adenauer nun auch nicht mehr für sehr harte Maßnahmen ist und bemerkt schon bei dieser ersten Unterredung pointiert – obschon mit Blick auf England –, wenn die europäischen Verbündeten der USA auf Konzessionen drängten, müsse Amerika ein gewisses *disengagement* praktizieren.[85]

Am folgenden Morgen zeigen sich dann deutliche Meinungsverschiedenheiten zwischen Adenauer und Dulles. Ein recht vorsichtiger Kanzler plädiert erst einmal dafür, in die Deutschlandverhandlungen unbedingt auch die Berlinfrage einzubeziehen – und zwar so, daß das Ultimatum vom Tisch kommt. Seine Linie: möglichst rechtzeitig eine vorläufige Lösung für Berlin treffen!

Dann greift Adenauer das sensible Thema der Ernstfallplanung auf, indem er eine Anfrage von Dulles erwähnt, was im Fall einer Sprengung der Brücken nach Berlin zu tun wäre. Zuerst, so gibt er zu bedenken, sei ja eine vorläufige Lösung zu erstreben – es soll also möglichst alles gesche-

»Vier Westmächte«

hen, daß dieser Ernstfall gar nicht eintritt. Sollte er aber unvermeidlich sein, so sind für ihn »drei allgemeine Grundsätze negativer Art« wesentlich. Erstens darf keine Entwicklung eintreten, die die Uneinigkeit der Westmächte sichtbar macht. Zweitens dürfen sich die drei Westmächte, insbesondere die USA, nicht in eine räumliche Stellung bringen lassen, aus der sie sich zurückziehen müssen. Drittens dürfen »unter keinen Umständen Atomwaffen« verwendet werden.

Im Klartext heißt das doch wohl: Die vorsichtigste westlichste Großmacht, Großbritannien, soll das Tempo und die Intensität des gewaltsamen Vorgehens bestimmen. Ein Vorstoß mit begrenzten Kräften – also etwa mit einer Division – hat zu unterbleiben. Denn die 20 bestens ausgerüsteten sowjetischen Divisionen in der DDR könnten sie ohne weiteres aufhalten oder zusammenhauen. Dann bliebe nur der demütigende Rückzug mit schlimmsten psychologischen Auswirkungen auf Deutschland sowie die Allianz – oder der Kernwaffenkrieg. Eben diesen möchte aber Adenauer ausgeschlossen sehen.

Doch ihm gegenüber sitzt ein grimmiger Außenminister, der innerlich wohl schon mit dem Leben abgeschlossen hat und ihm nun vor Augen führt, was die vielbeschworene *brinkmanship* bedeutet. Werde der Zugang nach Berlin verhindert, führt er mit kalter Logik aus, so muß Gewalt angewandt werden. Schreitet man zur Gewaltanwendung, so muß man auch der Möglichkeit eines Kernwaffenkrieges ins Auge sehen. Dezenter Hinweis dann, daß in einem solchen Krieg die USA selbst wahrscheinlich das Hauptziel des Gegners wären. Jedenfalls meint Dulles, er könne sich nichts Verheerenderes denken, als eine Festlegung auf den Grundsatz, in Europa keine Kernwaffen einzusetzen. Denn an der konventionellen Überlegenheit der Sowjetunion ist nicht zu zweifeln.

Jetzt weicht Adenauer zurück. Er habe nur daran gedacht, man solle nicht schon dann Kernwaffen einsetzen, wenn nur die DDR Schwierigkeiten macht. Dulles erläutert jetzt die amerikanische Ernstfallplanung, wie sie Ende Januar in Washington festgelegt worden sei und macht nochmals die Kriegsbereitschaft deutlich – selbstredend mit dem Argument, die Sowjets würden dann gewiß einen Weg zum Rückzug finden.

Adenauer möchte entwischen, indem er – mit kritischem Blick auf England – bemerkt, die Einheit der drei Westmächte sei noch wichtiger als Kernwaffen. Doch nun packt Dulles zu. Nicht drei, *vier* Westmächte gibt es – die Bundesrepublik gehört dazu. Schließlich ist sie vor allem betroffen. Auch Bonn muß also bereit sein, sich an diesem Programm zu beteiligen. Dulles wird geradezu drohend: Wenn die Bundesrepublik keine starke Politik wünscht, so wäre es gut, wenn die USA dies von vornherein wissen, damit sie sich und ihr Prestige nicht festlegen.

Erneut sucht Adenauer auszuweichen. Er habe sich ja schon auf eine harte Politik festgelegt, fürchte aber, ein Krieg wegen des Zugangs nach Berlin finde weder in den USA noch in England, Frankreich oder in einem anderen NATO-Staat Verständnis.

Nun hört Adenauer von Dulles, die USA seien dazu bereit, in England und Frankreich wenigstens die Regierungen. Nochmals skizziert er dann ein Vorgehen in zwei Etappen: erst eine Probe, ob Gewalt angewandt wird, dann ein Stadium militärischer Vorbereitung, verbunden mit politischen und propagandistischen Maßnahmen. Nochmals wird Adenauer gefragt und antwortet jetzt, das Vorgehen in zwei Etappen halte er für richtig, auch die Bundesrepublik. Dulles vermeidet es, die Frage zu stellen, ob Adenauer auch mit der Endstufe einverstanden ist.[86]

Dies ist das Gespräch, von dem Krone nach dem Bericht Adenauers schreibt: »Dulles war von letzter Härte.« Seine Vermutung: »Dulles ging weiter, als der Kanzler zu gehen bereit ist.«[87]

Jedenfalls gibt es nur wenige Momente während Adenauers Kanzlerschaft, in denen sein Selbstbehauptungswille so genau getestet wird. Im Frühjahr 1960 kommt das Thema nochmals auf, und Ende 1961 wird ihn Kennedy erneut vor eine ähnliche Frage stellen, die er unter Verweis auf das letzte Gespräch mit dem todkranken Dulles ähnlich beantwortet. Wie in allen Ernstfällen seines bisherigen Lebens zeigt er sich auch hier als ein Mann, der zur harten Selbstbehauptung entschlossen ist – dabei aber rastlos auf der Suche nach Auswegen aus der Grenzsituation. Ein für die Verhältnisse der fünfziger Jahre bemerkenswert kaltblütiger Bürger, gewiß, doch kein todessehnsüchtiger Nibelunge im brennenden Saal der Etzelburg!

Wie relativ jede Absprache mit John Foster Dulles ist, wird unmittelbar nach dessen Rückkehr in die USA deutlich. Er berichtet noch dem Präsidenten, macht dabei durchaus auch auf die Sorgen Adenauers vor einem Nuklearkrieg aufmerksam[88] und begibt sich dann in die Klinik, wo man die fortgeschrittene Krebserkrankung feststellt. Bewegt vernimmt Adenauer von CIA-Direktor Allen Dulles, daß sein Bruder besorgt ist, der Kanzler könne sich getäuscht fühlen. Tatsächlich sei ihm in Bonn noch nicht bekannt gewesen, daß er Krebs habe.[89]

Da aber vorerst offenbar eine neue Runde von Deutschland-Verhandlungen bevorsteht, stellen die Briten das Hauptproblem dar. Auch auf Anraten von Dulles richtet Adenauer am 11. Februar, noch vor dessen Rußlandreise, einen sehr entschiedenen Brief an Macmillan. Er entschließt sich dabei für einen gewinnenden Ton und beginnt das Schreiben mit der Anrede: »Lieber Freund!« Erst schildert er die beunruhigenden Äußerungen Botschafter Steels am 3. Februar. Die deutsche Ansicht dazu sei bekannt, und so bemerkt er nur warnend: »Sobald die westlichen Alliierten sich mit der Frage einer etwaigen Anerkennung der DDR beschäftigen, wird dadurch die ganze außenpolitische Situation, soweit Europa und soweit wir in Frage kommen, völlig verändert... Ich bitte Sie, Verständnis dafür zu haben, wenn ich Sie auf die Bedeutung, die die Formulierung Ihrer Antwort, falls Chruschtschow Sie darauf ansprechen wird, haben wird, besonders aufmerksam mache.«[90]

Das Schreiben bleibt nicht ganz ohne Wirkung. Macmillan gewinnt einmal mehr den Eindruck, daß Adenauer in puncto offizieller Nichtanerkennung der DDR geradezu eisern ist. Noch in den »Memoiren«, deren einschlägiger Band 1971 erscheint, bemerkt er dazu: »Diese Frage war selbstverständlich die eine, zu der er sein ganzes Leben lang die strengsten und unerschütterlichsten Ansichten vertrat.«[91]

Die Suche der Briten nach verhandlungsfähigen Themen bewegt sich nun vor allem in Richtung einer europäischen Rüstungskontrollzone – natürlich mit Schwerpunkt in Deutschland. In dem Kommuniqué der Besprechungen zwischen Macmillan und Chruschtschow vom 3. März findet sich der ominöse Satz: die Regierungschefs waren sich »darin einig, daß es nützlich wäre, die Möglichkeiten einer Verstärkung der Sicherheit durch irgendwelche Methoden der Begrenzung von Streitkräften und Waffen – sowohl konventioneller als auch nuklearer – in einer vereinbarten Zone Europas und unter einem angemessenen Inspektionssystem weiter zu prüfen«[92].

Macmillan muß jetzt feststellen, daß es neben der Nichtanerkennung der DDR eine weitere Frage gibt, in der Adenauer »sein ganzes Leben lang die strengsten und unerschütterlichsten Ansichten« vertritt. Das ist die Frage einer Rüstungskontrollzone unter Einbeziehung der Bundesrepublik. Nach Ausweis seiner internen Überlegungen ist der Kanzler in diesem Punkt sogar noch viel kompromißloser. Entsprechend stark die Entrüstung.

Schon während der Reise Macmillans schmäht er ihn im Gespräch mit dem amerikanischen Botschafter: er fühle sich an Chamberlain erinnert. Und gibt es nicht zu denken, daß Macmillan die russischen Soldaten als »Kameraden« begrüßt hat?[93] »Durch das Verhalten Macmillans ist die Krise der NATO, die von der Sowjetunion ausgelöst wurde, außerordentlich vorangetrieben worden«, klagt er im Kabinett. Denn auch an der

NATO-Nordflanke sind Tendenzen zur Nachgiebigkeit erkennbar – »heute England, morgen Skandinavien«[94].

Aber immer wieder in diesen Wochen, als seine gesamte Außenpolitik im Schwimmen ist, kreisen seine Befürchtungen um Großbritannien. Nicht allein der britische Premierminister scheint unzuverlässig. Das ganze Land steht Deutschland mit Abneigung gegenüber! Es ist immerhin kein Geringerer als der amerikanische Star-Kolumnist Walter Lippmann, dem gegenüber er sich Mitte März 1959 denkbar ungeschützt äußert: »Die Vereinigten Staaten stehen absolut gegen Rußland, Frankreich durch de Gaulle ebenfalls.« Großbritannien aber stehe vor Wahlen, und es komme noch etwas hinzu: »ein großer Haß gegen die Deutschen, ein wirklicher Haß, der übrigens zum Teil von Sowjetrußland systematisch geschürt wird.«[95]

Nun, da er Macmillan als sehr unsicheren Kantonisten betrachtet und da Dulles praktisch ausfällt, wenden sich Adenauers Blicke nach Frankreich, wo de Gaulle inzwischen mit großer Mehrheit zum Staatspräsidenten der Fünften Republik gewählt worden ist. De Gaulle, so sieht es der tief besorgte Kanzler, ist jetzt der einzige noch feste Fels in der Brandung. Kurz vor einem Konsultationsgespräch Adenauers mit dem französischen Staatspräsidenten vernimmt Heinrich Krone Erstaunliches: »Ob er Frankreich unsere Vertretung für die Gipfelkonferenz antragen solle?« Und so vermerkt der Fraktionsvorsitzende bedeutungsvoll und durchaus schon etwas bedenklich: »Der Kanzler geht auf engste Partnerschaft mit Frankreich aus.«[96]

Am gleichen Tag, als Macmillan nach elftägiger Erkundungsreise von Rußland wieder nach London zurückfliegt, besteigt Adenauer den Salonwagen nach Paris. Das Gespräch mit de Gaulle findet in völliger Abgeschiedenheit statt, in dem kleinen Schlößchen Marly-le-Roy. Keine Journalisten, keine Scheinwerfer. De Gaulle beginnt jetzt nicht nur seinen neuen Präsidialstil von ganz offensichtlich monarchischem Gepräge zu pflegen. Er weiß auch, daß in spannungsvollen Wochen von Geheimgesprächen viel wirksamere Signale ausgehen als von Treffen, die auf dem Präsentierteller stattfinden. Beiden ist es ganz willkommen, in den Zeitungen von einer Achse Paris–Bonn zu lesen – hier die harten Kontinentaleuropäer, dort die nachgiebigen Briten!

So gestärkt, tritt Adenauer Mitte März in Bonn Premierminister Macmillan entgegen. Es soll nach seinem Willen eine ausgesprochen unerfreuliche Konferenz sein, und das wird sie auch. Zwar hält man die Differenzen unter der Decke. Doch alle Insider wissen, wie kühl Adenauer und

Macmillan miteinander umgegangen sind. Der Hauptstreitpunkt sind die Pläne der Briten für eine Rüstungskontrollzone. »In jedem militärischen Disengagement«, führt Adenauer kurz vor dem Besuch Macmillans im Journalistenkreis sinngemäß aus, liegt »ein Stück politischer Kontrolle durch die ehemaligen Siegermächte«. Und dann bricht es aus ihm heraus: »Ich hab' das noch nie öffentlich gesagt. Aber Herrn Macmillan werde ich sagen, solange ich hier sitze, wird es keine deutsche Unterschrift unter einen Diktatfrieden geben. Einen Diktatfrieden nehme ich nicht hin.«[97]

Adenauer setzt Macmillan und Außenminister Selwyn Lloyd in mehreren Ansätzen mit bohrenden Fragen nach dem Urheber des ominösen Satzes im Kommuniqué zu.[98] Ein paar Tage später erfährt er ohne besonderes Erstaunen von Botschafter Bruce, Macmillan sei tatsächlich auf ein Einfrieren der Rüstung beiderseits des Eisernen Vorhangs aus. Streitkräfte, die schon Kernwaffen haben, sollen sie behalten. Die anderen dürfen keine bekommen.[99] Diese Information stammt zwar vom amerikanischen Präsidenten, dem Macmillan diese Pläne mitgeteilt hat. Doch wer weiß, ob er nicht auch gegenüber Chruschtschow davon gesprochen hat? Natürlich erklärt Adenauer das gegenüber Bruce für völlig unannehmbar.

Immerhin wird der offene Eklat beim Bonn-Besuch Macmillans vermieden. Adenauer entwickelt seine altbekannten Ideen einer Serie von Ost-West-Konferenzen und macht ihn auch vorsichtig mit den Vorstellungen von einem fünfjährigen Stillhalteabkommen über Berlin als Preis für eine spätere Gipfelkonferenz bekannt.[100] Daß Chruschtschow einen Gipfel anstrebt, weiß er schon lange. Er spürt nun, daß Macmillan danach genauso begierig ist. Dieser reist mit der Hoffnung nach London zurück, daß Adenauer ein Ja zum Gipfel und zu einer Außenministerkonferenz gegeben hat.[101]

Inzwischen ist in Bonn die anfänglich noch geschlossene innenpolitische Front gegenüber Chruschtschow voll zusammengebrochen. Zur gleichen Zeit, als Macmillan mit Adenauer verhandelt, reisen Fritz Erler und Carlo Schmid zu erfolglosen Gesprächen nach Moskau. Ein paar Tage zuvor schon hat sich Ollenhauer mit Chruschtschow in Berlin getroffen. Verächtlich bemerkt Adenauer zu Walter Lippmann: »Wenn Ollenhauer zu Chruschtschow geht nach Ostberlin, mutterseelenallein, ohne Dolmetscher, und sitzt da den Russen gegenüber, die ja ein Kommuniqué fertiggemacht haben, dann ist das doch grauenvoll, daran zu denken, daß der Führer einer so großen Partei so dumm ist.«[102]

Wieder ein paar Tage später veröffentlicht die SPD ihren »Deutschlandplan«. Den Vorsitz in der damit beauftragten Kommission des Parteivorstands hat Herbert Wehner geführt. Er hat die Ausarbeitungen auch so überarbeitet, daß sie den östlichen Vorstellungen entgegenkommen. Ein Kerngedanke ist die Denuklearisierung Deutschlands und schließlich die Überführung in ein kollektives Sicherheitssystem. Auch die Begleitmusik kommt von Wehner. Der Kampf gegen die Regierung müsse bis zum äußersten geführt werden. Adenauer ist für ihn die »Nachgeburt des Führers«[103].

Die Sozialdemokratie ist damit nach Meinung des Kanzlers »sehr weit nach links abgerutscht unter Führung Wehners«, geistig finde eine Spaltung »echter Sozialdemokraten« von solchen statt, die früher mehr oder weniger zum Kommunismus neigten.[104] Aber eigentlich freut er sich über das Wiederaufleben der innenpolitischen Konfrontation. Es stehen nämlich wieder Landtagswahlen bevor – in Niedersachsen und in Rheinland-Pfalz. Ungerührt meint er: Mit dem Vorschlag einer paritätischen Vertretung von Bundesrepublik und DDR in gesamtdeutschen Organen habe die SPD »der CDU die Wahlkampagne plötzlich sehr erleichtert«[105].

Im März und April ist sowohl in Bonn wie in den westlichen Hauptstädten, wo die Deutschlandkonferenz vorbereitet wird, alles noch im Schwimmen. Fast jedes Konferenzpapier, das Adenauer vorgelegt wird, findet er unausgegoren und gefährlich. Das hält ihn aber nicht davon ab, seinerseits den eigenartigsten Ideen nachgehen zu lassen. Seit Winter 1958 kommen aus der Wiener Gerüchteküche Nachrichten über einen sowjetischen Berlinplan mit den Kernelementen: Verlagerung der Hauptstadt der DDR nach Leipzig; Errichtung einer Freien Stadt aus Berlin-Ost und Berlin-West unter UN-Kontrolle; Zugang nach Berlin durch einen Korridor nach dem Vorbild Danzigs, auch dieser unter UN-Kontrolle. Der österreichische Außenminister Kreisky erwärmt sich für den Korridor-Gedanken und die Idee einer UN-Kontrolle, und am 20. März findet darüber ein Gedankenaustausch mit Adenauer statt. Die Sondierungen führen aber zu nichts.[106] Das Hin und Her über den Kreisky-Plan beweist nur, wie verzweifelt Adenauer überall nach Schlupflöchern sucht.

Mit steigendem Mißtrauen stellt er fest, daß das Auswärtige Amt im Kontakt mit den westlichen Außenministerien an Deutschland-Plänen arbeitet, die er nicht richtig zu fassen bekommt. Dies allerdings auch deshalb, weil jetzt die Suche nach einem Nachfolger für Theodor Heuss in die heiße Phase eingetreten ist und seine Aufmerksamkeit zusehends beansprucht.

Die Vorgänge werden immer merkwürdiger. Ende März, am Ostersamstag, teilt ihm Staatssekretär van Scherpenberg in Rhöndorf mit, daß er selbst noch keine Zeit gehabt habe, das umfangreiche Protokoll der Berlin-Arbeitsgruppe der Vier Mächte gründlich durchzuarbeiten. Doch am gleichen Tag ist bereits in der *Neuen Zürcher Zeitung* zu lesen, die Pläne für eine Inspektionszone hätten starke Ähnlichkeit mit dem Rapacki-Plan.[107] Von Brentano selbst überquert währenddessen auf einem Schnelldampfer den Atlantik und redigiert die Konferenzpapiere für Washington, ohne aber das Protokoll von London schon vorliegen zu haben.[108]

Was Adenauer zuerst für Desorganisation hält, ist aber allem Anschein nach ein bewußter Versuch von Brentanos, ihn zu umgehen und bei der westlichen Außenministerkonferenz in New York den Plan einer Rüstungskontrollzone absegnen zu lassen. Erst dreißig Jahre später berichtet Kreisky in seinen Memoiren, daß er bei seinem Bonn-Besuch gegen Ende März von entsprechenden Plänen von Brentanos gehört hat, die auf Ministerialdirektor von Duckwitz zurückgingen. Kreisky erzählt damals Heinrich Krone bei einem Abendessen davon und stellt fest, daß dieser enge Vertraute Adenauers überhaupt nichts davon weiß.[109] Als van Scherpenberg den Stand der Dinge schildert, greift Adenauer jedenfalls energisch ein. Ob von Krone gewarnt, ob durch die Presse alarmiert oder von seinem eigenen Instinkt, muß offenbleiben. Er untersagt von Brentano durch van Scherpenberg, der am Ostermontag nach Washington fliegt, keinen Beschlüssen der Arbeitsgruppe zuzustimmen, die irgendwelche Bedeutung haben könnten. Die Außenministerbesprechung wird also eine für Brentano ziemlich unerfreuliche Angelegenheit, und die Vier-Mächte-Arbeitsgruppe muß sich nochmals in Paris treffen.[110]

Dasselbe wiederholt sich zwei Wochen später. Inzwischen hat Adenauer in Bonn die Lawine seiner Präsidentschaftskandidatur losgetreten, sich aber alsdann erleichtert in den Zug gesetzt und ist zu einem fast vier Wochen dauernden Urlaub in den Frühling nach Cadenabbia gefahren. Dort hält ihn die Konferenzvorbereitung Tag für Tag in Atem, zumal jetzt John Foster Dulles definitiv die Washingtoner Szene verlassen hat. Wie ihn das alles umtreibt, äußert er mit einiger Untertreibung in einem Brief an Dannie Heineman: »Es ist sehr schön hier, aber nicht arbeits- und sorgenfrei. Die Erkrankung und der Rücktritt von Dulles gehen mir sehr zu Herzen. Daß gerade er bei solch entscheidenden Konferenzen ausfällt, ist ein schwerer Schlag für uns alle.«[111] Bonner Journalisten gegenüber äußert er sich nach der Rückkehr viel drastischer. Die Vorbereitung dieser Konferenz habe ihm den ganzen Aufenthalt in

Cadenabbia verdorben. Man könne sich gar nicht vorstellen, was er alles aus der Ferne verhindern mußte.

Jeder, der mit ihm zu tun hat, fürchtet diese langen Urlaubsaufenthalte. Denn sie lassen ihm viel mehr Zeit, als er in Bonn hat, dicke Dossiers zu studieren, sich über Diplogerma-Telegramme zu beunruhigen, lange kritische Briefe zu schreiben und überraschende Pläne auszuhecken. Auslöser eines neuen Kanzlerzorns ist ein Telegramm des Gesandten Jansen aus Paris. Er hat mit Jean Laloy, dem Leiter der französischen Deutschland-Arbeitsgruppe, gesprochen und dieser hat ihn vor den britischen Plänen einer Zone limitierter Rüstung gewarnt. Schlimme Reizvokabeln, mit denen man Adenauer erregen kann, tauchen hier auf. Eine solche Zone, so Laloy, führt nach französischer Ansicht »zur Neutralisierung« Deutschlands. Oder die Bundesrepublik – »ein international kontrolliertes Gebiet«![112]

Kaum ist Adenauer in Cadenabbia eingetroffen, da geht schon das erste gestrenge Telegramm an van Scherpenberg heraus, in dem er die Entwürfe für eine Instruktion der Arbeitsgruppe summarisch ablehnt. Sein Mißtrauen gilt vor allem dem Vorschlag einer »inneren Sicherheitszone«. Das sei »eine Tarnung des Rapacki-Plans«. Von Brentano, dem van Scherpenberg telefonisch Mitteilung macht, ist so erschüttert, daß er brieflich die Kabinettsfrage stellt.[113]

Die Staatssekretäre Globke und van Scherpenberg, den Brief des Außenministers im Gepäck, reisen daraufhin unverzüglich nach Cadenabbia, ohne Adenauer allerdings beruhigen zu können. Nach ihrer Abreise geht unverzüglich ein zehnseitiger Brief an von Brentano heraus, in dem der Kanzler alles zusammenfaßt, was er an ihm und am Auswärtigen Amt auszusetzen hat.

Zuerst wischt er das Rücktrittsangebot vom Tisch. Das sei jetzt völlig unangebracht, außerdem habe von Brentano sein Vertrauen. In dieses Vertrauen schließt er auch van Scherpenberg ein, doch nicht das Auswärtige Amt als Ganzes. Es sei, so das harsche Urteil, »innerlich nicht in Ordnung«. Adenauer hat nun gar keine Zweifel mehr, daß dort eine Gruppe mit der SPD zusammenspielt: »Anscheinend sind nachgeordnete Stellen im Auswärtigen Amt darauf aus, wichtige Entscheidungen herbeizuführen ohne mich oder auch gegen mich. Wer das macht, kann ich nicht beurteilen. Aber Sie müssen es wissen ...« Brentano weiß es aber nicht. Das ist Führungsschwäche. Und der Grund der Führungsschwäche: »Sie sind krank, Sie sind während der Vorbereitung der Konferenzen die halbe Zeit von Bonn abwesend ... Sie verlassen regelmäßig Bonn und gehen nach Waldmichelbach. Statt dort vernünftig und gesundheitsgemäß einige Tage zu verbringen, reden Sie in Ihrem Wahlkreis und in Hessen, überhaupt zur Zeit höchst überflüssigerweise ...«[114]

Die ganze, ursprünglich von ihm gebilligte Konferenzplanung gefällt ihm nun gar nicht mehr. »Die Verbindung der Berlin-Frage mit anderen Fragen zu einem Paket ist für Berlin sehr ungünstig«, merkt er kritisch an.[115] In der Tat, das hatte er auch von Anfang an erkannt. Doch ist die Entwicklung der letzten Monate eben nicht genau in diese Richtung gelaufen, und hat er nicht selbst dem widerwillig zugestimmt?

Desgleichen will ihm nun die Einschaltung der Vereinten Nationen in die Berlin-Garantie nicht mehr recht einleuchten. »Warum wenden wir uns nicht dagegen?«[116]

Seine Hauptsorge aber gilt der »inneren Sicherheitszone«. Es müßte doch von Brentano weiß Gott bekannt sein, daß er für so etwas nie zu haben sein wird! Auch nur in die Diskussion einer solchen Möglichkeit einzutreten, »ist ein niemals wieder gutzumachender Schaden für Deutschland«.[117] Natürlich wird das gestrichen. Einige Monate später hört McCloy zu dem Thema Rüstungskontrollzone von ihm: »Solange ich lebe, wird es dazu nicht kommen.«[118]

Besonders empört ihn, die problematischen Ideen aus dem Auswärtigen Amt schon in der *Frankfurter Allgemeinen* vom 13. April lesen zu können, auch in der *Welt* und im *Combat*. Als Quelle dafür kommt doch nur das Auswärtige Amt selbst in Frage! Von Brentano soll gefälligst diesen Bruch des Amtsgeheimnisses untersuchen und ihm vom Ergebnis Mitteilung machen.[119]

Einem Brief an Globke vom folgenden Tag fügt er in seiner steilen Handschrift ein längeres P.S. bei, in dem sich die Sätze finden: »Nach meiner Befürchtung ist ein *erheblicher* Teil des AA gegen die heutige Außenpolitik. V. Br. ist körperlich und geistig erledigt, v. Scherpenberg kann jeden Tag zusammenbrechen. Ich bin in großer Sorge.«[120]

In seiner Not ordnet er jetzt an, Botschafter Grewe mit der Leitung der deutschen Delegation bei der Genfer Konferenz zu betrauen.[121] Grewe, so weiß er, kennt die Deutschlandfrage in allen ihren Verästelungen. Er besitzt auch die nötige Härte. Nun kommt mehr Ruhe in die Vorbereitungen.

Hinsichtlich eines Ertrags der Konferenz für die deutsche Frage ist Adenauer völlig illusionslos. Selbst ob Berlin davonkommt, steht in den Sternen. Der alte europäische Mitstreiter Ministerpräsident Joseph Bech von Luxemburg erhält unter dem Datum des 28. April einen Brief, der fast alles sagt: »Die Aussichten der jetzt beginnenden Konferenz sind m.E. gar nicht gut. Ich hoffe aber, daß es gelingen wird, Berlins Freiheit zu retten ...«[122]

Aber es kommt schließlich nicht so schlimm, wie Adenauer befürchet hat. Die Genfer Konferenztaktik des Westens verfolgt das Ziel, das Berlin-Ultimatum bei ausgedehnten und höchstwahrscheinlich fruchtlosen Auseinandersetzungen über das Deutschlandproblem in Vergessenheit zu bringen. Das gelingt auch, wennschon nicht ohne Mühe. Man muß vom 11. Mai bis zum 4. August verhandeln. Am Schluß steht nicht einmal eine Interimslösung über Berlin.

Nicht nur Adenauer berührt es eigenartig, daß John Foster Dulles ausgerechnet am 27. Mai auf dem Friedhof in Arlington unter einer sengenden Sonne beigesetzt wird. Es ist der Tag, an dem das sowjetische Ultimatum abgelaufen wäre. Kein Mensch spricht vorerst mehr davon. Adenauer hat es sich nicht nehmen lassen, zur Beerdigung nach Washington zu fliegen. Er findet sich dort in ziemlich gemischter Gesellschaft – Madame Tschiang Kai-schek, Paul-Henri Spaak, Gromyko.

Es bewegt ihn zu hören, daß Dulles als letzte Nahrung ein Gericht mit magenschonender Hafergrütze zu sich genommen hat, die er ihm empfohlen und per Kurierpost nach Washington gesandt hat.[123]

Alle Differenzen sind nun vergessen. Nach der Rückkehr von der Beisetzung erhält Dannie Heineman einen der gewohnt kurzen Briefe des Kanzlers: »Der Abschied von unserem gemeinsamen Freund John Foster Dulles hat mich sehr bewegt. Er war einer der treuesten und zuverlässigsten Freunde Deutschlands und er hat, wie kaum jemand sonst, die Gefahr des Bolschewismus für die freie Welt erkannt.«[124]

Bei Niederschrift dieser Zeilen befindet sich Adenauer eben auf dem Sprung, eine Fehlentscheidungs zu korrigieren, die er Anfang April überstürzt getroffen hat: die Kandidatur zum Bundespräsidenten.

Die Präsidentschaftsposse

Im Frühjahr und Frühsommer 1959 finden die Vorgänge um die Nachfolge von Bundespräsident Theodor Heuss genausoviel öffentliches Interesse wie das Berlin-Ultimatum. Die gern zur Dramatisierung neigenden Publizisten schreiben gleicherweise von Berlin- Krise wie von Präsidentschafts-Krise. Ersteres trifft den Sachverhalt, letzteres ist eine unüberlegte Übertreibung. Wäre man weniger ausschließlich auf die deutschen Angelegenheiten fixiert, so wüßte man, daß Präsidentschaftswahlen zu den beliebtesten Spielchen der politischen Klasse gehören. Für die Wahl des französischen Präsidenten René Coty im Dezember 1953 etwa sind 13 Wahlgänge erforderlich. Als Antonio Segni 1962 zum italienischen Staatspräsidenten gewählt wird, geht das nicht unter neun Wahlgängen ab.

In der Besorgnis über die Manöver, die schließlich zur Wahl von Heinrich Lübke führen, kommt aber bereits eine für die Öffentlichkeit charakteristische Gestimmtheit zum Ausdruck. Überall herrscht eine sehr betuliche, sehr nervöse, sehr deutsche Sorge um Stabilität und um erschütterungsfreies Funktionieren der politischen Institutionen. Daß solche Erwartungen angesichts der bekannten Eigenart von Politikern töricht sind, will niemand recht wahrhaben.

Doch trägt noch ein weiterer Umstand zum allgemeinen Abscheu über das Hin und Her bei. Die drei Persönlichkeiten, um die es in erster Linie geht – Konrad Adenauer, Ludwig Erhard, doch auch Theodor Heuss – gelten weithin als Garanten der so erfreulichen Nachkriegsentwicklung. Daß es dem bürgerlichen Deutschland nach Adolf Hitler gelungen ist, gewissermaßen auf Anhieb gleich drei Persönlichkeiten dieses Kalibers zu finden, wird als historischer Glücksfall betrachtet. Von den dreien sind Heuss und Erhard viel beliebter als Adenauer, auch wenn die Bevölkerung spürt, daß er der Bedeutendste ist. Doch eben weil man ihn als unruhigen, fordernden, scharfkantigen Herrn respektiert, schätzt man die gutbürgerliche Bonhomie der beiden anderen um so mehr. Nun aber fängt ausgerechnet Adenauer mit ihnen Händel an, und man muß befürchten, daß die insgesamt ruhige Konstellation zwischen den Inhabern der höchsten Ämter in Unruhe übergeht. Der Gedanke kommt Adenauer nicht oder allenfalls ganz selten, die Freunde einer bürgerlichen Republik könnten ein tiefes Bedürfnis nach guten Beziehungen zwischen deren Gallionsfiguren verspüren.

Natürlich wissen auch die Bürger der späten fünfziger Jahre, daß sie nicht von Engeln regiert werden. Wer einen Adenauer über die Jahre hinweg beobachtet hat, macht sich keine Illusionen. Doch eben deshalb möchten viele Deutsche wenigstens im Amt des Bundespräsidenten einen Repräsentanten sehen, der das Ganze verkörpert. Es ist ihnen schrecklich, mitansehen zu müssen, wie nun auch das von Theodor Heuss so hervorragend ausgestaltete höchste Staatsamt anscheinend persönlichem Hader völlig zum Opfer fällt. Die klügeren Beobachter sind allerdings nicht zuletzt deshalb befremdet, weil die ungeheure Aufregung einem Amt gilt, das doch überwiegend dekorative Bedeutung hat. Zeugt es also nicht von einem alarmierenden Mangel an Urteilsvermögen, daß dem Kanzler und CDU-Vorsitzenden die Präsidentschaftskandidatur dermaßen zur Posse gerät?

Bei dieser Gelegenheit rückt nun erstmals auch das Alter Adenauers in den Mittelpunkt aller Überlegungen. Bisher hat man es staunend, doch auch fast selbstverständlich hingenommen, von einem alten Mann regiert zu werden. Das deshalb, weil Adenauer bisher eben ganz und gar nicht greisenhaft wirkt. Im Oktober 1957 etwa, als Blankenhorn den Kanzler wieder einmal in Cadenabbia aufsucht, erzählt ihm dieser von einem Bluterguß im Knie. Er muß die Folgen eines Sturzes auskurieren, so meint er, indem er das rechte Bein beim Sitzen auf einen Stuhl legt. Ausgesprochen erfreut bemerkt er dann, beim Röntgen habe man festgestellt, »daß er keineswegs die Knochen eines alten Mannes habe, die immer gewisse Zerfaserungserscheinungen aufweisen«. Vielmehr besitze er die Knochen eines Mannes mittleren Alters.[1]

Nun aber gibt er sich eine ganz schlimme Blöße. Erst streckt er die Hand nach dem höchsten Amt aus, das Würde genug beinhaltet, ihm aber zwischen dem dreiundachtzigsten und dem achtundachtzigsten Jahr doch jene geringere Belastung bringen würde, wie es dem fortgerückten Alter eigentlich gemäß wäre. Dann aber reut es ihn anscheinend, für die Würde seine Macht drangeben zu müssen, und so stößt er das von Heuss zu Ansehen gebrachte Amt verächtlich von sich. Nur wenige wollen ihm abnehmen, daß ihn dabei die Sorge um sein Werk umtreibt. Was Adenauer denkt, schreibt sein Staatssekretär in einem Moment großer Erregung an Heinrich Krone: »Ich bin nach gewissenhafter Prüfung nach wie vor der Überzeugung, wenn Erhard Kanzler wird, dann kann nur die Gnade Gottes das deutsche Volk noch retten.«[2] Aus dieser Sicht erscheint ein Kanzler Erhard tatsächlich als große Tragödie, wobei Adenauer und Globke in erster Linie an die Genfer Konferenz denken.

Der Bürger sieht es aber anders. Hier weiß ein alter Mann nicht mehr richtig, was er eigentlich will! Die Lebenserfahrung läßt leider vermuten, daß beim Kanzler dieselben Motive maßgebend sind wie beim alten Bauern, der den Erbhof nicht abgeben möchte. Alles in allem also viel eher eine große Posse denn eine große Tragödie.

Daß die Besetzung des höchsten Staatsamtes zur Posse gerät, hängt natürlich auch mit dem Ergebnis der Auseinandersetzungen zusammen. Für den bedeutenden Theodor Heuss ist ein angemessener Nachfolger zu finden. Das Meer der Leidenschaften tobt. Die Berge kreißen. Politische Schwergewichte wie Carlo Schmid, Ludwig Erhard, Konrad Adenauer treten in den Ring. Gewählt aber wird schließlich Heinrich Lübke.

So wird also ein Politiker Bundespräsident, mit dem Adenauer nichts verbindet, es sei denn Abneigung, die noch auf die Besatzungszeit zurückgeht. Für einen gut informierten Mann wie Theodor Heuss gilt das als feststehende Tatsache: »Daß Lübke und Adenauer sich nicht leiden können, und das zwar ganz persönlich aus der Zeit, da die CDU in Nordrhein aufgebaut wurde, weiß jeder.«[3]

Adenauer blamiert somit beim ganzen Hin und Her nicht nur sich selbst. Er bringt auch noch – Schlußszene der Präsidentschaftsposse – einen Mann in die Villa Hammerschmidt, der ihm zuwider ist. Der gute Rat und die Ausstrahlung von Theodor Heuss waren ihm doch manchmal hilfreich. Und emotional hat es gleichfalls geholfen, in Heuss einen Partner zu haben, der ihn im Grunde bewundert, wenn auch nicht unkritisch und mit Vorbehalten. Als dieser sich nach Stuttgart zurückzieht, geht ein weiterer Gefährte der Bonner Aufbaujahre und zugleich eine stabilisierende Kraft. Die Einsamkeit wächst.

So ist der Gesamtvorgang eine einzige Kette von Mißgriffen. Von außen ist das mit *einem* Blick zu erkennen. Wer sich aber in Adenauers Lage hineindenkt, erkennt, wie fast jeder Schritt in dieser insgesamt verfahrenen Angelegenheit durchaus seine innere Logik hat und rational nachvollziebar ist. Selbst die einzelnen Fehler kann man erklären. Doch alles in allem ist diese Präsidentschaftsposse ein Beispiel dafür, wie im Strom täglicher Einzelentscheidungen der Gesamtüberblick verlorengeht. Dabei ist die schlimmste Hypothek dieser monatelangen Auseinandersetzungen gar nicht einmal Heinrich Lübke. Ein Bundespräsident, der der Ausstrahlung ermangelt, läßt sich schließlich aushalten.

Hätte alles mit den komödienreifen Vorgängen im Frühjahr 1959 und mit der Wahl eines nicht sehr bedeutenden Bundespräsidenten sein Bewenden, so würden nicht die Gegner, aber doch die Anhänger der Regierung Adenauer die Peinlichkeiten wohl rasch zur Seite schieben. Doch damit beginnt ja nun ein siebenjähriger Krieg Adenauers – erst gegen den hochverdienten eigenen Wirtschaftsminister, dann gegen den Nachfolger. Erhards Sturz im Dezember 1966 wird zwar nicht mehr Adenauers Werk sein, aber zwischen 1964 und 1966 tut er viel, ihn zu schwächen und seine Gegner zu ermutigen.

Immer, so behauptet er, geht es ihm dabei um die Sache. Und wer ihn spricht, geht mit dem Eindruck fort, daß Adenauer das auch glaubt. Große Teile der Öffentlichkeit hingegen nehmen ihm die sachliche

Die Präsidentschaftsposse

Begründung nicht ab, sondern vermuten die naheliegenden Motive erst des Machtwillens und dann, nach dem erzwungenen Rücktritt im Herbst 1963, der Rachsucht. Wenn Adenauer seit dem Frühjahr 1959 eine zusehends schlechtere Presse hat, dann auch deshalb, weil er Erhard mit seinem Haß zu verfolgen scheint.

Im Sommer 1958, als Adenauer, Globke und Krone erstmals über die Nachfolge von Heuss beraten, ahnt noch niemand, wozu sich dieses an und für sich nicht allzu gewichtige Problem auswachsen wird. Man ist sich aber schon einig, daß keiner der Professoren und Bischöfe, die damals genannt werden, berücksichtigt werden sollte. Der neue Präsident muß aus der Politik kommen. Schließlich sind 1961 Bundestagswahlen, so daß dem Vorschlagsrecht des Bundespräsidenten doch eine gewisse Bedeutung zukommt.[4]

Adenauer läßt in dieser Phase die Hasen laufen. Mitte September 1958 spricht ihn anläßlich einer Unterredung beim Bundespräsidenten Hans Bott an: Wie steht es denn mit den Präsidentschaftsaussichten von Krone, von denen man in den Zeitungen liest?[5] Natürlich ist es Heuss selbst, der hier durch seinen getreuen Adlatus neugierig auf den Busch klopfen läßt. In der Tat denken damals manche an Krone – etwa in der CSU, wo man eine Kandidatur von Gerstenmaier verhindern möchte[6], doch auch in den norddeutsch-protestantischen Landesverbänden der CDU.[7]

Vor dem nächsten Besuch bei Heuss führt Adenauer also ein Gespräch mit Krone und macht diesem klar, daß er seine Kandidatur nicht wünscht. Adenauers Argument: ein katholischer Kanzler und ein katholischer Bundespräsident – beides zusammen geht nicht. Krone schweigt, denn er hat sich damals noch nicht entschieden.[8] Tags darauf spricht der Kanzler das Thema beim Bundespräsidenten von sich aus an.[9] Noch können die Herren diese Frage entspannt erörtern, denn sie befindet sich in einem völlig embryonalen Zustand. Was Adenauer möchte, ist sonnenklar: »Es sei einfach kein Mensch, der mich ersetzen könne«, faßt Heuss die Meinung des Kanzlers in einem Brief an Toni Stolper zusammen.[10] Krone habe sich selber, »übrigens mit Recht«, als ungeeignet erklärt.[11] Heuss zählt nun von sich aus ein paar Namen auf. Als er den schwäbischen Landsmann Gerstenmaier als einen durchaus vorstellbaren Nachfolger erwähnt, geht Adenauer hoch: »unbeherrscht, in der Fraktion unbeliebt, ungeschickt ...«[12] Zu Etzel, den Heuss als nächsten nennt, bemerkt der Kanzler, dem fehle es noch an »Würde«.

Ganz offensichtlich wäre es Adenauer am liebsten, wenn Heuss nach entsprechender Verfassungsänderung nochmals selbst kandidieren würde. Er macht ihm bei dieser Gelegenheit viele Komplimente und singt, wie Heuss selber feststellt, eine Arie auf seine »Geistigkeit«, seine »Erfahrung«, seine »Würde«, schließt aber, damit das nicht zu aufgesetzt klingt, mit der etwas burschikosen Bemerkung, eine Amtsverlängerung wäre keine Verlegenheitslösung, sondern geradezu »ein gefundenes Fressen« für die Deutschen.[13] Man kann sicher sein, daß Adenauer von Heuss tatsächlich viel hält. Er schätzt ihn als einen bis in die Fingerspitzen gebildeten Mann. Seltene Kombination eines Intellektuellen, was bei Adenauer üblicherweise keine Empfehlung ist, und eines erfahrenen Parlamentariers!

Heuss ziert sich, ohne aber nein zu sagen. Er wäre nämlich durchaus zu einer dritten Kandidatur versucht, wenn ihn Koalition und Opposition gleicherweise wählen würden.[14] Das geht aus einem langen Memorandum hervor, das er Adenauer und den anderen Parteivorsitzenden übers Jahresende 1958/59 aus seinem Urlaubsort Lörrach zusendet. Heuss verbringt dort regelmäßig bei seinem Sohn Ernst Ludwig Heuss, Direktor der Firma Wybert (»Wybert-Pastillen – gegen Husten und Heiserkeit«) die Festtage und meint in dem entscheidenden Punkt 16 seines Schreibens: »Für die vielleicht geplante Verfassungsänderung, ohne Bezüglichkeit auf mich, hat mein Sohn mir eine wohl diskutierbare Anregung vorgelegt: Artikel 54, Absatz II erhält folgende Fassung: ›Das Amt des Bundespräsidenten dauert fünf (oder sieben) Jahre. Anschließende Wiederwahl ist nur einmal zulässig, es sei denn, sie erfolgt mit Zweidrittelmehrheit.‹[15] Raffinierter kann man es nicht zum Ausdruck bringen, daß man von allen Seiten nachhaltigst gebeten werden möchte – auch wenn Heuss diesen Verdacht weit von sich weist.[16]

Der Entscheidungsprozeß verzögert sich jedoch aufgrund der großen Feiern zum 75. Geburtstag des Bundespräsidenten. Sie werden am 31. Januar 1959 in schöner Harmonie begangen. Mehr denn je ist Adenauer nun davon überzeugt, daß eine dritte Amtszeit von Heuss die denkbar ideale Lösung wäre.[17] Heuss spürt genau Adenauers Taktik, »mit einem Zustand der Verlegenheit einen patriotischen Druck« auf ihn auszuüben.[18] Auch die Motive des Kanzlers schätzt er durchaus richtig ein. Dieser hat in der Tat Respekt vor der »Bildung« von Heuss und weiß zugleich, daß jede CDU-Kandidatur erhebliche Unruhe zur Folge hätte.[19] Unruhe aber kann er inmitten dieser so schwierigen Wochen überhaupt nicht gebrauchen, wo um Berlin und Deutschland alles im Rutschen ist.

Wiederum sucht er nun dem Bundespräsidenten klarzumachen, daß keiner ihn ersetzen könne: »So ziemlich alle Namen wurden von ihm demoliert oder wegen der Frauen abgelehnt«[20], schreibt Heuss einen Tag später an Toni Stolper. Interessanterweise ist auch schon von Ludwig Erhard die Rede. Für dessen Präsidentschaftskandidatur setzt sich bereits Gerhard Schröder ein[21] – aus durchsichtigen Gründen, wie diejenigen meinen, die Schröder nicht mögen: »Wird Erhard Bundespräsident, ist ein Vordermann aus dem Weg geräumt.«[22]

Anfang Februar 1959, bei einer der vielen Unterredungen, lehnt der Kanzler die Kandidatur von Erhard noch rundweg ab. Kommt nicht in Frage! Erhard, so bemerkt er in seiner drastischen Art, hat für politische Fragen soviel Verständnis »wie dieser Zigarrenkasten hier«. Beispiel: seine Haltung in der Kohlekrise gegenüber den USA und der Hohen Behörde in Luxemburg. Auch die Gewerkschaften würden ihn ablehnen. Es ist sonnenklar: Adenauer möchte zu diesem Zeitpunkt die Präsidentschaftskandidatur Erhards nicht und hofft immer noch, daß sich Heuss bereitfindet.[23]

Nun aber schafft die SPD am 12. Februar mit der Aufstellung von Carlo Schmid vollendete Tatsachen. Eine »Lex Heuss«, Grundgesetzänderung mit Wiederwahl von Theodor Heuss also, kommt jetzt nicht mehr in Frage. Adenauer, der schon ein gutes Vierteljahr[24] taktiert, um Heuss schließlich doch noch zur Kandidatur zu bewegen, sieht sich nun in großer Verlegenheit. Denn in einer Bundesversammlung, in der die Unionsparteien keine Mehrheit haben, ist Carlo Schmid ein ernsthafter Kandidat, zumal im dritten Wahlgang ja nur eine relative Mehrheit erforderlich wäre. Er ist wie Heuss ein Professor mit Ausstrahlung auf das Akademikertum, ein vorzüglicher Redner, gilt als moderat und wird landauf, landab als Musterbild eines bürgerlichen Sozialdemokraten betrachtet. Nochmals könnte Adenauer jetzt auf Krone einschwenken, der von vielen zur Kandidatur gedrängt wird. Doch er lehnt das ab unter Verweis auf die konfessionelle Ausgewogenheit.[25] Wie wenig dieses Argument wert ist, zeigt sich am Ende des Präsidentschaftsdebakels, als man sich nun ohne konfessionelle Skrupel auf den Katholiken Heinrich Lübke verständigt. Adenauer gibt sein wahres Motiv für die Ablehnung Krones zwar nicht zu. Doch allgemein wird vermutet, daß ihm dieser als Fraktionsführer unentbehrlich erscheint. So weist Krone die Kandidatur definitiv von sich und informiert am 23. Februar die Fraktion davon, die ihn mit großer Mehrheit gerne unterstützt hätte. Niemand weiß, ob ihn dabei auch die Erinnerung bestimmt, daß ihm Adenauer wenige Wochen zuvor in Gegenwart Globkes mit großem Nachdruck versichert hat, er, Krone, müsse sein Nachfolger werden. Schon bei dieser Gelegenheit hatte Krone übrigens darauf hingewiesen, die Fraktion wäre für Erhard, wenn die Stunde schlägt.[26]

Adenauer, darin von Krone bestärkt, denkt jetzt an Kai-Uwe von Hassel, seit 1954 Ministerpräsident von Schleswig-Holstein.[27] Von Hassel, 46 Jahre alt, gilt als ein »Hoffnungsträger« des protestantischen Flügels der CDU. Zu Recht sieht man in ihm das Musterbild eines norddeutschen Konservativen. Er entstammt einer niedersächsischen Familie, die dem Staat Offiziere und Theologen gestellt hat. Unter den bundesdeutschen Politikern, an denen vielfach ein provinzieller Ruch haftet, ist er ein bemerkenswert weltläufiger Mann. Sein Vater war Hauptmann der Schutztruppe im früheren Deutsch-Ostafrika. Dort ist von Hassel geboren, dorthin ist er 1935 wieder zurückgekehrt, um dem Vater bei der Leitung einer Kaffeepflanzung zu helfen, bald auch selbst eine Plantage zu leiten. 1940 kehrt er aus britischer Internierung zurück, macht den Zweiten Weltkrieg als Offizier mit und engagiert sich seit 1946 in der schleswig-holsteinischen CDU.

Das Land Schleswig-Holstein ist mehr oder weniger die alte preußische Provinz desselben Namens, die 1945 mit Flüchtlingen aus Ost- und Westpreußen überschwemmt wurde. Seither gilt das Land als eines der großen Armenhäuser der Bundesrepublik. Planmäßig gefördert von seinem Vorgänger Ministerpräsident Friedrich Wilhelm Lübke, leistet von Hassel als jüngster der westdeutschen Ministerpräsidenten bald einen wesentlichen Beitrag dazu, die schwierigen Verhältnisse zu bessern und Schleswig-Holstein im konservativen Sinn zu modernisieren.

Innenpolitisch gilt von Hassel, ein guter, anfänglich recht kämpferischer Redner mit schöner dunkler Stimme, als entschiedener Gegner der Sozialdemokraten. Bei seiner ständigen Suche nach fähigen protestantischen CDU-Führern hält Adenauer große Stücke auf ihn. Die Jahre, in denen von Hassel als ein Exponent des prononciert pro-britischen und pro-amerikanischen Flügels der Partei dem »alten Herrn« nicht mehr ganz folgen kann, liegen noch in einiger Ferne.

Adenauer ist für die Kandidatur von Hassels schon so gut wie gewonnen, denn die CDU hätte mit ihm einen tadellosen, wennschon noch nicht bundesweit bekannten Kandidaten. Allerdings drängt sich dieser durchaus nicht zu dem Amt. Er fühlt sich nämlich bei seinen Wählern im Wort, bis zum Ende der Legislaturperiode Ministerpräsident zu bleiben. Doch inzwischen ist es Gerhard Schröder gelungen, den Kanzler in einem langen abendlichen Gespräch am 23. Februar auf Erhard einzustimmen. Er berichtet Adenauer, dieser sei auch zur Kandidatur bereit, wenn alle zustimmen sollten.

Erhards Kandidatur hätte den großen Vorteil, auch die Stimmen der

FDP ziemlich sicher auf den CDU-Kandidaten zu ziehen. Zwischen Adenauer und ihm war auch schon davon die Rede. Doch damals ist der klare Blick nicht getrübt, und die beiden Herren stimmen überein, sie seien nicht für ein Amt der Repräsentation geschaffen.[28] Inzwischen aber sind Adenauer Hintergedanken gekommen. Eine Präsidentschaftskandidatur Erhards würde ihn auch als Nachfolgekandidaten entfernen. Schröder hat Erhard allerdings auseinandergesetzt, sollte der Erbfall eintreten, dann könne ein Bundespräsident ja gegebenenfalls zurücktreten und Kanzler werden.[29] So macht also Adenauer den ersten Fehler und legt sich statt auf einen sicheren Kandidaten auf einen recht unsicheren fest.

Am folgenden Tag tritt ein Kreis von 16 CDU-Spitzenpolitikern zusammen, um einen Vorschlag zu beschließen. Da flüstert Adenauer dem etwas zu spät eintreffenden und sehr verdutzten Krone zu: »Ich bin für Erhard.« Dieser selbst ist allerdings nicht zugegen. Der Bundeswirtschaftsminister hat sich dem Bonner Treiben durch einen dreiwöchigen Urlaub im Glottertal entzogen. Dort macht er eine Schlankheitskur und läßt sich von Oskar Kokoschka malen. Als Adenauer nun aus der Sitzung heraus anruft und ihm mitteilt, es sei soeben beschlossen worden, ihn für die Präsidentenwahl zu nominieren, zögert er erst, bemerkt jedoch schließlich: er halte den Vorschlag zwar für falsch, doch wenn ihn Partei und Fraktion einstimmig auffordern sollten, würde es ihm schwerfallen, nein zu sagen.

Was im einzelnen am Telefon hin und her gesagt wurde, ist unklar. Nach dem Rücktritt Erhards von der Kandidatur klaffen die Aussagen der beiden Herren naturgemäß auseinander. Jetzt aber läßt Adenauer rasch eine Pressemitteilung veröffentlichen, die Vorstandsmitglieder beider Parteien hätten »einhellig« beschlossen, Erhard vorzuschlagen.

Zwar wird Adenauer in den »Erinnerungen« *seine* Version vertreten, Erhard habe ihm eine prinzipielle Zusage gegeben, falls er von der großen Mehrheit der Partei nominiert werde, fügt aber ehrlicherweise hinzu: »Er bat jedoch um Bedenkzeit.«[30] In Wirklichkeit weiß er nämlich von Anfang an genau, auf wie wackligen Beinen diese Kandidatur steht. Man kann ihm aber wohl glauben, daß die Frühjahrsgrippe, die ihn wieder einmal plagt, zusammen mit den außenpolitischen Sorgen das Thema Präsidentschaft erst einmal in den Hintergrund treten ließen. Außerdem meint er Erhards Nachgiebigkeit zu kennen.

Dann kommt das, was Heuss die »wilde Rebellion« gegen die Kandidatur des Bundeswirtschaftsministers in der CDU/CSU-Fraktion nennt. Dabei wirken viele Kräfte mit – die Umgebung Erhards, die ihn zur Kanzlerschaft drängt, die Wirtschaftspresse und die Hinterbänkler, denen beim Fehlen der Wahllokomotive Ludwig Erhard für die Wahlen angst und bange ist. Dazu kommen jene Spitzenpolitiker in der Fraktion, die mit Erhard etwas werden möchten. Entschiedenster Gegner eines evangelischen Bundespräsidenten ist Eugen Gerstenmaier – entweder, weil er 1961 Kanzler werden möchte oder doch wenigstens Außenminister unter einem Kanzler Erhard.

Schon nach acht Tagen ist die Kandidatur Erhard geplatzt. Erhard bereitet Adenauer in einem achtseitigen, nobel formulierten Brief auf den Rücktritt von der Kandidatur vor. Das Echo der Öffentlichkeit zeige doch, »daß sich das deutsche Volk wirklich in einer tiefen Erregung befindet.« Die Leute wollen auf den Garanten des Wirtschaftswunders nicht verzichten. Adenauer möge doch bitte bedenken, ob es nicht besser wäre, wenn er vor der Fraktion nicht weiter für seine Kandidatur eintrete.

Welche Überlegungen im Hintergrund stehen, kann Erhard selbst in diesem vorsichtig-einfühlsamen Schreiben nicht völlig unterdrücken: »Ich glaube, Sie stimmen mit mir darin überein, daß auch in der Demokratie nicht so sehr Programme als Persönlichkeiten gekürt werden, und da ist es eben so, daß wenn hinter Ihnen, sehr verehrter, lieber Herr Bundeskanzler, nicht eine Gestalt sichtbar wird, die breite Popularität genießt und Vertrauen erweckt, der Zweifel zu nagen beginnt. Niemand kann Ihnen das so offen sagen wie ich, der ich Ihnen durch zehn Jahre unbeirrbar treu gefolgt bin und das, solange Gottes Gnade über Ihnen waltet, auch weiter tun möchte.« Das ist ein sehr zarter Hinweis auf das hohe Alter Adenauers und zugleich auf die Nachfolgeansprüche Erhards, bei denen er den Volkswillen hinter sich weiß.[31] Drei Tage später geht die Verzichterklärung auf die Kandidatur an die Deutsche Presse-Agentur. Globke glaubt, Erhards Pressereferent Karl Hohmann habe damit ein *Fait accompli* schaffen wollen.[32]

Am 6. März, in einer Besprechung mit Heuss, beschwert sich ein ziemlich ratloser Adenauer bitter über den schwankenden Erhard und behauptet dabei sogar, Erhard habe bereits vor sechs Wochen eine uneingeschränkte Einverständniserklärung gegeben. So ziemlich alle trifft jetzt der Zorn des Kanzlers, besonders aber die eigene Fraktion. Am meisten zeigt er sich über Gerstenmaier aufgebracht. Der habe die Möglichkeit einer Grundgesetzänderung planmäßig zerredet, weil er Carlo Schmid in der Villa Hammerschmidt sehen wolle.[33]

Freilich ist es jetzt angebracht, dem Bundespräsidenten gegenüber die Schuld an den Schwierigkeiten auf viele Sündenböcke zu verteilen. Denn langsam wird der Vorgang peinlich, auch für Heuss selbst, um dessen Nachfolge es geht. »Dieses reine Parteitaktieren«, vertraut er Toni Stolper an, »wirkt allmählich staatsschädigend.«[34] Immerhin unterhalten sich Heuss und Adenauer nochmals einträchtig über denkbare Professorenkandidaten, auf die man nun plötzlich wieder zurückkommt. Doch kann sich Adenauer für den CDU-Abgeordneten Professor Franz Böhm, den Lieblingskandidaten des Bundespräsidenten, nach wie vor nicht richtig erwärmen. Staunend meint Heuss aber selbst noch nach dieser Unterredung: »Das Wunderbare an Adenauer ist die fast sieghafte Naivität, daß er nicht einen Augenblick auf die Idee kommt, daß auch *er* an der Entwicklung schuldig oder doch mitschuldig sein könne, da er sie hinschleifen ließ.«[35]

So ist also ein Vierteljahr vor der Wahl eines Nachfolgers von Theodor Heuss schon viel verpatzt. Wie kommt es aber jetzt zu der Kandidatur Adenauers, die einen normalen politischen Entscheidungsprozeß, bei dem es nie ohne Knirschen abgeht, zur Komödie werden läßt?

An und für sich ist es ein naheliegender Gedanke, daß der greise Kanzler das Präsidentenamt als Zwischenetappe zur endgültigen Pensionierung übernimmt oder – wahrscheinlicher – während der fünfjährigen Amtszeit verstirbt. In Adenauers Familie, wo man es gut mit ihm meint, würde die Übernahme des Präsidentenamtes allgemein begrüßt. Natürlich sagt man das dem Vater auch. Blankenhorn, der Adenauer immerhin seit 1948 begleitet, hielte das gleichfalls fürs Vernünftigste. Schon im Oktober 1956, als Adenauer sich in dem tiefen politischen Wellental befindet, überlegt er, ihm Anfang 1957 den Rat zu geben, unmittelbar nach den Wahlen zurückzutreten, um dann ein Jahr später Bundespräsident zu werden.[36] Blankenhorn meint aber: »Ich bin sehr unsicher, ob der Bundeskanzler einen solchen Gedanken akzeptiert.« Er ist dann klug genug, an Adenauer überhaupt nicht mit einem solchen Vorschlag heranzutreten, hinter dem dieser nur ein Komplott eines der Diadochen vermuten würde. Soll lieber Pferdmenges die Frage ansprechen!

Außer von den Söhnen und Töchtern kann dieses heikelste Thema eben nur von wenigen Personen aufgeworfen werden, die Adenauer sehr nahestehen, zugleich aber über jeden Verdacht erhaben sind. Der gewichtigste von diesen ist in der Tat, wie jedermann weiß, Robert Pferdmenges. Er rät Adenauer schon vor der Bundestagswahl 1957, für 1959 den Wechsel einzuplanen. Als Adenauer zur Feier der Goldenen Hochzeit des mit ihm befreundeten Ehepaars am 25. März 1959 nach Köln kommt, wird ihm erneut der Rat zuteil, nun endlich sein Haus zu bestellen und das Amt des Bundespräsidenten anzustreben.[37]

Es ist aber bezeichnend, wie relativ selten diese doch recht plausible

Lösung in der Presse diskutiert wird. Man kann das als klares Indiz dafür werten, daß ein großer Teil der veröffentlichten Meinung an der Leistungsfähigkeit Adenauers noch nicht zweifelt. Adenauer sieht das genauso. Aus einer Unterhaltung über die Präsidentschaftsfrage am 28. November 1958 notiert sich Heuss: »Adenauer erzählte selber als Witz, man erzähle in seinem Freundeskreis, er wolle mein Nachfolger werden, um nach Ablauf der Periode in die aktive Parteipolitik zurückzukehren.«[38]

Was kurz zuvor als Witz erschien, ist innerhalb weniger Tage Wirklichkeit. Adenauer wird acht Jahre später, wenige Monate vor seinem Tod, seine eigene, durchaus präzise Version der Vorgänge geben, und ihr ist schwer zu widersprechen.[39] Der Hauptpunkt dabei: es ist alles schnell, viel zu schnell gegangen! Um die Panne mit Erhard auszubügeln, hat nämlich der CDU-Vorstand ein Gremium von 63 Personen aus Partei und Fraktion gebildet, das einen Vorschlag erarbeiten soll. Staatssekretär Bleek im Bundespräsidialamt nennt diese Kommission spöttisch den »Kurverein«.[40]

Dieser »Kurverein« wird von Adenauer auf den 7. April erstmals einberufen. Fünf Tage zuvor, am 2. April, informiert Globke Adenauer beim regelmäßigen nachmittäglichen Spaziergang im Park des Palais Schaumburg, er müsse am 7. April wohl damit rechnen, daß auch sein Name von Herren aus der CDU/CSU-Fraktion genannt werde.[41] Die Mitteilung kommt von Staatssekretär Rust, der selbst eine derartige Lösung befürwortet.[42] Adenauer spürt, daß wieder einmal ein Versuchsballon steigt, reagiert aber ablehnend.

Am folgenden Tag berichtet Globke erneut, man werde Adenauer am 7. April fragen, ob er nicht selbst kandidieren wolle.[43] Zu Globkes Erstaunen bemerkt Adenauer nun, der Vorschlag habe ihm eine schlaflose Nacht verursacht. Globke möge doch einmal die Befugnisse des Bundespräsidenten auflisten lassen.[44] Schon am folgenden Tag ist die Aufstellung fertig. Auf vier Seiten finden sich völlig formal die Rechte des Bundespräsidenten generell sowie die neueren Kompetenzen aufgrund der Wehrgesetzgebung aufgeführt.[45] Keine Rede davon, daß bei Adenauer aufgrund dieser Auflistung etwa Illusionen über bislang unausgeschöpfte Zuständigkeiten des Bundespräsidenten hätten geweckt werden können.

Doch macht der Kanzler bei der Unterredung am 3. April wohl bereits einen schwankenden Eindruck, denn Globke ruft am Samstag, dem 4. April, den Fraktionsvorsitzenden Krone in Berlin an, sagt, er müsse ihn dringend sprechen und fügt hinzu, als Bundespräsident komme auch »er« in Betracht. Krone in seinem Tagebuch weiter: »Ich fragte: ›Wer?‹ ›Er‹, wiederholte Globke, ›er‹. Das nun hatte ich nicht erwartet; alles andere, nur das nicht.« Das Unvermeidliche geschieht: Krone unterrichtet alsbald den Berlin-Beauftragten Vockel und den Abgeordneten Gradl, möglicherweise auch noch weitere CDU-Politiker, womit das große Geheimnis schon einigen Leuten mehr bekannt ist.[46]

Am folgenden Tag setzt Globke Krone ins Bild. Adenauer habe gebeten, Krones Meinung zu ermitteln. Dieser fragt, ob etwa gesundheitliche Gründe für die überraschende Resignation des Kanzlers vorliegen könnten? Nein, meint Globke, das nicht, auch wenn Frau Dr. Bebber-Buch auf weniger Inanspruchnahme drängt. Doch Krone und Globke wissen, daß Adenauers Hausärztin das schon seit Jahren tut. Globke macht kein Hehl daraus, daß er selbst jetzt der Meinung zuneigt, Adenauer solle Bundespräsident werden. Er bemerkt auch ganz realistisch, dann werde eben Erhard Kanzler. Und da Erhard in Politik und Verwaltung nicht sehr zuhause sei, müsse Krone Vizekanzler werden.[47] Damit ist jenes »Einrahmungskonzept« geboren, das bis Herbst 1963 immer wieder hochkommt.

Am 6. April findet eine 50 Minuten dauernde Besprechung Adenauers mit leitenden Unionspolitikern statt. Die Ministerpräsidenten von Hassel und Meyers, der Fraktionsvorsitzende Heinrich Krone, CSU-Landesgruppenvorsitzender Hermann Höcherl und Staatssekretär Globke sind zugegen. Meyers kommt zu spät. So konnte Krone zuvor nur noch von Hassel von den neuen Überlegungen informieren. Adenauer referiert erst, gestützt auf den Zuständigkeitskatalog aus dem Bundeskanzleramt, über die Befugnisse des Bundespräsidenten.[48] Dann kommt er auf seine Sorgen zu sprechen. Würde Carlo Schmid gewählt, so könnte dessen Staatssekretär im Bundespräsidialamt – etwa Fritz Erler oder Adolf Arndt – an allen Kabinettssitzungen teilnehmen.[49]

Adenauer hört bei dieser Gelegenheit, die SPD wolle in dem wohl unvermeidlichen dritten Wahlgang Eugen Gerstenmaier vorschlagen, der dann wahrscheinlich auch gewählt würde. Krone und Höcherl, die das berichten, wissen genau, wie völlig unakzeptabel diese Lösung aus Adenauers Sicht wäre. Denn mit Gerstenmaier befindet er sich seit längerem im außenpolitischen Dauer-Clinch und ist zugleich ziemlich sicher, daß dieser auch als Bundespräsident auf eine Große Koalition hinsteuern würde.

Nun drängt Meyers, der angeblich von Adenauers Überlegungen noch nichts wußte, desgleichen Krone und von Hassel, Adenauer möge die CDU durch seine Kandidatur aus ihren Nöten erlösen. Höcherl ist dagegen. Der Bundeskanzler Adenauer sei für Regierung und Partei unentbehrlich.

Adenauer macht deutlich, daß er sich noch im Zustand unschlüssigen

Entschluß zur Kandidatur

Nachdenkens befindet, fragt aber, wer ihm denn dann als Bundeskanzler nachfolgen solle. Krone bemerkt, er sei bekanntlich immer für Franz Etzel gewesen.[50] Höcherl warnt, in der Fraktion gebe es auch Stimmen für Erhard[51] und läßt einige Zweifel an der Härte Etzels vernehmen. Man einigt sich aber darauf, daß bei der morgigen Sitzung noch keine Namen genannt werden.

Am selben Tag empfängt ein gutgelaunter Adenauer wieder einmal die gewohnte Journalistenrunde[52], spricht aber nur über außenpolitische Fragen und gibt dabei seiner Hoffnung Ausdruck, daß Dulles doch wiederhergestellt werde. Keine Andeutung zur Präsidentschaftsfrage!

Dann geht der Kanzler zu Heuss. Auch dieser notiert kurz danach, daß Adenauer einen guterhaltenen Eindruck macht. Kein Wunder – übermorgen will er ja nach Cadenabbia in Urlaub fahren. Zudem hat er sich bei Wahlkampfauftritten in Niedersachsen und Rheinland-Pfalz erfrischt, wo am 19. April Landtagswahlen stattfinden.

Heuss hört anfänglich kein Wort von einer möglichen Kandidatur. Statt dessen ist wieder viel von der schwierigen außenpolitischen Lage die Rede. Immerhin kommt Adenauer aber dann doch noch auf die den Bundespräsidenten so sehr interessierende Frage seiner Nachfolge zu sprechen. Er schimpft erneut über das Verhalten von Erhard. Dann aber fügt er eine Bemerkung hinzu, die Heuss nachdenklich machen könnte: die Leute seien »so ahnungslos über die Situation des Bundespräsidenten für innen und außen«. Ganz irrigerweise, so meint er also nun, hält man das Amt für eine rein repräsentative und kontemplative Einrichtung. Er will also tags darauf dem CDU-Gremium eine eindringliche Vorlesung über die wahre Bedeutung des Amtes halten. Der gleichfalls ahnungslose Heuss glossiert das gegenüber seiner Confidente Toni Stolper mit dem Satz: »Das hätte ich mir natürlich gern auch angehört.«[53] Nach diesem vergnügten Gespräch mit Heuss fährt Adenauer nach Hause und faßt in der Einsamkeit seiner Rhöndorfer Wohnung den Entschluß zur Kandidatur.

Das Referat vor dem »Kurverein« am kommenden Vormittag ist in der Tat schon als »Kandidatenrede« angelegt, denn er gibt darin eine recht extensive Interpretation der Rechte des Bundespräsidenten. Dann läßt er die Runde ohne ihn weiterberaten, nachdem er Krone und von Hassel mitgeteilt hat, »daß er sich nach Tagen der Unruhe und Sorgen gestern abend zum Ja entschieden habe«.[54] Heuss hat ihm sogar noch den guten Rat gegeben, bei der Ansprache vor dem »Kurverein« doch vor allem auch zu bedenken, wie wichtig das »Außengesicht« des Bundespräsidenten sei.[55]

Über die Motive für Adenauers durchaus unüberlegte Entscheidung kann man nur spekulieren. Gesundheitlich befindet er sich nach dem Zeugnis aller, die ihn damals sprechen, in einer »höchst mobilen« Verfassung.[56] Von unwiderstehlichem Druck aus den eigenen Reihen kann überhaupt nicht die Rede sein. Entsprechendes Zureden durch Krone, von Hassel, Meyers und Globke bei der Unterredung am 6. April ist weitgehend die Folge des Signals, das er Globke selbst gegeben hat. Auch die Deutung, daß er sich damit aus der außenpolitischen Verantwortung herausstehlen möchte, kann den Entschluß nicht erklären. Gewiß verspürt er besser als jeder andere das bedrohliche Schwanken des deutschlandpolitischen Kartenhauses. Aber er ist ein Mann, der auf Widrigkeiten instinktiv mit dem Willen zur Selbstbehauptung und zum Durchhalten reagiert. Zuvor und danach gibt er so viele Proben dieses Grundzugs seines Charakters, daß die Vermutung des bewußten Rückzugs aus den Schwierigkeiten auszuschließen ist. Fühlt er sich also unterhalb der Ebene rationaler Überlegung unbewußt in der Klemme, aus der ihn ein Befreiungsschlag herausführen soll?

Theodor Heuss, der ihn seit gut elf Jahren mit den Augen des geschulten Biographen studiert, vermerkt am 3. April über ihn: »Seltsamer Mann – jetzt starr, jetzt sprunghaft ...«[57] Diese Neigung zur sprunghaften Entscheidung wichtigster Fragen durchbricht in der Tat gelegentlich, wenn auch selten, die Reihe wohlgeordneter, rational kalkulierter Züge. So hat er sein Vermögen beim Kauf der Bemberg-Aktien verloren. So läßt er sich fast blindlings auf die unübersichtlichen Risiken des Schuman-Plans ein. So unternimmt er Anfang Juni 1950, *vor* Beginn des Korea-Kriegs, über die Hohen Kommissare den halsbrecherischen Vorstoß, schnellstens deutsche Streitkräfte zu bekommen. Und so läßt er sich jetzt innerhalb von Stunden auf die Präsidentschaftskandidatur ein.

Selbstverständlich greifen die CDU-Mitglieder des »Kurvereins«, zuvörderst Eugen Gerstenmaier, mit »langanhaltendem, brausendem Beifall« die Idee auf, Adenauer endlich aufs Altenteil in der Villa Hammerschmidt hinwegzuloben. Doch Adenauer hat seine Ansprache noch nicht beendet, da wird ihm schon eine Nachricht vom Bundespresseamt hereingereicht: »CDU/CSU wünscht Adenauer als Nachfolger von Theodor Heuss«; die Meldung kommt von der dpa. Ministerpräsident Meyers fährt es heraus: »Da haben wir Glück gehabt, daß wir schneller waren«.[58] Nur die CSU hat Bedenken. Hermann Höcherl und Werner Dollinger bringen das offen zum Ausdruck, während Franz Josef Strauß schon vor der eigentlichen Akklamation die Sitzung verläßt.

Vielleicht dämmert es dem Kanzler schon an diesem Tag, wie rasch seine Macht nun zerfallen kann, als ihm Gerstenmaier in der Mittagspause vom einmütigen Wunsch des »Kurvereins« Mitteilung macht, ihn auf den Schild zu heben. Brüsk fegt der Bundestagspräsident dabei Adenauers Vorstellungen hinweg, als Bundespräsident gleichzeitig den Vorsitz der CDU zu behalten und gelegentlich bei Kabinettssitzungen zu präsidieren.[59] Dennoch läßt er sich darauf ein, seine Kandidatur zu versprechen.

Die kurze Annahmerede im »Kurverein« offenbart jedoch einen ganz ungewohnt schwankenden Adenauer: »Die Präsidentenwahl«, so beginnt er, »ist eine eigenartige Geschichte. Sie vollzieht sich in Sprüngen, die keiner vorher geahnt hat; ich am wenigsten ... Ich bin zu der Überzeugung gekommen, daß ich verpflichtet bin ... Ich glaube, wenn ich alles zusammen nehme, dann bin ich auf dem richtigen Wege ...«[60] Schon bei dieser Gelegenheit bedauert er, als Präsident keine Wahlreden mehr halten zu können, fügt aber hinzu: »Ich denke nicht daran, mich auf das Altenteil zurückzuziehen.« So sei er auch in bezug auf die Machtmöglichkeiten des Bundespräsidenten »absolut für eine extensive Interpretation«. Krone hatte ein paar Tage zuvor, als Globke ihm von den Überlegungen Adenauers erstmals Mitteilung machte, zutreffender Vorahnungen voll im Tagebuch vermerkt: »Mein erster Gedanke: Auf dem Wege de Gaulles?«[61]

Die Euphorie hält immerhin noch beim Gespräch mit Heuss am Abend des 6. April und auch noch am 8. April an, als Adenauer kurz vor Mitternacht auf dem Bonner Bahnhof, wo sich Wochenschau und Fernsehen drängen, den Salonwagen nach Como besteigt.

Doch in der relativen Ruhe von Cadenabbia wird ihm rasch deutlich, wie blödsinnig er sich verrannt hat. Kaum ist er am Urlaubssitz eingetroffen, wird er einmal mehr gewissermaßen mit der Nase drauf gestoßen, daß das Auswärtige Amt nicht einmal vom Bundeskanzleramt aus richtig steuerbar ist. Wie sollte er das denn dann mit den reduzierten Möglichkeiten des Bundespräsidenten leisten? Theodor Heuss macht ihn zudem in einem ägrierten Brief vom 9. April darauf aufmerksam, daß er selbst, Adenauer, dem Wunsch des Bundespräsidenten nach gelegentlicher Teilnahme an den Kabinettsberatungen aus Gründen des Verfassungsrechts und unter Bezugnahme auf die Geschäftsordnung der Bundesregierung abgelehnt habe.[62] Wie könnte sich das also jetzt ändern lassen? Ohnehin zeigt sich Heuss ernsthaft verärgert über Adenauers Bemerkungen, die Arbeit des Bundespräsidenten werde im Inland und Ausland »zu gering eingeschätzt.«[63]

Am meisten stimmt es Adenauer aber besorgt, daß nun die »Brigade Erhard« in Bonn wieder kräftig am Werk ist. Entsprechend häufig führt er vor der beträchtlichen Zahl von Besuchern, die fast einen Monat lang nach Cadenabbia strömt, erneut bewegte Klage über seinen Wirtschaftsminister. Dabei tut dieser doch nichts anderes als das, was er immer getan hat. Er macht – in Oslo, in Rom – kritische Bemerkungen zur kleineuropäischen Lösung der EWG, spricht sich für eine faire Berücksichtigung Großbritanniens aus und setzt hinter die Entwicklung in Frankreich einige Fragezeichen. In der Kanzlerfrage beharrt er respektvoll, aber hartnäckig auf seinem Wunsch, die Nachfolge Adenauers anzutreten. Robert Pferdmenges, der in Cadenabbia wieder einmal aus und ein geht, ist von Erhard gebeten worden, dem Kanzler das mitzuteilen.[64]

Doch war denn eigentlich etwas anderes zu erwarten, nachdem sich schon bei der kurzlebigen Präsidentschaftskandidatur Erhards gezeigt hat, wie es um die Mehrheitsverhältnisse in der Koalition steht? Und wie soll die Kandidatur Etzels durchgesetzt werden, nachdem es Adenauer nicht einmal für nötig gehalten hat, mit diesem noch vor seiner Abreise zu sprechen? Er berät sich mit Etzel erstmals ernsthaft am 1. Juni[65], als er schon längst entschlossen ist, die verfehlte Kandidatur zurückzuziehen. Jetzt will er ihn bereden, für die Präsidentschaft zu kandidieren.[66]

Die Anhänger einer Kandidatur Erhards in Fraktion und Presse arbeiten zudem mit provozierender Offenheit heraus, daß Adenauer nach einer Wahl zum Bundespräsidenten so gut wie nichts mehr zu sagen haben werde. Der CDU-Abgeordnete Matthias Hoogen etwa, Vorsitzender des Rechtsausschusses und ein großer Vorkämpfer für die Kanzlerschaft Erhards, unterstreicht auf einer Pressekonferenz die zweifellos richtige Auffassung, daß die Bundesregierung bei ihrer Außenpolitik nicht des Einverständnisses des Bundespräsidenten bedürfe.[67] Puristen in Fragen des politischen Stils wie die Redaktion des *Spiegel*[68] und die große Autorität Theodor Eschenburg[69] vertreten außerdem die Meinung, nach der Wahl zum Bundespräsidenten am 1. Juli müsse Adenauer zurücktreten, auch wenn die Amtszeit als Bundespräsident erst im September beginne.

Schon ab Mitte April ist es für alle, die damals mit Adenauer in Cadenabbia sprechen, sonnenklar, daß er die Präsidentschaftskandidatur fallenlassen wird, wenn ihm die Fraktion Erhard als Nachfolger aufnötigen möchte.[70] Vielleicht will er das Kanzleramt schon damals überhaupt nicht mehr aufgeben, denn der Rücktritt von John Foster Dulles am 15. April läßt Schlimmes befürchten. Wenn es sich so verhalten sollte, böte die Provokation durch die mehrheitlich auf Erhard festgelegte Fraktion den erwünschten Anlaß.

Bei Lichte besehen wäre es schließlich doch auch unsicher, ob ihm ein

Bundeskanzler Etzel wirklich so zu Willen wäre, wie er sich das vorstellt. Seit Gründung der Bundesrepublik vermag nämlich jeder Minister ein Lied davon zu singen, wie Adenauer alles, aber auch alles besser weiß. An Rechthaberei ist er jedenfalls von niemandem zu übertreffen. Sollte also ausgerechnet einem Bundeskanzler Franz Etzel eine halbwegs konfliktfreie Zusammenarbeit mit einem Bundespräsidenten Konrad Adenauer gelingen, der zu einer »absolut extensiven Interpretation« der Verfassung entschlossen wäre? Etzel selbst sieht das übrigens recht illusionslos. In einem Interview mit der *Welt* am 22. April bemerkt er, jeder Nachfolger Adenauers lege sich selbst »die Schlinge um den Hals«.[71]

Nach Adenauers Rückkehr dienen nun den ganzen Monat Mai über eine Fülle von Besprechungen, von Briefen, von ganzen und halben Dementis dem *einen* Zweck, Erhards Ansprüche zurückzuweisen oder, da aus Adenauers Sicht weder Erhard noch die Fraktion Vernunft annehmen, den Rücktritt von der Kandidatur vorzubereiten. Besonders ergrimmt registriert Adenauer, daß nun der Fraktionsvorsitzende Krone ebenso wie das Gros des Fraktionsvorstands auf Erhards Kanzlerschaft einschwenkt. Seine Bereitschaft wird immer ausgeprägter, die törichterweise übernommene Kandidatur aufzugeben.

Daß damit eine persönliche Blamage verbunden sein wird, weiß Adenauer. Doch spekuliert er auf das kurze Gedächtnis der Leute. Die außenpolitische Lage ist schließlich so gespannt, daß ein Verbleiben im Kanzleramt plausibel erscheinen mag. Viel schwieriger ist es, dabei zu verhindern, daß ein Hauptgrund für das Umschwenken Adenauers von ihm selbst herausposaunt wird – Erhards mangelnde Eignung zum Bundeskanzler. In Schreiben an Erhard selbst oder an Heinrich Krone muß er ohnehin damit herausrücken. Ludwig Erhard beschwört er in einem »streng geheimen« persönlichen Brief vom 20. Mai, doch in geeigneter Form zu erklären, daß er der Aufgabe als Wirtschaftsminister treu bleiben werde: »Es kann jemand ein ausgezeichneter Außenminister sein und ein schlechter Wirtschaftsminister und umgekehrt. Wenn ich jetzt Wirtschaftsminister werden sollte, würde ich das ablehnen und sagen, daß meine Kenntnisse auf wirtschaftlichem Gebiete und meine Kenntnisse der Persönlichkeiten des wirtschaftlichen Lebens nicht ausreichen.« Doch dem »mit recht herzlichen Grüßen« unterschriebenen Brief liegt die Kopie eines Briefes an Heinrich Krone bei, in dem er einen maßgebenden außenpolitischen Grund für seinen Widerstand nennt – Erhards überzeugten Widerstand gegen die europäische Integration.[72]

In Briefen, die nicht für die Augen Erhards bestimmt sind, äußert sich

Adenauer viel vernichtender: »Ich halte die Wahl des Herrn Erhard für einen Fehler, der für unsere außenpolitische Lage katastrophale Folgen voraussichtlich mit sich bringen wird.«[73] Zwei Tage später bescheinigt Globke, hier durchaus Adenauers Sprachrohr, gleichfalls in einem Brief an Krone Ludwig Erhard außenpolitische Naivität und »Unvermögen, die Zusammenhänge zu sehen«, so daß man ihm die deutsche Vertretung »bei den Gipfelkonferenzen, die um Deutschlands Sein oder Nichtsein gehen«, nicht anvertrauen kann.[74]

Adenauer schwankt jetzt bei seiner Präsidentschaftskandidatur ähnlich wie seinerzeit Ludwig Erhard, dem er diese Unentschiedenheit sehr übelgenommen hat. Am 14. Mai, nach einer Aussprache mit Erhard, erklärt er im Kabinett, er sei mit Blick auf die internationale Lage zu neunzig Prozent entschlossen, von der Kandidatur zurückzutreten.[75] Am 23. Mai hingegen jubelt Krone in seinem Tagebuch: »Der Kanzler gibt nach. Erhard wird sein Nachfolger.« Das hat er angeblich Gerstenmaier am Rande eines Essens zum 10. Jahrestag des Inkrafttretens des Grundgesetzes eröffnet.[76] Am folgenden Tag kommt dieser Entschluß jedoch schon wieder ins Wanken, als Heinrich von Brentano mit schlechten Nachrichten von der Genfer Konferenz kommt.[77] Tags darauf im Fraktionsvorstand erweckt Adenauer gleichfalls den Anschein, als habe er endlich nachgegeben, ebenso auf der Fraktionssitzung am 26. Mai.[78]

Wer jedoch genau zuhört, dem kommen Zweifel. Viel zu laut für Adenauers Geschmack machen manche während der Fraktionssitzung in seiner Gegenwart deutlich, daß sie sich für die Kanzlernachfolge freie Hand vorbehalten. So verabschiedet er sich mit der ominösen Bemerkung: »Meine lieben Parteifreunde, wenn ich mir das hier noch lange anhöre, dann machen Sie es mir außerordentlich schwer, von meinem Platze abzutreten.«[79]

Inzwischen ist nämlich die Nachricht vom Tod von John Foster Dulles eingetroffen – wahrscheinlich der letzte Anstoß für Adenauer, Bundeskanzler zu bleiben. Vor den Beisetzungsfeierlichkeiten in Washington verbietet sich freilich jede innerparteiliche Krise, die beim Rücktritt von der Kandidatur natürlich unvermeidlich sein wird. Doch alles deutet darauf hin, daß Adenauer nur noch den taktisch günstigsten Moment abwartet.

Dieser ist gekommen, als Erhard unmittelbar nach der Amerikareise des Kanzlers seinerseits in die USA fliegt, um dort zwei Ehrendoktorhüte in Empfang zu nehmen. Vor der Abreise Erhards sagt Adenauer tunlichst keinem ein Wort davon, daß er jetzt zum Handeln entschlossen ist – weder zu Erhard, der sich persönlich verabschiedet, noch zu Heinrich

Mangelnde Eignung zum Bundeskanzler

»Ich rechne bestimmt damit, daß Sie mir treu bleiben...«
Adenauer und Erhard am 7. Juli 1959.

Krone, der sich schon als CDU-Vorsitzender sieht[80], noch zu Theodor Heuss. Nur immer wieder die inzwischen wohlbekannte Schelte auf die Fraktion, die ihm Erhard als Kanzler aufzwingen will: »Ich mache das nicht mit; das kann ich vor meinem Gewissen nicht verantworten.«[81]

Kaum aber ist Erhard in den USA eingetroffen, da eröffnet der Kanzler dem Stellvertretenden Fraktionsvorsitzenden Cillien, daß er die Kandidatur zurückziehen wird. Selbst Cillien, der Adenauer bis zu seinem bald danach eintretenden Tod im Frühjahr 1960 stets durch dick und dünn nachfolgt, hält ihm entgegen: »Das können Sie nicht tun!« Doch Adenauer antwortet: »Das ist eine Gewissenssache.«[82]

Alsbald folgt eine stürmische Szene zwischen Adenauer, Krone und Höcherl. Krone droht mit Rücktritt, doch Adenauer meint ungerührt, dann solle er eben die Brocken hinwerfen. In 14 Tagen, prognostiziert er, wird sich alles wieder beruhigt haben.[83] Damit liegt er übrigens nicht einmal ganz falsch. Selbstverständlich stürzt die Zustimmungskurve der CDU/CSU von 47 Prozent Anfang Juni auf 41 Prozent Mitte Juni. Doch Anfang Juli ist sie bereits wieder bei 46 Prozent und Ende September bei 50 Prozent. Das Volk vergibt offenbar schneller als die Presse und die politische Klasse.[84]

Tags darauf, bei der Haushaltsdebatte im Bundestag, läßt Adenauer es sich nicht nehmen, die Opposition insgeheim zu verhöhnen. Bei der SPD hatte man Anfang April die Nachricht von Adenauers überraschender Kandidatur mit halber Begeisterung begrüßt. »Es ist zu schön, um wahr zu sein«, soll Herbert Wehner ausgerufen haben.[85] Noch in Fritz Erlers Debattenbeitrag ist etwas von dieser Freude zu spüren. Genüßlich reibt er Adenauer unter die Nase, dies sei ja nun der letzte Haushalt, den er als Bundeskanzler eingebracht habe: »Es geht mit diesem Haushalt, das wird jeder spüren, eine Ära zu Ende.« Im übrigen hochtrabende Ermahnungen, beim Wechsel vom Amt des Bundeskanzlers in das des Bundespräsidenten doch ja nicht die Verteilung der Gewalten im Staat zu verändern.[86]

Krone, der Adenauer vor sich auf der Regierungsbank sitzen sieht, glaubt ein wissendes Lächeln zu erkennen. Dann repliziert der Kanzler in einer höchst munteren Rede, spielt mit der SPD förmlich Katz und Maus und verrät nur einmal fast das große Geheimnis, als er bemerkt: »wenn ich Bundespräsident werden würde«[87].

Allen Pressionen der Unionsspitzen widersteht er nun völlig unbeweglich. Krone und Höcherl erhalten einen Brief unter dem Datum des 4. Juni, in dem die offizielle Begründung für den Rücktritt von der Kandidatur gegeben wird: die verschlechterte außenpolitische Lage. Kein

Wort von Ludwig Erhard.[88] Dieser selbst erhält einen Brief, dessen Zynismus schwer zu überbieten ist: »Lieber Herr Erhard! Heute habe ich den Herren Dr. Krone und Höcherl einen Brief geschickt, anschließend ein Durchschlag. Ich rechne bestimmt darauf, daß Sie mir treu bleiben und daß wir die nächste Wahlschlacht zusammen gewinnen werden. Ich wünsche Ihnen alles Gute. Überanstrengen Sie sich nicht. Bitte behandeln Sie diese Mitteilung als absolut vertraulich. Mit vielen Grüßen Ihr Adenauer.«[89]

Schuld an dem ganzen Debakel, so hält Adenauer nun den beleidigten Parteifreunden vor, sind die Herren von Hassel, Meyers, Höcherl und Krone! Sie haben ihn am 6. April geradezu von hinten erdolcht! Unter diesem Druck hat er sich dann am 7. April zur Kandidatur bereit gefunden! Außerdem hat Krone, der Fraktionsvorsitzende, Etzel vorgeschlagen und bemerkt, dieser werde bestimmt sein Nachfolger werden![90]

Man kennt das freilich schon zur Genüge. Immer, wenn Adenauer etwas in den Sand setzt, liegt die Schuld bei der Dummheit, Hinterlist, Überheblichkeit und Selbstsucht derer, die er in der Einführung zu den »Erinnerungen« als »meine Weggenossen« bezeichnet.[91]

Die folgenden Wochen sind der Schadensbegrenzung gewidmet, denn noch nie sind die Parteioberen der CDU und die Fraktion vom Kanzler so gedemütigt worden wie bei dieser Gelegenheit. Erhard, kochend vor Zorn, kommt in Blitz und Donner aus den USA zurück und begeht den Fehler, Adenauers Begründung der ernsthaft verschlechterten internationalen Lage in Frage zu stellen. Er selbst macht jetzt darauf aufmerksam, daß ein Hauptgrund für Adenauers Rücktritt von der Kandidatur der Zweifel an seinen außenpolitischen Fähigkeiten sei. Doch Adenauer punktet ihn schon beim ersten Rencontre am 10. Juni in Gegenwart von Krone und Höcherl ungerührt aus. Er kann danach ziemlich sicher sein, daß der Gekränkte nicht das Kabinett verläßt.[92] Und in den folgenden Wochen, als alles schon halbwegs eingerenkt scheint, reitet ihn verschiedentlich der Teufel, in Interviews auf die mangelnde sachliche Eignung für das Kanzleramt hinzuweisen. Erhard und seine Anhänger werden dadurch bis aufs Blut gereizt.

Andere sind genauso ergrimmt, vor allem Krone. Er ist persönlich blamiert und muß zu allem hin auch noch die Scherben zusammenkehren. »Im Falle eines Falles klebt Papa Krone alles«, lautet der läppische, doch nicht ganz unzutreffende Vers, der in Bonn umgeht. Mit großer Geduld und Festigkeit gelingt es Krone, die Kampfhähne davon abzuhalten, sich völlig zu zerfleischen, bevor Anfang Juli die Parlamentsferien erreicht sind. Wenn Adenauer einigermaßen unlädiert durch diese Wochen hindurchkommt, so verdankt er das Krone. Dieser verhindert schließlich, daß der offene Zank in der Fraktion weitergeht, muß aber notieren: »Kein Wort des Dankes.«[93]

Einer der Zornigsten ist Eugen Gerstenmaier. Er fühlt sich persönlich düpiert, weil er auf die elegante Art und Weise so stolz war, mit der er Adenauer am 7. April auf die Kandidatur festgenagelt hat. »Freund Gerstenmaier«, hatte ihn dieser damals in einer Anwandlung von Rührung genannt.[94] Jetzt bringt Gerstenmaier – erfolglos – in der Fraktion eine Resolution ein, Adenauer solle die Mißbilligung für sein Verhalten ausgesprochen werden.[95] Doch als er dem Kanzler zuruft: »Keines Ihrer Argumente, Herr Bundeskanzler, hat uns überzeugen können«, gibt dieser kühl zur Antwort: »Meine Herren, Sie können ja das konstruktive Mißtrauensvotum einbringen«, schreitet zur Tür und überläßt die wütende Fraktion ihrem Zorn.[96] Ein Mißtrauensantrag gegen Adenauer – undenkbar!

Der Sturm in der eigenen Partei ist aber ein sanftes Säuseln verglichen mit der gewaltigen Entrüstung in der öffentlichen Meinung. Die Presse verurteilt den Kanzler fast einhellig, von der Opposition ganz zu schweigen. Undemokratisches Verhalten, unbedenkliches Spiel mit den Institutionen des Staates, zynischer Machtwille, Gefühlskälte, Unfairneß – alle Vorwürfe, die ihn von Anfang an begleiten, scheinen nun wieder einmal bestätigt. Viele Kommentatoren sehen jetzt auch einen ausgeprägten Altersstarrsinn im Spiel. Krone allerdings, der ihn nun eben wieder leidvoll kennengelernt hat, meint dazu: »Ich wehre mich gegen diese Annahme, da ich ihn sehe und erfahre, wie er in Form ist. Er war immer einer, der mit dem Kopf durch die Wand ging, wenn es ihm geboten erschien.«[97]

Besonders befremdet zeigt sich Theodor Heuss. Adenauer, so glaubt er, hat ihn während der ganzen Wochen und Monate nie vertrauensvoll informiert, vielmehr »getäuscht« und »angelogen«.[98] Daß der Kanzler nach dem selbstverschuldeten Debakel der vergangenen Wochen und Monate sogar die Stirn hat, den Bundespräsidenten einmal mehr zu bitten, nun doch noch einer Wiederwahl zuzustimmen, betrachtet er als den Gipfel Adenauerscher Unverschämtheit.[99] Zu Recht bemerkt er: »Über jeden anderen würde Adenauer getobt haben, ein solches Schauspiel der Personalintrigen vorzuführen, während die Genfer Situation so viel Schwierigkeiten in sich birgt. Adenauer hat Glück, daß ich nicht freier Publizist bin.« Und dann eine sehr gute Beobachtung: »Ich glaube, der

Hauptunterschied zwischen ihm und mir ist doch der, daß er, der eine große Verwaltungslaufbahn hinter sich hat, im Elementaren personalistisch denkt, während ich, der ich nie Beamter war, institutionell urteile.« Daher findet er auch die Situation so »gräßlich« und seine Bemühungen, in Deutschland die Voraussetzungen für »eine Demokratie des Maßes« zu schaffen, »moralisch« richtig gefährdet.[100]

Adenauer, sinniert er jetzt gedankenvoll, sei »in der Gefahr der Hybris«, seit Churchill ihn zum größten deutschen Staatsmann seit Bismarck erklärt hat.[101] Und nun bringt der Kanzler seine Leistung im Bewußtsein der eigenen Anhänger *so* ins »abwertende Gespräch«[102].

Aber Heuss ist nicht nachtragend, wenn er es mit Leuten von Substanz zu tun hat. Und Adenauer seinerseits beherrscht die Kunst, sich zu entschuldigen, ohne sich dabei etwas zu vergeben. Ein paar Monate lang meiden die beiden einander. Dann, am 7. August, als sich der Aufruhr gelegt hat, macht Adenauer dem Bundespräsidenten wie üblich am Spätnachmittag, kurz vor der Abreise zum zweiten Jahresurlaub in Cadenabbia, »bewundernswert unbefangen« wieder seine Aufwartung. »Über die meisten Dinge, die im Frühjahr und Sommer passiert sind«, beginnt er die etwas heikle Bewältigung der jüngsten Vergangenheit, »habe ich mich eigentlich nur ärgern müssen.« Das gibt Heuss die Gelegenheit zur Feststellung, auch er habe sich geärgert.

Damit ist man beim Hauptpunkt: warum hat Adenauer am 1. Juni von seiner Rücktrittsabsicht nicht einmal gepiepst.[103] Adenauer weiß dafür eine entwaffnend schlichte Erklärung: er habe doch schon am 14. Mai im Kabinett ausgeführt, daß er zu 90 Prozent zur Aufgabe der Kandidatur entschlossen sei. Warum hat Staatssekretär Bleek, der doch bei allen Kabinettssitzungen zugegen ist, darüber nicht berichtet? Bleek, der dabeisitzt, macht jetzt darauf aufmerksam, daß dies eine Sitzung nur der Minister war, ohne Staatssekretäre. So klärt sich das aufs schönste auf, und Heuss vermerkt, was Adenauer darauf sagt: »Das täte ihm aber leid, daß ich dann überrascht worden sei.«[104] So brummelt man sich noch eine Zeitlang an, und von jetzt an werden erneut »Schöne Grüße und Gutwetterwünsche« ausgetauscht.[105]

Alle, die Adenauer in diesen Wochen beobachten, als er die Folgen der unüberlegten Kandidatur auslöffeln muß, zeigen sich von seiner Desinvolture beeindruckt, am meisten Carl J. Burckhardt. Er kommt am 8. Juni nach Bonn, als die Wogen am höchsten gehen, kneipt erst einmal mit Theodor Heuss bis morgens um einundeinhalb drei und trifft mittags darauf beim Essen, das der Bundespräsident für die Ritter des Ordens

Pour-le-mérite gibt, auf Adenauer. »Gegenstand aller Gespräche: der Kanzler«, schreibt er an Carl Zuckmayer. »Vor dem großen Präsidialbankett wurde sein Fall heftig erläutert, dann spät, plötzlich erschien er, ganz allein: Alles war wie ausgewischt, seine Persönlichkeit dominierte augenblicklich.«

Burckhardt fährt fort und entwirft hier in wenigen Strichen eine der eindruckvollsten Porträtstudien Adenauers: »Bei Tisch war ich sein Nachbar, er sprach von Rosenzucht, alte stark duftende, heute verschwindende Rosen: Maréchal Niel, Gloire de Dijon, mit Liebe, mit Entzücken, mit einer leisen, angenehmen, gleichmäßigen Stimme, dann, mit einem Mal, drehte er sich nach mir um, schaute mich mit diesen merkwürdigen, von den katalaunischen Feldern in die Eifel gebrachten asiatisch undurchdringlichen Augen an, und sagte: ›Herr B., wenn Sie die Wahl hätten zwischen einem Mann der sagt: ich habe mich geirrt – und einem Mann, der seinen Irrtum zu tarnen sucht, wem würden Sie den Vorzug geben?‹ Ich antwortete, ohne seiner Erwartung entgegenzukommen: ›Das käme auf die konkreten Voraussetzungen an!‹ Er lächelte belustigt und etwas überrascht, schweifte dann ab ins gerade an diesem einen Tage ›Hochaktuelle‹ und erklärte so vor sich hin: ›Konkrete Voraussetzungen, ich kenne ein Volk, das sie so augenblicklich vergißt; viel Lärm um nichts, in zwei Wochen ist alles vorbei.‹ Man sagt, er empfinde eine große Menschenverachtung, ich bin davon nicht überzeugt, er kennt die Menschen, er hält sich für ihren berufenen Helfer. Was man über ihn schreibt, ist unsinnig: ›altersschwach, geistesmatt.‹ Er ist elastisch wie eine Bogensaite.«[106]

Die Gespenster der Vergangenheit

Mit großer Umsicht ist es Adenauer bis Ende der fünfziger Jahre gelungen, die negativen Auswirkungen der jüngsten Vergangenheit zu neutralisieren. Das glückt ihm, indem er zum Ausland und zu den eigenen Landsleuten fast nur von den neuen Wirklichkeiten spricht. Deutschland, so hämmert er der Öffentlichkeit ein, versteht sich nicht mehr als autonomer Akteur, sondern nur noch als Teil eines größeren Ganzen – Europas, der freien Welt westlicher Demokratien, der atlantischen Staatengemeinschaft! Die Akzente mögen wechseln, an der Grundorientierung selbst ist kein Zweifel erlaubt. Dadurch, daß er die westliche Gemeinschaft proklamiert, macht er mit ganz bemerkenswertem

Geschick die Sonderinteressen des exponierten westdeutschen Staates zur gemeinschaftlichen Aufgabe des Westens: Schutz der Bundesrepublik vor der expansiven Sowjetunion, Sicherung der Freiheit Berlins, Eintreten für die Irredenta in der DDR. Vor allem aber sieht er in fester Westbindung die einzig verläßliche Garantie gegen außenpolitische Isolierung.

Gewiß, auch er kommt des öfteren auf die Hypotheken der Vergangenheit zu sprechen, doch mehr so, wie man sich bei einem erfolgreich resozialisierten Sträfling an weit zurückliegende Jahre erinnert, in denen er Böses getrieben. Das sind die Zeiten, von denen man zwar weiß, klugerweise aber nicht viel spricht. Sofern er es für angebracht hält, westlichen Gesprächspartnern gegenüber das Thema deutsche Vergangenheit überhaupt anzuschneiden, geschieht dies in der Pose des großen Raubtierdompteurs: Seid froh, daß ihr mich habt, weil ich allein die unruhigen Deutschen in den westlichen Gemeinschaften zur Ruhe gebracht habe! Im übrigen wirkt auch die vom glaubhaften Wiedergutmachungswillen getragene Israelpolitik vertrauensbildend.

Innenpolitisch hält Adenauer erst recht nichts vom neurotischen Dauergeschwätz über die NS-Vergangenheit. Die Jahre 1946 und 1947, als die Schuldfrage auch in seinen Wahlreden ein großes Thema war, liegen weit, weit zurück. Nur gelegentlich muß er später daran erinnern – etwa bei der Durchsetzung des Wiedergutmachungsabkommens mit Israel und den jüdischen Organisationen. Intern redet er etwas häufiger von der jüngsten Vergangenheit. Das ist immer dann der Fall, wenn er sich dafür zu rechtfertigen hat, daß er bei internationalen Verhandlungen auch »Kröten schlucken« mußte – in der Souveränitätsfrage, in der Saarfrage oder bei der Wiedergutmachung.

Mit nachträglicher Beschwörung der NS-Vergangenheit ist er schon deshalb recht zurückhaltend, weil er die Biographien seiner Landsleute viel zu gut kennt. Echte Widerstandskämpfer oder wenigstens NS-Verfolgte und -Benachteiligte sind in seiner engeren politischen Umgebung genauso selten wie in der gesamten Bevölkerung. Otto Lenz, Jakob Kaiser, Robert Lehr, Eugen Gerstenmaier, Heinrich Krone, Franz-Josef Wuermeling oder Thomas Dehler wären hier zu nennen. Recht viele aber, mit denen er im Kabinett und in der Parteiführung zusammenarbeitet, weisen in ihrem Lebenslauf wohlbekannte Fehler, betrübliche Arrangements mit den Herren von gestern, Doppelspiel, tragische Verstrickungen oder frisch-fröhliches Mitläufertum auf. Theodor Heuss und Ernst Lemmer fanden sich in einer schwachen Stunde bereit, für das

Ermächtigungsgesetz zu stimmen. Hans Globke hat, wie jedermann weiß, den Kommentar zu den »Nürnberger Gesetzen« mitverfaßt, freilich auch, wie nicht jedermann weiß, den Opfern eben dieser »Nürnberger Gesetze« in vielen Einzelfällen mit Rat und Tat geholfen. Kiesinger, Mitstreiter in vielen Debatten, war während des Krieges in Ribbentrops Auswärtigem Amt dienstverpflichtet und hat dort zeitweise mit den Wölfen geheult, wenn auch nicht ganz laut. So ließe sich Biographie um Biographie durchgehen bis hin zu Theodor Oberländer, der Nationalsozialist war, aber unter den teuflischen Bedingungen des Ostfeldzugs zugleich bemüht, die Grundsätze der Zivilisiertheit und der Vernunft nicht preiszugeben.

Selbst im allerpersönlichsten Bereich sind Adenauer die Verstrickungen wohlbekannt. Zwar gehört er von Anfang an zu den exemplarisch Verfolgten. Doch er erinnert sich genauso gut wie mancher andere daran, daß auch er 1932 ein »Zähmungskonzept« der Hereinnahme Hitlers in die Regierungsverantwortung vertreten hat. Und 1933 hat er beim Kampf um die nackte Existenz Briefe geschrieben, in denen er darzutun versuchte, wie unvoreingenommen er als Oberbürgermeister von Köln den Nationalsozialisten begegnet sei. Sein geschätzter Schwiegervater, Professor Zinsser, war schon vor der Machtergreifung Nationalsozialist. Einer der Zinsser-Söhne, an und für sich ein unpolitischer Mensch, sitzt nach 1945 als bloßer Mitläufer zwei Jahre in einem englischen Internierungslager ein, und Adenauer, damals schon CDU-Vorsitzender in der britischen Zone, hat das traurige Vergnügen, für diesen unschuldigen jungen Menschen einen Persilschein schreiben zu müssen.

So ist sich der Kanzler genauestens dessen bewußt, daß er – wie man später sagen würde – ein Volk von »Wendehälsen« zu regieren hat. Da fast jedermann Bescheid weiß, hält auch er es fürs Beste, die Periode der zwölf Jahre auf sich beruhen zu lassen. Das ist nicht unumstritten, auch nicht unproblematisch. Aber Adenauer kommt damit durch. Nie in den Jahrzehnten nach 1945 hat das Thema NS-Vergangenheit einen so nachgeordneten politischen Stellenwert wie während der fünfziger Jahre. Doch 1960 kommt die braune Jauche im Innern wie im Ausland erneut hoch und macht Adenauer in den letzten Jahren der Kanzlerschaft zunehmend zu schaffen.

Die verstärke Beschäftigung mit der nationalsozialistischen Vergangenheit hat viele Gründe. Ein Auslöser sind die Hakenkreuzschmiereien an der neu erbauten Kölner Synagoge in der Weihnachtsnacht 1959. Dieser Vorgang stachelt eine Serie von Nachahmungstätern an. Er führt zu weltweiter Entrüstung, im Innern aber zur Entscheidung, mehr für die politische Bildung der Jugend zu tun. Adenauer selbst reagiert gewissermaßen altdeutsch, indem er dazu aufruft, jedem ertappten »Lümmel«, der solche Schmierereien vornahm, unverzüglich »eine Tracht Prügel« zu verabreichen.[1] Doch natürlich will es sich die Weltöffentlichkeit mit den Deutschen nicht ganz so einfach machen.

Die Prozeßserie, die 1956 mit dem Ulmer Einsatzgruppenprozeß beginnt und im Auschwitz-Prozeß gipfelt, ist ein weiterer Auslöser. Das alles wird verstärkt durch den Eichmann-Prozeß in Jerusalem. Vom Juni 1960 an, als Eichmann gefaßt wird, bis zu seiner Hinrichtung im Juni 1962 macht er und damit die Ermordung der Juden Schlagzeilen.

Schon bei den Hakenkreuzschmierereien liegen Adenauer Informationen des Bundesamts für Verfassungsschutz vor, daß die Stasi ihre Hand mit im Spiel hat. Ganz eindeutig ist die östliche Urheberschaft bei den Kampagnen gegen prominente Politiker und Beamte, die von jetzt an mit echtem oder gefälschtem Material aus Ost-Berlin, Warschau oder Moskau angeschossen und abgeschossen werden. Daß die oppositionelle Presse, die SPD und verschiedenste Organisationen der Linken das aufgreifen und verstärken, versteht sich von selbst.

Adenauer glaubt keinen Augenblick daran, die an solchen Kampagnen beteiligten deutschen Zeitungen, Organisationen und Individuen könnten etwa aus anerkennenswerten Motiven der politischen Hygiene handeln. Den denunziatorischen Angriffen liegt seiner Meinung nach allein die Absicht zugrunde, ihn und die von ihm geführte Regierung zu diskreditieren. Allein den jüdischen Organisationen und jüdischen Journalisten billigt er reine Motive zu. So hält er zumeist vergleichsweise zäh an den Angegriffenen fest. Globke, der seit 1959 durch immer neue Kampagnen, auch durch einen Schauprozeß in Ost-Berlin, seelisch zermürbt wird, hält er ohne jedes Schwanken bis zum Ende seiner Kanzlerschaft. Auch von der Kampagne gegen den Vertriebenenminister Theodor Oberländer läßt er sich bemerkenswert lange nicht beirren. Die Hexenjagd beginnt 1959, und Oberländer bietet dem Kanzler schon im September dieses Jahres seinen Rücktritt an, um die Bundesregierung nicht zu belasten. Doch zu den schätzenswerten Eigenschaften Adenauers gehört es, Minister oder Mitarbeiter nicht fallenzulassen, wenn sie – wie im Falle Oberländer – zu Unrecht verdächtigt und in einem Ost-Berliner Schauprozeß *in absentia* verurteilt werden.

Das Thema NS-Vergangenheit beginnt damals vor allem die Studenten zu fesseln. Am 15. Februar 1960 stellt sich Adenauer einer tumultuösen

Diskussion mit rund 3000 Studenten in der Universität Köln. Als eine Gruppe skandiert: »Oberländer weg«, bemerkt er: »Herr Oberländer war braun, wenn Sie so wollen, war er tiefbraun, aber er hat niemals etwas getan, was gegen seine Ehre war ... Ich denke nicht daran, dem zu folgen, was Sie mir zurufen. Sie wollen nämlich seine Entlassung. Ich bin nicht geneigt, wenn die SED verlangt, es soll ein Bundesminister entlassen werden, das dann dem Bundespräsidenten vorzuschlagen.« Der stürmische Beifall, den er darauf erhält, bestärkt ihn in seiner Auffassung.[2]

Wo aus seiner Sicht die Grenzen für die Zusammenarbeit mit früheren Nationalsozialisten liegen, bringt er in Gegenwart Oberländers vor dem CDU-Bundesvorstand recht präzise zum Ausdruck: »Herr Oberländer ist in jungen Jahren zur NSDAP gegangen. Er hat dort für die NSDAP gearbeitet. Er hat aber – das möchte ich sehr nachdrücklich betonen – sich niemals irgendwie an verbrecherischen Taten beteiligt; im Gegenteil, er hat dagegen Stellung genommen innerhalb der NSDAP und hat infolgedessen innerhalb der NSDAP große Schwierigkeiten gehabt.«[3] Im Mai 1960 ist Oberländer jedoch zu einer großen politischen Belastung geworden. Adenauer legt nun dem Rücktritt nichts mehr in den Weg, verbindet aber damit zugleich eine Ehrenerklärung.[4]

In diesen Kampagnen der frühen sechziger Jahre kündigt sich bereits eine neue Epoche an, die seit dem Sommer 1967 mit dem Aufflammen der Studentenbewegung das Bewußtsein der Bundesrepublik tiefgreifend verändern wird. Die Überwindung des Antikommunismus im Zeichen des Antifaschismus ist einer ihrer wichtigsten Programmpunkte, damit auch die »Vergangenheitsbewältigung«.

Man mag es als historischen Zufall werten, daß Adenauers Tod am 19. April 1967 und der Stichtag des 2. Juni 1967 – Erschießung Benno Ohnesorgs bei der Anti-Schah-Demonstration in Berlin – fast zusammenfallen. Für linksradikale wie gemäßigt fortschrittliche Studenten ist Adenauer nunmehr geradezu die Symbolfigur einer verlogenen Epoche, die jetzt zu Ende geht: Adenauer der Reaktionär; Adenauer, die politische »Charaktermarke« des internationalen Monopolkapitals; Adenauer vor allem aber auch der moralisch unsensible Schutzherr aller Nationalsozialisten, sofern sie ihm nur dienstbar und entschieden antikommunistisch sind – kein Repräsentant des neuen Deutschland also, sondern Fortsetzer der schlimmsten Traditionen deutscher Geschichte!

Dieses Adenauerbild ist freilich nicht neu. Es existiert seit 1949 und ist, mit einem Schuß Separatismusvorwurf versetzt, nichts weiter als das offizielle Feindbild, das die Medien der DDR seit langem verbreiten. In der

Bundesrepublik hat man das zehn Jahre hindurch kaum zur Kenntnis genommen. Erst von 1959 an, im Zeichen vorwurfsvoller Vergangenheitsbewältigung, findet dieses Klischee in der linken Publizistik und bei linken Studenten Eingang. Es wird das Adenauerbild der achtundsechziger Bewegung, die sich auch als verspäteter Protest gegen die Ära Adenauer versteht.

1959 und 1960 befindet sich das alles erst im Embryonalzustand. Noch dominieren im Bewußtsein der Öffentlichkeit andere Adenauer-Bilder. Da ist das Bild von Adenauer, dem abendländischen Staatsmann, der das von Nationalismus und Imperialismus zerrissene Europa wieder zu seiner Einheit im Zeichen christlicher und humanistischer Werte zurückführt. Anderen gilt er ganz unabhängig von abendländischer Überhöhung zumindest als kühner Neuerer, der den atavistischen Nationalismus hinter sich gelassen hat und Deutschland in ein vereinigtes Europa einbringt. Daneben wollen manche in dem konsequent westlich orientierten Adenauer neben Theodor Heuss eine Leitfigur erkennen, die das Land von dem anti-westlichen »Sonderweg« deutscher Verfassungsgeschichte und deutscher Außenpolitik definitiv in die Gemeinschaft demokratischer Völker zurückführt.

Der Sonderweg, so sieht man es hier, hat recht eigentlich im Jahr 1849 begonnen, als Friedrich Wilhelm IV. verächtlich die Kaiserkrone abgelehnt hat, die ihm von den Abgesandten der Paulskirche angeboten wurde. Auch der Tag von Potsdam, im Frühjahr 1933, die verlogene Vereinigung von konservativem Preußentum und revolutionärem Nationalsozialismus, wird als Etappe des »Sonderwegs« verstanden. In diesem Sinn versteht man Adenauers Hinwendung zum westlichen Geist als Rückgriff auf verdrängte, gute Traditionen der deutschen Vergangenheit. Bruch mit der verkehrten Sonderwegtradition, Bruch ganz besonders mit den Jahren 1933 bis 1945, doch Kontinuität zur verfassungsstaatlichen, westlichen Linie der deutschen Nationalgeschichte!

So sehen die frühen sechziger Jahre die Ausformung recht unterschiedlicher Adenauer-Bilder. Zwar hat die Präsidentschaftsposse bewiesen, wie lebendig dieser Kanzler noch ist, wie fähig auch zu ganz unstaatsmännischen Fehlern. Doch derlei wird von den meisten recht rasch vergessen. Für viele ist er bereits zu Lebzeiten eine fast mythische Gestalt. Solche Figuren pflegen von Intellektuellen und Propagandisten oft für unterschiedliche Hoffnungen oder Abneigungen instrumentalisiert zu werden. Diesem Schicksal eines großen Mannes vermag Adenauer schon geraume Zeit nicht mehr zu entgehen. Zwar betreibt er weiterhin seine meist sehr rationale, durchaus nuancierte Politik. Doch die unterschiedlichen politischen Lager nehmen oft nicht mehr wahr, daß hier ein politischer Artist auf hohem Seil komplizierte Balanceakte vollführt, zunehmend in Gefahr, bei einer seiner raschen Drehungen abzustürzen. Sie sehen ihn mehr und mehr in einseitiger Perspektive: verzerrt oder verklärt, ein großes Verhängnis oder eine große Hoffnung.

Nun ist es aber nicht Adenauers Art zu fragen, wie sich seine Gestalt denn wohl in der Phantasie der Zeitgenossen darstellt. Er ist handlungs- und problemorientiert. Wenn er mit großer Aufmerksamkeit das Auf und Ab der Zustimmungskurve zum Kanzler oder zu einzelnen Themenbereichen studiert, so sieht er darin vorwiegend den Reflex von Ereignissen, die häufig wenig beeinflußbar sind, es sei denn eben von zielklarer Politik. Daß auch seine Persönlichkeit als solche im Für und Wider orientierend wirkt, weiß er zwar. Doch wie soll das kalkuliert werden? So hält er sich ans Tun und an die Tatsachen.

Zu diesen Tatsachen gehört es also seit dem Frühjahr 1959, daß die Gespenster der Vergangenheit stärker als früher auch in der Öffentlichkeit der westlichen Großmächte herumzugeistern beginnen. Teilweise ist das ein Reflex jener von den Umständen bedingten stärkeren Beschäftigung mit den NS-Verbrechen und den NS-Verbrechern. Dabei zeigt sich, daß die Ostblock-Propaganda durchaus nicht wirkungslos bleibt. Doch es hat auch andere Gründe, die den Kanzler sehr beunruhigen.

An erster Stelle diagnostiziert er ein gewisses Ressentiment der ehemaligen Kriegsgegner gegen die plötzlich wieder reich und durchaus auch schon einflußreich gewordenen Deutschen. Dieses Motiv läßt sich im einzelnen schwer fassen. Menschen und Völker neigen dazu, ihre Ressentiments sorgfältig zu tarnen. Doch Adenauer mißt dem vor allem im Fall Englands Gewicht bei. Während der zweiten Hälfte der fünfziger Jahre klagt er unablässig darüber, wie negativ erhebliche Teile der britischen Öffentlichkeit Deutschland gegenüber eingestellt seien. Gewiß, es ist vor allem die britische Linke. Adenauer vermutet aber, daß auch Macmillan und seine Umgebung davon nicht frei sind.

Darin täuscht er sich nicht. Macmillans Tagebucheintragungen, die erst Anfang der siebziger Jahre bekanntwerden, lassen einen Blick ins Herz des britischen Premierministers zu, in dem kein Übermaß an Liebe für die Deutschen im allgemeinen und für Adenauer im besonderen wohnt. So trennt man sich etwa im Januar 1961 nach zähen Finanzverhandlungen, und Macmillan notiert: »Wir haben zwei Tage lang Dr. Adenauer und seine Deutschen genossen – vier Stunden Gespräche, Dinner,

Lunch – und wenig oder kein Ergebnis... Sie geben vor, die globalen weltwirtschaftlichen Probleme nicht zu verstehen. Mit anderen Worten: Sie sind reich und selbstsüchtig.«[5] Im November 1959 richtet er an Selwyn Lloyd ein Memo, das seine Besorgnis über die Ausrüstung der Bundeswehr mit Kernwaffen zum Ausdruck bringt. Darin finden sich die Sätze: »Doch hinter all dem steht ein Gefühl, daß die Deutschen eine ziemlich ambivalente Politik betreiben. Niemand weiß zur Zeit, wie viele frühere Ex-Nazis tatsächlich in der Armee, der öffentlichen Verwaltung oder im Gerichtswesen tätig sind. Das Wiederaufleben von Krupp ist hierzulande nicht sehr populär...«[6]

In Macmillans Unmut spielt die Frage der Freihandelszone und ab März 1962 der britische Beitrittsantrag zur EWG stark hinein. Macmillan und das Foreign Office wissen zwar genau, daß die Widerstände in erster Linie von Paris ausgehen. Doch zählt die Bundesrepublik genauso, und allein schon der Umstand, daß man sich um den früheren Kriegsgegner bittend bemühen muß, wird als Ärgernis empfunden. Von allen Deutschen am ansprechbarsten für die negative Einstellung de Gaulles gegen England erweist sich zu allem hin auch noch der Kanzler. »Adenauer hat den Franzosen seine Seele verkauft«, bemerkt Macmillan im August 1960 bitter.[7]

In der französischen öffentlichen Meinung steht es zwar besser. Die Mitte-Parteien, auch die gemäßigte Rechte in der Vierten Republik sowie die ähnlich orientierte Presse waren zunehmend auf die Verständigungspolitik mit Deutschland eingeschwenkt.[8] Nun führt sogar der frühere Chef des Freien Frankreich seine Anhänger gleichfalls in diese Richtung. Aber Adenauer weiß, wieviel von der positiven Einstellung allein ihm persönlich gilt. Auf wen das Ausland seine Hoffnungen setzt, daraus macht er wenigstens im kleinen Kreis keinerlei Hehl: »Man vertraut *mir*.«

Zwar erfährt er nicht, wie skeptisch sich de Gaulle zu Macmillan und gegenüber Eisenhower äußert, sobald man unter sich ist und sorgenvoll fragt, wohin dieses Deutschland steuern wird, wenn Adenauer nicht mehr die Zügel führt.[9] Aber er kann sich das denken. Und wenn de Gaulle etwa gegenüber Macmillan wirklich einmal ungeschützt ausspricht, was er tatsächlich denkt, kommt auch bei ihm zum Ausdruck, wie wenig er im Grunde von dem »Bonner Regime« hält.[10] Das mag sich aus seinem wohlbekannten Anti-Parlamentarismus erklären oder einfach so gesagt sein, um Macmillan ein falsches Gefühl der Intimität einzuflößen. Seiner sicher sein kann man jedoch nie!

Und die Amerikaner? Auch in den USA räumt die überregionale

Presse seit 1960 der Berichterstattung über die Hakenkreuzschmiereien, über den Eichmann-Prozeß und über den Auschwitz-Prozeß breiten Raum ein. Von der dunklen Vergangenheit ist nun viel, vom bewunderten Wirtschaftswunder nur noch wenig die Rede. Die atmosphärischen Veränderungen in der veröffentlichten Meinung machen sich allerdings erst in den Jahren der Präsidentschaft Kennedys voll bemerkbar.

Vorerst wichtiger sind die Folgen des Todes von Dulles. Die Beziehungen zwischen Adenauer und ihm waren zwar insgesamt schwieriger und auch wechselhafter, als dies der Öffentlichkeit bekannt wurde. Niemand weiß das besser als Adenauer. Doch hatte Dulles den deutschen Kanzler als Zentralfigur amerikanischer Europapolitik respektiert und stets gestützt. Indirekt war ein Hauptgrund für Adenauers Einfluß auf Dulles dessen Enttäuschung über das schwache Frankreich der Vierten Republik und das recht schlechte persönliche Verhältnis zu zwei aufeinanderfolgenden britischen Premierministern – erst zu Eden, dann auch zu Macmillan.

Das ändert sich nun schlagartig. Dem neuen Außenminister Christian Herter fehlen nach Adenauers Meinung doch noch sehr die Klarheit und die Energie von Dulles.[11] Außerdem muß sich Herter, von Arthritis geplagt, in einem Rollstuhl fortbewegen.[12] Livingston Merchant, jahrelang die rechte Hand von Dulles, hat zwar noch Einfluß, nicht zuletzt auf die Deutschlandplanung. Auch Robert Murphy, jetzt Unterstaatssekretär, kennt Deutschland seit den frühen zwanziger Jahren, als er am Münchner Generalkonsulat tätig war. Grewe hält ihn für eine der zuverlässigsten Stützen, den die deutschen Interessen im Establishment von Washington haben.[13] Doch die Schlüsselfigur ist nun für die mehr als einundeinhalb Jahre nach dem Ausscheiden von Dulles Präsident Eisenhower selbst.

Eisenhower ist ein Gentleman. Er schätzt den immer noch sehr eindrucksvollen alten Bundeskanzler und möchte ihn in der Berlin-Frage nicht verraten. In seiner Umgebung herrscht durchaus nicht jener beißend anti-deutsche Ton, der bald in der Entourage von Kennedy zu hören sein wird. General Norstad ist den Deutschen gewogen, General Andrew Goodpaster, Eisenhowers rechte Hand in Sicherheitsfragen, genauso. Im amerikanischen Militär existiert nach wie vor eine emotional positive Grundeinstellung zu Deutschland, in die sich noch viel Bewunderung für die Wehrmacht im Zweiten Weltkrieg mischt. Doch nachdem – aus Sicht von Macmillan und de Gaulle – der Fremdkörper Dulles ver-

Bestätigung durch die Bevölkerung

*Eisenhower und Adenauer auf der Fahrt vom
Flughafen nach Bonn, 26. August 1959.*

schwunden ist, macht sich doch eine gewisse Kameraderie aus den Tagen des Zweiten Weltkriegs verstärkt bemerkbar.

Die Feinheiten des Protokolls sind das beste Indiz dafür. Im Sommer 1959, als Eisenhower zum großen Verdruß von Macmillan ganz unerwartet Chruschtschow zu einem Zweiergipfel in die USA einlädt, hält er es doch für angebracht, zuvor die westeuropäischen Verbündeten persönlich zu beruhigen. Zuerst fragt er bei de Gaulle an, der mit großer Befriedigung vernimmt, daß der Befreier Frankreichs bei ihm vorsprechen möchte. De Gaulle bereitet ein ausgedehntes Programm vor, das – so Eisenhower im Rückblick – »formeller und feierlicher sein sollte als alle anderen auf dieser Reise«[14]. Zu den zwei Tagen in Paris treten drei Tage in Großbritannien, darunter eine besonders intime Einladung bei der Königsfamilie im schottischen Balmoral. Adenauer findet es fast kränkend, darum bitten zu müssen, daß der Präsident doch auch in Deutschland Station macht. Eisenhower weiß aber, was sich gehört. Er reserviert für den alten Herrn in Deutschland und den sympathischen Bundespräsidenten jedoch nur einen knappen Tag.

Der Besuch Eisenhowers wird ein Erfolg, nicht zuletzt dank dem Einfallsreichtum Felix von Eckardts. Dieser gibt nämlich der Polizei einen Wink, die Straßen von Köln-Wahn nach Bonn, die damals noch über die Dörfer führen, schon eine halbe Stunde vor dem Eintreffen des Präsidenten zu sperren. So entsteht unmittelbar nach Büroschluß ein riesiger Verkehrsstau. Zehntausende drängen sich in den Dörfchen, dann auch in Bad Godesberg und winken Eisenhower zu.

Adenauer, der mit ihm zusammen im offenen Wagen die »Triumphstraße« abfährt, bemerkt nach dieser zweiundeinhalb Stunden dauernden Fahrt vor dem CDU-Vorstand voller Genugtuung, Hunderttausende hätten sich versammelt – »auch aus der Arbeiterklasse«, er habe nur vier oder fünf Leute auf dem langen Weg gesehen, »die so an den Händen froren, daß sie die Hände nicht aus den Hosentaschen ziehen konnten. Alle anderen aber waren tatsächlich hell begeistert und jubelten Eisenhower – ein bißchen kriegte ich auch mit – in einer Weise zu, daß es wirklich eine Bestätigung unserer Politik, die wir zehn Jahre lang betrieben haben, durch die Bevölkerung war, wie man sie sich freundlicher und besser gar nicht vorstellen konnte.«[15] Adenauer zeigt sich jetzt auch von Eisenhower in jeder Beziehung erbaut: »Er war ein ganz anderer Mann, als er früher gewesen ist, so daß ich wirklich überrascht war, welche Vitalität – auch auf politischem Gebiete – er bei dieser Gelegenheit zeigte.«[16]

Doch Tatsache ist eben – und ein so protokollbewußter Mann wie Adenauer weiß das genau – , daß der Präsident den beiden Großmächten der einstigen Kriegsallianz viel mehr Zeit und Aufmerksamkeit hat zuteil werden lassen. Mit Verdruß spürt er, wie sich nun doch, nach dem Tod von Dulles, die Idee eines Dreierdirektoriums zusehends konkretisiert. Zur Freude de Gaulles, aber auch zum Vergnügen Macmillans schlägt Eisenhower bei einem langen, recht gut verlaufenden Gespräch auf Jagdschloß Rambouillet einen informellen und vertraulichen Dreiergipfel vor. Er könnte jeweils am Rande großer Ost-West-Gipfel oder westlicher Vierergipfel stattfinden. Dabei wären dann Fragen außerhalb des Geltungsbereichs der NATO zu behandeln.[17] Doch wenn man erst einmal zu dritt beisammen ist, wird man, so denken de Gaulle und Macmillan, naturgemäß über vieles mehr reden: über die Ost-West-Beziehungen, über nuklearstrategische Fragen oder auch über Deutschland. Auch Ad-hoc-Besprechungen militärischer Stäbe wären denkbar. Macmillans Absichten gehen noch weiter. Er würde am liebsten alle zwei oder drei Monate Konsultationen der Drei sehen.[18]

Genau zu dieser Art von Dreiergipfel kommt es nun im Dezember 1959 am Rande eines westlichen Vierergipfels mit Adenauer und erneut vor dem großen Ost-West-Gipfel mit Chruschtschow im Mai 1960. Erst führt Adenauer bei General Norstad erregt Beschwerde. Dabei wird er von NATO-Generalsekretär Paul-Henri Spaak und dem belgischen NATO-Botschafter de Staerke unterstützt.[19] Das hilft jedoch alles nichts. Adenauer macht in der Folge meist gute Miene zum bösen Spiel. Nach der Pariser Konferenz im Mai 1960, wo es zwischen den drei Westmächten zu Absprachen über ein informelles Dreiersystem kommt[20], beschwert er sich aber erneut, diesmal bei CIA-Chef Allen Dulles. Ein Dreierkollegium wäre »das Ende der NATO«[21].

Hinzu kommen die bilateralen Spitzentreffen der Großen des Westens. Im Vorfeld des Gipfels der drei westlichen Großmächte mit Chruschtschow im Mai 1960 in Paris findet zwischen den vier westlichen Regierungschefs, Adenauer inbegriffen, geradezu ein Menuet à quatre statt. Vor allem de Gaulle erfreut sich dabei pfleglichster Behandlung. Erst sucht ihn Macmillan Mitte März in Rambouillet auf, dann findet Anfang April ein Staatsbesuch de Gaulles in London statt. Der Empfang ist in großem Stil inszeniert – jubelnde Mengen, großes Diner bei Hofe. Nie ist Adenauer von den Briten so gefeiert worden wie jetzt der General aus den Tagen der Kriegsallianz. Zwar weiß er, daß dies zu erwarten auch gar nicht realistisch wäre, doch es stimmt ihn besorgt. Dasselbe Bild nochmals Ende April, als der General Kanada und die USA besucht. Nie wurde Adenauer, so wie jetzt de Gaulle in New York, mit einer Konfettiparade gefeiert, wie sollte er auch! Obwohl de Gaulle ein ganz schwieriger Kunde ist, wird ihm auch in Washington der große rote Teppich ausgerollt.

Genauso herzlich ist kurz zuvor auch Premierminister Macmillan empfangen worden. Gewiß, er ist der Sohn einer Amerikanerin, hat also leichteres Spiel. Dazu existiert eben immer noch die Realität der *special relationship* zwischen den angelsächsischen Großmächten. Bei solchen Gelegenheiten wird aber doch schmerzhaft deutlich, wie instinktiv sich Briten und Amerikaner verstehen, während Adenauer im Kreis der westlichen Staatschefs trotz aller Stärke der Bundesrepublik und trotz vielfach erprobter Treue nur ein Neuling ist. Der einzige, der ihn dies nicht persönlich fühlen läßt, ist Eisenhower. Er verspürt durchaus die psychologischen Probleme des alten Kanzlers und gibt sich deshalb größte Mühe, ihm die angemessene protokollarische Ehre zu erweisen. Doch zu einem sehr intimen Gedankenaustausch in Gettysburg oder in Camp David wird Adenauer im Jahr 1960 nicht eingeladen.

Ganz und gar unerfreulich aus seiner Sicht ist schließlich die Vorbereitung und Auswertung des Gipfels mit Chruschtschow in Paris. Auch hier vermerkt er mit Mißfallen, wie neben dem westlichen Vierergipfel getrennte Besprechungen Eisenhowers, Macmillans und de Gaulles stattfinden, von denen er ausgeschlossen ist. Hinter allem vermutet er die Ränke von Macmillan. Er durchschaut wohl nicht richtig, daß auch de Gaulle bei dem Vorhaben, ihm einen Platz unterhalb des Dreiergipfels anzuweisen, durchaus eine treibende Kraft ist.

Das Konzept eines Dreiergipfels versackt schließlich seit Mitte 1960. De Gaulle spürt nun genau, daß er von Eisenhower und Macmillan nur hingehalten wird. Der amerikanische Präsident ist letztlich doch entschlossen, die von ihm geschaffene NATO-Maschinerie nicht anzutasten. Die informellen, quasi geheimen Beratungen können aber de Gaulles Wünsche nicht erfüllen. Er will nämlich mit Hilfe des Direktoriums die NATO umkrempeln und der amerikanischen Hegemonie ein Ende bereiten, zumindest aber Frankreich denselben Einfluß sichern wie den USA und wie Großbritannien. Das paßt auch den Briten nicht. Macmillan sucht die weitgehenden Direktoriumspläne de Gaulles zu verhindern, weil er überhaupt kein Interesse daran hat, die engen amerikanisch-britischen Sonderbeziehungen im nuklearen Bereich durch formelle Einbeziehung Frankreichs in Frage zu stellen.

Die Pläne scheitern schließlich auch deshalb, weil mit Kennedy eine ganz neue Führungsmannschaft antritt. Ungeachtet des gegenseitigen

Mißtrauens herrscht doch zwischen Eisenhower und de Gaulle ein Verhältnis persönlicher Wertschätzung. Eisenhower tut sein Bestes, den Bruch zu vermeiden. Mit Kennedy verhält sich dies anders. Seine Administration vertritt nach anfänglicher Unsicherheit auch in puncto nuklearer Proliferation einen viel strikteren Kurs.

Es ist also nicht Adenauer, der das verhaßte Konzept des Dreierdirektoriums zu Fall bringt. Und bald wird er sich nach den Tagen Eisenhowers zurücksehnen. Denn zunehmend steuert von jetzt an de Gaulle einen harten Kurs gegen die NATO, so daß Adenauer in die höchst fatale Lage gerät, sich zwischen de Gaulle und der Allianz entscheiden zu müssen.

In den Jahren 1959 und 1960 sind es aber zweifellos auch die verstärkt anti-deutschen Stimmungen in der Öffentlichkeit, aus denen der Nationalegoismus Macmillans und de Gaulles Nutzen ziehen.

Adenauer sucht dem auf verschiedenste Weise entgegenzuwirken. In erster Linie beschwört er unablässig die Einheit des Westens. Zumindest in den offiziellen Communiqués müssen sich die westlichen Großmächte dem anschließen. Nachdem sie sich in den Jahren 1954 und 1955 auf die Vertragspartnerschaft mit der Bundesrepublik festgelegt haben, ist es ihnen auch nicht mehr ohne weiteres möglich, nunmehr die deutschlandpolitischen Positionen gegen den Willen der Bundesregierung preiszugeben.

Der großen Konsultationsaktivität Macmillans und de Gaulles setzt er seine eigene entgegen. Sowohl 1959 wie 1960 reist er nach Washington. Eisenhower selbst sucht ihn im August 1959 in Bonn auf, desgleichen die amerikanischen Außenminister. Der Direktkontakt mit de Gaulle und Macmillan ist noch enger: drei Treffen mit de Gaulle in den Jahren 1959 und 1960, zusätzlich ein Besuch Debrés im Herbst 1960; vier Spitzengespräche mit Macmillan im gleichen Zeitraum. Hinzu kommen die westlichen Vierer-Gipfel im Dezember 1959 und im Mai 1960 in Paris, mit denen sich jeweils auch bilaterale Besprechungen verbinden.

Die persönlichen Begegnungen werden ergänzt durch einen intensiven Briefwechsel mit Eisenhower, Macmillan und de Gaulle sowie durch regelmäßige Gespräche mit den Botschaftern. Gezielt bringt Adenauer in dieser Zeit auch Italien ins Spiel, um der Großmachtdiplomatie der drei Westmächte entgegenzuwirken. Auch auf der Klaviatur der NATO-Organisation sucht er zu spielen. Generalsekretär Paul-Henri Spaak betrachtet er dabei als verläßlichen Mitstreiter. Desgleichen nutzt er die Absichten des SACEUR General Norstad, die NATO zur vierten Atommacht umzugestalten.

Es läßt ihn auch nicht ruhen, daß die weltweiten Reiseaktivitäten Eisenhowers und Macmillans viel Aufmerksamkeit finden. So inszeniert er im März und April 1960 eine eigene Weltreise. Das ganze Unternehmen soll natürlich vor allem die deutsche Öffentlichkeit beeindrucken. Die Wähler sehen nun in der Wochenschau, in den Illustrierten und im zusehends wichtiger werdenden Fernsehen einen Kanzler, der die Schwächeperiode vom Frühjahr 1959 voll hinter sich gelassen hat. Eisenhower, Macmillan und de Gaulle ihrerseits sollen erkennen, welche Energien noch in dem Vierundachtzigjährigen stecken. Vor allem möchte er dabei die öffentliche Meinung in den USA wieder stabilisieren, auf die es sich auszuwirken beginnt, daß Deutschland durch die Erinnerung an das Dritte Reich wieder ins Gerede gekommen ist. Dagegen, so raten ihm von Eckardt und viele andere, hilft nur das persönliche Auftreten des Kanzlers. Das ist der Hauptgrund, weshalb Adenauer seine Amerikareise noch stärker überfrachtet als ohnehin schon üblich.

Die Weltreise dauert drei Wochen. Das Jet-Zeitalter hat die Lufthansa noch nicht erreicht. Wie gewohnt, reist Adenauer in einer »Super-Constellation«. Der Flug von Köln-Wahn zum Flughafen Idlewild von New York dauert über 16 Stunden, von San Francisco nach Tokio mit zwei Ruhetagen in Honolulu ist man vier Tage unterwegs, und der Rückflug über Anchorage in Alaska sowie Keflavik in Island nimmt nochmals zwei Tage in Anspruch. Zum festen Ritual gehört stets ein längerer Aufenthalt im Cockpit bei Chefpilot Rudolf Mayr. Unterwegs verwandelt sich das Flugzeug in eine Mischung von fliegendem Bundeskanzleramt und Pressezentrum.

Im Vergleich mit den Auslandsreisen späterer Kanzler nimmt sich der Troß, den Adenauer mitführt, noch relativ bescheiden aus. Der Kern der Reisegruppe besteht aus etwa 35 Personen, denen sich in den USA beziehungsweise in Japan noch eine kleinere Gruppe aus den Botschaften anschließt. Der Außenminister wie der Chef des Bundespresseamts reisen mit. Im Heck der Maschine hat man für Adenauer einen kleinen Wohn- und Arbeitsraum eingerichtet. Dort liegen die Karten mit den Flugrouten und ein Stapel von Akten. Die beiden Chefsekretärinnen Hannelore Siegel und Anneliese Poppinga werden vom Kanzler pausenlos in Trab gehalten.

In der Mitte der Maschine arbeiten oder ruhen die Diplomaten und die Mitstreiter Adenauers. In die Touristenklasse verteilen sich die Journalisten, die Kameramänner und die Sicherheitsbeamten. Zwei der Kinder Adenauers, Konrad Adenauer und Lotte Multhaupt, sind gleichfalls mit dabei und wollen darauf achten, daß der Vater sich nicht überanstrengt. Doch derartige Reisen mit ihrem minuziös geplanten Wirbel von Ehrungen, politischen Besprechungen, Besichtigungen, Pressekonferenzen und sogenannten Ruhepausen in Luxusherbergen wirken auf Adenauer sichtlich belebend.

Bei einer Amerika-Reise, die erklärtermaßen das etwas angeschlagene Image der Bundesrepublik aufbessern soll, ist das Treffen mit Ministerpräsident Ben Gurion am 14. März im New Yorker Waldorf Astoria Hotel genauso wichtig wie die Besprechungen in Washington. Die Zusammenkunft wird mit großer Fanfare angekündigt. Das Bild des Patriarchen von Rhöndorf im Gespräch mit dem Patriarchen von Sde Boker läuft über alle amerikanischen Fernsehschirme und erscheint auf den Frontseiten der Zeitungen. Adenauer geht bei dieser stark auf die amerikanischen Juden abgestellten PR-Kampagne nach dem Grundsatz vor: »nicht klekkern, sondern klotzen«.

In einem Festsaal des Waldorf spricht Adenauer am Nachmittag dieses historischen Treffens vor dem »American Council on Germany«[22] und unterstreicht mit aller ihm zu Gebote stehenden Würde: »Ich versichere Ihnen, der Geist des heutigen Deutschland ist weit davon entfernt, antisemitisch und nationalistisch zu sein. Keinem unserer jüdischen Mitbürger wird das Geringste geschehen!«[23] Im Anschluß daran tritt Joachim Prinz, Chief Rabbi of America auf, der früher in Berlin gelebt hat, und beteuert, Adenauer sei ein »Symbol der Freiheit und der menschlichen Würde«. Sein auf Hebräisch gesprochenes Gebet beinhaltet eine Bitte um Gottes Segen für den Kanzler des neuen Deutschland.

Adenauer und Ben Gurion, die einander einundeinhalb Stunden sprechen, wissen beide, daß sie einander bedürfen. Die deutsch-israelischen Beziehungen werden seit den frühen fünfziger Jahren von der Erkenntnis des gegenseitigen Nutzens getragen. Doch bringen Adenauer und Ben Gurion in ihr Treffen zugleich das Bewußtsein mit ein, an einem eigentlich unerhörten und unglaublichen Neuanfang mitzuwirken. Als Adenauer im Frühjahr 1964 eine erste Inhaltsskizze seiner Memoiren diktiert, liest sich das lapidarisch wie folgt: »Israelabkommen 1952 – Sühne an den Juden. Eine innere Verpflichtung wiedergutzumachen, soweit das überhaupt möglich war. Das Israelabkommen von ausschlaggebender Bedeutung für das Ansehen der Deutschen in der Welt. Wenn nicht Israelabkommen abgeschlossen wäre, wäre der Besuch in den Vereinigten Staaten nicht so erfolgreich verlaufen.«[24]

Die Skizze zu den Jahren, in denen die Gründung der EWG, die Europapolitik der Periode 1958 bis 1963 und der Deutsch-Französische Vertrag vom Januar 1963 zu behandeln sein werden, enthält wiederum einige knappe Sätze, die alles Wesentliche zum Ausdruck bringen: »Nach dem Zweiten Weltkrieg mußte das deutsche Volk um die Lösung von zwei Aufgaben bemüht sein:

1. Aussöhnung mit Frankreich,
2. Sühne an die Juden.

Diese Aufgaben waren von psychologischer Bedeutung. Ihre Lösung würde ausschlaggebend sein für unsere Stellung in der Welt.«[25]

Für den letzten Memoirenband ist auch eine Schilderung des Zusammentreffens mit Ben Gurion vorgesehen. Ihr soll wie allen Memoirenkapiteln, in denen Adenauer über seine Gespräche berichtet, das Dolmetscherprotokoll zugrunde liegen, bereinigt um jene Teile, in denen Waffenlieferungen zur Sprache kommen oder eine Einschätzung von Drittländern vorgenommen wird. Adenauer vermerkt in diesem Memoirenfragment, die Begegnung habe ihn tief beeindruckt, und er habe mit Ben Gurion sofort Kontakt gefunden.[26] Das Gespräch über das deutsch-jüdische Verhältnis hat durchaus das Niveau einer Unterredung von Patriarchen.

Doch sind neben den bewegenden allgemeinen Betrachtungen, die bei einer solchen Begegnung zur Sprache kommen müssen, auch sehr handfeste Themen zu erörtern. Ben Gurion hat mit dem gemeinsamen Auftritt vor den Kameras gewissermaßen schon jenes Maximum eingebracht, das ein deutscher Bundeskanzler in psychologisch bedrängter Lage überhaupt von dem Regierungschef Israels erwarten kann. Adenauer hat dafür ebenso gewichtige Gegenleistungen zu erbringen – Fortführung der Wiedergutmachung und technischen Hilfe in neuer Form sowie der streng geheimen Militärhilfe. Von der Aufnahme offizieller diplomatischer Beziehungen ist bei diesem Gespräch keine Rede. Israel drängt aber seit Jahren darauf. Die Bundesregierung entzieht sich dem jedoch ebenso beharrlich aus Rücksicht auf die Beziehungen zu den arabischen Staaten.

Da die deutsche Wiedergutmachung für den wirtschaftlichen Aufbau Israels von größter Bedeutung ist, sorgen sich die Israelis in erster Linie darum, die Wirtschaftshilfe aufgrund des bald auslaufenden Wiedergutmachungsabkommens in irgendeiner Art und Weise fortgeführt zu sehen. Ben Gurion regt also mit dem gebotenen Takt an, sein Land entweder in die deutsche Entwicklungshilfe einzubeziehen oder eine Anleihe über zehn bis zwanzig Jahre in Höhe von vierzig bis fünfzig Mil-

»Sühne an den Juden«

*Das Treffen mit Ben Gurion im
New Yorker Hotel Waldorf Astoria, 14. April 1960.*

lionen Dollar jährlich in Aussicht zu nehmen.[27] Adenauer nuanciert seine entsprechende Hilfszusage sorgfältig: »Dies werde nicht nur aus einer inneren Verpflichtung heraus geschehen, sondern auch aus politischer Klugheit.«[28] Denn Israel gehöre zum Westen, so daß seine Entwicklung im allgemeinen Interesse der freien Welt liege.

Daran anschließend wirft Ben Gurion die Frage weiterer Waffenlieferungen auf. Seit 1957 erhält Israel aus der Bundesrepublik insgeheim militärisches Gerät und Waffen. Die Schlüsselfigur auf deutscher Seite ist Verteidigungsminister Strauß, auf israelischer Seite der Generalsekretär des israelischen Verteidigungsministeriums Shimon Peres. Adenauer hat seine Zustimmung gegeben. Heinrich von Brentano, Heinrich Krone, Fritz Erler und ein FDP-Parlamentarier sind gleichfalls informiert. In flagrantem Verstoß gegen alle Haushaltsvorschriften werden dabei aus Beständen der Bundeswehr beträchtliche Mengen von Rüstungsgütern an Israel geliefert. Verschiedentlich wird das durch Diebstahlsanzeigen der Bundeswehr bei der Polizei bemäntelt. Auch Frankreich, damals stark pro-israelisch, ist am Komplott beteiligt. Hubschrauber und Flugzeuge werden ohne Hoheitsabzeichen nach Frankreich geflogen und von Marseille aus verschifft.[29] Die Bundeswehr hilft den stets in Devisennöten steckenden Israelis auch durch Kauf der »Uzi«-Maschinenpistolen.

Von Ben Gurion vernimmt Adenauer bei dem Gespräch im Waldorf Astoria, daß Strauß bei den Israelis *persona gratissima* ist. Die Adenauer alsdann diskret unterbreitete Wunschliste zielt auf besonders heikle Waffensysteme. Israel, so führt der Ministerpräsident aus, braucht im Mittelmeer und im Roten Meer kleine U-Boote mit geringem Tiefgang, wie sie in der Bundesrepublik für den Einsatz in der Ostsee gebaut werden. Desgleichen besteht ein großes Interesse an Fernlenkgeschossen aus deutsch-französischer Produktion zur Bekämpfung von Panzern und Tiefflingern. Adenauer verspricht, die Lieferung der Fernlenkgeschosse zu billigen, nachdem Strauß schon eine positive Haltung eingenommen hat.[30]

So findet im Waldorf Astoria nicht nur ein bewegendes Stück symbolischer Politik statt. Das Zusammentreffen läßt auch alle Anzeichen eines politischen Handels erkennen. Israel hilft Adenauer in seinen Nöten mit den Gespenstern der Vergangenheit bei der Schadensbegrenzung. Das weltweit beachtete Treffen Ben Gurions mit dem Kanzler gehört ebenso zu dieser Unterstützung wie die diskrete Einwirkung der Israelis auf ihre jüdischen Freunde in den USA, Großbritannien, Frankreich und anderswo. Umgekehrt schleppt Adenauer die Zeitbombe der geheimen und völlig illegalen Waffenlieferungen weiterhin mit sich im Gepäck. Zu seiner Erleichterung explodiert sie aber erst unter Bundeskanzler Erhard. Adenauer und Strauß können dann von der Tribüne aus zuschauen, wie bei dieser Gelegenheit die Bonner Nahostpolitik in Scherben fällt.

Überhaupt zeigt sich Adenauer nach Kräften bemüht, nach der Wiedergutmachungsdiskussion nicht eine weitere öffentliche Auseinandersetzung über Entwicklungshilfe für Israel auszulösen. Rücksichtnahme auf die Israel-Feindschaft der arabischen Länder bedingt gleichfalls ein geräuschloses Vorgehen. Somit beeilt er sich, dem Kabinett nach der Rückkehr zu versichern, er habe weder diplomatische Beziehungen noch Wirtschaftshilfe zugesagt. Vielmehr müsse Israel wie andere unterentwickelte Länder auch behandelt werden. Den Wunsch nach einem Darlehen von 50 Millionen Dollar habe er sich angehört, darauf sei zurückzukommen. Minister von Merkatz, der diese Äußerungen des Kanzlers notiert, fügt noch einen abschließenden Satz hinzu: »Unterredung für die Weltmeinung von großer Bedeutung.«[31]

Warum schließt sich nun ausgerechnet an diese große PR-Kampagne von New York bis San Francisco ein achttägiger Staatsbesuch in Japan an? Beim Blick auf den Geistertanz aus der Vergangenheit könnte es doch eher geboten scheinen, nicht auch noch Assoziationen an den Dreimächtepakt von 1940 zwischen Deutschland, Japan und Italien wachzurufen. Doch so sensibel Adenauer für die Erinnerung an den Holocaust ist, mit allzu langen Betroffenheitsreden über die Rolle Deutschlands vor und im Zweiten Weltkrieg hat er sich noch nie groß aufgehalten. Wenn es wirklich unumgänglich erscheint, einige bedauernde Worte zu sprechen, wie etwa bei einer Rundfunkansprache zum Gedenken des 20. Jahrestags des deutschen Angriffs auf Polen, kann er es nicht lassen, im gleichen Atemzug an den »Einfall der Truppen Hitler-Deutschlands und der Sowjetunion« zu erinnern.[32] »Aufrechnen« wird man das später nennen. Die Japaner sind erst recht Weltmeister im Wegschieben lästiger Erinnerungen an die jüngste Vergangenheit.

Ganz läßt sich die Erinnerung an die Kriegsallianz freilich doch nicht abweisen. Auch in Japan sind es vorwiegend die oppositionellen Linksparteien, denen es mißfällt, wenn Unbußfertigkeit allzu offen zur Schau getragen wird. Sie erzwingen, daß bei der Ansprache Adenauers vor beiden Häusern des Reichstags die beiden Nationalhymnen nicht gespielt werden. Dafür setzen die regierenden Nationalliberalen das Abspielen des Deutschlandliedes beim anschließenden offiziellen Empfang durch.

Doch in der Öffentlichkeit finden die Reminiszenzen an gemeinsame jüngste Heldentaten und Untaten nur wenig Beachtung.

In Japan wäre dies ganz besonders unpassend. Eingeladen hat Premierminister Kishi, nachdem er selbst im Juli 1959 in Bonn zwei Tage als Staatsgast gefeiert wurde.[33] Kishi ist aber durchaus ein Mann mit Vergangenheit. Er verkörpert auf typisch japanische Art und Weise sowohl die Kontinuität wie die Neuorientierung. Während des Krieges war er immerhin bis 1944 japanischer Handelsminister. Dann hat er sich zwar der Friedenspartei zugewandt und ist aus dem Kabinett ausgeschieden. Doch das hat die Amerikaner nicht davon abgehalten, ihn drei Jahre lang als Kriegsverbrecher ins Gefängnis zu stecken. Das ist aber längst vergeben und vergessen. Jetzt gehört er zu den Protagonisten einer engen amerikanisch-japanischen Allianz im Zeichen des Antikommunismus. Eine derartige politische Karriere wäre in der Bundesrepublik undenkbar. Die gemeinsame Vergangenheit kann jedenfalls nicht der Anlaß für Adenauers ostentativen Staatsbesuch sein.

Doch es gibt damals auch noch keine zwingenden außenpolitischen Gründe, sich gerade um Japan besonders zu kümmern. Daß die japanisch-deutschen Beziehungen vor allem durch handelspolitische Fragen bestimmt sein werden, hat sich schon beim Besuch Kishis in Bonn abgezeichnet. Auch bei Adenauers Japan-Besuch kommt die künftige Zollpolitik der EWG zur Sprache. Natürlich verspricht er, die japanischen Interessen großzügig zu berücksichtigen. Aber noch ist Japan keine Welthandelsgroßmacht, sondern bloß eine wichtige Regionalmacht des Fernen Ostens. Dort hat aber die Volksrepublik China Adenauers Interesse immer sehr viel stärker in Anspruch genommen als etwa Japan.

Es ist daher kein Zufall, daß das Gespräch zwischen Adenauer und Kishi in Tokio längere Zeit bei der japanischen Einschätzung Chinas verweilt. Als Kishi auf die Bedeutung Chinas für Japan aufmerksam macht, vergleicht Adenauer das Verhältnis zwischen diesen beiden Ländern mit dem zwischen Rußland und Preußen. Auch damals hätten wertvolle Handelsbeziehungen bestanden, aber natürlich: alles in allem ganz andere Verhältnisse. Er will aber nicht so recht daran glauben, daß das Riesenvolk der Chinesen wirklich schon in kurzer Zeit aktiv in die Weltpolitik eingreifen kann. Überhaupt habe er Zweifel, ob das kommunistische Experiment in China gelingt.[34] Alles in allem ist es noch ein recht unverbindlicher Gedankenaustausch zwischen zwei erfahrenen Politikern, der sich zwischen Adenauer und Kishi ergibt. Mehr ist freilich auch nicht beabsichtigt. Keine Spur von der Intensität weltpolitischer Beziehungen, die zwei Jahrzehnte später im Zeichen der Weltwirtschaftsgipfel zu verzeichnen sind. Kein Gedanke daran, daß Adenauer in Tokio große Politik machen möchte.

Das Echo der japanischen Öffentlichkeit auf die Kanzlerreise ist ähnlich freundlich, im Grunde aber auch ähnlich unenthusiastisch[35] wie ein Jahr zuvor das Echo auf den Besuch Kishis in Bonn oder im Oktober 1954 auf den kurzen Deutschlandbesuch Ministerpräsident Yoshidas.[36] Allzuviel hat man sich politisch noch nicht zu sagen. Von Adenauers Bericht im Kabinett nach der Rückkehr vermerkt von Merkatz: »Japan: Verhältnisse sind schwierig. Die Sozialisten für Kontakte mit Rotchina.« Die japanische Jugend sei nicht mehr religiös gebunden.[37] Immerhin säßen im Parlament ein Drittel Sozialisten, die gern mit Rotchina Handel treiben würden. Und Tokio – 9 Millionen Menschen leben dort, bei Kriegsende waren es nur 2 1/4 Millionen. Diese größte Stadt der Welt sei am stärksten durch Tuberkulose verseucht. Man müsse den Japanern nach Möglichkeit helfen. Japan sei ein Eckpfeiler der Verteidigung der USA: »Ein kommunistisches Japan würde nicht nur für die USA, sondern auch für uns ein entscheidender Rückschlag sein.«[38] So sieht er Japan in geostrategischer Perspektive, und auch dort wittert er Gefahren. Zwar weist Erhard bei Gelegenheit dieser Berichte im Kabinett auf die Billigexporte japanischer Textilien hin. Doch Adenauer wischt das vom Tisch. Er habe in Japan die Anregung des Botschafters »scharf abgelehnt«, die Frage der deutsch-japanischen Wirtschaftsverhandlungen anzusprechen.[39] Was für ihn offenbar allein zählt, ist die strategische Rolle dieses fernen Landes.

Wahrscheinlich sind es aber nicht primär außenpolitische Motive, die der Japanreise zugrunde liegen. Adenauer treibt wohl in erster Linie die Neugier auf die Begegnung mit einer ganz fremden Kultur. Immerhin hat Japan als wichtiges, größtenteils bewundertes und zugleich sehr fremdartiges Land seit den wilhelminischen Jahrzehnten einen festen Platz im Bewußtsein gebildeter Deutscher.

Möglicherweise wecken auch die detaillierten Schilderungen von Anneliese Poppinga Adenauers Interesse. Sie hat sich als Sekretärin von Botschafter Kroll von 1955 bis 1958 in Japan aufgehalten, besitzt viel Verständnis für die Kultur des Landes, tritt im Jahr 1958 als Chefsekretärin den Dienst bei Adenauer an und hat in Cadenabbia Gelegenheit, den Kanzler für die so ganz andere Kultur zu interessieren. Später berichtet sie allerdings, daß Adenauer auf ihre eindringliche Schilderung des fremden Japan nach längerem Nachdenken entwaffnend zur Antwort gibt: »Die Japaner so ganz anders? Die Menschen sind ja doch überall gleich.«[40]

Wahrscheinlich sind es also doch in erster Linie eher polit-touristische Motive, die ihn nach Japan führen. Denn viele andere Staatsgäste haben ja gleichfalls schon zu Besuchen in ihre Länder eingeladen: Nehru aus Indien, Menzies aus Australien, Frondizi aus Argentinien, Kubitschek aus Brasilien. Doch eine Weltreise über Japan macht sich gut. Und dank seiner Würde, verbunden mit dem Weltruhm, der ihn bereits umgibt, kommt er dort entsprechend gut an.

Was ihn bei der Weltreise aber vor allem beeindruckt, ist die Anschauung der amerikanischen Weltmacht. Das betont er auch in dem Bericht vor dem Kabinett.[41] Der französische Botschafter Seydoux hört dasselbe von ihm und darf nach Paris berichten, wie »die gewaltigen Räume« den Kanzler fasziniert haben, doch auch die großen Kraftanstrengungen der USA für deren Verteidigung.[42] Die amerikanische Generalität versteht es, ihm das nachdrücklich vor Augen zu führen.

Über den zweitägigen Aufenthalt auf Hawaii diktiert Adenauer ein paar Jahre später: »Bei meiner Ankunft auf Honolulu zeigte sich die militärische Stärke der Amerikaner im Gebiet des Stillen Ozeans dadurch, daß vier Vier-Sterne-Generäle beziehungsweise Admirale mich in Empfang nahmen. Ich erinnere mich nicht, irgendwo so viele amerikanische Vier-Sterne-Generäle zusammen gesehen zu haben.«[43] Auch auf Wake ist eine Zwischenlandung erforderlich – »einer kleinen Insel, verloren in dem riesigen Stillen Ozean. Sehr heiß, Temperatur im Sommer und Winter fast gleich. Auf der Insel leben 1 250 Menschen, darunter aber nur hundert Militärpersonen.« Man zeigt Adenauer als einzige historische Sehenswürdigkeit das kleine Gebäude, in dem sich Präsident Truman mit dem Oberkommandierenden in Fernost General McArthur getroffen hat, der dann bald von ihm abgesetzt wurde.

Auch von Wake bleibt ein Eindruck weltweiter amerikanischer Präsenz: »Die Insel ist wichtig zum Tanken von Flugzeugen, insbesondere aber, weil dort eine Beobachtungsstation eingerichtet ist, um die Wirkung der von Florida abgefeuerten Raketen zu beobachten und festzustellen: Das Haus, von dem aus die Beobachtungen gemacht werden, liegt versteckt und völlig unsichtbar.«[44]

Schließlich Anchorage: »Die Amerikaner in Alaska waren ganz außerordentlich freundlich und entgegenkommend. Ich fand einen sehr guten Geist vor. Ich habe mich mit ihnen im Wagen (auf der Fahrt vom Flugplatz zur Offiziersmesse) über Flugzeugtypen und ihre Befehlsmaßnahmen unterhalten. Der General der Luftwaffe bot mir an, zwei ihrer neuesten Kampfflieger, die aber auch Atombomben hätten, zu alarmieren. In fünf Minuten nach dem Alarm würden die Flugzeuge, die doppelte Schallgeschwindigkeit hätten, in der Luft sein. Wir sind dann zu dem Standort der Flugzeuge hingefahren. Die Flugzeuge standen dort ohne jede Mannschaft und unter strengster Bewachung. Der General gab Alarm. Die Mannschaften kamen aus den umliegenden Baracken herausgelaufen und stürzten sich auf die Flugzeuge. Ich habe mit der Uhr in der Hand festgestellt, daß sie vier Minuten, nachdem der Alarm gegeben worden war, in der Luft waren.

Die Leute sind sehr zufrieden dort, so sagte mir der General. Der Dienst sei sehr anstrengend. Die Flieger dieser besonders gefährlichen Flugzeuge hätten nur immer zehn Tage Dienst und würden dann Alaska wieder verlassen.

Die Herren waren der Auffassung, daß sie im Ernstfall die zuerst Angegriffenen sein würden. Auf meine Bemerkung, daß die Vereinigten Staaten direkt von Unterseebooten mit Raketen angegriffen werden würden, meinten sie, in fünf Jahren wäre dies erst möglich.

In einem Gespräch über die Gipfelkonferenz klang ihre sehr skeptische Beurteilung der Erfolgschancen durch. Ähnlich wie ich, glaubten auch sie, daß von der Gipfelkonferenz nichts zu erwarten sei.«[45]

Über der ganzen Weltreise liegen nämlich nicht nur die Schatten der NS-Vergangenheit, sondern noch stärker die Sorge vor der kommenden Gipfelkonferenz. Botschafter Grewe, der Adenauer seit 1951 genau studiert, beobachtet bei ihm schon in den USA Anzeichen von Unbehagen. Selbst auf Hawaii läßt er eine nervöse Reizbarkeit erkennen.[46] Den ersten Auftritt in Japan verpatzt er fast, weil er auf der Pressekonferenz barsch erklärt, man solle die grellen Jupiterlampen des Fernsehens abstellen, sonst werde er kein Wort mehr sagen.[47] Den Bildberichterstattern wird das Fotografieren verboten, und den Chefreporter einer japanischen Zeitung zischt er an: »Ich glaube, es wäre besser, wenn Sie hier keine Vorträge hielten, sondern präzise Fragen stellten.«[48] Meistenteils hat er sich aber unter Kontrolle. Als er nach zweistündiger Autofahrt den ehemaligen Premierminister Yoshida, den »japanischen Adenauer«, inmitten seines von uralter Kultur zeugenden Gartens besucht und dort auch die fast schwarzrote Rose »Konrad Adenauer« besichtigt hat, prahlt er vor dem damals Zweiundachtzigjährigen, der schon längst pensioniert ist: »Ich werde auch die nächsten Wahlen gewinnen. Man muß nur hart arbeiten.«[49]

In dieser Stimmung kehrt er zurück. Heinrich Krone hört nun von ihm: »Er habe ausprobieren wollen, was er zu leisten noch imstande sei; das wisse er nun, er schaffe es 1961.«[50] Zuerst aber gilt es nun die Gipfelkonferenz Mitte Mai in Paris zu überstehen.

Von einer Berlin-Krise zur anderen

Adenauer läßt sich nicht allein von Prestige-Überlegungen leiten, wenn er in den Jahren 1959 und 1960 mit allen Kräften darum kämpft, die Bundesrepublik nicht auf einen nachgeordneten Status herabdrücken zu lassen. Internationale Rangordnung und Protokoll sind kein Selbstzweck, sondern Mittel zur Durchsetzung politischer Ziele. Eben diese sieht er aber nun gefährdet, nicht zuletzt aufgrund der Reminiszenzen an die angelsächsische Intimität in der Kriegszeit. Zwei Wochen nach dem Pariser Gipfel vom Mai 1960 schickt er aus Cadenabbia ein langes Fernschreiben an Staatssekretär Globke, in dem er unter Bezugnahme auf einen Artikel in *Christ und Welt* vom 25. Mai 1960[1] seinerseits die Vermutung äußert, daß Eisenhower nun unter den negativen Einfluß von Macmillan geraten sein könnte: »Daran wird durchaus etwas Richtiges sein, weil Eisenhower und Macmillan sich seit vielen Jahren aus dem Kriege her kennen und Eisenhower, wie er mir selbst am Tage der Beisetzung von Foster Dulles gesagt hat, Macmillan absolut vertraut.«[2]

Daß ausgerechnet in der ohnehin labilen Lage aufgrund des scharfen sowjetischen Drucks auf Berlin zu allem auch noch die Erinnerung an die jüngste Vergangenheit erneut hochkommt, betrachtet er als ein richtiges Verhängnis.

Adenauer macht sich keinerlei Illusionen über die Folgen. Wahrscheinlich wird sich bei den westlichen Großmächten die Neigung verstärken, die Teilung Deutschlands und die Schwierigkeiten in Berlin als eine mehr oder weniger verdiente Folge deutscher Untaten im Zweiten Weltkrieg zu verstehen. Alle deutschlandpolitischen Positionen und der jäh erkämpfte sicherheitspolitische Status müßten dann ins Schwimmen geraten. Denn unter dem Druck der Kriegsgefahr wegen Berlin liegt es nahe, der Sowjetunion für die Hinnahme eines vielleicht sogar verschlechterten Status quo West-Berlins gravierende Konzessionen auf anderen Feldern anzubieten. Leider sind viele Verschlechterungen des Status der Bundesrepublik, an denen Chruschtschow interessiert ist, den westlichen Verbündeten entweder gleichgültig oder gar insgeheim erwünscht.

Das beginnt mit der Grenzfrage im Osten. Zwar haben sich alle drei Westmächte im Deutschlandvertrag verpflichtet, das Problem bis zu einem Friedensvertrag mit Deutschland ruhen zu lassen. Adenauer wird bis zum Ende seiner Kanzlerschaft nie bereit sein, sie aus dieser Verpflichtung zu entlassen. Aber da die drei westlichen Regierungen mehr oder weniger entschieden dazu neigen, den derzeitigen Verlauf der Westgrenze Polens als endgültig anzusehen, liegt es für sie nahe, die Grenzfrage in die Verhandlungsmasse mit einzubringen. Ein Gewaltverzichtsversprechen der Bundesrepublik wäre in dieser Hinsicht eine Minimalkonzession, ein formeller Verzicht der Bundesrepublik auf die Ostgebiete wäre die Maximalkonzession. Da dem zumindest der Geist der Deutschlandverträge im Wege steht, müßte ein solcher Verzicht allerdings »freiwillig« erbracht werden und höchstwahrscheinlich mit einem Friedensvertragsvorbehalt.

Solche Zumutungen, die nach Auffassung Adenauers mit dem Deutschlandvertrag unvereinbar sind, werden während der langgezogenen Berlin-Krise in den Jahren 1959 bis 1963 immer wieder artikuliert, und zwar von seiten aller drei westlichen Vertragspartner.

Den ersten öffentlichen Vorstoß unternimmt ausgerechnet Präsident de Gaulle. Auf einer Pressekonferenz am 25. März 1959 macht er deutlich, daß er die Wiedervereinigung als »das Ziel und das normale Schicksal des deutschen Volkes betrachtet«, vorausgesetzt, »daß es seine gegenwärtigen Grenzen im Westen, Osten, Norden und Süden nicht in Frage stellt«.[3] Adenauer läßt den Geschäftsträger Jansen in Paris unverzüglich um Aufklärung ersuchen. Ein französischer Sprecher versichert daraufhin, daß »die Oder-Neiße-Linie nur als die augenblickliche deutsche Ostgrenze angesehen würde.«[4] De Gaulle hütet sich, das heikle Thema nochmals öffentlich anzusprechen, solange Adenauer Bundeskanzler ist.

Was de Gaulle offen sagt, wenn auch nur einmal, ist für Eisenhower und Macmillan im Grunde gar kein Thema mehr. Im März 1960, kurz vor der Pariser Konferenz mit Chruschtschow, meint Eisenhower zu Macmillan bei einem Zusammentreffen auf der Farm des Präsidenten in Gettysburg, man könne wohl eine Berlin-Regelung bekommen, wenn die Westmächte unter anderem die Oder-Neiße-Linie als dauerhaft garantieren würden.[5] Das gehört also schon 1960 zur Konzessionsmasse. Als die Demokraten mit Kennedy das Weiße Haus erobern, ist die Bereitschaft, in diesem Punkt nachzugeben, noch viel größer, denn die Demokratische

Partei nimmt erfahrungsgemäß stets auf amerikanische Wähler polnischer Herkunft Rücksicht.

Eine weitere Konzession, die immer wieder erwogen wird, ist ein formeller Verzicht der westlichen Großmächte, die Bundeswehr mit Kernwaffen auszurüsten. London kommt unablässig darauf zurück. Britisches Interesse an einer nicht-nuklearen Bundesrepublik deckt sich hier mit dem sowjetischen. Macmillan, so ist man in Bonn überzeugt, hat Chruschtschow schon bei seiner »*voyage of discovery*« ein entsprechendes Angebot in Aussicht gestellt. Es gibt auch öffentliche Andeutungen. Demgegenüber betont Adenauer bei jeder Gelegenheit klipp und klar, die Bundesrepublik könne nicht dulden, daß ihre Streitkräfte keine Kernwaffen hätten.[6]

Damit vermag er sich auch gut durchzusetzen, solange die Eisenhower-Administration amtiert. Sie steht einer kontrollierten Proliferation im Bündnis aufgeschlossen gegenüber. Das ändert sich nach dem Amtsantritt Kennedys. Nun erhält die Verhinderung weiterer Verbreitung der Kernwaffen einen hohen Stellenwert. Zumindest Teile der Administration sind von jetzt an für britische Anregungen offen, auch eine gewisse Denuklearisierung der Bundesrepublik auf die Liste denkbarer Berlin-Konzessionen zu setzen.

Doch es sind nicht nur westliche Pläne zur Denuklearisierung der Bundeswehr, die Adenauers entschiedenen Widerspruch provozieren. Im Frühjahr 1960 taucht aus der Bürokratie des NATO-Oberkommandierenden Lauris Norstad erneut das Konzept einer militärischen Inspektions- und Kontrollzone auf. Derartige Pläne sind selten ganz neu, vieles wird in solchen Fällen fortgeschrieben, neu arrangiert, angereichert oder gefälliger verpackt. Auch die Herkunft solcher Vorstellungen ist oft schwer zu ermitteln. Sind sie im Umkreis von Norstad im NATO-Hauptquartier in Paris entstanden? Oder kommen sie gar aus Washington? Vielleicht unmittelbar vom Präsidenten?

Konkret geht es um einen Plan, die beiden Teile Deutschlands, die Benelux-Länder, Dänemark, Norwegen sowie im Osten Polen und die Tschechoslowakei zu einer Kontrollzone zusammenzufassen. Darin sollen beiderseits je dreitausend Kontrolleure tätig werden, um Überraschungsangriffe unmöglich zu machen.

Adenauer hat prinzipiell etwas gegen derartige Zonen und bündelt alle Argumente, die dagegensprechen. Da sich die Kontrolle nicht auf die Luft erstrecke, sei wenig gewonnen. Der Plan würde weder vor sowjetischen Raketen- oder Luftangriffen schützen noch vor dem Einsatz von

Luftlandetruppen. Ganz unerträglich ist Adenauer die Idee, daß an die 1500 sowjetische »Agenten« in der Bundesrepublik Kontrollrechte ausüben könnten. Das hätte doch, meint er, eine Rücknahme aller »wirklich wirksamen modernen Waffen« durch die USA zur Folge, um sich dieser lästigen Kontrolle zu entziehen. Die Bundesrepublik wäre ein »Niemandsland«, »von unzulänglichen deutschen Streitkräften verteidigt und jederzeit sowjetischer Kontrolle ausgesetzt«. Nicht akzeptabel wäre auch, die DDR zum Vertragspartner zu bekommen – also eine Form der rechtlichen Anerkennung.

Wie stets in solchen Fällen sieht Adenauer sein Land auf dem geraden Weg zur Hölle: erst ein militärischer Sonderstatus, dann graduelle Herauslösung aus den westlichen Verteidigungorganisationen, allmählich Neutralisierung und schließlich »Untergang Westdeutschlands« bei gleichzeitiger Gefährdung des ganzen Westens.[7]

Der Vorschlag ist deshalb so merkwürdig, weil Außenminister Herter die an und für sich zwei Jahre alten, schon damals zurückgewiesenen Vorschläge Adenauer im März vorträgt, als dieser Washington besucht.[8] Angeblich will ihn auch Eisenhower bei einem Essen darauf angesprochen haben. Adenauer bestreitet das aber und besteht darauf, bereits Herters Plan abgelehnt zu haben. Nun aber versucht Norstad, Verteidigungsminister Strauß die Idee schmackhaft zu machen. Auf Bitten Norstads empfängt ihn Adenauer am 5. Mai im Palais Schaumburg – zehn Tage vor der Pariser Gipfelkonferenz. Deutscherseits nehmen an dieser Unterredung auch von Brentano, Strauß und Heusinger teil. Norstad wird von Botschafter Dowling begleitet. Anders als zu David Bruce gewinnt Adenauer übrigens zu diesem rothaarigen Karrierediplomaten nie ein Verhältnis. So sind die USA von Dezember 1960 bis zum April 1963, in der kritischsten Phase deutsch-amerikanischer Beziehungen, durch einen gewiß wohlmeinenden Diplomaten vertreten, von dem aber Adenauer nichts hält. Wenn er sich ärgert, und das geschieht häufig in diesen Jahren, wird er seinen Namen zu »Doofling« verballhornen.

Bei der Besprechung am 5. Mai versucht Norstad einundeinhalb Stunden lang, den Kanzler für diese Pläne zu gewinnen. Er deutet an, daß Eisenhower darüber auch mit den Sowjets auf der Gipfelkonferenz verhandeln wolle. Adenauer spricht sich aufs schärfste dagegen aus, diktiert noch am gleichen Abend einen Brief an de Gaulle und bittet nachdrücklich um dessen Unterstützung. Er habe sich aufs entschiedenste gegen diese Pläne gewandt. Diese würden seine seit zehn Jahren verfolgte politische Linie desavouieren. Militärisch seien die Vorschläge bedeutungslos, die politischen Folgen wären aber unabsehbar.[9]

Das Thema beschäftigt Adenauer und de Gaulle unmittelbar vor der Gipfelkonferenz. De Gaulle meint, Norstad sei eben ein Luftwaffengeneral, der nur an Atomwaffen interessiert sei und überhaupt keine Ahnung davon habe, was auf dem Boden vor sich gehe. Er teilt aber die schweren politischen Bedenken des Kanzlers.[10]

Adenauers Urteil über die Amerikaner ist nun wieder einmal ganz negativ. Eisenhower, beklagt er sich schon im Januar 1960, also noch bevor ihm dieser Plan bekannt wird, bei Antonio Segni, ist »zwar ein anständiger Mensch, aber kein großer Politiker«. Ähnlich stehe es mit Christian Herter. »Keine starken Ellenbogen«, lautet das Verdikt des Kanzlers, »kein Stehvermögen.«[11] Er erzählt Segni auch den Klatsch weiter, daß Eisenhowers Mutter einer pazifistischen Sekte angehört habe und über Dwight D. Eisenhowers Berufswahl sehr unglücklich gewesen sei. Professor Milton Eisenhower, der Bruder, scheine aber ganz die pazifistische Richtung eingeschlagen zu haben. Jetzt verbleibe Eisenhower nur noch eine kurze Amtszeit, und er scheine wohl zu meinen, den Frieden retten zu können. »Dummes Zeug!«[12]

Nun also auch noch Norstad! Allen Dulles, der Ende Juni bei Adenauer vorspricht, bekommt zu hören: »Etwas Dümmeres als diesen Plan habe er selten gehört. Es mache ihm Sorge, daß ein Mann, der so wenig über die Dinge nachdenke, eine solche Stelle bekleide ...«[13] Adenauer vermutet jedoch schon längst, daß Norstad nur den Briefträger spielen mußte. Was er erst Allen Dulles und zwei Wochen später fast mit denselben Worten John McCloy sagt, ist also wohl für die Ohren Herters und Eisenhowers bestimmt.[14] Nichts kann ihn so fuchsteufelswild machen wie Rüstungskontrollpläne, die der Bundesrepublik einen Sonderstatus auferlegen würden.

Die westlichen Überlegungen, womit man eine sowjetische Hinnahme des Status quo in Berlin erkaufen könne, machen selbst vor einer *de facto* – Anerkennung der DDR nicht halt. Die Gefahr, daß aus der Berlin-Frage ein Krieg aufflammt, scheint größer als die Sorgen vor möglicher Stabilitätsgefährdung bei einem Ausbleiben der Wiedervereinigung. In diesem Punkt zeigt sich de Gaulle sehr fest, zumal er die kleine und ausgeblutete DDR gegenüber dem wirtschaftlichen Giganten Bundesrepublik nicht für lebensfähig hält. Die Briten erweisen sich auch in dieser Hinsicht am stärksten zu Kompromissen geneigt.

In der Praxis sind unterschiedlichste Formen einer Anerkennung der

DDR denkbar. Sie reichen von der Errichtung von gesamtdeutschen technischen Kommissionen im Auftrag der Vier Mächte über Konzepte einer zeitlich befristeten, bedingten Anerkennung, oder sie basieren auf konföderativen Ideen bis zur Anerkennung der DDR als Staat, wenn auch mit Wiedervereinigungsvorbehalt.

Freilich läßt die Vertragslage Briten und Amerikanern keinen unbegrenzten Spielraum. Doch wie bezüglich der Oder-Neiße-Linie kann man auch auf diesem Feld die Bundesregierung nervös machen, man kann sie stoßen, man kann sie mit Zureden und Druck vorantreiben und schließlich eine noch halbwegs mit dem Deutschlandvertrag konforme »freiwillige« Lösung erzwingen. Während der ganzen Berlin-Krise ist damit zu rechnen, daß die Londoner Diplomatie solche Gedanken immer wieder ins Spiel bringt. Die Eisenhower-Administration wahrt demgegenüber sehr viel mehr Zurückhaltung. Dies auch deshalb, weil Eisenhower im Gefühl, zu den siegreichen Oberbefehlshabern des Kriegs gegen Deutschland zu gehören, den Gedanken einer Kontrolle amerikanischer Transporte durch mickrige Volkspolizisten verabscheut. Doch sucht auch er Adenauer zu engeren innerdeutschen Kontakten zu drängen mit dem nicht ganz verkehrten Argument, die in jeder Hinsicht überlegene Bundesrepublik könne sich das leisten. Bei den Besprechungen in Bonn im August 1959 gibt er Adenauer entsprechende Hinweise und zeigt sich enttäuscht, als dieser das ablehnt.[15] Nicht einmal Amerika ist eben mehr in der Frage einer Anerkennung der DDR, wie immer sie auch umkleidet sein mag, völlig kalkulierbar.

Doch auch in der Berlin-Frage selbst zeichnet sich bei Briten und Amerikanern deutliche Konzessionsbereitschaft ab. Das ist schon Ende Juli 1959 auf der Genfer Gipfelkonferenz erkennbar. Damals werden recht riskante Interimslösungen mit den Sowjets erörtert: Reduzierung der westlichen Truppenstärke in Berlin, Kontrolle von Propagandaaktivitäten, womit die Freiheit der Rundfunksender tangiert wäre, unklare Rechtslage nach der Interimsphase. Zum Glück kommt es zu keiner Einigung.

Dank der überlegten Taktik Eisenhowers zieht Chruschtschow in Camp David das Ultimatum zurück. Auch von der sowjetischerseits in Genf angestrebten Laufzeit eines Interimsabkommens von 12 oder 18 Monaten ist vorerst keine Rede mehr.

Der stets mißtrauische Adenauer fürchtet aber, daß Eisenhower in Camp David eben doch insgeheim eine Regelung innerhalb bestimmter Fristen zugesagt hat.[16] Das äußert er beispielsweise zu Shigeru Yoshida, der ihn – so klein ist die Welt geworden – schon zwei Monate nach der Japanreise Anfang Juni in Cadenabbia zum Tee aufsucht. Kann Eisenhower, so mutmaßt Adenauer, ein solches Versprechen vielleicht deshalb nicht einlösen, weil die jetzt einsetzenden Präsidentschaftswahlen seinen innenpolitischen Spielraum einschränken? Und ist dies vielleicht eine der Ursachen für Chruschtschows maßlose Wut?[17]

Welche Vorstellungen die USA für eine Interimslösung bereit halten, bleibt unklar. Bei dem westlichen Vorgipfel im Dezember 1959 in Paris kommt es zu einem Zusammenstoß Adenauers mit Eisenhower, als dieser unversehens vorschlägt, nicht mehr an der gegenwärtigen Rechtsgrundlage für Berlin festzuhalten.[18] Die Amerikaner möchten bei den Verhandlungen über eine Interimslösung erneut die schon recht ungünstigen westlichen Papiere zum Ausgangspunkt nehmen, nach deren Vorlage die Genfer Konferenz Ende Juli 1959 vertagt wurde.[19] Als Adenauer, de Gaulle, schließlich auch Macmillan Einwände gegen eine Änderung der Rechtsgrundlage erheben, stellt Eisenhower diese Idee zurück.[20] Im State Department und auch im Weißen Haus überlegt man aber weiter, ob über den Zivilverkehr nach Berlin nicht neue Vereinbarungen gesucht werden können oder müssen.[21]

Wohl oder übel muß man auch für den Fall eines Falles weiter über die *contingency*-Planungen sprechen, die von den militärischen Stäben zeitweise recht fern von den diplomatischen Kalkülen betrieben werden. Das Thema beschäftigt Adenauer und Eisenhower bei ihrem Gespräch unter vier Augen Mitte Dezember 1960. Adenauer kommt dabei noch einmal auf die ein Jahr zuvor schon Dulles gemachte Zusage zurück, alles Erforderliche zu tun, falls die Alliierten in Ausübung ihrer Rechte gezwungen sein sollten, Widerstand mit Gewalt auszuräumen.[22] Ein paar Tage vor der Reise des Kanzlers nach Washington hat Dowling deswegen schon vorsichtig auf die Büsche geklopft.[23]

Was Adenauer zu derart pointierten amerikanischen Fragen denkt, eröffnet er nach dem Besuch Dowlings seinem Fraktionsvorsitzenden Krone. »Der amerikanische Botschafter sondiert«, so vermerkt Krone am 8. März 1960, »bis zu welchem Punkt die deutsche Regierung im Kampf um Berlin militärisch zu gehen bereit ist; die Vereinigten Staaten seien, wenn notwendig, auch zum letzten Einsatz entschlossen. Auch die Bundesregierung? – Auch zum Einsatz nuklearer Waffen? Der Kanzler vermutet in der Frage eine Falle. Sagt er, er ist nicht bis zum letzten bereit, ist der Weg zu einer Kompromißlösung für Berlin offen. Antwortet er bejahend, ist er eines Tages für die Öffentlichkeit der Brandstifter des dritten

Weltkrieges. Eine Indiskretion sorgt schon dafür, daß die Entscheidung bekannt wird.«[24]

Hinsichtlich des Verfahrens sind Eisenhower und Macmillan unbedingt dafür, nun bald zu einer Gipfelkonferenz zu kommen. Nur de Gaulle ziert sich, wird aber dafür gewonnen, indem man ihm Paris als Konferenzort anbietet. Auch der Gedanke einer regelmäßigen Serie von Ost-West-Gipfeln setzt sich durch. Thematische Schwerpunkte, Themenfolge und die Vereinbarung verbindlicher Maximal- und Rückfallpositionen bleiben aber zwischen den Regierungschefs auf beunruhigende Art und Weise ungeregelt. Es besteht zwar die Neigung, das Gespräch mit Chruschtschow anfänglich von Berlin abzulenken. Doch wie lange wird sich das durchhalten lassen?[25]

Was Chruschtschow letztlich will, weiß ohnehin niemand genau. Wird er von einer kompromißlosen Gruppe im Politbüro zu einem aggressiveren Kurs getrieben, als er dies selbst für richtig hält? Will er, was jedermann annimmt, vor allem die *de facto*-Anerkennung der DDR erzwingen? Obschon Botschafter Kroll in langen Briefen an Globke unablässig das Bild eines letztlich verständigungsbereiten Chruschtschow ausmalt, glaubt ihm Adenauer weiterhin kein Wort[26] und bemerkt Mitte März 1960 zu Dowling: Er benimmt sich, »als sei er der Herr der Welt.«[27] Wahrscheinlich will er keinen Krieg, leidet aber etwas unter Größenwahn, meint er spöttisch, nachdem Chruschtschow bei der berühmten Pressekonferenz in Paris Mitte Mai einen unmöglichen Auftritt inszeniert hat.[28]

Als sich die vier westlichen Regierungschefs am 15. Mai, einen Tag vor dem Treffen mit Chruschtschow, zur internen Strategie-Sitzung treffen, hat Adenauer keinen Durchblick, was Eisenhower und Macmillan zuzugestehen bereit sind. Nur de Gaulles glaubt er sicher zu sein.[29] Sein Urteil über diese Vorkonferenz läßt sich an Schärfe gar nicht übertreffen. »Die Vorbereitungen für die Gipfelkonferenz seien aus westlicher Sicht das Schlechteste gewesen, was er je erlebt habe«, gibt er Mitte Juli 1960 John McCloy unverblümt zu wissen und beklagt besonders den entsetzlichen Mangel an Stärke bei den Angelsachsen.[30]

Das also ist die Lage von Mitte 1959 bis in den Sommer 1960 hinein. Im Grunde bleibt aber die Konstellation dieselbe bis in das Frühjahr 1963. Auch alle Lösungselemente, die schon 1960 bekannt sind, werden von ruhelosen Planungsstäben und von westlichen Spitzenpolitikern, die in Berlin endlich Ruhe haben möchten, wieder und wieder hin und her bewegt. Was Adenauer Anfang Januar 1960 zum französischen Außenminister Couve de Murville über die Amerikaner bemerkt, gilt auch für die Briten und bleibt bis ans Ende seiner Amtszeit dasselbe: »Sie möchten nicht zu viel Schwierigkeiten, keinen Ärger und keine ungelösten Fragen. Einen derartigen Zustand bezeichneten sie als Entspannung!«[31]

Wie sucht er selbst sich nun dem allem entgegenzustemmen? Bezüglich der polnischen Grenzansprüche liegt seine Haltung seit 1951 fest, und sie wird sich nie ändern: Gewaltverzichtsangebot ja; doch Festhalten am Friedensvertragsvorbehalt und an der Forderung, daß die vertriebenen Deutschen in den Ostgebieten das Heimatrecht behalten müssen.

Genauso apodiktisch lehnt er von vornherein alles ab, was zu einem militärischen Sonderstatus der Bundesrepublik führen könnte. Zu seiner Erleichterung wird er dabei von de Gaulle bedingungslos unterstützt mit der Begründung: Ich »habe keine Lust, russische Panzer am Rhein zu sehen!« Darin, so meint Adenauer, äußert sich die Erkenntnis, daß der französische Raum nicht genügend strategische Tiefe aufweist.[32]

Bei den Vorgesprächen mit Blick auf die Gipfelkonferenz 1960 bezieht er in Sachen Anerkennung der DDR wieder eine ganz harte Haltung, beklagt sich aber zugleich bitter bei den Verbündeten. Botschafter Dowling bekommt von ihm zu hören, was sein sowjetischer Kollege Smirnow überall in Bonn herumerzählt: die deutschen Parteien machten sich keine Vorstellung davon, wie weit in der Frage der *de-facto*-Anerkennung der DDR bereits Übereinstimmung zwischen der Sowjetunion und den westlichen Alliierten bestehe.[33]

Immerhin hält er unter diesen Umständen eine Korrektur der deutschlandpolitischen Terminologie für angezeigt. Im Kabinett meint er kurz vor dem Pariser Gipfel, international gesehen sei es wohl besser, »künftig vom ›Selbstbestimmungsrecht‹ zu sprechen anstatt von der Wiedervereinigung«[34].

Auf dieser Kabinettsitzung am 6. Mai 1960 wird ihm von Staatssekretär Globke das eben eingegangene Memorandum der SPD zur Gipfelkonferenz übergeben. Er blätterte durch, verliest einige Stichworte und zeigt sich für seine Verhältnisse bemerkenswert milde gestimmt. Abrüstung, Kontrolle der Atomwaffen, kontrollierte konventionelle Abrüstung, Mitgliedschaft des wiedervereinigten Deutschland in einem europäischen Sicherheitssystem, aber auch: Erhaltung der originären Besatzungsrechte, allenfalls zusätzliche Absprachen, etwa eine UN-Garantie – »all dies sei durchaus akzeptabel. Auch bezüglich eines europäischen Sicherheitssystems müsse man sich klarmachen, daß die Wiedervereinigung neue Aspekte für die Welt biete, und daß eine Umgestaltung von NATO und Warschauer Pakt für diesen Fall in Betracht gezogen werden könnte.«[35]

Zugleich überlegt er wieder, ob die wankende Front mit dem Vorschlag einer Österreich-Lösung zu stabilisieren wäre. Der sowjetische Druck ist jetzt nach Adenauers Meinung so stark, daß weder die Westmächte noch die Neutralen »mit den üblichen Wiedervereinigungsparolen oder selbst mit dem Gedanken der Selbstbestimmung« zu einer entschlossenen gemeinsamen Haltung zu bringen sind. So erwägt er, den vier Deutschlandmächten bei der ersten großen Konferenzkrise, die nicht auf sich warten lassen wird, »eine echte Neutralisierung der Sowjetzone und Berlins vorzuschlagen. Das würde bedeuten, daß unter diesem neuen Statut die Ostzone eine Art Stellung der Schweiz oder Österreichs einnehmen würde, wobei innerhalb dieses Gebiets völlige politische Freiheit und völlige Befreiung von ausländischen Besatzungstruppen gewährleistet würde. Diese so neutralisierte Zone würde unter UNO-Kontrolle gestellt werden.« Berlin »wäre dann die Hauptstadt dieses neutralisierten Staates«. Das ganze soll auf zwanzig Jahre befristet sein. Was die sogenannten sozialen Errungenschaften angehen, so könnte alles in etwa beibehalten werden mit Ausnahme der Zerstörung des freien Bauernstandes durch die Kollektivierung der letzten Jahre.[36]

Die Sowjetunion könnte sich somit unter Wahrung ihres Prestiges aus der DDR zurückziehen. Diese wäre dann ein international garantierter neutraler Pufferstaat, der sich an neutrale oder halbneutrale Staaten wie Österreich und Jugoslawien anschließen könnte. Doch selbst wenn das den Russen nicht passen würde, könnte man durch Verhandlungen über ein solches Projekt viel Zeit gewinnen und die öffentliche Meinung der ganzen Welt günstig stimmen. Als von Eckardt seinem Freund Blankenhorn diese jetzt von Adenauer erwogenen Pläne schildert, fügt er hinzu: »Innerpolitisch hätte es große Bedeutung, wenn der nahezu 85-jährige Kanzler – diesmal in Verbindung mit der SPD – eine so große und bedeutungsvolle politische Initiative ergriffe.«[37]

Es läßt sich nur darüber spekulieren, ob und in welcher Form Adenauer dies wirklich getan hätte. Denn tatsächlich begeht Chruschtschow den unglaublichen Fehler, die Konferenz platzen zu lassen, auf der sich der Westen in der Deutschland- und Berlin-Frage so windelweich präsentiert hätte wie nie zuvor. Am Abend des 15. Mai, als die Konferenz in Scherben fällt, weil Eisenhower Chruschtschows demütigende Forderungen in bezug auf die U-2-Flüge nicht annehmen will, fällt Adenauer ein Stein vom Herzen. In der Residenz von Botschafter Blankenhorn nimmt er von Eckardt, der ihm die nun vorerst nicht mehr benötigte Rettungsplanke Österreich-Lösung gezimmert hatte, am Arm, führt ihn in eine stille Ecke und sagt: »Entschuldigen Sie, Herr von Eckardt, wenn ich jetzt kölnischen Dialekt spreche. Wir haben nochmals fies Jlück jehabt!«[38] Entsprechende Planungen gehen aber weiter. Von Eckardt bringt alles zu Papier.[39] Adenauers Kommentar zu dessen Vorschlag: »Sie haben vollkommen recht, Herr von Eckardt, aber ich habe den Brief fest im Panzerschrank verschlossen.«[40]

Gegen das seiner Meinung nach verfehlte Konzept der Gipfelkonferenz mit Chruschtschow kann Adenauer nichts Durchschlagendes unternehmen. Zu erreichen ist lediglich die persönliche Teilnahme bei den Vorbereitungskonferenzen. An und für sich entspricht die Gipfeldiplomatie dem Adenauerschen Selbstverständnis. Der Außenminister als bloßer Handlanger, das Auswärtige Amt eine an kurzem Zügel geführte Behörde – so hält er es gern. Wenn Chruschtschow, Eisenhower, Macmillan und vor allem de Gaulle die moderne Diplomatie ähnlich betreiben, wäre dagegen nichts Grundsätzliches einzuwenden. Nur sieht er sich eben von den entscheidenden Sitzungen der Vier ausgeschlossen und hat weder zu Eisenhower noch zu Macmillan großes Zutrauen. Daß er sich in seiner Not an de Gaulle klammert, ist kein Wunder. Mit diesem sitzt wenigstens ein Staatschef in der Vierer-Runde, der von Zeit zu Zeit mit großer Sturheit wiederholt, daß er eigentlich über gar nichts verhandeln will.

Doch nicht allein gegen den Gipfel an sich ist er machtlos. Briten und Amerikaner sind auch nicht gesinnt, sich die Themenschwerpunkte vorschreiben zu lassen. Dann und wann sucht er die Aufmerksamkeit erneut auf die allgemeine Abrüstung abzulenken.[41] Doch was in dem vergleichsweise unbeschwerten Jahr 1958 noch denkbar erschien, kann 1960 einen zu allem entschlossenen Chruschtschow nicht mehr interessieren. Fast ratlos meint Adenauer schließlich mit Blick auf den unausweichlich herannahenden Gipfel von 1960, die Bedeutung der Gipfelkonferenz könne nur darin liegen, »zu reden, zu reden und nochmals zu reden und dann den Beschluß zu fassen, die Gipfelkonferenz nach den Präsidentschaftswahlen fortzusetzen, jedoch erst dann, wenn eine Reihe von Fragen von den Außenministern behandelt worden seien«. Auf keinen Fall schon jetzt feste Beschlüsse fassen!

Auf Zeit spielen, somit eine Verhandlungsrunde auf die andere folgen zu lassen, ohne zu festen Resultaten zu kommen – diesen klugen Rat hat ihm David Bruce schon im Frühjahr 1959 gegeben. Das war noch zu Lebzeiten von John Foster Dulles, der ganz erstaunt dreingeschaut hat, als Adenauer bedeutungsvoll bemerkte: »Sie sollten dem Bruce-Plan Beachtung schenken.« Denn davon hatte Dulles überhaupt noch nie gehört.[42]

In der Tat hilft aber genau diese Taktik über die Runden. Doch dies nur, weil Chruschtschow im Mai 1960 die Pariser Gipfelkonferenz wegen der an und für sich nichtigen U-2-Affäre aufplatzen läßt. Eisenhower und Macmillan, die beide auf den Gipfel gedrängt haben, sind nun ziemlich blamiert. Adenauer jedoch frohlockt insgeheim. »Man habe großes Glück gehabt, daß Chruschtschow diesen Unfug gemacht habe, da die drei Westmächte und die Bundesrepublik nicht einig gewesen seien«, bekommt Shigeru Yoshida von ihm zu hören. Nun wird man eine Reihe von Monaten Ruhe haben.[43] Chruschtschow macht nämlich mit provozierender Grobheit deutlich, daß er mit Eisenhower überhaupt nicht mehr sprechen möchte. Da sich der neue Präsident erst einarbeiten muß, wer auch immer gewählt werden mag, bedeutet dies eine Atempause bis Frühjahr 1961. Das ist allerdings kein großer Trost. Eine Krise im Bündnis oder eine Ost-West-Konfrontation wegen Berlin ein paar Monate vor den Bundestagswahlen ist wirklich das Letzte, was sich Adenauer wünschen kann. Doch eben darauf scheint alles hinauszulaufen.

Die Monate vom geplatzten Pariser Gipfel bis zum Ende der Präsidentschaft Eisenhowers gehören zu den unerfreulichsten Perioden des Kalten Krieges. Zwischen Chruschtschows Amerika-Reise im September 1959 und dem April 1960 war wieder eine gewisse Entspannung eingetreten. Macmillan und Eisenhower, optimistisch wie zumeist, waren noch kurz vor dem Abschuß der U-2-Maschine über Swerdlowsk ziemlich zuversichtlich, daß eine neue Ära der Ost-West-Beziehungen eintreten würde – jährliche Treffen der vier Staatschefs in Paris, Moskau, Washington und London, vielleicht ein Teststopp-Abkommen und weitere Vereinbarungen, sofern nur die Zugangsfrage nach Berlin befriedigend gelöst wäre![44]

Statt dessen folgt jetzt eine Serie von Krisen, in denen die Sowjetunion jede Möglichkeit zur globalen Expansion ausnutzt: die Kongo-Wirren, die Errichtung eines linksradikalen Regimes auf Kuba unter Fidel Castro, die Krise in Laos, Chruschtschows Vorstoß zur Ersetzung des UN-Generalsekretärs durch eine »Troika« aus je einem Vertreter des westlichen Militärblocks, der sozialistischen und der neutralen Staaten. Eigentlich könnte sich Adenauer darüber freuen. Der Druck auf die Bundesrepublik sowie Berlin offenbart sich nun als Teil einer weltweiten Expansionsphase der Sowjetunion, so daß auch die Kompromißbereitschaft von Amerikanern und Briten zurückgeht. Um so größer ist andererseits die Gefahr eines Frontalzusammenstoßes.

Es hat also seine innere Logik, wenn nun die Frage der NATO-

Reform, desgleichen die säkulare Aufgabe der Organisation des westlichen Europa erneut an die Spitze der außenpolitischen Agenda tritt. Doch auch Schachzüge auf diesen Feldern sind riskant und für die Bundesrepublik voller Probleme. Denn nun sehen sich Adenauer, Eisenhower und Macmillan der Forderung de Gaulles gegenüber, mit der Umstrukturierung der westlichen Systeme endlich konkret zu beginnen.

Träumereien an französischen Kaminen[1]

Bei den alten Herren, die im Jahr 1960 die drei Schlüsselstaaten Westeuropas regieren, wechseln die Stimmungen wie das Wetter. Vor allem Adenauer läßt nun mehr und mehr Anzeichen der Vereinsamung erkennen. Kleine, wennschon bezeichnende Tatsachen erhalten rasch größtes Gewicht. Seine Einschätzung von Personen ist noch stärkeren Schwankungen unterworfen als früher.

Bei der Gipfelkonferenz im Mai 1960 ist der im Moment der Gefahr zynisch kalte, völlig unnachgiebige General de Gaulle Adenauers einzige Hoffnung. Wer den Kanzler in den Wochen nach den dramatischen Tagen von Paris spricht, vernimmt nur Lobsprüche auf diesen verläßlichen Verbündeten. Zwei Monate später hat sich das völlig geändert. Wieder einmal spricht John McCloy im Palais Schaumburg vor. Er macht sich damals Hoffnungen auf ein hohes Regierungsamt unter einem demokratischen Präsidenten und darf schon deshalb freundlichster Aufnahme sicher sein. Aber inzwischen haben sich auch die Aufbaujahre der Bundesrepublik in Adenauers Erinnerung etwas verklärt. Wann immer McCloy, Robertson, Kirkpatrick oder François-Poncet auftauchen, können sie eines sehr offenen Gesprächs, eines anständigen Essens und einer guten Flasche Wein sicher sein.

Da man ganz unter sich ist, beklagt sich Adenauer diesmal bei McCloy über alles und jeden, während er gleichzeitig dessen Insiderwissen über die Präsidentschaftsbewerber in sich aufsaugt. Daß Adenauer von der noch amtierenden Eisenhower-Administration nicht mehr viel hält, ist bekannt und bestätigt sich einmal mehr. Dann aber entdeckt McCloy voll Erstaunen, daß nunmehr selbst de Gaulle zu den Staatsmännern gehört, denen Adenauer zutiefst mißtraut. Was ist geschehen?

Zuerst: Adenauer fürchtet, daß Eisenhower und Macmillan mit Erfolg dabei sind, de Gaulle in eine Art Dreibund einzufangen. Der Ost-West-

Gipfel mit Chruschtschow endete zwar im Desaster. Doch an den folgenden Tagen, nach Adenauers Rückflug, haben sich die drei westlichen Staatschefs noch verschiedentlich getroffen und relativ feste Vereinbarungen über die Etablierung einer informellen, regelmäßigen Dreier-Konsultation getroffen.[2] Alle anderen europäischen NATO-Staaten, an ihrer Spitze NATO-Generalsekretär Spaak, sind in heller Aufregung, als der amerikanische Vertreter den NATO-Rat erstmals in aller Form über anschließende Expertenbesprechungen der drei Großmächte in Washington informiert.[3] Adenauer hält das Dreier-Direktorium nach wie vor für eine »unbegreifliche Idee«.[4] Er muß jedoch zur Kenntnis nehmen, daß eben nicht nur Macmillan, sondern auch de Gaulle den alten Gedanken zielstrebig weiterverfolgen.

Zu allem hin weckt nun auch die Rußlandpolitik des Generals bei ihm erneut nervöses Mißtrauen. Haben de Gaulle und Chruschtschow bei dessen Staatsbesuch in Frankreich Anfang April 1960 vielleicht doch geheime Absprachen getroffen? Wünscht de Gaulle etwa, ähnlich wie Macmillan, als Vermittler zwischen Ost und West aufzutreten?[5]

Ganz besonders kränkt es den Kanzler, daß de Gaulle frühere Anregungen für eine engere politische und militärische Zusammenarbeit derzeit für nicht angezeigt hält.[6] Worauf deutet wohl das kühle Desinteresse gegenüber der nachdrücklichen Anregung Adenauers, der General möge doch einmal deutsche Truppen besuchen?[7] Weshalb ausgerechnet ein Besuch de Gaulles bei der Bundeswehr zu seinem Herzenswunsch geworden ist, bleibt Adenauers Geheimnis. Vielleicht beginnt er doch langsam dem Alter Tribut zu zollen, weil ihm das, was die Politologen später »symbolische Politik« nennen, anscheinend genauso wichtig wird wie die Realien der Außenpolitik.

In diese Stimmung nervösen Mißtrauens ist nun ein Besuch Antoine Pinays hereingeplatzt. Bis Januar 1960 war Pinay Finanzminister de Gaulles, doch der hat ihn ungerührt ziehen lassen, als er mit verschiedenen Aspekten seiner Politik nicht mehr einverstanden war. Pinay nutzt das Gespräch mit dem Kanzler, den General in jeder Hinsicht schlechtzumachen. De Gaulle sei »sehr verschlagen«. Wenn er rede, »müsse man sehr vorsichtig sein, denn er manövriere dabei«.[8]

Daß ein Staatsmann bei seinen Gesprächen »manövriert«, scheint für Adenauer eine ganz überraschende Kunde. Er fragt: kann man denn wirklich sagen, daß de Gaulle die Unwahrheit liebe? Pinays Antwort: de Gaulle liebe sie nicht, jongliere aber geschickt mit ihr. Er habe in einer Sitzung des Staatsrats gesagt, Lüge und Verstellung seien die Kunst des

Staatsmannes.[9] Nachdenklich meint Adenauer, jetzt müsse er ja an allem zweifeln, auch an den Briefen de Gaulles. Pinay beruhigt ihn mit der Antwort, de Gaulle lüge nicht grundsätzlich, sondern nur, wenn es in sein Konzept passe. So unterhält man sich weiter, und Pinay sät Zweifel auf Zweifel ins Herz des Kanzlers.

Kein Wunder, daß ein dermaßen verunsicherter Adenauer nun wieder bemüht ist, mit der immer noch amtierenden Eisenhower-Administration ins reine zu kommen. CIA-Chef Allen Dulles hat ihn unlängst erneut dazu ermutigt.[10] Nun versichert er McCloy: Er sei über Pinays Bericht entsetzt gewesen, und die USA hätten eben die Aufgabe, als führende Macht aufzutreten. Sonst breche alles zusammen.[11]

Der Unmut über die Gaullisten nimmt noch zu, weil ihm nun eine Äußerung Premierminister Debrés zugetragen wird, »Staaten ohne Atombomben sind Satellitenstaaten«.[12] Darin kann man zwar eine Rechtfertigung der französischen *force de frappe* verstehen, die nach dem ersten erfolgreichen Kernwaffentest ab Frühjahr 1960 offiziell aufgebaut wird.[13] Doch genauso gut kann das als Tritt an Adenauers Schienbein betrachtet werden, denn jedermann weiß, wie empfindlich der Kanzler in Fragen des internationalen Rangs ist.

Eine neue Provokation erfolgt am 14. Juli 1960. Bei der großen Parade auf den Champs-Elysées werden die Botschafter der USA, Großbritanniens und der Sowjetunion als einzige zur persönlichen Begrüßung durch den Präsidenten gebeten. Karl Carstens, der Leiter der Politischen Abteilung des Auswärtigen Amtes, wird unverzüglich beauftragt, bei Botschafter Seydoux deswegen Einspruch zu erheben. Blankenhorn hat bei Michel Debré persönlich wegen des Dreier-Direktoriums und wegen der kränkenden Bemerkung über nicht-atomare Satelliten vorzusprechen.[14] Adenauer selbst beschwert sich kurz darauf massiv bei Botschafter Seydoux.[15] Der Kanzler zögert sogar anfänglich, de Gaulles Einladung zu einem Gespräch anzunehmen.[16]

Immer wieder kommt er bei der Unterredung mit Seydoux darauf zurück, wie tief ihn die Bemerkung Debrés gekränkt habe, Staaten ohne Kernwaffen seien Satelliten. Sowohl dem französischen Botschafter gegenüber, wie ein paar Tage später bei de Gaulle persönlich, unterstreicht er, der seinerzeitige deutsche Produktionsverzicht auf Kernwaffen sei, das habe Dulles selbst gesagt, nur unter dem Vorbehalt der *clausula rebus sic stantibus* ausgesprochen worden. Unverzüglich entschließt er sich nun auch, den Draht nach London spielen zu lassen. Nachdem man sich seit März 1959 überhaupt nicht mehr geschrieben hat, ist jetzt Macmillan mit einem freundschaftlich formulierten Brief erneut auf ihn zugekommen[17], und so lädt er ihn durch Botschafter von Herwarth zu einem baldigen Treffen nach Bonn ein.[18] Es wird für Mitte August vereinbart. Der Zweiergipfel zwischen de Gaulle und Adenauer soll dadurch ausbalanciert werden.

Schließlich läßt sich Adenauer aber von seinem Pariser Botschafter Blankenhorn doch überzeugen, daß jetzt allein das persönliche Gespräch mit dem Präsidenten die deutsch-französischen Verstimmungen überwinden kann.[19]

Schloß Rambouillet, wohin de Gaulle eingeladen hat, ist für vertrauliche Gespräche mit Staatsmännern von Rang reserviert. Macmillan, Eisenhower, auch Chruschtschow waren schon zu Gast. De Gaulle selbst wohnt nicht hier. Doch alle, die ihn zusehends in die Rolle eines republikanischen Monarchen hineinwachsen sehen, zeigen sich überzeugt, daß er Staatsgäste vor allem deshalb auf Rambouillet empfängt, weil das Schloß ein ihm so gemäßes Bühnenbild abgibt.

Über dreihundert Jahre ist es her, seit König Franz I. hier zwischen Paris und Chartres in den Wäldern von Rambouillet seine großen Jagden veranstaltet hat. Hier ist er auch verstorben. Die Spuren Napoleons sind in Rambouillet gleichfalls zu besichtigen, und zwar in Gestalt eines vom Kaiser eingerichteten Badezimmers, das mit militärischen Insignien sowie mit Landschafts- und Städteansichten verziert ist. Eine kleine Zinkbadewanne dokumentiert das Reinlichkeitsbedürfnis des seinerzeitigen Usurpators.[20]

Die stille Lage inmitten weiter Wälder macht immer noch den eigentlichen Charme dieses Landsitzes aus. Anders als Chequers, das Adenauer aus Besuchen bei den britischen Premierministern bekannt ist, wirkt Rambouillet aber etwas unbewohnt. Immerhin: eine große Terrasse mit prächtigem Blick auf den Park und ein paar edel eingerichtete Salons. Alles in allem gibt Rambouillet aber doch eine leicht müfzige Kulisse ab für die große Politik in der Mitte des 20. Jahrhunderts.

Auf der Terrasse und in den hohen Räumen von Rambouillet hat sich aber auch eine wichtige Episode der eigenen Heldensage de Gaulles als Befreier Frankreichs abgespielt. An drei entscheidenden Tagen vom 23. bis zum 25. August 1944 hatte er in diesem Schloß sein Hauptquartier eingerichtet. Hier erteilte er General Leclerc, dem Kommandeur der Zweiten Panzerdivision, den historischen Befehl zur Befreiung von Paris. Von hier aus brach er am 25. August selbst zum triumphalen Einzug in die Metropole auf.

Der Kanzler wird von de Gaulle auf den Stufen des Schlosses mit dem gewohnten chevaleresken Charme willkommen geheißen. Das hält Adenauer allerdings nicht davon ab, sich zu Beginn nochmals seinen Verdruß von der Seele zu reden, von dem er dem Präsidenten auch schon über Dritte Mitteilung gemacht hat. De Gaulle versichert nun, er glaube durchaus nicht, daß Deutschland für immer auf Atomwaffen verzichten könne, wenn auch andere Mächte weiterhin Kernwaffen hätten. Natürlich spiele die Frage des richtigen Zeitpunkts eine wichtige Rolle. In der Gesamtbetrachtung glaube er aber nicht, daß Deutschland für immer darauf verzichten könne. Komme es zu keiner Abrüstung, so gelte in diesem Punkt für Deutschland dasselbe wie für Frankreich.[21]

Das wird er Adenauer bei verschiedenen Gelegenheiten auch später noch versichern. De Gaulle hütet sich allerdings, davon auch nur ein einziges Wort öffentlich zu sagen. Adenauer nimmt es aber erst einmal erfreut zur Kenntnis, daß sein energischer Protest offenbar Wirkung gezeitigt hat.

Dann stimmen die beiden Staatsmänner ihr inzwischen wohlbekanntes Klagelied über den Zustand der NATO an. Man kennt das: de Gaulle ist nicht gegen die NATO generell, doch gegen deren Abhängigkeit von der amerikanischen Hegemonialmacht. Einmal mehr plädiert er für deutsch-französische Rüstungskooperation und betont dabei nochmals, eines Tages dürfe es dann für beide Länder auch keine Diskriminierung in bezug auf Kernwaffen mehr geben. Adenauer pflichtet de Gaulle bei, daß man in Europa eigene Kernwaffen brauche. Doch man müsse die USA überreden, dieser Reform aus eigener Einsicht zuzustimmen. Maßnahmen wie die Herauslösung der französischen Luftwaffe aus der militärischen Integration, moniert Adenauer, seien dem nicht dienlich und machten ihn besorgt. Doch de Gaulle bleibt bei seiner Meinung: Die westliche Allianz ist notwendig, aber die militärische Integration eher vom Übel.

Adenauer bringt wieder einmal seinen alten Lieblingsgedanken deutsch-französischer Generalstabsgespräche auf. Doch de Gaulle zweifelt etwas an ihrem Nutzen, solange doch alles in der NATO geregelt wird. In diesem Zusammenhang gibt er dem Kanzler einen Wink, er möge Strauß und Heusinger doch gelegentlich bei ihm vorsprechen lassen. Seit langem ist bekannt, wie sehr es de Gaulle verdrießt, daß alle möglichen Verteidigungsminister oder Generalstabschefs zwar die NATO-Organe in Paris aufsuchen, ihn selbst aber links liegenlassen. Man sieht jedenfalls vor, dem neuen amerikanischen Präsidenten einen gemeinsamen Reformplan für die NATO zu unterbreiten – aus dem allerdings nie etwas wird.[22]

Von den Verteidigungsfragen geht man zur Organisation der europäischen Zusammenarbeit über. Adenauer verspürt rasch, daß dies jetzt de Gaulle in erster Linie beschäftigt. Dabei läßt der Präsident keinen Zweifel daran, welche zentrale Rolle er dabei der Verteidigungszusammenarbeit zumißt.

Zur Freude de Gaulles stimmt auch Adenauer in dessen Kritik an der politisch aktiven EWG-Kommission ein. In der Tat betrachtet er das Wachstum und die Gestaltungsfreude der Brüsseler Bürokratien schon seit längerem mit Reserve. Dabei spielt auch der Umstand eine Rolle, daß sich Adenauer unlängst gewaltig über Hallstein geärgert hat. Als es nämlich im Frühjahr 1959 so aussah, als werde Ludwig Erhard Bundeskanzler, hatte Hallstein nichts Besseres zu tun gewußt, als bei einer Pressekonferenz in New York dessen Kanzlerkandidatur lebhaft zu begrüßen. Kurz zuvor war er indessen bei Adenauer gewesen und hatte diesem beigepflichtet, man dürfe um der europäischen Integration willen Erhard doch ja nicht Kanzler werden lassen. Adenauer sagt Hallstein daraufhin wiederholt, daß er ihm dies nie vergessen werde.[23]

Nun stimmen de Gaulle und Adenauer darin überein, daß der Ministerrat innerhalb der EWG stärker zu aktivieren sei. Beide versichern einander auch, man müsse Europa durch regelmäßige dreimonatige Zusammenkünfte der Staats- und Regierungschefs organisieren. Damit werden Ideen weiterentwickelt, die zwischen den Sechs seit 1959 in der Diskussion sind. Ursprünglich war aber nur an Konsultationen der Außenminister gedacht gewesen. De Gaulle spricht in diesem Zusammenhang von den Schwerpunkten politische, wirtschaftliche, kulturelle und militärische Zusammenarbeit. Auch von einer engeren bilateralen deutsch-französischen Zusammenarbeit ist die Rede. Das ist ein Punkt, den besonders Adenauer wieder einmal aufwirft.

Was de Gaulle bei dem Gespräch im Schloß oder bei einem Spaziergang darauf antwortet, läßt sich später nicht mehr sicher rekonstruieren. Der persönliche Referent Adenauers, Franz Josef Bach, wird mehr als zwanzig Jahre nach dem Treffen Bemerkenswertes berichten. Der Präsident habe die Perspektive einer Art deutsch-französischer Konföderation mit einer gemeinsamen Staatsangehörigkeit entwickelt. Drei Ressorts, Außenpolitik, Verteidigung und Finanzen, sollten beiden Ländern gemeinsam sein. Niemand aus der Sechser-Gemeinschaft, so angeblich de Gaulle, werde sich dann dem Sog der politischen Neuformierung entziehen können, wenn Deutschland und Frankreich vorangingen.

Adenauer habe dem allerdings widersprochen. Vor dem Hintergrund der jüngsten deutschen Vergangenheit könne die Bundesrepublik keine Zwangslage schaffen helfen, die den europäischen Völkern überhaupt keine Alternative als das Mitmachen erlaube. Bach berichtet, daß Adenauer diesen Teil der Unterredung nach Vorlage des Protokollentwurfs herausnehmen ließ.[24] Da dieser Vorschlag im Gegensatz zu vielen bekannten Grundüberzeugungen de Gaulles steht, ist nicht auszuschließen, daß Adenauer ihn mißverstanden hat. Wunschdenken? Wenn dem so ist, dann stellt das ein Beispiel mehr dafür dar, wieviel dem Kanzler damals schon an einer Zweier-Union lag.

Was de Gaulle Adenauer an diesem Spätnachmittag und in einer Punktation am folgenden Tag vorschlägt, wirkt nicht völlig improvisiert. Der Präsident hat am Morgen des 30. August ein neun Punkte umfassendes Exposé handschriftlich zu Papier gebracht.[25] Doch die Grundzüge seiner Überlegungen sind Botschafter Blankenhorn von Außenminister Couve de Murville in einem streng vertraulichen Gespräch schon am 8. Juli 1960 mitgeteilt und von diesem in einem persönlichen Schreiben unverzüglich an Adenauer weitergegeben worden.[26]

Das Neun-Punkte-Exposé stellt das Schlüsseldokument dar, das zu den im Februar 1961 beginnenden Sechser-Verhandlungen über die Errichtung einer Europäischen Politischen Union führt. Jeder der Punkte ist inhaltsschwer, birgt aber auch viel Stoff für teilweise gewollte Mißverständnisse und Kontroversen.

De Gaulle skizziert hier das von ihm häufig genannte außenpolitische Ziel der Zusammenarbeit. Europa soll eine konkrete Gestalt erhalten, um weltweit mitsprechen zu können. Dabei sind vier Bereiche der gemeinsamen Organisation vorgesehen: Politik, Wirtschaft, Kultur, Verteidigung, was immer das konkret beinhalten mag. Gedacht ist aber gegenwärtig allein an eine Kooperation der Staaten, beginnend mit einer Vereinbarung zwischen Frankreich und Deutschland, der sich »vorerst« die anderen Staaten der Sechser-Gemeinschaft anschließen werden.

De Gaulle macht klar, daß er dabei auch an eine »Reform« der »supranationalen« Organismen denkt, die ins Kraut geschossen und niemandem richtig verantwortlich seien. Sein ganzer Haß auf die Brüsseler Kommission fließt in den Satz, sie würden nach diesem – seinem – Konzept »reformiert, den Regierungen unterstellt und für die normalen Aufgaben des Ministerrats und für technische Aufgaben eingesetzt«.

Der Vorschlag richtet sich ebenso gegen die NATO. Die amerikanische »Integration« muß ein Ende haben. Die atlantische Allianz muß auf neuer, von Europa vorgeschlagener Grundlage errichtet werden.

Praktisch denkt de Gaulle bei seinen Europaplänen an eine Konzertierung der Politik mittels regelmäßiger Zusammenkünfte der Staats- und Regierungschefs, die ihre Beschlüsse durch vier Kommissionen ausführen lassen. Eine Konsultativ-Versammlung aus den nationalen Parlamenten soll regelmäßige Debatten abhalten. An eine Direktwahl ist aber nicht gedacht. Schließlich soll ein allgemeines und feierliches Referendum der Völker die Organisation legitimieren. In diesem Punkt äußern sich die aus der französischen Innenpolitik sattsam bekannten plebiszitären Neigungen de Gaulles.

Der französische Präsident und der Bundeskanzler, so schließt die Punktation, »schulden es Europa, ihren beiden Ländern und sich selbst, die erforderliche Initiative zu ergreifen«.

Damit soll es schnell vorangehen. Schon auf Oktober will de Gaulle eine Gipfelkonferenz der sechs EWG-Staaten einberufen, die vor allem über die NATO-Reform zu beraten hätte. Zuvor wäre noch ein Außenministertreffen abzuhalten.

Das Gespräch unter vier Augen während der Mittagszeit des 30. Juli dreht sich im wesentlichen um die Punktation de Gaulles, die dieser vorerst nicht veröffentlicht sehen möchte. Den längeren Ausführungen des Generals kann Adenauer zweifelsfrei entnehmen, daß es dem Präsidenten dabei vor allem auch um die NATO-Reform geht.

Was de Gaulle ausführt, klingt einigermaßen atavistisch. Die Allianz habe vier große Staaten, vier Pfeiler gewissermaßen, mit ausgeprägter nationaler Persönlichkeit und jeweils unterschiedlicher geographischer, politischer und moralischer Stellung in der Welt. Ob Italien als fünfter Pfeiler zu bezeichnen wäre, läßt de Gaulle dahingestellt.

Deutschland bilde die Avantgarde gegen den Osten und müsse sich auch so organisieren. Frankreich liege zwar etwas im Hinterland, doch bilde es zusammen mit Deutschland eine Gemeinschaft in der Vorneverteidigung. Denn in bezug auf die Verteidigung seien Deutschland und Frankreich eine Einheit, sie müsse »in derselben Schlacht« erfolgen. Frankreich, so fügt de Gaulle hinzu, habe allerdings noch eine Rolle bei der Verteidigung Afrikas zu spielen. Demgegenüber sei Großbritannien seiner ganzen Natur nach keine Militärmacht zur Verteidigung des Kontinents. Seine Hauptaufgabe liege in der Sicherung der See.

Die USA aber, ungeachtet ihrer derzeit großen Macht, seien »die

Reserve«. De Gaulle greift zur Verdeutlichung den seinerzeit von Präsident Roosevelt geprägten Ausdruck *arsenal of democracy* auf, Amerika als Reserve und »Arsenal«! Außerdem seien die USA auch in Südamerika und im Pazifik engagiert. Gewiß sollten die Truppen der Angelsachsen weiterhin auf dem Kontinent verbleiben, aber künftig ohne militärische Integration, denn »Integration« bedeute tatsächlich amerikanisches Oberkommando. Das aber habe zwei Nachteile. Im Hinblick auf einen Krieg sei unsicher, wie stark sich die USA wirklich für Europa engagieren würden. In Friedenszeiten erschlaffe aber der Selbstbehauptungswille der europäischen Völker. Auch die Regierungen, deren »vornehmste Aufgabe« doch die Landesverteidigung sei, würden dadurch gewissermaßen »geköpft« und verlören an Autorität.[27]

Als de Gaulle bei einer Besprechung in größerem Kreis gewisse Vorbehalte Außenminister von Brentanos verspürt, schlägt er drohende Töne an. Nach den amerikanischen Wahlen könne Frankreich auf keinen Fall mehr lange in der NATO in ihrer heutigen Form verbleiben.[28] Im Gespräch mit Adenauer hat er sich noch viel deutlicher geäußert: »Länger als drei Monate könne Frankreich nicht mehr in der NATO bleiben, dann werde es austreten.«[29]

Wie reagiert nun Adenauer auf diesen Vorstoß, der größte Unruhe in die Allianz bringen muß. Er deutet zurückhaltend, aber doch vernehmbar an, daß Europa die USA braucht und alles vermeiden müßte, was die isolationistischen Tendenzen in Amerika verstärken könnte. In diesem Zusammenhang erwähnt er, die ersten Reden des Präsidentschaftskandidaten Kennedy hätten recht isolationistisch geklungen. Adenauer macht einen eigenen Formulierungsvorschlag zum Thema »amerikanische« Integration: »Die Entwicklung Europas muß in Zusammenarbeit mit den Vereinigten Staaten erfolgen, wobei diese den Besonderheiten Europas voll Rechnung tragen müssen.«

Dies ist der durchgehende deutsche Vorbehalt gegen die Pläne de Gaulles, der künftig immer wieder hochkommen wird und schließlich in der Präambel zum deutsch-französischen Vertrag seinen Ausdruck findet. Als diese letzte Auseinandersetzung im Frühjahr 1963 ansteht, wird man Adenauer die Präambel allerdings aufzwingen müssen. Jetzt und noch geraume Zeit ist er selbst es, der die besondere deutsche Interessenlage geltend macht. De Gaulle erwidert darauf, »diese Formulierung gehe weniger weit, als seine Absicht sei«.

Taktiker, der er ist, entschließt sich Adenauer aber zum hinhaltenden Widerstand und vermeidet vorerst eine Konfrontation. Er bemerkt sogar, de Gaulle habe »im Kern recht«, denn bei Errichtung der integrierten NATO-Organisation habe man eben einen Krieg im Jahr 1950 befürchtet. In der Tat, man müsse jetzt etwas schaffen, das für einige Jahrzehnte Gültigkeit hätte. Denn wie lange Amerika die Verteidigung Europas für notwendig halte, bleibe unsicher. Daß in diesem Punkt keine volle Übereinstimmung besteht, wird jedenfalls schon in Rambouillet deutlich. Adenauers Zustimmung zu einem Sechser-Gipfel mit dem Thema Reform des Bündnisses wird in der unausgesprochenen Erwartung gegeben, in diesem Gremium weitere Unterstützung für sein Zögern zu erhalten.

Eigenartig ist die Einschätzung Englands. Bei der Unterredung am 29. Juli 1960 ist es nämlich de Gaulle, der die Hoffnung äußert, vielleicht wäre es sogar möglich, bei einer organisierten Zusammenarbeit Europas Großbritannien zum Mitmachen zu bewegen. Nur könne man England nicht einfach auffordern, sich an der EWG zu beteiligen, denn sonst würde es nie mitmachen.

Adenauer gibt darauf zur Antwort, er selbst sei für eine organisierte Zusammenarbeit zwischen Frankreich und Deutschland, nicht aber mit England. Von letzterem verspreche er sich nichts Gutes. Großbritannien werde den Einklang zwischen Frankreich und Deutschland nur stören. Dem stimmt de Gaulle zu: »die Engländer seien halt Engländer, lebten nicht auf unserem Kontinent« und seien immer noch auf das Commonwealth orientiert.[30]

Bemerkenswerterweise hat Adenauer gegen die Pläne zur Reform der EWG sehr viel weniger einzuwenden außer dem etwas legalistischen Hinweis, schließlich sei nur die Montanunion in echter Weise supranational. Als Rambouillet in Kabinett und Fraktion aber eine Welle der Entrüstung hochschwappen läßt, weiß er sich rasch zurückzuziehen. In den »Erinnerungen« wird dieser Vorgang dann wie folgt umschrieben: »Es zeigte sich leider in den Wochen nach unserem Treffen in Rambouillet, daß wir in einigen Punkten nicht völlig konform gingen und offensichtlich Mißverständnisse vorlagen.«[31]

Erste Anzeichen von Unruhe auf seiten der deutschen Delegation gibt es schon bei der Schlußbesprechung in größerem Kreis. Während der Gespräche der beiden alten Herren müssen die Außenminister weitgehend untätig bleiben, denn de Gaulle – so die häufige, diskret vorgebrachte Klage auch der hohen französischen Amtsträger – liebt leider gar nicht den Dialog mit seiner Umgebung und die intensive interne Erörterung. Daher sehen sich selbst Minister wie Couve de Murville unablässig mit neuen, einsamen Entschlüssen konfrontiert, aus denen sie das Beste machen müssen.

Auch die deutschen Teilnehmer im Gefolge Adenauers lieben die »Gespräche an französischen Kaminen« überhaupt nicht. Es ist schon eigenartig, daß der Außenminister und der deutsche Botschafter in Paris einen touristischen Ausflug nach der Kathedrale von Chartres zu unternehmen haben, während der Kanzler in einsamem Tête-à-tête mit de Gaulle hohe Politik macht. Zudem erfreut sich der Präsident auch noch des Vorteils der Gastgeberrolle. Es obliegt ihm also, das Ergebnis der Gespräche über »die Organisation Europas« zusammenzufassen und dabei die Akzente in Richtung der eigenen Vorstellungen zu setzen.

Wie die Eröffnungen, vor allem das Neun-Punkte-Memorandum, auf einen so wohlinformierten, gegenüber de Gaulle zunehmend skeptischeren Beobachter wie Blankenhorn wirken, vermerkt dieser anschließend in seinem Tagebuch: »Der wesentliche Sinn dieses Papiers ist, daß der europäische Zusammenschluß in Zukunft in konföderaler Form erfolgt. Das Schwergewicht liegt also bei den verantwortlichen Regierungschefs. Die supranationale Lösung, von der sich bisher nach der Verfassung der Verträge die europäischen Regierungen haben leiten lassen, wird aufgegeben. Damit hat sich die französische, von de Gaulle immer wieder geforderte These durchgesetzt. Der Kanzler hat dem zugestimmt, weil er, und dies mit Recht, nur auf diese Weise das Interesse dieser französischen Regierung an echten Fortschritten auf dem Gebiet des Zusammenschlusses glaubte wachhalten zu können. Das ist selbstverständlich eine recht revolutionäre Wendung...«[32]

Blankenhorn bemerkt allerdings auch, daß Adenauer in der Schlußsitzung de Gaulles Extremposition, die im Memorandum ihren Niederschlag gefunden hat, subtil, aber durchaus grundlegend modifiziert. Der Kanzler betont nämlich, »nach seiner Auffassung müsse erst einmal überprüft werden, ob die Kommissionen ihre Befugnisse überschritten, und nur wenn dies an Hand der Verträge und der Tätigkeit festgestellt werde, könne und solle man daraus Schlußfolgerungen für die Zukunft ziehen.«[33] Der Präsident greift das nicht auf, und so wird den engsten Beratern schon deutlich, daß man sich allem Anschein nach in einem Zentralpunkt nicht geeinigt hat. Denn de Gaulle ist offenbar auf eine Revision der Römischen Verträge aus, während Adenauer dem flexiblen Widerstand entgegensetzt, ohne seine Karten schon voll aufzudecken.

Man verabschiedet sich also aufs allerherzlichste. Die Differenzen der Wochen vor Rambouillet haben sich anscheinend in Wohlgefallen aufgelöst. Aber dafür ist der Same zu neuen, genauso gravierenden Mißhelligkeiten ausgesät, die nicht auf sich warten lassen. Während die Öffentlichkeit das Verschwinden der Wolken am deutsch-französischen Horizont größtenteils erleichtert begrüßt, kann der innerste Kreis um Adenauer den Kanzler nicht mehr verstehen.

Vor allem Außenminister von Brentano, der sich als Wächter über der europäischen Integration versteht, ist entsetzt und resigniert zugleich. Brühwarm unterrichtet er unmittelbar nach dem Eintreffen in Köln-Wahn seinen Freund Heinrich Krone. Er sieht Adenauer nun ganz auf der Linie de Gaulles und hat es jetzt endgültig satt. 1961, hört Krone von ihm, will er nicht mehr Außenminister werden.[34]

Krone richtet am 2. August einen für seine Verhältnisse sehr energischen Brief an Adenauer. Das Schreiben ist offensichtlich von Brentano inspiriert. Doch auch Globke teilt die darin geäußerten Besorgnisse. Die Konzeption de Gaulles, kritisiert Krone, läuft eben auf ein »Europa der Vaterländer« hinaus. Das ist »im Grunde eine Abkehr von dem bisherigen Wege, Europa über europäische Institutionen aufzubauen.«[35] Würde sogar an den bestehenden Institutionen gerüttelt, »so wäre das eine völlige Abkehr von unserer bisherigen Europapolitik«[36]. Noch größere Bedenken äußert er gegen de Gaulles Pläne zur NATO-Reform.

Adenauer schreibt postwendend zurück und wiegelt ab. Wegen der NATO-Reform brauche sich Krone keine Sorgen zu machen: »Natürlich muß das ganze Thema sehr vorsichtig behandelt werden.« Beunruhigender klingt, was Adenauer zu Europa äußert. Er meint, darüber müsse er mit Krone noch sprechen, fügt aber dann hinzu: »Ich darf aber hier schon jetzt sagen, daß ich eine europäische Regierung für zur Zeit nicht möglich halte. Die Europäer in den verschiedenen Ländern sind einfach dafür noch nicht reif. Man muß die Frage des Zusammenwachsens der europäischen Länder zu einem Ganzen mit großer Gelassenheit behandeln und muß sich vor allem Zeit dazu lassen. Denken Sie bitte an den Norddeutschen Zollverein.« Und dann folgt eine typisch Adenauersche Abwehr unzulässiger Einwirkungsversuche in seine Kanzler-Prärogativen: »Zerbrechen Sie sich nicht den Kopf darüber und genießen Sie Ihre Ferien.« Ein weiterer Satz dieses Briefes macht deutlich, wie behutsam er wieder einmal nach allen Seiten taktiert: »Selbstverständlich werde ich mich auch bei dem Gespräch mit Macmillan sehr vorsichtig verhalten.«[37]

Krone und von Brentano stehen aber mit ihrer Kritik nicht allein. So unterschiedliche Unionspolitiker wie Franz Josef Strauß, Eugen Gerstenmaier, Ludwig Erhard und Gerhard Schröder wollen nun Adenauer bei seiner Frankreichpolitik gleichfalls nicht mehr folgen.

Von Paris aus schlägt jetzt auch Blankenhorn Alarm. Ein Gespräch mit Jean Laloy hat deutlich gemacht, daß de Gaulle zu zweierlei entschlossen scheint: zu einer Revision der Römischen Verträge und zur Abschaffung des integrierten NATO-Oberkommandos in Friedenszeiten – also, so schlußfolgert Blankenhorn, »Ende der NATO und damit als natürliche Folge der Abzug der amerikanischen Truppen aus Europa«. Genauso schlimm aber: de Gaulle hat aus den Gesprächen mit Adenauer die Überzeugung mitgenommen, dafür grünes Licht erhalten zu haben.[38]

Adenauer kommen nun doch Bedenken. Oder aber er hat von Anfang an beabsichtigt, de Gaulle nicht direkt zu widersprechen, sondern erst im Nachgang zu dem Treffen für Klärung zu sorgen. Staatssekretär van Scherpenberg wird nach persönlicher Instruktion durch den Kanzler[39] nach Paris entsandt, um dort in einem mehrstündigen Gespräch mit Außenminister Couve de Murville und anderen französischen Herren jene Details zu klären, die die beiden Staatsmänner eine Woche zuvor in Rambouillet nicht so genau betrachten wollten. Man einigt sich erneut auf praktische Schritte für eine Europäische Politische Union. Diese deutsch-französische Initiative, die nach zweijährigem intensiven Verhandeln schließlich am Widerstand der Niederlande und Belgiens scheitern wird, bleibt das wichtigste Resultat von Rambouillet.

Ansonsten aber läßt Adenauer seine Diplomaten mauern. Gewisse Anpassungen der Römischen Verträge an die von de Gaulle und Adenauer formulierten neuen Zielsetzungen seien vorstellbar, sie »dürften aber nicht an den Kern des Vertragswerks rühren«. Nach innen wie nach außen müsse bei Neuverhandlungen über EWG und EURATOM der Eindruck einer Gefährdung der EWG vermieden werden. Die deutsche Seite deutet an, vielleicht könne man das Problem durch Fusion der drei Organisationen elegant lösen, ohne die Substanz der Verträge zu gefährden. Die Idee einer Direktwahl des Europäischen Parlaments wird abgelehnt. Adenauer hat schon in Rambouillet deutlich gemacht, daß er vor der Bundestagswahl 1961 auf keinen Fall eine Direktwahl sehen möchte – wenn überhaupt. Zum Vorschlag eines Plebiszits weist man auf die verfassungsrechtlichen Schwierigkeiten hin, die das Grundgesetz dem in den Weg legt.

Es gibt aber noch ein zweites Resultat, das weniger erfreulich ist – eine beträchtliche Verärgerung de Gaulles über Adenauer. Siegesgewiß hatte der Präsident am 1. August an Außenminister Couve de Murville geschrieben: »Nach dem Besuch des Kanzlers müssen wir das Eisen der Organisation Europas schmieden, denn dieses Eisen ist heiß.«[40] Im einzelnen solle man sofort diskret, aber effektiv zwischen Frankreich und Deutschland den Embryo einer politischen Kommission bilden. Diese Kommission solle auf den Weg bringen: ein Projekt über eine organisierte Regierungszusammenarbeit sowie Studien über eine »grundlegende Reform« der gegenwärtigen europäischen Gemeinschaften und eine »grundlegende Reform« der NATO. Schon im Oktober sollen die Regierungschefs der Sechs zusammentreten. Falls die Italiener oder die Benelux-Staaten Schwierigkeiten machen, dann ist im Oktober eine deutsch-französische Vereinbarung zu schließen, die für die anderen Vier offen ist.[41] Staatssekretär Hilger van Scherpenberg, darin durchaus das Sprachrohr Adenauers, macht nunmehr nachhaltig deutlich, daß man in Bonn zu einer tiefgreifenden Revision der Römischen Verträge keinesfalls bereit ist. Desgleichen wird der französischen Regierung jetzt ohne Umschweife mitgeteilt, welchen Wert die Bundesregierung der integrierten NATO-Kommandostruktur auch schon in Friedenszeiten beimißt. Würde diese aufgelöst, so wäre die Allianz entscheidend geschwächt mit unzumutbarer Sicherheitsgefährdung der Bundesrepublik. Adenauer geht soweit, sogar um gewisse Präzisierungen des Gesprächsprotokolls von Rambouillet zu ersuchen. Nach der Besprechung haben van Scherpenberg und Blankenhorn den Eindruck, daß die hohen Beamten de Gaulles über die Verdeutlichung der deutschen Position gar nicht unfroh sind.[42]

De Gaulle indessen gibt sich nun ein gutes halbes Jahr lang verschnupft. Es gefällt ihm auch gar nicht, daß Adenauer im Gefolge des Treffens in Rambouillet Macmillan bei sich in Bonn haben wird. Die französischen Diplomaten warnen vor einer deutsch-britischen Annäherung und drängen zugleich auf einen Dreier-Gipfel de Gaulle, Macmillan und Eisenhower – vielleicht auf den Bermudas.[43] Selten in den langen Jahren Adenauerscher Außenpolitik wird alles so stark wie in diesen Wochen von den Eitelkeiten, den Eifersüchteleien, den komplizierten Kalkülen und den Mißgriffen der Spitzenchargen bestimmt. Indem sie teils verschweigen, teils offen gegeneinander manövrieren, kurzfristige Koalitionen eingehen, mit Indiskretionen arbeiten, Mißgunst anstacheln und kunstvolle Terminzwänge aufbauen, verderben sie mehr und mehr die Stimmung im Bündnis. Das alles in einer Lage, die durch rasch sich verschärfende Ost-West-Spannungen gekennzeichnet ist. Alle Mittel einer fragwürdigen Diplomatie kommen zum Einsatz. Macmillan etwa macht sich ein Vergnügen daraus, Adenauer zu fragen, ob de Gaulle auch von dem geplanten Dreier-Gipfel zu ihm gesprochen habe.[44] Er hat natürlich nicht. Umgekehrt sagt Adenauer Macmillan nicht ganz die Wahrheit, denn er behauptet, man habe nicht über das Verhältnis Großbritanniens zu Europa gesprochen.[45] Man hat aber sehr wohl.

Doch immerhin gelingt es Adenauer, der Macmillan »mit unerwarteter Wärme«[46] empfängt, die deutsch-britischen Beziehungen vorerst wieder zu entkrampfen. Plötzlich zeigt er nun auch Interesse daran, die wirtschaftliche Spaltung Europas zu überwinden.[47] Hingegen kommen ihm Zweifel, ob die Konföderationsidee wirklich von Nutzen wäre, denn sie wird die Briten noch mehr entfremden.[48]

Nachdem Adenauer so oft gegen die Ost-West-Gipfeldiplomatie zu Felde gezogen ist, beginnt ihm endlich zu dämmern, daß auch die innerwestliche Gipfeldiplomatie ihre Probleme hat. Er faßt also gute Vorsätze, de Gaulle gegenüber noch vorsichtiger zu sein, insbesondere auch schlecht vorbereitete Gespräche unter vier Augen nach Möglichkeit zu vermeiden.[49] Wer ihn kennt, weiß allerdings genau, daß dies nur bis zur nächsten Versuchung durch de Gaulle anhalten wird. Dieser ist und bleibt nun einmal von der fixen Idee besessen, politische Führer müßten ihre Erörterungen in glorreicher Zweisamkeit pflegen und auch ihre Entscheidungen allein treffen. Der erste, dem schließlich der Geduldsfaden reißt, ist Präsident Eisenhower. Er lehnt einen Dreier-Gipfel Ende September definitiv ab, auf den de Gaulle gedrängt hat. Damit ist die Idee eines Dreier-Direktoriums – allerdings nur vorerst – zu den Akten gelegt. De Gaulle verspürt auch die zunehmende Verärgerung der Deutschen und der Briten. Deshalb tritt er die Flucht nach vorn an. Wer sich gefragt hat, was er Adenauer auf Schloß Rambouillet im strengsten Vertrauen mitgeteilt hat, der braucht jetzt nur seine Pressekonferenz zu verfolgen, die er am 5. September 1960 vor einer Heerschar von Journalisten in Paris gibt. Diese Pressekonferenz markiert recht eigentlich das vorläufige Ende der Versuche, ein effektives Dreier-Direktorium zu errichten.

Fast gleichzeitig setzt eine amerikanische Initiative ein, dem europäischen Drängen nach atomarem Mitbesitz durch das Konzept der NATO als vierter Atommacht entgegenzukommen. Die treibende Kraft ist dabei der NATO-Oberkommandierende General Lauris Norstad.

Wie schon im Sommer 1959 findet nun anläßlich des sommerlichen Cadenabbia-Urlaubs Adenauers eine weitere Zusammenkunft in der Villa Stikker am Comer See statt. Adenauer liebt diesen Landsitz. Er ist

*Innerwestliche Gleichgewichtspolitik: mit dem
italienischen Ministerpräsidenten Fanfani in Cadenabbia.*

*NATO-Atomparty mit Damen: Spaak, Adenauer,
de Staerke, Stikker und Norstad (von links) am Comer See.*

auf halber Höhe am Ende des Comer Sees gelegen, von hier aus eröffnet sich ein traumhafter Blick auf den See und die Bergkulisse.

Die Spitze der NATO ist durch Norstad und Spaak vertreten. Adenauer läßt sich nur von Blankenhorn begleiten. Beim Mittagessen und der anschließenden lebhaften Diskussion zeigt er sich – so berichtet Norstad – in bester Form. Eben hat de Gaulle seine schockierende Pressekonferenz abgehalten, auf der er dem Prinzip der militärischen Integration öffentlich seine Absage erteilte.

Adenauer verfolgt hier offenbar zwei Ziele. Zuerst möchte er den Amerikanern deutlich machen, daß die NATO nach wie vor seine erste Priorität ist. Das gelingt ihm auch. Norstad berichtet in Washington, daß der Kanzler einen vernünftigen Kurs steuere. Er wolle einerseits die wertvollen Resultate von zehn Jahren deutsch-französischer Annäherung nicht aufs Spiel setzen, andererseits dafür aber auch nicht die NATO oder die USA verkaufen.[50] Blankenhorn sieht das nach diesem wichtigen Gespräch genauso: »Die ruhige Sicherheit des Bundeskanzlers, seine feste Haltung gegenüber den Verträgen, insbesondere der atlantischen Allianz, waren für diese Männer geradezu eine Erlösung. Sie schieden von uns in dem Gefühl, daß in dieser vierstündigen Unterredung eine neue haltbare und solide Grundlage für die Verteidigung unserer westlichen Welt gelegt ist.«[51]

Adenauer ist allerdings immer noch um Ausgleich mit de Gaulle bestrebt. Es wäre falsch, so ermahnt er die Runde, de Gaulle direkt oder öffentlich entgegenzutreten. Sensibel und überheblich, wie er nun einmal ist, würde er darauf nur negativ reagieren. Besser, man teilt ihm die Ablehnung seiner überzogenen Ideen ganz ruhig durch die diplomatischen Kanäle mit und macht zugleich akzeptable Gegenvorschläge.[52]

Der Kanzler meint, daß sich die ganzen Differenzen letztlich vor allem um die Kernwaffen und die Raketen drehen. In diesem Punkt zeigt er für die Beschwerden de Gaulles Verständnis. Spaak äußert allerdings Zweifel und zeigt sich zunehmend unlustig, immer wieder neue Konzepte zu erfinden, nur um de Gaulle zu beschwichtigen. Bezüglich der Kernwaffen bleibt Adenauer dabei: »Europa muß etwas haben.« Norstad hält daraufhin mit seiner Meinung nicht hinter dem Berg: Das amerikanische Volk werde nicht bereit sein, irgend einem Land Atomwaffen zum unabhängigen Gebrauch zur Verfügung zu stellen. Auch persönlich teile er diese Auffassung.

Aber Adenauer geht es in diesem Moment gar nicht um eigene Kernwaffen. Ihm liegt vor allem daran zu verhindern, daß die USA – eventuell nach einem Wahlsieg der Demokraten – ihre Kernwaffen abziehen. Hintergründig sorgt er sich auch immer noch vor Disengagement-Plänen. So insistiert er weiter.

Nun kommt Norstad auf seine eigene Idee zu sprechen: die NATO als vierte Atommacht. Einige Grundlinien dieser Idee hat er im Dezember 1959 in einer Grundsatzrede in Pasadena entwickelt.[53]

Adenauer vernimmt jetzt im einzelnen, daß der NATO-Oberbefehlshaber dem Präsidenten Vorschläge für eine Reform der Lagerung und Einsatzkontrolle von Atomsprengköpfen gemacht hat. Die Atomsprengköpfe sollten in verschiedenen Ländern lagern, und zwar weiterhin unter amerikanischer Bewachung. Neben den USA sei dabei an Großbritannien, Frankreich, die Bundesrepublik und Italien gedacht. Der befürchtete einseitige Abzug der Kernwaffen würde durch deren kostenlose Überlassung an die NATO ausgeschlossen werden. Die fünf Staaten könnten dann ein Gremium bilden, das gemeinsam über den Einsatz entscheide.

Der Vorschlag impliziert durchaus noch – ohne daß Norstad dies so deutlich formuliert – ein Veto jeder einzelnen der beteiligten Regierungen. Das der amerikanischen wäre dabei besonders gewichtig, weil die USA zugleich auch die physische Kontrolle über die Sprengköpfe besäßen. Spaak hakt denn auch sofort an diesem Punkt ein. Das Problem der Einsatzkontrolle scheint ihm ungelöst. Er zweifelt aber auch stark daran, ob ein solches Konzept de Gaulle vom Aufbau einer eigenen Atommacht abhalten könnte.[54]

Doch Norstad argumentiert, man werde am besten vorankommen, wenn man sich nicht allzu detaillierte Gedanken darüber mache, was im Krieg geschehen werde. Mit diesem pragmatischen Konzept habe die NATO bisher Fortschritte gemacht. Dabei solle man bleiben.

Das zu erwartende nukleare Menü wird von ihm noch genauer beschrieben. Gedacht sei vorerst an die Verlegung von sechs bis acht U-Booten in europäische Gewässer. Diese U-Boot-Kreuzer wären zum Abschuß von Polaris-Raketen geeignet. Außerdem sei eine kleinere, mobile, landbasierte Polaris in der Planung. Ab 1964 könnten größere Mengen davon an die Verbündeten abgegeben werden. Norstad, der mit Eisenhower in den nuklearen Fragen in ständigem persönlichen Kontakt ist, kündigt zugleich an, er werde unmittelbar nach dieser Besprechung nach Washington fliegen und dem Präsidenten berichten. Ein positiver Bescheid wird schon für die nächsten Tage in Aussicht gestellt.

Kein Wunder, daß es Adenauer unter diesen Umständen für untunlich hält, jetzt lange Diskussionen über die Prozeduren für den Einsatzbefehl zu führen. Er bekundet nachdrücklich seine lebhafte Sympathie für den Vorschlag und macht das Anerbieten, mit de Gaulle bei einem weiteren Zusammentreffen im Oktober in Rambouillet selbst zu verhandeln. Wenn dieser sich dagegen ausspreche, dann müßten die anderen NATO-Staaten eben allein vorangehen.

Aber immer noch scheint Adenauer entschlossen, in unablässigem Taktieren die Stunde der Wahrheit hinauszuschieben, in der er sich zwischen de Gaulle und der NATO entscheiden muß. »Ich hoffe, daß es mir gelungen ist«, schreibt er unmittelbar nach der Besprechung an Globke, »die Sorgen der Herren wegen Frankreichs Haltung etwas zu zerstreuen und sie auch davon zu überzeugen, daß es richtig ist zu bagatellisieren. Ich habe dann das Thema des Gebrauchs der nuklearen Köpfe angeschnitten. Norstad fliegt morgen nach Washington. Er wird am Montag dem Präsidenten Vortrag halten und einen Vorschlag machen, der uns im Gebrauch der nuklearen Köpfe von der Vormundschaft der Amerikaner befreit und die Beschlußfassung darüber der NATO überträgt. Ich glaube, daß wir damit sehr zufrieden sein können.«[55]

Wie der Brief zeigt, ist es eben nicht allein de Gaulle, der das amerikanische Atommonopol endlich beenden möchte. Ein zusätzlicher Reiz der Pläne Norstads besteht aus Adenauers Sicht darin, daß sie mit den Plänen eines Dreier-Direktoriums völlig unvereinbar sind. Ein paar Tage nach der Rückkehr Norstads hört er, Eisenhower sei über den Inhalt des Gesprächs am Comer See sehr glücklich gewesen[56], womit die verhaßten Dreier-Direktoriumspläne wohl endgültig begraben sein dürften – zumindest, solange Eisenhower noch als Präsident amtiert.

Zu seiner Enttäuschung muß Adenauer aber feststellen, daß die Eisenhower-Administration in den folgenden Wochen die wichtigen Entscheidungen so lange verschleppt, bis es zu spät ist. Noch 1961 wird er sich bei amerikanischen Gesprächspartnern wie Averell Harriman[57] und Dean Acheson[58] darüber beklagen, daß Eisenhower nicht mehr die Kraft aufgebracht hat, ein überzeugendes amerikanisches Angebot zu formulieren. In den ersten Monaten der Kennedy-Administration hält er zwar weiter an der Hoffnung fest, auf dem Weg von NATO-Atomstreitkräften voranzukommen. Beim ersten Zusammentreffen spricht er Kennedy auch deutlich darauf an.[59] Doch dabei stellt er fest, daß die Vorstellungen in Washington nunmehr in andere Richtungen laufen – einerseits Zentralisierung der Einsatzentscheidungen, andererseits Abrüstungs- und Rüstungskontrollvereinbarungen mit der Sowjetunion. Die Eisenhower-

Administration, so wird sich zeigen, ist die letzte der amerikanischen Regierungen, die dem Gedanken einer gewissen nuklearen Proliferation innerhalb des Bündnisses eher aufgeschlossen gegenüberstand.

Somit kommt der Norstad-Initiative vom Spätsommer 1960 erhebliche Bedeutung zu. Bei dem allem ist der Wunsch die treibende Kraft, de Gaulle irgendwie noch in die Allianz einzufangen. Dieser denkt jedoch nicht im Traum daran, sich auf die aus seiner Sicht fragwürdigen Pläne Norstads einzulassen. Da er zudem wegen seiner Algerienpolitik auch innenpolitisch unter Druck steht, reagiert er auf die zunehmende internationale Isolierung mit Renitenz. Das äußert sich nicht zuletzt in einer Politik der Nadelstiche gegen Bonn.

General Speidel, in den letzten Jahren häufig der Überbringer schlechter Nachrichten aus Paris, hält am 23. September bei Adenauer Vortrag. Innerhalb der NATO-Organisation amtiert er als Oberbefehlshaber von LANDCENT. Im Kriegsfall wären ihm alle Landstreitkräfte zwischen Dänemark und der Schweizer Grenze unterstellt, vor allem natürlich die Heeresverbände der Bundeswehr. Den Oberbefehl über AFCENT, die Gesamtstreitkräfte von Europa-Mitte, hat aber traditionellerweise ein französischer General. Das war längere Zeit Jean Etienne Valluy, der auch bemüht war, Adenauer über die großen Linien der NATO-Strategie zu orientieren. Zu ihm bestand ein ganz ausgezeichnetes Verhältnis. Valluy ist einer jener französischen Offiziere, die in der NATO die beste und modernste Organisationsform zur Verteidigung Frankreichs erkennen. Eben deshalb haßt ihn de Gaulle.

Der neue Oberbefehlshaber von AFCENT indessen, der Fliegergeneral Challe, schlägt nun völlig ungewohnte Töne an. Bald eröffnet er den ihm unterstellten Oberbefehlshabern der Teilstreitkräfte, sie sollten künftig nur noch als seine ihm direkt unterstellten *adjoints* tätig sein. Für Adenauer ist es ein unvorstellbarer Gedanke, im Kriegsfall, der ja schon 1961 eintreten könnte, die Heeresverbände nicht unter deutschem Kommando zu wissen. Er ersucht Speidel, sofort Norstad zu unterrichten und den Plänen schärfsten Widerstand entgegenzusetzen.[60]

Maurice Challe, der in Algerien den berühmten elektrischen Zaun entlang der tunesischen Grenze errichten ließ, hat zudem den brillanten Einfall, auch die Zonengrenze durch derartige Anlagen zu sperren. Er denkt an zwei parallele elektrisch geladene Zäune in etwa dreißig Kilometern Entfernung voneinander. Zwischendrin könnten Atomminen verlegt werden, um den Vormarsch der Roten Armee aufzuhalten. Daß in dieser Zone Städte wie Lübeck oder Braunschweig liegen würden, hat er nicht genau bedacht oder es beunruhigt ihn nicht besonders.[61] Auch über diese recht abenteuerliche Idee wird Adenauer nun von Speidel unterrichtet.

Doch damit nicht genug. Immer deutlicher zeichnet sich auch ab, daß Frankreich an der Strategie der Vorneverteidigung nicht mitwirken möchte. Von März 1961 an, also ausgerechnet in den kritischsten Monaten der drohenden Konfrontation um Berlin, sollen die zwanzig- bis dreißigtausend Mann französischer Truppen hinter Mainz zurückgezogen und vorwiegend auf französischem Boden stationiert werden.[62] Praktisch hat das zwar keine große Bedeutung. Sie sind schlecht bewaffnet und auch sonst nicht besonders kampfkräftig. Bedenklich ist aber das strategische Gesamtkonzept de Gaulles. Im Gegensatz zu dem, was er Adenauer gelegentlich versichert, denkt er anscheinend eben doch an eine *bataille en Allemagne*, an der sich Frankreich faktisch nicht beteiligen möchte. Geht sie verloren, so beginnt erst die entscheidende Runde – die Schlacht um Frankreich.

Ähnliches hat auch Macmillan im März 1960 von de Gaulle gehört: »Die Deutschen sollten die Vorhut sein; die Franzosen die Hauptkampflinie; England sollte Belgien und die Niederlande sowie die Seewege decken; Amerika sollte als große Reserve fungieren«.[63] Die Herauslösung des größten Teils der französischen Luftstreitkräfte aus der integrierten Luftverteidigung paßt durchaus ins Bild.

Hat man dieses grundlegende Konzept erst erkannt, dann wird auch verständlich, weshalb de Gaulle der militärischen Integration als solcher so konsequent widerstrebt. Den Deutschen, so fürchtet er nämlich, ist es gelungen, die USA von der alles entscheidenden Bedeutung der Schlacht um Deutschland zu überzeugen. Im Kriegsfall werden sie also ihre Gesamtstrategie auf die Verteidigung Deutschlands abstellen und dementsprechend auch das französische Potential einzusetzen versuchen. Dem kann sich Frankreich letztlich nur entziehen, wenn es die Militärorganisation der NATO verläßt.

Die Option für eine weitgehende Handlungsfreiheit im Kriegsfall liegt auch dem »Loi-programme« vom 18. Juli 1960 zugrunde, das Verteidigungsminister Messmer der Nationalversammlung vorgelegt hat. Dieses Rahmengesetz sieht vor, daß sehr erhebliche Mittel des Verteidigungshaushaltes für den Aufbau einer atomar bewaffneten *force de frappe* eingesetzt werden. Die Kritiker de Gaulles sehen darin eine neue Form des Maginot-Denkens – letztlich unvereinbar mit der Idee gemeinschaftlicher Verteidigung der westeuropäischen Demokratien.

General Speidel geht, und als nächster Besucher stellt sich am gleichen

Vormittag Botschafter Seydoux ein, um – seltene Auszeichnung – ein Handschreiben General de Gaulles zu überbringen. Darin finden sich jene Beteuerungen, die Adenauer an und für sich so gern hört: »Union de notre Europe«, und als Basis dafür »un accord de l'Allemagne et de la France«. De Gaulle, der genau weiß, daß große Männer keine Schmeichelei als zu dick aufgetragen empfinden, rühmt in diesem Schreiben Adenauer wieder einmal als »Vorkämpfer dieser Idee, daß sich unsere Länder ganz speziell verständigen müssen und diese gemeinsame Initiative verfolgen sollten.«[64]

Das alles aber klingt jetzt recht hohl. Es ist nämlich die Antwort auf ein Schreiben Adenauers vom 15. August 1960, in dem dieser gebeten hatte, de Gaulle möge doch seine Pläne zur NATO-Reform ebenso aufgeben wie die Konföderationsideen unter Ausschluß Großbritanniens.[65] Dazu finden sich in dem Handschreiben nur sehr flaue Formulierungen, so daß Adenauer in einer Notiz über die Besprechungen dieses Tages vermerkt: »Der Brief de Gaulles, mit der Hand geschrieben, enthielt nichts Wesentliches.«[66] Die eigentliche Antwort auf Adenauers drängenden Brief vom 15. August ist in der fatalen Pressekonferenz vom 5. September gegeben worden!

Am gleichen Tag, an dem Speidel und Seydoux bei ihm waren, bespricht Adenauer die Lage mit Blankenhorn. Dieser hat gleichfalls nur Ungünstiges zu berichten. Adenauer muß nun und in den nächsten Jahren feststellen, daß die beiden maßgebenden deutschen Beobachter der Pariser Szene, Blankenhorn und Speidel, die Außenpolitik de Gaulles von Monat zu Monat negativer beurteilen. Selbst wenn man annimmt, daß die beiderseitigen Einschätzungen einander verstärken und daß sich die Herren dann und wann vor oder nach Besuchen bei Adenauer informieren – an den Tatsachen, die sie zu berichten haben, ist nicht zu rütteln.

Eine dieser besonders beunruhigenden Tatsachen ist eine Feststellung Ministerpräsident Debrés, die er Blankenhorn gegenüber getroffen hat. Danach soll die von de Gaulle favorisierte europäische Konföderation auch eine Organisation aufbauen, die sich mit Fragen der Verteidigung Westeuropas befaßt. Die Begründung dafür: man müsse doch für den Fall eines Rückzugs der Amerikaner vorbauen. Das wäre, so stellt sich das aus deutscher Perspektive dar, »eine kleine NATO in der großen NATO«, und zwar durchaus geeignet, diese zu sprengen.

Adenauer zeigt sich nun seinerseits zutiefst verstimmt. Wörtlich bemerkt er zu Blankenhorn: »Ich habe das Vertrauen in den General de Gaulle restlos verloren.«[67] So schnell werde er es nicht wiederfinden.

Unter diesen Umständen möchte er vorerst nicht mehr über die Pläne für eine europäische politische Organisation sprechen. Es gibt jetzt seiner Meinung nach überhaupt nur *ein* Zentralthema des deutsch-französischen Dialogs: die NATO. Und vor die Wahl zwischen der Freundschaft de Gaulles und der NATO gestellt, entscheidet sich Adenauer ohne jedes Zögern für die NATO. Dies fällt ihm deshalb auch leicht, weil ihn über Norstad nun die Mitteilung erreicht, Eisenhower persönlich prüfe mit seinen Mitarbeitern die Frage, in welcher Weise man den Mitgliedern der Allianz Atomwaffen zur Verfügung stellen könne.[68]

Das angekündigte Schreiben Eisenhowers läßt aber auf sich warten. Adenauer drängt bei Botschafter Dowling darauf, denn für Anfang Oktober ist ein Besuch Ministerpräsident Debrés in Bonn geplant. Im Zentrum der Gespräche soll die NATO-Frage stehen.[69] Zugleich signalisiert der Kanzler über Dowling dem amerikanischen Präsidenten, daß sich seine Wege und die de Gaulles nunmehr trennen. De Gaulle, vertraut er dem Botschafter an, habe ihn enttäuscht, auch menschlich. Vor zwei Jahren sei er ganz anders gewesen. Er hoffe immer noch, daß de Gaulle sich fügen werde. Doch wenn nicht, dann müsse man ihn allein gehen lassen und sich damit abfinden. Folgen könne man ihm auf keinen Fall. Aber bitte: jetzt bald der angekündigte Brief zum Thema NATO als vierte Atommacht! Adenauer turnt nämlich nicht gern ohne Netz. Wenn er schon das Tau kappen muß, das ihn mit Frankreich verbindet, wünscht er wenigstens schriftliche amerikanische Zusagen.

Erneut kann man also im Spätsommer und Herbst 1960 die Choreographie des westlichen Menuetts beobachten. Sobald sich Adenauer aus welchen Gründen auch immer von de Gaulle entfernt, bewegt er sich auf Eisenhower und Macmillan zu – und umgekehrt. Im Augenblick leuchtet sein Wohlwollen nun wieder für einige Monate über Großbritannien. Blankenhorn, in der Kanzler-Gunst gleichfalls obenauf, bestärkt ihn selbstredend in der Erkenntnis, daß die voreilige Gründung einer Sechser-Konföderation die Schwierigkeiten zwischen dem Europa der Sechs und der Sieben unlösbar machen würde.

Kurz vor den Verhandlungen mit Ministerpräsident Debré trifft endlich das lange erwartete Schreiben des amerikanischen Präsidenten ein. Manches darin könnte aus Adenauers Sicht überhaupt nicht besser formuliert sein, doch das grüne Licht für die NATO-Atomstreitkräfte ist auch dieser Brief nicht. Zur NATO enthält das Schreiben allerdings eine klare Warnung: ohne militärische Integration keine amerikanische Truppenpräsenz in Europa! Dwight D. Eisenhower, persönliche Verkörperung der Idee integrierter Kriegführung der Demokratien und erster Oberkommandierender der NATO, will sich sein Lebenswerk nicht durch de Gaulle zerstören lassen. Diese Passage des Präsidentenbriefes eignet sich hervorragend als Argument im Gespräch mit Debré.

Genauso erwünscht ist die Versicherung, daß die Idee des Dreier-Direktoriums nunmehr *ad acta* gelegt ist. Eisenhower lehnt allerdings eine militärische Organisation der Sechs im NATO-Rahmen gleichfalls ab. Seit der fatalen Pressekonferenz vom 5. September ertönen am Potomac die Kriegstrommeln gegen de Gaulle. Reformvorschläge, die aus Paris kommen, sind jetzt von vornherein verdächtig. Statt dessen regt Eisenhower die Intensivierung der Konsultationen im NATO-Rat an.[70]

Weniger erfreulich ist ein Brief des Präsidenten vom folgenden Tag. Darin kündigt er nämlich den Besuch von Finanzminister Anderson an, der zwei Themen aufwerfen wird: höhere deutsche Beiträge zur Entwicklungshilfe und spürbare Unterstützung bei den amerikanischen Zahlungsbilanzproblemen.[71] Es kündigen sich bereits die vier kommenden Jahrzehnte des amerikanischen Jahrhunderts an, die durch Dollarschwäche, Zahlungsbilanzdefizite und entsprechende Neigung gekennzeichnet sind, reiche Verbündete zu finanziellen Leistungen heranzuziehen. In der Kernwaffenfrage wird eine weitere Prüfung der Vorschläge Norstads angekündigt.

Als Debré eintrifft, weiß Adenauer jedenfalls, daß de Gaulle international isoliert ist. Die ganze Gesprächsanlage ist einzig und allein dazu bestimmt, dies de Gaulle so deutlich wie möglich vor Augen zu führen. Zweimal im Vorfeld des Besuchs erhält Botschafter Blankenhorn Weisung, sowohl dem französischen Ministerpräsidenten wie dem französischen Außenminister die Beschwerden des Kanzlers Punkt für Punkt aufzulisten.

Nicht allein Adenauer ist jetzt ins Lager der Gegner de Gaulles übergegangen. Seit Rambouillet und seit der Pressekonferenz vom 5. September ist das ganze Bonner Establishment in heller Empörung. Von Brentano und Krone, Gerhard Schröder und Strauß, selbst Gerstenmaier, der sonst so gern aus der Reihe tanzt – sie alle haben Adenauer gewarnt, de Gaulle auf seinem eigenwilligen Weg zu folgen. Die Befürchtung ist allgemein, daß ausgerechnet in einem Moment stärkster sowjetischer Bedrohung mit der NATO und mit dem zusehends integrierten Westeuropa die beiden tragenden Pfeiler deutscher Westpolitik wegbrechen.

Die Sozialdemokraten bedrängen Adenauer gleichfalls, doch ja fest zu bleiben. Seit der Wehner-Rede im Deutschen Bundestag vom 30. Juni

1960, in der er für die SPD nun auch der Westintegration Vorrang einräumt, spielen sie zusehends die Rolle von Gralshütern der NATO und der europäischen Integration. Dem autoritären de Gaulle haben sie ohnehin nie über den Weg getraut. Auch wenn Adenauer nicht selbst davon überzeugt wäre, daß de Gaulle nunmehr nur noch destruktiv tätig ist, müßte er die Stimmung in der öffentlichen Meinung berücksichtigen.

Debré kommt ihm gerade zu recht. Durch Zwischenschaltung des Ministerpräsidenten läßt es sich nämlich vermeiden, die harten Wahrheiten dem Präsidenten direkt ins Gesicht zu sagen. Ohnehin hält man Debré in Bonn für den doktrinärsten aller Gaullisten. Außenminister Couve de Murville wird demgegenüber eher als ein Fachmann betrachtet, der die Realitäten richtig einschätzt und stets bemüht ist, das Schlimmste zu verhüten. Für Adenauer recht überraschend, versteht ihn aber Debré mit einer Mischung von kühler Sachlichkeit und Herzlichkeit sehr geschickt zu nehmen.

Doch vergebens sind alle Bemühungen des Kanzlers, Debrés Interesse an den Norstad-Plänen zu wecken und ihn für den Grundsatz militärischer Integration zu erwärmen. Mehr als ein höflicher Dialog der Taubstummen findet nicht statt, doch genau das soll ja herausgearbeitet werden. Adenauer hat in bezug auf de Gaulle allem Anschein nach schon resigniert.

So paßt es ihm ganz gut, als bei der Besprechung in größerem Kreis telegraphische Berichte über eine Rede hereingereicht werden, die de Gaulle eben in Grenoble gehalten hat. Darin finden sich Sätze, die allem ins Gesicht schlagen, was Adenauer über ein Jahrzehnt lang vertreten hat: »Es gibt keine andere europäische Realität als unsere Nationen und die Regierungen, die für sie sprechen.« Oder: Frankreich »ist insbesondere der Ansicht, daß seine Verteidigung einen nationalen Charakter haben soll«. Jedem Versuch, die französische Atomrüstung in die Allianz einzubinden, erteilt er eine Absage. Nachdem das Land durch den ersten Kernwaffenversuch vom 13. Februar 1960 in den Atomclub eingetreten ist, will de Gaulle darin auf Dauer verbleiben. Zwar sind die Pläne einer NATO-Atommacht nicht beim Namen genannt, werden aber in der Sache verworfen.[72]

Auf so etwas hat Adenauer nur gewartet, denn jetzt kann er eine große Theaterszene spielen, von der Debré seinem Herrn und Meister berichten mag. »Auf diesem Weg wird die Bundesrepublik Frankreich nicht folgen«, erklärt er feierlich. Als Debré die Ausführungen de Gaulles bagatellisiert, bemerkt er brüsk, er verspreche sich unter diesen Umständen keinen Erfolg mehr von einer Fortführung der Besprechungen.[73] Allein der ruhigen Souveränität Debrés ist zu verdanken, daß der offene Eklat vermieden wird. Doch werden die Teilnehmer noch nach Jahren erzählen, wie Adenauer bei dieser Gelegenheit die Franzosen vorgeführt hat.

Das festliche Diner im Palais Schaumburg muß nun um eine Stunde verschoben werden. Dann aber rettet Debré die Situation, indem er auf den Gastgeber eine Tischrede hält, die ganz auf einen Grundton aufrichtiger Verehrung für den großen Kanzler abgestellt ist. Adenauer ist für derlei Anerkennung nicht unempfänglich. Die Stimmung bleibt aber gespannt. Nach dem Essen sprechen Deutsche und Franzosen kaum miteinander. Doch Adenauer spürt nun selbst, daß er etwas zu weit gegangen ist, verabschiedet Debré am folgenden Tag betont freundschaftlich und schenkt ihm zum Abschluß des Besuchs seine Fotografie mit persönlicher Widmung.

Wenigstens in den Europafragen kommt man etwas voran. Adenauer arbeitet zwar heraus, daß der Schwerpunkt künftiger deutscher Europapolitik auf den Römischen Verträgen liegen wird. Doch er stimmt schließlich dem französischen Vorhaben zu, die Ministerpräsidenten der Sechs im Dezember für eine grundsätzliche Erörterung der organisierten Zusammenarbeit nach Paris einzuladen. Die Konferenz kann dann zwar erst im Februar 1961 zusammentreten. Doch immerhin hat de Gaulle damit teilweise erreicht, was er wollte.

Die Krise zwischen Bonn und Paris ist durch die Verhandlungen mit Debré jedoch nicht behoben worden. Im Gegenteil. Debré wurde nämlich gebeten, einen Brief Adenauers an de Gaulle zu überbringen, in dem der Kanzler seinen Standpunkt nochmals mit allem Nachdruck herausarbeitet. Man befinde sich wieder »inmitten des verschärften Kalten Krieges«. In dieser Lage wäre eine Strukturänderung der NATO nicht sinnvoll. Die Idee einer Sechser-Organisation innerhalb der NATO würde nur zur Doppelgleisigkeit führen. Deutschland brauche eben die USA, auch psychologisch. Langsam müsse man dann auch Großbritannien an Europa heranführen.[74]

Erbittert vermerkt de Gaulle, daß Adenauer damit für die Angelsachsen optiert hat, und so setzt sich die Phase einer tiefen deutsch-französischen Verstimmung weiter fort. Sie endet erst bei einem nächsten Gespräch zwischen Präsident und Kanzler im Februar 1961. Dabei wird deutlich, daß sich Adenauer mit seinem harten Kurs weitgehend durchgesetzt hat.

De Gaulle beharrt dann nicht mehr auf dem Begriff »Konföderation«, ist vielmehr mit dem Begriff »organisierte Zusammenarbeit« einverstanden.[75] Er zeigt sich bereit, den Aufbau der EWG fortzuführen, wobei zusehends deutlicher wird, daß Frankreich dabei großes Entgegenkommen für seine protektionistische Landwirtschaftspolitik erwartet. Die Vorstellungen von einem ständigen Sekretariat werden zurückgestellt. Der Gedanke eines Referendums ist zwar nicht aufgegeben, de Gaulle insistiert aber nicht darauf. Von enger militärischer Zusammenarbeit der Sechs ist gleichfalls nicht mehr die Rede. Statt dessen zeigt sich der General bereit, jetzt praktisch zu erproben, wieweit man mit dem von Adenauer bevorzugten Pragmatismus kommt. Er hat sogar keine Einwände, die Zusammenarbeit der Regierungen durch parallele, wenn auch unverbindliche Erörterungen von Parlamentariern zu unterstützen.[76]

Soweit ist man aber im Herbst 1960 noch nicht. De Gaulle, so sehen es Deutsche, Amerikaner und Briten gleicherweise, ist im Herbst 1960 auf dem Kriegspfad. Adenauer überlegt daher ernsthaft, Blankenhorn demonstrativ aus Paris abzuberufen und als Botschafter nach Washington zu entsenden. Das Vorhaben wird aber aufgegeben, denn dies wäre nun doch ein überdeutliches Signal dafür, daß der Kanzler jetzt wieder ganz auf die USA setzt. Außerdem: wer weiß schon, wer von den beiden Präsidentschaftskandidaten – Nixon oder Kennedy – das Rennen macht? Vielleicht wird also Adenauer doch bald wieder auf de Gaulle umzuschwenken haben.

Wie skeptisch er die Lage der Bundesrepublik im Herbst 1960 einschätzt, geht aus einer seiner charakteristischen Kurznotizen hervor, mit deren Hilfe er in Stunden ruhigeren Nachdenkens komplizierte Zusammenhänge auf einfache Grundtatsachen zu reduzieren sucht. Im Mai 1960 seien Brandt und Amrehn, Eisenhower und Macmillan für eine Freie Stadt gewesen, nur de Gaulle dagegen. Nach den amerikanischen Wahlen würden Kennedy und Nixon gleicherweise für eine Freie Stadt sein, de Gaulle vielleicht noch dagegen. Die größte Gefahr sieht er nach wie vor in den Ost-Berliner Betriebskampfgruppen, denen in West-Berlin keine eigenen Milizen gegenüberstehen. Ein nuklearer Krieg wegen Berlin sei unmöglich, ebensowenig ein konventioneller. Tatsächlich zählten nur die amerikanischen und die deutschen Truppen.

Was tun in dieser Lage? Er notiert sich: »a) Berlin mit Abrüstungsplan koppeln oder b) Berlin und Neutralisierung Zone + Berlin koppeln (nach zehn Jahren Abstimmung) oder c) a + b koppeln.«[77]

Vorerst fährt Adenauer jedoch einen entschieden atlantischen Kurs. Je unsicherer sich die Aussichten der Republikaner gestalten, erneut den

Präsidenten zu stellen, um so mehr liegt ihm daran, in der Kernwaffenfrage rasch einige vollendete Tatsachen geschaffen zu sehen. In kurzer Abfolge richtet er an Präsident Eisenhower nochmals zwei persönliche Briefe. Im ersten regt er an, die USA möchten doch eine Garantie aussprechen, ihre Atomwaffen in Europa so lange zur Verfügung zu halten, wie die NATO besteht.[78] In einem weiteren Schreiben unterstreicht er einmal mehr seine These, deutsche Truppen ohne Atomwaffen wären den Sowjets gegenüber bloßes »Schlachtvieh«. Immer noch hofft er auf weitreichende Entscheidungen der Eisenhower-Administration in letzter Stunde.[79]

Daß alle seine Überlegungen erneut unter der Drohung eines Kriegs um Berlin stehen, geht auch aus diesem Schreiben hervor. Chruschtschow, so teilt er Eisenhower mit, habe Botschafter Kroll gegenüber erklärt, im kommenden Jahr wolle er eine Entscheidung in der Deutschlandfrage herbeiführen. Er denke an eine Gipfelkonferenz im Januar oder Februar und werde allenfalls noch bis März oder April warten.[80]

Ihn beunruhigt jetzt besonders der Bowie-Report vom August 1960, in dem multilaterale, seegestützte NATO-Atomstreitkräfte empfohlen werden. Er habe Angst vor diesem Bericht, erklärt er dem amerikanischen NATO-Botschafter Burgess ein paar Tage vor den Präsidentschaftswahlen. Angeblich enthalte er nämlich den Vorschlag, die taktischen Atomwaffen aus der vordersten Linie zurückzuziehen. Dies aber, bemerkt er warnend, wäre das Ende der NATO.[81] In ziemlicher Verkennung der Lage in den USA plädiert er nachhaltig dafür, Eisenhower solle im Dezember persönlich zur NATO-Konferenz kommen.

Der Wahlsieg Kennedys am 8. November 1960 macht alle diese Überlegungen gegenstandslos. Zwar spricht der geschäftsführende Außenminister Dillon nach den Wahlen bei einem Besuch in Bonn das Thema NATO-Atommacht und taktische Kernwaffen nochmals nachhaltig an. Das Adenauer nie sehr sympathische Konzept einer seegestützten, multinationalen Abschreckungsstreitmacht beginnt sich bereits deutlich herauszukristallisieren. Doch die USA verbinden dies zugleich mit der Vorstellung, daß die beteiligten NATO-Länder auch die Kosten übernehmen. Dabei dürften aber keine Streichungen bei den regulären Streitkräften vorgenommen werden. Die auslaufende Administration wäre auch zu einer Zusage bereit, bereits bestehende Atomdepots nicht zu verringern. Dem Bündnis solle garantiert werden, daß sie weiterhin zur Verfügung stehen.[82] Die entscheidende Regelung des Einsatzbefehls bleibt aber nach wie vor völlig ungeklärt.

Doch mehr als recht unverbindliche Absichtserklärungen kann eine bloß noch amtierende Administration nicht mehr geben. Immerhin ist die Sache Adenauer so wichtig, daß er nach der Unterredung mit Dillon in zwei Briefen an Eisenhower weiterhin darauf drängt, die Pläne für eine NATO-Atommacht noch im Dezember 1960 zu erörtern. Er hat immer noch nicht die Hoffnung auf einen Auftritt des Präsidenten in Paris aufgegeben.[83] In einem dieser Briefe formuliert er auch die Erwartung, daß es durch den Vorschlag einer NATO-Atommacht gelingen könnte, Frankreich von seinem Wunsch nach einer eigenen Atommacht abzubringen. Das ist jedoch nicht mehr als ein frommer Wunsch, und er weiß dies selbst am besten.[84]

In Wirklichkeit ist er es jetzt, der zwischen den Stühlen sitzt. De Gaulles Überredungskünsten, ihn aus der NATO herauszulocken, hat er zwar entschieden widerstanden. Doch die Wahlen in den USA haben die republikanische Administration hinweggefegt, mit der zusammen gegebenenfalls auch ein für Bonn akzeptables Konzept atomarer Teilhabe zu gestalten gewesen wäre. Nun ist wieder alles in der Schwebe, denn bis die neue Administration ihre Politik definiert hat, wird es lange Monate dauern. Was bleibt ihm also anderes, als einmal mehr den Dialog mit de Gaulle aufzunehmen?!

Dazu kommt es jedoch erst im Februar 1961. Im November und Dezember erwischt ihn nämlich erneut die jährliche Herbstgrippe. Der Vierundachtzigjährige, so kommentiert man das in Bonn, läßt sich immer noch nicht von Viechereien abbringen, mit denen er seine Gesundheit auf die Probe stellt. Gut zwei Stunden lang steht er aus nichtigem Anlaß bei einer CDU-Veranstaltung in dem von gleißenden Jupiterlampen aufgeheizten Saal des Bonner Bürgervereins an der Poppelsdorfer Allee. Kein Wunder, daß die schwachen Bronchien dadurch angegriffen werden.

Die fast dreiwöchige Erkrankung gibt immerhin einen guten Vorwand ab, dem Zusammentreffen mit de Gaulle und den Regierungschefs der Sechser-Gemeinschaft vorerst auszuweichen. Damit ist etwas Zeit gewonnen. Der *countdown* in Berlin, so weiß er genau, läuft. 1961 wird ein schlimmes Jahr werden. Alles hängt nun aus seiner Sicht davon ab, welche Signale die neue amerikanische Administration setzen wird.

»Da sitzt man nun, und alles schwimmt einem weg!«

Nicht ohne Behagen erzählt Adenauer 1962 im Parteivorstand der CDU ein Bonmot des amerikanischen Senators Hubert Humphrey. Mit Blick auf die sechsjährige Amtszeit von Senatoren hat Humphrey bemerkt: »In den ersten beiden Jahren sind wir Staatsmänner; in den weiteren zwei Jahren sind wir Politiker, und in den beiden letzten Jahren sind wir Demagogen.« Als Adenauer daraufhin fragt: »Was sollen wir Deutsche denn machen? Wir haben im Bundestag nur eine vierjährige Wahlperiode«, meint Humphrey trocken: »Ich empfehle Ihnen, die beiden ersten Jahre zu streichen.«[1]

Die Art und Weise, wie der große europäische Staatsmann Adenauer zu Hause auf der innenpolitischen Szene überlebt, ist damit ganz gut getroffen. Gewiß geht dem Kanzler in der Innenpolitik durchaus nicht das Gespür für langfristige Trends ab, und Reflexionen über die Langzeitwirkungen von Einzelfallentscheidungen bekommt man von ihm häufig zu hören. Dabei läßt er freilich auf den meisten Politikfeldern eine recht konservative Grundeinstellung erkennen. Doch wenn das auf lange Sicht vielleicht Schädliche und das tagespolitisch Opportune als allzu unvereinbar erscheinen, löst er das Problem als Politiker und nicht als Staatsmann. Sobald jedoch Landtagswahlen anstehen oder wenn gar eine Bundestagswahl einundeinhalb oder sogar nur noch ein Jahr entfernt ist, erinnert er sich ohne allzu große Skrupel daran, daß man Wahlen am besten als Demagoge gewinnt. Dies ist auch in jenen vier Jahren von 1957 bis 1961 zu beobachten, in denen die Unionsparteien über eine absolute Bundestagsmehrheit gebieten.

Immerhin: er tut sein Bestes, auch die Innenpolitik seinem harten Willen zu unterwerfen. Die Klagen im engeren Kreis nehmen zwar nicht ab, daß er den größten Teil seiner Zeit auf die Außenpolitik verwendet. Doch wer Adenauer Woche für Woche im Kabinett, wer ihn im CDU-Vorstand, bei zahllosen Koalitionsverhandlungen oder in der CDU/CSU-Fraktion beobachtet, registriert eine nicht nachlassende Entschiedenheit, letztlich auch die Fäden der Innenpolitik in der Hand zu behalten, zu entwirren oder zu verknüpfen.

Seine Steuerungsinstrumente sind das Kabinett, die Fraktion und der CDU-Vorsitz. Das Kabinett kontrolliert er in altgewohnter Art und Weise mit Hilfe Staatssekretär Globkes. Die Fraktion erweist sich zwar als zunehmend schwerer steuerbar. Doch mit Hilfe des selbstlosen Heinrich Krone

»Da sitzt man nun, und alles schwimmt einem weg!«

»Das Kabinett kontrolliert er in altgewohnter Art und
Weise mit Hilfe Staatssekretär Globkes.«
Glückwunsch Hans Globkes zum 86. Geburtstag
am 5. Januar 1962.

kann er alles in allem auch hier bis auf wenige Fälle seinen Willen durchsetzen. Während ruhiger Stunden des Urlaubs oder grippebedingter Pausen erkennt er freilich selbst, daß er längst überbürdet ist. In solchen Momenten diktiert er bisweilen rasch ein Memo für Staatssekretär Globke. Das liest sich dann so:

»Während der letzten Tage, in denen ich Zeit hatte, die wichtigsten Probleme unserer Epoche zu überdenken, stieß ich mich immer wieder an einem Mangel in unserer Organisation, den ich Ihnen im folgenden darstellen möchte. Ich lebe tatsächlich politisch gesehen von einem Tag auf den anderen. Ich bekomme die Zeitungen, über deren Qualität ich Ihnen nichts zu sagen brauche, vom AA bekomme ich die Berichte unserer Botschafter, die manchmal interessant sind, oft aber nur ziemlich belanglose Routinedepeschen. Ich vermisse eine Stelle, die mich über die großen Entwicklungen und Zusammenhänge innenpolitisch wie außenpolitisch informiert, und zwar fundierter als das durch die Zeitungen und Botschaften erfolgt.

Auf dem Gebiet der Innenpolitik müßte ich m. E. über die Entwicklung unserer Wirtschaft nicht in den Ziffern, die das Bundesamt für Statistik und das Wirtschaftsministerium herausgeben, sondern von einem höheren volkswirtschaftlichen Standpunkt unterrichtet werden:
— Der Zug zur Großwirtschaft. Ist er absolut notwendig?
— Was wird aus dem Mittelstand? Nicht nur aus dem gewerblichen Mittelstand?
— Wie ist der Einfluß der Wirtschaft auf die Politik? Hierunter fällt auch der Einfluß der Gewerkschaften auf die SPD.
— Wie ist es mit der Entwicklung der Landwirtschaft?

Kurz und gut, es gibt eine Reihe fundamentaler Fragen, ebenso auf dem Gebiet unserer Sozialpolitik, die Ergebnisse unserer bisherigen Sozialpolitik in der Richtung der von dem Arbeitsministerium verfolgten Sozialpolitik.

Ähnliches gilt auf dem Gebiet der Verteidigung. Ich verweise hier auf die unlängst plötzlich vom Verteidigungsminister vorgelegte Denkschrift der Mängel der Verteidigung.

Alles das führe ich nur an als Beispiel. Vielleicht gibt das Wort ›Gehirntrust‹, um einen kurzen Ausdruck zu gebrauchen, am besten wieder, was mir fehlt. Man kann aber in dieser so bewegten Zeit nur eine gute Politik machen, wenn man die Tiefenströmungen und Ergebnisse überschaut. Das Gleiche gilt – vielleicht noch in stärkerem Maße – von dem Gebiet der Außenpolitik.«[2]

Globke sind solche beunruhigenden Erkenntnisse des Kanzlers wohlbekannt. Viel ändern läßt sich aber daran nicht mehr, auch wenn Adenauer meint: »Ein solcher Zustand war in den ersten Jahren der Bundesrepublik tragbar, als im großen und ganzen unsere Politik innen- und außenpolitisch ziemlich festlag. Jetzt braucht man mehr.«[3]

Die Welt wird aber nicht nur unübersichtlicher. Auch die Steuerungsinstrumente Adenauers leisten gelegentlich nicht mehr richtig ihren Dienst. Am meisten Probleme bereitet die Partei. Gewiß, wenn es um Grundsatzentscheidungen geht, wie etwa die Koalitionsfrage im Bund, wagt sich bis 1961 noch niemand offen gegen den Kanzler zu stellen. Anders steht es von jeher bei den Koalitionsentscheidungen in den Ländern. Dort vermag er zwar einzuwirken, ohne aber den Prozeß völlig kontrollieren zu können.

Doch bei den wirklich umstrittenen Fragen der Bund-Länder-Beziehungen – etwa: Fernsehstreit, Länderanteil an der Einkommensteuer – entziehen sich die Landesfürsten der CDU zunehmend hochmütiger seiner Autorität. Der CDU-Bundesvorstand erweist sich als recht ungeeignetes Disziplinierungsinstrument. Wenn tiefreichende Differenzen zu klären wären, kommen bestimmte Ministerpräsidenten einfach nicht, oder aber sie treten ungerührt wieder von Zusagen zurück, die sie dem Parteivorsitzenden gemacht haben. Daran ändert sich bis zum Ende der Ära Adenauer überhaupt nichts. Je weiter es in die sechziger Jahre hineingeht, um so ungenierter emanzipieren sich CDU-Ministerpräsidenten wie Kiesinger, Altmeier oder Meyers. Unablässiges Lamentieren des Parteivorsitzenden über die »Disziplinlosigkeit« der CDU-Landesfürsten ist eine allen Teilnehmern wohlvertraute Begleitmusik der CDU-Vorstandssitzungen.

»Haben wir überhaupt eine Bundespartei?« hält er etwa dem CDU-Bundesvorstand im Herbst 1959 vor. Seine Antwort auf diese rhetorische Frage: »Nach meiner Meinung haben wir keine Bundespartei.«[4] Der Grund dafür: der Bundesvorstand hat keine Möglichkeit, die Landesverbände und Landtagsfraktionen zu kontrollieren. Desgleichen verhindert das Bundeswahlgesetz jede zentrale Personalplanung durch die Bundestagsfraktion oder gar durch den Bundesvorstand.

An Adenauers grundlegender Koalitionsentscheidung gegen die SPD wird immerhin bis zu den Bundestagswahlen 1961 nicht gerüttelt. Schon manche Zeitgenossen, doch auch spätere Betrachter äußern zwar den Verdacht, daß er die SPD mit wohlüberlegter Demagogie als Buhmann benutzt. Liegt ihm nicht vor allem daran, nach innen wie nach außen den

Nachweis zu führen, daß es zu ihm keine Alternative gibt? Aber in diesem Zentralpunkt sagt er tatsächlich, was er denkt. Außenpolitisch sieht er die große Masse der Sozialdemokraten weiterhin auf neutralistischem Kurs. Da sie die Nuklearbewaffnung der NATO-Verbände einschließlich der Bundeswehr nach wie vor ablehnen, begreift er sie durchaus als Gegner der NATO.

Desgleichen schenkt er den Beteuerungen keinen Glauben, mit dem Godesberger Programm sei das marxistische Klassenkampfdenken aufgegeben. Er glossiert das wie folgt: »Die Sozialdemokraten haben ihre Hauptsachen aus dem Schaufenster herausgeholt und in den Laden zurückgestellt. In das Schaufenster stellen sie jetzt andere, harmlose Sachen. Aber das, was sie früher im Schaufenster gehabt haben, verkaufen sie nach wie vor im Laden...«[5]

Sogar im Sommer 1963, als sein eigener heißer Koalitionsflirt mit Herbert Wehner erst ein paar Monate zurückliegt, unterscheidet er genau zwischen der Politik der »Herren der Sozialdemokratie, die in der ersten Reihe sitzen«, und den schlimmen Neigungen der Fraktion sowie des marxistischen Gewerkschaftsflügels um den IG-Metallvorsitzenden Otto Brenner.[6]

Immerhin ist seit dem Godesberger Programm eine Differenzierung geboten. Der Journalist Otto Schumacher-Hellmold bekommt zu hören, Ollenhauer sei nun ein anständiger Mann. Auch Carlo Schmid könne kein Sozialist sein. Und zu dem SPD-Wirtschaftsexperten Heinrich Deist bemerkt Adenauer: Der »soll ein Einkommen von 250.000,–Mark haben«[7]. Doch am liebsten sind ihm immer noch die toten Sozialdemokraten: »Wenn ich die Sozialdemokraten der Weimarer Zeit und die von heute vergleiche, so ist das Tag und Nacht.« Was waren das damals für anständige, aufrechte Leute, zumeist Gewerkschafter![8]

Dem Regierenden Bürgermeister von Berlin, Willy Brandt, der sich 1960 als sein Herausforderer nach vorn schiebt, bringt er spürbare Abneigung entgegen. Das hat eine Reihe von Gründen, rational faßbare und solche, die mehr im Unterbewußtsein liegen. Da Brandt von allen denkbaren sozialdemokratischen Prätendenten damals am weitesten rechts steht, ist er aus Adenauers Sicht auch der gefährlichste Gegner. Gefährliche Gegner, das gehört zu den Maximen des Kanzlers, muß man tunlichst herabsetzen und verächtlich machen. Ungefährliche wie Ollenhauer sollte man hingegen ignorieren.

So mäkelt er also unablässig an Brandt herum, seit sich abzeichnet, daß dieser als Herausforderer auftreten wird. Anders als Ernst Reuter, auch dieser ein toter Sozialdemokrat, habe Brandt in Berlin noch gar nichts geleistet. Bisher habe er nur gezeigt, daß er repräsentieren und Reden halten könne.

Doch in der ersten internen Stellungnahme zur voraussichtlichen Kanzlerkandidatur Brandts vor dem CDU-Bundesvorstand schießt er auch schon jene Giftpfeile ab, deren einer – »Brandt, alias Frahm« – ihn dann während des Wahlkampfs selbst verletzen wird. Er kritisiert, gestützt auf einen Artikel in dem Blättchen *Das deutsche Wort*[9], daß Brandt von der norwegischen Regierung für seine Tätigkeit während des Kriegs in Norwegen und für sein Eintreten für die demokratischen Ideen den St.-Olafs-Orden erhalten hat.

Gewiß, Ministerpräsident Lange ist ein eindeutig westlich orientierter Mann! Dennoch sei es doch recht unglücklich, so etwas zu machen: »Schließlich seien doch einige deutsche Soldaten in Norwegen gewesen, die keine Nazis gewesen sind und gegen die Brandt gekämpft habe. Brandt heiße ja in Wirklichkeit Frahm, sei nach diesem Artikel norwegischer Soldat geworden, dann in deutsche Gefangenschaft geraten, und die Deutschen hätten ihn in ihrer Gutmütigkeit laufen lassen. Dann sei er als norwegischer Offizier mindestens drei Jahre in norwegischer Uniform bei einer norwegischen Abteilung gewesen, die der britischen Truppe in Berlin angegliedert war, und das in der Zeit, in der Berlin die schrecklichste Not litt. Damals habe er nichts davon verraten, daß er Berliner oder Deutscher sei.« Dazu gebe es auch Fotos. Dann fährt er fort: »Wenn er sich vorstelle, daß Brandt als Kanzlerkandidat der SPD in Frage komme, daß in der SPD auch Herr Wehner sei, der in Moskau ausgebildet worden ist, und dann aus irgendwelchen Gründen, zu denen es verschiedene Lesarten gebe, zur SPD herübergewechselt ist, und daß Brandt jedenfalls Mitglied der norwegischen Armee gewesen ist und man fände nichts daran, dann müsse er schon sagen, daß er erschüttert sei über den Mangel an National- und Selbstwertgefühl des deutschen Volkes.«[10]

Diese gewiß nur interne Ausführung sagt einiges aus über Adenauers Nationalgefühl, über sein Verhältnis zur linken Emigration, auch darüber, wer wohl hinter der untergründigen Kampagne gegen Brandts Jahre in Norwegen steckt, die bald in Gang kommt. Denn Adenauer bemerkt ganz deutlich: »Man müsse sich jetzt überlegen, was zur Aufklärung über Brandt zu geschehen habe.«[11]

Adenauer ist auch über Brandts fröhliches Privatleben informiert. Möglicherweise rühren von hier dieselben puritanischen Vorbehalte, die er auch gegen Franz Josef Strauß hegt. Ob auch ein gewisser Neid des

Politische Gegenspieler

Beratungen mit Willy Brandt, 12. März 1959.

Mit Erich Mende: »Seit Sommer 1960 werden wieder emsig Fäden zur FDP gesponnen.«

alten Mannes auf strahlende, vor einer großen Zukunft stehende Männer aus einer sehr viel jüngeren Generation mitschwingt, ist schwer auszumachen. Besser verständlich hingegen ist Adenauers Kritik an der Deutschland- und Berlin-Politik des Regierenden Bürgermeisters. Daß Brandt über längere Zeit auf die Vollintegration West-Berlins in den Bund hinwirkt, betrachtet er als Kunstfehler. Später, auf dem Höhepunkt des Wahlkampfs, kreidet er ihm auch den Vorschlag an, die 52 Kriegsgegner des Deutschen Reiches sollten auf einer »Superkonferenz« einen Friedensvertrag mit Gesamtdeutschland aushandeln[12]: »Meine Phantasie reicht nicht aus, wenn ich so etwas lese, mir vorzustellen, was das geben wird.«[13] »Der gute Brandt« komme auch wieder mit dem Rapacki-Plan heraus, der doch durch die Entwicklung der Waffentechnik schon völlig überholt sei[14]: »Wenn jemals einer eine außenpolitische Unfähigkeit dokumentiert hat, dann ist es der Herr Brandt, der in diesem ersten Stadium einer Verhandlung zwischen den Westmächten und Sowjetrußland Dinge ausspricht, die in den Ohren Chruschtschows und seiner Leute geradezu Musik sind.«[15]

Hart kreidet er Brandt und den Berlinern auch die Untätigkeit in Sachen Aufstellung einer Miliz an. Seit Frühjahr 1960 wächst sein Argwohn, aus Ost-Berlin könnten schlagartig Zehntausende bewaffneter Betriebskampfgruppen nach West-Berlin strömen und dort vollendete Tatsachen schaffen.[16] Doch Brandt, vermerkt Adenauer befremdet, läßt das schleifen. Eine Notiz zu den Vorgängen im Mai 1960 enthält die Feststellung: »Rat, eigene Miliz aufzustellen, vom Senat nicht befolgt, vor Bundesregierung verschwiegen. Freiwillige Meldungen bis jetzt in Berlin 73(!)«.[17]

Wenn Adenauer aber bis 1961 die Sozialdemokraten weiter in alten, trüben Fahrwassern rudern sieht, so vor allem deshalb, weil er in Herbert Wehner die ausschlaggebende politische Kraft bei der SPD zu erkennen glaubt. Ihm traut er noch lange nicht über den Weg. Die berühmte Rede vom 30. Juni 1960, mit der Wehner nach einer weitverbreiteten Auffassung die Partei zur Adenauerschen Außenpolitik aufschließen läßt, kommentiert er sarkastisch: »Auf mich hat das gar keinen Eindruck gemacht. Das Ganze war ein schlechtes Theater, auch die ganze Ausdrucksweise und diese Worte, die er gebraucht, und die Pausen, die er eingelegt hat. Das war eine rein kommunistische Dialektik und nichts anderes.«[18]

Als Politiker freilich respektiert er Wehner. Er ist, hält er den von ihm oft wegen Bequemlichkeit gescholtenen Vorstandsherren seiner CDU vor, nicht nur die »zweifellos stärkste Potenz in der SPD«, sondern »auch der Fleißigste dort. Er hat auch die meisten Kenntnisse und die stärksten Ellenbogen, und er ist der Radikalste.«[19]

Im Jahr 1958, doch eben auch noch in den folgenden Jahren, sieht er Wehner mit dem radikalen Gewerkschaftsflügel verbunden. Weit in der Vergangenheit liegen die Zeiten gemäßigter Gewerkschaftsführer wie Böckler und Freitag. Jetzt verstehen sich die Gewerkschaften als »sozialistische Hilfs- oder Sturmtruppe«.[20] Daran hält er selbst dann fest, als sich die Agitationswelle der Anti-Atomtod-Bewegung verlaufen hat. Sein besonderes Mißtrauen gilt der IG-Metall. Daß sie im Frühjahr 1962, also in der kritischsten Phase der Berlin-Spannungen, eine Kampagne gegen die Notstandsgesetzgebung führt, kommentiert er mit schärfsten Worten. Der im Gewerkschaftsblatt der IG-Metall erschienene Artikel »Wie weit beherrscht die Kriegspsychose bereits die Gesetzgebung?«[21] sei nach seiner Meinung, »so möchte ich fast sagen, klarer Landesverrat«[22], »Gift«, das eine Organisation von über 500.000 Mitgliedern den Menschen zu einem Zeitpunkt einimpft, »wo uns außenpolitisch tatsächlich das Wasser am Munde steht.«[23]

In den späten fünfziger und frühen sechziger Jahren gibt es keinen deutschen Politiker, der die Gewerkschaften, jedenfalls die radikalen unter ihnen, mehr fürchtet und ihren Einfluß so bedenkenlos zu beschneiden sucht wie Adenauer. Wenn in diesen Jahren dem Kabinett arbeitsrechtliche, wohnungsbaupolitische oder sozialpolitische Regelungen vorliegen, die den Einfluß der Arbeitnehmerorganisationen erweitern könnten, findet man Adenauer mit ziemlicher Sicherheit auf seiten jener, die dem einen Riegel vorschieben möchten. Dem Demokratisierungsanspruch vieler Gewerkschaften steht er mit zynischer Reserve gegenüber. Als früherer Oberbürgermeister glaubt er genau zu wissen, wie ausschlaggebend der Stimmenblock abhängiger Funktionäre vielfach auf den Gewerkschaftstagen ist und welchem Druck sich der einzelne Arbeiter ausgesetzt sieht, einer Gewerkschaft beizutreten. »Ich wäre dankbar, und alle könnten hier wohl zustimmen, wenn wir den undemokratischen Charakter der Gewerkschaften dahingehend formulierten, daß sie die Minderheit mißachten«[24], führt er im CDU-Parteivorstand mit provozierender Härte aus und läßt sich davon durch Barzel, Gerstenmaier und Katzer durchaus nicht abbringen.

Als es bei einer entsprechenden Diskussion im Kreis der Vorstandsmitglieder hoch hergeht, ist er der Wortführer des anti-gewerkschaftlichen Flügels: »Wer von uns kann denn überhaupt sagen: Die Gewerkschaften sind die Vertreter aller arbeitenden Menschen? – Das kann doch keiner bejahen.«[25] Schließlich aber warnt Theo Blank, den er als einen in diesen Fragen unabhängigen Kopf schätzt, vor allzu großen Überspitzungen, und so bemerkt er etwas nachdenklicher: »Vielleicht bin ich jetzt Ihrer Meinung.«[26] Instinktiv sieht er jedenfalls in den Gewerkschaften feindliche Organisationen. Doch sein parteipolitischer Gefahrensinn bleibt für taktische Überlegungen zugänglich. Aber immer wieder hört man ihn die Macht der großen Verbände im allgemeinen und die Gewerkschaftsmacht im besonderen heftig kritisieren: »Die Sozialpartner dürfen nicht die Herren im Lande sein«, ermahnt er im Januar 1962 aus gegebenem Anlaß das Kabinett.[27]

Etwas weniger kritisch verfolgt er während der Jahre nach 1957 die Entwicklung bei der FDP. Seit Sommer 1960 werden wieder emsig Fäden gesponnen. Im August dieses Jahres sucht ihn Otto Schumacher-Hellmold auf und versichert ihm, daß sein Freund Erich Mende mittlerweile koalitionsbereit ist, nachdem er sich ein halbes Jahr zuvor noch gegen jede Spekulation ausgesprochen hatte, »seine Partei strebe schon jetzt eine Koalition mit der CDU für die Zeit nach der Bundestagswahl 1961 an.«[28] Auch von der Kanzlerkandidatur Brandts hielte er wenig.[29] Seinerseits klopft er nun beim Kanzler auf die Büsche, wie denn die Stimmung gegenüber der FDP ist. Dieser sagt ihm alles, was die Gruppe um Mende hören möchte. Er sei nie ein Anhänger des Zweiparteiensystems gewesen, vielmehr »aus staatspolitischen Gründen« für »eine starke und gesunde FDP«. 1956 – ja, ein Irrtum!

Vor dem linken CDU-Flügel brauche man sich nicht zu fürchten. Adenauer selbst sei ja für den Kampf gegen den »Versorgungsstaat«. Bei diesen Worten, vermerkt Schumacher-Hellmold, lächelte er »etwas gütig, nachsichtig und meinte: Aber wie?«[30]

Selbst das Mißtrauen gegen die Düsseldorfer Jungtürken hat sich einigermaßen gelegt, obwohl aus dieser Richtung bis zum Schluß eine endgültige Koalitionszusage von einem klaren Kurswechsel der Union vor allem in der Deutschland- und Berlin-Politik abhängig gemacht wird. Doch scheinen Franz Meyers und Willi Weyer, die ganz gut miteinander auskommen, inzwischen »unter die alte Geschichte« einen Strich gezogen zu haben. Und selbst mit Wolfgang Döring hat sich wohl »eine Wandlung vollzogen.«[31]

Im August 1961 allerdings wird Adenauer unmittelbar vor der Wahl durch dessen Rede vor dem Bundeswahlkongreß der FDP in Hannover noch einmal aufgeschreckt. Döring verlangt zunächst eine aktivere Deutschlandpolitik, die sich jedem Versuch von innen wie außen, den

Status quo in Deutschland zu sichern, entschieden entgegengestellt. Diese Forderung ist für den Kanzler nichts Neues. Was ihn aber hellhörig macht, sind die Ausführungen, die Döring anschließend im Hinblick auf die Bemühungen der künftigen Regierung um allgemeine kontrollierte Abrüstung macht: »Eine allgemeine kontrollierte Abrüstung ist aber nur dann erreichbar, wenn erfolgreiche regionale Teilabrüstungen vorausgegangen sind, die ein Minimum an gegenseitigem Vertrauen zu schaffen in der Lage waren. Der europäische Raum bietet sich insbesonders deshalb an, da nirgends auf der Welt die beiden Militärblöcke gleichermaßen auf Gewehrschußbreite konfrontiert sind.«[32]

Damit bringt Döring einmal mehr den Adenauer zeitlebens verhaßten Gedanken einer atomwaffenfreien Zone in Mitteleuropa aufs Tapet, wie er bereits im Deutschlandplan der FDP seinen Niederschlag gefunden hatte. Ein halbes Jahr nach der Wahl wird man ihn mit dem Schollwer-Papier erneut in dieser Hinsicht piesacken. Bis zum Ende seiner Kanzlerschaft also hat er mit den lästigen deutschlandpolitischen Vorstößen auch aus der FDP zu kämpfen.

Im Sommer 1960 aber gibt es erst einmal wieder Freie Demokraten, auf deren Willen zu einer neuen Koalition Adenauer fest vertraut – der wichtigste von ihnen ist der Stellvertretende FDP-Vorsitzende Hans Lenz aus Trossingen. Es gibt aber leider auch andere, die »nicht sicher« sind – Ewald Bucher wäre hier zu nennen, der Abgeordnete Willy Rademacher oder der Landesvorsitzende der FDP/DVP Baden-Württemberg, Wolfgang Haußmann, der auch noch ein Jahr später in einem Brief vom 3. August 1961 an Erich Mende vermerkt: »In der Koalitionsfrage war es das Anliegen von Baden-Württemberg in Frankfurt, dem Wähler die Gewähr zu geben, daß mit der SPD allein keine Koalition gebildet wird, aber auch zu vermeiden, sich bedingungslos der CDU an den Hals zu werfen, so daß die Wähler sich sagen, sie könnten gleich CDU wählen.«[33] Haußmann ist es auch, der am 2. September, also unmittelbar vor der Wahl, ähnlich wie die Düsseldorfer Jungtürken, vor allem die Deutschland- und Berlin-Politik der Union attackiert und erklärt, daß allein die Gerstenmaier-Erklärung vom 30. Juni die mögliche Basis für eine Koalition zwischen CDU und FDP bilde.[34]

Schließlich gesellt sich zu dieser Reihe unsicherer Kantonisten auch der FDP-Bundesgeschäftsführer Karl-Hermann Flach hinzu. Einen Monat, nachdem sich Schumacher-Hellmold bei Adenauer einstellte, zeigt dieser in einem Schreiben an die Vorstandsmitglieder folgende Option auf: »Wahlkampfführung durch Mitmachen des Wettlaufs um den Opportunismus oder in scharfem Angriff gegen beide Massenparteien«. Zur augenblicklichen Wahlkampfsituation bemerkt er lapidar: »Noch offen, da noch nicht abzusehen ... wie die physischen Kräfte Adenauers im nächsten Jahr sind.«[35] Dennoch ist Adenauer vorerst bereit, selbst mit Thomas Dehler seinen Frieden zu machen. Als ihn die FDP als Bundestagsvizepräsidenten vorschlägt, erhebt er keine Einwände.

Und wie denkt er über Erich Mende? Politisch – deutet Adenauer vorsichtig an – sehr beweglich, ein Mann, der dahin und dorthin springt, gibt zu viele Interviews, zweifelhaft auch, ob er sich durchzusetzen vermag, wenn es kritisch wird! An dieser Einschätzung hält Adenauer recht lange fest, besonders an dem Verdacht, Mende bringe ungeachtet seines guten Willens nach innen nicht genügend Härte und Führungswillen auf.

Der Kanzler bleibt also vorsichtig. Als er ein paar Wochen später im Parteivorstand von diesen und anderen Kontakten berichtet, meint er resümierend: »Die FDP ist also ein sehr unsicherer Faktor, auf den man sich nicht verlassen kann.«[36] Wenn die absolute Mehrheit verlorengehen sollte, existiert aber nun doch ein Fallnetz, selbst wenn niemand genau weiß, wie sicher es befestigt wäre. Aus dem Umstand, daß Robert Pferdmenges bei der Wiederannäherung erneut eine Rolle spielt, ist zu schließen, daß diese nicht zuletzt von Geldgebern aus der Wirtschaft gewünscht wird.

Deutlich verspürt aber auch Adenauer um die Wende von den fünfziger zu den sechziger Jahren einen Zeittrend, für den sich das Schlagwort »Entideologisierung« einbürgert.[37] Was damit gemeint ist, formuliert Heinrich Krone – er selbst gleichfalls ein Gegner jeder weltanschaulichen »Aufweichung« – in seinem Tagebuch: »Die Unterschiede zwischen den Parteien werden schwächer. Die Parteien verlieren an Bedeutung. Was trennt noch? Man lebt nicht mehr in politischen Religionskriegen. Man kommt sich näher. In der Sache. Und man wird toleranter.«[38] Aus Sicht Krones ist dabei vor allem an das Verhältnis zur SPD gedacht. Allgemein gilt die Beobachtung aber ebenso für die Beziehungen zwischen CDU und FDP.

Wo steht nun Adenauer in diesem Prozeß einer Abschwächung der weltanschaulichen Gegensätze? Wer ihn genau kennt, schätzt ihn als eingefleischten Pragmatiker ein, und wie die Koalitionsverhandlungen der Jahre 1961 und 1962 beweisen, hat er die Zeichen der Zeit genauestens begriffen. Solange die Situation aber nicht da ist, in der er manövrieren kann und muß, kehrt er weiterhin die Gegensätze zur SPD hervor. Mag sein, daß er selbst zwei Seelen in seiner Brust wohnen hat – der Weltanschauungspartei verpflichtet die eine, der opportunistischen Machterhaltung die andere.

Die Erosion der weltanschaulichen Basis, so erkennt er genau, hat aber nicht zuletzt die CDU selbst erfaßt. Im Mai 1962, also ganz am Ende der Adenauerschen Kanzlerschaft, diskutiert der CDU-Vorstand eine von Rainer Barzel verfaßte, umfängliche Denkschrift. Sie trägt den Titel: »Untersuchungen über das geistige und gesellschaftliche Bild der Gegenwart und die zukünftigen Aufgaben der CDU«. Barzel setzt sich dort vor allem mit den weltanschaulichen Grundlagen christlich-demokratischer Politik auseinander, und Adenauer bemerkt in diesem Zusammenhang: »Die Welt wird immer laizistischer. Darüber müssen wir uns klar sein, namentlich wir als eine christliche Partei.« Die Not des Zusammenbruchs habe zu einem weitgehend materiellen Aufbau geführt. Aber die so entstandene Mentalität ist »geradezu fürchterlich. Sie droht, auch uns zu überrollen.«[39]

Eine Hauptursache für die Veränderungen sind die Entwicklungen im Raum der Kirchen. Des öfteren kommt Adenauer im Parteivorstand kritisch darauf zu sprechen. In der Evangelischen Kirche, so diagnostiziert er, ist ein deutliches Abrücken von der CDU zu konstatieren. Propst Asmussen habe in einem erschütternden Brief darauf aufmerksam gemacht, daß maßgebende Kreise der evangelischen Kirche »mit Feindschaft, wenn nicht mit Haß der CDU gegenüberstünden«[40]. Bischof Dibelius sei inzwischen auch achtzig Jahre alt und scheide nun aus. Er habe sich offen als CDU-Mitglied bekannt und damit für evangelische Wähler ein Signal gesetzt. Das alles ändere sich nun. Gerstenmaier bestreitet zwar die Alarmsignale in der EKD, denn im Parteivorstand ist er gewissermaßen dafür verantwortlich, daß die Evangelische Kirche der CDU gewogen bleibt. Doch Adenauer erweist sich unverändert skeptisch.

Ähnlich beunruhigende Veränderungen aber auch im katholischen Feld! Sie beginnen schon lange vor dem 2. Vatikanischen Konzil. Kaum sind die Bundestagswahlen 1957 gewonnen, da lädt der neue Direktor der Katholischen Akademie Bayern in München, Prälat Forster, zu einem umfassenden Gespräch mit der SPD ein. Die eben geschlagene sozialdemokratische Führung ergreift gern die Gelegenheit beim Schopf, sich endlich von den kirchenfeindlichen Traditionen in der eigenen Parteigeschichte zu distanzieren.

Adenauer verfolgt das mit größtem Mißfallen. Zwar haben sich sämtliche deutsche Bischöfe mit Ausnahme des reformerischen Münchner Erzbischofs Döpfner intern gegen diese Tagung ausgesprochen, doch der Anfang ist gemacht. Dies war eine rein »parteipolitische Falle«, schilt Adenauer[41] und streitet sich wieder einmal mit Gerstenmaier. Dieser sieht darin lediglich den »Vorrang des Missionarischen in der Kirche vor dem Politischen« bestätigt[42] und meint, die CDU müsse sich damit abfinden. Adenauer denkt indessen gar nicht daran und kündigt an, bei den katholischen Bischöfen entschiedenen Protest einzulegen. Die Sache geht aus seiner Sicht »an die Wurzel unserer Partei«[43].

Würden die Sozialisten nämlich in Deutschland an die Macht kommen, so argumentiert er, dann wäre die Politik nicht mehr auf dem christlichen Fundament zu halten. Bezeichnenderweise spricht er in diesem Zusammenhang die Eigentumsfrage an. Hauptsache bei den christlichen Grundsätzen sei doch die persönliche Freiheit des einzelnen Menschen. Nun habe man aber in München über die Sozialisierung gesprochen. Die SPD wolle dem heute durch Lohnpolitik nahekommen. Wären Zechen und Stahlwerke aufgrund exzessiver Lohnpolitik erst einmal unrentabel, dann bliebe als nächster Schritt nur die Verstaatlichung. Erst die Montan-Industrie, dann die Chemische Industrie, die Atomwirtschaft ohnehin – »und dann haben wir die Allmacht des Staates! Dann haben Sie die Gewerkschaften und die staatlichen Funktionäre. Bei der Rücksichtslosigkeit, die die Sozialdemokratie im Verfolg ihrer Ziele zeigt, in allen Bereichen, ist es dann mit dem, was wir doch als eine Haupterrungenschaft des christlichen Gutes in diesem Jahrhundert betrachten, nämlich mit der persönlichen Freiheit des Menschen gegenüber der Allmacht des Staates, vorbei ... Es geht also um die Freiheit des Individuums.«[44]

Dieser Ausbruch ist aus mehreren Gründen sehr aufschlußreich. Er zeigt den Kanzler des Jahres 1958 immer noch auf denselben libertären Positionen wie in den längst vergangenen Heroenjahren der CDU zwischen 1946 und 1949. Beide Male leitet er die privatkapitalistische Marktwirtschaft direkt aus der christlichen Botschaft ab. Und damals wie heute sind Gewerkschaften, Sozialdemokraten und Linkskatholiken die Hauptgegner. Mit gutem Gespür für tektonische Verschiebungen im weltanschaulichen Bereich diagnostiziert Adenauer nun erneut einen Vorstoß der sozialistischen Gruppierungen in der katholischen Kirche, denen er mit ähnlicher grundsätzlicher Härte wie ein Jahrzehnt zuvor entgegentritt.

Noch viel größere Sorge bereitet ihm Johannes XXIII., der im Oktober 1958 die Nachfolge Pius XII. angetreten hat. Was soll aus der CDU und den italienischen Christlichen Demokraten werden, so fragt er insgeheim, wenn die Spitze der Kirche auf Linkskurs geht? Das betrifft nicht nur die Wirtschaftspolitik und das Verhältnis zu den kommunistischen Staaten, es betrifft auch die Deutschlandpolitik. Es dauert nicht lange, da sickern bereits Nachrichten durch, der Vatikan wolle die bisher auf Eis gelegte Frage der östlichen Bistumsgrenzen aufgreifen.

Nachdem aber Adenauer bei jeder sich bietenden Gelegenheit Pius XII. zur Privataudienz aufgesucht hat, läßt sich im Januar 1960 auch ein Besuch bei Johannes XXIII. nicht vermeiden. Das Treffen ist aus seiner Sicht eine sehr bedrückende Erfahrung. Adenauer mißfällt schon das neue Protokoll. Das Arbeitszimmer des Papstes ist durch Umbauten vergrößert. Alles viel prunkvoller als bei Pius XII. »Der Papst«, so vermerkt er, »saß auf einem vergoldeten Marmorsessel, der etwa eine Stufe höher stand als mein Sessel.« Johannes XXIII. führt die Unterredung jedoch mit großer Liebenswürdigkeit. Allerdings vermerkt Adenauer betrübt, wie das Gespräch zerfasert: »Er war von einer ungeheuren Beredsamkeit, wie mir schien, war es Altersgeschwätzigkeit. Ich war von diesem Eindruck tief deprimiert ...«[45] Als der Kanzler die Rede auf den Kommunismus bringen möchte, verweist ihn Johannes XXIII. rasch an Kardinal Tardini.

Dann werden die anderen Teilnehmer hereingebeten. Der Papst verliest – wiederum sehr liebenswürdig – eine einundeinhalb Seiten lange Ansprache, zu der Adenauer vermerkt: »Mich ärgerte, daß er in der Ansprache von der Teilung Deutschlands kein Wort sagte. Ich ergriff daher, nachdem er geredet hatte, ohne Rücksicht darauf, ob das vorgesehen war oder nicht, das Wort und sprach einige Sätze. Ich sagte u. a., daß dem deutschen Volk von Gott auferlegt sei, Widerstand zu leisten gegen den Druck von Osten.« Vorsichtigerweise hatte sich Adenauer auf den Punkt vorbereitet und die Worte aus einer Ansprache von Pius XII. entnommen.[46]

Doch die Irritationen gehen weiter. Noch während des Empfangs schickt der Papst einen Prälaten seiner Umgebung zu Adenauer und läßt fragen, ob er diese Sätze veröffentlicht zu sehen wünsche. Adenauers Antwort: »Selbstverständlich wünsche ich das.« Aber diese Passage wird im *Osservatore Romano* gestrichen.[47] Kommentar des Kanzlers dazu: »Ich war auch von diesem Vorfall, überhaupt von allem, sehr deprimiert, wenn ich an meine früheren Besuche bei Pius dachte. Ich muß aber betonen, daß der Papst ganz sichtlich außerordentlich bemüht war, uns und speziell mir gegenüber, liebenswürdig und freundlich zu sein.«[48] Drei Jahre später bemerkt er zu McNamara, nach dieser Audienz habe er sich vorgenommen, nie wieder mit ihm zusammenzutreffen.[49] Horst Osterheld, außenpolitischer Berater der letzten Kanzlerjahre, vernimmt, wie er gleichfalls im Jahr 1963 zu Botschafter de Margerie meint: »Wissen Sie, ich kannte Pius XII. und schätzte ihn sehr. Er war ein bedeutender Mann. Johannes aber war doch eine Katastrophe.«[50]

Die Audienz hat ein Nachspiel. Im Sommer 1960 findet in München der Eucharistische Kongreß statt. Im Auftrag Kardinal Wendels findet sich Prälat von Tattenbach SJ., Generalsekretär des Eucharistischen Kongresses, in Bonn ein. Man habe im Vatikan gehört, daß Bedenken gegen den Papstbesuch bestünden. Nachdem schon Heinrich Krone dem Ausdruck gegeben hat[51], hört von Tattenbach aus dem Mund des Kanzlers dasselbe. Adenauer schildert die Vorgänge um die Nichterwähnung der Teilung Deutschlands bei der seinerzeitigen Audienz und bemerkt, wenn der Papst komme, »erwarten wir, daß er nicht nur zum Eucharistischen Kongreß spricht, sondern auch über die besondere Notlage des deutschen Volkes, über kommunistische Unterdrückung und Freiheitsberaubung der 17 Millionen. Wenn er das nicht tue, werde das deutsche Volk enttäuscht sein und sein Ansehen leiden.«[52] Besser also, der Heilige Vater komme nicht zum Kongreß, wenn er sich zu dieser Frage nicht äußern wolle. Adenauer verweist dabei auch auf Polen. Alles, was bei einem solchen Besuch gesagt oder nicht gesagt würde, könnte sich in dieser Hinsicht zusätzlich komplizierend auswirken.

Die Andeutung eines Kurswechsels des Vatikans in den für Adenauer zentralen ost- und deutschlandpolitischen Fragen trifft ihn ausgerechnet in einem Moment, da er sich auch von den USA und Großbritannien ziemlich alleingelassen sieht. Das Gefühl der Isolierung wird stärker.

Damit verbinden sich auch innenpolitische Differenzen mit der Katholischen Kirche. Kardinal Frings, Vorsitzender der Fuldaer Bischofskonferenz, bezieht nämlich entschieden gegen Adenauers Pläne eines Bundesfernsehens Stellung. Offenbar fürchtet die Kirche die entsittlichende Wirkung des kommerziellen Fernsehens und eine Minderung ihres Einflusses auf die Programmgestaltung. »Die schwarz-rote Länderkoalition« gegen die Fernsehpläne, grollt sogar der doch gewiß kirchentreue Heinrich Krone, erhält nun zu allem auch noch den moralischen Schutzschild der Katholischen Kirche.[53]

Es gibt weitere Kritikpunkte. Die Bischöfe, die katholischen Verbände und natürlich auch die Gewerkschaften stehen in erbitterter Auseinandersetzung mit der Industrie über die Frage der Sonntagsruhe in der Eisen- und Stahlindustrie. Erneut sieht sich Adenauer aufgerufen, auch hier ein Zeichen zu setzen.

*Auf dem Weg zur Audienz bei Papst
Johannes XXIII.*

Zusehends sehen sich die Bischöfe zur Kritik an liberalen Tendenzen in der CDU veranlaßt. Mit besonderem Mißtrauen wird von kirchlicher Seite registriert, daß der Hamburger CDU-Bundestagsabgeordnete und Verleger Gerd Bucerius ein Hauptexponent von Plänen für eine stärkere Kommerzialisierung des Fernsehens ist. Bucerius ist nämlich auch Herausgeber des *Stern*, der in diesen Jahren fromme Katholiken regelmäßig mit spöttischen Angriffen ärgert. Und Bucerius gehört jenem liberalen Flügel in der CDU an, der sich stark für eine Kanzlerschaft des Protestanten Ludwig Erhard einsetzt. Untergründig kommt somit in dem katholischen Unmut auch die Befürchtung zum Ausdruck, daß eine Kanzlerschaft des liberalen Erhard den kulturpolitischen Kurs der CDU völlig verändern könnte.

Über die Einzelfragen hinaus zeichnet sich in der Kritik katholischer Kreise am galoppierenden Materialismus und Hedonismus der Wohlstandsgesellschaft ein generelles Wiederaufleben der Liberalismus-Kritik ab, das sowohl von Konservativen als auch von mehr linken Gruppierungen im katholischen Raum artikuliert wird.

Adenauer sieht sich demgegenüber in einer zwiespältigen Situation. Auch ihm ist durchaus unwohl beim Zerbröseln der geistigen Fundamente, auf denen seine Partei ruht. Doch gerade in dem Augenblick, als er sich von konservativen Bischöfen und Theologen Unterstützung für sein eigenes insgesamt recht konservatives Verständnis von Innen- und Außenpolitik erhofft, muß er registrieren, wie die Kirche in einer Reihe von wichtigen Fragen zu seiner Regierung auf Distanz geht.

Auch die Überkonfessionalität der CDU wird dadurch belastet. Niemanden kann es erstaunen, daß die evangelischen Kreise in der Union den Vorstößen kirchlich gebundener Katholiken mit großer Reserve begegnen. Dabei macht es keinen großen Unterschied, ob der katholische Klerikalismus – so verstehen das viele Protestanten – von progressiven oder von konservativen Positionen aus argumentiert. Fragen, die längst überwunden schienen, werden nun erneut aktuell. Weshalb ist der Katholikenanteil unter den Bonner Ministerialbeamten immer noch so niedrig? 69:26 Prozent im Auswärtigen Amt, 70:14 Prozent im Verteidigungsministerium, wie man im Frühjahr 1961 gewissen Listen entnehmen kann![54] Doch wäre die Forderung nach konfessionaler Parität in den Bonner Ministerien verfassungsrechtlich zulässig? Natürlich nicht! Wäre sie überhaupt realistisch?

Adenauers Reaktion gegenüber dieser nur teilweise öffentlich artikulierten Malaise weist die für ihn charakteristische Mischung von Grundsätzlichkeit und Taktik auf. In den Fragen der Ost- und Deutschlandpolitik bleibt er kompromißlos. Und da er dem Zweiten Fernsehen mit Blick auf die Wahlen höchste Priorität einräumt, kommt ein Nachgeben vor den kirchlichen Pressionen gleichfalls nicht in Frage. Andererseits sieht er aber Felder, auf denen man den kirchlichen Wünschen entgegenkommen kann.[55] Noch im Frühjahr 1961 setzt die Union gegen heftige Kritik von seiten der Oppositionsparteien das Bundessozialhilfegesetz durch. Es gibt den kirchlichen Trägern und den freien Wohlfahrtsverbänden Vorrang gegenüber den Kommunen. Die Novellierung des Reichsjugendwohlfahrtsgesetzes trägt gleichfalls den kirchlichen Belangen Rechnung. Der Einstieg in das Kindergeld für das zweite Kind kommt zustande. Man erschwert auch die Ehescheidung gegen den Widerstand des schuldlosen Teils.[56]

Doch das ist Taktik. Im Grundsätzlichen steht Adenauer auch dem 2. Vatikanischen Konzil mit sichtlicher innerer Reserve gegenüber.[57] Er findet bedenklich, wer von deutscher Seite aus dort das große Wort führt. Von Kardinal Frings hält er aus der Kölner Zeit nicht allzuviel, seit dem Fernsehstreit noch weniger. Und war Kardinal Döpfner nicht seinerzeit der Schutzpatron des Akademiedirektors Forster, der die Öffnung zur SPD vorgenommen hat?!

Da er die ganze Wertordnung der Welt im Wanken sieht, wäre es für Adenauer ein Trost, wenn wenigstens die Kirche stabil bliebe. Nun aber ist auch die Weltkirche selbst in Bewegung geraten. Wohin soll das führen? Anneliese Poppinga, die in Cadenabbia verschiedentlich zu den Auswirkungen des 2. Vatikanischen Konzils kritische Bemerkungen hört, gibt in ihrem Erinnerungsbuch auch ein Gespräch mit Kokoschka wieder, das Adenauer im Sommer 1966 in Cadenabbia führt. Adenauer erzählt bei einer der Porträtsitzungen die Anekdote von einem westfälischen Bauern, der hört, daß man künftig im Gottesdienst kaum mehr die lateinische Sprache hören solle und daß auch die Liturgie sich verändert. Der Bauer hätte das alles mit angesehen, angehört, den Kopf geschüttelt und dann vor sich hingebrummt: »Makt, wat er wült. Ik bliwe katholisch!«[58]
Vor dem Hintergrund derart skeptischer Grundeinstellung werden Adenauers Reserven gegenüber der vieldiskutierten Denkschrift Barzels verständlich. Dieser möchte dem »hohen C« wieder neuen Klang geben. Adenauer, der Barzel an und für sich schätzt, sagt ihm zwar eine Reihe von Nettigkeiten zu der Ausarbeitung, bemerkt aber schließlich: »Mir ist diese Arbeit zu kirchlich.« Da das kirchliche Denken im Volk »rapide« zurückgehe, »müssen wir uns hüten, etwas zu tun, was die Liberalen bei-

der Konfessionen abhalten könnte, für uns zu stimmen. Ohne die liberalen Stimmen können wir keine Mehrheit in Deutschland bekommen. Das ist völlig ausgeschlossen.«[59]

Und dann spießt er einen Satz in der Studie auf, der ihn sichtlich stört: »Wir stellen unsere Politik unter Gottes Gebot.« Eine solche Formulierung sei ihm peinlich: »Lassen wir uns doch nichts weismachen hier! Wir handeln nicht gegen Gottes Gebot, aber wir stellen auch nicht unsere Politik unter Gottes Gebot.« Als ihn Gerstenmaier mit den Worten unterbricht: »Doch, Herr Bundeskanzler!«, bemerkt er: »Ich tue es nicht. Sie mögen's tun!« Und um die Lacher vollends auf seiner Seite zu haben, wendet er sich an Professor Burgbacher, der als Schatzmeister das Geld für die CDU zu beschaffen hat: »Aber Sie tun es auch nicht, Herr Burgbacher!«[60]

So ist es auch kein Zufall, daß er in diesen Jahren in verschiedenen Gesprächen des öfteren den Kulturkampf der siebziger Jahre des 19. Jahrhunderts bedauert. Bismarck, so belehrt er rückblickend den Historiker Klaus Epstein, hat durch Kulturkampf und Sozialistengesetz verhindert, »daß sich hier im Westen eine große liberale Partei gebildet hat, der die meisten Sozialdemokraten und die meisten Zentrumsleute beigetreten wären, und dann hätten wir ein Gegengewicht gehabt gegen den zu starken Konservatismus im Osten«[61]. Nicht einmal in der Erinnerung an die Kaiserzeit findet er nun das Konzept einer rein katholischen Partei zweckmäßig, geschweige denn unter den Bedingungen der Gegenwart.

Die Säkularisierung ist aus seiner Sicht zudem nur ein Teilaspekt tiefgreifender Veränderungen. Genauso wie die Entchristlichung macht ihn der Umbruch von der Arbeits- zur Freizeitgesellschaft besorgt. Arbeit ist für ihn und für die meisten seiner Generation das eigentliche Lebenselixier. Das wird nun in Frage gestellt, ohne daß sich viel dagegen ausrichten läßt. Tief besorgt registriert er überall Anzeichen weitverbreiteter Bequemlichkeit. Vergeblich sträubt er sich etwa gegen die Forderungen nach Arbeitszeitverkürzung im öffentlichen Dienst, und zwar nicht allein aus Kostengründen. Am Acht-Stunden-Tag will er nicht rütteln lassen. Der freie Sonnabend in den Ministerien ist ihm ein Greuel: »Er hat sich eingeschlichen, als die Leute ihre Familien nicht in Bonn wohnen hatten.«[62] Doch das sind bereits Rückzugsgefechte.

Wann immer das Gespräch auf die Themen »Arbeit« und »Arbeitsmoral« kommt, kann man sicher sein, daß Adenauer dramatische Verfallserscheinungen brandmarkt. Gewiß, manches ist jene wohlbekannte

Klage älterer Leute, die über die Jahrhunderte hinweg bald lauter, bald gedämpfter ertönt: »Die Kinder lernen nichts, und sie wollen nicht arbeiten.«[63] Ein Grund zu großer Sorge sei dies, so hört man ihn häufig. Dabei bezieht er die beunruhigenden eigenen Beobachtungen sowie die seiner Altersgefährten auf die internationale Wettbewerbsfähigkeit der Bundesrepublik und begreift die »Erziehungsaufgabe zur Arbeit« als eine Überlebensfrage des ganzen Volkes.

Im Mai 1960 findet im CDU-Bundesvorstand eine bezeichnende Diskussion statt. Sie macht deutlich, wie weit sich die Ideen vieler der damals kulturpolitisch maßgebenden CDU-Leute inzwischen von Adenauers Vorstellungswelt entfernt haben. Um die Offenheit der CDU für den Ruf nach Ausbau des Bildungswesens zu dokumentieren, soll ein kulturpolitischer Kongreß durchgeführt werden. Bundesgeschäftsführer Bruno Heck und Eugen Gerstenmaier, Kultusminister Osterloh und Gerhard Stoltenberg, damals Bundesvorsitzender der Jungen Union, Fritz Hellwig, der die Sicht der Wirtschaft einbringt, und Ministerpräsident von Hassel – sie alle reden einem störrischen Kanzler stundenlang mit Engelszungen zu, doch das Vorhaben wie vorgesehen laufen zu lassen.

Was ist geplant? Klärung der Positionen gegenüber dem Rahmenplan des Deutschen Ausschusses für das Erziehungs- und Bildungswesen, Fragen des 2. Bildungsweges, Kapazitätserweiterung der Universitäten, Hochschulreform.[64]

Adenauer aber wischt das alles vom Tisch. Er habe das Thema vorgeschlagen, sich aber etwas ganz anderes dabei gedacht: »Wie können wir die Kenntnisse und den Arbeitswillen der jungen Generation stärken und verbessern?«[65] Seine Zielgruppe sind jedoch nicht die Studenten oder die Wissenschaftler, sondern die Lehrlinge. Gremien, die sich mit Höheren Schulen und Universitäten beschäftigen, gebe es schon: »Aber mir schwebt vor die Zukunft der kleinen Leute. Das schwebt mir vor. Die Leute lernen nichts mehr! Das Handwerk kann die Lehrlinge nicht mehr halten! Sie lernen immer weniger. Ich gäbe viel mehr darum – das sage ich mit allem Freimut –, wenn wir ein gutes Berufsschulwesen hätten, als sich nun weiß Gott den Kopf darüber zu zerbrechen, wie wir die Universitäten noch höher heben können.«[66] 50 Prozent der Prüflinge seien bei der Gesellenprüfung in Bonn durchgefallen!

Dem folgt der Hinweis auf gewisse »Grundtatsachen«, den man in diesen Jahren häufiger von ihm hört: »Die Kohle war immer unser Reichtum. Dieser Reichtum ist weg. Der zweite Reichtum war der Arbeitswille und das Wissen, aber nicht das der Professoren, sondern des Volkes. Wie ist es denn damit jetzt?«

Aus den langen Einlassungen des Kanzlers wird deutlich, wie reserviert er den Bestrebungen zur Ausweitung des Akademikeranteils an der Bevölkerung gegenübersteht. Überqualifikation und Akademikerarbeitslosigkeit sieht er durchaus schon als Probleme, auch wenn er diese Begriffe nicht verwendet. Vordringlich aber ist ihm die gute Ausbildung breiter Schichten, um den internationalen Wettbewerb zu bestehen: »die große Menge der Bevölkerung, die müssen wir in den Stand setzen, in den nächsten Jahren den Kampf um das Leben zu bestehen, einen Kampf, der unter den Völkern sehr schwer sein wird«[67]. Beschwörend ruft er in die Vorstandsrunde: »Es handelt sich wirklich um eine der ernstesten politischen Fragen, die ich überhaupt kenne. Es handelt sich um eine Frage, die mich seit vielen Monaten ständig beschäftigt. Wir sinken herunter! Dazu kommt noch unsere sinkende Geburtenzahl...«[68]

Aus den Reaktionen der Runde wird aber ganz deutlich, wie ihn – vielleicht mit Ausnahme Gerstenmaiers – niemand verstehen will. Daß der Kanzler nun plötzlich in einen Bereich hineinwirken möchte, der korrekterweise pädagogischen Experten und Länderkultusverwaltungen vorbehalten ist, wird als Altersschrulle registriert.

Unerwartete Unmutsbezeugungen, hervorgerufen durch Erscheinungen der zeitgenössischen Zivilisation, sind bei ihm aber häufig. So kommt er etwa bei einer Kabinettssitzung im Sommer 1959 außerhalb der Tagesordnung zwischen der Baden-Frage und Fragen, die den Justizminister betreffen, plötzlich auf den Verkehrslärm zu sprechen. Der Lärm der Mopeds, bekommt Minister Seebohm von ihm zu hören, sei unerträglich. Als sich die Diskussion dann den Verkehrsübertretungen zuwendet, läßt sich wieder einmal der scharf zupackende autoritäre Adenauer studieren. In einigen Staaten der USA könne die Polizei sofort fünfzig Dollar für Geschwindigkeitsbeschränkungen abkassieren. Warum nicht auch bei uns?

Dann wendet er sich erneut dem Thema Verkehrslärm zu. Ihn stören auch die Dieselmotoren: »Das Rheintal sei allmählich zur Hölle geworden, die Schlepper machten einen solchen Lärm, daß selbst in nicht gebirgigen Gegenden die Häuser zittern, in den Bergen sei der Lärm geradezu unerträglich.« Verkehrsminister Seebohm muß ihn jedoch leider auf die Zuständigkeiten der Rheinschiffahrtskommission verweisen. Der Kanzler schließt mit der Feststellung, bei allen Fragen, die das Atomzeitalter mitbringe, dürfe man nicht vergessen, »daß die einfachsten Lebenselemente reine Luft und kein Lärm seien.«[69]

Ein Grundton zumindest latenter Zivilisationskritik ist in solchen Äußerungen nicht zu überhören. Bewundernd weiß jeder Besucher Adenauers zu berichten, daß das Palais Schaumburg trotz der unablässigen Tätigkeit des Kanzlers eine Oase der Stille darstellt. Adenauer, der den Dynamismus der *roaring fifties* maßgeblich entfesselt hat, sucht sich wenigstens im Prunkschlößchen des Palais Schaumburg deren ökologische Folgen vom Leib zu halten. Aber er hält seine Ohren offen und beobachtet scharf. Die Folgen dessen, was er zusammen mit Ludwig Erhard in Gang gesetzt hat, bleiben ihm durchaus nicht verborgen, und er denkt auch darüber nach. Langfristig konzipierte neue Schwerpunkte setzt er jedoch nicht, weder auf den Feldern der Ökologie noch im Ausbildungswesen. Es bleibt bei weitgehend folgenlosem Räsonieren.

Neben der Säkularisierung und dem Erschlaffen des Arbeitsethos sind es vor allem die vielen Anzeichen eines Verfalls der Staatsidee, die ihn sorgenvoll stimmen. Seine Generation besitzt durchaus noch ein ungebrochen positives Verhältnis zum Staat. Der Staat sorgt im Rahmen der Verfassung für Ordnung, gewährleistet auf lange Sicht die innere und äußere Sicherheit, garantiert die Geltung von Recht und Gesetz, sichert die Sozialsysteme, verantwortet das Bildungswesen, plant auch in vielen Bereichen die Veränderung – so hat er das gelernt, und das bestätigt sich in lebenslanger Tätigkeit. Vertiefte staatsphilosophische Reflexion ist zwar von einem Mann seines Schlages nicht zu erwarten. Doch geht er durchaus noch von der Hegelschen Dialektik zwischen Staat und Gesellschaft aus. Für Juristen seiner Generation ist und bleibt dies eine nicht bezweifelte Denkfigur. Der Staat ist nicht bloß Agentur der Gesellschaft, sondern eine Realität eigenen Rechts und eigener Dignität. Er hat seiner Meinung nach Anspruch auf Gesetzesgehorsam und auf Respekt. Das muß sich auch auf die Staatssymbole beziehen.

Nun aber häufen sich seine Klagen, daß die Staatsgesinnung in allen Bereichen erodiert. Verfall der Staatsautorität, das Un-Verhältnis der Deutschen zu ihrem Staat – das ist nach seiner Meinung »ein Skandal ersten Ranges, der einen manchmal an der Zukunft des deutschen Volkes geradezu verzweifeln läßt«[70].

Im Oktober 1959 beschäftigt die Frage das Bundeskabinett, ob bei gesamtdeutschen Sportveranstaltungen die »Spalterflagge« mit den kommunistischen Emblemen aufgezogen werden darf. Das gibt ihm Gelegenheit zu kritischen Exkursen: »Können wir von unserem Volk verlangen, daß es den Staat achtet, während alles heruntergesetzt wird. Wir, die Leistung, die Institutionen!« Wie respektlos sei etwa der Bundespräsident neulich beim BDI behandelt worden. Düster bemerkt er: »Wenn das so weitergeht, besteht der Staat in zehn Jahren nicht mehr. Der ›mißachtete Staat‹«.[71] In diesem Zusammenhang beunruhigt ihn besonders die Ablehnung der Bundeswehr, wie sie damals bei Teilen der Evangelischen Kirche, bei den Gewerkschaften und bei der SPD zu beobachten ist. Zustimmend zitiert er den britischen Botschafter Steel: »Wenn Ihr den Soldaten nicht achtet, dann wird sich der Soldat auch nicht für den Staat opfern.«[72]

Sein durchaus konservatives Staatsverständnis äußert sich besonders drastisch während der *Spiegel*-Affäre. Kein Gedanke daran, daß die Staatsgewalt gegenüber Augstein oder Ahlers vielleicht übers Ziel hinausgeschossen haben könnte. In Staatsschutzsachen kann man gar nicht übers Ziel hinausschießen! »In meinen Augen ist Landesverrat genauso schlimm wie Mord«, hält er damals Kritikern wie den Abgeordneten Blumenfeld und Martin entgegen.[73]

Dabei hängen Staatsgesinnung und Nationalgefühl nach seiner Auffassung irgendwie zusammen, obschon er auch diesen Aspekt nie zum Gegenstand sehr systematischer Reflexion macht. Aber vor allem im kritischen Jahr 1960, als er einen Krieg um Deutschland nicht mehr für ganz ausgeschlossen hält, beschäftigt ihn die Thematik immer wieder. So beschwert er sich etwa im Februar 1960 anläßlich eines Teegesprächs mit Journalisten über gewisse deutsche Industrielle. Sie reisen nach »Sowjetrußland«, sprechen dort über Geschäfte, halten es aber nicht der Mühe für wert, »dem Auswärtigen Amt mitzuteilen, was sie gehört haben«. Und er kommentiert ein solches Verhalten mit der Bemerkung: »Mangelndes Nationalgefühl. Man wird mir sagen – und die Frage ist berechtigt –: Wenn wir das nicht wiederbekommen, was wird dann aus dem deutschen Volk?«[74]

Bei der nächsten Zusammenkunft mit derselben Journalisten-Runde kommt er nochmals auf den Punkt Nationalgefühl zurück. Ihn treibt jetzt ganz offenkundig die Frage um, ob die Bevölkerung für die Freiheit Berlins kämpfen würde. Seufzend bemerkt er: »Wie steht der jetzt lebende Deutsche zu seinem Staat? Der eine sieht nur eine zu melkende Kuh darin, weiter nichts. Der andere denkt nicht mal so weit und lebt nur seinem Vergnügen. Aber wo ist ein gesundes, gutes nationales Gefühl? Ohne ein gesundes nationales Gefühl kann auf die Dauer kein Staat bestehenbleiben. Ich bin nie ein Nationalist gewesen, das wissen Sie, aber ein gutes nationales Gefühl muß dasein, das den Menschen schließlich auch befähigt zu sagen: Wenn es sein muß, muß ich mich für dieses Land und für die Menschen, die darin leben, opfern.«[75] Sollte es sich aber zeigen, daß die junge Generation überhaupt kein Nationalgefühl mehr hat, »dann ist sie kommunistenreif«[76].

Ein Absterben des Nationalgefühls scheint ihm jetzt viel bedenklicher als die oft beschworene Gefahr erneuter Übersteigerung. Das sei den Leuten durch die Erfahrung mit dem Nationalsozialismus doch gründlich ausgetrieben worden.

Er will auch keinen Gegensatz zwischen europäischem Zusammenschluß und gesundem Patriotismus erkennen. »Ohne Nationalgefühl«, führt er vor dem Zentralverband des Deutschen Handwerks aus, »kann ein Volk auch in der heutigen Welt, in der die kleinen europäischen Völker sich zusammenschließen, einfach nicht bestehen. Sonst erscheint der Staat – und der Staat ist ja schließlich der Vertreter des Volkes – namentlich den jungen Leuten als irgendeine Konstruktion oberhalb der Wolken, die sie weiter nichts angeht.«[77]

In dieser Hinsicht, so wird ihm nun klar, birgt auch die allzu starke Betonung des Provisoriumscharakters der Bundesrepublik ihre Probleme. Wie soll sich ein ruhiges Nationalgefühl ausbilden, wenn der Staat als ein vorübergehendes Gebilde begriffen wird? »Natürlich darf ich auch den Staat, den wir jetzt haben, nicht degradieren, indem ich sage, das ist nur etwas Vorübergehendes... Infolgedessen muß ich sagen: das ist die Wurzel des Ganzen.«[78]

Sobald man ihn dabei allerdings auf die Paradoxien der deutschen Zweistaatlichkeit festzunageln versucht, entzieht er sich vorsichtig. Es komme auf das Volk an. Das ist der feste geschichtliche Boden gesunden Nationalgefühls: »Bei mir ist das Nationalgefühl die Liebe zu seinem Volke, nicht die Liebe zu irgendeinem Herrscherhaus oder die Liebe zu irgendeiner Staatsgrenze; die kommen und gehen.«[79]

Als George Bailey, ein amerikanischer Publizist, in diesem Punkt einmal gründlicher nachbohrt mit der Frage: »Ein nationales Gefühl in Deutschland – für was? Für die Bundesrepublik, für Deutschland als Ganzes? Für Deutschland innerhalb der Grenzen von 1937?«, paßt ihm das nicht so richtig. So antwortet er: »Ach, das soll man gar nicht so genau nehmen!« Von Eckardt, der spürt, daß Adenauer in diesem Gespräch auf dünnes Eis geführt wird, wirft auf Baileys Frage nun ein: »Das Volk!« Adenauer ergänzt: »Für das deutsche Volk.« Und als Bailey nachfaßt: »Aber nicht nur innerhalb der Grenzen der Bundesrepublik?«, gibt Adenauer die sibyllinische Antwort: »Das auch, solange sie ist. Die Bundesrepublik repräsentiert ja Deutschland, das deutsche Volk.«[80]

Ganz auffällig ist, mit welcher Entschiedenheit Adenauer es in solchen Gesprächen ablehnt, den deutschen Nationalstolz durch die Geschichte der zwölf Jahre ungebührlich belastet zu sehen. Als George Bailey in dem erwähnten Hintergrundgespräch auch nur die Andeutung eines Hinweises auf die NS-Zeit wagt, bemerkt der Kanzler: »Sehen Sie mal, wir haben doch auch eine reiche und große und ehrenvolle Geschichte.« Wenn er dann doch einfließen läßt, »natürlich muß man das ruhig zugeben, daß da große Verbrechen begangen worden sind«, fügt er im gleichen Atemzug hinzu: »Oder nehmen Sie Cromwell in der englischen Geschichte! Was hat der denn gemacht? Wahrhaftig war das auch kein Tugendbold, das kann man nicht behaupten. Oder wie sind die Engländer mit den Iren umgegangen! Und trotzdem ist England ein großes Volk. Oder nehmen Sie Frankreich ...«[81]

Kollektivschuld, keine Rede davon! Selbst mit dem durch Theodor Heuss verbreiteten Begriff »Kollektivscham« möchte er sich nicht voll identifizieren, und er zögert nicht, auch diesbezüglich Vergleiche anzustellen: »Also eine Kollektivschuld gibt es nicht, das ist nicht wahr! Eine Kollektivscham – das ist wahr und nicht wahr. Natürlich, ich schäme mich der Zeiten und schäme mich, daß so etwas bei uns vorgekommen ist. Aber, ich glaube, in der amerikanischen Geschichte hat es auch bei den Sezessionskriegen oder nachher in dem Krieg zwischen den Nord- und den Südstaaten schwere Sachen gegeben.«[82] Alles zusammengenommen, läßt er also ein sehr konservatives, sehr selbstbewußtes, von Schuldgefühlen bemerkenswert freies Nationalgefühl und ein entsprechendes Staatsbewußtsein erkennen. Auch in dieser Hinsicht steht er dem Zeitgeist, der nun heraufzieht, zusehends fremder gegenüber.

Daß das Land und er selbst jetzt unversehens in eine neue Zeit eingetreten sind, vermag er zwar genau zu erkennen. Aber was sich auf vielen Feldern der Gesellschaft vollzieht, ist viel leichter zu diagnostizieren als zu kurieren. »Der Aufbau ist jetzt zu Ende«, bemerkt er im Januar 1960 im CDU-Vorstand[83] und bringt damit nur das zum Ausdruck, was man seit Jahren in allen Zeitungen lesen kann.

Im Gang befindlich ist aber nun eine zweite Welle der Modernisierung. Sie führt auf vielen Feldern weit über die Rekonstruktion der Vorkriegszeit hinaus. Der Umbruch erfaßt viele Bereiche, manche rasch, andere mit einer gewissen Verzögerung. Er verändert den Lebensstil und das Lebensgefühl, erhöht die Mobilität, schmilzt aber auch traditionelle Sektoren – das Land, die kleineren Städte – noch fester in die Industriegesellschaft ein. Adenauer sieht die Veränderungen, studiert bisweilen aufschlußreiche Statistiken, führt viele Gespräche mit Verbandsspitzen, auch mit unabhängigen Fachleuten. Und natürlich gelangen die Modernisierungsprobleme Bereich für Bereich auf den Kabinettstisch. Aber weder in seiner Eigenschaft als Kanzler noch als CDU-Vorsitzender hält es Adenauer für angebracht, so etwas wie ein politisches Konzept zur Kanalisierung des Umbruchs aufzustellen. Ob das wirklich nur am Fehlen eines *brain-trust* im Bundeskanzleramt liegt?

Was Ende des Ersten Weltkrieges in einmaliger Konstellation in Köln möglich war, läßt sich nicht auf der Ebene eines Staates wiederholen. Im großen und ganzen begnügt er sich damit, seine Minister zur Teilbereichsreform zu ermutigen. Das gelingt im großen und ganzen in der Landwirtschaftspolitik. Wenn Adenauer Heinrich Lübke trotz seiner offenkundigen geistigen Enge als Nachfolger von Theodor Heuss überhaupt respektiert, dann deshalb, weil er sich zuvor als Agrarreformer bewährt hat. So läßt er auch Ludwig Erhard gewähren, so unterstützt er erst Viktor-Emanuel Preusker, dann Paul Lücke bei ihrer insgesamt marktwirtschaftlichen Wohnungsbaupolitik, gibt anfänglich auch Theo Blank grünes Licht für eine umfassende Krankenkassenreform und läßt den gestaltungsfreudigen Ministern für das Post- und Fernmeldewesen, für das Verkehrswesen und für die Kernenergie weitgehend freie Hand.

In der Regel greift er nur dann ein, wenn bestimmte Gesetzgebungsvorhaben, finanzielle Maßnahmen und Problemlösungskonzepte stabilitätsgefährdend erscheinen. Daß er dabei die Stabilität seiner Regierung mit der Stabilität des Staates gleichsetzt, verwundert niemanden, der ihn seit Herbst 1949 beobachtet. Genausowenig überrascht, daß er den Herausforderungen nunmehr vor allem in konservativer Grundhaltung begegnen möchte. Entweder sucht er das Tempo des Wandels abzubremsen, oder er schiebt die Probleme auf die lange Bank. Auf grundlegende Neuerungen möchte er sich nicht mehr einlassen.

Ein gutes Beispiel für einen insgesamt gelungenen Bremsvorgang ist die Kohle-Krise. In bezug auf die Energieversorgung stellt die Ära Adenauer eine Umbruchsperiode dar. Das Kohlezeitalter wird in diesen Jahren vom Erdölzeitalter abgelöst.

Adenauer ist im Kohlezeitalter groß gewordenen. Bei einschneidenden Vorgängen, an denen er beteiligt war – Ruhrkrise 1923/24, Schuman-Plan 1950/51 – ist es zentral um die Kohle gegangen.

Der Umbruch bricht ganz urplötzlich über die Bundesrepublik herein. Bis 1957 ist die Kohle der wichtigste Energieträger, sowohl für die Industrie wie für die Privathaushalte. Der Anteil von Steinkohle und Braunkohle am Primärenergie-Verbrauch der Bundesrepublik liegt damals noch bei 84 Prozent. Innerhalb eines einzigen Jahres kippt das um. Als Folge niedriger Ölpreise steigt der Anteil des Erdöls von 11 auf 15 Prozent. 1963, am Ende der Kanzlerschaft Adenauers, liegt er bei 32 Prozent, 1967, in seinem Todesjahr, bei 48 Prozent. 1957 werden 10 Millionen Tonnen Heizöl verbraucht, 1963 sind es 47 Millionen. Die Ära Adenauer, die mit Kohleknappheit begonnen hat, endet in einer Erdölschwemme.

Wie in der Europapolitik findet man Konrad Adenauer und Ludwig Erhard auch hier in zwei gegnerischen Lagern. Erhard bewertet den Wandel mit Blick auf die Vision weltweiten Freihandels. Außerdem geht er anfänglich davon aus, daß die Schwierigkeiten konjunktureller Natur sind. Adenauer ist demgegenüber ein Bannerträger konservativer Energiepolitik. Anläßlich einer großen Grundsatzdiskussion im CDU-Bundesvorstand prallen die Gegensätze aufeinander. Was Adenauer den CDU-Vorstandskollegen zu bedenken gibt, gehört mehr oder weniger zum eisernen Bestand im Argumentationsarsenal der Kohle-Lobby.

Ein Hauptpunkt aus seiner Sicht ist die Versorgungssicherheit. Hinzu treten Preisüberlegungen: »Die Steinkohle ist ein Energieträger, über den wir verfügen können. Über das Heizöl können wir erst verfügen, wenn es im Lande ist. Wenn also irgendwelche Verwicklungen politischer Art kommen sollten – vor denen man nie sicher ist –, dann könnten die Heizölimporte außerordentlich stark zurückgehalten werden. Es ist ferner dabei zu erwähnen, daß der Heizölpreis bei uns außerordentlich niedrig ist, daß es aber, wenn der Markt hier erobert ist, im Belieben der wenigen großen Unternehmungen steht, die Heizöllieferungen zu drosseln oder eine entsprechende Preissteigerung herbeizuführen. Deshalb wird sich das Bundeskabinett darüber schlüssig werden müssen, ob die deutsche Wirtschaft in eine solche Abhängigkeit von Faktoren geraten darf, die wir nicht übersehen können. Ich glaube, daß dieses Problem nicht nur wirtschaftlich, sondern insbesondere auch politisch außerordentlich schwerwiegend ist.«[84]

Damit verbindet sich eine zweite innenpolitische Argumentationskette. Beschwörend weist Adenauer auf die Erfahrungen seines langen Lebens hin. Kommunistenaufstände im Ruhrgebiet nach dem Ersten Weltkrieg! Große Erfolge der NSDAP unter den notleidenden Arbeitern des Ruhrgebiets! Dieser Ballungsraum mit rund 500 000 Bergleuten – ein »Tummelfeld kommunistischer Agenten« – ist aus seiner Sicht wirtschaftlich und auch parteipolitisch »der allergische Punkt für die Bundesrepublik«.[85] Nachdem die CDU eben erst bei den Landtagswahlen im Ruhrgebiet 50,5 Prozent aller Stimmen erreicht hat, muß sie um jeden Preis verhindern, daß der »Glaube« an die Volkspartei CDU erschüttert wird.[86]

Ein drittes Argumentationsbündel dokumentiert die genuin konservative Neigung, starke Wirtschaftszweige nicht durch ein Übermaß an Liberalisierung zu zerstören. »Liberalisierung in allen Ehren«, hält er Ludwig Erhard und der Erdöl-Lobby vor, »aber daß wir der Liberalisierung zuliebe unsere eigene Wirtschaft in den wichtigsten Zweigen kaputtgehen lassen, das sehe ich nicht ein und mache ich nun einmal nicht mit. Wenn Sie das Prinzip auf die Landwirtschaft übertragen, dann machen Sie am besten die Bude zu mit der ganzen Landwirtschaft. Dann beziehen Sie einfach Ihr Getreide aus Kanada und den Vereinigten Staaten; das Gemüse und Obst lassen Sie aus Holland, Italien und Frankreich kommen. Und dann machen wir hier mit der Landwirtschaft Schluß.«[87]

Adenauers Bereitschaft, alles Denkbare für die Kohle zu tun, ist also ganz eindeutig. Der in dieser Hinsicht konservative Kanzler findet dabei in der ebenfalls recht konservativen IG-Bergbau mit ihrem Vorsitzenden Heinrich Gutermuth den entsprechenden Partner. Alles in allem gelingt es, wenigstens zu Zeiten der Kanzlerschaft Adenauers, den Umstrukturierungsprozeß abzubremsen und sozialpolitisch abzufedern. Daß unter Ministerpräsident Franz Meyers in Düsseldorf eine CDU-Regierung am gleichen Strang zieht, hilft gleichfalls.

Inzwischen steht Adenauer auch dem potentiellen neuen Energieträger Kernkraft nicht mehr ganz so uneingeschränkt positiv gegenüber wie früher. Der plötzliche Erdölzustrom scheint zu beweisen, daß in Zukunft eher ein Überfluß an billiger Energie zur Verfügung stehen wird. Wozu also überhaupt Kernkraft? Die hohen Investitionskosten bei Kernkraftwerken sind ihm bekannt. Es wird also dauern, bis sie in die Rentabilitätszone gelangen. Jetzt beklagt er, man habe sich mit der »Atomgeschichte« den Kopf vernebeln lassen.[88]

Doch gebraucht er in diesem Kontext eine Formulierung, die aufhorchen lassen könnte: »die ganze verdammte Atomgeschichte... verdammt nach allen Richtungen des Wortes hin.«[89] Der Sinn scheint auf den ersten Blick klar. Die sicherheitspolitische Atomdiskussion hat geschadet. Adenauer behandelt die Kernwaffenfrage seit Frühjahr 1958 nur noch wie ein rohes Ei. Doch auch alle betriebswirtschaftlichen Berechnungen, die billigen Atomstrom erwarten ließen, müssen aufgrund der Erdölschwemme nochmals überprüft werden. Zudem hat die SPD im Zusammenhang mit dem Godesberger Programm das Thema friedlicher Kernkraftnutzung voll aufgegriffen. Sie präsentiert sich jetzt als Atompartei – für Adenauer ein Grund mehr, das Thema nicht mehr von sich aus allzu intensiv zu betonen. Hinzu kommt seine zunehmende Skepsis in bezug auf den forcierten Ausbau der Universitäten und außeruniversitären Forschungsinstitute, der seit Jahren unter dem Stichwort »Atomzeitalter« läuft.

In zunehmendem Maß beginnen ihn aber nun auch die Nachrichten von der atmosphärischen Verseuchung durch die zahlreichen Kernwaffenversuche nachdenklich zu stimmen. Als Bundeskanzler hört man so manches. McCloy etwa berichtet ihm – allerdings etwas später – in strengem Vertrauen von einem schrecklichen Atomunglück. Man sei erst nach Wochen an die Unglücksstelle herangekommen und habe die verstrahlten Leichen der unglücklichen Opfer in einer Tiefe von zwanzig Metern in Spezialsärgen beisetzen müssen. Jeder dieser Särge habe 20 000 Dollar gekostet. Die Wissenschaftler rechneten damit, daß die Leichen noch acht Monate lang radioaktiv seien.[90] Auch in diesem Bereich moderner Technik, der Mitte der fünfziger Jahre in so strahlendem Licht präsentiert wurde, läßt also der Fortschritt seine Gefahrenseite erkennen.

Da und dort zeigt sich nunmehr ein Kanzler, der vorsichtige Bremsmanöver vornimmt. Das scheint ihm natürlich vor allem dann unabweisbar, wenn der kurzfristige politische Schaden von Reformmaßnahmen viel größer ist als der mögliche Nutzen. Dann würgt er problematisch gewordene Vorhaben kaltblütig ab. Das beste Beispiel dafür ist die Krankenkassenreform des ihm ergebenen, durchaus auch tatkräftigen Ministers Blank. Adenauer hat sich darauf eingelassen, weil die Kosten im Gesundheitswesen explodieren. Nach einiger Zeit aber muß er feststellen, daß es fast nichts politisch Riskanteres gibt als Reformen in einem Bereich, der so unmittelbar mit der empfindsamen Kreatürlichkeit des Menschen zu tun hat.

Glücklicherweise, so meint er, hat er die Brisanz des Themas gerade noch rechtzeitig erkannt. Seine Umgebung und die Öffentlichkeit glauben freilich eher, daß er sich von den drohenden Ärzten den Schneid abkaufen ließ. Daß in den Arztpraxen Propaganda gegen die Regierung gemacht wird, ist ihm ein schrecklicher Gedanke. Doch zeigen auch die Umfragen, wie wenig populär der Regierungsentwurf ist. Die parlamentarischen Beratungen lassen erwarten, daß der Regierungsentwurf keine Mehrheit erhält.

Minister Blank wird also im Fraktionsvorstand vorgeführt. Nur mit Mühe vermag Heinrich Krone den ergrimmten Theodor Blank vom Rücktritt abhalten. Krone notiert: »Es ist toll, wie der Kanzler mit seinen Ministern umspringt. Ich muß Blank recht geben.«[91] Der Tagebucheintrag vom folgenden Tag lautet ähnlich kritisch: »Wenn der Alte die Wahl verlieren will, muß er fortfahren, mit allen Leuten Krach anzufangen. Ich habe es langsam satt, den Topf immer wieder zu leimen, den er zerschlägt. Einmal ist es Erhard, dann Gerstenmaier, jetzt Blank. Er soll aufhören, Briefe zu schreiben ...«[92]

Auch diesmal aber gelingt es Krone, die Sache einzurenken. Adenauer sagt Blank in Gegenwart des Fraktionsvorsitzenden »väterlich hart die Meinung«[93], dieser geht strahlend von hinnen, und von Rücktritt ist nicht mehr die Rede. Wohl aber wird der Regierungsentwurf zum Krankenkassengesetz zurückgezogen.[94]

Von nun an überläßt Adenauer auf dem Feld der Krankenkassenreform nichts mehr dem Zufall. »Von ihrem Ausgang«, schreibt er an Globke, »kann sehr wohl das Ergebnis unserer Wahlen abhängen.«[95] Der sogenannte Kompromiß tut dementsprechend niemandem mehr weh. Die Ärzte und die Arbeitnehmer sind zufrieden. Die Zukunft zeigt außerdem, daß sich vorerst auch mit einer recht läßlichen Regelung leben läßt.

Zur gleichen Zeit, in der die Auseinandersetzungen um die Krankenkassenreform dem Höhepunkt zustreben, gerät auch ein anderes Vorhaben Adenauers in größte Schwierigkeiten: der Versuch zur Errichtung eines zweiten Fernsehens. Wenn es überhaupt *ein* innenpolitisches Projekt in der Legislaturperiode von 1957 bis 1961 gibt, in das er sich von Anfang an zäh verbissen hat, dann dieses. Seine Motive dabei sind so unrein, wie es die Beweggründe eines Parteiführers überhaupt nur sein können. Bei einer der Diskussionen im Bundesvorstand kommt er beispielsweise auf zwei Sendungen zum Thema »Mieterhöhung und Wohnungsbau« zu sprechen, die laut Allensbach von 7 bis 8 Millionen gesehen worden seien, und knüpft daran die folgenden Feststellungen: »Nun stellen Sie sich mal vor, was das bedeutet! 7 bis 8 Millionen erwachsene Menschen, die hier betroffen werden, werden von einer solchen Sendung erfaßt! Es ist also ein politisches Instrument von der größten Bedeutung, so daß man sagen kann, es besteht die große Wahrscheinlichkeit, daß die nächste Wahl entschieden wird durch die Fernsehsendungen und nicht durch Reden und auch nicht durch geleistete Arbeit, weil man mit dem Fernsehen wirklich an die Menschen herankommt.«[96]

Dies also ist sein Hauptmotiv. Alle anderen Argumente, die in der öffentlichen Diskussion vorgeschoben werden, sind demgegenüber zweitrangig. In den USA, wo er sich Jahr für Jahr umsieht, ist die Entwicklung des Fernsehens schon viel weiter fortgeschritten. Dort weist man ihn seit langem darauf hin, daß das Fernsehen wahlentscheidend ist. Und man kann auch in Amerika studieren, welche Möglichkeiten das Privatfernsehen einer Partei eröffnet, deren Werbeetat von der Wirtschaft gespeist wird. Auf der anderen Seite ist Adenauer davon überzeugt, daß die in der Bundesrepublik bestehenden großen Sender – NDR, WDR, Bayerischer Rundfunk, Hessischer Rundfunk – weitgehend von der SPD kontrolliert werden. Was wird also aus der CDU, wenn die Gegner seiner Politik nun auch noch das Medium Fernsehen in die Hand bekommen?!

Auf keinem anderen Feld wird ihm freilich so deutlich, wie gering die Gestaltungsmöglichkeiten selbst eines zu allem entschlossenen Kanzlers im gewaltenteiligen und pluralistischen System der Bundesrepublik sind. Die bestehenden öffentlich-rechtlichen Anstalten suchen natürlich die privatwirtschaftliche Konkurrenz zu verhindern. SPD und FDP führen einen schönen Kampf für die Rundfunkfreiheit. Darunter verstehen sie die Fortführung des ihnen genehmen gegenwärtigen Systems. Die Kirchen, zuvörderst Erzbischof Frings von Köln, verstärken die Ablehnungsfront, weil sie die entsittlichende Wirkung von Fernsehsendungen fürchten, die auf einen niedrigen Massengeschmack spekulieren. Selbst die unionsregierten Länder lassen Adenauer im Stich. Immerhin stellt die Union während der entscheidenden Jahre in sechs von elf Bundesländern und im Bundesrat die Mehrheit. Doch die Interessen der Unionsländer an den eigenen Rundfunkanstalten sind stärker als Adenauers bedenkenlose Entschlossenheit, der Bundesregierung ein durchschlagendes Propaganda-Instrument zu verschaffen.

Als es nicht gelingt, die Interessen der Länder und des Bundes zu harmonisieren, gründet Adenauer schließlich in halsbrecherischem Husarenritt im Sommer 1960 die »Deutschland-Fernsehen-GmbH«. Einige Monate frohlockt er. Nachdem die Ministerpräsidenten ihre Anteile nicht in Anspruch nehmen, kontrolliert der Bund eine privatrechtlich strukturierte Fernsehgesellschaft. Ab 1. April 1961, also noch rechtzeitig vor den Wahlen, soll ein von rund 500 Mitarbeitern vorbereitetes Programm ausgestrahlt werden. Adenauers entwaffnende Begründung: dem deutschen Volk sei schon lange ein zweites Fernsehprogramm versprochen worden.[97] Ein mehr oder weniger lupenreines Regierungsfernsehen stört ihn überhaupt nicht, ganz im Gegenteil. Ein richtiger Staat sollte seiner Meinung nach keine Bedenken tragen, einen Staatssender zu unterhalten. »Wir sollen auch die Anteile der GmbH im Bund behalten. Ich bin nicht gesonnen, die Autorität des Bundes zum Spielball der Ministerpräsidenten zu machen«, erklärt er Anfang Juli 1960 hoheitsvoll in der Kabinettsrunde.[98]

Vorerst ist er mit fast allen CDU-Ministerpräsidenten zerfallen. Nur Kai-Uwe von Hassel stellt seiner Meinung nach eine rühmliche Ausnahme dar. Adenauers Schimpfen auf die Disziplinlosigkeit der Parteifreunde im CDU-Bundesvorstand vermag jedoch die Tatsache nicht zu verschleiern, daß der CDU-Vorsitzende gegenüber renitenten Landesfürsten praktisch machtlos ist. Immerhin glaubt er im Sommer 1960 noch als Kanzler zu triumphieren.

Doch nun muß er einmal mehr feststellen, daß zu den Faktoren, die sich seinem autoritativen Willen nicht beugen, auch das Bundesverfassungsgericht gehört. Das Fernsehurteil vom 28. Februar 1961 untersagt dem Bund endgültig die Betreibung einer eigenen Anstalt.

Erstaunlich bleibt auch in diesem Fall, wie unbewegt Adenauer diesen schweren Schlag gegen sein Prestige hinnimmt. Die Journalistenrunde, mit der er ein paar Tage danach zusammensitzt, bekommt natürlich eine lange Kanzlerschelte auf den deutschen Föderalismus zu hören. Es sei schon schrecklich, daß seinerzeit Amerikaner und Franzosen die Zentralregierung so schwachgehalten hätten: »Wir haben damals das Grundgesetz nur akzeptiert, weil wir des Glaubens waren, in einigen Jahren wird durch die Wiedervereinigung nun eine neue Verfassung kommen.«[99] Das werde nun »noch ausgedehnt und zementiert«.

Und was sind das für Länder! »Bayern ist das einzige Land, das wirklich ein Land ist, aber alles andere...!« Nordrhein-Westfalen – »zusammengestückelt«. Rheinland-Pfalz – einen Teil der Rheinprovinz mußte man abschneiden, damit man Rheinland-Pfalz zusammengekriegt hat! Niedersachsen – jede Region zieht in eine andere Richtung, die Oldenburger, die Braunschweiger, die Hannoveraner, die Welfen! »Ja, es ist ein Unglück.«[100] Auch später macht er intern kein Hehl daraus, daß er das Ergebnis des Fernsehstreits als eine seiner folgenschwersten Niederlagen betrachtet. Relativ ganz wenige Leute, lamentiert er im Frühjahr 1963 im CDU-Bundesvorstand, beeinflussen über das Fernsehen die Wählermassen: »Und dagegen kommen wir nicht an.«[101]

Klugerweise betreibt er keine große öffentliche Urteilsschelte. Aber die

Wähler vermerken die Schlappe doch genau. Unversehens sinkt die Anfang März so schön auf 51 Prozent stehende Allensbacher Zustimmungskurve für den Kanzler jäh auf 47 Prozent ab, während diejenigen, die ihn ablehnen, offenbar Mut schöpfen. Zwischen Mitte Februar und Mitte April nimmt ihre Zahl um rund 10 Prozent zu.[102]

Aber derlei Fragen beschäftigen die politische Klasse doch viel dauerhafter als eine breitere Öffentlichkeit. Der Effekt läßt bald nach. Bemerkenswerterweise steigt zudem die Zustimmungskurve für CDU/CSU rasch an und klettert jetzt – was selten ist – höher als die Kanzlerkurve. Anscheinend kreidet man Adenauer seine Fernsehpläne nur persönlich an, nicht aber der Union als Ganzer. Heinrich Krone, dessen Tagebuch wie ein Oszillograph die jeweils an der CDU-Spitze herrschenden Stimmungsströmungen registriert, schreibt am 21. März 1961, keine drei Wochen nach dem Karlsruher Urteil, schon wieder recht zuversichtlich: »Wenn kein Unwetter über uns hereinbricht, kann mit einem Erfolg für uns auch bei der Bundestagswahl gerechnet werden.«[103]

So bewegt sich ein zunehmend konservativ gestimmter Kanzler durch eine politische Landschaft, in der linksliberale, moderat anti-autoritäre und in einem recht vagen Sinn fortschrittliche Auffassungen bereits in gewichtigen Teilen der öffentlichen Meinung tonangebend sind.

Wie deutlich Adenauer auf einer ganzen Reihe von Feldern in die Randzonen jener Überzeugungen rückt, die als vernünftig und fortschrittlich verstanden werden, zeigt sich auch bei dem großen neuen Thema Entwicklungshilfe. Das ist zwar ein typisches Thema der Außenpolitik. Doch da Bundespräsident Lübke, alle Parteien, die Kirchen, die Wirtschaft und die Gewerkschaften diese Aufgabe bemerkenswert schnell als vordringlich begreifen, hat sie auch ihre innenpolitische Dimension. An der Intensität des Engagements läßt sich Fortschrittlichkeit recht gut ablesen. Es ist schon auffallend, wie zurückhaltend sich der Kanzler dem neuen Thema nähert. Seit 1957 sieht er sich von der amerikanischen Regierung nachhaltig ermahnt, einen deutschen Beitrag zu leisten, und trägt dem auch Rechnung. Doch von dem hochgemuten moralischen Schwung, mit dem die Protagonisten der Entwicklungshilfe an die Aufgabe herangehen, ist bei ihm überhaupt nichts zu verspüren.

Jene Staatengruppe, die man stark vereinfachend »Dritte Welt« nennt, weckt bei ihm dann und wann eine diffuse Zukunftsangst. Skeptische, wenig vertrauensvolle Untertöne sind in seinen Äußerungen nicht zu überhören. Doch tarnt er die eigene Abneigung zumeist vorsichtig durch Verweis auf kritische Äußerungen anderer Respektspersonen. Ein gelegentlicher Hinweis de Gaulles auf die künftige Stimmenverteilung in den Vereinten Nationen beschäftigt ihn stark; verschiedentlich kommt er darauf zu sprechen.[104]

In kleiner, vertrauter Runde macht Adenauer aus seiner Sorge kein Hehl. Zu Beginn der sechziger Jahre sieht er den sowjetischen und den chinesischen Kommunismus weltweit im Vormarsch: »Wenn Sie also unter dem Gesichtspunkt das Ganze mal besehen«, gibt er bei einem Teegespräch zu bedenken, »die ganze Welt hier, Rot-China mit seinen 650 Millionen Einwohnern und dann die farbigen Völker, die alle oder größtenteils in der schrecklichen Unruhe sind, und dann auch die Türkei – und dann halten Sie demgegenüber das kleine Häufchen von Weißen, die nun die Freiheit halten sollen, dann kann ich nur sagen, wenn man die ganze Erde betrachtet, wie das da ist, dann kann einem um die Freiheit in der Welt angst und bange werden.«[105] Sein Alptraum: »eine ganz kleine Insel« freier Völker in einem »Meer von Kommunismus auf der ganzen Welt«.[106]

Die Wirren am Kongo verstärken seine Auffassung, daß sich die dekolonisierten Staaten als unregierbar erweisen könnten. Schuldgefühle wegen des Kolonialismus bedrängen ihn nicht. »Ich muß ehrlich sagen«, meint er in diesem Zusammenhang, »ich fühle mich einer moralischen Schuld gegenüber einem Farbigen nicht bewußt. Ich habe ihm die Farbe nicht gegeben. Die sind aber jetzt sehr stolz darauf, habe ich mir sagen lassen von Leuten, daß die Neger direkt unheimlich sind, sie sehen mit Verachtung auf die Weißen.«[107] Die Dekolonisierung von Marokko, Tunis und Algerien, doch ebenso die Kongo-Wirren betrachtet er als Katastrophe »für die weiße Rasse«[108].

Humanitäre Zielsetzungen stehen somit bei der Entwicklungshilfe nicht im Vordergrund: »Vergessen Sie nicht, diese Entwicklungshilfe ist ja keine moralische Aufgabe, sondern ist wirklich eine politische Aufgabe, und zwar eine hochpolitische Aufgabe.«[109] Hochpolitische Aufgabe – damit meint er die weltweite Eindämmung des Kommunismus. Er hat jedoch erhebliche Zweifel, ob die Entwicklungshilfe die Brandherde zum Verlöschen bringt, meint aber, »die weißen Völker insgesamt« müßten »tun, was wir können«.[110] Allerdings würde er, das sei auch die Meinung der Amerikaner, regionale Schwerpunktsetzung für angezeigt halten. Verteilung der Aufgaben unter den freien Völkern somit: »nicht wie bisher: Mal kommt Indien, mal die Türkei dran, und dann stehen sie alle wieder mit geöffneter Hand und wollen etwas haben.«[111]

So sieht der Kanzler eine Aufgabe, die man damals bundesweit als große moralische Herausforderung begreifen lernt, doch überwiegend geostrategisch. Mag sein, daß dabei eine versteckte Abneigung gegen Bundespräsident Lübke mitschwingt, der sich mit dem Thema humanitärer Entwicklungshilfe politisch zu profilieren beginnt. Ein Indiz für unsentimentalen Konservativismus ist diese Grundeinstellung allemal. Auch in diesem Punkt entfernt sich der zusehends idealistische Zeitgeist von Adenauers Weltbild. So ist nicht nur seine Innenpolitik weitgehend konservativ geprägt, sondern eben auch Teile der Außenpolitik. Nur auf dem Feld der Europapolitik erweist er sich nach wie vor als Neuerer.

Auch er selbst spürt durchaus, daß er nicht mehr von der Zeitströmung so sicher getragen wird wie noch wenige Jahre zuvor. Was er in bezug auf den Fernsehstreit konstatiert, gilt auch für andere Bereiche: »Da sitzt man nun, und alles schwimmt einem weg!«[112]

POWERPLAY
1961–1963

Schwierige Zeiten:
Konrad Adenauer am Schreibtisch im Flugzeug,
August 1961.

Kennedy

Gedanken, die auf Taubenfüßen kommen, regieren die Welt. Beim neuen Zeitalter, in das der Westen nun eintritt, verhält es sich aber anders. Es bricht urplötzlich mit großer Fanfare herein und läßt sich zeitlich genau bestimmen.

Am 20. Januar 1961 hält Kennedy seine vielbewunderte Inaugurationsrede, in der er zum Aufbruch nach neuen Grenzen aufruft. Blankenhorn, der es nun bedauert, nicht als deutscher Botschafter in Washington mit dabei zu sein, vermerkt den Stimmungsumschwung wie ein Seismograph: »Die heutige Inaugurationsrede des neuen amerikanischen Präsidenten hat für mich eine geradezu befreiende Wirkung gehabt. Der ganze Ton zeugt von jugendlicher Initiative, verbunden mit großem Verantwortungsgefühl für die Vereinigten Staaten selbst, ebenso wie für die ganze freie Welt ...«[1] Unverbrauchte Jugendlichkeit, schwungvolle politische Rhetorik, unkonventionelles Denken, kräftige Impulse nach allen Seiten – das ist die Stimmung, die von den amerikanischen Medien in die Bundesrepublik transportiert wird. Die Presse, das Fernsehen, die politische Publizistik und die politische Klasse in Bonn greifen diese Stimmung unverzüglich auf. Allgemein herrscht der Eindruck, daß mit Eisenhower eine zunehmend kraftlose Periode zu Ende ging. Erst viel später, in den achtziger Jahren, wird man diesen Präsidenten als einen Garanten der Ruhe, des Maßes, der Prosperität und des Friedens wiederentdecken. Das liegt noch in weiter Ferne. Jetzt gilt er auch in der Bundesrepublik als Gallionsfigur eines Amerika, das schal, materialistisch und gestaltungsunfähig gewesen ist. *Vieux jeux*.

In den Sog dieser Stimmung gerät auch Adenauer. Die Unsicherheiten der Präsidentschaftsdiskussion vom Frühjahr 1959 sind in der Tat bereits längst Geschichte. Damals war das hohe Alter des Kanzlers erstmals zum Politikum geworden. Das ist aber inzwischen fast vergessen. Im Kreis der Bonner Minister, doch auch beim Vergleich mit Ollenhauer, Wehner oder Erler kann sich Adenauer immer noch sehen lassen. Seine physische und geistige Aktivität ist nach wie vor erstaunlich. Neben der Siegfried-Gestalt Kennedys wirkt er jedoch als das, was er ist, ohne es wahrhaben zu wollen – ein sehr alter Mann, der fremd in eine neue Zeit hereinragt. Und dieser Eindruck wird noch durch den Umstand verstärkt, daß er zumeist auch von älteren Herrschaften umgeben wird. Heinrich Krone oder Heinrich von Brentano mögen nützliche Arbeit leisten, jugendlich strahlende Gestalten sind sie sicher nicht.

Die Abneigung, von einem alten Mann regiert zu werden, verbunden mit dem Verlangen nach politischer Jugendlichkeit erfaßt freilich zuerst nur einen Großteil der dem Kanzler und der CDU ohnehin nicht besonders gewogenen Medien. Sie breitet sich an den Universitäten aus, im etablierten Bildungsbürgertum, doch auch unter verschiedensten Amtsträgern in der Union und unter den höheren Beamten. Die breite Masse der Bevölkerung reagiert langsamer. Schließlich sind allenthalben noch ältere Staatsmänner auf dem Turf – de Gaulle und Macmillan oder Chruschtschow. Auch in der Bundesrepublik gehören Ludwig Erhard oder Heinrich Lübke bereits zu den betagteren Semestern. Aber die Generation der Vierzig- bis Fünfzigjährigen drängt in allen Parteien zur Spitze.

Für Adenauer ist der Vergleich mit Kennedy vor allem deshalb so unvorteilhaft, weil auf seiten der SPD mit Willy Brandt ein ähnlicher Kanzlerkandidat aufgebaut wird. Der Gemeinsamkeiten gibt es viele. Beide sind jugendliche Erscheinungen, gut aussehend, witzig, beide vom Glamour schöner Frauen umgeben, Lieblinge der Journalisten und von magnetischer Anziehungskraft auf Intellektuelle. Auch die politischen Ähnlichkeiten sind auffällig. Innenpolitisch stehen Kennedy und Brandt für linksliberale, im weitesten Sinne progressive Auffassungen. In den außenpolitischen Entscheidungsfragen des Kalten Krieges lassen beide eine durchaus noch unerprobte Mischung von riskanter Härte und von ebenso riskanter Entspannungsbereitschaft erkennen, ohne daß schon absehbar wäre, wohin ihr Weg führen wird.

Als es sich seit Sommer 1960 abzuzeichnen beginnt, daß diesmal vielleicht die Demokraten den Präsidenten stellen werden, zeigt sich Adenauer alles andere als enthusiastisch. Am meisten fürchtet er Adlai Stevenson, der sich schon zweimal erfolglos um die Präsidentschaft beworben hat und während der ganzen fünfziger Jahre als politische Kultfigur des liberalen Ostküsten-Etablishments fungiert. Adenauer hat sich einmal einen Abend lang mit ihm beim Dinner unterhalten und verachtet ihn spätestens seit dieser Begegnung als »gefährlichen Theoretiker« sowie als höchst unpraktischen Intellektuellen.[2]

So gesehen, wäre der Aufstieg Kennedys eher mit Erleichterung zu vermerken, doch Adenauer bemerkt im CDU-Bundesvorstand, wenn Kennedy Stevenson zum Außenminister machen müßte, wäre dies »das Schlimmste, was passieren könne«[3]. Unter vier Augen äußert er sich noch vernichtender: Würde Stevenson Präsidentschaftskandidat, dann könnten die Russen sagen: »Jetzt haben wir's geschafft.«[4] George Meany, der Vorsitzende der AFL-CIO-Gewerkschaften, hat ihm allerdings versichert, das würde er zu verhindern wissen. Da Meany ein harter Antikommunist ist, gibt Adenauer etwas auf sein Urteil und schöpft einige Hoffnung.

Von seiten katholischer Bischöfe in den USA hört er nicht allzuviel Günstiges über Kennedy. Der Vater des Clans hat als Geschäftsmann keinen allzu guten Ruf. Auch das schon damals bekanntermaßen recht exzessive Liebesleben von John F. Kennedy kann aus kirchlicher Sicht nicht als unanstößig betrachtet werden. Überhaupt scheint es Kennedy noch an Format und Erfahrung zu mangeln. Als das Thema Kennedy im Juli 1960 im CDU-Vorstand anzusprechen ist, äußert sich Adenauer ironisch-zurückhaltend. Und Otto Schumacher-Hellmold berichtet Ende August 1960 seinen Parteifreunden, der Kanzler habe die Aussicht auf eine Wahl Kennedys als »schrecklich« bezeichnet.[5] Daß Kennedy als Senator gelegentlich bemerkt hat, mit der Ära Adenauer sei es vorbei, ist dem Kanzler natürlich zu Ohren gekommen.[6]

Weil sich Adenauer dann und wann derart ungeschützt äußert und da zudem im Umkreis von Franz Josef Strauß eine entsprechende Analyse in Bonn »streng vertraulich« herumgezeigt wird, beginnt die amerikanische Presse bereits über eine Bevorzugung des republikanischen Kandidaten zu spekulieren. Sehen die Deutschen, speziell Adenauer, im bisherigen Vizepräsidenten Richard M. Nixon vielleicht eine sicherer kalkulierbare Größe?[7] Botschafter Grewe muß das behutsam ausbalancieren und stimmt Adenauer ein paar Wochen vor der Wahl auf den möglichen Sieg Kennedys ein.[8]

Naturgemäß folgt zuerst eine Zeit des Abwartens. Es ist allgemein bekannt, daß in der Demokratischen Partei zwei außenpolitische Denkschulen um Einfluß auf den Präsidenten ringen. Eine linksliberale Gruppe um Persönlichkeiten wie Adlai Stevenson, Chester Bowles, Senator Fulbright oder Kenneth Galbraith plädiert für die auch in den USA seit Jahren diskutierten Konzepte west-östlicher Entspannungspolitik, insbesondere auch der Rüstungskontrolle, möchte einen Hauptschwerpunkt in der Entwicklungspolitik setzen, eine entschiedene Dekolonisierungspolitik betreiben und die Vereinten Nationen aufwerten. Dagegen stehen die Verfechter eines harten *containment* – Kurses mit Dean Acheson als Wortführer. Acheson koordiniert anfänglich auch die Politik in der Berlin-Frage. Erleichtert registriert Adenauer somit, daß die Exponenten kompromißlosen Widerstandes gegen Chruschtschows Expansionismus in der Deutschland- und Berlinpolitik vorerst tonangebend sind.

Kennedy, der nur mit knappster Mehrheit gewählt wurde, ist sich selbst darüber im klaren, daß er erst einmal im Kreis der älteren Staatsmänner Europas Profil gewinnen muß. Seine Außenpolitik ist anfangs offensichtlich darauf angelegt, vorzeitige Festlegungen zu vermeiden und zu de Gaulle, zu Macmillan, aber eben auch zu Adenauer ein gutes Verhältnis herzustellen.

Da man in Washington weiß, daß sich der mißtrauische Kanzler gern an ihm seit langem bekannte und erprobte Persönlichkeiten hält, setzt der Präsident sehr überlegt die alte Garde demokratischer Außenpolitiker auf Adenauer an. Sonderbotschafter Averell Harriman findet sich Anfang März 1961 in Bonn ein, und die Mitte April fällige Kanzler-Reise nach Washington wird am 9. April 1961 in einem langen sonntäglichen Gespräch mit Dean Acheson in Adenauers Rhöndorfer Wohnung vorbereitet.

Zu den bekannten Gesichtern gehört auch John McCloy, der jetzt für die Rüstungskontroll- und Abrüstungspolitik des Präsidenten zuständig ist. Kennedy setzt ihn auch ein, um Adenauer – vergeblich – klarzumachen, daß in Sachen Oder-Neiße-Linie Konzessionen angezeigt sein könnten.[9] Doch auch ein Verteidigungsintellektueller wie Henry Kissinger, der in den Anfängen der Kennedy-Administration über Einfluß verfügt, hat die Verbindung zu Adenauer schon früher gepflegt und wird von Washington gerne nach Bonn entsandt, weil er dem Kanzler die sich langsam herausformende neue Strategie in seiner Muttersprache zu verdeutlichen vermag. Kennedy unterläßt also anfänglich nichts, bei Adenauer das nie ganz ruhende Mißtrauen zu zerstreuen.

Allerdings macht sich der Kanzler keine Illusionen. Die neue Mannschaft um Kennedy versteht sich als jugendliche Alternative zur verbrauchten Eisenhower-Administration. Daß auch »der Alte« in Bonn durchaus in Gefahr ist, als Teil der nun glücklich beiseite geräumten »Welt von gestern« gleichfalls abgelehnt zu werden, versteht sich von selbst. Adenauer registriert zudem besorgt, daß der britische Einfluß in Washington rasch zunimmt. Gerade weil Kennedys Vater als Botschafter in London während der Jahre 1938 bis 1940 auf Englands Widerstandswillen nicht viel gegeben und den Sieg Deutschlands erwartet hat, tut Kennedy gut daran, dies durch demonstrativ pro-britische Gesten vergessen zu machen.

Doch finden sich auch in seiner Umgebung genügend Berater, die Deutschland nicht sehr gewogen sind, weil die Erinnerungen an das Dritte Reich, an die Kriegsjahre und an die frühe Besatzungszeit doch noch nachwirken. Adlai Stevenson, Chester Bowles, Kenneth Galbraith, Walt W. Rostow, Arthur Schlesinger wären hier zu nennen, desgleichen der Pressesprecher Pierre Salinger und Averell Harriman.

Tatsache ist jedenfalls, daß sich Adenauer nach dem Besuch Achesons entschließt, zur neuen Administration Vertrauen zu fassen. Mit Acheson glaubt er alles offen erörtern zu können – natürlich die Berlin-Frage, doch auch das Festfahren der Pläne einer NATO-Atommacht, den atomaren Aufbau an der zentraleuropäischen Front, den neuen Akzent auf konventionellen Streitkräften und die Allianzpolitik. Als Acheson ihm versichert, die Kennedy-Administration sehe keine Berlin-Konzessionen vor, verstehe Europa vielmehr als Hauptschwerpunkt amerikanischer Weltpolitik, dankt Adenauer mit den Worten, »es sei ihm ein Stein vom Herzen gefallen«.[10] Acheson läßt keinen Zweifel daran, daß die USA im Kriegsfall die Bundesrepublik vorne verteidigen werden. An einen Rückzug mit anschließender Wiedereroberung sei nicht gedacht.

Der erste Besuch bei Kennedy verläuft durchweg zufriedenstellend. Adenauer und Kennedy sind jeweils auf ihre Art und Weise innerlich unsicher. Kennedy ist zwar schon ein Liebling der liberalen Journalisten, doch sein Ruf als sicherer Leiter der amerikanischen Außenpolitik bleibt erst noch zu etablieren. Die grundlegenden Überprüfungen aller Bereiche sind immer noch im Gange. Somit befindet man sich in einer Phase des Abtastens, die naturgemäß von Freundlichkeit und guten Absichten gekennzeichnet ist. Da Adenauer seinerseits ahnt, was alles in den nächsten Monaten und Jahren außenpolitisch auf ihn zukommt, geht er mit der neuen Administration seinerseits um wie mit einem rohen Ei. Anfangs ist der Dialog etwas hölzern, doch der Kanzler weiß die Rolle des klugen Patriarchen überzeugend zu spielen. In witzigen Tischreden korrigiert er das Vorurteil, Deutsche hätten keinen Humor.[11] Letzteres ist nicht unwichtig, denn Kennedy und seine Mannschaft schätzen im Unterschied zu Eisenhower oder Dulles sprühendes Temperament und witzige Selbstironie.

In Wirklichkeit haben sich Adenauer und Kennedy nicht viel zu sagen. Der Altersunterschied ist zu groß, und die Sprachbarriere verbietet die

*Erster Besuch beim neuen Präsidenten der USA im April 1961:
im Cockpit auf dem Flug (oben)
und im Oval Office mit John F. Kennedy.*

Entstehung jenes intimen Fluidums, das sich zwischen Macmillan und Kennedy einzustellen vermag.

Wie seine Äußerungen gegenüber Dritten beweisen, nimmt Adenauer aber einen insgesamt günstigen Eindruck mit zurück. Wahrscheinlich haben auch die wohldosierten Schmeicheleien des charmanten Präsidenten ihren Eindruck nicht ganz verfehlt.[12] Als er de Gaulle am 20. Mai 1961 in der Stille des Rhöndorfer Heims einen längeren Bericht über die Gespräche in Washington gibt, äußert er sich für seine Verhältnisse bemerkenswert positiv. Er sei völlig unvoreingenommen nach den USA gefahren und habe sich in mehreren längeren Gesprächen folgendes Urteil über Kennedy gebildet: »Klug«, von schneller Auffassungsgabe, »energisch«, kann gut zuhören.[13] Ein abschließendes Urteil, so macht er bei dieser Gelegenheit deutlich, ist noch nicht möglich. Das bevorstehende Treffen Kennedys mit Chruschtschow in Wien betrachtet er als »Probe darauf«, was in Kennedy steckt.[14]

Von den Harvard-Intellektuellen in der Umgebung Kennedys hält er nicht allzu viel. Er glaubt aber, daß sie nach einiger Zeit verschwinden werden.[15] Doch nach einem Besuch Henry Kissingers in Bonn findet er sogar ein paar anerkennende Worte über die Professoren, die im Weißen Haus an Bord gegangen sind.[16]

Der Vergleich mit der nach dem Tod von John Foster Dulles schwankenden und unentschlossenen Eisenhower-Administration fällt durchaus zugunsten der neuen Regierung aus. Adenauer bemerkt auch – was de Gaulle nicht sehr erfreuen kann –, im Unterschied zu John Foster Dulles betrachte Kennedy die NATO »als Lebensgrundlage seiner Politik«[17]. Die Feststellung Botschafter Grewes, der den Besuch in Washington genau beobachtet hat, bestätigt sich also in solchen und anderen Äußerungen: Adenauer will an Kennedy glauben, da dieser in den kommenden vier Jahren für ihn eine entscheidende außenpolitische Bezugsfigur sein wird.[18]

Bei Erörterung der konkreten Probleme bleibt bei dem Besuch in Washington noch vieles im allgemeinen. Das ziemlich nichtssagende Kommuniqué über die Besprechungen deutet klar darauf hin. Daß die Kennedy-Administration, dabei stark beeinflußt von General Maxwell D. Taylor, die konventionellen Streitkräfte verstärken möchte, ist schon bekannt. Dies kommt also zur Sprache, doch nicht sehr differenziert.[19] Kennedy beruhigt Adenauer indessen, daß die Atomwaffen nicht abgezogen würden. Er deutet allerdings an, man werde sich künftig verstärkt um wirksame Befehlsgewalt und Kontrolle bemühen.[20]

Konkret handelt es sich um Überlegungen, die taktischen Kernwaffen aus dem Divisionsverband herauszulösen, aber eben auch um Zentralisierung aller Einsatzentscheidungen in Washington. Das ist genau das Gegenteil zu den Plänen einer NATO-Atommacht. Wie auch hier unschwer zu erkennen ist, wird in Washington die nukleare Proliferation innerhalb der Allianz mit Sorge betrachtet. Doch Adenauer ist vorerst erfreut, aus dem Mund Kennedys kräftige Bekenntnisse zur NATO zu vernehmen. So insistiert er in der Nuklearfrage nicht weiter. Immerhin betont er sein fortdauerndes Interesse an den Plänen einer NATO-Atommacht gemäß dem Vorschlag Norstads, selbst wenn das vorerst aufgeschoben werde.[21]

Auch in bezug auf die Verhandlungen über Deutschland und Berlin deckt keine Seite ihre Karten auf. Da die Präsidentschaftswahl in den USA nunmehr vorbei ist, werden die Verhandlungen rasch zum Kern der Probleme vorstoßen müssen. Adenauer ist sich darüber im klaren, daß an irgendwelchen west-östlichen Vereinbarungen kein Weg vorbeiführen wird, ja daß sie im Grunde sogar wünschenswert sind. Offenbar ist eben Chruschtschow entschlossen, in Berlin keine Ruhe zu geben, und so muß man doch bemüht sein, die Probleme dauerhaft zu entschärfen. In diesem Sinn äußert er sich gegenüber Botschafter Grewe im Vorfeld der Amerika-Reise.[22] Doch den Amerikanern gegenüber beschränkt er sich vorerst aufs Abwarten.

Kennedy verhält sich genauso. An welche politischen Konzessionen er denkt, wird von ihm nicht persönlich ausgeführt. Der Präsident überläßt das John McCloy. Dieser drängt auf deutsche Vorschläge, spricht dabei auch nachdrücklich die Oder-Neiße-Linie an und macht kein Hehl daraus, daß er die polnische Westgrenze für endgültig hält. Adenauer bemerkt, daß er das auch befürchtet, greift aber McCloys Bemerkung auf, man solle das nicht jetzt schon akzeptieren. Ohne polnische Gegenkonzessionen will er selbst gar nichts zugestehen. Nicht zu überhören ist auch McCloys Hinweis, zwar halte er von prophylaktischen Angeboten in der Berlin-Frage nichts, doch zu gegebener Zeit müßten die Deutschen »opferwillig« sein.[23]

Relativ breiten Raum in den Gesprächen mit der Kennedy-Administration nimmt die militärische *contingency*-Planung ein. Kennedy spricht sehr direkt die Teilnahme deutscher Streitkräfte bei Vorstößen zur Offenhaltung der Verbindungen nach Berlin an, trifft dabei aber auf einen recht zurückhaltenden Kanzler. Bisher, so meint Adenauer, sei nicht die Rede davon gewesen, daß die Bundeswehr an Probevorstößen in die Ostzone beteiligt werden solle. Dagegen spreche die vorrangige Vier-Mächte-Verantwortlichkeit. Auch ein alsbaldiger Einsatz der großen Kernwaffen bei Kampfhandlungen um die Zugangswege erwecke Bedenken.[24] Er fügt aber hinzu, man werde alles tun, was im Interesse der Sache nötig sei.[25] Als man dies amerikanischerseits als spürbare Zurückhaltung vermerkt, fällt Botschafter Grewe die Aufgabe zu, dem entgegenzuwirken und auf eine Beteiligung der Bundesregierung an der *contingency*-Planung zu drängen.[26]

Es besteht somit vorerst beiderseitiges Interesse, die vielen Unklarheiten im deutsch-amerikanischen Verhältnis noch nicht aufzuhellen, sondern erst einmal den Anschein zu erwecken, als ob man sich verstehe.

Mit einer gewissen Erleichterung kann sich Adenauer nun dem Polit-Tourismus widmen. Seitdem er im Sommer 1945 mit Colonel John K. Patterson einen ihm sehr zusagenden Vertreter der texanischen Rasse kennengelernt hat, möchte er den Staat Texas einmal kennenlernen. Gerne macht er daher von einer Einladung Vizepräsident Johnsons Gebrauch, ihn auf seiner Ranch in Texas zu besuchen. Johnson hält viel von den Texas-Deutschen und weiß den Besuch des berühmten Kanzlers in seinem Heimatstaat sehr zu schätzen. So geht er ihm entsprechend um den Bart, indem er – angeblich im Auftrag Kennedys – wissen läßt, daß die USA die Bundesrepublik als »Großmacht« betrachteten. Als solche müsse sie über alle Vorgänge in der Welt konsultiert werden – Laos, Kongo, Südamerika, Kuba.[27]

Adenauer merkt offenbar nicht, was der eigentliche Grund für dieses großzügige Anerbieten ist. Johnson ist nämlich die unangenehme Aufgabe zugefallen, dem Staatsgast mitzuteilen, daß die Landung in der Schweinebucht auf Kuba zum Desaster geführt hat. Während Kennedy gegenüber Adenauer in Washington den aufmerksamen Gastgeber spielte, lief in Florida bereits der *countdown* für die von der CIA unterstützten Landung kubanischer Freiheitskämpfer auf Kuba. Nicht einmal nach der Rückkehr dämmert es Adenauer richtig, daß er den neuen Präsidenten ausgerechnet im Moment seiner ersten großen Blamage besucht hat. Er macht nämlich in Bonn ausgiebigst Gebrauch von der Anerkennung als Großmacht – im Kabinett, gegenüber Außenminister von Brentano und gegenüber Krone. Diesem teilt er mit, Kennedy habe ihm durch Johnson mitteilen lassen, »daß er Deutschland für eine Großmacht halte, die an den wichtigen Fragen der Weltpolitik beteiligt werden müsse«[28].

Zur gleichen Zeit wird übrigens auch der Weltraumflug des ersten Menschen bekannt. Es ist ein Russe, Jurij Gagarin, und der Vorgang gilt als weiterer Beweis für die Leistungsfähigkeit der sowjetischen Raketensysteme.

Der Kanzler macht den Trubel in Texas so fröhlich mit, als feiere er rheinischen Karneval – gewaltige Barbecue-Party und Auftritt vor den Kameras im Schmuck eines Zweiundvierzig-Gallonen-Hutes! Folkloristische Kostümierung gehört nun einmal in den USA zum politischen Geschäft. Adenauer wäre der letzte, der vor einer Amerikanisierung der Wahlwerbung zurückschreckt. So trägt er in der Vor-Wahlkampfzeit 1957 einen Indianerschmuck und 1961 eben den Texas-Hut. Von Vizepräsident Johnson gewinnt er eine günstige, allerdings ganz falsche Vorstellung: er sei »ein Fast-Europäer«, erzählt er de Gaulle ein paar Wochen nach dem Abstecher nach Texas.[29]

Mit den deutsch-amerikanischen Beziehungen im Frühjahr 1961 steht es auch deshalb vergleichsweise gut, weil sich die Kennedy-Administration gegenüber de Gaulle und Macmillan gleichfalls noch alle Optionen offen hält. Bei seiner ersten Europareise zum Treffen mit Chruschtschow in Wien besucht der Präsident zuerst drei Tage lang Paris und dann, nach den Gesprächen in Wien, auch London. Die Zusammenkunft mit de Gaulle und Macmillan führt sogar zu einer kurzen Nachblüte der Dreier-Direktoriums-Idee.[30] Letzteres zeichnet sich schon im Vorfeld ab, Grund genug für den Kanzler, von Brentano alsbald wieder brieflich dagegen scharf zu machen.[31] Immerhin streiten sich de Gaulle und Kennedy nicht, was auch für Adenauer manches erleichtert. Daß der Präsident es unterläßt, ihn über die Berlin-Gespräche in Wien persönlich zu informieren, ist allerdings ein Warnsignal. Immerhin: der Auftakt in den Beziehungen zur Kennedy-Administration läßt sich alles in allem ganz ordentlich an.

In dieser insgesamt leicht entspannten Konstellation können endlich Mitte Februar in Paris die Verhandlungen zwischen den Sechs über eine Politische Union beginnen. Ihnen geht ein Besuch Adenauers bei de Gaulle voran, in dem die beiden ihre seit dem Sommer 1960 schwelenden Differenzen beilegen. Es ist in erster Linie de Gaulle, der nachgibt. Er zieht die Referendumsidee behutsam aus dem Verkehr und verzichtet auf den großartigen Begriff »Konföderation« zur Bezeichnung des geplanten Zusammenschlusses. »Organisierte Zusammenarbeit« klinge ja auch ganz gut. Des weiteren zeigt er sich mit Rücksicht auf die USA einverstanden, vorerst die Verteidigungsminister aus den Beratungen auszuklammern. Vielmehr sollten die Regierungschefs, die Außenminister, die Landwirtschaftsminister und die Kultus- und Informationsminister regelmäßig zusammentreten, um den Regierungen die praktische Zusammenarbeit zur Gewohnheit zu machen.[32] Auch die Idee eines Generalsekretariats wird zurückgestellt. Das ist ein großer Schritt auf Adenauers pragmatische Vorstellungen zu, und de Gaulle erfreut diesen weiter, indem er als Ort des nächsten Treffens Bonn vorschlägt. Das kommt schon deshalb erwünscht, weil es sich vor den Bundestagswahlen ganz gut macht.

Auch mit England versteht sich der Kanzler in diesen Monaten recht gut. Noch liegen keine präzisen Informationen darüber vor, daß Macmillan Kennedy für ein Konzept zu begeistern wußte, dem er den bescheidenen Titel »The Grand Design« gegeben hat. Eine Denkschrift des britischen Premierministers vom Februar 1960 sieht eine Konzertierung der großen Kräfte der freien Welt vor – USA, Großbritannien und Europa. Sie sollen in allen Dimensionen – Wirtschaft, Politik, Militär – zusammenwirken, um die kommunistischen Flut einzudämmen. Das schon lange diskutierte Dreier-Direktorium könnte in diesem Kontext ebenso eine Funktion erhalten wie eine regelmäßige Zusammenkunft von Regierungschefs der großen Industriestaaten. Macmillan nennt dabei neben den USA, Großbritannien und Frankreich noch Deutschland, Japan, vielleicht auch Brasilien und Australien.[33] Hier entsteht also bereits ein angelsächsisches Gegenkonzept zu den Plänen der kontinentalen Sechser-Gemeinschaft.

Im Rahmen dieses »Grand Design« entschließt sich nun Macmillan, über die Bedingungen eines Beitritts Großbritanniens zur EWG zu verhandeln, freilich mit weitgehenden Vorbedingungen für die Commonwealth-Beziehungen und für die britische Landwirtschaft. Die internen Überlegungen und die Konsultationen mit den Commonwealth-Regierungen nehmen die ganze erste Jahreshälfte 1961 in Anspruch. Schließlich erklärt die britische Regierung am 31. Juli, daß sie Verhandlungen mit den Sechs aufnehmen möchte. Sie kann dabei amerikanischer Unterstützung sicher sein.

Damit ist die Phase relativ entspannter Beziehungen zwischen den vier westlichen Großmächten – USA, Großbritannien, Frankreich, Deutschland – bereits wieder vorbei. Nicht allein die große Berlin-Krise läßt die Einheit rasch zerfallen, sondern auch die britische Beitrittsfrage. Erneut eröffnen sich jetzt auch dieselben Meinungsverschiedenheiten zur NATO-Reform und über die geeignete Abwehr des sowjetischen Drucks auf Berlin wie in den Jahren 1959 und 1960. Doch die diesmal unauflösliche Verflechtung mit der EWG-Erweiterung, damit also dem Gesamtkonzept der Neuordnung Westeuropas, macht die Gegensätze zwischen den angelsächsischen Großmächten und Frankreich noch viel explosiver.

Explosiver gestaltet sich die neue Spannung im westlichen Lager nicht zuletzt für Adenauer selbst. Daß er und Bundeswirtschaftsminister Erhard in der EWG-Frage von Anfang an verschiedene Positionen vertreten haben, war schon bisher eine Quelle ständiger Irritationen. Jetzt aber verknüpfen sich die Grundsatzfragen einer Fortentwicklung der westlichen Gemeinschaften unauflöslich mit der Kanzlernachfolge – dies alles vor dem bedrohlichen Hintergrund westlicher Meinungsverschiedenheiten in der Berlin-Frage.

Die Szene für die großen Dramen in den beiden letzten Jahren Adenauerscher Kanzlerschaft ist somit im Sommer 1961 aufs schönste vorbereitet. Und jetzt führt der zunehmende Druck Chruschtschows auf Berlin rasch zu einer schweren Belastung des Verhältnisses zu Macmillan, vor allem aber zur Administration Präsident Kennedys.

Katarakt

»Wasserfall«, so belehrt Meyers Großes Konversations-Lexikon aus dem Jahr 1908, ist »der Fall fließenden Wassers über eine Felswand ... Der Fall geschieht häufig in mehreren aufeinanderfolgenden Abstürzen. Niedrigere, aber sich mehrfach nacheinander wiederholende Wasserfälle oder Stromschnellen nennt man bei größeren Flüssen wohl auch Katarakte. Von der Größe der Wassermasse und der Großartigkeit der Umgebung hängt die Schönheit des Wasserfalls ab.«[1]

Adenauers Kanzlerschaft hat mit dem Mauerbau am 13. August 1961 den ersten großen Katarakt erreicht. Von da an erfolgt der Fall »in mehreren aufeinanderfolgenden Abstürzen« – Verfehlen der absoluten Mehrheit am 17. September 1961, schwere deutsch-amerikanische und deutsch-britische Spannungen in der Deutschland- und Berlin-Frage von Ende September 1961 bis weit ins Frühjahr 1962, *Spiegel*-Krise im Oktober, November und Dezember 1962, britische Beitrittskrise im Januar und Februar 1963, Entmachtung Adenauers durch die CDU/CSU-Fraktion im April 1963.

Daß 1961 zum Katastrophenjahr werden könnte, ist zum Jahresanfang eine weitverbreitete Sorge. Als Adenauer am 3. Januar, zwei Tage vor seinem 85. Geburtstag, durch Ludwig von Danwitz für den WDR über sei-

Glückwünsche zum 85. Geburtstag am 5. Januar 1961 von Robert Pferdmenges (links), Generalinspekteur Heusinger (oben) und den evangelischen Bischöfen Dibelius und Kunst.

nen Lebenslauf interviewt wird, bittet dieser zum Schluß auch noch »um einen kurzen Ausblick in das soeben begonnene Jahr 1961«. Adenauers Antwort spricht Bände: »Ich würde sagen, das Jahr 1961 hat 12 Monate. Das kann niemand bestreiten. Und gerade jetzt schon in den ersten Tagen nach Beginn des Jahres 1961 ersehen wir doch, welche Spannungen zum Teil schwerster Art die ganze Erdkugel überziehen. Durch die Fortschritte der modernen Technik sind Entfernungen zusammengeschrumpft, so daß irgendein Brandherd an irgendeiner Stelle sehr leicht auf große Gebiete übergreifen kann. Was in den 12 Monaten passieren wird, weiß kein Mensch auf der Welt. Ich meine, und damit möchte ich schließen, wir wollen Gott danken, daß das Jahr 1960 keine Katastrophe gebracht hat. Und wir wollen im Jahre 1961 arbeiten, fleißig sein, gewissenhaft sein und treu sein wie bisher. Dann wird auch – das hoffe ich – das Jahr 1961 keine Katastrophe für uns bringen.«[2]

Doch zum Auftakt dieses potentiellen Schicksalsjahres wird der 85. Geburtstag des Kanzlers mit dem traditionellen Zeremoniell begangen. Die minutiös geplante Gratulationscour dauert diesmal zwei Tage. Am Donnerstag, dem 5. Januar, stellen sich ab 9.30 Uhr die Spitzen des Establishments der späten Ära Adenauer im Kabinettsaal ein. Fünfminutentakt ist die Regel. Es gibt aber Ausnahmen. Dazu gehört die Großfamilie. Vier Söhne, drei Töchter und zahllose Enkel wollen individuell gratulieren; das dauert 20 Minuten. Dem folgt im Arbeitszimmer Adenauers die Gratulation der »engeren Mitarbeiter des Bundeskanzlers«. Dann – auch dies gehört schon seit längerem zum Zeremoniell – gratulieren sieben Waisenkinder, nach ihnen das Bundeskanzleramt mit Staatssekretär Globke an der Spitze. Bundespräsident Lübke, der den Jubilar ausnahmsweise im Palais Schaumburg aufsucht, die evangelischen Bischöfe Dibelius und Kunst, das Präsidium des Bundestages mit Eugen Gerstenmaier und Carlo Schmid, dann das Präsidium des Bundesrates – sie alle erhalten nur jeweils fünf Minuten eingeräumt. Hingegen sind für das Bundeskabinett und die CDU/CSU-Fraktion jeweils zehn Minuten vorgesehen.

Kabinett und Bundestagspräsidium schenken gemeinsam vier steinerne Barockputten, die künftig den Rhöndorfer Garten zieren. Da die Minister bei dieser Gemeinschaftsgabe die ätherische Frühlingsputte und das bachische Herbstpendant gestiftet haben, vergleicht Ludwig Erhard die beiden Putten mit dem »gotischen Kanzler und seinem barocken Stellvertreter«. Adenauer will das allerdings nur für die Körperformen gelten lassen und hält es für angezeigt, an diesem Freudentag Erhard ein Kompliment zu machen. Erhard denke durchaus nicht in barocken Schnörkeln, sondern sei – höchstes Lob – ein Realist.

Bemerkenswerterweise läßt man die Sozialausschüsse der CDU gesondert auftreten, an der Spitze den humorvollen und getreuen christlichen Gewerkschafter Johannes Albers. Verglichen mit Adenauer ist Albers noch ein Jüngling. Die beiden Herren kennen sich seit dem Jahr 1912. Damals war Albers 22 Jahre alt, jetzt ist er schon siebzig, und genau an seinem 73. Geburtstag, am 8. März 1963, stirbt er, während der dann 87-jährige Adenauer bei der Trauerfeier im Gürzenich eine Ansprache hält und bemerkt: »Was ihn auszeichnete, war die Treue, die er seinen Idealen und Grundsätzen hielt: er war auch treu gegenüber seinen Freunden, zu denen ich mich, wie ich glaube, rechnen konnte.«[3]

Es ist durchaus Regie, daß der DGB-Vorsitzende Willi Richter erst nach den CDU-Sozialausschüssen auftritt – doch noch weit vor der Bundesvereinigung der Arbeitgeberverbände unter Präsident Paulsen. Sie ziehen erst am Spätnachmittag zwischen den Parteienvertretern und dem langjährigen Vorsitzenden des Deutschen Beamtenbundes, Alfred Krause, herein, und ganz am Schluß des langen Zuges – um 18.55 Uhr – folgt der BDI mit Fritz Berg an der Spitze, kurz vor dem Großen Zapfenstreich der Bundeswehr im Park des Palais Schaumburg.

Zu denen, die bei der Gratulationscour im Glanz des venezianischen Kronleuchter bereits am Vormittag auftreten dürfen, gehören auch die Ministerpräsidenten der Länder. Sie können sich in heimlichem Triumph nahen, denn schon hat das Bundesverfassungsgericht durch einstweilige Anordnung den Fernsehplänen Adenauers, Globkes und von Eckardts einen Riegel vorgeschoben.

Es fällt auf, daß der Regierende Bürgermeister Willy Brandt einen verbindlichen *acte de présence* gibt. Brandt will Adenauer wohl durch seine höfliche Aufwartung auch signalisieren, daß der kommende Wahlkampf fair geführt werden sollte. Ein paar Monate später – der Wahlkampf kommt nun langsam in Gang – stellt sich Brandt wieder einmal bei Adenauer ein, legt ihm – wie er selbst erzählt – einige »üble Machwerke« vor und fragt ihn: »Ist es wirklich unvermeidlich, daß wir so miteinander umgehen?« Adenauer, so erinnert sich Brandt viele Jahre später noch, schaut ihn nur treuherzig an und meint: »Aber Herr Brandt, wenn ich was gegen Sie hätte, würde ich es Ihnen doch sagen ...«[4] Bei Gelegenheit des Geburtstags geht man jedenfalls pfleglich miteinander um.

Das gilt für die ganze SPD. Nichts verdeutlicht sinfälliger den Rechtsruck in der Partei als die nunmehr zu beobachtende protokollarische Veränderung. Noch zum Geburtstag am 5. Januar 1960 hatte der von Herbert Wehner gesteuerte Parteipressedienst der Sozialdemokraten Adenauer zum Geburtstag Herrschsucht, Menschenverachtung, Zynismus sowie leichtfertigen Umgang mit den höchsten Staatsämtern vorgeworfen.[5] Einem mittleren Funktionär der Baracke oblag es, einen Strauß roter Nelken zu überbringen. Jetzt stellt sich Carlo Schmid mit 85 Teerosen ein, um für die SPD zu gratulieren.

Kennzeichnend auch, daß die Vorstandsherren der Rheinischen und Westfälischen CDU zusammen mit dem wenig erfolgreichen CDU- Vorsitzenden Wilhelm Fay aus Hessen so früh ihren Auftritt geben dürfen. Noch ist nämlich die CDU von Nordrhein-Westfalen das Rückgrat der bundesdeutschen Union, und der Tag ist nicht fern, da die Partei ihrem großen Vorsitzenden Konrad Adenauer den Bochumer Rechtsanwalt und Notar Josef Hermann Dufhues als Geschäftsführenden Vorsitzenden aufzwingen wird, der als Innenminister von NRW den Kanzler im Fernsehstreit besonders ergrimmt hat.

Wie sehr bei Adenauer der kommende Wahlkampf alles überschattet, läßt sich am Auftritt der Arbeitsgemeinschaft Demokratischer Kreise unter ihrem Präsidenten Hans Edgar Jahn erkennen. Die Herren der ADK kommen zwar hinter dem Rektor der Universität Bonn, aber noch vor den Landtagspräsidenten. Den Abschluß des Vormittags bildet die Gratulation durch das Diplomatische Korps.

Die Mittagspause dauert von 13.30 bis 17.30 Uhr mit den Hauptpunkten »Frühstück im Kreis der Familie« und »Kaffee im engsten Kreis der Familie«, dazu Herr und Frau Pferdmenges. Dabei werden auch die Glückwünsche von Dannie Heineman in New York ausgerichtet. Er schenkt dem Kanzler zum Geburtstag einen Teepavillon für den Rhöndorfer Garten.[6]

»Wenn ich 90 Jahre alt bin«, kann Adenauer in Heinemans langem Geburtstagsbrief lesen, »so möchte ich Sie in Bonn besuchen und auch über Ihr Denkmal sprechen, das in Bonn stehen muß. Leider ist der alte Zoll besetzt, durch ein anderes Denkmal, das der beste Platz wäre. Aber Ihr Denkmal muß in der Nähe der Universität stehen. Als Inschrift könnte ich die Überlegung von Solon, wenigstens heute, in Betrachtung ziehen: »Je m'instruis toujours en vieillisant, c'est une façon de ne pas vieillir.«[7] Als P.S. fügt der alte Freund hinzu: »Wenn West-Europa fällt, dann wird die übrige Welt kommunistisch.«

Doch zu dem allem wird es nicht kommen. Heineman verstirbt im

89. Lebensjahr. Der alte Rheinland-Enthusiast schickt vom Sterbebett aus zu Adenauers 86. Geburtstag noch ein Telegramm in den berühmten Heinemanschen Knüttelversen: »Heute wieder, voller Schmerzen / sende ich mit vollem Herzen / Meine Wünsche an den Rhein / Wo kann es wohl schöner sein.«

Auch aus dem Adenauer-Denkmal an der Universität wird nichts. Was Heineman über den Standort eines Adenauer-Denkmals geäußert hat, leuchtet Adenauer jedoch ein. Kurz vor Weihnachten 1965 unterhält er sich darüber mit Otto Schumacher-Hellmold. Er ist dagegen, es »irgendwo abseits« unterzubringen. Schließlich meint er, daß die Stelle am Kaiserplatz, wo früher das Kaiserdenkmal stand, sich am besten eignen würde. Zudem könnte man ja auch diesen Platz umbenennen, der doch wohl keine große geschichtliche Tradition besitzt.[8]

Während aber viele Menschen die letzten großen Geburtstagsfeste ihres Lebens in tiefer innerer Bewegung feiern, läßt sich der witzig, frisch und schlagfertig wirkende Kanzler keinerlei Rührung anmerken. Vergangenheit und Zukunft ziehen in 14stündigem Defilee vorbei. Für ein Übermaß an Reflexion ist dabei keine Zeit.

Doch tragen seine Feinde dafür Sorge, daß bei diesem Anlaß nicht nur die angenehmen Vorgänge der Vergangenheit hoch kommen. Kaum sind die Festlichkeiten verklungen, da muß Adenauer am 13. Januar ein höchst unangenehmes Gespräch mit Krone und Globke führen.[9] Es geht dabei um Veröffentlichungen im *Spiegel* zu der verunglückten Aktien-Spekulation des Oberbürgermeisters Adenauer in den späten zwanziger Jahren.[10]

Adenauer ist sich der Brisanz dieser Angelegenheit wohl bewußt. Erfahrungsgemäß wirkt sich bei Wahlen nichts so negativ aus wie Gerüchte, bei denen Spitzenpolitiker mit dem großen Geld in Verbindung gebracht werden können. So hält es der Kanzler für angezeigt, den beiden Herren seine Finanzverhältnisse seit der Eheschließung mit Emma Weyer offenzulegen. Er läßt diese Darlegungen mitstenographieren und übersendet – Beweis für sein gutes Gewissen – das vier Schreibmaschinenseiten umfassende Stenogramm im Nachgang zu der Besprechung an Krone und Globke.[11]

Die Herren erfahren bei dieser Gelegenheit, daß Adenauer durch seine erste Heirat zum wohlhabenden Mann geworden ist. Emma Weyer hat das damals nicht unbeträchtliche Vermögen von siebzig- bis achtzigtausend Reichsmark in die Ehe eingebracht und beim Tod ihrer Mutter nochmals denselben Betrag geerbt. Nach seinem schweren Autounfall im

Jahr 1917 erhält er, vertreten von seinem Bruder, dem Rechtsanwalt August Adenauer, eine Versicherungssumme von einhundertvierzig- bis einhundertfünfzigtausend Reichsmark als Gesamtabfindung ausbezahlt. Die Gesamtsumme von rund dreihunderttausend Reichsmark legt er in sicheren Wertpapieren an.

In diesem Zusammenhang erwähnt er, daß er 1917 zur Überzeugung kam, daß der Krieg verloren sei mit der Folge eines erheblichen Sinkens der deutschen Währung. Als er um den Jahreswechsel 1917/18 vernahm, daß das Pfund in neutralen Ländern mit 48 Reichsmark notiert wird, habe er »für die Stadt Köln alle Geldmittel, die irgendwie flüssig gemacht werden konnten, genommen, um dafür Dollar, Pfund und Schweizer Franken zu kaufen«. Doch zwingt ihn, bemerkt er bedauernd, der Finanzausschuß der Stadt Köln, diesen recht hohen Betrag noch vor Kriegsende abzustoßen, »weil das andere Verhalten unpatriotisch sei«.

Für seinen eigenen Besitz sieht er jedoch damals der Entwicklung »relativ ruhig entgegen, weil ich in Werten angelegt hatte, die auch bei einem stärkeren Sinken der Mark ihren Wert behalten würden«. Im Lauf der zwanziger Jahre, vernehmen Krone und Globke, sei aber seine Sorge vor einem neuen Krieg in Europa gewachsen. Daher die Überlegung, das Vermögen in den USA anzulegen. Daß in den ruhigen Jahren 1927 und 1928 gerade dieses Motiv kaum eine Rolle gespielt haben kann, liegt auf der Hand. Doch weshalb soll Adenauer zugeben, daß auch er sich vom damals grassierenden Spekulationsfieber hat anstecken lassen?! Es folgt nun ein kurzgefaßter Bericht über jene Spekulation mit den »American Bemberg«-Aktien, von der nur wenige Menschen wissen. Einer von ihnen war Dannie Heineman, dessen Rat er in dieser völlig verunglückten Angelegenheit seit 1931 in zahlreichen Briefen und Aufzeichnungen in Anspruch nahm, vor allem in den endlos langen Monaten des Jahres 1933. Die Rolle des später zu sieben bis acht Jahren Gefängnis verurteilten Duz-Freundes Direktor Brüning von der Deutschen Bank Köln wird dabei ebenso gestreift wie das bezeichnende Detail der Begegnung mit Generaldirektor Blüthgen von den Vereinigten Glanzstoffwerken, der seinem Tischnachbarn Adenauer den dringenden Rat gab, sein Vermögen in niedrig notierten Aktien der beiden Tochtergesellschaften der Vereinigten Glanzstoffwerke in den USA anzulegen: »Er nahm bei Tisch eine Menükarte und rechnete auf der Rückseite aus die Sicherheit und die Rendite, die sie haben würden.« Entwaffnend fährt Adenauer in seinem Bericht fort: »Da mir ein solches Tischgespräch zu unsicher war, um daraufhin mein ganzes Vermögen entsprechend anzulegen, habe ich ihm an einem der folgenden Tage geschrieben, mir doch schriftlich seine Ansicht über diese Papiere mitzuteilen. Er hat das in einem ausführlichen Brief getan. Diesen Brief habe ich, wie überhaupt später meine ganze sich auf mein Konto beziehende Korrespondenz, der Filiale der Deutschen Bank in Köln zugeschickt zu Händen von Herrn Dr. Brüning. Da Brüning nicht nur keine Bedenken hatte, sondern die Anlage empfahl, habe ich dann gebeten, meine Wertpapiere zu verkaufen und für den Betrag Shares der Tochtergesellschaften der Vereinigten Glanzstoffwerke anzukaufen. Die Shares stiegen zunächst, fingen aber dann an zu fallen. Es handelte sich bei der Kurseinbuße nicht um die allgemeine Rezession in USA, diese war erst zwei Jahre später. Ich geriet in Sorge und wollte verkaufen. Blüthgen bat mich auf das Dringendste, nicht zu verkaufen. Er hat in der ganzen Folge immer wieder gebeten, nicht zu verkaufen. Offenbar fürchtete er – das ist mir später klar geworden –, wenn ich jetzt verkaufe, würde das auf die Deutsche Bank und deren Kundschaft ungünstig wirken ...«[12]

Der ganze weitere Fortgang wird dann in großen Zügen, wenn auch etwas selektiv, so berichtet, wie er sich abgespielt hat: der Verkauf immer weiterer Aktien durch Brüning, um die Verluste der »American Bemberg« auszugleichen, die beunruhigenden Auskünfte von Heineman, die dem Oberbürgermeister den Erholungsurlaub in Karlsbad verschönern, die Untätigkeit Brünings, dessen Verhaftung im Jahr 1933 und Adenauers Forderung an die Deutsche Bank erst in Köln, dann an die Berliner Zentrale, die Angelegenheit zu untersuchen und seinen Schaden zu ersetzen.

Die Sache ist auch mit dem Ende des Dritten Reiches noch nicht abgeschlossen. Adenauer berichtet, daß Blüthgen seinerseits, der im Verlauf dieser Transaktion anscheinend Adenauers Aktiendepot durch eigene Aktien verstärkt hatte, von ihm nun diese Aktien zurückverlangt habe. Erwähnt wird schließlich noch der Rat von Abs, die Vereinigten Glanzstoffwerke sollten sich mit Blüthgen verständigen »und dabei den ganzen Komplex aus der Welt schaffen«. Adenauer solle doch ja auf keinen Brief von Blüthgen reagieren.

Krone und Globke erkennen natürlich, daß sich Adenauer hier nicht mit Ruhm bekleckert hat. Vorwürfe sind ihm aber offenbar gleichfalls nicht zu machen. Allem Anschein nach hat Adenauer alles stillschweigend aus der Welt schaffen lassen.

Dennoch ist die Chuzpe zu bewundern, mit der Bundespressechef von Eckardt diese unangenehme Geschichte aus dem öffentlichen Gespräch

Katarakt

*Im Kreis der Parteifreunde Kai-Uwe von Hassel (links)
und Eugen Gerstenmeier, 1961.*

rückt. Auf eine Frage in der Bundespressekonferenz nach den entsprechenden *Spiegel*-Veröffentlichungen antwortet er nämlich gelassen und mit viel Gelächter quittiert, es sei ihm trotz seiner Bemühungen nicht gelungen, die Aufmerksamkeit des Herrn Bundeskanzlers auf diese Angelegenheit zu lenken. Die erste gefährliche Stromschnelle des Katarakts im Jahr 1961 ist damit glücklich umschifft.

Im Frühjahr und Frühsommer 1961 fühlt sich Adenauer wieder obenauf. Der Fernsehstreit ist bei den Wählermassen weitgehend vergessen. Die katholische Kirche und die Familienverbände sind zufriedengestellt. Auch die Landwirte wurden beruhigt. Ende April kann Bundesgeschäftsführer Kraske dem CDU-Bundesvorstand schon wieder recht gute EMNID-Zahlen bekanntgeben: 37 Prozent der Befragten Union, 26 Prozent SPD, fünf Prozent FDP. Allerdings ist die Zahl der Unentschiedenen beunruhigend hoch – immerhin 28 Prozent. Adenauer kommentiert das mit folgenden Worten: »Ich würde so sagen: Die Witterungsaussichten sind gut, aber die Witterung schwankt öfter. Natürlich soll man sich freuen, daß die Witterungsaussichten gut sind, aber wir müssen alles tun, damit die Ernte wirklich trocken in die Scheune kommt.«[13]

Im Juli sieht es noch sehr viel günstiger aus. EMNID registriert 39 Prozent für die Union, 28 Prozent für die SPD und sieben Prozent für die FDP. Allerdings beunruhigt immer noch die mit 21 Prozent recht hohe Quote der Unentschiedenen.[14] Rechnet man allerdings die Meinungslosen heraus, dann liegt die Union bei 49,3 Prozent. Adenauer fühlt sich daher gedrungen, vor zu großer Siegeszuversicht zu warnen. Die außenpolitische Situation sei »noch in der Nähe keiner vorhergehenden Wahl so unübersichtlich für die nächsten Monate gewesen wie jetzt«[15].

Nach wie vor hält er an der Wahlkampfstrategie fest, die SPD als außenpolitisch völlig unzuverlässige Partei zu brandmarken. Angesichts ihrer Umarmungstaktik weist er den Bundesparteivorstand in längeren Ausführungen darauf hin, daß die Nuklearpolitik der NATO von den Sozialdemokraten nach wie vor abgelehnt wird. Wie sollten sich aber deutsche Truppen gegen einen nuklear gerüsteten Gegner verteidigen? Das wäre »eine Tragödie, mehr nicht, eine Tragödie in einem Akt, nicht in drei Akten«.[16]

Deshalb ergrimmt es ihn so, daß Bundestagspräsident Gerstenmaier bei einer Ansprache zum Ende der 3. Legislaturperiode am 30. Juni 1961 vor dem Deutschen Bundestag unter großem Beifall auch der SPD stark auf die außenpolitischen Gemeinsamkeiten abhebt. Einmal mehr plädiert er bei diesem Anlaß für einen Friedensvertrag, obschon vorsichtig verpackt. Dieser solle »in *einem* Vertrag mit dem *einen* Deutschland« abgeschlossen werden, und man solle jetzt erst einmal »das Verfahren« klären. Doch allein das Aufgreifen des Stichworts »Friedensvertrag« in der kritischen Lage des Sommers 1961 erscheint bedenklich, zumal der Bundestagspräsident noch zwei Punkte anspricht, die gleichfalls vor allem von der SPD betont werden: Notwendigkeit der Einigung über den militärischen und politischen Status Gesamtdeutschlands und die Frage der Reichsgrenzen. Da Gerstenmaier in seiner Eigenschaft als Bundestagspräsident die Sitzungsperiode mit dieser Ansprache schließt, kann die Regierung dazu keine Stellung nehmen. Das wäre jedoch auch nicht ratsam, denn man müßte dann die parteiinternen Gegensätze auf offenem Markt austragen.

Wie man im inneren Kreis um Adenauer darauf reagiert, vermerkt der Fraktionsvorsitzende Heinrich Krone am 3. Juli: »Der Kanzler rief an. Ihm genügte meine Erklärung nicht. Nur gut, daß die Presse sie schon hatte. Gerstenmaier, der Präsident, hat ohne Zweifel in seiner Rede mehr gesagt, als er im Namen des ganzen Hauses sagen konnte. Die SPD und die Demokraten jubelten und feierten Gerstenmaier als den Politiker der großen Gemeinsamkeit. Was konnten wir tun, wo Gerstenmaier vom Friedensvertrag sprach? Krach mit unserem Präsidenten? Ich habe jegliche Schärfe abgelehnt und dementsprechend meine Erklärung abgegeben. Den Kanzler habe ich nur schwer für meine Einstellung gewinnen können; seine Bedenken blieben.«[17]

Erregt wirft Adenauer Gerstenmaier in Gegenwart Brentanos vor, er habe »gegen den Sinn des Grundgesetzes gehandelt« und kündigt eine briefliche Stellungnahme an.[18]

Auf der Sitzung des Bundesvorstandes der CDU richten Adenauer und von Brentano scharfe Angriffe gegen den Bundestagspräsidenten. Die Vorgänge bei dem parteiinternen Scherbengericht, das sich über Stunden hinzieht, werden von Krone im Tagebuch knapp, aber recht zutreffend wie folgt zusammengefaßt: »Gerstenmaier tobte und wollte alles hinwerfen. Was hat er nicht angedroht, als der Kanzler und der Außenminister ihm auf der Sitzung des Bundesparteivorstandes angriffen. Am Schluß hatten wir ihn wieder in der Hand; er redigierte die Erklärung des Vorstandes mit, die wir dann einstimmig annahmen.« Nun verträgt man sich wieder: »Brentano, Gerstenmaier und ich tranken dann noch eine Flasche und nahmen uns vor, uns mehr als bisher zusammenzusetzen.«[19] Es bleibt also bei der Stoßrichtung des CDU-Wahlkampfes gegen die sozialdemokratische Sicherheitspolitik.

Im Winter 1960/61 hatte es zwar den Anschein, Chruschtschow werde Kennedy allenfalls noch bis April 1961 Zeit geben.[20] Im Lauf des Frühjahrs scheint sich aber die Lage in Berlin eher etwas zu beruhigen, obwohl die Fluchtbewegung nach West-Berlin weiter stark bleibt. An Chruschtschows Entschlossenheit, im Lauf des Jahres 1961 die Berlin-Frage zu lösen, kann allerdings kein Zweifel bestehen.

Adenauers Sorgen nehmen jedoch erneut zu, als die volle Wahrheit über Chruschtschows Ankündigungen beim Treffen mit Kennedy in Wien durchsickert. Unterstaatssekretär Foy Kohler kommt unmittelbar nach der Gipfelbegegnung zur Berichterstattung nach Bonn und resümiert, gegen Jahresende werde man wahrscheinlich mit einer langsam sich steigernden Krise konfrontiert sein. Noch vergleicht aber Adenauer das, was er von den Wiener Besprechungen hört, durchaus positiv mit den Berichten über das seinerzeitige Treffen Eisenhowers mit Chruschtschow in Camp David. Jetzt sei wenigstens substantiell diskutiert worden. Eisenhower aber habe ihm erzählt, bereits am ersten Tag sei man mit dem Gespräch zu Ende gewesen, ohne zu wissen, wie man die Zeit totschlagen sollte. Um schließlich etwas zeigen zu können, habe man einen Wildwestfilm mit viel Schießerei vorgeführt. In Kennedy aber habe Chruschtschow erstmals einen Präsidenten kennengelernt, der hart geblieben sei.[21] Auch Botschafter Kroll gegenüber »lobte Adenauer Kennedys Verhalten über den grünen Klee«.[22]

Doch am 11. Juni 1961 erklärt die Sowjetunion, daß Chruschtschow in Wien schriftlich ein Ultimatum bis Jahresende gestellt hat: entweder ein Friedensvertrag mit beiden deutschen Staaten oder Abschluß eines Friedensvertrages zwischen Moskau und Ost-Berlin! In diesem Fall würden die Zugangsrechte auf die DDR übertragen. Westliche Gewaltanwendung auf den Zugangswegen müsse dann auch als ein Krieg gegen die Sowjetunion verstanden werden. Chruschtschow heizt den Nervenkrieg nun mit Reden vom 15. und 21. Juni weiter an. Außenminister Gromyko nennt den Oktober als spätesten Termin für eine Berlin-Lösung. Für große Unruhe sorgt eine lange Unterredung, die Chruschtschow am 2. Juli nach einer Ballettvorführung mit dem britischen Botschafter Sir Frank Roberts führt. Dabei ist die gesamte sowjetische Führungsspitze zugegen – Breschnew, Mikojan, Kossygin, Gromyko und Frau Furtsewa. Die Ausführungen Chruschtschows sind also hochoffiziell.

Zu Beginn des Gesprächs die üblichen Drohungen. Die Sowjetunion könne jederzeit 300 Divisionen mobilisieren. Sollte der Westen seine Streitkräfte in Deutschland verstärken, werde er dasselbe tun. Sollte es wegen Berlin zu einem Krieg kommen, so wäre das ein Kernwaffenkrieg. Schon zehn Atombomben könnten Frankreich oder Großbritannien zerstören. Falls der Westen den Zugang nach Berlin mit Gewalt erzwingen wolle, werde die Sowjetunion keinesfalls vor einem Krieg zurückschrekken. »Lohnt es sich«, habe Chruschtschow gefragt, »daß 200 Millionen Menschen wegen zwei Millionen Berlinern sterben?«[23]

Chruschtschow weigert sich, auf Macmillans Vorschlag einzugehen, die Verhandlungen dort wiederaufzunehmen, wo sie im Juli 1959 in Genf abgebrochen wurden. Nach nunmehr 16 Jahren könnten die provisorischen Nachkriegsarrangements nicht mehr fortgeführt werden. Die Welt wolle Ruhe, und zwischen einer Verständigung der Sowjetunion mit den Westmächten stehe nur die deutsche Frage. Weder Großbritannien noch Frankreich noch Kennedy selbst wünschten die Wiedervereinigung Deutschlands. Alle Beteiligten, selbst Adenauer, wünschten auch keine Änderung der Oder-Neiße-Linie. Weshalb also nicht einen Friedensvertrag mit beiden deutschen Staaten unterzeichnen?

An diesem Punkt führt Chruschtschow einen direkten Angriff auf Adenauer: »Der einzige Hinderungsgrund sei die Tatsache, daß der Bundeskanzler die westliche Politik entscheide und die Beziehungen zwischen Ost und West vergifte.«[24] Als Sir Frank die Angriffe auf den Bundeskanzler pflichtgemäß zurückweist, macht Chruschtschow eine interessante Bemerkung: »Adenauer sei ihm immer noch lieber als Brandt, da der Bundeskanzler immerhin die notwendige Autorität habe zu verhandeln, falls er sich eines Tages dafür entscheiden sollte. Was den Westen von der Sowjetunion trenne, seien nicht so sehr politische Probleme, in denen im Grunde Übereinstimmung bestehe, sondern Prestigefragen. Dies habe den Westen dazu gebracht, daß er sich seine Politik vom Bundeskanzler diktieren lasse.«

Nach sowjetischer Sicht der Dinge steht einer friedlichen Lösung also in erster Linie die Hartnäckigkeit im Wege, mit der Adenauer an den deutschlandpolitischen Positionen festhält. Dabei nutzt Chruschtschow in raffiniertem Kalkül das Prestigebedürfnis der westlichen Großmächte. Als sowjetische Lösungsvorstellung nennt er erneut das Konzept einer Freien Stadt West-Berlin mit eigenem Wirtschafts- und Sozialsystem, in Verbindung mit dem Westen und bei Stationierung von Truppen der Vier Mächte in diesem Teil der Stadt. Jedenfalls würde der Friedensvertrag mit der DDR noch im Jahr 1961 unterzeichnet. Solange die Westmächte keinen Friedensvertrag mit der DDR abgeschlossen haben, hänge dann der Zugang nach Berlin von einer Erlaubnis der DDR ab. Versuche aber der Westen, Truppen oder Flugzeuge ohne Erlaubnis der DDR nach Berlin zu schicken, so werde die Sowjetunion dies als kriegerische Handlung verstehen und der DDR beistehen.

Auf den Hinweis Sir Franks, man solle doch wenigstens die Bundestagswahlen vorbeigehen lassen, bemerkt Chruschtschow etwas unwirsch, »ständig müsse er irgendwelche Wahlen im Westen abwarten«[25].

Der NATO-Rat wird auf einer Geheimsitzung am 8. Juli 1961 ausführlich von diesem Gespräch unterrichtet. Dasselbe berichtet Botschafter Kroll am 12. Juli aus Moskau. Gromyko verbindet damit noch die Drohung, an der Grenze zwischen der DDR und der Bundesrepublik würden an entsprechenden Stellen sowjetische Truppen aufgestellt werden. Der sowjetische Außenminister polemisiert bei dieser Gelegenheit auch gegen die atomare Aufrüstung der Bundesrepublik.[26]

Die sowjetischen Ziele sind also klar. Der Status quo der Teilung Deutschlands soll völkerrechtlich anerkannt werden. Der Zugang nach Berlin bleibt weiterhin aufs höchste gefährdet. Moskau behält sich auch vor, gegebenenfalls die Atombewaffnung der Bundeswehr ins Spiel zu bringen. Insgesamt ist das Ultimatum – terminiert bis Ende 1961 – erneut so drohend wie im Winter und Frühjahr 1959.

Die europäischen Demokratien befinden sich somit in einer Lage wie im Sommer 1938 bei der Sudetenkrise oder im Sommer 1939 angesichts der Forderungen Hitlers gegenüber Polen. Noch einmal, so scheint es, droht ein brutaler Diktator mit Krieg, um seine angeblich begrenzten Ziele durchzusetzen.

Bis zur Festlegung der amerikanischen Position auf die neuen Drohungen verstreicht Zeit. In den letzten zehn Tagen des Monats Juli zeichnen sich erste Reaktionen ab, ohne daß aber deutlich wird, wie Kennedy die Krise meistern will.

Adenauer möchte es in diesen Wochen immer noch nicht recht wahrhaben, daß eine Kraftprobe unmittelbar bevorsteht. Zwar lehnt er es nach wie vor ab, ein Direktgespräch mit Chruschtschow zu suchen, wofür Botschafter Kroll mit wechselnden Argumenten unablässig plädiert. Aber er läßt sich von ihm und anderen doch in der Hoffnung bestärken, vor dem XXII. Parteikongreß der KPdSU von Mitte bis Ende Oktober 1961 werde Chruschtschow in Sachen Friedensvertrag keine entscheidenden Schritte unternehmen.[27]

Allem Anschein nach beunruhigt Adenauer in diesen Wochen das, was aus Moskau zu vernehmen ist, genauso wie die Nachrichten aus Washington. Hingegen setzt er nun plötzlich sein Vertrauen auf Macmillan, den er als *soft speaker*, aber *hard actor* begreift.[28] Der so gepriesene britische Premierminister vertraut aber am 25. Juni 1961 seinem Tagebuch an: »Wir können wegen Berlin in die Katastrophe treiben – schreckliche diplomatische Niederlage oder (aus lauter Unfähigkeit) ein Atomkrieg.«[29] Tatsächlich drängt Macmillan auf den Beginn baldiger Verhandlungen über das breite Spektrum der Deutschland-Frage und hält die militärischen *contingency*-Planungen für absurdes Theater.[30]

Der Entscheidungsprozeß in Washington bleibt aber vorerst unklar. Ganz deutlich ist nur, daß die Administration die Lage jetzt als sehr kritisch einschätzt. Daraus ergeben sich jedoch zwei unterschiedliche Linien. Einerseits proklamiert Kennedy mit seiner alarmierenden Rundfunk- und Fernsehrede vom 25. Juli einen nachhaltigen und raschen Aufbau konventioneller Stärke in Europa. Damit reagiert er nicht zuletzt auf die öffentliche Kritik an der schwächlichen Haltung bei der gescheiterten Schweinebucht-Invasion auf Kuba. Andererseits drängt er nun auf rascheste Deutschland-Verhandlungen der Vier Mächte. Dabei tauchen fast naturnotwendig erneut jene weitgehenden Konzessionen auf, die während der Jahre 1959 und 1960 zu Zeiten Eisenhowers gleichfalls erwogen wurden.

In bezug auf Berlin ergibt sich dabei eine Neudefinition westlicher Interessen, die der deutschen Seite, Adenauer inbegriffen, bis zum 13. August größtenteils verborgen bleibt. Im Unterschied zur Eisenhower-Regierung, die noch stark auf die Viermächte-Verantwortung für Berlin als Ganzes abgehoben hat, taucht in den Stellungnahmen seit Anfang Juni 1961 – im nachhinein erkennt man es genauer – verdächtig oft der Begriff »West-Berlin« auf.[31] Die *essentials* lauten jetzt: »Anwesenheit der Westmächte in Berlin«, »freier Zugang« sowie »Freiheit und Sicherheit« West-Berlins.[32]

Hinsichtlich der innerstädtischen Bewegungsfreiheit hält sich die Administration zwar noch zurück. Senator Fulbright aber, immerhin der demokratische Vorsitzende des Auswärtigen Ausschusses des US-Senats, erklärt am 30. Juli 1961 in einem Fernsehinterview: »Ich verstehe nicht, warum die Ostdeutschen nicht ihre Grenzen schließen, denn ich glaube, daß sie ein Recht haben, sie zu schließen.«[33] Auch Adenauer vermerkt das als »Beweis dafür, daß eine starke Strömung in den Vereinigten Staaten besteht, unter allen Umständen einen Krieg wegen Berlin zu vermeiden«[34].

Was ihn jedoch Anfang August in erster Linie beunruhigt, sind die Forderungen Kennedys, nunmehr sofort mit demonstrativen Kriegsvorbereitungen zu beginnen. Da man, wie alle Beteiligten auf westlicher Seite, spätestens gegen Ende Herbst mit einer schweren Berlin-Krise rechnet, macht die Forderung nach Sofortmaßnahmen durchaus Sinn, selbst wenn damit nur ein Signal der Entschlossenheit gesetzt werden sollte. Betrachtet man diese Forderungen allerdings unter dem Aspekt der Opportunität für den Wahlkampf der Unionsparteien, so kommen Bedenken.

Am Spätnachmittag des 3. August treffen Verteidigungsminister Strauß und Staatssekretär Carstens in Cadenabbia ein. Vom 5. bis 7. August 1961 soll eine Ministerkonferenz der drei westlichen Deutschland-Mächte und der Bundesrepublik in Paris stattfinden, um die Taktik für die kommenden Monate festzulegen. Dabei muß Bonn auch auf die amerikanischen Forderungen nach konkreten Kriegsvorbereitungen eine Antwort geben.

Strauß kehrt eben von einem dreiwöchigen Aufenthalt in den USA zurück. Er berichtet, die Amerikaner seien zum größten Teil kriegsbereit, allerdings unter der Voraussetzung einer Beteiligung der Bundesrepublik. Diese solle, so wünsche Washington, ihre Divisionen sofort auf Kriegsstärke bringen und bis zum 1. Januar 1962 drei weitere Divisionen aufstellen. Konkret bedeutet das unter anderem, daß die am 28. September zur Entlassung stehenden dreißigtausend Wehrpflichtigen weiter bei ihren Verbänden bleiben müssen. Strauß hält es für nicht vertretbar, das erst am 18. September, einen Tag nach der Bundestagswahl zu erklären. Vordringlich seien auch alsbaldige Munitionsbestellungen, Anreicherung von Proviant, Stellung von über 8000 Lastkraftwagen und anderes mehr.

Adenauer, so erinnert sich Strauß nach fast drei Jahrzehnten, sei bei diesem Gespräch »sehr besorgt, sehr vorsichtig, sehr zurückhaltend« gewesen.[35] Der Kanzler selbst legt danach einen Vermerk an, in dem er seine Gegenargumente zusammenfaßt: »Ich habe dem entschieden widersprochen. Ich habe gesagt, daß wir bei der inneren Unsicherheit der Freien Demokraten unbedingt bei der Wahl am 17. 9. 1961 die absolute Mehrheit bekommen müßten. Nur dann könnten wir eine wirklich konsequente und folgerichtige Politik machen und auch eine Krise durchstehen ... Herr Strauß irre auch, wenn er glaube, daß sichtbare Kriegsvorbereitungen – alle Kriegsvorbereitungen seien sichtbar – ohne Einfluß auf die Wahlen seien. Das deutsche Volk sei innerlich noch so labil infolge des verlorenen Krieges und der Zerstörung, daß jedenfalls die Schicht, die parteipolitisch nicht gebunden sei in ihren Anschauungen, bei einer geschickten Agitation der SPD anfällig für die Stimmabgabe für die SPD würde. Ich hatte den Eindruck, daß zwischen den Sozialdemokraten und gewissen amerikanischen Demokraten Verbindungen bestünden, die sehr unbequem werden könnten, wenn Kriegsvorbereitungen getroffen würden ... Das Wichtigste sei aber – auch für die Amerikaner –, daß wir die Wahlen gewinnen, und zwar mit absoluter Mehrheit gewinnen. Daher bin ich entschieden gegen alle Maßnahmen, die als Vorbereitung zu einem Kriege gedeutet werden könnten. Ich ersuchte Herrn Strauß, bei den Pariser Verhandlungen den Amerikanern diesen meinen Standpunkt als unverrückbar mitzuteilen. Wir könnten daher nicht, wie die Amerikaner das verlangten, bis zum 31. 12. 1961 die Divisionen aufgestellt haben, Kriegsmaterial etc. angereichert haben usw., sondern erst zum 1. 4. 1962.« Staatssekretär Carstens pflichtet dem seitens des Auswärtigen Amts bei.[36] Strauß ringt aber Adenauer wenigstens eine sofortige Erhöhung des Verteidigungshaushalts für Munitionierung und Aufnahme alliierter Truppen ab.[37]

Bei seinem Nein zu sichtbaren Sofortmaßnahmen läßt sich Adenauer auch von der Überlegung leiten, daß die USA in den letzten Jahren der Eisenhower-Regierung militärisch zurückgefallen sind. Die Berlin-Krise sei also für die Administration eine gute Gelegenheit, vom Kongreß mehr Mittel zu erhalten. Jetzt erst ist er der Meinung, daß »das übereilte Zusammentreffen in Wien« falsch war, falsch auch der Zeitpunkt der Rede Kennedys vom 25. Juli.

Kritisch erörtert er die Vorschläge von Humphrey, Mansfield und Fulbright, aus denen Chruschtschow den Schluß zieht, daß die USA innerlich unsicher seien. Im Hinblick auf England zeigt er sich nun wieder skeptischer. Nachdem man dem sowjetischen Weltraumpiloten Gagarin in London einen so begeisterten Empfang bereitet habe, werde Chruschtschow daraus die naheliegende Schlußfolgerung ziehen, »daß Großbritannien trotz aller seiner Erklärungen im Ernstfall nicht mitziehen wird«. Daher wäre es auch politisch völlig falsch, »wenn die Bundesrepublik jetzt plötzlich Kriegsvorbereitungen träfe«. Chruschtschow müsse eben einfach vor dem eigenen Volk das Gesicht wahren. Schließlich habe er seine Ankündigungen schon vor zweieinhalb Jahren ausgesprochen: »Alles das zusammengenommen, dazu unsere Bundestagswahl, der Kongreß der kommunistischen Partei in Sowjetrußland, der am 17.10.61 beginnt, zwingen dazu, bedächtig vorzugehen und im geeigneten Augenblick tatsächlich eine Verhandlung anzubieten.«[38]

Adenauers Resümee unmittelbar vor dem Mauerbau, der ihn allem Anschein nach völlig überrascht: »Das ganze politische Bild bezüglich

Berlins und der Deutschlandfrage ist durch alles das zusammengenommen sehr schlecht. Man muß sich darüber keiner Täuschung hingeben.«[39]

Mit diesem Pessimismus steht Adenauer nicht allein. Botschafter Blankenhorn etwa, der lange Jahre auf einfallsreiche Entspannungspolitik gedrängt hat, sieht nach der Pariser Strategie-Beratung in der ersten Augustwoche 1961 die Lage so düster wie noch nie: »So steht die westliche Welt in diesen Wochen vor der schwersten Auseinandersetzung mit dem aggressiven Sowjetrußland seit 1945. Es will mir scheinen als ob, wenn überhaupt, wir in diesem gewaltigen Kräftewettbewerb, der – sei es aus Irrtum, sei es aus Zwischenfällen irgendeiner Art – so leicht zur Katastrophe führen kann, die letzte und höchste Anstrengung sehen müssen, vielleicht in letzter Minute die freie Welt gegenüber dem Kommunismus zu behaupten. Es ist sehr richtig, wenn die amerikanischen Sachverständigen immer wieder darauf hinweisen, daß eine solche Kraftprobe wie die gegenwärtige nur heute noch gewisse Chancen bietet und daß man bei dem raschen Zunehmen der sowjetischen Macht nicht nur auf militärischem Gebiet (Raketen), sondern auch in allen Teilen der Welt, eine solche Chance in den kommenden Jahren sehr viel verlustreicher und sehr viel aussichtsloser erscheinen läßt. Die Kraftprobe muß erfolgen. Je eindrucksvoller sie vom Westen geführt wird, umso sicherer können wir damit rechnen, daß die sowjetische Regierung zurückweicht.«[40]

In einem solchen Eintrag klingt manches von der Stimmung an, die den Reichskanzler Bethmann Hollweg im Juli 1914 bewogen hat, die Kraftprobe zu wagen. Doch wenigstens Adenauer hat aus der Geschichte gelernt. Er will in diesen Wochen jedem Zusammenstoß möglichst ausweichen und erreichen, daß alle Beteiligten unter Wahrung des Gesichts aus der verfahrenen Lage herauskommen. Daher geht er die kommende Krise so unheroisch wie nur denkbar an. Auch er will jetzt möglichst schnell verhandeln, allerdings erst nach den Bundestagswahlen.

Die Taktik des Kanzlers zielt darauf ab, alle Entscheidungen, auch die zur Aufnahme von Verhandlungen mit Moskau, über den Wahltag hinauszuschieben. Würde man nämlich sofort Verhandlungen anbieten, so müßte die Bundesregierung auch in einer ganzen Reihe von kritischen Fragen vorzeitig Farbe bekennen mit dem Risiko von Indiskretionen und von innenpolitisch heiklen Festlegungen. Beim Blick auf die Vertriebenen ist dabei nicht zuletzt an die Grenzfrage zu denken. Sie tendieren derzeit mehrheitlich zu den Unionsparteien, und somit kann die absolute Mehrheit auch von ihrer Wahlentscheidung abhängen. Immer noch hofft Adenauer, bei einer Regierungsbildung ohne die FDP die dann wohl notwendigen deutschlandpolitischen Konzessionen so definieren zu können, wie sie ihm am zweckmäßigsten erscheinen.

Da de Gaulle mit großer Härte die Auffassung vertritt, man dürfe nicht unter Kriegsdrohungen verhandeln, dringen von Brentano und Carstens in Paris damit durch, noch kein offizielles Verhandlungsangebot an Chruschtschow zu richten. Die Gegensätze zwischen den verhandlungsbereiten Angelsachsen und ihren kontinentalen Verbündeten sind doch recht spürbar, so daß nicht einmal ein gemeinsames Abschlußkommuniqué zustande kommt. Macmillan summiert die Positionen am 11. August in der Verschwiegenheit seines Tagebuchs wie folgt: »Die Frage ist immer noch ungelöst, wann und wie die Verhandlungen mit der sowjetischen Regierung eröffnet werden sollen. Die Amerikaner drängen zu stark; Franzosen und Deutsche sind zu unlustig.«[41]

Als Macmillan zu dieser Schlußfolgerung gelangt, hält sich Außenminister Dean Rusk eben bei Adenauer in Cadenabbia auf. Die beiden kennen sich seit April 1961. Macmillan in seinem kaum verhüllten Hochmut sieht in Rusk nur »einen Professor, der außer seiner Kenntnis der akademischen Welt wenig Erfahrungen mitbringt«.[42] Auch aus Adenauers Sicht ist Rusk immer noch ein unbeschriebenes Blatt und – anders als Dulles – keine politische Kraft mit eigenem Gewicht.

Rusk trifft auf einen Bundeskanzler, der ihn freundlich begrüßt und ankündigt, er werde mit ihm genauso offen sprechen wie früher mit John Foster Dulles, was Rusk als großes Kompliment betrachtet. Dann hält der Kanzler dem amerikanischen Außenminister einen längeren Vortrag darüber, daß Deutschland sowohl unlängst mit einem Diktator seine Erfahrungen gemacht habe wie auch seit Jahrhunderten mit den Russen. Davon ausgehend bemerkt er, die USA böten ein recht zwiespältiges Bild. Einerseits gebe es Kennedys »großartige« Rede und die entschiedenen Maßnahmen zum Aufbau des Militärpotentials, andererseits die Äußerungen der Senatoren Fulbright, Mansfield oder Humphrey, »die den ganzen positiven Eindruck dieser Maßnahmen weitgehend zunichte machten«. Von einer Berücksichtigung der sowjetischen Sicherheitsbedürfnisse will er jetzt überhaupt nichts hören.

Es folgt eine Analyse Chruschtschows. Ihn charakterisiert er bei dieser Gelegenheit primär als russischen Nationalisten, dem sehr an der wirtschaftlichen Entwicklung seines Landes gelegen sei. Deshalb – und damit ist er beim Hauptpunkt – müsse man für den Fall von Übergriffen nicht zuletzt wirtschaftliche Gegenmaßnahmen des Westens ins Auge fassen.

Die Bundesrepublik habe zwar auch ihre Osthandelslobby, doch damit könne man fertig werden. Hinsichtlich militärischer Vorbereitungen indessen zeigt Adenauer größte Zurückhaltung.

Da Rusk ihm den Wunsch Kennedys nach einer Verhandlungsinitiative vorgetragen hat, bemerkt er, das müsse sorgfältig vorbereitet werden. Doch warum solle man nicht erklären, daß man zu Verhandlungen bereit sei?! Damit beantwortet er Rusks Vorschlag, in der ersten Septemberwoche ein Verhandlungsangebot für die Zeit zwischen Anfang Oktober und November zu machen. In diesem Zusammenhang erinnert er daran, daß sich die Westmächte 1945 im Gegenzug zur Errichtung westalliierter Garnisonen in Berlin aus Thüringen, Sachsen und Mecklenburg zurückgezogen hätten.

Im übrigen bedankt sich Adenauer dafür, daß Washington bei der Konferenzplanung Verständnis für seine Wahlprobleme aufbringt. Neuerdings wollten Sozialdemokraten und Freie Demokraten außenpolitisch nicht mehr mit der CDU zusammengehen. Er kann sich auch einen Seitenhieb auf Willy Brandt nicht verkneifen. Dieser habe doch tatsächlich am vergangenen Freitag in Freiburg im Breisgau ausgeführt, es sei schwerer, in Berlin den Buckel für die Freiheit hinzuhalten, als vom linken Rheinufer aus eine zusätzliche Spaltung in das deutsche Volk zu tragen.[43]

An dem Gespräch ist vor allem das bemerkenswert, was *nicht* zur Sprache kommt. Adenauer erhält keinerlei Hinweis auf Informationen über eine mögliche Abriegelung des Ostsektors. Er erweist sich aber auch nicht neugierig. Weder sucht er herauszufinden, was Chruschtschow und John McCloy bei einem achtstündigen Zusammensein am 26. Juli in Sotschi am Schwarzen Meer besprochen haben noch greift er die Eingrenzung der amerikanischen Garantien auf West-Berlin auf. Auch von den *contingency*-Planungen ist nur so weit die Rede, als Adenauer in die möglichen Gegenmaßnahmen vor allem wirtschaftliche Repressalien einbeziehen möchte.

Damit ist dieser letzte Cadenabbia-Urlaub vor der großen Krise zu Ende. Rusk braust in die Villa Serbelloni bei Bellagio ab. Ein ziemlich schweigsamer Adenauer speist noch in der Villa Collina, dann geht es zu Schiff nach Como und zum Flughafen nach Malpensa, wo Ministerpräsident Fanfani wartet, um mit dem berühmtesten deutschen Italienurlauber der Saison 1961 die sehr ernste Weltlage zu besprechen. Bei der Fahrt über den Comer See hört Horst Osterheld, wie Adenauer angesichts der idyllischen Landschaft rings um den See zwei oder dreimal bemerkt: »La felicità sta sempre ad altera riva« – das Glück steht immer am anderen Ufer. Dann stürzt er sich in den Wahlkampf, und zwar zuerst in Kiel und Lübeck, der Heimat seines Herausforderers. Gegen siebzehn Uhr am Samstagnachmittag des 12. August kehrt er wieder nach Rhöndorf zurück.

Am Sonntag, dem 13. August, kurz vor sieben Uhr morgens, ruft Globke an und unterrichtet ihn über die Absperrungsmaßnahmen in Berlin. Globke seinerseits ist kurz vor sechs Uhr durch den Berliner Bürgermeister Amrehn unterrichtet worden. Ernst Lemmer, der Bundesminister für gesamtdeutsche Fragen, hat Globke kurz danach gleichfalls angerufen und Amrehns Informationen durch den Hinweis ergänzt, daß sowjetische Truppen, insbesondere Panzereinheiten, an der Sektorengrenze in Erscheinung träten. Lemmer bemerkt noch, daß sich weder die Reaktion der Alliierten noch die der Bevölkerung absehen lasse. Er erwartet eine große Erregung. Dabei verweist er, so erinnert sich Globke später, auf die Vorgänge am 17. Juni 1953.

Eine Stunde danach telefoniert Lemmer auch mit Adenauer selbst.[44] Dabei, so behauptet Adenauer, sei von der Gefahr eines Aufstandes in der Ostzone die Rede gewesen. Lemmer hingegen schreibt später in seinen »Erinnerungen«, er habe Adenauer geraten, sofort nach Berlin zu fliegen.[45]

Von Anfang an wird deutlich, daß der Kanzler entschlossen ist, den Vorgang so weit wie möglich herunterzuspielen. Horst Osterheld, der zu denen gehört, die einen sofortigen Auftritt Adenauers in Berlin wünschen, vermerkt am 15. August in seinem Tagebuch, die Meinungen im Kanzleramt seien geteilt gewesen: »Ruhe bewahren, empfahlen viele, nur keinen Funken ins Pulverfaß! Und keiner tat etwas: es lief weich; auch von höheren Stellen hieß es: Bleibt ruhig in der Zone, bleibt ruhig im Westen. Ruhe ist die erste Bürgerpflicht, war die Parole.«[46]

»Es lief weich« – das zeichnet sich schon am Vormittag des 13. August ab. Zufällig ist der amerikanische Senator Thomas J. Dodd aus Connecticut mit Staatssekretär Globke verabredet. Er gilt als zuverlässiger Antikommunist, auch als deutschfreundlich und wird deshalb vom Kreis um Adenauer als Gegengewicht zu den Senatoren Fulbright, Humphrey oder Mansfield betrachtet. Adenauer empfängt ihn zusammen mit Globke in Rhöndorf und gibt hier die Parole aus: man müsse feste Haltung gegenüber dem Osten mit Besonnenheit verbinden.[47] Der Kanzler bittet Dodd, der dann nach Berlin fliegt, in diesem Sinne auf die alliierten Berliner Stellen einzuwirken.

Am Sonntagnachmittag beraten Adenauer, Globke und Krone in Rhöndorf die Lage. Harte Gegenmaßnahmen, so berichtet Globke später, seien bedenklich erschienen, da eine unkontrollierbare Eskalation daraus hätte resultieren können. Wenn sich Globke richtig erinnert, so ist dabei auch über einen spektakulären Flug des Kanzlers nach Berlin gesprochen worden. Das hätte, schreibt er beim Rückblick, den damals ohnehin sicher erscheinenden Wahlsieg für die CDU untermauern können. Doch Adenauer habe mit Blick auf das Risiko eines Aufheizens der Emotionen davon abgesehen. Globke zitiert ihn: das Parteiinteresse müsse gegenüber dem Staatsinteresse zurücktreten. Der Bericht über diese Unterredung vermerkt auch die Ungewißheit über die diplomatischen Reaktionen der Westalliierten. Von einer Kündigung des Interzonenhandelsabkommens wird abgesehen, da man damit auch die Berliner Zugangswege gefährden würde. Erst recht keine Forderung gegenüber den westlichen Alliierten nach gewaltsamem Vorgehen gegen die Absperrungen.

Die mit Krone telefonisch abgestimmte Erklärung des Bundeskanzlers[48] liegt ganz auf der Beschwichtigungslinie: »Es ist das Gebot der Stunde, in Festigkeit, aber auch in Ruhe der Herausforderung des Ostens zu begegnen und nichts zu unternehmen, was die Lage nur erschweren, aber nicht verbessern kann.«[49] Der Kanzler ist somit am 13. August von lauter älteren Herren umgeben, denen wie ihm noch die Erinnerung an den Ausbruch zweier Weltkriege in den Knochen steckt.

Wenn sich Adenauer später mit kritischen Fragen wegen seines Verhaltens am 13. August und danach konfrontiert sieht, entschuldigt er sich gern mit dem Hinweis, er habe die Stimmung nicht noch anheizen wollen: »Man habe ihm gesagt, daß sein Erscheinen an der Grenze das Signal zu einem Aufstand geben würde. Dies habe er nicht verantworten können.«[50]

Andere Überlegungen sind gleichfalls naheliegend, obschon Adenauer und Globke sich hüten, sie auch nur anzudeuten. Könnte es nicht sein, daß Ulbricht nur auf eine Provokation wartet, um auch gegen die Verbindungswege vorzugehen? Was geschieht, wenn der Bundeskanzler wegen einer Unterbrechung des Flugverkehrs in Berlin festsitzt? Und wird er wirklich so massiv gegen Brandt Wahlkampf führen können, wie er das vorhat, wenn er Seite an Seite mit ihm zu Hunderttausenden von Berlinern vor dem Schöneberger Rathaus gesprochen hat?

Wahlkampfüberlegungen sind in dieser Phase zweifellos noch vorrangig. Die heiße Phase der Wahlschlacht hat nun eben begonnen, und sie soll unter dem Gesetz der Polarisierung stehen. Mit diesem erfolgreichen Rezept ist Adenauer bisher glänzend gefahren. Dazu tritt die Entschlossenheit, vorerst nach der Maxime *business as usual* zu verfahren. So kommt es zur Entscheidung, die Großveranstaltungen am Abend des 14. August in Regensburg, am 16. August in Bonn und am 18. August in Essen durchzuführen.

Als sich am Vormittag des 14. August Außenminister von Brentano einfindet, führt dies durchaus nicht zur Kurskorrektur. Die beiden Herren entschließen sich sogar, am Mittag zu zweit vors Fernsehen zu treten. Statt dabei orientierend zu wirken, geben sie aber nur ein Bild der Ratlosigkeit ab. Dazu trägt gewiß auch der Umstand bei, daß die Westmächte noch nicht reagiert haben. Doch da erst eine Minderheit der Haushalte Fernsehgeräte besitzt, hält sich die schlechte Wirkung in Grenzen.

Dann kommt die Regensburger Rede mit dem giftigen persönlichen Angriff auf Brandt. Dabei handelt es sich durchaus nicht um einen Ausrutscher. Intern hat sich Adenauer lange zuvor schon fast wörtlich genauso geäußert, und trotzig wiederholt er die Worte »Brandt alias Frahm« auch zwei Tage später bei einer Kundgebung am Bonner Omnibus-Bahnhof.[51] Selbstverständlich ist es nach seiner Meinung in beiden Fällen Brandt selbst, der durch vorhergehende unsachliche Angriffe diese scharfe Replik herausgefordert hat!

Nach dem verunglückten Fernsehauftritt zusammen mit dem Bundesaußenminister ist dies der zweite, unkorrigierbare Mißgriff. Das öffentliche Echo belehrt Adenauer, daß er gleich drei Fehler auf einmal gemacht hat. Statt angesichts der Emotionalisierung nationale Solidarität zu bekunden, wie es jetzt erwartet wird, führt er den Wahlkampf fort, während Brandt unverzüglich seine Wahlkampftermine vorerst absagt. Statt Brandt und den Berlinern erst einmal väterlich beizuspringen – man kann sich ja später wieder auseinandersetzen – polarisiert er sogar den Wahlkampf. Und er attackiert den Gegner nicht nicht nur politisch, sondern auf durchaus unfeine Weise persönlich, denn der genau gezielte Seitenhieb »Brandt alias Frahm« richtet sich gegen die Emigration Willy Brandt ebenso wie gegen dessen uneheliche Geburt.

Gewiß hat Adenauer auch in der Vergangenheit des öfteren herabsetzende und wenig qualifizierte Äußerungen getan, die sich als Eigentor hätten auswirken können. Doch das wird rasch überhört und vergessen. Man kennt schließlich seinen Wahlkampfstil. Diesmal aber sind es Tage stärkster Emotionalisierung. Jede seiner Äußerungen wird auf die Goldwaage gelegt – und nun das! Er liefert damit seinen Gegnern ein Argument, das auch viele nicht Festgelegte nachdenklich macht: Die Stunde verlangt nach dem Staatsmann, und der Kanzler präsentiert sich als Demagoge!

Der wichtigste Punkt, den er in Regensburg öffentlich vorbringt, geht dabei völlig unter – sein Verweis auf die westliche Waffe eines vollständigen Embargos.[52]

Die Kabinettssitzungen am 15. und 16. August dienen vorwiegend der Information und einer Skizze der Regierungserklärung. Bei dieser Gelegenheit teilt Adenauer auch mit, daß er nicht zu der großen Protestveranstaltung des 16. August am Schöneberger Rathaus fliegen wird. Begründung: er wolle nicht zur Verschärfung der Situation beitragen. Die Diskussion in der Ministerrunde zeigt übrigens, daß seine sehr vorsichtige Linie auch von anderen durchaus gestützt wird. Gerhard Schröder bemerkt sogar zum großen Verdruß Heinrich Krones, er sei seit Jahren davon überzeugt, daß man wegen Berlin keinen Krieg führen kann. Und Atomminister Balke meint sogar, man solle einen solchen Satz auch öffentlich aussprechen.[53]

Wenigstens diesen Fehler macht Adenauer nicht, dafür aber einen anderen. Botschafter Smirnow hat um einen Termin gebeten. Am Dienstag, dem 16. August, um zwölf Uhr empfängt ihn Adenauer in Gegenwart von Brentanos, Globkes und Osterhelds. Smirnows langatmig vorgetragene Botschaft[54] ist eine Mischung aus Werbung und Drohung. Wie Chruschtschow dies seit langem schon gegenüber Botschafter Kroll praktiziert, bietet er nun auch durch seinen Bonner Botschafter erneut friedliche Zusammenarbeit bei der Lösung aller Fragen an. Smirnow erinnert an die nützlichen Gespräche, die man 1955 in Moskau geführt hat, drängt im Namen Chruschtschows auf Lösung der gegenwärtigen Streitfragen und klammert den Mauerbau völlig aus.

Unter Verweis auf deutsche verbrecherische Politik in zwei Weltkriegen droht er aber zugleich den Untergang an, wenn es nicht auch Adenauer gelinge, Zuspitzungen und kriegerische Aktionen zu vermeiden.[55]

Statt den sowjetischen Botschafter unverzüglich wegen der Einschließung der Deutschen im Ostsektor energisch zur Rede zu stellen, läßt sich Adenauer erst auf die sanfte Tour ein, dankt für die Grüße Chruschtschows, versichert, wie gern auch er an die Moskauer Gespräche zurückdenke und wie er sich baldigst den angesprochenen Problemen widmen werde. Allerdings erst nach den Bundestagswahlen! Damit macht er einmal mehr deutlich, wie sein ganzes Sinnen und Trachten vorerst dem Ziel gilt, ungestört und möglichst mit absoluter Mehrheit über den Wahltag hinwegzukommen. Gewissermaßen augenzwinkernd erklärt Smirnow, vor den Wahlen wäre zwar besser, doch wenn eben jetzt keine Zeit sei, müsse man bis nach den Wahlen warten, was Adenauer dankbar quittiert.

Erst jetzt spricht er Berlin an, und zwar in denkbar zurückhaltenden Worten: »Es handele sich seiner Ansicht nach hierbei um eine lästige und unangenehme Sache, die über das Nötige hinaus hochgespielt worden sei. Er wäre der sowjetischen Regierung dankbar, wenn sie da etwas mildern könnte. Er sei in großer Sorge über die Entwicklung in Berlin und in der Zone, und er habe ganz offen Angst, daß dort unter Umständen Blut fließen könnte. Die Situation sei als wahrhaft scheußlich zu bezeichnen, und er wäre der sowjetischen Regierung sehr dankbar, wenn sie verhindern würde, daß dort etwas passiert.«[56]

Mit zynischem Bedauern erwidert Smirnow, natürlich seien sich auch die Vertreter der Warschauer-Pakt-Staaten, als sie die in Berlin getroffenen Maßnahmen beschlossen hätten, darüber im klaren gewesen, daß sie »gewisse Unannehmlichkeiten« für die Berliner Bevölkerung mit sich bringen würden. Falls es aber zu einer befriedigenden Regelung der Berlin-Frage käme, könnten diese Maßnahmen »möglicherweise überprüft und geändert werden und von vorübergehender Dauer sein«[57]. Damit verbindet er Angriffe auf Brandt, Lemmer sowie die Beschlüsse der Pariser Außenminister-Konferenz und fügt drohend hinzu: »Es seien übrigens auch weitere Maßnahmen geprüft worden, falls Brandt oder andere Politiker gefährliche Schritte tun wollten.«[58] Der Warschauer Pakt sei fest entschlossen, es zu keinen Unruhen, schon gar nicht zu Blutvergießen in der DDR kommen zu lassen. Adenauers Aufforderung, Ruhe zu bewahren, habe er sofort seiner Regierung mitgeteilt.

Als der Kanzler kritisch vermerkt, daß Chruschtschow ihn gegenüber Ministerpräsident Fanfani neulich als »einen bösen Mann« bezeichnet habe, meint Smirnow, Chruschtschow habe sicherlich Grund zu einer solchen Feststellung. Andererseits habe er aber auf der neuerlichen Warschauer-Pakt-Tagung erklärt, Adenauer werde in der gegenwärtig gespannten Weltlage einen Krieg zu verhindern wissen.

Als beiderseits alles, was die Herren der Erwähnung für angezeigt halten, gesagt ist, holt Smirnow noch ein von ihm vorbereitetes Kommuniqué hervor, das dem flauen Ton dieser Unterredung durchaus angemessen ist. Vergeblich bemüht sich Horst Osterheld, eine Streichung anzuregen.[59] Lediglich ein bemerkenswert blasser Satz zum Mauerbau wird auf Ersuchen Adenauers hinzugefügt: »Der Herr Bundeskanzler nahm die Gelegenheit wahr, um Botschafter Smirnow seine Meinung über die Lage in Berlin zu sagen.«[60]

Der sowjetische Botschafter trifft somit auf einen ziemlich windelweichen Kanzler, der vorerst nur zwei Ziele hat: Verhinderung gewaltsamer Zusammenstöße und einen wenigstens von nun an ungestörten Ablauf seiner Wahlkampagne. Adenauer seinerseits schöpft aus der Unterredung die Hoffnung, daß die Abriegelung des Ostsektors vielleicht doch nicht den Auftakt von Blockademaßnahmen gegen die Verbindungswege darstellt.

Mit dieser vorsichtigen Zurückhaltung liegt der Kanzler allerdings ganz auf der Linie Kennedys und Macmillans. Die *Bild*-Zeitung vom 16. August brandmarkt das mit giftigen Schlagzeilen: »Der Westen tut nichts. Präsident Kennedy schweigt ... Macmillan geht auf die Jagd ... und Adenauer schimpft auf Brandt.«[61]

Ebensowenig wie Kennedy oder Macmillan hält auch Adenauer spektakuläre Gegenmaßnahmen für angebracht. Am 17. August suchen ihn verschiedene Journalisten auf. Die Nachrichten des Tages: eine Großdemonstration am 16. August von 250 000 Berlinern mit Willy Brandt; Mitteilung über einen Brief Brandts an Kennedy, von dem die Bundesregierung anfänglich nichts weiß; ein lahmer Protest der drei Stadtkommandanturen von West-Berlin, 60 Stunden nach dem Beginn der Aktion; schließlich das Kommuniqué der Unterredung Adenauers mit Smirnow. Immerhin hat Adenauer in Regensburg anscheinend einen konkreten Vorschlag gemacht: Embargo gegen die Sowjetunion. Nun bemüht sich der Kanzler, in dem Hintergrundgespräch zu verdeutlichen, er habe diesen Vorschlag nicht etwa gemacht »wegen der Geschichte im Ostsektor von Berlin ...«[62]

Es sind solche nicht voll reflektierte Redewendungen, aus denen zugleich ablesbar ist, daß Adenauer für die millionenfachen Psychodramen dieser Tage noch keine richtigen Antennen besitzt. Das wird sich erst ändern, als er bei dem viel zu spät vorgenommenen Berlin-Besuch durch die Bernauer Straße geht und wieder einmal im Notaufnahmelager Marienfelde hereinschaut. In den Tagen unmittelbar nach dem Mauerbau aber dominieren Kriegsfurcht, Überlegungen kalter Staatsräson und Wahlkampfkalkül. Aus seiner Sicht steht man erst in den Anfängen der Krise: »Was jetzt in Berlin geschehen ist, ist der allererste Anfang einer Reihe weiterer Maßnahmen bis zur unmittelbaren Kriegsdrohung«, telegraphiert er am 16. August an Axel Springer und beschwert sich zugleich über die Schlagzeile der *Bild*-Zeitung: »Wenn die Dinge wirklich ernst werden, wohin wird sich dann die Nervosität der Deutschen und der Presse noch steigern?«[63]

Anfangs vermerkt er nicht ohne Ingrimm, wie sich Brandt mit seinem kräftig formulierten Brief an Kennedy die Finger verbrennt. Er selbst, so meint er, liege mit seiner vorsichtigen Reaktion viel genauer auf der Linie des Präsidenten und Macmillans. Man braucht ja nicht ganz so weit zu gehen wie Macmillan, der den Journalisten, die ihn wegen des Mauerbaus beim Golfspielen in Gleneagles stören, ärgerlich zuruft: »Niemand denkt daran, deswegen in den Krieg zu ziehen.«[64]

Rasch aber erkennt Adenauer dann doch, daß ihm sein katzenpfötiges Auftreten in Verbindung mit der Schelte gegen Willy Brandt den Wahlkampf verdirbt. Während der Regierende Bürgermeister von Berlin am Schauplatz der Geschehnisse gute Figur macht, wirkt der Kanzler hilflos, unsensibel und unfair zugleich. Das weitverbreitete Vorurteil, daß ihm Berlin gleichgültig sei und daß er statt an Deutschland nur an kurzfristige Wahlerfolge denkt, scheint sich wieder einmal zu bestätigen.[65] Außerdem beginnt Brandt nun schon ab dem 16. August ein Thema anzuschlagen, das dann bis zum Schluß den SPD-Wahlkampf begleitet: »Die Versäumnisse der hinter uns liegenden Jahre, Monate und Wochen«.[66] Das wird in der kritischen Presse und von der Opposition künftig breit entfaltet: der Mauerbau *auch* als Quittung für Adenauers verfehlte, wenig energische und zutiefst unehrliche Wiedervereinigungspolitik!

Am Nachmittag des 17. August findet im Palais Schaumburg eine Wahlbesprechung statt. Adenauer sieht sich jetzt mit den verheerenden Ergebnissen erster Blitzumfragen konfrontiert. Tatsächlich ist die anfangs sehr gute Stimmung schon im Lauf des Monats Juli unversehens abgesackt. Die persönliche Zustimmungskurve, die Ende Juni noch bei 49 Prozent lag, ist Ende Juli schon auf 45 Prozent gefallen.

Der Mauerbau ändert an der Zustimmung zu Adenauer nicht sehr viel. Wohl aber schnellt nun die Zahl derer, die mit ihm nicht einverstanden sind, schlagartig von 18 Prozent Ende Juli auf 26 Prozent Ende August empor.[67] Viel beunruhigender ist jedoch der jähe Verlust der Unionsparteien in der Wählergunst: Sie stürzen von sage und schreibe 49 Prozent Ende Juli auf 35 Prozent Mitte August. Niemals während der ganzen Ära Adenauer hat es einen so raschen und tiefen Einbruch gegeben.[68]

Es ist allgemeine Meinung, daß das mit drei Fehlentscheidungen zu tun hat: mit dem Verzicht auf demonstrative Präsenz in Berlin, mit den persönlichen Angriffen auf Brandt im denkbar unpassendsten Augenblick und mit der westlichen Untätigkeit, die Adenauer gleichfalls angelastet wird.

Als der Journalist Charles Hargrove Adenauer kurz nach der Wahl fragt, ob es nicht auch die Bundesregierung an Vorausschau mangeln ließ und durch Untätigkeit mitschuldig geworden sei, entgegnet der Kanzler vielsagend: »Peccatur intra muros et extra!« – es wird innerhalb und außerhalb der Mauern gesündigt.[69] Brandt mag mit seinen Reden oder mit dem Brief an Kennedy etwas falkenhaft wirken, vielleicht auch in Washington kurzzeitig verstimmen – doch er handelt wenigstens!

Unversehens scheint sich nun doch noch eine Möglichkeit zu eröffnen, den schlechten Eindruck zu korrigieren. Kennedy erkennt, daß die Stimmung in West-Berlin und in ganz Deutschland beunruhigend umkippt, und entschließt sich zum Gegensteuern mittels symbolischer Politik. Er entsendet am 19. und 20. August Vizepräsident Johnson, begleitet von dem schon legendären General Lucius D. Clay, nach Deutschland. Johnson soll in Berlin eine Kampfgruppe von 1 500 Mann begrüßen, die in voller Kriegsausrüstung über die Autobahn nach Berlin entsandt wird. Das Ganze ist großes Theater, denn im Kriegsfall würde diese Einheit mit den gesamten westlichen Garnisonen leicht weggeputzt. Aber großes Theater ist genau das, wonach die verwirrte deutsche Öffentlichkeit verlangt. Man möchte Beweise dafür, daß der zum Kriegshelden stilisierte John F. Kennedy kein ängstlicher Appeaser ist.

Vor dem Flug nach Berlin macht Johnson in Bonn Station. Schon auf der Fahrt vom Flughafen Köln-Wahn in die Bundeshauptstadt ersucht Adenauer den Vizepräsidenten darum, ihn nach Berlin begleiten zu können. Als der Punkt Mitnahme Adenauers während der anschließenden Besprechungen eine Antwort verlangt, zieht sich Johnson zusammen mit Botschafter Dowling in die Toilette des Palais Schaumburg zur Beratung zurück und erklärt dann, das gehe nicht. Man wolle nicht in den deutschen Wahlkampf eingreifen. Der Kanzler ist zu stolz oder zu fatalistisch, Johnson mit einem klaren Wunsch zu konfrontieren, dem sich dieser kaum entziehen könnte.[70] Möglicherweise verdrießt ihn sogar jetzt noch die Vorstellung, mit Brandt zusammen einen Auftritt geben zu müssen.

Die gute Idee, Adenauer in einem bereits bereitgestellten Flugzeug vorwegfliegen und Johnson in Tempelhof begrüßen zu lassen, scheitert an von Brentano. Dieser möchte seinen eigenen Auftritt haben und schlägt vor, anstelle Adenauers zu fliegen. So läßt sich Adenauer wiederum aufgrund eigener Unentschiedenheit die Gelegenheit entgehen, in einem Moment höchster emotionaler Spannung die GI's in Berlin zu begrüßen, die dann von den exaltierten Massen stürmisch gefeiert werden. Willy Brandt erhält auf diese Art und Weise Gelegenheit, sich an der Seite Johnsons sechs Stunden lang im Licht aller Medien vorteilhaft zu profilieren.

Um die Kette von Mißgriffen voll zu machen, fliegt Adenauer schließlich am 22. und 23. August allein in die Stadt. Das wird nun allgemein als Eingeständnis gewertet, daß er fast zehn Tage lang das psychologisch Gebotene versäumt hat. Franz Josef Strauß, der Adenauer nach den Wahlen als Bundeskanzler ablösen möchte, behauptet später, in diesen Tagen sei sein Vertrauen in Adenauers Führungsfähigkeit »endgültig erschüttert« worden. Gerhard Schröder, lange Jahre ein Bewunderer Adenauers, obgleich nach außen eher distanziert, sieht das im nachhinein nicht anders: »und nun verläßt Adenauer sein sonst so instinktives, blitzschnelles Urteils- und Unterscheidungsvermögen: er hätte nach Berlin gemußt!«[71] Andere in der Union empfinden das genauso.

Dagegen wissen die engsten Mitarbeiter Adenauers darüber zu berichten, wie der alte Mann gerade in dieser Krise über sich selbst hinauswächst. Tagsüber pausenlose Besprechungen, Telefonate und Entscheidungen über die unablässig einlaufenden Fernschreiben oder Presseberichte. Dazwischen ganztägige Wahlreisen mit Kurzansprachen an verschiedensten Orten, bisweilen auch nur Wahleinsätze am Abend. Die früher alles in allem doch noch ein klein wenig gemütlichen Reisen im alten Salonwagen Hermann Görings werden jetzt größtenteils durch hektische Flüge mit Hin- und Rückfahrt im Wagen ersetzt, wobei sich der Fahrer wie üblich zu rasender Fahrt angehalten sieht. Dazwischen Pressekonferenzen und Fernsehauftritte. Adenauer, so berichtet Horst Osterheld, kommt oft erst um ein oder zwei Uhr ins Bett und beginnt schon um fünf oder sechs Uhr wieder zu arbeiten.[72]

Selbstverständlich weiß Adenauer, daß es nun in der Tat geboten ist, die letzten Reserven zu mobilisieren. Er setzt kein Zutrauen in die Erklärungen der FDP, eine Koalition mit den Unionsparteien einzugehen, wenn diese keine absolute Mehrheit mehr erringen. Vor dem Bundesvorstand der CDU, an dessen Sitzung auch der nach dem Tod Hanns Seidels zum CSU-Vorsitzenden gewählte Franz Josef Strauß teilnimmt, erklärt er am 25. August: »In der FDP ist ein Drittel absolut für den Anschluß mit der SPD, ein Drittel ist absolut dagegen; und das dazwischen liegende Drittel weiß noch nicht, was es will ... Allein die absolute Mehrheit der CDU kann – das ist meine feste Überzeugung – Deutschland retten.«[73]

Er weiß es oder ahnt auch nur, daß nun rund um ihn herum Komplotte geschmiedet werden. Schon am 10. Juli, also noch vor dem Mauerbau, hat im Hause des Kaufhof-»Königs« Helmut Horten ein Treffen von Franz Josef Strauß und CSU-Generalsekretär Friedrich Zimmermann mit Willi Weyer und Wolfgang Döring, den inzwischen schon etwas gereiften Düsseldorfer »Jungtürken«, stattgefunden. Man kommt überein, nach den Wahlen die Nachfolgefrage für Adenauer zusammen mit der CDU zu lösen.[74] Die CSU ist für Ludwig Erhard als Bundeskanzler.

Die Hinwendung von Strauß zur FDP ist eine neue Entwicklung. Bisher haben die Freien Demokraten in ihm einen Hauptgegner gesehen. Doch vermuten weitblickendere Leute in Bonn schon jetzt, daß Strauß Ludwig Erhard lediglich als Übergangskanzler vorschiebt, der sich bald verschleißen wird. Dann könnte der Weg für ihn selbst frei sein.

Ein anderer Drahtzieher ist Eugen Gerstenmaier. Er bereitet sich in Kontakten nach allen Seiten auf jene Allparteienkoalition vor, die nun in Bundespräsident Lübke einen rührigen Befürworter findet.

Die Kerntruppe Adenauers in diesen parteiinternen Koalitionsmanövern noch vor der Wahl sind nach wie vor CDU-Spitzenpolitiker aus dem Rheinland und aus Westfalen, dazu Heinrich Krone. Diesen lockt er im ersten Halbjahr 1961 dann und wann mit der Feststellung, er müsse sein Nachfolger werden.[75] Je deutlicher von Brentano erkennt, wie nunmehr die Gesamtheit bisheriger Außenpolitik ins Schwimmen gerät, um so fester hält auch er an Adenauer als Kanzler fest.

Der wichtigste Faktor in den Wochen vor der Bundestagswahl am 17. September ist die Kriegsangst. Schon in der letzten Augustwoche lassen die westlichen Kommandanten Truppen an der Sektorengrenze aufmarschieren. Schwere amerikanische Panzer stehen der Volkspolizei gegenüber.

Bald erreichen Adenauer Nachrichten, daß die Sowjetunion ihre Truppen rings um Berlin zum Angriff zusammenzieht. Drei sowjetische und drei ostzonale Divisionen stehen bereit. So behauptet Globke, bei dem das BND-Material zusammenläuft. Er fürchtet, daß West-Berlin bei einem konzentrischen Angriff in drei bis sechs Stunden überrollt werden könnte.[76]

Natürlich sickern derart beunruhigende Nachrichten auch in die Öffentlichkeit durch. Kennedy teilt Adenauer allerdings am 6. September mit, die USA hätten Chruschtschow deutlich gemacht, daß jeder Versuch einer Blockade der Land- oder Luftwege nach Berlin als Aggressionsakt gewertet würde.[77] Auf die amerikanische Entschlossenheit ist also wohl in diesen Punkten Verlaß. Doch falls sich Chruschtschow verkalkuliert, vergrößert das eher noch die Kriegsgefahr.

Auch General Norstad, der sich zehn Tage vor den Wahlen bei Adenauer einstellt, ist pessimistisch. Er gehört allem Anschein nach zu den Falken, denn er versichert Adenauer, man bewege sich rasch auf eine Lage zu, die so ernst ist wie die der Jahre 1935 bis 1937. Damals hätte die Entwicklung noch in andere Bahnen gelenkt werden können.

Adenauer und Norstad stimmen jedoch darin überein, daß Kampfhandlungen um die Berliner Zugangswege nicht auf konventionellen Waffeneinsatz begrenzbar wären. Adenauer versichert noch einmal, er sei im Fall eines Aufstandes in der Ostzone nicht bereit, die Bundeswehr marschieren zu lassen. Norstad bestärkt ihn in seiner Zurückhaltung und bekräftigt, Kampfhandlungen zwischen der Bundeswehr und der Nationalen Volksarmee würden zum großen Krieg führen. Inzwischen, meint Adenauer, sei die Gefahr eines Aufstandes nicht mehr so akut. Er zeigt sich zudem überzeugt, daß ein Aufstand aussichtslos wäre. Beschwörend bemerkt er, die Deutschen dürften nicht zum Anlaß eines dritten Weltkrieges werden.

Noch einmal wird nun ausführlich die Frage erörtert, ob zum 30. September die 38 000 Reservisten wirklich entlassen werden sollten.[78] Es bleibt aber dann bei der ursprünglichen Entscheidung, vorerst keine dramatischen Maßnahmen zu treffen.

Adenauer hat sich jetzt entschlossen, in diesen letzten Wochen vor dem entscheidenden Wahltag als »Friedenskanzler« durch die Lande zu ziehen. Nachdrücklich sucht er auch den öffentlichen Schulterschluß mit Amerikanern und Briten. Er möchte um jeden Preis verhindern, die aus Enttäuschung geborene Kritik an Amerika seinerseits zu verstärken. Denn man wird Kennedy noch brauchen. Vor allem aber präsentiert er sich als Staatsmann der festen Besonnenheit.

Dies verbindet er allerdings mit weiteren polarisierenden Attacken gegen die SPD und ihren Kanzlerkandidaten. Besorgt beschwören ihn einige Chefredakteure von CDU-Zeitungen, mit denen er die Lage bespricht, er solle doch endlich aufhören, »mit dem Holzhammer dreinzuschlagen«[79]. Das tut für kurze Zeit Wirkung, doch bald macht er wie gewohnt weiter.

Die Demoskopen berichten, daß die CDU dank des schonungslosen Einsatzes wieder aufholt. In der Allensbach-Umfrage klettert sie von 35 Prozent Mitte August auf 46 Prozent Mitte September. Schon vor der Wahl zeichnet sich die Schlüsselposition der Freien Demokraten ab. Diese eilen jetzt mit einer klugen Doppelstrategie dem großen Wahlerfolg zu. Einerseits erklärt sich nämlich der Parteivorsitzende Mende klar für eine

Koalition mit den Unionsparteien. Andererseits macht er aber mit dem gebührenden Anstand deutlich, nunmehr sei doch der Zeitpunkt für den Kanzlerwechsel gekommen. Man möge also dem hochverdienten, aber inzwischen 85 Jahre alten Kanzler Gelegenheit geben, in den Ruhestand zu treten.[80]

Die FDP-Wähler glauben also zu wissen, daß sie für die Kontinuität einer von der CDU bestimmten Politik, aber gegen Adenauer votieren. Und da es Ludwig Erhard während der ganzen Krise gelungen ist, das Vertrauen in seine Integrität und seinen guten Willen zu verstärken, hofft eben auch die FDP auf eine Lösung Erhard. Mende und seine Freunde sind sich der Problematik einer Erhardschen Kanzlerschaft zwar durchaus bewußt. Doch erst soll Adenauer entfernt und Erhard inthronisiert werden. Dann wird man weitersehen.

Das Wahlergebnis vom 17. September eröffnet diese Möglichkeit. CDU und CSU erhalten nur 45,3 Prozent und bleiben nach Umverteilung gemäß der Fünf-Prozent-Klausel um sieben Bundestagsmandate unter der Mehrheit. Immerhin 48 Prozent der Bundestagssitze! Die FDP erzielt mit 12,8 Prozent und 67 Mandaten den größten Erfolg ihrer Parteigeschichte. Auch die SPD mit Willy Brandt verbessert sich von 31,8 auf 36,2 Prozent.

Schon in der Wahlnacht öffnen die Unionsfreunde, die Adenauer jetzt loswerden möchten, im Verein mit Erich Mende das Visier. Eugen Gerstenmaier bemerkt, daß er eine Koalition zwischen CDU und FDP »selbstverständlich« auch unter einem anderen Kanzler als Adenauer für möglich halte.[81] Mende erklärt, vom Ausgang der Kanzlerfrage werde für die Koalitionsbereitschaft der FDP viel abhängen. Und Strauß meint sibyllinisch, die CDU/CSU habe keine Kanzlersorgen: »Es gibt eine Reihe von Persönlichkeiten; die Entscheidung der CSU ist aber gefallen: wir haben uns für Dr. Erhard entschieden.«[82] Ob er dabei an eine sofortige Kanzlerschaft Erhards denkt oder an eine Übergangslösung, bleibt unklar. Das Ende der Ära Adenauer scheint nun gekommen.

»Der Alte ist zu allem bereit...«

In der Wahlnacht hat sich Adenauer rechtzeitig zu Bett begeben. Früh am Morgen liegen ihm die genauen Ergebnisse vor, insbesondere auch die Mitteilung über die Äußerungen von Strauß. Beim Verlassen des Rhöndorfer Hauses am Zennigsweg hört man ihn ironisch-aufgeräumt das »Flottenlied« singen. Es ist in der früheren Reichsmarine bei Schiffsuntergängen erklungen und enthält die trotzige Strophe: »Stolz weht die Flagge schwarz-weiß-rot!«[1]

Doch dann vollbringt er ein doppeltes Kunststück. Er schafft es in mehr als sechs mühevollen Wochen, erneut eine Regierung unter seiner Leitung zu bilden. Zur gleichen Zeit versteht er es, Kennedy von weitgehenden Konzessionen in den Deutschland- und Berlin-Fragen abzubringen.

Selbst den Gegenspielern nötigt das politische Geschick »des Alten« eine gewisse Bewunderung ab. Willi Weyer, der bei den Verhandlungen zur Regierungsbildung auf seiten der FDP eine wichtige Rolle spielt, bemerkt am 29. September vor dem Hauptausschuß seiner Partei: »Wenn etwas imponiert, ist es die Ruhe des alten Mannes, eines alten Mannes, der eigentlich am 17. September schon tot war, der sich aber selbst wieder aus dem Grab herausgeschaufelt hat und mit einer ausgezeichneten Verhandlungstaktik, mit einem hervorragenden Verhandlungsgeschick wieder die Initiative ergriffen hat.«[2]

Die absolute Mehrheit, so weiß Adenauer, ist zwar verfehlt worden. Doch von einer Wahlniederlage im eigentlichen Sinne kann nicht gesprochen werden. Wenn er also entschlossen und mit großer Selbstverständlichkeit erneut nach der Kanzlerschaft greift, dürfte es – so kalkuliert er – vorerst keiner der Thronprätendenten wagen, ihm in den Weg zu treten. Vorerst – das heißt beim ersten Wahlgang für die Wahl des Bundeskanzlers. Jeder scheut sich davor, als erster offen den Dolch zu zücken. Dieses recht zwingende Motiv für die Zurückhaltung Erhards, doch auch Gerstenmaiers formuliert der letztere mit schwäbischer Derbheit, als Erich Mende mit ihm verhandelt: »Ich habe nicht den Ehrgeiz, als Kanzlerkiller Adenauers in die Geschichte einzugehen!«[3]

Alles hängt für Adenauer davon ab, ob es ihm in den Verhandlungen gelingen wird, die FDP von ihrem Nein zu seiner Kanzlerschaft abzubringen. Dafür gibt es zwei Voraussetzungen. Die Freien Demokraten müssen erstens erkennen, daß sich trotz gegenteiliger vertraulicher Zusagen letztlich doch kein CDU-Grande bereit findet, Adenauer bei der Kanzlerwahl direkt entgegenzutreten. Genauso wichtig ist der zweite Punkt: Der FDP muß glaubhaft verdeutlicht werden, daß Adenauer notfalls sogar mit der SPD koalieren würde. Einem Adenauer, der im Begriff ist, die Kanzlerschaft zu verlieren, trauen Freund und Feind nämlich alles zu. Und da die Sozialdemokraten unisono eine Allparteienkoalition fordern, um endlich aus zwölfjähriger Isolierung herauszufinden, scheinen sie zu jedem Kompromiß bereit.

Dabei gilt es, Franz Josef Strauß zu isolieren. Daß dieser mit Mende konspiriert, um Erhard ins Palais Schaumburg zu bringen, ist im Führungszirkel der CDU ein offenes Geheimnis.[4] Doch Erhard müßte wohl oder übel den offenen Kampf wagen. Sonst würde es beim folgenlosen Ränkeschmieden bleiben.

Seelenruhig tritt Adenauer also punkt 12 Uhr am Montag, dem 18. September, im CDU/CSU-Fraktionssaal vor eine Pressekonferenz und erklärt, daß er die von der SPD geforderte Allparteienkoalition entschieden ablehnt. Die Frage nach einer schwarz-roten Koalition beantwortet er mit der Gegenfrage, wo denn da die FDP bliebe. Schließlich habe die CDU/CSU-Fraktion 48 Prozent der Bundestagssitze errungen. Als sein Hauptziel bezeichnet er die Fortsetzung der bisherigen Außenpolitik.[5] Nach der Pressekonferenz kann kein Zweifel an Adenauers Absicht bestehen, erneut eine Regierung unter seiner Führung zu bilden.

Schon nach einer halben Stunde verläßt er die Pressekonferenz und geht zum Zahnarzt. Alsdann ruht er sich aus und berät anschließend mit Krone und Globke. Was der Kanzler den beiden Herren zu eröffnen hat, faßt Krone in *einem* Satz zusammen: »Der denkt nicht daran, das Feld zu räumen.«[6]

Es folgt die fällige Aussprache mit Erhard. Adenauer weiß, daß er jetzt einigen Ballast abwerfen muß. Er versichert Erhard, in etwa zwei Jahren wolle er ausscheiden. Dann findet er Worte, die ihm schwer über die Lippen gehen: »Herr Erhard, ich wüßte keinen anderen wie Sie.«[7] Diesem wäre allerdings eine öffentliche Festlegung Adenauers auf ihn lieber. Aber Adenauer nimmt aus dem Gespräch den Eindruck mit, daß Erhard nicht gegen ihn antreten wird, zumindest nicht im ersten Wahlgang.

Dasselbe Bild erbringt eine anschließende Unterredung mit Eugen Gerstenmaier. Von Brentano denkt erst recht nicht an offene Rebellion gegen Adenauer. Am folgenden Morgen führt Adenauer auch Einzelgespräche mit Strauß und Schröder. Dann weiß er, welche Taktik sich in der anschließenden Sitzung des CDU-Bundesvorstands empfiehlt.

Noch bevor dort jemand eine unzumutbare Forderung aufwerfen kann, erklärt er von sich aus: »Ich würde es für einen schweren Fehler halten für unsere Partei, wenn ich jetzt nicht Kanzler würde. Ich denke aber nicht daran, etwa vier Jahre lang dieses Amt weiter zu versehen. Selbst wenn ich es gesundheitlich könnte, würde ich es nicht tun, sondern mir schwebt vor – und schwebte überhaupt vor –, daß ich etwa in der Mitte dieser vier Jahre, wenn ich zum Kanzler gewählt werden sollte, zurücktreten würde, um einem anderen Platz zu machen, damit sich der neue Mann bis zu den Wahlen 1965 einarbeiten kann, was ja von besonderer Bedeutung wegen des Wahlkampfes im Jahr 1965 ist.«[8] In der Diskussion legt er sich schließlich darauf fest, diese Absicht in einem Brief an den Fraktionsvorsitzenden Krone niederzulegen: »Herr Krone mag es dann in das Archiv der Fraktion tun. Die Form des Briefes werde ich mir überlegen. Sie wird so sein, daß sie klar ist.«[9]

Da Adenauer gleich als Eröffnungszug eine so weitgehende Konzession macht, ist jeder Forderung nach sofortigem Kanzlerwechsel der Boden entzogen. Er tut sogar noch ein übriges und macht dem Vorstand Mitteilung von dem, was er Ludwig Erhard am Tag zuvor versichert hat.

Erhard bringt auch hier zum Ausdruck, daß ihm das nicht weit genug geht. Er möchte eine öffentliche Erklärung, die ihm Adenauer jedoch verweigert. Der folgende heftige Wortwechsel zeigt Erhard jedoch, daß er in der Minderheit ist. Von den Herren, die politisches Gewicht haben, gibt nur Eugen Gerstenmaier einige bedeutungsvolle Hinweise auf die Vorschrift zur Wahl des Bundeskanzlers und empfiehlt Adenauer voll edler Schonung, das Risiko eines zweiten oder dritten Wahlgangs tunlichst zu vermeiden.[10] Das ist natürlich eine Drohung, wenn auch nur eine verhüllte. Die Stimmung im Parteivorstand, doch auch in der Fraktion, ist tatsächlich so, wie Franz Josef Strauß dies sehr viel später beschreibt: »Noch überwogen in der CDU die Treueschwüre zu Adenauer, wenn auch in Abwesenheit des Bundeskanzlers ganz andere Töne zu hören waren. Es herrschte eine Atmosphäre heldenhafter Scheinentschlossenheit oder pseudoheldenhafter Courage, die in bezug auf Adenauer verbreitet wurde, von der aber im Ernstfall nichts mehr zu spüren war.«[11]

Adenauer kauft also bei dieser Sitzung den Frondeuren in der CDU den Schneid ab und demonstriert dem gleichfalls anwesenden Franz Josef Strauß, der als CSU-Vorsitzender teilnimmt, daß sich die CSU in einer klaren Minderheitsposition befindet. Der CDU-Vorstand beauftragt Adenauer jedenfalls mit der Führung von Verhandlungen mit dem Ziel einer erneuten Kanzlerschaft.

Als nächstes wird die FDP verängstigt. Erich Mende hat sich und seine Partei unklugerweise am 19. September öffentlich auf Ludwig Erhard als Kanzler festgelegt. Adenauers Gegenzug läßt nicht auf sich warten. Er schickt noch am gleichen Tag Heinrich Krone vor, von dem jedermann weiß, daß er notfalls für ein Zusammengehen mit der SPD offen ist. Krone bemerkt, wenn die FDP bei ihrer ablehnenden Haltung zu Adenauer bleibe, seien Gespräche mit der SPD nicht ausgeschlossen.[12]

Demonstrativ lädt Adenauer am 25. September Erich Ollenhauer, Fritz

Gespräche mit der SPD

Erler, ja sogar Herbert Wehner zu einem zweistündigen Gespräch über die allgemeine Lage ein. Die Frage einer Koalition von CDU und SPD wird hier nicht angesprochen.[13] Wesentlich aber ist, daß diese Unterredung stattfindet, noch bevor Adenauer mit der FDP-Spitze zusammentrifft. Kurz danach teilt der Berliner Senator Klein Staatssekretär Globke mit, die Herren seien über den Verlauf der Besprechung sehr befriedigt. Auch Willy Brandt stehe jederzeit zur Verfügung. Der Vorschlag der Allparteienregierung sei nur *ein* Vorschlag gewesen. Daneben gebe es »auch andere Möglichkeiten«. Mit dieser Formulierung wird die Alternative einer schwarz-roten Koalition vornehm umschrieben. Am wichtigsten aber ist für Adenauer etwas anderes. Willy Brandt läßt durch Klein signalisieren: »Für die SPD spiele die Personenfrage keine Rolle. Alles, was zurückliege, müsse vor den schwierigen Aufgaben, die bevorstünden, zurücktreten.«[14]

Noch deutlicher wird Herbert Wehner bei einer Rede in Nürnberg, die im Kreis des FDP-Vorstandes große Betretenheit auslöst. Er habe ausgeführt, so wird dort berichtet, Adenauer sei überhaupt nur noch drei Stunden am Tag »vernehmungs- und aufnahmefähig«. Das widerspricht zwar so offensichtlich allem Augenschein, daß es niemand ernstnimmt. Viel wesentlicher aber ist der Satz: »Für uns ist Adenauer überhaupt kein Problem.«[15]

Freilich erfährt Adenauer, daß ihn die SPD insgeheim doch auszuhebeln versucht. Sie konzentriert sich dabei auf Gerstenmaier, der sich seit Jahren als Kanzleraspirant für eine Allparteienkoalition oder auch eine schwarz-rote Koalition bereit hält. Im Hintergrund zieht der Bundespräsident an den Fäden, um eine Allparteienregierung zustande zu bringen. Doch Gerstenmaier zögert, denn er sieht auf seiten der CDU wenig Unterstützung und bei der CSU offene Ablehnung.

Am Nachmittag des 25. September findet bei Adenauer ein Gespräch mit Heinrich Krone und Theo Blank von der Fraktion sowie dem BDI-Präsidenten Berg und Rechtsanwalt Stein von der Staatspolitischen Vereinigung statt. Es soll offensichtlich dazu dienen, die FDP über die Financiers unter Druck zu setzen, denn Krone vermerkt dazu: »Koalition mit der FDP; doch wenn es dazu nicht komme, Koalition mit der Sozialdemokratie. Das klang einigen fremd und ungewohnt, und so deshalb nur dann die Koalition mit der SPD, wenn der Versuch mit der FDP fehlgeschlagen sei.«[16]

Adenauer weiß, daß Krone eine solche Koalition für möglich hält. Aus alten Zeiten des Reichsbanners steht er mit Ollenhauer noch auf dem

Duz-Fuß. Seit längerem hat er sich auch ein günstigeres Urteil über Wehner gebildet. Und während er die FDP für einen unzuverlässigen Haufen hält, bewundert er die disziplinierten Sozialdemokraten. Ob Adenauer im Herbst 1961 wirklich schon von einer Koalitionsfähigkeit der SPD überzeugt ist, vermag niemand aus dem engeren Kreis genau herauszufinden. Daß er aber nun die Möglichkeit überhaupt ins Gespräch bringt, wenn auch vorerst nur als Druckmittel gegen die FDP, wirkt sensationell.

Bei Diskussionen in größeren Gremien beteuert Adenauer, wie fern ihm der Gedanke liegt, die FDP zu spalten.[17] Tatsächlich trägt er sich aber jetzt schon mit Gedanken, die ein gutes Jahr später nach den Verhandlungen Lückes und von Guttenbergs mit Herbert Wehner die politische Szenerie in Bonn nachhaltig verändern. Unter dem 8. Oktober notiert sich Krone, der allerdings in diesem Moment vorerst doch lieber mit der FDP als mit der SPD zusammenginge[18]: »Ein Programm, das man mit der Sozialdemokratie durchführen müßte und könnte: Ein Mehrheitswahlrecht, die Legislaturperiode auf sechs Jahre verlängern und in der Mitte der Periode die Wahl aller Länderparlamente, die Zuständigkeit des Bundes in der Verfassung stärken. Der Kanzler würde mit einem solchen Programm eine Koalition mit der Sozialdemokratie eingehen.«[19]

Demnach liegt den ersten Avancen in Richtung SPD doch schon mehr zugrunde als nur die Absicht, die FDP durch Furcht vor einer schwarz-roten Koalition erneut in die Arme der CDU zu treiben. Man weiß, daß Adenauer notfalls rasch umsteuert. Wenn er sich schon zur Koalition mit der SPD bereit fände, dann hätte er auch gleich gute Lust, die FDP völlig zu vernichten.

Als Mende und Strauß am 26. September die Lage besprechen, meint Strauß resigniert: »In einer schwarz-roten Koalition, Herr Mende, würden Sie den Verteidigungsminister Strauß nicht finden. Wir würden alles tun, um dagegen anzugehen, selbst wenn wir ausscheiden müßten. Wenn wir beiden dann draußen sind, haben wir zwar 66 plus 50, gleich 116, aber wir können das nicht verhindern. Der Alte ist zu allem bereit.«[20]

Die Adenauersche Taktik bei dieser schwierigen Regierungsbildung ist also deutlich zu erkennen: Erzeugung eines Gefühls der Existenzangst bei den siegreichen Freien Demokraten ist das eine. Die Drohung mit dem Mehrheitswahlrecht, die er später anläßlich der Regierungskrise im November und Dezember 1962 in großem Stil einsetzen wird, kommt maßgebenden Akteuren auch jetzt schon zu Bewußtsein. Parallel dazu sabotiert Adenauer aber auch alle Versuche in den Reihen der Union, im verdeckten Zusammenspiel mit dritten Parteien eine personelle Alternative zu ihm selbst aufzubauen.

Der gefährlichste dieser Versuche ist zweifellos die Absicht der CSU unter Strauß, bereits jetzt im Einvernehmen mit Mende die Kanzlerschaft Ludwig Erhards durchzusetzen. Innerhalb der CSU ist Strauß dabei allerdings nicht völlig unangefochten. Hermann Höcherl signalisiert über Globke, daß er sich gegen Strauß für eine Kanzlerschaft Adenauer einsetze.[21] Der einflußreiche Abgeordnete Richard Jaeger widerstrebt gleichfalls einem Wechsel, aber auch der rasch aufgestiegene Freiherr zu Guttenberg. Dem letzteren schwebt ein Zusammenwirken der beiden großen Parteilager im Zeichen des Antikommunismus vor. Chruschtschows Druck auf Berlin scheint ihm der geeignete Moment, die nationalen Elemente in der SPD auf die Linie der Union zu ziehen. Auch Werner Dollinger vom evangelisch-fränkischen Flügel hält noch zu Adenauer.

Adenauer merkt sich durchaus, wer ihm in kritischer Stunde in der CSU die Treue hielt und honoriert das. Hermann Höcherl wird 1961 Bundesinnenminister, Werner Dollinger erhält ein Jahr später das Bundesschatzministerium.

Noch viel gewichtiger aber sind die Kräfte, die Adenauer nunmehr innerhalb der CDU gegen Strauß zu mobilisieren vermag. Heinrich Krone, von Brentano, Gerhard Schröder, Theo Blank, Paul Lücke – alle CDU-Spitzenpolitiker, die Strauß aus unterschiedlichsten Gründen nicht gewogen sind, lehnen eine sofortige Kanzlerschaft Erhards mit der Begründung ab, diese wäre nur ein Übergang zu einem späteren Bundeskanzler Franz Josef Strauß. Man kennt nämlich in der CDU die Schwächen Erhards recht genau und erwartet, daß er binnen kurzer Zeit abgewetzt ist. Für diesen Augenblick aber stünde der Königsmacher Strauß bereits in den Kulissen bereit.

Mit dieser personalpolitischen Überlegung verbindet sich die Einsicht in die höchst prekäre Lage Berlins. Das Gefühl, der verlorene Krieg müsse nun durch schmerzliche deutschlandpolitische Konzessionen demnächst bezahlt werden, ist weitverbreitet.

Was ist somit naheliegender als der Gedanke, Adenauer noch die Drecksarbeit machen zu lassen und ihn erst dann in die Wüste zu schikken?! Ohnehin traut man ihm zu, bei dem unvermeidlichen Debakel der bisherigen Deutschlandpolitik doch noch viel mehr heraushandeln zu können als der gute Ludwig Erhard. Wenn sie Erhard realistisch betrachten, sehen das übrigens die führenden Freien Demokraten um Erich Mende genauso. Das spricht also gleichfalls für eine Prolongierung der Ära Adenauer um weitere ein oder zwei Jahre.

Eine glaubhafte Alternative zu Erhard existiert aber noch nicht. Gerhard Schröder wagt sich zwar nun erstmals vor. Auch er hat seine Kontakte in die FDP hinein entwickelt. Als das Widerstreben gegen Erhard und Strauß deutlich wird, meldet sich der Fraktionsgeschäftsführer Rasner bei Globke und weist darauf hin, daß ein Teil des Fraktionsvorstandes jetzt in Gerhard Schröder eine Alternative sehe. Sogar Krone, der Strauß um jeden Preis soweit wie möglich von der Macht fernhalten möchte, überlege nun eine sofortige Kanzlerschaft Schröders. Er wäre wohl nach Meinung Krones das kleinere Übel. Globke und Pferdmenges werden davon durch Rasner unterrichtet, damit die Nachricht gleich über zwei Kanäle Adenauer sicher erreichen wird.[22] Doch wäre es schwer vorstellbar, daß die breite Anhängerschaft Erhards in der CDU/CSU-Fraktion dies akzeptieren würde. Immerhin hat damit ein weiterer der Diadochen kurz Flagge gezeigt.

Eugen Gerstenmaier hingegen kann in diesen Kombinationen nur eine Außenseiterrolle spielen. Er hat die CSU gegen sich. Doch auch der Adenauer-Flügel in der CDU mißbilligt seine fortgesetzten Flirts mit den Sozialdemokraten.

Alles in allem behindern die ehrgeizigen Diadochen einander nun doch schon erheblich, und Adenauer macht sich dies zunutze. So kommt es zur Vorentscheidung in der Fraktionssitzung der CDU/CSU am 27. September. Keiner von den Anhängern Erhards plädiert hier für dessen sofortige Kanzlerschaft. Einige Stunden vor der Fraktionssitzung hat bereits die CSU-Landesgruppe beschlossen, erneut für Adenauer zu votieren.[23] Strauß paßt sich der allgemeinen Stimmung an, zumal ja Adenauer für die Mitte der Legislaturperiode den Kanzlerwechsel zugesagt hat. So spricht sich also die CDU/CSU-Fraktion für eine Fortsetzung der Kanzlerschaft Adenauers aus. Adenauer und Strauß werden beauftragt, die Verhandlungen mit der FDP zu führen.[24] Die Fraktion folgt dabei einer Stimmung, die von der CDU/CSU-Basis im Lande ausgeht. Nach dem 17. September zeigt sich nämlich, daß viele aktive CDU- und CSU-Mitglieder in den Kreisverbänden und Ortsgruppen nach wie vor überzeugte Adenauer-Fans sind.[25]

Jetzt kann Erich Mende nicht mehr länger auf eine Anti-Adenauer-Fronde in den Reihen der Union bauen. Seine Reaktion erfolgt prompt. Auf der gemeinsamen Sitzung des FDP-Vorstands und der Bundestagsfraktion am 19. September, als jedermann siegestrunken gestimmt war, hatte Mende zum Schluß ahnungsvoll bemerkt: »Ich hoffe, daß diese Fraktion und dieser Vorstand, die sich heute vorgenommen haben, stehenzubleiben, in den nächsten Wochen nicht umfallen. Ich hoffe, daß es so bleibt.«[26] Jetzt erklärt er auf einer öffentlichen Versammlung in Simmern im Hunsrück, die FDP werde prüfen müssen, Adenauer »für eine Übergangszeit ihr Vertrauen zu geben«[27].

Das ist der »Umfall«. Ständig wird er Mende während der ganzen sechziger Jahre vorgehalten. Immerhin lautete ein auf der besagten Sitzung vom 19. September intern gefaßter, nicht zur Veröffentlichung bestimmter Beschluß: »Keine Koalition unter Adenauer. Grund hierfür: Wahlerfolg der FDP und Wahlergebnis insgesamt mußte als ein Votum contra Adenauer gewertet werden. Zudem: nach der Situation am 19.9. war damit zu rechnen, daß CDU von Adenauer abrückt. Entscheidendes sachliches Argument: deutsche Politik darf nicht allein in die Verantwortung eines Sechsundachtzigjährigen gelegt werden, der zudem jeden Koalitionspartner zu spalten trachtet.«[28]

Einmal mehr bestätigt sich hier die Einschätzung Adenauers in bezug auf die Gegensätze im Innern der FDP. Erich Mende macht nun aber erst einmal gute Miene zum bösen Spiel. Was sich seit August 1961 vor und hinter den Kulissen abgespielt hat, bringt er nach glücklichem Abschluß der Regierungsbildung gegenüber Adenauer auf den Punkt: »Da kamen Ihre Herren, Herr Bundeskanzler, und sagten: ›Wir können unseren Kanzler und Parteivorsitzenden nicht zum Rücktritt drängen. Das müssen Sie als liberaler Koalitionspartner zur Bedingung machen. Wenn Sie das Tor aufstoßen, werden wir mit 200 Mandaten hinterherkommen. Es sind nicht alle, aber die meisten, die auch bei uns den Kanzlerwechsel wollen...‹ Dann, als wir das Tor aufgestoßen und uns für Ludwig Erhard als Kanzler öffentlich engagiert hatten, standen wir allein auf der Tenne und hatten am Ende nicht einmal einen Kanzlerkandidaten, der gegen Sie anzutreten bereit war. Den Rest wissen wir beide, Herr Bundeskanzler! Sie sind wieder Bundeskanzler, und ich bin mit meiner Partei umgefallen.« Adenauers Kommentar: »Hatte ich es mir doch genauso gedacht! Die Menschen haben sich nicht geändert.«[29]

In dieser hübschen, postum gegebenen Darstellung ist allerdings wenig davon die Rede, wie stark der Widerstand gegen eine Koalition unter Adenauer auch in den Reihen der FDP selbst ist. In den Landesverbänden und in der Fraktion finden sich eine Reihe von Gegnern Adenauers – Heinrich Schneider aus Saarbrücken, Thomas Dehler, Oswald

Kohut, Wolfgang Döring, Willy Max Rademacher und der Hamburger Landesvorsitzende Edgar Engelhard. Sie werden publizistisch vom *Spiegel* unterstützt, dessen Herausgeber Rudolf Augstein gegenüber den Parteifreunden für eine Koalition mit der SPD plädiert: »Wenn ich die Wahl habe, Herrn Brandt zum Bundeskanzler zu machen oder Herrn Strauß, und so steht die Frage in der Tat, dann wähle ich persönlich Herrn Brandt.«[30] Durchaus hellsichtig erkennt er, daß es sich die FDP, wenn sie erst einmal in eine erneute Koalition eingetreten ist, »aus inneren Gründen nicht leisten könnte, die Koalitionsfrage zu stellen«[31].

Genau diese Situation tritt nun ein. Der CDU/CSU fehlen ganze sieben Mandate zur absoluten Mehrheit. Wollte die FDP-Fraktion mit der SPD koalieren, würde sie die sichere Spaltung riskieren mit der Folge, daß eine Regierung von SPD und FDP keine Mehrheit hätte. Wenn auch nicht numerisch, so besitzt die CDU/CSU doch faktisch im 4. Bundestag immer noch das, was Politologen eine »strategische Mehrheit« nennen. Eine Regierungsbildung gegen ihren Willen ist weitgehend ausgeschlossen, sofern die CDU/CSU-Fraktion einig bleibt. Auch dies hilft Adenauer.

Somit beginnen am 2. Oktober 1961 die Koalitionsverhandlungen, wie in solchen Fällen üblich zuerst über Sachfragen. Die Positionen der Union und der FDP sind in diesem Punkt trotz unterschwelliger Gegensätze doch nicht unvereinbar.[32] Generell wünschen die Freien Demokraten eine flexiblere Ost- und Deutschlandpolitik. Auch Adenauer glaubt, daß nun das große deutschlandpolitische Krötenschlucken beginnen wird. Während aber in der FDP schon vorauseilend bestimmte Kompromisse erwogen werden, will der Kanzler gerade mit Blick auf die Verhandlungen vorerst kein Zeichen möglichen Nachgebens erkennen lassen. Vor allem wendet er sich aufs entschiedenste dagegen, irgendeine Form von nuklearer Rüstungskontrollzone nach dem Modell des Rapacki-Planes auch nur zu erwägen, geschweige denn dies zu konzedieren.

Man verhandelt in kleinstem Kreis: Adenauer und der CSU-Vorsitzende Franz Josef Strauß für die Union, Erich Mende und Willi Weyer für die FDP. Nur für die innenpolitischen Fragen muß später der württembergische FDP-Landesvorsitzende Wolfgang Haußmann mit einbezogen werden. Immer noch gilt, daß die Bundes-FDP dorthin geht, wohin der Landesverband Nordrhein-Westfalen die Richtung weist. Der ehemalige Düsseldorfer Jungtürke Weyer ist dort Vorsitzender. Er tritt schon seit längerem für eine Erneuerung der Koalition mit der CDU ein, und das ist schlachtentscheidend. Aus Adenauers Sicht ist es ein großes

Glück, in der ersten Verhandlungsphase nur mit Mende und Weyer zu tun zu haben. Denn er ist entschlossen, die kritischen Fragen der Außen- und Sicherheitspolitik als erstes zu erörtern.

Den Beratungen liegen Papiere zugrunde, die von Strauß und Brentano ausgearbeitet wurden. Adenauer empfindet es als angenehme Überraschung, daß sich die FDP-Unterhändler die Positionen der Unionsparteien im großen und ganzen zu eigen machen. Nach der abschließenden Erörterung dieser Themenkomplexe bemerkt von Brentano, »daß die FDP sich eigentlich in allen entscheidenden Fragen positiv geäußert hat«.[33]

Konsultation und Integration in NATO und WEU sollen verstärkt, die Verteidigungsanstrengungen erhöht und die Wehrpflicht auf 18 Monate verlängert werden. Zur Stärkung des NATO-Bündnisses zähle, so die Schlußfassung des Koalitionspapiers: »Die waffentechnische Integrierung der NATO-Streitkräfte. Dazu gehört auch die Ausrüstung der Streitkräfte aller NATO-Partner mit *allen* modernen Waffen einschließlich der modernen Trägerwaffen. In der Frage der Verfügung über die Atomsprengköpfe ist eine Regelung anzustreben, nach der ein Mitbestimmungsrecht der europäischen Partner im Rahmen einer zu erwartenden NATO-Formel festgelegt wird. Das gleiche gilt für den Einsatz von NATO-Sondertruppen mit besonderer Ausrüstung.«[34] Die Atombewaffnung der Bundeswehr, doch auch das Norstad-Konzept einer vierten Atommacht NATO sind damit von der FDP akzeptiert.

Auch in anderen Punkten, denen Adenauer zentrale Bedeutung beimißt, erfolgen deutliche Festlegungen der Freien Demokraten: »Pläne für europäische Zonen mit militärischem Sonderstatus sind nur dann diskutabel, wenn sie mit der Wiedervereinigung Deutschlands gekoppelt sind. Überlegungen über die Schaffung weiträumiger Kontrollzonen gegen Überraschungsangriffe sind geeignet, die Vertrauensgrundlage für die Wiedervereinigung Deutschlands im Zusammenhang mit der Schaffung europäischer Zonen mit militärischem Sonderstatus herbeizuführen. Eine Wiedervereinigung in gesichertem Frieden und gesicherter Freiheit ist auf der Grundlage einer Neutralisierung Deutschlands nicht erreichbar.«[35]

So freudig Adenauer den letzten Satz akzeptiert, so unfroh ist er freilich über die beiden vorhergehenden. Bezeichnenderweise streicht er aus dem Entwurf von Brentanos, den er als CDU-Vorsitzender der Verhandlungskommission zu unterbreiten hat, eine entsprechende Passage heraus.[36] Doch der CSU-Vorsitzende Franz Josef Strauß legt eine ähnliche

Formulierung vor, die Adenauer zwar für »sehr unbefriedigend« hält[37], aber nicht abändern kann. Es versteht sich von selbst, daß die FDP das aufgreift. In der Folge gehen diese Überlegungen als deutsche Kompromißangebote in die Berlin- und Deutschlandplanung ein.

Sehr positiv ist inzwischen die Haltung der FDP zur Europapolitik. Die Vereinbarungen bleiben zwar vage, doch die bisherige Grundlinie kann fortgesetzt werden.

Auch in der Deutschland- und Berlinpolitik findet Adenauers harte Linie gegenüber amerikanischer und britischer Konzessionsbereitschaft rasch die Billigung der FDP. Noch einmal heißt es: »Die neue Bundesregierung betrachtet in Übereinstimmung mit dem Grundgesetz und den von ihr geschlossenen Verträgen, insbesondere dem Deutschland-Vertrag, die deutsche Einheit als oberstes Ziel ihrer Politik. Sie sieht in Artikel 7 des Deutschland-Vertrages, in dem die USA, Großbritannien und Frankreich die Wiederherstellung der deutschen Einheit als Ziel der gemeinsamen Politik bezeichnet haben, die wichtigste Grundlage für die deutsche Hoffnung auf Wiedervereinigung. Das Grundgesetz und Artikel 7 des Deutschland-Vertrages lassen nicht zu:

a) Eine Minderung des Bestands an deutscher Einheit durch Lösung oder Lockerung der Bindungen Berlins an die Bundesrepublik;

b) eine Minderung des Bestands an deutscher Einheit durch eine irgendwie geartete Anerkennung eines deutschen Teilstaates auf dem Gebiet der sowjetischen Besatzungszone;

c) eine Minderung des Bestands an deutscher Einheit durch eine direkte oder indirekte Sanktionierung der Unrechtsmaßnahmen vom 13. August 1961 oder durch einen Ersatz dieser Maßnahmen durch Anerkennung der Kontrolle des zivilen Luftverkehrs von und nach Berlin durch die Sowjetunion oder die Behörden der DDR;

d) eine Regelung der Grenzfrage vor Abschluß eines Friedensvertrages für ganz Deutschland.«[38]

So ganz lassen sich die Freien Demokraten ihre jahrelangen Forderungen nach Flexibilisierung der Deutschlandpolitik freilich nicht abhandeln. Adenauer bekommt einige Formulierungen zu schlucken, über deren Ausdeutung man sich künftig leicht wieder zerstreiten könnte: »Die neue Bundesregierung muß versuchen, die Initiative für die Deutschland-Politik für sich und den Westen zu gewinnen. Sie muß die Lösung der Deutschland- und Berlin-Frage durch Friedensverhandlungen für ganz Deutschland anstreben: auf der Grundlage der Entschließung des Deutschen Bundestages vom 1. 10. 1958 und der unter

Zustimmung aller Fraktionen abgegebenen Erklärung des Bundestagspräsidenten vom 30.6.1961.«[39]

Wesentlich ist für den Moment aber, daß sich in den kritischsten Punkten der Berlin- und Deutschlandfrage nunmehr eine hinlänglich breite Basis der Übereinstimmung findet. Es ist nicht allein Adenauers Verhandlungsgeschick, das die Einigung ermöglicht. Psychologisch wirkt sich zwischen Strauß, Mende und Weyer doch auch eine gewisse Kameraderie der Frontgeneration aus. Da aufgrund sowjetischen Drucks der Ernstfall nicht auszuschließen ist, werden alle bisher strittigen Fragen der Verteidigungspolitik gemeinschaftlich lösbar. Als das Verhandlungsergebnis mit der FDP einen Monat später in der CDU/CSU-Fraktion strittig wird, kommt Adenauer verschiedentlich auf die beiden entscheidenden Verhandlungsrunden am 2. und 5. Oktober zurück: »Für uns – jetzt meine ich die Unterhändler – war das wichtigste unsere Außenpolitik und die Verteidigungspolitik.« Fast triumphierend bemerkt er bei dieser Gelegenheit über die Freien Demokraten: »Sie haben unsere Außen- und Verteidigungspolitik geschluckt. Das waren für die doch auch Brocken! Damals haben sie gegen das Wehrgesetz und gegen die EWG gestimmt, und jetzt schlucken sie das alles...«[40]

Wie wichtig die Einigung gerade in diesem Augenblick ist, übersieht im einzelnen nur Adenauer. Zwar ist seit Juli 1961 erkennbar, daß die Kennedy-Administration auf rascheste Verhandlungen über Berlin und Deutschland drängt. Schließlich droht vor Jahresende der Friedensvertrag Chruschtschows mit der DDR und damit eine Konfrontation, die zum Krieg führen könnte, den doch niemand will. Nach aller Lebenserfahrung ist also unter diesen Umständen damit zu rechnen, daß dabei in Washington und London viele Grundsatzpositionen genauso ins Schwimmen kommen werden wie schon einmal in den Jahren Eisenhowers. Adenauer macht sich in diesem Punkt keine Illusionen, auch wenn ihm jene seit Juli im Weißen Haus und im State Department zirkulierenden internen Planungspapiere nicht bekannt sind, in denen alles aufgelistet ist, was den Appetit Chruschtschows stillen könnte: Anerkennung der Oder-Neiße-Linie und *de facto*-Anerkennung der DDR, innerdeutsche Gespräche zwischen Bundesrepublik und DDR sowie eine atomwaffenfreie Zone.[41]

Immerhin hält sich Washington bis zum Wahltag am 17. September zurück. Doch schon ein paar Tage später, in der letzten Septemberwoche, treffen die Außenminister Rusk und Gromyko am Rande der UN-Vollversammlung zu drei langen Gesprächen zusammen. Das sind noch keine Verhandlungen im eigentlichen Sinn, aber die ganze Breite der Forderungen, der Probleme und der denkbaren Kompromißmöglichkeiten wird doch abgeschritten.

Bei dieser Gelegenheit wird wiederum deutlich, daß es Chruschtschow nicht allein um Berlin, sondern ebenso um den Status der Bundesrepublik geht. Seine Forderungsliste umfaßt neben der Freien Stadt West-Berlin unter dem Schutz neutraler und sowjetischer Truppen auch die völkerrechtliche Anerkennung der DDR sowie der Oder-Neiße-Linie, dazu atomwaffenfreie und entmilitarisierte Zonen in Europa, kräftige Abstriche am Aufbaukonzept der Bundeswehr, Vereinbarungen über die Nichtweitergabe von Kernwaffen sowie einen Nichtangriffspakt zwischen der NATO und dem Warschauer Pakt.[42]

Wie eigentlich nicht anders zu erwarten, markiert die amerikanische Seite zwar in vielen Punkten ihren Dissens, signalisiert aber letztlich doch, über alles gesprächsbereit zu sein. Damit zeichnet sich der schon lange befürchtete Modus vivendi auf Grundlage des Status quo der Teilung erneut ab, verbunden mit einer erheblichen Verschlechterung des Status West-Berlins sowie mit einer ebenso gravierenden Verschlechterung des militärischen Status der Bundesrepublik.

»Aber da geben wir doch alles einfach weg!« ist Adenauers entrüstete Reaktion, als sich das ganze Ausmaß amerikanischer Konzessionsbereitschaft abzeichnet.[43] Daß sich Washington mit den Rusk-Gromyko-Gesprächen auf die schiefe Ebene begeben hat, wird nämlich aus verschiedenen Signalen deutlich.

Am 3. Oktober – also kurz vor den Koalitionsverhandlungen über die Verteidigungspolitik – fragt der NATO-Botschafter Thomas K. Finletter seinen deutschen Kollegen Gebhard von Walther, wie sich Bonn wohl zu einem Vorschlag Washingtons verhalten würde, der die Schaffung von »kontrollierten, demilitarisierten oder sonstigen Zonen auf dem Gebiet der Bundesrepublik« vorsähe. Beide Herren wissen, daß damit mehr als zehn Jahre integrierter NATO-Verteidigungspolitik aufgegeben würden. Finletters ironischer Kommentar: »Man kann das nur verstehen, wenn man in letzter Zeit in Washington gewesen ist. Die Leute dort haben Ideen, als lebten sie auf dem Monde. Dinge, die für uns eindeutig klar sind, wollen sie nicht verstehen.«[44] Für Adenauer ist es klar, daß nun in Washington wieder irgendeine Variante der uralten Rapacki-Pläne ernsthaft diskutiert wird, die er stets als direkten Weg in die Hölle abgelehnt hat.

Die Antwort des Kanzlers läßt keinen Tag auf sich warten. Schon am 4. Oktober geht ein dreiseitiges Schreiben an Kennedy heraus. Sein Kern-

Gegen militärischen Sonderstatus

punkt: »Wir sind der Meinung, daß Zonen mit militärischem Sonderstatus – gleich welcher Art – in Europa verhängnisvoll, ja unmöglich sind ... Ein militärischer Sonderstatus für ein westeuropäisches Land, insbesondere die Bundesrepublik, wird eine ständige Einladung an die Sowjetunion bedeuten, weiter nach Westeuropa vorzudringen ...«[45]

Kurz vor der Zusammenkunft Kennedys mit Gromyko formuliert Adenauer gegenüber Botschafter Dowling weitere Bedenken. Dowling hat präzise gefragt, wie weit man in Sachen Anerkennung der DDR gehen könne. Er machte dabei deutlich, daß Unnachgiebigkeit an den Rand eines Krieges führen könnte. Adenauers Antwort: »jeder vernünftige Mensch müsse sich selbstverständlich darüber im klaren sein, daß die Wiedervereinigung Deutschlands in einer jetzt zu schätzenden Zeit nicht kommen werde ...«[46] Er selbst habe ja in diesem Punkt immer auf die Bedeutung kontrollierter Abrüstung und des Spannungsabbaus in diesem Punkt hingewiesen.

Dann fährt er fort: »Um eine genaue Antwort zu geben, würde er sagen, daß man den Menschen in der Zone nicht jede Hoffnung nehmen dürfe. Wenn man den Russen irgendwie entgegenkomme, sollte man versuchen, gleichzeitig zu verlangen, daß dort menschliche Zustände herrschten. Ein weiteres sei wichtig. Der Botschafter kenne den Deutschlandvertrag und die Pariser Verträge, und es sei natürlich, daß die drei Westmächte nicht als wort- und vertragsbrüchig erscheinen dürften. Das Vertrauen in die Zuverlässigkeit des gegebenen Wortes dürfe nicht erschüttert werden. Er sei sich seit Jahren darüber im klaren, daß die Wiedervereinigung in absehbarer Zeit nicht kommen werde. Man dürfe aber den Menschen die Hoffnung nicht nehmen und es wäre wertvoll, wenn eine gewisse Festigkeit nach beiden Richtungen erzielt werden könnte.«

Auf die Frage Dowlings, ob man denn an einen Ausbau der Kontakte mit der Zone denken könnte, erwidert Adenauer, eben das würde den Leuten die Hoffnung nehmen. Es sei der wichtigste Gesichtspunkt, das nicht zu tun. Als Dowling insistiert, wiederholt Adenauer dasselbe und warnt davor, »daß die Alliierten nicht als wortbrüchig erschienen«[47].

Das Gespräch erscheint ihm so wichtig, daß er es, wie häufig in solchen Fällen, in einer kurzen Aufzeichnung festhält. Auf die von Dowling als wichtig bezeichnete Frage, »welche Wünsche wir hinsichtlich der Wiedervereinigung hätten?« habe er geantwortet: »jedem Politiker sei klar, daß eine Wiedervereinigung in absehbarer Zeit nicht möglich sei. Wir hielten an der Forderung fest. Wenn die Vereinigten Staaten bei den Verhandlungen mit der Sowjetunion glauben, irgend etwas tun zu müssen, so dürften sie unter keinen Umständen etwas tun, was den Bewohnern in der Sowjetzone die Hoffnung nehme. Sie dürfen ferner nichts tun, was das Vertrauen der Deutschen auf Amerika schädige.«[48]

Hinsichtlich der Oder-Neiße-Linie ist er ebensowenig zum Nachgeben bereit. Das Thema ist schon bei den Verhandlungsplanungen in den Jahren 1959 und 1960 von Bedeutung gewesen. Bereits die Eisenhower-Administration ließ ein mehr oder weniger diskretes Drängen erkennen, und so wurde manches erwogen, diskutiert, sogar sondiert und schließlich doch wieder verworfen.

So beriet etwa das Bundeskabinett im Juli 1959 während der kritischen Schlußphase der Genfer Konferenz über ein Gewaltverzichtsangebot an Polen und an die Tschechoslowakei.[49] Von Brentano hatte darauf gedrängt.[50] Die Ministerrunde war aber zurückhaltend. Rücksichten auf die Vertriebenen spielten natürlich eine Rolle. Minister Oberländer, der vergleichsweise aufgeschlossen war, wies doch auf gewisse Nebenabreden gegenüber dem BHE bei der Regierungsbildung in Hannover hin.[51] Adenauer bemerkte zwar verächtlich, der BHE habe nur ein paar hunderttausend Stimmen hinter sich. Am wichtigsten war aber für ihn wohl der verhandlungstaktische Gesichtspunkt: »Die Russen geben keinen Schritt nach. Das wäre der schlechteste Augenblick.«[52] Kurze Zeit später war die Konferenz erfolglos zu Ende, damit aber auch die zwingende Notwendigkeit, ein deutsches Kompromißangebot vorzulegen. Latent oder manifest blieb dieser Ansatz aber stets in der Diskussion mit den westlichen Verbündeten.

Des öfteren kam in diesem Zusammenhang auch der Gedanke zur Sprache, der Aufnahme diplomatischer Beziehungen mit Polen die Errichtung von Handelsmissionen vorzuschalten. Voraussetzung dafür wäre aber nach Adenauers Willen eine Bereitschaft Polens gewesen, dabei die Grenzfrage auszuklammern. Von dem Krupp-Manager Berthold Beitz, der gute Beziehungen zu Ministerpräsident Cyrankiewicz unterhielt, vernahm Adenauer, Warschau sei dazu bereit.[53] In Kenntnis polonophiler Tendenzen der kommenden Kennedy-Administration hatte er daher Beitz im Januar 1961 um entsprechende Sondierungen gebeten. Bei einem günstigen Bescheid aus Warschau sollten über die Botschaften in Paris offizielle Verhandlungen aufgenommen werden.[54] In diese Sondierungen hinein platzte jedoch eine Rede von Gomulka. Darin fand sich der Satz, »daß einer Annäherung der beiden deutschen Staaten nicht nur vermutlich, sondern bestimmt die offene Anerkennung der Oder und Neiße als endgültige deutsch-polnische Grenze durch Herrn Adenauer und seine Regierung dienlich sein würde«[55].

Damit waren zwar noch nicht alle Türen zugeschlagen, doch von einer bereitwilligen Ausklammerung der Grenzfrage durch Polen konnte nun kaum mehr eine Rede sein. Die Wahlen rückten immer näher, und die Landsmannschaften machten deutlich, daß sie vom Kanzler Zurückhaltung erwarteten. So entschloß sich Adenauer, darin auch von Heinrich Krone bestärkt, vor den Bundestagswahlen keine riskanten Verhandlungen aufzunehmen.[56]

Das Thema Beziehungen zu Polen und Anerkennung der Oder-Neiße-Linie hat somit schon eine lange Vorgeschichte, als Amerikaner und Briten seit Anfang Oktober 1961 wieder nachdrücklich darauf zu sprechen kommen. Einer derer, die in den USA für die polnischen Wünsche besonders ansprechbar sind, ist der demokratische Senator Hubert H. Humphrey. Am 6. Oktober, also im unmittelbaren Vorfeld des Treffens Kennedys mit Gromyko, sucht er Adenauer wie üblich in Begleitung des amerikanischen Botschafters auf und spricht den Kanzler direkt darauf an. Adenauer aber zeigt sich noch längst nicht zum Nachgeben bereit. »Jeder denkende Mensch«, so erwidert er, »sei sich darüber im klaren, daß die bestehende Situation nicht zurückgerollt werden könne.« Darüber sprechen solle man aber »nur dann, wenn man eine Gegenleistung der anderen Seite bekomme«[57].

In Washington, so glaubt Adenauer jedenfalls Anfang Oktober 1961 zu spüren, sind alle tragenden Pfeiler der traditionellen Deutschlandpolitik bereits weitgehend unterspült. Daß er in dieser Lage Berichte über die Rusk-Gromyko-Gespräche sowie über das Treffen Kennedys mit Gromyko dem amerikanischen Publizisten Julius Epstein zuspielt, ist schon fast ein Akt der Verzweiflung.[58] Epstein sorgt jedoch nicht, wie Adenauer hofft, für einen großen Pressewirbel, sondern begibt sich mit den ihm übergebenen Unterlagen direkt in die Amerikanische Botschaft.[59]

Die diplomatischen Demarchen, vielleicht auch diese Indiskretion verdeutlichen Kennedy aber doch, daß Adenauer zu allem entschlossen ist. So unterrichtet er ihn am 14. Oktober in einem längeren Schreiben, daß die Grundzüge eines Modus vivendi über Berlin noch nicht erkennbar seien. Daher müßten die militärischen Vorbereitungen fortgesetzt werden, desgleichen aber auch die zweiseitigen amerikanisch-sowjetischen Sondierungen. Am wichtigsten aber ist für Adenauer die Versicherung, daß kein Disengagement oder ein militärischer Sonderstatus erwogen werde.[60]

Kaum ist jedoch die wankende Front in Washington notdürftig stabilisiert, da gerät die Regierungsbildung mit der FDP in Turbulenzen. An und für sich gehen zwar die Verhandlungen über die innenpolitische Materie ganz gut über die Bühne. Die FDP zeigt sich bereit, vorerst auch nicht an die kirchenfreundlichen Gesetze des Frühsommers 1961 zu rühren und abzuwarten, wie sie sich bewähren. Allerdings sieht sich Erich Mende nach wie vor zwei negativ eingestellten Gruppierungen in den eigenen Reihen gegenüber. Die eine von diesen will überhaupt keine Koalition mit der CDU, die andere weiterhin nur ohne Adenauer. Das erklärt einen gewissen Schlingerkurs.

Plötzlich hört Adenauer von einem Interview Mendes, in dem dieser doch tatsächlich wegen des hohen Alters von 86 Jahren erneut Bedenken erhebt und auf einer Rücktrittszusage für 1963 besteht: »Adenauer ist zu alt... Er ist jetzt im gleichen Alter wie Hindenburg, als er uns Hitler gab.«[61]

Schon bei anderen Gelegenheiten hatte er sich über Äußerungen dieser Art geärgert. Hatte man nicht schon auf der gemeinsamen Sitzung des FDP-Bundesvorstandes und der Fraktion am 19. September vor der Verlängerung seiner Kanzlerschaft aufgrund seines hohen Alters gewarnt? Und wie war das mit dem Schreiben Mendes an die Mitglieder des Bundesvorstandes und der Bundestagsfraktion noch eine Woche vor der Wahl, in dem der FDP-Vorsitzende den Rednern des Bundestagswahlkampfes empfohlen hatte, auf die Frage nach der Kanzlerkandidatur Adenauers in einer vierten Bundesregierung wie folgt zu antworten: »Die CDU steht nach dem 17. September vor der entscheidenden Frage, ob sie dem sechsundachtzigjährigen Bundeskanzler Adenauer, dem ältesten amtierenden Staatsmann der ganzen Welt, bei allem Respekt vor dem Alter und der Hochachtung der Person es noch zumuten kann, die schwere Verantwortung des Bundeskanzleramtes in dieser so schwierigen Zeit zu tragen, oder ob es nicht besser ist, die Verantwortung, wie seinerzeit in England unter Churchill, auf jüngere Schultern zu übertragen. Die CDU wäre gut beraten, die Frage der Nachfolge des Bundeskanzlers noch zu Lebzeiten Adenauers zu lösen und sie nicht dem Zufall zu überlassen. Die Freie Demokratische Partei ist bereit, Erhard, Gerstenmaier oder Krone ihr Vertrauen zu schenken.«[62]

Ergrimmt bemerkt der Kanzler nun im Fraktionsvorstand, das sei wirklich unanständig, nachdem man sich bereits sieben oder acht Stunden gegenübergesessen hat. Will ihn die FDP nun doch noch aus dem Spiel bringen? Zu Krone meint er, er habe es mit den Freien Demokraten nun langsam satt.[63] Krone beschwert sich wunschgemäß bei Mende, und der läßt ein Dementi herausgehen.[64]

Nachdem Mende auf diese Art und Weise Adenauer nochmals ans Schienbein getreten hat, fühlt er sich stark genug, die Koalitionsvereinbarung mitsamt dem Ja zur befristeten Kanzlerschaft Adenauers nunmehr dem Hauptausschuß der FDP vorzulegen. Dieser beschließt auch nach elfstündiger Diskussion die Koalition mit Adenauer. Dabei wird ein von Krone und Rasner gebilligtes Koalitionspapier angenommen, das aber der CDU/CSU-Fraktion noch nicht vorliegt.

Nun spielt der Gewerkschaftsflügel in der CDU die Fraktion verrückt. Hans Katzer und seine Freunde fürchten, daß die recht vage Koalitionsvereinbarung das verhindern wird, was sie als »sozial fortschrittliche« Gesetzgebung verstehen. Adenauer, der sich eben über Mendes Interview geärgert und das endgültige Papier selbst noch nicht gesehen hat, verlangt nun gleichfalls Nachbesserungen. Zwar nicht wörtlich, wohl aber in der Sache nennt er jetzt die für ihn doch so günstige Vereinbarung ein »FDP-Papier«.[65]

Der Wunsch der CDU/CSU-Fraktion, nochmals nachzuverhandeln, stößt aber auf den erbitterten Widerstand der FDP-Führung. Sie hat die Koalitionsvereinbarung und die Kanzlerschaft Adenauers nämlich nur gegen stärksten Widerstand durchgepaukt und möchte nicht das Risiko einer zweiten Beratung in großem Kreis eingehen. 67 der stimmberechtigten Anwesenden haben das Ergebnis gebilligt, 18 waren dagegen, 5 haben sich enthalten. Das ist zwar vergleichsweise eindeutig. Doch Stimmungen in der FDP können rasch umkippen.[66]

Da Adenauer nicht verhindert werden kann, verbeißen sich die Gegner in der FDP nunmehr auf seinen Außenminister. Mende hatte sich damit begnügen wollen, den Diplomaten Sigismund von Braun als dritten Staatssekretär im Auswärtigen Amt zu bekommen und selbst den Vorsitz im Auswärtigen Ausschuß zu übernehmen. Die Fraktion erklärt aber mit großer Mehrheit, daß von Brentano nicht ihr Vertrauen besitze. Die CDU solle also einen anderen ihrer Außenpolitiker benennen. Kiesinger, Schröder, Gerstenmaier, Krone – sie alle wären genehm, nur nicht von Brentano. Außerdem wünscht die FDP-Fraktion einen eigenen Staatsminister im Auswärtigen Amt.

Adenauer reagiert darauf recht sauer und prognostiziert, daß sich die Fraktion, wenn sie das vernehme, für eine Koalition mit der SPD entscheiden werde. Man wolle ihm Daumenschrauben anlegen und bringe ihn in eine unwürdige Lage! Wie könne er von Brentano fallenlassen, der sechs Jahre Fraktionsvorsitzender und sechs Jahre Außenminister gewesen sei? Und das alles nur, damit er selbst Bundeskanzler bleibe! Mende erinnert ihn nun daran, daß bei so schwerwiegenden Entscheidungen menschliche Rücksichtnahmen oft unmöglich seien.[67] Es gebe eben in der FDP Kräfte, die lieber mit der SPD koalieren würden, und andere, die ihn »bis auf den Tod haßten«[68]. Damit stecken die Verhandlungen nach nunmehr schon fünf Wochen in der Krise.

Wie sich das von selbst versteht, ist Adenauer durchaus geneigt, die sozialpolitischen Forderungen der Fraktion wie eine heiße Kartoffel fallenzulassen. Was liegt ihm an einer Ausdehnung der betrieblichen und überbetrieblichen Mitbestimmung, was an der Kindergeldzahlung für das dritte Kind und weitere Kinder, wenn es buchstäblich um den Bestand des Staates geht?!

Viel ernster ist indessen der Kampf ums Auswärtige Amt, auf dessen Kontrolle er um keinen Preis verzichten möchte. Zwar kennt er die Schwächen und die Grenzen der Begabung von Brentanos besser als jeder andere. Gerade im Oktober entrüstet er sich wieder einmal darüber, daß dieser gegenüber den amerikanischen Pressionen in bezug auf die Einsetzung eines Ausschusses »zum Studium des Rapacki-Plans« sich nicht durchgesetzt hat. Als Staatssekretär Carstens weltkundig bemerkt, schließlich habe man nicht zu allem »nein« sagen können, was die Amerikaner vorschlugen, antwortet Adenauer: »Ein deutscher Außenminister, der nicht ›nein‹ sagen kann, sieht seine Funktion nicht richtig.«[69] Doch im Lauf der Jahre hat sich Adenauer an seinen Außenminister gewöhnt. Immerhin ist von Brentano wie er selbst ein überzeugter Europäer und ein überzeugter NATO-Anhänger sowie von großer Kompromißlosigkeit in den Zentralfragen der Deutschlandpolitik. Außerdem ist er loyal, und Adenauer kann sicher sein, sich ihm gegenüber durchzusetzen und letzten Endes die Außenpolitik wie gewohnt zu dirigieren. Außerdem betrachtet er den Angriff der FDP auf von Brentano als einen erneuten persönlichen Affront. Gegenüber Angriffen gibt aber ein Adenauer nicht nach.

Wohl aber wird von Brentano nervös. Nicht nur daß die FDP nach seinem Skalp greift, beunruhigt ihn. Er vermutet hinter den freidemokratischen Vorstößen auch Konkurrenten aus dem CDU-Lager. Zuallererst wird nun Kiesingers Name genannt. Allem Anschein nach bildet sich innerhalb der Union eine Art Südschiene heraus. Der Wunsch des Ministerpräsidenten von Baden-Württemberg, als Außenminister nach Bonn zurückzukehren, wird von Strauß unterstützt.[70] Kiesinger wäre auch der FDP genehm, die unter ihm in Stuttgart im Kabinett mitwirkt. Doch Adenauer denkt nicht daran, jetzt ausgerechnet Kiesinger zu holen, der 1958 seinen Zorn erregt hat, als er zusammen mit Carlo Schmid und Fritz Erler über den Auswärtigen Ausschuß eine flexible Ost- und Deutschlandpolitik auf den Weg bringen wollte.

Brentano indessen setzen diese Kulissenmanöver derart zu, daß er Adenauer in einem »streng persönlichen« Brief vom 19. Oktober mitteilt, die Grenze des für ihn Erträglichen sei »überschritten«: »Unter solchen Voraussetzungen werde ich einem neuen Kabinett nicht angehören.«[71] Adenauer gibt keine Antwort auf dieses persönliche Schreiben, in dem er bezeichnenderweise ohne Titel, bloß als »verehrter, lieber Herr Adenauer« angeredet wird. Überhaupt ist es auffällig, wie wenig er in dieser Woche von Brentano heranzieht. Zwei Tage später protestiert dieser in einem siebenseitigen, diesmal offiziellen Schreiben gegen Pläne, ein Europaministerium unter Walter Scheel einzurichten. Scheel ist zwar einer der wenigen Freien Demokraten, die seinerzeit im Frühjahr 1957 für die Römischen Verträge gestimmt haben, doch von Brentano vertritt leidenschaftlich die Auffassung, eine Herauslösung der Europapolitik würde das »Kernstück« Adenauerscher Außenpolitik preisgeben: »wenn ich höre, daß die Absicht bestehen soll, Herrn Scheel dieses Ressort zu übertragen, dann kann ich nur mit großer Offenheit sagen, daß wir damit unsere Europapolitik liquidieren.«[72] Genauso große Bedenken gegen ein Europaministerium äußert auch Ludwig Erhard.[73]

Adenauer telefoniert nun mit von Brentano, der daraufhin seine Briefe als erledigt erklärt.[74] Kiesinger erkennt seinerseits, daß er nicht durchdringen kann und zieht sich zurück.[75] Doch die FDP verharrt bei ihrer Forderung nach Ablösung von Brentanos.

Bei einer gemeinsamen Sitzung von Fraktionsvorstand und Koalitionsgremien der CDU/CSU im Kabinettsaal des Palais Schaumburg meint Adenauer ominös, er wisse auch noch nicht, wie man in dieser Personalfrage weiterkommen könne.[76] Brentano ist zugegen und zieht aus Adenauers Äußerungen den Schluß, daß er zur Disposition steht. Ärgerlich kommentiert er die Kampagne der FDP gegen ihn mit der Feststellung: »man schlägt den Sack und meint den Esel«. Ein Staatsminister im Auswärtigen Amt »als Informant der FDP«, als »Horchposten« und »Kontrolleur« sei aber unmöglich. Entrüstet verläßt er die Sitzung. Adenauer nimmt nun die Position ein, man solle der FDP klarmachen, daß ihre Personalforderungen für das Auswärtige Amt der entscheidende Punkt seien: »Wenn die FDP es uns dann unmöglich mache, müßten andere Wege beschritten werden.«[77]

Offenbar schwankt Adenauer noch, ob er von Brentano wirklich fallenlassen soll. Immerhin hat die FDP erklärt, sie sei einverstanden, wenn die Union Gerstenmaier, Krone, Kiesinger, Schröder oder Abs als Außenminister vorschlage.[78] Gerstenmaier und Kiesinger kommen aus Adenauers Sicht nicht in Frage. Es gibt aber doch zu denken, daß Adenauer unmittelbar nach dieser Sitzung zusammen mit Präsident Berg vom BDI, Rechtsanwalt Stein und Globke auch den Bankier Abs zu einer abendlichen Besprechung bei sich hat. Andererseits behauptet Adenauer später immer wieder, er habe von Brentano halten wollen. Als er sich am folgenden Sonntagabend mit Krone und Globke erneut über das Thema unterhält, soll er bemerkt haben: »Ich kriege das schon hin.«[79]

Brentano jedoch glaubt bei der Sitzung am 27. Oktober erkannt zu haben, worauf das Spiel hinauslaufen wird: »die gestrigen Besprechungen«, schreibt er tags darauf in einem rundum noblen Brief an Adenauer, »habe ich sehr aufmerksam verfolgt. Ich habe nicht nur gehört, was gesagt wurde, sondern auch verstanden, was nicht gesagt wurde.«[80] Zu vielen bemerkt er später, er sei von Adenauer menschlich enttäuscht. Wahrscheinlich folgt er auch der Parteiräson, um die Regierungsbildung zu retten. Denn offenbar hat sich die FDP nunmehr auf ihn verbissen. Die Lebensregel, daß man besser rechtzeitig gehen soll, bevor man hinauskomplimentiert wird, ist ihm gleichfalls geläufig. Jedenfalls bricht er mit diesem Brief die Brücken hinter sich ab. Er werde für das Auswärtige Amt, überhaupt für einen Kabinettsposten, endgültig nicht mehr zur Verfügung stehen. Davon läßt er sich auch durch ein Telefonat Adenauers nicht mehr abbringen[81].

Für den Montagmorgen ist ein neues Koalitionsgespräch vorgesehen.[82] Eben dieses will von Brentano aber nicht mehr abwarten und gibt kurz zuvor durch den Pressesprecher des Auswärtigen Amts seinen Entschluß bekannt. Adenauer nimmt den Rücktritt fast postwendend mit dem üblichen Bedauern an.[83]

Im nachhinein hält er freilich entschieden an der Version fest, er sei entschlossen gewesen, sich »mit ganzer Kraft« für ein Verbleiben von Brentanos einzusetzen.[84] Selbstverständlich weiß er, daß man ihm diesen Vorgang als Beispiel besonders herzlosen Undankes vorhalten wird. Welch ein Kanzler! Um an der Macht zu bleiben, so kann man alsbald in vielen Zeitungen lesen, hat er den getreuen und noblen Heinrich von Brentano über die Klinge springen lassen! Niemand will ihm die Behauptung abnehmen, daß von Brentano leider die Nerven verloren hat.

Die Krise um von Brentano wirkt in der Öffentlichkeit auch deshalb so befremdlich, weil sie ausgerechnet in eine Woche schärfster Ost-West-

Konfrontation in Berlin fällt. Während in Bonn der Machtkampf um die Leitung des Auswärtigen Amts tobt, hat General Clay, Kennedys Berlin-Beauftragter, am Checkpoint Charlie amerikanische Panzer auffahren lassen, weil die Volkspolizei den US-Gesandten Lightner am Betreten des Ostsektors gehindert hatte. Im Gegenzug läßt Marschall Konjew sowjetische Panzer nach Ost-Berlin hineinrollen.

Doch das Pokerspiel um das Auswärtige Amt geht weiter. Bonner Insider spüren schon seit Tagen, daß nunmehr die Stunde Gerhard Schröders geschlagen hat. Gute acht Jahre ist es schon her, seit dieser erstmals sein Interesse am Auswärtigen Amt signalisierte.[85] In der Vergangenheit hat ihn Adenauer schon verschiedentlich für dieses Amt erwogen. Jetzt hat Schröder offenbar auch seinen Frieden mit den Freien Demokraten gemacht. Er pflegt das Verhältnis zu Willi Weyer, hat aber auch zu Erich Mende und Walter Scheel gute Arbeitskontakte entwickelt. Doch eben dies macht ihn Adenauer nun verdächtig. Außerdem weiß er, daß einem neuen Außenminister keine Einarbeitungszeit zur Verfügung stehen wird. Zwar hat Schröder den Ruf, ein guter Behördenchef zu sein. Doch im Ausland ist er noch weitgehend unbekannt.

So verfällt Adenauer für kurze Zeit auf die erstaunliche Idee, Walter Hallstein zum Nachfolger von Brentanos zu machen. Sein Name taucht alsbald nach dessen Rückzug auf. Am Allerheiligentag findet in Rhöndorf ein langes Gespräch mit Hallstein statt.[86]

Gewiß, das persönliche Verhältnis der beiden ist neuerdings etwas getrübt. Es wäre auch ein Opfer, wenn Deutschland jetzt auf die Schlüsselposition des Präsidenten der EWG-Kommission verzichten würde. Die Vorteile aber wären evident. Ein Jurist von Hallsteins Erfahrung wäre der ideale Mann, für die schmerzliche Neudefinition der Deutschland- und Berlinpolitik kluge Formeln zu finden. Adenauer schätzt ihn als zähen Verhandler. Außerdem genießt Hallstein überall im Westen hohes Ansehen, und er wäre ein sichtbarer Garant für die Kontinuität der Außenpolitik. Noch einmal hätte Adenauer auch einen von ihm völlig abhängigen Außenminister.

Doch alle Gründe, die aus Sicht Adenauers für Hallstein ins Gewicht fallen, sprechen nach Meinung der FDP gegen ihn. Zu Recht ist sein Name auch mit einer scharfen Praktizierung der Hallstein-Doktrin verbunden, an der die Freien Demokraten seit langem Anstoß nehmen. Selbst wenn Erich Mende wollte, könnte er ihn nicht gegen seine Parteifreunde durchsetzen.[87]

So läuft schließlich alles auf Gerhard Schröder zu. Am 2. November wird er im Fraktionsvorstand als Nachfolger von Brentanos präsentiert. Sofort melden sich allerdings seine Gegner. Berliner Abgeordnete werfen ihm vor, er habe sich als Bundesinnenminister gegen die Integrierung Berlins in den Bund ausgesprochen, so etwa, als es um das Stimmrecht der Berliner Abgeordneten bei der Bundespräsidentenwahl 1959 ging. Außerdem wird erzählt, er habe in Gesprächen mit Politikern und Journalisten geäußert, daß Berlin nicht zu halten sei.[88] Man unterstellt ihm, er habe von einer notwendigen »Frontbegradigung« gesprochen – jeder Kriegsteilnehmer weiß, daß dies ein Euphemismus für »geordneten Rückzug« ist. In Bonn kolportiert man auch ein Schrödersches Diktum, schlimmstenfalls müßte man die West-Berliner eben in der Lüneburger Heide ansiedeln. Das sei immer noch billiger als ein Krieg um Berlin.

Schröder ist allerdings nicht der einzige, der einen Krieg um die Zugangswege für eine Verrücktheit hält. Franz Josef Strauß, sonst mit ihm in vielem durchaus nicht derselben Meinung, teilt diese Auffassung.[89]

Bundespräsident Lübke, dem Berlin besonders am Herzen liegt, wird von Bürgermeister Amrehn auf die Probleme hingewiesen und weigert sich zeitweilig, die Ernennungsurkunde für Schröder zu unterschreiben.[90] Lübke empfiehlt, statt Schröder Abs oder Kiesinger zu nehmen. Adenauer hat aber keine Lust, es mit Kiesinger zu versuchen.[91] Und Abs, seit 1957 Vorstandssprecher der Deutschen Bank, mit dem er am 11. November darüber spricht, lehnt ab.[92]

Die personelle Kontroverse um Schröder ist deshalb so gravierend, weil die Bundesregierung in diesen Tagen schärfster Spannungen über Berlin in einer Reihe von Punkten ihre Positionen weiter klären muß. Immer noch ist Adenauer nicht bereit, die Kernpositionen der Deutschlandpolitik und die vitalen Sicherheitsinteressen der Bundesrepublik zur Disposition zu stellen.

Die Sicherheit der Bundesrepublik, führt er in einem Schreiben an Kennedy vom 21. Oktober aus, erlaube keinen Verzicht auf die Abmachungen im NATO-Rahmen, wonach »der Bundeswehr im Kriegsfall die atomaren Sprengköpfe zur Verfügung stehen, die sich im Frieden in amerikanischer Verwahrung finden«[93]. Immerhin wird jetzt Zustimmung für Maßnahmen gegen Überraschungsangriffe signalisiert, die »jedoch heute nur noch in Form sehr weiträumiger Zonen sinnvoll sind«[94]. Auf die Bindungen Berlins an den Bund könne ebenfalls nicht verzichtet werden.[95]

In Sachen Berlin-Status kommen Adenauer freilich zunehmend Zweifel. Krone gegenüber äußert er Mitte November, daß man doch nicht ewig mit den Rechten aus alliierter Besatzungszeit operieren kann.[96] Der wendet sich allerdings entschieden dagegen und sucht den Kanzler in diesem Punkt auf eine ganz harte Position festzuklopfen.

Auch in puncto Beziehungen zur DDR sind erste Anzeichen eines vorsichtigen Nachgebens zu erkennen. Seit Mitte September 1961 hat die deutsche Seite das Konzept gemischter Kommissionen akzeptiert. Falls erweiterte Verhandlungen auch über Deutschland unvermeidlich sein sollten, wäre man notfalls bereit, durch klares Vier-Mächte-Mandat drei technische Kommissionen einsetzen zu lassen – für Wirtschaft, für Freizügigkeit, für ein gesamtdeutsches Wahlgesetz. Diese Kommissionen würden aus Beamten der Bundesrepublik und der SBZ bestehen. Eine *de facto-* oder *de jure-*Anerkennung der SBZ wird aber weiter abgelehnt, desgleichen die Verwandlung der innerdeutschen Demarkationslinie in eine Grenze.

So bewegt sich Adenauer ganz, ganz langsam auf die unvermeidlichen Konzessionen zu. Daß die Ernennung eines allem Anschein nach wenig risikofreudigen Außenministers auf seiten der Sowjetunion, doch auch der Westmächte, als Signal zunehmender Nachgiebigkeit verstanden werden könnte, liegt auf der Hand. Die Gegner Schröders schieben denn auch dieses Argument in den Vordergrund.[97]

Doch die Zeit für weiteres Zögern läuft nun ab. Kennedy teilt Adenauer schon Anfang November mit, er wolle ihn Mitte November sprechen – gegebenenfalls auch noch vor der Neuwahl des Bundeskanzlers. Selbstverständlich weiß er, daß letzteres überhaupt nicht in Frage kommt. Die Wahl muß also vor der Amerikareise stattfinden.

Doch auch die öffentliche Meinung der Bundesrepublik verlangt schon lange erregt nach einem Abschluß der Regierungsbildung. Von vielen Seiten sieht sich Adenauer mit dem Vorwurf konfrontiert, mit seinem Klammern am Amt die Schwierigkeiten verursacht zu haben. Das kümmert ihn zwar nicht weiter, doch weiß er, daß er sich parteiintern und bei der veröffentlichten Meinung wieder einmal auf einem Tiefpunkt seines Ansehens befindet. »Kaum Beifall, wenn einer in der Fraktion zu seiner Wahl auffordert«, notiert Heinrich Krone vielsagend unter dem 4. November: »Doch man wählt Adenauer noch einmal, weil er es selber will.«[98] Lieber, so fährt er fort, würden die CDU/CSU-Abgeordneten aber Erhard wählen – »die einen, weil sie ihn wollen, die anderen, um Ruhe zu bekommen«.

Erhard selbst hat inzwischen gelernt, daß man mit Adenauer hart pokern muß. So trägt er keinerlei Bedenken, noch in der Schlußphase dieser langgezogenen Regierungsbildung mit aller Entschiedenheit darauf zu bestehen, daß das neu zu errichtende Entwicklungshilfeministerium unter Walter Scheel nicht auf Kosten seines Hauses ausgestattet wird. Sonst werde er der vierten Regierung Adenauer nicht angehören.[99] Adenauer erspäht nun eine Möglichkeit, Erhard leichten Kaufes loszuwerden und hätte nicht übel Lust, Fritz Hellwig, derzeit Vizepräsident der Montanunion, mit dem Amt zu betrauen. Schließlich besinnt man sich allseits dann doch noch eines besseren.[100]

Unter diesen Umständen erstaunt es nicht, daß Adenauer bei der Wahl zum Bundeskanzler am 7. November nur acht Stimmen mehr erhält, als für die absolute Mehrheit beim ersten Wahlgang erforderlich wäre. Von den 305 anwesenden Abgeordneten der Koalition wählen ihn lediglich 258, während 47 mit Nein stimmen oder sich enthalten.[101] Zwar wird die vierte Wahl zum Bundeskanzler am Abend dieses Tages mit einem festlichen Essen im Palais Schaumburg gefeiert. Die Söhne und Töchter Adenauers nebst Ehegatten sind dazu geladen, dazu das Ehepaar Pferdmenges, Hans Globke und Heinrich Krone. Dieser bemerkt aber, daß die knappe Mehrheit den neugewählten Kanzler doch mitgenommen hat. Adenauer indes versteht das dann wie gewohnt vergnügt zu überspielen.[102]

Am 8. November steht die lästigste Aufgabe der ganzen Regierungsbildung an. Wie zu Beginn der Koalitionsverhandlungen schon in Aussicht gestellt, diktiert Adenauer jetzt an den Fraktionsvorsitzenden Krone den angekündigten Brief: »Den Wahlkampf 1965 beabsichtige ich nicht, für meine Partei zu führen. Ich werde daher mein Amt als Bundeskanzler so rechtzeitig niederlegen, daß mein Nachfolger in diesem Amt eingearbeitet ist, dies zu tun.«[103] Erich Mende erhält einen Durchschlag zur Kenntnis.[104] Damit ist der mittelfristige Rücktritt einigermaßen terminiert, wenn auch nicht mehr ganz so präzise, wie das fast zwei Monate zuvor dem Parteivorstand in Aussicht gestellt wurde. Damals war noch von der Mitte der Legislaturperiode die Rede gewesen. Doch wenig später hatte Wolfgang Döring von Gerhard Schröder vernommen, für Adenauer sei nur eine dreijährige Amtszeit denkbar – also bis zur Neuwahl des Bundespräsidenten.[105] Der Brief wird zwar nicht bekannt. Aber in Bonn und weithin im Lande herrscht jetzt die Auffassung, daß Adenauer nur noch ein Kanzler auf Abruf ist.

Doch man lebt im Rheinland, und so können tragische Anwandlungen nie lange anhalten. Zwei Tage nach dem glücklichen Abschluß dieser schwierigsten Regierungsbildung bringt Rhöndorf seinem Ehrenbürger einen Fackelzug dar. Der 11.11. steht vor der Tür, und Adenauer grüßt die aufmarschierenden Vereine, als hätte der Karneval schon begonnen. St.-Hubertus-Schützen und Jungschützen, die Karnevalsgesellschaft »Ziepches Jecke«, das Tambourcorps »Frei Weg«, der Turnverein »Eiche Honnef«, die katholische Volksschule – sie alle marschieren auf, und der Hauptlehrer Möller läßt zwei von ihm im Siebengebirge geschossene Wildsauen und ein Reh überreichen.[106]

Am 14. November ist die Kabinettsbildung beendet. Erhard erhält wieder das Vizekanzleramt und richtet sich mißgestimmt darauf ein, die letzten Jahre Adenauerscher Kanzlerschaft ohne allzuviel Verdruß zu überstehen. Der CSU-Vorsitzende Franz Josef Strauß, politisch stärker denn je, verbleibt im Verteidigungsministerium. Seit er Adenauer auszubooten versucht hat, ist aus dessen Mißtrauen fast Furcht geworden. Das wird bald so weit gehen, daß Adenauer ein paar Monate später den Bundespräsidenten mit der Nachricht alarmiert, Strauß bereite einen Staatsstreich vor.[107]

Auch Außenminister Gerhard Schröder ist nicht Adenauers Wunschkandidat. Schröder ist zwar auf seine Art und Weise ein Bewunderer Adenauers. Er hatte zehn Jahre Gelegenheit, in der Fraktion und im Kabinett die Künste des Kanzlers genauestens zu studieren und weiß jetzt, was zählt: Fleiß, Präzision, Geschmeidigkeit ohne viele Worte, Vorsicht und unsentimentale Härte. Adenauer spürt bald, daß er von diesem klügsten seiner Schüler mit den eigenen Waffen geschlagen wird, und dann wird ihn Krone klagen hören: »der ist nicht loyal.«[108] Doch solches Schelten beweist nur, daß Schröder nunmehr mit zäher Konsequenz seine eigene Politik betreibt und dabei auch die Jahre nach Adenauer im Auge hat.

Als Gegengewicht zu Strauß und Schröder nimmt Adenauer jetzt Heinrich Krone als Bundesminister für besondere Aufgaben ins Kabinett. Ihm ist die Aufgabe zugedacht, bei der Koordination der Berlin-Politik zu helfen, mit anderen Worten: der Kanzler setzt dem neuen Außenminister den ärgsten Gegner als Aufpasser zur Seite.

Ein *homo novus* im Kabinett ist Hermann Höcherl von der CSU. Adenauer hat ihn schon im Frühjahr 1959 schätzen gelernt, als der damalige Vorsitzende der CSU-Landesgruppe mit sicherem Urteilsvermögen vor der törichten Präsidentschaftskandidatur gewarnt hatte. Auch 1961 gehört er zu denen in der CSU, die einer Ablösung Adenauers widerstrebt haben. Höcherl, so kalkuliert Adenauer, könnte ein CSU-internes Gegengewicht zu Strauß bilden.

Bei den neuen FDP-Ministern handelt es sich, genauer betrachtet, größtenteils um Parlamentarier, die aus Überzeugung eine Koalition mit der Union befürworten. Das gilt vor allem für den neuen Schatzminister Hans Lenz aus Württemberg, es gilt auch für Heinz Starke, der den kranken Franz Etzel als Bundesfinanzminister ablöst. Daß es ihm gelungen ist, der FDP das Finanzministerium zuzuschieben, betrachtet Adenauer als besonderen Erfolg. Der Bundeshaushalt, überbürdet mit Verteidigungsaufgaben und den Lasten des Sozialstaates, ist nämlich stärkstens angespannt. So kommen auf Starke lauter unpopuläre Aufgaben zu, und da die FDP ihrer Klientel verschiedene kostspielige Vergünstigungen in Aussicht gestellt hat, wird er sich auch mit der eigenen Partei anlegen müssen.

Die Ernennung des Dresdners Wolfgang Mischnick zum Vertriebenenminister ist ein Indiz für den zunehmenden Einflußverlust der Vertriebenen. Indem die CDU dieses Ressort an die FDP abgibt, zeigt sie, wie es mit ihren Prioritäten bestellt ist. Und die Vertriebenenverbände vermerken es mit einigem Unwillen, daß Mischnick im strengen Sinn nicht einmal aus ihren Reihen stammt.

Auch Walter Scheel tritt nun ins Kabinett ein. Das für ihn geschaffene Entwicklungshilfeministerium besitzt zwar noch nicht viel Kompetenzen. Doch der Anfang ist gemacht. Politisch ist in seiner Person der starke und 1956 so kritische FDP-Landesverband Nordrhein-Westfalen erfolgreich integriert.

Als ideologischen Fremdkörper im Kabinett betrachtet Adenauer und die CDU den linksliberalen Justizminister Wolfgang Stammberger. Mit ihm soll der linke Flügel der FDP notdürftig eingebunden werden.

Der FDP-Vorsitzende Erich Mende hat von vornherein klargemacht, daß er dem Kabinett unter Adenauer nicht angehören wird. Viele sehen ihn aber schon als Innenminister in einem kommenden Kabinett Erhard. Adenauer, der ihn im Verlauf der schwierigen Verhandlungen ungeachtet aller Vorbehalte doch mehr schätzengelernt hat, ist auch selbst davon überzeugt, daß Mende jetzt außerhalb des Kabinetts für die Koalition eine nützlichere Rolle spielen kann. Immerhin hatte er bei den Verhandlungen über die Ablösung von Brentanos Mende zu bedenken gegeben, eigentlich müßte er als FDP-Vorsitzender das Außenministerium für sich selbst fordern. Doch der hatte den großen Fehler gemacht, dies rundweg zurückzuweisen.[109] Da es nun nicht mehr angeht, ein Kabinett ohne wenigstens eine Ministerin zu bilden, gliedert Adenauer für die Oberkirchenrätin Elisabeth Schwarzhaupt eine Abteilung aus dem Innenministerium als Gesundheitsministerium aus. Eigentlich war daran gedacht,

Frau Schwarzhaupt an die Spitze des Familienministeriums zu berufen. Doch dieses gilt nach wie vor als katholisches Haus, und so gelingt es Franz-Josef Wuermeling noch einmal, sich gegen Adenauer zu behaupten, der ihm und seiner bisweilen den Kabinettsfrieden störenden Familienpolitik nicht besonders gewogen ist. Er verbleibt somit, ebenso der andere Bestand bisheriger Kabinettsmitglieder.

Wo neue Akzente zu erwarten sind, läßt sich also schon jetzt deutlich ablesen – in der Außen- und Deutschlandpolitik, in der Finanzpolitik, in der Entwicklungspolitik und vielleicht in der Justizpolitik. Doch niemand erwartet, daß dieses Kabinett machtvoll zu neuen Ufern aufbricht. Seine Hauptaufgabe scheint in erster Linie darin zu liegen, die bisherige Deutschlandpolitik mit Anstand zu liquidieren und das Land sicher durch die Berlin- Konfrontation zu führen.

Wie vordringlich dies ist, zeigt ein Wirbel um den Moskauer Botschafter Kroll, der in der Schlußphase der Kabinettsbildung für weitere Unruhe sorgt und auch die Vorbereitung der Gespräche Adenauers mit Kennedy überschattet. Seit er im Mai 1958 die Moskauer Botschaft übernommen hat, fühlt sich Kroll berufen, im deutsch-sowjetischen Verhältnis einen Durchbruch zur Normalisierung herbeizuführen. Als junger Attaché hatte er sich in den frühen zwanziger Jahren erstmals für wenige Wochen in Moskau aufgehalten. Botschafter war damals der legendäre und zugleich unnahbare Graf Brockdorff-Rantzau. Anschließend kam er ans deutsche Konsulat in Odessa. Zwar hatte ihn dann eine lange diplomatische Karriere in fast alle Kontinente geführt, zuletzt als Botschafter nach Belgrad und Tokio, doch offenbar versteht er die jetzige Tätigkeit in Moskau nicht als Routineaufgabe, sondern als Chance, an die großen Traditionen deutscher Botschafter in Rußland anzuknüpfen, zu denen auch Bismarck gehörte.

Zufällig kennt ihn Adenauer aus ganz anderen Zusammenhängen. 1947 war der stellenlose Diplomat in der Düsseldorfer Staatskanzlei tätig und gehörte auch dem außenpolitischen Ausschuß der CDU in der britischen Besatzungszone an. Sein wichtigster Kontakt ins Bonner Zentrum der Macht ist aber der Bundesbruder Hans Globke. Kroll pflegt diese Verbindung sorgfältig. Kaum hat Adenauer das Angebot zur Aufnahme diplomatischer Beziehungen mit der Sowjetunion erhalten, da bringt er sich bei Globke unter Verweis auf seine frühere Tätigkeit in Moskau sowie seine Russischkenntnisse als Botschafter ins Gespräch.[110] Im Herbst 1955 bombardiert er Globke mit Briefen, um die Moskauer Botschaft zu bekommen.[111]

Schon in dieser Phase macht Kroll deutlich, daß ihm die Möglichkeiten einer behutsamen Schaukelpolitik durchaus präsent sind. Ende August 1955 rät er zwar in der Frage der Aufnahme voller diplomatischer Beziehungen eher noch zu einer Taktik zähen Abwartens und will das sowjetische Interesse zu Verhandlungen »über die uns am Herzen liegenden konkreten Fragen« genutzt sehen. Doch fügt er hinzu: »Aber wir werden sowohl gegnüber dem Westen wie gegenüber dem Osten unsere Stellung stärken, wenn man hüben wie drüben die Überzeugung hat, daß wir bei aller Loyalität nach beiden Seiten doch die Möglichkeit haben, die Kontakte mit der einen oder der anderen Seite zu verstärken, wenn man für unsere Forderungen kein rechtes Interesse mehr aufbringt.«[112] Nach dieser Maxime handelt er auch während der Berlin-Krise. In Momenten, in denen Adenauer über die Untreue Londons und Washingtons tief erbost ist, vermag auch er diesem Ansatz einiges abzugewinnen.

Von Anfang an ist ein Hauptargument gegen die Entsendung Krolls nach Moskau sein bereits wohlbekannter Aktivismus.[113] Als dann im Januar 1958 die Sache »zu einem guten Ende gebracht worden ist«, flicht Globke in das Glückwunschschreiben die warnenden Sätze ein: »Es war jedoch nicht einfach, da man die Ähnlichkeit Deines Temperamentes mit dem Deines Hauptgesprächspartners gegen Dich ins Feld führte. Aber man stimmte schließlich aus der Erwägung zu, daß später eine andere Verwendung erfolgen könne, wenn sich daraus Schwierigkeiten ergäben.«[114]

In der Tat kommt es bereits im Sommer 1958 fast zur Ablösung, weil Kroll an seine Aufgabe mit zuviel Schwung und auch mit zuviel selbstsicherem Optimismus herangeht.[115] Entrüstet bemerkt Adenauer damals zu Blankenhorn, Kroll müsse möglichst bald und endgültig abberufen werden, »da er völlig versage. Seine Berichterstattung sei verlogen. Er erdichte Gespräche, die in dieser Form wahrscheinlich nie stattgefunden hätten...« Dem Faß den Boden ausgeschlagen habe die Tatsache, daß er sich ein lobendes Statement Mikojans besorgt habe.[116]

Irritierend wirkt auch die ganz unüblich intensive Pressepolitik Krolls. Er legt es geradezu darauf an, als Vorkämpfer deutsch- sowjetischer Verständigung Schlagzeilen zu machen. Damit verschafft er sich bei der Entspannungs-Presse Rückhalt, empfiehlt sich aber gleichzeitig auch der sowjetischen Regierung. Genau das rettet ihn, als das Berlin-Ultimatum zur Vereisung führt. Denn nun hat Adenauer einen Botschafter in Moskau, über den Chruschtschow höchstwahrscheinlich Signale aussenden wird, wenn ihm an einem Dialog mit Adenauer gelegen ist. Selbst der

Aktivismus erscheint nun verzeihlich, denn vielleicht ist so über die Absichten des gleichfalls extrovertierten Chruschtschow doch näheres zu erfahren. Außerdem, so urteilt Adenauer, ist es angesichts der Kompromißbereitschaft in London und Washington ganz zweckmäßig, in Moskau einen Botschafter zu haben, von dem jedermann weiß, daß er unablässig auf einen direkten deutsch- sowjetischen Dialog drängt.

So hält Adenauer seine Hand über Kroll, der durch seine Interviews, doch auch durch seinen Zweckoptimismus und seine – wie man glaubt – Russophilie die Spitze des Amtes jahrelang fast zur Verzweiflung bringt. Adenauer läßt sich in regelmäßigen Abständen persönlich von ihm berichten. Globke erhält unter Umgehung des Amts ergänzende Berichte und ist seinerseits um briefliche Fernsteuerung bemüht. Auch Heinrich Krone ist von Globke mit Kroll in Verbindung gebracht worden und wird von ihm mit einer Flut von Briefen bedacht. Mit großer Beharrlichkeit wiederholt Kroll immer wieder sein operatives Konzept: Adenauer und Chruschtschow sollten direkt verhandeln, am besten bei einem Besuch Chruschtschows in Bonn, um »eine Generalbereinigung« der deutsch-sowjetischen Beziehungen herbeizuführen. Dabei würde der wirtschaftlichen Hilfe für die Sowjetunion große Bedeutung zukommen.

In den Nöten seiner Deutschland- und Berlinpolitik möchte sich Adenauer die Option von Direktverhandlungen in der Tat offenhalten. Dies ist ein Hauptgrund, weshalb er die Eskapaden des Moskauer Botschafters mit Gleichmut hinnimmt. Kroll schafft es in der Tat, zu Chruschtschow vergleichsweise engen Kontakt zu halten, wird von diesem sogar auf die Krim eingeladen und ganz offensichtlich benutzt, um Adenauer aus der Reserve zu locken. Dieser kennt natürlich die Risiken, muß das Mißtrauen der Westmächte fürchten und ist sich auch der zusätzlichen Probleme durchaus bewußt, die das große sanguinische Ego dieses unkonventionellen Diplomaten aufwirft.

Nun aber lassen am 10. November sowjetische Stellen in Moskau durchsickern, die Sowjetunion habe ihre Meinung geändert. Sie wolle jetzt mit den Westmächten ein Abkommen über den Status von West-Berlin abschließen und erst dann einen Friedensvertrag mit Deutschland. Die DDR und die Sowjetunion würden in einem gesonderten Abkommen zur Respektierung dieses neuen Berlin-Abkommens verpflichtet werden. Auch die Westmächte und die Bundesrepublik sollen das Abkommen der Sowjetunion mit der DDR respektieren. Schließlich müsse es dann zum Abschluß eines Friedensvertrags kommen.[117] Das wird als sowjetischer Vier-Punkte-Plan präsentiert, und zusätzlich hört man, daß die ersten beiden Punkte Chruschtschow von Kroll selbst vorgeschlagen worden seien.

In der westlichen Botschaftergruppe, die in komplizierten Sitzungen vorsichtig eine Verhandlungslinie für Berlin ausarbeitet, herrscht naturgemäß helle Empörung über die Eigenmächtigkeiten Krolls. Die Bundesregierung sieht sich daher veranlaßt, den Westmächten mitzuteilen, daß ihr Moskauer Botschafter unautorisiert gehandelt hat. Er wird schleunigst zur Berichterstattung zurückgerufen. Da Kroll im Westen als Exponent der »Rapallo-Linie« gilt, ist in der Tat einiger Flurschaden zu erwarten. So desavouiert Bundespressechef von Eckardt den Botschafter in aller Öffentlichkeit, und als Kroll in Bonn eintrifft, wird er vom Flughafen aus sofort ins Bundeskanzleramt zitiert.

Adenauer läßt sich in Gegenwart von Globke und Carstens ausführlich Bericht erstatten, nimmt zur Vorsicht alles auf Band auf, begnügt sich aber mit bemerkenswert mildem Tadel: »Aus dieser Verkrampfung, daß Sie ein Unschuldsengel wären, müssen Sie wirklich herauskommen.«[118] Erneut beschwört Kroll den Kanzler, doch jetzt das unmittelbare Gespräch mit Chruschtschow zu suchen, um eine Generalbereinigung der deutsch-sowjetischen Beziehungen zu erreichen. Adenauer schließt das nun nicht mehr völlig aus, bemerkt aber, er müsse sich den Zeitpunkt vorbehalten.[119] Kaum ist Kroll ins Hotel zurückgekehrt, da ruft Krolls frühere Sekretärin Anneliese Poppinga, die jetzt für Adenauer arbeitet, im Auftrag des Kanzlers an und teilt mit, er werde selbstverständlich wieder auf den Moskauer Posten zurückkehren.[120]

Gerhard Schröder würde zu Beginn seiner Amtszeit als Außenminister an Kroll gern ein Exempel statuieren, doch Adenauer deckt ihn weiter. So wird er mit der Botschaft nach Moskau zurückgesandt, auch Adenauer wünsche die Verbesserung der deutsch-sowjetischen Beziehungen.[121]

Welcher Schluß ist daraus zu ziehen? Offenbar hält Adenauer jetzt die Lage für so kritisch, daß er einen baldigen Direktkontakt mit Chruschtschow nicht mehr ausschließt. Angesichts der Überlegungen in Washington und Moskau, deutsche Interessen hintanzustellen, ist ihm das Signal gar nicht unlieb, auch Bonn könne sich mit Moskau arrangieren. So läßt sich die Eigenmächtigkeit Krolls nachträglich als Wink mit dem Zaunpfahl nützen. Ein derartiger Wink ist durchaus angebracht, denn vor allem Macmillan drängt bei Kennedy darauf, nach den Bundestagswahlen nun beim Kanzler endlich Daumenschrauben anzusetzen. Seine Vorstellungen, die Adenauer freilich nur ahnt, sind außerordentlich weitgehend und mit dem Deutschlandvertrag von 1954 natürlich überhaupt nicht zu vereinbaren. So ermuntert er Kennedy am 4. November 1961, kurz vor einer erneuten Begegnung mit Adenauer, soviel Druck wie möglich auf den Kanzler auszuüben. Die Deutschen sollten annehmen: »zuerst die Oder-Neiße-Linie, worüber allgemeine Übereinstimmung besteht; zweitens eine Formel, die auf ein hohes Maß an de facto-Anerkennung der DDR hinausläuft ...; drittens, denke ich, muß sich Adenauer mit einer Aufgabe der politischen Bindungen West-Berlins an den Bund einverstanden erklären, doch könnten die wirtschaftlichen und finanziellen Bindungen sogar verstärkt und erweitert werden; schließlich viertens eine Erklärung der Bundesregierung, daß sie keine Kernwaffen zu produzieren beabsichtigt ...« Das alles, so Macmillan, könnte Adenauer konzedieren. Dafür wären dann vernünftige Regelungen über den Zugang nach Berlin und alles weitere einzuhandeln.[122]

Wie schon öfters in der Abfolge schwieriger West-West-Verhandlungen über die sowjetischen Forderungen setzt sich auch jetzt wieder bei Adenauer die Einsicht durch, daß man bei einer Einengung der Verhandlungen allein auf Berlin vielleicht noch am wenigsten Konzessionen machen muß. Nicht zuletzt das Gespräch Krolls mit Chruschtschow hat deutlich gemacht, daß das sowjetische Ultimatum erneut stillschweigend aufgehoben ist, wobei nun auch Moskau mehr Kompromißbereitschaft erkennen läßt. Mit der Absicht, die amerikanisch-sowjetischen Sondierungen nach Möglichkeit einzugrenzen, fliegt er am 18. November zusammen mit Schröder und Strauß nach Washington.

Hier scheint sich in dreitägigen Gesprächen mit Kennedy und dessen Mitarbeitern eine weitgehende Einigung abzuzeichnen. Auch Kennedy ist offensichtlich zur Schlußfolgerung gelangt, daß man die Gesamtheit der deutschen Frage am besten beiseite schiebt, um vorerst eine halbwegs tragfähige Berlin-Lösung zu erzielen.[123] Wieweit Adenauers Hartnäckigkeit und die Sorge vor einem verzweifelten Alleingang der Deutschen dabei mitwirkt, ist von außen schwer zu erkennen. In der amerikanischen Presse werden Adenauers Verhandlungen jedenfalls als persönlicher Erfolg gewertet. Der nach weitverbreiteter Meinung besonders gut informierte James Reston, Washingtoner Korrespondent der *New York Times*, schreibt nach Abschluß der Gespräche, Adenauer habe erreicht, was keiner mehr für möglich hielt: kein Disengagement, keine Anerkennung der DDR, Festigung der Bindungen zwischen der Bundesrepublik und West-Berlin einschließlich westalliierte Truppenpräsenz in Berlin, Freiheit des Zugangs und Erhaltung der Lebensfähigkeit.[124]

Nachdem die Mauer Tatsache ist, fällt es Kennedy nicht besonders schwer, Adenauers Drängen nachzugeben und die Beseitigung der Mauer als Ziel amerikanischer Politik zu erklären. Nochmals bekräftigt Amerika auch, wozu es sich bereits 1954 im Deutschlandvertrag verpflichtet hat: zum Streben nach Wiedervereinigung mit friedlichen Mitteln und auf Grundlage des Selbstbestimmungsrechts.

In der Grenzfrage erklärt sich Adenauer mit einer Gewaltverzichtserklärung gegenüber der Sowjetunion einverstanden, beharrt aber – auch mit Blick auf die innenpolitische Lage – auf dem Friedensvertragsvorbehalt. Kennedy hingegen macht deutlich, daß er in bezug auf die Oder-Neiße-Linie weitergehen möchte.[125]

Adenauer seinerseits bekräftigt nun, daß auch er in der Berlin-Frage im engeren Sinne eine Verhandlungslösung anstrebt. Er will sogar versuchen, de Gaulle von seiner prinzipiellen Gegnerschaft gegen jedes Verhandeln unter Druck abzubringen. Wie die folgenden Monate beweisen, sucht er diesem Versprechen auch im Direktgespräch mit de Gaulle, doch auch brieflich, gewissenhaft nachzukommen, allerdings ohne Erfolg. Zu mehr als einer stillschweigenden Hinnahme der amerikanisch-sowjetischen Sondierungen den Deutschen zuliebe ist der französische Staatspräsident nicht bereit. Selbst wenn die derzeit schwache und unfähige deutsche Regierung dem Druck nachgibt, meint er zu Macmillan, wird sich Deutschland in Zukunft daran erinnern, daß Frankreich fest geblieben ist.[126]

Außerdem: die russische Drohung ist zu groß und der Rhein fließt zu nahe an der Elbe![127] Dean Rusk hört ihn Mitte Dezember bei einem Gespräch im Elysée die rhetorische Frage stellen: »Worum geht es im Grunde?« Und er gibt selbst die Antwort: »Um die Neutralisierung Deutschlands, der eine Neutralisierung Europas auf dem Fuße folgen würde.«[128] In diesem Kernpunkt deckt sich die Lagebeurteilung de Gaulles mit derjenigen Adenauers. Und so hilft er in diesen kritischsten Monaten eine mehr oder weniger vollständige Preisgabe der deutschen Positionen verhindern.

Adenauer kommt also in Washington nicht zuletzt dank dem Beistand de Gaulles durch. Im übrigen beschwert er sich bei Kennedy über die Redereien der Senatoren Fulbright, Mansfield und Humphrey, worauf dieser trocken bemerkt, dies sei eben das Privileg der Senatoren, das sie in vollem Umfang auskosteten.[129]

Dann wird die Vergangenheit der letzten Wochen und Monate abgearbeitet. Zum Mauerbau bemerkt der Präsident entschuldigend, man habe davon »keine klare Kenntnis im voraus gehabt und nicht gewußt, wann und in welcher Form diese Maßnahme durchgeführt würde«.[130] Adenauer entschuldigt seinerseits Kroll, der vom Auswärtigen Amt nicht voll über die Washingtoner Botschaftergespräche informiert gewesen sei, so daß er bei dem Treffen mit Chruschtschow in dem einen oder anderen Punkt etwas gesagt habe, was nicht mit der vereinbarten westlichen Linie im Einklang stand. Immerhin habe er aber erfahren, daß der Mauerbau Chruschtschows eigene Entscheidung gewesen sei. Ulbrichts Schultern seien dafür zu schmal. Doch habe er nicht anders handeln können. Als Kennedy einwirft: Chruschtschow wollte eben die Flüchtlingsströme abstellen, meint Adenauer: Nein, dies sei wohl nicht der eigentliche Grund gewesen.

Er entfaltet nun breit seine eigene Lagebeurteilung. Deren Hauptpunkt: die Sowjetunion habe seit dem ersten Berlin-Ultimatum im Winter 1958/59 eine erdrückende konventionelle Überlegenheit aufgebaut. Würde man in einen Krieg um Berlin nicht sofort Kernwaffen einsetzen, so wäre eine Besetzung Hamburgs, Münchens und Frankfurts unvermeidlich. Danach wäre die Sowjetunion sicher erneut verhandlungsbereit. Es gehe Chruschtschow eben doch darum – damit ist er wieder bei seiner wohlbekannten These – , die Herrschaft über Westeuropa zu erlangen. Und da Kennedy als Präsident gilt, der nicht nur Kriminalromane liest, überreicht er ihm ein Exemplar des Buches »Das russische Perpetuum mobile« von Dieter Friede.[131] Dieser obskure Verfasser, auf dessen Arbeiten Adenauer aufmerksam geworden ist, hat ihn durch die These beeindruckt, daß Rußland seit dem 18. Jahrhundert eine konsequente Expansionspolitik betreibt und zahllose Verträge gebrochen hat. Chruschtschow, so ergänzt Adenauer am folgenden Tag, sei aufgrund seiner brillanten Karriere größenwahnsinnig geworden. Der Kanzler diagnostiziert bei ihm eine Mischung von Minderwertigkeitskomplexen und Überheblichkeit.[132]

Im Hinblick auf die Sowjetunion kommt Adenauer auf ein weiteres Lieblingsthema zu sprechen: Die sowjetische Furcht vor Rotchina, die zusammen mit den Kosten des wirtschaftlichen Aufbaus im Innern eines Tages vielleicht doch zu einer Kursänderung der sowjetischen Außenpolitik führen könnte![133]

Im übrigen aber sucht er dem Präsidenten vor Augen zu führen, wie ganz Westeuropa von Nordeuropa bis Italien und zur Türkei derzeit im Wanken ist. Die freie Welt zeige starke Risse, deshalb müsse Amerika führen, um Europa dem Christentum zu erhalten.

Kennedy versucht Adenauer die Idee auszureden, der Westen sei militärisch unterlegen. Dieser kann ihm immerhin mitteilen, daß jetzt in der Bundesrepublik die 18monatige Dienstpflicht eingeführt wird. Auch bezüglich der Ernstfallplanung hat Bonn schon im Vorfeld der Begegnung dem amerikanischen Druck nachgegeben. Bereits im April hatte der Kanzler dem Präsidenten versichert, ein sowjetischer oder sowjetzonaler Angriff auf die Streitkräfte der Drei Mächte, die sich auf den Zufahrtswegen zu Lande oder in der Luft nach Berlin befinden, werde für die Bundesrepublik den Bündnisfall nach Artikel 5 und 6, Absatz 2 des Nordatlantikpakts auslösen. Das wird nun am 24. Oktober 1961 durch Botschafter Grewe in einem Gespräch mit dem Präsidenten noch weiter präzisiert.[134]

Im Bündnisfall ist die Bundesrepublik jetzt bereit, zur Verteidigung der Freiheit Berlins das Risiko des Krieges einzugehen. Adenauer besteht jedoch auf militärischen Planungen, die dem deutschen Volk und den Bündnispartnern eine Chance des Überlebens geben. Zwar stimmt er der Planung größerer Boden- und Luftoperationen um den Zugang nach Berlin zu, gibt aber nach wie vor maritimen Gegenmaßnahmen den Vorzug.

Mit dem Wunsch, östliche Maßnahmen gegen die Zugangswege nicht in Deutschland selbst, sondern mit einer umfassenden Seeblockade zu beantworten, fällt Adenauer Amerikanern und Briten schon seit längerem auf die Nerven. Vor allem Großbritannien macht Bedenken geltend. Auch die amerikanische Diplomatie reagiert unlustig und zieht daraus den Schluß, daß die Deutschen im Ernstfall eben doch zurückweichen werden. Der Moskauer Botschafter Thompson läßt seinen Kollegen Kroll Ende Oktober wissen: »Wenig gefallen habe Kennedy auch die Anregung des Kanzlers, man sollte im gegebenen Falle bei der Ergreifung militärischer Repressalien in erster Linie an eine maritime Blockade denken. Da praktisch dafür nur Amerika und England in Frage kämen, die Bundesrepublik dagegen aus Mangel an einer Flotte völlig ausfiele, habe man diese Anregung für nicht sehr altruistisch gehalten.«[135]

Im Herbst 1961 ist die Lage jedenfalls so kritisch, daß Adenauer gegen Eventualfallplanungen unter Verwendung von Kernwaffen keine Einwände mehr erheben kann. Er präzisiert aber nachdrücklich, daß einer Automatik des Kernwaffeneinsatzes nicht zugestimmt wird. Notfalls würden die Regierungen darüber zu entscheiden haben.

Von Kennedy persönlich vernimmt Adenauer im November 1961, daß in der Tat ein Kernwaffeneinsatz geplant ist, wenn die Sowjetunion selbst

Kernwaffen gegen Amerikaner einsetzt oder wenn im konventionellen Krieg die Front ins Wanken geraten ist. Gegen die Wegnahme deutscher Gebiete könnten sowohl strategische wie taktische Nuklearwaffen schützen, doch brauche man die konventionellen Streitkräfte genauso.[136]

Auch die Frage deutscher Kernwaffen wird von Kennedy angesprochen. Adenauer erzählt einmal mehr von der Szene im Jahr 1954 in London und von Dulles' *clausula rebus sic stantibus*. Kennedy weist darauf hin, daß eine Aufrechterhaltung des deutschen Verzichts wünschenswert wäre. Andernfalls würde die Kriegsgefahr erhöht, ohne unter den gegenwärtigen Bedingungen die Sicherheit wesentlich zu verstärken. Adenauer bemerkt, er denke gar nicht an eine deutsche Kernwaffenproduktion, stehe in dieser Frage auch nicht unter innenpolitischem Druck.[137]

Die beiden Herren haben also guten Grund, nach diesem offenen Gedankenaustausch die Dolmetscher aufzufordern, ihre Gesprächsnotizen zu zerreißen.[138] So kehrt Adenauer mit dem Empfinden zurück, Kennedy auf eine harte Position festgezurrt zu haben. Offenbar hat die erst kurz zurückliegende Konfrontation an der Berliner Sektorengrenze in den USA zu einer spürbaren Verhärtung geführt. Diesen Eindruck teilt er noch vom Flugzeug aus de Gaulle mit.[139] Persönlich scheint doch ein gewisses Vertrauensverhältnis wiederhergestellt, das in der letzten Wahlkampfphase gelitten hatte.

Doch kaum ist Adenauer zurückgeflogen, da empfängt Kennedy den Chefredakteur der *Istwestija* und Schwiegersohn Chruschtschows, Alexej Adschubej, zu einem langen Interview. Gewiß, Kennedy arbeitet dabei viele der Positionen deutlich heraus, die er eben mit Adenauer vereinbart hat, doch sind auch irritierende Untertöne zu vernehmen. Der Präsident erinnert etwa daran, daß sein Bruder im Zweiten Weltkrieg in Europa gefallen ist. Er macht überdeutlich, daß die NATO auch eine Art Kontrollfunktion gegenüber der Bundeswehr wahrnimmt und daß er entschiedene Vorbehalte gegen Kernwaffen und Raketen in deutscher Hand hat. Der Wunsch der Bundesrepublik nach Wiedervereinigung wird zwar unterstützt, doch man entdeckt auch verräterische Sätze, die erkennen lassen, wie weitgehend Kennedy den Status quo der Teilung faktisch akzeptiert hat: »Ich glaube, wir könnten in unserem Jahrhundert in Mitteleuropa Frieden haben, wenn wir eine Einigung über Westberlin erzielen.«[140] Mehr als ein Modus vivendi scheint nicht mehr möglich, und weitere deutsch-amerikanische Differenzen sind so gut wie unvermeidlich.

Adenauer selbst steht den Besuch nur mit Hilfe starker Medikamente

Mit John F. Kennedy und Botschafter Wilhelm Grewe in Washington, 22. November 1961; links Dolmetscher Heinz Weber.

durch. Im Hause Grewe, wo man den Alten Herrn in der Residenz an der Foxroad Street umsorgt hat, stellt man besorgt fest, daß die letzten Monate ihre Spuren hinterlassen haben.[141] Seit der Rückkehr aus Cadenabbia zwei Tage vor dem fatalen 13. August hat Adenauer wie ein Pferd gearbeitet – der Mauerbau, der Wahlkampf, Krisensitzungen und Krisenplanungen, das Ringen mit Amerikanern und Briten, die Regierungsbildung, jetzt die Verhandlungen in Washington. Horst Osterheld, der rasch aus einem Skeptiker zu einem Bewunderer Adenauers geworden ist, meint, es sei unglaublich, wie der Kanzler oft über Wochen hinweg pausenlos Besprechungen durchführt, Schreiben entwirft und redigiert, bis spät in die Nacht arbeitet, Akten mit nach Hause nimmt und frühmorgens schon wieder um fünf oder sechs Uhr auf den Beinen ist.[142] Das wird nun doch zuviel.

Schon bei der Abreise aus Bonn hat er Temperatur. Während der Verhandlungen in Washington verschlimmert sich sein Befinden. Schließlich nimmt es Heinrich Barth, persönlicher Referent Adenauers, auf sich, ohne Wissen des Kanzlers Frau Dr. Bebber-Buch einfliegen zu lassen. Sie wird unter falschem Namen im Watergate-Hotel untergebracht, darf sich überhaupt nicht in der Öffentlichkeit zeigen und instruiert bis zum Abschluß der offiziellen Gespräche den Botschaftsarzt, wie, mit welchen Medikamenten und mit welcher Dosierung der Kranke zu behandeln ist. Denn inzwischen ist eine ausgewachsene Lungenentzündung mit bedenklichen Temperaturen zu diagnostizieren.

Die Geheimniskrämerei um die schwere Erkrankung erklärt sich aus zwei Überlegungen der engsten Umgebung. Zum einen soll die Presse nichts erfahren, da sonst das Alter des Fünfundachtzigjährigen und damit die eben abgeschlossene Regierungsbildung erneut problematisiert würden. Zum anderen aber möchte man auch Adenauer selbst bei seinen schwierigen Gesprächen nicht mit einer so beunruhigenden Perspektive belasten.

So taucht die Hausärztin erst auf, als der offizielle Teil in aller Form abgeschlossen ist und sorgt dann mit gewohnter Energie dafür, daß wenigstens der fest eingeplante Auftritt im National Press Club diesmal unterbleibt.

Am Morgen der Rückkehr treffen die Journalisten in Köln-Wahn einen grauen, übernächtigten Kanzler, der nur knapp bemerkt: »Es war ausgezeichnet« und dann sofort nach Rhöndorf fährt, um sich endlich zu kurieren. Wie schwer die Erkrankung ist, wird allerdings weiter verschwiegen, denn der Gesundheitszustand des Kanzlers gehört während der ganzen Ära Adenauer zu den am besten gehüteten Geheimnissen. Und jedermann weiß schließlich, daß im November oder Dezember beim Kanzler eine Bronchitis fällig ist. Auch Globke ist erkrankt – Kreislaufstörungen.[143]

Während Adenauer sich in Rhöndorf wieder regeneriert, muß Vizekanzler Ludwig Erhard am 29. November für ihn die Regierungserklärung abgeben. Ein schlechteres Omen läßt sich gar nicht vorstellen.

Eingekreist

Beim Blick auf die Gesamtheit der Kanzlerjahre und die anschliessende Periode von 1963 bis 1967 markiert das Jahr 1962 doch deutlich den Beginn der Spätphase Adenauers. Das gilt gleicherweise für die Innenpolitik wie für die Außenpolitik. Innenpolitisch setzt der große Protagonist eines »bürgerlichen« Bündnisses unübersehbar die Signale für eine schwarz-rote Koalition. Und außenpolitisch verläßt Adenauer nunmehr die gleichfalls langjährige Linie des Ausgleichs zwischen den westlichen Großmächten zugunsten einer ziemlich ungeschützten Option für einen deutsch- französischen Zweibund.

Offenkundig politische Zäsuren also, doch noch keine Zäsur in bezug auf Adenauers politische Vitalität! Auch seine physische Leistungsfähigkeit bleibt weiterhin erstaunlich. Von der schweren Erkrankung nach der Regierungsbildung im Herbst 1961 erholt er sich bemerkenswert schnell. Der 86. Geburtstag am 5. Januar 1962 zeigt ihn wieder »in glänzender Form, bester Laune und schlagfertig wie je«[1]. Das Defilee ist lang, wohlgeordnet und weiterhin höchst eindrucksvoll. Die Familie des Patriarchen zählt inzwischen 22 Enkel, mit denen er stolz vor den Kameras posiert. Als ihm Ludwig Erhard an der Spitze des Kabinetts eine barocke Steinbank für den Garten als Geschenk darbringt und dabei lächelnd bemerkt, das sei gewiß keine Aufmunterung, sich zur Ruhe zu setzen, gibt er eine jener schlagfertigen Antworten, für die er berühmt ist: »Erfolge in der Politik erzielt man dadurch, daß man länger sitzen kann.«[2] Das ganze folgende Jahr hindurch läßt er nach außen hin kaum Anzeichen nachlassender Kraft erkennen.

Allerdings verändert sich das bisher rundliche, volle Gesicht doch erkennbar. Die Falten werden zu tiefen Tälern, die Züge hagerer. In Bakken und Kinn sitzt kein überflüssiges Gramm Fett mehr, so daß der Kopf kleiner erscheint und noch mehr dem eines sehr alten Indianerhäuptlings gleicht.

Ohne Wissen der Öffentlichkeit durchlebt Adenauer aber Anfang 1962 die bisher schwerste gesundheitliche Krise. Globke, selbst ziemlich schwer kreislaufkrank und der Arbeitslast körperlich kaum mehr gewachsen, macht Mitte Januar Beobachtungen, die ihn sorgenvoll stimmen: »Er habe den Kanzler in den letzten Tagen in einer Stimmung angetroffen, wie er sie bisher von ihm nicht kenne«, vertraut er Heinrich Krone am 21. Januar 1962 an. »Er ziehe sich am liebsten von allem zurück.«[6] An diesem Tag ist Adenauer erneut erkrankt. Fiebrige Grippe, wie es heißt.

In Wirklichkeit hat ihn der erste Herzinfarkt ereilt. Mit eiserner Energie kuriert er das in vierzehntägiger vollständiger Isolierung zu Hause aus. Auch diesmal geht die engste Umgebung – Frau Dr. Bebber-Buch, Anneliese Poppinga – ein hohes Risiko ein, indem sie sich dem Wunsch Adenauers beugt, ihn weder in die Klinik zu bringen noch die Öffentlichkeit über den Zustand des Schwerkranken zu informieren. Daß und wie er so rasch regeneriert, ist ein medizinisches Wunder. »Man sieht es Konrad Adenauer mehr und mehr an, daß er sechsundachtzig ist«, vermerkt Krone Anfang Februar 1962, als Adenauer nun schon die zweite schwere Erkrankung des Winters 1961/62 im Rhöndorfer Heim mühsam hinter sich bringt.[3] Und gedankenvoll sinniert er: »Vielleicht wirft der Tod seine Schatten voraus.«[4]

Doch Adenauer arbeitet sich auch aus diesem winterlichen Tief wieder heraus. Einer der Ärzte, die sich des Kanzlers annehmen, Dr. Karl-Leo Nonn, meint selbst nach dem anstrengenden Staatsbesuch in Frankreich vom Juli 1962, in den letzten fünf Jahren sei Adenauer nicht gealtert.

Die Freude an den Schweizer Urlauben ist ihm schon seit längerem durch ätzende Kommentare bestimmter deutsch-schweizer Zeitungen verdorben worden. Er mußte auch die anstrengenden Höhenwanderungen aufgeben. In Cadenabbia, wo er nun regelmäßig im Frühjahr und nochmals im Sommer, im Spätsommer oder im Frühherbst Urlaub macht, unternimmt er zwar noch lange Spaziergänge, hält sich aber vor allem beim Boccia-Spiel fit. Dieser Alterssport begeistert ihn so, daß er auch im Rhöndorfer Garten eine Boccia-Bahn anlegt. Hatte er sich während der fünfziger Jahre in der Freizeit vor allem als Rosenfreund und Bergwanderer dargestellt, so prägt sich nun das Bild des Boccia-spielenden Adenauer mit Pepita-Hut ein.

Die Herren des inneren Kreises, die ihn nicht aus den Augen lassen, finden hingegen wieder einmal, daß seine seelische Spannkraft doch etwas nachläßt. Größere Milde, dafür etwas weniger Durchsetzungswillen, Härte und Dickköpfigkeit als früher registriert Staatssekretär Carstens, der in diesem Jahr mit viel Fingerspitzengefühl die zunehmenden Spannungen zwischen Kanzler und Außenminister auszugleichen sucht.[5] Andere beobachten jedoch genau das Umgekehrte. Zu Osterheld bemerkt Globke ein paar Monate später, früher sei der Kanzler immer sehr höflich gewesen, habe aber sehr präzise Weisungen gegeben. Seit einiger Zeit gebe er manchmal keine genauen Weisungen mehr, schimpfe oder tadle die anderen aber dann im nachhinein, wenn sie aus eigener Initiative etwas getan hätten, was ihm nicht recht sei. So habe er »nicht mehr sehr viele Freunde unter den Ministern«[7]. Doch hat er wirklich je viele Freunde unter seinen Ministern gehabt?

Heinrich Krone, der auch weiterhin ständigen Zugang zu Adenauer hat, obgleich er nicht mehr als getreuer Fraktionsvorsitzender agiert, beobachtet Ähnliches: »Der Kanzler wird kantiger und grantiger. Auch sprunghafter und unbelehrbarer.« Und er fügt hinzu: »Auch Globke sieht das.«[8] Einen Monat später dieselbe Klage: »Es wird schwieriger, sich mit dem Kanzler zu verständigen ...«[9] Als Krone nach dem Auf und Ab des Jahres 1962 an Silvester im Tagebuch Bilanz zieht, beginnt er mit den Worten: »Der Kanzler wird alt.«[10]

Auf andere, die ihn gleichfalls genau kennen, wirkt Adenauer jedoch wieder anders. Blankenhorn entfernt sich zwar in dieser Spätphase spürbar von ihm, weil er die jetzt unaufhaltsame Hinwendung zu de Gaulle für falsch hält. Doch er stellt sich weiterhin regelmäßig im Palais Schaumburg ein. Und in demselben Zeitraum, da Globke beunruhigende seelische Veränderungen diagnostiziert, vermerkt er: »Ich fand den Kanzler ... besonders frisch und lebendig. Er macht immer wieder den Eindruck eines Siebzigjährigen ...« Nach dem stürmischen Jahr 1961 scheint er erneut von Besonnenheit und Ruhe erfüllt.[11] Derselbe Blankenhorn meint aber nach einem Zusammenstoß mit Adenauer in Sachen Frankreichpolitik und britischem Beitritt: »Da der alte Herr recht alt geworden ist und viele Nuancen nicht mehr voll beherrscht und daher sich eigentlich mit niemand wirklich gründlich berät, so ist die Gefahr einer falschen Entscheidung sehr beträchtlich ...«[12]

Adenauer präsentiert sich also 1962 in wechselnder Form, und man hat den Eindruck, daß das Urteil der Umgebung über seine Leistungsfähigkeit doch auch stark von der jeweiligen Harmonie oder Disharmonie abhängt, die mit dem Kanzler in politischen Fragen zu erzielen ist. Alles in allem zeigt er sich jedoch entschlossen, genauso kraftvoll, autoritativ und fintenreich zu regieren wie bisher. Resignative Momente sind selten. An seinem schonungslosen Einsatz ist kein Zweifel möglich.

Bei den Spitzenpolitikern von CDU und CSU, auch unter den wohlorientierten Journalisten herrscht aber jetzt eindeutig die Meinung vor, daß das im Herbst 1961 zustande gekommene Kabinett Adenauer bereits so etwas wie eine Übergangsregierung darstellt. So sehen es alle, die in näherer oder fernerer Zukunft das Ziel der eigenen Kanzlerschaft fest im Auge haben: Ludwig Erhard, Gerhard Schröder, Franz Josef Strauß und Eugen Gerstenmaier. Heinrich Krone, den sich Adenauer nunmehr ernsthaft als Übergangskanzler wünscht[13], erkennt gleichfalls genau, daß es mit der Kanzlerherrlichkeit Adenauers doch rasch zu Ende geht. Die »Brigade Erhard« mitsamt den zahlreichen Erhard-Anhängern in der Fraktion drängen den Bundeswirtschaftsminister, sich nicht mehr weiter als »Gummilöwe« zu erweisen und endlich nach dem Kanzleramt zu greifen.

In der ersten Hälfte des Jahres 1962 sind auch die Beziehungen des CSU-Vorsitzenden Strauß zum Kanzler stark gespannt. Strauß hat gleichfalls keinerlei Lust mehr, sich weiter schurigeln zu lassen und schimpft zwar nicht öffentlich, aber um so ungehemmter in kleinerem Kreis über »den Alten«. In den Augen von Strauß ist Adenauer nur noch ein Monument seiner selbst. Selbst Gerhard Schröder stellt sich bereits ganz auf die Zeit nach Adenauer ein, wobei er für seinen zunehmend selbständigen Kurs denkbar gute Gründe nennen kann. Der Bundespräsident drängt mit der ihm eigenen Hartnäckigkeit weiterhin auf eine Allparteienkoalition, am liebsten unter Eugen Gerstenmaier[14], und möchte Adenauer auch seinerseits lieber heute als morgen zurücktreten sehen.

Die CDU/CSU-Fraktion ist Adenauer ziemlich entglitten, seit sie in einer Anwandlung von Mitleid, Trotz und schlechtem Gewissen Heinrich von Brentano nach seinem Rücktritt als Außenminister wieder zum Fraktionsvorsitzenden gewählt hat. Brentano überläßt die praktische Arbeit zwar in starkem Maß dem Fraktionsgeschäftsführer Will Rasner, so wie er dies früher im Fall von Heinrich Krone getan hat – und am liebsten würde er das Amt bald wieder abgeben.[15] Doch bei allen Grundsatzfragen, insbesondere in der Frage der Kanzlernachfolge, spricht er natürlich jetzt ein gewichtiges Wort mit. Adenauers Taktieren bei der Regierungsbildung 1961 verzeiht er ihm nicht. Er wertet den eigenen Sturz als Folge schnöder Adenauerscher Untreue und läßt das den Kanzler auch spüren. Ähnlich wie Krone steht er der Koalition mit der FDP zutiefst skeptisch gegenüber.¹⁶ Gründe zur Sympathie für die Liberalen hat er schließlich keine. Auch er liebäugelt heimlich mit einer schwarz-roten Koalition.

Daß innerhalb der CDU Persönlichkeiten und Gruppen von Gewicht einem Koalitionswechsel zuneigen, bleibt natürlich der FDP nicht verborgen. Erich Mende, jetzt ein Hauptexponent der Koalition mit CDU und CSU, ist seit seinem »Umfall« politisch geschwächt. *Spiegel* und *Stern*, die beide in FDP-Kreisen meinungsbildend wirken, führen einen erbarmungslosen publizistischen Abnützungskrieg gegen ihn. Zwar kann sich Mende durchaus auf eine Mehrheit in der Fraktion und auf die stärksten Landesverbände stützen. Doch er sieht diese Mehrheit dahinschwinden, wenn es nicht bald gelingen sollte, den in der FDP weithin abgelehnten Adenauer durch Ludwig Erhard zu ersetzen, für den auch die Herzen der Freien Demokraten schlagen. So muß Mende seinen Parteifreunden das ganze Jahr 1962 hindurch gegen Adenauer Leine lassen und auch seinerseits auf einen baldigen Kanzlerwechsel hinarbeiten.

Besonders belastend wirkt sich dabei das Ergebnis der Landtagswahlen in Nordrhein-Westfalen vom Juli 1962 aus. Die nordrhein-westfälische FDP – Weyer, Döring, Scheel, Mende – hat 1961 ihr ganzes Gewicht für die erneute Koalition mit der CDU in die Waagschale geworfen. Ausgerechnet sie kann nun bei den Landtagswahlen keinen Erfolg erzielen, obwohl doch das vorhergehende Ergebnis der Bundestagswahlen so glänzend war. Noch wird das innerparteilich nicht dem Bündnis mit der CDU angelastet, wohl aber dem »Umfall« vor Adenauer. Dabei bleiben die Schwächen Erhards den klügeren FDP-Politikern durchaus nicht verborgen. Doch was soll's! Erst wird man Adenauer durch Erhard verdrängen, dann läßt sich weitersehen!

Auch im Bundesparteivorstand der CDU suchen die Vorstandsherren nunmehr die Weichen für die Zeit nach Adenauer zu stellen. Das Stichwort lautet »Parteireform«. Adenauer selbst sieht ein, daß diese zwingend notwendig ist. Zu deutlich hat ihm vor allem der Fernsehstreit das Auseinanderfallen der CDU-Regierung im Bund und der CDU-geführten Länderregierungen vor Augen geführt. Es bedarf also schon der starken Klammer einer Bundesspitze. So kommt die Idee eines Geschäftsführenden Vorsitzenden auf, wofür der bisherige Innenminister von Nordrhein-Westfalen, Josef Hermann Dufhues, vorgesehen ist. Dieser kantige Westfale ist Ministerpräsident Meyers und dem Parteiboß der CDU-Rheinland, Wilhelm Johnen, schon längere Zeit lästig, so daß sie ihn gerne für ein hohes Amt in der Bundespartei vorschlagen.

Aber viele derer, die für einen Geschäftsführenden Vorsitzenden Dufhues eintreten, haben dabei bereits die Nachfolgeregelung im Auge. Wenn nämlich Erhard Kanzler wird, was im Frühjahr 1962 wahrscheinlich scheint, braucht die CDU einen Vorsitzenden katholischer Konfession. Im Grunde hofft man, daß Adenauer das Kanzleramt und den Parteivorsitz mehr oder weniger gleichzeitig aufgibt. Auch für diesen Fall wird ein starker Mann gebraucht. Wäre es Adenauer bekannt, was Heinrich Krone im März 1962 als Absicht von Dufhues im Tagebuch festhält, so wäre sein Mißtrauen gegen diese personelle Lösung noch größer. Dufhues will, so hört Krone von ihm, »die Geschäftsführung der Partei als ein alter ego des Kanzlers übernehmen«[17]. *Alter ego* eines Adenauer – wie soll das gutgehen! Krone selbst spürt das: »Ich sehe es kommen, daß der Kanzler Dufhues die Befugnisse nicht gibt, die er haben will. Und dann?«[18]

Auf allen Ebenen sind somit im Jahr 1962 vergleichbare Konstellationen zu beobachten. Die meisten Politiker, die zählen, möchten Adenauer aus unterschiedlichsten Motiven rasch loswerden. Die Zahl seiner treuen Anhänger in der CDU ist schon 1962 stark zusammengeschmolzen. Sieht man einmal von Heinrich Krone ab, so gibt es nicht mehr allzu viele Kabinettsmitglieder, auf die sich Adenauer noch voll verlassen kann. Es sind dies mit Paul Lücke und Theodor Blank entweder Spitzenpolitiker aus Nordrhein-Westfalen, wo Adenauer immer noch seine Hausmacht hat, oder einige Chefs kleinerer Ressorts, die um ihr Ministeramt fürchten müssen, wenn Adenauer geht und Erhard kommt.

Ein ähnlich kritisches Bild ergibt sich bei den Landesverbänden. Dort kann sich Adenauer noch auf Franz Meyers, den CDU-Ministerpräsidenten von Nordrhein-Westfalen, verlassen, der allerdings im Juli 1962 eine ziemliche Wahlschlappe einstecken muß – Anfang vom Ende der CDU-Vorherrschaft in Nordrhein-Westfalen. Ebenso findet sich noch eine stärkere Anhängerschaft in Rheinland-Pfalz. Wenn er sich umsieht, sind es eben doch in erster Linie zuerst und zuletzt Katholiken aus dem Rheinland und aus Westfalen, die ihm durch dick und dünn folgen.

Doch im Jahr 1962 will er noch nicht wahrhaben, daß die große Absetzbewegung in den Reihen der CDU bereits in vollem Gange ist. Waren denn nicht die gesamten Kanzlerjahre eine einzige Abfolge kürzerer oder längerer Tiefs, aus denen er sich jedesmal wieder emporgearbeitet hat? Der bei ihm immer noch ungebrochene, durchaus erstaunliche Durchsetzungswille erscheint jetzt freilich selbst den verbliebenen Anhängern zunehmend als Realitätsverlust.

Das wird erstmals deutlich, als der CDU-Bundesvorstand im Februar 1962 über den Plan berät, das Amt eines Geschäftsführenden Vorsitzenden der CDU mit Josef Hermann Dufhues einzurichten. Adenauer macht bei dieser Gelegenheit völlig klar, daß er damit seine eigene Nachfolgefrage als Parteivorsitzender keinesfalls präjudiziert sehen möchte. Das werde davon abhängen, bemerkt er leicht gönnerhaft, »wie sich Herr Dufhues entwickelt«[19]. Und er fügt hinzu: »Wann ich ausscheiden werde als Vorsitzender der Partei, das kann ich Ihnen jetzt mit dem besten Willen nicht sagen.«[20] Sicher ist nur, daß er auf dem Dortmunder Parteitag im Juni 1962 erneut kandidieren wird und damit wohl für weitere zwei Jahre an der Spitze der Partei verbleibt. Daran vermag ihn auch noch niemand zu hindern.

Nachdem dies klargestellt ist, läßt er durchsickern, daß er durchaus nicht daran denkt, etwa im kommenden Jahr 1963 schon als Kanzler zurückzutreten.[21] Der Kalkül scheint ziemlich klar: weiterregieren bis 1964, um dann eventuell Erhard in die Villa Hammerschmidt abzuschieben. Im Zusammenhang damit könnte dann auch die Kanzlernachfolge in einem für ihn befriedigenden Sinn gelöst werden.

Ende Juni 1962, die Vorbereitungen für den Staatsbesuch in Frankreich sind schon in vollem Gange, zeichnet sich dasselbe Bild ab. »Er denke nicht an Rücktritt; auch 1963 nicht«, eröffnet er nun Krone und Dufhues.[22] Da er Erhard überhaupt ablehnt, die Eigenwilligkeit Gerhard Schröders bereits voller Unwillen verfolgt und auch von Brentano für ungeeignet hält, bedrängt er nun Krone, er »müsse es machen«[23]. Dieser weiß freilich genau, daß er gegen Ludwig Erhard in der Fraktion keine Chance hätte. Die CDU-Abgeordneten wollen schließlich die Bundestagswahl 1965 gewinnen, und dafür wird die Wahllokomotive Erhard gebraucht, ob er sich nun auf längere Sicht als Kanzler eignen mag oder nicht. Ist der Wahlsieg erst in der Scheuer, dann bleiben vier Jahre Zeit, sich erforderlichenfalls nach einem anderen Kanzler umzusehen.

Krones Überlegungen, die er nach diesem Gespräch im Juni 1962 zu Papier bringt, sind bezeichnend: »Ich glaube nicht, daß Konrad Adenauer noch längere Zeit Kanzler ist. Höcherl ruft mich an. Die Demokraten rumoren. Er ist ihnen zu selbstherrlich. Sein Verhandeln wegen des drohenden Bergarbeiterstreiks nehmen sie zum Anlaß, ihn hart anzustoßen, und das unter Bejahung der Koalition.«[24]

In diesem Stil geht es bis in den Herbst 1962 weiter. Die FDP, die Anhänger Erhards, doch auch andere in der CDU lassen keine Gelegenheit vorübergehen, an dem Stuhl des Kanzlers zu sägen. Ausgerechnet in den Tagen, als de Gaulle Anfang September 1962 seine triumphale Reise durch die Bundesrepublik antritt, sprechen die Freien Demokraten die Nachfolgefrage erneut an. Globke, dessen Informationssystem nach wie vor hervorragend funktioniert, erfährt von entsprechenden Überlegungen in der FDP-Fraktion. Wie früher schon sollen Gespräche mit Erhard, Strauß und Gerstenmaier geführt werden. Die FDP sucht auch von Brentano in Gespräche über die Kanzlernachfolge zu verwickeln.[25] Als die Freien Demokraten allerdings entsprechende Beratungen in einem kleinen interfraktionellen Kreis vorschlagen, bleibt von Brentano durchaus loyal und verweist Mende an den Kanzler.[26] Dieser denkt jedoch überhaupt nicht daran, dem Druck nachzugeben und entzieht sich dem Drängen, indem er sich Mitte September in einen dreiwöchigen Urlaub nach Cadenabbia begibt.[27]

Jetzt wird auch deutlich, weshalb die FDP ihren Vorstoß genau in diesem Moment unternimmt. Offenbar hat Adenauer Finanzminister Starke von der FDP ganz ungeniert erklärt, er wolle bis 1964 bleiben. Dann solle Ludwig Erhard Bundespräsident werden und Heinrich Krone Bundeskanzler.[28] Wie ernst es Adenauer jetzt weiterhin mit Krone ist, bekommt dieser ein paar Tage später erneut zu hören, als die Abreise de Gaulles wieder Zeit für die innenpolitischen Spielchen läßt. Er müsse Kanzler werden, bedrängt er ihn erneut und macht ihm Vorwürfe wegen mangelnder Entschiedenheit, »die er erwarte«.[29]

Die Kulissenmanöver dieser Wochen sind der Anlaß für einen ersten großen Krach mit Dufhues. Dufhues wird nämlich von Krone über die neuesten Überlegungen Adenauers informiert und gibt daraufhin der *Kölnischen Rundschau* ein Interview, das wie bei derlei innerparteilichen Machtkämpfen üblich von Heuchelei nur so trieft. Die CDU wolle die Frage nach dem Kanzler nach Adenauer mit Respekt vor dem Staatsmann und mit ihm zusammen aufgreifen.[30]

Mit diesem Interview hat Dufhues nach Adenauers Auffassung die Lunte gezündet. Es ist, so sieht er es, das Signal für eine klassische Palastrevolution. Der Kanzler erfährt davon in Cadenabbia und reagiert mit einem Wutanfall. Dieser Zornesausbruch wird von seiner Umgebung noch lange danach als einer jener seltenen Fälle genannt, in denen Adenauer die *contenance* verloren habe.

Dufhues erhält ein energisches Telegramm – ein »Bannfluch«, so Krone.[31] Die Abschrift läßt Adenauer allen Präsidiumsmitgliedern der CDU zur Kenntnis geben: »Habe soeben Ihre Erklärung in der *Kölnischen Rundschau* vom 16. September gelesen. Ich ersuche Sie dringend, sich künftig jeden Kommentars über meine persönlichen Entscheidungen zu enthalten. Ihre Erklärung empfinde ich als einen unzulässigen Eingriff in meine persönlichen Rechte. Ich erblicke darin eine schwere Schädigung

Eingekreist

unserer Partei. Ich verweise Sie auf die Beispiele Dr. von Brentanos und Herrn von Hassels. Ich finde es besonders bezeichnend, daß Sie diese Erklärung kurz nach meiner Abreise und ohne vorherige Fühlungnahme mit mir abgegeben haben. Sie geht weit über die Ihnen zustehende Kompetenz hinaus und ist nicht dazu angetan, die Einheit der CDU und die Zusammenarbeit zu fördern.«[32]

Damit ist zwischen Adenauer und Dufhues das Kriegsbeil ausgegraben. Alle schönen Pläne einer langfristigen Regelung des Parteivorsitzes auch für die Periode nach Adenauer sind Makulatur. Denn dieser hat von nun an zwei große Anliegen. Zum einen möchte er um jeden Preis verhindern, daß Erhard sein Nachfolger als Bundeskanzler wird. Zum anderen ist er genauso fest entschlossen, Dufhues, der sich so rasch mit ihm angelegt hat, den Weg zum Parteivorsitz zu versperren. Umgekehrt betrachten alle, die Adenauer möglichst bald aus seinen Ämtern entfernen möchten, den harten Westfalen Dufhues als eine Art Brechstange.

Zur Wut Adenauers trägt auch der Umstand bei, daß Dufhues – wozu er satzungsmäßig berechtigt ist – gleichzeitig eine Präsidiumssitzung der CDU einberuft, um nach einem Vortrag Bundeswirtschaftsminister Erhards in Gegenwart der CDU-Ministerpräsidenten die wirtschafts- und finanzpolitische Lage in Bund und Ländern zu erörtern. Der Termin ist mit Adenauer nicht abgestimmt, und der Kanzler denkt auch gar nicht daran, deswegen den Urlaub in Cadenabbia zu unterbrechen. So erhalten alle Eingeladenen von ihm ein weiteres Telegramm, das klarstellt, wo die Glocken hängen: »Die Sitzung, zu der für den 27. September 1962 eingeladen worden ist, fällt aus, da die zu besprechenden Materien innerhalb der Bundesregierung noch durchgearbeitet werden müssen. Adenauer, Vorsitzender der CDU.«[33]

Dufhues selbst, von dem auf das erste Telegramm hin ein kühles, selbstbewußtes Schreiben eingegangen ist[34], bekommt von Adenauer zu hören: »Ich bin nicht Ehrenvorsitzender, sondern Vorsitzender der CDU. Daraus folgt, daß alle Rechte und Pflichten eines Vorsitzenden mir zustehen. Sie sind der Geschäftsführende Vorsitzende. Daraus ergibt sich ganz von selbst, daß der Geschäftsführende Vorsitzende vor wichtigeren Entscheidungen und Vorgängen mit dem Vorsitzenden sich in Verbindung setzen und – falls dadurch keine Übereinstimmung erzielt wird – eventuell das Präsidium oder der Parteivorstand mit der Angelegenheit befaßt werden muß.« Indem er »mit ausgezeichneter Hochachtung« darum ersucht, vor Einberufung einer neuen Präsidiumssitzung Gegenstand der Besprechung und Termin mit ihm abzustimmen, fügt er noch gelassen den Satz hinzu: »Ich glaube, Sie sollten zunächst noch einmal die ganze Situation in Ruhe überdenken.« Abschriften des Briefes gehen sowohl an die Präsidiumsmitglieder wie an die CDU-Ministerpräsidenten.[35]

Zwar vermerkt Krone anläßlich des Krachs mit Dufhues: »Der Kanzler täuscht sich, wenn er meint, er sei Herr im Hause oder noch Herr im Hause«[36], und ein paar Tage später: »Der Kanzler weiß nicht, wie es um ihn steht.«[37] Der weiß aber sehr wohl, daß er eingekreist ist, und eben deshalb möchte er sich keine Handschellen anlegen lassen.

Zum Zeitpunkt dieser Auseinandersetzungen ist man in der Führungsspitze der Union entschlossen, Adenauers Rücktritt im Jahr 1963 zu erzwingen und auf ihn einzuwirken, diesen Termin bald bekanntzugeben. Krone und von Brentano, Gerstenmaier und von Hassel, Dufhues, Strauß und natürlich Ludwig Erhard – sie alle sind dieser Meinung.[38]

Ende September unternimmt Krone in Cadenabbia, begleitet von Globke, einen Anlauf, Adenauer zu einer baldigen Erklärung für Erhard als seinen Nachfolger zu veranlassen, verbunden mit Gesprächen über eine Kabinettsumbildung. Den Bedenken Adenauers gegenüber Erhard und Strauß soll Rechnung getragen werden, indem ein Stellvertreter des Kanzlers die Arbeit des Kabinetts initiiert und koordiniert, insbesondere den Bundesverteidigungsrat leitet.[39] Krone wäre bereit, diese Aufgabe zu übernehmen. Doch bevor deswegen mit Erhard, Strauß und von Brentano gesprochen wird, lehnt Adenauer das rundweg ab: »Der Kanzler denkt nicht daran zurückzutreten.«[40] So stehen die Dinge, als die *Spiegel*-Krise eine neue Lage schafft.

Aber Adenauer sieht sich nicht nur von Parteiführung und Fraktion umzingelt. Er spürt auch, wie die Granden seines Kabinetts zunehmend ihre eigenen Wege gehen oder gehen möchten. Das betrifft nicht nur die Diadochenkämpfe um seine Nachfolge, obschon es nicht davon zu trennen ist.

Die Dauerfehde mit Ludwig Erhard läuft auf verschiedenen Ebenen. Es fällt Adenauer nicht schwer, in den Fragen der Konjunkturpolitik immer wieder Probleme zu erspähen, derentwegen er gestreng Stellungnahmen erbitten, kurz zurückliegende Fehlentscheidungen rügen oder Untätigkeit anprangern kann. Man muß darin nicht einmal unbedingt die Absicht vermuten, den dünnhäutigen Erhard zu piesacken, obschon Adenauer ihm gegenüber schon längst nicht mehr objektiv ist. Adenauer sorgt sich eben stets generell und um alles, also auch um den Konjunkturverlauf, die internationale Wettbewerbsfähigkeit, die Energiepolitik und zahlreiche andere Felder, auf denen die Dinge schieflaufen könnten mit kritischen Rückwirkungen auf die Wählerstimmung.

Erhard kennt nun allerdings solche ja durchaus legitimen Sorgen des Kanzlers seit dem Jahr 1949 und pflegt jedesmal ausführlich, sachverständig, zumeist weiterhin optimistisch zu antworten – brieflich, in Besprechungen oder im Kabinett. In Fragen der Wirtschaftspolitik kann man ihn schon lange nicht mehr provozieren, er hat sich aber auch die Unart abgewöhnt, den Kanzler als wirtschaftlichen Ignoranten zu behandeln.

Das Frühjahr und der Sommer 1962 sind wieder einmal eine Periode der »Maßhalte-Appelle« wegen drohender Preissteigerungen. Der stets aktivistische Kanzler beklagt jedoch nachdrücklich, daß Erhard zwar die Tatsache einer Geldentwertung andeutet, ohne jedoch zu handeln.[41] Es ist nicht ohne Ironie, daß Adenauer während der ganzen frühen sechziger Jahre wie der Junge in der Fabel »Wolf, Wolf« ruft, wenn er an die Konjunktur denkt. Das Unheil läßt aber auf sich warten. Tatsächlich kommt der Konjunktureinbruch erst, als Erhard bereits selbst als Bundeskanzler amtiert.

Jedenfalls muß sich die Umgebung Adenauers einschließlich der Journalisten, die er zu Hintergrundsgesprächen empfängt, ein fast unablässiges Klagelied auch über die Wirtschaftspolitik Erhards anhören. Richtig ans Leder kann er ihm aber nicht, und jeder Versuch, ihn etwa gar aus dem Kabinett zu entfernen, wäre glatter politischer Selbstmord. Erhard ist im Jahr 1962 so gut wie unangreifbar.

Viel unerfreulicher noch ist aus Adenauers Sicht jedoch die Englandpolitik des Bundeswirtschaftsministers. Mit der EWG hat Erhard mehr oder weniger unwillig halbwegs seinen Frieden gemacht, auch wenn er gegenüber dirigistischen Tendenzen in Brüssel nie ein Blatt vor den Mund nimmt und unablässig die Öffnung des Gemeinsamen Marktes zur Außenwelt hin predigt. Aber 1962 kann es noch nicht zum offenen Konflikt in der Beitrittsfrage kommen, weil Großbritannien mit der EWG über die Beitrittsbedingungen verhandelt.

Adenauer registriert aber jetzt mit großem Mißfallen, daß es Erhard über die Jahre hinweg gelungen ist, in der Erweiterungsfrage fast alle, die in der Bundesrepublik zählen, auf seine Seite zu ziehen. Die CDU/CSU-Fraktion, von Brentano an der Spitze, drängt ebenso auf einen erfolgreichen Abschluß der Verhandlungen wie die FDP. Das Auswärtige Amt mit Gerhard Schröder und Karl Carstens befürwortet gleichfalls den Beitritt. Industrie und Handel tendieren in dieselbe Richtung, desgleichen die Sozialdemokraten. Unter den großen gesellschaftlichen Gruppierungen verhält sich nur die Landwirtschaft reserviert.

Bisher hat Adenauer bei den unvermeidlichen Spannungen zwischen den USA, Großbritannien und Frankreich im großen und ganzen doch eine Außenpolitik des Ausgleichs betrieben, wenn auch immer etwas näher zu Washington und zu Paris. Damit entsprach er alles in allem auch den Wünschen im weitgefächerten Regierungslager.

1962 aber ist das Jahr, in dem er den Schwerpunkt eindeutig und – so sehen es seine Kritiker – auch einseitig in Richtung Frankreich verlagert. Das geschieht nicht abrupt, sondern in einer Abfolge von Schritten, an deren Ende der Elysée-Vertrag vom 22. Januar 1963 steht. Doch je deutlicher sich Adenauer auf de Gaulle festlegt, um so unausweichlicher gerät er auch in Gegensatz zur außenpolitischen Grundlinie im eigenen Kabinett und in den Regierungsfraktionen, von einer breiteren Öffentlichkeit ganz zu schweigen. Um so stärker aber wird auch die Position Erhards, der in Sachen Englandpolitik seit Jahren für großes Entgegenkommen gegenüber London eintritt. Es versteht sich von selbst, daß dies die Abneigung Adenauers gegen den Thronprätendenten Erhard noch verstärkt, sofern das überhaupt möglich ist.

Während aber Erhard die Fahne der Anglophilie ganz offen entfaltet, operiert der gleichfalls anglophile Außenminister Schröder viel umsichtiger. Im Grunde besetzt er nur jene Positionen des Ausgleichs nach allen Seiten, die Adenauer im Jahr 1962 mehr und mehr verläßt. Freundschaft mit Frankreich: ja! Doch bitte nur im Rahmen umfassenderer westeuropäischer Zusammenarbeit! Fortentwicklung der EWG: ja! Aber auf mittlere Sicht nur, wenn auch Großbritannien mit dabei ist! Ausbau der westeuropäischen Gemeinschaften: gleichfalls ja! Er darf aber nicht auf Kosten der engen Beziehungen zu den USA erfolgen!

Der Außenminister hat bei diesem Kurs viele aus dem Regierungslager hinter sich, die in den fünfziger Jahren Adenauers Integrationspolitik und dessen ziemlich bedingungslose Amerika-Bindung mitgetragen haben. Selbst Schröders Intimgegner von Brentano und Krone können gegen diese Außenpolitik umsichtigen Ausgleichs in der Sache nichts einwenden. Sogar alterprobte Gefolgsleute Adenauers wie Blankenhorn in Paris oder Hallstein in Brüssel finden jetzt, daß Schröder das komplizierte Spiel deutscher Außenpolitik überlegter angeht als der alte Kanzler.

Adenauer vermeidet zwar noch die offene Auseinandersetzung mit Schröder, obschon er auch mit dessen ziemlich nachgiebiger Haltung gegenüber den USA nicht einverstanden ist. Doch Insider wie Globke oder Krone wissen bereits, daß der Kanzler im Sommer 1962 über vagen Plänen für eine Kabinettsumbildung brütet. Globke hört Ende Juli 1962 von ihm, »das Verhalten Schröders verursache ihm schlaflose Nächte und mache ihn tatsächlich ganz krank«.[42]

Was sind die Gründe für diesen Ärger? Schröder scheint bereit zu sein, England zu Bedingungen in die EWG aufzunehmen, die den Gedanken einer Politischen Union Westeuropas ein für allemal erledigen. Schröder lehnt es ab, dem Leiter des Bundespresseamts, Karl-Günter von Hase, die politischen Telegramme zur Verfügung zu stellen, und Adenauer argwöhnt, daß der Strom der Informationen langsam, aber sicher auch an ihm selbst vorbeigelenkt werden soll. Schröder weigert sich auch, den Berlin-Beauftragten Felix von Eckardt über die Berlin-Sondierungen zu unterrichten, so daß dieser sich an den Berliner Senat wenden muß.[43]

Es geht also um die England- und Frankreichpolitik, ebenso aber um Adenauers durchaus zutreffendes Empfinden, von einem kommenden Mann kühl ausmanövriert zu werden. Zu Recht kann er Schröder als einen seiner besten Schüler betrachten, der fast alle Tricks von ihm gelernt hat. Aber nun emanzipiert sich dieser, was schon schlimm genug ist, und steuert zu allem hin noch – so glaubt Adenauer zu erkennen – einen falschen Kurs.

Globke weiß auch schon Namen zu nennen, an die Adenauer in bezug auf die Nachfolge Schröders denkt. Adenauers erste Wahl wäre wohl Kurt Birrenbach, ein führender Ruhrmanager bei Thyssen, der seit 1957 dem Bundestag angehört und in der Spätphase Adenauers als einer der profiliertesten Außenpolitiker der CDU gilt. Birrenbach ist jetzt 56 Jahre alt. Er hat zwischen 1939 und 1950 für verschiedene amerikanische Firmen in Lateinamerika gearbeitet, verfügt über gute Beziehungen zum außenpolitischen Establishment der USA aus dem Umkreis der Wallstreet und des Council on Foreign Relations, doch auch zum Kreis um Jean Monnet und nach Großbritannien.

Wie Adenauer glauben kann, daß Birrenbach einen grundsätzlich anderen Kurs als Schröder steuern würde, ist freilich unerfindlich. Auch Birrenbach ist ein »Atlantiker«, wie man bald sagen wird, ein Freund des britischen Beitritts, ein Kämpfer für die EWG und ein Mann voller Mißtrauen gegen de Gaulle. An Selbstbewußtsein steht dieser wirtschaftlich unabhängige, weltgewandte und zugleich harte Westfale Schröder gleichfalls nicht nach. Und bald werden Adenauer und er in der Frage des deutsch-französischen Vertrags aufeinanderprallen.

Ein anderer aufsteigender Stern, der bei dieser Gelegenheit als möglicher Nachfolger Schröders genannt wird, ist Baron von und zu Guttenberg. Er zählt zum konservativen Flügel der CSU – alter, gut katholischer bayerischer Adel, eine Familie auch, die den Nationalsozialismus verächtlich abgelehnt hat. Als er nach fünfjährigem Dienst in der Wehrmacht im Oktober 1944 in englische Gefangenschaft gerät, trägt er keine Bedenken, beim »Soldatensender Calais« mitzuwirken. Dort trifft er Waldemar von Knoeringen, der dann von 1947 bis 1963 Landesvorsitzender der bayerischen SPD wird, sowie Fritz Heine, Philipp Rosenthal und Otto John.

Als Adenauer im Sommer 1962 auch in Guttenberg eine mögliche Alternative zu Gerhard Schröder sieht, arbeitet dieser insgeheim schon auf eine Koalition mit der SPD hin. Ende August 1962 weiß Krone bereits, was er Herbert Wehner in mehreren Unterhaltungen als Bedingung einer Koalition vorgetragen hat: Koalition auf sechs Jahre, Festlegung der wichtigen Personalien »schon jetzt«, Einführung des Mehrheitswahlrechts, Fortführung der bisherigen Sicherheits- und Außenpolitik, Bekämpfung der inflationären Tendenzen. Wehner, so die erstaunliche Mitteilung, habe zugestimmt.[44]

Wenn also Adenauer jetzt auch Guttenberg in seine Überlegungen einbezieht, dürfte hier ein koalitionspolitischer Kalkül mit hereinspielen. Übrigens ist Birrenbach gleichfalls ein leidenschaftlicher Befürworter überparteilicher Außenpolitik. Er unterhält gute Beziehungen zu Fritz Erler, mit dem zusammen er in diesen Jahren die Deutsche Gesellschaft für auswärtige Politik zu einer Plattform vertraulicher überparteilicher Diskussion ausbaut.

Gleich anderen Unionspolitikern, die vom Widerstand gegen die Nationalsozialisten geprägt sind, bringt Guttenberg somit eine positive Grundeinstellung zu jenen Sozialdemokraten mit, die wie er entschieden freiheitlich und national gesinnt sind. 1957, beim Eintritt in den Bundestag, ist er mit 36 Jahren einer der jungen Abgeordneten. Seinen raschen Aufstieg verdankt er einer scharfen Bundestagsrede, in der er im Herbst 1959 den Deutschlandplan der SPD gnadenlos auseinandernimmt. Damit hat er auch Adenauer auf sich aufmerksam gemacht.[45] In dem bereits größtenteils durch ostpolitische Behutsamkeit gekennzeichneten Unionslager gehört er zu jenen überzeugten Antikommunisten, die in der Befreiung der DDR und Ostmitteleuropas die selbstverständliche Aufgabe der westlichen Demokratien erkennen. Und innerhalb der CSU gilt dieser standesstolze Konservative als erbitterter Gegner von Franz Josef Strauß, den er in jeder Hinsicht ablehnt.

Eigenartigerweise respektiert nicht nur Adenauer, sondern auch Herbert Wehner diesen provozierend junkerlich auftretenden Nachwuchspolitiker, der Substanz hat, mehr als viele verbindlich gestimmte

Repräsentanten aus dem Unionslager. Seit Frühjahr 1961 stehen die beiden im Gespräch.[46]

Die Möglichkeit einer Kabinettsumbildung als ein Ausweg aus vielen Schwierigkeiten scheint sich im Sommer 1962 vor allem deshalb zu eröffnen, weil Franz Josef Strauß in schwere Turbulenzen geraten ist. Nach der Regierungsbildung 1961 könnte das Verhältnis zwischen Adenauer und Strauß überhaupt nicht mehr schlechter werden. Der Kanzler mußte ihn ins Kabinett hereinnehmen, mißtraut aber jedem seiner Schritte.

Zu den grotesken Zügen dieses Mißtrauens gehört seit längerem die Vorstellung, Strauß könne sich in kritischer Situation zur Militärdiktatur versucht sehen. Heinrich Krone, den Strauß selbst schätzt[47], der aber seinerseits Strauß nicht über den Weg traut, vermerkt im Juli 1960 eine erstaunliche Unterredung mit Adenauer: »Ob Strauß auf die Dauer Verteidigungsminister bleiben könne, fragte mich der Kanzler. Strauß wolle Außenminister werden, um dann 1965 Kanzler werden zu können, war meine Antwort. Der Kanzler wehrte ab. Das sei es nicht, worüber er mit mir sprechen wolle. Er stellte seine Frage aufs neue. Man wisse doch nicht, so begründete er seine Frage, was eines Tages in Strauß fahren könne und was dann aus der Wehrmacht würde. Der Kanzler wies auf den Umsturz in der Türkei durch die Soldaten hin.«[48]

Adenauer gehört zwar nicht zu den Lesern des *Spiegel*, den er gelegentlich in der Journalistenrunde – zum Weitererzählen wohl – als »Dreck-*Spiegel*« und Schundblatt, dessen Redakteure als »Bande« bezeichnet.[49] Doch in puncto Mißtrauen gegen Strauß läßt sich Adenauer von Rudolf Augstein nicht übertreffen, der seit Jahren eine Kampagne gegen den Verteidigungsminister führt und den *Spiegel*-Lesern Vergleichbares insinuiert.

Im März 1962 wird der Kanzler wieder einmal von einem finsteren Verdacht umgetrieben. Strauß hat mit Ministerpräsident Franz Meyers ein Gespräch über die Rolle der Bundeswehr im Notstandsfall geführt. Schließlich sei das Militär in allen Staaten im Notstandsfall die *ultima ratio*. Meyers alarmiert Adenauer, und der trägt seine Besorgnisse Bundespräsident Lübke vor[50], verbreitet sich aber auch zu Globke und Krone darüber, »was dieser kluge, aber unbeherrschte Mann einmal anrichten könne«[51].

Im inneren Kreis erkennbar, sucht Adenauer im Frühjahr 1962 nämlich auch nach politischen Argumenten, um eine Trennung von Strauß zu rechtfertigen. Dieser ist seit Monaten das Ziel einer publizistischen Kampagne des *Spiegel*, die im *Stern*, in der *Frankfurter Rundschau*, in der *Süddeutschen Zeitung*, also bei der gesamten regierungskritischen Presse, ein starkes Echo findet. Anschuldigung folgt auf Anschuldigung: Planung eines atomaren Präventivschlages gegen die Sowjetunion, Verwicklung in anrüchige Finanzierungsgeschäfte für Kasernenbauten der 7. US-Armee, Vetternwirtschaft, wahre oder aufgedonnerte Geschichten von unbeherrschtem Verhalten. Strauß sucht sich der Angriffe teilweise gerichtlich zu erwehren, hat auch Erfolg damit, doch natürlich bleibt in solchen Fällen immer etwas hängen.

Adenauer betrachtet ihn jedenfalls im Frühjahr und Frühsommer 1962 als politische Belastung und will ihn loswerden. Zu Globke bemerkt er, er möchte ihn über die FIBAG-Affäre stürzen sehen.[52] Globke hegt zwar auch große Vorbehalte gegen Strauß, gibt aber fairerweise zu bedenken, daß ein im Bundeskanzleramt erstellter Untersuchungsbericht zur FIBAG-Affäre keinen Anlaß für einen Sturz gibt.[53] Mehr als die Hoffnung auf einen freiwilligen Rücktritt von Strauß nach Abschluß der Affäre bleibt Adenauer nicht.[54] Aber auch Strauß ist ein Kämpfer, und das Tandem Globke und Krone konfrontiert Adenauer mit der Meinung, daß man der Opposition diesen Triumph nicht gestatten darf, zumal die Anschuldigungen gegen Strauß allem Anschein nach zu Unrecht erhoben werden. Doch noch Anfang Mai 1962 meint Adenauer, Strauß sei nicht zu halten.[55] Bei allen diesen Überlegungen ist auch wieder die altbekannte Frage zu beantworten, ob ein ins Kabinett eingebundener CSU-Vorsitzender letztlich nicht doch besser steuerbar ist als ein gestürzter Minister, der auf Rache sinnt.[56]

Die im ganzen ersten Halbjahr 1962 schwelende Krise um Strauß hat auch ihre innerbayerischen Dimensionen, auf die Adenauer jedoch kaum einzuwirken vermag. Innerhalb der CSU hat der liberale Flügel unter Führung von Strauß zwar die Oberhand gewonnen. Doch für die konservativ-katholischen Gruppierungen in der Partei sind die Skandalgeschichten um Strauß ein Grund zu starker Empörung. Auch der an und für sich progressive Kardinal Döpfner lehnt Strauß ab, wünscht allerdings nicht, daß er nach einem möglichen Sturz in Bonn bayerischer Ministerpräsident in München wird. So ist es paradoxerweise die Gegnerschaft aus den kirchlichen Kreisen, die mit dazu beiträgt, daß jener Abgang von Strauß nach München unterbleibt, der im Juli 1962 im Gespräch ist.

Längst sind auch große Teile der FDP nach dem kurzen Flirt vor und nach der Bundestagswahl 1961 wieder auf Anti-Strauß-Kurs gegangen. Der Verteidigungsminister gilt jetzt als Belastung für die Koalition. Doch eben die überzogene Gegnerschaft der Freien Demokraten ist im Sommer 1962 für Adenauer ein Grund, trotz allem an Strauß festzuhalten. Zu deutlich erkennbar ist auf seiten der FDP der wahlpolitische Kalkül, mit dem sie die FIBAG-Affäre im Verein mit der SPD am Kochen halten möchte – erst bis zu den Landtagswahlen in Nordrhein-Westfalen am 8. Juli, dann möglichst noch bis zu den bayerischen Landtagswahlen am 25. November 1962. Da Strauß schließlich in Bonn verbleibt und sogar noch politisch gestärkt erscheint, verflüchtigen sich im Verlauf des Juli 1962 alle Pläne Adenauers, den eigenen Bewegungsspielraum im Kabinett durch den Befreiungsschlag einer Regierungsumbildung zu erweitern. Als es schließlich über der *Spiegel*-Krise dann doch zur Regierungsumbildung kommt, ist dies kein Befreiungsschlag, sondern fast schon das Aus.

Der Kanzler, der seine Partei emporgeführt und 13 Jahre hindurch mit einem Bürgerblock regiert hat, erlebt also im Jahr 1962 ein doppeltes Scheitern. Innerhalb der Union vermag er die zentrifugalen Kräfte nicht mehr auf seine Person zu vereinigen. Die Isolierung ist unübersehbar. Zugleich aber muß er immer deutlicher erkennen, daß die Koalition mit der FDP, die doch in der Gesamtlinie seiner Innenpolitik seit dem Jahr 1947 liegt, letztlich nur um den Preis des eigenen Rücktritts fortzusetzen wäre.

So bereitet sich in diesem Jahr jener Kurswechsel vor, der für die CDU schicksalhaft wird und in letzter Konsequenz Adenauers eigenes Werk gefährdet. Der bisherige Führer einer breitgefächerten, überkonfessionell orientierten Unionsmehrheit setzt sich an die Spitze einer Gruppierung vorwiegend rheinischer, westfälischer und süddeutscher Katholiken, die sich in einer doppelten Abneigung einig sind – Abneigung gegen die Liberalen in der FDP und Abneigung gegen den norddeutschen, protestantischen und wirtschaftsliberalen Flügel in der CDU, der sich um Erhard, Schröder, Schmücker und von Hassel gruppiert. Das konfessionelle Moment spielt zwar nur unterschwellig hinein, und keiner der CDU-Parlamentarier um Adenauer möchte zum Zentrum zurück – weder Paul Lücke und Baron zu Guttenberg, noch Rainer Barzel, Bruno Heck oder Heinrich Krone. Aber der Unionsgedanke wird doch notleidend, und die »Vendetta« Adenauers gegen Erhard und Schröder, die sich im Jahr 1962 schon vorbereitet, hat daran durchaus ihren Anteil. Aus der großen Integrationsfigur der CDU wird nun der Anführer einer innerparteilichen Minderheit.

Desgleichen bringt Adenauer jetzt die CDU, die er als anti-sozialistische Partei groß gemacht hat, auf den Weg zur Koalition mit den Sozialdemokraten – jedenfalls ist dies der äußere Anschein. Da ihn die FDP politisch beerdigen will, hat auch diese Neuorientierung durchaus ihre innere Logik. Sie läßt aber die Adenauer-Anhänger in der Union, die ihm 15 Jahre hindurch auf den Kriegspfad gegen die Sozialdemokraten folgten, politisch orientierungslos. Denn der innere Widerspruch des Kurswechsels besteht ja darin, daß die koalitionspolitische Umorientierung von einem nach wie vor durchweg konservativen Adenauer vorgenommen wird. Keine Spur von sozio-ökonomisch motivierter *apertura a sinistra*, wie sie zur gleichen Zeit bei den italienischen Christlichen Demokraten zu beobachten ist! Es sind weltanschaulich eher konservative katholische Spitzenpolitiker, die Adenauer auf den neuen Wegen folgen. Nur die damals nicht besonders ins Gewicht fallenden CDU-Sozialausschüsse um Hans Katzer bilden hierin eine Ausnahme. Somit wohnt dieser Abwendung von der FDP bei gleichzeitiger Koalitionsneigung zur SPD von Anfang an ein Moment der Künstlichkeit inne, das dann während der Großen Koalition und vor allem nach deren Scheitern offenkundig wird.

Das ganze Elend der Adenauerschen Spätzeit, das zugleich das Elend der CDU sein wird, bereitet sich also bereits im Jahr 1962 vor, als sich der Kanzler von allen Seiten eingekreist sieht. Hier liegt die eigentliche Zäsur zu seiner bisherigen Kanzlerschaft, auf die dann auch bei Adenauer fünf Jahre folgen, die durch unklares Schwanken gekennzeichnet sind und die nach seinem Tod die CDU in eine lange Wüstenwanderung führen. Mit dem Überlebenskampf gegen die jungen Rudelführer, die den alten Leitwolf von allen Seiten umzingelt haben, sowie mit dem Beginn koalitionspolitischen Umdenkens verbindet sich zudem im Jahr 1962 die innere Abwendung von Amerika und die Vision eines deutsch-französischen Zweibundes.

Die Hinwendung zu Frankreich

Daß Adenauer seit den Anfängen seiner Kanzlerschaft die Versöhnung mit Frankreich als ein außenpolitisches Hauptziel proklamiert hat, gehört im Jahr 1962 bereits zum innersten Kern des Mythos, der ihn umgibt.

Bei genauerem Zusehen zeigt sich freilich ein weniger klares Bild. In den langen Jahren des Ringens um die EVG gleichen die Bemühungen um die kurzlebigen Regierungen der Vierten Republik doch häufig einem vergeblichen Liebeswerben. Adenauer läßt sich zwar nicht entmutigen und hält zäh an dem Konzept denkbar enger Zusammenarbeit fest. Doch dazu kommt es erst nach Lösung der Saarfrage und nachdem große Teile der politischen Klasse Frankreichs während der Suez-Krise im

Herbst 1956 sowohl über die USA als auch über Großbritannien grenzenlos enttäuscht sind.

Was dann seit Frühjahr 1957 als deutsch-französische Entente erscheint, kann dank der Vernunft de Gaulles fortgesetzt werden. Und als schließlich die beiderseitigen Staatsbesuche im Sommer 1962 und der Elysée-Vertrag vom 22. Januar 1963 diese Entente besiegeln, wird das vielfach als Höhepunkt einer langen und bruchlos verfolgten außenpolitischen Linie verstanden.

Tatsächlich ist die Adenauersche Frankreichpolitik komplizierter. Man versteht sie nur richtig, wenn man sie als Teilelement eines Konzeptes versteht, das dem Ausgleich zwischen den oft recht divergierenden westlichen Großmächten einen überragenden Stellenwert zumißt. In der Praxis zeigt sich auch, daß Adenauer nicht allein um Konzertierung zwischen den Großmächten USA, Großbritannien und Frankreich bemüht ist. Er wird auch den stets lebendigen Empfindlichkeiten Italiens gerecht, und er bemüht sich lange Zeit recht feinfühlig um die Benelux-Staaten. Zudem begreift er sowohl die Sechser-Gemeinschaften wie die NATO als die unverzichtbaren multilateralen Bezugskreise, innerhalb derer ein vernünftiger Interessenausgleich allen Beteiligten am dienlichsten ist.

Doch wieder und wieder in den fünfziger und frühen sechziger Jahren zeigt sich, daß Adenauer dann, wenn gewisse Gegensätze unvereinbar sind, resolut der amerikanischen Linie folgt. Das gilt zumindest für die Sicherheitsfragen, die seit den Tagen Dean Achesons bis in die Kennedy-Zeit dominieren. Gewiß ist er seit Mitte der fünfziger Jahre unablässig bestrebt, die amerikanische Hegemonie durch Aktivierung der kontinentaleuropäischen Partner auszubalancieren. Anders als die Franzosen betreibt er diese Gleichgewichtspolitik innerhalb der Allianz ohne laute Fanfare, eben deshalb aber recht effektiv. Doch selbst in den Jahren 1958 bis 1961, als auch bei de Gaulle Bereitschaft zur deutsch-französischen Entente besteht, läßt er sich nicht vor den Wagen der überzogenen NATO-Reformpläne des Generals spannen. Sobald er – wie etwa im Sommer und Herbst 1960 – zwischen dem amerikanischen Schutz im NATO-Rahmen und einem deutsch-fanzösischen oder kontinentaleuropäischen Sonderverhältnis wählen muß, entscheidet er sich stets konsequent für die USA – freilich bei ständiger Bemühung um allseitigen Ausgleich zwischen den Großmächten des Westens.

In dieser Hinsicht markiert die Spätphase der Jahre 1962 und 1963 einen deutlichen Kurswechsel. Erst von jetzt an verlagert er den Schwerpunkt stärker auf Frankreich und riskiert – so in der Frage des britischen

Beitritts – heftige Auseinandersetzungen mit Großbritannien und mit den USA.

Dennoch bedeutet das auch jetzt kein grundsätzliches Abgehen von der Linie des Ausgleichs innerhalb der Allianz. Mitte Januar 1963 etwa, während er den deutsch-französischen Vertrag vorbereitet, empfängt er den Stellvertretenden Außenminister der USA, George Ball, und erteilt eine prinzipielle Zustimmung zum Projekt einer seegestützten europäischen NATO-Abschreckungsstreitmacht – der Multilateral Force. Und im Juni 1963 zieht Kennedy auf seine Einladung hin als umjubelter Staatsgast durch die deutschen Lande und macht die Priorität des amerikanischen Bündnisses unübersehbar deutlich. Obschon Adenauer der Jubel für Kennedy entschieden zu laut ist, bleibt das Bündnis mit den USA für ihn unantastbar. Daß er keine einseitige Festlegung allein auf Frankreich wünscht, ist immer noch erkennbar.

Der Eindruck, daß er seit dem deutsch-französischen Vertrag allein auf Frankreich setzt, ist also mißverständlich. Eine kräftige Akzentverlagerung bedeutet noch keine ausschließliche Option für einen deutsch-französischen Zweibund. Adenauers später so heftige Kritik an der Frankreich-Politik Erhards und Schröders zielt auf die Einseitigkeit der damaligen Amerika- und England-Orientierung, darf aber nicht als Ausstieg aus der NATO-Allianz mißverstanden werden. Selbst die zunehmend Amerika-kritische Stimmung, in die er sich nach dem Rücktritt fraglos hineinsteigert, würde doch wohl nicht so ungebremst in öffentlichen Stellungnahmen ihren Ausdruck finden, hätte er noch als Kanzler mit den tagtäglichen Entscheidungen in einem komplexen Beziehungsgeflecht zu tun.

Von einer fraglosen Priorität der USA kann seit dem Jahr 1962 allerdings nicht mehr die Rede sein. Amerika und Frankreich stellen schon in der Spätphase seiner Kanzlerschaft die beiden wichtigsten außenpolitischen Bezugsgrößen dar – bei ständig zunehmendem Gewicht Frankreichs.

Adenauer glaubt dafür gute Gründe zu haben. Es ist eben aus seiner Sicht eine Tatsache, daß ihn die Kennedy-Administration seit den Rusk-Gromyko-Gesprächen im Herbst 1961 unablässig enttäuscht oder ärgert, während es mit de Gaulle seit Frühjahr 1962 relativ gut läuft. Daher bedarf es gar nicht der Insinuationen de Gaulles, um ihn gegen die naßforschen Bekundungen amerikanischer Hegemonie aufzubringen. Je mehr sich aber sein Amerikabild verdüstert, um so hartnäckiger steigert er sich in die Vorstellung hinein, aus der Entente mit de Gaulle könnte eine langfristige Alternative zur amerikanischen Vormacht erwachsen.

Vier Jahre lang hat sich de Gaulle bemüht, ihn auf diese Linie zu bekommen. Jetzt, in den Jahren 1962 und 1963, gibt ihm Adenauer mehr und mehr nach, wobei sich die genuin außenpolitischen Motive mit der Nachfolgefrage verbinden.

Hatte es nach den Gesprächen mit Kennedy im November 1961 nochmals den Anschein, als sei der labile Präsident erneut eingefangen, so belehrt das Interview Kennedys mit Adschubej den Kanzler eines Besseren. Für das Jahr 1962 scheint Kennedy nur die Alternative weitgehender Konzessionen oder einer echten Kriegsgefahr zu sehen. Da er sich offenbar zu Konzessionen auf Kosten der Bundesrepublik entschieden hat, gilt es aus Adenauers Sicht, den Schaden zu begrenzen. Die Hoffnung, weiter auf Zeit spielen zu können, muß doch wohl aufgegeben werden.

Der Ende November und Anfang Dezember 1961 auch gesundheitlich schwer angeschlagene Kanzler entschließt sich nun in der Stille der Rhöndorfer Krankenstube, die weitgehende amerikanische und britische Nachgiebigkeit mit zwei Gegenzügen zu konterkarieren.

Da sich Amerikaner und Briten gleicherweise auf *appeasement*-Kurs befinden, scheint es zwingend geboten, jetzt auch Frankreich in aller Form in die Verhandlungsvorbereitungen einzubinden. Das könnte doch etwas bremsend wirken. Außerdem hat er es Kennedy versprochen, auf de Gaulle entsprechend einzuwirken. Aktivierung des Widerspruchsgeistes de Gaulles in der Vierer-Gruppe und bei wohl herannahenden Ost-West-Konferenzen über Deutschland – dies ist der erste Schachzug.

Der zweite Gegenzug besteht in der Intensivierung des deutsch-sowjetischen Dialogs. Wie stets seit 1959 hat Adenauer dabei verschiedene Adressaten im Blick: einerseits die Angelsachsen, andererseits Chruschtschow selbst. Die Angelsachsen sollen befürchten, bei einem direkten deutsch-sowjetischen Gespräch den eigenen Einfluß auf die Bonner Politik reduziert und den Einfluß Moskaus auf die Bundesrepublik verstärkt zu sehen. Das könnte, so Adenauers Kalkül, auf ihre Bereitschaft zu Geschäften auf Kosten Deutschlands doch dämpfend wirken. Es versteht sich, daß auch ein solcher Dialog Adenauers mit Chruschtschow nicht ohne Rückkoppelung mit den westlichen Alliierten erfolgen würde, wenn er erst in Gang gebracht wäre.

Der andere Adressat eines Dialogangebots ist natürlich Chruschtschow selbst. Adenauer möchte nun durch intensivere eigene Sondierungen herausfinden, welche Möglichkeiten noch im Spiel enthalten sind. Wenn man schon auf der ganzen Linie nachzugeben hat, dann lassen sich bei direkter eigener Beteiligung die Bedingungen immer noch am besten festlegen.

Es gibt wohl auch noch einen weiteren Adressaten dieser Dialogbereitschaft: die öffentliche Meinung der Bundesrepublik. Seit Jahren hält Botschafter Kroll dem Kanzler vor Augen, nur ein Adenauer hätte die Autorität, dem deutschen Volk eine – wahrscheinlich negative – Modus-vivendi-Regelung der Deutschland- und Berlin-Frage mit fortdauernder Teilung schmackhaft zu machen. Daß er als Kanzler in die Geschichtsbücher eingehen soll, der schließlich in aller Form in die vorläufige Teilung Deutschlands eingewilligt hat, will Adenauer indessen überhaupt nicht gefallen. Doch daß er bei unvermeidlichen neuen Regelungen als Autoritätsperson dringend gebraucht würde, leuchtet ihm ein. Daraus kann aber dann mit Fug und Recht auch die Forderung abgeleitet werden, bis zum Abschluß solcher Ost-West-Verhandlungen im Amt zu bleiben.

Es ist somit kein Zufall, daß der Kanzler Anfang Dezember 1961, als er das Krankenlager wieder verlassen darf, bereits am Tag seiner Rückkehr ins Palais Schaumburg den sowjetischen Botschafter Smirnow zu einem gründlichen Gespräch empfängt. Er macht diesem klar, daß er bisher seine Hand über Botschafter Kroll gehalten habe, da er ihn für einen wertvollen Mann halte. Und als Smirnow sofort Lunte riecht und Adenauer fragt, ob er denn auch die Ideen teile, die dieser im Gespräch mit Chruschtschow entwickelt habe, meint der Kanzler zum Vergnügen Smirnows vieldeutig: »Teils, teils«.[1] Dann unternimmt Adenauer einen Vorstoß. Pointiert spricht er von den unvergeßlichen Unterredungen, die er 1955 mit Chruschtschow geführt habe. Dabei kommt auch wieder die Sprache auf die sowjetischen Befürchtungen in Asien. Seit Chruschtschow bei dem Datscha-Gespräch im September 1955 sorgenvoll von der gelben Gefahr gesprochen hat, hofft Adenauer, irgendwann einmal die chinesische Karte spielen zu können. Sollte der Sowjetunion mit Blick auf China nicht ein vernünftiges Arrangement an ihrer Westflanke wünschenswert erscheinen?

Jedenfalls zeigt sich Adenauer jetzt von seiner verbindlichsten Seite, spart nicht mit Elogen auf den sowjetischen Führer, bekundet Verständnis für so manches im Reich Chruschtschows und findet sogar – selten genug ist das von ihm zu hören – ein paar bedauernde Worte über den Überfall »der Nazis« auf die Sowjetunion. Adenauer erinnert sogar an die Überwindung der deutsch-französischen Erbfeindschaft durch ein Verhältnis der Freundschaft und fragt, ob das nicht auch im Verhältnis Deutschland – Sowjetunion möglich wäre.

Solche Bemerkungen sind gewiß nicht ohne taktischen Hintersinn, aber es ist doch bemerkenswert, was sich Krone notiert, als ihm Adenauer zwei Tage später das Protokoll der Unterredung mit Smirnow übergibt:

»Für den Rest seines politischen Lebens halte er es für das Wichtigste, unser Verhältnis zu Sowjet-Rußland in eine erträgliche Ordnung zu bringen. Darin sehe er noch seine Aufgabe.«[2] Als sich Smirnow verabschiedet, kann er nach Moskau von einem nunmehr sehr verhandlungsbereiten Kanzler berichten.

Der eine oder andere von denen, die in diesen Wochen mit Adenauer sprechen, nimmt gleichfalls das Bild eines Kanzlers mit, der in bezug auf das Schicksal Berlins rechts resignativ gestimmt ist. Der wachsame Wahl-Berliner Krone etwa wundert sich darüber, wie es Adenauer scheinbar ohne harte Reaktion zur Kenntnis nimmt, daß Amerikaner und Briten einen neuen Status für Berlin ohne politische Bindung an den Bund anstreben.[3] Und als de Gaulle Mitte Dezember 1961 beim Weggehen gedankenvoll meint, Adenauer solle das Schicksal Deutschlands nicht zu sehr an Berlin hängen, antwortet der Kanzler gar nichts.[4]

Es ist jedoch nicht zuletzt die Sturheit de Gaulles, die verhindert, daß die USA und Großbritannien West-Berlin abrutschen lassen. Macmillan muß dies zu seinem großen Verdruß persönlich von de Gaulle hören.[5] Der französische Staatspräsident widersteht bei einem Treffen in Paris Mitte Dezember 1961 aber auch dem Drängen des Kanzlers, Frankreich möge doch aktiv an den Arbeiten des Washingtoner Botschafterausschusses teilnehmen. In diesen Wochen, da Adenauer selbst keinen sicheren Ausweg mehr sieht als irgendeine Art von Nachgeben, schaltet der General auf stur und hält ihm alle jene Argumente entgegen, die dieser selbst in besseren Tagen Amerikanern und Briten zu bedenken gegeben hat.[6] Während sich der Kanzler üblicherweise über zu große Nachgiebigkeit seiner Partner ärgert, echauffiert er sich nun zur Abwechslung einmal deshalb, weil de Gaulle seinen eigenen neuen *appeasement*-Kurs nicht mitmachen möchte.

Bei der Besprechung am 9. Dezember sind die Gegensätze praktisch unüberbrückbar. Die Formel de Gaulles ist eine höfliche Ablehnung: wenn es sich bei den Sondierungen ergeben sollte, »daß bei Verhandlungen etwas Ehrbares möglich sei, werde Frankreich an den Verhandlungen teilnehmen«.[7] Doch eben daß ein ehrbares Ergebnis zustande kommt, bezweifelt er entschieden. Und er hält eine Eingrenzung der westlichen Konzessionen allein auf Berlin für ausgeschlossen. Gebe man der russischen Erpressung in einem Punkt nach, so werde man sich bald der Forderung gegenübersehen, Deutschland – also die Bundesrepublik – *de jure* oder *de facto* zu neutralisieren. Im Anschluß daran werde dann Frankreich mit der Neutralisierung an die Reihe kommen.[8]

De Gaulle nimmt aus dem Gespräch den Eindruck mit, daß Adenauer aufgrund des Drucks von Kennedy und Macmillan nunmehr auf möglichst umgehende Verhandlungen drängt, sofern sie sich nur auf Berlin beschränken lassen.[9]

Kennedy gibt rasch ein weiteres Schwächezeichen, indem er Botschafter Thompson in Moskau beauftragt, sich auch über die Weihnachtszeit für Sondierungen zur Verfügung zu halten. Gromyko präsentiert aber nach wie vor intransigente Forderungen, so daß eine negative Berlin-Regelung in diesem Augenblick größter westlicher Nachgiebigkeit doch nicht in Gang kommt. Im Januar 1962 sieht der Kanzler seine ganze Außenpolitik festgefahren. Washington und London liegen in der Deutschlandfrage weiterhin auf *appeasement*-Kurs, und er selbst hat vorerst nicht mehr die Kraft, entschieden gegenzuhalten. In diesem Moment treten auch noch erneute Spannungen zu Frankreich auf. Schon Mitte Dezember 1961 in Paris hat de Gaulle in Sachen Agrarpolitik der EWG die Daumenschrauben angesetzt. Da Adenauer den Gemeinsamen Markt ausbauen und zugleich Frankreich an seiner Seite halten möchte, sind erhebliche Zugeständnisse unvermeidlich. Am 14. Januar 1962 steht zwar dem Eintritt der EWG in die zweite Phase nichts mehr im Wege. Doch auf deutscher Seite ist man weithin der Meinung, daß der französische Landwirtschaftsminiser Pisani der eigentliche Gewinner dieser Verhandlungen ist.

Kaum aber hat Paris die Konzessionen in der Landwirtschaftspolitik eingestrichen, da nimmt de Gaulle in bezug auf das Projekt einer Politischen Union einen abrupten Kurswechsel vor. Am 18. Januar 1962, vier Tage nach dem großen Durchbruch zum gemeinsamen Agrarmarkt, legt Botschafter Fouchet auf direkte Weisung de Gaulles einen neuen Entwurf des Unionsvertrags vor. Weder die Verklammerung der Politischen Union mit der NATO wird darin erwähnt noch die Eigenständigkeit der EWG-Organe gesichert. Die meisten Kompromisse, die vor allem von Adenauer in mühevollen Verhandlungen erreicht worden waren, sind zurückgezogen. Ganz offensichtlich hat de Gaulle die erstmals im Juli 1960 in Rambouillet formulierten Pläne nicht aufgegeben. Verdrossen muß Adenauer auch noch eine weitere Provokation des französischen Präsidenten hinnehmen, der mit seiner Algerienpolitik endlich über dem Berg zu sein glaubt und entsprechend selbstbewußt auftritt. Noch einmal beginnen nämlich nach einem Vorstoß des Generals bei Kennedy[10] die Pläne eines Dreier-Direktoriums durch die Kanzleien von Paris, London und Washington zu geistern. Somit braut sich eine weitere Krise in den bisher so wechselvollen Beziehungen Adenauers mit de Gaulle zusammen. Der Öffentlichkeit bleibt dieses Auf und Ab freilich weitgehend verborgen. Sie hält sich an das schon zur Historien-Postkarte geschönte Bild von dem geschichtsträchtigen Treffen der beiden Großen am 14. September 1958 in Colombey. Die Wirklichkeit sieht leider anders aus.

Überraschend ersucht der französische Staatspräsident am 9. Februar um ein Treffen mit Adenauer – »ohne Zeremoniell und ohne Formalitäten«[11]. De Gaulle befindet sich inmitten der kritischen Endphase der Verhandlungen mit der algerischen Aufstandsbewegung. Auch der Terror der OAS hat in diesen Wochen einen Höhepunkt erreicht. Diese Untergrundorganisation hat bereits ein gescheitertes Attentat auf den Präsidenten verübt, weitere Anschläge sind zu befürchten. So vereinbart man für den 15. Februar ein Treffen in der Dependance von Brenners Parkhotel in Baden-Baden, doch alles wird unter striktester Geheimhaltung vorbereitet.

Die Presse erfährt erst am Abend zuvor von der Zusammenkunft. Adenauer reist im Sonderzug heran, de Gaulle landet auf dem französischen Militärflughafen Lahr und braust dramatisch im Schutz einer starken Motorradeskorte deutscher Polizisten durchs Land. Um das Parkhotel herum ist ein dreifacher Polizeikordon gelegt. Die OAS hat allerdings die Welle des Polizeifunks herausgefunden und fordert die Sicherheitskräfte zum Abzug auf, sonst würden auch sie Opfer eines Anschlags.[12] Von dieser Drohung erfahren aber die beiden Staatsmänner während der Unterredungen überhaupt nichts. Horst Osterheld, der für die Unterrichtung zuständig ist, hält den Anruf zu Recht für einen Bluff.[13] Daß sowohl Charles de Gaulle wie Konrad Adenauer historische Zusammenkünfte inmitten dramatischer Spannungen von Herzen genießen, versteht sich von selbst.

Adenauer ist bei dieser Unterredung entschlossen, den im Fouchet-Plan II vorgelegten französischen Wünschen nicht nachzugeben.[14] Henry Kissinger hört von ihm am Tag nach der Zusammenkunft, er sei mit der festen Erwartung zu de Gaulle gefahren, daß man nicht als Freunde auseinandergehen werde.[15] Die Gespräche – vormittags unter vier Augen, nachmittags in Gegenwart der Außenminister – erfassen die Gesamtheit der deutsch-französischen Beziehungen.

Die beiden Herren legen einander gegenseitig die Zwangslage dar, in der sie sich befinden. Adenauer klagt über die Amerikaner, die sich gegenüber Chruschtschow für »die sanfte Tour« entschieden haben.[16] Er verweist auch auf den Druck aus der FDP, die auf einen »Alleingang«

nach Moskau drängt. Mit ihm sei das zwar nicht zu machen, aber die Bundesregierung müsse »äußerst vorsichtig sein« und solchen Strömungen Rechnung tragen.[17]

De Gaulle seinerseits erläutert, inwiefern auch seine eigene außenpolitische Grundlinie von den widrigen Strömungen der französischen Innenpolitik erzwungen wird. Manche Gruppen sympathisieren mit den Sowjets, andere sind an der Selbstbehauptung des Landes desinteressiert. Frankreich kann somit seine Identität nur erhalten und seine Rolle in der freien Welt überzeugend spielen, wenn seine Politik und Verteidigung nicht in den bestehenden Organisationen untergeht. Das sei letztlich auch in deutschem Interesse.

Mit anderen Worten: nichts Neues in puncto NATO-Reform. Man versteht die jeweiligen Positionen der anderen, ohne sie aber übernehmen zu können. Es bleibt bei der platonischen Versicherung, wie wünschenswert und notwendig es wäre, daß Deutschland und Frankreich in zentralen Fragen gemeinsam handeln.

Entscheidend hingegen ist die Einigung in bezug auf das Projekt der Politischen Union. Adenauer verhandelt hier äußerst geschickt, und es gelingt ihm, de Gaulle von der Extremposition des Fouchet-Entwurfs II wieder abzubringen. Eine Weisung, die der Präsident am Tag nach der Verhandlung in Baden-Baden an Außenminister Couve de Murville richtet, verdeutlicht, in welchen Punkten er Adenauer nachgegeben hat und in welchen nicht:

1.) »Ich habe akzeptiert, daß der Text die gegenwärtigen (Europäischen) Gemeinschaften erwähnt, allerdings unter der Bedingung, daß man daraus nicht den Schluß ziehen darf, die politische Union sei die Folge der Existenz oder der Weiterentwicklung dieser Organisationen. Tatsächlich sind die Gemeinschaften aufgrund politischer Entscheidungen errichtet worden. Sie verdanken ihre Existenz der Politik, und die Politik Europas ergibt sich nicht etwa aus ihrer Gründung.«[18] (In der Unterredung selbst hat de Gaulle sein Konzept auf eine noch viel schönere Formel gebracht: Es darf kein Zweifel daran bestehen, »daß im Anfang Gott war und dann die Politik und dann nichts mehr«.)[19]

2.) »Ich habe akzeptiert, daß man irgendwo die NATO erwähnt.

3.) Wir stimmen mit den Deutschen darin überein, daß es kein autonomes Generalsekretariat geben soll und daß man die Wahl einer Versammlung auf Grundlage des allgemeinen Wahlrechts nicht ins Auge faßt.

4.) Der Kanzler hat sich für die Idee eines europäischen Referendums recht aufgeschlossen gezeigt, weist aber darauf hin, daß dafür eine Grundgesetzänderung erforderlich wäre.«[20]

Aus Sicht des Präsidenten ist die Feststellung Adenauers wesentlich, auch er sei bei der Entwicklung Europas auf absehbare Zeit für eine Doppelgleisigkeit – Europäische Wirtschaftsgemeinschaft auf der einen Seite, Politische Union auf der anderen Seite. Wieder einmal – und für de Gaulle nicht ganz beruhigend – erinnert der Bundeskanzler mit dem Geburtsjahr 1876, fünf Jahre nach der Reichsgründung, an den Deutschen Zollverein, »der zum ersten Mal eine Vereinheitlichung auf wirtschaftlicher Ebene geschaffen habe und der, nachdem er eine lebensfähige Struktur geworden sei, zum Norddeutschen Bund und später zum Deutschen Reich geführt habe«[21].

Immerhin kommt Adenauer de Gaulle in diesem Punkt entgegen. Heute einen europäischen Bund zu schließen, der alles umfasse, auch die Wirtschaft, sei unmöglich: »Erst wenn man einmal ein Stück Wegs zurückgelegt und die EWG die äußerst schwierigen aktuellen Fragen gelöst habe, bei denen die Staaten natürlich ein Wort mitzureden hätten, könne man an einen europäischen Bund denken, der politisch sei und zugleich einen wirtschaftlichen Teil habe.«[22]

Bei den Verhandlungen des Fouchet-Ausschusses zeigt sich übrigens bald, daß de Gaulle die Wirtschaft doch unter den Bundeszielen genannt sehen möchte, und man sieht sich zu komplizierten, durchaus nicht widerspruchsfreien Formulierungen veranlaßt. Aber das Treffen in Baden-Baden markiert alles in allem doch den großen Durchbruch. Von jetzt an bis zum Ende der Kanzlerschaft ergibt sich zwischen Adenauer und de Gaulle eine vergleichsweise harmonische Zusammenarbeit, in der die bisher verschiedentlich aufgetretenen Turbulenzen nicht mehr spürbar werden. Die Differenzen in den Verteidigungsfragen bleiben in Respektierung der unterschiedlichen Interessenlagen vorerst ausgeklammert. Hingegen ist man sich einig, über den drei Vertragssystemen der Sechser-Gemeinschaft ein politisches Dach zu errichten, ohne aber die Eigenentwicklung der Europäischen Wirtschaftsgemeinschaft zu beeinträchtigen.

Weniger denn je hält Adenauer etwas von den großen Sprechblasen »Europa der Vaterländer« *versus* »integriertes Europa«. Das sei doch ein reiner Streit um Worte, gibt er dem italienischen Ministerpräsidenten Fanfani Anfang April 1962 zu bedenken. Das eine schließe das andere nicht aus.[23]

Nachdem die deutsch-französischen Meinungsverschiedenheiten über die Politische Union mittels komplizierter Formelkompromisse endlich beigelegt sind, müssen die Niederlande und – von ihnen beeinflußt – auch der inzwischen zum belgischen Außenminister ernannte Paul-Henri Spaak die Karten auf den Tisch legen. Die kleineren Staaten der Sechser-Gemeinschaft, das wird allmählich ganz klar, fürchten nämlich die Hegemonie der beiden Führungsmächte Frankreich und Deutschland. Auch Italien bereitet zusehends Schwierigkeiten. Aus Sicht der Kleineren wäre eine Beteiligung Großbritanniens sowohl an der Politischen Union wie an der EWG ein unerläßliches Gegengewicht zur gemeinschaftlichen Hegemonie der Franzosen und der Deutschen.

Das Spiel wird zusätzlich kompliziert durch den Umstand, daß die Verhandlungen deutscherseits von Außenminister Schröder geführt werden, der – anders als Adenauer – eine möglichst frühe britische Teilnahme gleichfalls für wünschenswert hält.

Alle Beteiligten schieben sich gegenseitig den Schwarzen Peter zu. Im Grunde hat de Gaulle aufgrund des deutschen und italienischen Drucks den Fouchet-Plan II zurückgezogen. Nun aber reiten die Außenminister Luns und Spaak auf der britische Beitrittsfrage herum und bestehen in Sachen NATO auf Formulierungen, die de Gaulle nicht akzeptieren will. So läuft sich das Projekt am 17. April 1962 bei der Außenministerkonferenz der Sechs in Paris erst einmal fest. Adenauer, de Gaulle und Ministerpräsident Fanfani suchen die Verhandlungen im Monat Juli 1962 zwar nochmals flott zu machen, doch vergeblich.

Natürlich beginnen alsbald die gegenseitigen Schuldzuweisungen. Adenauer ist aber zusammen mit de Gaulle der Meinung, daß der Mißerfolg primär zu Lasten der Niederländer und der Belgier geht. Als Hauptschuldigen identifiziert er den holländischen Außenminister Joseph Luns. Noch Jahre danach schimpft er über den »langen Kerl«. »Stur, wie nur ein Holländer sein kann«, habe er sich im Frühjahr und Sommer 1962 aufgeführt: »ich könnte ihm den Hals umdrehen«.[24]

Schon bevor die Verhandlungen Ende Juli 1962 ziemlich hoffnungslos steckenbleiben, kommen Adenauer aber immer stärkere Zweifel an dem Vorhaben. Am 30. Mai führt er ein intensives Gespräch mit Attilio Cattani, dem Generalsekretär des italienischen Außenministeriums, der dem französischen Botschafter Fouchet als Vorsitzender der europäischen Studienkommission nachgefolgt ist. Bei dieser Gelegenheit meint er, »daß er nach all dem Vorhergegangenen ein gewisses Unbehagen fühle und deswegen im Hinblick auf die Europäische Union allmählich auch etwas müde werde«. Und er fährt fort: Wenn die Geburtswehen schon so schwer sind, kann man kaum mit lebenden Kindern rechnen![25]

Die Hinwendung zu Frankreich

*Außenpolitik am Urlaubsort Cadenabbia
mit Rolf Lahr, Karl Carstens, Gerhard Schröder
und Hans Globke (von links), 1962.*

Zu diesem Zeitpunkt ist der Kanzler bereits fester denn je entschlossen, die Zusammenarbeit in Europa vorerst bilateral mit Frankreich voranzutreiben.[26] Denn fast unmittelbar nach dem Scheitern der Pariser Sechser-Konferenz hat ihn de Gaulle in einem gewinnenden Schreiben auf Ende Juni oder Anfang Juli zu einem offiziellen Staatsbesuch in Frankreich eingeladen.[27]

Die Entente mit de Gaulle scheint vor allem deshalb zwingend, weil Adenauer beim Fortgang der amerikanischen Berlin-Sondierungen inzwischen fast jedes Vertrauen in die USA und in Großbritannien abhanden gekommen ist. Kennedy entpuppt sich in seinen Augen mehr und mehr als ein schwacher Präsident, umgeben von unerfahrenen Ratgebern aus dem Professorenstand, die – so hat John McCloy bei einem privaten Gespräch Anfang Januar 1962 sarkastisch bemerkt – »früher vielleicht einmal zu entscheiden gehabt hätten, ob jemand Honorarprofessor oder ordentlicher Professor werden solle«. Diese Herren, meinte McCloy, mußten noch nie im Leben eine Entscheidung fällen, die sie mit einem Dilemma konfrontiert habe.[28]

Und dieser Präsident mit solchen Beratern soll 1962 möglicherweise die Entscheidung über einen Atomkrieg treffen! Von General Heusinger hört Adenauer, im Fall eines Nuklearkrieges könne eine einzige Stunde ausschlaggebend sein. Auf eine entsprechende Frage hat Kennedy zwar im November 1961 dem Kanzler eine beruhigende Antwort gegeben: Er sei jederzeit und an jedem Ort innerhalb von zwei Minuten von London und Paris aus erreichbar.[29] Doch wird Kennedy dann wirklich die richtige Entscheidung treffen? Zu dem negativen Kennedy-Bild, das sich bei Adenauer nunmehr herausbildet, trägt auch die Beobachtung bei, daß der Präsident weder in der Wirtschaftspolitik noch in der Landwirtschafts- oder Sozialpolitik vorankommt.[30]

Die Horrorvision eines Kernwaffenkrieges beschäftigt den Kanzler in diesen Monaten unablässig. Wenn er von amerikanischer Seite auf die Eventualfallplanungen angesprochen wird, lautet seine stereotype Antwort, man müsse auf sowjetische Sperrmaßnahmen gegen Berlin mit einem Embargo, äußerstenfalls mit einer Seeblockade antworten.[31] Beim gegenwärtigen konventionellen Kräfteverhältnis, gibt er etwa Botschafter Dowling Ende Februar 1962 zu bedenken, würde eine Auseinandersetzung »entweder gleich zu einem nuklearen Krieg führen oder sie fange mit einer furchtbaren Niederlage der NATO an«[32]. Verdrossen vernimmt er aber, daß Großbritannien und Kanada an dem Gedanken einer Seeblockade keinen großen Gefallen finden wollen.[33]

Ein Lichtblick ist für ihn ein Besuch Robert Kennedys in Bonn. Dieser jüngere Bruder des Präsidenten gilt als härtester der Kennedys, zugleich als *alter ego* des Präsidenten. Adenauer findet auf Anhieb Gefallen an dem 36 Jahre alten Justizminister. Nachhaltig plädiert er wieder für maritime Maßnahmen im Krisenfall und übt zugleich heftige Kritik an dem Moskauer Botschafter Thompson. Ihm sei vorzuwerfen, daß er die Errichtung der Berliner Mauer begrüßt habe, weil damit der Flüchtlingsstrom zum Erliegen gekommen ist.[34] Da sich inzwischen auch Botschafter Kroll politisch um Kopf und Kragen geredet hat, meint Adenauer kritisch, bei westlichen Botschaftern in Moskau bilde sich eben häufig die Idee heraus, daß sie es seien, die den großen Ausgleich zwischen ihren Ländern herbeiführen könnten. Daher seien sie oft geneigt, in ihren Äußerungen »weiter zu gehen als sie es eigentlich dürfen«[35].

Auch über Außenminister Dean Rusk beschwert er sich. Dieser habe doch tatsächlich in einer Rede ausgeführt, Schwierigkeiten zwischen den USA und der Sowjetunion gebe es eigentlich nicht, wohl aber zwischen der Sowjetunion und Deutschland bzw. Formosa. Ob im State Department nicht doch einige Appeaser stecken?

Über Chruschtschow äußert sich Adenauer gleichfalls sehr skeptisch. Als Robert Kennedy bemerkt, dessen Schwiegersohn Adschubej habe während eines Mittagessens zu ihm bemerkt, Adenauer erfreue sich in der Sowjetunion großer Hochschätzung, meint der Kanzler sarkastisch, »in Wirklichkeit würden ihm die Russen am liebsten den Hals abschneiden«[36]. Robert Kennedy stimmt lachend zu.

Man versteht sich also gut. Robert Kennedy versichert Adenauer, wie sehr die beiden Begegnungen mit dem Kanzler seinen Bruder beeindruckt hätten. Kräftig wird von ihm die Verläßlichkeit der USA unterstrichen, so daß auch Adenauer nichts anderes übrig bleibt als seinerseits festzustellen, daran glaube er gleichfalls ganz fest. Kennedy warnt ihn jedoch davor, gegenüber amerikanischen Journalisten zweifelnde Äußerungen über die Standfestigkeit der USA zu machen.

Das ist ein kritischer Punkt. Der im Journalistenkreis chronisch redselige Kanzler vergißt doch häufig, wie empfindlich gerade schwache Präsidenten sind – oder er hat, was wahrscheinlicher ist, Journalisten mit voller Absicht seine Kritik mitgeteilt, zum Weitererzählen. Nie durchschaut man genau, ob Adenauers *médisance* gleichsam naturwüchsig ins Kraut schießt oder ob er anderen Staatsmännern gezielt auf die Nerven geht. Kennedy weiß aber weder das eine noch das andere zu schätzen.

Natürlich ist Adenauer durch Robert Kennedy überhaupt nicht beru-

»Alter ego« des amerikanischen Präsidenten

»Ein Lichtblick ist für ihn der Besuch Robert Kennedys in Bonn.«
Links Protokollchef Sigismund von Braun.

higt. Immerhin legt er sich aber nun in seinen Äußerungen zu amerikanischen Journalisten ein paar Wochen lang Zügel an oder redet sogar Gutes, in der Hoffnung, daß auch das ausgerichtet wird. Zu Cyrus L. Sulzberger, der ihn Anfang April in Cadenabbia aufsucht und – große Gnade – in Adenauers Gegenwart sogar rauchen darf, meint er entschuldigend, wenn Eisenhower und Dulles heute zu regieren hätten, würden sie dieselbe Politik wie Kennedy treiben. Rußland sei eben stärker geworden. Man müsse wie Kennedy pragmatisch vorgehen und einen Modus vivendi suchen. Allerdings nur, fügt er hinzu, wenn Rußland das aufrichtig honoriert.[37]

Bezüglich Berlin bleibt er skeptisch. Die Russen haben hier ein hervorragendes Mittel, zu erpressen und Unruhe zu stiften. Es kann noch Jahre so weitergehen![38] So äußert sich Adenauer in jenen kritischen Wochen, als die Sowjetunion deutliche Anstalten macht, die Flüge in den alliierten Luftkorridoren zu behindern.

Die Sorgen vor einem Atomkrieg lassen ihn aber nicht los. In der Ruhe von Cadenabbia sinniert er häufig darüber nach. Als aus dem Verteidigungsministerium die Studie zu einem »Kriegsbild« eingeht, sieht man den 86jährigen Urlauber damit beschäftigt, einige grundlegende Annahmen der Nuklearstrategie zu überprüfen. Das Ergebnis ist vorhersehbar. Immer, wenn er etwas abseits vom Betrieb Zeit zum Nachdenken findet, kommen ihm an allem und jedem die Zweifel. Es sind nicht nur Zweifel an Verteidigungsminister Strauß, die sich dabei erneut einstellen, sondern auch solche am Nutzen der Zivilverteidigung. Muß man nicht befürchten, daß ein atomarer Überraschungsangriff die Substanz des betroffenen Volkes vernichtet?

Doch Adenauer faßt beim Blick in den atomaren Abgrund, den er bei dieser Gelegenheit wieder einmal tut, durchaus keine atompazifistischen Entschlüsse. Vielmehr überlegt er, wie die Abschreckung noch besser verstärkt werde könnte. Lange sinnt er über das Problem nach, ob die Sowjetunion in der Lage sein könnte, gleichzeitig Westeuropa und den USA einen vernichtenden Schlag zu versetzen.

Die Frage beschäftigt ihn so stark, daß er das Problem auf ein paar Blättern logisch zu zergliedern sucht. Befriedigt stellt er bei abstrakter Analyse fest, daß sein seit Jahren gehegter Wunsch, strategische Kernwaffen in Europa stationiert zu sehen, logisch durchaus begründbar ist.

Er hält diese Überlegungen für so wertvoll, daß er sie am 13. April Paul Nitze übergibt, der in seiner Eigenschaft als Stellvertretender amerikanischer Verteidigungsminister im Palais Schaumburg vorspricht.[39] Sie stellen ein Plädoyer für Mittelstreckenraketen in Europa dar, wonach General Norstad seit Jahren verlangt hat. Wie Adenauer bekannt ist, haben die USA in Großbritannien, in der Türkei und in Italien Thor- und Jupiter-Raketen stationiert. Doch es handelt sich dabei um Systeme, die durch einen Erstschlag verwundbar wären, so daß SACEUR, darin von Adenauer unterstützt, seit langem mobile landgestützte und seegestützte Mittelstreckenraketen anfordert.

Doch kein Atomkrieg droht, sondern eine Neuauflage der amerikanischen *appeasement*-Linie, die Adenauer schon im September und Oktober 1961 alarmiert hat. Als sich Nitze bei Adenauer einstellt, trifft er auf einen empörten Bundeskanzler. Zwei Tage zuvor, am Vormittag des 11. April, ist ein amerikanisches Ersuchen eingegangen, innerhalb von 48 Stunden zu einem neuen Verhandlungspapier Stellung zu nehmen.[40] Es präzisiert den Plan einer internationalen Zugangsbehörde, deren Mehrheiten letztlich von der Standfestigkeit kleiner neutraler Länder abhängen würden – Schweden, Österreich, die Schweiz. Eine derartige Regelung, erklärt Adenauer Nitze und Botschafter Dowling, sei »einfach unmöglich«.[41]

Doch das Papier, auf dessen Grundlage Dean Rusk mit Botschafter Dobrynin unverzüglich erneut verhandeln möchte, enthält noch weitere Punkte: amerikanisch-sowjetische Vereinbarungen über die Nicht-Weitergabe von Kernwaffen; Austausch von Nicht-Angriffs-Vereinbarungen zwischen Ost und West (was delikate Probleme bei der Erzwingung des Zugangs nach Berlin im Fall einer Blockade aufwerfen würde!); Einrichtung von gesamtdeutschen Ausschüssen zur Regelung »technischer« Fragen und den Vorschlag einer permanten Konferenz westalliierter und sowjetischer Außenminister-Stellvertreter, die regelmäßig in Berlin zusammentreten soll.[42]

Nach Meinung Adenauers hat sich damit der Acheron angelsächsischer Deutschland- und Berlin-Konzessionen erneut weit geöffnet. Das sei eine *de facto*-Anerkennung der DDR, hält Adenauer Paul Nitze vor. Dazu noch der Nichtverbreitungsvorschlag!

Als das Papier eingeht, herrscht im Palais Schaumburg helle Aufregung. Bei den Besprechungen mit Außenminister Schröder und Staatssekretär Carstens erfährt Adenauer, daß es sich teilweise um die Neufassung eines Papiers vom 22. März handelt, das dem Auswärtigen Amt schon länger bekannt ist.[43] Außerdem hat Gerhard Schröder am 13. März in Lausanne eine Besprechung mit seinem Amtskollegen Dean Rusk geführt, von deren Ergebnis das Kanzleramt nichts erfahren hat.[44] Adenauers Verdacht verstärkt sich, daß die weiche amerikanische Linie im eigenen Außenminister einen Komplizen findet.

Was dann folgt, wird nie ganz geklärt. Gegen den Widerstand Schröders bittet Adenauer die Fraktionsvorsitzenden, also auch Erich Mende und Erich Ollenhauer, auf den Spätnachmittag des 12. April zu einer Besprechung ins Dienstzimmer von Brentanos im Bundeshaus. Dort läßt er Schröder und Carstens über die ultimativ formulierten amerikanischen Berlin-Pläne berichten.

Von Brentano und Krone wenden sich scharf dagegen: »Wenn es zu einem Abschluß mit den Sowjets auf dieser Basis käme, würden die Möbelwagen in Berlin nicht ausreichen; Berlin würde eine tote Stadt.«[45] Ollenhauer hält sich zurück – aus gutem Grund. Seit dem Deutschlandplan der SPD sind Überlegungen wie die jetzt vorliegenden den Sozialdemokraten nicht fremd. Mende formuliert Einwände, aber gleichfalls gedämpft. Denn die FDP-Spitze hat Anfang April insgeheim ein von Wolfgang Schollwer im Auftrag Erich Mendes erstelltes Papier diskutiert, das eine Anerkennung der Zweistaatlichkeit Deutschlands und atomwaffenfreie und militärisch verdünnte Zonen in Mitteleuropa vorsieht. Östliche Gegenleistungen: Absetzung der Ulbricht-Gruppe, Entstalinierung in der DDR, sowjetische Garantie der Freiheit Berlins und Wiederherstellung des freien Reiseverkehrs in Deutschland.[46] Immerhin äußert sich Mende doch so kritisch zu dem vorliegenden Papier, daß Adenauer feststellen kann, es werde auch vom FDP-Vorsitzenden abgelehnt. Schröder seinerseits bemerkt, das Papier enthalte nichts Neues, äußert aber zu einzelnen Punkten Bedenken.

Natürlich weiß Adenauer, daß es kein sichereres Mittel zur Unterrichtung der Presse gibt als eine dramatische Sitzung der Fraktionsvorsitzenden mitten im Bundeshaus. Kein Wunder, daß der Deutschlandfunk schon am Abend des 13. April darüber berichtet.[47] Am 14. April findet sich alles in den Zeitungen, die das amerikanische Verhandlungspaket entsprechend entrüstet kommentieren. Manches spricht für die Vermutung, daß von Brentano die Presse informiert hat.

Adenauer nimmt sich gerade noch Zeit, Nitze von der »eindeutigen« Ablehnung der Fraktionsvorsitzenden zu unterrichten.[48] Dann fährt er schleunigst nach Cadenabbia zurück, um den unterbrochenen Frühjahrsurlaub fortzusetzen. Gleichsam schon im Abreisen läßt er Nitze aber doch wissen, die Bundesregierung wolle in Ruhe überlegen, ob ein Vorschlag gefunden werden könne, der auch für die Sowjets etwas bedeute. Offenbar will er wieder einmal über die schon vielfach weiterentwickelten

Globke-Pläne für ein Stillhalteabkommen nachdenken. Seine Bemerkung, vielleicht werde Frankreich eher zustimmen, wenn ein Vorschlag von der Bundesrepublik komme, deutet darauf hin, daß er es jetzt doch für geboten hält, aus der Reserve herauszutreten. Aber er ersucht darum, nun erst einmal eine Verhandlungspause einzulegen.[49]

Nach amerikanischer Auffassung wird freilich immer noch nicht verhandelt, sondern nur sondiert. Adenauer aber vermutet, daß Kennedy längst von seiner Zusage abgerückt ist, nicht zu verhandeln und sich auch bei den Sondierungen allein auf ein Interimsabkommen über Berlin zu konzentrieren. In einem Brief vom 14. April erinnert er den Präsidenten nochmals nachdrücklich an die im November 1961 persönlich getroffenen Absprachen.[50]

Die Reaktion de Gaulles auf die *appeasement*-Linie »der Angelsachsen« fällt übrigens genauso scharf aus wie die Adenauers. In einer Notiz für Couve de Murville vom 14. April geißelt er »die Verrücktheit, in der sie sich zum Verhandeln drängen« und weist ihn an, diese Vorgespräche ebenso wie deren Inhalt klar zu mißbilligen.[51] Seine kurz danach erfolgende Einladung an Adenauer zu dem Staatsbesuch in Frankreich ist somit nicht nur ein europapolitischer Schachzug, sondern ebenso eine Demonstration der Solidarität in der Deutschland- und Berlin-Frage.

Die vorzeitige Veröffentlichung der Hauptpunkte des amerikanischen Positionspapiers verhindert dessen Übergabe an Dobrynin. Außenminister Rusk rächt sich nun, indem er in einem Brief an seinen Bonner Amtskollegen den Vorwurf erhebt, deutscherseits sei eine skandalöse Indiskretion begangen worden. Adenauer hegt aber den Verdacht, das große Geschrei des State Department über ein angebliches »Leck« diene vorwiegend dazu, »von eigener mangelnder Vertrauenswürdigkeit abzulenken«.[52]

Zu allem hin wird der Verdacht auch noch auf Botschafter Grewe gelenkt, obwohl doch die Indizien viel eher darauf hindeuten, daß der Inhalt der fraglichen Aufzeichnung in Bonn bekanntgeworden ist[53] – vielleicht, indem die Journalisten den Inhalt des Dokuments nach der Mosaikmethode rekonstruiert und durch Recherchen in Washington oder auch in London ergänzt und erhärtet haben.[54]

Das State Department geht indessen so weit, die Unterrichtung über die amerikanisch-sowjetischen Sondierungen nur noch über den Bonner Botschafter Dowling laufen zu lassen und Botschafter Grewe demonstrativ auszuschalten.[55] Offenbar wünscht Washington die Entfernung Grewes von seinem Posten vor allem deshalb, weil er alle Details der Deutschland- und Berlin-Fragen für den Geschmack einer zum Nachgeben neigenden Administration viel zu genau kennt.

Adenauer kritisiert jetzt auch Schröder. Er habe sich bei Rusk gegen die unfeine Behandlung des deutschen Botschafters nicht energisch genug verwahrt.[56] Doch ist er sich nunmehr im klaren, daß Grewe nicht mehr zu halten ist. Der Botschafter muß, so stellt er in einer für Globke bestimmten Aufzeichnung vom 20. April fest, sofort seinen Urlaub nehmen, aus dem er dann nicht mehr nach Washington zurückkehrt.[57]

Daß hinter den Kulissen Washingtons offenbar ein heftiges Ringen um die Berlin-Politik herrscht, ergibt sich auch aus der urplötzlichen Ankündigung des Endes der Mission General Clays, den Kennedy als seinen Sonderbevollmächtigten nach Berlin entsandt hatte. Das wird am 11. April bekanntgegeben, also zeitgleich mit der Vorlage des ultimativen Berlin-Papiers.

Adenauers ist jetzt nach allen Seiten hin von finsterem Verdacht erfüllt. Noch am 27. März hatte er von Brentano brieflich mitgeteilt: »Die Vereinigten Staaten, insbesondere auch Staatssekretär Rusk, haben die Berlin-Frage in Genf so gut vertreten und uns so gut unterrichtet, daß meiner Meinung nach gar nichts daran auszusetzen ist.«[58] Und nun das! Allem Anschein nach ist eine gezielte Desinformationspolitik Dean Rusks gegenüber Gerhard Schröder im Gange: »Das eine Mal wird er unterrichtet, das andere Mal nicht.«[59] Ergebnis: »Wir haben keine Übersicht, was verhandelt wird.«[60] So drängt sich eine bedenkliche Schlußfolgerung auf: »Das alles (Methode, materieller Gehalt) zeigt, daß USA sachlich von dem Kurs Eisenhower/Dulles abgeht.«[61]

Besonders befremdlich ist, daß in den neuen amerikanischen Dokumenten nur noch von »Westdeutschland« und den »Westdeutschen« die Rede ist: »Früher wurde mir erklärt, daß die Bundesrepublik die einzige Vertreterin Deutschlands ist«.[62] In der Änderung der Nomenklatur sieht Adenauer ein »sehr starkes Anzeichen« des amerikanischen Kurswechsels.[63]

Von nun an kommen ihm immer stärker Zweifel an Gerhard Schröder, der öffentlich und auch bei den internen Beratungen sein hundertprozentiges Vertrauen in die Amerikaner bekundet: »Ich fürchte, daß Schröder von Anfang an bei den Gesprächen mit Rusk zu sehr immer den treuen Gefolgsmann gespielt hat.«[64] Immerhin billigt er ihm noch guten Willen zu. Schröder selbst sieht das anders. Er ist der Meinung, daß Amerika in Berlin die Hauptlast zu tragen hat. Man darf also auf deutscher Seite diese Beziehungen nicht überstrapazieren. So nimmt er stillschweigend eine Korrektur der bisherigen harten Linie vor.[65]

In alles spielt auch der innenpolitische Machtkampf des Frühjahrs 1962 mit hinein. Von Brentano und Krone plädieren für einen ganz harten Kurs – auch deshalb, weil sie Schröders Aufstieg mit denkbar größter Mißgunst verfolgen und ihm nicht über den Weg trauen. Auf der anderen Seite sucht Schröder jetzt das alte Image eines bedingungslos konservativen Schildknappen Adenauers loszuwerden, wobei er sich außenpolitisch von der Woge Kennedys tragen läßt und im Innern die Unterstützung Erich Mendes und sogar des pragmatischen Flügels der SPD um Fritz Erler und Willy Brandt findet.

Jedenfalls führen die Wege Adenauers und der Kennedy-Administration, doch auch Adenauers und Schröders von nun an rasch auseinander. Die Differenzen in der Deutschland- und Berlinpolitik verknäueln sich dabei mit dem Problem der Politischen Union. Am 20. April, als Adenauer in der Frühlingsruhe Cadenabbias wie gewohnt mittels einer Aufzeichnung für Globke in seine Überlegungen Klarheit zu bringen sucht, konstatiert er, daß sich das Verhältnis zwischen Frankreich und den USA immer mehr verschlechtert, »damit auch das Verhältnis zwischen uns und den Vereinigten Staaten. Nachdem durch die Briten die Belgier und Holländer gegen die politische Europäische Union, die von Anfang an überhaupt das Ziel der europäischen Maßnahmen war, aufgeputscht worden sind, bleibt nur der Block Frankreich und Deutschland – hoffentlich unter Teilnahme Italiens und Luxemburgs – übrig.«[66] Zudem werde auch Großbritannien durch die deutsch-amerikanischen Spannungen in seiner anti-europäischen Politik bestärkt.

»Bleibt nur der Block Frankreich und Deutschland« – das ist die neue Linie, die sich nun immer deutlicher abzeichnet. Mit Washington aber, so ist er jetzt entschlossen, muß man den offenen Krach riskieren. Er hält die Taktik des Auswärtigen Amts für verkehrt, unablässig das Vertrauen in die amerikanische Verhandlungsführung zu bekunden: »Unter Umständen«, stellt er in Cadenabbia am 30. April fest, »müßten wir bereit sein, mit den Amerikanern einige Jahre in Spannung zu leben. Wir müßten mehr auf das deutsch-französische und das europäische Pferd setzen.«[67]

Dabei erkennt er durchaus realistisch, daß Frankreich in diesem Konzert die erste Geige spielen wird. Eine Unterordnung Deutschlands unter Frankreich komme zwar nicht in Frage, versichert er General Clay Anfang Mai bei einem Gespräch in Berlin. Doch wegen der jüngsten Vergangenheit sei es unmöglich, daß Deutschland die Führung Europas übernimmt. Somit bleibe nur die Möglichkeit, »daß diese Führung in sehr gemäßigter Form von Frankreich ausgeübt werde«.[68]

In bezug auf die Deutschland- und Berlin-Problematik neigt er jetzt gleichfalls zum Realismus. Offenbar führt an einer Modus-vivendi-Regelung kein Weg vorbei. »Wir werden«, resümiert Osterheld Adenauers diesbezügliche Überlegungen, »die SBZ hinnehmen, auch als staatsrechtliches Gebilde, wenn die Menschen dort freier und menschenwürdiger leben können.«[69]

Sobald allerdings aus derart allgemeinen Überlegungen präzise operative Konsequenzen zu ziehen wären, bekundet er nach wie vor jenen dickköpfigen Widerspruchsgeist, für den er zeitlebens berühmt ist. Als Bühne für den offenen Krach mit der Kennedy-Administration wählt der Kanzler Berlin. Höflich und unerbittlich fällt er dort am 7. und 8. Mai 1962 auf zwei Pressekonferenzen sein Verdikt über die amerikanischen Berlin-Sondierungen. Sie hätten bisher zu nichts geführt außer zu einer Flut von unendlich langweiligen Telegrammen. Immer noch hielten die Russen an ihren unannehmbaren Forderungen fest.

Dem Plan einer internationalen Zugangsbehörde kann Adenauer überhaupt nichts abgewinnen. Von den vorgesehenen dreizehn Mitgliedern sollen nämlich fünf vom Osten gestellt werden und fünf vom Westen, dazu drei Neutrale als Zünglein an der Waage. Die Entscheidungen über viele hochbrisante Fragen würden also von den Stimmen der drei Neutralen abhängen, die – so deutet er an – bisher wohl nicht einmal alle gefragt worden sind, ob sie diese Last auch auf sich nehmen wollten. Kann man wirklich im Ernst erwarten, daß sich kleine Länder wie Österreich, Schweden oder die Schweiz durch Beteiligung an einem so hochpolitischen Gremium »in Schwierigkeiten internationaler Art« begeben wollten?[70]

Auf die Frage, was passieren würde, wenn bei den Berlin-Sondierungen keine Verständigung stattfindet, erwidert er ungerührt: »Nun, dann wird eine Pause kommen, meine Damen und Herren!«[71] Dabei läßt er keinen Zweifel daran, daß er den derzeitigen Status quo allen Neuregelungen vorzieht: »Ich halte es für viel besser, daß es bleibt, wie es ist, als daß diese Linie fortgesetzt wird.«[72]

Mit diesen vielbeachteten Interviews brüskiert er nicht nur die Kennedy-Administration, sondern auch seinen eigenen Außenminister. Genau dies ist auch seine Absicht. Kurz zuvor hatte er Gerhard Schröder bei einer heftigen Diskussion in Cadenabbia gewarnt: »Wenn Sie meinen Richtlinien nicht folgen, werde ich Sie in Berlin desavouieren.«[73] Das hatte den Bundesaußenminister aber nicht davon abgehalten, auf der Athener NATO-Konferenz Anfang Mai dem Plan einer Zugangsbehörde zuzustimmen. Nun wird er in der Tat, wenn auch ohne Namensnennung, öffentlich abgekanzelt.

Allerdings macht Adenauer der Kennedy-Administration doch auch eine Konzession, indem er jetzt in Berlin die Absicht bekanntgibt, Botschafter Grewe aus Washington abzuberufen. General Clay hatte ihm das zuvor nochmals dringend nahegelegt.[74] Wie Adenauer hinlänglich deutlich macht, hält er Grewe nach wie vor für einen außerordentlich fähigen Mann, bemerkt aber vor der Presse zugleich mit entwaffnender Offenheit: »Wenn es zu Komplikationen kommt, müssen immer die Unschuldigen leiden!«[75]

Grewe bringt zwar für die Ablösung als solche Verständnis auf, weniger allerdings für den Stil der Mitteilung. Er hatte bei Außenminister Schröder in der Tat bereits zuvor mit Blick auf das Ganze der deutschamerikanischen Beziehungen in einem würdigen Schreiben seine Abberufung angeregt.[76] Nun wird die Antwort, garniert mit Elogen auf seine Person, auf einer Pressekonferenz gegeben. Die Öffentlichkeit muß aber deshalb ihr Adenauer-Bild nicht ändern: Man weiß inzwischen hinlänglich, daß der Kanzler in solchen Fällen nach Gesichtspunkten kalter Staatsräson verfährt.

Zuerst reagiert Kennedy auf diese frontale Attacke des deutschen Bundeskanzler seinerseits mit einer recht kritischen öffentlichen Stellungnahme.[77] Washington und Bonn, schreibt die *Neue Zürcher* Zeitung, feuern aus allen Rohren gegeneinander![78] Doch dann geschieht dasselbe wie im Oktober 1961 – Kennedy gibt nach und schickt Botschafter Dowling am 14. Mai mit einer halben Entschuldigung für den Vorwurf des Lecks sowie für die unterbliebene Beantwortung eines Briefes Adenauers ins Palais Schaumburg.[79]

Man entschließt sich also beiderseits, den Streit nicht auf die Spitze zu treiben, und die Periode amerikanischer Konzessionsbereitschaft ist vorerst wieder zu Ende. Niemand ahnt damals, daß damit die kritischste Phase der langgezogenen Spannungen um Berlin bereits durchschritten ist. Mit einer Kombination von Halsstarrigkeit und vorerst nur angedeuteter Konzessionsbereitschaft ist es dem Kanzler tatsächlich gelungen, die Stadt unversehrt durch vier Jahre scharfer sowjetischer Pressionen hindurchzuretten. Freilich wird später niemand daran denken, ihn deswegen als einen Retter des freien Berlin zu feiern, obwohl er dies verdienen würde. Statt dessen pflegt die Adenauer-kritische Publizistik weiterhin das liebgewordene Feindbild des anti-berlinischen katholischen Rheinländers.

Adenauer traut aber in diesen Wochen des Frühjahrs 1962 dem Frieden nicht und entschließt sich nun doch, Smirnow den längst in Reserve gehaltenen Vorschlag eines zehnjährigen »Waffenstillstands« zu unterbreiten. Ohne zuvor die USA oder auch nur den eigenen Außenminister zu informieren[80], bittet er am 6. Juni 1962 den sowjetischen Botschafter, Chruschtschow eine nur für seine Ohren bestimmte Botschaft zu überbringen: Sollte man mit Blick auf das sowjetische Ruhebedürfnis beim Aufbau der eigenen Wirtschaft »nicht einmal ernsthaft überlegen, zwischen den beiden Ländern – also der Sowjetunion und der Bundesrepublik Deutschland – für zehn Jahre eine Art Waffenstillstand, natürlich im übertragenen Sinne, zu schließen? Dies würde bedeuten, die Dinge während dieser Zeitspanne so zu lassen, wie sie sich jetzt darböten. Allerdings müsse dafür gesorgt werden, daß die Menschen in der DDR freier leben könnten, als es jetzt der Fall sei. In einer Periode von zehn Jahren könne eine Atmosphäre der Beruhigung eintreten ... Dann würde es auch mit der Verständigung über die strittigen, noch ungeklärten Fragen viel leichter werden.«[81] Wie zuvor schon gegenüber Kennedy geschehen, ersucht er nun auch Chruschtschow, bei den Sondierungsgesprächen eine längere Pause einzulegen. Einen Bescheid auf diesen Vorschlag erbittet er im Verlauf des Monats Juni vor einem Besuch des amerikanischen Außenministers in Bonn.

Doch als Rusk am 21. Juni eintrifft, liegt die Antwort Chruschtschows noch nicht vor. Erst am Vormittag des 2. Juli, ein paar Stunden bevor Adenauer seine große Frankreich-Reise antrat, überbringt Smirnow ein sechsseitiges Aide-mémoire, in dem der sowjetische Ministerrat Adenauers Vorschlag eines zehnjährigen »Waffenstillstands« in aller Form zurückweist und auf den bisherigen Grundsatzpositionen beharrt.[82] Immerhin läßt der Besuch Rusks aber erkennen, daß die schweren Differenzen vom April und Mai zurückgestellt sind.[83] Auch in Washington ist die Skepsis gegenüber allzuviel eigener Konzessionsbereitschaft wieder gewachsen. Vergessen hat Adenauer aber diese letzte Kostprobe amerikanischer Wankelmütigkeit nicht. Er glaubt auch Grund zur Annahme zu haben, daß die *appeasement*-Politik Kennedys stark von Macmillan beeinflußt ist. Der an und für sich alles andere als pro-britische »Ire aus Boston«, hört er von General Clay, ist anscheinend tief erbittert, weil de Gaulle einen persönlichen Appell um Beilegung der französisch-amerikanischen Differenzen zurückgewiesen hat. »In das dadurch geschaffene Vakuum«, meint Clay mißmutig, »seien nunmehr die Engländer eingerückt.«[84]

So wirken im April und Mai 1962 alle wichtigen Faktoren – außenpolitische und innenpolitische gleicherweise – zusammen, Adenauers Annäherung an de Gaulle zu beschleunigen. Anfang Juni beauftragt der Kanzler Horst Osterheld, de Gaulle ein Handschreiben zu überbringen. Darin findet sich ausdrücklich formuliert, wie er zu Frankreich steht. Doch selbst Pierre Maillard, damals de Gaulles rechte Hand in den deutschen Angelegenheiten, hat einige Mühe, die Schrift des Kanzlers zu entziffern. De Gaulle kann aus dem Schreiben erfahren, daß Frankreich »die Rolle in einem geeinten Europa übernehmen wird, die ihm zukommt«[85]. Eigentlich wollte Adenauer noch weitergehen. Ihn beschäftigt in diesen Wochen der Gedanke, daß man Frankreich eine gewisse Führungsrolle zubilligen muß, wenn es sich voll auf die Union des Kontinents einstellen soll. So überlegt er anfänglich, in diesem Brief die Passage einzuflechten, Deutschland könne in Europa keine Vormachtstellung einnehmen. Der Adressat mag dann selbst seine Schlüsse daraus ziehen, wie der Kanzler zum französischen Führungsanspruch steht. Doch Heinrich Krone rät davon ab. Adenauers Frankreichpolitik wird ihm zusehends unheimlich, nicht zuletzt, als dieser von dem grandiosen Rahmen des geplanten Staatsbesuchs berichtet, besonders von dem feierlichen Hochamt in der Krönungskathedrale der französischen Könige in Reims.[86] Ähnlich zurückhaltend ist nun auch von Brentano, der sich immer entschiedener gegen ein Abgehen vom ursprünglichen Integrationskonzept ausspricht.[87] Globke steht gleichfalls auf seiten der Skeptiker.[88]

Wer Adenauer in diesen Wochen spricht, gewinnt nämlich den Eindruck, daß er sich nun innerlich entschieden hat: prononcierte Hinwendung zu Frankreich, reserviertere Beziehungen zu den USA, wenn auch ganz und gar keine Abwendung, kaum verhohlenes Nein zur Teilnahme Großbritanniens an der Politischen Union und – auch das hat Gewicht – intensivere Bemühungen um einen *modus vivendi* mit der Sowjetunion. Daß Kennedy ausgerechnet in diesem Moment auf Drängen Senator Fulbrights in einem nachdrücklichen Brief an Adenauer im »Hähnchen-Krieg« um die EWG-Landwirtschaftspolitik Druck ausübt[89], kann den Kanzler in diesem Kurs nur bestätigen.

Am Pfingstsamstag, dem 9. Juni 1962, stellt sich Paul Reynaud bei Adenauer zu einer großen *tour d'horizon* ein. Auch er ist schon längst eine Person der Zeitgeschichte. Seit 26 Jahren, so erzählt er Adenauer, kennt er de Gaulle. Damals, im Jahr 1936, unterstützte er dessen Pläne für eine moderne Panzerwaffe. In den schicksalhaften Wochen des Frankreich-Feldzuges ist dieser nationalkonservative Mann, ein Gegner jedes *appease-*

ment gegenüber Hitler, französischer Ministerpräsident und Verteidigungsminister. Unmittelbar nach seinem Rücktritt kapituliert Frankreich, er selbst verbringt die letzten Kriegsjahre in Sachsenhausen und Buchenwald.

In der Vierten Republik zählt Reynaud bereits zu den *monstres sacrés*, nimmt 1958 den Vorsitz des Verfassungskomitees wahr, das die Verfassung der Fünften Republik ausarbeitet, gerät aber dann immer stärker in Gegensatz zu seinem einstigen Protegé de Gaulle. 1962 ist aber wenigstens das persönliche Verhältnis zum Staatspräsidenten noch einigermaßen gut. So entfaltet Adenauer vor ihm die Grundgedanken seiner derzeitigen Frankreich- und Europapolitik in der Hoffnung, daß Reynaud dies de Gaulle drei Tage später anläßlich eines Abendessens mitteilen wird. Es ist ein eigenartiges Gespräch, in dem der Deutsche Konrad Adenauer für die Außenpolitik des französischen Staatspräsidenten plädiert, während der Franzose Paul Reynaud sehr kritische Akzente setzt.

Adenauer vernimmt bei dieser Gelegenheit in allen Einzelheiten, daß auch Reynaud wie seit längerem schon Antoine Pinay oder Jean Monnet den Kurs de Gaulles in entscheidenden Punkten ablehnt. Reynaud, immerhin ein wohlinformierter Verteidigungsexperte, hält die *force de frappe* für eine Schimäre und fürchtet, der General könnte Amerika in einen neuen Isolationismus treiben. Er mißtraut auch den Europa-Plänen de Gaulles. Adenauer muß von ihm hören, daß fast alle maßgebenden französischen Politiker in Nationalversammlung und Senat die Außenpolitik des Präsidenten sehr kritisch bewerten. Der General wisse das auch. Daher die ausgeprägte Neigung, seine sehr fragwürdige Europapolitik in einem Referendum direkt vor das Volk zu bringen mit der Alternative: entweder akzeptiert ihr oder ich trete ab!

Im Verlauf des Gesprächs beschwört Reynaud Adenauer, doch ja festzustehen in dem »Sturm der Feigheit«, der über die europäischen Regierungen hinweggehe. Allerdings spricht er sich auch sehr nuanciert gegen den britischen Beitritt aus.

Adenauer antwortet mit einem »Ja, aber«. Gewiß, ohne die Vereinigten Staaten könne man der Sowjetunion nicht widerstehen. Auch er sehe genau, daß Europa auf absehbare Zeit keine den USA und der Sowjetunion gleichwertige Macht darstellen könne. Doch macht er gleichfalls deutlich, wie sehr er das Drängen der EWG-Kommission in Brüssel, desgleichen das Drängen Erhards, des Auswärtigen Amts, des BDI und der deutschen Landwirtschaft auf einen britischen Beitritt für Leichtsinn hält. Die EWG wäre einer Erweiterung wohl nicht gewachsen, außerdem hätte ein britischer Beitritt negative wirtschaftliche Auswirkungen auf Deutschland, insbesondere im Bereich der Kohle. Es gebe eben »Hypereuropäer«, »Europäer« und »Antieuropäer« – er selbst sei ein Europäer.

In der Folge muß sich Reynaud eine große, aber durchaus nuancierte, mit vielen Beispielen begründete Lobrede auf de Gaulle anhören. Grundtenor: die Franzosen sollen de Gaulle nicht in den Arm fallen, wenn er Frankreich jetzt wieder groß und stark macht. Deutlich wird auch bei dieser Gelegenheit, wie sehr Adenauer die Unnachgiebigkeit des Generals gegenüber Chruschtschow imponiert. Am nachhaltigsten hat ihn ein Ausspruch de Gaulles anläßlich der geplatzten Gipfelkonferenz im Mai 1960 beeindruckt: Ich will nicht eines Morgens aufwachen und erfahren, daß die Russen inzwischen am Rhein stehen!

Auch Reynaud bekommt jetzt zu hören, daß Adenauer seit 1925 – dieses Datum nennt er immer sehr präzise – für eine deutsch-französische Freundschaft eingetreten sei. Der Hauptgrund dafür: man muß damit eine Einigung zwischen Frankreich und Rußland verhindern. Diese wäre das Ende Deutschlands und Europas. Reynaud scheidet in der Überzeugung, daß Adenauer durchaus entschieden und in genauer Kenntnis des Verhandlungsstandes gegen den britischen Beitritt ist, und zwar nicht allein aus Rücksicht auf de Gaulle, sondern primär mit Blick auf die EWG sowie aus wirtschaftlichen Gründen. Er lehnt auch das von Spaak und Luns verfochtene Junktim zwischen Politischer Union und britischem Beitritt eindeutig ab. Verächtlich meint er, Spaak habe faktisch in britischem Auftrag gehandelt, um der ganzen Sache ein Ende zu bereiten. Adenauer drängt aber jetzt voran: Er sei langsam des Wartens müde, es müsse gehandelt werden.

Reynaud ist nicht der einzige Warner. Ein paar Tage darauf stellt sich Botschafter Blankenhorn bei Adenauer ein. Politisch ist man sich fremd geworden. Doch zuerst erfreuen sich die beiden alten Gefährten an dem schönen Besuchsprogramm, das sich de Gaulle für Adenauer ausgedacht hat, und schwelgen etwas in Erinnerungen. Blankenhorn malt die Höhepunkte aus: Kavallerie von der Madeleine zum Quai d'Orsay, zweitausend Gäste beim Empfang im Elysée, zweitausend Gäste im Hôtel de Ville, eine Gala-Oper mit lauter geladenen Gästen! »Herr Blankenhorn«, wirft Adenauer bei diesen Schilderungen ein, »was ist aus uns geworden?! Wissen Sie noch die Sache mit dem Teppich?« Blankenhorn erinnert sich in der Tat und setzt eins drauf: »Ja, und noch früher, als wir in einem zweitklassigen Hotel in der Schweiz antichambrierten und froh waren, daß uns ein mittelhoher Franzose nach einiger Zeit empfing!«[90]

Die Hinwendung zu Frankreich

Staatsbesuch in Frankreich:
»Kavallerie von der Madeleine zum Quai d'Orsay«.

Glanzlichter eines Staatsbesuchs

Beim Hochamt in der Kathedrale von Reims.

Doch dann ist nur noch von lauter Unerfreulichem die Rede. Blankenhorn merkt an, daß de Gaulle bei dem Staatsbesuch den Kanzler »für eine Allianz zu Dritt oder gar zu Zweit« gewinnen möchte. Das würde einen Zerfall Europas in zwei Lager zur Folge haben – das eine unter englischer, das andere unter französischer Führung. Zu allem hin wolle de Gaulle die kontinentale Allianz auch als dritte Kraft zwischen Ost und West einsetzen. Eindringlich stellt der erfahrene Diplomat dem Kanzler die unabsehbaren Auswirkungen auf die USA sowie die NATO vor Augen und erwähnt auch, daß ein solcher Kurs innenpolitisch nicht auf Dauer durchzuhalten ist.

Blankenhorns Hauptpunkt: Deutschland hat schon zweimal das Pech gehabt, sich an schwache Verbündete zu binden – 1914 und 1939. »Dieses schwache Land!« – wir sollten uns nicht zu sehr daran binden.[91]

Doch störrisch erwidert Adenauer: man muß die Deutschen festbinden! Sonst gehen sie plötzlich mit Rußland oder beginnen zwischen den Blöcken zu tanzen! Sie sind politisch unklug, politische Träumer! Außerdem bequem geworden![92] »Er wolle das deutsche Volk sichern und einbauen«, es sei unbeliebt genug. Um so wichtiger die deutsch-französische Verständigung!

Tatsächlich ist eben »die freie Welt«, früher Adenauers umfassender Orientierungsrahmen, im Jahr 1962 ziemlich uneins. An keinem der Partner hat Adenauer mehr Freude: Mißstimmung gegen die USA, Sorge vor den negativen Auswirkungen, die ein britischer Beitritt auf die EWG haben dürfte, Mißtrauen gegen Paul-Henri Spaak und ganz allgemein: Furcht vor einem Vakuum in Europa.

Blankenhorn, der Adenauer wie kein zweiter kennt, hält als Gesamteindruck fest: »Alles deutet darauf hin, daß er innerlich sehr stark mit dem Gedanken spielt, sich der Schwierigkeiten durch noch engere Anlehnung an Frankreich zu entziehen, ohne sich dabei der Folgen bewußt zu sein.« Die Gefahr einer »falschen Entscheidung« sei beträchtlich, und diese Sorgen würden von Carstens, vor allem aber von Felix von Eckardt, von Karl-Günter von Hase, auch von Gerhard Schröder und von Heinrich von Brentano geteilt: »Es wird«, meint Blankenhorn, »seinen Freunden viel Mühe kosten, ihn davor zu bewahren, sein eigentliches historisches Bild nun in der letzten Phase seiner Kanzlerschaft erheblich zu verkleinern, wenn nicht gar zu zerstören.«[93]

Ähnlich, wennschon mit geringerer persönlicher Sympathie, sehen das auch die maßgebenden Herren im Bundeskabinett. Anders als der Kanzler suchen sie die Außenpolitik Bonns auf einer Linie allseitigen Ausgleichs zu halten – beste Beziehungen zu Frankreich, gewiß, doch auch Weiterverhandeln über die Politische Union, positives Weiterverhandeln über den britischen Beitritt und behutsames Vermeiden gefährlicher Verstimmungen in den USA.[94] Adenauer nimmt das alles zur Kenntnis, will aber nicht mehr hinhören. Gelegentlich fragt er spitz: »Warum sollen wir immer so brav sein? De Gaulle ist mit seiner Eigenwilligkeit und seinen Weigerungen sehr weit gekommen.«[95]

Vorerst tritt nun die gesamte Außenpolitik des Frühsommers 1962 unter die Glanzlichter des Staatsbesuchs in Frankreich. Wie sehr man sich bei solchen protokollarisch stets diffizilen Unternehmungen um jedes Detail kümmern muß, wird einmal mehr deutlich, als es um das Protokoll der martialischen deutsch-französischen Parade geht, die de Gaulle als Fermate des Staatsbesuchs auf dem Truppenübungsplatz Mourmelon in der Champagne vorgesehen hat. Unter welcher Flagge sollen die deutschen Verbände defilieren? Das Auswärtige Amt – auch Blankenhorn – sind der Meinung, daß sowohl die Bundesflagge als auch die NATO-Flagge in Frage kämen: »erstere könnten, letztere müßten wir zeigen.«[96] Eine schlimmere Provokation des Generals auf dem Höhepunkt des Staatsbesuchs wäre aber überhaupt nicht vorstellbar. Adenauer spürt das und trifft schließlich die einzig vernünftige Entscheidung: die deutschen Truppen treten unter der Bundesflagge an.[97]

Wie negativ de Gaulle deutschen NATO-Generalen gegenüber eingestellt ist, wird sich denn auch gleich zu Beginn des ansonsten ungetrübten Staatsbesuchs Adenauers zeigen.

Obwohl Adenauer kein Staatsoberhaupt ist, begrüßt ihn de Gaulle mit großem Zeremoniell auf dem Flughafen Orly. Bei der Vorstellung der deutschen Delegation übersieht der Präsident aber ostentativ die ausgestreckte Hand General Speidels und begrüßt nur dessen Frau.[98] So hat man am Hof Ludwigs XIV. Offiziere gesellschaftlich vernichtet. Zur Parade in Mourmelon wird kein einziger alliierter Befehlshaber eingeladen, auch kein französischer NATO-General. Die NATO-Flagge darf überhaupt nicht gezeigt werden.[99]

Ein längeres Verbleiben Speidels in seinem Kommando scheint nach einem derart deutlichen Signal allerhöchster Ungnade nicht möglich. Adenauer ist der Meinung, daß dieser Berater früher Jahre, den er zu einem der höchsten deutschen Soldaten befördert hat, ihm selbst doch wesentlich mehr schuldet als umgekehrt. Schon vor einiger Zeit hatte de Gaulle wissen lassen, er wünsche Speidels Entfernung. Eine entsprechende Weisung war aber von Verteidigungsminister Strauß »vergessen«

worden.[100] Auf die neuerliche Unmutsbekundung des Präsidenten reagiert Adenauer wie so häufig, wenn er sich von einem Minister oder einem sonstwie mit ihm Verbundenen trennen möchte – er erkundigt sich nach seinem Gesundheitszustand. Speidel, der diesen Code wohl nicht kennt, erwidert empört, er habe sich noch nie so wohl gefühlt wie jetzt.[101] Später erfährt er, Adenauer habe de Gaulle bei dem Staatsbesuch im Juli 1962 seine baldige Ablösung zugesagt.[102] Die Sache zieht sich aber bis ins Frühjahr 1963 hin. Jetzt erfolgt eine Demarche Botschafter de Margeries bei Staatssekretär Globke. De Margerie überbringt mit dem Ausdruck des Bedauerns die Mitteilung, wenn Speidel nicht binnen weniger Wochen abgelöst sei, werde er zur *persona ingrata* erklärt.

Erst jetzt, nach gehöriger Schamfrist, bittet Adenauer den General zu sich und bedeutet ihm, daß die deutsch-französische Freundschaft manchmal ihren Preis hat.[103] Speidel wehrt sich aber weiter gegen die unspezifizierten und durchaus ungerechten Anschuldigungen. Der geradlinige Bundespräsident Lübke spricht sogar de Gaulle hart darauf an, und so kommt es, daß dieser früheste militärische Berater Adenauers, der ihm im Dezember 1948 erstmals Vortrag gehalten hat, fast gleichzeitig mit dem Kanzler am 30. September 1963 ausscheidet. Daß sich Adenauer nicht entschieden für ihn stark gemacht hat, sondern den Geboten kalter Staatsräson gefolgt ist, vergißt er ihm nie.[104]

Das sind nun freilich Irritationen, durch die sich Adenauer nicht mehr von dem großen Ziel einer vertieften Zusammenarbeit mit Frankreich abbringen läßt. Es ist nicht erst die überwältigend prächtige Inszenierung des Staatsbesuchs in Paris und in der französischen Provinz, die ihn einen Zweibund ins Auge fassen läßt. Alle Anzeichen deuten darauf hin, daß er im Innern schon fest entschlossen ist, als er am 2. Juli in Orly landet.

Betrachtet man es nüchtern, so ist das glanzvolle Programm, mit dem ihn de Gaulle ehrt, auch schon anderen zuteil geworden. Eisenhower wurde im Jahr 1959 in vergleichbarer Weise gefeiert. Chruschtschow, Macmillan, Kennedy – sie alle sind in Paris ähnlicher Aufmerksamkeit gewürdigt worden.

Aber Adenauers Besuch fällt doch in vielerlei Hinsicht aus der diplomatischen Routine heraus. De Gaulle inszeniert das Ganze als eine große Demonstration deutsch-französischer Versöhnung. Adenauer mit seinem wachen geschichtlichen Bewußtsein empfindet das genau. Schließlich erfolgte seine erste Begegnung mit Paris am 6. Juni 1919, als er kurz vor der Unterzeichnung des Versailler Vertrags eine Blitzreise zur deutschen Delegation in Versailles unternahm. Saisonal war es ein Frühsommer wie jetzt, politisch aber eine Eiszeit.

Desgleichen erinnert er sich auch noch der großen Staatsbesuche, die zu Beginn des 20. Jahrhunderts die Machtverhältnisse Europas verändert haben. Im Mai 1903 hat Edward VII. jenen berühmten Staatsbesuch in Paris durchgeführt, dem die französisch-britische Entente von 1904 folgte. Noch schicksalhafter war der Staatsbesuch Staatspräsident Poincarés in St. Petersburg im Juli 1914. Nun ist es wieder ein Staatsbesuch, der ein neues Blatt der Geschichte aufschlägt. Diesmal gilt es die deutsch-französiche Versöhnung zu besiegeln, aber vielleicht auch – so träumt Adenauer – eine Union auf den Weg zu bringen, in der 110 Millionen Deutsche und Franzosen den Kern eines kontinentaleuropäischen Bundes bilden.

Außergewöhnlich ist vor allem der Höhepunkt dieses Besuchs, der so völlig aus dem gewohnten Rahmen herausfällt. De Gaulle und Adenauer, beide von der gaullistischen Informationspolitik längst zu überzeitlich bedeutsamen Repräsentanten zweier uralter benachbarter Nationen hochstilisiert, feiern in der Krönungskathedrale von Reims das Hochamt und nehmen anschließend eine dröhnende deutsch-französische Demonstration militärischer Macht ab – »auf den blutgetränkten Schlachtfeldern der Champagne«, wie die Berichterstatter schreiben.

Gastgeber, Presse, die unmittelbare Umgebung Adenauers – sie alle vermerken mit stets neuem Staunen die körperliche und geistige Fitneß, die der Kanzler bei diesem Staatsbesuch unter Beweis stellt. Selbst Botschafter Blankenhorn, der den politischen Konsequenzen dieser Frankreich-Reise mit dem denkbar größten Unbehagen entgegensieht, registriert bewundernd die besonders gute gesundheitliche Verfassung des Kanzlers: »Der bald siebenundachtzigjährige Mann ertrug die mit der Fülle der Veranstaltungen notwendig verbundenen Anstrengungen mit der größten Leichtigkeit. Er war geradezu unermüdlich, das an sich schon stark besetzte Programm noch mit Besprechungen und Zusammenkünften aller Art zu ergänzen.«[105]

Sollte noch irgendein Zweifel daran bestanden haben, daß de Gaulle entschlossen ist, jetzt in großem, durchaus pathetischem Stil gemeinsame deutsch-französische Geschichte zu machen, so räumt seine Ansprache beim festlichen Diner im Elysée-Palast die letzten Zweifel aus. Er hat sie Wochen zuvor schon sorgfältig vorbereitet, ihre Wirkung unter anderem auch an Botschafter Seydoux erprobt[106] und entrollt nun vor dem Kanzler Deutschlands das gewaltige Panorama langer Jahrhunderte deutsch-französischer Zwietracht, aber auch die Vision einer gemeinsamen

Zukunft: »Soll die französisch-deutsche Rivalität, die Jahrhunderte erfüllte und erschütterte, der politische und strategische Wettstreit, der, von der Elite auf beiden Seiten geführt, soviel Waffengänge und nationale Zornesausbrüche bewirkte, die nur zu einer Folge von Siegen und Niederlagen und unzähligen Gräbern führte, schließlich keinen Sinn gehabt haben?... In Wirklichkeit war es so, daß, indem Deutschland und Frankreich sich gegenseitig ihre Herrschaft aufzuzwingen versuchten, um sie dann auf die Nachbarn auszuweiten, jeder für sich den alten Traum der Einheit zu verwirklichen trachtete, der seit zwanzig Jahrhunderten in den Seelen unseres Kontinents umgeht...«[107] Auch die großen Namen der Vergangenheit werden beschworen: »Doch was blieb übrig in den ehrgeizigen Zielen Karls V., Ludwigs XIV., Napoleons, Bismarcks, Wilhelms II., Clemenceaus und sogar – ja sogar – in der wütenden Leidenschaft, die ein verbrecherisches Regime während des letzten Weltkrieges benutzte, um das deutsche Volk mitzureißen, von der grandiosen Vergangenheit der Cäsaren, der Christenheit, Karls des Großen? Der Ursprung dieser Flamme, die immer noch über den Ruinen der Reiche lodert, ist eine mächtige und konstante Realität. Die Einheit Europas ist auf alle Fälle für Deutschland und für Frankreich ein grundlegendes Ziel.«[108]

Diese unheilige Heilgeschichte läuft also auf die Union beider Völker zu, und genauso steht am Ende der großen Könige, Kaiser und Schurken deutscher und französischer Geschichte die verehrenswürdige Gestalt Adenauers: »Wenn es wahr ist, daß der Wert einer Politik nur durch die Umstände bestimmt wird, dann ist es auch wahr, daß sie nur Menschenwerk ist. Herr Bundeskanzler, wie groß war und wird Ihr Anteil daran sein! Dieser Weitblick hinsichtlich der zu erreichenden Ziele, diese Festigkeit inmitten des Strudels, diese Geschicklichkeit in der Führung eines großen Volkes, die seit 14 Jahren in eindringlicher Weise Ihre Aktion als Staatsmann kennzeichnen, sind den Franzosen bekannt und werden von ihnen bewundert. Sie sehen in Ihnen den geistigen Inspirator, den Lenker und den Repräsentanten des neuen Deutschland, jenes, das sie von Herzen und mit ihrer Vernunft wünschen und von dem sie wissen, daß es für ihren eigenen Wohlstand, ihre Sicherheit und für den Frieden notwendig ist. Doch vor allem sehen die Franzosen in Ihnen einen großen Deutschen, einen großen Europäer, einen großen Mann, der Frankreichs Freund ist, der glaubt und bekundet, daß er damit seinem eigenen Lande dient, und der aus diesem doppelten Grunde zutiefst ihre Achtung und Neigung erweckt.«[109] Nie zuvor und danach ist Adenauer so grandios

Zweibund-Pläne

gefeiert worden, nie zuvor und danach hat de Gaulle sein rundum positives Adenauerbild so umsichtig akzentuiert.

Doch für de Gaulle markiert der 3. Juli 1962 noch aus anderen Gründen eine wichtige Zäsur. Am gleichen Tag, als er diese große Ansprache auf die deutsch-französische Versöhnung und auf Adenauer hält, anerkennt Frankreich die Unabhängigkeit Algeriens. Der Präsident hat nun endlich die Hände frei. Aus Sicht Adenauers bedeutet dieses Zusammenfallen eine wahre Sternstunde. Erstmals seit 1945 wird Frankreich jetzt nicht mehr von den Überseekriegen und einem Kolonialimperium belastet, das seine Kräfte verzehrt. Erstmals kann es sich ohne die Hypothek einer schwierigen Dekolonisierung der Neugestaltung Europas zuwenden. Und genau in diesem Augenblick faßt der französische Staatspräsident den Entschluß, die Neugestaltung des Kontinents im engsten Zusammenwirken mit Deutschland zu vollziehen! Mit Deutschland – denn im Kommuniqué des Staatsbesuches wird nochmals ausdrücklich das Ziel der Wiedervereinigung betont.[110] Man kennt die Meinung de Gaulles – Wiedervereinigung, das wäre nichts anderes als die Wiederangliederung der besetzten Provinzen Sachsen, Thüringen, Mark Brandenburg, Mecklenburg an den deutschen Kernstaat, allerdings ohne die Gebiete östlich der Oder-Neiße-Linie.

So laufen denn die intensiven Gespräche, die de Gaulle und Adenauer während des Staatsbesuchs führen, unausweichlich auf die Errichtung eines deutsch-französischen Zweibundes hinaus. Beide wissen zwar, daß zuerst noch einmal ein Versuch unternommen werden muß, den Zweibund in den Rahmen einer Politischen Union der Sechs einzubetten. Innenpolitisch, so erkennt man auch in Paris, wäre das in der Bundesrepublik gar nicht anders darstellbar. Fast das ganze Bonner Establishment fordert dies gebieterisch – angefangen beim Bundespräsidenten über Gerhard Schröder, Ludwig Erhard, Franz Josef Strauß, Heinrich von Brentano, Heinrich Krone und Erich Mende bis hin zur Opposition mit Fritz Erler und Willy Brandt. Im Juli 1962 sehen alle Gegner eines allzu einseitigen Zusammengehens mit Frankreich in der freilich rasch verschwimmenden Fata morgana einer größeren Politischen Union die einzige Alternative zum Zweibund, dem sie aus verschiedensten Gründen widerstreben.

Eben darauf aber steuert der innen- und außenpolitisch bereits ziemlich isolierte Kanzler nunmehr mit allen ihm noch verbliebenen Möglichkeiten zu. Die »Stunde der Wahrheit«, von der de Gaulle zu Beginn der Tischrede vom 3. Juli bedeutungsvoll gesprochen hat, ist bereits bei der Schlußbesprechung der Delegationen am 8. Juli gekommen. De Gaulle und Adenauer geben dort ihren Ministern bekannt, man wolle einen letzten Versuch machen, den Plan einer Politischen Union doch noch zu verwirklichen. Adenauer, der Gerhard Schröder nicht mehr über den Weg traut, möchte diesen letzten Versuch auf einer Konferenz der Regierungschefs unternehmen und nicht, wie Italien vorschlägt, auf einer Konferenz der Außenminister in Rom.[111] Allem Anschein nach will er alle Fäden des komplizierten Gewebes jetzt selbst in der Hand behalten.

In der Beitrittsfrage bringen die beiden Regierungschefs kaum verhüllt ihre negative Bewertung der britischen Wünsche zum Ausdruck. Gründliche Prüfung sei dringend geboten, zumal der Beitritt Großbritanniens zugleich eine Erweiterung um Norwegen, Dänemark, Island und Irland bedeuten würde. Adenauer rückt jetzt auch deutsche Wirtschaftsinteressen in den Vordergrund. Die viel billigere britische Kohle könnte dem deutschen Kohlebergbau gefährlich werden. Und wie soll man das Sterling-Problem verdauen?

Den anwesenden Ministern wird im Verlauf der Darlegungen klar, daß beide Regierungschefs die italienische Initiative im Grunde ablehnen, daß sie Großbritannien in keinem Fall bei der Politischen Union dabeihaben möchten und daß sie selbst einem EWG-Beitritt Englands mit größter Reserve gegenüberstehen. Beim Gespräch unter vier Augen war man in diesen Punkten noch von sehr viel größerer Offenheit.[112] Adenauer hat dort sarkastisch bemerkt, »man dürfe einen englischen Beitritt nicht mit dreimaligem Hurra beschließen«.[113] Besonders beunruhigt zeigte er sich von dem engen Einvernehmen zwischen Kennedy und Macmillan. Im übrigen fand er eine pointierte Bemerkung doch recht bezeichnend, die Macmillan bei der letzten Unterredung mit dem General Anfang Juni 1962 auf Schloß Champs gemacht hat: de Gaulle wolle das Reich Karls des Großen, er selbst wolle das Imperium Romanum.[114] Nach Auffassung von Macmillan ist die Konstellation des Jahres 1962 freilich völlig paradox: de Gaulle wünscht genau jenes zwischenstaatlich organisierte Europa, an dem sich auch Großbritannien gern beteiligen würde. Aber er wünscht die Briten nicht darin: »L'Europe à l'anglais sans les anglais«.[115]

Das alles war in den Chefgesprächen erörtert worden. Jetzt aber läßt de Gaulle die Katze aus dem Sack. Nachdem er sich strikt dagegen ausgesprochen hat, die Errichtung der Politischen Union von dem Beitritt Großbritanniens abhängig zu machen, legt er Adenauer überraschend die sehr direkte Frage vor, ob man dann, wenn die Verhandlungen über eine Politische Union der Sechs scheitern sollten, »nicht den Vertrag zu zweit schließen könne«?[116]

Adenauer weicht der direkten Frage zuerst leicht aus, indem er bemerkt, man könne den Vertrag über eine Politische Union anfänglich auch zu dritt – unter Einbeziehung Luxemburgs – schließen und für die anderen die Beitrittsmöglichkeit offen halten. Man muß aber handeln, damit die anderen folgen!

Doch de Gaulle läßt nicht locker und erklärt jetzt, daß er beim Scheitern der von Ministerpräsident Fanfani geplanten Konferenz »das Werk zu zweit beginnen wolle«.[117] Feierlich spricht er nun nochmals Adenauer an: »Sind Sie bereit, wenn es sein muß auch zu zweit zusammenzuarbeiten?«[118] Jetzt erst gibt Adenauer ein uneingeschränktes »Ja« zur Antwort.[119] Er sei fest entschlossen, diesen Weg zu gehen. De Gaulle erklärt, daß er den Wert und die Bedeutung dieser Zusage des Bundeskanzlers in vollem Umfang registriere.[120] So weit sind die Dinge bereits vor Adenauers Rückkehr nach Bonn gediehen.

Wie erwartet, versandet der letzte Anlauf zu einer Politischen Union. Paul-Henri Spaak gegenüber, der bei Adenauer Ende Juli nochmals alle seine Überredungskünste einsetzt, entgegnet der Kanzler kategorisch, daß er eine zu große Politische Union ablehnt: »man habe ja nicht«, so das Dolmetscherprotokoll, »all die Jahre so sehr für Europa gearbeitet, daß es nachher ein großer Brei würde«.[121] Und damit kein Zweifel daran aufkommen kann, wer in Bonn weiterhin das Sagen hat, gibt er ausdrücklich Weisung, Bundeswirtschaftsminister Erhard nicht zu dem Essen mit dem belgischen Außenminister einzuladen.[122]

Denn Adenauer sieht jetzt alle einflußreichen Kabinettsmitglieder mehr oder weniger auf Gegenkurs zu seiner Frankreichpolitik. Der einzige, in den er noch einiges Zutrauen hat, ist Heinrich Krone. Somit zeigt er sich nun fest entschlossen, Krone zu seinem Nachfolger zu machen.[123] Dieser weiß jedoch genau, daß das politisch nicht durchsetzbar ist. Immer wieder sucht er Adenauer diese grundlegende Tatsache vor Augen zu führen, so etwa nach dem Dortmunder CDU-Parteitag, als er resigniert meint, er habe von dort die Gewißheit mitgenommen, »daß unsere Zeit vorbei sei« – die Adenauers ebenso wie die seine.[124] Aber der Kanzler will das nicht hören. Anläßlich des Staatsbesuchs de Gaulles im September geht er so weit, diesem zu versichern, für seine Nachfolge denke er an Krone. Der sei zuverlässig und stehe ganz auf dem Boden seiner Politik.[125] Das hat möglicherweise zur Folge, daß de Gaulle ein paar Monate später, als sich die Frage eines Zweibundes in voller Schärfe stellt, die innenpolitischen Machtverhältnisse in Deutschland falsch einschätzt. Krone selbst steht aber auch schon längst selbst im Lager der Kritiker einer einseitigen Festlegung auf Frankreich.[126] Adenauer bekommt das von ihm auch bei jeder Gelegenheit zu hören, will aber das Offensichtliche nicht wahrhaben und verläßt sich wohl auch zu sehr auf die von ihm seinerseits sorgfältig gepflegte Feindschaft zwischen Krone und Schröder.

Im Kabinett geht in Sachen England- und Frankreichpolitik nichts mehr vorwärts noch rückwärts. Nach der Rückkehr aus Paris möchte Adenauer die Frage des britischen Beitritts endlich in den großen Zusammenhängen prüfen lassen. Doch muß er von der Errichtung eines diesbezüglichen Kabinettsausschusses Abstand nehmen, weil sich zeigt, daß eine gleicherweise von ihm selbst, Schröder und Erhard gemeinsam getragene Politik nicht möglich wäre.[127]

So sieht die Fronde gegen Adenauer dem Gegenbesuch de Gaulles Anfang September mit höchst gemischten Gefühlen entgegen. Gerhard Schröder wird in einem persönlichen und vertraulichen Brief Blankenhorns gewarnt, der Deutschland-Besuch de Gaulles diene in erster Linie »der psychologischen Vorbereitung der Durchführung seiner Idee eines deutsch-französischen Bündnisses«[128]. De Gaulle sei der Auffassung, so kann Schröder weiter erfahren, »daß aus dieser engen deutsch-französischen Allianz eine Kraft entstehe, die mit der Zeit unabhängig von Großbritannien und den Vereinigten Staaten einen Ausgleich mit Sowjetrußland herbeiführen werde«[129]. Schröder selbst ist über die Situation denkbar unglücklich. »Er versuche«, versichert er Blankenhorn Ende August, »loyaler Weise den Kanzler zu unterrichten und mit ihm Fühlung zu halten. Leider sei das Echo hierauf negativ.«[130]

Adenauer möchte jetzt am liebsten Schröder, Erhard und Strauß gleichzeitig loswerden, vor allem aber Schröder.[131] Er würde Schröder gern ersetzen, vertraut er Blankenhorn an, ohne zu wissen, daß dieser inzwischen selbst schon im Lager des Außenministers steht. Doch leider stehe ihm kein neuer Kandidat zur Verfügung.[132] Die Tage seiner Allmacht sind eben längst vorbei. In Wirklichkeit hängt es jetzt nur noch von den Umständen ab, bis sich die rivalisierenden Diadochen mit der FDP zusammenfinden und den Kanzler stürzen. In letzter Klarheit erkennt Adenauer aber den Ernst der Lage noch nicht.

Sehr viel genauer begreift der neue französische Botschafter in Bonn, Roland de Margerie, was die Stunde geschlagen hat. Kurz vor dem Eintreffen de Gaulles in Deutschland führt er diesem die breit gefächerte Allianz vor Augen, die sich in der Bundesrepublik gegen eine *solution à deux* zusammengefunden hat. So werden französischerseits alle Überlegungen einer spektakulären Erklärung oder gar eines Allianzvertrages fallengelassen. Statt dessen sollen konkrete Fortschritte erstrebt werden, und der Präsident bittet intern um entsprechende Vorschläge.[133]

De Gaulles Staatsbesuch in der Bundesrepublik wird zu einem Triumphzug, wie er in diesem Ausmaß von niemandem erwartet worden ist. Der General hat sich aufs gründlichste vorbereitet. Da ein de Gaulle in der Öffentlichkeit keine Brille trägt, muß der immerhin auch schon 71 Jahre alte Mann die Reden in deutscher Sprache memorieren. Die Anstrengung der Auftritte meistert er nur unter Aufbietung der letzten Kräfte. Bei der großen Ansprache in Ludwigsburg etwa droht er fast zusammenzusinken.[134] Doch schon mit dem ersten pathetischen Ausruf auf dem Bonner Marktplatz: »das große deutsche Volk, ja, das große deutsche Volk« hat er die Deutschen überwältigt. So hat seit Wilhelm II. und Adolf Hitler niemand mehr zu ihnen gesprochen. Von Hamburg bis Stuttgart geht eine Woge pro-gaullistischer Sympathie durch das Land. Selbst Adenauer findet die Pathetik de Gaulles leicht übertrieben und fragt Gerhard Schröder spöttisch, ob er ihn nicht auch etwas »führerhaft« gefunden hätte.[135]

Schon in der ersten großen Ansprache bei der Tischrede auf Schloß Brühl plädiert de Gaulle für eine »Union«, die Deutschland und Frankreich erstreben. Sie könne nach Osten hin als »Damm der Macht und des Wohlstandes dienen«, auf längere Sicht aber – »nach Beendigung des herrschsüchtigen Strebens einer überholten Ideologie« – auch »Entspannung«, Gleichgewicht, Frieden und Entwicklung Europas »vom Atlantischen Ozean bis zum Ural« sicherstellen.

Am folgenden Morgen, nach dem Großen Zapfenstreich auf Schloß Brühl, kommt man im Palais Schaumburg unter vier Augen sofort zur Sache. De Gaulle ist aufgebracht. Bundespräsident Lübke – unter anderem auf Anregung von Blankenhorn[136] – hat es nämlich für richtig gehalten, seinem Staatsgast gleich zu Beginn eine säuerliche Lektion über die Notwendigkeit zu erteilen[137], Großbritannien in die EWG aufzunehmen. Das deutsche Volk wünsche dies in seiner großen Mehrheit.[138] Überhaupt dürfe man die deutsch-französische Freundschaft nicht zu stark herausstellen, um Italien und die Benelux-Länder nicht beiseite zu schieben oder einzuschüchtern. De Gaulle gibt darauf zur Antwort, daß er dann wohl seine Deutschlandpolitik überprüfen müsse.[139] Adenauer gegenüber läßt der Präsident keinerlei Zweifel an seiner Ablehnung des britischen Beitritts. Erst recht widerstrebt er einer noch stärkeren Erweiterung. Die Frage sei aber offenbar in Bonn noch nicht endgültig entschieden.

Die Hinwendung zu Frankreich

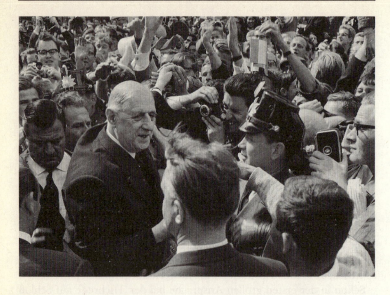

*Triumphaler Staatsbesuch de Gaulles in Deutschland:
Bad in der Menge.
Mit Seydoux, Couve de Murville, François-Poncet und
Pompidou (von links) im Hôtel Matignon, 1962.*

Daraufhin bemerkt der Kanzler pointiert, nach dem Grundgesetz würden die Richtlinien der Politik nicht von dem Bundespräsidenten, sondern vom Bundeskanzler bestimmt. Und er fügt ironisch hinzu: »Selbstverständlich erörtere man manche Dinge aus Höflichkeit mit dem Herrn Bundespräsidenten, aber dieser habe gar nicht die Zeit, sich näher mit den Dingen zu befassen.«[140] Adenauer zählt dann alles auf, was gegen einen britischen Beitritt zur EWG spricht und meint schließlich auch seinerseits, die Frage eines britischen Beitritts zur EWG sei keineswegs entschieden.[141] Ganz offensichtlich denkt er aber eher an eine negative Entscheidung, denn er bemerkt, man müsse mit England hart verhandeln.[142] Genauso stehe es mit der Politischen Union.[143]

Auch er plädiere im Sinne der Ansprache de Gaulles in Brühl »für eine präzise und feste Abmachung zwischen Frankreich und Deutschland, die diese beiden Völker dauerhaft verbinde und eine konsequente und abgestimmte Politik, vor allem hinsichtlich des Ostens, ermögliche«[144]. Solange aber die Frage der Politischen Union und des britischen Beitritts noch anstehe, schlägt er vorsichtig nicht mehr als ein *gentlemen's agreement* vor.

De Gaulle ist das aber zu wenig. Auch er wünsche zwar keinen festen Vertrag »unter Glockengeläut und mit Feuerwerk«, aber doch eine praktische Konzertierung der Außen- und der Verteidigungspolitik. Auf ein solches Stichwort hat Adenauer nur gewartet. Er würde, meint er nun, großen Wert darauf legen, »etwas schwarz auf weiß zu haben. Vielleicht ein Briefwechsel oder eine Niederschrift?« Und so einigt man sich auf eine Abmachung in Form eines vertraulichen Briefwechsels oder einer ebenso vertraulichen Niederschrift.[145]

Es wird also recht deutlich, daß beide am liebsten sofort einen Zweibund schließen würden. Sie können und wollen aber noch nicht so weit gehen – mit Rücksicht auf die innenpolitischen Gegner eines solchen Vorhabens in der Bundesrepublik, doch auch aufgrund der noch laufenden Verhandlungen unter den Sechs und mit Großbritannien.

Gegen Ende des Staatsbesuchs weiht Adenauer de Gaulle auch noch in seine streng vertrauliche Initiative gegenüber Chruschtschow mit dem Ziel eines zehnjährigen »Waffenstillstandes« in der deutschen Frage ein. De Gaulle will es gar nicht recht glauben, daß die Deutschen die menschlichen Erleichterungen für die 17 Millionen Deutsche in der Sowjetzone als Problem Nummer eins verstehen können und die nationale Frage an die zweite Stelle rücken. Weiter könne man nun wirklich nicht gehen, kommentiert er diese erstaunliche Eröffnung.[146]

Als de Gaulle Deutschland verläßt, ist er der Meinung, daß sein Konzept engster Union die Akklamation durch das deutsche Volk gefunden hat. Seiner Schwester Marie-Agnes schreibt er am Tag nach der Rückkehr: »Der Massenandrang und die Begeisterung der Bevölkerung bei der Deutschlandreise sind tatsächlich unglaublich gewesen. Man wird diese Explosion noch lange bekritteln.« Und er erinnert daran, inwiefern Deutschland zur eigenen Familiengeschichte gehört: »In Stuttgart (Baden-Württemberg) war Gelegenheit, an den Namen unseres Ururgroßvaters Louis-Philippe Kolb zu erinnern, der 1716 im badischen Krozingen geboren ist!«[147]

Adenauer bewertet das Ergebnis des Staatsbesuches genauso. Die deutsch-französische Politik ist »vom Volk bestätigt«, führt er am 11. September im Kabinett aus.[148] Freilich können nicht einmal die letzten Getreuen des innersten Kreises seine Begeisterung teilen. »Irrealismus«, meint Globke, als er am 6. September die Stimmung dieser Tage charakterisieren möchte. Und Krone stimmt ihm zu.[149]

Schon am 18. September teilt de Gaulle in einem sechsseitigen Memorandum mit, wie er sich die vorgesehene Vereinbarung vorstellt. Er bringt ein Protokoll in Vorschlag, das eine organische Zusammenarbeit auf den drei Gebieten Außenpolitik, Verteidigung sowie Kultur und Jugend vorsieht. Wichtig ist sein Wunsch, daß im Bereich der Außenpolitik keine wesentliche Entscheidung ohne vorhergehende Konsultation erfolgen soll. Ganz offensichtlich haben in diese Vorschläge Überlegungen Eingang gefunden, wie sie auch den Fouchet-Plänen zugrunde lagen. Nach Einigung auf einen gemeinsamen Text könnte man, so sieht es die französische Seite, diese Vereinbarungen durch einen einfachen Briefwechsel in Kraft setzen.

Als das Memorandum eingeht, nimmt Adenauer eben seinen herbstlichen Erholungsurlaub in Cadenabbia. Von hier aus richtet er unter dem Datum des 28. September an de Gaulle eine Art Empfangsbestätigung und Zwischenbescheid mit recht weitgehenden Formulierungen: »In der Tat ist dieses Zusammengehen eine das Geschick unserer beiden Länder und damit auch das Geschick Europas aufs tiefste berührende Frage. Ich halte sie für die Frage Nr. 1 meiner Politik.«[150]

Am gleichen Tag diktiert er noch zwei gleichlautende Schreiben an Bundesminister Krone und an Staatssekretär Globke, in denen er eine Liste der nach seiner Meinung sechs entscheidenden Fragen aufführt, denen er sich als Bundeskanzler unter Einsatz des in dreizehn Jahren angesammelten Vertrauenkapitals weiterhin widmen möchte. Es sind dies:

»1. Die Gestaltung unseres Verhältnisses zu Frankreich.

2. Die Reorganisation der NATO.
3. Die Gestaltung unseres Verhältnisses zu den US.
4. Die Ostfrage.
5. Die Erhaltung und vorsichtige Pflege des auf militärischem Gebiet Erreichten.
6. Die Erhaltung und Pflege des auf wirtschaftlichem Gebiet Erreichten.«[151]

Den unter eins bis vier aufgeführten »Lebensfragen« wolle er sich in starkem Maß persönlich annehmen; die letzteren, so meint er, müsse er zumindest im Auge behalten.

Auch hier findet sich also das Verhältnis zu Frankreich an erster Stelle genannt. Adenauer subsumiert unter diesen Punkt zum einen die Durchführung der in dem französischen Memorandum niedergelegten Fragen, zum anderen »die Fragen der EWG und der Politischen Union einschließlich unseres Verhältnisses zu England und Italien«[152]. Frankreichpolitik, Englandpolitik, Fortentwicklung der EWG und das Projekt Politische Union stellen nach seiner Meinung längst einen Gesamtkomplex dar. Nach der Vorgeschichte der vergangenen sechs Monate ist kein Zweifel daran mehr möglich, wie er hier die Prioritäten setzen wird.

So stehen die Dinge, als Kuba-Krise und *Spiegel*-Affäre über Adenauer hereinbrechen.

»Ein Abgrund von Landesverrat«

Vom Auf und Ab des Jahres 1962 hofft sich Adenauer bei seinem Herbsturlaub in Cadenabbia zu regenerieren. Aus den geplanten vier Wochen werden indessen nur knapp drei, unterbrochen durch einen raschen Flug nach Köln zu den Trauerfeierlichkeiten für Robert Pferdmenges. Adenauers Sohn Paul, der sich auf einer Israel-Reise befindet, erhält einen jener typischen Briefe mit Stöhnen über furchtbar viel Arbeit, ohne die Adenauer aber nicht leben könnte: »Von meinen Ferien kann ich Dir nur sagen, daß es keine sind. In der Tat erinnere ich mich nicht, jemals so mit schweren Fragen und Arbeit belastet gewesen zu sein, wie jetzt hier. Die Woche, die heute begonnen hat, meine letzte in Cadenabbia, ist besonders schwer: Morgen, Montag, kommt der britische Minister Heath, am Dienstag der Amerikaner Bundy, dann fliege ich am Dienstagabend nach Rhöndorf, mein guter Freund Pferdmenges ist am Freitagabend gestorben. Er hatte zuletzt eine Lungenentzündung. Das Ende war, wie mir sein Sohn sagte, schmerzlos. Sein Tod hat mich sehr ergriffen. Ich habe viel durch seinen Tod verloren. Am Mittwochvormittag ist in Köln eine Trauerfeier, auf der ich sprechen muß. Nachmittags ist die Beisetzung in Mönchen-Gladbach, an der ich natürlich teilnehme. Dann will ich aber nochmals hierher zurückkommen. Am Freitag kommen einige Bundesminister zu mir, damit wir die letzte Hand anlegen an das, was vor dem Zusammentritt des Bundestags zu geschehen hat. Du siehst also, daß wirklich von Erholung wenig die Rede sein kann, trotzdem wir fast ständig schönes Herbstwetter haben.«[1]

Am 8. Oktober beginnt wieder die Arbeit in Bonn und damit eine Serie hektischer Krisenwochen, deren letzte Ausläufer bis Weihnachten zu spüren sind.

Von der Kuba-Krise wird Adenauer genauso überrascht wie die gesamte deutsche Öffentlichkeit. Am 2. Oktober kommt McGeorge Bundy, der Sicherheitsberater Kennedys, nach Cadenabbia zu Besuch und begleitet den Kanzler dann auf dem Flug von Malpensa nach Bonn, der wegen des Todes von Pferdmenges eingeplant werden muß. Bei den langen Gesprächen von Kuba kein Wort, statt dessen behält Adenauer eine Bemerkung Bundys in Erinnerung, die ihn sehr ärgert. Wie verschiedentlich in diesen Monaten hatte er ihm gegenüber etwas ungeschützt angedeutet, falls man Großbritannien in die kontinentaleuropäischen Zusammenschlüsse einbeziehe, könnte es zwischen Frankreich und England zu einer politischen Rivalität um die Führung in Europa kommen. Bundys knallharte Antwort: Die drei großen Länder Westeuropas würden gut daran tun, unter dem amerikanischen Atomschirm zusammenzuwachsen. Wenn es schon in den nächsten 15 Jahren ein Land geben wird, das Europa führen muß, dann sind das die Vereinigten Staaten![2]

Vom 22. Oktober an überstürzen sich die Dinge. Am Abend dieses Tages stellt sich der amerikanische Botschafter zusammen mit einem CIA-Beamten im Palais Schaumburg ein und überbringt dem Kanzler ein Schreiben Kennedys mit der Rede, die dieser am gleichen Abend über die amerikanischen Sender halten und in der er die Blockade Kubas ankündigen wird. Sowohl die Rede selbst ist alarmierend als auch der Inhalt des Briefes. Er enthält nämlich den Satz: »Mich beschäftigt stark die mögliche Verbindung dieses geheimen und gefährlichen Vorgehens mit der Lage in Deutschland und Berlin.«[3]

Als die amerikanischen Besucher die in der Folge weltweit verbreiteten Luftaufnahmen vom Raketenaufbau auf Kuba hervorholen, werden

Außenminister Schröder, Globke und Osterheld vor die Tür geschickt. Tags darauf richtet Adenauer in aller Form eine Botschaft an Kennedy, in der er dessen Vorgehen vorbehaltlos billigt.[4]

Zugleich macht Adenauer Bundesaußenminister Schröder wegen mangelnder Unterrichtung heftige Vorwürfe. Entweder habe er gewisse Andeutungen Dean Rusks bei seiner kurz zurückliegenden Amerika-Reise nicht ernst genug genommen, oder er habe ihn absichtlich nicht informiert.

Kuba-Krise und *Spiegel*-Affäre treffen auf ein Kabinett, dessen Spitzenpolitiker einander allesamt mißtrauisch belauern. Adenauer findet die Nicht-Information durch Schröder »hinterhältig«[5], obwohl doch schon damals manches dafür spricht, daß dieser von seiten der USA gar nichts Konkretes erfahren haben kann. Und der Kanzler hat sich zwar vorerst mit Strauß arrangiert, doch der neuerliche Waffenstillstand kann nicht zehn Jahre des Mißtrauens vergessen machen.

Auch untereinander sind die Minister tief uneins: Schröder lebt mit Strauß und Krone in Dauerfehde, Krone mißtraut sowohl Strauß wie Schröder und hält direkt, doch auch über Globke, das nie ruhende Mißtrauen Adenauers gegen die beiden Konkurrenten wach. Zwischen Strauß und Höcherl bestehen gleichfalls Spannungen. Bis zu einem gewissen Grad sind zwar Differenzen zwischen Vollblutpolitikern, die in einem Kabinett zusammenwirken müssen, natürlich. Doch im Oktober und November 1962 ist das Klima noch viel stärker als allgemein üblich vergiftet.

Immerhin zeigt sich Adenauer entschlossen, Kennedy ganz vorbehaltlos zu unterstützen. Dean Acheson, der am Spätnachmittag des 23. Oktober auf seiner Rundreise durch die westeuropäischen Hauptstädte bei Adenauer vorspricht, trifft einen geradezu kriegerisch gestimmten Bundeskanzler. Verschiedentlich kommt Adenauer in dem Gespräch auf die Idee zurück, die USA solle doch innere Unruhen gegen Fidel Castro auszulösen versuchen. Für völkerrechtliche Bedenken gegen die angekündigten Quarantänemaßnahmen, die beispielsweise im belgischen Senat geäußert werden, hat der Kanzler nur Verachtung übrig. Als ihm Acheson drei denkbare Optionen vorträgt – sofortiger Einsatz militärischer Mittel oder eine Blockade oder eine Kombination beider – spricht sich Adenauer für möglichst sofortige Beseitigung der Raketen auf Kuba aus. Der Gedanke erfüllt ihn mit Entsetzen, daß das gesamte nuklearstrategische Kräfteverhältnis durch die heimliche Überraschungsaktion der Sowjets unversehens zugunsten Moskaus verändert werden könnte. Die

Amerikaner, bekommt Acheson zu hören, hätten zu lange geschlafen. Es ist ihm unverständlich, daß man den Sowjets auch jetzt noch Zeit zur Fortsetzung des Raketenaufbaus läßt. Acheson begründet indessen die vorläufige Zurückhaltung mit der Überlegung, bei einem sofortigen Waffeneinsatz wären emotionale Gegenreaktionen Chruschtschows zu befürchten gewesen – etwa ein Kernwaffenschlag oder eine Aktion gegen Berlin.

Adenauer denkt in diesen Tagen auch an ein Vorgehen gegen Fidel Castro persönlich. In einem solchen Fall, meint er, wäre das moralisch gerechtfertigt. Halb scherzend, aber eben auch ein ganz klein wenig ernst, bemerkt er zu einem seiner Besucher, in Amerika gebe es doch so viele Gangster; vielleicht hätte man die einmal nach Kuba schicken sollen.[6] Er ahnt nicht, daß genau dies von der CIA geplant wird; noch weniger aber weiß er, daß sich Präsident Kennedy und der Gangsterboß, an den man dabei denkt, in dieselbe Geliebte teilen.[7] Nicht nur die Kennedy-Administration, sondern auch Adenauer fürchtet jetzt eine Berlin-Blokkade, vielleicht sogar einen Kernwaffenkrieg. Am 24. Oktober läßt der Bundesverteidigungsrat unter Vorsitz Adenauers die entsprechenden Krisenmaßnahmen anlaufen.[8] Daß Adenauer in dieser schwersten amerikanisch-sowjetischen Konfrontation Washington völlig bedingungslos unterstützt, macht auf Kennedy Eindruck und wird von ihm nachdrücklich gewürdigt.

Auf dem Höhepunkt der Krise, am Sonntag dem 28. Oktober kurz vor Mittag, geht bei Adenauer die alarmierendste Botschaft ein, die er überhaupt je von einem amerikanischen Präsidenten erhalten hat: »Die Lage wird zweifellos gespannter, und wenn innerhalb 48 Stunden eine zufriedenstellende Antwort von der anderen Seite nicht eingeht, wird die Lage wahrscheinlich in eine schrittweise an Intensität zunehmende militärische Phase eintreten.«[9] Erstmals findet sich Dowling übrigens bei dieser Gelegenheit in Adenauers Rhöndorfer Wohnhaus ein – Indiz auch dafür, wie wenig der Kanzler bisher mit diesem Botschafter warm geworden ist. Jetzt empfängt er ihn nach der Messe gewissermaßen unter vier Augen und läßt sich anhand verschiedener Telegramme den Stand der Krise schildern. Nur Osterheld ist als Dolmetscher bei diesem erregten zweistündigen Gespräch zugegen.

Dowling meint, noch könne man über die Art des militärischen Einsatzes beraten – Bombardierung der Raketenstellungen auf Kuba oder Invasion der Insel und Zerstörung der Raketen durch Landstreitkräfte. Da alles auf eine militärische Lösung zutreibe, von der auch die NATO betroffen wäre, sollten die Europäer befragt werden. Wahrscheinlich könnte die Gewaltanwendung noch gestoppt werden.

Adenauer erklärt darauf, er wolle nicht stoppen. Er sei für beide Maßnahmen gleichzeitig: Bombardierung *und* Invasion. Die Raketen müssen weg![10]

Allerdings gibt er den Rat, Washington solle ständig auf die Verantwortung Fidel Castros insistieren. Dann könne Chruschtschow bei einem Nachgeben sein Gesicht wahren. Verantwortlich sei eben auch der Herr der Insel, Fidel Castro. Er deutet zum Fenster hinaus und meint: »Das ist genauso, wie wenn ich mein Grundstück zur Verfügung stelle, um Ihnen, Herr Dowling, zu gestatten, eine Kanone aufzustellen und auf das Haus von Herrn Smirnow auf der anderen Rheinseite zu schießen!« Vielleicht könne man zuvor noch an Castro ein auf 24 Stunden befristetes Ultimatum richten. Dowling bemerkt dazu, er erwarte ein militärisches Eingreifen in den nächsten 24 Stunden und macht Adenauer das Kompliment, er sei klarer gewesen als viele andere Verbündete.

Eine Stunde später geht die Nachricht ein, »daß Chruschtschow praktisch kapituliert habe«[11].

An de Gaulle schreibt Adenauer eine Woche später, die Kuba-Krise sei für die USA ganz »heilsam« gewesen.[12] Das mag auch in Berlin helfen. Noch als er Kennedy ein paar Wochen später in Washington aufsucht, stachelt er diesen zu scharfem Vorgehen gegen Kuba an. Horst Osterheld erinnert sich an eine entsprechende Tischrede des Kanzlers: »Ich mußte ihn gewissermaßen an den Rockschößen festhalten, damit er keine Kriegserklärung abgab.«[13] Dennoch rechnet der Kanzler damit, daß die Verhandlungen über Deutschland und Berlin früher oder später wieder aufgenommen werden. Somit faßt er für die Unterredung mit Kennedy Mitte November weiterhin das Konzept eines Stillhalteabkommens auf Grundlage der Teilung mit zehnjähriger Laufzeit ins Auge – gefolgt von einer Abstimmung über die Wiedervereinigung.[14]

Doch zeigt sich dann in Washington, daß Kennedy wegen der weiterhin gespannten Lage in Kuba die Berlin-Sondierungen vorerst auf Eis legen möchte. Adenauer weiß dies sehr zu schätzen und bittet, unter diesen Umständen die Stillhaltepläne strikt vertraulich zu halten.[15] Man einigt sich sogar darauf, beim späteren Wiederingangkommen der Sondierungen erst einmal die Sowjetunion Vorschläge machen zu lassen und nur dann auf Verhandlungen einzugehen, falls der Verbleib der westlichen Garnisonen in Berlin zugestanden würde.

Hingegen wagt sich Adenauer in puncto *contingency*-Planung weiter vor. Dazu mag auch die Feststellung beitragen, daß die USA durchaus zum harten Krisenmanagement in der Lage sind. So verspricht er: »Im Ernstfall werden die deutschen Truppen an der Spitze stehen.«[16] Allerdings müßten sie dann auch mit taktischen Kernwaffen ausgerüstet sein. Hier ist ein deutliches Zögern Kennedys verspürbar. Der Präsident arbeitet das Konzept einer Pause vor dem Einsatz taktischer Kernwaffen heraus und argumentiert, wenn diese erst ins Spiel kämen, befinde man sich im Endstadium. Das wäre das Ende Europas, der USA und der Sowjetunion.[17]

Hier besteht die deutliche deutsch-amerikanische Meinungsverschiedenheit weiterhin fort. Kennedy gibt dem raschen Aufbau konventioneller Potentiale den Vorrang. Adenauer hingegen möchte die Gewaltandrohung von vornherein mit der Kernwaffendrohung verbinden und dabei die Bundeswehr so massiv wie möglich mit atomaren Trägersystemen ausstatten.

Dies alles, Verhandlungsplanung und Krisenplanung, ist freilich bereits überflüssig. Doch weder Adenauer noch Kennedy ahnen das im November 1962. Bei der Rückkehr nach Bonn am 16. November steht Adenauer weiterhin unter dem Eindruck einer fortdauernden schweren Krise, die jeden Augenblick auf Deutschland zurückschlagen kann. Immerhin sind in der Krise aufgrund seiner Entschiedenheit die deutsch-amerikanischen Beziehungen doch wieder gefestigt worden.

Wie labil sie aber weiterhin sind, zeigt sich deutlich, sobald die Frage des britischen EWG-Beitritts zur Sprache kommt. In einer gewissen Sorge teilt Adenauer de Gaulle in einem langen Brief brühwarm mit, die USA drängten auf eine Aufnahme Großbritanniens, er selbst aber habe nichts Definitives zugesagt.[18] Und er macht auch darin deutlich, wie ernst man in Washington nach wie vor die Lage einschätzt.

Dies ist der weltpolitische Hintergrund, vor dem die innenpolitische Lawine der *Spiegel*-Affäre zu Tal geht, von der Adenauer beinahe mitgerissen wird.

Am 10. Oktober erscheint der *Spiegel*-Artikel »Bedingt abwehrbereit«, der alles ins Rollen bringt. Er ist Teil der *Spiegel*-Kampagne gegen Strauß, informiert aber über heikelste Fragen der NATO-Planung und breitet zahlreiche Details über die NATO-Stabsübung FALLEX 62 aus.

Die bislang schon vieldiskutierten militärstrategischen Gegensätze zwischen Washington und Strauß werden hier breit herausgearbeitet. Strauß suche seit Jahren Mittelstreckenraketen vom Typ Polaris mit einer Reichweite von 2000 bis 3000 Kilometern nach Europa zu bekommen. Er habe durch Einführung verschiedenster Trägersysteme eine atomare

Teilhabe sichergestellt. Der »Starfighter«, die »Pershings«, die »Sergeant« und die »Honest John«-Raketen werden in diesem Zusammenhang genannt.[19] Strauß widerstrebe auch den Bemühungen Verteidigungsminister McNamaras, durch massive Verstärkung der konventionellen Streitkräfte noch vor dem Zusammenbruch der NATO-Front Zeit für Verhandlungen zu gewinnen. Während Bonn im Fall von Kampfhandlungen rasch taktische Kernwaffen einsetzen wolle, strebe Washington danach, durch zentrale Kontrolle der taktischen Atomarsenale auch den deutschen Verbündeten fest an die Kette zu legen.

Doch für den Namen Strauß könnte genausogut der Name Adenauer eingesetzt werden. Tatsächlich werden in vielen zentralen Fragen der allgemeinen Nuklearstrategie jene Positionen, die hier Strauß zugeschrieben werden, auch und zwar mit großem Nachdruck von Adenauer selbst vertreten. Selbst den Planungen eines überraschenden nuklearstrategischen Vergeltungsschlags hat er sich zeitweilig nicht mehr widersetzt, wennschon mit dem Vorbehalt, daß letztlich die Regierungen darüber befinden müßten. Als Strauß allerdings von den Generalen Friedrich Foertsch und Schnez eine Studie ausarbeiten läßt, welche Rolle die Bundeswehr im Fall eines amerikanischen *preemptive strike* zu spielen hätte, wird Adenauers heller Argwohn geweckt. Wie schon seit langem ist der Kanzler auch im Jahr 1962 in den Fragen des Kernwaffeneinsatzes hin und her gerissen.

Einerseits kann er sich der Erkenntnis nicht verschließen, daß im Fall drohenden Angriffs gehandelt werden muß. Nicht zufällig richtet er an Kennedy die Frage, ob der Präsident zur Befehlserteilung für einen Nuklearschlag ständig erreichbar sei.[20] Und als er mit Heinrich Krone Ende April 1962 die »Kriegsbild-Studie« der Generale Foertsch und Schnez bespricht, die ihn in Cadenabbia so stark beschäftigt hat, notiert dieser Intimus Adenauers vielsagend im Tagebuch: »Es kann, wenn es hart auf hart geht, nur Angriff oder Nachgeben geben.«[21]

Andererseits findet natürlich auch Adenauer den Gedanken an einen Atomkrieg entsetzlich. Dabei fürchtet er im Zusammenhang damit durchaus auch die Unbeherrschtheit von Strauß.[22] Und da er diesen im Sommer 1962 gerne als Ministerpräsident nach München ziehen sehen würde, geht er so weit, dem Bundespräsidenten gegenüber festzustellen, er müsse den Verteidigungsminister entlassen, weil der einen Präventivkrieg plane.[23] Strauß mobilisiert aber die CSU-Spitze und verwahrt sich bei Adenauer in einem harten Gespräch ganz entschieden gegen die üble Nachrede.[24]

Der Bericht, den Strauß ein Vierteljahrhundert später von dem großen

Krach gibt, ist wohl ziemlich authentisch.[25] Denn auch Krone berichtet von einem Telefonat mit Globke, in dem dieser recht kleinlaut geworden ist: »In einem langen Gespräch mit dem Kanzler ging es einmal auch um das Kriegsbild. Globke meinte, wenn man das Kriegsbild so interpretiert, wie es Strauß tue, dann könne man ja dazu sagen. Der Kanzler gibt nach; er will keinen Streit mit Strauß; er kann sich auch keinen Streit mit Strauß leisten. Dabei zieht Strauß über den alten Herrn in unglaublicher Weise und unbeherrscht her.«[26] Fraktionsführer Will Rasner, der dabei war, bemerkt seinerseits: »Strauß hat auch gegenüber dem Kanzler gesiegt.«[27]

Allem Anschein nach weiß Adenauer selbst nicht richtig, was er in diesen Monaten am meisten fürchten soll – einen nur mit Gewalt zu beantwortenden Vorstoß Chruschtschows gegen Berlin, ein klägliches amerikanisches Nachgeben, einen unüberlegt vom Zaun gebrochenen Krieg mit taktischen Atomwaffen in Deutschland oder Franz Josef Strauß und seine Kriegsmaschine?! Tatsache ist jedenfalls, daß die nuklearpolitischen Vorstellungen des Verteidigungsministers von denen des Bundeskanzlers sehr viel weniger weit entfernt sind, als dieser nach außen einräumen möchte.

Intern läßt Adenauer freilich keinen Zweifel daran, daß er die Angriffe des *Spiegel* gegen Strauß als Offensive gegen seine eigene Politik versteht. Noch am 3. Dezember, als Strauß praktisch schon aus dem Kabinett herausgeschossen ist, führt er im CDU-Bundesvorstand aus: »Die Politik des *Spiegels*, die schon seit geraumer Zeit zutage getreten ist, ist die folgende: Am Ende soll eine Neutralisierung Deutschlands stehen. Der *Spiegel* richtet sich gegen die nukleare Bewaffnung – gegen die Europas und damit Deutschlands. Kurz und gut: der *Spiegel* richtet sich in laufender Folge von Artikeln gegen unsere Außenpolitik, soweit sie das militärische Gebiet betrifft. Die Angriffe gegen Strauß im *Spiegel* haben mit dem Augenblick eingesetzt, als Herr Strauß die Frage einer nuklearen europäischen Macht energisch in die Hand nahm; übrigens in Übereinstimmung mit dem General Norstad, wenn ich Ihnen das auch sagen darf.«[28]

Dabei stellt Adenauer unübersehbare Querverbindungen zur FDP fest. »Der wirkliche Führer der FDP, Herr Döring«, bemerkt er bei dieser Gelegenheit, ist »ein guter alter Freund des wegen Landesverrats verhafteten Augstein«[29]. Und was hat er neulich dem *Corriere della Sera* erklärt? »In den letzten zwei Jahren ist die Bundesrepublik immer mehr in die Isolierung geraten. Sie muß sich also daraus befreien, indem sie mit Großbritannien die gleichen Bindungen eingeht, die sie mit Frankreich zusammenschließen. Sie muß eine weichere und entspanntere Politik treiben. Sie muß sich klar sein, daß der Präsident der USA Kennedy und nicht mehr Eisenhower ist. Sie darf nicht weiter dem Traum der kontinentalen Abschreckungsmacht nachhängen. Das, meine Herren, ist der entscheidendste Satz des ganzen Interviews. Ich wiederhole ihn: Sie darf nicht mehr weiter dem Traum der kontinentalen Abschreckungsmacht nachhängen. Wir – so sagt Döring weiter – haben die Gefahr der engen deutsch-französischen Zusammenarbeit, wie sie von Adenauer konzipiert wird, erkannt.«[30]

So sieht Adenauer sowohl beim *Spiegel* wie bei Döring »eine sehr überlegte Konzeption«[31], die seiner eigenen diametral entgegengesetzt ist.

Ausgerechnet der große Krach zwischen Adenauer und Strauß über den *preemptive strike* am 19. Juli 1962 hat übrigens die beiden wieder zusammengeführt. Manchmal ist es nämlich ganz nützlich, Adenauer in die Schranken zu verweisen. »Man wolle jetzt eng zusammenarbeiten ... und offensiv gegen die SPD werden«, lautet nun die Parole.[32] Am 18. September schreibt der Kanzler von Cadenabbia aus seinem eben noch schrecklich verdächtigten Verteidigungsminister einen kurzen, für seine Verhältnisse reizenden Brief in dessen Urlaub nach Südfrankreich: »Lieber Herr Strauß, ich freue mich, daß Sie sich entschieden haben, in Bonn zu bleiben. Ich glaube, der Entschluß war richtig, und zwar in jeder Beziehung.« Und wie so oft, wenn er dem Empfänger eines Briefs signalisieren möchte, daß die Sonne Adenauerscher Huld hell über ihm strahlt, flicht er einen artigen Gruß an Frau Strauß ein: »Mit herzlichen Grüßen – auch an Ihre Frau – verbleibe ich Ihr Adenauer.«[33]

Als die beiden wieder frisch gestärkt aus dem Urlaub zurückkehren, herrscht also ein freundlich beachteter Waffenstillstand. Adenauer braucht schon deshalb Ruhe an der CSU-Front, weil gerade in diesen Wochen Dufhues, von Brentano, Erhard, Mende und selbst der getreue Krone hörbar an seinem Stuhl sägen. In diese Konstellation platzt der *Spiegel*-Artikel »Bedingt abwehrbereit« hinein.

Schon zwei Tage nach dessen Erscheinen richtet Strauß deswegen einen Brief an den Kanzler: »Inzwischen haben – für mich nicht überraschend, weil zur Beeinflussung meiner Entscheidung angekündigt – neue Angriffe gegen mich begonnen, die eine raffinierte Vermengung richtiger Details mit falschen Behauptungen darstellen. Die hier angewandte Methode sollte Gegenstand einer ernsten Untersuchung und Ausgangspunkt energischer Maßnahmen werden. Der publizistische Terror ist genau so eine kriminelle Angelegenheit wie der gewaltsame. Besonders bezeichnend war die Feststellung, daß man diese Angriffe nicht unternommen hätte, wenn ich nach München gegangen wäre ...«[34]

Adenauer sieht das nicht viel anders. Er denkt aber wohl in erster Linie an gesetzgeberische Gegenmaßnahmen gegen publizistischen Rufmord, denn schon vier Tage später schreibt er an Strauß: »Aufgrund Ihres Briefes vom 12. Oktober d. Js. habe ich Auftrag gegeben, einen Gesetzentwurf zu fertigen, der Beleidigungen usw. durch die Presse betrifft. Sobald der Entwurf vorliegt, komme ich auf die Angelegenheit zurück.«[35]

In den Abendstunden des 18. Oktober[36] sucht Strauß, auch er seit kurzem wieder aus dem Urlaub nach Bonn zurück, den Bundeskanzler zu einem Gespräch unter vier Augen auf. Noch ist die Kuba-Krise nicht ausgebrochen. Doch am gleichen Tag ist im Verteidigungsministerium das Ersuchen der Bundesanwaltschaft um ein Gutachten in Sachen des *Spiegel*-Artikels eingegangen.[37] Strauß berät jetzt die Lage mit dem Regierungschef. Über den Inhalt der Unterredung unterrichtet ein achtseitiger Brief, den Strauß am 19. November, also bereits auf dem Höhepunkt der *Spiegel*-Krise, an Adenauer richtet:

»Die Tatsache der Einleitung eines Ermittlungsverfahrens und die bevorstehende Erstellung eines Gutachtens schien mir von so weittragender politischer Bedeutung zu sein, daß ich Sie am Donnerstag, den 18. Oktober, abends 18.00 Uhr verständigte und mit Ihnen die Angelegenheit eingehend besprochen habe. Ich weiß nicht, ob ein Minister eines anderen beteiligten Ressorts Sie informiert hat. Im Zweifelsfall hätte es der Justizminister tun müssen, denn dem Justizministerium war die Einleitung eines Ermittlungsverfahrens und das Gutachtenersuchen bekannt.

Ich jedenfalls war und bin der Auffassung, daß der Verteidigungsminister gemäß GGO den Bundeskanzler, wenn es sich um den Verdacht des Verrats militärischer Geheimnisse handelt, informieren muß. Denn diese Angelegenheit geht den Regierungschef noch mehr an als die zuständigen Ressortminister. Sie haben meine Information entgegengenommen und erklärt, daß ich alles, was zur Aufklärung des Verrats militärischer Geheimnisse notwendig ist, veranlassen und dabei ohne Ansehen von Namen und Person vorgehen solle. Außerdem haben Sie mich ersucht, Sie auf dem laufenden zu halten. Wir waren uns beide darüber einig, daß der Kreis der einzuweihenden Personen auf das dienstlich unumgänglich notwendige Maß beschränkt werden müsse, weil sonst ein Verrat zu befürchten sei.«[38]

Strauß erwähnt bei dieser Besprechung auch einen Punkt, der dann, als sich die Aktion gegen den *Spiegel* zur Koalitionskrise auswächst, rasch in den Mittelpunkt des Interesses rücken wird: »Außerdem habe ich bei dieser Besprechung Ihnen die schwerwiegenden Bedenken gegen die Person des Bundesjustizministers, die mir bekannt geworden seien, mitgeteilt und darauf hingewiesen, daß nach meiner Information der *Spiegel* hier Einzelheiten kenne, die sicherlich gegen Minister Stammberger gebraucht werden könnten. Denn ich wisse aus eigener Erfahrung, daß der *Spiegel* aus nichts vieles und aus einer Kleinigkeit alles machen kann. Sie haben dafür volles Verständnis gezeigt, ohne daß ich diesem unter ›streng geheim‹ laufenden Brief Näheres anvertrauen möchte.«[39]

Was ist damit gemeint? Erich Mende berichtet darüber ganz unbefangen in seinen 1986 erschienenen Erinnerungen: Wolfgang Stammberger habe auf Befragen im engsten Führungskreis der FDP zugegeben, »während seiner Wehrdienstzeit als Leutnant in ein Militärstrafverfahren verwickelt gewesen zu sein, das zu seiner Bestrafung geführt hätte«[40]. Allerdings – so Stammberger später – habe er sich durch diesen Tatbestand weder beeinträchtigt noch in Abhängigkeit gefühlt.

Aus Sicht von Adenauer und Strauß stellt sich das anders dar. Stammberger seien, so Adenauer am 26. November zum FDP-Vorsitzenden Erich Mende, »Falschmeldungen, Urkundenfälschungen und Angabe falscher Verpflegungsstärken und Unterschlagung von Wehrmachtseigentum nachgewiesen worden. Unterlagen darüber befänden sich beim *Spiegel*. Stammberger sei somit in seinen Handlungen nicht mehr frei, da er unter dem ständigen Druck stünde, der *Spiegel* könnte dieses Material veröffentlichen.«[41] Tatsächlich, so gibt Adenauer an Mende weiter, worauf ihn wohl Strauß am 18. Oktober aufmerksam machte, »sei seit längerem aufgefallen, daß der *Spiegel* über Vorgänge im Bundesjustizministerium laufend und gut informiert werde«[42]. Stammberger halte auch guten Kontakt mit *Spiegel*-Redakteuren.

Der Knoten der *Spiegel*-Affäre wird also bereits in dieser Besprechung geschürzt. Adenauer sieht sich von Strauß höchstpersönlich ins Bild gesetzt. Wie dieser ist er davon überzeugt, daß es hier um einen schweren Fall des Verrats militärischer Geheimnisse geht. Er ermächtigt Strauß daher zu energischem Vorgehen »ohne Ansehen von Namen und Person«. Er vernimmt auch, daß zu dieser Frage auf Ersuchen der Bundesanwaltschaft im Verteidigungsministerium ein Gutachten in Arbeit ist. Und man darf annehmen, daß bereits bei dieser Gelegenheit Einverständnis darüber herrscht, den als »undicht« einzustufenden Bundesjustizminister Stammberger durch dessen Staatssekretär Walter Strauß ausschalten zu lassen, der sich dabei mit dessen Amtskollegen Volkmar Hopf im Veidigungsministerium kurzschließt.

Nach Auffassung des in Staatsschutzsachen nie besonders zimperlichen Adenauer ist das ein unbedingt notwendiges und, so wie die Dinge mit Justizminister Stammberger stehen, auch unvermeidliches Verfahren.

Am 22. Oktober wird der Kanzler von Franz Josef Strauß erneut angerufen. Adenauer hat sich an diesem Tag beim DGB-Kongreß in Hannover aufgehalten und kommt erst um 17 Uhr wieder zurück. Zuerst muß der irische Ministerpräsident Lemass empfangen werden, dann erst ist Zeit für die dringendsten Amtsgeschäfte. Um 19.15 Uhr stellt sich Botschafter Dowling ein und überbringt die Alarmnachrichten über den Beginn der Kuba-Krise. Auch für Adenauer verknüpft sich jetzt die Ermittlung gegen den *Spiegel* mit der Kriegsgefahr wegen Kuba. Die Vorgeschichte zeigt aber, daß nicht erst die Kuba-Krise bei Adenauer und Strauß die Bereitschaft geweckt hat, gegen den *Spiegel* mit der ganzen Schärfe des Gesetzes vorzugehen.

Es gibt auch keinen Grund, das in Zweifel zu ziehen, was Strauß vier Wochen später dem Kanzler gegenüber als Inhalt dieses Telefonats aktenkundig macht: »Am Montag, den 22. Oktober, habe ich Sie telefonisch auf der Sonderleitung verständigt, daß das Gutachten, das ich im übrigen weder damals noch bis zur Stunde gelesen habe, beim Generalbundesanwalt abgeliefert sei und daß Staatssekretär Hopf Einzelheiten, auch die grundsätzliche Frage der Amtshilfe, in Karlsruhe besprochen habe. Ich habe Ihnen weiter mitgeteilt, daß ich die Angelegenheit für schwerwiegend halte, weil sie an die Grundfesten unseres Staates rühre. Das trifft jetzt«, bemerkt Strauß aus Sicht des 19. November, »nach den Eindrücken und Erlebnissen der letzten Tage noch mehr zu, als ich damals geahnt hätte. Ich habe Sie weiter gefragt, ob Sie als Bundeskanzler und Regierungschef mit Ihrer vollen Autorität die Maßnahmen, die zur Strafverfolgung der Beschuldigten und zur Aufdeckung des Sachverhalts notwendig sind, decken und ob ich mich darauf verlassen und im gegebenen Falle berufen könne. Sie haben diese Frage mit ja beantwortet und hinzugefügt, daß ich jederzeit sogar eine schriftliche Bestätigung von Ihnen darüber haben könnte. Ich habe erwidert, daß mir das klare Wort des Regierungschefs genüge und daß ich deshalb auf eine schriftliche Bestätigung verzichte.«[43]

Strauß fügt zu dieser Tatsachendarstellung noch hinzu: »Im Vertrauen hierauf habe ich in Ergänzung dessen, was Staatssekretär Hopf auf seiner Ebene tun konnte, gehandelt und das nach bestem Wissen und Gewissen im Bewußtsein der Verpflichtung, die wir für die Sicherheit unseres Staates haben.«[44]

Es trifft also wohl zu, daß der Verteidigungsminister, wie er lange Zeit beteuert hat, die amtliche Mitwirkung bei den Ermittlungen des Generalbundesanwalts Staatssekretär Hopf übertragen hat. Er wird aber offensichtlich in jeder Phase über den Stand der Sache informiert und trägt seinerseits Sorge, auch den Regierungschef genau zu informieren. Beide sind sich darüber im klaren, daß sie es dabei mit politischem Sprengstoff zu tun haben.

Adenauer wird auch an den folgenden Tagen auf dem laufenden gehalten: »Am Dienstag, den 23. Oktober«, hält Strauß fest, »habe ich Sie anläßlich Ihres Essens für den irländischen Ministerpräsidenten unter vier Augen nochmals angesprochen und Sie auf die Notwendigkeit strengsten Stillschweigens hingewiesen. Sie haben das als Selbstverständlichkeit erklärt und bemerkt, daß Sie nicht einmal Herrn Globke Bescheid gesagt hätten.«[45] Zu letzterem vermerkt Adenauer am Briefrand: »Über den Termin der Verhaftung und Durchführung des Verlaufs«. Allem Anschein nach hat er also doch auch mit Globke über das Ermittlungsverfahren gesprochen. Das Geheimnis beginnt nun auch innerhalb der Bundesregierung bereits durchzusickern. »Von Höcherl höre ich«, vermerkt Krone am 22. Oktober im Tagebuch, »daß wegen des Artikels über die Bundeswehr im *Spiegel* vom 10. Oktober vom Generalbundesanwalt ein Verfahren wegen Landesverrat gegen Augstein eingeleitet werden soll oder schon eingeleitet ist.«[46] Höcherl hat offenbar Strauß darauf hingewiesen, bei einer solchen Untersuchung bestehe auch für ihn Gefahr, wenn sich erweisen sollte, daß er selber Äußerungen getan hat, »auf die die inkriminierten Stellen im Spiegel zurückgehen«[47]. Jedenfalls fertigt der Ermittlungsrichter beim Bundesgerichtshof an eben dem 23. Oktober, als Adenauer von Strauß erneut über den Fortgang ins Bild gesetzt wird, aufgrund eines Gutachtens des Bundesverteidigungsministeriums einen Haft- und Durchsuchungsbefehl gegen Rudolf Augstein und Conrad Ahlers aus. Tatvorwurf: Verdacht des Landesverrats – Verbrechen nach § 100 Abs. 1 StGB.[48]

Nach dieser ganzen Vorgeschichte hat somit Strauß allen Grund zur Annahme, daß Adenauer das insgeheim eingeleitete Verfahren seinerseits genau verfolgt und letzlich zu entscheiden hat, wer in dieser Phase zu informieren ist und wer nicht. Daher sein Hinweis in dem späteren Brief vom 19. November 1962, man habe sich am 24. Oktober – bei einer Sitzung des Bundesverteidigungsrats – zusammen mit Schröder, Carstens, Krone, Globke – getroffen, ohne daß Adenauer bei dieser Gelegenheit aber das eingeleitete Ermittlungsverfahren erwähnt habe.[49] Die erwähnte Sitzung des Bundesverteidigungsrats im Arbeitszimmer des Bundeskanzlers zieht sich den ganzen Vormittag lang hin. Die Runde erlebt einen recht entsetzten Kanzler, der bei dieser Gelegenheit feststellen kann, daß auf dem Feld des Bevölkerungsschutzes nur wenig geschehen ist. Ihn beunruhigt vor allem die Frage, welche Vorkehrungen zu treffen sind, wenn nach einem Kernwaffeneinsatz das Wasser verseucht ist. Prompt gerät Strauß mit Schröder aneinander, der bis Herbst 1961 Innenminister war und – so wirft er ihm vor – dabei versagt habe.[50] Schröder verteidigt sich, und Adenauer muß die beiden Minister recht grob zur Ruhe bringen. Immerhin läßt sich der Kanzler doch davon überzeugen, daß man die Bevölkerung in dieser Phase noch nicht durch offizielle Warnungen stärker beunruhigen darf, als sie dies ohnehin schon ist.[51] Die Ermittlungen gegen den *Spiegel* laufen also in einem Klima unmittelbar drohender Kriegsgefahr weiter.

Die Weltkrise verhindert freilich nicht, daß der Bundestag am 25. Oktober den Bericht über die FIBAG-Affäre diskutiert.[52] Strauß wird dabei auch mit den Stimmen der FDP vom Vorwurf einer Verletzung seiner Aufsichtspflicht entlastet. Damit scheinen die Reihen der Union und der Freien Demokraten wieder geschlossen, die am 28. Juni vor den Parlamentsferien kritisch ins Wanken gekommen waren.

Auch während des 26. Oktober gilt die Aufmerksamkeit Adenauers ganz der Kuba-Krise. Am Nachmittag wird seine Fernseh- und Rundfunkansprache aufgezeichnet und abends ausgestrahlt, in der er feststellt: »Die Krise in Kuba ist die gefährlichste Bedrohung des Weltfriedens seit 1945.« Das amerikanische Vorgehen findet seine vorbehaltlose Unterstützung, und er bemerkt auch: »Bisher haben sich keine Anzeichen dafür gezeigt, daß die Freiheit Berlins durch die Vorgänge gefährdet ist.«[53] Er wirkt bei dieser Gelegenheit ruhig, umsichtig und auch zuversichtlich – genauso, wie sich die Bevölkerung inmitten einer Krise den Bundeskanzler wünscht. Die Lage scheint aber so ernst, daß er es an diesem Tag für richtig hält, alle Fraktionsvorsitzenden, also auch Fritz Erler von der SPD, ausführlich über den Stand der Krise zu unterrichten.

Währenddessen läuft der *countdown* in der *Spiegel*-Affäre. Noch ahnen nur wenige davon, und niemand weiß, daß Strauß die Operation schon am 17. Oktober wahrscheinlich in höchsteigener Person versiebt hat – also genau einen Tag bevor er Adenauer unterrichtete. Damals hielt er es nämlich für angezeigt, so macht er am 19. November dem Kanzler gegenüber aktenkundig, Präsident Gehlen unter vier Augen zu verständigen, »daß der Generalbundesanwalt ein Ermittlungsverfahren gegen *Spiegel*-Redakteure wegen Landesverrats eingeleitet habe und daß Gutachter aus dem Dienstbereich des Verteidigungsministeriums dem Generalbundesanwalt dazu ein Gutachten erstatten sollen.«[54]

Wer dann den Obersten Wicht beim BND informiert, wird nie unbestritten geklärt. Jedenfalls ist Strauß nach dem Ermittlungsstand vom 19. November 1962 davon überzeugt, daß der *Spiegel* bereits am 18. Oktober von Wicht gewarnt worden ist und belastendes Material beiseite schaffen konnte.[55]

Strauß tut jedenfalls alles Erforderliche, Adenauer auf dem laufenden zu halten. Im Verlauf der Affäre wird er darüber stürzen, daß er den Bundestag über sein Telefonat mit dem deutschen Militärattaché Oberst Oster in Madrid nicht unterrichtet hat, durch das er die Verhaftung von Conrad Ahlers in Malaga zu erreichen suchte. In der Nacht, als das Verfahren ausgelöst wurde, findet aber noch ein Telefonat statt, nämlich zwischen Strauß und Adenauer. Am 19. November, das Wasser steht ihm bereits am Hals, erinnert Strauß den Kanzler daran: »In der Nacht vom 26. zum 27. Oktober habe ich Sie, nachdem mich Staatssekretär Hopf von dem Anlaufen der bundesanwaltschaftlichen Maßnahmen unterrichtet hatte, in Rhöndorf angerufen und davon unterrichtet. Sie haben um laufende Information in den folgenden Tagen ersucht und Ihren bei den vorerwähnten Gesprächen betonten Standpunkt bekräftigt.«[56]

Im Sommer 1965, als Adenauer im Bündnis mit dem CSU-Vorsitzenden Strauß gegen Ludwig Erhard und Gerhard Schröder zu Felde zieht, wird er die Tatsache dieses nächtlichen Telefonats im CDU-Präsidium selber eingestehen. »Herr Strauß habe ihn damals unterrichtet, daß der Spiegel-Redakteur Ahlers im Begriff stehe, aus Spanien nach Tanger zu reisen. Er selbst habe es sich daraufhin versagt, weitere Fragen an Strauß zu stellen. Er habe Strauß lediglich aufgefordert, alles zu tun, was er für möglich, für nötig und für verantwortlich halte.« Viele Jahre später unterhalten sich Strauß, seine Frau Marianne und der Bankier Abs in Rott am Inn über die *Spiegel*-Krise. Strauß erzählt wieder einmal seine Sicht der Vorgänge und man kommt dabei auch auf das bereits legendäre Telefonat mit Madrid zu sprechen. Abs fragt: »Hat der Alte gewußt, daß Sie mit Madrid telefoniert haben?« Darauf Strauß: »Gewußt, er hat es von mir verlangt!«[57]

Als die Öffentlichkeit gegen die *Spiegel*-Aktion Sturm läuft, betonen natürlich alle Beteiligten in der Bundesregierung die Eigenständigkeit der Bundesanwaltschaft. Doch ohne die gutachtliche Mitwirkung und die Ermutigung durch das Verteidigungsministerium wäre dieser der Entschluß zu einer Großaktion sehr schwer gefallen. Die Vermutung, daß

Strauß in die Ermittlungen der Bundesanwaltschaft gegen den *Spiegel* in der entscheidenden Phase voll eingeschaltet ist, trifft durchaus zu.

Es gibt aber eben noch eine weitere treibende Kraft, die alle Beteiligten gedeckt und ihnen letztlich die Bahn freigemacht hat: Bundeskanzler Adenauer. Die Beteiligung des Kanzlers macht erst voll verständlich, warum auch Staatssekretär Walter Strauß im Bundesjustizministerium bereit ist, seinen eigenen Minister nicht sofort zu alarmieren. Sie erklärt ebenso, weshalb sich Franz Josef Strauß auf einen Schlag gegen seine Todfeinde beim *Spiegel* einläßt, von dem sicher zu erwarten ist, daß er zu einer schweren innenpolitischen Krise führt. Hätte Strauß damals die Beteiligung Adenauers voll bekanntgemacht, dann wäre die Ära Adenauer mit ziemlicher Sicherheit im Spätjahr 1962 zu Ende gegangen.

Über Adenauers Motive braucht gar nicht lange gerätselt zu werden. Er sieht in dem *Spiegel*-Artikel einen direkten Angriff gegen seine eigene Außen- und Sicherheitspolitik. Zudem ist Landesverrat nach seiner festen Überzeugung eines der abscheulichsten Verbrechen. Die gutachtliche Stellungnahme aus dem Verteidigungsministerium, gedeckt von Volkmar Hopf, einem Beamten von altem Schrot und Korn, reicht ihm völlig aus, um einer spektakulären Verhaftungs- und Durchsuchungsaktion die Bahn freizumachen. Augstein und den Redakteuren vom *Spiegel* traut er alles zu.

Gewiß erleichtert die Kuba-Krise den Entschluß, dem Generalbundesanwalt nicht in den Arm zu fallen. Doch nach seinen Einlassungen gegenüber Strauß noch vor Beginn der Kuba-Krise ist zu vermuten, daß er ein scharfes Vorgehen so oder so gedeckt hätte. Daß das Zusammenfallen des Ermittlungsverfahrens mit der Weltkrise dem ruhigen Nachdenken nicht förderlich ist, die Neigung zu scharfem Zugriff aber verstärkt, versteht sich von selbst.

Da im Verteidigungsministerium, im Justizministerium, in der Bundesanwaltschaft und beim Bundesgerichtshof kühle Juristen mit der Prüfung betraut sind, läßt ihn in diesem Fall auch sein Mißtrauen in die politische Urteilskraft von Strauß im Stich. Unmittelbar nach dem Zugriff gegen den *Spiegel* geht Adenauer zu Strauß durchaus noch nicht auf Distanz. Zwei Tage nach der Aktion, am Samstagnachmittag des 27. Oktober, auf dem Höhepunkt der Kuba-Krise, läßt sich Adenauer von Strauß in Rhöndorf erneut unter vier Augen Bericht erstatten.

Anfänglich hat es aus Adenauers Sicht den Anschein, als lasse sich die ganze Aktion allein auf den Vorwurf des Landesverrats eingrenzen. Die Staatsanwälte werden nämlich im Panzerschrank Augsteins und in den sonstigen beschlagnahmten Akten durchaus fündig: Fotos über militärische Objekte, die amtlich als »Geheim« gekennzeichnet sind, so teilt die Bundesanwaltschaft am 6. November auf einer Pressekonferenz mit, ein mehrseitiges Exposé, das Staatsgeheimnisse von hohem Rang auf dem Gebiet der Landesverteidigung enthält, und kompromittierende interne Briefwechsel werden zutage gefördert.[58]

Am 31. Oktober hat Adenauer eine Spitzengruppe der FDP ins Bundeskanzleramt eingeladen und informiert über die Funde. Allerdings hütet er sich, dabei zu sehr in die Einzelheiten zu gehen. Der Zugriff auf den *Spiegel* war, so ist er überzeugt, vollauf gerechtfertigt und nach Ausweis der aufgefundenen Dokumente ein Erfolg.[59]

Solange die Furcht vor einem dritten Weltkrieg auf dem Land lastet, behält die Regierung denn auch das Heft in der Hand. Das ändert sich aber schon nach wenigen Tagen. Print- und Bildjournalisten, Verleger und Journalistenvereinigungen kritisieren energisch die Methoden des Zugriffs und bringen ihre Sorge um die Pressefreiheit zum Ausdruck. Während der ganzen Affäre erweist sich die ganz natürliche Kameraderie des journalistischen Berufsstandes als ein entscheidender Faktor. Daß aus dem Umkreis der »Gruppe 47« ein geharnischtes Manifest die Solidarität mit Rudolf Augstein bekundet, vermag Adenauer zwar nicht zu beeindrucken. Auch die Stellungnahmen besorgter Professoren oder erregte Podiumsdiskussionen an zahlreichen Universitäten sind ihm seit den frühen fünfziger Jahren hinlänglich vertraut, so daß er das nicht sehr ernst nimmt. Derlei spricht nach seiner Überzeugung nicht gegen die *Spiegel*-Ermittlungen, sondern nur gegen Intelligenz und Moral der Professoren. Immmerhin muß er registrieren, daß in der öffentlichen Meinung bereits eine Woche nach der Aktion nicht mehr die Frage Landesverrat im Mittelpunkt steht, sondern die aufgetretenen Verfahrensmängel.

Viel lästiger, aber gleichfalls vorhersehbar, ist die erneute Unruhe in der FDP. Es wäre unbegreiflich, wenn jene Minderheit unter den Freien Demokraten, die einer Koalition unter Adenauer bis zuletzt widerstrebt hat, die fragwürdigen Begleitumstände des Zugriffs gegen den *Spiegel* politisch ungenutzt ließe. Zudem unterhalten Thomas Dehler und Wolfgang Döring, wie Adenauer genau weiß, zu Rudolf Augstein freundschaftliche Beziehungen.

Adenauer erkennt allerdings rasch, daß die unterlassene Information des Bundesjustizministers Stammberger offenbar ein Schwachpunkt bei der Aktion war. Als ihn die Vertreter der Freien Demokraten darauf festnageln wollen, versichert er – darin übereinstimmend mit Staatssekretär

Hopf – er habe keine Weisung gegeben, die FDP herauszuhalten.[60] Er unterläßt es aber recht lange, die FDP-Spitze von den ihm bereits bekannten Vorwürfen gegen Stammberger zu unterrichten. Das geschieht erst in einem Gespräch mit Mende gegen Ende November.[61] Seine Gründe für die langdauernde Schweigsamkeit liegen freilich auf der Hand. Hätte Adenauer schon Anfang November diesen Punkt zur Sprache gebracht, dann wäre sein recht präzises eigenes Vorwissen um die *Spiegel*-Ermittlungen und das von Strauß hell beleuchtet worden. Außerdem hätte das dann mit der Forderung nach einem Rücktritt Stammbergers verbunden werden müssen.

Eben eine Koalitionskrise möchte aber der Kanzler anfänglich nach Möglichkeit vermeiden. So bleibt die weitgehende Umgehung Justizministers Stammbergers durch Staatssekretär Walter Strauß der FDP-Führung völlig unverständlich. Daß sie darin ein parteipolitisches Komplott vermutet, ist naheliegend. Nach einer achtstündigen Sitzung von Bundesvorstand und Fraktion beauftragt die Fraktion daher Erich Mende, in einem Brief an Adenauer die Ablösung der beiden Staatssekretäre zu verlangen. Geschehe das nicht, so würden nicht allein Stammberger, sondern alle FDP-Minister zurücktreten. Mende droht, die ihm übergebenen Entlassungsgesuche zu übersenden, wenn bis zum Montagmittag, 5. November, die Ablösung der Staatssekretäre Hopf und Strauß nicht vollzogen sei.[62]

Adenauer weiß, daß in der FDP ein innerparteiliches Ringen stattfindet und wartet am 2. November bis elf Uhr nachts auf den Brief Erich Mendes. Am folgenden Morgen finden Krone und Globke einen kompromißlos harten Kanzler vor, der bereits einen Antwortentwurf fertig hat. Darin lehnt er die Ablösung der beiden Staatssekretäre strikt ab und attackiert Stammberger, weil sich dieser nicht selbst nachhaltig um den *Spiegel*-Aufsatz gekümmert habe. Entsetzt halten ihm jetzt die beiden noch verbliebenen Getreuen vor Augen, daß dies das Ende der Regierung bedeuten würde mit unabsehbaren Konsequenzen. Schließlich meint Adenauer: »Versuchen Sie Ihren Weg.«[63] Das bedeutet: Unterwerfung unter das Diktat der FDP. Staatssekretär Strauß wird abgelöst – jedoch mit der Aussicht auf eine neue Aufgabe als Richter am Europäischen Gerichtshof. Staatssekretär Hopf wird beurlaubt.

Daß nun der Unmut der Freien Demokraten ausgerechnet durch Opferung zweier tadelloser Beamter besänftigt wird, will vielen in der Union überhaupt nicht einleuchten. Die CDU/CSU-Fraktion diskutiert am 6. November darüber. August Dresbach, an und für sich ein Bewunderer Adenauers, wird recht deutlich. Bei den ersten Nachrichten über den Abgang der Staatssekretäre habe er sich gefragt, ob der Bundeskanzler den Begriff der Treue nicht kenne. Doch nach weiterem Überlegen, fügt er vielsagend hinzu, sei ihm klar geworden, daß der Begriff Treue in der höheren Politik nicht unbedingt anwendbar sei. Man müsse anerkennen, daß es hier auch den Begriff der Staatsräson gebe.[64] Allgemein wird die schlechte Informationspolitik der Regierung beklagt. Auch das ist implizite schon eine kaum verhüllte Kritik am Kanzler.

Da niemand weiß, was alles sich aus der Kuba-Krise entwickeln wird, hält die aufgebrachte Fraktion noch einigermaßen Ruhe. Der Fraktionsvorsitzende von Brentano richtet allerdings am folgenden Tag an Adenauer einen dreiseitigen persönlichen Brief, in dem er dessen Versäumnis anspricht, nicht einmal ihn selbst, geschweige denn die Fraktion als Ganze rechtzeitig informiert zu haben. Auch er beklagt nachdrücklich die passive Informationspolitik der Regierung. Am beunruhigendsten an diesem im Ton durchaus gemäßigten Brief ist die Grußformel: »Mit verbindlichen Empfehlungen.«[65] Sie signalisiert, daß von Brentano nun stark auf Distanz geht. Krone, der ihn wohl besser kennt als die meisten seiner Fraktionskollegen, charakterisiert das wie folgt: »Brentano, der dem Kanzler seit einem Jahr mit Mißtrauen, Kritik und tiefer Abneigung begegnet...«[66]

Vielleicht ist die Kritik aus den eigenen Reihen ein Hauptgrund, weshalb Adenauer in der Fragestunde des Deutschen Bundestages am 7. November verschiedene erregte Interventionen vornimmt. Sein Eingreifen ist auffällig, denn das gesamte Interesse der Opposition konzentriert sich eigentlich auf Verteidigungsminister Strauß und Innenminister Höcherl.

Weshalb sich der Kanzler dabei exponiert, wird aus den Punkten ganz deutlich, die er dabei anspricht. Er möchte die Regierung aus der Defensive herausbringen, in die sie durch den Sturmwind öffentlicher Kritik an den Verfahrensmängeln geraten ist. Die Aufmerksamkeit soll sich endlich wieder auf das Zentralthema richten. Daher sein noch jahrelang kolportierter Ausruf: ein »Abgrund von Landesverrat.«[67] Er präzisiert das in der Folge durch einen Hinweis auf einige Funde im Augsteinschen Panzerschrank. Auch daß er sich wiederholt schützend vor die ermittelnden Beamten stellt, liegt auf dieser Linie. Nach seinem Dafürhalten geht es hier um Staatssicherheit und Staatsautorität, die vom *Spiegel* und seinen Anhängern in Frage gestellt werden.

Bemerkenswert auch die Schärfe, mit der er darauf herumreitet, daß es sich bei Augstein um Landesverrat aus dem niedrigen Beweggrund der Habgier handelt: »Auf der einen Seite verdient er am Landesverrat; und das finde ich einfach gemein. Und zweitens, meine Damen und Herren, verdient er an allgemeiner Hetze gegen die Koalitionsparteien; und das gefällt Ihnen, wie Sie nicht bestreiten können.«[68] Seine Verachtung für die Hauptperson der Affäre ist jedenfalls nicht zu überbieten: »Gott, was ist mir schließlich Augstein! Der Mann hat Geld verdient auf seine Weise...«[69]

Damit glaubt er hinlänglich deutlich gemacht zu haben, bei wem letzten Endes die politische Verantwortung für das Tätigwerden der Regierungsorgane liegt. Im Verlauf der Debatte kommen Adenauer zwar schon Zweifel, ob er sich nicht zu weit aus der Deckung hervorgewagt hat, und so sieht man ihn bei der letzten Intervention alsbald wieder bemüht, die Spuren zu verwischen, die ins Palais Schaumburg führen: »Ich habe mich absichtlich, das möchte ich bemerken, so fern gehalten von dieser ganzen Sache, wie ich es mit meinen Amtspflichten vereinbaren konnte, aus dem einfachen Grunde, weil ich mich um Dinge entweder ganz kümmere oder wenig kümmere. Aber wenn ich mich ganz darum kümmern sollte – dafür habe ich keine Zeit –, dann hätte ich mich der ganzen Sache Tag und Nacht widmen müssen. Das kann ich nicht, ich habe auch noch andere Dinge zu tun.«[70] Zu Strauß kein Wort.

Immerhin kann dieser aus dem Auftritt Adenauers die Zuversicht schöpfen, daß der Kanzler die Aktion weiter vorbehaltlos deckt. Der Öffentlichkeit prägt sich allerdings das Foto eines Kanzlers ein, der steinernen Gesichts im Schutz einer schwarzen Sonnenbrille von der Regierungsbank auf Franz Josef Strauß herunterblickt, der sich in diesen Fragestunden politisch um Kopf und Kragen redet. Alle Energien der Opposition und auch schon eines Teils der FDP sind nämlich jetzt darauf gerichtet, nunmehr den Verteidigungsminister zu vernichten, so daß niemand nachdrücklich die Frage nach dem Anteil Adenauers an der Aktion aufwirft. Strauß selbst hält dicht. Wenn nämlich in dieser aufgeheizten Atmosphäre bekannt würde, daß Adenauer fast genauso frühzeitig wie Strauß von den Ermittlungen wußte und auf schonungsloses Handeln gedrängt hat, wäre der Kanzlersturz wohl unvermeidlich.

Als die in Hamburg sichergestellten Aufzeichnungen zur Verhaftung des Obersten Wicht vom BND führen, eröffnen sich aus Adenauers Sicht finsterste Hintergründe. Allem Anschein nach ist *Der Spiegel* bereits am 18. Oktober durch Wicht vor den Ermittlungen gewarnt worden – am selben Tag also, als Adenauer von Strauß erstmals unterrichtet wurde. Bald teilt ihm Strauß mit, daß er selbst am 17. Oktober den BND-Präsidenten Gehlen in strengstem Vertrauen über die Ermittlungen der Bundesanwaltschaft informiert hat.[71] Gehlen war es aber – so berichtet Strauß seinem Pressesprecher Oberst Schmückle und wohl auch Adenauer –, der auf eine Aktion gegen den *Spiegel* gedrängt hat, da das Magazin geheimste NATO-Unterlagen besitze.[72] Von ihm kam auch der Rat, Stammberger bei den Ermittlungen auszuschalten.[73]

Das Prestige Gehlens ist bei Adenauer allerdings bereits angeschlagen, seit der hochgestellte BND-Mitarbeiter Heinz Felfe am 6. November 1961 als Feindagent enttarnt worden ist. Man weiß, daß Gehlen selbst den Aufstieg dieses Mannes innerhalb des Apparats stark gefördert hat, weil er an ihm »einen Narren gefressen hatte«[74]. Nachdem nun auch auf die Querverbindung zwischen dem *Spiegel* und Pullach einiges Licht fällt, wird den abenteuerlichsten Kombinationen Tür und Tor geöffnet. Haben sich östliche Geheimdienste im Zusammenhang mit der *Spiegel*-Affäre möglicherweise des BND bedient? Oder muß man dem Verdacht nachgehen, daß Gehlen ein Exponent extrem reaktionärer Offiziersgruppen ist? Diese propagieren, sucht Gerd Schmückle amerikanischen Journalisten zu stecken, eine stärkere deutsche konventionelle Rüstung. So möchten Sie »ein Volk in Waffen« in die Hand bekommen, um die deutschen Streitkräfte »in ein paar Jahren« als Instrument für eine Des-Integration vom Westen zu nutzen. Strauß aber stehe für NATO-Integration.[75]

Doch die Organisation Gehlen war auch fast zehn Jahre lang ein Instrument der Amerikaner. Wäre es somit nicht denkbar, daß nunmehr bestimmte Kreise in Washington Strauß – vielleicht sogar Adenauer – über die *Spiegel*-Affäre stürzen lassen möchten?

Jedenfalls scheint es in hohem Maß verdächtig, daß Gehlen einerseits Strauß, damit indirekt auch Adenauer, zur Durchsuchung des *Spiegel* ermuntert hat, andererseits aber über einen Obersten aus seinem Dienst bei der Beantwortung von Fragen zu dem *Spiegel*-Artikel »Bedingt abwehrbereit« hat helfen lassen. Steckt er nicht sogar in höchsteigener Person hinter der Warnung durch Oberst Wicht?

Adenauer, der ohnehin stets Komplotte und Intrigen wittert, brütet ein Wochenende über den Unterlagen und führt am Vormittag des 12. November eine Art Verhör mit Gehlen durch. Zu allem Unglück ist Globke ausgerechnet in diesen Tagen wegen seines Kreislaufleidens ausgefallen und kann den Bonner Polit-Krimi nur von fern aus Badgastein verfolgen. Adenauer und Gehlen sprechen erst eine Stunde, dann noch einmal eine halbe Stunde unter vier Augen. Der Kanzler diktiert über das Gespräch eine Notiz, die auch Gehlen unterschreiben muß.[76] Diese Aktennotiz hat noch ein bezeichnendes Schicksal. Beim Regierungswechsel von Adenauer zu Erhard gelingt es Gehlen, das Papier wieder in die Hand zu bekommen.[77]

Unmittelbar nach der zweiten Unterredung mit Gehlen berichtet Adenauer dem getreuen Krone »erregt und empört« von seinem Verdacht gegen diese langjährige, wenn auch unsichtbare Säule seiner Herrschaft.[78]

Eiligst werden nun Bundesjustizminister Stammberger zusammen mit Generalbundesanwalt Kuhn von einer Besprechung in Karlsruhe ins Palais Schaumburg zitiert. Es ist gegen acht Uhr abends[79], und der Kanzler kommt eben vom Bundespräsidenten, dem er Bericht erstattet hat. Von Adenauer alsbald dementiert[80], gibt Stammberger einige Jahre später im *Spiegel* seine Version dieses abendlichen Gesprächs. »Herr Stammberger«, soll Adenauer sofort begonnen haben, »Sie müssen den Herrn Gehlen verhaften. Er hält sich in einem Nebenzimmer auf und ist dort greifbar.« Die Herren machen dem Kanzler klar, daß eine Verhaftung in Ermangelung eines Haftbefehls nicht möglich sei. Dieser habe entwaffnend bemerkt: »Ich bin auch einmal Staatsanwalt gewesen. Früher war das aber ganz anders.«[81] Gehlen wird daraufhin von Stammberger und Kuhn vernommen, versichert aber nachdrücklich, den *Spiegel* nicht informiert zu haben.

Wie immer sich die nächtliche Szene auch abgespielt haben mag, für Adenauer steht jetzt fest, daß er nicht einmal mehr des ihm unterstellten Geheimdienstes sicher sein kann. Er hat aber auch nicht länger die Kraft, den Vorgängen in Pullach unnachsichtig auf den Grund zu gehen.[82]

Dann fliegt Adenauer für drei Tage nach Amerika – es wird seine letzte USA-Reise sein. Unterdessen verfault die Situation in Bonn. Die FDP ist jetzt entschlossen, Strauß zum Rücktritt zu zwingen, weil er die breite Öffentlichkeit und das Parlament von Anfang an über seine Rolle bei der *Spiegel*-Aktion getäuscht habe.

Am 19. November wird Adenauer vom Rücktritt der FDP-Minister unterrichtet. Offensichtlich wünschen die Freien Demokraten eine grundlegende Umbildung der Bundesregierung. Welche mittelfristigen Ziele man bei der FDP verfolgt, erhellt ein Interview Wolfgang Dörings mit dem *Corrierre Della Sera*, das Adenauer stark ergrimmt: »Wir halten die Frage Adenauer nur zurück, um die Verwirrung nicht noch zu vergrößern. Wir machen einen Schritt nach dem anderen.«[83]

Strauß schätzt die Lage also durchaus zutreffend ein, als er am 19. November Adenauer warnend darauf hinweist: »Es besteht kein Zweifel, daß die FDP besonders unter Einwirkung des Herrn Döring jetzt daran geht, über die neue Krise (»Strauß muß weg«) in kurzer Zeit einen Wechsel des Kanzlers herbeizuführen.«[84]

Noch glaubt Strauß jedoch, Adenauer in der Hand zu haben. Doch sein achtseitiger Brief ist eine einzige, kaum mehr verhüllte Drohung, notfalls auch die Verwicklung des Bundeskanzlers in die Öffentlichkeit zu bringen. Er endet mit dem Satz: »Ich stehe für das ein, was ich getan habe, einschließlich der möglichen Konsequenzen, die sich daraus ergeben können, muß aber auch Sie, Herr Bundeskanzler, bitten, in dieser schwerwiegenden Angelegenheit die Gesamtheit der Dinge in Ihr Urteil einzubeziehen und danach zu verfahren. Jetzt ist Ihre Stunde gekommen, weil die ganze Regierung und unsere ganze Politik angesprochen sind und auf dem Spiele stehen.«[85]

Es ist also nicht allein der überwältige Wahlsieg der CSU in den bayerischen Landtagswahlen vom 22. November, auf den Strauß beim Kampf um sein Verbleiben im Kabinett setzt. Er weiß genau, daß sich Adenauer zumindest nicht offen gegen ihn wenden kann, will er nicht den eigenen Sturz riskieren. Zudem erkennt die CDU-Spitze die Entschlossenheit der CSU, erforderlichenfalls die Koalition sowie die Fraktionsgemeinschaft mit der CDU zu verlassen.

Die CDU ist völlig demoralisiert und gespalten. Anfänglich besteht in diesen Wochen eine Allianz zwischen Strauß und von Brentano. Beide verstehen sich zu Recht als FDP-Geschädigte und rufen energisch dazu auf, der Erpressung nun nicht länger nachzugeben.[86] Erhard sieht seinen eigenen Weizen wieder einmal reifen. Er findet sich aber nach wie vor nicht bereit, Adenauer mit einem konstruktiven Mißtrauensvotum entgegenzutreten, wozu ihn unter anderem der Verleger Bucerius anstachelt.[87] Gerhard Schröder befindet sich in diesen Tagen in einem heftigen Verteidigungskampf gegen Strauß, der das Auswärtige Amt in die Kontroversen um die Festnahme von Ahlers in Spanien hineinziehen möchte. Da seine Aktien derzeit von Monat zu Monat höher gehandelt werden, käme ihm eine Kanzlerschaft Erhard in diesem Augenblick nicht zupaß. Gerstenmaier hält sich weiterhin als Kanzler einer Allparteienkoalition in Reserve und widersteht deshalb erneut einer Offerte der FDP, ihn gegen Adenauer in Stellung zu bringen.[88] Krone schließlich möchte unbedingt Strauß aus dem Kabinett entfernen, Schröder verhindern, Adenauer recht bald einen anständigen Abgang verschaffen, doch auf keinen Fall selbst Kanzler werden. Eben darauf beginnt Adenauer nun erneut zu drängen.[89] Alle zusammen sehen aber die Zustimmungskurve für den Kanzler wieder einmal in steilem Absturz. Mitte September lag sie noch bei 50 Prozent; jetzt – Mitte November – ist sie bei 38 Prozent angelangt.[90]

Aus diesem Gewirr von Ambitionen und Befürchtungen ergibt sich dann doch die Bereitschaft, auf den Rücktritt der FDP-Minister vom 19. November tags darauf mit einer Rücktrittsbereitschaft der CDU/CSU-Minister zu antworten. Damit hat sich die vierte Regierung Adenauer von selbst aufgelöst.

Der Kanzler, den nun fast alle loswerden möchten, quittiert das aber bei der Sitzung des CDU-Bundesvorstands in Berlin nur mit spöttischen Bemerkungen. Keine Spur von politischer Weltuntergangsstimmung, ganz im Gegenteil: »Sie wissen«, bekommen die Vorstandsherren von ihm zu hören, »daß die fünf FDP-Minister ihr Amt zur Verfügung gestellt haben; Sie wissen auch, daß die CDU- Bundesminister zwar nicht genau dasselbe, aber etwas Ähnliches getan haben, so daß augenblicklich – rein theoretisch betrachtet – der Bundeskanzler ziemlich Pik solo dasitzt. Das muß er nun tragen. Das Grundgesetz hilft ihm dabei, indem die Herren nun ihre Ämter weiterversehen müssen, bis der Bundespräsident – der zur Zeit in Indien ist – zurückgekehrt sein wird und die Rücktrittsgesuche genehmigt oder nicht genehmigt oder neue Ernennungen – auf meinen Vorschlag – vornimmt.«[91]

Man hat also durchaus Zeit, führt er weiter seelenvergnügt aus – bis zum 5. Dezember 1961. Dann wird Lübke wieder zurück sein. Ohnehin dürften sich die Gemüter mehr oder weniger beruhigen, wenn die bayerischen Landtagswahlen erst vorbei sind. Doch mit verschiedenen Umbesetzungen im Kabinett sei zu rechnen. Von nun an stellt der 5. Dezember eine Art magisches Datum dar, bis zu dem eine Lösung der Kabinettskrise gefunden sein sollte.

Für den öffentlichen Aufruhr hat Adenauer nur Hohn und Spott übrig. 53 Professoren aus Tübingen und 63 Professoren aus Bonn haben sich in Unterschriftenaktionen zusammengefunden. Sie kommen sich so vor, verspottet er ihre Besorgnisse, »wie seinerzeit die Göttinger Professoren, die als große Leute in die Geschichte eingegangen sind – sie wollen anscheinend auch als große Leute in die Geschichte eingehen!«[92] Als der Abgeordnete Martin vom liberalen Flügel diese Professorenbeschimpfung mit dem Einwurf unterbricht: »Es sind auch CDU-Leute dabei!«, höhnt Adenauer nur: »Ja, meinen Sie denn, die wären vor Dummheit gesichert!«[93] Unentwegt reitet er auf dem Hauptpunkt herum: Landesverrat – »eines der schimpflichsten Verbrechen, die jemand begehen kann«[94]. Er verläßt sich darauf, daß ein großer Teil des deutschen Volkes ganz anders denkt als »eine gewisse Schicht, die gegen uns ist ... Denn die Leute sagen: Wer Landesverrat begeht, den soll man einen Kopf kürzer machen ...[95] In meinen Augen ist Landesverrat genauso schlimm wie Mord.«[96]

An soviel Selbstsicherheit prallen die pessimistischen Betroffenheitsbekundungen von Gradl, Dufhues, Blumenfeld, Martin, Erhard, von Brentano völlig wirkungslos ab. Adenauer denkt überhaupt nicht daran, sich wegen einer – so macht er überdeutlich – Lappalie wie der Festnahme von Ahlers in Spanien groß beirren zu lassen.

Lässig, gleichsam mit der linken Hand blättert er schließlich folgende theoretischen Möglichkeiten zur Lösung der inneren Krise auf den Vorstandstisch: Regierungsbildung von SPD und FDP, von CDU/CSU und FDP oder Allparteienregierung. Die CDU/CSU-Fraktion aber wolle mit überwiegender Mehrheit eine Fortsetzung der bisherigen Regierung. Jetzt die entscheidenden Sätze: »Das ist auch meine Meinung. Eine Allparteienregierung heißt eine Regierung ohne Opposition. Es ist dasselbe, was in Österreich ist; es ist ein Verfall des Parlaments, der nach unserer Auffassung nicht in Frage kommt. Wir können auch nicht plötzlich mit der SPD, gegen die wir immer gekämpft haben, zusammengehen für den Rest dieser Legislaturperiode. Wir müssen versuchen, auf dem Boden tätig zu werden, auf dem wir jetzt stehen.«[97]

So sieht die Welt am 22. Oktober aus. Dann kommt der große Wahlsieg der CSU in Bayern, die nun im Maximilianeum die absolute Mehrheit besitzt. Damit ist die Schonzeit für Franz Josef Strauß abgelaufen, denn insgeheim hofft man jetzt weithin in der CDU auf dessen ehrenvollen Abgang von der Bonner Bühne als Ministerpräsident von Bayern. Doch Strauß denkt nicht daran, sich verdrängen zu lassen. Und rasch zerbricht jetzt das kurzfristige Bündnis zwischen dem Kanzler und seinem Verteidigungsminister.

Kaum sind die Wahlresultate von Bayern bekannt, beginnt Adenauer einen heftigen Koalitionsflirt mit den Sozialdemokraten. Am Montagmittag nach dem Wahlsonntag empfängt er den ihm treu ergebenen Wohnungsbauminister Lücke und hört gerne dessen Versicherung, daß er nicht mehr mit Strauß zusammen demselben Kabinett angehören werde. Doch die Herren besprechen noch anderes. Was das ist, ergibt sich aus einem Telegramm, das Lücke anschließend an Außenminister Schröder absetzt, der sich zusammen mit dem Bundespräsidenten in Indien aufhält. Die wichtigsten Sätze dieses Telegramms, das Lücke am 26. November, 16 Uhr, über das Gespräch mit Adenauer formuliert, lauten wie folgt:

»Das Ansehen des Bundeskanzlers ist ungetrübt. Nach Lage der Dinge scheint kleine Koalition wahrscheinlich. Personelle Schwierigkeiten sind außerordentlich groß.

Nach erfolgreicher Bayernwahl soll Regierungsbildung bis Rückkehr des Herrn Bundespräsidenten abgeschlossen sein. Habe Bundeskanzler vorgeschlagen, große Koalition in die Erwägungen einzubeziehen. Bedingungen: Adenauer Bundeskanzler, Mehrheitswahlrecht, Notstandsgesetze, Finanzreform. Noch vor kurzer Zeit haben verantwortliche Herren der Opposition solche Möglichkeit als durchführbar angesehen. Ich versuche, baldmöglichst Klarheit zu bekommen. Allparteienkabinett unwahrscheinlich.«[98]

Schröder wird auch gebeten, den Bundespräsidenten über die neue Entwicklung auf dem laufenden zu halten. Der Satz »kleine Koalition wahrscheinlich« dürfte wohl Adenauers Meinung wiedergeben, soll aber zugleich auch Schröder selbst beruhigen.

Immerhin wird deutlich, daß schon die erste Sondierung Lückes mit Wehner von vornherein mit Adenauers Vorwissen erfolgt. Sowohl Lücke wie Adenauer erwecken allerdings später den Anschein, als habe Lücke dabei »ohne Auftrag« gehandelt.[99] Das ist nicht einmal ganz unrichtig. Adenauer hat Lücke, der sich dazu anbot, als Minenhund lostraben lassen. Entscheidend aber ist: er wußte von der Absicht, bei Wehner zu sondieren und hat dem offenbar nicht widersprochen.

Dem sind bereits monatelange Gespräche zwischen Baron Guttenberg und Wehner vorausgegangen, von denen zumindest Krone informiert ist.[100] Hingegen hat zuvor noch nie ein Gespräch zwischen Wehner und Lücke über ein Zusammengehen der beiden großen Parteien stattgefunden.[101] Bereits am Abend nach dem mittäglichen Gespräch mit Adenauer unter vier Augen findet im Wohnungsbauministerium das erste Treffen Lückes mit Herbert Wehner statt. Lücke hat Wehner nach der Unterredung mit Adenauer angerufen, und dieser ist sofort zu ihm gekommen. Als Antwort Wehners auf die Frage Lückes, ob Bundeskanzler Adenauer für die SPD tragbar sei, vernimmt Lücke: »Das ist die einzige Möglichkeit«. Zu den Bedingungen, die Wehner nennt, gehört die restlose Aufklärung der »Spiegelgeschichte« und: »Der Bundeskanzler darf die Verhandlungen mit der SPD über eine gemeinsame Regierung nicht ausnutzen, um die FDP billig einzukaufen.«[102]

Eben letzteres scheint aber die Absicht Adenauers. Auch jetzt verfolgt er seine bekannte Taktik, mindestens zwei Möglichkeiten parallel zu verfolgen, ohne sich bereits definitiv festzulegen. Was er letzten Endes für möglich und erstrebenswert hält, vermag niemand genau zu ergründen. Auch als der spektakuläre Überraschungscoup nach zehn Tagen ohne Ergebnis abgebrochen wird, sind sich die weisen Thebaner im Bundeskanzleramt nicht darüber im klaren, ob ihr Herr und Meister nun eigentlich die große Koalition gewollt oder ob er nur zynisch taktiert hat. Globke, der nach wie vor am besten informiert ist, meint zu Horst Osterheld: »Adenauer wollte die große Koalition nicht.«[103] Doch Adenauers persönlicher Referent Heinrich Barth sieht das genau umgekehrt.[104] Barth hat immerhin bei allen Koalitionsgesprächen Protokoll geführt, er hat von Tag zu Tag die Stimmung des Bundeskanzlers mitbekommen und natürlich jedes Wort, selbst jede Geste wie ein Luchs beobachtet.

Anfänglich jedenfalls, darauf deutet auch Lückes Telegramm an Schröder, ist die Sondierung bei der SPD eher eine taktische Variante, während Adenauer weiterhin die Wiederherstellung der Koalition mit der FDP anstrebt. Noch am 27. November notiert Krone: »Das Thema von gestern. Der Kanzler sagt nicht nein ... Wir sollten frei nach beiden Seiten hin verhandeln.«[105] Das deutet auf keine große Begeisterung. Adenauer weiß schließlich genau, daß Krone für den Versuch ist und muß auch ihm gegenüber vorsichtig bleiben.

Aus dem ersten Flirt wird aber rasch eine etwas heißere Affäre, zu der sich Adenauer nun auch öffentlich bekennen muß, ohne allerdings das alte Verhältnis schon aufzugeben. Und er wird schließlich der Entscheidung enthoben, weil sich Wehner und Ollenhauer innerhalb der eigenen Reihen nicht durchsetzen.

Dabei ist zu beobachten, daß er den Exponenten der jeweiligen Lösung gegenüber so tut, als sei ihm vor allem an der von ihnen favorisierten Lösung gelegen. Am 3. Dezember etwa, als die »Brigade Erhard« in der Fraktion gegen die schwarz-rote Koalition Sturm läuft, meint Krone zum Kanzler: »Sie bekommen es nicht durch.« Dieser antwortet: »Doch«.[106] Erich Mende erklärt er hingegen vier Tage später mit der größten Unbefangenheit: »Ich habe von Anfang an die Fortsetzung unserer Zusammenarbeit im Auge gehabt, Herr Mende. Das können Sie mir glauben! Aber ich wollte die Sozialdemokraten einmal prüfen, wie sie sich verhalten würden, wenn sie die Möglichkeit hätten, in meine Regierung einzutreten. Sie kamen mit fliegenden Fahnen, Herr Mende, die sind ja viel einfacher zu haben als Sie und Ihre Partei.«[107] Vielleicht sagt er damit sogar die Wahrheit.

Wie präzise die Sondierung Lückes mit Adenauer abgestimmt ist, erhellt jedenfalls der Umstand, daß er unmittelbar nach dem Zusammentreffen mit Wehner in Rhöndorf anruft und dem Kanzler durch den Prälaten Paul Adenauer die genauen Bedingungen mitteilen läßt. Übrigens wird auch Strauß, der während Wehners Anwesenheit zufällig bei Lücke anruft, in großen Zügen von dem Gespräch mit Wehner und der Möglichkeit einer großen Koalition unterrichtet.[108]

Am Morgen des 27. November, als Lücke dem Kanzler von der langen Unterredung mit Wehner im einzelnen berichtet, erkennt Adenauer genau, wie sich seine taktische Lage dank Wehners Verhandlungsbereitschaft entscheidend verbessert. Ausgerechnet jetzt, als die Strudel der *Spiegel*-Krise auch ihn herunterziehen, wirft ihm Wehner ein Rettungsseil zu. Denn es ist völlig klar, daß die SPD ungeachtet aller Beteuerungen des Gegenteils die ganze Affäre irgendwie unter den Teppich kehren müßte, wollte sie mit der CDU ernsthaft ins Geschäft kommen. Selbst wenn sich die Sondierungen zerschlagen, kann man aus dem Techtelmechtel mit der SPD doch öffentlich soviel hermachen, daß sich der moralische Sturm der Entrüstung über die Unionsparteien beruhigen wird.

Zu allem hin ist es für Adenauer köstlich zu hören, mit welcher Ungeniertheit Wehner eine unbeschränkte Kanzlerschaft Adenauers für annehmbar hält. Wehners Großzügigkeit erklärt sich freilich auch daraus, daß bei der SPD gar nicht genau bekannt ist, wie weitgehend sich der Kanzler seinerzeit im CDU-Vorstand und durch den Brief an den Fraktionsvorsitzenden Krone mit Durchschlag an den FDP-Fraktionsvorsitzenden Mende auf einen Rücktritt festgelegt hat.

Flugs werden nun Krone und von Brentano zu der Besprechung mit Lücke am 27. November hinzugezogen. Sie sind, wie Adenauer genau weiß, die beiden Spitzenpolitiker in der CDU, deren Abneigung gegen die FDP am ausgeprägtesten ist. Krone ist durch Lücke noch nachts um elf Uhr am 26. November telefonisch unterrichtet worden. Als Hauptpunkte des telefonischen Berichts seines Kabinettskollegen vermerkt er, Wehner wolle wie Lücke aus Sorge um die Demokratie in Deutschland mitwirken, diese mehr als akute Krise mitzubeheben. Beide hätten sich auf die folgenden Gesichtspunkte geeinigt: »Ja zu einer Koalition zwischen CDU/CSU und SPD, doch diese nur dann, wenn die Koalition das Mehrheitswahlrecht in ihr Programm aufnimmt. Bundeskanzler bleibt Konrad Adenauer, solange er selber und die CDU/CSU es wollen. Er werde dieses Programm in seinen Reihen durchsetzen, hätte Wehner gesagt, und von den Unionsparteien gelte dasselbe.«[109] Wie Lücke vermerkt, hat Krone schon bei dem nächtlichen Telefonat am 26. November diesem Vorhaben seine volle Zustimmung erteilt.[110]

Krone will die große Koalition. Anders als Adenauer sieht er in den Verhandlungen darüber mehr als ein vorerst bloß taktisches Manöver: »Ein Plan, ein Vorgang von geschichtlicher Bedeutung für die deutsche

Demokratie – wird er gelingen?«, hat er nachts zuvor zu Papier gebracht.[111]

Von Brentano ist zwar weniger enthusiastisch. Aber sein Groll gegen die FDP sitzt tief, genauso tief wie der Mißmut gegen den Kanzler, den er weiterhin weghaben möchte. Nun aber tut er ihm einen großen Dienst. Ohne von dem Gesprächsfaden mit Wehner ein Wörtchen zu sagen, lenkt er die über die FDP zutiefst ergrimmte Fraktion auf einen Beschluß, nach beiden Seiten zu verhandeln. Das Fraktionsprotokoll hält seine Einlassung wie folgt fest: »Man müsse davon ausgehen, daß die alte Koalition tot sei. Endgültig. Man habe sie aufgekündigt, und alle Redereien von einem Koalitionspapier gehörten der Vergangenheit an. Man fange an Punkt Null wieder an. Er wolle den Bundeskanzler bitten, seine Gespräche über eine Regierungsneubildung nicht nur mit der FDP, sondern auch mit der SPD zu führen.«[112] Schluß jetzt mit der »Erpressung«! Alle Minister der CDU/CSU, so sei man eben im Fraktionsvorstand übereingekommen, würden zurücktreten, auch als Ausdruck der Solidarität mit Franz Josef Strauß. Brentano deutet sogar schon an, man müsse nun auch die Wahlrechtsfrage neu aufgreifen. Diese Bemerkung macht nur Sinn, wenn dabei an eine Koalition gegen die FDP gedacht ist.

Rasch erklärt sich auch Adenauer unmittelbar im Anschluß an die Ausführungen von Brentanos bereit, mit zwei Parteien zu verhandeln. Er betrachte die Koalition als aufgelöst. Mit der Bemerkung »Wissen Sie, jeder Koalitionspartner ist ein Erpresser, jeder!«, distanziert er sich allerdings von denen, die über die FDP wütend sind, dämpft aber auch etwas die Begeisterung jener, die nun den Ausweg aus allem Ärger mit der FDP in einer Koalition mit der SPD sehen.

Das Drama spielt von jetzt an auf verschiedenen Ebenen, die nur der Regisseur Adenauer insgesamt übersieht. Im Fraktionsvorstand versucht der Kanzler, unterstützt von seinen Parteifreunden von der CDU, Franz Josef Strauß klarzumachen, daß an eine Rückkehr ins Verteidigungsministerium nicht mehr zu denken ist.[113] Schon ein paar Tage zuvor, am 19. November, hat ihm Globke in einem handschriftlichen Brief aus Badgastein den Rat gegeben, Strauß unter Beibehaltung des Bundestagsmandats als bayerischen Ministerpräsidenten nach München ziehen zu lassen und Ministerpräsident von Hassel oder Hermann Höcherl zum Verteidigungsminister zu machen.[114] Adenauer möchte aber keinen CSU-Platzhalter für Franz Josef Strauß und favorisiert daher insgeheim die Lösung von Hassel.

Strauß sieht jetzt seine Felle davonschwimmen und packt daher in den innersten Gremien erbittert aus. Zumindest die Spitzenpolitiker von CDU und CSU erfahren bei dieser Gelegenheit von ihm, wie tief Adenauer selbst von Anfang an in die Aktion gegen den *Spiegel* verwickelt war. Er droht, bei seinem Weggang würden auch die CSU-Minister nicht mehr in der Regierung zu finden sein. Lauter Schwierigkeiten also mit der CSU![115] Zugleich sprechen einige Anhänger Ludwig Erhards in der Fraktionssitzung am 27. November wieder dezidiert die Nachfolgefrage an. Adenauer schätzt die Lage nun selbst so kritisch ein, daß er nach der Fraktionssitzung den getreuen Krone fragt, ob er nicht doch alles hinwerfen solle.[116] Aber es gelingt schließlich, Strauß vom Unvermeidlichen zu überzeugen. Doch erst am 30. November erklärt er vor dem Landesvorstand der CSU seine Bereitschaft zum Amtsverzicht.[117] Dabei weiß er allerdings noch nichts Genaues von den Geheimverhandlungen mit Herbert Wehner, die eine ganz neue Lage schaffen.

Da Strauß finster entschlossen zu sein scheint, notfalls auch Adenauer in den eigenen Untergang hineinzuziehen, ist es aus dessen Sicht dringend geboten, die Sondierungen bei der SPD rasch voranzutreiben. Mit vereinten Kräften bemühen sich nun Lücke und von Guttenberg in ständigem Kontakt mit dem Kanzler, die Sondierungen mit Wehner zu konkretisieren. Erst verhandelt man in Bonn, dann – dort allein durch Guttenberg – im Berliner ›Hilton‹ am Rande einer Tagung des »Kuratoriums Unteilbares Deutschland«.

Lücke kennt Adenauers Vorliebe für präzise schriftliche Informationen und verfertigt in diesen Tagen verschiedene Schriftstückke, die Adenauer jeweils schnellstens zugehen. Der kommentiert allerdings ein Schreiben Lückes auf seine Weise: »Sie sind doch sonst so ein grader Mann, aber Ihre Schrift ist unmöglich!«[118]

Der wagemutige, aber doch nicht ganz unvorsichtige Herbert Wehner drängt nunmehr auf einen Brief Adenauers, der ihm Gewißheit gibt, daß das Tandem Lücke und Baron Guttenberg mit Wissen und im Auftrag Adenauers Gespräche führt. Am 29. November, um 10.15 Uhr, erhält Guttenberg von Adenauer in Gegenwart Krones und Globkes den gewünschten Legitimationsbrief[119] und fliegt damit zu Wehner nach Berlin. Der Kanzler ermächtigt ihn darin, über Einzelheiten einer Großen Koalition zu sprechen[120]: »Ich habe mit großem Interesse von den Gesprächen Kenntnis genommen, die Sie heute zusammen mit Herrn Minister Lücke und Herrn Bundestagsabgeordneten Wehner wegen der Bildung einer Koalition CDU/CSU – SPD geführt haben.

Die Voraussetzung für eine derartige Koalition wäre für uns, daß mit

Hilfe eines Mehrheitswahlrechts die demokratischen Verhältnisse in der Bundesrepublik stabilisiert würden.

Ich darf Sie bitten, mit Herrn Wehner auf Grund der gemachten Vorschläge weitere Einzelheiten zu klären.«[121]

Nach wie vor legen alle Beteiligten auf größte Diskretion Wert. Adenauer bereitet nämlich mit den Spitzen von CDU und CSU eine erste Besprechung mit der FDP vor, die am Abend des 29. November im Bundeskanzleramt erfolgen soll. Der Kontakt allein über Lücke und Guttenberg ist auch deshalb so heikel, weil die Fraktion für die Verhandlungen nach beiden Seiten Adenauer eine kleine Kommission beigegeben hat, der von Brentano, Schmücker, Struve, Barzel sowie Strauß und Dollinger für die CSU angehören. Diese Kommission soll auch, so wollen es die Erhard-Anhänger, die Kanzlernachfolge klären. Kein Wunder, daß Adenauer es vorzieht, zuerst bei der SPD auf der Schiene Lücke und von Guttenberg zu sondieren, ohne die CDU/CSU-Verhandlungskommission auch nur zu informieren. Wenn erst klar ist, daß die gesamte SPD-Spitze, also nicht nur Wehner, eine unbeschränkte Kanzlerschaft Adenauers akzeptiert, sind seinen innerparteilichen Gegnern die Waffen aus den Händen geschlagen.

Heikel sind die Sondierungen aber nicht zuletzt deshalb, weil es zufällig ein CSU-Abgeordneter ist, der zu Wehner den besten Draht hat. Wie der CSU-Vorsitzende Strauß reagieren wird, wenn ihm dies zu Ohren kommt, läßt sich unschwer vorstellen.

Bereits am 29. November liegen dem Kanzler sehr wertvolle Äußerungen Wehners vor.[122] Dieser habe, so weiß Lücke zu berichten, wörtlich erklärt, daß in der Verteidigungspolitik »ohne Geschrei und nicht spektakulär, aber zielbewußt auf die Errichtung einer europäischen Atomstreitmacht hingearbeitet werden müsse.«[123] Mehrheitswahlrecht und Kanzlerschaft Adenauers werden weiterhin akzeptiert.

So sitzen am Abend des 29. November Wehner und Guttenberg im Berliner ›Hilton‹ zusammen und sehen auf der Grundlage von Schriftstücken, die von Guttenberg mitbringt, bereits sehr ins einzelne gehende Vereinbarungen vor, darunter auch den Entwurf einer gemeinsamen Erklärung der beteiligten Fraktionen und den Gesetzentwurf für ein Mehrheitswahlrecht. Wehner weist allerdings bereits ganz vorsichtig auf die Probleme hin, die er wegen des Mehrheitswahlrechts in den eigenen Reihen haben wird, gibt sich aber weiterhin zuversichtlich. Fortführung der NATO-Politik, Ablehnung der Teilung Deutschlands und Berlins – alles ist für Wehner akzeptabel.

Über die Sitzverteilung im Kabinett war schon tags zuvor in Bonn gesprochen worden – 11 : 9 Sitze für CDU/CSU bzw. SPD entsprechend den Mehrheitsverhältnissen, dazu für die CDU noch den Bundeskanzler. Nun formuliert Wehner allerdings den Wunsch, in allen Häusern eine zweifarbige Kombination von Ministern und Staatsministern nach österreichischem Vorbild einzuführen, »um die beiden Parteien aneinander zu gewöhnen«[124].

Wehner erhält sogar von Guttenberg den Entwurf einer tags zuvor mit Globke besprochenen Ressortliste. Danach würden der CDU/CSU verbleiben: Wirtschaft, Verteidigung, Verkehr, Landwirtschaft, Familie, Post, Atom, Finanzen, Justiz, Gesamtdeutsches Ministerium und Sonderministerium. Das Außenministerium erbittet Wehner für den SPD-Vorsitzenden Ollenhauer. In diesem Punkt stellt Guttenberg fest, daß Erler für die CDU schwerlich akzeptabel wäre. Wehner wünscht auch ein Europaministerium.[125]

Die Klärung auf seiten der SPD-Spitze erfolgt rasch. Schon im Lauf der Nacht nach der Besprechung im Hilton teilt Wehner seinem Verhandlungspartner Guttenberg telefonisch das Einverständnis Ollenhauers und Erlers mit. Die Führungsgremien der SPD, so erfährt Guttenberg und damit rasch auch Adenauer, würden ab Montag in Permanenz tagen. Damit aber zeichnet sich Dienstag, der 4. Dezember, als entscheidender Tag ab. Am 5. Dezember kehrt Bundespräsident Lübke zurück. Dann könnte die neue Regierung bereits in den Grundzügen stehen.[126]

Allem Anschein nach verfolgen Wehner, Ollenhauer und Erler eine Überrumpelungstaktik. Sie wünschen eine alsbaldige Entsendung Krones, des wichtigsten Befürworters der schwarz-roten Koalition in der CDU. Damit wäre die Phase der Sondierungen in die der Verhandlungen übergeleitet. Nach zwei oder drei Unterredungen im Kreis Bevollmächtigter, so hoffen sie, könnte sich dann Adenauer offiziell an die SPD wenden.[127]

Da dies teilweise erst in der Nacht des 29. November besprochen wird, kann sich Adenauer nicht vor dem Freitagmorgen des 30. November ein klares Bild von der Lage machen. Doch schon am Donnerstagabend ist das Gespräch mit Wehner so weit gediehen, daß der Kanzler gegenüber der FDP andere Saiten aufziehen kann.

Die Freien Demokraten sind zu lange auf dem hohen Roß gesessen. Zwar haben sie sich unmittelbar nach den bayerischen Landtagswahlen bereit gefunden, mit Adenauer erneut über die Fortsetzung der Regierung zu verhandeln. Doch fast die ganze Woche verstreicht mit weiteren

Streitereien um die Rolle von Strauß bei der *Spiegel*-Affäre und um sein Verbleiben im Kabinett. Es fehlt dabei nicht an lächerlichen Zügen. Am Donnerstagabend des 29. November etwa, als ein Abendessen im Bundeskanzleramt den Ausgangspunkt eines neuen gemeinsamen Weges markieren soll, erklären die FDP-Vertreter, mit Strauß zusammen nicht das Abendbrot einnehmen zu wollen. So speisen die CDU/CSU-Repräsentanten mit Adenauer an der Spitze im Eckzimmer am weißgedeckten Tisch, während im Nebenraum die Herren von der FDP an ungedeckten Tischen gleichfalls das Essen verzehren. Am Unionstisch streitet man sich jetzt darüber, ob es überhaupt zumutbar sei, unter solchen Umständen anschließend zu verhandeln. Das alles, während im Berliner ›Hilton‹ Wehner und Baron Guttenberg ihr Tête-à-tête pflegen! Schließlich beendet Adenauer die komödienreife Szene mit der Entscheidung, trotz der auch eben wieder erfahrenen Beleidigung doch sofort mit den Verhandlungen zu beginnen.[128]

Nach kurzen einleitenden Worten beider Seiten fällt er sofort über die FDP-Vertreter her. Er kritisiert heftig, daß die Freien Demokraten ausgerechnet in einem Moment schwerster internationaler Spannungen ihre fünf Minister aus dem Kabinett zurückgezogen haben. Weiter stellt er fest, daß der FDP-Finanzminister Starke physisch und psychisch dem Amt nicht mehr gewachsen sei; Walter Scheel hingegen wäre als Nachfolger denkbar.

Wolfgang Döring, der sich während dieser Regierungskrise an die Spitze der FDP-Fraktion vorarbeitet, ohne zu ahnen, daß es die letzten Wochen seines Lebens sind, meint nun, auf den groben Klotz einen groben Keil setzen zu müssen. Er erbittet von Adenauer recht pointiert eine Stellungnahme dazu, ob er wirklich auch mit der SPD verhandeln wolle. Und dann türmt er die Fragen auf, die vor einer Neubegründung der Koalition geklärt werden müßten: Sozialpaket, Notstandsgesetzgebung, Aufarbeitung des »Spiegelei«, Ausarbeitung neuer Koalitionsvereinbarungen und – Nachfolge des jetzigen Bundeskanzlers!

Es kann niemanden erstaunen, daß Adenauer ihm in entsprechend scharfem Ton herausgibt. Noch ein paar Tage später betont er, wie sehr ihn Dörings Auftritt aufgebracht hat: »Sie brechen die Koalition, ziehen ihre Minister zurück, und tun dann so, als ob sie das Kommando hätten. Ich war so verärgert über Döring! Das ist ein Bruder, den man sehr genau ansehen muß. Diese erste Verhandlungsstunde mit der FDP hat einen denkbar schlechten Eindruck bei uns allen hinterlassen.«[129]

Auch den anderen Unionsvertretern bleibt nun nichts anderes übrig, als die Forderungen Dörings zurückzuweisen. Mende und Zoglmann, die vermitteln möchten, können sich nicht recht Gehör verschaffen. Mühsam einigt man sich, die Verhandlungskommissionen am kommenden Montag wieder zusammentreten zu lassen.[130]

Damit hat Adenauer sein taktisches Ziel erreicht. Immer, wenn die Befürworter eines raschen Abschlusses mit der FDP in den kommenden Tagen vorsprechen, kann er ihnen diesen Musterfall freidemokratischer Arroganz entgegenhalten. Außerdem hat er drei Tage Zeit gewonnen, um die Sondierungen mit der SPD voranzubringen und das eigene Lager auf den Gedanken einer Alternative zur Koalition mit der FDP einzustimmen. Selbst wenn das alles mit der Absicht geschähe, schließlich doch mit den Freien Demokraten abzuschließen, wäre dies aus seiner Sicht die einzige Möglichkeit, sich der FDP gegenüber durchzusetzen.

Schon abends nach dieser Krachsitzung und am folgenden Morgen treffen die schönen Nachrichten aus Berlin ein. Allem Anschein nach ist für Adenauer entscheidend, daß nun auch Ollenhauer und Erler aus ihrer Deckung heraustreten. Denn die angebliche Wandlung Herbert Wehners vom Saulus zum Paulus ist und bleibt ihm rätselhaft. Bei der Diskussion der Vorgänge im CDU-Bundesvorstand am 3. Dezember bemerkt er salopp: »Ich war fast erstaunt darüber, daß auf einmal Herr Wehner so den Heiligen Geist bekommen haben sollte.«[131] Vor der Fraktion drückt er sich etwas gewählter aus: »Lücke hat mir von seinem Gespräch mit Wehner eine Schilderung gegeben, daß ich ihm einfach nicht geglaubt habe. Nicht, als wenn ich angenommen hätte, Lücke würde mir die Unwahrheit gesagt haben, aber ich habe bei meinem tiefen Mißtrauen gegenüber der SPD nicht geglaubt, daß das, was Wehner gesagt hat, ernsthaft gemeint sei.«[132]

Dem mag so sein. Als sich aber am 30. November eine reale Verhandlungsmöglichkeit mit der SPD abzeichnet, muß er doch auch so tun, als ob er selbst sehr überrascht sei. Denn die Geheimverhandlungen hinter dem Rücken von Parteipräsidium, CSU-Spitze und bereits eingesetzter Verhandlungsdelegation wirken auf viele seiner Parteifreunde irritierend. Dies ist wohl auch der Grund, weshalb er in den späteren Berichten das Gespräch mit Lücke vom 26. November nicht erwähnt, obwohl alles damit begonnen hat.

Erhard und seine Freunde, auch Dufhues, die mit der Regierungsbildung doch zugleich die Kanzlernachfolge für Erhard sichern möchten, sehen sich jetzt ausmanövriert. Wie wollen sie Adenauer zum Verzicht zwingen, wenn sogar die SPD einer unbefristeten Kanzlerschaft zustimmen würde! Besonders verdrossen ist Gerstenmaier. Er, der sich jahrelang um den Brückenschlag zur SPD bemüht hat, sieht nun, daß alles an ihm vorbeigelaufen ist. Adenauer, Krone und Lücke machen das große Spiel, und die SPD legt sogar seinen und Lübkes Lieblingsgedanken einer Allparteienkoalition verächtlich beiseite!

Irritiert sind aber auch jene treuen Anhänger Adenauers wie etwa Bundesarbeitsminister Theo Blank, denen der CDU-Vorsitzende und Bundeskanzler 13 Jahre lang sein Mißtrauen gegen die Sozialdemokraten eingeimpft hat. Erst recht erzürnt ist Franz Josef Strauß. Er erkennt genau, daß sich Adenauer jetzt auf sicherem Boden befindet, während er selbst fast hoffnungslos ausmanövriert ist. Dabei verliert er viel Gesicht. Die neue Entwicklung ist völlig an ihm, dem großen Vorsitzenden der CSU, vorbeigelaufen. Und zu allem hin hat sich der Kanzler dabei auch noch eines mit ihm verfeindeten CSU-Emissärs bedient!

Im Licht dieser Entwicklung gewinnt der Fraktionsbeschluß vom 27. November, nach allen Seiten zu verhandeln, urplötzlich eine ganz weitreichende Bedeutung. Entsprechend nachdrücklich kommt Adenauer immer wieder darauf zu sprechen. Er versteht es selbstredend, auch die Sondierungen der vergangenen Tage so hinzudrehen, als ob damit nur die offiziellen Verhandlungen der zuständigen Organe umsichtig vorbereitet worden seien. Bei Lichte besehen, ist dies auch genau der Sachverhalt. Doch in dem Umstand, daß alles unter größter Geheimhaltung bis hin zur Überreichung des Skeletts einer Kabinettsliste schon so weit gediehen ist, erkennen alle, die sich jetzt überrumpelt sehen, ein weiteres Musterbeispiel autoritärer Adenauerscher Machtpolitik. Es fällt ihnen auch nicht schwer, auf die vielen Risiken einer schwarz-roten Koalition hinzuweisen. Dazu gehört nicht zuletzt die Wahlrechtsfrage. Die Diskussion in den Parteigremien macht ganz deutlich, daß durchaus noch keine Mehrheit für eine Umkehrung der Bündnisse gesichert ist.

Für den Kanzler hängt aber nun alles davon ab, die SPD-Spitze erst einmal zu formellen Verhandlungen ins Palais Schaumburg zu bekommen. Schon die Umstände der Geheimkontakte mit der SPD-Spitze erwecken nicht mehr den Eindruck, als ob Adenauer der *demandeur* sei. Im Gegenteil: die Öffentlichkeit muß eher den Eindruck gewinnen, daß die SPD in ganz unziemlicher Eile ins schwarz-rote Koalitionsbett drängt, nachdem sie Adenauer und die Unionsparteien eben noch wegen der *Spiegel*-Aktion mit großen Kübeln moralischer Empörung übergossen hat.

So setzt sich Adenauer nach heftigen Diskussionen damit durch, die SPD-Spitze zu offiziellen Koalitionsverhandlungen einzuladen, parallel

»Ein Abgrund von Landesverrat«

4. Dezember 1962: Die SPD-Führungstroika mit
Ollenhauer, Erler und Wehner auf dem Weg zu Adenauer.

dazu aber auch mit der FDP weiterzuverhandeln. Am meisten hilft ihm dabei die immer noch nachwirkende Wut der Unionsabgeordneten auf die »Erpressung« durch die FDP.

Am 4. Dezember stellt sich die Parteispitze der SPD erstmals in der Geschichte der Bundesrepublik zu regulären Koalitionsverhandlungen im Palais Schaumburg ein. Die völlig überraschte deutsche Öffentlichkeit wertet das als einen historischen Vorgang. Das Unionslager und die SPD haben sich damit in aller Form als gegenseitig koalitionsfähig anerkannt. Ein Informationsgespräch zwischen SPD und FDP am gleichen Tag unterstreicht die tiefgreifende Veränderung im Parteiensystem. Damit beginnt jene Periode der sechziger Jahre, in der alle Parteien auch im Bund untereinander koalitionsfähig sind.

Dies ist paradoxerweise das Werk des CDU-Führers, der seit 1946 nichts unterlassen hat, die Annäherung von CDU und SPD zu verhindern. Ganz unabhängig davon, ob er mit der SPD abschließen wollte oder nicht – es ist die politische Langzeitwirkung, die diesen Tag so bedeutsam macht.

Tatsächlich steht man nämlich am 4. Dezember bereits in der Endphase einer handstreichartigen Operation, die faktisch schon an diesem Tag zusammenbricht. Der SPD-Spitze mit Ollenhauer, Wehner und Erler ist das bereits ebenso klar wie Adenauer. Ollenhauer muß dem Kanzler nämlich bei einem Gipfelgespräch vor der eigentlichen Koalitionsverhandlung berichten, daß das Mehrheitswahlrecht von der SPD nicht als Koalitionsbedingung hingenommen werden könne.[133] Die Sozialdemokraten, so hat es jetzt den Anschein, wollen nicht einsehen, weshalb diese Marotte von Paul Lücke die entscheidende Basis einer großen Koalition darstellen soll. Doch für diejenigen im Unionslager, die sich voller Zorn über die »Regierungsunfähigkeit« der zerstrittenen FDP zur Koalition mit der SPD bereit finden würden, macht der Gedanke an die Vernichtung der FDP durch ein neues Wahlrecht den eigentlichen Spaß an der ansonsten recht unattraktiven schwarz- roten Koalition aus.

Entsprechend vorsichtig äußert sich denn auch Adenauer selbst, doch ebenso die führenden Sozialdemokraten. Am zurückhaltendsten gibt sich Fritz Erler. Allein die Tatsache des heutigen Gesprächs sei schon ein Verdienst: »Es diene darüber hinaus nach seiner Auffassung der Feststellung, in welchem Umfang beiderseits die Geneigtheit bestehe, über die erste inoffizielle Fühlungnahme hinaus zu einem echten Gespräch zu gelangen. Was bisher gesprochen worden sei, sei eine unverbindliche Vorklärung gewesen.«[134] Deutlicher kann ein Fraktionsvorsitzender nicht zum Ausdruck bringen, daß er dem Vorhaben keine großen Chancen mehr einräumt.

Immerhin nimmt Adenauer die Unterredung doch noch so ernst, daß er auf eine höflich verklausulierte Frage Ollenhauers nach der Dauer seiner Kanzlerschaft den Brief erwähnt, den er am 8. November 1961 an den damaligen Fraktionsvorsitzenden Krone geschrieben hat. Daran fühle er sich weiterhin gebunden.[135] Er weiß also jetzt, daß auch die Herrlichkeit einer Kanzlerschaft an der Spitze einer schwarz-roten Koalition spätestens im Jahr 1964 vorbei wäre. Aber in dieser Stunde ist er sich über die Stimmung in der SPD-Fraktion bereits hinlänglich im klaren. Dort stößt nämlich nicht allein der Plan eines Mehrheitswahlrechts auf heftigen Widerstand, sondern auch der Gedanke, ausgerechnet unter Adenauer in eine Koalition mit CDU und CSU einzutreten. Wenn er den Plan also nicht von sich aus torpedieren möchte, muß er in diesem Punkt Flexibilität signalisieren.

Auf beiden Seiten der Befürworter eines ernsthaften Versuchs miteinander ist eben inzwischen klar geworden, wie sehr man die Widerstände in den eigenen Reihen unterschätzt hat. Entsprechend zurückhaltend ist das Kommuniqué verfaßt. Eine »erste Fühlungnahme« zwischen den Verhandlungskommissionen sei erfolgt, heißt es vorsichtig: »Weder in der heutigen Zusammenkunft noch vorher wurden Vereinbarungen getroffen.« Mit diesem Satz ist alles entwertet, was zwischen Wehner, Lücke und von Guttenberg besprochen war.

Die Nachricht vom Abend des 5. Dezember überrascht also nicht, daß die SPD-Fraktion weder in Sachen Mehrheitswahlrecht noch bezüglich der Kanzlerschaft Adenauers zu einer Entscheidung gelangt ist. Man will vorerst mit einer repräsentativen Kommission verhandeln, ohne sich zu binden. Am Abend des 5. Dezember meint Adenauer zu Krone: »Es hat keinen Sinn mehr.«[136] Ollenhauer wird von ihm brieflich vor die Frage gestellt, entweder auf Grundlage der Absprachen zwischen Wehner, Lücke und Guttenberg zu verhandeln oder – das wird höflich offengelassen – alles bleiben zu lassen. Die aus Adenauers Sicht entscheidende Bedingung lautet: »Diese vorbereitenden Absprachen gehen von meiner Kanzlerschaft aus mit dem Ziele, mit Hilfe eines Mehrheitswahlrechts stabile Verhältnisse in unserer Demokratie zu schaffen.«[137]

Heinrich Krone, auf CDU-Seite die treibende Kraft hinter den Plänen einer großen Koalition, resigniert nun fürs erste: »Eine geschichtliche Stunde findet keine Gefolgschaft«, kommentiert er den Vorgang: »Der alte Kanzler ging mit den Mutigen. Der Kampf ist verloren. Es kommt die kleine Koalition und diese später dann auch mit Erhard. Der Film muß laufen. Er rollt schnell ab.«[138]

Ob allerdings Adenauer den Plan wirklich so nachhaltig betrieben hat, wie Krone meint, steht dahin. Gerstenmaier, der ihn am Sonntagmittag, dem 2. Dezember, in Rhöndorf aufsucht, trifft dort »einen depressiv gestimmten, schwankenden Bundeskanzler«[139]. Er nimmt den Eindruck mit, daß es der Verdruß über die FDP war, der bei Adenauer zu dem kurzen Flirt mit der SPD geführt hat.[140] Von einem großen Konzept, wie es Krone, Lücke oder von Guttenberg vorschwebt, kann auch er nichts entdecken.

Wie stark Adenauer nun doch selbst emotionell im Schwimmen ist, zeigt sich frühmorgens am 6. Dezember, als er Globke und Krone anscheinend allen Ernstes fragt, ob er den Bundestag nicht auflösen lassen sollte. Die beiden müssen ihm diese Schnapsidee ausreden. Etwas ratlos fragt er dann: »Was tun?« Ihre Antwort: er solle erklären, im Lauf des nächsten Jahres zurückzutreten. Globke, der am 1. September 1963 pensioniert wird und die Arbeit im Bundeskanzleramt hinlänglich satt hat, empfiehlt als Zeitpunkt des Rücktritts sogar den Beginn der parlamentarischen Sommerferien. Beide sind dann aber doch über die Selbstverständlichkeit erstaunt, mit der Adenauer dem Rücktritt im Herbst zustimmt.

Kurz danach tritt die Verhandlungskommission der CDU/CSU zusammen, und hier nennt der Kanzler nun tatsächlich als Zeitpunkt für sein Ausscheiden den Wiederbeginn der parlamentarischen Arbeit im Herbst 1963.[141] Damit liegt ihm die Terminschlinge erneut um den Hals, diesmal bereits viel fester gezogen als bei der Regierungsbildung 1961.

Immerhin kann er nochmals den Triumph genießen, die Herren der FDP nun recht klein und bescheiden auftreten zu sehen. Schon die Verhandlung am 4. Dezember, als die Bombe der Koalitionsverhandlungen mit der SPD geplatzt war, zeigt es deutlich, daß er den Freien Demokraten den Schneid abgekauft hat. Sogar Wolfgang Döring dementiert sein Interview mit dem *Corriere della Sera* und verspricht, dem Blatt einen Brief zu schreiben, der seine Auffassungen richtigstellt. Außerdem, so erklärt er der Runde, wolle er gar nicht Fraktionsvorsitzender der FDP werden.

Das große Wort auf seiten der FDP führt nun wieder der verbindliche Erich Mende. Er versichert Adenauer ausdrücklich, der Rücktritt liege in seinem Ermessen.[142] Auch in der Frage des Finanzministers geben die Freien Demokraten nach und präsentieren den Finanzfachmann Rolf Dahlgrün von der Hamburgischen FDP, der auch Adenauer genehm ist.

Genauso gern nimmt er Walter Scheel, Hans Lenz und Wolfgang Mischnick erneut ins Kabinett.

Die FDP-Fraktion ist ihm allerdings nach wie vor unheimlich. Reinhold Maier, mit dem er während der *Spiegel*-Krise ein längeres Gespräch führte, hat ihn in dieser Unsicherheit bestärkt: Sie sei selbst ihm völlig unverständlich, und er habe keinen Einfluß auf sie.[143] Die Vorstandsmitglieder der CDU, denen er von der Unterhaltung berichtet, erleben bei dieser Gelegenheit mit einem gewissen Erstaunen einen Adenauer, der von den früheren FDP-Politikern fast zu schwärmen beginnt: »Blücher, Preusker, Reinhold Maier, Höpker-Aschoff, Wildermuth, Heuß, Schäfer aus Hamburg und der spätere Justizminister Neumayer ... das waren Leute, die uns im Grunde genommen nahestanden und mit denen man koalieren konnte. Aber, meine Herren, mit Leuten wie Döring und Konsorten zu koalieren, scheint mir nicht möglich zu sein.«[144]

Doch er muß es halt leiden, kann Thomas Dehler als Justizminister zwar abwehren[145], kommt schließlich aber nicht umhin, in dem schwäbischen Rechtsanwalt Ewald Bucher erneut einen ausgesprochenen Exponenten des linksliberalen Parteiflügels als Justizminister zu akzeptieren. 1962 läßt sich nicht voraussehen, daß Bucher, der in Mutlangen wohnt, 1983 der CDU beitreten wird, weil er in den Protestformen der Raketengegner einen unerträglichen Bruch des Rechtsstaatsprinzips verurteilt.[146]

Soweit Adenauer in der Auswahl der Minister, die von der Union gestellt werden, überhaupt frei ist, folgt er zwei Grundgedanken. Einerseits soll das Kabinett verjüngt werden, zum anderen aber möchte er dafür auch mit Blick auf den Nachfolger Politiker heranziehen, die seine eigene Linie weiterführen.

So macht er den konservativen Katholiken Bruno Heck, der ihm als Bundesgeschäftsführer der CDU lange Jahre gedient hat, zum Familienminister. Alois Niederalt von der CSU wird Bundesratsminister, und der protestantische Franke Werner Dollinger, eine verläßliche Stütze Adenauers bei den Koalitionsverhandlungen, erhält das Schatzministerium. Rainer Barzel, die große Nachwuchshoffnung der rheinischen CDU, wird anstelle von Ernst Lemmer zum großen Ärger der Berliner CDU Gesamtdeutscher Minister. Nicht realisieren läßt sich hingegen der Plan, Barzel anstelle von Brentanos zum Fraktionsvorsitzenden zu machen und Brentano als Justizminister wieder ins Kabinett zu nehmen.[147] Dieser hätte nur Interesse am Auswärtigen Amt. Es wäre aber im Dezember 1962 völlig undenkbar, Gerhard Schröder von dort zu verdrängen. Schröder hat sich inzwischen soviel Ansehen erworben, daß man ihm sogar Chancen für die Nachfolge Adenauers einräumt. Wer von den CDU-Ministern künftig eine Hauptrolle spielen wird, läßt sich schon absehen, als dieses Übergangskabinett am 14. Dezember vereidigt wird. Erhard und Schröder werden dazu gehören. Jeder von den beiden gilt als ein möglicher Kanzler. Beide sind evangelisch, auch von Hassel, der als Verteidigungsminister vorgesehen ist. Die protestantische Phase der CDU steht vor der Tür. Ohne daß dies schon erkennbar ist, befinden sich in diesem letzten Kabinett Adenauer aber auch eine Reihe von Größen der sechziger, der siebziger und der achtziger Jahre. Mit Rainer Barzel, Walter Scheel, Wolfgang Mischnick, Hermann Höcherl, Richard Stücklen reichen die Mitglieder dieses letzten Kabinetts Adenauer weit in die Jahrzehnte nach Adenauer hinein. Demgegenüber sind von den Ministern, mit denen Adenauer 1949 im Museum Alexander Koenig angefangen hat, nur noch zwei verblieben – Ludwig Erhard und Verkehrsminister Seebohm, der jetzt der CDU angehört. Auch im Kabinett geht die Ära Adenauer sichtlich zu Ende.

Am wichtigsten ist die Besetzung des Verteidigungsministeriums. Von Hassel steht zur Übernahme der Aufgabe zwar bereit, kann aber sein Amt als Ministerpräsident von Schleswig-Holstein erst gegen Mitte Januar 1963 aufgeben. Adenauer möchte von Merkatz, den er ungern ziehen läßt, interimistisch mit der Leitung des Verteidigungsministeriums betrauen und hat dies auch schon im *Bulletin* der Bundesregierung bekanntgegeben.[148] Doch nun veranstaltet Strauß einen gewaltigen Krach. Eine Dreiviertelstunde lang schreien sich Adenauer und Strauß in Gegenwart Dollingers an, wobei Strauß dem Kanzler noch einmal vorhält, ihn in der *Spiegel*-Affäre feige im Stich gelassen zu haben.[149] Adenauer gibt schließlich nach und läßt Strauß als eine Art Wiedergutmachung gemäß Artikel 69 GG bis in den Januar hinein die Geschäfte des Verteidigungsministers führen. Dieser kann sich somit als halb rehabilitiert fühlen.

Natürlich hat Adenauer jetzt bereits den Endkampf um seine Nachfolge im Auge. Zwischen Strauß und von Brentano hat sich nämlich eine politische Allianz herausgebildet, und Adenauer hofft nun, mit Hilfe des CSU-Vorsitzenden doch noch die Kanzlerschaft Erhards verhindern zu können. Außerdem macht es ihm Freude, die Liberalen und den *Spiegel* damit zu ärgern. Plötzlich hört man von ihm, er sei nun für von Brentano als Bundeskanzler.[150] Auch über Strauß beginnt er unversehens Gutes zu reden.[151]

Doch nicht genug damit. Adenauer läßt es sich auch nicht nehmen, dem gestürzten Verteidigungsminister am 19. Dezember beim Großen Zapfenstreich der Bundeswehr die Ehre zu geben. Rund 100 Generale und Admirale der Bundeswehr sowie die Spitze der Hardthöhe versammeln sich im Luftwaffenoffiziersheim auf dem Fliegerhorst Wahn. Adenauer, aufrecht wie immer, angetan mit einem pelzgefütterten Mantel und mit Homburg[152], feiert die Aufbauleistung des scheidenden Verteidigungsministers und prophezeit, daß er »in Zukunft im politischen Leben des deutschen Volkes noch eine große und entscheidende Rolle spielen wird«[153]. Des weiteren gibt er ihm die Lebensweisheit auf den Lebensweg: »Bittere Stunden formen den Mann.«[154] So endet die heiße Phase der *Spiegel*-Affäre und die Bildung der letzten Regierung Adenauer.

Nach dem kurzen Weihnachtsurlaub ist Adenauer schon wieder obenauf. Wie gewohnt feiert er seinen 88. Geburtstag, und Krone, der ihm Ende des Jahres im Tagebuch schon eine Art Nachruf verfaßt hat[155], vermerkt bei dieser Gelegenheit nicht ohne Staunen: »Der alte Herr geht ins Achtundachtzigste. Frisch, gewandt, humorvoll, ohne ein Zeichen der Schwäche. Kein Wunder, daß er nicht gehen will.«[156]

Der deutsch-französische Vertrag

Tempo und Intensität des Adenauerschen Arbeitsstils ändern sich zwar nicht, obwohl die Sanduhr der Kanzlerjahre jetzt vor aller Augen ausläuft. Aber Adenauer weiß selbst, daß ihm von nun an die politische Kraft fehlt, wichtige Vorhaben auch gegen harten Widerstand in den eigenen Reihen oder in der Öffentlichkeit durchzusetzen. Jedermann stellt sich bereits auf die Zeiten nach Adenauer ein. Innenpolitisch ist ohnehin nicht mehr viel zu bewegen. Hier steht nur noch das große *shoot-out* um die Kanzlernachfolge bevor. Anfang Januar 1963 ist nicht zweifelsfrei vorauszusehen, welcher der Bewerber auf der Strecke bleiben wird.

Doch selbst in der Außenpolitik sind dem Kanzler bereits die Flügel gestutzt. Es ist so gut wie sicher, daß Gerhard Schröder auch nach Adenauer das Auswärtige Amt leiten wird, wenn er nicht gar an Ludwig Erhard vorbeizieht und selbst die Kanzlerschaft erringt. Adenauer versucht zwar weiterhin, den Außenminister in gewohnter Manier am kurzen Zügel zu führen. So schreibt er ihm etwa an Silvester 1962 unter Hinweis auf § 13 der Geschäftsordnung der Bundesregierung einen energischen Brief, weil er ohne Absprache mit dem Kanzler Gespräche mit britischen Ministern in Chequers vereinbart hat. Da am 21. und 22. Januar wichtige Verhandlungen mit de Gaulle anstehen, werde dadurch in Paris Mißtrauen wegen eines deutschen Doppelspiels geweckt. Doch vermag der Kanzler die ohnehin bereits vereinbarte Reise nicht mehr zu verbieten und muß sich darauf beschränken, eine Eingrenzung der Gespräche allein auf Fragen des EWG-Beitritts zu verlangen.[1] Schröder kann es sich also leisten, über das Aufbegehren Adenauers achselzuckend hinwegzugehen.

Als Globke und Osterheld Anfang Januar die Lage besprechen, stimmen diese Herren aus dem innersten Kreis darin überein, daß Adenauer außenpolitisch nur noch Vorhaben durchbringen kann, für die sich in der Bevölkerung, in der Fraktion oder im Kabinett von vorneherein eine Mehrheit abzeichnet.[2] Nach dem triumphalen Empfang de Gaulles im September 1962 scheint das jetzt, am Jahresanfang 1963, auch noch für die geplante Regierungsvereinbarung über vertiefte deutsch-französische Zusammenarbeit zu gelten.

Genauso sieht es Adenauer selbst. Bei der entscheidenden Besprechung mit der Verhandlungsdelegation der Unionsparteien am 6. Dezember 1962, als er sich auf den Rücktritt im Herbst 1963 festlegte, ließ er die Herren wissen: »Ich mache noch die Zusammenarbeit mit Frankreich und die Reorganisation der NATO.«[3] In beiden Fragen scheinen sich bei taktisch geschicktem Vorgehen keine unüberwindlichen Schwierigkeiten innerhalb des Kabinetts aufzutürmen.

Das amerikanische Projekt einer NATO-Atommacht hat inzwischen die Gestalt einer mit Atomraketen bestückten Überwasserflotte angenommen. Die prononciert atlantische Gruppe im Kabinett – Erhard, Schröder, nach seiner Amtsübernahme auch von Hassel – setzt sich stark dafür ein. Adenauer hegt zwar seine Zweifel, ob das Vorhaben von Washington wirklich ganz ernst gemeint, auch, ob es praktisch realisierbar ist. Später wird er behaupten, nur deshalb zugestimmt zu haben, um sich nicht den Vorwurf machen zu lassen, Bonn hätte ein großzügiges Angebot zur nuklearen Teilhabe nicht aufgegriffen.

Seit längerem ist ihm das Bestreben der Kennedy-Administration nicht verborgen geblieben, möglichst alle Kernwaffen im westlichen Bündnis einer zentralen Kontrolle zu unterwerfen. Daher muß durchaus befürchtet werden, daß Amerika das Angebot einer Multilateral Force (MLF) nur deshalb unterbreitet, um den Aufbau eigener Kernwaffenarsenale der westeuropäischen Staaten zu verzögern. Vielleicht sollen die MLF-Pläne Frankreich, Großbritannien, doch auch der Bundesrepublik lediglich eine Fata morgana vorgaukeln und damit von autonomen Lösungen oder von westeuropäischer nuklearer Zusammenarbeit ablenken? Doch den Verhandlungen ist vorerst nicht auszuweichen.

Nach wie vor hält Adenauer auch gegenüber diesem Vorhaben an seinen altbekannten Forderungen fest: Unterstellung einer NATO-Atommacht unter den NATO-Oberbefehlshaber; faire, im Prinzip gleichberechtigte Mitsprache für die Bundesrepublik; Beibehaltung und technische Verbesserung der taktischen Kernwaffen in Deutschland; weitere Ausstattung der Bundeswehr mit Gefechtsfeldwaffen sowie Festhalten an den Plänen, mobile Mittelstreckenraketen in Westeuropa einzuführen.[4]

Als Unterstaatssekretär George Ball Mitte Januar mit großer Fanfare durch Westeuropa reist und dabei auch Bonn aufsucht, um über das Projekt der MLF zu verhandeln, erklärt Adenauer zwar in aller Form die Bereitschaft zur Mitwirkung. Es ist aber nicht nur Taktik, wenn er de Gaulle acht Tage später erklärt, daß er von seegestützten Abschreckungssystemen nicht viel hält. Sie könnten schließlich jederzeit abgezogen werden. Der Bundesregierung liege vor allem an landgestützten Mittelstreckenraketen. Sie müßten allerdings mobil sein, um nicht von sowjetischen Schlägen erfaßt werden zu können. Leider, so deutet er bei der Gelegenheit an, müsse man aber in diesem Punkt vor amerikanisch-sowjetischen Rüstungskontrollverhandlungen besorgt sein. Wenn die Russen eine Zusicherung erhielten, daß amerikanische Mittelstreckenraketen nur noch auf U-Booten stationiert würden, hätten sie es der Bundesrepublik gegenüber viel leichter.[5]

Die große Raketendiskussion, die dann zwanzig Jahre später ausgetragen wird, wirft also hier schon ihre Schatten voraus. So, wie er sich im Jahr 1963 äußert, wäre Adenauer ein leidenschaftlicher Befürworter der Stationierung von »Pershings« und »Cruise Missiles«, aber ein Gegner jeder Verhandlungslösung gewesen.

Adenauer sieht zwar durchaus schon die theoretische Alternative einer westeuropäischen Kernwaffenstreitmacht, weiß aber genau, daß sich diese allenfalls recht vorsichtig und höchstens parallel zu einer MLF aufbauen ließe. Dafür gibt es eine Vielzahl von Gründen. Die USA haben sich auf das Angebot einer MLF festgelegt. Großbritannien könnte irgendwelchen Konzepten exklusiver westeuropäischer Nuklearstrategie kaum viel abgewinnen, und auch de Gaulle ist ganz offensichtlich von seinem Vorhaben einer autonomen *force de frappe* nicht abzubringen. Realistischerweise versucht dies Adenauer auch gar nicht, ermutigt ihn vielmehr insgeheim, »in aller Ruhe« seine Atomwaffen weiterzuentwickeln.[6] Freilich bittet er de Gaulle zugleich, auch die deutsche Zwangslage zu respektieren, aus der sich nun einmal die Mitarbeit am MLF-Projekt ergibt.[7] In der Tat nimmt de Gaulle die Verhandlungen über eine deutsche Beteiligung hin, solange Adenauer als Kanzler amtiert.

Ab und zu träumt Adenauer zwar durchaus von einer europäischen Atomstreitmacht[8], sieht in helleren Momenten allerdings ein, daß dies eine Fata morgana ist.[9] Jedenfalls lassen sich Kompromisse zwischen Adenauers Nuklearpolitik im Bündnis mit Amerika und seiner Frankreichpolitik finden. Mit dieser Absicht wirkt er im letzten Jahr seiner Kanzlerschaft beim Stapellauf jener Geisterflotte der MLF mit, auf die dann Erhard, Schröder und von Hassel so lange ihre Hoffnungen setzen. Wie zuvor schon, bewegt ihn auch in dieser Spätphase seiner Kanzlerschaft die Sorge, Großbritannien und Frankreich könnten als autonome Nuklearmächte die nicht-nukleare Bundesrepublik deklassieren: »Wenn wir bei den Atom- und anderen modernen Verteidigungswaffen kein Mitspracherecht bekommen, werden wir zwangsläufig und unaufholbar eine Macht dritten Ranges werden«, doziert er, als sich eine Runde mit Schröder, von Hassel, Carstens, Globke, Osterheld, Grewe sowie den Generalen Foertsch und Kuntzen am Morgen des 14. Januar 1963 auf die Verhandlungen mit George Ball vorbereitet.[10] Die Bundesrepublik als »zweitklassige« oder »drittklassige« Macht, falls der nukleare Status gegenüber Großbritannien und Frankreich nicht verändert wird – das ist bei ihm ein häufig wiederkehrendes Stereotyp.

Wilhelminische Nostalgien sind dabei unverkennbar. Je älter er wird, um so stärker verklärt sich doch sein Bild von der Macht und Herrlichkeit, die Deutschland vor dem Ersten Weltkrieg entfaltet hat: »Wenn man weiß, was Deutschland einmal war, welchen Rang und Klang sein Name in der ganzen Welt um die Jahrhundertwende herum gehabt hat – und wenn man sieht, was davon übriggeblieben ist, dann ist es traurig und bitter... aber es ist so.«[11] In solchen Äußerungen trifft man auf einen Adenauer, der gedanklich nicht weit von den machtpolitischen Phantasien de Gaulles oder Macmillans entfernt ist – nur, so bemerkt er in solchen Zusammenhängen bitter, wird Deutschland eben wegen seiner NS-Vergangenheit noch lange Zeit keine führende Rolle spielen können. Es vermag seine Potenz nur mittelbar durch Frankreich zum Ausdruck zu bringen.[12]

Die Erinnerung an die jüngste Vergangenheit läßt es also einerseits nicht zu, daß die Bundesrepublik in der Abschreckungspolitik den Weg

Englands und Frankreichs geht. Andererseits verbieten es die machtpolitischen Realitäten aber gleichfalls, einseitig auf ein deutsch-französisches Bündnis zu setzen. Selbst im Januar 1963, als sich Adenauer schon auf dem Weg zur Unterzeichnung des Elysée-Vertrages befindet, zeigt er sich sorgsam bemüht, den geplanten Zweibund durch eine ganze Reihe von Akzenten in Richtung Amerika doch etwas auszubalancieren. Am 18. Dezember 1962 setzt er im Kabinett auf amerikanischen Wunsch das Verbot durch, 163 000 Tonnen Großröhren für den Bau einer Pipeline in Sibirien zu exportieren. Am 14. Januar 1963, eine Woche vor der Reise zu de Gaulle, gibt er George Ball sein prinzipielles Ja zur deutschen Beteiligung an der MLF. Und vier Tage später lädt er Präsident Kennedy ein, anläßlich der für den Sommer geplanten Europa-Reise nach Deutschland zu kommen.[13] Schon drei Tage später liegt ein Brief mit Kennedys Zusage vor.[14]

Die Beziehungen zu den USA erfahren also weiterhin sorgfältige Pflege. Großbritannien aber läßt er jetzt demonstrativ links liegen. Dies allerdings auch deshalb, weil sich Erhard an Anglophilie überhaupt nicht übertreffen läßt. Und Gerhard Schröder steht ihm darin nicht viel nach.

Priorität hat in diesen Monaten die Vertiefung der Beziehungen zu Frankreich. Adenauer rechtfertigt seine nun ganz offensichtliche Frankophilie mit den verschiedensten Argumenten. Doch immer wieder kommt ein, wenn nicht *das* Hauptmotiv zur Sprache: seine Zweifel an Amerika. So sitzt er etwa am 28. Dezember in Rhöndorf vor dem Weihnachtsbaum und der großen Krippe mit Globke, Heusinger sowie Osterheld zusammen und beratschlagt über die Konsequenzen des Bahama-Abkommens. Macmillan hat darin die britische Atomstreitmacht eng mit den USA verbunden. Als sich Heusinger verabschiedet hat, vernehmen Globke und Osterheld wieder einmal die große Klage über die Amerikaner: Sie wollen niemanden täuschen, aber was für wechselnden Stimmungen ist dieses Volk ausgesetzt! Man kann heute nicht wissen, was sie morgen denken![15]

Die Herren seiner Umgebung sind mit Adenauers Obsession wohlvertraut, daß die Kennedy-Administration, unterstützt von starken Kräften im Kongreß, trotz der Kuba-Krise immer noch zu einem amerikanisch-sowjetischen Arrangement über Berlin und Deutschland bereit ist.[16] Während des Jahres 1963 steigert er sich immer stärker in diese fixe Idee hinein. Jeder Anlaß, etwa die Wiederaufnahme exploratorischer Gespräche über Berlin im Februar 1963, weckt bei ihm tiefstes Mißtrauen und führt zu heftigen Beschwerden an die amerikanische Adresse.[17] Der Tiefpunkt im Verhältnis zu den USA ist im August 1963 erreicht, während des Streits um die Unterschrift der DDR unter das Teststopp-Abkommen.

Osterheld, auf dessen Ausarbeitungen und Ratschläge sich Adenauer während dieser Spätphase in immer stärkerem Maß stützt, sucht damals seinem Pessimismus entgegenzuwirken. Wenn man die deutschen Interessen nur unentwegt im Dialog mit den Amerikanern geltend mache, so will er den Kanzler trösten, könne man vieles verhindern oder entschärfen – »es sei denn, die Amerikaner hätten sich für ein Zugehen auf die Russen entschlossen und wären bereit, uns aufzugeben«. Darauf Adenauer ernst und wie aus der Pistole geschossen: »Dazu sind sie schon seit einiger Zeit bereit.«[18]

Auf dem Hintergrund solcher fast panischer Sorgen klammert sich Adenauer an de Gaulle. Da Amerika zur Untreue disponiert ist, da die Briten – gleich ob Konservative oder Labour-Leute – ebenfalls unsichere Kantonisten sind, bleibt nur Frankreich. Schwach und preisgegeben, wie Adenauer die Bundesrepublik jetzt sieht, steigert er sich in Potenzphantasien einer deutsch-französischen Union hinein. Als der Streit über die Präambel zum deutsch-französischen Vertrag endlich entschieden werden muß, entrollt er etwa vor den Augen der in Cadenabbia versammelten Außenpolitiker der Fraktionen von CDU, CSU und FDP eine große Vision. Der deutsch-französische Vertrag, beginnt er seine Darlegungen, erweckt eben deshalb weltweites Aufsehen, weil in Europa ein neues Kraftzentrum entsteht! »Und das ist von uns gewollt!«[19]

Dazu bekommt jeder, dem er in diesen Monaten seine Frankreichpolitik erklären muß, weitere stereotype Argumente zu hören. Unablässig beschwört er die Erinnerung an den französischen Flottenbesuch in Kronstadt im Jahr 1891, an den Staatsbesuch Poincarés in St. Petersburg im Juli 1914, an den Ersten Weltkrieg oder an den französisch-sowjetischen Vertrag von 1944. Zwei-Fronten-Bedrohung, die französisch-russische Zange um Deutschland – das darf sich nie wiederholen! Daran erinnert er Gerhard Schröder, als er ihn für den deutsch-französischen Vertrag gewinnen muß[20], das predigt er dem Kabinett[21], das bekommt Livingston Merchant zu hören, altvertrauter Gefährte von John Foster Dulles.[22]

Eine andere Argumentationslinie hebt auf die Gesamtanlage seiner Westpolitik ab. Da die außenpolitisch leider labilen Angelsachsen den gleichfalls labilen Deutschen nicht den erforderlichen psychologischen

Halt geben können oder wollen, wird Frankreich gebraucht. Es steht jetzt für die Gesamtheit der freien Republiken des Westens, an die Adenauer das deutsche Schicksal gekettet hat. Die Allianz soll »einen politischen Damm gegen den Vormarsch des östlichen Kommunismus« darstellen[23], doch gleichzeitig ermöglichen, daß Deutschland »innerlich gesundet«. Französische Gesprächspartner bekommen dies häufig von ihm zu hören, in erster Linie de Gaulle selbst.

Ein weiteres Argument ist dann der Verweis auf das neue Kraftzentrum in Europa, das sich um den deutsch-französischen Kern anlagern wird. Gewiß denkt Adenauer dabei vorwiegend an die Selbstbehauptung gegen die Sowjetunion, vor allem auch für den Fall eines amerikanischen Rückzugs. Doch wie der Vater der Paneuropa-Idee Coudenhove-Kalergi das schon im Jahr 1923 proklamiert hat, vergißt er durchaus nicht die Notwendigkeit einer Selbstbehauptung Europas gegenüber Amerika. Von allen Kontinenten her sieht er neue machtpolitische Herausforderungen drohen, denen man sich stellen muß – das kommunistische China, die unabhängig gewordenen farbigen Völker, das aufgewühlte, kommunistischer Unterwanderung ausgesetzte Lateinamerika... Sein ursprüngliches Konzept der Einigung Europas verengt sich aber nun auf die Notwendigkeit einer deutsch-französischen Union. Sobald als möglich mögen sich an diesen Kern dann andere westeuropäische Staaten angliedern.

Da Adenauer und de Gaulle im September 1962 übereingekommen sind, die enge Zusammenarbeit recht pragmatisch über ein Regierungsabkommen in Gang zu bringen, scheint dafür auch die innenpolitische Basis vorhanden. Die deutsch-französische Aussöhnung gilt im Licht von de Gaulles Besuch im September 1962 als ein Wert an sich, so daß nicht einmal entschiedene Befürworter des britischen Beitritts viel dagegen einwenden können. Selbst auf seiten der SPD-Opposition bröckelt der Anti-Gaullismus ab. Brandt und Wehner gelten dort als Exponenten einer aktiven Frankreich-Politik.

Innerhalb der Bundesregierung zeigt sich auch Gerhard Schröder bereit, eine derart pragmatische Linie zu unterstützen. Sein damals gutes persönliches Verhältnis zu Außenminister Couve de Murville schlägt dabei positiv zu Buch. Doch hat er inzwischen auch erkannt, daß sein Wunsch, Großbritannien in die EWG zu bringen, vorerst eine sorgfältige Pflege der deutsch-französischen Beziehungen erfordert. Im übrigen, kalkuliert Schröder, wäre es ja denkbar, ein ähnliches Abkommen auch mit Großbritannien abzuschließen! Innenpolitisch aber kann der Außenminister nun weniger denn je einen großen Krieg mit Adenauer gebrauchen, wenn aus den Möglichkeiten seiner eigenen Kanzlerschaft im Jahr 1963 etwas werden soll.

Somit gelingt es nach einiger Verzögerung durch die Turbulenzen im Oktober und November, bis im Dezember 1962 den Entwurf des Regierungsabkommens zu großen Teilen fertigzustellen. Mitte Dezember diskutieren Schröder und Couve de Murville in Paris persönlich den Entwurf einer Vereinbarung. Diese wird dann am 11. und 12. Januar in Bonn zwischen dem Direktor der politischen Abteilung des Quai d'Orsay, Jean Lucet, und seinem Kollegen im Auswärtigen Amt, Josef Jansen, weitgehend fertiggestellt. Doch immer noch ist nur ein Regierungsabkommen vorgesehen.

Die Initiative zu einem ratifikationsbedürftigen Vertrag geht von Adenauer aus. Dabei spielt allem Anschein nach ursprünglich das Motiv keine Rolle, durch einen feierlichen Vertrag dem Vorhaben noch mehr Glanz und vor allem Dauer zu verleihen. Denn Adenauer ist sich der vielen regierungsinternen Widerstände gegen seine Frankreichpolitik so gut bewußt, daß er den Kraftakt eines parlamentarischen Ratifikationsverfahrens anfänglich gar nicht erst ins Auge fassen will. Nun aber macht ihn Horst Osterheld, dem er die besondere Pflege der deutsch-französischen Zusammenarbeit aufgetragen hat[24], auf verfassungsrechtliche Probleme aufmerksam. Zwar ist der Leiter der Rechtsabteilung im Auswärtigen Amt der Auffassung, daß ein Regierungsabkommen mit dem Grundgesetz konform wäre. Doch Osterheld wird aus der Abteilung heraus auf eine unterschiedliche Rechtsauffassung aufmerksam gemacht. Es sei nicht auszuschließen, daß die Gegner eines Regierungsabkommens in Karlsruhe eine Verfassungsklage anstrengen und dabei sogar obsiegen könnten.

Osterheld informiert Adenauer kurz nach Weihnachten 1962 und dann nochmals Anfang Januar von den Bedenken. Dieser reagiert unwillig, da er die Vereinbarung möglichst rasch durchziehen möchte. Auch Osterheld insistiert wohl noch nicht mit weitergehenden politischen Überlegungen, sondern um ein außenpolitisch vielleicht schädliches Rechtsproblem gar nicht erst aufkommen zu lassen.

Angesichts dieser Schwierigkeit beginnt Adenauer neu nachzudenken. Selbstverständlich erkennt er dabei genau die politischen Vorteile der Vertragsform, vorausgesetzt, ein Vertrag ließe sich ohne größere Probleme ratifizieren. Da aber das feierliche Treffen in Paris nahe bevorsteht, würde ein Rückzieher aufgrund verfassungsrechtlicher Bedenken das berechtigte Mißtrauen de Gaulles erwecken. Man kann nun schon nicht mehr zurück. Doch Anfang Januar sind eine Fülle von Terminen zu bewältigen, nicht allein die Geburtstagsfeier, und so schiebt Adenauer die Sache vor sich her.

Jetzt kommt der große Eklat der Pressekonferenz de Gaulles vom 14. Januar 1963. Der Präsident hat Ende November 1962 bei den Wahlen zur Nationalversammlung für seine UNR einen überwältigenden Sieg errungen und braucht nun keine Rücksichten mehr zu nehmen. Er macht zweierlei deutlich: Zum einen arbeitet er heraus, daß er die amerikanischen Pläne einer MLF für Frankreich ablehnt. Würden Großbritannien und Frankreich ihre atomaren Potentiale hier einbringen, dann wäre es um die letzten Reste ihrer Verteidigungsautonomie geschehen. Zum anderen führt er mit provozierender Schärfe aus, daß seiner Meinung nach die Zeit für einen britischen Beitritt zur EWG noch nicht reif ist. Die Nuklearfrage und die Beitrittsfrage, NATO und EWG sind somit untrennbar verknüpft. Das Bahama-Abkommen zwischen Kennedy und Macmillan hat dabei allem Anschein nach als Auslöser gewirkt oder gibt doch jedenfalls einen guten Vorwand ab.

In London und in Washington bewirkt die Pressekonferenz einen Aufschrei der Entrüstung und löst energische Gegenmaßnahmen aus. Da man aber de Gaulle selbst nicht zwingen kann, konzentriert man sich auf Bonn. Die prinzipielle Zustimmung zur MLF ist dort genau am Tag der Pressekonferenz de Gaulles gegeben worden. Nun soll die Bundesregierung auch noch bei den Brüsseler Beitrittsverhandlungen für Großbritannien die Kastanien aus dem Feuer holen. Bei Erhard und Schröder besteht dafür auch durchaus Neigung. Schon am 15. Januar läßt der Außenminister erklären, de Gaulles Äußerungen würden dem Sachverhalt nicht gerecht. Die Verhandlungen seien auf gutem Weg, und Bonn wolle sich weiter um den britischen Beitritt bemühen. Ein bloßer Assoziationsvertrag mit Großbritannien wäre keine Lösung.[25]

Adenauer sieht sich jetzt in die Enge getrieben und muß Farbe bekennen. Natürlich erkennt er, daß de Gaulle Bonn nun hart und mitleidlos vor die Alternative Frankreich oder Großbritannien stellt. Alle bisherigen Versuche, der Entscheidung auszuweichen, sind zu Ende. Aus Sicht des Kanzlers ist die Hürde sogar noch viel höher geworden. Denn er wird jetzt nicht allein mit der Forderung konfrontiert, den Besuch in Paris demonstrativ zu verschieben. Er weiß auch bereits, daß er sich sogar auf eine schwierige Ratifikationsdebatte einlassen muß, will er die Vereinbarungen mit Paris nicht auf bloße Konsultationsarrangements reduzieren.

Ganz offensichtlich hat de Gaulle bei seiner Pressekonferenz unterschätzt, wie angeschlagen die innenpolitische Machtstellung Adenauers bereits ist. Sein kühl kalkulierter Schachzug, die Bundesregierung zur offenen Option für Frankreich zu zwingen, muß sich geradezu kontraproduktiv auswirken und die bisher noch weitverbreitete Sympathie für eine Vertiefung der deutsch-französischen Beziehungen dahinschwinden lassen. Jetzt befindet sich der Kanzler genau in der Lage, die er tunlichst vermeiden wollte. Er muß ein wichtiges Vorhaben durchsetzen, für das sich weder im Kabinett noch in der eigenen Fraktion noch im gesamten Bundestag oder in der veröffentlichten Meinung eine Mehrheit findet.

Die Polarisierung ist unvermeidlich, und zwar auf beiden Seiten. Während die einen die Fortführung der deutsch-französischen Zusammenarbeit überhaupt auf Eis legen möchten, fordern die anderen – eine Minderheit in CDU und CSU allerdings – die vorbehaltlose nukleare Zusammenarbeit mit Paris. Als Adenauer am Abend des 15. Januar mit Krone die Lage bespricht, fragt er diesen: »Soll ich de Gaulle sagen, wir seien bereit, mit ihm zusammen eine atomare Waffe aufzubauen?«[26] Wohnungsbauminister Lücke hat das vorgeschlagen. Krone wendet sich dagegen, und es liegt auf der Hand, daß ein solcher Vorschlag bei Schröder, Erhard oder Mende in der gegenwärtigen Situation geradezu einen Aufstand auslösen müßte. Von nun an herrscht in der CDU/CSU der Krieg zwischen dem atlantischen und dem gaullistischen Lager.

Adenauer bringt es aber ein letztes Mal fertig, sich gegen die bereits vorhandenen Mehrheiten durchzusetzen. Vor dem Kabinett entrollt er am 16. Januar das ganze Historienpanorama der deutsch-französischen Beziehungen und teilt in einer eingestreuten Bemerkung seine neueste Erkenntnis mit, daß man möglicherweise die deutsch-französische Vereinbarung durch formelle Ratifikation verfassungsgerichtsfest machen müßte. Entscheidend ist in diesem Moment Schröders Unterstützung. Immerhin kann das atlantische Lager im Kabinett befriedigt registrieren, daß Adenauer das MLF-Projekt akzeptiert hat, obschon es von de Gaulle gleichfalls entschieden abgelehnt wird. Das Kabinett billigt jedenfalls die Unterzeichnung eines Protokolls. Im Bedarfsfall – so die sibyllinische Feststellung – müsse es einer Ratifizierung unterworfen werden.[27]

Die Opposition hingegen kultiviert nun ihren neu entdeckten Atlantizismus. Am 17. Januar ersucht die SPD-Fraktion, der Kanzler möge die Paris-Reise verschieben, um jede Mißdeutung zu vermeiden. Einen Tag später muß Adenauer die Vorsitzenden der Bundestagsfraktionen zusammen mit Schröder, Krone, Carstens und Globke zu sich bitten. Unterstützt von Schröder und von Brentano beharrt er auf dem Vorhaben der Reise und auf seiner Entschlossenheit zur Unterzeichnung, falls nichts Unvorhergesehenes dazwischen komme. Immerhin verspricht er, sich bei de Gaulle dafür einzusetzen, die Beitrittsverhandlungen fortzuführen.[28]

Das »Unvorhergesehene«, auf das er anspielt, könnte eine Weigerung de Gaulles sein, statt des Regierungsabkommens einen Vertrag abzuschließen. Denn bisher war von einem so weitgehenden Plan zwischen Paris und Bonn noch nie die Rede. Am Quai d'Orsay geht erst am Abend des 18. Januar ein Telegramm der Bonner Botschaft ein, aus dem hervorgeht, daß die deutsche Seite jetzt an einen Vertrag denkt.[29] Schon vor der Abreise nach Paris wird deutlich, daß die Gegenoffensive aus London und Paris in vollem Gange ist. Es hat den Anschein, als werde sie von Jean Monnet dirigiert. Er führt in diesen Monaten an der Spitze des »Comité d'action pour les Etats Unis d'Europe« eine energische Kampagne für den britischen Beitritt. John McCloy und Dean Acheson, von denen am 19. Januar höchst kritische Telegramme eingehen[30], stehen Monnet nahe. Offenbar wollen also jetzt die wichtigsten alliierten Repräsentanten aus den Frühzeiten der Bundesrepublik Adenauer davon abbringen, das – wie sie meinen – ursprüngliche Integrationskonzept zu verlassen und der atlantischen Allianz untreu zu werden!

Jean Monnet eilt persönlich in die deutsche Botschaft, wo Adenauer nach seinem Eintreffen in Paris am Abend des 20. Juli in Begleitung seiner Tochter Ria Reiners bei dem Ehepaar Blankenhorn speist. Nach dem Essen trifft auch Walter Hallstein ein. Adenauer sieht sich nun den drei engsten Weggefährten der frühen Integrationspolitik gegenüber, die ihn veranlassen möchten, auf den gefährlichen Wegen de Gaulles nicht weiterzuschreiten. Vor allem Jean Monnet beschwört Adenauer, zwischen der Unterzeichnung des deutsch-französischen Abkommens und der Fortführung der Brüsseler Verhandlungen mit Großbritannien ein Junktim herzustellen. Er warnt vor den Rückwirkungen auf die USA und geht soweit, die Vertragsunterzeichnung geradezu als die Form des Abbruchs der Beitrittsverhandlungen zu bezeichnen. Adenauer weigert sich jedoch strikt, auf Monnets Vorstellungen einzugehen. Er denke gar nicht daran, gegenüber de Gaulle auch nur den geringsten Druck auszuüben.

Bei dieser Gelegenheit wird der Gedanke erörtert, erst einmal Zeit zu gewinnen, indem man die EWG-Kommission beauftragt, zum derzeitigen

Stand der Verhandlungen Stellung zu nehmen und Lösungsvorschläge zur Überwindung der Schwierigkeiten zu machen. Hallstein stimmt im Prinzip zu, glaubt aber nicht, daß ein solcher Vorschlag bei den anderen Mitgliedstaaten Zustimmung finden wird.[31] Der Kompromiß einer Vertagung der Verhandlungen zwecks Stellungnahme der Kommission wird denn auch in den Besprechungen zwischen Adenauer und de Gaulle verabredet, kann allerdings am französischen Veto schließlich doch nichts mehr ändern.[32]

Für den 21. und 22. Januar ist eben viel mehr als bloß eine der schon routinemäßigen deutsch-französischen Gipfelkonferenzen vorgesehen. Wie schon vor längerem vereinbart, hat Adenauer neben dem Außenminister auch Verteidigungsminister von Hassel und Jugend- und Familienminister Heck in die deutsche Delegation aufgenommen, denn bereits bei dieser Gelegenheit soll die nunmehr formell zu vereinbarende Zusammenarbeit auf den Feldern Außenpolitik, Verteidigung, Jugend und Kultur beraten werden.

Schon der Empfang auf dem Flughafen Orly erfolgt mit großem Protokoll. Jetzt erwähnt Adenauer zum ersten Mal öffentlich den Begriff »Vertrag«. Am Vormittag des 21. Januar, während Adenauer und de Gaulle über die Weltpolitik diskutieren, verhandeln die beiden Außenminister mit ihren Delegationen nochmals das Abkommen, das – in den Worten Blankenhorns – »mehr und mehr den Charakter eines ratifikationsbedürftigen feierlichen Vertrages annimmt«.[33] Mittags kommt aus dem Elysée zu den Außenministern die Nachricht, de Gaulle und Adenauer hätten sich auf die Ratifikation geeinigt, der Text möge bis zur Unterzeichnung in Vertragsform gebracht werden.

Bei den Delegationssitzungen begrüßt de Gaulle ausdrücklich die Vertragsform. Er betont, daß auch Frankreich mit Blick auf die Bedeutung des Vertrags die verfassungsrechtlich nicht zwingende parlamentarische Behandlung vornehmen werde und überlegt sogar, ob der Vertrag nicht einem Referendum unterbreitet werden solle. Das allerdings, bemerkt die deutsche Seite, wäre in der Bundesrepublik aus verfassungsrechtlichen Gründen nicht möglich. Auf einen vorsichtigen Hinweis de Gaulles, der Ratifikationsprozeß müsse aber bis zur nächsten Zusammenkunft abgeschlossen sein, bemerkt Adenauer, das sei selbstverständlich.[34]

Für die Arbeitsebene des Auswärtigen Amts kommt die Entscheidung zum Abschluß eines Vertrags völlig überraschend. Daher fehlt am 22. Januar das erforderliche blau eingerahmte Vertragspapier ebenso wie die zugehörige Ledermappe mit dem Bundesadler.[35] Per Fischer von der deutschen Delegation findet schließlich bei Hermès im Faubourg St. Honoré wenigstens eine passende blaue Ledermappe. Als Vertragspapier muß das rot eingerahmte französische herhalten.

Bei der feierlichen Unterzeichnung mit freundschaftlicher Akkolade de Gaulles und Adenauers ist schon keine Rede mehr davon, daß die Vertragsform buchstäblich im letzten Moment aufgetaucht ist und durchgesetzt wurde. Schon bald wird Adenauer beim Abschiedsbesuch in Rambouillet diesen ganz und gar improvisierten Vertrag als das Hauptwerk seiner vierzehnjährigen Kanzlerschaft preisen.[36]

Auf längere Sicht entfaltet das Vertragswerk in der Tat eine große Wirkung. Für die unmittelbare Gegenwart aber verdirbt Adenauer mit dem von einem Tag auf den anderen improvisierten Vertragsabschluß die gesamte geduldige Frankreichpolitik der Jahre seit dem Amtsantritt de Gaulles. Alle Kritiker der engen Bindung an Frankreich, die ihre Vorbehalte bisher nur behutsam geäußert hatten, posaunen jetzt den Protest heraus. Die Englandpolitik Adenauers wird als ein einziger Scherbenhaufen bezeichnet, was weitgehend den Tatsachen entspricht. Auch sein Verhältnis zu den USA ist erneut so schlecht wie nur je in den schlimmsten Momenten amerikanischer Konzessionsbereitschaft wegen Berlin.

Selbst Herbert Blankenhorn wendet sich nun schaudernd ab. Am 28. Januar, noch vor dem endgültigen Zusammenbruch der Verhandlungen in Brüssel, analysiert er: »Wir haben zwar die deutsch-französische Zusammenarbeit, wir haben aber einen verstimmten Teil, ein tief verärgertes Belgien, ein aggressiv negatives Holland. Wir sind auf dem besten Wege, unsere guten Beziehungen zu Großbritannien zu verschlechtern, ja vielleicht zu verlieren, und wir haben trotz aller Bekenntnisse, ja auch trotz der Bereitschaft, an der multilateralen atomaren Streitkraft mitzuwirken, in den Vereinigten Staaten in wachsemdem Maße Mißtrauen und feindselige Gefühle ausgelöst, die sich nach meiner Auffassung zwangsweise noch verstärken müssen, wenn etwa der Abbruch der Verhandlungen in Brüssel Wirklichkeit werden sollte.«[37]

Kein Feind Adenauers könnte ein härteres Urteil fällen als dieser einstige Bewunderer: »Die spätere Geschichtsschreibung wird diesen Teil der deutschen Außenpolitik, so wie er sich etwa seit 1961 klarer und klarer abzeichnet, als die mangelhafte Leistung eines Mannes bewerten, der aufgrund seines Alters einfach nicht mehr in der Lage ist, eine komplexe, nuanciert richtige Lage der Bundesrepublik in außenpolitischen Fällen zu übersehen, um daraus die richtigen Konsequenzen zu ziehen. Es ist einfach schlechte Außenpolitik, die hier getrieben wird, und die spätere

Zeit – ja vielleicht schon die kommenden Monate – werden das mit aller Deutlichkeit aussprechen.«[38]

Da die Geschichtsschreibung solche Vorgänge in weiterer Perspektive bewertet, wird sie zwar zu einem günstigeren Urteil gelangen. Für das Jahr 1963 und die anschließende Periode trifft aber Blankenhorns Analyse in vollem Umfang zu. Kaum ist Adenauer nach Bonn zurückgekehrt, bricht das Unwetter los. Botschafter Dowling wird zur Berichterstattung nach Washington zurückgerufen, und es hilft nichts, daß ihm Adenauer vor seiner Abreise die empörte Feststellung auf den Weg mitgibt, John Foster Dulles wäre ihm vor Freude um den Hals gefallen, wenn er von dem deutsch-französischen Vertrag gehört hätte![39] Auf die Briten, die nun Zeter und Mordio schreien, ist Adenauer genauso wütend wie diese auf ihn und de Gaulle. Zweimal, bekommt Dowling zu hören, hätten sie die Teilnahme an der europäischen Einigung abgelehnt – 1950 und 1955/56. Hallstein, so wisse er, habe noch nie so eine Arroganz im Verhandeln erlebt wie bei den Engländern.[40]

Aber Washington läßt sich nicht so rasch besänftigen. Von Kennedy kommt ein sehr ägrierter Brief.[41] Unterstaatssekretär George Ball, Freund Jean Monnets und ein energischer Befürworter des europäischen Zusammenschlusses, bewertet den Elysée-Vertrag als Teil einer deutsch-französischen Verschwörung. Er selbst und andere Analytiker im State Department zeigen sich von den seltsamsten Gerüchten alarmiert, die natürlich von den Briten genährt werden. De Gaulle wolle mit Unterstützung Bonns in Moskau eine ganz neue europäische Sicherheitsstruktur aushandeln! Ein sowjetischer Rückzug aus der DDR, Konföderation beider Teile Deutschlands, Neutralisierung, Ende der NATO – mit solchen und anderen Spekulationen machen sich führende Amerikaner selbst verrückt.[42]

Am grimmigsten äußert sich Dean Acheson zu dem deutschen Botschafter Knappstein: Deutschland habe sich auf die Seite Frankreichs gestellt. »Er sei einer der zuverlässigsten Freunde Deutschlands, und deshalb sei die Unterzeichnung des Vertrages für ihn einer der schwärzesten Tage der Nachkriegszeit gewesen.« Er hoffe, daß der Bundestag den Vertrag ablehne.[43]

Am 4. Februar bittet Botschafter Dowling um eine Sonderaudienz. Er hat eine kaum verhüllte Drohung Kennedys auszurichten. Die Stimmung in der amerikanischen Öffentlichkeit könnte die USA zum Rückzug aus Europa veranlassen. Das wird mit einer Warnung vor separaten westeuropäischen Verhandlungen mit Moskau verbunden sowie mit der Forderung nach Beitritt Großbritanniens zur EWG und nach einer liberalen Handelspolitik der Europäischen Gemeinschaft.[44]

Besonders Macmillan ist von kalter Wut erfüllt. Sein Tagebucheintrag vom 28. Januar, am Abend vor dem endgültigen Veto Couve de Murvilles, liest sich, als ob er ein neues Dünkirchen registriert, diesmal mit der Folge französischer Hegemonie auf dem Kontinent: »Unsere gesamte Innen- und Außenpolitik ist ruiniert. Unsere Verteidigungspläne sind radikal umgestellt, von der Abschreckung durch die Luftstreitkräfte zur maritimen Abschreckung. Die europäische Einheit besteht nicht mehr. Französische Vorherrschaft in Europa ist die neue und alarmierende Grundgegebenheit. Die Popularität unserer Regierung verfällt rasch. Wir haben alles verloren mit Ausnahme unseres Mutes und unserer Entschlossenheit.«[45]

Mit Adenauer wechselt Macmillan keine Zeile mehr, solange beide im Amt sind. Am 9. Oktober 1963, eine Woche vor dem Abtreten des Kanzlers, kündigt auch Macmillan seinen Rücktritt an, krank und weitgehend gescheitert. Erst jetzt hält es Adenauer für angebracht, der großen Verdienste des Premierministers mit einem angemessen herzlichen Schreiben zu gedenken.[46] Und als Adenauer im Frühjahr 1967 verstirbt, bringt Macmillan die innere Größe auf, zu den Trauerfeierlichkeiten nach Deutschland zu kommen.

Anfang Februar 1963 fürchtet Adenauer jedoch ein britisches Komplott, ihn zu stürzen. Am 4. Februar stellt sich nämlich der französische Botschafter de Margerie mit einer ungewöhnlichen Warnung bei ihm ein. Edward Heath, der britische Chefunterhändler in Brüssel, habe vor einigen Tagen verschiedenen EFTA-Vertretern gegenüber klar zum Ausdruck gebracht, die amerikanische Regierung werde in Bonn mit Unterstützung Großbritanniens innerhalb von 14 Tagen eine Regierungskrise auslösen, wenn das Ratifikationsgesetz für den deutsch-französischen Vertrag auf den Weg komme.[47]

Adenauer sucht de Margerie zu beruhigen. Bis im Mai werde die Ratifikation mehr oder weniger glatt über die Bühne gehen. Wenn nicht, dann werde er zurücktreten. Das sei »die absolute Wahrheit«.[48] De Margerie kann de Gaulle also mitteilen, daß der Kanzler sein politisches Schicksal mit dem deutsch-französischen Vertrag verknüpft hat. Die Warnung beunruhigt Adenauer aber doch. Später erzählt er, für die Plenarsitzung am 9. Februar habe er einen Mißtrauensantrag befürchtet.[49] Von allen Seiten kommt in diesen Tagen nichts als Kritik. Der italienische Botschafter Guidotti macht auf ein gewisses Befremden seiner Regierung aufmerksam.[50] Daß sich Luns und Spaak besonders negativ äußern, kann ohnehin niemanden erstaunen. Selbst aus Moskau ist heftige Kritik am Elysée-Vertrag zu vernehmen.

Die Isolierungsangst beginnt umzugehen. Bisher hat Adenauer sein Ansehen in starkem Maß darauf gegründet, die Bundesrepublik aus der Isolierung herausgeführt zu haben. Aber nun? Ist er nicht auf bestem Wege, sein Land wieder auf einen der aus der Geschichte wohlbekannten Irrwege zu führen? Wie standen die Dinge in der ersten Jahrhunderthälfte?! Bündnis mit schwachen, aber unruhigen Staaten – Österreich-Ungarn vor 1914, mit Italien und Japan in den Jahren des Dritten Reiches! Dafür hat man sich aber die Abneigung der stärksten Mächte und vieler kleinerer Staaten eingehandelt!

Jene Außenpolitiker in CDU, FDP und auch in der SPD, die so oder ähnlich denken, wissen zwar, daß sich eine Ablehnung des deutsch- französischen Vertrags aus vielen Gründen verbietet. Was jedoch denkbar erscheint, ist eine interpretierende Resolution bei der Ratifikation des Vertrags oder eine Präambel, die den Vertrag in das Umfeld der gesamten Außenpolitik der Bundesrepublik expressis verbis einordnet. Wer solche Gedanken in die Diskussion bringt, weiß freilich genau, daß dies eine mehr oder weniger infame Art und Weise ist, den Vertragspartner zu düpieren.

Die einseitige Abänderung eines Vertrags durch eine Präambel ist völkerrechtlich nicht bloß unüblich. Sie ist recht eigentlich skandalös, wenn der Inhalt einer solchen Präambel den wohlbekannten Intentionen des Partners diametral zuwiderläuft. Bekenntnis zur NATO, zur Partnerschaft mit Amerika, zum EWG-Beitritt Großbritanniens, zur liberalen Außenhandelspolitik – alle Teilstücke einer solchen Präambel, die aus den USA, von Monnet, aus Brüssel oder aus Bonner Federn stammen, sind eine direkte Provokation de Gaulles. Nicht nur Adenauer sieht das genau. Auch Schröder weiß das. Beide sind sie deshalb Gegner einer im Ratifikationsgesetz zu verankernden Präambel.

Doch die Alternative einer interpretierenden Resolution, die in der Wirkung auf Frankreich ähnlich unzumutbar wäre, scheint den Kritikern des Vertrags noch zu schwach. Sie wollen eine Präambel. Diese Kritiker aber verfügen, wie sich schon im Februar zeigt, über eine Mehrheit im Deutschen Bundestag. Denn Adenauer hat eben in der England-Frage auch die Mehrheit in den eigenen Reihen gegen sich. Ihr Anführer ist Ludwig Erhard. Aber auch der Fraktionsvorsitzende von Brentano lehnt ein bilaterales Konzept deutsch-französischer Kernverschmelzung ab. Er erstrebt das alte Ziel der Föderalisten: Deutschland, Frankreich, Italien, die Benelux-Staaten, wenn möglich auch Großbritannien und weitere westeuropäische Demokratien! Im Grunde betrachtet auch Schröder den Elysée-Vertrag als Irrweg. Doch er mußte sich darauf einlassen, kommt nun nicht davon los und entzieht sich vorerst allen Widersprüchlichkeiten, indem er einen vierwöchigen Winterurlaub antritt.

Es genügt aber durchaus, daß Erhard das Banner der Anti-Gaullisten hochhält. Das hat allerdings eine unvermeidliche, aber vielen durchaus erwünschte Folge – mit der Kontroverse über den Elysée-Vertrag verbindet sich nun einmal mehr das immer noch ungelöste Problem der Nachfolge Adenauers.

Der Sturz

Anfänglich übersteht Adenauer den Sturm in Kabinett und Fraktion noch einigermaßen unbeschädigt, weil Außenminister Schröder mitzieht. Dieser hat den Vertrag ebenso unterzeichnet wie sein Amtskollege Couve de Murville und bemüht sich noch, auf längere Sicht doch einen gewissen Ausgleich zwischen den widerstrebenden Kräften zu erreichen. Erhard jedoch läßt sich von Briten und Amerikanern zur offenen Rebellion anstacheln.[1] Anfang Februar gibt er Hans Ulrich Kempski von der *Süddeutschen Zeitung* ein aufsehenerregendes Interview, aus dem klar hervorgeht, daß er die Grundlinie Adenauerscher Frankreich-, England- und Amerikapolitik zutiefst mißbilligt.[2] Dabei ist das Kempski-Interview aber nur eine aus einer ganzen Reihe offen kritischer Stellungnahmen. Jetzt deutet Erhard auch an, gegebenenfalls im Deutschen Bundestag in offener Feldschlacht gegen den Kanzler antreten zu wollen. Indessen hält er sich in der Fraktionssitzung am 5. Februar vorsichtig bedeckt. Die Attacke gegen Adenauer wird in erster Linie von Kurt Birrenbach geführt.

Als es dem Kanzler schließlich zu bunt wird, sucht er Erhard wieder in einem seiner den Ministern so wohlbekannten Briefe zurechtzubügeln. Diesmal arbeitet er mit dem raffinierten Vorwurf, der Bundeswirtschaftsminister habe eine Stellungnahme zum britischen EWG-Beitritt nicht mit dem Auswärtigen Amt abgestimmt.[3] Schröder und Erhard sollen also aufeinander gehetzt werden. Beim Kampf für den Vertrag muß sich Adenauer nun nämlich mehr und mehr auf Gerhard Schröder stützen und zeigt sich in diesen Wochen auch entschlossen, notfalls eher ihn als Ludwig Erhard für die Kanzlernachfolge zu akzeptieren.

Mit Gerhard Schröder auf der Seine, Juli 1962.

Wie ungerührt aber alle Beteiligten Adenauer jetzt nur noch als Kanzler auf Abruf begreifen, geht aus Erhards postwendender Antwort hervor. Kühl und freundlich weist er den Angriff Adenauers zurück und läßt ihn zugleich wissen, daß er »unter den gegebenen Umständen« nicht an der Kabinettsitzung am folgenden Tag teilnehmen werde.[4]

Mit immer noch sicherem Machtinstinkt spürt Adenauer genau, daß nun eigentlich gehandelt werden müßte. Eine offene Herausforderung dieser Art hat es noch nie gegeben. Dank langjähriger Kenntnis der Psychologie seines Ministers hofft er aber weiter, Erhard so lange piesacken zu können, bis dieser von selbst das Handtuch wirft und aus dem Kabinett ausscheidet. Das ist wohl auch ein Grund, weshalb er den Briefwechsel der *Frankfurter Allgemeinen* zuspielen läßt.[5] Doch beschädigt wird dadurch nicht das Image Erhards, sondern sein eigenes. Es gelingt Adenauer nicht einmal, den Rücktritt Staatssekretär Müller-Armacks zu erzwingen, den dieser wegen der EWG-Frage bei Erhard eingereicht hat. Der Bundeswirtschaftsminister weigert sich einfach, dieses Schreiben an den Bundeskanzler weiterzuleiten, und so bleibt Müller-Armack bis zum Ende der Amtszeit Adenauers Staatssekretär. Schwächezeichen also, wohin man auch den Blick nur wendet!

Die Differenzen beschäftigen nun unablässig die Fraktion und den Fraktionsvorstand, der sich in diesen Wochen heftigster innerparteilicher Auseinandersetzungen neben dem Kabinett immer deutlicher als ein zweites Entscheidungszentrum etabliert. Das ist so gut wie zwangsläufig. Wenn eine Fraktion über den Kurs der Politik und in der Kanzlerfrage zutiefst zerfallen ist, wird die Regierung paralysiert und die Macht gravitiert zum Steuerungsgremium der Fraktion. Da diese tiefe Uneinigkeit aber von nun an in der Union endemisch wird, konstatieren das politische Bonn und die Öffentlichkeit, wie die wichtigsten Entscheidungen zusehends in der Fraktion, insbesondere im Fraktionsvorstand fallen.

Hier aber führt jetzt Heinrich von Brentano die Regie. In diesen Wochen sieht man ihn beharrlich eine rasche Lösung der Nachfolgefrage anstreben. Eben hat die CDU bei den Berliner Wahlen eine schlimme Schlappe erlitten – hohe Verluste für die CDU, hohe Gewinne für die SPD Willy Brandts. In Rheinland-Pfalz und in Niedersachsen stehen Ende März und Mitte Mai gleichfalls Landtagswahlen bevor. Die Parteibasis wird unruhig, und diese Unruhe überträgt sich auf die Bonner Fraktion. Meinungsforscher wie Elisabeth Noelle-Neumann weisen schon lange darauf hin, daß es kein sichereres Mittel zum Vergraulen von Wählern gibt als Streit in der Partei, die sie früher gewählt haben. Der

Hauptschuldige für den Zank aber, so sehen es immer mehr Abgeordnete, ist nicht etwa Erhard, sondern Adenauer. Während seine Außenpolitik seit dem Wahlsieg von 1953 in der Fraktion integrierend wirkte, ist gerade sie es jetzt, die zur Polarisierung führt. Vor allem aber irritiert Adenauers Weigerung, endlich die Kanzlerschaft abzugeben. Solange dies nicht geschieht, werden Erhard und sein Anhang keine Ruhe geben – das ist nun auch jedem Hinterbänkler klar. Ganz zwangsläufig entsteht somit aus dem heftigen Streit um den deutsch-französischen Vertrag und den EWG-Beitritt Englands eine neue, diesmal von Adenauer nicht mehr kanalisierbare Kanzlerdiskussion.

Das wird auf der Sitzung des Fraktionsvorstandes am 4. März ganz deutlich. Befremdet muß man dort konstatieren, daß demnächst in der *FAZ* die Briefe im Wortlaut veröffentlicht werden sollen, in denen sich Adenauer und Erhard gezankt haben.[6] Beide sagen sich bei dieser Gelegenheit erneut tüchtig die Meinung. Der Kanzler sucht die Diskussion nochmals auf das Thema EWG-Beitritt zu lenken. Im Stakkato des Kurzprotokolls liest sich seine Einlassung folgendermaßen: »Erhards Vorgehen in Brüssel war falsch; wir müssen Geduld haben; wir müssen die Italiener und Holländer ruhig einmal links liegen lassen, wir müssen de Gaulle vorsichtig behandeln; mit dem ›jetzt, jetzt‹ kommt man nicht durch.«[7] Damit verbindet er erneute Angriffe gegen Erhard, der dem Kabinett fern blieb, ohne sich vertreten zu lassen, sowie gegen die Erhardsche Energiepolitik. Immerhin betont er nochmals, er werde im Oktober oder November zurücktreten.

Die anwesenden Vorstandsmitglieder stellen einmal mehr fest, daß die beiden Männer hoffnungslos zerstritten sind. Gerstenmaier und Stoltenberg reden beiden ins Gewissen, von Brentano selbst wird nun sehr massiv, und Schmücker von der »Brigade Erhard« fragt besorgt: Wie können wir die nächsten sieben Monate überstehen?

Die Malaise ist allgemein. Sie wird auch nicht viel besser, als sich Adenauer am Schluß dieser unerquicklichen Sitzungen zu einem Händedruck mit Erhard bequemt.[8]

Heinrich Krone, gewiß immer noch ein Adenauer-Mann, aber auch seinerseits längst überzeugt, daß das Trauerspiel bald ein Ende haben muß, gibt in seinen Tagebuchaufzeichnungen ein anschauliches Bild von der Sitzung dieses Gremiums, das mehr und mehr die Rolle einer Vorbereitungskommission für das Konklave annimmt: »Wieder Krach zwischen Kanzler und Erhard. Der Alte will es zum Bruch kommen lassen, wenn Erhard nicht Konsequenzen zieht. Das kläre und sei das Beste. Der

Vorstand will von diesem Streit nichts wissen. Auch Brentano geht mit dem Kanzler hart um. Zum Schluß vertragen sie sich. Ich glaube, der Kanzler hat es gemerkt, daß er nicht durchkommt. Die Fraktion läßt ihn das fühlen. Erhard hat an Wert, an ›Kanzler-Wert‹, wieder gewonnen.«[9]

In der Fraktionssitzung am folgenden Tag ist die Kritik an der öffentlichen Streiterei allgemein. Dank seiner bezwingenden Rhetorik vermag sich Erhard voller Überzeugungskraft als ruhiger, sachlich gediegener Minister zu präsentieren, dem ein unsteuerbarer alter Mann das Leben schwermacht. Sein Appell, »die Entscheidung schnell zu fällen, um endlich aus dieser Lage herauszukommen«[10], ist unüberhörbar und kommt gut an. Adenauer hingegen wirkt eher matt, will nicht recht zur Sache kommen und hat gegen eine starke Unruhe im Saal zu kämpfen.

Hier unternimmt nun von Brentano den entscheidenden Vorstoß, den er schon im Fraktionsvorstand vorbereitet hat. Er läßt sich – ohne Gegenstimme – die Vollmacht für einen Nominierungsvorschlag erteilen. In Gesprächen mit der Fraktion, mit dem Parteivorstand und mit dem Vorstand der CSU sollen Voraussetzungen für einen Vorschlag an die Fraktion geschaffen werden, der »von einer großen Zahl Verantwortlicher« getragen ist.[11] An allgemeinen Konsens wagt er nicht zu denken.

Aus Sicht Adenauers wächst also der loyale von Brentano, den er über dreizehn Jahre hinweg unerbittlich seinem harten Willen unterworfen hatte, faktisch in die Rolle eines Scharfrichters hinein. Aus Sicht der Diadochen aber ist von Brentano der Königsmacher.

Alles geht nun sehr schnell. Am 14. März tagt der CDU-Bundesvorstand. Adenauer kann sich mit seinem Vorschlag nicht mehr durchsetzen, »einen kleinen Ausschuß zu wählen«, mit dem sich von Brentano aussprechen könnte.[12] Sofort fährt ihm von Brentano in die Parade und empfiehlt, nur den Geschäftsführenden Vorsitzenden Dufhues als seinen Gesprächspartner zu bestellen.[13] Offenbar haben sich die wesentlichen Vorstandsmitglieder vorher abgesprochen. Adenauers Vorschlag fällt ins Leere. Damit schwindet auch seine Hoffnung, durch ein größeres Gremium den Gang der Dinge verwirren und aufhalten zu können. Die alleinige Benennung von Dufhues als Repräsentant der Partei ist gleichfalls eine Vorentscheidung. Denn auch dieser glaubt jetzt, daß an Erhard kein Weg vorbei führt, obschon er das in den Gremien noch nicht zu erkennen gibt.[14]

Natürlich ahnt man, was Adenauer vorhat. Seit der Regierungsbildung im Dezember 1962 läßt sich nämlich sein Bestreben erkennen, die verschiedenen Diadochen gegeneinander auszuspielen, um Erhard doch noch zu verhindern. Damals hat er plötzlich begonnen, Brentanos Namen als den eines möglichen Nachfolger ins Gespräch zu bringen; dies vielleicht auch deshalb, weil er dessen Zusammenspiel mit Franz Josef Strauß bemerkt hat.[15] Im Januar und Februar 1963 aber, als sich Schröder in der öffentlichen Meinung zunehmend positiver profiliert, neigt er dazu, nunmehr diesen gegen Erhard zu unterstützen.

Wütend fährt Adenauer nach Cadenabbia in den Urlaub. Er muß ihn allerdings gleich zu Beginn zwei Tage unterbrechen, um das Röhrenembargo gegen heftigen Widerstand aus der SPD und der Stahlindustrie durchzusetzen. Seine Laune bessert sich dadurch nicht, doch glaubt er, die über den Elysée-Vertrag erbosten Amerikaner auf diese Art und Weise wieder etwas beruhigt zu haben. Für alle Fälle wird bei Gelegenheit seiner kurzen Anwesenheit in Bonn Sonderminister Krone als Vorsitzender des Bundesverteidigungsrats eingesetzt. Er soll ein Gegengewicht zu Schröder und von Hassel bilden.

Nach Cadenabbia zurückgekehrt, tut der Kanzler weiterhin sein Bestes, Erhard in Hintergrundgesprächen mit Journalisten und anderen Besuchern herunterzumachen. Am 29. März etwa besucht ihn der Meinungsforscher und CDU-Abgeordnete Erich Peter Neumann[16] und legt ihm die neuesten Umfrageergebnisse vor, die leider für Erhard sehr günstig lauten. Bald wird in Bonn kolportiert, was Adenauer bei dieser Gelegenheit grimmig bemerkt hat: »Den bringe ich noch auf Null!«[17]

Doch diese nun ganz zügellose Demontagekampagne gegen den beliebten Erhard wirkt sich durchaus kontraproduktiv aus. Da der Kanzler offenbar nicht bei einer friedlich-schiedlichen Lösung mitwirken will, verstärkt sich in CDU und CSU die Erkenntnis, daß jetzt schnelles Handeln angezeigt ist. Während der Abwesenheit des Kanzlers entfalten die Anhänger Erhards, aber auch Dufhues und von Brentano eine eifrige Tätigkeit. Später wird Adenauer selbstkritisch bemerken: »Wenn man so hoch steht, wie ich stand, so ist man sehr einsam und erfährt vieles nicht. Ich habe einfach nicht gewußt, daß die Brigade Erhard mich abhalftern wollte.«[18]

Adenauer mag sich zwar noch in der Illusion wiegen, wenn es hart auf hart geht, die Diadochen aufeinander hetzen zu können. Doch er mußte es inzwischen aufgeben, Krone anzustacheln, nach seiner Nachfolge zu greifen. Dieser hat in richtiger Einschätzung der Stimmung in der Fraktion deutlich genug gemacht, daß er nicht zur Verfügung steht. Aus dem Umstand, daß von Brentano den Auftrag übernommen hat, einen Nachfolger zu präsentieren, muß jeder, der ihn kennt, gleichfalls auf sein Desinteresse an der Kanzlernachfolge schließen. Ein nobler Mann wie er läßt sich nicht mit einer solchen Aufgabe betrauen, um dann plötzlich selbst zu kandidieren. Später, im Dezember 1963, als sich von Brentano der ersten Krebsoperation unterziehen muß[19], vermutet man, er habe wohl deshalb nicht kandidiert, weil er schon um seinen schlechten Gesundheitszustand wußte.

Bleiben also im März 1963 nur noch Ludwig Erhard und Gerhard Schröder als ernsthafte Nachfolgekandidaten. Aber auch Schröder muß sich zurückhalten. Er ist jung und kann warten. Ließe er sich zu deutlich erkennbar in die Rolle des von Adenauer favorisierten Prätendenten drängen, würde er sich als Kanzler der »Vendetta« aller Erhard-Anhänger aussetzen. Zudem kann er sich als Außenminister einer Schlüsselposition in einem kommenden Kabinett Erhard ziemlich sicher sein. Ihn verbindet auch mit dem altvertrauten Kabinettskollegen Erhard ein gutes menschliches Verhältnis, was ihn gleichfalls zur Zurückhaltung veranlaßt. So läuft eben doch alles auf Erhard zu.

Entscheidend ist in diesen Tagen der galoppierende Popularitätsverlust der Unionsparteien in den Meinungsumfragen. Nach den Daten von Allensbach geht die Union von 46 Prozent Ende Februar auf 42 Prozent Mitte April zurück.[20] Die berühmte Zustimmungskurve zur Politik Adenauers stürzt sogar von 47 Prozent Ende Januar auf 35 Prozent Anfang April.[21] Nie mehr seit den kritischen Anfangsjahren, die im Dezember 1952 zu Ende gingen, ist Adenauer in den Umfragen so negativ eingeschätzt worden.

Der Wahlausgang in Rheinland-Pfalz vom 31. März liefert den handgreiflichen Beweis dafür, daß die CDU in der Wählergunst tatsächlich recht schlecht dasteht. Sie kann sich zwar nach der Wahl mit Unterstützung der FDP knapp an der Regierung halten, doch für die Wahlen in Niedersachsen am 19. Mai wird Schlimmstes befürchtet. Die SPD führt dort ohnehin schon seit 1959 die Regierung. Doch man hatte lange Zeit gehofft, dank der Zerfallsmasse von DP und GB/BHE wieder aus dem Keller zu kommen. Daraus dürfte nun nichts werden, wenn nicht ein Umschwung im letzten Moment gelingt. Solche Überlegungen sind es, die schließlich auch bei bäuerlichen CDU-Abgeordneten aus Niedersachsen eine gewisse Trendumkehr von Schröder zu Erhard bewirken. Erhard gilt eben doch allgemein als die beste Wahllokomotive.

Den Ausschlag gibt schließlich die CSU. Es ist nicht allein der Kalkül von Franz Josef Strauß, der mit einer vergleichsweise kurzen Übergangskanzlerschaft von Erhard rechnet und dann den Weg für weitere Kombinationen offen sieht. Innerparteilich ist Strauß in diesen Monaten nach der *Spiegel*-Affäre nämlich durchaus nicht unumstritten. Doch der Franke Ludwig Erhard hat auch an der CSU-Basis viele bewundernde Anhänger. Dasselbe gilt für die mittelständischen und evangelischen CDU-Wahlkreise in Baden-Württemberg. Der ausgeprägt norddeutsch wirkende Gerhard Schröder hingegen findet im Süden wenig Anklang.

Selbst in der rheinischen CDU kann Adenauer bei seinem Kampf gegen Erhard nicht mehr auf vorbehaltlose Unterstützung rechnen. Arbeitsminister Theo Blank zieht für den Kanzler zwar weiterhin so unerschütterlich in die Schlacht wie ein Grenadier der alten Garde für Napoleon bei Waterloo. Aber Rainer Barzel, um den sich in Fraktion und Partei deutlich ein neues Gravitationszentrum herauszubilden beginnt, tritt jetzt für Erhard ein, und dies wohl mit denselben Überlegungen wie Franz Josef Strauß. Auch Gerstenmaier spricht sich öffentlich für die Kanzlerschaft Erhards aus.

Im ziemlich verregneten Frühling am Comer See spürt Adenauer durchaus, wie seine Parteifreunde zu Hause das Netz immer enger zusammenziehen. Er schwankt aber noch zwischen Niedergeschlagenheit und Kampfeslust. »Für den nötigen Ärger sorgt meine geliebte Partei«, schreibt er am 1. April an seinen Sohn Paul, »gestern wieder durch den Verlust in Rheinland-Pfalz. Während jeder halbwegs vernünftige Mensch auf die vierzehn erfolgreichen Jahre, die hinter uns liegen, hinweisen würde und dabei mir danken würde, wissen viele der führenden Leute nichts Besseres zu tun, als mich herabzusetzen. Das ist bitter. Ich hoffe, daß ich nach Ostern in einer Vorstandssitzung zurückschlagen kann. Als ich hierhin kam, war ich, wie Du weißt, sehr nervös und bin es im Großen und Ganzen auch jetzt noch. In dieser Woche kommt morgen ein Bote von Präsident Kennedy mit einem Brief, am Donnerstag habe ich die Vertreter der Koalitionsfraktionen wegen des deutsch-französischen Vertrages, für den die Deutschen auf den Knien danken sollten.«[22]

Als die maßgebenden Außenpolitiker der Koalition am 4. April einfliegen, geht es in der Tat um nichts Geringeres als um das Schicksal des deutsch-französischen Vertrags. Doch Adenauer ist entschlossen, endlich Ballast abzuwerfen. Noch bevor die Beratungen beginnen, nimmt er Ernst Majonica zur Seite, der als Vorsitzender des außenpolitischen Arbeitskreises der Fraktion ein gewichtiges Wort zu sagen hat: »Wie steht's mit der Ratifizierung des Vertrags?« Majonica antwortet wahrheitsgemäß: »Es sieht aus, als ob er scheitert, es sei denn, Sie akzeptieren eine Präambel.« Zu Majonicas großem Erstaunen bemerkt Adenauer darauf leichthin: »Warum nicht? Besser ein Vertrag mit Präambel als gar kein Vertrag.«[23] Alle Teilnehmer der mehrstündigen Beratungen sind verblüfft, wie rasch sich Adenauer nun mit dem Unvermeidlichen abfindet, obwohl er ahnen kann, wie negativ de Gaulle darauf reagieren wird.

Die Stimmung zwischen Adenauer und der Besuchergruppe aus den Koalitionsfraktionen ist jedenfalls ausgezeichnet. Die beteiligten Minister und Parlamentarier fühlen sich wie bei einem Betriebsausflug. Adenauer läßt zum Mittagessen einen vorzüglichen Wein auffahren, CDU/CSU und FDP gewinnen bei dieser Gelegenheit wieder Gefallen aneinander, und vor den Fernsehkameras werden nur zuversichtliche Stellungnahmen verlautbart.

Vorstöße wegen der Kanzlerfrage vermag Adenauer geschickt abzubiegen.[24] Auch er selbst zwingt sich jetzt zum Zweckoptimismus. Ein paar Tage nach der Besprechung vermeldet er an Paul Adenauer: »Die Koalitionsbesprechungen hier verliefen dank der Erfahrungen Deines Vaters in vollster Harmonie. Herr Mende hat ja erklärt, er habe jetzt zum ersten Male eine echte Koalitionsgesinnung empfunden. Der deutsch-französische Vertrag wird am 25. April in erster Lesung im Bundestag besprochen werden. Die in Aussicht genommene Präambel ist kein Schade, nützt aber, um Stimmen zu gewinnen, nachdem vorher unsere liebe Presse alles zerredet hat. Ich halte das Zustandekommen dieses Vertrages als einen meiner größten Erfolge während der ganzen langen Zeit meines Kanzleramtes.«[25]

Wie sehr sich allerdings sein Gesundheitszustand seit dem Herzinfarkt Anfang 1962 doch verändert hatte, erhellt aus einer knappen Bemerkung in demselben Brief: »Gestern bin ich zum ersten Male seit 1 1/2 Jahren einen ganz schönen Weg heraufgegangen mit Erlaubnis von ›Frau B.‹. Es ist mir gut bekommen.«

Aber an den folgenden Tagen wird Adenauers gute Laune durch weitere Gespräche mit Krone und Rasner über die Nachfolgefrage erneut gründlich verdorben. Seine Ostergrüße an die Tochter Ria könnten nicht grämlicher klingen: »Jetzt regnet es Tag für Tag von morgens bis abends und von abends bis morgens. Libet, die seit einer Woche hier ist, sagte mir heute, sie habe in dieser Zeit nur einen halben Tag die Sonne gesehen.

Über Politik will ich nichts schreiben. Seid aber überzeugt, daß ich im Oktober/November diesen Geschäften den Rücken kehren werde. Einen besseren Ausdruck finde ich nicht.«[26]

Was ist geschehen? Krone und Rasner haben dem Urlauber wieder einmal die ganze Zerstrittenheit der Fraktion in der Nachfolgefrage vor Augen geführt. Von ersterem hört er, daß Fraktion und Partei mehrheitlich Ludwig Erhard wollen. Der Fraktionsgeschäftsführer Rasner hingegen bittet ihn, nun doch mit Nachdruck für Gerhard Schröder einzutreten. Wer Erhard nicht wolle, müsse Schröder sagen. Wenn er sich nur eindeutig für diesen stark mache, werde sich Schröder auch in der Fraktion durchsetzen.

Da von Brentano allem Anschein nach hinsichtlich der eigenen Person größte Zurückhaltung wahrt und da auch Krone nicht in Frage kommt, ist Adenauer somit mehr denn je entschlossen, auf Schröder zu setzen. Globke weiß am 12. April zu berichten, daß der Kanzler nach den Gesprächen der letzten Tage für Schröder sei und die Entscheidung in der Nachfolgefrage so lange hinausziehen wolle, bis sich Erhard für das Kanzleramt selbst disqualifiziert hat.[27] Von Brentano, der sich in Rom aufhält und dort am gleichen Tag seine Taktik mit Krone abspricht, ist aber ebenso wie Dufhues weiterhin ganz auf eine rasche Lösung mit Erhard festgelegt.[28] An den Ostertagen stellt er sich bei Adenauer in Cadenabbia ein und eröffnet diesem, allein Erhard könne in der Fraktion durchkommen. Zwar halte auch er Erhard für ungeeignet. Doch bei einer Kampfabstimmung würden auf Erhard 70 Prozent der Stimmen entfallen, auf Schröder nur 30 Prozent.[29]

Adenauer schimpft nun erneut über den unmöglichen und politisch törichten Stil, in dem die CDU seine Nachfolge seit Wochen auf offenem Marktplatz erörtert. Erhard wird jedoch weiterhin von ihm abgelehnt. Die CDU dürfe keine Wirtschaftspartei werden. Außerdem sei Erhard in Frankreich für viele ein rotes Tuch. Immer noch hofft er darauf, daß der Landwirtschaftsflügel in der CDU/CSU-Fraktion gegen den Freihändler Erhard fest bleibt.

Brentano hört nun aus dem Munde Adenauers Günstiges über Schröder. Gewiß, Schröder sei noch recht jung – erst 53 Jahre alt. Er dränge sich auch nicht nach dem Amt. Doch seit er im Herbst 1962 zuletzt mit ihm darüber gesprochen habe, hätte er sich doch sehr entwickelt und sowohl im Inland wie im Ausland erhebliches Ansehen erworben. Dieses werde wohl auch in den kommenden Monaten weiter wachsen. Franz Meyers und Bischof Kunst hätten sich gleichfalls für Schröder ausgesprochen.

Allem Anschein nach begeht Adenauer bei diesen österlichen Gesprächen mit von Brentano einen schweren taktischen Fehler. Denn von Brentano weiß jetzt aus erster Hand, daß Adenauer alles verzögern will und außerdem Erhard mit Schröder aus dem Weg schlagen möchte. Höchste Eile ist also geboten.

Am 19. April kehrt der Kanzler wieder recht munter nach Bonn zurück.[30] Schon am Tag darauf, es ist ein Samstag, beginnen im Palais Schaumburg die Besprechungen. Zuerst wird Botschafter Dowling verabschiedet. Er deutet in der Umgebung Adenauers an, daß er jetzt mit einer direkten Abwahl Adenauers rechnet.[31] Einer Gruppe von Spitzenpolitikern – auch Schröder und Krone sind dabei – teilt Adenauer anschließend mit, der neue Kanzler könne nicht vor Oktober oder November gewählt werden. Vorher dürfe auch keine Designierung durch die Fraktion erfolgen. Als Adenauer mit Globke und Krone allein ist, bekräftigt er seine Absicht, die Kandidatur Schröders zu unterstützen. Dieser sei nicht liberal, sondern ein christlicher Politiker.[32]

Am Montagvormittag, dem 23. April, finden Gespräche mit Dufhues und von Brentano statt. Adenauer bittet Brentano ausdrücklich, die Sitzung des Fraktionsvorstandes am Nachmittag und die Fraktionssitzung am 24. April so zu leiten, daß kein definitiver Beschluß zustande kommt. Dieser macht sich zwar einige Notizen, vermeidet aber doch wohl eine klare Antwort, die ihn festlegen könnte. Um 15.30 Uhr beginnt die vierstündige Sitzung des Fraktionsvorstandes. Sie zieht sich gute vier Stunden hin und endet mit einem Ergebnis, das Adenauer als eine Art Kanzlersturz betrachtet. Eine Tagesordnung ist nicht versandt worden. Von Brentano macht aber schon in seinem Eröffnungsstatement klar, daß er heute eine Vorstandsentscheidung über den Nachfolger Adenauers haben möchte und morgen eine Erörterung dieses Vorschlags in der Fraktion. Die öffentliche Erregung sei so groß und der Schaden der Partei bei einer weiteren Verschiebung so beträchtlich, daß jetzt gehandelt werden müsse. Dufhues sekundiert ihm.

Adenauer erkennt nun, daß seine Gegenspieler zum Handeln entschlossen sind. Vergebens wendet er sich dagegen, einen derart wichtigen Beschluß in so großer Aufregung zu treffen. Da Brentano keinen Namen genannt hat, versucht er ein letztes Mal sein Verwirrspiel und meint, man müsse vier Herren daraufhin »durchleuchten«, ob sie vorgeschlagen werden sollten: von Brentano, Krone, Schröder und Erhard.

Nun ziehen sich aber alle außer Erhard aus dem Ring zurück. Von Brentano erinnert daran, daß er sich der Fraktion gegenüber bereit erklärt hat, als einziger über die Nachfolge Gespräche zu führen und einen Vorschlag zu machen. Wie kann man da auf die Idee kommen, er selber werde zur Verfügung stehen!

Heinrich Krone, ehrlich wie immer, erklärt: »Ich werde nicht kandidieren, weil ich meine Stärken und Schwächen kenne.«[33] Er habe Adenauer nie im Zweifel gelassen, daß er nicht zur Verfügung stehe. Darauf hält Adenauer sowohl ihm als von Brentano entgegen, sie hätten ihm das aber nicht ausdrücklich gesagt. Von den vier möglichen Kandidaten haben also schon zwei Adenauers in keiner Weise abgesprochene Benennung vornehm zurückgewiesen.

Auch Gerhard Schröder hat inzwischen seine Chancen kalkuliert und lehnt eine Kandidatur mit der Feststellung ab, der Zeitraum zwischen der Benennung durch die Fraktion und der späteren Kanzlerwahl durch den Deutschen Bundestag sei zu lang: »Ein solches Verfahren ist nicht zu verantworten. Ich stehe für ein solches Verfahren nicht zur Verfügung.« Prozedural stimmt er damit Adenauer zu, der ja selbst nachdrücklich dafür plädiert, nicht sofort schon eine Entscheidung zu treffen. Er hält sich also für den Fall eines Falles noch ein Hintertürchen offen, will aber jetzt nicht gegen Erhard antreten, da dessen Benennung doch offenbar bereits eine abgekartete Sache ist. Seinem Bruder erzählt er, er habe Adenauer auf dessen Anregung der Kanzlerkandidatur hin wörtlich beschieden: »Noch nicht«.[34]

Im Grunde ist damit alles klar, obschon sich nun alle wichtigeren Vorstandsmitglieder an dem Palaver beteiligen wollen. Adenauers Wunsch, bei einer Entscheidung für Erhard dann wenigstens auch über Änderungen im Kabinett zu sprechen, wird ignoriert. Hingegen richtet Höcherl an ihn die Bitte, das Unvermeidliche zu akzeptieren und jetzt vor der Fraktion zum Ausdruck zu bringen, daß er aufgrund der Diskussion im Fraktionsvorstand für Erhard sei. Ironisch läßt ihn Adenauer mit der Bemerkung abfahren, er genösse einen so schlechten Ruf, daß ihm das keiner abnehmen würde. Sollte aber Erhard in der Fraktion eine Mehrheit erhalten, dann sei er zu einer Erklärung bereit, er wolle ihr Votum akzeptieren.

Ein letzter Versuch des Abgeordneten Kliesing, die Entscheidung um acht Tage bis nach der Sitzung des Parteivorstandes zu verschieben, wird gleichfalls ignoriert. In dem Vermerk über den Vorgang, den ein totenblaß zurückkehrender Kanzler noch am Abend dieses Tages Anneliese Poppinga ins Stenogramm diktiert, charakterisiert Adenauer die Stimmung am Ende dieser entscheidenden Sitzung mit den folgenden Worten: »Auf mich hörte kein Mensch mehr. Es löste sich zum Teil in Einzelgespräche auf.« Die trübselige Aufzeichnung endet mit dem Satz: »Etzel sagte mir nachher persönlich, heute hätte die Partei die Wahlen 1965 verloren.«[35]

Das ist zwar eine Fehlprognose. Verloren ist aber nun endgültig der

Kampf gegen den Nachfolger Ludwig Erhard. Adenauer versteht diese Niederlage als veritable Absetzung. »Die dritte Entlassung war die schlimmste«, bekommt Eugen Gerstenmaier vorwurfsvoll von ihm zu hören[36] – schlimmer als die Absetzung durch die Nationalsozialisten im März 1933 und durch die Briten im Oktober 1945.

Am folgenden Morgen konferiert er nochmals mit den letzten ihm verbliebenen Getreuen – Theo Blank, Adolf Süsterhenn, Hans Globke. Um 15 Uhr geht es in die Fraktionssitzung. In einer geschickt aufgebauten Rede arbeitet Adenauer hier heraus, daß die Verantwortung für den Vorschlag Erhard bei der Mehrheit des Fraktionsvorstandes liegt. Die Fraktion müsse nun demokratisch, das heißt mit Mehrheit, entscheiden. Dann folgt unter starker Unruhe der Fraktion eine hart formulierte Stellungnahme gegen Erhard: »Ich spreche nicht gern aus, daß ich einen Mann, mit dem ich selbst seit 14 Jahren zusammengearbeitet habe und der Hervorragendes geleistet hat, nun für einen anderen Posten, den er haben möchte, nicht für geeignet halte.«[37] Bei dieser Meinung müsse er bleiben, auch nach der gestrigen Sitzung: »Nun mögen Sie selbst darüber entscheiden, aber ich hielt es für meine Pflicht, eine nicht angenehme Pflicht, Ihnen das zu sagen.«[38]

Er weiß aber, daß er schon verloren hat. Von Brentano trägt das Votum des Vorstandes vor. Dufhues unterstützt es für die Partei. Gerhard Schröder bittet gleichfalls darum, »Professor Erhard als Punkt der Integration zu wählen«.[39] Auch Strauß plädiert für Erhard, wenn schon mit fast an Frechheit grenzender Herablassung: nicht immer habe Erhard »den Zugang zu den arcana imperii gesucht und gefunden«. Doch mit seinen 67 Jahren sei er »noch durchaus entwicklungsfähig«.[40]

Das Ergebnis der geheimen Abstimmung ist eindeutig: von 225 Anwesenden stimmen 159 Abgeordnete für Erhard, 47 stimmen mit Nein und 19 enthalten sich. Erst jetzt bemerkt Adenauer versöhnlich: »Meine lieben Parteifreunde, lieber Herr Erhard, zunächst stelle ich fest, daß Sie eine große Mehrheit bekommen haben, und daß das verpflichtend ist für alle, die zu dieser Fraktion gehören. Was unser persönliches Verhältnis angeht, Herr Kollege Erhard, so bin ich absolut willens, nach besten Kräften mitzuarbeiten und Ihnen alles weiterzugeben im Interesse unseres deutschen Volkes.«[41]

Erhard selbst zeigt sich von Adenauers ingrimmigem Kampf gegen seine Kanzlerschaft enttäuscht. Ein Jahr zuvor, beklagt er sich bei Erich Mende, habe er eine Kampfkandidatur gegen ihn abgelehnt. Nun nenne man ihn einen »Gummilöwen«, weil er zu anständig sei, »mit den Mitteln zurückzuschlagen, mit denen Adenauer mich angreift und abzuwarten versucht. Ich finde das Verhalten Adenauers mir gegenüber wenig christlich.«[42]

Zwei Tage später erfolgt die erste Lesung des deutsch-französischen Vertrags. Alle Wolken sind wie weggeblasen. Adenauer hat nochmals einen großen Auftritt: »Uns und der Welt«, führt er dabei aus, »wären der Nationalsozialismus ... und der letzte Weltkrieg erspart worden«, wäre der Ausgleich zwischen Deutschland und Frankreich schon nach dem Ersten Weltkrieg geglückt. So feiert er den Vertrag als »ein Ereignis ersten Ranges«[43] und erhält dafür minutenlangen Beifall. Von der Präambel kein Wort. Um so lauter sprechen freilich seine siegreichen Gegner davon.

Der erste Bundeskanzler wird also von der eigenen Partei, die er groß gemacht hat, gnadenlos abgehalftert. Da sich eine Unionsmehrheit und die FDP auf die Fortführung der Koalition unter Erhard einstellen, ist Adenauer innenpolitisch ins Abseits geraten. Im gleichen Augenblick, da der Kanzler innerparteilich zur Seite gestoßen wird, entfernt er sich auch aus dem Hauptstrom der Außenpolitik. Der Kanzler, der mehr als andere in der westlichen Allianz stets eine Linie des Gleichgewichts und des Ausgleichs zu gestalten suchte, räumt nun dem engen Bündnis mit Frankreich den Vorrang ein. Die Amerikaner, die Briten, Erhard, die neue Mehrheit in der CDU, die FDP und die liberale Publizistik – aus seiner Sicht sind sie alle, die im Frühjahr 1963 an seinem Sturz mitwirken, zugleich auch offene oder heimliche Gegner des Zweibund-Konzeptes. Also doch das Komplott, vor dem de Gaulle Anfang Februar warnen ließ! Kein Wunder, daß der Zug um Zug entmachtete Adenauer nun erst recht an der engen Partnerschaft mit Frankreich festhält. Die innenpolitischen und außenpolitischen Fixierungen dieser Monate, in denen er faktisch gestürzt wird, werden sich somit für die letzten vier Jahre seines Lebens als dauerhaft erweisen.

Zwar betreibt er das politische Spiel auch weiterhin voller Rastlosigkeit. »Wer von der Politik einmal gegessen hat, der möchte immer mehr und mehr«, vernimmt eine Gruppe japanischer Besucher am Tag nach der großen Niederlage von ihm.[44] Und er fügt hinzu: »Die Politik ist schon ein Laster.« Diesem Laster frönt er weiter, ob mit oder ohne Kanzlerschaft. Aber er entwickelt nichts Neues mehr, bleibt vielmehr fixiert auf die Linie jener Monate, in denen man ihm, so sagt er später, »Arme und Beine« abgeschlagen hat.[45]

»Wir sind das Opfer der amerikanischen Entspannungspolitik«

Innenpolitisch gesehen, steht die Adenauersche Außenpolitik im Jahr 1963 also unter einem doppelten Handicap. Zum einen ist das Ende der Kanzlerschaft nun fest terminiert. Sollte sich Adenauer noch Illusionen gemacht haben, so demonstriert ihm spätestens seine schwere Niederlage in der Fraktion, daß es diesmal definitiv zu Ende geht. Zum andern erkennt er nun auch klar, wer künftig außenpolitisch das Sagen haben wird und wohin die Reise wahrscheinlich geht. Der Einfluß Amerikas und Großbritanniens wird überstark werden, die französische Option tritt in den Hintergrund.

Damit verbindet sich eine weltpolitische Umbruchsituation, die gleichfalls im Frühjahr 1963 vieles verändert. Kennedy und Chruschtschow ziehen aus der Kuba-Krise dieselbe Schlußfolgerung. Nachdem sie in den Abgrund des Atomkrieges geblickt haben, halten sie es für angezeigt, auf Entspannung zu schalten. Kennedys Friedensrede in der American University vom 10. Juni 1963 gibt das Signal. Der Westen und die Sowjetunion sind zur Zusammenarbeit auf demselben Planeten verurteilt. Also müssen beide Seiten zu pragmatischem Ausgleich bereit sein! Der Preis der Entspannung läßt sich unschwer aus dieser Grundsatzrede herauslesen – Hinnahme des Status quo.

In Europa bedeutet dies allerdings auch, daß die Sowjetunion bereit sein muß, die westalliierte Exklave Berlin nicht weiter zu bedrängen. Zugleich ergibt sich aber daraus die Hinnahme der DDR und der Mauer als Preis der Entspannung. Auf dem Feld der Rüstungskontrolle ist erneut mit amerikanischer und britischer Bereitschaft für Vereinbarungen zu rechnen, die auf Kosten bisher zäh verteidigter deutscher Grundsatzpositionen gehen.

Mitte Juli reist eine amerikanische Delegation unter Leitung Averell Harrimans nach Moskau, um mit Sowjets und Briten endlich einen Teststopp-Vertrag zur Unterbindung von Kernwaffenversuchen in der Atmosphäre abzuschließen. Auch über einen Nichtangriffspakt zwischen NATO und Warschauer Pakt wird bereits gesprochen. Alle drei Weltmächte finden an der ingeniösen Idee Gefallen, den überfälligen Verzicht auf atomare Luftverseuchung mit einem ersten Anlauf zur Begrenzung des Atomclubs zu verbinden. Das Abkommen, auf das man sich relativ schnell einigt, soll somit zur Unterzeichnung durch alle Staaten aufgelegt werden. Das zielt auf die Volksrepublik China, es zielt auf Frankreich, es zielt auch auf die Bundesrepublik Deutschland.

Es versteht sich von selbst, daß die Sowjetunion in diesem ersten bedeutenden Rüstungskontrollabkommen einen willkommenen Anlaß sieht, die DDR als Unterzeichnerstaat des Teststopp-Abkommens gleichsam durch die Hintertür in die Staatengesellschaft einzuführen. Die USA tragen dabei offenbar wenig Sorge, eine solche Möglichkeit auszuschliessen. Diese Problematik einer Teilnahme der DDR würde sich bei Abschluß eines Nichtangriffsvertrags zwischen NATO und Warschauer Pakt noch viel gravierender stellen.

Nun ist es für Adenauer nichts Neues, die deutschen Interessen in einer Phase der Ost-West-Entspannung zu verteidigen. Churchills Initiativen vom Frühjahr 1953, der Geist von Genf 1955, das Frühjahr 1958, der Geist von Camp David im August 1959 – er kennt das zur Genüge. Neu aber ist für ihn die Situation, daß er fest mit einem Nachfolger rechnen muß, der konstitutionell unfähig ist, das, was er als deutsche Interessen versteht, ähnlich mißtrauisch, hart und listig zu vertreten, wie er das getan hat. Selbst von Gerhard Schröder ist ein gewisses Maß an Bereitschaft zu erwarten, dem Ziel möglichst spannungsfreier Beziehungen mit den USA alles andere pragmatisch unterzuordnen. Schröder ist Realist: Wenn sich Amerika auf dem Entspannungstrip befindet, wird man ihm eben folgen müssen. Bei der FDP zeichnet sich dieselbe Bereitschaft ab, von der SPD ganz zu schweigen. Dort setzt Egon Bahr mit den Formeln »Politik der kleinen Schritte« sowie »Wandel durch Annäherung« am 15. Juli 1963 in der Politischen Akademie Tutzing die Signale.

Tatsächlich ist der Ehrengast bei dem Festakt anläßlich des zehnjährigen Bestehens der Politischen Akademie Tutzing aber gar nicht Egon Bahr, einfacher Pressesprecher Willy Brandts, sondern der weltberühmte Bundeskanzler Adenauer. Bezeichnenderweise greifen die Medien aber nicht seine Botschaft auf, sondern die Überlegungen Egon Bahrs. Denn auch Adenauer spricht von kommenden Dingen, aber freilich über die von übermorgen. Er verweist auf die Spannungen zwischen der Sowjetunion und China, erinnert an den Nahrungsmittelmangel sowie andere wirtschaftliche Schwierigkeiten in Rußland und plädiert dafür, sich erst auf eine Verständigungspolitik einzulassen, wenn Moskau von seiner aggressiven Haltung Abstand nimmt. Seine Schlußbetrachtung ist zwar auf sehr lange Sicht zutreffender als Bahrs Programm, sie geht aber in der politischen Diskussion völlig unbeachtet unter: »ich glaube«, meint er nämlich, »daß erst die kommende Generation die Entscheidung in diesem ganzen Ringen sehen wird«. So lange aber, mahnt er, »wahrscheinlich Jahrzehnte«, müssen wir »gewappnet und gerüstet sein«.[1]

Innenpolitisch bringt das Jahr 1963 somit den Machtwechsel hin zu einer liberalen Ära, außenpolitisch markiert es den Beginn des Entspannungszeitalters.

Diese innen- und außenpolitische Konstellation erklärt, weshalb Adenauers Außenpolitik des Jahres 1963 deutliche Merkmale einer gewissen Torschlußpanik aufweist. Spürbare Unruhe, überzogen heftige Reaktionen, rasches Aufgreifen von Gelegenheiten, die sich zu bieten scheinen, Anzeichen von Hektik – das ist die eine Seite. Die andere Seite ist die Abwesenheit jener eindrucksvollen Stetigkeit verbunden mit der Kunst, taktisch auf Zeit zu spielen, die seiner Außenpolitik doch über lange Jahre hinweg das Gepräge gegeben haben. Die Zeit fehlt ihm eben nun, und so wird er ungeduldig, übermäßig besorgt, doch auch starrer als früher. Und da die beunruhigende Entspannungspolitik, die sich nunmehr Bahn bricht, von den USA, von Großbritannien und von der Sowjetunion gleichzeitig gepflegt wird, steigert er sich in eine Stimmung hinein, die gleichzeitig anti-amerikanisch, anti-britisch und anti-sowjetisch ist.

Während des Kampfs um den deutsch-französischen Vertrag sah er sich ohnehin bereits in starkem Gegensatz zu den USA und zu Großbritannien getrieben. Kaum ist die Erregung darüber abgeklungen, da wird sie durch die neue Entspannungspolitik erneut aufgestachelt. Zwar wahren die beteiligten Regierungen am Schluß seiner Amtszeit das Dekorum. Tatsächlich aber scheidet er im Unfrieden mit Amerika, mit England und auch mit der Sowjetunion.

Unter diesen Umständen treten die inneren Widersprüche seiner Außen- und Sicherheitspolitik auch unverhüllt zutage. Außenpolitik läßt sich nie ohne Widersprüche gestalten. Die Staatskunst besteht ja gerade darin, das Unvereinbare doch zu praktikabler Politik zu bündeln. Aber wenn die Zeit ausläuft, läßt sich das Spiel nicht mehr nach allen Regeln der Kunst anlegen.

Auch eine deutliche Negativität macht sich nun noch deutlicher als früher bemerkbar. Adenauer war zwar immer ein Besserwisser und stets geneigt, alles, was von anderer Seite kam, gnadenlos zu kritisieren. Doch hat er auch stets über die Fähigkeit verfügt, das ihn Störende in kunstvolle, oft auch fragwürdige Kompromisse einzubinden und so zu entschärfen. Zugleich wußte er dabei auch häufig eigene Initiativen einzubringen, die weitschauend und konsensfähig waren.

Da es aber nun in immer stärkerem Maß andere Akteure sind, die den außenpolitischen Kurs der Bundesregierung gestalten, verlegt er sich fast zwangsläufig aufs Gegensteuern, aufs Kritisieren, aufs Festhalten an einmal erreichten Positionen und auf die Verkündung plakativer Einseitigkeiten. Viele sehen darin aber nur noch typischen Altersstarrsinn und jenes zänkische Verhalten, das bei alten Männern gleichfalls nicht selten auftritt. Dies spielt gewiß eine Rolle. Doch sind es 1963 auch die Besonderheiten der Konstellation, die solche problematischen Charakterzüge überdeutlich hervortreten lassen.

Es ist schlechthin nicht mehr möglich, in Adenauers ostpolitischen Stellungnahmen, Reaktionen und Vorstößen eine durchgehende Linie zu erkennen. Unvereinbares folgt abrupt aufeinander und wird ebenso abrupt fallengelassen. Gewiß, im Innern wie auf dem ganzen Globus ist die Welt in voller Bewegung. Aber der Eindruck drängt sich doch auf, daß der Kompaß des Kanzlers nicht mehr verläßlich funktioniert.

Diese Spätphase Adenauerscher Ost- und Deutschlandpolitik ist im Winter 1962/63 erreicht. Noch vermag niemand daran zu glauben, daß die jahrelange Offensive Chruschtschows gegen Berlin bereits Vergangenheit ist. Immer noch plant man für weitere Sondierungen und Verhandlungsrunden. Auch jetzt kann kein Zweifel daran aufkommen, daß man sich in der deutschen Frage auf einen langen, wahrscheinlich immer verlustreicheren Abnützungskrieg einzustellen hat, der voraussichtlich überhaupt nicht mehr zu gewinnen ist – oder doch erst in einer sehr fernen Zukunft.

Adenauer weiß das seit Jahren. Und seit Jahren schwankt er zwischen der Bereitschaft zum Arrangement auf Grundlage eines zeitlich begrenzten *modus vivendi* und der kompromißlosen Verteidigung der deutschlandpolitischen Positionen. Stets spielt dabei die Frage eine Rolle, ob Chruschtschow überhaupt dialogbereit ist oder ob er die volle deutschlandpolitische Kapitulation verlangt. Damit verbindet sich die Einschätzung jener Tendenzen auf seiten der USA und Großbritanniens, die vielfach zu Sorgen Anlaß geben.

Je skeptischer er aber die angelsächsische Deutschlandpolitik beurteilt, um so nachhaltiger prüft er die Möglichkeit des direkten deutsch-sowjetischen Dialogs. Desgleichen sinniert er nun erneut darüber nach, ob die Bundesrepublik im Satellitenbereich nicht doch aktiver werden könnte.

Anfang 1963 sorgt er durch einige Bemerkungen für Erstaunen, als Walter Hallstein und Hans von der Groeben ihm zum 5. Januar die Glückwünsche der EWG-Kommission überbringen. Die europäische Union, so sagt er unerwartet, müsse sich »eines Tages auch auf Osteuropa ausdehnen ...« Auf weite Sicht solle Europa »wieder das ganze, das echte Europa werden«[2]. Das klingt nun in der Tat wie ein Reflex de Gaullescher Gedankengänge, ist dies vielleicht auch. Es zeigt aber, wie rege Adenauer weiterhin mit den Möglichkeiten geschichtlichen Wandels rechnet und sich immerhin darauf einstellt.

Möglicherweise denkt er dabei auch an die Verhandlungen über die Errichtung einer deutschen Handelsmission in Warschau, die auf Initiative des Auswärtigen Amts Anfang März 1963 unter Dach und Fach kommen. Jedenfalls befindet er sich noch in einer Phase ostpolitischer Flexibilität.

Allerdings bleibt seine Dialogbereitschaft in Moskau anfänglich ohne Echo. Der deutsch-französische Vertrag führt erneut zu heftigen sowjetischen Angriffen. Auch der Streit um das Röhrenembargo dient nicht eben der deutsch-sowjetischen Verständigung. Urplötzlich aber signalisiert Chruschtschow im Frühjahr 1963 dann doch Gesprächsbereitschaft.

Ausgerechnet ein paar Wochen vor der endgültigen Entscheidung über die Kanzlernachfolge lädt Botschafter Smirnow am 2. April seinen Botschafterkollegen Hans Kroll zu einem Abendessen ein. Kroll ist noch bis zur Pensionierung am 15. Mai in der Zentrale des Auswärtigen Amts tätig und hält weiterhin zum Bundeskanzler Kontakt. Smirnow beklagt bei dieser Gelegenheit den schlechten Zustand der deutsch-sowjetischen Beziehungen und fragt, ob man nicht doch noch zu einer Generalbereinigung des deutsch-sowjetischen Verhältnisses kommen könnte.[3] Dies ist das Stichwort, auf das Kroll schon lange gewartet hat. Adenauer wird von der neuen Entwicklung informiert und billigt es, daß Kroll daran erinnert hat, der Burgfriedensvorschlag vom Frühsommer 1962 harre ja immer noch der Beantwortung.[4]

In der Folge spricht Smirnow auch Adenauer selbst an. Zu seinem Erstaunen vernimmt jetzt der Kanzler im Vorfeld des Besuchs von Kennedy, Chruschtschow wäre zu einem Besuch in Bonn bereit, um mit Adenauer die deutschen Fragen zu besprechen.[5]

Anläßlich seines Deutschland-Besuchs wird Kennedy von diesen Fühlungnahmen unterrichtet[6], Anfang Juli auch de Gaulle[7]. Beiden Gesprächspartnern gibt der Kanzler mit der Bitte um allergrößte Vertraulichkeit zu erkennen, Chruschtschow habe Kroll zu einer privaten Reise in die Sowjetunion eingeladen, und er überlege, ihm dies zu gestatten. Dabei könne dieser dann auskundschaften, was Chruschtschow im

*Triumphzug durch Deutschland:
Präsident Kennedy in Bonn (oben) und Berlin.*

Sinne habe. In beiden Gesprächen wird auch auf die vage Idee eines zehnjährigen »Burgfriedens« Bezug genommen.

Sowohl Kennedy wie de Gaulle antworten zurückhaltend. Sie hüten sich zwar, einem deutsch-sowjetischen Direktgespräch gegenüber eine negative Haltung einzunehmen, lassen aber in ihre Antwort spürbare Skepsis hinsichtlich der Erfolgsaussichten einfließen. Die »Privatreise« Krolls in die Sowjetunion muß aber dann doch unterbleiben. Da sich die Amtszeit Adenauers rasch ihrem Ende nähert, sind ihm nun die Hände gebunden. Wenn es Chruschtschow überhaupt ernst gemeint haben sollte, ist es für ertragreiche Verhandlungen mit der Regierung Adenauer zu spät. Noch wichtiger ist aber, daß Adenauer intern auf entschiedene Ablehnung stößt. Ausnahmsweise ergibt sich in dieser Frage eine übereinstimmende Lagebeurteilung zwischen Schröder und Krone. Auch von Brentano wird »sehr böse«, als er von dem Vorhaben erfährt.[8]

Immerhin kann Kennedy aus diesem Gespräch mit Adenauer den Schluß ziehen, daß sich der Kanzler mit der Existenz der DDR vorerst abgefunden hat. Um so erstaunter muß es ihn berühren, daß Adenauer anläßlich der Fertigstellung des Moskauer Abkommens über einen Teststopp für Atomversuche in der Atmosphäre ein Riesentheater veranstaltet. Oder ist es kein Theater, sondern nur Ausdruck der Tatsache, daß Adenauer mit den inneren Widersprüchen seiner Deutschlandpolitik selbst nicht mehr fertig wird?

Ende Juli und in der ersten Augusthälfte bricht deswegen in den Zeitungen der Bundesrepublik eine heftige Diskussion aus, die nicht allein aus dem Themenhunger der Sauregurkenzeit erklärbar ist. Wie schon im August 1961 fließen rasch Amerika-kritische Töne mit ein. Von den Verfechtern einer kompromißlos harten Linie in der Deutschlandfrage wird die Unterzeichnung des Teststopp-Abkommens heftig abgelehnt. Umgekehrt plädieren die Befürworter der weichen Linie, die sich derzeit bei der SPD wieder durchsetzt, für eine rasche Unterzeichnung. Die eigentliche Quelle der Unruhe aber ist Adenauer.

Denn nun findet man denselben Kanzler, der eben insgeheim über seine unausgesprochenen Burgfriedenspläne informiert hat, in vorderster Linie derer, die am Teststopp-Abkommen allerschärfste Kritik üben. Gewiß fällt seine Reaktion auch deshalb so scharf aus, weil sich bei dieser Gelegenheit Gerhard Schröder und dem Auswärtigen Amt so schön am Zeug flicken läßt. Demselben Auswärtigen Amt übrigens, das Adenauer über die Besuchspläne Chruschtschows anfänglich nicht hinlänglich informiert hat!

Von dem Tag an, da der amerikanische Gesandte und spätere Botschafter in Bonn Martin J. Hillenbrandt einen Brief Kennedys und nähere Informationen überbringt[9], inszeniert der Kanzler einen ungeheuren Aufruhr. In der Ferienzeit Ende Juli und in den ersten beiden Augustwochen befaßt man sich auf insgesamt sechs Kabinettssitzungen mit der Problematik. Neben den amerikanischen Diplomaten vor Ort konferiert Adenauer darüber mit dem US-Unterstaatssekretär William R. Tyler[10], zweimal mit Verteidigungsminister McNamara[11], schließlich noch mit Außenminister Rusk.[12] Einige energische Briefe an Kennedy[13] und ein vom Bundespresseamt gepflegter Pressewirbel geben von seiner flammenden Empörung Kunde.

Wie so oft schon beklagt er sich auch jetzt bitter darüber, zu spät und nur unvollständig informiert worden zu sein. Die ganze Sache ist der Bundesrepublik serviert worden unter dem Motto »Friß Vogel oder stirb!«, beschwert er sich bei McNamara.[14] Einen Teil dieser Vorwürfe richtet er ans Auswärtige Amt, das entweder nicht wachsam genug gewesen sei oder auf der weichen angelsächsischen Welle mitschwimme.

Gleichzeitig und in sehr unerwünschter Verknüpfung sieht er verschiedenste Hauptziele seiner Außen- und Sicherheitspolitik in Frage gestellt. Von Anfang an erkennt er eine anti-gaullistische Pointe des Teststopp-Abkommens. Eben noch hat er de Gaulle geradezu ermutigt, mit der *force de frappe* rasch voranzumachen. Kein Volk habe so viele Kriege geführt wie Rußland, hatte der französische Staatspräsident am 4. Juli von ihm zu hören bekommen. Daher hoffe er, daß Frankreich bald Kernwaffen fertig habe, und er sei für jede Woche dankbar, in der sie früher stünden.[15] Jetzt sind die Kernwaffenbesitzer USA, Sowjetunion und Großbritannien offenbar entschlossen, über ein Teststopp-Abkommen auch auf Frankreich Druck auszuüben! Schon in seinem ersten Brief an Kennedy in Sachen Teststopp-Abkommen weist er, wenn auch vorsichtig, auf diese Implikation hin, die Kennedy selbst angesprochen hat[16]: »Ich glaube, daß für Frankreich die Fassung der Beitrittsklausel von Bedeutung sein würde.«[17]

Ihm mißfällt aber auch, daß sich die Bundesrepublik bei einer Unterzeichnung wieder etwas stärker in der Option eingeschränkt sieht, notfalls doch selbst zur Kernwaffenmacht zu werden.[18] Hillenbrandt muß sich in diesem Zusammenhang einen längeren kritischen Exkurs des Kanzlers über die Unzuverlässigkeit der amerikanischen Nukleargarantie anhören. Dabei bezieht er sich nachhaltig auf Äußerungen de Gaulles.[19] Aus amerikanischer Sicht sieht Adenauer in General de Gaulle jetzt offenbar die große nuklearstrategische Autorität. Muß man also nicht befürchten, daß nun seine Anhänger früher oder später gleichfalls die logischen Konsequenzen aus der gaullistischen Sicherheitspolitik ziehen und nach eigenen Kernwaffen streben?

Entscheidend ist aber die Frage einer völkerrechtlichen Anerkennung der DDR. Der völkerrechtliche Status der DDR hat sich durch den Vertrag »total geändert«! Sonnenklar ist das, bekommt Unterstaatssekretär Tyler zu hören, der Adenauer am 30. Juli vom Stand der Moskauer Verhandlungen berichtet.[20] Demnächst sitzt Ulbricht mit am Tisch, führt der Kanzler in der Kabinettsrunde am 31. Juli aus.[21] Die psychologischen Auswirkungen einer *de facto*-Anerkennung der DDR wären verheerend. Was wird dann aus dem Widerstandswillen der Deutschen in der DDR? Was aus dem der Berliner?[22]

Auch den Widerstandswillen in der Bundesrepublik sieht er bei einer Anerkennung der DDR erlahmen. Verteidigungsminister McNamara, der ihm an und für sich ganz gut gefällt[23], erhält eine längere Lektion in europäischer Geschichte. Bismarck habe unter dem Alptraum gelitten, daß die Russen eines Tages an der Elbe stehen könnten. Das ist nun der Fall. Wenn es aber wirklich so kommt, daß die Ostzone auf Dauer unter sowjetischer Herrschaft bleibt, dann sehe er schwarz für die Zukunft ganz Westeuropas.[24] Eindringlich sucht er dem amerikanischen Verteidigungsminister aufgrund eigener Erfahrungen mit dem Dritten Reich klarzumachen, was eine totalitäre Diktatur ist, wie sie die Menschen verbiegt und verändert, wie sie das Leben verarmen und verderben läßt. Darf man das in Deutschland auf Dauer dulden?![25]

Anfangs neigt Adenauer dazu, die Unterschrift unter den Vertrag einfach zu verweigern: »Sollen die anderen den Pakt abschließen! Wir sind nicht gefragt worden. Wir dürfen nicht mitmachen«, bemerkt er am 31. Juli im Kabinett.[26] Doch bei genauerem Überlegen zeigt sich, daß dies das Problem nicht lösen würde. Die eigentliche Gefahr ist ja die völkerrechtliche Aufwertung der DDR, wenn diese unterschreibt. Da die Westmächte bereits eingewilligt haben, daß die Unterschrift eines beitrittswilligen Staates gilt, wenn sie bei einer der drei Signatarmächte hinterlegt ist, führt an einem Beitritt der DDR wohl kein Weg vorbei.

So fordert Adenauer also eine Nichtannahme der Beitrittserklärung wenigstens in Washington und London sowie eine offizielle Erklärung der USA und Großbritanniens, daß der Beitritt der sowjetischen Besatzungszone keine völkerrechtliche Anerkennung bedeutet. Zugleich müßten die beiden Westmächte das mindestens dreimal offiziell anerkannte Alleinvertretungsrecht der Bundesrepublik erneut bestätigen.[27]

Im großen und ganzen gelingt es tatsächlich, die USA und Großbritannien auf diese Linie zu bringen. Außenminister Dean Rusk persönlich überbringt am 10. August entsprechende Zusicherungen. Ein sichtlich erleichterter Adenauer läßt dann bei einem Abendessen im Palais Schaumburg die besten Flaschen aus dem Keller holen, der ohnehin bald in den Besitz Ludwig Erhards übergehen wird. »Es wäre mir schmerzlich gewesen, wenn meine Arbeit mit Krach geendet hätte – so gern ich Krach habe«, führt er, nun wieder launig geworden, in einer Tischrede aus. »Aber in dieser Frage können wir keinen Krach brauchen.«[28]

Die Umgebung des Kanzlers rätselt, ob er wirklich bereit gewesen wäre, im Protest gegen die Kennedy-Administration zurückzutreten. »Es war mir so ernst«, stellt er am 12. August in der Kabinettsrunde fest, »daß ich, der ich zu Beginn meiner Tätigkeit als Kanzler der Alliierten apostrophiert wurde, bereit gewesen wäre, als Kanzler gegen die Alliierten auszuscheiden.«[29] Krone hört tags darauf dasselbe: »Ich hätte mein Amt niedergelegt und wäre gegangen«, wenn die Kennedy-Administration vor dem Senat nicht die erwünschte Erklärung abgegeben hätte.[30] Derlei sagt sich allerdings leicht, wenn man obsiegt hat. Aber allein der Gedanke, die 14jährige Amtszeit dieses so durchgehend pro-amerikanischen Kanzlers könnte in bitterem Streit mit Washington vorzeitig enden, zeigt doch deutlich, wie weit die Entfremdung bereits fortgeschritten ist. So stimmt er also schließlich dem Teststopp-Abkommen mit großen Bedenken zu. Ein Nichtangriffspakt zwischen NATO und Warschauer Pakt hingegen wird von ihm grundsätzlich abgelehnt. Dieser könnte, argumentiert er im Kabinett, den deutschen Widerstandswillen einschläfern[31], ganz abgesehen davon, daß das DDR-Regime gleichfalls völkerrechtlich aufgewertet würde.

Unablässig betont er in diesen Wochen, die Bundesrepublik müsse an der Wiedervereinigung eisern festhalten – so wie seinerzeit Frankreich an Elsaß-Lothringen[32]: »Wofür ich vierzehn Jahre gekämpft habe, das gebe ich wegen einer solchen Sache nicht auf ...«[33]

Zweifellos hat er bei diesem letzten großen Streit mit den USA zwei Adressaten im Blick: zuerst die amerikanischen Entspannungspolitiker, dann aber auch die deutschen. Die Auseinandersetzungen im Kabinett lassen schon deutlich jene Polarisierung erkennen, die dann für die folgenden Jahre kennzeichnend wird. Gerhard Schröder plädiert für eine unprovozierend-pragmatische Linie und sieht keinen Grund für tiefgreifenden Zweifel an den USA.[34] Er wird dabei von Erich Mende und Walter Scheel unterstützt.[35]

Doch Adenauer hat eine klare Mehrheit des Kabinetts auf seiner Seite. In vorderster Linie der Ablehnungsfront stehen Heinrich Krone und Rainer Barzel mit dem Ministerium für gesamtdeutsche Fragen – das »Einrahmungskonzept« scheint sich zu bewähren. Aber auch Bruno Heck sowie die CSU-Minister Dollinger, Stücklen und Niederalt teilen die Bedenken des Kanzlers. Ebenso eindeutig ist Adenauers Rückhalt in der Unionsfraktion. Von Brentano und Franz Josef Strauß sind sich in diesem Punkt einig.[36] Adenauer kann also befriedigt feststellen, mit seiner harten Betonung von Wiedervereinigung und Alleinvertretung wieder eine Mehrheit in den eigenen Reihen hinter sich gebracht zu haben.

Freilich stellt sich die Frage, ob Adenauers Aufbäumen gegen eine ja durchaus nur indirekte Anerkennung der DDR nicht im Widerspruch zur Linie steht, die doch auch er verfolgt. Hat er nicht erst vor kurzem wieder den modifizierten Globke-Plan mit dem Kernpunkt einer befristeten Anerkennung der DDR vertraulich ins Gespräch gebracht? Geht nicht auch er von der Erkenntnis aus, daß man die DDR irgendwie anerkennen muß, wenn auch unter dem Vorbehalt einer späteren Volksabstimmung?

Man kann diese Frage, die zum Kern seiner Wiedervereinigungspolitik führt, mit dem Hinweis beantworten, daß der sogenannte Burgfriedensplan vorerst nicht mehr als ein Köder ist. Chruschtschow, Kennedy und de Gaulle würden nur jeweils recht vage Vorstellungen mitgeteilt. Kroll ist zwar den sowjetischen Gesprächspartnern gegenüber verschiedentlich sehr ins Detail gegangen. Aber das Auswärtige Amt hat diesen Botschafter so oft desavouiert, daß auch Chruschtschow nicht abzuschätzen vermag, wer nun eigentlich hinter Kroll steht und welche seiner Ideen im Ernst verhandelbar sind. Letzten Endes ist Adenauer damit, ohne sich festzulegen, durch die Berlin-Krise hindurchgekommen, und jetzt übersteht er auch noch die Anfangsperiode der Entspannungspolitik. Was letztlich zählt, sind eben doch nur völkerrechtlich ausformulierte Regelungen in Gestalt von Abkommen oder Verträgen. In dieser Hinsicht läßt sich aber Adenauers harte Ablehnung als Hinweis darauf werten, daß er vor einer Anerkennung der »Realitäten« weiterhin zurückschreckt, sobald wirklich gepfiffen werden muß.

Allerdings ist auch zu vermuten, daß er einem Quidproquo vielleicht doch zustimmen könnte. Würde die innerdeutsche Reisefreiheit wiederhergestellt, würde sich der Druck auf die Deutschen in der DDR spürbar und dauerhaft lockern, wäre er für vieles zu haben. Daran läßt er seit dem Winter 1958/59 keinen Zweifel. Seit dem 13. August 1961 kommt noch das Ziel hinzu, die Berliner Mauer wegzubekommen. Aber für wieviel er wirklich zu haben wäre und um welchen Preis, den die Gegenseite zu entrichten hätte – eben dies wird nie klar, und das ist auch nie ausgereizt worden. Jedenfalls steht in den meisten seiner Darlegungen des zeitlich befristeten Burgfriedensplans der Gedanke im Mittelpunkt, damit auch die seelische Widerstandskraft der Deutschen in der Ostzone gegen den Kommunismus zu stärken.[37]

Doch das Teststopp-Abkommen ist aus seiner Sicht eines jener typischen Beispiele naiver angelsächsischer Konzessionsbereitschaft, bei der auf die deutschen Interessen anfänglich keinerlei Rücksicht genommen wurde. Daher sein Vorwurf an die Adresse McNamaras: »Die Vereinigten Staaten verkaufen alles so billig!«[38]

Nach wie vor hängt er dem Gedanken an, nach Eintreten einer echten Entspannung könnte vielleicht die Sowjetunion gar keinen entscheidenden Wert mehr darauf legen, »die 17 oder 19 Millionen Deutschen bei sich zu haben«. Sie kosten ja schließlich auch einiges. Wenn sich aber herausstellt, daß man damit nichts mehr herausschlagen kann, was soll dieses Pfand dann noch?! Vielleicht werden solche Pfänder in zehn Jahren von Rußland gar nicht mehr gebraucht![39]

Oder liegt dieser Augenblick schon viel näher? In eben diesen Wochen glaubt Adenauer nämlich plötzlich eine Möglichkeit zu erspähen, von der Sowjetunion handfeste Konzessionen zu erpressen. Entsprechende Andeutungen macht er Anfang August 1963 schon gegenüber McNamara, als er im strengen Vertrauen von Chruschtschows Bereitschaft spricht, eventuell nach Bonn zu kommen. Er halte es für richtig, bemerkt er in diesem Zusammenhang, die augenblickliche Notlage Chruschtschows auszunützen und mit Geduld das Letzte aus ihm herauszuquetschen.[40]

Welche Notlage meint er damit? Beim Besuch Kennedys Anfang Juli 1963 hat er diesem bereits eine ganze Reihe von Punkten genannt: Schwierigkeiten mit der Volksrepublik China, die schlecht ausgefallene letzte Ernte, großer Mangel an Facharbeitern. Chruschtschow und seine Umgebung, so suggeriert er Kennedy, kämen derzeit zur Überzeugung, »daß die Sowjetunion nicht alles gleichzeitig tun könne: Rüstung gegen den Westen, Rüstung gegen Rotchina und allgemeine wirtschaftliche Entwicklung«.[41] Schon einige Wochen zuvor hatte Adenauer dem amerikanischen CIA-Direktor McCone gegenüber auch auf die große Belastung durch die wirtschaftliche Erschließung Ostsibiriens hingewiesen.[42]

Die Hoffnung auf den Faktor China dämpft er allerdings in diesen

Monaten auffällig. McCone hört von ihm, selbst wenn Chruschtschow sich endgültig zur Auseinandersetzung mit Rotchina entschließen sollte, wäre das ein besonders gefährlicher Zeitraum. Schon zur Wahrung des Gesichts würden sich die Sowjets dann dem Westen gegenüber besonders unnachgiebig erweisen, um eine möglichst schlechte Stimmung zu machen und große Zugeständnisse einzuheimsen. Erst im letzten Augenblick würden sie wohl zu Vereinbarungen bereit sein.[43] Auch Kennedy gegenüber äußert er Zweifel, ob Chruschtschow in Europa schon jetzt für große Konzessionen zu haben ist. Unsentimental meint er, unter diesen Umständen dürfe man Chruschtschow nicht zu früh von der Angel lassen. Daher sein Entsetzen über das anglo-amerikanische Entgegenkommen im Zusammenhang mit dem Teststopp-Abkommen.

Aus der Information, daß die Sowjetunion in Ostsibirien mit größten Mitteln ein neues Industrierevier aufbauen, wird rasch eine fixe Idee. Als ihn Cyrus L. Sulzberger Ende Juli 1963 wieder einmal aufsucht, malt er ihm in allen Einzelheiten aus, wie stark das die Sowjets beschäftigt. Dann die Spannungen zwischen Indien und Pakistan, überhaupt das Kräftefeld China-Indien-Pakistan- Sowjetunion! »Sehen Sie«, meint er zu Sulzberger und spielt damit auf einen seiner letzten Artikel über das Tauwetter im Kalten Krieg an: das sind »die Eisschollen, die treiben«.[44]

Seit August verdichten sich aber auch Informationen, daß die Sowjetunion in Kanada und in Australien in großem Stil Weizenkäufe tätigen muß, ja sogar mit den USA zu günstigen Bedingungen ins Geschäft kommen möchte.[45] Als Adenauer vor dem endgültigen Abschied vom Kanzleramt in den Wochen von Mitte August bis Mitte September in Cadenabbia nochmals einen von vielen Besuchern bewegten Sommerurlaub verbringt, beschäftigt ihn dieses Thema unablässig. Der Verleger Axel Springer und dessen Moskauer Korrespondent Weber bestärken ihn bei Besuchen in Cadenabbia nachhaltig in seinen Hoffnungen auf Boykottmaßnahmen im Bereich des Osthandels.[46] Von Brentano, Gerhard Schröder, Horst Osterheld, Heinrich Krone – sie alle überfällt er nun mit der großen Neuigkeit, daß sich Moskau jetzt in einer *demandeur*-Position befindet.[47] Doch niemand von den CDU-Spitzenpolitikern ist bei diesen Gesprächen geneigt, die neue Marotte des Alten Herrn sonderlich ernst zu nehmen.[48] Denn wie sollte ein solcher Boykott praktisch durchgesetzt werden? Und wie wollte man damit in operativ umsetzbarer Art und Weise die deutsche Frage verbinden?

Gewiß, der Kanzler denkt nur an friedliche Verhandlungen. Er weiß auch, daß man zuerst die westlichen Weizenländer auf eine gemeinsame

Linie bringen müßte. Aber der kalte Krieger Adenauer ist nun wieder hellwach und wittert eine Gelegenheit, die Sowjets doch noch in die Ecke zu drängen. Als sich Nelson Rockefeller, Gouverneur von New York, am 30. September 1963 bei ihm einstellt, sucht er diesen gleichfalls einzustimmen. Nur jetzt keine bedingungslose Unterstützung der Russen, etwa beim Aufbau ihrer Großchemie! Adenauers Linie: Abwarten, bis ihnen das Wasser am Hals steht, und erst dann verhandeln![49] Nachdrücklich stimmt er Rockefeller zu: es wäre ein sehr großes Unglück für die freie Welt, immer nur von Entspannung zu reden.

McCloy gegenüber bedauert er bei einem der letzten Gespräche, die er als Kanzler führt, daß niemand im Westen im Zusammenhang mit den Weizenkäufen über die Berliner Mauer oder den Todesstreifen gesprochen hat.[50]

Jetzt, Mitte Oktober, erkennt er bereits, daß ein drängendes Schreiben, das er deswegen am 23. September an Kennedy gerichtet hat, wohl ohne Resultat bleiben wird. Alle, die er mit dieser Idee angeht, halten sie für Träumereien eines alten Mannes, der buchstäblich im letzten Augenblick die Fata morgana der Politik der Stärke realisiert zu sehen glaubt. Was Heinrich Krone auf dem Höhepunkt der Kontroverse um das Teststopp-Abkommen vermerkt hat, erfaßt die Realität dieser Spätphase Adenauerscher Ostpolitik doch sehr viel genauer als alle Hoffnungen auf einen großen Umschwung zugunsten Deutschlands: »Moskau sitzt am längeren Hebel. Alle Welt will Frieden ... Wir sind das Opfer der amerikanischen Entspannungspolitik.«[51]

Lauter Abschiede

Adenauer war immer ein Meister der Regie. So bringt er es fertig, aus dem erzwungenen Rücktritt einen triumphalen Abgang zu machen. Und alle Beteiligten spielen mit. Die meisten, weil sie wissen, daß mit ihm eine einzigartige Gestalt aus dem Kanzleramt scheidet. Nicht wenige aber auch aus Freude darüber, ihn endlich los zu sein.

In der Selbstverständlichkeit, mit der sich Adenauer den zahllosen Ehrungen unterzieht, äußert sich seine immer noch ganz naive Freude an glanzvoller Repräsentation. So zieht er kreuz und quer durch die Bundesrepublik, macht auch noch ein paar Abstecher ins Ausland und verdrängt damit zeitweilig jene lähmende Stimmung von Perspektivlosigkeit und

Niederlage, die ihn nach dem Sturz am 22. und 23. April 1963 ergriffen hatte.

Jetzt ist er wieder obenauf – würdevoll, selbstsicher, nach wie vor auch leicht selbstironisch, ganz ein Patriarch, der Respekt verlangt und dem man Respekt entgegenbringt.

So etwas wie dieses wochenlange Abfeiern eines Regierungschefs hat es in Deutschland noch nie gegeben. Bismarck hat seinerzeit abrupt seinen Abschied genommen. Erst danach haben einzelne deutsche Städte oder Korporationen Gelegenheit gefunden, ihn im Stil der Zeit mit Fackelzügen und Empfängen zu ehren. An Verabschiedung in den Ländern des damaligen Deutschen Reiches kein Gedanke. Seither fand sich überhaupt weder der richtige Regierungschef noch die rechte Gelegenheit für landesweite Huldigungen. Auch daran erinnert man sich aus Anlaß des Ausscheidens Adenauers. In der neuesten deutschen Geschichte ist er eben tatsächlich ein Unikat.

Er wird es übrigens auch bleiben. Alle späteren Bundeskanzler werden unter Blitz und Donner aus ihrem Amt scheiden. Nur bei Bundespräsidenten bürgert sich die Sitte ausgiebiger Verabschiedungen ein.

Doch selbst im internationalen Vergleich gibt es kein Vorbild für Zahl und Weitläufigkeit der Ehrungen. Winston Churchill wurde im Juli 1945 abrupt gestürzt und zog sich dann grollend an den Comer See zum Malen zurück. Als er 1955 – damals 81 Jahre alt – ein zweites Mal ausscheidet, ist er zu alt fürs Feiern. Ein schönes Dinner für die Queen und für das politische Establishment des Landes in Downing Street 10 reicht ihm aus.[1] Adenauer hingegen zählt jetzt 87 Jahre, ist immerhin sechs Jahre älter als Churchill und absolviert das große Programm munter wie ein Fisch im Wasser. Macmillan, dessen Nachfolger Lord Home am gleichen Tag wie Ludwig Erhard sein Amt antritt, erlebt das Ende der Amtszeit im Krankenhaus. Höchst unfeierlich geht es auch bei de Gaulle zu. Bei seinem ersten Rücktritt im Januar 1946 hat er sich stolz jede Ehrung verbeten. Genauso hält er es am 28. April 1969 nach dem negativ ausgegangenem Referendum, wird sich hoheitsvoll nach Colombey-les-deux-Églises zurückziehen und die Politik seines Nachfolgers nur noch im abendlichen Fernsehen verfolgen. Auch Eisenhower, dessen Partei im November 1960 die Präsidentschaftswahl knapp verliert, ist nicht nach großen Feiern zumute. Amerika läßt den Sieger des »Crusade in Europa« und achtjährigen Präsidenten vergleichsweise kühl nach Gettysburg auf seine Rinderfarm in Pension gehen.

So sind Adenauers Abschiedsfeiern wirklich einzigartig, zumal mit ihm ja kein über dem politischen Getümmel stehender Staatspräsident zu verabschieden ist, sondern ein unablässig umstrittener und seinerseits streitbarer Regierungschef.

Der Abschiedsreigen beginnt im Ausland. Im Grunde lag auch schon über Adenauers gemeinsamen Auftritten mit Kennedy bei dessen Staatsbesuch Anfang Juli viel Abschiedsstimmung. Kennedy behandelt den Kanzler wie stets mit jener respektvollen Aufmerksamkeit, die wohlerzogene Leute verdienten älteren Herrschaften gegenüber an den Tag legen. Doch Adenauer registriert verdrossen, wie Kennedys Deutschland-Reise doch die großen Auftritte de Gaulles in den Schatten stellt. Was sich hier abspielt, ist nichts anderes als der sichtbare Triumph des Atlantizismus. Aber Kennedy stellt auch Adenauer selbst in den Schatten. Dieser spürt es doch, daß er neben dem jugendlichen Präsidenten abfällt. Als Kennedy mit Brandt und Adenauer neben sich auf dem Podest vor der Mauer auftritt, wirkt der Kanzler neben den beiden Repräsentanten der Zukunft wie eine Greisengestalt aus ferner Vergangenheit.

Nun wird im Bundeskanzleramt wochenlang überlegt, ob nicht auch noch ein Abschiedsbesuch in den USA fällig wäre. Es wäre die zwölfte Amerikareise des Alten Herrn. Nach den Krächen um das Teststopp-Abkommen entscheidet der Kanzler aber dagegen.

Erst recht kommt kein Abschiedsbesuch in England in Frage. Nicht nur von wem sich Adenauer verabschiedet, ist aufschlußreich, sondern auch, welche Länder er nicht mehr sehen möchte. Mit Macmillan will er nichts mehr zu tun haben. Ohnehin fürchtet er jetzt einen Wahlsieg Labours. Wenn Harold Wilson Premierminister werden sollte, bekommt Richard Nixon Ende Juli 1963 zu hören, wird England neutral.[2]

Er sähe auch keinen Grund, sich eigens von den Niederlanden zu verabschieden, selbst wenn von dort aus ein lebhafter Wunsch geäußert würde. Immer noch grollt er Außenminister Joseph Luns. »Luns hat die Politische Union kaputt gemacht«, äußert er bitter zu Dean Acheson, als ihm dieser kurz nach dem Rücktritt einen Besuch abstattet.[3]

Die Freundschaft mit Paul-Henri Spaak ist gleichfalls zu Ende. Immerhin beteiligt sich aber Belgien doch an dem Verabschiedungsreigen. Inmitten der großen inländischen Festivitäten sucht ihn der christlich-demokratische Ministerpräsident Theo Lefèvre auf[4] und überreicht ihm einen hohen Orden.[5]

Auch Jean Monnet stellt sich in diesen Tagen nochmals ein, wenn auch taktvollerweise nur kurz. Er vermutet, daß Adenauer durch den Abschied von der Macht »innerlich wund« ist und möchte nicht inkommodieren. Und da er die Kunst der indirekten Bezeugung von Ehrerbietung beherrscht, bemerkt er zu Osterheld – natürlich zum Weitererzählen: »Adenauer ist der Staatsmann unserer Epoche, größer als de Gaulle, größer als Truman und Dulles.« Dies auch deshalb, weil sich Adenauer – eine seltene Gabe! – über das Ausmaß und die Bedeutung seiner Entscheidungen stets im klaren gewesen sei.[6]

Alles in allem signalisiert die Liste jener Länder, die Adenauer tatsächlich mit Abschiedsbesuchen auszeichnet, eine Rückwendung ins Kleineuropäische.

An erster Stelle steht Italien. Er hat es den Italienern nicht vergessen, daß sie ihn – zwölf lange Jahre ist es erst her – im Juni 1951 nach Rom eingeladen haben, als noch keine andere Regierung seinen Staatsbesuch für wünschenswert hielt. Italien ist und bleibt für ihn das Kernland der abendländisch-christlichen Welt. Außerdem fühlt er sich hier wohl, seit er Cadenabbia entdeckt und die angenehme Zivilisiertheit auch der einfachen Italiener schätzen gelernt hat.

Freilich macht ihm Italien zunehmend Sorgen. Während seiner ganzen Kanzlerschaft hat er die starke Kommunistische Partei in Italien als bedrohlich empfunden. Wann immer er auf die innere Gefährdung der westeuropäischen Demokratien aufmerksam macht, kommt er neben Frankreich auf Italien zu sprechen. Entsprechend beunruhigt registriert er den großen Wahlerfolg der Kommunisten im April 1963. Die Christlichen Demokraten sind von Kämpfen zwischen dem rechten und dem linken Flügel zerrissen. Die *apertura a sinistra* mit einer Regierungsbeteiligung der Sozialisten kündigt sich an.

Adenauers Sympathien liegen ganz beim konservativen Flügel der Christlichen Demokraten Italiens. Er sieht die italienische Politik weitgehend durch die Brille des Staatspräsidenten Antonio Segni, den er regelmäßig trifft und der das Lager der Rechten in der Christlich Demokratischen Partei anführt.

Eine Hauptschuld für den Linksrutsch in Italien schreibt Adenauer Papst Johannes XXIII. zu. Noch im Frühling 1963 hat dieser Papst mit dem Empfang des Schwiegersohns Chruschtschows, Alexei Adschubej, erneut ein Zeichen gesetzt. So wird sein Tod Anfang Juni 1963 von Adenauer keineswegs betrauert. Ein paar Wochen später meint er zu McNamara, von Anfang an habe er den verstorbenen Papst wegen seiner verharmlosenden Ansichten über den Kommunismus für ein Unglück gehalten. Dann erzählt er dem amerikanischen Verteidigungsminister die Geschichte von seinem ersten und einzigen Besuch bei Johannes XXIII. und von seinem Vorsatz, künftig nie mehr mit ihm zusammenzutreffen.[7]

Der viertägige Besuch in Rom ist somit aus Adenauers Sicht hochpolitisch. Er führt ein intensives Gespräch mit dem neuen Papst Paul VI. und mit dem Kardinal-Staatssekretär. Da ihm der Schirokko gesundheitlich sehr zu schaffen macht, steht er die Audienz nur unter Aufbietung aller Kräfte durch.[8] Doch glaubt er mit seinen Warnungen Gehör gefunden zu haben, denn nach der Rückkehr berichtet er dem Kabinett optimistisch, der neue Papst wolle wieder einen schärferen Abgrenzungskurs steuern.[9] Auch die konservativen Gruppierungen der Democrazia Cristiana sucht er in ihrem Widerstandswillen zu stärken.[10] Mehr denn je versteht er sich jetzt als Vorkämpfer des Kampfs gegen den Kommunismus im westlichen Europa.

Mit derselben Einstellung begibt er sich anschließend zu de Gaulle. Auch er soll für die Idee eines westlichen Handelsboykotts gegen die Sowjetunion gewonnen werden. Doch de Gaulles Wort gilt im Rat der westlichen Regierungen nicht mehr viel. Außerdem hat er Adenauer bereits im Juli darauf hingewiesen, nach seiner Meinung sei die Aggressivität der kommunistischen Ideologie im Abnehmen. Man müsse und könne vielleicht langfristig zum Frieden mit Rußland kommen, und schon jetzt seien Teilarrangements möglich.[11] Nunmehr, beim letzten Besuch des scheidenden Kanzlers, informiert de Gaulle darüber, daß er zur Volksrepublik China diplomatische Beziehungen aufnehmen möchte. Adenauer macht keine Bedenken geltend.[12]

De Gaulle verleiht diesem letzten offiziellen Besuch als Bundeskanzler nochmals eine besonders auszeichnende Note – persönliche Begrüßung des Gastes auf dem Militärflughafen Villacoublay bei Paris, gemeinsame Fahrt im Citroën des Generals aufs Jagdschloß Rambouillet. Keine Presse, beiderseits nur kleines Gefolge. Adenauer hat nur seine älteste Tochter Ria Reiners und Horst Osterheld mitgenommen, dazu Anneliese Poppinga, die bei derartigen Reisen und bei den Ferien in Cadenabbia fast ständig dabei ist. Auf seiten de Gaulles ist nur Madame de Gaulle zugegen und einige Mitarbeiter.

Über dieser letzten offiziellen Begegnung liegt eine leicht melancholische Nachsommerstimmung. Daß unter Erhard aus der Zusammenarbeit gemäß dem deutsch-französischen Vertrag vorerst nicht allzuviel werden kann, ist de Gaulle bereits seit dem Streit über die Präambel klar, die ihn erbittert hat. Schon vor seinem Besuch in Bonn Anfang Juli 1963 hatte er unter Anspielung auf einen Vers Victor Hugos pointiert bemerkt: »Mit den Verträgen geht es wie mit den jungen Mädchen und mit den Rosen. Wenn der deutsch-französische Vertrag nicht mit Leben erfüllt würde, wäre dies nicht das erste Mal in der Geschichte ... Ach, wie viele junge Mädchen habe ich schon sterben sehen ...«[13] Der Rosengärtner Adenauer hatte das zwar in seiner Tischrede aufzufangen versucht: »Rosen und junge Mädchen ... natürlich haben sie ihre Zeit, aber die Rose – und davon verstehe ich nun wirklich etwas – ist die ausdauerndste Pflanze, die wir überhaupt haben. Sie hat hier und da Dornen, sicher, meine Damen und Herren, dann muß man sie mit Vorsicht anfassen. Aber sie hält jeden Winter durch.«[14] Das ist schön gesagt und gibt de Gaulle Anlaß, versöhnlich zu antworten.

Doch beide ahnen, daß das Konzept einer Zweier-Union praktisch schon fehlgeschlagen ist. Somit ist dieser Abschied in Rambouillet auch der Abschied von einem Traum. De Gaulle tut aber sein Bestes, die desillusionierende Erkenntnis so schonend wie möglich zu verpacken. Der Brief, den er nach den Gesprächen im Jagdschloß des Renaissance-Königs Franz I. an Adenauer richtet, ist von vollendetem Zartgefühl[15], vermeidet aber sorgfältig irgendeine Stellungnahme zu den konkreten politischen Fragen. Immerhin wertet man es als Signal, daß die letzte Auslandsreise des scheidenden Kanzlers de Gaulle gegolten hat.

Dann beginnen die deutschen Abschiedsfeierlichkeiten. Teils lädt Adenauer selbst die unterschiedlichsten Funktionsträger ein, teils geben Würdenträger wie Lübke und Gerstenmaier festliche Diners und Empfänge. Im Grunde rollt noch einmal das Zeremoniell ab, das man von den jährlichen Geburtstagsdefilees kennt, nun aber verteilt auf einen Zeitraum von gut drei Wochen und verschiedene Schauplätze.

Auch einige Landeshauptstädte werden noch besucht. Hamburg ist dabei, wo sich Adenauer auf der Internationalen Gartenbauausstellung von dem bis zuletzt in seinem Lager verbliebenen Deutschen Bauernverband verabschiedet. In Hamburg hat Adenauers politischer Weg im Zonenbeirat begonnen, hier fand auch der triumphale Parteitag von 1953 statt. Der sozialdemokratische Senat läßt sich nicht lumpen und gibt ein Festessen im Rathaus, das aber – zu weit möchte man sich nicht herauslehnen – als Frühstück aus Anlaß des Deutschen Bauerntages aufgezogen wird.

Ein weiterer Ausflug führt für zwei Tage nach Berlin. Das ist in aller Form ein Abschiedsempfang. Adenauer erhält die Ehrenbürgerurkunde und glaubt, sie auch verdient zu haben. Daß West-Berlin seine Freiheit über die Jahre 1959 bis 1962 hinwegretten konnte, ist tatsächlich in erster

Feldparade

Abschiedsparade der Bundeswehr in Wunstorf bei Hannover.

Linie dem Bonner Kanzler zu verdanken, den seine Gegner freilich nichtsdestoweniger auch weiterhin als Feind Berlins im Gedächtnis halten werden. Bei verschiedenen großen Stadtrundfahrten läßt er sich kräftig bejubeln, und der unterlegene Konkurrent Brandt hält die Laudatio auf den neuen Ehrenbürger. Die Berliner CDU-Leute sind mit ihrem Kanzler zufrieden, denn Krone vermerkt den Vorgang mit einigen kritischen Untertönen: »Brandt kam mit seiner Laudatio für den neuen Ehrenbürger Berlins nicht ganz zurecht. Der Alte wischte das mit ein paar Bemerkungen vom Tisch und erntete viel Beifall.«[16] Insgeheim ist aber Brandt doch ein Bewunderer des alten Mannes, obschon ihn Adenauer nicht immer fein behandelt hat. Noch in den »Erinnerungen« schreibt er: »Sein schlitzohriger Charme war einmalig.«[17]

Auch von Bayern verabschiedet sich Adenauer, wobei ihm sowohl die bayerische Staatsregierung wie die CSU den roten Teppich ausrollen. Franz Josef Strauß geht ihm dabei so respektvoll um den Bart, daß weise Thebaner den gestürzten Verteidigungsminister und den zum Rücktritt gezwungenen Kanzler bereits als Verbündete sehen.

Der »Erzzivilist« Adenauer läßt es sich auch nicht nehmen, in seinem üppigen Abschiedsprogramm einen halben Tag für die Bundeswehr zu reservieren. Die Feldparade in Wunstorf bei Hannover, durchaus die erste ihrer Art, findet auf seinen ausdrücklichen Wunsch statt. Panzer und motorisierte Kolonnen brausen an ihm vorbei, 150 Düsenjäger röhren über den Truppenübungsplatz, und erstmals werden die neuen Honest-John-Raketen vorgeführt.[18] Offenbar möchte Adenauer als eigentlicher Vater der Bundeswehr in Erinnerung bleiben und auch nicht vergessen lassen, daß er es war, der die Trägersysteme für taktische Kernwaffen politisch durchgesetzt hat.

Von der Parade, die genau 31 Minuten dauert und an der über hunderttausend Zuschauer teilnehmen, geht es zur großen Abschiedskundgebung der CDU auf dem Kölner Messegelände. Auch die Wahl dieses Ortes ist kein Zufall. Den Bau der Kölner Messehallen betrachtet Adenauer immer noch als eine seiner Großtaten. Hier war er aber auch im August 1944 von der Gestapo eingesperrt worden. 19 Jahre sind das jetzt her seit diesen Wochen tiefer Erniedrigung, eine halbe Ewigkeit. In Köln ist er im August 1945 zur CDU gestoßen und hat hier am 24. März 1946 in der Universität seine erste Grundsatzrede als Vorsitzender der britischen Zonen-CDU vorgetragen.

Umrahmt vom Eingang- und vom Schlußchor aus der »Schöpfung« von Haydn, hält Adenauer auch bei dieser Gelegenheit eine angriffige

Ansprache, kritisiert das Weizengeschäft mit der Sowjetunion als »Hilfe zur Unzeit«, warnt vor »Entspannungsgerede« und schwört seine Anhänger auf die Freundschaft mit Frankreich sowie den Aufbau Europas ein.[19]

Während dieser ganzen Reisen, Essen und Empfänge badet Adenauer förmlich in Medienaufmerksamkeit, gibt unablässig Interviews und erkennt befriedigt, daß Presse und Fernsehen wohl auch nach dem Rücktritt seine Botschaft transportieren werden. Es ist kein Zufall, daß er einen großen Abendempfang allein für Journalisten, Verleger und sonstige Medienleute gibt.

Das große Finale läßt gleichfalls überlegte Regie erkennen. Am 14. Oktober, einen Tag vor der Abschiedsveranstaltung des Deutschen Bundestages, lädt der päpstliche Nuntius zu einer großen Pontifikalmesse für Volk und Vaterland, besonders zur Überwindung der Spaltung Deutschlands in die Bonner Münster-Basilika. 14 Jahre zuvor hat die Arbeit in Bonn gleichfalls mit einem Pontifikalamt im Bonner Münster begonnen. Inzwischen sieht man auf eine »Ära Adenauer« zurück, wie schon viele Journalisten und Publizisten diese Epoche nennen. Adenauer selbst legt aber ebenso wie seine Kirche Wert darauf, auch am Ende seiner Kanzlerschaft unüberhörbar daran zu erinnern, daß der Gründungskanzler der Bundesrepublik ein katholischer Christ war, der seine Arbeit auf dem Boden der christlichen Weltanschauung verrichtet hat.

Bevor sich der Kanzler abends zu einem Empfang begibt, zu dem der Bundespräsident dreitausend Gäste in die Bonner Beethovenhalle eingeladen hat, gedenkt er noch der letzten Getreuen. Die Minister Lücke und Stücklen erhalten aus seiner Hand das Bundesverdienstkreuz. Vor allem aber gibt er für Staatssekretär Globke ein Essen, der mit ihm zusammen ausscheidet.

Globke, krank und von den ständigen Angriffen stark zermürbt, hat sich nur unter Aufbietung aller Energie bis zum Ende der Kanzlerschaft Adenauers durchgeschleppt. Adenauer weiß, daß er die 14 Jahre ohne Hans Globke wohl nicht durchgestanden hätte. Gelegentlich sagt und schreibt er ihm dies auch, so in einem Handschreiben zum 65. Geburtstag Globkes vom 8. August 1963. Unter Verweis auf die Familie Globkes bemerkt er: »Wir danken Gott, daß er Sie uns gegeben hat.«[20]

Alle Beobachter stellen mit einem gewissen Staunen fest, wie gelassen, kraftvoll und schlagfertig der scheidende Kanzler dieses große Abschiedsprogramm absolviert. Er selbst spürt, daß das gar kein richtiger Abschied von der Politik sein wird. Zwar sieht er in diesen Monaten noch vor, im Jahre 1964 auch den Vorsitz der CDU abzugeben.[21] Doch die vielen Abschiedsfeierlichkeiten machen ihm hinlänglich deutlich, wie groß sein Prestige immer noch ist, nicht zuletzt bei den Journalisten. Bereits in der Abschiedsrede macht er die ominöse Andeutung, daß er sich künftig »von manchen Fesseln frei« fühlen werde.[22] Erhard und seine Freunde beglückwünschen sich noch nachträglich, im Frühjahr endlich den Wechsel erzwungen zu haben. Im September und Oktober stellt sich Adenauer nämlich in Hochform dar, als wollte er allen denen Unrecht geben, die ihn in die Wüste geschickt haben.

Auch bei der Abschiedssitzung im Deutschen Bundestag am 15. Oktober macht der scheidende Kanzler eine eindrucksvolle Figur. Stehend, kerzengerade und unbewegten Gesichts hört er sich länger als eine halbe Stunde die Laudatio Eugen Gerstenmaiers an. Ihre Tonlage ist dem Anlaß durchaus angemessen, und Gerstenmaier hält auch den scheidenden Kanzler wie zuvor schon Hermann Ehlers und Theodor Heuss der antikisierenden Würdigung für würdig: »Konrad Adenauer hat sich um das Vaterland verdient gemacht.«

Es klingt freilich doch etwas wie versteckter Hohn, wenn einer der Hauptakteure bei der Entmachtung Adenauers jetzt in schönem Pathos rühmend davon spricht, »... daß Sie, Herr Bundeskanzler, in hundert Jahren ... bewegter deutscher Geschichte der einzige sind, der nach langer Regierungszeit unbesiegt und im Frieden von einem vergleichbaren Stuhle steigt ...« Unbesiegt und im Frieden! Vieldeutig ist auch der Verweis auf Bismarck, unter dessen Kanzlerschaft Adenauer 1876 geboren wurde und über den Gerstenmaier nun ausführt: »Im Unterschied zu Ihnen schied er im Unfrieden aus dem Amt, so glanzvoll sein Abschied auch aussah.« Ist das nicht eine Ermahnung, nun nach dem Rücktritt anders als der gekränkte Reichskanzler im Sachsenwald Ruhe zu halten? Adenauer bleibt aber weiterhin Parteivorsitzender und denkt überhaupt nicht daran, die Bonner Szene zu verlassen. Somit weiß auch Gerstenmaier, daß das politische Schadenspotential des zum Rücktritt gezwungenen Kanzlers größer ist als das Bismarcks.

Adenauer ist klug genug, in seiner Abschiedsrede nicht auf diese Anspielungen einzugehen. Er hat sich vorgenommen, eher konventionell zu bleiben und der unangenehmen Szene durch humoristische Einlagen die Gezwungenheit zu nehmen.

So arbeitet er nochmals schmucklos, aber nachdrücklich die großen Themen der 14 Jahre heraus – Wiederaufbau, Aufstieg, Westbindung: »Wir Deutschen dürfen unser Haupt wieder aufrecht tragen, denn wir sind eingetreten in den Bund der freien Nationen...«[23] Er erinnert

Das Volk bedarf »einer gewissen Lenkung«.

15. Oktober 1963: Die Abschiedsansprache.

daran, daß große Leistungen letztlich vom Volk vollbracht werden, vergißt aber dann doch nicht ganz die Verfassungsordnung und den Mann an der Spitze. Denn das Volk bedürfe eben auch einer Staatsform »und innerhalb dieser Staatsform einer gewissen Lenkung«[24].

Der Wiedervereinigung wird gleichfalls gedacht, wennschon als eines Fernziels: »Ich bin fest überzeugt, daß dieser Tag einmal da sein wird.« Auch der Zeitkritiker Adenauer hält mit seiner Skepsis nicht hinter dem Berg, wenn er von der Last spricht, »die der moderne Fortschritt auf den Menschen legt«. Viel mehr möchte er zu den großen Themen der Gesellschaftspolitik nicht bemerken.

Die Aktivitäten der Parteifreunde, denen er diesen Tag verdankt, erwähnt er mit keinem Wort. Auch der Dank an diejenigen, die so lange mit ihm gearbeitet haben, ist so allgemein formuliert wie überhaupt nur möglich. Von Erhard, dem ruhmreichsten seiner Mitstreiter, kein einziges Wort.

Für die Sozialdemokratie hat er nur gutmütigen Spott übrig. Er dankt ihr, daß sie 14 Jahre lang da war »und die Pflicht einer parlamentarischen Opposition erfüllt hat«[25]. Hier wird nun doch ein verdienter Mann mit Namen genannt, nämlich der Sozialdemokrat Katz. Er hat sich im Parlamentarischen Rat für das Konstruktive Mißtrauensvotum besonders nachhaltig eingesetzt: »eine der wertvollsten Errungenschaften unseres Grundgesetzes.«[26] So dankt er allen verbindlichst, »dem einen mehr und dem anderen weniger natürlich«, vor allem aber »unserem deutschen Volke«. Dann begibt er sich zu seinem Abgeordnetenplatz, während alle Fraktionen stehend applaudieren.

Er weiß also das Unvermeidliche mit Würde zu tragen. Als ihn aber Walter Henkels beim Empfang des Bundespräsidenten in der Beethovenhalle anspricht, sagt er doch, was er in diesen Tagen wirklich denkt: »Ich gehe nicht frohen Herzens.«[27]

Immerhin wahrt er jene Fraktionsdisziplin, die er selbst in besseren Zeiten von den Unionsabgeordneten erwartet hat. Bei der Wahl des Bundeskanzlers am folgenden Tag zeigt er dem neben ihm sitzenden Fraktionsgeschäftsführer Will Rasner seinen Stimmzettel, auf dem das Wort »Ja« steht.[28]

Natürlich muß er nun auch erfahren, wie es einem ergeht, wenn man nicht mehr die Zentralsonne des politischen Planetensystems darstellt. Schon bei diesem ersten Empfang des Bundespräsidenten für den neugewählten Bundeskanzler Erhard widerfährt ihm das Schicksal, das sich an den gestürzten Bonner Größen stets aufs neue wiederholt. Jedermann drängt sich um den strahlenden Nachfolger. Hingegen finden sich nur noch wenige, die mit ihm sprechen möchten. So ist das von nun an. Viele schneiden ihn oder behandeln ihn unaufmerksam. Jeder Bonner Journalist weiß Geschichten von dem ehemaligen Kanzler zu erzählen, den CDU-Abgeordnete und Presseleute einfach stehenlassen.

Gentleman, der er ist, läßt Ludwig Erhard seinen Vorgänger die Geschäfte im Palais Schaumburg ruhig abwickeln und verbleibt noch für kurze Zeit im Bundeswirtschaftsministerium.[29]

Unmittelbar nach Erhards Wahl suchen Krone und Globke den ehemaligen Kanzler nochmals in dem schönen Arbeitszimmer auf, wo er 14 Jahre lang tätig war. »Sie sind jetzt Gefangener Ihrer eigenen Überlegungen«, muß Krone von ihm hören, als er schildert, daß ihn Erhard im Kabinett behält und weiterhin als ständigen Vertreter des Bundeskanzlers im Bundesverteidigungsrat amtieren lassen wird.[30]

Im Anschluß daran stellt sich John McCloy ein. Er hat, damals noch recht kritisch, die Anfänge Adenauers miterlebt. Jetzt, am Ende seiner Kanzlerschaft, findet er sich wieder bei den Adenauer-Kritikern. Die beiden führen ein großes Gespräch über de Gaulle, ohne sich einigen zu können. Man beklagt sich auch wechselseitig über mangelhafte Unterrichtung – Adenauer bezieht sich dabei auf das Teststopp-Abkommen, McCloy auf den deutsch-französischen Vertrag. Und jeder hält natürlich dem anderen vor, daß die Beschwerde über unzulängliche Unterrichtung völlig zu Unrecht erhoben werde.[31]

Als Adenauer auch noch kritisiert, daß Washington die Gelegenheit der Verhandlungen über die Weizenlieferungen nicht für einen Vorstoß zum Abbau der Berliner Mauer genutzt hat, wird es McCloy doch zu bunt. De Gaulle, so bekommt Adenauer zu hören, werde jetzt wie der verlorene Sohn behandelt. Das könne er überhaupt nicht verstehen. War es nicht de Gaulle, von dem früher die Hauptwiderstände gegen die Einheit Deutschlands ausgingen?! Von den Franzosen bräuchten sich die Amerikaner zuallerletzt darüber belehren zu lassen, was sie in der Berlin-Frage oder in der Deutschland-Frage zu tun hätten.

Nicht nur die Kanzlerschaft ist offenbar zu Ende, sondern auch die Jahre, in denen Adenauer in allererster Linie auf Washington Wert legte. Jetzt ist sein Vertrauen in die Amerikaner weitgehend erschüttert. McCloy verläßt Adenauer in der Überzeugung, einen deutschen Gaullisten zurückzulassen. Unter rund 75 Schreiben von Staats- und Regierungschefs, die in diesen Tagen eingehen[32], findet sich in der Tat auch eine kurze, aber inhaltsreiche Botschaft de Gaulles vom 14. Oktober:

Mit Horst Osterheld beim Abschied aus dem Bundeskanzleramt, Oktober 1963.

Beim Empfang für die Presse mit seinem letzten Regierungssprecher Karl-Günter von Hase.

»Lieber Herr Bundeskanzler, Sie kennen die Gefühle der Bewunderung, des Zutrauens und der Freundschaft, mit denen ich in dieser Stunde bei Ihnen bin. Lassen Sie mich also einmal mehr sagen, daß ich wie stets verbleibe Ihr treu ergebener de Gaulle.«[33]

Nach dem wenig erfreulichen Abschiedsgespräch mit McCloy begibt sich Adenauer zu einem genausowenig erfreulichen Anlaß, dem er sich in diesen Tagen gleichfalls nicht entziehen kann – der Vereidigung Ludwig Erhards.

Dann kommt die Verabschiedung von den dienenden Ständen des Kanzleramtes – Amtsboten, Pförtner, Gärtner, Hauskommando des BGS, Fahrer, Köchin, Hausmeister und Arbeiter. Auch die beiden folgenden Tage findet man ihn noch im Palais Schaumburg beim Unterzeichnen von Dankbriefen und Telegrammen, beim Signieren von Fotografien und bei der Fertigstellung von Abschiedsgeschenken.

Eine seiner letzten Amtshandlungen am Abend des 17. Oktober besteht darin, den Sicherheitsbeauftragten, Ministerialdirigent Günter Bachmann, kommen zu lassen und dabei den Auftrag zu erteilen, den BND des Präsidenten Gehlen schärfer an die Kandare zu nehmen.[34]

Dann begibt er sich zu den neuen Diensträumen im Bundesratsflügel. Sie sind ihm wohlbekannt. Das Sitzungszimmer 119, in dem er sich jetzt einrichtet, stand in den Bonner Anfängen ihm und dem Kabinett zur Verfügung, wenn er sich während der Bundestagssitzungen zurückziehen oder eine Besprechung abhalten wollte.[35] Das Vorzimmer ist recht klein und eines Mannes wie Adenauer eigentlich unwürdig. Sein eigenes Zimmer ist indessen einigermaßen geräumig, lichtdurchflutet, wird von ihm geschmackvoll möbliert und hat einen schönen Blick zum Rhein. Kein Vergleich freilich mit dem Palais Schaumburg. Hier wird er vier Jahre bis zu seinem Tod arbeiten.

Der erste, der ihn in den neuen Räumen aufsucht, ist wiederum einer der Großen seiner frühen Bonner Jahre – Dean Acheson. So schließt sich in diesen Tagen der Kreis. Und nach der Unterredung mit Acheson beginnt schon die Parteiarbeit mit einem Besuch des Geschäftsführenden Vorsitzenden Dufhues. Denn immer noch ist Adenauer Vorsitzender der CDU.

Jetzt findet er auch die Muße, die zahllosen Würdigungen zu seinem Rücktritt zu studieren. Allgemein ist man offenbar der Meinung, daß eine Epoche zu Ende geht.

In den Kommentaren dazu, was von Adenauer erreicht oder versäumt wurde, kommt nochmals der lange Streit von 14 Jahren zum Ausdruck. Immerhin beurteilt man ihn doch schon insgesamt günstiger als in den frühen fünfziger Jahren. Selbst der alte Gegner Augstein, der auch weiterhin bald haßerfüllte, bald respektvolle Artikel schreiben wird, hat es diesmal für angezeigt gehalten, eine würdige *Spiegel*-Nummer mit Beiträgen mehr oder weniger maßgebender Zeitgenossen herstellen zu lassen – von Dean Acheson bis Paul Wilhelm Wenger.[36] Adenauer ist sehr angetan.

Die schönsten Würdigungen kommen häufig von denen, über die man sich am meisten geärgert hat. So geht es Adenauer mit dem Hamburger Verleger Gerd Bucerius. Bucerius' Blätter haben zu Adenauers Kummer manches dazu beigetragen, Ludwig Erhard zum Kanzler und die konservativ-katholische Weltanschauung zum öffentlichen Gespött zu machen. Doch nun schreibt Bucerius: »Das Wesen keines anderen Deutschen ist so in unser aller Leben eingeflochten wie dieses. In der Welt war er bekannter als irgendein anderer Staatsmann. Man konnte ihn bewundern, ja lieben – oder aber hassen –, gleichgültig ließ er keinen. Die ihn liebten, haben ihn zu Zeiten oft am mächtigsten gehaßt. Viele haben gerast, wenn er sie mit mächtiger Geste – und dürrem Wort – zum Schweigen brachte. Nur wenige wissen, daß dieser große Mann in der persönlichen Begegnung auch dem Geringsten gegenüber von respektvoller Höflichkeit war.

Aufgerührt wurden unsere Gefühle noch einmal, als Gerstenmaier vor dem Kanzler und dem Hause würdig und wägend die Bilanz der vierzehn Adenauer-Jahre zog – und mit großer Geste den Abgeordneten Adenauer auf seinen neuen Platz entließ. So hart kann kein Herz sein, daß es nicht der Schmerz ergriff, als der Alte jetzt doch – sehr spät – den Platz verließ, den er so lange rechtens gehalten hat. Mancher Kummer der letzten Jahre ist vergessen. Adenauer braucht das Urteil der Geschichte nicht zu scheuen. Er war der Größte unserer Zeit.«[37]

IM UNRUHESTAND
1963–1967

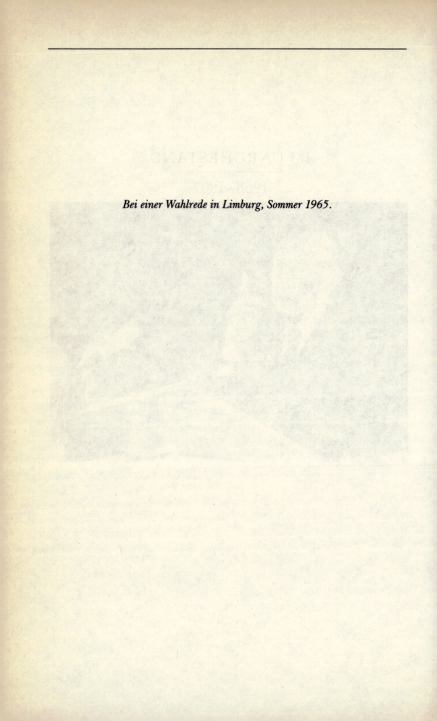

Bei einer Wahlrede in Limburg, Sommer 1965.

Der Frondeur

Die Abschiedsfeiern waren so großartig, die Reden und Leitartikel so schön, daß es Adenauer eigentlich leichtfallen könnte, nun definitiv Abschied von der Politik zu nehmen. Genauso ist dies ja auch von vielen gedacht, die ihn über Wochen hinweg ehrenvoll abgefeiert haben.

Natürlich weiß jeder der Beteiligten in der CDU, was sich im Frühjahr 1963 abgespielt hat. Am besten Adenauer selbst. Noch Jahre später wird er dem Journalisten Schumacher-Hellmold mit »erhobenem Finger und bedächtig« erklären: »Sie wissen doch, die Fraktion hat mich doch einfach hinausgeworfen.«[1] Und er fügt dem eine seiner häufig artikulierten Lebensweisheiten hinzu: »In der Politik ist mit keiner Dankbarkeit zu rechnen.«[2] In einem Diktat im Zusammenhang mit den Memoiren formuliert er es noch schärfer: »daß ich der Dummheit der eigenen Fraktion zum Opfer gefallen bin«[3].

So ist das große Abfeiern auch als Trostpflaster gedacht. Der nicht sehr gute Eindruck der Vorgänge im April 1963 soll überdeckt, der scheidende Kanzler ruhiggestellt werden. Die Hoffnung ist verbreitet, daß er die Botschaft verstehen möge. Hat er denn nicht eine neue Aufgabe gefunden, die ihn ausfüllen kann? Während der Wochen des Rücktritts spricht er bereits gerne davon, daß er jetzt seine Memoiren schreiben möchte. Schließlich ist er selbst ebenso wie die beteiligten Verlage mit den Künsten der *publicity* wohl vertraut. Am Tage des Kanzlerwechsels meldet dpa, er habe die Verlagsrechte an seinen Memoiren der Deutschen Verlags-Anstalt, Stuttgart, und dem Verlag Hachette, Paris, anvertraut.[4] Diese Meldung ist zwar voreilig. Der Vertrag mit Hachette ist erst im November 1963 unter Dach und Fach.[5] Und zum endgültigen Abschluß mit der DVA kommt es erst im Februar 1964.[6] Doch wen kümmert das außerhalb der Branche? Verleger und Politiker schätzen es eben, rechtzeitig ihre Duftmarken zu setzen. Für das breite Publikum steht nun fest, daß Adenauer jetzt mit der so gut wie obligatorischen Beschäftigung aller in Ruhestand getretenen politischen Größen hinlänglich beschäftigt sein wird.

Er selbst erzählt nicht ohne Behagen, daß er sich neben dem Wohnhaus am Rhöndorfer Zennigsweg 8a einen verglasten Pavillon bauen läßt. Endlich findet Adenauer die Muße, sich um dieses Bauvorhaben zu kümmern. Kurz vor dem Rücktritt hat er sich in Cadenabbia daran gemacht, für seinen Schwiegersohn, den Diplom-Ingenieur Heribert Multhaupt, eine Faustskizze zu verfertigen, aus der hervorgeht, wie er sich das vorstellt.[7] Der Teepavillon Heinemans soll an einen Platz oberhalb des Hauses verlegt und durch den Glaspavillon, in dem Adenauer später seine Memoiren schreiben wird, ersetzt werden.[8] Beim Bau treten dann die üblichen Schwierigkeiten auf. Als im Vorfrühling des Jahres 1964 schließlich alles fertig ist, darf Walter Henkels, langjähriger »Hofberichterstatter« der *Frankfurter Allgemeinen*, über den »Musentempel« mit dem Blick bis zu den Eifelbergen von Maria Laach einen lyrisch gefärbten Bericht schreiben.[9]

Im übrigen ist wohlbekannt, wie sehr sich der Alte Herr am Comer See wohlfühlt. Sollte sich der Achtundachtzigjährige also nicht das Vergnügen noch längerer Aufenthalte im Süden gönnen und endlich die Politik seinem Nachfolger überlassen?

Auch in bezug auf den Parteivorsitz scheint es sich glücklich zu fügen, daß Adenauers Amtszeit im Frühjahr 1964 ausläuft. Er mag dann, wie in solchen Fällen üblich, den Ehrenvorsitz übernehmen. Damit wäre sichergestellt, daß er sich nur noch aufs unverbindliche Ratgeben beschränkt. Ob Adenauer allerdings wirklich amtsmüde ist, läßt sich im Herbst und Winter 1963 nicht genau ausmachen. Er erzählt dem einen dies, dem anderen jenes.

Staatsminister Heinrich Krone, den er am liebsten als Nachfolger im CDU-Vorsitz sehen würde, bekommt verschiedentlich von ihm zu hören, daß er auch dieses Amt abgeben möchte.[10] Aber andererseits bekennt er zwei Monate nach dem Rücktritt in einem Privatbrief: »Die vergangenen Monate waren für mich sehr ernst. Ich möchte auf Einzelheiten nicht eingehen. Was vorüber ist, ist vorüber. Meine Hauptarbeit gilt nun meiner Partei und dem Niederschreiben meiner Memoiren. Ich habe aber leider mit dieser Niederschrift bisher überhaupt nicht beginnen können.«[11] So äußert sich niemand, der fest entschlossen ist, auch die Parteiarbeit schleunigst loszuwerden.

Tatsächlich läßt ihn der CDU-Vorsitz nicht zur Ruhe kommen. Und schon im Januar 1964 zeichnet es sich ab, daß er dieses Amt nicht abgeben kann oder nicht abgeben will. Wenn er den Vorsitz schließlich doch beibehält, dann vor allem deshalb, weil in absehbarer Zeit verschiedene perso-

Am Comer See, 1963.

nalpolitische Weichenstellungen anstehen, die es allesamt geraten erscheinen lassen, die Zügel nicht aus der Hand zu geben. Für den Frühsommer 1964 steht die Wahl des Bundespräsidenten an. Diese Entscheidung könnte auch die Regierungsbildung nach den Bundestagswahlen im Frühherbst 1965 beeinflussen. Klugerweise gibt zwar Adenauer seinem Nachfolger gegenüber vorerst Ruhe. Doch traut er Ludwig Erhard nach wie vor nicht zu, auf Dauer erfolgreich zu regieren. Und der Kurs der Frankreichpolitik des Kanzlers, vor allem aber Gerhard Schröders, paßt ihm erst recht nicht. Will er überhaupt nachhaltig Einfluß nehmen und gegensteuern, so führt kein Weg daran vorbei, noch auf weitere zwei Jahre am CDU-Vorsitz festzuhalten.

Freilich weiß niemand besser als Adenauer selbst, daß sich eine breite Öffentlichkeit von den Machtmöglichkeiten dieser Position übertriebene Vorstellungen macht. Ein CDU-Vorsitzender gleicht einem Ritter von der traurigen Gestalt, sofern dieses Amt nicht zugleich mit der Machtfülle des Bundeskanzlers oder mit dem Fraktionsvorsitz verbunden ist.

Denn welche politischen Möglichkeiten eröffnet der Parteivorsitz eigentlich? In den vergangenen Jahren hat Adenauer hinlänglich Gelegenheit zur Feststellung gehabt, daß sich ein Parteivorsitzender gegenüber den CDU-Landesfürsten nicht einmal als Bundeskanzler sicher durchzusetzen vermag. Eine ähnlich betrübliche Erfahrung mußte er auch machen, als ihm nach dem Ausscheiden Heinrich Krones im Herbst 1961 auch die CDU/CSU-Fraktion weitgehend entglitt. Die Kombination von Kanzlerschaft und Parteivorsitz hat ihm zwar zwischen 1961 und 1963 noch zwei weitere Jahre des politischen Überlebens gesichert. Aber selbst diese Periode war mehr als mühsam.

Nicht einmal innerhalb der CDU-Parteiorganisation besitzt der Parteivorsitzende große Gestaltungsmöglichkeiten. Man hat ihm mit Dufhues einen Geschäftsführenden Vorsitzenden zur Seite gestellt, der sich die Butter nicht vom Brot nehmen läßt. Im Parteipräsidium sieht sich der Vorsitzende von starken Inhabern öffentlicher Ämter umringt – Bundeskanzler, Vorsitzender der CDU/CSU-Fraktion, Ministerpräsidenten der Länder, einflußreiche Bundesminister.

Gewiß, ein Vorsitzender vom Rang Adenauers vermag sich durchaus zur Geltung zu bringen. Er hat das Recht, umfassende Informationen zu verlangen und einzuholen, auch vom Bundeskanzler. Er führt die CDU-Delegation an, sobald Verhandlungen mit anderen Parteien anstehen – etwa bezüglich der Wahl des Bundespräsidenten oder bei Koalitionsverhandlungen. Er vermag auch auf der Klaviatur der veröffentlichten Meinung zu spielen, denn selbstverständlich kann ihm niemand verwehren, in Reden oder Interviews Einfluß auf die Willensbildung der breiteren Öffentlichkeit und der eigenen Partei zu nehmen. Doch wenn er dabei von den Auffassungen des Bundeskanzlers, maßgebender Minister oder einer Mehrheit in der Bundestagsfraktion abweicht, dann führt das unvermeidlicherweise zum Krach.

Nun ist Adenauer zeitlebens keinem Streit aus dem Weg gegangen. Er ist auch weiterhin fest entschlossen, an diesem schönen Grundsatz festzuhalten, dessen Befolgung er einen Gutteil seiner politischen Erfolge verdankt hat. Doch damit sündigt er eben doch gegen den ehernen Grundsatz der Parteidisziplin, über deren Einhaltung er seinerzeit als Bundeskanzler strengstens gewacht hatte. Selbstverständlich weiß er, daß nichts die Wähler so abstößt, die Parteiarbeiter so entmutigt, den Gegner aber so erfreut wie Zerstrittenheit innerhalb der Parteiführung. Doch gibt es denn, so wie die Dinge liegen, für einen Parteivorsitzenden ein anderes Mittel als öffentlichen Krach, wenn er sich gegen den Kanzler oder den Außenminister durchsetzen möchte?

Das Dilemma ist gar nicht zufriedenstellend lösbar. Ein Bundeskanzler sitzt politisch immer am längeren Hebel. Dem Parteivorsitzenden bleibt unter solchen Umständen fast nur die Wahl, entweder Unfrieden zu stiften oder diszipliniert Ruhe zu geben und sich auf den wenig aussichtsreichen Versuch interner Überredung zu verlassen. Ein Parteivorsitzender kann sich natürlich auch selbst bedeckt halten und andere gegen die Regierung agieren lassen. Doch das verspricht nur Erfolg, wenn er über eine starke innerparteiliche Gefolgschaft gebietet, die für den Parteiführer die Kastanien aus dem Feuer holt. Wie sich zeigt, versucht es Adenauer mit jedem dieser theoretisch denkbaren Ansätze – bald hintereinander, bald gleichzeitig.

Er bemüht sich also, seinen Auffassungen in internen Gesprächen Geltung zu verschaffen – Gespräche mit Bundeskanzler Erhard, Gespräche vor allem mit Staatssekretär Ludger Westrick, der, wie Heinrich Krone beobachtet, unter Erhard nach Art eines Generaldirektors dirigiert.[12] Dies hilft aber nur zeitweilig. Denn in der Frankreich- und Amerikapolitik laufen die Auffassungen viel zu weit auseinander.

Das CDU-Präsidium, in dem die Gegensätze ausgetragen werden könnten, erweist sich nach Adenauers Rücktritt als viel zu schwach, um noch als Klammer zu dienen. Gerade dann, wenn die Wellen hochgehen, findet sich der CDU-Vorsitzende Adenauer des öfteren allein in Gesellschaft von Dufhues, Krone, Gerstenmaier und des Fraktionsvorsitzenden, während Erhard, Schröder oder von Hassel dieses vertraulichste Parteigremium links liegen lassen. Wenn sich Adenauer dann darüber beschwert und intensivere außenpolitische Orientierung anmahnt[13], nehmen die so Gescholtenen zwar an der nächsten oder übernächsten Sitzung teil, aber die Positionen bleiben zumeist unversöhnlich. Und nachdem Erhard im Frühjahr 1966 auch noch den CDU-Vorsitz übernimmt, braucht man ohnehin nicht mehr auf Adenauer zu hören.

Im Sommer 1966, als die deutsche Frankreichpolitik in Scherben liegt, verfügt sich der Alt-Bundeskanzler zwar noch ein paarmal ins Präsidium, um Gerhard Schröder anzugreifen und Erhard umzustimmen. Aber der behutsame Protokollant Konrad Kraske vermag solche Diskussionen nur mit der Bemerkung zu charakterisieren, daß die Bedeutung der französischen Politik und deren Auswirkungen auf die Bundesrepublik »unterschiedlich beurteilt werden«.[14]

Erhard läßt sich eben von der Parteispitze aus nicht mehr steuern. Schröder schon gar nicht. Und als es dem neuen Bundeskanzler zu bunt wird, übernimmt er schließlich selbst den Parteivorsitz.

Nun versucht Adenauer allerdings auch, seine Auffassungen indirekt durchzusetzen, indem er bestimmte Anhänger mobilisiert. Zwischen 1963 und 1965 findet sich im Kabinett durchaus noch eine Gruppe von Ministern, die auf ihn hören und in bestimmten Grenzen mit ihm zusammenspielen. Heinrich Krone und Paul Lücke, Theo Blank und Bruno Heck gehören dazu.

In der Tat sind das diejenigen Minister, die Adenauer auch nach dem Rücktritt als Bundeskanzler kontinuierlich aufsuchen, die ihn über die Vorgänge im Kabinett auf dem laufenden halten und mit denen sich bestimmte Vorstöße innerhalb der Bundesregierung oder in der Partei vereinbaren lassen. Aber auch die Minister des Adenauer-Flügels, wie es bald heißt, dürfen sich nicht zu weit hervorwagen.

Außerdem bleibt das Zusammenspiel mit den genannten Ministern nicht ohne Probleme für das Innenleben der Union. Zufällig vielleicht, doch wohl eher bezeichnenderweise handelt es sich bei dieser Gruppe durchweg um katholische Politiker. Ungewollt, aber zwangsläufig verschärft Adenauer damit wieder die konfessionellen Gegensätze in der CDU, in deren Überwindung er doch seit Gründung seiner Partei eine Hauptaufgabe gesehen hat. Daß auch der Geschäftsführende Vorsitzende Dufhues dem prononciert katholischen Parteiflügel angehört, verstärkt das Problem noch, zumal sich Dufhues nun, nachdem Erhard erst einmal installiert ist, wieder stärker mit Adenauer verbinden muß.

Das Zusammenspiel mit Politikern wie Krone und Lücke hat aber eine weitere Konsequenz. Beide sind je länger, desto mehr davon überzeugt, daß die schwierigen Herausforderungen der kommenden Jahre wohl nur in einer Koalition mit der SPD lösbar sind. Vor allem Lücke versteht sich seit Herbst 1962 geradezu als Exponent dieser Option. Krone bleibt immer vorsichtiger, drängt aber in dieselbe Richtung. Beide werden darin vom Bundespräsidenten nachhaltig ermutigt. Will Adenauer die Unterstützung dieser Minister behalten, so kann er auch ihren koalitionspolitischen Vorstellungen nicht entschieden entgegentreten. Er will das auch gar nicht, denn seit 1961 ist er davon überzeugt, daß FDP und SPD ähnlich schwierige Kunden sind.

Unter diesen Umständen entdeckt Adenauer nun auch mehr und mehr den Nutzen Heinrich Lübkes, eines weiteren katholischen Spitzenpolitikers der CDU. Lübke ist nicht allein von der Idee besessen, eine Allparteienkoalition oder noch lieber eine schwarz-rote Koalition zwischen CDU und SPD zustande bringen zu sollen. Er fühlt sich seit seinem ersten stolzen Staatsbesuch in Frankreich im Juni 1961 auch zur nachhaltigen Pflege der deutsch-französischen Beziehungen verpflichtet. Die einseitige Amerika-Orientierung Gerhard Schröders mißfällt ihm, obschon ihm andererseits auch Adenauers Zweibund-Ideen zu weit gehen.[15] Aber ein begrenztes Zusammenspiel der Gruppe Adenauer, Krone, Lücke mit Bundespräsident Lübke wird nun doch möglich.

Noch ein anderer CDU-Politiker findet sich, über den der CDU-Vorsitzende Adenauer auf Erhard, Schröder und von Hassel indirekt Druck ausüben kann – Rainer Barzel. Der kometengleiche Aufstieg des im Jahr 1963 erst 39 Jahre alten Barzel würde sich ohne Adenauers, anfänglich auch Krones[16] Ermutigung und Unterstützung nicht so rasch vollziehen. Vor allem Adenauer stellt in den Jahren 1964 und 1965 fest, daß die Fraktion selten so straff und zielbewußt geführt worden ist wie jetzt, als Barzel das Fraktionsmanagement übernimmt. Die Führungsschwächen Erhards werden durch Barzel einigermaßen ausgeglichen, zumindest in den Anfängen.

Barzel beginnt seinen Aufstieg vom konservativ-katholischen Flügel der CDU aus. Seine Denkschrift aus dem Jahr 1962, die nachhaltig für »das hohe C« plädiert, ging zwar Adenauer in manchem zu weit. Aber da die CDU an der Parteibasis und in der Wählerschaft nach wie vor in starkem Maß auf die Treue der »katholischen Bataillone« angewiesen ist, sieht er in dem weltanschaulich entschiedenen Nachwuchspolitiker ein nützliches Korrektiv. Er findet auch die seinerzeitige Kampagne »Rettet

Der Frondeur

Adenauer und Barzel.

die Freiheit« ganz brauchbar, mit der sich Barzel für lange Jahre den Haß vieler sozialistischer und linksliberaler Intellektueller zugezogen hat.

Als Ludwig Erhard während der Tage des Kanzlerwechsels Barzel aus dem Kabinett stößt, sieht Adenauer darin auch einen Racheakt gegen einen seiner Anhänger. Barzel verspürt jedoch bei dieser Gelegenheit, wie vergleichsweise schwach seine Unterstützung in der Fraktion noch ist. Er pflegt somit weiterhin sehr nachdrücklich die Beziehungen zum Parteivorsitzenden, baut aber jetzt zugleich in der Fraktion zielstrebig eine eigene Hausmacht auf.

Adenauer seinerseits schätzt zusehends dieses Nachwuchstalent, das manche mit einem jungen Napoleon, andere mit einem jungen Mussolini vergleichen. Es gefällt ihm, wie entschlossen und effizient sich Barzel im Jahr 1964, während von Brentanos langer Erkrankung, in der Stellvertreterposition für den Fraktionsvorsitz profiliert. »Sie müssen den einmal beobachten«, meint er Anfang 1965 zu Schumacher-Hellmold: »Der hat sich in den letzten drei, vier Jahren sehr gut herausgemacht. Er ist zwar noch jung, aber er macht sich«[17].

Bald hält er ihn für die höchsten Ämter geeignet. Heinrich Krone, der zu diesem Zeitpunkt schon längst ein entschiedener Gegner Barzels ist, hört Adenauer Mitte Juni 1965 ganz wohlgefällig sagen, die Dinge liefen auf Barzel als nächsten Kanzler zu. Er würde auch die Partei wieder in Schwung bringen, »und darauf komme es doch an«[18].

Ein anderer, den Adenauer benutzt, um Erhard und Schröder indirekt unter Druck zu setzen, ist Franz Josef Strauß. Adenauer und Strauß sind fast zur gleichen Zeit aus dem Amt gedrängt worden. Beide verdächtigen die Kennedy-Administration, an ihren Schwierigkeiten nicht ganz unschuldig zu sein. Beide möchten die Kernwaffenoption offenhalten und sehen den Aufbau der *force de frappe* nicht ungern, da diese früher oder später den Kern einer kontinentaleuropäischen Abschreckungsmacht darstellen könnte. Beide bringen der Person und Politik Gerhard Schröders starke Abneigung entgegen. Beide erinnern sich aber auch noch der Rolle der FDP bei ihrem jeweiligen Sturz und mißbilligen den Einfluß des Gesamtdeutschen Ministers Erich Mende auf die Deutschland- und Ostpolitik der Regierung Erhard.

Anders als Adenauer muß Strauß nicht allzu viele Rücksichten nehmen. Zwar wird die Regierung Erhard auch von der CSU getragen. Doch der CSU-Vorsitzende sieht sich ausgeschlossen und nützt seinen Spielraum entsprechend. Seine zunehmend offene Kritik an dem einseitig atlantischen Kurs des Bundeskabinetts erinnert ständig daran, daß man besser täte, ihn wieder in die Regierung aufzunehmen, um vielleicht Ruhe zu bekommen.

Adenauer beschränkt sich allerdings durchaus nicht darauf, die Regierung Erhard durch freundschaftlich-interne Ermahnung oder über Barzel und Strauß auf den von ihm gewünschten Kurs zu drängen. Er tritt in den Jahren 1964 bis 1966 auch immer wieder mit eigenen Interviews oder sonstigen Initiativen hervor, ohne allerdings einen dauernden offenen Krieg zu führen. Denn noch wichtiger als die Ablösung Erhards und Schröders ist ihm der Wahlsieg 1965, und das erfordert zumindest im Vorfeld der Bundestagswahl ein gewisses Maß an Disziplin.

Es versteht sich, daß Adenauer bei aller offenen Kritik und bei allen verschwiegenen Intrigen jenes gute Gewissen hat, das ihn immer auszeichnet. Schließlich geht es ihm allein um die Sache, also einerseits um sein neues Konzept des deutsch-französischen Zweibundes, andererseits um eine viel härtere, weniger vertrauensvolle Politik gegenüber Amerika! Auch die Ost- und Deutschlandpolitik ist ihm nun viel zu weich und zu wenig entschieden am Ziel der Wiedervereinigung ausgerichtet.

»Wer von der Politik einmal gegessen hat, der möchte immer mehr und mehr«, so hatte Adenauer im April 1963, am Tag nach der schrecklichen Niederlage in der CDU/CSU-Fraktion, zu japanischen Besuchern nachdenklich bemerkt, als die Rede auf den früheren japanischen Ministerpräsidenten Yoshida kam.[19] Wer dermaßen von Politik besessen ist wie Adenauer, macht eben auch nach dem Verlust des Amtes weiter, indem er seine ganzen Fähigkeiten den Gegebenheiten der neuen Lage anpaßt.

Es hat also durchaus innere Logik, wie nun aus Adenauer, der in 14 Jahren jeden Widerstand gegen die Führung des Bundeskanzlers unerbittlich und mit allen Mitteln niedergeworfen hat, nunmehr der Anführer einer Fronde gegen die Regierung der eigenen Partei wird.

Gewiß vermeidet er den Dauerkrieg. Er stößt vor und zieht sich wieder zurück, schließt gelegentlich Waffenstillstände, bleibt bei allem auch durchaus berechenbar und von kühler Rationalität. Doch für die Regierung Erhard und die CDU ist der Frondeur Adenauer ein Verhängnis. Er trägt von nun an das Seine dazu bei, daß sich die Union in bitteren inneren Auseinandersetzungen verzehrt. Erhard wird durch die häufigen Angriffe des Amtsvorgängers, die er als eiskalten Rachefeldzug verstehen muß, noch unsicherer, als er ohnehin schon ist.

Der Diadochenstreit entflammt nun erst richtig. Daß sich im Dezember 1966 mit Kiesinger, Schröder, Gerstenmaier und Barzel nicht weniger als vier CDU-Politiker gleichzeitig um die Kanzlerschaft bewerben, ist kein

Zufall. Adenauer, der zwischen 1949 und 1961 das Verhältnis von Regierung und Opposition polarisiert hat, verstärkt jetzt die Polarisierung in den eigenen Reihen. Doch aus der Polarisierung wird Zersplitterung, und aus der Zersplitterung ergibt sich aus Sicht der Anhänger das traurige Bild von Desorientierung und Führungslosigkeit.

Am Scheitern Erhards im Herbst 1966 hat er allerdings kaum mehr Anteil, denn mit dem Rücktritt als CDU-Vorsitzender im März 1966 entfernt er sich zunehmend aus dem innerparteilichen Intrigenspiel. Aber mancher Beobachter ist der Meinung, daß Erhard die innenpolitische Krise im Herbst 1966 vielleicht überstanden hätte, wäre sein Ansehen nicht in den innerparteilichen Kämpfen der Jahre 1964 bis 1966 so stark abgewetzt worden.

Adenauer begründet seine Kritik am Kabinett zwar vorwiegend aus einer außenpolitischen Lagebeurteilung, die durchaus rational nachvollziehbar ist. Doch die Öffentlichkeit will ihm das vielfach nicht abnehmen. Schließlich hat man es in den Jahren 1959 bis 1963 erlebt, wie unbarmherzig Adenauer Erhards Anspruch auf die Nachfolge zurückgewiesen hat, und vermutet jetzt als betrübliche Hauptmotive Rachsucht und Mißgunst. Dieser Eindruck setzt sich fest. Wenn ein Großteil der Publizistik und der politischen Klasse nach Adenauers Tod eine ganze Reihe von Jahren von der Erinnerung an den ersten Kanzler wenig oder nichts mehr wissen will, dann nicht zuletzt deshalb.

Bei genauerem Zusehen zeigt sich freilich auch dabei ein Bild, das aus der späten Lebensgeschichte Adenauers seit Ende der fünfziger Jahre durchaus vertraut ist. Seine Meinungen und Entscheidungen lassen sich zumeist durchaus auf einen Kern rationaler Überlegungen zurückführen. Eines folgt aus dem anderen, fast jeder Schritt ergibt sich aus der Konstellation und hat seine innere Logik. Gesamtbild und Ergebnis aber müssen mißfallen.

Im Grunde beginnt Adenauer mit seinen kritischen Gängen, kaum daß er das Palais Schaumburg verlassen hat. Schon am 30. Oktober 1963 gibt er Marguerite Higgins ein langes Interview. Die dreiundvierzigjährige Amerikanerin ist damals – drei Jahre vor ihrem Tod, den sie sich in Vietnam holt – eine strahlende Schönheit, der Typ, wie ihn Adenauer schätzt. Er kennt sie seit den ersten Nachkriegsjahren, als sie einmal für ihn und Kurt Schumacher in Berlin-Zehlendorf ein Essen gegeben hat. Ernst Lemmer hatte ihr damals gesagt, das seien zwei Politiker, die in der Nachkriegszeit eine große Rolle spielen würden.[20] Später ist sie verschiedentlich aufgekreuzt, manchmal zum Schrecken der Mitarbeiter Adenauers, die ihr Talent fürchteten, den Alten Herren zu allzu ungeschützten Bemerkungen zu verleiten.[21]

Vielleicht ist also auch diesmal wieder der besondere Higgins-Faktor im Spiel. Als das Interview jedenfalls Anfang November 1963 erscheint, schlägt es hohe Wellen. Den Versuchen, ihn mit Fragen zur Nuklearpolitik aufs Glatteis zu führen, ist er zwar ausgewichen. Aber er kritisiert, daß die Amerikaner beim Mauerbau »zu lau waren«.[22] Er äußert zudem gewisse Zweifel, ob der Ausgang der Raketenkrise auf Kuba wirklich ein Erfolg für die USA war, beschwert sich nochmals über mangelnde Konsultation beim Teststopp-Abkommen und bemerkt auch, daß er »de Gaulle für einen großen und einen klugen Mann« halte. Zu Chruschtschow meint Adenauer, er habe Kennedy von Anfang an gewarnt, »er dürfe dem Russen nichts glauben«.

Was nach Ausweis des Stenogramms doch noch vergleichsweise zurückhaltend formuliert ist, wirkt in der Wiedergabe dieser Journalistin wie ein scharfer Angriff gegen die Kennedy-Administration, zumal Marguerite Higgins zu den konservativen Kritikerinnen Präsident Kennedys gehört. Die SPD will dies zum Anlaß einer Großen Anfrage im Bundestag nehmen[23], und für Wehner ist das ein Grund zur Feststellung: »Dieses Volk wird verrückt gemacht von einem Mann, der nicht mehr weiß, was er seinem Ruf schuldig ist.«[24] Nicht zu Unrecht erinnert die SPD daran, wie durchaus »lau« sich auch Adenauer selbst nach dem 13. August 1961 verhalten hat. Begabt mit dem kurzen Gedächtnis, das Politiker gegenüber ihren eigenen vergangenen Taten aufbringen, verwendet Adenauer auf seine damalige Rolle jetzt natürlich keinen Gedanken mehr.

Drei Wochen später ist Kennedy ermordet. Adenauer nimmt dieses Unglück und die öffentliche Kritik an dem Interview mit Frau Higgins zum Anlaß, erst einmal keine Interviews mit anti-amerikanischen Untertönen mehr zu geben. Der neue Botschafter George McGhee gibt Adenauer noch nicht verloren. Ganz anders als sein Vorgänger Dowling ist er ein völlig unabhängiger Mann – ein texanischer Erdölmillionär, der in Bonn bald wie ein Prokonsul aufzutreten beginnt. Im Herbst 1963, so meint er rückblickend, sei das Verhältnis Adenauers zu den USA immer noch gut gewesen.[25]

Adenauer gibt also vorerst Ruhe und findet sich jetzt sogar zum Schulterschluß mit Erhard bereit. Das Parteivolk jubelt, als die beiden altvertrauten Gegner Mitte November 1963 beim Bundesausschuß, dem »kleinen Parteitag« der CDU, gewissermaßen Arm in Arm auftreten. Adenauer überwindet sich hier, endlich jene Worte zu sprechen, die er bisher vermieden hat: »Ich stehe zur Regierung meines Nachfolgers, und ich werde als treuer Freund ihm bei der Erfüllung seiner schweren Aufgabe helfen.«[26] Meinungsverschiedenheiten könnten natürlich nie ausbleiben. Man solle sich aber die Wahrheit sagen und versuchen, zur Übereinkunft zu kommen.[27]

Erhard ist glücklich. Er befindet sich in den Honigmonaten hoher öffentlicher Erwartungen. Seine Zustimmungskurve in den Allensbacher Umfragen liegt über 50 Prozent, im Januar 1964 sind es sogar 55 Prozent.[28]

Wenn Adenauer in diesen Monaten dazu neigt, sein Haus nun doch endgültig zu bestellen, so tragen dazu auch eine Reihe von Schicksalsschlägen in der näheren oder ferneren Umgebung bei. Am 22. November 1963 wird Kennedy in Dallas ermordet. Am 12. Dezember 1963 verstirbt Altbundespräsident Heuss.

Die beiden alten Herrn haben nach den Differenzen im Frühjahr und Sommer 1959 doch wieder Frieden geschlossen. Auf die schlimme Nachricht hin, daß man Heuss das linke Bein amputieren mußte, hat Adenauer telegraphiert und verschiedentlich angerufen.[29] Zur Trauerfeier in der Stuttgarter Stiftskirche findet auch er sich ein. Zwischen Ludwig Erhard und Erich Mende sitzend, hört er mit unbewegten Zügen den Gedenkansprachen Ministerpräsident Kiesingers und Reinhold Maiers zu. »Er wird unvergessen bleiben«, bemerkt Adenauer selbst in einer Rundfunkansprache, »weil er wohl keinen Feind gehabt hat, sondern alle ihn liebten.«[30]

Zwei Tage nach Heuss verstirbt unerwartet auch noch Erich Ollenhauer. Adenauer muß also in diesen Wochen von Staatsakt zu Staatsakt ziehen, bei denen man der Verdienste von Politikern gedenkt, die doch sichtlich jünger sind als er selbst. Aber am Grab Jüngerer zu stehen, ist er inzwischen gewohnt.

Zu einer gewissen Milde und Nachdenklichkeit gibt auch die schwere Erkrankung Heinrich von Brentanos Anlaß. Der Fraktionsvorsitzende muß sich Anfang Dezember einer schweren Krebsoperation unterziehen.[31] Von jetzt an beginnt Adenauer Brentano und sein früheres Verhalten mit anderen Augen zu sehen. Ohnehin gehört es zu den gewinnenden Charakterzügen Adenauers, daß er doch zumeist Mitgefühl empfindet, wenn einstige Gegner von Krankheit und Tod gezeichnet sind. Dieses Mitgefühl zeigt er dann auch und macht mit dem Betreffenden seinen Frieden.

Sollte Adenauer ernsthaft entschlossen gewesen sein, sich endgültig zurückzuziehen und den CDU-Vorsitz abzugeben, so sind dies die Wochen, in denen er den rechtzeitigen Abgang versäumt. Der Grund dafür liegt vorerst nicht in politischen Differenzen mit der Regierung Erhard. Die kommen erst später wieder auf. Was ihn sich festbeißen läßt, sind schwierige personelle Entscheidungen.

Ein paar Tage nach der Operation von Brentanos bemerkt er noch zu Krone, er wolle jetzt zurücktreten. Doch die Sätze, mit denen Krone diesen Entschluß kommentiert, lassen erkennen, weshalb es dann doch nicht dazu kommt: »Wir müssen einen neuen Parteivorsitzenden finden. Nur wen? Ich will es nicht werden. Erhard darf es nicht werden.«[32]

Ungewollt ist es in diesen Jahren nämlich Heinrich Krone, der bei Adenauer Schicksal spielt. Dieser wollte ihn im Jahr 1962 als Nachfolger aufbauen. Ob Krone sich in der Fraktion durchgesetzt hätte, ist zwar unwahrscheinlich. Doch war er auch selbst entschlossen, sich das Amt des Kanzlers nicht aufzubürden. Adenauer nimmt ihm das damals durchaus übel, weil er sich so auf die Fortsetzung des ebenso unerfreulichen wie hoffnungslosen Kampfs gegen Erhard verwiesen sieht.

Nun, als es um den Parteivorsitz geht, derselbe Vorgang. Krone zählt eben auch schon 68 Jahre. Anders als Adenauer fühlt er sich ziemlich alt und verbraucht. Er kommt von der Idee nicht los, daß die Zeit seiner Generation bereits abgelaufen ist. Insgeheim, so hat man den Eindruck, ist er aber im Winter 1963/64 doch bereit, für die Nachfolge Lübkes als Bundespräsident anzutreten, die demnächst ansteht.[33] Dann wäre eine Kandidatur für den Parteivorsitz in der Tat unpassend.

Adenauer ist jedenfalls der Meinung, daß Erhard auf keinen Fall Parteivorsitzender werden darf.[34] Der strebt dieses Amt übrigens selbst gar nicht an. Bleibt also vorerst Dufhues. Doch dieser hat keine rechte Lust, sich die Aufgabe aufzuhalsen. Nach wie vor möchte er seine wirtschaftliche Unabhängigkeit als Rechtsanwalt und Notar nicht preisgeben. Nachdem er sich seit Jahren bemüht, aus der CDU eine Mitglieder- und Programmpartei mehr oder weniger nach dem Modell der SPD zu machen, hat er inzwischen die undankbare Aufgabe eines Parteireformers der CDU zur Genüge ausgekostet. Ist schon der innerparteiliche Bewegungsspielraum des weltberühmten Vorsitzenden Konrad Adenauer gering, so würde dies erst recht für Dufhues gelten. Er hat zwar den CDU-Landesverband Westfalen hinter sich, gehört aber nicht einmal der Bundestagsfraktion an. Adenauer würde eine Lösung Dufhues auch seinerseits nicht mit viel Enthusiasmus begrüßen.

Manches spricht dafür, daß Adenauer jetzt bereits einen insgesamt geeigneteren Kandidaten im Sinne hat, der aber noch seine Sporen verdienen muß – Rainer Barzel. Dieser wird nach Brentanos Erkrankung Anfang Dezember 1963 neben Will Rasner zum Stellvertretenden Fraktionsvorsitzenden gewählt und übt interimistisch die Funktionen von Brentanos aus.[35] Bewährt er sich und muß Brentano gesundheitshalber aufgeben, dann ist der Weg zum Fraktionsvorsitz offen. Als erfolgreicher Fraktionsvorsitzender könnte Barzel aber im Jahr 1966, wenn eine weitere Amtszeit Adenauers abgelaufen wäre, durchaus mit Erfolg nach dem Parteivorsitz greifen.

Für Barzel spricht übrigens auch, daß er mit Erich Mende gut kann. Sie kennen sich seit November 1945, als der bereits mit viel Glück immatrikulierte einstige Major Mende den zuständigen britischen Universitätsoffizier dazu überredet hat, den früheren Fliegerleutnant Rainer Barzel gleichfalls zum Jura-Studium zuzulassen.[36] Seither schätzen sich die beiden, was angesichts des allzeit heiklen Verhältnisses von CDU/CSU und FDP nicht unwichtig ist.

Mitte Januar 1964 ist also Adenauer soweit, für weitere zwei Jahre den Parteivorsitz zu übernehmen.[37] Die Aussicht auf einen Ruhestand hat sich damit endgültig verflüchtigt. So wie die Dinge liegen und so wie Adenauer nun einmal beschaffen ist, stellt das zugleich auch schon die Vorentscheidung für die Fronde gegen Erhard dar, auch wenn Adenauer selbst noch gute Vorsätze hegen mag. Denn Erhard versucht in diesen Wochen auch seinerseits alles, den altbösen Feind im Zustand der Geneigtheit zu erhalten. Am 5. Januar, den keiner von Adenauers Ministern je vergißt, unterbricht er sogar vorzeitig den Urlaub am Tegernsee, um dem Vorgänger bei einem Empfang in der Godesberger Redoute zu gratulieren.[38] Erneut versichern sich die Herren öffentlich ihres beiderseitigen Wohlwollens, und Erhard überreicht gutgelaunt ein vierbändiges Gärtnerlexikon aus dem 18. Jahrhundert.

Noch auf dem CDU-Parteitag in Hannover im März 1964 lassen sich Adenauer und Erhard gemeinsam von den Delegierten feiern.[39] Beide halten zündende Reden gegen die SPD. Zum Entzücken der Delegierten fragt Adenauer, was ein »Erdlöwe« ist – es ist ein Tier, das bald blau, bald rot, dann auch kardinalrot schillert, denn Erdlöwe ist das deutsche Wort für Chamäleon. Der Parteivorsitzende, dessen Flirt mit Wehner im Herbst 1962 durchaus noch in Erinnerung ist, zweifelt nun erneut an der Aufrichtigkeit sozialdemokratischer Bekehrung: Wer heute verbrennt, was er gestern angebetet hat, kann auch morgen verbrennen, was er heute anbetet!

So scheint also alles auf gutem Wege für eine harte, gemeinsame Kampagne Adenauers und Erhards gegen die Sozialdemokraten. Erhards Stern ist in der Volksgunst allerdings schon im Sinken. Innerhalb zweier Monate geht die Zustimmungskurve von 55 Prozent Mitte Januar auf 43 Prozent Mitte März zurück, während die SPD anzieht. Noch ist aber Adenauer nicht der Unruhestifter.

Hinter den Kulissen laufen allerdings schon die Gespräche um die Nachfolge des Bundespräsidenten. Erhard weiß, wie wenig Lübke ihm gewogen ist.[40] Wenn es 1965 zu einem kritischen Wahlergebnis für die CDU kommt, worauf im Frühjahr 1964 vieles hindeutet, könnte das Vorschlagsrecht des Bundespräsidenten erstmals eine wichtige Rolle spielen. So ist es auffällig, daß sich Adenauer, Strauß, Barzel und Dufhues zum Mißvergnügen der FDP, doch auch Erhards sehr früh auf Lübke festlegen.[41] Mende und die FDP ziehen daraus den Schluß, die Union wolle sich die Tür zur Koalition mit der SPD offenhalten.

Im Verlauf des Frühjahrs kommen zwar auch Adenauer ebenso wie Teilen der Öffentlichkeit schwere Zweifel, ob Lübke für eine zweite Amtszeit wirklich geeignet wäre.[42] Doch eine mögliche Kandidatur des Verfassungsgerichtspräsidenten Gebhard Müller findet vor Adenauers Augen keine Gnade.[43] Als nun nochmals die Lösung Heinrich Krone hochkommt, beginnt dieser selbst wieder zu schwanken. Am Schluß entscheidet Lübke die Frage, indem er deutlich wissen läßt, daß er erneut zu kandidieren wünsche.[44] So ist es schließlich Adenauer selbst, der im Fraktionsvorstand die Benennung Lübkes maßgeblich betreibt.[45]

Dafür, daß sich Adenauer seit Anfang 1964, vor allem aber dann im Mai 1964 für Lübke stark macht und Kandidaten wie Gerstenmaier, Kiesinger, Gebhard Müller oder Hans Furler ablehnt[46], mag die tiefe Abneigung Lübkes gegen Gerhard Schröder maßgebend sein. Denn im ersten halben Jahr der Regierung Erhard sieht Adenauer in ihm die eigentliche *bête noire*. Krone und Strauß bestärken ihn auch bei jeder Gelegenheit in dem Verdacht, daß es in erster Linie Schröder ist, der den deutsch-französischen Vertrag zerstören möchte.[47] Von Lübke aber ist zu erwarten, daß er einer erneuten Betrauung Schröders mit dem Außenministerium heftigsten Widerstand entgegensetzen würde.

Inzwischen lassen sich die Differenzen wegen der Frankreich-Politik Erhards und Schröders nicht mehr unter der Decke halten. Zwar hat Erhard im Dezember 1963 auf Drängen des Adenauer-Flügels und gegen den ursprünglichen Rat Schröders schließlich jenen Agrarmarktordnungen der EWG zugestimmt, die Paris als Voraussetzung für den weiteren Ausbau des Gemeinsamen Marktes versteht.[48] Doch de Gaulle arbeitet nun entschieden darauf hin, mit der deutsch-französischen Konzertierung auf den Feldern Außenpolitik und Verteidigungspolitik voranzumachen. Anläßlich der deutsch-französischen Konsultationen im Juni 1964 will er entschieden dazu auffordern.

Präsident Johnson, der Kennedys außenpolitische Mannschaft so gut wie vollständig übernommen hat, ist allerdings genausowenig bereit, de Gaulles *force de frappe* oder seine Pläne zur NATO-Reform zu akzeptieren wie vor ihm John F. Kennedy. Die amerikanisch-französischen Differenzen strahlen erneut auf die Bonner Politik aus. Mehr denn je zeigt sich Adenauer nun entschlossen, dabei die Partei de Gaulles zu ergreifen.

De Gaulle seinerseits weiß genau, daß er mit den Deutschen nur vorankommen kann, wenn sich der Adenauer-Flügel durchsetzt. Überlegt, wie er bei seinen Schachzügen vorzugehen pflegt, bringt der General nun im Vorfeld der Besprechungen mit dem deutschen Kabinett eine außergewöhnliche Ehrung Adenauers auf den Weg. Sein Hauptverbündeter in dem immer noch nicht ganz entschiedenen Kampf um die Orientierung der Bundesrepublik erfährt Anfang Mai 1964 bei der Arbeit an den Memoiren am Comer See, daß ihn die Académie des sciences morales et politiques im Rahmen des Institut de France zum assoziierten Ehrenmitglied gewählt hat.[49] Die feierliche Aufnahme ist für den November 1964 vorgesehen.[50]

Adenauer ist nun entschlossen, die Regierung Erhard zum Voranschreiten auf dem Weg zu drängen, den er zuvor beschritten hatte. Um den intern vorgebrachten Vorstellungen Nachdruck zu verleihen, geht er jetzt an die Öffentlichkeit. Vor dem Industrie-Club in Düsseldorf fordert er, mit konkreten Verhandlungen über die politische Einigung Europas endlich voranzumachen. Das müsse »durch gemeinsame Beratungen zwischen Deutschland und Frankreich« beginnen.[51] Wie bisher begründet er das mit der nach wie vor auf Unterwerfung Europas ausgerichteten Politik der Sowjetunion. Das amerikanische Interesse an Europa habe sich demgegenüber abgeschwächt. Und genauso wie schon im Spätsommer und Herbst 1963 verlangt er auch jetzt nach koordinierter Osthandelspolitik des Westens. Der Osthandel müsse als Waffe eingesetzt werden. Fast drohend bemerkt er mit Bismarck unter Bezugnahme auf die Stagnation der Bonner Frankreichpolitik: »die schlechteste Regierung ist diejenige, die nichts tut!«[52]

Ein Aufsatz im *Rheinischen Merkur* schlägt in dieselbe Kerbe: »Mit Politischer Union endlich anfangen.[53] Genauso entschieden äußert er sich in dem französischen Massenblatt *France Soir*.[54]

Es bleibt aber nicht bei irritierenden öffentlichen Ermahnungen an die Adresse der Bundesregierung. Am Rande der Bundesversammlung, die am 1. Juli 1964 Heinrich Lübke in Berlin wieder zum Bundespräsidenten wählt, findet unter Vorsitz Adenauers ein Gespräch in großer Besetzung statt. Adenauer, Strauß, Barzel, Dufhues und Krone drängen Erhard und Schröder, in der Europa- Frage endlich initiativ zu werden.[55] Vorgeschlagen wird ein Arbeitsausschuß für Fragen der Politischen Union Europas. Dem Drängen auf Einsetzung eines weiteren Ausschusses zur NATO-Reform, wofür von Guttenberg in einer Denkschrift plädiert hatte, wird aber nicht entsprochen. Diese fast dreistündige Sitzung markiert den eigentlichen Beginn des erbitterten Ringens zwischen »Atlantikern« und »Gaullisten« in den Unionsparteien.

Drei Tage später kommt de Gaulle mit den Schlüsselministern seiner Regierung nach Bonn. Bei einer gemeinsamen Sitzung des deutsch-französischen Kabinetts entwickelt er am 3. Juli seine Vorstellungen – Notwendigkeit einer europäischen Politik gegenüber Amerika, nicht aber gegen Amerika, neue europäische Fernostpolitik, doch auch: weitschauende deutsche Wiedervereinigungspolitik im Zeichen der Entspannung! Er schließt mit dem Appell, niemals in der Geschichte hätten die beiden Völker eine derartige Chance zur Zusammenarbeit gehabt wie in dieser Stunde. Das müsse man nutzen.[56]

Darauf der große Affront, den de Gaulle nie vergißt. Ludwig Erhard, der vor de Gaulle gesprochen hat, sagt kein einziges Wort. Und nach einer – wie Krone feststellt – »peinlichen Stille« geht Schröder, der die Besprechung leitet, ohne auch seinerseits etwas zu de Gaulles Appell zu bemerken, zum nächsten Tagesordnungspunkt über.

De Gaulle kann sich nur mühsam beherrschen. »Ich habe den Mann noch nie so aufgeregt gesehen, weil man ihm darauf nicht mit einer Silbe geantwortet hat«, erzählt Adenauer noch Jahre darauf einem Journalisten: »Das war für ihn eine solche Blamage, eine solche Ablehnung!«[57]

Adenauer ist bei dieser Szene nicht dabei. Aber sie wird ihm von den Beteiligten unverzüglich berichtet. Beim Essen auf Schloß Ernich, der Residenz des französischen Botschafters, bemerkt de Gaulle finster zu Adenauer: »Je suis resté vierge«.[58] Die deutsch-französische Ehe, von Adenauer und de Gaulle geschlossen, ist also nicht vollzogen worden.

Wie Adenauer den Vorgang einschätzt, bringt er kurz und knapp im Zusammenhang mit einer Disposition zum zweiten Memoirenband zum

»Über 1965 hinaus kann man nichts sagen«

Mit Ludwig Erhard.

Mit Franz Josef Strauß.

Ausdruck: »Zerstörung des deutsch-französischen Verhältnisses beim ersten Besuch de Gaulles in Bonn nach meinem Ausscheiden aus dem Kanzleramt im Sommer 1964.«[59] Jetzt nimmt er keinerlei Rücksichten mehr. Als Hauptschuldigen für den schlechten Zustand der deutsch-französischen Beziehungen macht er unverändert Gerhard Schröder aus. Journalisten hören lauter Unwerturteile über den Außenminister. Schröder ist »arrogant und blind«, hatte er schon im Januar zuvor geschimpft.[60] Auf diesen Grundton sind jetzt alle seine Äußerungen über Gerhard Schröder gestimmt. Vergebens bemüht sich dieser im Juni 1964 in einem letzten mehrstündigen Gespräch mit Adenauer, dessen Vorbehalte gegen Erhard und gegen seine eigene außenpolitische Linie abzubauen. Adenauer scheint recht angetan: Schröder müsse Außenminister bleiben, das wolle er auch Strauß mitteilen: »Über 1965 hinaus könne man natürlich nichts sagen«. Und er entläßt ihn mit den Worten: »Sie müssen der getreue Ekkehard der neuen Regierung sein.« Aber Kritik und Mißtrauen kehren rasch wieder zurück. Die beiden können und wollen nicht mehr zueinander finden.

Doch auch das Verhältnis zu Erhard stellt sich nun wieder genauso zerrüttet dar wie in den letzten Jahren Adenauerscher Kanzlerschaft. Am 8. Juli 1964 findet eine Besprechung zwischen Adenauer, Strauß, Krone und Dufhues statt. Vor allem Strauß fordert nun eine entschiedene Wiederbelebung der Europapolitik im Rahmen der Sechser-Gemeinschaft. Adenauer rät eher zur Vorsicht. Am Sonntag darauf will Strauß auf dem CSU-Parteitag in München eine Grundsatzrede halten. Adenauer empfiehlt kluge und maßvolle Formulierungen.[61]

Wie man später vernimmt, wird Erhard von sozialdemokratischer Seite gegen Adenauer in Stellung gebracht. Hilde Purwin von der *Neuen Ruhr Zeitung* ist es, die als erste von der »Fronde« berichtet. Sie hat auch, so hört man, ihren Bericht nach Kopenhagen kabeln lassen, wo sich Erhard zu einem Staatsbesuch aufhält.[62]

Ergrimmt schlägt der Kanzler jetzt zurück. Er hat dabei die öffentliche Meinung auf seiner Seite. Die Erhard-freundliche Presse, zuvorderst die *Frankfurter Allgemeine*, wendet sich entschieden gegen »die Fronde« des Unions-Vorsitzenden.[63] Als besonders fragwürdig wird es bezeichnet, daß »die Fronde« während der Abwesenheit Ludwig Erhards und Gerhard Schröders zusammengetroffen ist.

Nach der Rückkehr aus Kopenhagen läßt Erhard keinen Zweifel daran, daß ihm eine Zweier-Union zwischen Frankreich und Deutschland unwirklich vorkommt[64]: »Ein Europa, das nur aus zweien besteht, ist kein

Europa, das der Bundesregierung vorschwebt.« Drei Ziele deutscher Außenpolitik werden herausgearbeitet: erstens die Wiedervereinigung, wofür die Unterstützung aller Verbündeten, vor allem der drei Westmächte, nötig sei; zweitens die Verteidigung der Bundesrepublik in der NATO und in engem Verhältnis zu Amerika; drittens das Ziel eines vereinigten, »größeren, stärkeren« supranationalen Europa. Ausgangspunkt dafür sei ein Zusammenschluß der Sechs. Als Voraussetzung für letzteres wird eine enge deutsch-französische Zusammenarbeit bezeichnet.[65] Damit ist klar zum Ausdruck gebracht, daß die deutsch-französischen Beziehungen eine nachgeordnete Funktion haben.

Formulierungen ähnlich wie die zu Punkt zwei oder drei wären von Adenauer aus den Jahren vor 1962 zu Dutzenden zu finden. Auch die Wiedervereinigung hätte er an prominenter Stelle genannt, wennschon vielleicht nicht als allerersten Punkt. Aber jetzt haben sich seine Prioritäten eben doch verschoben. Und zugleich ist er der Meinung, daß Erhard und Schröder ihrerseits ganz einseitig auf Amerika setzen. Eine lange Unterredung bei Erhard soll die Wogen glätten. Adenauer macht deutlich, daß er Strauß selbst ersucht hat, auf dem CSU-Parteitag in München kein Öl ins Feuer zu gießen. In den Mittelpunkt des Disputs der beiden rückt aber nun die Frage, ob de Gaulle bei dem umstrittenen Besuch in Bonn die Bundesrepublik, wie Erhard behauptet, ausdrücklich vor die Wahl zwischen Paris oder Washington gestellt habe. Als die Sprache darauf kommt, fällt Adenauer Erhard mit der Bemerkung ins Wort: »Herr Bundeskanzler, das ist nicht wahr!« Erhard repliziert: »Das ist wohl wahr!« Darauf Adenauer: »Es ist nicht wahr, denn wenn de Gaulle das Ihnen gesagt hätte, wäre er verrückt, und Herr de Gaulle ist nicht verrückt.«[66]

Krone zweifelt gleichfalls Erhards Darstellungen an. Schröder bemerkt vorsichtig, Erhard habe das vielleicht etwas zu scharf gehört. Doch Erhard bleibt dabei. Barzel möge doch selbst im Protokoll nachsehen. Noch im Lauf des Tages stellt dieser fest, daß sich eine solche Formulierung de Gaulles nicht im Protokoll findet. Auch der französische Botschafter de Margerie bestreitet Adenauer gegenüber die ultimative Äußerung.[67] Erhard jedoch behauptet kurz darauf vor dem Kabinett dasselbe.[68] Erst vor der Fraktion beginnt er von der Behauptung abzurücken.[69]

Allem Anschein nach hat de Gaulle die harte Formulierung eines Entweder-Oder nicht gebraucht. In der Sache freilich kann man aus seiner Ansprache vor den vereinigten Kabinetten diese Schlußfolgerung ziehen. Allerdings wäre sein Vorstoß vielleicht doch aufzufangen gewesen, hätten sich Erhard oder Schröder bereitgefunden, überhaupt eine Antwort zu geben. Erhard läßt vorerst seinen massiven Gegenangriff gegen »die Fronde« weiterlaufen. Auf dem CSU-Parteitag sagt er den »schwarzen Gaullisten« den Kampf an.[70] Die *Frankfurter Allgemeine* und *Die Welt* geben ihm »Feuerschutz«.[71] Der einstige Bundeskanzler Adenauer findet sich also in der unangenehmen Lage, daß Erhard und die Erhard gewogene Presse ihm gegenüber geltend machen, die Autorität des Kanzlers dürfe nicht durch Parteivorsitzende angetastet werden.

Schließlich verträgt man sich wieder notdürftig.[72] Gerhard Schröder läßt einen Plan zur Fortführung der Europapolitik ausarbeiten, der auch Adenauer zufriedenstellen soll.[73] Der Schade ist aber nicht mehr aus der Welt zu schaffen, denn die gegenseitige Polemik erfaßt nun die ganze bürgerliche Presse. Der Zuspruch für Erhard, der sich in den Monaten zuvor wieder erholt hatte, sinkt jetzt erneut ab: von 53 Prozent Mitte Juli auf 43 Prozent Mitte August. Mitte November sind 36 Prozent erreicht.[74]

Immerhin will Adenauer den Streit nicht auf die Spitze treiben. Eine Pressekonferenz in Bonn am 4. August geht ohne großen Knall über die Bühne, denn Adenauer nutzt sie in erster Linie, um für seine Memoiren Reklame zu machen. Er insistiert aber weiter auf der Idee einer Politischen Union der Sechs. Auf die Frage, was denn geschehen würde, wenn sich – ähnlich wie im Frühjahr 1962 – vielleicht vier von sechs der Staaten überhaupt nicht an der Union beteiligen würden, meint er etwas unwirsch: »Zerbrechen Sie sich nicht den Kopf über ungelegte Eier.« Die anderen würden schon mitmachen, wenn Frankreich und Deutschland vorangingen.[75]

Dauernde Ruhe aber hält er nun nicht mehr. Immer wieder mahnt er in Interviews oder in Hintergrundgesprächen, die deutsch- französische Freundschaft zu festigen.[76] Besonders kräftig zieht er Ende Oktober 1964 in *Bild am Sonntag* vom Leder, kurz bevor er sich nach Paris begibt zur großen Ehrung anläßlich seiner Aufnahme in die Akademie.[77]

Sowohl von seiner Seite wie von seiten de Gaulles ist dies als Demonstration gedacht. Achtundzwanzigmal, so erinnert Adenauer bei diesem Anlaß, sei er als Bundeskanzler nach Paris gereist.

Die Regie de Gaulles hat für den Besuch im Elysée und für die anschließende Zeremonie im Institut den 9. November ausgesucht. Erstmals nach fast hundert Jahren wird wieder einmal ein Deutscher in die Akademie aufgenommen, und dies genau zwei Tage vor dem Waffenstillstandstag des 11. November, den man in Frankreich nach wie vor feierlich begeht.

Adenauers Vorgänger als Ehrenmitlied war der Berliner Professor Trendelenburg, aufgenommen kurz vor der fast hundertjährigen Zerrüttung des deutsch-französischen Verhältnisses im Krieg von 1870/71. Noch zwei andere ausländische Staatsmänner sind neuerdings in die Akademie gewählt worden – Winston Churchill und General Eisenhower.

De Gaulle macht ostentativ klar, daß die Ehrung von ihm selbst inspiriert wurde. Im hohen Kuppelsaal des Instituts ist für den Staatspräsidenten inmitten des Runds ein einsamer Sessel bereitgestellt. Der Großteil des französischen Kabinetts nimmt an der Feier teil. »Pate« Adenauers ist François-Poncet.

Erneut vermerkt die Öffentlichkeit mit Staunen, wie kerzengerade sich der achtundachtzigjährige Adenauer hält, als er – hereingeleitet unter dumpfen Trommelschlägen – in der Dankesansprache nochmals die Grundgedanken seiner Frankreichpolitik herausarbeitet. Zwei französische Partner des Versöhnungswerkes nennt er mit Namen – Robert Schuman und de Gaulle. Immerhin unterstreicht er aber auch bei dieser Gelegenheit, daß das Zusammengehen der beiden Völker dazu beitragen soll, »Europa zu schaffen.«[78] Der Bilateralismus wird also auch hier europäisch legitimiert und überhöht!

Die ganze Zeremonie beeindruckt Adenauer stark. Ein halbes Jahr später bemerkt er zu de Gaulle bei dessen Besuch in Bonn, im November sei ihm wieder einmal aufgegangen, welch große Traditionen Frankreich noch habe. In Deutschland sei das alles »kaputt gegangen«.[79] Die beiden Besprechungen Adenauers mit de Gaulle im November 1964 wurden durch eine Unterredung mit Bundeskanzler Erhard vorbereitet und sollen zur Verbesserung der Atmosphäre zwischen Bonn und Paris dienen. Das gelingt auch fürs erste. Man unterhält sich also beiderseits aufs respektvollste, doch naturgemäß ohne allzu weitreichende Ergebnisse in allen grundlegenden Fragen der Sicherheitspolitik.

Nur in der Landwirtschaftspolitik zeichnen sich Fortschritte ab. Einer der kritischen Punkte des deutsch-französischen Verhältnisses im Herbst 1964 ist die Frage des Getreidepreises im Rahmen der EWG-Agrarpolitik. Hier signalisiert Adenauer, von Erhard autorisiert[80], deutsches Entgegenkommen. Noch einmal erbringt Bonn kostspielige europapolitische Vorleistungen, die den Bundeshaushalt künftiger Jahre erheblich belasten werden.

Ein anderer Streitpunkt ist die MLF. Zur Zeit der Kanzlerschaft Adenauers zeigte sich de Gaulle noch bereit, die deutsche Beteiligung zu tolerieren. Jetzt lehnt er dies ab, weil die MLF ein Mittel zur Isolierung Frankreichs sei.[81] »Ganz persönlich« stellt Adenauer in diesem Zusammenhang die Frage, wie es mit der französischen Atomwaffe steht. Können auch andere Länder an ihr teilhaben? De Gaulle gibt auf diese Gretchenfrage eine eher negative Antwort, die sich in der komplizierten Sprache des Protokolls genauso gewunden liest wie sie gemeint ist: »Heute, zu einer Zeit, wo tatsächlich zwischen Deutschland und Frankreich keine andere politische und militärische Solidarität bestehe als die Solidarität in der NATO, das heißt über Amerika, könne er nicht sagen, daß Frankreich andere Länder an seiner atomaren Kapazität teilnehmen lassen könne. Was er aber sagen könne sei dies, daß an dem Tag, da eine wirkliche politische Organisation in Europa bestehe, die eine kollektive Verantwortung trüge und kollektive Politik und Verteidigung betreibe, daß an diesem Tag die französische Atomwaffe zu einem Teil der Verteidigungsmittel Europas werden und unverzüglich für die Verteidigung Europas, das heißt in erster Linie für die Verteidigung Deutschlands, eingesetzt werde.«[82]

De Gaulle fügt hinzu, daß dann, wenn eine derart gemeinsame europäische Verteidigungspolitik existiere, auch die Frage der Atombombenherstellung durch Deutschland erneut zu überprüfen sei.

Das ist also ein höfliches Nein, es sei denn, die Bundesrepublik verläßt eines Tages den amerikanischen Atomschirm und tritt unter den französischen. De Gaulle kennt jedoch die deutschen Zweifel an der *force de frappe*. »Das Sahara-Bömbchen«, pflegt Gerhard Schröder zu spotten. Und so führt der General mit einiger Selbstgefälligkeit aus, die *force de frappe* sei bereits in der Lage, »am gleichen Tag« Moskau, Leningrad, Odessa, Stalingrad und Kiew zu zerstören.[83]

Adenauer spielt jetzt auch auf die neuerlichen Kredite Frankreichs für die Sowjetunion an, worauf de Gaulle bemerkt, man müsse eben etwas für die teilweise notleidende französische Industrie tun.[84] Seine Sorge, daß dies die Vorstufe für eine Hinwendung Frankreichs zur Sowjetunion sein könnte, wagt Adenauer allerdings nicht laut zu äußern. Er hört hingegen von de Gaulle, daß »die ewige Geschichte der unlöslichen Wirtschaftsprobleme« Rußland auf lange Sicht nur die Wahl lasse, »entweder das Regime aufzugeben (in der Praxis, ohne es laut zu sagen) oder einen Krieg zu beginnen«.

Adenauers Antwort: »Er sei immer der Auffassung gewesen, daß man Rußland an den Punkt bringen müsse, wo ihm die Augen aufgingen und es erkenne, daß seine wirkliche Zukunft im Frieden mit Europa liege. Schon als Bundeskanzler habe er verschiedentlich erklärt, wenn Rußland der Bevölkerung in der Zone ein menschenwürdiges Dasein erlauben würde, wäre Deutschland zu vielem bereit. Er habe aber darauf kein Echo bekommen. Den einzigen Anhaltspunkt, den er gehabt habe, sei ein Moskauer Gespräch mit Chruschtschow gewesen.«[85]

So wird also wieder der unvergessenen Unterredung im September 1955 auf der Datscha Chruschtschows gedacht, als dieser seiner Sorgen vor China Ausdruck gegeben hat. Inzwischen ist Chruschtschow gestürzt. Die Ära Breschnew hat bereits begonnen.

De Gaulle schließt recht skeptisch. Nach wie vor sei Frankreich zur Konzertierung mit der Bundesrepublik bereit. Man werde »zwar ohne Angst, doch aber mit einer gewissen Sorge abwarten, was weiter geschehe«[86].

So kehrt Adenauer persönlich hoch geehrt, doch insgeheim eher beunruhigt nach Bonn zurück. Wenig später weiht er Heinrich Krone wieder einmal in seine finsteren Befürchtungen ein. »Immer aufs neue sagt der alte Herr«, hält Krone fest, »daß ihn die Sorge bedrücke, daß de Gaulle sich eines Tages wieder mit Moskau einlassen könne. Das zu verhindern und auch den Deutschen den Weg nach Moskau zu versperren, sei das wichtigste Motiv für ihn gewesen, mit de Gaulle den deutsch-französischen Pakt abzuschließen.«[87]

Adenauer selbst fertigt Mitte Dezember 1964 nach einer Besprechung mit Globke einen zweiseitigen handschriftlichen Vermerk an, aus dem seine Befürchtungen klar hervorgehen: »Drohende Möglichkeit, daß SU sich mit Frankreich über uns hinweg verständigen könnten, daß Frankreich von der Haltung Deutschlands enttäuscht keine Rücksicht auf die deutschen Interessen mehr nehmen werde ..., oder daß Frankreich enttäuscht durch die BRD und durch US sich SU zuwenden würde.«[88]

Nur sind eben die Aussichten auf seiten der USA genauso düster. Ein paar Tage nach der Paris-Reise stellt sich McCloy wieder bei Adenauer ein.[89] Aber der Zauber der frühen Jahre wirkt nicht mehr. Man versteht sich genausowenig wie das letzte Mal im Oktober 1963. »De Gaulle sei 19. Jahrhundert«, führt McCloy aus, und wer sich mit ihm einläßt, beugt sich »dem antiquierten Hegemonieanspruch Frankreichs«. Krone, der Adenauer tags darauf spricht, vermerkt lakonisch: »Der Alte war entsetzt über das, was ihm da aus Amerika entgegenschlug.«[90]

Von der MLF hat Adenauer auch als Kanzler nie viel gehalten. Nachdem sich de Gaulle nunmehr deutlich gegen eine deutsche Beteiligung wendet, sieht er in dem Projekt nur noch einen Zankapfel. Was dringend gebraucht werde, hört man wie bisher von ihm, sind landgestützte Mittelstreckenraketen. Damit könnte man bei einem Angriff der Sowjets deren Nachschubwege angreifen. Er habe seinerzeit schon Kennedy darauf angesprochen, doch nichts sei erfolgt, obwohl Generalstabschef Taylor und General Heusinger von der Notwendigkeit der Mittelstreckenraketen überzeugt gewesen seien: »Und was ist bis jetzt geschehen? – Nichts, weder damals noch heute!« Wahrscheinlich geht in den USA die Produktion dieser Waffe deshalb nicht voran, weil man sich schon mit den Russen geeinigt hat! Washington, so vermutet Adenauer bei dieser Gelegenheit, will wohl den Sowjets im Westen den Rücken frei halten, damit sie sich besser nach Osten – gegen China – wenden können![91]

Am heftigsten beschwert er sich über das Fehlen amerikanischer Mittelstreckenraketen bei Cyrus Sulzberger – natürlich in der Hoffnung, daß dieser seiner Kritik in Amerika weite Verbreitung verschafft. Europa sei deshalb ohne Verteidigung: »Wenn es Rußland beliebt, kann es seine Panzer durch Deutschland und Frankreich bis zum Atlantik rollen lassen.«[92]

Über Johnson äußert er sich nur noch abfällig. Die Tage, als er sich auf dessen Ranch in Texas feiern ließ, sind schon lange vorbei. Dieser Texasbesuch im Frühjahr 1961 ist wohl auch deshalb entwertet, weil Johnson seither nichts Eiligeres zu tun hatte, als auch Bundeskanzler Erhard dorthin einzuladen und ihn demonstrativ als »Staatsmann« zu feiern.[93] Wie er das häufig tut, wenn er über jemanden erbost ist, bezeichnet Adenauer Johnson jetzt schlichtweg als »dumm«[94].

Ein Hauptgrund für dieses harsche Urteil ist Amerikas zunehmende Verstrickung in den Vietnam-Krieg. Sie weckt Adenauers alte Befürchtungen vor einem Nachlassen des amerikanischen Interesses an Europa. Vietnam, so versucht er der amerikanischen Öffentlichkeit durch Cyrus Sulzberger mitzuteilen, sei doch nur eine Region von sekundärem Interesse.[95] Doch er fürchtet, daß Johnson an seiner undurchdachten Fernostpolitik festhält. Seine Prognose zu einem so frühen Zeitpunkt, als das amerikanische Vietnam-Engagement gerade erst in die Dimension eines regelrechten Krieges hereinwächst, läßt ein beträchtliches Maß an Weitsicht erkennen: »Wenn ein Volk gezwungen ist, einen sehr fernen Krieg zu führen, wie Sie in Vietnam«, bemerkt er am 5. Februar 1965 zu Sulzberger, »sind gewisse psychologische Grenzen rasch erreicht. Die Leute verlieren dann die Lust. Wenn Sie aber wegen Ihrem Vietnamkrieg die Lust verlieren, bedeutet das eine Rückkehr zum Isolationismus.«[96] Kein Wunder, daß sein Interview mit Sulzberger überall kritisches Interesse findet, als es erscheint.[97]

Zwar ist es in der Zwischenzeit um Berlin sehr viel ruhiger geworden als je seit dem Winter 1958/59. Aber nichtsdestoweniger sieht Adenauer allerorten Gefahren heraufziehen – »Gefahren von übermorgen«, wie er zu

Sulzberger bemerkt.[98] Es sind immer noch die alten Schreckgespenster. Neben dem amerikanischen Isolationismus und der wachsenden Bereitschaft Washingtons zur Aushandlung eines Atomwaffensperrvertrages fürchtet er am meisten eine Hinwendung de Gaulles zur Sowjetunion.

Dafür gibt es bereits in den Anfängen des Jahres 1965 gewisse Anzeichen. Am 4. Februar 1965 hält de Gaulle eine Pressekonferenz ab, auf der er die Adenauer schon wohlbekannten Ideen einer langfristigen Wiedervereinigung Deutschlands erstmals offen darlegt. Das Stichwort lautet »Europäisierung der deutschen Frage«. Wenn die Sowjetunion kein totalitärer Staat mehr ist und wenn die Völker Osteuropas wieder über mehr Autonomie verfügen, dann ist eine Einheit Europas »vom Atlantik zum Ural« vorstellbar. Allerdings läßt de Gaulle jetzt auch seine Bedingungen durchschimmern: Anerkennung der Oder-Neiße-Linie, Atomwaffenverzicht des wiedervereinigten Deutschland, Einvernehmen aller Nachbarn mit dem Wiedervereinigungsprozeß.[99]

Adenauer ist darüber alles andere als entzückt. Als de Gaulle zu allem hin auch noch Ende März 1965 in einem Trinkspruch für den scheidenden sowjetischen Botschafter Winogradow der traditionellen französisch-sowjetischen Freundschaft gedenkt, nimmt Adenauer öffentlich Stellung. Warnend spricht er nun auf dem CDU-Parteitag in Düsseldorf von der Gefahr einer »neuen Einkreisung« Deutschlands. Freilich bleibt er dabei, die Bundesrepublik müsse deshalb das deutsch-französische Bündnis mit allem Nachdruck fester und stärker machen. Doch auch seine Warnung in Richtung de Gaulles ist unüberhörbar: »Unser Geschick ist auch das Geschick Frankreichs. Wenn wir von den Russen verschlungen werden, wird auch Frankreich von ihnen verschlungen.«[100]

De Gaulle hält es nun doch für angebracht, schnellstens seinen Schwager Jacques Vendroux zu Adenauer zu entsenden. Der fragt ihn geradeheraus, ob sich eine »neue Entente« anbahne.[101] Vendroux wiegelt ab: Das Abschiedsessen sei eine pure Höflichkeitsgeste gewesen. Doch das beruhigt Adenauer ebensowenig wie der Hinweis seines Besuchers, man müsse eben doch, »ohne die politischen Grundsätze aufzugeben«, mit den Sowjets eine Verständigung anstreben. Anders sei die Wiedervereinigung nicht erreichbar.

Adenauer erklärt einen Erfolg dieses Ansatzes für ausgeschlossen. Zweimal hätte er Chruschtschow »sehr ernsthafte Vorschläge für eine Wiedervereinigung gemacht«[102] – er denkt dabei wohl an die Sondierungen im Frühjahr 1958 und im Frühjahr 1962. Doch Rußland wolle eben weiterhin »die Zone als Köder für Deutschland in der Hand behalten«.

Auf die pointierte Frage von Vendroux, ob er sich denn die Wiedervereinigung zu einem baldigen Zeitpunkt denken könne, muß Adenauer allerdings mit »Nein« antworten. Doch anders als noch im Jahr 1963 glaubt er nun an die hilfreichen Auswirkungen des sowjetisch-chinesischen Gegensatzes. Vielleicht könnte dies Moskau doch veranlassen, »sich mit dem Westen gut zu stellen«.[103]

Aber er hält es jetzt für sehr angezeigt, an de Gaulle nachdrücklich und gewissermaßen unter öffentlichem Trommelwirbel[104] ein dringliches Schreiben zu richten.[105] Die Antwort de Gaulles darauf ist leider recht vage. »Im wesentlichen«, meint der französische Staatspräsident ausweichend, sei er mit Adenauer einverstanden. Immerhin beteuert er noch einmal, »das gemeinsame Auftreten Deutschlands und Frankreichs muß die entscheidende Gegebenheit ihrer Zukunft darstellen«.[106] Konkret besagen solche Beteuerungen freilich wenig, klagt Adenauer bei Heinrich Krone.[107]

So geht die französisch-sowjetische Annäherung weiter. Bei einem Besuch Außenminister Gromykos Ende April 1965 in Paris wird ausdrückliches Einverständnis über die Unveränderbarkeit der in Potsdam festgelegten Grenzen Deutschlands und auch darüber erzielt, daß Deutschland keine Kernwaffen erhalten solle.[108] Immerhin anerkennt Frankreich die DDR weiterhin nicht als zweiten Staat. Doch das dürfte ohne flagranten Bruch des Deutschlandvertrags ohnehin nicht geschehen.

Adenauer hört von der Intensivierung des französisch-sowjetischen Dialogs im sonnigen Frühling Cadenabbias und zeigt sich »besorgt und deprimiert«. Heinrich Krone, der ihn hier für drei Tage besucht und jeweils über die Mittagszeit mit Adenauer lange Gespräche führt, vermerkt: »Er sieht sein Lebenswerk der Aussöhnung mit Frankreich in Gefahr.«[109] Immerhin rät er zur Vorsicht und hofft immer noch, das Verhältnis könnte sich bei einem erneuten Besuch de Gaulles in Bonn einrenken lassen. Erhard gibt schließlich dem Druck des Adenauer-Flügels nach und nimmt einen Gesprächstermin mit de Gaulle im Juni 1965 an.

Doch nichts läuft mehr richtig zwischen Bonn und Paris. Der Vorstoß der Regierung Erhard bleibt stecken, die Gespräche über eine Politische Union im Kreis der Regierungschefs wieder aufzunehmen. Mitte April 1965 schreibt de Gaulle an Erhard und teilt ihm mit, daß er die ursprünglich gemeinsam vereinbarte Initiative nicht mehr für aussichtsreich hält. Man müsse noch einmal zu zweit darüber reden.[110]

Adenauer selbst wird in bezug auf die Einigung Europas wieder einmal von schlimmsten Befürchtungen umgetrieben. Ganz Westeuropa scheint in eine Schwächeperiode zu geraten. Unablässig lamentiert er, nach dem Abgang de Gaulles komme in Frankreich wohl die Volksfront.[111] In Italien hat eine *apertura a sinistra* gleichfalls Fortschritte gemacht. Schumacher-Hellmold, der Adenauer Mitte August 1965 im Auftrag seiner FDP-Freunde aufsucht, hört nur Skeptisches und Mutloses. Mit der Politischen Union im Sechser-Rahmen geht es nicht voran! Holland, von England ermutigt, macht nach wie vor Schwierigkeiten! Und gar die EWG, wo Frankreich nun die Sitzungen des Ministerrats boykottiert, um das Prinzip der Mehrheitsabstimmung zu Fall zu bringen! »Woraus besteht denn die EWG?« ruft Adenauer aus: »Aus dem kleinen Luxemburg, aus Belgien, das vielleicht bald sozialistisch ist, aus Holland, hinter dem England steht, das nichts wert ist, aus Italien, das wirtschaftlich und politisch hin- und hergerüttelt wird, aus Frankreich und Deutschland ...«[112]

Vor allem über England könnte man sich gar nicht negativer äußern als Adenauer das jetzt tut, nachdem in London die Labour-Regierung Harold Wilsons amtiert. »England... das nichts wert ist«. Dieses Land wird von ihm inzwischen fast völlig abgeschrieben. Er sieht darin einen rein negativen Faktor – zu schwach, um an der Einigung Europas selbstbewußt teilzunehmen, doch stark genug, diese von außen her zu sabotieren.

An dem Bündnis mit Amerika klammert er sich indessen weiter fest, wenn auch zunehmend pessimistisch: »Ein neuer Isolationismus sei das Ende Europas ... Das dürfe so nicht so weitergehen. Man müsse den Amerikanern klarmachen, daß mit dem Ende Europas auch das Schicksal Amerikas seinen Lauf nehme.«[113]

In Westeuropa zählt für ihn jetzt nur noch der harte Kern Frankreich und Deutschland.[114] Da aber Frankreich derzeit auch die Fortschritte in der EWG blockiert, wertet dies aus seinem Blickwinkel auch die Bedeutung der Europäischen Gemeinschaften ab. Überall Schwierigkeiten!

Inzwischen müssen Erhard und Schröder auch die Suppe der Nahost-Politik auslöffeln, die ihnen Adenauer als Bundeskanzler eingebrockt hat. Unter größter Geheimhaltung, aber mit vollem Wissen und mit Billigung des Kanzlers, hat die Bundesrepublik seit 1958 militärisches Gerät an Israel geliefert.[115] Auf amerikanisches Drängen hin ist im Frühjahr 1962 auch die Lieferung von Panzern beschlossen worden. Immerhin waren Adenauer und Strauß bei dieser Gelegenheit vorsichtig genug, wenigstens einige führende Abgeordnete der Bundestagsfraktionen einzubinden.[116]

Von Anbeginn an hat sich Adenauer prinzipiell bedenkenlos gezeigt, wenn es um die Unterstützung Israels ging. Zwar sucht er den drohenden

Flurschaden im arabischen Lager zu vermeiden, aber das Ergebnis dieses Bemühens ist genau jene Geheimpolitik, die irgendwann auffliegen muß.

Die Schwierigkeiten beginnen Ende Oktober 1964, als die ersten Nachrichten von geheimen Waffenlieferungen in die Presse kommen.[117] Selbstverständlich nutzt sowohl die DDR diese Gelegenheit als auch der ägyptische Präsident Nasser. Walter Ulbricht wird an den Nil eingeladen. Ägypten verbindet damit die Drohung, die DDR diplomatisch anzuerkennen, wenn die Waffenlieferungen nicht eingestellt werden.

Daraus ergibt sich jene Krise im Frühjahr 1965, die nach monatelangem Tauziehen am 13. Mai 1965 zur Aufnahme diplomatischer Beziehungen zu Israel, gleichzeitig aber zum Abbruch der Beziehungen zu Bonn durch den Großteil der arabischen Staaten führt.

Es ist bemerkenswert, aber nicht erstaunlich, wie völlig unlädiert Adenauer dieses letztlich noch von ihm zu verantwortende Debakel der deutschen Nahost-Politik übersteht, das auch die gleichfalls von ihm betriebene »Hallstein-Doktrin« aushöhlt. Zwar spart Fritz Erler nicht mit scharfzüngigen Angriffen[118]. Allzu heftige Kritik am früheren Bundeskanzler unterbleibt aber doch, weil die Begünstigung Israels im Zeichen der Wiedergutmachung längst von einer großen Koalition des deutschen Partei-Establishments getragen wird.

Das eigentliche Opfer dieses diplomatischen »Stalingrad am Nil«, wie Giselher Wirsing in *Christ und Welt* das Durcheinander nennt[119], ist Ludwig Erhard. Er kann in dieser verfahrenen Lage eigentlich nur Fehler machen.

Zeitweilig geschwächt wird auch der Außenminister. Gerhard Schröder, dabei unterstützt durch Kai-Uwe von Hassel, hat sich mit großer Zähigkeit gegen die riskant pro-israelische Politik gestemmt, ohne sich letztlich durchsetzen zu können. Nun gilt sein Verhältnis zu Erhard als ziemlich gestört, und Adenauer hofft, ihn bald so oder so aus dem Auswärtigen Amt scheiden zu sehen. Zusammen mit dem Fraktionsvorsitzenden Rainer Barzel verfolgt Adenauer gegenüber Israel und den arabischen Staaten einen Kurs, der zwar durchaus auf seiner bisherigen Linie liegt, aber direkt ins Debakel führen muß. Die Beziehungen zu Ägypten sollen, so seine Forderung, abgebrochen werden, falls Nasser den Staatspräsidenten der DDR Walter Ulbricht empfängt. Auch in diesem Punkt wird er von Franz Josef Strauß unterstützt, dessen erprobtes Unruhepotential der ersten Regierung Erhard mindestens genauso viel zu schaffen macht wie die Kritik Adenauers.

In Sachen Nicht-Anerkennung der DDR vertritt Adenauer jetzt die denkbar doktrinärste Position. Walter Hallstein, so schreibt er in seiner Eigenschaft als CDU-Vorsitzender am 3. März an Bundeskanzler Erhard, habe ihn von Brüssel aus telefonisch darauf aufmerksam gemacht, »daß, wenn wir nicht sofort die Beziehungen zu Ägypten abbrechen, nach seiner Überzeugung wir das Recht, allein für Gesamtdeutschland zu sprechen, verlieren würden und daß unser Ansehen im Ausland – er komme ja ständig mit Ausländern zusammen – schwersten Schaden leiden würde«. Er fügt hinzu, Hallstein sei überzeugt, »daß mit Nasser ganz wenige arabische Staaten gehen würden«. Adenauers Votum: »Ich teile die Ansicht von Herrn Hallstein.« Doch ist er immerhin so realistisch, im Schlußsatz die niemanden überraschende Prognose zu formulieren: »Die Entscheidung ist sehr schwer. Sie kann oder wird sogar wahrscheinlich von außerordentlich großer Tragweite sein.«[120] Erhard läßt sich schließlich von Barzel in seiner Neigung bestärken, Hals über Kopf den Ausweg aus den Schwierigkeiten in der Aufnahme diplomatischer Beziehungen zu Israel zu suchen. Damit geht auch ein alter Wunsch Adenauers in Erfüllung. Dieser wollte noch im Jahr 1963 sein außenpolitisches Werk mit einer diplomatischen Anerkennung Israels krönen. Damals war er aber schon zu schwach, um sich gegen Gerhard Schröder im Auswärtigen Amt durchzusetzen.[121]

Ausnahmsweise findet sich Adenauer in der Nahost-Politik also einmal auf seiten Erhards und gegen die Gruppe Schröder – von Hassel. Er erkennt auch befriedigt, wie das schreckliche Hin und Her in den Monaten Februar und März Erhard und Schröder auseinandergebracht hat. Doch er möchte auf längere Sicht beide aus ihrem Amt scheiden sehen. Die Aussichten dafür sind in den ersten Monaten des Jahres 1965 nicht schlecht. Erhard befindet sich im Februar 1965 mit 34 Prozent Zustimmung wieder einmal auf einem Tiefpunkt seines Ansehens.[122] Die SPD liegt zu diesem Zeitpunkt bei 47 Prozent, die FDP bei sieben und die Unionsparteien bei 42 Prozent.[123] Erneut zeichnet sich also ein großes Wahldebakel ab, für das Adenauer als CDU-Vorsitzender allerdings mitverantwortlich wäre.

Dies ist auch einer der Gründe, weshalb er sich in puncto Nahost-Politik mit öffentlicher Kritik zurückhält. Doch angesichts der schweren Kabinettskrise wegen der Israel- und Ägyptenpolitik, zugleich voll Unmut über die Frankreichpolitik der Regierung und alarmiert von den schlechten Umfragezahlen für Erhard, beginnt er nun an Komplotten gegen Kanzler und Außenminister zu basteln. Damit bereitet er aber nicht allein Ludwig Erhards Sturz vor. Er trägt damit auch, ohne das zu wollen, zum eigenen politischen Abstieg bei. Denn im Machtkampf des Jahres 1965 vermag sich Erhard mit Hilfe der deutschen Wähler noch einmal durchzusetzen. Auf der Strecke aber bleibt Adenauer selbst, der seinen Nachfolger zusammen mit Gerhard Schröder stürzen wollte.

Abstieg

Für ein paar Monate verbindet sich nun das politische Schicksal Adenauers mit dem Rainer Barzels. Seit Dezember 1964 auch offiziell Fraktionsvorsitzender, steht Barzel im Mittelpunkt aller Überlegungen zur Ablösung Erhards. Adenauer ist sehr davon angetan, mit wieviel Schwung, Härte und Geschick der neue Mann seine Aufgabe anpackt. Er sieht zwar, daß sich nun auch Eugen Gerstenmaier mit großer Rührigkeit als Kanzlerprätendent zu profilieren sucht und vermerkt durchaus dessen Aufmerksamkeiten ihm selbst gegenüber. Doch neigt er in dieser Phase mehr und mehr zu Barzel.

Ein erstes Komplott Adenauers beginnt sich am 5. März 1965 abzuzeichnen, als die Kabinettskrise auf dem Höhepunkt und Erhard in den Meinungsumfragen auf dem Tiefpunkt angelangt ist. Adenauer, Krone, Gerstenmaier und Rasner beraten, was geschehen könnte. Ganz offen wird davon gesprochen, ob Erhard nicht gehen sollte. Wie so häufig schon kommt Adenauer auch in diesen Wochen auf seine alte Idee zurück, Krone müsse eben doch Kanzler werden. Dieser zeigt aber keinerlei Lust dazu.[1] Gegenüber Gerstenmaiers Ambitionen hält sich Adenauer bedeckt. Rasner bemerkt in dieser kleinen Runde, die Fraktion würde Erhard zwar nicht stürzen. Aber wenn er zurücktritt, wird Barzel gewählt!

Zwar übersteht Erhard schließlich die Krise, und bald notiert er auch in der öffentlichen Meinung wieder höher. Doch die Gespräche hinter den Kulissen gehen weiter. Ein Gegner Barzels wie Heinrich Krone, der zumindest einen Teil der Manöver in seinem Tagebuch vermerkt, ist fest davon überzeugt, daß der inzwischen 41 Jahre alte Barzel nur auf die erstbeste Gelegenheit wartet, sich im Palais Schaumburg auf Erhards Stuhl zu setzen.[2] Adenauer gewährt ihm dabei Unterstützung.

Es widerspräche zwar allen Grundsätzen personalpolitischer Taktik Adenauers, wenn er sich ausschließlich auf Barzel festlegen würde. Doch vieles scheint im Frühjahr und Frühsommer 1965 für diesen neuen Stern zu sprechen, der unversehens am CDU-Himmel aufgegangen ist. Er würde, meint Adenauer, die CDU wieder in Schwung bringen, und er hätte wohl eine Mehrheit der Fraktion hinter sich. Die Widerstände gegen Gerstenmaier in der Fraktion sind hingegen zu groß.[3]

Es ist vor allem auch der Bundespräsident, der sich nun mit Hingabe an dem innerparteilichen Intrigenspiel gegen Erhard und Schröder beteiligt. Weniger denn je hat er seine Sympathien für eine Allparteienkoalition oder eine Koalition der CDU/CSU mit der SPD aufgegeben.[4] Barzel ist nach Meinung seiner innerparteilichen Gegner für alles zu haben – sowohl für eine Koalition mit der FDP wie mit den Sozialdemokraten.[5] So hört man recht glaubwürdige Gerüchte, daß ihn Lübke zeitweilig als Kanzler einer großen Koalition ins Auge faßt.[6] Der Bundespräsident könnte aber auch auf Gerstenmaier zurückgreifen, der sich schon seit gut einem halben Jahrzehnt für eine solche Lösung bereithält.[7] Paul Lückes Name taucht in den Kombinationen um die Nachfolge Erhards gleichfalls des öfteren auf.

Im Monat Mai, vier Monate vor den Bundestagswahlen, ist in den Führungszirkeln der CDU zu vernehmen, daß Lübke nach den Wahlen Erhard als Bundeskanzler nicht mehr vorschlagen möchte. Auch Schröder, dessen Israel-Politik er abgelehnt hat[8], ist bei ihm ziemlich abgemeldet.[9] Dabei bleibt es bis in den August 1965 hinein.[10] So ziehen Adenauer und Lübke jetzt zeitweilig am gleichen Strang. Die neue Allianz geht so weit, daß der von der Würde seines Amtes durchdrungene Bundespräsident es sogar auf sich nimmt, Adenauer höchstpersönlich in Rhöndorf aufzusuchen.[11]

Dieser erholt sich dort nämlich von den Folgen eines leichten Schocks. Der Rheingold-Expreß, in dem Adenauer am 7. Mai aus Cadenabbia zurückreiste, ist kurz hinter Koblenz mit einem Sattelschlepper zusammengestoßen. Adenauer muß sich gut drei Wochen sehr schonen, verpaßt somit auch den Staatsbesuch von Königin Elisabeth II., bekommt aber von ihr 50 Rosen übersandt und hört zu seiner Freude vom Bundespräsidenten, »er werde Schröder auf keinen Fall wieder zum Außenminister ernennen«[12]. In den kritischen Monaten der Regierung Erhard vom März bis zu den Bundestagswahlen am 19. September 1965 finden zwischen Adenauer und Lübke immerhin sechs Besprechungen statt. Das Komplott gegen Erhard ist also hochoffiziell und auf allerhöchster Ebene angesiedelt.

Daß Adenauer in diesen Monaten auf die Ablösung Erhards hinarbeitet, ist für die Eingeweihten offenkundig. Doch heißt das, daß er zugleich auch auf eine große Koalition hinarbeitet?

An und für sich bringt er der SPD nach wie vor größtes Mißtrauen entgegen. Am meisten fürchtet er derzeit den radikalen Gewerkschaftsflügel um den IG-Metall-Vorsitzenden Otto Brenner, nachdem dieser sich in der SPD gegen die Notstandsverfassung durchgesetzt hat.[13] Auch den Wahlkampf möchte er ebenso wie Ludwig Erhard auf bewährte Manier im Frontalangriff gegen die Sozialdemokraten führen. Andererseits erklärt er Anfang Juni bei einer Strategiesitzung zur Anlage der Wahlkampagne, über Koalitionen solle überhaupt nicht gesprochen werden. Dafür ist die Zeit am Tag nach der Wahl gekommen, wenn sich das Schlachtfeld überblicken läßt![14]

Im Zusammmenhang mit der Unzahl von Gesprächen, die Adenauer in den acht Monaten vor der Bundestagswahl führt, rückt auch schon mehr und mehr das Problem seiner Nachfolge als Parteivorsitzender ins Visier. Man muß diese Position gleichfalls in die verschlungenen Kombinationen einbeziehen, wobei wiederum *ein* Ziel ganz unumstößlich feststeht: Ludwig Erhard soll auf keinen Fall CDU-Vorsitzender werden, selbst wenn er sich wider alle Erwartungen bei den Bundestagswahlen durchsetzt. Erneut denken maßgebende Herren des christlich-konservativen Parteiflügels dabei an Heinrich Krone.[15] Aber auch Dufhues ist mit im Spiel.[16] Als Generalsekretär unter Dufhues käme Bruno Heck in Frage.[17]

Der Boden unter Erhards Thron ist also unter Adenauers sehr tätiger Mithilfe schon lange vor den Bundestagswahlen 1965 und vor dem Sturz im Herbst 1966 stark unterwühlt.

Am weitesten lehnt sich beim CDU-internen Konspirieren gegen Erhard der Bundespräsident aus dem Fenster. Drei Tage vor der Wahl schreibt er einen sehr ungewöhnlichen Brief an alle Parteivorsitzenden, in dem er diese unter Verweis auf den wohl zu erwartenden knappen Wahlausgang in dunkler Redewendung darum ersucht, »daß keine Vorschläge für den Kanzler gemacht und befürwortet werden, die bei der Bevölkerung Verwirrung stiften könnten«[18]. Jedermann weiß, daß er damit auf eine Koalition unter Einbeziehung der SPD hinarbeitet. Tatsächlich ist dieser Brief von längerer Hand vorbereitet worden. Krone und damit sicher auch Adenauer erfährt davon schon einen Monat, bevor das Schreiben herausgeht.[19] Dieser Vorstoß ist verfassungspolitisch höchst bedenklich. Er ist zwar nicht eigentlich verfassungswidrig. Doch das Präsentationsrecht der Fraktionen soll nach dieser Vorstellung doch wohl auf kaltem Weg ausgehebelt werden.

Der Vorstoß Lübkes kommt Adenauer durchaus zupaß. Als Bundeskanzler hätte er sich zwar jeden Versuch des Bundespräsidenten entschieden verbeten, den Spielraum präsidentieller Einflußnahme auf Kosten des Bundestags und der Parteien zu erweitern. Doch der Kampf gegen Ludwig Erhard rechtfertigt offenbar jede Kehrtwendung! Adenauer verhält sich auch in diesen Jahren nicht institutionengerecht, sondern machtgerecht.

Im Vorfeld der heißen Phase des Bundestagswahlkampfs aktivieren auch die Befürworter einer Koalition mit der SPD ihre Bemühungen. Die Verbindungen zwischen Guttenberg, Lücke und Wehner sind nie abgerissen. Lücke erhält am 20. Mai 1965 einen Brief Baron zu Guttenbergs, in dem alles Wesentliche gesagt wird: »Wehner ist unverändert auf der alten Linie. Er sagte mir sogar auf meine Frage, daß es nach seiner Meinung auch bei Brandt keine Überlegungen mehr in Richtung eines Zusammengehens SPD/FDP mehr gebe. Hinsichtlich der Person Gerstenmaiers fand ich ihn weniger negativ als früher.«[20]

Auf den umstrittenen Feldern der Außenpolitik läßt wenigstens dieser führende Sozialdemokrat eine Annäherung an die Adenauerschen Positionen erkennen: »Auch hinsichtlich der französischen Dinge war das Gespräch außerordentlich befriedigend. Wehner hält sich frei von jeglichem rein negativen ›Antigaullismus‹ und gehört zu jenen, denen die deutsch-französische Verständigung wichtiger ist als jenes weitverbreitete Feldgeschrei gegen de Gaulle, das die SPD leider ansonsten auszeichnet. Desgleichen fand ich Wehner sehr bedenklich gegenüber einer Deutschlandpolitik Schröders, die (siehe Fragestunde vom letzten Freitag) sich mehr und mehr an die Thesen FDP annähert.«[21] Man einigt sich auf ein Treffen Ende Juli, bei dem eine Reihe von Sachfragen zur Erörterung stehen sollen: Wahlrecht, Finanzreform, Fragen der Tarifhoheit, Sanierung von Bundesbahn und Bundespost.

Paul Lücke, immerhin Wohnungsbauminister im Kabinett Erhard, trägt keine Bedenken, ein solches Gespräch zu führen. Er legt aber Wert darauf, dabei auch Fragen des Elternrechts zu erörtern. Immerhin sind Lücke und Guttenberg klug und loyal genug, vor der Zusammenkunft mit Wehner ein Gespräch mit Ludwig Erhard zu führen.

Sie wissen Wehner Ende Juli 1965 darüber Bemerkenswertes zu berichten. Erhard, der sich öffentlich aufs entschiedenste gegen eine große Koalition ausspricht, erweckte bei Lücke und Guttenberg angeblich den Eindruck, daß die große Koalition an ihm nicht scheitern würde: »Er würde auch dazu bereit sein, den Posten des Kanzlers in einer Großen Koalition zu übernehmen.« Als Guttenberg Wehner bei dem schließlich am 26. Juli in Deidesheim zustandekommenden Treffen fragt, was er denn von Erhard halte, meint dieser nur vieldeutig: »Er tut mir leid.«[22] Hinderlich für eine große Koalition aber sei die Umgebung Erhards, besonders die Minister von Hassel, Schröder und Schmücker.

Erhard muß einem nicht zuletzt deshalb leid tun, weil allem Anschein nach auch Adenauer von den Plänen zu seiner Ablösung weiß und sie durchaus laufen läßt. Lücke ist im Monat Mai, als die intensiveren Vorsondierungen eingeleitet werden, bemerkenswert häufig mit Adenauer zusammen. Am 3. Mai besucht er ihn in Cadenabbia. Acht Tage darauf stellt er sich schon wieder ein, diesmal in Gesellschaft Krones in Rhöndorf.[23] Anfang Juni, als die Operation Lücke – Guttenberg bereits im Laufen ist, vermerkt der Tagebuchschreiber Krone nach einem weiteren Zusammentreffen mit Adenauer vielsagend: »Nicht sagen: ›Auf alle Fälle mit den Demokraten!‹ Und auch nicht: ›Auf keinen Fall mit den Sozialdemokraten.‹ Das sind neue Töne; ich kannte sie.« Daß Adenauer dies aber im Kreis der Wahlkampfleiter sagt, meint Krone, »zeigt, wie er denkt. Die Tür offen lassen.«[24]

Allem Anschein nach wird allerdings Lücke bei seinen Sondierungen mit der SPD darin bestärkt, die kulturpolitischen Anliegen der CDU geltend zu machen: »Nicht vergessen, woher wir kommen, betont Konrad Adenauer. Das Weltanschauliche, das Grundsätzliche, das Christliche, unser Bild von Gott und der Welt.«[25] Eben in diesem Punkt würden aber die sozialdemokratischen Befürworter einer großen Koalition für die schulpolitischen Wünsche der CDU eine gewisse Sympathie erkennen lassen. Herbert Wehner hat sich wieder der evangelischen Kirche zugewandt, und Georg Leber, der gleichfalls mit von der Partie ist, genießt in der CDU als ein prominenter katholischer Laie viel Respekt.

Adenauer tritt also im Frühsommer 1965 denen nicht entgegen, die eine Koalition mit der SPD für möglich und nötig halten. Er ermutigt sie eher, legt sich aber nicht fest und betrachtet es als vordringlich, für die CDU erst einmal so viele Stimmen wie möglich herauszuholen. Dabei ist er sich mit Erhard darin einig, daß der Wahlkampf frontal und durchaus offensiv gegen die SPD geführt werden muß.

Noch als das Ergebnis festliegt, führt er im CDU-Vorstand recht einleuchtend aus, welchen Kurs er in diesen Monaten gesteuert hat: »Im Kampf Geschlossenheit, aber vor dem Kampf kann man von einer Partei, die so wie die unsrige zusammengesetzt ist, nicht verlangen, daß sie ständig geschlossen auftritt. Das ist völlig unmöglich.«[26]

Erneut stürzt sich der Neunundachtzigjährige nun mit vollem Einsatz in einen Bundestagswahlkampf. Allerdings deckt er mit seinen Auftritten nicht mehr das ganze Land ab, konzentriert sich vielmehr auf Regionen, die er mit seinem von der CDU gemieteten Mercedes 600 von Bonn aus erreichen kann. Immerhin übernimmt er zahlreiche Wahlkampfeinsätze in Nordrhein-Westfalen, in Rheinland-Pfalz und im nördlichen Hessen. Franz Josef Strauß gelingt es sogar, ihn für eine Großkundgebung in Nürnberg zu gewinnen.

Seine Anziehungskraft auf die CDU-Anhänger ist ungebrochen. Nur Ludwig Erhard selbst vermag vergleichbare Massen auf die Beine zu bringen. Die Wahlreden sind genauso holzschnittartig und mit scharfen Angriffen und Witzchen durchsetzt wie in früheren Jahren. Man jubelt ihm immer noch zu, denn inzwischen ist er längst zum Mythos seiner selbst geworden.

Sogar in der Erhard-treuen *Frankfurter Allgemeinen* erscheint ein mehr oder weniger bewundernder Bericht von Bruno Dechamps, der dabei war, wie er an *einem* Tag drei Ansprachen und sieben Reden von bis zu einer halben Stunde Länge hielt und ihn wie folgt schildert: »er tat das mit klarer, eindringlicher Stimme, energisch drohendem Zeigefinger und ganz dem Temperament, das man seit je von ihm gewohnt ist. Man würde ihn auf etwa zweiundsiebzig schätzen; aber jeder weiß, daß er in fünf Monaten neunzig wird.«[27]

Das politisch Denkwürdige seiner Wahlauftritte ist aber nicht der Entschluß, die mehr oder weniger offene Kritik an Erhard und Schröder für eine Weile zurückzustellen. Damit beweist er nur, daß er sich als Parteivorsitzender an die elementare Maxime der Massenpsychologie erinnert, im Wahlkampf eiserne Geschlossenheit zu demonstrieren. Doch den Namen Erhard nennt er in seinen Wahlreden gleichfalls nicht, und das spricht Bände.

Sensationell aber ist ein über die Maßen heftiger Angriff auf die amerikanische atomare Nichtverbreitungspolitik. Am 17. August 1965 legen die USA ihren Entwurf für einen Atomwaffensperrvertrag vor, der den sowjetischen Wünschen weit entgegenkommt. Artikel 1 lautet: »Jeder Staat, der Partei dieses Vertrags ist, verpflichtet sich, Kernwaffen weder mittelbar noch unmittelbar durch ein Militärbündnis der nationalen Verfügungsgewalt eines Nichtatomstaates zu unterstellen; er verpflichtet sich ferner, keine sonstigen Maßnahmen zu treffen, durch welche die Gesamtzahl der Staaten und anderen Organisationen vermehrt würde, die unabhängige Verfügung über den Einsatz von Kernwaffen besitzen. Jeder Atomstaat, der Partei dieses Vertrages ist, verpflichtet sich, einem

Nichtatomstaat bei der Herstellung von Kernwaffen keine Unterstützung zu gewähren.«[28]

Für Adenauer ist dies ein weiterer Beweis, daß die Regierung Johnson in ihren Nöten des Vietnam-Kriegs jetzt mit der Sowjetunion »Kippe macht«. Zwei Tage später zieht er auf dem Prinzipalmarkt in Münster bedingungslos dagegen zu Felde. Das sei »ungeheuerlich«, ein »Verrat«, und laufe auf das Ende der NATO heraus. Europa werde damit »den Russen überantwortet«. Der amerikanische Plan sei eine »grauenvolle, gefährliche und grundfalsche Theorie«.[29] Bei einer Pressekonferenz im Anschluß an die Wahlrede ruft er leidenschaftlich aus: »ich möchte, daß es in Deutschland zu einem Aufschrei kommt wegen dieser Geschichte.«[30]

Damit sind die Gräben zur Bundesregierung erneut weit aufgerissen. Klugerweise verzichten aber Erhard und Schröder auf die offene Auseinandersetzung. Auf amerikanischer Seite hat man Adenauer schon seit längerem abgeschrieben. Der Gesandte Martin J. Hillenbrandt kabelt am 30. August ans State Department: »Dank Adenauer, Strauß, Guttenberg und anderen, die hinter Schröder her sind, hat die CDU aus den Verhandlungen über einen Nonproliferationsvertrag einen politischen Fußball gemacht.«[31] In der CDU und in der CDU-nahen Presse, so fährt Hillenbrand fort, suche man den alten Kanzler zu entschuldigen: »in seinem Alter sei er nicht mehr steuerbar, seine Formulierungen seien übertrieben und übersimplifizert, man müsse seine Kritik als Wahlkampfepisode verstehen usw.«[32]

In Wirklichkeit ist dies für Adenauer alles andere als ein bloßer Wahlkampfschlager. Im Kampf gegen den Atomwaffensperrvertrag hat er das letzte große Thema seines politischen Lebens gefunden, das ihn buchstäblich bis zum Sterbebett in Erregung versetzt. Zumindest atomare Mitbeteiligung wenn nicht gar eigene Kernwaffen für die Bundesrepublik zu erwerben, war eines der großen, verschwiegen angesteuerten Ziele seiner Kanzlerschaft gewesen. Diese Option scheint nun ein Opfer der Entspannung, aber eben auch – so sieht· er es – der zu vertrauensvollen und zu wenig wachsamen Amerika-Politik Ludwig Erhards und Gerhard Schröders zu werden.

Trotz weitgehender Fixierung auf die im Jahr 1963 erreichte außenpolitische Position ist Adenauer aber nicht wirklichkeitsblind. Immer deutlicher wird nämlich im Verlauf des Jahres 1965, daß sich de Gaulle behutsam der Sowjetunion nähert. Eine große Pressekonferenz des französischen Staatspräsidenten am 7. September 1965, knapp zwei

Wochen vor der Bundestagswahl, deutet diese Tendenzen nur sehr vorsichtig an. Aber schärfer als je wendet sich de Gaulle gegen die »Hörigkeit« gegenüber den USA im Rahmen der NATO und bemerkt: »Wir sehen ohne Zaudern dem Tag entgegen, an dem Europa im Interesse einer konstruktiven Verständigung vom Atlantik bis zum Ural ganz seine eigenen Probleme selbst regelt, und vor allem das Deutschland-Problem, auf dem einzigen dafür möglichen Weg, dem eines allgemeinen Übereinkommens.«[33] Hingegen bemerkt er zum deutsch-französischen Vertrag, er sei bis jetzt in vieler Hinsicht über das Stadium herzlicher Ansätze nicht hinausgekommen.[34]

Adenauer registriert das mit Erschütterung. De Gaulle, ruft er am 13. September im CDU-Parteipräsidium aus, hat mit Deutschland gebrochen. Bald bringt er einiges von dieser Erkenntnis auch in seinen öffentlichen Stellungnahmen zum Ausdruck. Ein paar Wochen nach den Bundestagswahlen gibt er der *Bild*-Zeitung ein Interview und läßt darin seinen schlimmsten Befürchtungen freien Lauf. In der Terminologie deutscher Ur-Ängste aus den Jahren vor 1914 bemerkt er hier: »Die ersten Zeichen einer Einkreisungspolitik der Bundesrepublik zeigen sich bereits infolge des Verhaltens des Auswärtigen Amtes gegenüber Frankreich. Die Reise von Gromyko nach Paris Ende April dieses Jahres, die bevorstehende Reise Couve de Murvilles nach Moskau, die Teilnahme des Marschalls Malinowski an den österreichischen Manövern sind kein Zufall. Sie sind Anzeichen der Einkreisung Deutschlands durch Sowjetrußland und Frankreich.«[35]

Gewiß sind solche Stellungnahmen in erster Linie dazu bestimmt, die erneute Berufung Gerhard Schröders als Außenminister zu verhindern. Aber der Vernichtungskampf gegen Schröder ist Ausfluß der panischen Sorge, daß sein ganzes außenpolitisches Werk vergeblich gewesen sein könnte. Bis an sein Lebensende verfolgen ihn somit die Gespenster der Einkreisungspolitik aus den Jahren Edwards VII., Delcassés und Poincarés sowie des Zaren Nikolaus. Damals stand er selbst im besten Alter von dreißig bis vierzig Jahren. Jetzt, nach einem halben Jahrhundert der Irrtümer und Katastrophen, droht sich dies zu wiederholen, obwohl er doch gehofft hatte, den deutschen Kernstaat auf den richtigen Weg gebracht zu haben! Seine Hinweise auf den deutsch-französischen Freundschaftsvertrag vom 22. Januar 1963 klingen mehr und mehr wie eine Totenbeschwörung.

Dies alles kommt nun wieder einmal mitten im Wahlkampf zum Ausbruch. Und es verbindet sich unauflöslich mit seinem Kampf gegen

Erhard, vor allem aber gegen Gerhard Schröder, deren Politik er für verhängnisvoll hält.

Im Frühjahr und noch im Sommer 1965 hat er erwartet, Erhard und mit ihm Schröder im Gefolge der Bundestagswahlen untergehen zu sehen. Ob Barzel oder Gerstenmaier als Bundeskanzler, ob große Koalition oder Fortsetzung der Regierung mit den Freien Demokraten – jeder anderen Lösung vermag er mehr abzugewinnen als einer Fortsetzung der gegenwärtigen Bundesregierung.

Erhards ungeheurer und unerwarteter Wahlsieg vom 19. September 1965 – nur drei Mandate unterhalb der absoluten Mehrheit – ist also auch für ihn eine böse Überraschung. Alle Überlegungen der vorhergehenden Monate werden dadurch über den Haufen geworfen. Doch sogar jetzt noch sträubt er sich anfänglich im CDU-Präsidium, die Partei ganz offen auf den eindeutigen Wahlsieger festzulegen. Als Vorwand benützt er den Wunsch des Bundespräsidenten, sein Präsentationsrecht nicht anzutasten. Doch dieser Wunsch steht in diametralem Gegensatz zum bisherigen Verständnis der Verfassung und zur politischen Praxis von immerhin bereits 16 Jahren bundesdeutscher Verfassungsgeschichte. Vor allem würde die CDU völlig ihr Gesicht verlieren. Sie hat sich im Wahlaufruf eindeutig zu Ludwig Erhard bekannt.

Adenauers Bestreben, von dieser klaren Aussage loszukommen, hat sich zwar schon bei einer Präsidiumssitzung der CDU Anfang September abgezeichnet – also noch vor der Bundestagswahl.[36] Doch die CDU-Spitzenpolitiker haben ihn damit nicht mehr durchkommen lassen und eine unzweideutige Unterstützung Erhards erzwungen.[37]

Das Gleiche wiederholt sich jetzt unmittelbar nach dem Wahlsieg. Ingrimmig muß Adenauer in eigener Person den Bundespräsidenten aufsuchen und diesem Ludwig Erhard als Kanzler vorschlagen. Der Wahltriumph Erhards ist gleichzeitig das Ende seines zuvor immer noch großen politischen Einflusses in der CDU. Jetzt verbannt das System der populistischen Kanzlerdemokratie seinen eigentlichen Erfinder ins politische Abseits. Bei der Regierungsbildung 1965 läßt man ihn weitgehend links liegen.

Allem Anschein nach hat Adenauer schon kurz vor dem Wahltag resigniert, als sich aufgrund letzter Allensbacher Umfragen der gewaltige Wahlsieg Erhards bereits abzeichnet. Wenn die Unionsparteien mit Erhard siegen, muß er eben auch wieder Kanzler werden, räumt er gegenüber Heinrich Krone nach der Präsidiumssitzung am 13. September ein.[38] Freilich hält er diese Entscheidung für ebenso falsch wie in den

Jahren 1959 bis 1963, als er sich der Kanzlerschaft Erhards in den Weg stellte. Jeder, der in diesen Wochen mit ihm spricht, gewinnt diesen Eindruck. »Den Erhard und den Schröder können Sie von mir geschenkt haben«, bekommt der stets wohlgelittene Otto Schumacher-Hellmold Mitte August von ihm zu hören, als er wieder einmal vertraulich bei ihm vorspricht.[39]

Gerstenmaier, dessen Projekte aufgrund dieses Wahlausgangs gleichfalls in Rauch aufgehen, wird in der Rückschau bemerken: »ich war mit ihm einig, daß wir Erhard guten Gewissens nicht noch einmal zum Bundeskanzler machen könnten. Aber wir blieben damit in einer verschwindenden Minderheit.«[40] Es ist durchaus kennzeichnend, wie eng Gerstenmaier jetzt mit Adenauer zusammenzuspielen sucht und ihn auch in seinem offenen Kampf gegen den Nonproliferations-Vertrag unterstützt.[41]

Das Intrigenspiel langer Monate, dessen Opfer Ludwig Erhard beinahe geworden wäre, wird also am 19. September vom Wählerwillen hinweggefegt. Nun zeigt sich auch die ganze Zweischneidigkeit des taktischen Zusammengehens Adenauers mit Lübke. Dieser ist jetzt beim Partei-Establishment von CDU, CSU und FDP weitgehend unten durch, nachdem deutlich wird, daß man die SPD gar nicht mehr braucht. Denn die Mehrheitsverhältnisse im Bundestag sind jetzt so beschaffen, daß eine Koalition von SPD und FDP überhaupt nicht ernsthaft versucht werden, geschweige denn von Dauer sein könnte. Die einzig aussichtsreiche theoretische Alternative zur Fortführung der bürgerlichen Koalition wäre eine schwarz-rote Koalition. Daran ist aber nach Erhards Wahlsieg überhaupt nicht mehr zu denken. Daher erscheinen nun Lübke und Adenauer nur noch als Spielverderber, auf die man aber zum Glück keine Rücksicht mehr zu nehmen braucht.

Notgedrungen schaltet Adenauer jetzt um und konzentriert seine gesamte Energie darauf, wenigstens Gerhard Schröder als Außenminister zu verhindern. Da es zwischen Schröder und Erhard während der Nahost-Krise ziemlich geknirscht hat, scheint das nicht einmal ganz ausgeschlossen.

Doch Erhard weiß inzwischen, daß er von Adenauer auch in Zukunft keinerlei Schonung zu erwarten hat. Und wer sollte Schröder ersetzen? Gerstenmaier etwa? Ein Außenminister Gerstenmaier käme für Ludwig Erhard nicht in Frage, denn der Bundestagspräsident hat sich in der letzten Zeit zu offenkundig mit Adenauer und Lübke zusammengetan. Auch das Zusammenspiel Adenauers mit Strauß, der Schröder gleichfalls aus dem Auswärtigen Amt entfernen möchte, ist für Erhard eher ein Grund, an diesem festzuhalten. Schließlich gibt Erhard seine Entscheidung für Schröder bekannt, und nachdem er auch Strauß halbwegs zufriedengestellt hat, machen sich Adenauer und Lübke bei ihrem weiteren Widerstand gegen Schröder nur noch lächerlich. Seit Frühjahr 1965 ist im politischen Bonn bekannt, daß Lübke vom substantiellen Prüfungsrecht des Bundespräsidenten überzeugt ist. Auf diese problematische Rechtsauffassung gestützt, will er die Ernennung Schröders ablehnen. Dieser hat ihn unter anderem durch seine wohlbegründete Weigerung geärgert, ihn durch Übersendung der wichtigen Telegramme in den Gang der Außenpolitik einzuschalten.[42] Dazu kommen eine Vielzahl weiterer sachlicher und persönlicher Vorbehalte. Während des ganzen Jahres 1965 hat Lübke immer wieder in zahlreichen Gesprächen erklärt, er wolle Schröder auf keinen Fall ernennen. Er würde also viel Gesicht verlieren, wenn er sich in diesem Punkt nicht durchsetzen könnte.

Nun aber muß er feststellen, wie die Gegnerschaft Schröders zusammenschmilzt. Barzel und Strauß halten es nicht für klug, in diesem Punkt zu übertreiben. Beide wissen, daß Schröder in der Fraktion eine gewichtige Anhängerschaft hat. Außerdem würden unvermeidlicherweise Gerstenmaier oder auch Kiesinger ins Spiel kommen, wenn Schröder unmöglich gemacht würde. Jeder von ihnen könnte sich dann als Außenminister profilieren und wäre ein fürchtenswerter Konkurrent, sobald es früher oder später um die Nachfolge Erhards ginge. Schließlich führt auch kein Weg an der Einsicht vorbei, daß es letzten Endes der Bundeskanzler ist, der den ihm genehmen Außenminister vorschlägt.

Auch Krone und Dufhues, die wie Adenauer in diesen Wochen gerne Gerstenmaier an der Spitze des Auswärtigen Amts sehen würden, können gegen Erhards Willen letztlich nichts ausrichten.[43] Gerstenmaier selbst wäre zwar bereit, kennt aber seine vergleichsweise schwache Stellung in der Fraktion. CDU-Politiker wie Lücke und Heck sind zwar vom Widerstand gegen Schröder nicht so leicht abzubringen. Doch sie müssen vorsichtig sein, wenn sie selbst im Kabinett verbleiben wollen.

So findet sich Adenauer bei seiner geradezu verzweifelten Entschlossenheit, Schröder um jeden Preis zu verhindern, letztlich ohne durchschlagende Unterstützung. Gut zwei Jahre lang hat er auf diese Wochen der Regierungsbildung gewartet, um in die Außenpolitik nochmals korrigierend einzugreifen. Doch der hohe Wahlsieg Erhards und der Karrierekalkül von Barzel, Strauß und Lücke in Verbindung mit kräftigem Gegensteuern Schröders und der FDP lassen ihn scheitern.

Seine einzige Hoffnung ist schließlich noch der sprichwörtliche Eigensinn des Bundespräsidenten. Dieser zeigt sich in der Tat anfänglich gewillt, eine Präsidentschaftskrise zu riskieren.[44] Würde er sich weigern, gemäß Artikel 64, Absatz 1 des Grundgesetzes die Ernennungsurkunde für Schröder zu unterzeichnen, so wäre ein Organstreit vor dem Bundesverfassungsgericht die Folge.

Obwohl die Unterstützung in Partei und Fraktion Mitte Oktober schon sichtlich dahingeschwunden ist, suchen Adenauer und Gerstenmaier, der sich trotz allem noch Hoffnungen macht, Lübke in den Verfassungsstreit hineinzujagen.[45] Adenauer läßt sich auch dazu hinreißen, der *Welt am Sonntag* am 10. Oktober ein Interview zu geben, in dem er allen Ernstes behauptet, der Bundespräsident habe das Recht, die Ernennung eines Ministers auch aus politischen Gründen abzulehnen.[46] Alle, die den Bundeskanzler Adenauer bei vier Regierungsbildungen beobachtet haben, schlagen die Hände über dem Kopf zusammen. Das Interview wirkt sich kontraproduktiv aus, weil die Spitze gegen Gerhard Schröder mit Händen zu greifen ist.

Schließlich richtet Adenauer am 19. Oktober ein fast verzweifeltes Handschreiben an den Bundespräsidenten. Dieser Brief macht deutlich, wie sich nunmehr alle seine außenpolitischen Ängste im Kampf gegen Schröder verdichten:

»Sehr verehrter Herr Bundespräsident!
Entschuldigen Sie, wenn ich Sie nochmals belästige, aber die Situation ist zu ernst. US ist entschlossen, den Status quo in Europa nicht zu ändern. England ist, wie sein Verhalten auf der Genfer Abrüstungskonferenz zeigt, durchaus gegen uns eingestellt. Frankreich, d. h. de Gaulle, ist mit Recht von uns enttäuscht. Den Freundschaftsvertrag haben wir überhaupt nicht in Funktion gesetzt.

Wir werden eine Macht zweiten oder dritten Grades und fallen schließlich Rußland anheim. Die neue Ernennung Schröders zum Außenminister wird de Gaulle als einen Faustschlag empfinden. Allein mit Frankreich können wir eine Zukunft haben. Diese Aussichten nimmt uns die Ernennung Schröders. Ich flehe Sie an: Verweigern Sie die Ernennung Schröders. Sie haben das Recht dazu. Machen Sie davon Gebrauch!

              Mit verbindlichen Empfehlungen
              Ihr
              K. Adenauer«[47]

Schröder selbst hat es schon längst aufgegeben, Adenauer zu erklären, daß er auf seine Weise und mit seinen Akzentsetzungen durchaus auch zu verhindern sucht, daß die Bundesrepublik »eine Macht zweiten oder gar dritten Ranges« wird und Rußland anheimfällt. Lübke jedoch schätzt Schröders Politik ebenso negativ ein wie Adenauer.

Letztlich wird der Bundespräsident nur durch Gebhard Müller, den Präsidenten des Bundesverfassungsgerichts, davon abgehalten, sich selbst und die Bundesrepublik in eine Präsidentschaftskrise zu stürzen. Müller läßt ihm nämlich mitteilen, daß er einen Verfassungsstreit verlieren würde. Ein Rücktritt Lübkes wäre dann unvermeidlich.[48] Es gibt Anzeichen, daß Lübke schon relativ früh resigniert hat und möglicherweise nur noch den harten Mann spielt, um Schröder vielleicht doch zum Aufgeben zu bewegen.[49] Schließlich gibt er dann selbst nach und ernennt Gerhard Schröder am 26. Oktober 1965. Für Adenauer ist dies nach der Niederlage im April 1963 zum zweiten Mal das große Aus. Noch am Tag vor der Ernennung Schröders besteigt er den Rheingold-Express, der ihn nach Cadenabbia bringt.[50] Die letzten Getreuen Globke und Krone, dazu Barzel und der neue Gesamtdeutsche Minister Gradl verabschieden ihn wie in alten Zeiten auf dem Bahnsteig des Bonner Hauptbahnhofs. Sie hören von ihm, daß er jetzt auch den Parteivorsitz niederlegen möchte.[51] Schließlich hat sich gezeigt, daß damit politisch nichts mehr zu bewirken ist. Kurz vor Weihnachten macht er die Absicht, nicht mehr für den CDU-Vorsitz zu kandidieren, in einem Interview mit *Christ und Welt* auch öffentlich bekannt.[52]

Man kann ihn jetzt in sehr pessimistischer Stimmung antreffen. Schumacher-Hellmold, den er vor Weihnachten 1965 zu sich bittet, offenbar um über die schlechten Zeiten, doch auch über den FDP-Finanzminister Dahlgrün zu klagen, bekommt von ihm fast nur Düsteres zu hören. »Wo man hinschaut, ist alles im Schwimmen!« Er sei »über alles deprimiert«: Die wirtschaftliche Lage, über die sich Franz Etzel tags zuvor sehr skeptisch geäußert hat! Vor allem aber die CDU! Sein Groll gegen die Fraktion ist erneut erwacht, und der ehemalige Bonner FDP-Bürgermeister erlebt nun, wie ihn der CDU-Vorsitzende lange und bedächtig ansieht, um dann wörtlich zu bemerken: »Wenn ich könnte, wie ich wollte, würde ich dieser Partei nicht mehr angehören.«[53]

In dieser Stimmung betreibt er die Regelung seiner Nachfolge im Parteivorsitz und erlebt dabei eine weitere Niederlage. Am 21. bis 23. März 1966 wird der CDU-Parteitag in Bonn Adenauers Nachfolger im Parteivorsitz zu wählen haben. Wie so ziemlich alle führenden Leute in der

CDU ist Adenauer weiterhin der Auffassung, daß dafür aus vielen Gründen nur ein katholischer Politiker in Frage kommt. In der Mitgliederschaft dominiert nach wie vor das katholische Element. Da die Regierung Erhard eine »evangelische Schlagseite« hat[54], wäre es erst recht geboten, dem Parteivorsitzenden Adenauer wieder einen Politiker katholischer Konfession nachfolgen zu lassen.

Adenauer steuert anfänglich die Lösung Lücke an, und das läßt tief blicken. Man muß daraus den Schluß ziehen, daß er für die Zukunft nun doch an eine Koalition mit der SPD denkt. Gegen Ende 1965 ist seine FDP-kritische Stimmung stark ausgeprägt. Die zweite Regierung Erhard ächzt und stöhnt bereits unter der Bürde ihrer Haushaltsprobleme. Gewiß lastet er die Hauptschuld dem Regierungschef selbst an. Daneben sieht er aber in dem FDP-Bundesfinanzminister Dahlgrün einen weiteren Schuldigen.[55] Will man also die verhängnisvolle Koalition mit der FDP sprengen, so bietet sich dafür Paul Lücke an.

Doch die Dinge liegen nicht so einfach. Lücke ist ein gerader Mann, aber eben auch ein Politiker. Er hat sich bei der Regierungsbildung mit Erhard arrangiert, der ihn mit dem Innenministerium geködert hat. Zwar spielt bei der Betrauung mit diesem Amt auch die Überlegung eine Rolle, daß von allen CDU-Politikern Paul Lücke noch am ehesten in der Lage sein könnte, die SPD für eine Notstandsverfassung zu gewinnen. Nun steht Lücke aber doch in einer gewissen Loyalitätsbindung zu Erhard. Kein Wunder, daß Adenauer auf die Nachricht von Lückes erneuter Verankerung im Kabinett nicht sehr fröhlich reagiert hat.[56]

Als Adenauer kurz vor Weihnachten 1965 Lücke in aller Form seine Nachfolge anträgt, hört er von ihm durchaus kein freudiges Ja. Das ist allerdings schon deshalb verständlich, weil ja noch Dufhues im Spiel ist, den Adenauer seit dem Jahr 1962 im Amt des Geschäftsführenden Vorsitzenden ziemlich verschlissen hat.

Dufhues ist enttäuscht, zudem gesundheitlich angeschlagen und nach wie vor nicht bereit, seine Notarkanzlei aufzugeben. Er hält aber die Nachricht, daß er nicht kandidieren möchte, während des Findungsprozesses zurück und gibt sie erst Ende Januar 1966 heraus, als das innerparteiliche Gezerre um den Vorsitz schon längst öffentliche Aufmerksamkeit findet.[57]

Sobald sich nämlich abzeichnet, daß Dufhues wohl nicht kandidieren will und Lücke zögert, schieben sich Kiesinger und Barzel nach vorn. Von den beiden spielt Kiesinger nur eine Außenseiterrolle. Sein Sondierungsvorstoß, bei dem er den südbadischen CDU-Vorsitzenden Dichtel vorschiebt, zeigt aber, daß er immer noch ein hohes Bonner Amt anpeilt. Adenauer lehnt ihn jedoch ab – »er sei faul und werde nicht genug für die Partei tun«.[58]

Viel ernster zu nehmen ist der Anspruch Barzels. Aus dessen Sicht hängen die Fragen Parteivorsitz und Nachfolge Erhards untrennbar zusammen. Barzel hält nämlich den Kanzlerwechsel im Jahr 1966 für dringend geboten. Globke, der bei der Regelung des Parteivorsitzes in Adenauers Auftrag eine Schlüsselrolle spielt, bekommt am 13. Januar von ihm zu hören, er erstrebe zu gegebener Zeit die Nachfolge Erhards als Bundeskanzler. Damit habe es freilich noch Zeit. Barzel möchte die Operation keinesfalls vor den Landtagswahlen in Nordrhein-Westfalen im Juli 1966 vornehmen.

Der Zeitpunkt dieser Äußerungen ist aber bemerkenswert. Die Rezession des Jahres 1966 befindet sich noch in den allerersten Anfängen. Trotz allem scheinen auch die Probleme des Bundeshaushalts lösbar. Die verheerende Wahlniederlage von CDU und FDP in Nordrhein-Westfalen im Juli, die den Anfang vom Ende Ludwig Erhards markieren wird, liegt gleichfalls im Dunkel der Zukunft. Die Koalition hat sich durchaus noch nicht heillos zerstritten, und schließlich hat Erhard erst ein gutes Vierteljahr zuvor einen strahlenden Wahlsieg errungen. Barzel aber täuscht sich nicht. Überzeugt davon, daß Erhard auch künftig nur Fehler machen wird, ist er zum baldigen Handeln entschlossen. Besser also jetzt den Wechsel, drei Jahre vor den nächsten Bundestagswahlen! Als Nachfolger Erhards sieht er sich selbst.

Im Licht dieser Absicht würde Barzel bestimmte Lösungen des Parteivorsitzes störend finden. Dufhues wäre für ihn akzeptabel, denn er würde nicht nach dem Palais Schaumburg streben. Anders steht es mit Kiesinger. Ihn möchte er überhaupt von dem Bonner Turf fernhalten in der durchaus richtigen Erkenntnis, daß er hier als Kanzlerkandidat gefährlich werden könnte.[59]

Adenauer hält es offenbar für eine ganz nützliche Sache, daß Barzel mit Macht Erhards Nachfolge anstrebt, läßt ihm aber durch Globke mitteilen, er solle sich auf die Nachfolge Erhards konzentrieren, dabei wolle er ihn unterstützen.[60] Für den Parteivorsitz sucht er bis Mitte Januar 1966 immer noch Lücke zu gewinnen.

Nicht nur Barzel sägt also heimlich am Stuhl Erhards, sondern genauso Adenauer. Allerdings kommen ihm doch dann und wann Zweifel, ob es mit Erhard wirklich so schnell zu Ende gehen wird. Er vermute, meint er in diesen Wochen, daß Erhard noch bis 1969 durchhält.[61]

Letzte Geburtstage

90. Geburtstag 1966: mit Paul Lücke (rechts) und Ludwig Erhard.

Adenauers letzter Geburtstag am 5. Januar 1967: mit Helmut Kohl.

Doch Mitte Januar wird den Eingeweihten bekannt, daß Dufhues auf keinen Fall mehr zur Verfügung steht.[62] Auch Lücke steigt vorsichtig vom Kandidatenkarussel ab. Jetzt ist Barzel nicht mehr zu bremsen. Er fürchtet, Erhard selbst könnte nach dem Amt des CDU-Vorsitzenden greifen und dann seinen eigenen Ambitionen Steine in den Weg legen. Doch Kiesinger ist immer noch im Gespräch. So setzt Barzel bei Adenauer alles auf eine Karte und überzeugt ihn, daß er jetzt Parteivorsitzender werden müsse, um Erhard zu verhindern.

Adenauer wäre eine Ämtertrennung eigentlich lieber.[63] Aber als sich die Kandidatur Lückes in Rauch auflöst, sagt er Barzel seine volle Unterstützung zu. Nach den vielen Mißhelligkeiten mit den Nachfolgeregelungen, die seit dem Jahr 1959 aufgetreten sind, wäre das nun die große Lösung: Parteivorsitz und Fraktionsvorsitz in *einer* Hand mit der Aussicht, daß Barzel früher oder später Ludwig Erhard als Kanzler ablöst.

Damit wäre auch die Frage des Generationswechsels überzeugend gelöst. Helmut Kohl, der vielversprechende, aus Adenauers Sicht aber etwas zu junge und zu vorlaute Bezirksvorsitzende der CDU Pfalz, hat ihn unlängst bei einer Vorstandssitzung mit der Forderung genervt, das neue Kabinett müsse auch etwas über die »Regenerationsfähigkeit« der CDU/CSU aussagen.[64] Adenauer hat darauf recht unwillig reagiert[65], doch bei vielen anderen Gelegenheiten selbst in einer Verjüngung des Kabinetts und der Fraktion eine wünschenwerte Aufgabe gesehen. Bei den anderen Parteien hat ein einschneidender Generationswechsel nämlich bereits stattgefunden. Willy Brandt ist mit 52 Jahren der älteste im Kreis der Parteiführer. Strauß hat eben den 50. Geburtstag gefeiert, und Erich Mende ist 49 Jahre alt. Würde die CDU den 41jährigen Barzel an die Spitze stellen, hätte sie den Jüngsten aller Vorsitzenden.

Adenauer kennt freilich die Vorbehalte derer, die der Partei seit den ersten Nachkriegsjahren treu gedient haben und nie oder erst spät zur Spitze gelangten. Erhard, Schröder und von Hassel werden gegensteuern. Doch auch im Kreis der katholischen Führungsriege hat Barzel harte Kritiker. Krone hält ihn für einen glatten, selbstsüchtigen und eitlen Managertyp ohne allzuviel Tiefgang.[66] Globke teilt mehr oder weniger diese Meinung.[67] Auch Dufhues ist nicht enthusiastisch,[68] erst recht nicht Franz Josef Strauß.[69]

Die jungen Löwen von der Art Helmut Kohls oder Gerhard Stoltenbergs wären auch nicht besonders begeistert, wenn sich mit Barzel ein ganz junger Vorsitzender auf lange Jahre in den höchsten Machtpositionen festsetzen würde. Kein Wunder, daß sowohl Kohl wie Stoltenberg

Ludwig Erhard viel lieber im Parteivorsitz sehen würden. Und man darf nicht vergessen, daß gerade für den Nachwuchs Ludwig Erhard lange Zeit eine genauso respektierte Führungsgestalt war wie Konrad Adenauer. Der Parteinachwuchs hat die ganzen fünfziger Jahre hindurch für Adenauer und für Erhard gekämpft. Wenn Erhard nach dem Parteivorsitz greift, erscheint das durchaus legitim. Doch wer ist Rainer Barzel?

Adenauer sieht das freilich ganz anders. Ihm gefällt die scharfe und taktisch gewiefte Art, in der Barzel bisher an seine Aufgaben herangegangen ist. Er überzeugt ihn schließlich mit dem Argument, daß Erhards Politik katastrophal sei und daß er nur von einem dynamischen Parteivorsitzenden zu bremsen wäre.[70] Eben die Dynamik spricht für Barzel. In allen Äußerungen dieser Wochen kommt zum Ausdruck, daß Adenauer Barzel für den tüchtigsten Nachwuchspolitiker der CDU hält, zugleich aber für den einzigen, der einen Parteivorsitzenden Erhard verhindern könnte.

Rasch kommt es nun zur offenen Auseinandersetzung. Erhard spürt natürlich, daß ihm mit dem jungen Fraktionsvorsitzenden ein Verfolger im Genick sitzt, der ihn bei günstiger Gelegenheit zu Fall bringen möchte. Zu Recht sieht er in ihm auch den schärfsten Mann des Adenauer-Flügels. Da er ohnehin zusehends angefochten wird, scheint es ihm jetzt schon aus Prestigegründen nötig, das Amt des CDU-Vorsitzenden selbst zu übernehmen.

Am liebsten wäre es Barzel, wenn Erhard freiwillig von der Kandidatur Abstand nehmen würde. Doch dieser denkt nicht daran. So sieht es um den 10. Februar herum ganz so aus, als müsse eine Kampfabstimmung auf dem Parteitag das Problem lösen. Adenauer arbeitet darauf hin[71] und ärgert sich darüber, daß Barzel ausgerechnet in diesen entscheidenden Tagen nach Garmisch zum Wintersport fährt.[72]

Wenn die CDU-Oberen unter sich sind, wird auch wieder davon geflüstert, daß Erhard während seiner ganzen Zeit als Bundeswirtschaftsminister nicht einmal der CDU formell angehört habe. Adenauer trägt überhaupt keine Bedenken, ihn damit zu bedrängen. Auf dem Höhepunkt der Auseinandersetzungen geht er so weit, den CDU-Bundeskanzler brieflich zu fragen, ob es zutreffe, daß er erst seit einigen Jahren CDU-Mitglied sei.[73] Erhard bestätigt, daß er der Partei angehört.[74] Adenauer vermerkt einige Tage später, er habe Erhard vor einer Reihe von Jahren schon auf das Problem angesprochen, als er noch Bundesminister war. Dieser hat darauf geistesgegenwärtig geantwortet: »Würden Sie in die CSU eingetreten sein?« Rudolf Pörtner, Verfasser des Bestsellers »Im

Fahrstuhl in die Römerzeit« und ein ernsthafter Mann, wird 1989 berichten, Erhard sei nach eigenem Bekunden einen Tag vor seiner Wahl zum CDU-Vorsitzenden in die Partei eingetreten.[75]

Nach Adenauers Dafürhalten wäre eine Wahl Erhards nicht allein eine weitere falsche Richtungsentscheidung. Er und die ihm noch verbliebenen Anhänger sind auch davon überzeugt, daß Erhard nur einen Teil der Union repräsentiert.[76]

Aber nachdem Adenauer wohl oder übel seine letzte noch verbliebene Autorität für Barzel eingesetzt hat, sitzt er nun auf diesem fest. Barzel scheut jetzt aber doch die offene Auseinandersetzung auf dem Parteitag mit ungewissem Ausgang. So willigt er schließlich ein, daß Erhard allein als CDU-Vorsitzender kandidiert, während er selbst sich mit der Stellvertreterrolle begnügt.

Damit ist Adenauers letzter Versuch in sich zusammengebrochen, wenigstens bei der Wahl des Nachfolgers im CDU-Vorsitz den Kurs der Partei in seinem Sinn zu bestimmen. Auch auf diesem Feld muß er jetzt eine letzte Niederlage gegen Erhard hinnehmen. Ihm bleibt nun nichts mehr übrig, als gute Miene zum bösen Spiel zu machen und sich beim Parteitag in der Bonner Beethovenhalle auf den Ehrenvorsitz zurückzuziehen. Fast genau zwanzig Jahre sind vergangen, seit er am 24. März 1946 in der halb zerstörten Kölner Universität die erste Grundsatzrede als CDU-Vorsitzender der britischen Zone gehalten hat. Damals war er schon siebzig.

Am 5. Januar 1966 hat er gerade den 90. Geburtstag gefeiert – zwei Tage lang und offenbar bester Laune. Ganz Bonn war auf den Beinen. Alles erinnerte nochmals an die verflossene Kanzlerherrlichkeit. Die Messe im St. Elisabeth-Krankenhaus, die Gratulationscour im Bundeshaus mit über tausend Gästen, das Abendessen des Bundespräsidenten in der Redoute, schließlich der Große Zapfenstreich bei beißender Kälte im Bonner Hofgarten.

Es geht schon gegen Mitternacht, als er sich neben Heinrich Lübke im gleißenden Scheinwerferlicht auf dem Altan der Universität unter der Ara Pacis zeigt und die Ehrung unbewegt entgegennimmt. Wer seine unverändert aufrechte Gestalt aus der Nähe oder aus der Ferne betrachtet, begreift ihn bereits als Denkmal seiner selbst.

Siebzig Jahre sind immerhin schon vergangen, seit er an der Rheinischen Friedrich-Wilhelms-Universität studiert hat. Bismarck weilte noch unter den Lebenden, doch auch er politisch entmachtet und viel einflußloser als Adenauer jetzt. Die großen Unmenschen des 20. Jahrhunderts

Gratulationscour

*Der neunzigjährige Patriarch im Kreis der Familie,
5. Januar 1966.*

– Hitler, Stalin – waren zwar schon in Österreich und im fernen Georgien zu Gange, doch kein Gedanke daran, daß sie zu Schicksalsfiguren dieses 20. Jahrhunderts, somit auch zu Schicksalsfiguren Adenauers werden könnten. Seither sind sie aufgestiegen und wieder verschwunden, wenngleich nicht folgenlos. Verschwunden ist nämlich auch das Deutsche Reich, jedenfalls in seiner dem Studenten Adenauer vertrauten Form. Für eine kürzere oder längere Geschichtsstunde hat der deutsche Kernstaat in Bonn sein Zentrum erhalten. Von hier aus werden Wiederaufstieg und Neuorientierung dirigiert. Diese ihrer selbst immer noch nicht ganz sichere Bonner Republik, darin wenigstens stimmen Freunde und Feinde überein, ist in erster Linie Adenauers Werk. Doch auch die Ära Adenauer ist bereits wieder Geschichte.

Der Gründungskanzler indessen, dem hier einmal mehr gehuldigt wird, hat alles und alle überlebt. Aber er findet sich nun doch in einer Zeit, die ihm fremd und fremder wird. Diese Empfindung ist ihm allerdings wohlvertraut, und er artikuliert sie auch dann und wann. Bereits am 5. Januar 1941, selbst das liegt schon wieder ein gutes Vierteljahrhundert zurück, hatte er aus Anlaß seines 65. Geburtstages geschrieben: »Ich finde, daß je älter man wird, desto rätselhafter Welt und Menschen werden ... es ist schon alles sehr merkwürdig.«[77] Seither bestand wenig Anlaß, diese Sicht der Dinge zu revidieren. Resignieren aber will der alte Mann immer noch nicht.

Die ersten Monate des Jahres 1966 markieren jedoch den endgültigen Abschied von der politischen Macht. Als Adenauer auf dem Parteitag im März 1966 spricht, bestaunt man aber immer noch den Patriarchen, der hoch aufgereckt, voller Temperament und in fast freier Rede seine politisches Testament weitergibt: »Unser Hauptleitsatz war der Anschluß an die freien Völker des Westens.«[78]

Was er zur Teilung Deutschlands ausführt, ist weitschauender, als damals viele vermuten: »Wir bleiben dabei, daß Deutschland in Frieden wiedervereinigt werden muß... Ich gebe die Hoffnung nicht auf: Eines Tages wird auch Sowjetrußland einsehen, daß diese Trennung Deutschlands und damit auch die Trennung Europas nicht zu seinem Vorteil ist. Wir müssen aufpassen, ob der Augenblick kommt. Aber wenn ein Augenblick naht oder sich zu nahen scheint, der eine günstige Gelegenheit bringt, dann dürfen wir ihn nicht ungenutzt lassen.«

Helmut Kohl, der das zustande bringen wird, sitzt bereits unter den Delegierten, die dieser letzten Rede des Parteivorsitzenden folgen. 14 Tage zuvor ist der Vierunddreißigjährige zum Landesvorsitzenden der CDU Rheinland-Pfalz gewählt worden, wo er endgültig mit der Honoratioren-CDU aufräumen will.[79]

Größte Aufmerksamkeit aber findet nicht »das alte Wahre«, das man Tausendemal von Adenauer gehört hat, sondern ein neuer Ton ganz am Schluß seiner Ansprache. Aus dem Umstand der sowjetischen Friedensvermittlung im Krieg zwischen Indien und Pakistan leitet er die Berechtigung für »ein kühnes Wort« ab, »daß die Sowjetunion in die Reihe der Völker eingetreten ist, die den Frieden wollen«.[80]

Man rätselt viel über die Gründe für diese offenbar kalkulierte Überraschung. Abgebrühte Journalisten meinen, die Bemerkung sei einfach dazu bestimmt gewesen, nochmals die gesammelte Aufmerksamkeit der Weltpresse auf ihn zu lenken. In der Tat relativiert Adenauer alles bereits am nächsten Tag: er habe zu sagen vergessen, die Sowjets wollten den Frieden, weil sie den Frieden brauchten.[81] Krone, der ihn besser kennt als die meisten, meint aber doch, »daß Konrad Adenauer die Weltpolitik im Zeichen der Entspannung sieht und daß wir Deutsche davon Notiz nehmen sollten«[82]. Wahrscheinlich denkt Adenauer dabei an die »Friedensnote« der Bundesregierung, die wenige Tage später herausgeht.

Mag sein, daß diese Worte auch ein Nachklang der beiden Unterredungen sind, die er zehn Tage zuvor in Paris mit de Gaulle führte. Dieser hat ihn wieder daran erinnert, daß zwar nicht heute oder morgen, aber irgendwann einmal eine »europäische Entente« kommen und den Schlüssel zur Wiedervereinigung Deutschlands bilden wird.[83] Doch de Gaulle selbst deutet an, er werde im Umgang mit den Russen vorsichtig sein. Erst recht möchte ihm Adenauer das nahelegen. Ausgerechnet zu diesem Gespräch hat er dem Präsidenten Friedes Buch »Das russische Perpetuum mobile« mitgebracht und überreicht es ihm zur gelegentlichen geneigten Lektüre. Wer so ostentativ an die jahrhundertelange Geschichte russischen Expansionsstrebens erinnert, hat sein bisheriges außenpolitisches Weltbild nicht geändert.

Dafür gibt es in der Tat auch später keinen Hinweis. Auf der Präsidiumssitzung der CDU Ende August 1966 ist Adenauer wieder ganz der Alte. Er erinnert die Herren daran, daß der Warschauer Pakt in der Tschechoslowakei eben die größten Manöver seit 1945 abgehalten hat. Dabei sei die Aufgabe gestellt worden, »Europa und vor allem Deutschland in einem Blitzangriff so zu besetzen, daß amerikanische Luftlandetruppen nicht mehr zum Einsatz kommen könnten. – Der Bau von Straßen und Schienen, um den Aufmarsch von sieben sowjetischen Panzerdivisionen in kürzester Frist zu gewährleisten, und die Lagerung von schwerem Material unmittelbar an der Grenze lasse klar erkennen, wohin die Strategie der Sowjetunion ziele. Wir müßten uns im klaren sein, daß die Bundesrepublik außerordentlich gefährdet sei.«[84] Adenauer leitet daraus die Schlußfolgerung engster Zusammenarbeit mit Frankreich ab, während Erhard auf den Vorrang amerikanischer Präsenz und amerikanischer Abschreckung abhebt.

Natürlich weiß das auch Adenauer. Im Juli 1966 sucht ihn de Gaulle im Bundesratsflügel auf. Er muß sich die nur wenig verhüllte Warnung anhören, seine Einschätzung des heutigen Rußland sei zu optimistisch.[85] Und Cyrus Sulzberger, der Adenauer im August 1966 zum letzten Mal sieht und mit der Frage überfällt, ob nicht Europa am Anfang einer neuen Epoche stehe, wird vor den großen Globus geführt: »Sehen Sie sich die Größe der Sowjetunion an. Allein schon in Europa ist sie enorm, und doch liegt mehr als die Hälfte davon in Asien. Der Rest Europas ist klein, verglichen mit Rußland.« Adenauer trägt Sorge, auch dem zweiten Band seiner Memoiren eine entsprechend suggestive Karte beizugeben.[86]

Dann vernimmt dieser amerikanische Besucher aus dem Mund des führenden deutschen »Gaullisten« ein Bekenntnis zur amerikanischen Präsenz: »Europa muß nicht nur zusammenstehen, sondern es kann auch kein Vereintes Europa ohne die Vereinigten Staaten geben. Wir brauchen die USA unbedingt. Wenn Ihr nicht zu uns steht, wird Europa auf lange Sicht schließlich doch unter die Herrschaft Rußlands geraten.«[87]

Den Vietnam-Krieg sieht er noch kritischer als früher schon und meint, wenn eine Nation erkenne, daß sie sich auf einen zu schwierigen Weg eingelassen hat, ist Rückzug keine Schande. »Ihr müßt aus Vietnam heraus. Das ist der einzige Weg.«[88] Und düster schließt er: »Ich bin schwer und sehr ernst über den Zustand der ganzen Welt in Sorge.« Am größten sei die Gefahr, daß die USA die Bedeutung Europas übersieht: »Schließlich ist Europa für die USA immer noch die wichtigste Region, besonders in politischer Hinsicht. Das war stets meine Überzeugung. Doch wenn Ihr uns übersetzt, wenn Rußland tatsächlich Deutschland und Frankreich unter seine Kontrolle bekommt, dann sind wir allesamt verloren, wir und Ihr.«[89]

Zu dem Schweizer Publizisten Professor von Salis äußert er sich noch viel krasser. Dieser bemerkt bei einem Gespräch Anfang August 1966, er habe nie großes Vertrauen in die Weisheit der amerikanischen Politik gehabt. »Weisheit der Amerikaner?« ruft Adenauer höhnisch aus. »Sie sind vollständig unfähig, irgend etwas von Europa zu verstehen.«[90]

Genauso groß aber ist sein Zweifel an der Weisheit der Franzosen und der Italiener. De Gaulle hält er für eine Episode; auf ihn werde wieder die alte Wirrnis folgen. Nach de Gaulle, so bemerkt er zu von Salis, werde die Bundesrepublik zwischen einem kommunistischen Frankreich, einem kommunistischen Italien und der Sowjetunion eingeklemmt sein, »und die deutsche Wirtschaft werde helfen müssen, Rußland aufzubauen«.[91]

Das ist die Zeit, als Gerstenmaier den alten Mann ab und zu im Zimmer 119 aufsucht, um mit ihm die Fragen der Tagespolitik zu erörtern, doch auch um von kommenden Dingen zu sprechen. An einem dieser Tage zieht ihn Adenauer zum Fenster, deutet in Richtung Rheinpromenade und meint: »Ich sehe hier manchmal im Geist russische Soldaten mit ihren Trommelmaschinenpistolen auf und ab patrouillieren.«[92] Bei dieser und anderen Gelegenheiten wird nicht erwähnt, »daß die Sowjetunion in die Reihe der Völker eingetreten ist, die den Frieden wollen«.

Was er in dieser Lage will, ist ein Reflex dessen, was er fürchtet. Doch auch in seinen letzten Jahren weist seine Außenpolitik hinreichend viele Widersprüche und Ungereimtheiten auf. Sie sind letztlich ein Spiegelbild der Lage, in der sich die Bundesrepublik selbst befindet. Mit Frankreich zusammen einen politischen Kern Westeuropas aufbauen, ohne aber die Präsenz Amerikas zu gefährden! Die Überwältigung durch die Sowjetunion verhindern, zugleich aber die Möglichkeiten der Entspannung erkunden! Am Ziel der Wiedervereinigung festhalten, aber auch einen mit Vorbehalten umgebenen *modus vivendi* nicht ausschließen! Zwischen solchen und anderen Widersprüchen war schon in den späten Kanzlerjahren zu vermitteln. Das setzt sich bis ins Jahr 1966 fort, in dem Adenauers politischer Einfluß weitgehend dahinschwindet.

Immerhin hat er in diesen letzten Jahren doch einige Ziele, die ihm früher wichtig waren, mehr oder weniger stillschweigend beiseite gestellt. Von Großbritannien ist kaum mehr die Rede. Daß er in dem Land noch Mitte und Ende der fünfziger Jahre eine Großmacht sah, der im Konzept deutscher Außenpolitik Rechnung getragen werden mußte, scheint vergessen. Nicht einmal zu Winston Churchills Beisetzung Ende Januar 1965 kann er sich aufraffen. Es ist Grippezeit, die seinen Bronchien jährlich zu schaffen macht, und so bleibt er auf Anraten der Ärzte zu Hause.[93] Doch verfehlt er nicht, im Bayerischen Rundfunk einen kurzen Nachruf zu sprechen.[94] Von allen englischen Premierministern hatte er für Churchill am meisten übrig. England selbst aber unter seiner Labour-Regierung sieht er auf dem Weg nach unten und hin zu einer schwächlichen Entspannungspolitik mit anti-deutschen Akzenten.

Auch das politische Potential der Europäischen Wirtschaftsgemeinschaft ist ihm inzwischen eher zweifelhaft geworden. Er sieht in der EWG

»eine wirtschaftliche Angelegenheit«, obgleich er zugibt, »daß das Wirtschaftliche politische Einflüsse ausüben kann und ausübt«[95]. Spürbare politische Fortschritte beim Zusammenschluß verspricht er sich jedoch vorwiegend von einer Politischen Union nach dem Modell von Fouchet II. Leider geht es aber auch damit nicht vorwärts.

Gelegentlich erinnerte er sich noch der föderalistischen Anfänge, so im Juli 1966 anläßlich der Verleihung einer Gedenkmedaille für Robert Schuman in Metz. Doch selbst als er in den frühen fünfziger Jahren der Vorkämpfer europäischer Integrationspolitik gewesen ist, war sein Bekenntnis zu supranationalen Konstruktionen doch mit vorsichtigem Pragmatismus verbunden. Der Bundesstaat erschien ihm als Fernziel, und es war aus seiner Sicht natürlich, daß die letzten Entscheidungen noch auf absehbare Zeit bei den Regierungen lagen. Unter dem Einfluß de Gaulles hat sich dieser Pragmatismus verstärkt. »Ob nun eine Föderation oder eine Konföderation entsteht, oder welche Rechtsform es immer sein mag: Handeln, Anfangen ist die Hauptsache.«[96] Das bleibt sein letztes Wort, und bei dieser Erkenntnis war er im Grunde schon im Spätsommer 1956 noch vor Gründung der EWG angelangt, als er in Brüssel vor den »Grandes Conférences Catholiques« über die »europäische Not« sprach.[97]

Ein gewisser Abschluß ist auch in der Frage der verlorenen deutschen Ostgebiete erreicht, deren endgültige Preisgabe er als Bundeskanzler nie zu konzedieren bereit war. Nachdem er jedoch aller Amtsverpflichtungen ledig ist, macht er im Dezember 1966 gegenüber einem Emissär de Gaulles eine nebulöse Bemerkung. Er glaube an die Bereitschaft Frankreichs, sich für die Wiedervereinigung Deutschlands einzusetzen und halte dafür, »daß es de Gaulle gelingen möge, eine Verständigung zwischen Rußland und Deutschland herbeizuführen, wobei Deutschland soviel Land östlich der Elbe zurückerhalten solle wie Frankreich für seine Sicherheit brauche. Die Oder-Neiße-Linie solle man ruhig so belassen, wie sie sei; man brauche nicht daran zu rühren und darüber zu sprechen.«[98]

Das ist vieldeutig interpretierbar und könnte im Grunde wohl doch wieder auf den Friedensvertragsvorbehalt hinauslaufen. Man mag darin aber zugleich das Eingeständnis der Tatsache sehen, daß die Ostgebiete definitiv verloren sind. Nicht wie Adenauer in diesem Punkt denkt, wäre dann erwähnenswert, sondern daß er das nun einem Ausländer gegenüber auch sagt.

Alles in allem verharrt er also bis zum Ende auf den Positionen, die er schon in den Jahren 1962 und 1963 erreicht hatte. Manches wird holzschnittartiger herausgearbeitet – das Nein zur Anerkennung der DDR, die Forderung nach einem Offenhalten der deutschen Kernwaffen-Option, das Zweibund-Konzept mit Frankreich. Seine Kunst der Differenzierung, des taktischen Ausbalancierens der Widersprüche und seine Überlebenstechnik des Geduldigen Auf-Zeit-Spielens sind nicht mehr gefragt. Es fehlen die Informationen. Die Entscheidungszentren sind ihm nicht mehr zugänglich. Und so wird aus dem Meister der Nuance ein alter Mann, der unwirsch an seiner Meinung festhält und fest davon überzeugt ist, daß er selbst alles besser machen könnte.

Sein außenpolitischer Zynismus war zwar immer stark ausgeprägt. Doch jetzt nimmt er kein Blatt mehr vor den Mund. »Sie wissen als Historiker«, gibt er von Salis zu bedenken, »daß in der Außenpolitik nur der krasseste Egoismus bestimmend ist.«[99] Der Egoismus und die Dummheit! Musterbild dafür ist ihm Joseph Luns – »ein langer Kerl, ich könnte ihm den Hals umdrehen ... Sie wissen ja nicht, wie dumm Politiker sein können. Wenn man sein ganzes Leben mit Politik zu tun hatte, weiß man das.«[100] So räsoniert und kritisiert er, wohlwissend, daß er nun unwiderruflich zum Zuschauen verurteilt ist. Ob sein außenpolitisches Werk der Kanzlerzeit Bestand haben wird, ist ihm 1966 zweifelhafter denn je. Völlig klar ist er sich aber darüber, daß sein außen- und innenpolitisches Wirken in den zweiundeinhalb Jahren vom 16. Oktober 1963 bis zum 22. März 1966 ein einziger Fehlschlag war.

Voller Unrast hat er zwar versucht, als Parteivorsitzender doch noch zu erzwingen, was ihm in der Spätphase der Kanzlerschaft versagt war. Aber es ist ihm lediglich gelungen, die CDU durcheinanderzubringen. Ansonsten zeigen sich nur Mißerfolge. Eine entscheidende Korrektur der Frankreichpolitik Erhards und Schröders ist mißlungen. 1966 steht es um das deutsch-französische Verhältnis noch viel schlimmer als 1964 oder 1965. De Gaulle löst Frankreich nun sogar aus der NATO-Integration heraus, und die Auseinandersetzungen über den Status der französischen Truppen in der Bundesrepublik spielen sich in denkbar unerquicklichen Formen ab. Vielleicht haben Adenauers ständige Vermittlungsbemühungen die Negativität de Gaulles abgemildert und auch Erhard für das deutsch-französische Verhältnis stärker sensibilisiert. Durchsetzen konnte er sich jedenfalls nicht.

Der Parteivorsitz hat sich als ein ganz schwacher Hebel erwiesen. Als CDU-Vorsitzender war Adenauer nicht einmal in der Lage, im September und Oktober 1965 Gerhard Schröder aus dem Auswärtigen Amt zu entfernen, von der Verhinderung Ludwig Erhards ganz zu schweigen. Und am Ende der zwanzig Jahre an der Spitze der CDU tut ihm die

Abstieg

eigene Partei sogar noch den Tort an, Ludwig Erhard zu seinem Nachfolger zu wählen, der doch alles andere ist als ein in der Wolle gefärbter CDU-Mann. Wieder einmal muß Adenauer nach der letzten verlorenen Schlacht grollend den »Rheingold« in Richtung Cadenabbia besteigen.

Selbst der letzte Wahlkampf, in dem er im Juni und Juli 1966 nochmals persönlich eingreift, wird ein blamabler Mißerfolg. Die CDU verliert jetzt endgültig und, wie sich zeigen wird, auf Dauer das Land Nordrhein-Westfalen, aus dem Adenauer seine Partei zur Macht in Westdeutschland emporgeführt hat. In einem tieferen Sinne markiert nicht der Rücktritt vom Amt des Parteivorsitzenden im März, sondern erst die Wahlkatastrophe in Nordrhein-Westfalen vom 10. Juli 1966 das Ende einer Epoche.

Adenauer konnte schließlich seine zentrale Stellung in der europäischen Politik nur deshalb erreichen, weil er sich von Anfang an in diesem Kernland der CDU als großer Wahlkämpfer durchgesetzt hatte. Hier hat die Vorgeschichte der Ära Adenauer bei den Land- und Stadtkreiswahlen am 13. Oktober 1946 begonnen – 46 Prozent für die CDU und 33,4 Prozent für die SPD. Seither ein Auf und Ab, doch den Höhepunkten der CDU-Macht unter Adenauer im Bund entsprechen auch die Erfolge in Nordrhein-Westfalen. Jetzt aber, am 10. Juli 1966, ist das alles zu Ende. Die SPD gewinnt mehr als sechs Prozent und steht jetzt bei 49,5 Prozent der Wählerstimmen. Die CDU verliert knapp vier Prozent und landet bei 42,8 Prozent.[101] Götterdämmerung der CDU, so kann man nun in vielen Zeitungen lesen.

An Adenauers Einschätzung der Lage aber sind nicht mehr allzu viele in Bonn interessiert. Man hört sich zwar im CDU-Präsidium die Meinung des Ehrenvorsitzenden weiter respektvoll an. Ab und zu bittet ihn auch Bundespräsident Lübke noch zu sich. Die Botschafter Seydoux und McGhee versäumen gleichfalls nicht, ihn in längeren Abständen zum Gespräch aufzusuchen, desgleichen Nahum Goldmann, regelmäßiger Besucher seit bald 15 Jahren.

Es fehlt auch wie bisher nicht an Journalisten, Professoren, selbst Schauspielerinnen wie Lieselotte Pulver[102], die den großen Mann sehen möchten. Aber er weiß, daß er vorwiegend als Fabeltier bestaunt wird, auch wenn er jedem Besucher mit gewinnender Höflichkeit entgegentritt.

Bleibt das ständige Gespräch mit der alten Garde – Hans Globke, Heinrich Krone und Horst Osterheld, Bruno Heck. Gerstenmaier und Rasner halten ebenfalls engen Kontakt. Auch Barzel sieht ihn häufig – im Bundesratsflügel, in Rhöndorf, auch in Cadenabbia. Doch seitdem der Fraktionsvorsitzende im Februar gegenüber Erhard eingeknickt ist, notieren seine Aktien bei Adenauer niedriger.

Er bemerkt durchaus, wie die Stimmung in Partei und Öffentlichkeit gegenüber Barzel doch recht kritisch geworden ist, da immer mehr Beobachter hinter seinen Aktivitäten ungezügelten persönlichen Ehrgeiz vermuten. Nach dem Wahldebakel in Nordrhein-Westfalen ist Adenauer zwar fester denn je davon überzeugt, daß jetzt ein Kanzlerwechsel fällig ist. »Der alte Herr geht auf Erhards Abgang los«, notiert Krone lakonisch[103], fügt aber hinzu: »doch dürfe Barzel nicht sein Nachfolger werden.«

Bei Adenauer tritt nun die Lösung Gerstenmaier in den Vordergrund der Überlegungen. Gerstenmaier scheint entschlossen, zwischen den USA und Frankreich wieder einen Kurs der Äquidistanz zu steuern. Der prononcierte Atlantizismus Schröders und von Hassels soll korrigiert werden. Aber Adenauer stellt mit Bedauern fest, daß sich Gerstenmaier weiterhin durch seine Art des Auftretens unnötig viele Feinde macht. In seinen Diskussionsbeiträgen wirkt er rechthaberisch[104] und auftrumpfend aggressiv. Die Fraktion erträgt ihn als Bundestagspräsidenten, wünscht ihn aber nicht im Amt des Bundeskanzlers zu sehen. Immerhin anerkennt Adenauer die persönliche Substanz Gerstenmaiers. Es ist kein Zufall, daß er sich bereitfindet, für die Festschrift zum 60. Geburtstag Gerstenmaiers am 25. April 1966 einen Beitrag zu schreiben. Nach den heftigen Kämpfen der Kanzlerjahre, so zeigt diese Ausarbeitung, hat er mit dem streitbaren Schwaben seinen Frieden gemacht. Das Ganze liest sich, als habe er damit schon eine Laudatio auf den möglichen Nachfolger Erhards formuliert.

In der Tat gewährt er ihm einigermaßen zurückhaltend seine Unterstützung, als sich im November 1966 nach dem Scheitern Erhards unversehens die Nachfolgefrage stellt. Vier Prätendenten stehen zur Wahl: Schröder, Barzel, Gerstenmaier und Kiesinger. Daß Adenauer Gerhard Schröder weiterhin heftig ablehnt, versteht sich. Nach den Erfahrungen des Jahres 1966 will er sich auch nicht mehr so recht für Barzel einsetzen und gibt jetzt jenen Kritikern recht, die vorerst an der Kanzlerreife Barzels zweifeln. Aber während der Kabinettskrise befremdet es ihn doch, wie sehr sich Gerstenmaier zurückhält. Am 30. Oktober 1966 vermerkt Krone in seinem Tagebuch, der Kanzler habe einen eigenartigen Brief an Barzel geschrieben: er sei für Gerstenmaier als Kanzler, doch da sich dieser so passiv verhalte, denke er jetzt doch mehr an Barzel.[105] Es ist eben offenbar, daß er gegen beide unterschiedliche Vorbehalte hat. Doch hält er Gerstenmaier für den gestandeneren Mann.

Freilich versäumt es auch der baden-württembergische Ministerpräsident Kiesinger nicht, die Beziehung zu dem politisch mehr und mehr vereinsamenden Alt-Bundeskanzler zu pflegen. Lange bevor die letzte Krise des Kabinetts Erhard ausbricht, stattet er ihm am 5. August 1966 wieder einmal einen Besuch ab. Am 7. November während des Todeskampfs der Regierung Erhard stellt er sich erneut ein – einen Tag, bevor Helmut Kohl ohne große Umschweife im CDU-Bundesvorstand endlich die Namen der vier möglichen Nachfolger Erhards nennt: Rainer Barzel, Eugen Gerstenmaier, Kurt Georg Kiesinger und Gerhard Schröder.[106]

Damals, so erzählt Adenauer im März 1967, habe er Kiesinger abgeraten und Gerstenmaier vorgeschlagen.[107] Aber Kiesinger läßt ihn nun nicht los. Nachdem er am 10. November von der CDU/CSU-Fraktion beim dritten Wahlgang als ihr Kanzlerkandidat gewählt worden ist, hält er weiterhin engen Kontakt – teils über Bruno Heck, doch auch in verschiedenen persönlichen Gesprächen im Lauf von November und Dezember.[108] Das ist allerdings mehr ein Zeichen der Umsicht des neuen Mannes der CDU als ein zwingendes Erfordernis. Weder am Ausbruch der Regierungskrise noch an ihrem Verlauf hat Adenauer nämlich einen Anteil, der stark ins Gewicht fiele. Viel mehr beschäftigt ihn in den politisch aufgewühlten Wochen vor dem Sturz Ludwig Erhards die Vermarktung des zweiten Memoiren-Bandes, der ihm am 27. Oktober 1966 von der DVA übergeben wird.[109]

Adenauer nimmt zwar an den entscheidenden Sitzungen von Fraktion und Fraktionsvorstand am 10. November teil. Doch die Willensbildungsprozesse und Entscheidungen fallen anderswo – im Vorstand und in der Landesgruppe der CSU, in den südwestdeutschen Landesverbänden und in den Landesverbänden Rheinland-Pfalz, Hessen und Saarland. In gewisser Hinsicht ist Kiesingers Comeback auf die Bonner Bühne ein Sieg der föderalistischen Komponenten der Unionsparteien über den Parteivorsitzenden und den Fraktionsvorsitzenden. Die seinerzeit von Adenauer aufgebaute Machtstruktur – Bundeskanzler und Bundesvorsitzender gestützt auf die Bundestagsfraktion – ist ziemlich zusammengebrochen. Adenauer kann mehr oder weniger nur noch als Zuschauer die grundlegend veränderte Unionslandschaft betrachten. Auch die Entscheidungen darüber, ob eine schwarz-rote Koalition oder eine Wiederauflage der Koalition mit der FDP zustande kommen sollen, vermag er nicht wesentlich zu beeinflussen trotz unablässiger Telefonate. So, wie die Dinge stehen, hält nun auch er ein Zusammengehen mit der SPD für unvermeidlich. Dies auch deshalb, weil Gerhard Schröder nachhaltig eine Neuauflage der Koalition mit der FDP betreibt.[110] Schröder aber möchte er nach wie vor aus dem Auswärtigen Amt verdrängen.

Gespräch mit Augstein

So recht wohl ist ihm freilich auch bei der Koalition mit der SPD nicht, wie Rudolf Augstein kurz nach der Regierungsbildung von ihm zu hören bekommt. Nachdem alle Verfahren im Zusammenhang mit der *Spiegel*-Affäre abgeschlossen sind, findet sich Adenauer nämlich auch bereit, den *Spiegel*-Herausgeber am 9. Dezember 1966 zu empfangen.

Augstein hat sich seit Herbst 1965 herangerobbt. In einem Schreiben vom 19. November 1965 bittet er Adenauer das erste Mal in verbindlichster Form um einen Gesprächstermin: »Nach so langen Jahren, in denen sich so viel ereignet hat, wären wir wirklich froh, wenn Sie uns einen Zeitpunkt für das erbetene Gespräch mit dem *Spiegel* anberaumen können. Wir alle wissen, daß Sie mehr zu tun als Zeit haben, aber vielleicht ist es nur eine Sache des Entschlusses. Deswegen schreibe ich Ihnen, daß wir uns über eine zusagende Antwort freuen würden, und daß Sie die publizistische Behandlung keinesfalls zu beanstanden haben würden.« Augstein schließt seinen Brief nicht, ohne dem Kanzler seine Ehrerbietung zu bekunden: »Ich bin, sehr geehrter Herr Bundeskanzler, mit hochachtungsvollen Grüßen Ihr sehr ergebener Rudolf Augstein.«[111] Daß das Gespräch noch nicht zustande kommt, hat durchaus seinen Grund. Der Kanzler hat sich über die »nicht qualifizierbare Besprechung von Herrn Böll über den ersten Band« seiner Erinnerungen im *Spiegel* empört und »möchte unter diesen Umständen von einer Zusammenkunft absehen«. In seinem Antwortschreiben vom 1. Dezember 1965, das er in einem ersten Entwurf sogar »mit freundlichen Grüßen«, in der endgültigen Fassung dann aber doch nur mit »Hochachtungsvoll« unterzeichnet, teilt er Augstein dies in gewohnt kurzgehaltener Manier mit.[112]

Augstein läßt nicht locker und startet zehn Tage später einen erneuten Versuch, den Kanzler für ein »baldiges Rendezvous« zu gewinnen. Am 10. Dezember 1965 weist er den Kanzler darauf hin, daß man selbstverständlich nicht gewußt habe, »was Herr Böll schreiben würde«. In diesem Zusammenhang macht er ihn auch auf die Buchbesprechung aufmerksam, »die der *Spiegel* als Redaktion hatte erscheinen lassen« und die wohl seiner »Aufmerksamkeit bis heute entgangen« sei.[113] Das Schreiben ist erneut in freundlichstem Ton gehalten, vermag Adenauer aber auch diesmal nicht milde zu stimmen. So kommt es erst ein Jahr später, am besagten 9. Dezember, zur Begegnung. Die Erinnerung Augsteins an dieses Gespräch gehört zu den wenigen humorvollen Stücken, die dieser einstige Adenauer-Hasser über seinen Gegner geschrieben hat. Sie illustriert, wie ambivalent Adenauer dem Zusammengehen mit der SPD gegenübersteht. Augstein fragt, wie Adenauer mit der neuen Regierung zufrieden sei und schildert alsdann den komödienreifen Dialog, der sich daraus entwickelt: »Adenauer: Ja und nein. Sehen Sie mal, da müssen doch einige Grundgesetzänderungen durchgebracht werden, dazu brauchen wir die Sozialdemokraten. Ich mache mir aber große Sorgen, sehen Sie mal, Wehner, der ist sehr herzkrank. Wenn der ausfällt, dann ... (er hebt die Arme).

Augstein: Das hätten Sie 1957 auch noch nicht gedacht, daß wir beide einmal hier sitzen würden und uns ... (Adenauer hebt in lachender Resignation die Arme und legt sich zurück. Das ein wenig drachenhaft geschnittene Gesicht besteht nur noch aus tausend Pergamentfältchen.)

Adenauer: ... über die Gesundheit des Herrn Wehner Gedanken machen! Ausgerechnet Sie und ich! Sagen Sie, wie sich die Welt dreht! (Er wird wieder ernst.) Brandt hätte nicht Außenminister werden dürfen und Schröder – Schröder ... (Er hebt abwehrend die Hände.)«[114]

Krone gegenüber äußert er ähnliches: »Daß nur Wehner nicht krank wird, sonst komme der linke Flügel der Sozialdemokraten in Führung.«[115]

Bei den Punkten, die ihm mißfallen, hätte er auch noch die Vereinbarung des Mehrheitswahlrechts nennen können. Ein anderer Journalist, der gleichfalls der FDP zuzurechnen ist, bekommt Ende Februar 1967 von ihm zu hören: »Sie wissen, daß ich keine Wahlrechtsänderung will, und daß ich dafür bin, daß die FDP bestehen bleibt.«[116] Er hält diese Vereinbarung für eine Dummheit. Schließlich ist leicht vorhersehbar, daß sich diejenige Großpartei die Sympathie der FDP erwirbt, die sich am raschesten wieder aus der Absprache zu ihrer Ermordung herauswindet.

Am meisten stört ihn jedoch die Besetzung des Auswärtigen Amts und des Verteidigungsministeriums durch Willy Brandt und Gerhard Schröder. Alsbald nach der Aufstellung Kiesingers als Kanzlerkandidat war er bemüht, nunmehr Gerstenmaier als Außenminister zu protegieren.[117] Aber nachdem er im Sattel sitzt, gibt ihm Kiesinger kalt zu verstehen, wie marginal sein Einfluß inzwischen geworden ist. Er ist schließlich genug von ihm geschuriegelt worden und will jetzt nach eigenem Gutdünken regieren. Der Kanzlerkandidat möchte bei der Besetzung des Auswärtigen Amts letztlich doch der SPD nicht entgegentreten. Ein Schwächezeichen, meint Adenauer![118] Die Abstimmung in der Fraktion hat aber auch erkennen lassen, wie stark die Stellung Schröders ist, vor allem beim norddeutschen protestantischen Flügel.

Aus einem dreiseitigen Brief, den Adenauer am 2. Dezember an Kiesinger richtet, geht deutlich hervor, wie ihn die Betrauung Schröders mit dem Verteidigungsministerium noch viel mehr bekümmert als der, so wird sich zeigen, dauerhafte Verlust des Auswärtigen Amts für die CDU.

Dieser Brief ist eine seiner letzten zusammenhängenden Äußerungen zur Grundanlage deutscher Außenpolitik. Nach einigen Glückwünschen zur Wahl gibt er Kiesinger folgendes zu bedenken:

»Wir waren uns in den Gesprächen, die der Regierungsneubildung voraus gingen, darüber einig, daß neben den außerordentlich schweren innenpolitischen Problemen, deren Lösung entschlossenes und auch unpopuläres Handeln erfordert, vor allem die Außenpolitik ein Prüfstein für Erfolg oder Mißerfolg der neuen Bundesregierung sein werde. Ich habe mich gefreut, Übereinstimmung feststellen zu können, daß eine Verbesserung unserer außenpolitischen Position die Neuordnung und Intensivierung unseres Verhältnisses zu Frankreich und den USA voraussetze. Beides, unser Verhältnis zu den USA und zu Frankreich wird durch die Arbeit von zwei Ressorts, des Auswärtigen Amtes und des Bundesministeriums der Verteidigung maßgeblich beeinflußt.

Zu Ihnen und Ihrer Entschlossenheit, Ihre Richtlinienkompetenz wahrzunehmen, habe ich volles Vertrauen. Aber ich kann nicht verhehlen, daß ich wegen der personellen Besetzung dieser beiden Ressorts in großer Sorge bin. Ich weiß genau, wie wirksam ein Ressortminister an den Richtlinien des Bundeskanzlers ›vorbeiregieren‹ kann, wenn es an der vollen Übereinstimmung fehlt. Vor allem aber frage ich mich, wie wird und muß es auf Frankreich wirken, wenn ein Minister, der es als Außenminister nicht vermocht, ja nicht einmal versucht hat, den deutsch-französischen Freundschaftsvertrag mit wirklichem Leben zu erfüllen, jetzt die Leitung eines Ressorts inne hat, dessen Bereich entscheidende Elemente zur Wiederanknüpfung eines engeren und vertrauensvolleren Verhältnisses dieser beiden Nachbarländer umfaßt. Ich glaube nicht, daß das Ihre Aufgabe und die Verwirklichung Ihrer Absichten im Blick auf Frankreich erleichtert. Dabei scheint mir die Lösung dieser zentralen Frage unserer Außenpolitik auch aus folgendem Grunde so brennend wichtig zu sein:

Unsere Ostpolitik, vor allem unser Verhältnis zu der UdSSR, muß immer stärker im Zusammenhang mit unserem Verhältnis zu Frankreich gesehen werden. Ich brauche nur auf den Besuch des sowjetischen Ministerpräsidenten Kossygin in Frankreich hinzuweisen, um zu verdeutlichen, was ich meine, die bedrohliche Vision unserer Umklammerung, aber auch die Chance, über ein enges Zusammengehen mit Frankreich, dessen Staatspräsident bei seinem Besuch in Moskau und wiederum in den vergangenen Tagen zu der Wiedervereinigungsfrage loyal und mit unbeirrbarer Entschiedenheit Stellung genommen hat, schließlich zu einer Verringerung der Spannungen in Europa zu kommen, ohne die unser großes deutsches Anliegen nicht gelöst werden kann.«[119]

Er bemüht sich nun in einem weiteren Brief an Kiesinger, wenigstens die Ernennung Baron Guttenbergs zum Parlamentarischen Staatssekretär im Bundeskanzleramt durchzusetzen und meint: »Ich glaube, daß ich in manchen Sorgen, die ich mit Ihnen teile, beruhigter sein könnte, wenn Ihnen dieser Mann zur Seite stehen würde.«[120] Die Verhandlungen über Guttenberg ziehen sich allerdings hin. Guttenberg übernimmt das Amt erst am 17. April 1967, als Adenauer bereits im Koma liegt.

Adenauer ist vornehm genug, das schreckliche Ende der Kanzlerschaft Ludwig Erhards nicht öffentlich zu kommentieren. Journalisten wie Rudolf Augstein gegenüber nimmt er natürlich kein Blatt vor den Mund: »Daß der Herr Erhard kein politischer Mensch ist, das habe ich ja immer gesagt... Das hab' ich ihm sogar schriftlich gegeben! Der hat den Johnson ja für seinen lieben Freund gehalten, nur weil er ihm schöngetan hat. Nun sagen Sie mal!«[121]

Aber das sachliche Ergebnis des langen Kampfes, auf den Adenauer die letzten Jahre seines Lebens verwandt hat, ist durchaus ernüchternd. Die Sozialdemokraten, von denen er 1957 den »Untergang Deutschlands« befürchtet hat, sind jetzt Koalitionspartner der CDU. Herbert Wehner, von ihm selbst nach dem Godesberger Programm wegen seiner möglichen Verbindungen mit den Kommunisten verdächtigt, gilt jetzt als eine Schlüsselfigur der neuen Regierung. Willy Brandt, den er immer etwas von oben angesehen hat, leitet nun das Auswärtige Amt.

Ob Kiesinger wirklich eine bessere Wahl als Erhard ist, muß sich erst noch herausstellen. Gesprächspartnern gegenüber, in deren Diskretion er Vertrauen hat, zeigt er sich über den nunmehr dritten Bundeskanzler recht wenig begeistert. »Etwas zweifelt er«, faßt Otto A. Friedrich seine Gesprächseindrücke von Mitte März 1967 zusammen, »an Kiesingers Standfestigkeit, während er ihm nicht große Befähigung – besonders zu geschickten Äußerungen – abspricht.« Kiesinger ist nämlich das, was Adenauer zeitlebens nie war – ein begnadeter Redner. Doch Adenauer »befürchtet außerdem, daß Kiesinger bei internationalen Schwierigkeiten – die er als Kanzler zu bestehen hat – Vorgänge aus seiner politischen Vergangenheit entgegengehalten werden, die bisher nicht bekannt geworden sind, aber eine sehr unerquickliche Hetze möglich machen«. Zu Friedrich bemerkt Adenauer auch leicht resigniert, Kiesinger habe ihm zu Beginn seiner Regierungstätigkeit gesagt, er hoffe, sich gelegentlich Rat holen zu können. Doch das habe er seither nur einmal getan, bei der Wahl seines

Kiesingers Parlamentarischer Staatssekretär?

*Im Bundesratszimmer 119 mit Baron Guttenberg,
im Hintergrund links die Studie eines
griechischen Tempels von Winston Churchill.*

Staatssekretärs.[122] Krone vernimmt dieselbe Klage.[123] Auch dieser Kanzler zeigt ihm also recht deutlich, daß er abgemeldet ist. Erhard wird es übrigens genauso gehen. Zwei Jahre nach Adenauers Tod schüttet Ludwig Erhard seinem einstigen Minister Heinrich Krone sein Herz aus. »Wir müssen uns bald einmal sehen«, sei Kiesingers ständiges Wort, wenn man sich im Vorstand begegnet. Doch dabei bleibt es. Adenauer und er aber hätten sich doch öfter getroffen, »und wenn nicht er, dann Westrick.«[124] Auch Erhard beklagt nun seine Vereinsamung.

Wer Adenauer im Zenit seiner Macht kannte, stellt jetzt fest, wie still es um ihn wird. Am meisten verdrießt ihn aber bei dem allem, daß nun überall Politiker das große Wort führen, denen er 14 Jahre lang hindurch ihre außenpolitischen Fehler, ihre Faulheit, ihre Unfähigkeit und ihre mangelnde Härte um die Ohren geschlagen hat. Er selbst aber sieht sich aufs Altenteil verbannt und wäre froh, wenn ihn der neue Kanzler überhaupt um Rat fragen würde.

Dabei fühlt er sich durchaus noch leistungsfähig. Das immer noch verblüffende Phänomen besteht ja doch darin, daß sich dieser am 5. Januar 1967 Einundneunzigjährige nach wie vor höchst munter präsentiert. Der durchaus nüchterne Otto A. Friedrich, der sich einen Monat vor Adenauers Tod zwei Stunden lang mit ihm unterhält, faßt seine Beobachtungen wie folgt zusammen: »Er machte einen unverändert guten gesundheitlichen Eindruck und war sehr beweglich in der Unterhaltung, wenn auch in vielen Dingen außerordentlich dezidiert in seiner Auffassung.«[125] Cyrus Sulzberger, der ihn im August 1966 zum letzten Mal spricht, erkennt auch nach einundeinhalbstündiger Unterredung kein Anzeichen der Ermüdung. Ein Triumph der Natur: ausgezeichnetes Gehör, ausgezeichnete Sehkraft![126] Nur sein nachlassendes Gedächtnis fällt jetzt bisweilen auf.[127]

Daß ihn aber nun die alten Freunde und die alten Feinde zwar mit Worten hoher Verehrung für den großen Staatsmann, jedoch kalten Herzens definitiv ins Privatleben abschieben, will er bis zum Ende nicht recht akzeptieren. Dies auch deshalb, weil im Privatleben eine Gräßlichkeit ganz besonderer Art auf ihn wartet – das Memoirenschreiben. Denn der kluge und vorsichtige Adenauer hat am Ende seines schweren Lebens die Unklugheit begangen, sich in die Hände von Verlegern zu begeben, die nun – gestützt auf üppige Verträge – Kapitel für Kapitel und Band für Band aus dem alten Mann herausquetschen. Er findet das schrecklich und hält die Fron nur deshalb aus, weil er mit den Büchern noch einmal und mit einiger Aussicht auf Dauer seine politische Botschaft verkünden möchte.

Die Memoiren-Fron

»Das bringe ich einmal in meinen Memoiren!« hört man schon in den zwanziger Jahren in Adenauers Familie, wenn sich besonders Denkwürdiges oder Unerhörtes begeben hat. Aus derlei scherzhaft hingeworfenen Bemerkungen ist aber nicht der Schluß zu ziehen, Adenauer habe damals oder später allzu viele Gedanken auf das Urteil der Nachwelt verschwendet. Dafür ist er viel zu betriebsam. Ob und wie der Nachwelt ein zusammenhängendes Bild seines Lebenswegs vermittelt wird, stellt sich noch nicht als aktuelles Problem dar. Und was Adenauer wirklich denkt und will, zeigt sich immer erst, wenn die Fragen praktisch werden.

Dieser Moment ist 1951 und 1952 erreicht, also zu einem Zeitpunkt, da sich die Bundestagswahl 1953 bereits am fernen Horizont abzeichnet. Noch weiß kein Mensch, ob Adenauer nicht doch bloß eine Übergangsfigur darstellt. Selbst im engsten Umkreis des Kanzlers vermag dies niemand zu sagen, aber Globke, Lenz und von Eckardt denken für 1953 bereits an einen Kanzlerwahlkampf. Dann muß dieser Bundeskanzler aber auch als große Gestalt mit einem klar überschaubaren Lebensweg vorgestellt werden. Zwar hat sich das politische Wollen und Können Adenauers seit 1946 zunehmend im Licht der deutschen, seit September 1948 auch der internationalen Öffentlichkeit abgespielt. Über die vorhergehenden 70 Jahre liegen aber nur bruchstückhafte Informationen und Gerüchte vor.

Gerade die Gerüchte und die wenig bekannten Vorgänge könnten aber im Wahlkampf erneut hochkommen. Am gravierendsten erscheint nach wie vor der Separatismus-Vorwurf, weil sich die entschiedene Westpolitik von deren Gegnern bruchlos in eine Separatismus-Linie einordnen läßt. Ähnlich steht es um die Auseinandersetzungen mit der Berliner Parteiführung um Jakob Kaiser, vom Frühjahr 1946 bis in den Winter 1947/48. Auch darüber wissen nur wenige genau Bescheid. Dieses Thema könnte in einem Wahlkampf mit der Alternative Westbindung gegen Neutralisierung gleichfalls wieder aktuell werden.

Vorrangig erscheint aber das Bedürfnis, den Anhängern sowie einer breiteren Öffentlichkeit das Bild einer überzeugenden Führungspersönlichkeit vorzustellen. Der Lebensweg, die großen Ziele, das staatsmännische Auftreten, auch der persönliche Lebensstil müßten dabei sichtbar werden – ein Kanzler zum Bewundern, dem man voll vertrauen kann! Otto Lenz gibt in diesem Zusammenhang zu bedenken, ob für einen unter stark emotionalen Gesichtspunkten zu führenden Wahlkampf nicht Adenauers sympathisch auftretende Tochter Lotte als »wirksamer weiblicher Gegenspieler« einsetzbar wäre. Eine Broschüre »Mein Vater – von Lotte Adenauer« würde »ein ausgezeichneter Schlager sein«![1] Ein erster Plan für eine Biographie Adenauers ist zwischen Gerhard von Reutern vom Athenäum-Verlag und Globke schon recht früh im Gespräch. Man denkt damals an eine Biographie Adenauers aus der Feder von Professor Schotte.[2] Doch das Vorhaben zerschlägt sich.

Statt dessen taucht im Frühjahr 1952 die Idee auf, eine »biographische Skizze« von Hans Mai zu verlegen. Mai ist seit 1950 persönlicher Referent Adenauers, wechselt 1952 als Leiter der Film-, Funk- und Fernsehabteilung ins Presse- und Informationsamt der Bundesregierung und wird 1958 Intendant des Saarländischen Rundfunks.[3] Hans Mai legt dem Kanzler mit Begleitbrief vom 7. Juni 1952 einen »Rohentwurf« vor und bittet um gründliche Durchsicht innerhalb sechs Wochen, damit die Drucklegung im Lauf des August erfolgen kann: »Für den Wahlkampf ist es notwendig, daß die Biographie spätestens Anfang Oktober ausgeliefert werden kann.«[4] Wüßte Adenauer nicht selbst genau, daß die Biographie eines heftig umstrittenen Kanzlers ein Politikum ist, so würde er durch den Begleitbrief seines umsichtigen Referenten daran erinnert: »Wichtig erscheint mir, daß Sie die gesamte Darstellung Ihrer politischen Tätigkeit überprüfen, damit Ihre derzeitigen politischen Ziele nicht beeinträchtigt werden.«[5]

In dieser Skizze fehlen allerdings noch die Jahre 1933 bis 1945. Mai stellt in Aussicht, diesen Zeitraum nach Gesprächen mit Lotte Adenauer auf zehn oder 15 Seiten darzustellen und das nachzureichen.

Adenauer nimmt die Ausarbeitung in den Schweizer Urlaub auf den Bürgenstock mit. Nach Durchsicht dieses Entwurfs diktiert er am 1. August einen Vermerk, aus dem hervorgeht, wie er selbst sich Aufbau und Akzentuierung einer solchen Biographie vorstellen könnte: Man sollte, vermerkt er, »etwa folgende Kapitel machen:

1) Jugend bis zum Eintritt in die kommunale Arbeit 1906.

2) Die kommunale Arbeit, Beigeordneter, 1. Beigeordneter, Oberbürgermeister von Köln von 1917–1933.

3) Tätigkeit im Provinzialausschuß der Rheinprovinz, Vorsitzender des Provinzialausschusses, Tätigkeit im Preußischen Staatsrat, Präsident des Preußischen Staatsrats 1920–1933.

4) besonderer Abschnitt: Separatismus.

Fernhalten von allen Bewegungen nach Besetzung der Rheinlande.

Versuch, auf einer offiziellen Versammlung am 1. oder 2. Februar 1919 im Rathaus in Köln, die ganzen Bewegungen in einer Hand zu vereinigen, um sie zu kontrollieren. Urteil Clemenceau's in seinen Memoiren über diese meine Tätigkeit.

Nach Einführung der Rentenmark Aufforderung der damaligen Reichsregierung an die führenden Männer der Rheinprovinz, die unter meinem Vorsitz standen, einen eigenen Staat zu bilden, von der Hohen Kommission in Koblenz sich ein eigenes Steuerrecht zu erbitten. Heftiger Widerstand gegen dieses Ansinnen. Vertagung nach 12stündiger Sitzung, Sturz des Kabinetts Stresemann, das diesen Beschluß gefaßt hatte, Aufheben des Beschlusses unter dem folgenden Kabinett Marx. Einzelheiten hierüber weiß Staatssekretär Schmidt in Düsseldorf.

5) Nazizeit.
Absetzung, Verbot der Arbeit, Aufenthalt in Berlin, ein Jahr Maria Laach, ein Jahr Neubabelsberg, Rückkehr an den Rhein nach Rhöndorf, Verweisung aus Rhöndorf für neun Monate.

Einsetzung eines Untersuchungskommissars im Jahre 1933, der meine ganze Tätigkeit als Oberbürgermeister und alle gegen mich erhobenen Vorwürfe untersuchte. Bericht des Untersuchungskommissars: 1000 Schreibmaschinenseiten. Beendigung des Verfahrens mit einem Verweis. Verfahren im preussischen Innenministerium wegen meines Verhaltens in der Besatzungszeit nach 1918. Einstellung dieses Verfahrens. Verhaftung am 30. Juni 1934 im Zusammenhang mit der Röhm-Affaire. Verhaftung August 1944, Konzentrationslager Messe Köln, Rettung durch den damaligen Kapo, einen Kommunisten. Flucht aus dem Krankenhaus, Verbergen im Westerwald unter falschem Namen. Neue Verhaftung. Einlieferung meiner Frau und mir in das Gestapo-Gefängnis in Brauweiler. Entlassung meiner Frau nach 14 Tagen. Entlassung am 26. 11. 1944. Ständige Kontrolle durch die Gestapo.«[6]

Der Vermerk sieht dann noch ein Kapitel über die parteipolitische Tätigkeit und eines über die Tätigkeit als Bundeskanzler und Außenminister vor, ohne daß Adenauer dabei wie in den früheren Lebensabschnitten 1918 bis 1923 und 1933 bis 1945 inhaltliche Akzente setzt. Deutlich erkennbar ist schon in diesem Kurzdiktat sein Wunsch, die Angriffe wegen Separatismus und später wegen Verfehlungen als Oberbürgermeister von Köln zurückgewiesen zu sehen. Zugleich wird aber hier ersichtlich, wie stark sich auch Adenauer selbst der politischen Implikationen des Umgangs mit seiner Biographie bewußt ist. Der Druck der Studie von Mai wird vorerst zurückgestellt.

Die PR-Experten um Otto Lenz verfolgen das Vorhaben weiter. Dabei liegt die konkrete Planung in der Hand von Erich-Peter Neumann. Er stellt sich eine Schrift im Rotationsdruck und in Massenauflage von über 100 000 Exemplaren vor.[7] Das Manuskript von Hans Mai wandert nun zu Erich Gerigk, Chefredakteur des *Südkurier* in Konstanz. Er soll es überarbeiten, vor allem für die Jahre nach 1949 ergänzen und auch einige persönliche Dinge einfließen lassen.[8]

Die im Februar 1953 in Teilen fertige Ausarbeitung Gerigks gliedert den Stoff in vier Teile: Der Präsident, der Kanzler, der Europäer, der Mensch.

Gerigk kommt wie Otto Lenz selbst aus Berlin. Dort war er nach dem Krieg jahrelang in den publizistischen Unternehmungen Jakob Kaisers aktiv. Er hat in den Redaktionen der *Neuen Zeit*, des *Abend* und des *Tag* mitgearbeitet, und er kennt dementsprechend die Details der Kontroversen Adenauers mit Kaiser recht gut. Diese liegen im Jahr 1952 noch nicht weit zurück, und aus einem langen Brief Gerigks an Neumann geht hervor, daß Gerigk durchaus »die ganze Skepsis Adenauers gegenüber Berlin« zur Sprache bringen wollte.[9] Bezeichnenderweise hat Neumann daran nachhaltig Anstoß genommen. Selbstredend ist sich auch Gerigk dessen voll bewußt, daß jeder Satz einer solchen Propagandabroschüre von den Gegnern Adenauers ausgeschlachtet würde. Er trägt auch keine Bedenken, entsprechende Rücksichten zu nehmen.

Doch das Hauptproblem dieses Journalisten in der Frühzeit Adenauerscher Kanzlerschaft ist das weitgehende Fehlen detaillierter Informationen über den Lebensweg des großen Mannes. Man weiß zwar eine Menge, aber nur »verteilt in kleinen Portionen«. Völliges Schweigen ganz besonders über die Jahre Adenauerscher »Amtslosigkeit«. »Natürlich«, so meint Gerigk in dem Brief an Neumann, »muß sich in diesen 12 Jahren der Mann zu dem geformt haben, was er jetzt ist, aber jeder Versuch, darüber etwas zu erfahren, war vergeblich (außer den Informationen, die ich über seine ablehnende Haltung zur Goerdeler-Verschwörung bekam – und das ist ja nicht gut brauchbar.«[10]

Zu mehr als der Vorbereitung eines nur ganz hastig recherchierten Schnellschusses reicht also die Zeit nicht. Das auf diese Art und Weise zusammengehauene Porträt zeigt aber doch nach Gerigks Meinung »einen sehr zielbewußten, zähen und hartnäckigen Mann, mit übrigens ziemlich kräftiger sozialer Note (Stellung zum Volk, Flüchtlinge, Arbeitslosigkeit, Mitbestimmung, Wohnungsbauten und so weiter).«[11] Gerigk möchte besonders »die günstige Haltung des Kanzlers gegenüber den Gewerkschaften« herausarbeiten.[12] Bezeichnenderweise insistiert Neumann aber auch in diesem Punkt auf Kürzungswünschen.

Das Manuskript landet dann auf Ersuchen Neumanns auf dem Schreibtisch des Journalisten Karl Willy Beer. Auch er ist in der Propagandaküche von Otto Lenz tätig und entstammt gleichfalls dem Berliner Journalismus. Beer steuert per Telex noch einige Details aus den Familienerinnerungen bei. Das liest sich dann so: »Anfang 1945 erlebte die Familie des Kanzlers in Rhöndorf Nahkämpfe beim Einmarsch der Amerikaner. Die gesamte Familie flüchtete sich in den Weinkeller hinter dem Hause. Dort wurden die Enkelkinder in Körben an die Decke gehängt, und acht Tage und Nächte saß die Familie auf Stühlen. Dabei waren drei Franzosen, die von der Familie mit verborgen wurden.«[13]

Lenz gefällt jedoch das Manuskript immer weniger, an dem nun schon verschiedene Künstler ihre Talente erprobt haben. Er nimmt es Anfang April 1953 in einen Kurzurlaub an den Bodensee mit[14], und dann setzt sein Büro an Neumann ein lakonisches Fernschreiben ab: »Völlig ungeeignet, gibt kein Bild. Wust von Durcheinander. Letzter Teil »Privatmann« gut. Alles andere muß völlig umgearbeitet werden.«[15] Gerigks Ausarbeitung »Der Kanzler« mißfällt also schon Otto Lenz. Noch unwilliger reagiert Adenauer. Er weist Otto Lenz an, den Druck unverzüglich einzustellen und etwa ausgegebene Exemplare zurückzunehmen. Voll von »Unrichtigkeiten« sei es, »voll zweifelhafter Anekdoten«[16]. Hans Mai ist nicht besonders entzückt darüber, was aus seinem ursprünglichen Manuskript geworden ist. In einem Gespräch zwischen Neumann, Mai und dem Verleger von Reutern sieht man vor, sowohl Gerigks Broschüre, die »rein propagandistischen Charakter hat«, als auch »die mehr im Stile einer ernsthaften biographischen Darstellung gehaltene Arbeit des Herrn Dr. Mai zu veröffentlichen.« Das alles wird nun Ende Februar 1953 in einem Brief an Globke herangetragen.[17]

Während die Biographie-Pläne des Teams von Otto Lenz noch weiterlaufen, um schließlich von einem unwilligen Kanzler in den Orkus gesandt zu werden, lenken Globke und von Eckardt den Zug auf eine neue Schiene. Dabei wirkt auch Frau Schlüter-Hermkes, die Nachbarin Adenauers, und deren Tochter Roswitha Schlüter mit. Fast zur gleichen Zeit taucht ein neuer Biograph auf – Paul Weymar.

Wie es zu dem Kontakt gekommen ist, läßt Adenauer seinen alten Schulkameraden Max Pribilla wissen, der lange Jahre als Professor für

Ethik an der Hochschule des Jesuitenordens in Valkenburg gelehrt hat[18]: »Ein, wie ich glaube, guter und bekannter Schriftsteller, Herr Weymar, Kampen auf Sylt, ist durch Vermittlung des Generalsekretärs vom Akademikerverband über meine Nachbarin, Frau Dr. Schlüter-Hermkes, an mich herangetreten, um eine Biographie über mich zu schreiben. Die Auskünfte, die ich über Herrn Weymar bei Herrn Dr. Wolff einziehen ließ, lauten sehr gut ... Weymar macht einen sehr ernsthaften und gediegenen Eindruck.«[19]

Adenauer läßt sich nun auch davon überzeugen, daß zusammen mit der Entscheidung für den Autor auch die Verlagsfrage geklärt werden muß. In Gesprächen mit Felix von Eckardt, Globke und Frau Schlüter nebst ihrer Tochter läßt er sich überzeugen, daß der Kindler-Verlag der richtige ist. Max Pribilla hat ihm zwar abgeraten, sich mit einem Verlag einzulassen, der die Illustrierte *Revue* herausbringt.[20] Doch von Eckardt beruhigt Adenauer: Kindler, seit 1948 Mitinhaber des Ullstein-Kindler-Verlags, war gegen Kriegsende wie Adenauer selbst in Gestapo-Haft. Er ist katholisch, und in Caux hat ihn die Moralische Aufrüstung davon überzeugt, »daß die religiöse Frage als Grundfrage von allem zu betrachten sei«[21].

Für den Verlag der *Revue*, »die angeblich langsam auf einen ernsteren Ton umgestellt werden soll«, spricht auch die Möglichkeit eines Vorabdrucks: »Die *Revue* hat eine Auflage von rund 600.000 Exemplaren, und das Erscheinen von Artikeln in der Illustrierten ist natürlich eine gute Wahlpropaganda.«[22]

So diktiert Adenauer Ende Mai 1953 einen Brief an den Verleger Kindler, der ihm inzwischen die von ihm verlegten Sauerbruch-Memoiren übersandt hat. Diese gefallen Adenauer allerdings nicht besonders: »zu seicht geschrieben«. Ausdrücklich bemerkt er: »Ich möchte nicht, daß eine Biographie über mich einen ähnlichen Charakter hat.«[23] Wie die Akzente zu setzen wären, hat er mit Weymar bereits bei einer ersten Zusammenkunft besprochen. Rückblickend will es ihm vorkommen, als hätte er »drei Leben« gelebt: die Kölner Jahre 1876 bis 1933, die zwölf Jahre im Dritten Reich und die seitherige Nachkriegszeit. In diesem Ansatz, meint er, könne tatsächlich »ein richtiger Kern stecken«: »Natürlich ist der Mensch, auch wenn er in verschiedenen Zeitaltern lebt, immer der gleiche Mensch, nur daß die verschiedenen Zeitalter in ihren vorhandenen Anlagen nach der einen oder anderen Seite sich entwickeln.«[24]

Ganz allgemein bekennt sich Adenauer in diesem Verleger-Brief zwar zur Auffassung, daß es nicht viele Persönlichkeiten gibt, die wirklich eine Biographie verdienen, fährt aber dann fort:

»Wenn ich zu diesen gehören soll, so kann man nach meiner Meinung eine Biographie über mich nur auf zeitgeschichtlichem Hintergrund schreiben, weil der zeitgeschichtliche Hintergrund für die Entwicklung meiner Persönlichkeit bestimmend war und weil auch nur durch einen solchen Hintergrund eine Biographie dauernden Wert behält... Es ist zwar richtig, der Zufall oder die Fügung haben es gewollt, daß ich in dem letzten Dezennium meines Lebens als handelnde Figur in eine weltgeschichtliche Periode hineingestellt worden bin, die eine neue Epoche, sei es des Aufstiegs, sei es des Niedergangs, einleitet. Ich glaube, das wird man bei allem, was man schreibt, immer im Auge halten müssen, denn nur darin besteht die wahre Bedeutung, von diesem Standpunkt aus kann ein Urteil über mein Leben gefällt werden.«[25] Diese Feststellungen sind in zweierlei Hinsicht aufschlußreich. Sie verraten, daß sich Adenauer im Frühjahr 1953 noch gar nicht darüber im klaren ist, ob er sich in einer weltgeschichtlichen Epoche des Aufstiegs oder des Niedergangs befindet. Es zeigt aber auch, daß er an den klassischen Typ der Biographie denkt. Die handelnde Persönlichkeit soll in ihrer Zeit, die Zeit am Beispiel des bedeutenden Individiums verstehbar gemacht werden. Doch was von einer Biographie erwartet werden muß, gilt auch für die Autobiographie.

Vorerst geht es aber nur um die Lebensbeschreibung durch Paul Weymar. In verschiedenen Gesprächen mit Weymar und Kindler im Mai und Juni, also immer noch vor den Bundestagswahlen 1953, sichert Adenauer dem Plan seine volle Unterstützung zu. An einen »Wahlschlager« ist zwar nicht mehr zu denken. Doch an der in einem weiteren Sinn politischen Zielsetzung dieses Biographie-Projektes ist kein Zweifel möglich. Adenauer führt Weymar in einer Reihe von Briefen bei denen ein, die über sein Leben vor 1933 und im Dritten Reich Auskunft geben können – bei seiner ältesten Tochter Ria Reiners[26], bei der alten Freundin Ella Schmittmann in Köln[27], bei dem westfälischen Parteifreund Lambert Lensing oder bei dem Gartenbaumeister Josef Giesen in Urfeld.[28]

Paul Weymar darf also eine »autorisierte Biographie« schreiben. Offenbar billigt Adenauer durchaus den Geist, in dem dieser freilich alles andere als bekannter Autor an sein Sujet herangeht. Seiner Tochter stellt er ihn wie folgt vor: »Er ist von Haus aus evangelischer Theologe. Er ist ein sehr ernstzunehmender Schriftsteller. Er hat bei der Verfassung der Biographie folgende Tendenz: Er fürchtet, daß die Deutschen sich wieder als Typ, dem man nacheifern müsse, den General vorstellen, und er möchte ihm gegenüberstellen den christlichen Staatsmann.«[29]

Die Bezeichnung »autorisierte Biographie« ist wörtlich zu nehmen. In der Tat macht sich Adenauer die Mühe, das Manuskript Weymars wenigstens teilweise durchzusehen und zu ergänzen, so daß Weymar so weit gehen kann, sein 782 Seiten starkes Opus »in manchen Teilen als eine Art Selbstbiographie zu bezeichnen«[30].

Dies gilt ganz besonders für die Partien zur Jugend und zur Studienzeit, doch auch für die Darstellung der Jahre 1933/34 bis 1944. Auch bezüglich des Separatismus und der NS-Vorwürfe gegen den Oberbürgermeister Adenauer setzt Weymar die Akzente so, wie dies Adenauer in dem Vermerk an Hans Kilb aus dem Sommer 1952 schon gewünscht hatte.[31]

Die »Kölner Akten« im Stadtarchiv der Stadt Köln, aus denen genauere Aufschlüsse zu gewinnen wären, stehen damals noch nicht zur Verfügung. Doch man kann bezweifeln, ob sich Weymar überhaupt der Mühe unterzogen hätte, sie gründlich durchzugehen. Denn er stützt sich fast durchweg auf Zeitzeugenberichte und bringt dies auch in der Darstellung ganz offen zum Ausdruck.

Ab Mai 1955 erscheinen Teile der Biographie Weymars in der *Revue* im Vorabdruck. Doch als das Buch wenig später herauskommt, wird es kühl aufgenommen. Die Wahl Weymars erweist sich nachträglich als Mißgriff. Er hat kein professionelles Ansehen einzubringen. Jeder Kundige hätte dies Adenauer eigentlich mitteilen können. Die Quellen werden als durchaus subjektiv empfunden, auch wenn sich später herausstellt, daß das Detail in vielen Punkten zutrifft, von Adenauer teilweise überprüft wurde und verlorengegangen wäre, wenn Weymar seine Zeitzeugen nicht rechtzeitig befragt hätte. Vor allem aber schaut »der christliche Staatsmann« aus allen Knopflöchern des Werkes heraus. Entsprechend spöttisch ist die Aufnahme des Buches bei allen jenen, die im Kanzler den mit Abstand bedenkenlosesten der zeitgenössischen bundesdeutschen Politiker zu erkennen glauben. Die »autorisierte Biographie« wird in die Gattung Hagiographie eingereiht.

Mit seinem hochentwickelten Sinn für öffentliche Stimmungen nimmt Adenauer dies rasch zur Kenntnis und geht zu dem Buch auf Distanz, das er gefördert und zu dem er selbst beigetragen hat. Selbst Angehörigen der eigenen Familie gegenüber, die doch weiß, wie eng der Kontakt zu Roswitha Schlüter und anfänglich auch zu Paul Weymar war, tut er nachträglich so, als hätte er die »autorisierte Biographie« nie oder nur höchst flüchtig gelesen.[32]

Der nicht besonders geglückte Versuch mit einer »autorisierten Biographie« hat aber in dem Augenblick eine Reihe wichtiger Konsequenzen, als Adenauer am Ende der Kanzlerschaft dem Gedanken einer Autobiographie nahetritt.

Die ungünstige Aufnahme der Biographie von Weymar hat ihm gezeigt, wie mißlich es wäre, die eigene Lebensgeschichte erneut einem wohlmeinenden, aber unbekannten Ghostwriter anzuvertrauen. Leute von Ansehen würden sich aber nur mittelfristig auf eine derart anspruchsvolle Aufgabe einlassen können, denn sie haben meist schon andere Verpflichtungen. Zudem sind sie nicht steuerbar. Wenn Adenauers Lebensbericht Glauben finden soll, so muß er wohl oder übel selbst als Verfasser von Memoiren mit seinem eigenen großen Namen für die Richtigkeit einstehen. Dieser Name ist im Jahr 1963 noch ungleich ruhmreicher als zehn Jahre zuvor bei der Entscheidung für das Genre einer »autorisierten Biographie«.

Gedanken an die Wahlkampfwirksamkeit einer solchen Biographie spielen zwar nun keine Rolle mehr. Doch Adenauer ist nach wie vor der Auffassung, daß die Darstellung des eigenen Wollens kein Selbstzweck oder keine literarische Aufgabe ist. In der Einführung zu den »Erinnerungen« bekennt er sich nachdrücklich zu einem pragmatischen Geschichtsverständnis. »Die Historiker«, so setzt er etwas umständlich ein, »müßten wenigstens den Versuch machen, auf dem Wege von Analogieschlüssen aus dem Geschehen unserer Zeit, sogar unserer Tage, zu erkennen, wohin der Lauf der Entwicklung wahrscheinlich gehen werde, und sie müßten in ihrer Lehre hinweisen auf zu erwartende Entwicklungen und eventuell warnen.«[33] Ohne dies ausdrücklich zu formulieren, macht er damit deutlich, daß sein eigener Lebensbericht auf die politische Orientierung der Leser abzielt: »Ein langes Leben gibt den Menschen die Möglichkeit, Erfahrungen zu sammeln. Erfahrung kann eine Führerin des Denkens und des Handelns sein, die durch nichts zu ersetzen ist, auch nicht durch angeborenen Intellekt. Das gilt insbesondere für das Gebiet der Politik«.[34] Anneliese Poppinga, die nicht nur bei der Memoirenarbeit, sondern in Adenauers späten Jahren überhaupt eine gewichtige Rolle spielt, bringt in ihrem 1970 erscheinenden eigenen Erinnerungsbuch das Beabsichtigte klipp und klar zum Ausdruck: »Für ihn waren seine Memoiren ein neues Instrument, Politik zu machen, für die Zukunft zu wirken.«[35]

Doch eben wenn ein Memoirenschreiber die Absicht verfolgt, durch Weitergabe von Erfahrung politisch zu wirken, ist penible Gründlichkeit am Platz. Adenauer weiß durchaus, daß man auch ihm selbst nichts abnimmt, was quellenmäßig nicht sorgfältig dokumentierbar ist. Weymars Biographie war vor allem auch deshalb nicht hoch bewertet worden, weil sie neben den vom Kanzler mitgeteilten Informationen auf Erzählungen Dritter fußte, die im wesentlichen nur von Adenauer selbst nachgeprüft worden waren. Der ohnehin zeitlebens auf gründliches Aktenstudium sich stützende Adenauer wird durch diese Erfahrung in seiner Meinung bestärkt, daß eine Autobiographie durchgehend auf nachprüfbaren Dokumenten beruhen muß.

Wie sich zeigen wird, tut er dabei zuviel des Guten, denn jedermann kennt ihn an und für sich als guten, pointensicheren Erzähler mit präzisem Gedächtnis. Weshalb also dieses Talent nicht auch in der Autobiographie zur Geltung bringen? Angesichts der Umstrittenheit seiner Politik scheint ihm aber der genauestens dokumentierte Bericht sicherer, auch wenn dies mit stilistischer Glanzlosigkeit und mit dem Verzicht auf anekdotisches Beiwerk erkauft werden muß.

Der frühe Versuch mit einer »autorisierten Biographie« hat aber noch eine weitere, gravierende Konsequenz. Der Bericht über Adenauers Jugend, doch auch über die mittleren Jahre liegt in dem Buch von Weymar schon vor. Würde er seinen Bericht im Jahr 1876 beginnen, müßte Adenauer vieles, was sich bei Weymar schon findet, nochmals erzählen. Adenauers Entschluß, seine Autobiographie im Jahr 1944 einsetzen zu lassen und erst später einen weiteren Band über die vorhergehenden Jahrzehnte nachzutragen, findet im Vorhandensein dieser »autorisierten Biographie« also durchaus eine gewisse Rechtfertigung, obschon er sich hütet, von seinem eigenen Anteil daran zu sprechen.

Dem Memoirenstil selbst bekommt das nicht. Manche Erinnerungswerke lassen durchaus erkennen, daß gerade Autoren ohne einschlägige Erfahrung am raschesten ihr bisher verborgenes schriftstellerisches Talent entwickeln, wenn sie den Bericht mit den prägenden Jugendjahren beginnen lassen. Oft ist der ruhige Rhythmus des Erzählens dann gefunden, wenn jene Strecken des Lebenswegs erreicht sind, die durch hohe Aktenberge führen. Im Falle Adenauers gibt es allerdings eine ganze Reihe an und für sich einleuchtender Gründe, die dafür sprechen, mit dem Jahr 1944 anzufangen. Ins Weite beginnt er in der Tat erst seit 1946 zu wirken. Daß sich gerade in den Jahren 1944 bis 1948/49 eine Epochenzäsur vollzogen hat, liegt auf der Hand. Der Lebensweg Adenauers und der Gang der deutschen Geschichte gelangen damals zur Konvergenz. Und naturgemäß gilt die Neugier der Öffentlichkeit und damit nicht zuletzt der Verlage den bisher verborgenen Hintergründen der Kanzlerjahre.

In die für das Konzept der Erinnerungen entscheidenden Monate fällt der Tod von Theodor Heuss. Mitte Oktober 1963, genau zum Zeitpunkt des Rücktritts, erhält Adenauer ein Widmungsexemplar der Erinnerungen von Heuss über die Jahre 1905 bis 1933. Das Schriftbild der Dedikation »Für Konrad Adenauer« vom 14. Oktober wirkt so wacklig und auseinanderfallend, als hätte es Heuss mit letzter Kraft geschrieben. Zwei Monate später steht Adenauer am Sarg des ersten Bundespräsidenten.

Sein Respekt vor den literarischen und zeichnerischen Talenten von Heuss war stets groß. »Ich beneide Sie ehrlich um die Fülle und den Reichtum Ihres Geistes und die Kunst Ihrer Feder«, dankte er ihm einige Jahre zuvor für die Übersendung des Buches »Lust der Augen«. Würde er sich die Lebenserinnerungen von Heuss zum Vorbild nehmen, so könnte er lernen, wie man unpedantische, aufregend lebendige Memoiren schreibt. Heuss hat damit ein Buch von einzigartigem Reiz geschaffen, reizvoller noch, als es die Schilderung der allerjüngsten Zeitgeschichte sein könnte.

Doch Adenauer weiß, daß er jetzt an Heuss gemessen würde, wollte auch er als erstes die Jahre bis 1933 schildern. Zudem wird er durch das Schicksal von Heuss daran erinnert, wie rasch der Tod einem betagten Autor die Feder aus der Hand nehmen kann. Interessantes hätte zwar auch er über die langen Jahrzehnte vor 1945 zu berichten. Aber seine Botschaft gilt doch in erster Linie der Kanzlerzeit, in der er auf seine Art und Weise, so beteuert man ihm dies im Oktober 1963 von allen Seiten, durchaus Weltgeschichte gemacht hat.

Damit entgehen der Öffentlichkeit die ersten 68 Jahre der Autobiographie dieses interessanten und ja auch vor dem Stichjahr 1944 durchaus nicht unumstrittenen Mannes, der immerhin nur fünf Jahre nach der Reichsgründung durch Bismarck geboren ist. Alle diesbezüglichen Interviews, die er vor allem 1962 und 1963 gibt, auch das, was Anneliese Poppinga an Äußerungen berichtet, können dafür kein Ersatz sein. Tatsächlich spricht er noch im Jahr vor seinem Tod von einem Band über die Jahre bis 1933, den er anpacken will, sobald die Fron der vier Memoiren-Bände bis 1963 zu Ende ist. Aber er gelangt nicht einmal dazu, dafür eine Disposition zu entwerfen. Statt dessen wählt er den darstellerisch undankbaren Weg, erst am Ende des Zweiten Weltkrieges einzusetzen.

Es ist ohnehin erstaunlich, mit welcher Selbstverständlichkeit sich Adenauer entschließt, nach der Last von 14 Kanzlerjahren noch die Last des Memoirenschreibens auf seine Schultern zu laden.

Die Entscheidung, nach dem Rücktritt Memoiren zu verfassen, fällt im Frühjahr 1963, als sich der erzwungene Abschied abzeichnet. Von jetzt an beginnt Anneliese Poppinga das Memoirenmaterial zusammenzutragen. Noch hat Adenauer keine klaren Vorstellungen davon, wie er die Aufgabe anpacken möchte. Aber niemand bezweifelt nunmehr, daß er eine der bedeutenden geschichtlichen Gestalten des 20. Jahrhunderts ist. Von ihnen erwarten aber die Verlage und die Öffentlichkeit mehr oder weniger glanzvolle Erinnerungen. Es ist letztlich doch wohl diese Erwartung, der er sich nicht entziehen möchte. Große Männer sind offenbar am Ende ihres mühsamen Lebens auch noch zum Memoirenschreiben verurteilt. Tatsächlich figurieren gerade in den Jahren seines Aufstiegs und seiner Kanzlerschaft Memoirenwerke im öffentlichen Bewußtsein bemerkenswert hoch.

Adenauer konstatiert während seiner Regierungsjahre immer wieder, wie stark und wie dauerhaft solche Bücher das öffentliche Bewußtsein beeinflussen. Und so gut wie jeder der vieldiskutierten Memoirenschreiber hat irgendwann einmal seinen Weg gekreuzt oder steht immer noch mit ihm in Verbindung.

1948 bis 1953 erscheint die deutsche Übersetzung von Churchills sechsbändigem Monumentalwerk »Der Zweite Weltkrieg«. 1950 erlebt General Clays »Entscheidung in Deutschland« gleichfalls einen großen Bucherfolg. Die bissigen Erinnerungsbände Harry Trumans erregen Mitte der fünfziger Jahre ähnlich viel Interesse wie de Gaulles kunstvoll stilisierte Memoirenprosa. Adenauer weiß aber auch, daß weitere wichtige Partner und Gegenspieler aus England und Amerika am Memoirenschreiben sind. Edens langweilige Memoiren erscheinen 1960 und 1965. Die deutsche Übersetzung der mühsam erstellten Erinnerungen Eisenhowers an seine Präsidentschaft kommen 1964 und 1966 heraus.

Doch auch von deutschen Memoirenschreibern geht ein fast unwiderstehlicher Anreiz zur Nachahmung aus. Hjalmar Schacht, Franz von Papen, Paul Löbe, Hans Luther, selbst der fragwürdige Rudolf Diels, zeitweilig NS-Regierungspräsident in Köln, haben ihre Erinnerungen herausgebracht. Und über den von Adenauer wenig geschätzten Carl Goerdeler ist 1956 eine vielbeachtete Biographie des Historikers Gerhard Ritter erschienen. Genauso gibt es Adenauer zu denken, daß mit Rudolf Amelunxens Erinnerungsband »Ehrenmänner und Hexenmeister« (1960) einer seiner besonders ungeliebten nordrhein-westfälischen Konkurrenten die dreißiger Jahre und die Zeit danach ziemlich streitbar geschildert hat.

Auch die gegnerischen Länderchefs geben bereits ihre Sicht der Dinge. Das beginnt mit Wilhelm Hoegners Erinnerungen »Der schwierige Außenseiter«, und im Grunde hat auch die Biographie Ernst Reuters von

Willy Brandt und Richard Löwenthal dieselbe Wirkung wie ein Memoirenwerk. Reinhold Maier droht gleichfalls, die Kämpfe um die Westverträge literarisch fortzusetzen. Adenauer erlebt noch das Erscheinen der Maierschen Erinnerungsbände an die Nachkriegsjahre, von denen der Band zu den Jahren 1948 bis 1953 in der Tat den Charakter einer Abrechnung mit Adenauer hat.

Sogar einige der Diplomaten Adenauers sind schon mit Büchern auf dem Markt. Wilhelm Hausenstein errichtet dem Kanzler mit den »Pariser Erinnerungen« ein Denkmal, und Wilhelm Grewe hat, wie sich zeigen wird, auch als Buchautor hieb- und stichfeste Analysen vorgelegt, auf die sich Adenauer erneut stützt[36] – diesmal als Memoirenschreiber.

Man muß sich des Sogs bewußt sein, der von den zeitgenössischen Memoiren ausgeht, auch wenn sich Adenauer nicht die Mühe macht, sie gründlich zu lesen. Doch sie sind im Gespräch. Anders kann man überhaupt nicht verstehen, was den siebenundachtzigjährigen Greis dazu veranlaßt, seine letzten Jahre auf ein Metier zu verwenden, das ihm fremd ist. Fremd und im Grunde zuwider, denn seine nähere Umgebung erkennt deutlich genug, daß ihm das Memoirenschreiben anfänglich wenig Vergnügen bereitet! Das ist auch nicht erstaunlich. Die Entscheidung für peinlich dokumentengestützte »Erinnerungen« über die Jahre nach 1945 bedeutet zugleich auch, daß sich Adenauer des Vergnügens locker erzählender Gestaltung der durchlebten Wirklichkeit bewußt beraubt. Statt dessen läßt er sich darauf ein, die vor noch nicht allzulanger Zeit mühsam genug durchlebten Jahre nochmals geistig durchzukauen und größtenteils in Form eines kommentierenden Aktenreferats zu präsentieren.

Adenauer entscheidet sich für die traditionsreiche Deutsche Verlags-Anstalt in Stuttgart. Die DVA kann sich mit einigem Recht und auch ein wenig Selbstironie als »Kanzler-Verlag« bezeichnen. 1906 sind dort die »Denkwürdigkeiten des Reichskanzlers Fürst zu Hohenlohe Schillingsfürst« erschienen. Desgleichen hatte der Verlag seinerzeit auch die Reichskanzler Max von Baden und Bethmann Hollweg sowie Gustav Stresemann im Programm. 1960 bringt auch der frühere Reichskanzler Hans Luther bei der DVA seine Erinnerungen heraus. Historiker wie Hermann Oncken, Gerhard Ritter oder Hans Rothfels veröffentlichen hier bedeutende Biographien und Klaus Mehnert seine zeitgeschichtlichen Bestseller.

Genauso angesehen ist Hachette in Paris, der die Rechte für alle fremdsprachigen Ausgaben erwirbt.

In dem Vertrag mit der DVA vom 10. Februar 1964 geht man von zwei

Bänden aus, die den Arbeitstitel »Memoiren I und II« erhalten. Daß Adenauer mit dem Jahr 1945 beginnen soll, steht schon fest. Hingegen ist noch keinesfalls von vier Bänden die Rede. Endgültig festgelegt ist noch nichts: »Es ist vorgesehen, das Werk in zwei in sich abgeschlossenen Bänden derart anzulegen, daß Band I den Zeitraum ab Kriegsende 1945, Band II den Zeitraum bis Kriegsende 1945 umfaßt. Band I soll zeitlich vor Band II erscheinen. Falls erforderlich, werden beide Bände oder einer von ihnen in Halbbände unterteilt.«[37]

Ein fester Ablieferungstermin wird vertraglich nicht vereinbart. Dafür sichert Adenauer der DVA weitgehende Rechte zu, ohne daß genau umschrieben wird, wann der Verlag davon Gebrauch machen darf: »Sollte Band I des Memoirenwerkes aus irgendeinem Grunde vom Verfasser nicht zu Ende geführt werden können, so steht dem Verlag das Recht zu, das Werk durch geeignete andere Persönlichkeiten fertigstellen zu lassen. Hierzu werden der Verfasser oder seine Rechtsnachfolger das bis dahin erarbeitete Manuskript zur Verfügung stellen.«[38] Adenauer wird von der DVA eine Honorarvorauszahlung von hunderttausend D-Mark zugesichert, wobei die Hälfte allerdings erst bei Erscheinen von Band I fällig wird. Im übrigen erhält Adenauer ein Spitzenhonorar: 15 Prozent, berechnet vom jeweiligen Ladenpreis.

Der Vertrag mit Hachette ist in einem Punkt präziser und für Adenauer gefährlicher formuliert. Er soll das vollständige Manuskript des ersten Bandes vor dem 31. Dezember 1964 abliefern. Als Adenauer am 28. November 1963 diese nach Lage der Dinge völlig illusionäre Verpflichtung eingeht, existiert noch nicht einmal eine Gliederung.[39]

Von nun an sitzen Adenauer die Verlage im Genick – respektvoll natürlich. Er selbst hat sich im Winter 1963/64 wieder im politischen Betrieb verausgabt und keine Zeile zu Papier gebracht. Doch hat er eine Ausrede – der Pavillon ist noch nicht gebrauchsfertig.

Anfang Februar 1964 beginnt es ihm aber zu dämmern, daß die Arbeit an den Memoiren »nunmehr keinen Aufschub mehr verträgt«. Der Schwiegersohn Heribert Multhaupt wird also unter Hinweis auf verschiedenste technische Details dringend gebeten, den Handwerkern Beine zu machen.[40] An der politischen Inanspruchnahme ändert sich aber nicht viel. Immerhin plant Adenauer nun jeweils den frühen Vormittag für Memoirenarbeit ein, dazu die Wochenenden. Bei diesem Arbeitsstil kann nicht viel herauskommen, zumal er sich ja erst wieder in die komplizierten Zusammenhänge der Jahre 1945, 1946 und 1947 einarbeiten muß, die ihm auch seinerzeit schon kaum durchschaubar waren.

Dienstbetrieb in gelockerter Urlaubsstimmung

Mit Anneliese Poppinga auf dem Comer See, 1959.

Er setzt nun seine Hoffnungen auf den Frühling am Comer See. Dirk Stikker hat ihm dort seine prächtige, aber im April noch ziemlich kühle Villa »Belle Faggio« in Loveno zur Verfügung gestellt. Es ist zumeist regnerisch, grau und kalt. Adenauer zeigt sich politisch aufgewühlt und will sich wieder nicht auf die Memoirenarbeit konzentrieren. Ein Empfang für die Verleger aus aller Welt, die Charles Orengo von der Librairie Hachette zu Adenauer gebeten hat, verläuft zwar ausgezeichnet. Sie können mit der Illusion zurückkehren, daß ein gutgelaunter Kanzler in Gesellschaft seiner Töchter und einer attraktiven jungen Frau geistvolle Memoiren zu Papier bringt.[41] Aber in Wirklichkeit stagniert alles. Seinem Sohn Paul berichtet Adenauer brieflich von dem ganz interessanten Nachmittag mit den Verlegern, fügt aber dann hinzu: »Mit meiner Arbeit komme ich nur in Gedanken voran. Die Verdauung des gelesenen Stoffes ist doch sehr schwer, aber es muß ja sein. Wenn wir zurück sind, wird der Pavillon wohl auch beziehbar sein und dann muß intensiv gearbeitet werden.«[42]

Mehr als eine recht vage Disposition kommt in Loveno nicht zustande.[43] Viel lieber spielt er Boccia, unterhält sich mit Hausgenossen oder Gästen über Gott und die Welt und fiebert innerlich den kommenden Auseinandersetzungen in Bonn entgegen.

Daß es dann doch vorangeht, ist ein Wunder. Wie alle Beteiligten wissen, hat dieses Wunder auch einen Namen – Anneliese Poppinga. Sie wird 1970 mit »Meine Erinnerungen an Adenauer« das lebendigste der zuvor und danach erscheinenden Bücher über den alten Adenauer schreiben. Von da an läßt sich die Arbeitsweise des Memoirenschreibers Adenauer und ihr eigener Anteil recht genau ermessen. Die überlieferten Materialien bestätigen ihren Bericht.

Als die Memoirenarbeit beginnt, hat sich die junge Frau schon längst einen eigenen Platz in der nächsten Umgebung Adenauers geschaffen. Sie kommt aus dem Auswärtigen Amt und ist Globke von Botschafter Kroll in Tokio empfohlen worden. Es ist bekannt, daß sich Adenauer – so formuliert das Schumacher-Hellmold – »gern mit jungen, gut ausschauenden Sekretärinnen umgibt«.[44] Diese Neigung teilt er nun gewiß mit vielen Chefs, und gleich diesen erwartet er von seinen Damen pausenlose Effizienz, Diskretion und hohe Belastbarkeit. Da er aber bei aller Knottrigkeit diesen Mitarbeiterinnen gegenüber stets ein Herr bleibt, reden sie auch noch gut von ihm, wenn sie ihn schon lange wieder verlassen haben. Für viele, die den Unterredungen mit Adenauer manchmal mit Unbehagen entgegensehen, ist also sein Vorzimmer eine Oase kurz vor der Vorhölle, und entsprechend freundlich wird der Damen Elisabeth Zimmermann, Elisabeth Arenz, Hannelore Siegel und anderer gedacht.

Auch Anneliese Poppinga paßt anfänglich in das gewohnte Bild. Doch sie ist noch nicht lange eingetreten, da ist ihr bereits eine hervorgehobene Stellung in dem Team zugewachsen, mit dessen Hilfe Adenauer sein Programm abwickelt.

Daß sich zwischen dem Kanzler und der neuen Mitarbeiterin ein intensiverer Kontakt entwickelt, hängt mit Zufälligkeiten zusammen. Adenauer ist seit 1955 zunehmend dazu übergegangen, seine Ferien in bequemen Villen zu verbringen und nicht mehr in Grandhotels des Typs Bürgenstock oder Bühlerhöhe. Als ganz natürliche Folge ergibt sich eine spürbar engere Beziehung zwischen Adenauer, denjenigen seiner Töchter, die ihn jeweils begleiten, dem Persönlichen Referenten und den beiden Sekretärinnen nebst dem weiteren Troß. Der Dienstbetrieb läuft zwar weiter, aber doch mit einem starken Touch von gelockerter Urlaubsstimmung. Im Frühjahr 1957 entdeckt er Cadenabbia, und seit Sommer 1958 wird der Comer See zum *buen retiro* des alten Staatsmanns. Wenn irgend möglich, verlegt er nun im Frühjahr und im Herbst seinen Regierungssitz nach Cadenabbia.

An dieser durchaus angenehmen Verstetigung seiner Urlaubsaufenthalte ist auch die neue Mitarbeiterin beteiligt. In die große Weltreise des Jahres 1960 mit dem Fernziel Japan wird sie gleichfalls einbezogen. Offenkundig erfreut sich der Kanzler am Umgang mit dieser lebhaften, kämpferischen und auch emotionalen jungen Frau, die sich mit seinen Zielen identifiziert, seine Freunde liebt und seine Feinde haßt. Sie ist also bald ein unverwechselbares Mitglied des Teams von Referenten, Sekretärinnen, Fahrern, Sicherheitsbeamten, das ihn umgibt, aber sie ist doch auch mehr. Die Töchter Adenauers nehmen sie kameradschaftlich auf, und bald fehlt sie bei fast keiner Auslandsreise und schon gar nicht in Cadenabbia.

Adenauer geht seit 1960 auch dazu über, sie vor allem in Zeiten politischen Hochbetriebs – und wann ist beim Kanzler kein politischer Hochbetrieb?! – an den Wochenenden nach Rhöndorf kommen zu lassen, wo bisher Frau Köster seit 1946 völlig ohne Konkurrenz als Privatsekretärin tätig war. So ist sie beispielsweise zugegen, als am 13. August 1961 in Berlin die Mauer gebaut wird oder als von Brentano zurücktritt.

Jeder weiß, daß sie auch in politischen und personellen Dingen bald durchaus ihren eigenen Kopf hat, und der Alte Herr hat an dem scharfen Urteil dieser nationalstolzen, sehr norddeutschen, übrigens auch evangelischen Mitarbeiterin durchaus Vergnügen. Gelegentlich kann man von ihm hören: »Die Jugend zwischen 25 und 35 Jahren ist ausgesprochen gut, die zwischen 35 und 45 ist schlechter, und am schlechtesten ist die zwischen 45 und 55.[45] Ähnlich wie seine Töchter repräsentiert diese Mitarbeiterin also für ihn jene Jugend, die »ausgesprochen gut« ist. Sie ist für ihn Volkes Stimme, vor allem auch, weil sie rasch seinen schrecklichen Alterspessimismus erkannt hat und ihm Mut zu machen sucht.

1963 ist sie also schon in dem Hofstaat des Palais Schaumburg fest etabliert, gewissermaßen Teil der Familie. Als nun beim Auszug aus dem Kanzleramt die Entourage Adenauers zusammenschrumpft, verbleibt sie zusammen mit dem Persönlichen Referenten Josef Selbach an der Spitze des kleinen Stabes, der dem gestürzten Monarchen ins Exil folgt.

Ihr besonderes Interesse gilt den Memoiren. Da sie über durchaus gute politische Antennen verfügt, hält sie den Kampf Adenauers gegen Erhard und Schröder zwar für billigenswert, sieht aber zugleich und wahrscheinlich klarer als Adenauer selbst, daß das ein von Anfang an hoffnungsloses Aufbäumen ist. Hingegen glaubt sie, daß Adenauer mit den Memoiren seiner Botschaft der Westbindung, vor allem der Hinwendung zu Europa und zu Frankreich, Dauer verleihen könnte. Da sie in den letzten Monaten der Kanzlerschaft mit Umsicht und Energie die wichtigsten Materialien gesammelt hat, fühlt sie sich doppelt aufgerufen, das Memoirenwerk zum Erfolg zu führen.

Rasch erkennt sie, daß es Adenauer, der sonst alles überlegen meistert, bei der Organisation seines Memoirenwerkes anfänglich an der erforderlichen Umsicht fehlen läßt. Dwight D. Eisenhower, der zur gleichen Zeit an der Darstellung seiner Amtszeit als Präsident arbeitet, weiß viel besser, wie man ein solches Unternehmen anpackt. Er wird von seinem Sohn John unterstützt, der ihm schon in den letzten Jahren der Präsidentschaft zur Seite gestanden hat[46] und die Dokumentation für die Memoiren zusammenstellt.[47] Die beiden kennen aber ihre Grenzen und finden es ganz natürlich, den früheren Redenschreiber und Anglistikprofessor in Harvard William Ewald[48] sowie einen Lektor des Verlags Doubleday heranzuziehen. Adenauer hingegen ist von der fixen Idee besessen, ein Historiker oder ein Journalist könnten ihm ihre Sicht der Dinge aufdrängen.[49] Darin äußert sich wohl auch die Besorgnis, indiskrete Dritte könnten herausfinden, wie er mit den Memoiren überhaupt nicht zurechtkommt.

Blankenhorn, inzwischen Botschafter in Rom, besucht den Alten Herrn im Frühjahr 1964, als er in Loveno im Haus von Dirk Stikker erfolglos über dem Memoirenplan brütet.[50] Er gibt ihm den vernünftigen

Rat, doch zuallererst unterschiedlichste Memoiren anderer Staatsmänner durchzusehen, um dann zu entscheiden, welches Genre von Erinnerungen er selbst schreiben möchte.[51] Doch auch dagegen sträubt sich Adenauer[52], zumal Blankenhorn die Memoiren Reichskanzler von Bülows und Richelieus Testament als Beispiele genannt hat. Seine energische, doch langsam an der Aufgabe verzweifelnde Assistentin besitzt auch nicht den Überblick. Adenauer hört zwar von vielen zeitgenössischen Memoirenwerken, hat diese auch teilweise im Rhöndorfer Pavillon stehen, doch es fehlt die Geduld zur ruhigen methodischen Prüfung der Art und Weise, wie andere das Problem der Darstellung gelöst haben.

Anneliese Poppinga, die in das Geschäft genausowenig Erfahrung einbringt wie der Alte Herr selbst, findet schließlich heraus, wie man vorankommen kann. Sie erarbeitet nach dem Europa-Archiv und aus Materialien des Auswärtigen Amts Zeittafeln, studiert die Tagespläne, exzerpiert Redentexte, stellt Briefe und Aufzeichnungen zusammen und veranlaßt Adenauer, zu den Materialien Stellung zu nehmen.[53] Seine diesbezüglichen Bemerkungen werden mitstenographiert. Als ihm endlich genügend Stoff vorgelegt wird, beginnt er auch mehr oder weniger intensiv zu schreiben. Dabei geht er vor, wie bei der Korrektur von Redeentwürfen oder von Briefen, die seine Mitarbeiter früher aufgesetzt haben. Er ergänzt mit weichem Bleistift am Rand und im Text, streicht, fügt neue Seiten oder Absätze ein und nimmt Diktate vor.[54]

In Cadenabbia gelingt es auch, ihn zu längeren Äußerungen über das Jahr 1945 zu bewegen.[55] Daraus wird das literarisch durchaus packende Eingangskapitel des ersten Memoirenbandes.[56] Doch dieser Erzählstil wird nicht weitergeführt. Denn ab Herbst 1945 liegen ihm ja eigene Materialien vor, und so findet er zu seinem Stil, der im wesentlichen darin besteht, vorhandene Quellen interpretierend und kommentierend zu verbinden.

Als neugewählter Vorsitzender der CDU in der britischen Zone hatte er alsbald die in der Kölner Oberbürgermeisterzeit geübte Praxis eingeführt, wichtige Sitzungen mitstenographieren zu lassen. Das erweist sich nun als ein Glücksfall. Denn so begegnet er wieder den »Berichten zur Lage«, die er seinerzeit vor dem Vorstand erstattet hat. Auch seine ausführlichen Diskussionsbeiträge liegen im Wortlaut vor. Dazwischen packt er wichtige Reden, verfängt sich für die Jahre 1945 bis 1947 gelegentlich auch in langweiligem Referat zeitgenössischer Quellen oder der Sekundärliteratur, arbeitet sich aber nun doch zum Parlamentarischen Rat und zur Frühgeschichte der Bundesrepublik vor. Dabei läßt sich in zunehmendem Maß auf Briefe, vor allem auch auf verfügbare Protokolle der

Verhandlungen mit den Hohen Kommissaren zurückgreifen. Und je weiter es in die fünfziger Jahre hineingeht, um so wichtiger werden die Dolmetscherprotokolle seiner Gespräche mit ausländischen Besuchern.

Mühe mit der literarischen Gestaltung gibt er sich überhaupt nicht: »Ich schreibe doch keine literarischen Stilübungen!«[57] Er vertraut darauf, daß der Autor und die Sache selbst genügend Interesse finden. Immerhin, ein Stil der Darstellung ist gefunden, wennschon ein stark dokumentenbefrachteter. Außerdem ergibt sich aus der Eigenart der verfügbaren Quellen eine deutliche Vernachlässigung der innenpolitischen Gegebenheiten. Adenauer erkennt das und vertröstet in der Einführung zu Band I auf den folgenden Band.[58] Josef Selbach sowie Peter H. Schulze vom Bundespresseamt stellen ihm auch diesbezügliche Themenkataloge zusammen. Aber er macht später nicht allzuviel Gebrauch davon.

Bei diesen Überlegungen zum Gesamtkonzept entschließt er sich auch, das Memoirenwerk nicht allein auf die Jahre 1944 bis 1963 zu beschränken. »Ist es richtig«, diktiert er Anneliese Poppinga, »daß ich meine Erinnerungen abschließe mit der Zeit meiner Kanzlerschaft? Ich sage nein. Die Weimarer Zeit gehört mit zu der von mir behandelten Zeit und ebenso muß deshalb die Zeit nach dem Herbst 1963 dazugehören. Nicht abschließen den letzten Band damit, daß ich der Dummheit meiner eigenen Fraktion zum Opfer gefallen bin. Abschließen mit einem Blick in die Zukunft: Deutschland – Frankreich – Europa.«[59]

Bei einem siebenwöchigen Aufenthalt in Cadenabbia arbeitet er sich dann schon soweit ein, daß bei der Rückkehr nach Bonn drei von dreizehn Kapiteln des ersten Memoirenbandes weitgehend stehen, drei weitere sind angefangen.[60] Doch wird er durch einen Sturz im Badezimmer zurückgeworfen, als dessen Folge drei Rippen angebrochen sind.[61] Ein gesundheitlicher Kollaps der seit April 1963 völlig überlasteten Anneliese Poppinga hält das Vorhaben gleichfalls auf.[62] Damals, als Adenauers Rücktritt beschlossene Sache war, hat diese Mitarbeiterin neben ihrer regulären Arbeit die Quellen für das Memoirenwerk zu sammeln begonnen. Seither fungiert sie als Chefsekretärin und Research-Assistentin für die Memoiren – auf die Dauer eine nicht zu bewältigende Aufgabe. Nun hat aber Adenauer eine Entschuldigung für sein eigenes Versagen und beklagt sich darüber, er müsse jetzt praktisch die ganze Memoirenarbeit selbst leisten.[63] Sobald er jeweils von Cadenabbia zurück ist, stürzt er sich stets wieder voll in den Bonner Betrieb. Das ist auch deshalb so reizvoll, weil er damit eine gute Entschuldigung findet, sich der Arbeit an dem Buch zu entziehen. Den Verlagen schickt er die ersten Kapitel, um sie ruhigzustellen.[64]

Allmählich kommt in die Bonner Memoirenarbeit ab Dezember 1964 doch etwas Schwung, seit Anneliese Poppinga kurz vor Weihnachten nach Rhöndorf ins Fremdenzimmer einzieht.[65] Auch das Problem von Stoffverteilung und Gliederung wird jetzt endlich genau durchdacht. Dabei zeigt sich, daß man für die Zeit nach 1945 gute drei Bände braucht. Zum Schluß werden dann sogar vier daraus.

Aus Adenauers Sicht hat die Entscheidung für mehrere Bände einen großen Vorteil. Er muß zwar im Frühjahr 1965 mit Hochdruck den Band über die Jahre 1949 bis 1953 abschließen. Dann aber hat er Luft, kann sich in den Wahlkampf stürzen und muß die Arbeit erst im Herbst 1965 wieder aufnehmen. Zugleich hat er bei Aufteilung der Bände einen Vorwand, in Band I nicht mehr groß kürzen zu müssen. Die chronische Unlust vieler Autoren, die eigenen Manuskripte nicht kürzen zu wollen, ist auch bei ihm voll ausgeprägt. Er bringt nicht einmal die Geduld zur kritischen Durchsicht der Rohfassung seiner Manuskripte auf.[66]

Die Stunde der Wahrheit gegenüber den Verlagen schlägt im Februar 1965.[67] Eugen Kurz, der Geschäftsführer der DVA, und Charles Orengo von Hachette erfahren nun definitiv, daß sich der Frühjahrstermin für Band I nicht halten läßt. Die DVA hatte im Vertrauen auf Adenauers Zusage schon entsprechende Ankündigungen gemacht. Immerhin stellt er nun die erste Teillieferung des Manuskripts für Mitte Mai 1965 in Aussicht, die zweite für Mitte Juni. Die Verleger tragen das mit Fassung, denn sie haben längst erkannt, daß sich der berühmte Bundeskanzler durchaus nicht von anderen säumigen Autoren unterscheidet. Doch da sich das, was er bisher vorgelegt hat, als ziemlich langweilig erweist, bedankt sich die DVA erst einmal ergebenst für den Vorschlag und bittet, es doch bei zwei Bänden für die Jahre nach 1945 zu belassen. Vor allem Orengo zögert.

Zur gleichen Zeit, im Frühjahr 1965 also, da Adenauer in zahlreichen Gesprächen seine Fallen stellt, in denen sich Erhard und Schröder nach den Bundestagswahlen fangen sollen, muß er nun mit Hochdruck den ersten Band der Memoiren fertigstellen, um die Blamage abzuwenden. Er sieht endlich ein, daß er neben dem Wochenende zumindest halbe Tage für die Memoirenarbeit reservieren muß.[68] Immerhin schafft er es, den ersten Band im Frühjahr in Cadenabbia fertigzustellen und Mitte Juni an die DVA abgehen zu lassen.[69] Für einen stark beschäftigten Neunundachtzigjährigen, der bisher so gut wie ohne festen Plan arbeitet, ist die Fertigstellung des Buches im Verlauf von praktisch neun Monaten eine durchaus vorzeigbare Leistung.

Langsam beginnt das Bücherschreiben Adenauer mehr Spaß zu machen. Schon während des Wahlkampfs 1965 arbeitet er an der Fortsetzung. Nun beginnt er auch den Journalisten gegenüber zu prahlen: »Das Wichtigste ist die Disposition«, belehrt er Wolfgang Bretholz von der *Welt am Sonntag*[70]: »Denn wenn man die hat, wird alles klarer und kürzer.« Lachend fügt er hinzu: »Schon mein Deutschlehrer in der Oberprima pflegte mir zu sagen: ›Adenauer, die Disposition ist Ihre große Stärke!‹«[71]

Eben an einer guten Disposition fehlte es aber in Band I. Das viel bessere Fortschreiten der beiden folgenden Bände ist nicht zuletzt daraus zu erklären, daß Adenauer jetzt, im Sommer 1965, eine durchdachte Disposition für die folgenden Teile entwickelt. Plötzlich ist alles da: die Fähigkeit zur Schwerpunktsetzung, zur Beleuchtung wesentlicher Szenen, die Formulierung von Fragen, denen die Assistentin Poppinga nachzugehen hat. Die mit den Anlagen 17 Seiten umfassende Disposition des Sommers 1965 wird zwar noch vielfach abgewandelt. Aber von nun an hat er seinen Stoff im Griff. Er erkennt auch, wie wichtig es ist, jeweils zu einzelnen Kapiteln Diktate vorzunehmen, die zu gegebener Zeit einzuarbeiten sind.[72]

Ein Grund für Adenauers auffälligen Eifer liegt auch darin, daß er am Wahlerfolg der CDU zweifelt. Was aber, wenn er dann vom Bundeskanzleramt oder vom Auswärtigen Amt nicht mehr mit Unterstützung für das Memoirenwerk rechnen kann?[73] In Bonn geht es ähnlich unvornehm zu wie seinerzeit Mitte der zwanziger Jahre in Großbritannien, als Winston Churchill, damals Lord of the Treasury, die Bände der »World Crisis« herausgebracht hat. Die Frage der Verwendung amtlicher Dokumente führte zu politischen Angriffen.[74] So muß nun auch Staatssekretär Carstens in der Fragestunde des Deutschen Bundestages erklären, daß Adenauer beim Ausscheiden keine Unterlagen des Auswärtigen Amtes mitgenommen hat.[75]

Am 13. Oktober 1965 erscheint der erste Memoiren-Band und wird ein großer Verkaufserfolg. Schon im ersten Vierteljahr werden über 160 000 Exemplare verkauft. Für Adenauer ist die Buchpremiere eine melancholisch stimmende Koinzidenz. Denn ausgerechnet in diesen Tagen muß er im Kampf mit Erhard und Schröder das definitive Ende seines politischen Einflusses konstatieren. Doch die Rezensionen beflügeln ihn, besonders eine noble Besprechung durch Golo Mann in der *Zeit*: »Als Kunstwerk oder Genußmittel stehen diese ›Erinnerungen‹ nicht zur Diskussion. Sie sind ein Rechenschaftsbericht; sind, gewollt oder ungewollt, ein unschätzbares Zeugnis von des Autors Charakter, vom Funktionieren seines Geistes, von dem Licht und Schatten seiner Staatskunst.«[76]

»Erinnerungen 1945–1953«

Adenauer bei der Überreichung des ersten Memoirenbandes mit DVA-Geschäfsführer Eugen Kurz und Anneliese Poppinga.

Der nächste Band läuft ihm in der Tat besser von der Hand. Nach dem großen Erfolg geben die Verleger vorerst Ruhe. Er selbst geht das neue Buch auch in größerer Muße an. Die politischen Sorgen werden zwar nicht geringer, wohl aber die Belastung durch Termine. Je weiter er an den Rand der Politik gerät, um so mehr treten nun die Memoiren in den Mittelpunkt seiner Überlegungen. Golo Mann, der ihn im April 1966 in Cadenabbia aufsucht, bekommt bei der Gelegenheit von Anneliese Poppinga zu hören, er wolle von dem schon Geschriebenen nichts mehr ansehen und alles aus dem Weg haben: »Wahrhaft erschütternd ist ja auch, daß er offenbar fürchtet, nicht mehr fertig zu werden.«[77]

Noch stärker als beim ersten Band läßt sich jetzt erkennen, wie die Beschäftigung mit den Vorgängen der Jahre 1952 bis 1955 auf seine Äußerungen zur aktuellen Politik abfärbt. Desgleichen führt sein jetzt ganz kompromißloser Wiedervereinigungskurs des Jahres 1966 auch zur nachträglichen Vereinfachung der komplizierten Politik in den Jahren 1952 und 1953. Doch Adenauers Ängste der frühen fünfziger Jahre sind auch die der Jahre 1965 und 1966 – Westexpansion der Sowjetunion, Neo-Isolationismus der USA, Einigung der Weltmächte auf Kosten Deutschlands und Neutralisierung. Letztere lehnt er so heftig ab wie eh und je. Im April 1966 richtet Golo Mann die pointierte Frage an ihn: »Nehmen wir aber einmal an, ein vereinigtes neutrales Deutschland wäre möglich gewesen, hätten Sie es dann gewünscht?« Adenauers knappe Antwort lautet: »Nein, niemals.« Jetzt aber fürchtet er eine Neutralisierung Deutschlands und Frankreichs, ja ganz Westeuropas.[78]

Die Zeitebenen der Jahre 1952/53 und des Jahres 1966 fließen ineinander. Manches an der aktuellen Deutschlandpolitik mißfällt ihm auch im Licht der Vorgänge der frühen fünfziger Jahre ganz entschieden. So lehnt er die Vorschläge von »Besprechungen« zwischen der SPD und der SED entschieden ab: »Da komme doch alles ins Wanken.«[79] Obschon er seit längerem über Herbert Wehner eine etwas günstigere Meinung zu erkennen gibt, hat er sein tiefes Mißtrauen gegen die SPD nicht aufgegeben. Die Sozialdemokraten, so eröffnet er Golo Mann im Frühjahr 1966, sind eben immer noch eine linke Partei, die den Kommunisten zuneigt.[80] Er sieht darin eine Hauptgefahr im Verhältnis zur SBZ.

Häufig unterstreicht er jetzt auch die These, die Wiedervereinigung müsse und werde kommen, doch nur im europäischen Rahmen. Und noch nachdrücklicher als früher arbeitet er heraus, daß es bei der Wiedervereinigung primär um die Freiheit geht und nicht nur um ein nationales Problem. Sie sei auch keine rein deutsche Frage.[81] So präpariert Adenauer zunehmend deutlich jene Formeln heraus, mit denen dann die CDU bis zur Überwindung der Teilung arbeiten wird.

In diesem Punkt trifft er sich übrigens auch mit Axel Springer, der sich inzwischen von den Neutralitätsideen abgewandt hat. Schon gegen Ende seiner Amtszeit haben Adenauer und Springer ihren Frieden gemacht. Springer sucht ihn seither häufig in Bonn oder in Cadenabbia auf und dirigiert seinen Pressekonzern auf Adenauer-Kurs.

Unablässig führt Adenauer seinen Besuchern in diesem Memoirenfrühling des Jahres 1966 auch vor Augen, wie rasch und wie unvorhergesehen sich auf längere Sicht alles ändern könnte. Wer weiß, hört Anneliese Poppinga häufig von ihm, wie Europa in 25 oder gar in 50 Jahren aussehen wird?![82] Selbst in bezug auf die Sowjetunion hält er alles für möglich. Seine Schilderung der Moskauer Verhandlungen vom September 1955 und zugleich den zweiten Memoirenband läßt er mit dem Satz enden. »Bei aller Skepsis hatte ich aber das Gefühl, mit den Männern im Kreml vielleicht doch eines Tages die Lösung unserer Probleme finden zu können.«[83]

Ende 1966 wird der zweite Erinnerungsband veröffentlicht. Doch wie schon bei Erscheinen von Band I im Oktober des Vorjahrs kann sich Adenauer nicht auf das Buchereignis konzentrieren. Wieder hält ihn das Bonner Geschehen in Atem.[84] So überlagert die Politik unablässig die Memoirenarbeit.

Daran ändert sich bis in seine letzten Lebenswochen nichts. Die Memoiren bleiben ein Torso. Immerhin hat er den Band III über die Jahre 1955 bis 1959 bis auf die Schlußredaktion abgeschlossen. Darstellerisch ist dieser der reifste von den dreien. Als Adenauer bereits von der letzten Erkrankung gepackt ist, die zu seinem Tod führt, spricht Anneliese Poppinga mit ihm jene Kapitel durch, die sich mit der Staatskrise von 1958 in Frankreich und mit dem schon legendären Besuch in Colombey-les-deux-Églises befassen. Noch auf dem Sterbebett kreisen Adenauers Gedanken unruhig um die Memoiren und um Frankreich.

Letzte Reisen

Im März 1966 hat Adenauer den CDU-Vorsitz niedergelegt. Ihm bleibt nun noch genau ein Jahr, das sich mit vielen Einschränkungen als Ruhestand bezeichnen läßt. Davon verbringt er etwa zweiundeinhalb Monate in Cadenabbia.

Die Frühjahrswochen in der Villa Collina sind fast ein reines Vergnügen. Er arbeitet an den Memoiren, ergeht sich in den großen, baumreichen Parkanlagen, führt Gespräche mit Hausgenossen oder Besuchern und unternimmt kleinere Ausflüge. Ein Ereignis besonderer Art ist der Besuch Oskar Kokoschkas. Drei Wochen lang steht ihm Adenauer für das Gemälde Modell, das im Deutschen Bundestag aufgehängt werden soll. Er unterhält sich blendend, und alle stimmen darin überein, daß diese Begegnung mit dem auch schon achtzigjährigen Maler ein kapitales Vergnügen ist: »Die Giganten hatten gigantischen Spaß«, wird man im schönsten der darüber verfaßten Berichte lesen.[1]

Bei Kokoschka selbst hinterläßt das Zusammentreffen mit Adenauer einen nachhaltigen Eindruck. Kurz nach dem Tod des Kanzlers legt er eine Aufzeichnung über die Tage in Cadenabbia an und vermerkt dort, was ihn am stärksten beeindruckt hat. Schon das erste Zusammentreffen scheint ihm erwähnenswert: »Es wartete ein Dutzend von Reportern bereits vor dem Parktor von Konrad Adenauers Residenz in Cadenabbia. Es war vor Ostern, das Wetter nicht günstig, vielleicht würde es mehrere Wochen brauchen, bis sein Portrait fertig wurde, das noch gar nicht angefangen war. Die Reporter mußten warten. An der letzten Kurve vor der Villa sahen wir Konrad Adenauers aufrechte Figur im Regen stehen. Er hielt seinen kleinen Hut in der Hand, der sein durchfurchtes, langes Gesicht noch mehr zu der der Welt so bekannten Maske beliebt gemacht hat. Solch vollendete Höflichkeit im hohen Alter, dachte ich, ein gutes Beispiel für die Jugend heute, welcher gute Erziehung fehlt, was nach zwei Weltkriegen auch niemanden zu wundern braucht.«[2]

Man führt auch politische Diskussionen, und Adenauer macht aus seinem Herzen keine Mördergrube: »Stunden täglich gingen so schnell vorbei. Sorge um Deutschlands Zukunft raubte dem großen Mann oft die Nachtruhe. Seine stahlblauen Augen blitzten, und das war gar kein alter Mann, der da glaubte, Siege über die menschliche Unzulänglichkeit müßten nicht auf dem politischen Schachbrett, sondern in den Herzen der Menschen gewonnen werden.«[3]

Kaum sind die Kokoschkas abgereist, trifft Golo Mann zu einem kurzen Besuch ein. Während Adenauer spricht, beobachtet er ihn genau: »Die Farbe des Gesichtes wächsern, der Mund eingefallen. Die Augen über und hinter schwer hängenden Säcken; eher klein, blaß und in die Ferne blickend. Eine ganz leichte Ähnlichkeit mit der letzten Photographie Metternichs: das Porzellanen-Zarte des höchsten Alters, der ferne Blick. Das Lachen oder Lächeln sehr liebenswürdig, verschmitzt, das Gesicht in

Aufrechte Figur

Mit Oskar Kokoschka:
»Die Giganten hatten gigantischen Spaß«.

wohlige Falten zerknitternd, besonders wenn, später beim Abendessen, seine angenehme und intelligente Assistentin, Fräulein Poppinga, dazu anregte.«[4] Golo Mann gesteht, daß er während der Gespräche wachsende Sympathie für den Greis empfindet: »das hohe Alter, die Einsamkeit, die verhaltene Trauer, aber auch die Erfahrung, die schlichte Weisheit, das Fehlen jeder Prätention bei natürlicher Würde; der Ernst und der Humor; der Charme, der von ihm ausgeht.«[5]

Anneliese Poppinga mischt in ihren Bericht über diese Wochen auch dunklere Töne, schildert, wie Adenauer beim Abschiedsgang durch den Park nochmals die Dörfer, Häuser und Paläste am gegenüberliegenden Ufer betrachtet und dann bemerkt: »Wozu das alles! Wenn es keine unsterbliche Seele gäbe, dann wäre doch alles Leben sinnlos. Sehen Sie, jetzt bin ich 90 Jahre alt, ich habe Kinder. Ich habe viel Leid, auch viel Freude gehabt – aber wozu?«[6]

Gleich vielen älteren Menschen sieht Adenauer in der Welt nun vorwiegend Zerfall, Aufweichung der ethischen Grundlagen, Autoritätsschwund, Chaos der Werte[7]: »eine atemberaubende, erdrückende Zeit«, die, so meint er sorgenvoll, zum Nervenverschleiß führt und die einzelnen Menschen unproduktiv werden läßt. Ein Zeitungsbericht über die physikalische Beschaffenheit des Mondes, den die amerikanischen Astronauten demnächst betreten werden[8], gibt ihm Anlaß zu sarkastischen Bemerkungen über die Hybris des Zeitalters der Weltraumfahrt.

Häufiger als früher bei ihm gewohnt, beginnt er Dritten gegenüber auch über sich selbst nachzusinnen. »Ich bin absoluter Durchschnitt«, wehrt er etwa die Bewunderung Anneliese Poppingas ab[9] – »nicht übermäßig klug. Fleiß, Ausdauer und Geduld, Arbeit...«[10] Und dann meint er: »Mein konsequentes, zielbewußtes Arbeiten mein Leben lang ist eigentlich meine beste Tugend, und dazu Beobachtung und gesunde Skepsis, nicht nur Menschen, auch Entwicklungen gegenüber.«[11]

Nicht allein im Rückblick liegt also wohl über den letzten Cadenabbia-Aufenthalten Abschiedsstimmung. Es ist kennzeichnend, daß Kokoschka diesen harten, vielfach unbarmherzigen Mann in so bunten, weichen Farben malt.[12] Im Bundestag, wo das Bild aufgehängt wird, hat man ihn anders in Erinnerung.

Immer noch ist Adenauer aber irdisch genug, sich politisch stark zu erregen und zu sorgen. Anfang Oktober 1966, acht Tage bevor er den Comer See für immer verläßt, schreibt er an Brita Roemer: »Ich habe meinen Aufenthalt in Cadenabbia etwas gegenüber meinen ursprünglichen Plänen verlängert, um in Ruhe an meinen Erinnerungen arbeiten zu können.

Aber ich bin doch heftig gestört durch den politischen Wirrwar in Bonn.«[13] Dort taumelt die Regierung Erhard ihrem Ende entgegen.

Wer ihn allerdings außerhalb von Cadenabbia erlebt, verspürt nicht viel von dem elegischen Adenauer. Die große Reise nach Israel, die er sich Anfang Mai 1966 gönnt, hat fast alle Attribute eines Staatsbesuchs. Adenauer tritt dort auf, als wäre er noch Bundeskanzler. Der Besuch findet im Scheinwerferlicht der Weltpresse statt und wird von Adenauer selbst durch eine Vielzahl von Interviews vor- und nachbereitet.

Die Einladung war noch von Ministerpräsident Ben Gurion ausgesprochen worden, der 1963 zurücktrat. Ursprünglich ist die Reise für den Herbst 1965 vorgesehen. Doch die zeitliche Nähe zum diplomatischen Nahost-Debakel des Frühjahrs 1965 läßt diesen Zeitpunkt als ungeeignet erscheinen.[14] Auch jetzt, im Frühjahr 1966, befinden sich die deutsch-israelischen Beziehungen in einem heiklen Zustand. Kurz vor Adenauers Eintreffen ist nur recht mühsam eine Einigung über die Entwicklungshilfe erzielt worden, die Bonn im kommenden Haushaltsjahr an Israel leisten wird.

Die israelische Regierung beruft sich bei ihren Forderungen auf frühere Zusagen Adenauers an Ben Gurion. Adenauer sympathisiert mit den israelischen Wünschen, räumt unter Bezugnahme auf das Gesprächsprotokoll der berühmten Begegnung in New York vom Frühjahr 1960 und auf ein späteres Schreiben an Ben Gurion auch ein, daß seinerzeit über weitere Leistungen an Israel gesprochen worden ist.[15] Die Zusage einer Summe von zwei Milliarden D-Mark will er aber nicht bestätigen. Seit 1950 ist er sich auch genau darüber im klaren, wie umstritten die Wiedergutmachung und die Beziehungen zu Deutschland in Israel selbst sind. Eine starke Gruppe um Ben Gurion, Moshe Dayan, Shimon Peres, Nahum Goldmann, Teddy Kollek oder Felix Shinnar hat seinen Besuch durchgesetzt, bereitet ihn vor und sorgt für einen würdigen Ablauf. Protokollarischer Anlaß für die Einladung Adenauers ist die Verleihung der Ehrenmitgliedschaft durch das Chaim Weizmann-Institut in Rehovot. Doch der Besuch ist natürlich hochpolitisch. Ben Gurion und die mit ihm verbundenen Politiker halten jetzt den Zeitpunkt für gekommen, in den Beziehungen zwischen Israel und dem neuen Deutschland einen psychologischen Durchbruch zu erzielen, nachdem die Aufnahme diplomatischer Beziehungen im Land vielfach auf Kritik gestoßen ist. Auch stolze Dankbarkeit gegenüber Adenauer soll dabei zum Ausdruck kommen. Deutscherseits wirkt der erste Botschafter in Israel Rolf Pauls als treibende Kraft. Pauls ist gewissermaßen ein Adenauer-Mann der ersten

Stunde. Er war schon 1950 im Stab Blankenhorns tätig, als die ersten Fäden zu Israel geknüpft wurden.

Gegen den Besuch Adenauers wenden sich indessen alle Organisationen, die nicht vergeben wollen und können. Dabei finden sich sowohl Ultra-Nationalisten wie die israelischen Kommunisten. Tage und Wochen vor dem Besuch wird aber schon deutlich, daß auch Levi Eschkol, Ben Gurions Nachfolger als Ministerpräsident, eher den Kritikern an dem Besuch Adenauers zuneigt. Er ist ein ukrainischer Jude, spricht anders als Ben Gurion fließend Deutsch, zeigt sich aber entschlossen, in seinen kritischen Äußerungen und Gesten bis an die Grenze dessen zu gehen, was protokollarisch möglich ist.

Adenauer beginnt den Besuch in einer Mischung von tiefer persönlicher Bewegtheit und politischer Umsicht. Die dicht gedrängte Journaille fühlt sich wieder in alte Kanzlerzeiten zurückversetzt. Zum Empfang auf dem Flughafen am 2. Mai 1966 haben sich fast alle eingefunden, die seit Anfang der fünfziger Jahre vor und hinter den Kulissen an den neuen deutsch-israelischen Beziehungen arbeiten. Die Prominentesten sind Ben Gurion und Nahum Goldmann. Außenminister Abba Eban entbietet Adenauer den alttestamentlichen Willkommensgruß: »Gesegnet sei Dein Kommen!«[16]

Man spürt die Erregung Adenauers. Er weiß, was das Zusammentreffen mit dem Patriarchen Ben Gurion auf dem Boden Israels bedeutet. Seine eigene Lebensgeschichte verbindet sich somit ganz am Ende mit der jahrtausendealten Geschichte des jüdischen Volkes. Ohne vorbereitetes Manuskript und mit leiser Stimme bemerkt er: »Das ist einer der ernstesten und schönsten Augenblicke meines Lebens. Einer der ernstesten, denn er erinnert mich an die Ungerechtigkeit, die besonders Ihrem Volke angetan wurde, aber auch einer der schönsten, weil ich hier sehen kann, was Ihr Volk geschaffen hat. Es ist eine der größten Vollendungen der Geschichte, daß Sie hierhergekommen sind und Ihre Unabhängigkeit wiederhergestellt haben. In der Geschichte der Menschheit ist dies ein einzig dastehendes Ereignis ...«[17]

Auch seine Einladung betrachtet er als ein Wunder. »Nie habe ich geglaubt, als ich das Amt des Bundeskanzlers antrat, daß ich eines Tages zum Besuche Israels eingeladen würde.«[18]

Bereits bei der Abfahrt vom Flughafen schlägt ihm aber eine Demonstration entgegen. Zwar wird im Lauf des Besuchs deutlich, daß die Proteste nur von kleinen Gruppen getragen werden, und Adenauer glaubt auch zu bemerken, wie sich die Stimmung spürbar verbessert. Doch noch am letzten Abend des Besuchs, als Botschafter Pauls eingeladen hat, geht es hoch her.

Nach der Rückkehr gibt Adenauer dem *Spiegel*-Journalisten Schreiber eine Schilderung. Sie sagt auch einiges über die Art und Weise aus, was ihm in solchen Situationen durch den Kopf geht: »Ich bin so viel Demonstrationen gewöhnt, daß mir das wirklich nichts ausmacht. Nur will ich Ihnen sagen, am letzten Abend, als der Botschafter das Essen gab, da gingen wir – wir waren zu viert oder zu fünft – die Treppe hinaus, und da dachte ich, jetzt wäre die beste Gelegenheit, einen abzuknallen. Da hat der eine Kerl mit den Flugblättern, die er hart zusammengebündelt hatte, mich hierhin getroffen (zeigt eine Stelle neben dem Auge). – Frage: »Schmerzhaft? – Nein, die Wucht war etwas gebremst. Aber wenn das Auge getroffen worden wäre, dann wäre es schmerzhaft gewesen, so nicht. Dann hat der Major, der bei uns war, den zusammengeschlagen, als er ins Hotel gebracht wurde, und nachher wurde er vom Personal nochmals zusammengeschlagen. Wie überhaupt, Herr Schreiber, das wird Sie interessieren, man von Tag zu Tag mehr erkennen konnte, daß die Stimmung uns gegenüber freundlich ist.«[19]

Die Israelis haben Adenauer offenbar den richtigen Polizeioffizier als Begleitschutz zugewiesen. Der genannte Major namens Riese stammt aus Deutschland und ist 1934 über die Schweiz nach Israel emigriert. Seine beiden Eltern sind vergast worden. Der Aufforderung ihres Sohnes, ihm nachzukommen, waren sie mit der Feststellung nicht gefolgt: »Deutschland ist unser Vaterland, hier lieben wir jeden Stein.« Lakonisch meint Adenauer: »Daß das in so einem Manne nachwirkt, kann man doch verstehen.«[20] Daher vermeidet er es auch, von deutsch-israelischer »Versöhnung« zu sprechen. Zwischen Deutschen und Franzosen sei dies möglich gewesen, im Fall der Israelis nicht.

Im übrigen ist er immer für unerwünschte Hinweise gut. Er macht wiederholt darauf aufmerksam, die Nazis hätten nicht nur sechs Millionen Juden umgebracht, sondern auch Millionen Deutsche.[21] Und man solle auch nicht die 15 Millionen toter Russen vergessen.[22] Doch die Israelis, bemerkt er realistisch, denken natürlich nur an die Juden.[23]

Nicht nur die Toten beklagt er, sondern auch den Verlust der vielen Juden, die vor dem Krieg in die Emigration getrieben worden sind. In Erinnerung an seinen Besuch bei der »Claims Conference« meint er zu einem Interviewer: »Ist Ihnen da aufgefallen, wie viel gut geschnittene Gesichter da waren und wie weh es einem tut, daß die nicht mehr bei uns sind.«[24] In Tel Aviv begibt er sich in den Kölner Klub und entdeckt das

Heimweh der einstigen Landsleute. Man feiert ihn ausgelassen, und noch beim Hinausgehen, erinnert er sich, sangen sie »ein uraltes Karnevalslied«.[25]

So anerkennt er, daß Stolz, Trauer und Haß vielen Israelis das Vergessen verbieten. Gezielte Kränkungen durch Ministerpräsident Eschkol nimmt er aber nicht hin. Am Abend des zweiten Besuchstages hat Eschkol zu einem Abendessen eingeladen, bei dem es zum Eklat kommt. Kurz vor der Tischrede erhält Adenauer den zuvor schon an die Presse verteilten Text Eschkols. Darin findet sich unter anderem der Satz, Israel suche nach einem Zeichen, daß Deutschland »für sich selbst nach einem Weg in die Völkergemeinschaft sucht«. Und: »die Wiedergutmachung stellt nur eine symbolische Rückerstattung des blutigen Raubes dar. Es gibt keine Sühne für die Greuel und keinen Trost für unsere Trauer.«[26]

Adenauer sieht damit sein ganzes politisches Werk von zwanzig Jahren in Zweifel gezogen, und zwar nicht allein seine Bemühungen gegenüber Israel. »Wenn guter Wille nicht anerkannt wird«, schleudert er Eschkol entgegen, »kann daraus nicht Gutes entstehen.« Er droht mit sofortiger Abreise, und noch bei der Rückkehr ins Hotel King David berichtet er tief erregt, es habe einen »Mordskrach« gegeben.[27] Das konnte ich mir als Deutscher nicht gefallen lassen, meint er später.[28]

Eschkol revanchiert sich für diese Auseinandersetzung, indem er dem großen Empfang von Botschafter Pauls fernbleibt. Er entsendet auch keinen Vertreter.[29] Der diplomatische Skandal ist so peinlich, daß sich der Ministerpräsident schließlich kurz vor der Abreise doch nochmals mit Adenauer trifft und einige Worte der Entschuldigung findet.[30]

Das stürmische Rencontre ist allerdings ein Einzelfall und Adenauer einfühlsam genug, dafür dann doch Verständnis zu haben. Ansonsten behandeln ihn die Offiziellen als den großen Freund Israels, als der er sich schließlich erwiesen hat.

Er ist also ganz der Alte wie früher stets bei Staatsbesuchen: direkt, selbstbewußt, scharf beobachtend, ein Feind von Klischees, voll Verständnis für die Psychologie der Gastgeber, von nicht zu stillender Aufnahmebereitschaft und unermüdlich. Erst besichtigt er das geteilte Jerusalem, allerdings ohne Besuch der Heiligen Stätten im jordanischen Sektor. Dann fährt er nach Haifa, zum See Genezareth, nach Nazareth, zum Berg Tabor hoch und fliegt schließlich mit dem Hubschrauber in den Negev zum Kibbuz von Ben Gurion in Sde Boker.

In den folgenden Monaten hört man immer wieder von ihm, wie stark ihn die Energie des israelischen Volkes beeindruckt hat. Doch die

In der Bibliothek Ben Gurions mit Botschafter Pauls.

Zukunft des Staates sieht er nicht in rosigen Farben.[31] Auch von ihm erhalten die Gastgeber den schon damals wohlfeilen Hinweis: »die Israelis müssen doch auch einmal zu ihren Nachbarn finden. Auf Dauer kann man doch nicht mit den Waffen herumlaufen.«[32] Und ausgerechnet Adenauer, der über lange Jahre hinweg die deutsche Kernwaffenoption offenzuhalten suchte, deutet hier an, daß es ihm klug erschiene, wenn Israel auf die Herstellung von Atomwaffen verzichten würde.[33] Freilich, er weiß: die sowjetischen Waffenlieferungen an Ägypten und Syrien... Für die Zukunft Israels sieht eben auch er keine Patentlösung, zeigt sich aber weiterhin überzeugt, daß der Westen diesem Land helfen muß.[34]

Selbstbewußt kehrt er nach Deutschland zurück. »Der alte Herr ist auf der Höhe wie in seinen besten Tagen«, schreibt ein bewundernder Heinrich Krone.[35] Ein paar Tage später läßt er sich bei Vorstellung des Kokoschka-Bildes nochmals im Bundestag feiern.[36] Die Journalisten haben ihn wieder voll entdeckt. Einmal mehr genießt er für kurze Tage die Aufmerksamkeit aller Medien.

Kein Wunder, daß er seine kurzfristig zurückgeholte Popularität alsbald nutzen möchte, um Gerhard Schröder doch noch zu verdrängen. Er will Erhard einen Brief schreiben, in dem er die Entlassung des Außenministers fordert, bemerkt er nun energisch.[37] Es sind die Wochen heftigen Tauziehens mit Paris. De Gaulle hat den französischen Truppenrückzug aus Deutschland nach dem für den 1. Juli angekündigten Rückzug aus der NATO-Militärorganisation angekündigt. Obschon Adenauer als CDU-Vorsitzender abgetreten ist, begibt er sich im Juli noch dreimal ins Parteipräsidium und streitet sich mit Erhard, Schröder und von Hassel über deren Frankreichpolitik.[38] Auch im Landtagswahlkampf von Nordrhein-Westfalen sucht er nochmals den Trend zu wenden, der gegen die CDU läuft.

Doch das alles erweist sich als Strohfeuer. Die Wahl in Nordrhein-Westfalen geht verloren. Nun gerät auch die Regierung Erhard ins Rutschen. Doch unter den Kräften, die sie zu Fall bringen, spielt Adenauers interne und öffentliche Kritik so gut wie keine Rolle mehr. Erneut kommt de Gaulle im Juli 1966 nach Bonn, und einmal mehr beschwört ihn Adenauer, »alles daran zu setzen, um Europa zu schaffen«. Ob Europa als Föderation oder als Konföderation entsteht, ist ihm längst gleichgültig.[39] Doch was er rät, kritisiert oder an Sorgen äußert, wird nur noch respektvoll zur Kenntnis genommen. Wirkung zeitigt es nicht mehr.

Schon bald nach der Rückkehr aus Israel hat sich die veröffentlichte Meinung wieder anderen Helden und anderen Unruhestiftern zugewandt. Erneut sieht sich Adenauer auf die Memoirenarbeit zurückver-

»Für die Zukunft wirken«

Vor dem Memoirenpavillon, 1966.

Die Memoiren-Fron.

wiesen. Im September und Oktober begibt er sich mit seinem kleinen Stab und in Gesellschaft einer der treuen Töchter recht resigniert nach Cadenabbia zum letzten Aufenthalt im Ferienparadies seiner späten Tage. Ganz einsam ist er dort nicht. Aber für seine Verhältnisse ist es in der Villa Collina entschieden zu ruhig.

Es sind jetzt vorwiegend Verleger, die ihn aufsuchen. Regnery kommt aus Chicago[40], und der Mondadori-Verlag gibt im Mailänder Principe Savoia einen Empfang. Dazu wie stets ein Gespräch mit Dirk Stikker beim Tee, ein Besuch des Referenten aus alten Kanzlertagen Hans Kilb, der jetzt bei *Ispra* ein großer Mann ist, schließlich nochmals Nahum Goldmann und Rainer Barzel. Über allem liegt doch melancholische Spätsommerstimmung. Später erinnert man sich daran, wie entschieden er bei diesen Cadenabbia-Besuchern darauf Wert legte, bei Tisch oder im Garten einen bestimmten Thermometer mit sich zu führen. Vielleicht ist es sein Präzisionssinn, der nach ständiger Messung der Temperatur und des Zeitablaufs verlangt. Möglicherweise will er aber auch stets die Aufschrift auf dem Gerät vor Augen haben, die er so gerne zitiert: »La fortuna sta sempre all altra riva.«[41]

Ausgerechnet im November 1966, als in Bonn die Lawine zu Tal geht, hat er seine Herbstgrippe in Rhöndorf durchzustehen. Diesmal dauert sie drei Wochen.[42] So muß er die für den Herbst geplante Spanienreise absagen. Doch er legt Wert darauf, dies dann eben im Winter nachzuholen, und so bricht er am 14. Februar 1967 mit der üblichen Begleitung zu dieser letzten Fernreise auf. Unter gesundheitlichen Aspekten ist der Besuch im winterlich unfreundlichen Spanien eine Verrücktheit.

Schon ziemlich früh während der Kanzlerjahre hat er gegenüber dem Spanien General Francos keine Berührungsängste gezeigt. Spanien ist seiner Meinung nach ein Kernland des abendländischen Europa und Franco ein General, der so autoritär regiert, wie das nach Lage der Dinge wohl unvermeidlich ist. Auch geostrategische Überlegungen erklären diese höchst unvoreingenommene Spanienpolitik. Aus seiner Sicht und aus Sicht der Gastgeber soll also die Reise daran erinnern, daß Spanien zu Europa gehört und eines Tages den Weg in die Europäischen Gemeinschaften finden muß.

Neugierig wie stets, möchte er aber auch das Land sehen, und so wird das übliche Programm vorbereitet: der Prado, der Escorial, das »Tal der Gefallenen« und Toledo mit der El Greco-Galerie. Wieder absolviert er ein Pensum, das morgens um sieben Uhr beginnt und bis Mitternacht dauert.[43] Im Licht seines kurz danach eintretenden Todes schreibt man dem Besuch in der Gruft Karls V. eine Bedeutsamkeit zu, die Adenauer so wohl nicht empfindet. Denn wann immer er in diesen Tagen an die Vergänglichkeit erinnert wird, schiebt er das mit seinen bekannten Witzeleien beiseite. Als ihm der Rektor der deutschen Schule beim Abschied noch ein langes Leben wünscht, repliziert er spöttisch: »Na, nun gönnen Sie mir schließlich auch mal den Himmel.«[44]

Die spanische Regierung rollt den breiten roten Teppich aus und feiert den Gast als den großen alten Mann Europas. Die Presse bezeichnet die glänzende Aufnahme als Apotheose des ehemaligen deutschen Kanzlers.

Von Franco zeigt sich Adenauer sehr angetan – er sei bescheiden, zurückhaltend, überlegt, ein guter Zuhörer.[45] Mit Prinz Juan Carlos und Prinzessin Sophia von Griechenland begegnet ihm schon die Zukunft Spaniens, zugleich aber die eigene Vergangenheit. Denn die Mutter der Prinzessin hat er 1954 erstmals in Griechenland getroffen. Das war ganz am Anfang seiner Auslandsreisen, als das Souveränitätsdefizit der Bundesrepublik seinen Spielraum noch stark einengte.

Doch gegenüber den frühen fünfziger Jahren ist sein Pessimismus nicht kleiner geworden. Im Gegenteil. Der Winter 1966/67 ist bereits durch die Auseinandersetzungen um den Atomsperrvertrag gekennzeichnet. Adenauer steigert sich in diesen Wochen und Monaten in einen ganz unerbittlichen Kampf gegen die Kollusion der beiden Supermächte hinein.

Aus seiner Sicht liegt ein Hauptreiz des Spanien-Besuchs darin, daß vor ihm im »Ateneo« über tausend prominente Zuhörer sitzen. Der spanische Informationsminister Fraga Iribarne hat dafür Sorge getragen, den großen Auftritt Adenauers in Madrid unter den Scheinwerfern der Weltpresse ablaufen zu lassen. Adenauer bereitet seine Ansprache gründlich vor, auch wenn er nicht ahnt, daß er dabei das Testament seines europäischen Wollens zu Papier bringt. Die Rede ist ein leidenschaftliches Plädoyer für die Einigung Europas. Rußland, so führt er vor der begeisterten spanischen Zuhörerschaft aus, gehört nicht zu Europa, es ist »ein Großkontinent für sich«. Wohl aber gehören dazu »die übrigen Länder Europas«, und zwar alle. Die Sechser-Gemeinschaft muß geöffnet werden. Spanien darf nicht außerhalb bleiben: »Aber auch nach Osten müssen wir blicken, wenn wir an Europa denken.«[46]

In der Sowjetunion sieht er nach wie vor die große Gefahr für die Freiheit. Der Hauptstoß der ganzen Ansprache richtet sich gegen den Atomsperrvertrag. Er sieht darin auch die Gefahr einer Knebelung der europäischen Energiewirtschaft, somit einen Anschlag auf das industrielle Überleben Europas. Seine Warnung vor den Supermächten ist nun ähnlich schrill wie die Angriffe de Gaulles. Die übrigen Mächte wären »mehr oder weniger zur Bedeutungslosigkeit verurteilt«, käme es wirklich zu dem Vertrag. Sie würden »Werkzeuge des Willens der Großen.«[47] Im Mittelpunkt seiner Bedenken stehen die Rückwirkungen auf die Bundesrepublik selbst. Der sowjetische Ministerpräsident Kossygin habe erklärt, ihn interessiere nur die deutsche Unterschrift unter dem Vertrag.[48]

Von Madrid reist er nach Paris, um de Gaulle nochmals aufzusuchen. Der Idee »Europa vom Atlantik bis zum Ural« hat er allerdings schon in der Ateneo-Rede eine offene Absage erteilt. Nun wärmt er nochmals den Gedanken auf, doch das Konzept der Politischen Union gemäß dem Plan Fouchet II erneut zu prüfen. Könnte man nicht die im April 1967 in Rom stattfindenden Feiern zum zehnjährigen Bestehen der EWG für eine neue Initiative nützen?[49] Der Appell wird von de Gaulle höflich, aber zurückhaltend zur Kenntnis genommen. Es wird in diesen Monaten deutlich, daß Adenauers Vorstellungen nun zu allen wichtigen Verbündeten quer liegen. Er ist unzeitgemäß geworden. Doch benützt Adenauer die erneute Aufmerksamkeit der Presse konsequent zur weiteren Stimmungsmache gegen den Atomwaffensperrvertrag. Er glaubt nun den zündenden Slogan gefunden zu haben: der Vertrag sei »ein Morgenthauplan im Quadrat«. In der Wahl seiner publizistischen Instrumente ist er überhaupt nicht wählerisch, denn er trifft diese sowohl anti-amerikanische wie anti-sowjetische Feststellung ausgerechnet in einem *Spiegel*-Interview.[50] Auch hier gibt er seiner Sorge vor den wirtschaftlichen Folgen Ausdruck: »Was dahinter steckt, ist, daß die deutsche Wirtschaft konkurrenzunfähig gemacht werden kann.«[51]

Jetzt gerät er auch mit dem neuen Bundeskanzler aneinander. Kiesinger hat die »aufgeregte Diskussion gegenüber dem Atomsperrvertrag« bemängelt und auch Adenauer ausdrücklich in seine Kritik einbezogen.[52] Adenauer weist ihn in einem persönlichen Brief darauf hin, daß er selbst ihn bisher noch nicht öffentlich kritisiert habe. Er fügt zwar hinzu, es wäre doch besser, wenn man sich vor einer solchen Kritik mündlich oder schriftlich aussprechen würde. Dann gibt er ihm aber zu verstehen, daß gerade Kiesingers Haltung es ist, die ihn zu seinen scharfen Reden veranlaßt hat: »Ich habe sehr ernste Sorgen wegen der flauen Haltung Ihrer Regierung und Ihrer selbst, die Sie gegenüber der US und SU in dieser lebenswichtigen Frage einnehmen. Wenn Sie und Ihre Regierung und die von dieser beeinflußte Presse, Rundfunk und Fernsehen eine solch euphoristische Sprache haben, wird Ihre Stimme kein Gehör finden. Ich bitte Sie, mir das aufgrund meiner langjährigen Erfahrung zu glauben.«

Mit Bundeskanzler Kiesinger, Februar 1967.

Und warnend fügt er hinzu: »Auch das, was wir unter der Kanzlerschaft Erhards erlebt haben, bestätigt diese meine Meinung.«[53]

Kiesinger weist Adenauers Angriff – gleichfalls nur »mit hochachtungsvollen Grüßen« – unverzüglich zurück, meint aber doch: »Es wäre, auch um des Zusammenhalts unserer Partei willen, gut, wenn wir uns bald über dieses schwierige Problem unterhalten würden.«[54] Zu Conrad Ahlers bemerkt Kiesinger, man müsse sich doch fragen, ob Adenauer einen Bruch Deutschlands mit den USA beabsichtige.[55]

Da die Regierung keine Wirkung zeigt, setzt Adenauer seine Kampagne gegen den Vertrag ohne jede Zurückhaltung fort, nennt allerdings Kiesinger weiterhin nicht mit Namen. Sein letzter öffentlicher Auftritt in der großen Aula der Universität München bei Gründung der Deutschland-Stiftung bietet einen weiteren willkommenen Anlaß zum »Krachschlagen« und »Stunkmachen«[56]. Ihn kümmere es überhaupt nicht, als Störenfried verschrien zu sein, führt er bei dieser Gelegenheit aus: »wenn jemand Schlafende aufweckt, damit sie aufpassen, dann ist der Betreffende kein Störenfried. Ich möchte rufen, seid wach! Seid wach für die kommenden Jahre!«[57]

In einem fast zeitgleichen Interview mit *Quick* unterstreicht er die im *Spiegel* geäußerte Kritik. Er rückt zwar weiter die seiner Meinung nach verheerenden wirtschaftlichen Folgen des Vertrags in den Vordergrund. Doch in der Ateneo-Rede hat er anklingen lassen, daß er dabei auch an die Kernwaffen denkt.[58]

Nun setzt er seine Hoffnung auf ein Gespräch mit dem früheren Vizepräsidenten Richard M. Nixon, der sich damals noch als einer der schneidigsten kalten Krieger präsentiert. Nixon ist der letzte Amerikaner von politischem Einfluß, der ihn aufsucht. Adenauer, gestützt auf Geheimdienstmaterial, wie er sagt, entrollt vor Nixons Augen eine breite Drohkulisse der sowjetischen Angriffspotentiale. Rußland, meint er beschwörend, »will die Welt regieren«[59].

Am 17. März sucht ihn Nobusuke Kishi auf, auch er eine gestürzte Größe. Diesen erprobten japanischen Antikommunisten brauchte Adenauer gleichfalls nicht zu überzeugen. Ist der Vertrag erst unterzeichnet, so prophezeit er, »dann werden die USA und die Sowjetunion die mächtigsten Länder der Welt sein«[60]. Der Vertrag sei horrend. Bei seiner Unterzeichnung werde die deutsche Wirtschaft »unter ständige Kontrolle gestellt und damit vollkommen ruiniert«[61]. Dann verarmt das Land! Hunger, Arbeitslosigkeit werden die Folge sein, und Deutschland wird nach links getrieben! Auch in Frankreich drohe nach de Gaulle die Volksfront!⁶² Die betroffenen Länder – Japan, Deutschland, Italien – sollten sich also gegen diesen Vertrag zusammenschließen!

Mit derlei düsteren Prognosen erschreckt er in diesen Wochen die wenigen, die ihn jetzt noch besuchen. Bis in die letzten Tage beschäftigt ihn die Sorge vor der sowjetischen Militärmacht und vor dem kurzsichtigen Supermacht-Egoismus der Amerikaner.⁶³

Über Kiesinger äußert er sich weiterhin zweifelnd: »Wehner ist heute der stärkste Mann im Kabinett. Auch Kiesinger suche es ihm in erster Linie recht zu machen«, meint er Mitte März 1967 zu Otto A. Friedrich.⁶⁴ Nur auf Franz Josef Strauß sei noch Hoffnung: »Gott sei Dank bin ich sicher, daß er aus dem Kabinett demonstrativ austreten wird, wenn der Atomsperrvertrag ohne die für uns wesentlichen Änderungen angenommen wird.«⁶⁵

So sorgt er sich, warnt und droht, aber das politische Bonn geht längst seinen Weg, ohne auf den Alten Herrn in Rhöndorf zu hören, der sich wohl oder übel wieder den Memoiren widmet.

Doch jetzt läuft die Lebensuhr Adenauers rasch ab. Ende März erleidet er einen erneuten Herzinfarkt. Nur die allerengste Umgebung und einige Ärzte wissen, daß schon ein Infarkt vorausgegangen ist – im Januar 1962. Der frische Infarkt wird am 29. März entdeckt. Frau Dr. Bebber-Buch, die Adenauer bis ins 92. Jahr medizinisch betreut und »durchgebracht« hat, zieht nach Feststellung des EKG-Befundes alsbald Professor Heimer von der Universitätsklinik auf dem Venusberg hinzu. Adenauer quält zusätzlich noch eine Bronchitis, die sich zur Lungenentzündung auswächst.

Anfänglich verfährt man wie bei früheren schwereren Erkrankungen – möglichst keine Information an die Öffentlichkeit über den Ernst der Lage.

Obwohl ihm die Ärzte strikte Ruhe verordnen, läßt sich Adenauer immer noch von den politischen Sorgen umtreiben. Es ist vor allem die Krise der deutsch-französischen Beziehungen, die ihn bis zuletzt beschäftigt.

Einige Tage vor dem Infarkt hatte er sich zu einem langen Brief an Kiesinger aufgerafft, dabei auf den letzten Besuch bei de Gaulle Bezug genommen und erneut angeregt, man solle es doch nochmals mit Fouchet II versuchen. Hoffnungsvoll vermerkt er darin ein Telegramm de Gaulles vom 16. März, in dem sich das Stichwort findet: »die Entente zwischen unseren beiden Ländern ist ein Kernelement« für die Fortführung des großen europäischen Werkes.⁶⁶ Seine Stimmung gegenüber dem Kanzler ist wieder besser, denn er entbietet Kiesinger und seiner Frau in den Urlaub die besten Osterwünsche. Der kennt dieses Signal, schreibt freundlich zurück und sucht ihn auf Adenauers Bitte hin am

3. April in Rhöndorf auf. Die Umgebung des Schwerkranken, die den Re-Infarkt fürchtet, kann ihn nicht von dieser Anstrengung abhalten. Man ängstigt sich, er könne bei diesem Zusammentreffen vom Tod ereilt werden. Doch Adenauer läßt sich nicht beirren. Dieses letzte Gespräch verläuft offenbar gut, denn er richtet an den Kanzler schon tags darauf einen recht freundschaftlich gehaltenen Brief. Sachlich geht es darin nochmals um die NATO, um Europa und um Frankreich.

Adenauer hat nämlich an de Gaulle über Botschafter Seydoux am 31. März ein Telegramm gerichtet. Es ist kurz, läßt aber erkennen, daß der rasch verfallende alte Mann unentwegt darüber sinniert, wie die fast unvereinbaren Bezugsfelder deutscher Außenpolitik zusammengebunden werden könnten: »Von Herzen bitte ich Sie«, appellierte er an de Gaulle, »übernehmen Sie die Führung bei der Aufgabe, wie Sie auch von Vizepräsident Humphrey in seiner Godesberger Rede formuliert wurde, nämlich die NATO durch Übertragung politischer Zuständigkeiten zu stärken und gleichzeitig ein stärkeres unabhängiges Europa zu bilden.«[67]

Die gleichfalls telegraphisch gegebene Antwort de Gaulles vom 4. April kann nur als kalte Dusche bezeichnet werden: »Ich danke für Ihre Botschaft. Ich habe ihr wie immer die höchste Aufmerksamkeit gewidmet. Wie Sie bin auch ich davon überzeugt, daß für unser Europa der Weg zur Einheit über die Weiterentwicklung der Unabhängigkeit führt. Seien Sie, Herr Bundeskanzler, meiner hohen und herzlichen Wertschätzung versichert.«[68]

Schon Adenauers Telegramm an de Gaulle hat erkennen lassen, daß der Todkranke den Bezug zur politischen Wirklichkeit zu verlieren beginnt. »Die NATO durch Übertragung politischer Zuständigkeiten zu stärken...« – das an de Gaulle! Seine Reaktion auf die Botschaft de Gaulles läßt gleichfalls erkennen, wie er nun nicht mehr ganz klar zu sehen vermag, denn er diktiert dazu an Kiesinger: »Ich finde sie sehr gut und aussichtsreich. Ich empfehle Ihnen, wenn Sie erlauben, die weitere Entwicklung in Ihre Hand zu nehmen. Ich danke Ihnen für Ihren gestrigen Besuch und unsere Aussprache, über die ich sehr froh und glücklich bin.«[69] »Über die ich sehr froh und glücklich bin ...« So schreibt er am Dienstag, dem 4. April, zu einer Zeit, als sich sein Gesundheitszustand rapide verschlechtert. Kiesinger, der ein gebildeter Mann ist, kann sich beim späteren Lesen des Briefs an den blinden, kurz vor dem Tod stehenden Faust erinnert fühlen. Auch der greise Faust in Goethes Drama hört, wie die Lemuren sein Grab schaufeln, und glaubt, das große Zukunftswerk der Trockenlegung eines Sumpfes sei im Gange, das Millionen ein tätig-freies Leben eröffnen soll: »Im Vorgefühl von solchem hohen Glück / Genieß ich jetzt den höchsten Augenblick.«[70]

Adenauers schweres Sterben vollzieht sich in demselben Stil, wie er gelebt hat – im vertrauten Rhöndorfer Haus am Fuße des Breiberges, wo es ihn schon früh in den Kölner Jahren hingezogen hat, umgeben von seinen Kindern, nach Ablegung der Beichte und von seinem Sohn Paul mit der letzten Ölung versehen. Auch im Sterben bietet er das Bild eines Mannes von konservativem Lebenszuschnitt, der so dahinscheiden möchte, wie das seit Jahrhunderten der Brauch ist.

In den letzten zehn Tagen ist ein Team von sieben Ärzten mit den entsprechenden Geräten und Medikamenten zu helfen bemüht. Man möchte ihn zu strikter Ruhe veranlassen. Doch voller Unrast verläßt er immer wieder das Bett und setzt sich in den Sessel im Arbeitszimmer mit Blick ins Rheintal.

Der Frühling kommt im Jahr 1967 spät. Vergeblich wartet er auf die Blüten in seinem Garten. Einen Tag erst, bevor er nach einem weiteren Infarkt in tiefe Bewußtlosigkeit versinkt, beginnen sich vor dem Schlafzimmer die Tulpen zu öffnen.

Solange er noch bei Bewußtsein ist, möchte er erfahren, was sich in der Politik Wichtiges ereignet. Er selbst kann zwar keine Zeitungen mehr lesen, doch Anneliese Poppinga muß ihm immer wieder aus der *Bonner Rundschau* einen optimistisch stimmenden Bericht über das Treffen der Regierungschefs der Sechsergemeinschaft vorlesen, die aus Anlaß des 10. Jahrestages der Unterzeichnung der Römischen Verträge in Rom zusammengetreten sind.

Adenauer ist gezwungen, im Delirium nochmals quälende Szenen des Lebensfilms abzuspulen – die abenteuerliche Besteigung des Klimserhorns in Gesellschaft von Custodis und Hanhart im Jahr 1894, als er mehrmals fast über steile Schneehalden in die Tiefe zu rutschen drohte[71], den Besuch bei Göring im März 1933 nach der Absetzung als Kölner Oberbürgermeister, die Verhaftung durch die Gestapo im August 1944 oder die sorgenvolle Fahrt zum Europarat nach Straßburg ganz in den Anfängen der Kanzlerschaft.

Nun liegt er nur noch in dem dunklen Schlafzimmer. Wenn er gelegentlich erwacht, fällt der Blick auf die Bilder seiner Eltern und auf das Gnadenstuhl-Motiv des Gottvaters mit dem vom Kreuz abgenommenen Sohn auf den Knien.

Sein letztes Wort gilt den Söhnen und Töchtern am Sterbebett: »Do jitt et nix zo kriesche« – kein Grund zum Weinen. Dann versinkt er wieder in tiefe Bewußtlosigkeit. Die Söhne Max und Paul, die auch in der Nacht zum 19. April bei ihm wachen, berichten, daß er ruhig gestorben sei. In der nüchternen Sprache des letzten ärztlichen Bulletins wird das Ende wie folgt festgestellt: »Er lag während der letzten Stunden in tiefer Ruhe, in der am 19. April um 13.21 nach Aussetzen der Atmung und der Herztätigkeit der Tod eintrat.«

Noch einmal zeigt sich bei Adenauers Tod, daß er zugleich ein Held der Medien und der einfachen Leute war. Bild- und Printjournalisten aus aller Welt drängen sich im Zennigsweg, für die Angehörigen eine Zumutung. Doch wer zwei Jahrzehnte lang alle Künste des Medienzeitalters genutzt hat, darf sich beim Sterben nicht über die Medienberichterstattung beklagen.

Die Bevölkerung nimmt die Nachrichten von Krankheit und Tod vielfach auf, als sei ein Über-Vater verstorben. Die tiefe Bewegung im Land beweist, daß er von Millionen tatsächlich wie eine Art republikanischer Monarch verehrt wurde.

Mit diesem Rheinländer von durchaus preußischem Amtsethos ist ein letzter Repräsentant altdeutschen Staatsverständnisses dahingeschieden. Man befindet sich zwar im Frühjahr 1967. Die Studentenbewegung steht vor der Tür. 1969 wird bereits Adenauers Gegner Gustav Heinemann zum Bundespräsidenten gewählt werden und mit dem Ausspruch Aufmerksamkeit finden: »Ich kann nicht den Staat lieben, sondern nur meine Frau.«[72] Adenauer hingegen wollte durchaus noch an der Würde des Staates festhalten, auch wenn er paradoxerweise in der Transzendierung der Nationalstaaten zu Staaten-übergreifenden Gemeinschaften die Zukunft gesehen hat. So markiert sein Staatsbegräbnis auch in einem tieferen Sinn das Ende einer Epoche.

Es ist bezeichnend, daß das Konzept für die Feiern von dem früheren Staatssekretär Globke entwickelt wird. Beide waren sich darin einig, daß Staaten und Staatsmänner ihre eigene Würde haben, die gelegentlich öffentlich zur Schau gestellt werden sollte. Adenauers Beisetzung ist eine solche Gelegenheit.

Man muß in der deutschen Geschichte weit zurückgehen, um auf einen vergleichbaren Staatsakt zu treffen. Beim Tode von Kaiser Wilhelm I. ist eine ähnliche Bewegung durch die preußischen Teile des Deutschen Reiches gegangen. Als er 1888 gleichfalls im Alter von 91 Jahren starb, galt auch er als große Gründergestalt, als Fürst, der aus einer schon sehr fernen Vergangenheit kam, und als eine Erscheinung, mit der nach Meinung der Zeitgenossen eine Epoche zu Ende ging. Auch bei ihm wies die

Beisetzung eine charakteristische Verbindung staatlicher und kirchlicher Elemente auf, wennschon in protestantischer Ausprägung. Seither haben zwar in Deutschland verschiedenste Staatsbegräbnisse stattgefunden. Doch fand sich bislang keine Gründergestalt wie Adenauer. Adenauer selbst wußte übrigens noch von Erinnerungen an die Trauerfeiern im Dreikaiserjahr zu erzählen. Er war damals zwölf Jahre alt.

Bisher hat die Bundesrepublik nur vergleichsweise zurückhaltend inszenierte Staatsbegräbnisse begangen – für Theodor Heuss und für Erich Ollenhauer. Jetzt ist man allgemein der Auffassung, daß etwas ganz Außergewöhnliches am Platz ist.

Das im Ausland vielbewunderte Vorbild eines Staatsbegräbnisses liegt erst zwei Jahre zurück – die Beisetzung von Winston Churchill. Er ist fast so alt wie Adenauer geworden. Globke läßt sich zusammen mit anderen Beamten den Farbfilm über das Staatsbegräbnis für Churchill vorführen. Dabei finden sich verschiedene Elemente, die zwanglos übertragbar sind: die Trauerfeier in einer der traditionsreichsten Kathedralen des Landes, die feierliche Überführung auf der Themse und die Beisetzung in einem schlichten bürgerlichen Grab fern von der Kapitale.[73]

Der Lebensweg Adenauers bringt es mit sich, daß der Repräsentationswille des Staates und die Lebensstationen Adenauers zur Deckung gelangen. So wird seine sterbliche Hülle von Rhöndorf ins Palais Schaumburg, dann in den Kölner Dom und auf dem Rhein zurück zum Familiengrab nach Rhöndorf geführt.

In den Tagen nach dem Tod ist es nur wenigen vergönnt, von ihm im Sterbezimmer in Rhöndorf Abschied zu nehmen. Einer von diesen ist Ludwig Erhard. Er kommt in Begleitung von Heinrich Krone und Bruno Heck. Krone beschreibt die Szene. »Erhard war dem Weinen nahe. Wir gaben ihm die Hand. Wie ein Patriarch, der er auch im Tode noch ist, was er war, liegt er da. In seinem kleinen und anspruchslosen Schlafzimmer, in seinem Sterbezimmer im ersten Stock. Ohne irgend etwas, das die Majestät des Todes nicht voll zu ihrem Recht kommen ließe. Die Hände gefaltet. Ergebung lag in seinen Zügen.«[74]

Von Samstag, dem 22. April an, gehört die sterbliche Hülle Adenauers nochmals für zwei Tage dem Staat. Bundesgrenzschutz und Bundeswehr treten erstmals in großem Stil bei einem derartigen Staatsbegräbnis hervor. Zu Nahum Goldmann hat Adenauer gelegentlich die Armee als Voraussetzung dafür bezeichnet, »daß Deutschland eine Chance hätte, wieder eine Großmacht zu werden«[75]. Das Wort Großmacht wird zwar nach Adenauers Tod rasch verpönt, auch er selbst hat sich seiner meist nur intern bedient. Der Bescheidenheitsbegriff »Mittelmacht« scheint nun unverfänglicher, und Franz Josef Strauß bemerkt sogar, die Bundesrepublik sei wirtschaftlich ein Riese und politisch ein Zwerg.[76]

1967 ist es aber noch unentschieden, welches Rollenverständnis die Bundesrepublik Deutschland entwickeln wird. Die Streitkräfte tragen jedenfalls dazu bei, die Bundesrepublik aus diesem Anlaß nach innen und besonders nach außen als einen Staat auszuweisen, der auf sich hält. Im übrigen aber wachen Kirche und Familie darüber, daß der Staat und das militärische Gepränge nicht überwiegen. Das gesamte Protokoll der Trauerfeiern ist bemerkenswert ausgewogen. Keine Höhepunkte, aber Schwerpunkte – zu Beginn und am Ende die Familie, in Bonn der Staat, in Köln, wo Kardinal Frings das große Pontifikalamt abhält, dominiert die Kirche Konrad Adenauers.

Gefolgt von der Familie, tragen Offiziere des Bundesgrenzschutzes den Sarg aus dem Wohnhaus. Er wird vom Samstagmorgen bis Sonntagnacht im Großen Kabinettsaal des Palais Schaumburg aufgebahrt. Zehntausende defilieren. Sechs BGS-Offiziere halten die Totenwache.

Am Sonntag in der Nacht erfolgt die Überführung nach Köln und die Aufbahrung im Kölner Dom. Den ganzen Montag über haben die Kölner Gelegenheit, von Adenauer Abschied zu nehmen.

Während es in den Jahren nach dem Rücktritt Adenauers um ihn still geworden war, bemüht sich nun jedermann, bei der staatlichen und der kirchlichen Trauerfeier Plätze zu ergattern. Denn 25 Staatsoberhäupter und über 100 Botschafter haben sich angesagt. Es ist ein großes Staatsbegräbnis der freien Welt und wird im Inland wie im Ausland als sinnfälliger Ausdruck dessen verstanden, daß die Bundesrepublik unter Adenauer und durch Adenauer in die Gemeinschaft der westlichen Demokratien eingetreten ist.

Über Lyndon B. Johnson, der mit großem Gefolge anreist, hat Adenauer noch im Jahr zuvor bemerkt: Johnson sei eine Macht zugefallen, der niemand und der er selbst nicht gewachsen sei.[77] Doch im Kölner Dom vermag dieser von ihm so abgelehnte Präsident kaum die Tränen zurückzuhalten. Auch de Gaulle nimmt Abschied. Er hat am 19. April an Lübke ein Telegramm in klassischer Prosa gerichtet, in dem alles formuliert ist, was er als Adenauers politische Leistung betrachtet: »Nach einem schrecklichen Krieg hat Adenauer sein Land erneuert. Er hat ohne Unterlaß an der Organisation Europas gearbeitet. Er hat sich zum Vorkämpfer der Versöhnung Frankreichs und Deutschlands gemacht.«[78]

Doch Johnson und de Gaulle haben sich nichts zu sagen. Der Westen bleibt entzweit. Ein Versuch des Bundespräsidenten, am Rande des Staatsaktes einen Händedruck zwischen Johnson und de Gaulle herbeizuführen, gerät zur Peinlichkeit und beweist einmal mehr, daß Adenauers Entscheidung für Lübke im Sommer 1959 und dann erneut 1964 einer seiner bemerkenswertesten personalpolitischen Mißgriffe war.

Auch Premierminister Harold Wilson erweist Adenauer die letzte Ehre, wohl wissend, wie hochmütig und schlecht der verhärtete alte Mann in den vergangenen Jahren über England geredet hat: »eine gebrochene Weltmacht, deren Bürger sich mit den neuen Realitäten nicht abfinden konnten und nicht genügend arbeiten wollten, besonders die Jugend.«[79] Der britischen Delegation gehört auch Macmillan an. Einmal mehr erweisen sich also die britischen Staatsmänner an diesem Tag als Gentlemen.

Am stärksten beeindruckt viele das Kommen des jüdischen Patriarchen Ben Gurion. Daß diese gleichfalls schon legendäre Gründerpersönlichkeit Israels zur Trauerfeier Konrad Adenauers nach Deutschland kommt, zeigt deutlicher als alle Ansprachen, was dieser für die Wiederherstellung des deutschen Ansehens getan hat. Weil das Passahfest begonnen hat, legt der Einundachtzigjährige den Weg von der Botschaft seines Landes in Bad Godesberg zum Deutschen Bundestag zu Fuß zurück.[80]

Das Pontifikalamt im Kölner Dom in Gegenwart aller Staatsgäste ist das größte Ereignis in der Geschichte der Stadt und erst recht des deutschen Kernstaates, dem Adenauer seinen Willen aufgezwungen hat.

Die Idee, den Sarg von drei Schnellbooten der Bundesmarine nach Königswinter geleiten zu lassen, erweist sich als glänzendster aller Regie-Einfälle. 15 000 Kölner geleiten am Spätnachmittag des 25. April den Sarg zum Rheinufer. Er ist von der Flagge der Bundeswehr bedeckt. Adenauers Orden werden mitgeführt. Vier Feldhaubitzen feuern nahe der Severinsbrücke Salut, zwölf Starfighter donnern über den Strom. Dann entfernt sich Adenauers Sarg von Köln, während entlang dem Ufer Zehntausende den Konvoi rheinaufwärts fahren sehen.

Die Entscheidung für diesen Transportweg hatte vorwiegend praktische Gründe: So läßt sich der stille Friedhof in Rhöndorf noch zu Beginn der Nacht erreichen. Aber die Zuschauer und weltweit 400 Millionen an den Fernsehgeräten empfinden doch die Symbolkraft dieses Vorgangs, bei dem der rheinische Bundeskanzler zur letzten Ruhe geleitet wird, der den politischen Schwerpunkt Deutschlands nach Westen verlagert hat.

Vieles, was die Westbindung des deutschen Kernstaates ausmacht, wird in diesen Stunden nochmals vor Augen geführt: das christlich-abendlän-

Letzte Reisen

»Ein großes Staatsbegräbnis der freien Welt«:
Abschied von Konrad Adenauer im Palais Schaumburg,
beim Pontifikalrequiem im Kölner Dom
und bei der Fahrt auf dem Rhein nach Rhöndorf.

Staatstrauer

dische Fundament, die republikanische Tradition, erwachsend auch aus dem selbstbewußten Stadtbürgertum, die Zugehörigkeit zu einer weltumspannenden Allianz freier Völker, die erneuerte demokratische Tradition der Bundesrepublik und auch die Einrichtung des Regierungssitzes in Bonn, worin die Hinwendung zum Westen praktisch und symbolisch zugleich zum Ausdruck gekommen ist.

So wird also auch Bonn passiert – zuerst die Bastei, auf der Adenauer und Emma Weyer 1905 auf der Hochzeitsreise zum Siebengebirge hinüberblickten. Das Kasernenviertel, wo ein Teil von Adenauers Familie herkommt, ist nicht zu sehen, ebensowenig wie die Rheinische Friedrich-Wilhelms-Universität, an der Adenauer studiert hat. Doch fährt die Flotille in Sichtweite der Gärten der Villa Hammerschmidt und des Palais Schaumburg vorbei, vorbei auch am Bundeshaus und an der einstigen Villa Rüngsdorf in der Rolandstraße, Bad Godesberg, wo Adenauer im Frühherbst 1945 mit französischen Offizieren nicht allzu klug, aber auf lange Sicht doch zum Nutzen für die deutsch-französischen Beziehungen gegen die Briten konspiriert hat.

Von der Botschaft in der Deichmannsaue, Ort schwieriger Verhandlungen Anfang der fünfziger Jahre, blickt Botschafter George McGhee auf den Konvoi der Jaguar-Schnellboote herunter. Er hatte seit 1963 die Aufgabe, Adenauers enttäuschter Amerika-Kritik entgegenzuwirken, und an seinem Erfolg ist nicht zu zweifeln. Jetzt kommen ihm eigenartige Gedanken. »Ich entsinne mich gut«, wird er später schreiben, »der gespenstischen Szene wie aus einer Wagneroper, als das Schiff mit der Leiche im Nebel vor meinem Botschaftsgebäude vorüberzog, wobei ich den Sarg und eine kleine Gruppe Trauernder erkennen konnte. Für Deutschland bedeutete dies das Ende einer Ära.«[81]

Ein anderer, der den Konvoi vorbeigleiten sieht, ist Thomas Dehler. Er steht zusammen mit dem Ehepaar Schumacher-Hellmold am Fenster der Vizepräsidentensuite, und die Freunde hören ihn tief bewegt sagen: »Er war ein großer Mann. Wer wird der nächste sein?« Der nächste ist dieser einstige große Gegner Adenauers selbst, der sich zwei Jahre zuvor mit ihm versöhnt hat. Nur drei Monate später wird er Adenauer im Tod nachfolgen.

Auch in Rhöndorf drängen sich Zehntausende. Der Waldfriedhof ist hermetisch abgeriegelt. Da es schon dunkel ist, muß Adenauer im Scheinwerferlicht von den Rhöndorfer Schützen zum Familiengrab getragen werden. Nur die Familie und engste Freunde wie Dora Pferdmenges sind zugelassen – auch Paolo Roda, Bürgermeister von Cadenabbia, dazu 60 Sängerknaben von der Saar.

Adenauer wird neben Emma und Gussie Adenauer in dem Familiengrab unter dem Relief des auferstehenden Christus beigesetzt. Paul Adenauer spricht die letzten Gebete. Die Rhöndorfer Jungschützen blasen die Melodie »Ich hatt' einen Kameraden«.

Damit schließt sich der Ring von Köln über Bonn nach Rhöndorf. Weltruhm und regionale Verwurzelung Adenauers hätten sich nicht besser veranschaulichen lassen als mit diesem Trauerzeremoniell. Ein abgerundetes Leben, so empfindet man es allgemein, hat einen stilsicheren Abschluß gefunden.

Vom eigenen Tod hat Adenauer nicht häufig gesprochen. Einer von denen, die ihm im Juli 1963 einige Antworten zu dem Thema entlocken konnten, war Cyrus L. Sulzberger. Als der ihn fragt, was seiner Meinung nach der Tod ist, bekommt er zur Antwort: »Wenn ich Ihnen das sagen könnte! Das kann kein Mensch sagen. Aber ich möchte Ihnen etwas anderes sagen. Es ist vielleicht ein Geschenk Gottes, daß ich sehr wenig, wenn überhaupt, Furcht kenne. Daher stehe ich dem Gedanken an den Tod auch ziemlich gleichmütig gegenüber. Ich kann mir nicht vorstellen, daß nun das, was wir den Geist und die Seele eines Menschen nennen, daß das Leben mit dem Tode einfach ein Nichts wird. Irgendwie wird es auch existent bleiben, wie, das wissen wir Menschen nicht, aber ich denke, daß es sein wird. Sehen Sie mal, das Werden des Lebens ist ein ebenso großes Geheimnis wie der Tod. Wir können weder das eine erklären noch das andere.«[82]

Sulzberger meint dann noch, von historischen Gestalten müsse man auch die Antwort auf derartige Fragen kennen, und so fügt Adenauer hinzu: »Mein oberstes Gesetz war immer etwas, was mein Vater uns eingeprägt hat: Seine Pflicht zu erfüllen!«[83]

Über seinen möglichen Nachruhm hat er genauso ungern gesprochen wie über die letzten Dinge, und wenn, dann im Ton selbstironischer Skepsis. In dem erwähnten Gespräch wenige Monate vor dem Rücktritt hat ihn Sulzberger auch danach gefragt, was er als wichtigste Leistung seiner Amtszeit betrachte. Adenauer nennt bei dieser Gelegenheit zweierlei: erstens die Rhöndorfer Konferenz vom 21. August 1949, bei der es ihm gelungen ist, CDU und CSU auf das Bündnis gegen die SPD festzulegen. Dadurch sei die ganze Politik der folgenden Zeit bestimmt worden bis zum Eintritt in die NATO und weiter. Als zweite Leistung erwähnt er den deutsch-französischen Vertrag: »Mit Frankreich zusammen können wir Deutschen in der äußeren Politik einen großen Einfluß ausüben, ohne Frankreich nicht.«[84]

Als Sulzberger auch nach einem denkwürdigen Fehlschlag fragt, meint Adenauer: »Die Frage habe ich mir noch nicht gestellt. Das klingt sehr vermessen, aber es ist Tatsache.« Und er unterstreicht nochmals: Das sind ja die beiden wichtigsten Probleme für die Deutschen: »Anschluß an den Westen und Verhinderung, nachdem wir den Anschluß hatten, daß irgendwie etwas in der Außenpolitik gegen uns gemacht werden könnte.«[85]

So sieht es Adenauer selbst. Wie ihn die bewundernden oder kritischen Zeitgenossen bewerten, kommt in den Tagen des April 1967 in zahllosen Leitartikeln und anderen Verlautbarungen zum Ausdruck. Mit am besten erfaßt ihn Carl J. Burckhardt in einem Brief, den er am 23. April an Carl Zuckmayer schreibt, zwei Tage vor Adenauers Beisetzung:

»Der Tod Adenauers hat mir einen starken Eindruck gemacht. Gesehen habe ich ihn einige Male, wirklich gesprochen nur zweimal. Mit ihm ist die stärkste Gestalt der internationalen Politik unseres Zeitalters verschwunden. Die Grundgefahr demokratischer Staatsform, entweder in Anarchie zu versinken oder zur Diktatur zu führen, hat er dadurch überwunden, daß er die Staatsautorität an ihren richtigen Platz stellte und sie durch seine mächtige Persönlichkeit, von Erfolg zu Erfolg, rechtfertigte. In einem Chaos unfruchtbarer theoretischer Erörterungen hat er, dem nachgerade seltensten, dem gesunden Menschenverstand zum Sieg verholfen. Daß sein Denken, sein Instinkt, sein Handeln sich zu vollster Einheit zusammenfanden, hat das schon seit so langer Zeit verschwundene Vertrauen der Welt Deutschland gegenüber wiederhergestellt und zwar in erstaunlich kurzer Zeit. Von dieser Grundlage aus hat er alle treffsicher aufs Wesentliche konzentrierten Maßnahmen getroffen. Unverständnis, hemmender Kritik ist er, bis zuletzt, mit jugendlicher Frische und taktischem Können entgegengetreten. Es ging ums Erreichen seiner objektiven Ziele. Seine Größe bestand darin, daß er in genialer Weise mit Tatsachen rechnete und nicht mit Rezepten, und daß er die menschlichen Schwächen voll und ganz gekannt hat.«[86]

ANHANG

ANHANG

Nachwort

Welche Überlegungen für die nunmehr abgeschlossene Biographie Adenauers maßgebend waren, wurde bereits im Nachwort zum ersten Band vom 1. Juli 1986 ausgeführt. Dem ist nur wenig hinzuzufügen.

In der Zwischenzeit ist in Deutschland und in Europa viel geschehen. Wir betrachten heute die Wiedervereinigungspolitik der fünfziger Jahre mit ganz anderen Augen, und mancher hat am 3. Oktober 1990 gefragt und geschrieben: Hatte Adenauer doch recht?

Ich habe seinerzeit in Aussicht gestellt, »ein endgültiges Fazit über Adenauers Wiedervereinigungspolitik« am Ende des zweiten Bandes vorzulegen. Die Geschichte hat mir diese Arbeit abgenommen. Das Buch ist im Jahre 1990 geschrieben worden, das die Befreiung der Deutschen in der DDR und gleichzeitig die staatliche Wiedervereinigung Deutschlands als Teil der westlichen Gemeinschaften gebracht hat. Dies wurde möglich in einer Konstellation westlicher Einigkeit und Stärke, doch auch sowjetischer Schwäche und vernünftiger Neubewertung der eigenen Interessen im Zeichen der Ost-West-Entspannung. Genau dies war nach dem Zeugnis zahlreicher Quellen, die hier vielfach erstmals ausgewertet werden können, Adenauers langfristiger Kalkül seit 1952.

Im Vordergrund stand bei ihm allerdings die Bewältigung der kurz- und mittelfristigen Probleme der Teilung. Die Schilderung der durch ständiges Taktieren durchgehend auch von Widersprüchen, aber doch ebenso von Zähigkeit in den Grundsatzpositionen gekennzeichneten Deutschland- und Berlinpolitik der Jahre 1952 bis 1967 ist somit eines der Hauptthemen dieser Biographie. Dabei war der Evolution Adenauerscher Europapolitik ebenso Beachtung zu schenken wie seiner bislang nur in Umrissen bekannten Nukleardiplomatie und der nicht selten abrupt wechselnden Einschätzung der Vereinigten Staaten, Frankreichs und Großbritanniens.

Natürlich verdiente das Auf und Ab der Innenpolitik ebensoviel Beachtung – also etwa Wahlkampfstil, Koalitionspolitik, Regierungsbildungen und die schon von den Zeitgenossen vielbeachteten *causes célèbres*, als da sind die Taktik gegenüber dem Bundesverfassungsgericht im Winter 1952/53, das vielbeklagte, doch auch vielbelachte Possenspiel um die Nachfolge von Theodor Heuss im Frühjahr 1959, der siebenjährige Krieg gegen Ludwig Erhard, die *Spiegel*-Affäre vom Herbst 1962 und der in hohem Alter begonnene Flirt des leidenschaftlichen SPD-Gegners mit den Sozialdemokraten, der mehr oder weniger direkt auf die Große Koalition der Jahre 1966 bis 1969 hinführte.

Manches mußte schon mit Blick auf den Umfang des Buches verkürzt dargestellt werden, so etwa Adenauers Wirtschafts- und Gesellschaftspolitik. Ganz ausgespart habe ich aber nichts, was mir für ein Verständnis der Person wichtig schien und quellenmäßig faßbar.

Auch in diesem Band war ich bemüht, Adenauers stets durch Scharfkantigkeit, häufig durch Mißtrauen und nur in Einzelfällen oder zeitweilig durch Wohlwollen gekennzeichnete Einschätzung der maßgebenden ausländischen Akteure zu erhellen, aber auch sein Bild der parteipolitischen Gegner sowie der zahlreichen Kabinettsminister und Unions-Größen. In bezug auf die Parteifreunde hatte er in der Einführung zum ersten Memoirenband vom September 1965 unter Verweis auf einen folgenden Band mit unübertrefflicher Chuzpe in Aussicht gestellt: »In ihm kann ich auch erst die große Hilfe, die mir von meinen Weggenossen zuteil wurde, würdigen.« Zwar war es ihm in den folgenden einundeinhalb Jahren noch vergönnt, zwei weitere Bände von jeweils weit über 500 Seiten Umfang auf den Weg zu bringen. Die Würdigung ist aber spärlich ausgefallen.

Soviel also nochmals in Ergänzung des Nachworts von Band I zu den Themen und Schwerpunkten dieses abschließenden Bandes über die 15 langen und nicht nur in Adenauers eigenem Leben ereignisreichen Jahre von 1952 bis 1967. Erfahrungsgemäß gewinnt man als Autor bei der durch vieles andere unterbrochenen Arbeit an einem umfassender angelegten Werk manchmal ein verändertes Verhältnis zum Sujet, oder man hält eine andere Darstellungsweise für angebracht. Beim nochmaligen Durchlesen von Band II im Licht des schon erwähnten Nachworts zu Band I habe ich aber doch den Eindruck, daß der Leser beider Bände alles in allem ein in sich geschlossenes Gesamtbild Adenauers in seiner Zeit erhält, die immerhin 91 Jahre von 1876 bis 1967 umfaßt.

Auch diesmal habe ich die angenehme Verpflichtung, verschiedensten Personen und Institutionen zu danken, ohne deren freundlich gewährte Hilfe und Mithilfe die Biographie noch nicht abgeschlossen wäre.

In erster Linie ist hier die Stiftung Volkswagenwerk zu nennen. Sie hat ein Akademiejahr bewilligt, verbunden mit einer sehr hilfreichen Unterstützung im Personal- und Sachmittelbereich. Das Land Nordrhein-Westfalen hat ein Forschungsfreisemester gewährt. Nur so war es möglich, angesichts vieler Verpflichtungen, die weiterlaufen mußten, vom Oktober 1989 bis Februar 1991 die abschließenden Archivarbeiten durchzuführen und die Niederschrift herzustellen. Ich habe in diesen Bewilligungen eine Verpflichtung gesehen, zum Abschluß des Förderungszeitraums auch tatsächlich das fertige Buch vorzulegen und danke aufs verbindlichste für die Unterstützung bei diesem Projekt und für das Vertrauen.

Mein Dank gilt in diesem Zusammenhang auch Herrn Professor Ludger Kühnhardt, der mich während dieses Zeitraums in einem nicht einfachen Seminar kollegial vertreten hat.

Ein Buch wie das vorliegende über Konrad Adenauer, das sich größtenteils auf bisher noch nicht zugängliche oder nicht systematisch ausgewertete Spitzendokumente stützt, hätte ohne Hilfe und Ermunterung durch die einschlägigen Archive und ohne Zugangsgenehmigungen durch die Eigentümer der dort verwahrten Bestände nur schwer verwirklicht werden können.

Ich bitte um Verständnis, wenn ich diesmal nur pauschal auf den schon im ersten Band abgestatteten Dank und im übrigen auf das Verzeichnis der Archivquellen verweise. Wegen der Bedeutung der dort verwahrten Archivalien seien aber doch die Organe der Stiftung Bundeskanzler-Adenauer-Haus in Rhöndorf und des Archivs für Christlich-Demokratische Politik Sankt Augustin genannt, bei ersterer namentlich Frau Dr. Anneliese Poppinga und Herr Engelbert Hommel M.A., bei letzterer Herr Dr. Günter Buchstab.

Ausdrücklich vermerkt sei an dieser Stelle, daß die Eigentümer privater Nachlässe oder von privaten Archiven und von Parteiarchiven die Benutzung ohne jegliche Einschränkung und Auflagen gestattet haben. Das war besonders wichtig im Fall der Materialien aus dem Besitz von Botschafter Blankenhorn sowie von Herrn Otto Schumacher-Hellmold und der Nachlässe von Felix von Eckardt, Hermann Ehlers, Ludwig Erhard, Eugen Gerstenmaier, Hans Globke, Kurt Georg Kiesinger, Heinrich Krone, Paul Lücke sowie der Materialien von CDU und FDP. Ich weiß es gleichfalls sehr zu schätzen, daß die zuständigen Stellen aus einer Vielzahl noch nicht herabgestufter VS-Dokumente nach gründlicher Überprüfung des Manuskripts die Genehmigung zum Zitieren, zur Paraphrasierung sowie zum Quellenverweis gegeben haben, und schöpfe daraus die Verpflichtung, wie auch bisher schon durch eigene Herausgeberschaft den Zugang zu wichtigen Dokumentengruppen zu erleichtern oder – bei den VS-Sachen – in Zusammenarbeit mit den zuständigen amtlichen Stellen das Problem der Herabstufung in forschungsfreundlichem Geist lösen zu helfen.

In jenen Teilen des Buches, die es mit Nuklearfragen zu tun haben, hat mir das international angelegte Nuclear History Program zu wichtigen Aspekten aufschlußreiche Informationen vermittelt und entsprechende Dokumente eröffnet. Diese sind teilweise in einer Bonner Forschungsstelle von Frau Dr. Gabriele Brenke gesammelt und aufbereitet worden, wofür ich aufs schönste danke. Die einschlägig arbeitenden Kollegen im Inland und im Ausland mögen die hier aus bislang größtenteils unbekannten Quellen erarbeiteten Kapitel zur Adenauerschen Nuklearpolitik als meinen Beitrag zu diesem nützlichen Forschungsverbund verstehen.

Ein unschätzbarer Helfer bei der Arbeit an dem Buchprojekt war Herr Dr. Stefan Fröhlich. Er hat mir als Assistent bei den Recherchen, vor allem aber auch bei der zeitraubenden Zitatüberprüfung und bei der Drucklegung unermüdlich geholfen. Ich bin ihm für seine effektive und gewissenhafte Mithilfe sehr dankbar und schließe in diesen Dank auch Frau Beate Stein ein. Wie bei früheren Arbeiten schon hat auch Herr Dr. Hans Jürgen Küsters von der Forschungsstelle für Deutschlandpolitik hilfreiche Hinweise gegeben.

Ganz besonders stehe ich in der Schuld der Damen meines Bonner Büros, Frau Helmi Çammin und Frau Edith Klemke. Ohne ihren stets freundlichen Einsatz, ohne ihre Präzision und ohne ihre Freude an dem Entstehen dieser Arbeit hätte aus einer Abfolge unablässig überarbeiteter Kapitel kein lesbares Buch entstehen können.

Auch diesmal war die Zusammenarbeit mit dem Verlag wieder angenehm. Insbesondere bin ich dem bewährten Lektor, Herrn Ulrich Volz, für seine umsichtige Betreuung des Manuskripts und des Druckvorgangs verbunden.

Ein letzter Dank gilt schließlich jenem Kollegen, der eine Rezension von Band I in *Philosophy and History* (XXII/1989) mit dem Satz geschlossen hat: »We await the second volume with impatience.« Immer, wenn ich die Arbeit in eine fernere Zukunft verschieben wollte, habe ich mir diesen Ausdruck kollegialer Erwartung vor Augen geführt. Ich hoffe, die Kollegen und die bisherigen Leser nicht zu enttäuschen, auch nicht jene Jury, die mir seinerzeit in Würdigung von Band I den Historikerpreis der Stadt Münster verliehen hat.

Der Dank an die eben namentlich Genannten und an viele Ungenannte darf allerdings nicht die Tatsache verschleiern, daß natürlich im einzelnen wie im ganzen die Verantwortung für das Buch allein bei mir liegt.

Bonn, den 10. August 1991   *Hans-Peter Schwarz*

Anmerkungen

Die atlantische Allianz 1952–1955

Stillstand

1 Kabinettsprotokolle 1952, 30. 5. 1952, S. 364.
2 Ad, Teegespräche 1950–1954, 3. 6. 1952, S. 295.
3 Ad, Teegespräche 1950–1954, 9. 6. 1952, S. 311.
4 Blankenhorn, Tb. 13. 6. 1952.
5 Lenz, Im Zentrum der Macht, 4. 7. 1952, S. 385.
6 ibd., 30. 5. 1952, S. 351.
7 ibd., 10. 6. 1952, S. 361.
8 ibd., S. 361.
9 Aufzeichnung von Eckardts vom 23. 6. 1952. BA, NL Blankenhorn, 351/10.
10 ibd.
11 HdB des 1. Deutschen Bundestages, S. 216 f.
12 Matz, Reinhold Maier, S. 409.
13 ibd., S. 408.
14 AHK-Protokolle, 3. 7. 1952, S. 301.
15 ibd., S. 302.
16 Lenz, Im Zentrum der Macht, 15. 6. 1952, S. 363.
17 ibd., 17. 6. 1952, S. 367.
18 Kabinettsprotokolle, 10. 5. 1952, S. 279.
19 ibd.
20 cit. nach Siebenmorgen, Gezeitenwechsel, S. 78.
21 ibd., S. 64.
22 *Bulletin*, 4. 3. 1952. Cit. nach Siebenmorgen, S. 77.
23 Cit. nach Siebenmorgen, Gezeitenwechsel, S. 74 f.
24 Blankenhorn, Tb. 24. 10. 1952.
25 Kabinettsprotokolle 1952, 10. 5. 1952, S. 278.
26 ibd., S. 282.
27 ibd.
28 ibd., S. 281.
29 Teegespräche, 3. 6. 1962, S. 301.
30 Sulzberger, Auf schmalen Straßen, 9. 6. 1952, S. 463 f.
31 Ad, Teegespräche 1950–1954, 9. 6. 1952, S. 306.
32 Wortlaut in StBKAH 02.09. Cit. nach Ad, Teegespräche 1950–1954, 6. 10. 1951, S. 696.
33 Ad, Teegespräche 1950–1954, 9. 6. 1952, S. 308.
34 Blankenhorn, Tb. 13. 6. 1952.
35 ibd., 27. 6. 1952.
36 Matz, Reinhold Maier, S. 406.
37 Bundestag, Sten.Berichte, 9. 7. 1952, hier nach *NZZ* vom 10. 7. 1952.
38 Blankenhorn, Tb. 9. 7. 1952.
39 Kabinettsprotokolle 1952, 24. 6. 1952, S. 406 Besprechung Heuss–Adenauer, 23. 6. 1952. BPräsAmt.
40 Ad, Briefe 1951–1953, 18. 9. 1952, S. 275.
41 Adenauer an Schmitz, 10. 8. 1952. Ad, Briefe 1951–1953, S. 267.
42 Blankenhorn, Tb. 15. 7. 1952.
43 ibd., 16. 7. 1952.
44 ibd., 15. 7. 1952.
45 Lenz, Im Zentrum der Macht, 24. 6. 1952, S. 373.
46 Kabinettsprotokolle 1952, 4. 2. 1952, S. 90–93.
47 Lenz, Im Zentrum der Macht, 11. 7. 1952, S. 390.
48 Schneider, Das Wunder an der Saar, S. 203–207.
49 ibd., S. 205 f.
50 Kabinettsprotokolle 1952, 29. 7. 1952, S. 488.
51 Blankenhorn, Tb. 25. 7. 1952.

52 Lenz, Im Zentrum der Macht, 25.7.1952, S.398.
53 Von der Groeben an den Verf.
54 Adenauer an Brentano nebst Anlage, 25.7.1952. StBKAH III 38.
55 Kabinettsprotokolle, 10.10.1952, S.625. Adenauer an Schumann, 1.10.1952. Ad, Briefe 1951–1953, S.282f.
56 Lenz an Adenauer, 4.8.1952. ACDP, NL Lenz, I – 172–5812.
57 Lenz, Im Zentrum der Macht, 5.8.1952, S.405.
58 Brentano an Adenauer, 4.4.1952. StBKAH III 38.
59 Strauß, Erinnerungen, S.159–163.
60 Lenz, Im Zentrum der Macht, 19.8.1952, S.414.
61 ibd., 18.8.1952, S.413.
62 *NZZ*, 21.9.1952.
63 Adenauer an Ehlers, 15.9.1952. ACDP, NL Ehlers, I – 369–04/2.
64 Ehlers an Adenauer, 16.9.1952. ACDP, NL Ehlers, I – 369–04/2.
65 Ehlers an Dibelius, 21.4.1952. ACDP, NL Ehlers, I – 369–04/1.
66 Asmussen an Ehlers, 11.6.1952. ACDP, NL Ehlers, I – 369–13/2.
67 Lenz, Im Zentrum der Macht, 19.10.1952, S.439.
68 Blankenhorn, Tb. 19.10.1952.
69 Protokolle des CDU-Bundesvorstandes 1953–1957, 10.9.1953, S.4.
70 Protokolle des CDU-Bundesvorstandes 1950–1953, 15.12.1952, S.175f.
71 ibd., S.176.
72 Kabinettsprotokolle 1952, 17.6.1952, S.394.
73 Lenz, Im Zentrum der Macht, 18.8.1952, S.412.
74 ibd., 14.11.1952, S.468.
75 ibd., 18.11.1952, S.470.
76 Blankenhorn, Tb., 18.11.1952.
77 Lenz, Im Zentrum der Macht, 21./25.11.1952, S.474f und 476.
78 ibd., 21.11.1952, S.475.
79 ibd., 21. und 28.11.1952, S.475 und 480.
80 ibd., 4.12.1952, S.486.
81 Kabinettsprotokolle 1952, 3.9.1952, S.543.
82 Lenz, Im Zentrum der Macht, 5.12.1952, S.490.
83 Persönliche Mitteilung Klaibers an Baring, in: Baring, Adenauers Kanzlerdemokratie, S.244.
84 Ad, Teegespräche 1950–1954, 10.12.1952, S.368.
85 Kabinettsprotokolle 1952, 9.12.1952, S.733.
86 Blankenhorn, Tb. 9.12.1952.
87 Protokolle des CDU-Vorstandes 1950–1953, 15.12.1952, S.180.
88 Lenz, Im Zentrum der Macht, 9.12.1952, S.496.
89 Besprechung Heuss – Adenauer, 17.12.1952. BPräsAmt. *VS – Vertraulich*.
90 Ad, Teegespräche 1950–1954, 10.12.1952, S.383.
91 ibd., S.375 und 372f.
92 Lenz, Im Zentrum der Macht, 13.12.1952, S.500.
93 nach Baring, Kanzlerdemokratie, S.252.
94 Lenz, Im Zentrum der Macht, 13.12.1952, S.500.
95 Ad. Teegespräche 1950–1954, 10.12.1952, S.365–390.
96 Lenz, Im Zentrum der Macht, 6.1.1952, S.516. – Jahrbuch der öffentlichen Meinung 1947–1955, S.172f.
97 Protokolle des CDU-Vorstandes 1950–1953, 26.1.1953, S.288.

Aufbruch in die neue Welt

1 Press Release, 9.3.1953. Princeton Library, J.F. Dulles Papers, Sel. Correspondence, Box 76.
2 Lenz, Im Zentrum der Macht, 25.9.1952, S.430.
3 Protokolle des CDU-Vorstandes 1950–1953, 11.3.1953, S.427.
4 Schwarz, Die Ära Adenauer 1949–1957, S.375–464 passim.
5 *Time*, 31.8.1953.
6 Protokolle des CDU-Bundesvorstandes 1950–1953, 11.3.1953, S.429f.
7 Adenauer an Blumenfeld, 4.8.1953. Ad, Briefe 1951–1953, S.419f.
8 Schwarz, Adenauer I, S.873.

9 Protokolle des CDU-Bundesvorstandes 1950–1953, 5. 9. 1952,
S. 135.
10 ibd., 15. 12. 1952, S. 173.
11 Interview mit Joseph Alsop, 4. 3. 1966.
Princeton Library, John Foster Dulles
Oral History Project, S. 3–7.
12 Lenz, Im Zentrum der Macht,
21. 11. 1952, S. 474.
13 Blankenhorn, Tb. 23. 1. 1953.
14 Besprechung Heuss – Adenauer,
6. 2. 1953. BPräsAmt. *Streng
vertraulich.*
15 Cronin, Paris im Umbruch, S. 32.
16 Cit. nach Pruessen, J. F. Dulles, S. 52.
17 So James B. Conant, Interview vom
11. 7. 1964. Princeton Library, John
Foster Dulles Oral History Project,
S. 29–32.
18 Murphy, Diplomat unter Kriegern,
S. 203.
19 Conant, Interview vom 11. 7. 1964,
S. 15 f.
20 Hallstein, Interview vom 23. 7. 1964.
Princeton Library, John Foster Dulles
Oral History Project, S. 4.
21 Besprechung Heuss – Adenauer,
6. 2. 1952. BPräsAmt. *Streng
vertraulich.*
22 Ad, Er III, S. 161.
23 Von Eckardt, Ein unordentliches
Leben, S. 296–298.
24 Blankenhorn, Tb. 15. 12. 1952.
25 ibd., 23. 12. 1952.
26 ibd., 7. 1. 1953.
27 ibd., 9. 1. 1953.
28 ibd., 10. 1. 1953.
29 ibd., 12. 1. 1953.
30 Hoopes, The Devil and J. F. Dulles,
S. 164.
31 Blankenhorn, Tb. 10. 2. 1953.
32 John Foster Dulles, 6. 2. 1953. FRUS
1952–1954, V, 2, S. 1569–1571.
33 Dulles im NSC, 11. 2. 1953. FRUS
1952–1954, VII, 1, S. 1580.
34 Shepard Stone an Otto Lenz,
5. 11. 1952. ACDP, NL Lenz,
I – 172–69 K II/21.
35 Adenauer an Eisenhower,
10. 11. 1952. Ad, Briefe 1951–1953,
S. 299.
36 Bericht von Dolmetscher Weber,
26. 10. 1989, in: Rhöndorfer
Gespräche, Bd. 11, Konrad Adenauers
Regierungsstil, S. 183 f.
37 Dulles an Eisenhower, 6. 2. 1953.
FRUS 1952–1954, V, 2, S. 1572.
38 Memorandum of Telephone Conversation Governor Adams – J. F. Dulles,
28. 1. 1953. Princeton Library, Dulles
Files from the Eisenhower Library,
Tel. Conversations, Box 1.
39 Dulles an Eisenhower, 6. 2. 1953.
FRUS 1952–1954, V, 2, S. 1572.
40 Blankenhorn, Tb. 9. 3. 1953.
41 Protokolle des CDU-Bundesvorstandes 1950–1953, 11. 3. 1953,
S. 423.
42 Blankenhorn, Tb. 29. 3. 1953.
43 Ad, Teegespräche 1950–1954,
20. 3. 1953, S. 434.
44 ibd.

Wie man Erdrutschwahlen inszeniert

1 Blankenhorn, Tb. 15. 5. 1953.
2 Memorandum of John McCloy,
16. 3. 1953. FRUS 1952–1954, VII, 1,
S. 405.
3 Besprechung Heuss – Adenauer,
3. 3. 1953. BPräsAmt. *VS – Vertraulich.*
4 Maier, Erinnerungen, S. 480.
5 nach Maier, Erinnerungen, S. 495.
6 Protokolle des CDU-Bundesvorstandes 1950–1953, 22. 5. 1953,
S. 522.
7 ibd., S. 523.
8 Lord Moran, Churchill. The Struggle
for Survival 1940–1965, S. 429.
9 Telegrammentwurf vom 4. 5. 1953.
Cit. nach Gilbert, Winston Churchill,
Bd. VIII, S. 827 f.
10 Churchill am 11. 5. 1953. Cit. nach
Gilbert, ibd., S. 829 f.
11 Memo von Sir Frank Roberts,
15. 5. 1953. PRO, FO 371 103705
XC 156484.
12 Blankenhorn, Tb. 15. 5. 1953.
13 ibd.
14 Conversation at lunch 15. 5. 1953.
PRO, FO 371–103705 XC 156484 –
Ad, Er II, S. 207.
15 nach Otto Schumacher-Hellmold,
Adenauer-Dehler, in: *Liberal,*
August 1988, S. 15.
16 ibd.

17 Memo vom 19. 5. 1953. PRO, FO 371–103660 XC 156484.
18 Kabinettsprotokolle 1953, 20. 5. 1953, S. 305.
19 Krone, Tb. 3. 7. 1953.
20 ibd., 15. 5. 1953.
21 Protokolle des CDU-Bundesvorstandes 1950–1953, 19. 5. 1953, 15. 7. 1953, S. 606.
22 ibd., 22. 5. 1953, S. 560.
23 ibd., 26. 1. 1953, S. 308.
24 Lenz, Im Zentrum der Macht, 20. 1. 1953, S. 532.
25 Ad, Er III, S. 88.
26 ibd.
27 Lenz, Im Zentrum der Macht, 22. 5. 1953, S. 629.
28 Ad, Briefe 1951–1953, 21. 7. 1953, S. 415.
29 Protokolle des CDU-Bundesvorstandes 1950–1953, 15. 12. 1952, S. 227.
30 ibd., 22. 5. 1953, S. 527.
31 ibd.
32 ibd., 15. 12. 1952, S. 233.
33 ibd.
34 ibd., 15. 7. 1953, S. 587.
35 Lenz, Im Zentrum der Macht, 18. 6. 1953, S. 650 f.
36 ibd., 23. 6. und 24. 6. 1953, S. 654–657.
37 Memo vom 29. 5. 1953. Text in: Ad, Er II, S. 217 f.
38 Adenauer an Eisenhower, 29. 5. 1953. FRUS 1952–1954, VII, 1, S. 460 ff. – Memo of Conversation Eisenhower – Blankenhorn, 4. 6. 1953. ibd., S. 468.
39 nach *Kölnische Rundschau*, 15. 6. 1953.
40 Blankenhorn, Tb. 22. 6. 1953.
41 Lenz, Im Zentrum der Macht, 19. 6. 1953, S. 652.
42 Ad, Reden, 23. 6. 1953, S. 298 f.
43 Record of the Sixth CINCUSAREUR-HICOC Commanders, 29. 6. 1953. FRUS 1952–1954, VII, 1, S. 1605.
44 ibd.
45 Telephone conversation Eisenhower – Dulles, 25. 6. 1953. Princeton Library, Dulles Files from the Eisenhower Library, Tel. Conversations, Box 10.
46 Text bei Ad, Er II, S. 223 f.
47 Extract from the Diary of D. Bruce, 9. 7. 1953, FRUS 1952–1954, VII, 1, S. 484.

48 nach der Botschaft von Adenauer an Dulles vom 10. 7. 1953. Ad, Er II, S. 225 f.
49 Blankenhorn, Tb. 7. 7. 1953.
50 ibd.
51 ibd., 8. 7. 1953.
52 Adenauer an Dulles, 8. 7. 1953. Ad, Er II, S. 225 f.
53 Blankenhorn, Tb. 9. 7. 1953.
54 Washington to Foreign Office, No. 1465, 11. 7. 1953. PRO, FO 371–103 667 XC 156529.
55 Lenz an Adenauer, 7. 7. 1953. ACDP, NL Lenz, I – 172–5812.
56 Washington to Foreign Office, No. 1465, 11. 7. 1953. PRO, FO 371–103 667 XC 156529.
57 Kirkpatrick to Foreign Office, Tel. 658, 10. 7. 1953. PRO, FO 371–103 667 XC 156529.
58 Kirkpatrick to Foreign Office, Tel. 659, 10. 7. 1953. PRO, FO 371–103667 X C 15 65 29.
59 Kirkpatrick an Geoffrey W. Harrison, 11. 7. 1953. PRO, FO 371–103667 X C 15 65 29.
60 Memo von Riddleberger, 10. 7. 1953. FRUS 1952–54, V, 2, S. 1607.
61 Communiqué der Außenministerkonferenz in Washington, 14. 7. 1953. FRUS 1952–1954, V, 2, S. 1705.
62 Ad, Er II, S. 226 f.
63 ibd., s. 227.
64 Blankenhorn, Tb. 9. 3. 1953.
65 Lenz, Im Zentrum der Macht, 10. 3. 1953, S. 580.
66 Blankenhorn, Tb. 11. 5. 1953.
67 ibd.
68 Kabinettsprotokolle 1953, 8. 5. 1953, S. 281.
69 Blankenhorn, Tb. 11. 5. 1953.
70 ibd.
71 ibd., 12. 5. 1953.
72 ibd., 22. 6. 1953.
73 ibd., 10. 8. 1953.
74 ibd.
75 Blankenhorn, Tb. 7. 8. 1953.
76 So Werner Krueger, in: Rhöndorfer Gespräche, Bd. 9, Konrad Adenauer und die Presse, S. 39.
77 von Eckardt, Ein unordentliches Leben, S. 263.

78 So Werner Krueger, in: Rhöndorfer Gespräche, Bd. 9, S. 34.
79 ibd., S. 101.
80 Sulzberger, Auf schmalen Straßen, 12. 8. 1953, S. 509.
81 ibd.
82 Adenauer an Lenz, 5. 6. 1953. ACDP, NL Lenz, I – 172–5812.
83 Cit. nach Ad, Briefe 1951–1953, Anm. 2 zu Nr. 420, S. 661.
84 Adenauer an R. Schlüter, 16. 7. 1953. Ad, Briefe 1951–1953, S. 411.
85 Kabinettsprotokolle 1953, 30. 6. 1953, S. 368 f.
86 Lenz, Im Zentrum der Macht, 30. 6. 1953, S. 659.
87 Vincent Auriol, 30–9–1953. Journal du Septennat, 1947–1954, Tome VII, S. 438.
88 Blankenhorn, Tb. 28.-30. 8. 1953.
89 Helmut Schmidt, in: KAZeit I, S. 45–58.
90 Protokolle des CDU-Bundesvorstandes 1953–1957, 10. 9. 1953, S. 11.
91 Dr. Hans Dahs an das Landgericht Bonn, 9. 2. 1954. ACDP, NL Globke, I – 070–013/2.
92 von Eckardt, Ein unordentliches Leben, S. 267.
93 ibd., 4. 9. 1953, S. 691.
94 ibd., S. 690.
95 Cit. nach AdG, 3. 9. 1953, S. 4145.
96 Interview Carl W. McCardle, Dez. 1964. Princeton Library, J. F. Dulles Oral History Project, S. 118 f.
97 Interview mit James B. Conant, 11. 7. 1964. Princeton Library, J. F. Dulles Oral History Project, S. 3–5.
98 Adenauer an Spennrath, 5. 9. 1953. Ad, Briefe 1951–1953, S. 430.
99 Tageskalender Adenauers, 5. 9. 1953. StBKAH. Bulletin BPA, 16. 9. 1953, S. 1469.
100 Blankenhorn, Tb. 3. 9. 1953.
101 von Eckardt, Ein unordentliches Leben, S. 273.
102 Lenz, Im Zentrum der Macht, 7. 9. 1953, S. 692.
103 Blankenhorn, Tb. 7. 9. 1953.
104 NZZ, 9. 9. 1953. Auszug Originaltext in: AdG, 7. 9. 1953, S. 4151.
105 NZZ, 10. 9. 1953.
106 Blankenhorn, Tb. 7. 9. 1953.
107 *Life-Magazin*, 10. 3. 1953, S. 46–55.
108 Friedrich Schiller, »Das Spiel des Lebens«, Sämtliche Werke in 5 Bänden, (=Winkler Dünndruck Ausgabe), Bd. III, München 1968, S. 309.

*Mehr Fuchs als Löwe –
der Wahlsieger Adenauer*

1 *FAZ*, 8. 9. 1953.
2 Jens Daniel, (= Rudolf Augstein) »Gott schütze Sie, mein Kanzler«, in: *Der Spiegel*, 16. 9. 1953, S. 4.
3 Charles Wighton, Adenauer. Democratic Dictator. A Critical Biography, London 1963.
4 AdG, 15. 5. 1953, S. 3992.
5 Adenauer an Ria Reiners, 2. 10. 1953. Ad, Briefe 1951–1953, S. 445.
6 Protokolle des FDP-Bundesvorstandes, 11. 9. 1953. ADL, Bundesvorstand 99.
7 ibd.
8 Blankenhorn, Tb. 3. 9. 1953.
9 Maier, Er, 492 f.
10 Blankenhorn, Tb. 9. 9. 1953.
11 Adenauer an Etzel, 19. 9. 1953. Ad, Briefe 1951–1953, S. 439.
12 ibd., S. 440.
13 Etzel an Adenauer, 16. 9. 1953. StBKAH III 38.
14 ibd., – Blankenhorn, Tb. 11. 9. 1953.
15 Protokolle des FDP-Bundesvorstandes, 23. 10. 1953. ADL, Bundesvorstand 99.
16 Strauß, Erinnerungen, S. 210.
17 ibd., S. 212.
18 Erhard an Adenauer, 1. 10. 1953. StBKAH 11.05.
19 NZZ, 11. 10. 1953.
20 Strauß, Erinnerungen, S. 212.
21 Protokolle des FDP-Bundesvorstandes, 23. 10. 1953. ADL, Bundesvorstand 99.
22 Regierungserklärung vom 20. 10. 53. Bundestag, Sten. Berichte, 20. 10. 1953, S. 13.
23 Mende, Die neue Freiheit, S. 284 – Adenauer an Schumacher-Hellmold, 20. 1. 1965. Privatarchiv Sch.-H.
24 Mende, Die neue Freiheit, S. 283 –

Vermerk vom 8. 9. 1953. BA, NL Blücher, 299.
25 Otto Schumacher-Hellmold, 28. 1. 1965. Privatarchiv Sch.-H. – Ders.: Adenauer – Dehler, in: *Liberal*, August 1988, S. 1–18.
26 Protokolle des FDP-Bundesvorstandes, 23. 10. 1953. ADL, Bundesvorstand 99.
27 Adenauer an Seebohm, 19. 10. 1953. ACDP, NL Globke, I – 070–052/1.
28 Seebohm an Adenauer, 22. 10. 1953, ibd.
29 Adenauer an Seebohm, 29. 10. 1953, ibd.
30 Seebohm an Adenauer, 3. 11. 1953, ibd.
31 AdG, 4. 5. 1960, S. 8372.
32 *Der Spiegel*, 21. 4. 1954, S. 9–16.
33 so *Wetzlarer Zeitung*, 24. 5. 1952 – nach Lenz, Im Zentrum der Macht, S. XIX, Anm. 47.
34 Lenz, Im Zentrum der Macht, 20. 2. 1953, S. 563.
35 ibd., Oktober 1953, S. 712f.
36 *Der Spiegel*, 26. 8. 1953, S. 5.
37 Lenz, 2. 9. 1953. *Geheim*. ACDP, NL Lenz, I – 172–5812. – Das *Exposé* ist verschwunden!
38 Adenauer an Lenz, 30. 9. 1953. Ad, Briefe 1951–1953, S. 443f.
39 Lenz an Adenauer, 29. 9. 1953. ACDP, NL Lenz, I – 172–58/2.
40 Adenauer an Lenz, 1. 10. 1953. ACDP, NL Lenz, I – 172–58/2.
41 Protokolle des FDP-Bundesvorstandes, 23. 10. 1953. ADL, Bundesvorstand 99.

Die Agonie der EVG

1 Blankenhorn, Tb. 19. 10. 1953 – Ebenso Sulzberger, Auf schmalen Straßen, 19. 10. 1953, S. 515–517.
2 Aufzeichnung vom 16. 11. 1953. BA, NL Blankenhorn, 351/26.
3 Dulles an Adenauer, 20. 11. 1953. FRUS 1952–1954, V, 1, S. 854f. Ebenso Conant an Dulles, 5. 12. 1953. FRUS 1952–1954, VII, 1, S. 684–686.
4 Sulzberger, Auf schmalen Straßen, 29. 10. 1953, S. 522.
5 Blankenhorn, Tb. 22. und 23. 9. 1953.
6 Dulles an Botschaft in Großbritannien, 13. 10. 1953. FRUS 1952–1954, VII, 1, S. 654f.
7 Blankenhorn an Adenauer, 2. 12. 1953. BA, NL Blankenhorn, 351/26.
8 Blankenhorn, Tb. 2. 12. 1953.
9 Entwurf Adenauer an Churchill, 2. 12. 1953. BA, NL Blankenhorn, 351/26.
10 Conant an Sec. of State, 5. 12. 1953. FRUS 1952–54, VII, 1, S. 684f.
11 Summary Conversation Adenauer with Dulles, 14. 12. 1953. FRUS 1952–54, V, 1, S. 866 – Siehe auch Ad, Er II, S. 240–242 und Protokoll, 13. 12. 1953. StBKAH III 82. *Streng geheim*.
12 Protokoll, 13. 12. 1953. StBKAH III 82. *Streng geheim*.
13 ibd.
14 Eisenhower, Die Jahre im Weißen Haus. 1953–56, S. 375.
15 Summary Conversation 14. 12. 1953. FRUS 1952–1954, V, 1, S. 867.
16 Nach Siegler, Wiedervereinigung und Sicherheit Deutschlands, Bd. I, S. 93.
17 Kabinettsprotokolle 1953, 8. 12. 1953, S. 548.
18 Protokolle des FDP-Bundesvorstandes, 18./19. 12. 1953. ADL, Bundesvorstand 99.
19 Kabinettsprotolle 1953, 18. 12. 1953, S. 580.
20 ibd., S. 580f.
21 Memorandum Fuller, 5. 1. 1954. FRUS 1952–54, VII, 1, S. 733–736.
22 Conant an Department of State, 21. 1. 1954, FRUS 1952–1954, VII, 1, S. 779f.
23 ibd., S. 776.
24 Hoyer Millar an Foreign Office, 31. 12. 1953. Tel. No. 1970. PRO, FO 371/109560.
25 Aufzeichnung, 18. 2. 1954. *Geheim*. BA, NL Blankenhorn, 351/29. – Ebenso Memorandum, 20. 2. 1954. FRUS 1952–54, VII, 1, S. 1208–1215.
26 Blankenhorn, Tb. 8. 3. 1954.
27 Lahr, Zeuge von Fall und Aufstieg, S. 225–229.
28 Protokolle des CDU-Bundesvor-

standes 1953–57, 30. 9. 1955, S. 621–13. 1. 1956, S. 727.
29 CDP, 19. 10. 1952. Cit. nach Lenz, Im Zentrum der Macht, 18. 10. 1952, S. 439.
30 Protokolle des CDU-Bundesvorstandes 1953–57, 28. 5. 1954, S. 238.
31 ibd., 5. 2. 1955, S. 379.
32 ibd., 30. 9. 1955, S. 620 f.
33 ibd., 30. 9. 1955, S. 621.
34 ibd., S. 631.
35 Lahr, Zeuge von Fall und Aufstieg, S. 225 f.
36 Bidault, Noch einmal Rebell, S. 335–337.
37 *FAZ* vom 28. 2. 1963.
38 So in *FAZ* vom 13. 3. 1963.
39 ibd.
40 Bidault, Noch einmal Rebell, S. 332 f. *FAZ* vom 27. und 29. 3. 1963.
41 Kabinettsprotokoll 7. 7. 1954. StBKAH III 51. *Geheim.*
42 Ad, Er II, S. 274 f.
43 Adenauer an Mendès-France, 21. 8. 1954. StBKAH III 5.
44 Spaak, Memoiren eines Europäers, S. 228.
45 Besprechung Heuss – Adenauer, 9. 9. 1954. BPräsAmt. *VS – Vertraulich.*
46 Aufzeichnung Adenauers auf Bühlerhöhe, 25. 8. 1954. ACDP, NL Globke, I – 70 – (3/1,7).
47 Spaak, Memoiren, S. 227.
48 Ad, Er II, S. 289.
49 Besprechung Heuss – Adenauer, 9. 9. 1954. BPräsAmt. *VS – Vertraulich.*

Rückkehr unter die großen Mächte der Welt

1 Strauß, Erinnerungen, S. 261.
2 von Eckardt, Ein unordentliches Leben, S. 300 f.
3 Blankenhorn, Tb. 24. 8. 1954.
4 von Eckardt, Ein unordentliches Leben, S. 301.
5 Blankenhorn, Tb. 31. 8. 1954.
6 Conant an Department of State, 14. 9. 1954. FRUS 1952–1954, V, 2, S. 1186 f. – Gerstenmaier, Streit und Friede, S. 350 f.
7 Churchill an Eisenhower, 3. 9. 1954. FRUS 1952–1954, V, 2, S. 1144 f.
8 Report of Anglo-American Study Group, 12. 7. 1954. FRUS 1952–1954, V, 1, S. 997–1016.
9 Conant an Dpt. of State, 2. 9. 1954. FRUS 1952–1954, V, 2, S. 1138 f.
10 Aufzeichnung Hoyer-Millar – Adenauer, 2. 9. 1954. BA, NL Blankenhorn, 351/33 b.
11 Aufzeichnung, Adenauer – Murphey, 14. 9. 1954. BA, NL Blankenhorn, 351/33 a.
12 Aufzeichnung Gespräch Adenauer – Eden, 12. 9. 1954. BA, NL Blankenhorn, 351/33 a.
13 Report on Dulles' Conversations with Adenauer, 20. 9. 1954. FRUS 1952–1954, V, 2, S. 1211.
14 Kommuniqué vom 17. 9. 1954 nach Spaak, Memoiren, S. 273.
15 Gespräch Adenauer – Dulles, 17. 9. 1954. BA, NL Blankenhorn, 351/33 a.
16 ibd.
17 Nach Text des Memorandums vom 28. 9. 1954 in Ad, Er II, S. 319.
18 Tel. Conv. Dulles to Gen. Smith, 21. 9. 1954. Princeton Library, Dulles Files from the Eisenhower Library, Tel. Conversations, Box 3.
19 Tel. Conv. with the President, 24. 9. 54. ibd., Box 10.
20 Blankenhorn, Tb. 27. 9. 1954.
21 Aufzeichnung Blankenhorn, Tb. 27. 9. 1954.
22 Blankenhorn, Tb. 28. 9. 1954.
23 von Eckardt, Ein unordentliches Leben, S. 322.
24 Churchill an Eisenhower, 17. 9. 1954. FRUS 1952–1954, VII, 2, S. 1225.
25 Ad, Er II, S. 312.
26 Blankenhorn, Tb. 31. 12. 1954.
27 von Eckardt, Ein unordentliches Leben, S. 320–322.
28 *Der Spiegel*, 6. 10. 1954, S. 5.
29 *Der Spiegel*, Nr. 40–46 / 1961.
30 Persönliche Mitteilung von Lothar Rühl an den Verfasser.
31 Nach Ad, Er II, S. 338 f.
32 Cit. nach Ad, Er II, S. 337.
33 Nine Power Conference, Verbatim Record, 2. 10. 1954. PR0, FO 371–109774 XC 15 65 96.
34 ibd.

35 Telegraphic Summary, 2. 10. 1954. FRUS 1952–1954, V, 2, S. 1324 f.; Ad, Er II, S. 346–348; Adenauer vor dem CDU-Vorstand, Protokolle des CDU-Bundesvorstandes 1953–1957, 11. 10. 1954, S. 255 f.; Kielmansegg an den Verf., 7. 5. 1989; siehe Hans-Peter Schwarz, Adenauer und die Kernwaffen, in: *VfZ* 4/1989, S. 578 f.
36 Nine Power Conference, Verbatim Record, London, 1954, 1. 10. 1954. PRO, FO 371–109775 XC 156996.
37 Blankenhorn, Tb. 30. 9. 1954.
38 Ad, Er II, S. 348.
39 Protokolle des CDU-Bundesvorstandes 1953–57, 11. 10. 1954, S. 255.
40 Ad, Er II, S. 347.
41 ibd.
42 Kielmansegg brieflich an den Verf., 7. 5. 1989.
43 Bulletin BPA, 12. 12. 1953, S. 1975.
44 Protokolle des CDU-Bundesvorstandes 1953–57, 11. 10. 1954, S. 258.
45 ibd., 14. 10. 1954, S. 256.
46 Blankenhorn, Tb. 30. 9. 1954.
47 siehe *Stuttgarter Nachrichten*, 20. 10. 1954, *Frankfurter Neue Presse*, 20. 10. 1954.
48 Blankenhorn, Tb. 20. 10. 1954.
49 Besprechung Heuss – Adenauer, 25. 10. 1954. BPräsAmt. *VS – Vertraulich*.
50 Adenauer an Monnet, 25. 10. 1954. StBKAH III 5.
51 Aufzeichnung über das Gespräch Adenauer – Mendès-France auf La Celle – St. Cloud, 19. 10. 1954. BA, NL Blankenhorn, 351/35.
52 Aufzeichnung über Gespräch Blankenhorn/Soutou, 16. 10. 1954. BA, NL Blankenhorn, 351/35.
53 Aufzeichnung über das Gespräch Adenauer – Mendès-France auf La Celle-St. Cloud, 19. 10. 1954. BA, NL Blankenhorn, 351/35.
54 Gerstenmaier, Streit und Friede, S. 352.
55 Adenauer an Dehler, 29. 11. 1954. StBKAH 12.32 siehe auch Aufzeichnung vom 22. 10. 1954. StBKAH 12. 10.
56 Gerstenmaier, Streit und Friede, S. 352. Bundestag, Sten. Berichte, 29. 4. 1954, S. 1057 ff; ibd., 15. 12. 1954, S. 3111 ff; ibd., 16. 12. 1954, S. 3175 ff.
57 Strauß, Erinnerungen, S. 218 – Gerstenmaier, Streit und Friede, S. 359 f.
58 Blankenhorn, Tb. 22. 10. 1954 – Lahr, Zeuge von Fall und Aufstieg, S. 220.
59 Lahr, Zeuge von Fall und Aufstieg, S. 220.
60 Ad, Teegespräche 1950–54, 25. 10. 1954, S. 566.
61 Lahr, Zeuge von Fall und Aufstieg, 25. 10. 1954, S. 220 f.
62 ibd., S. 220.
63 Dulles an Eisenhower, 23. 10. 1954. FRUS 1952–54, V, 2, S. 1463.
64 Ulrich de Maizière, Dienstliche Tagebuchaufzeichnungen, 21. 10. 1954, BA-MA 673/v.19.
65 Dulles an Eisenhower, 23. 10. 1954. – ibd., S. 1464.
66 Ulrich de Maizière, Dienstliche Tagebuchaufzeichnungen, 22. 10. 1954. BA-MA 673/v. 19.
67 Lahr, Zeuge von Fall und Aufstieg, S. 219 f.
68 von Eckardt, Ein unordentliches Leben, S. 326 – Vgl. *Bulletin* BPA, 26. 10. 1954, S. 1781.
69 Ad, Teegespräche 1950–54, 25. 10. 1954, S. 565.
70 Carlo Schmid, Erinnerungen, S. 560. Bundestag, Sten. Berichte, 15. 12. 1954, S. 3112 ff.
71 Carlo Schmid, Erinnerungen, S. 560.
72 Ad, Teegespräche 1950–54, 25. 10. 1954, S. 565 f.
73 Ad, Er II, S. 377.
74 Strauß, Erinnerungen, S. 218.
75 *NZZ*, 2. 11. 1954.
76 Strauß an Adenauer, 8. 10. 1954. StBKAH III 23.
77 Adenauer an Strauß, 9. 10. 1954. StBKAH III 23.
78 Aufzeichnung Franz Blücher, 10. 10. 1954. BA, NL Blücher, 80 (81).
79 ibd.
80 ibd.
81 ibd.
82 Krone, Tb. 9. 10. 1954.
83 Blankenhorn, Tb. 31. 12. 1954.
84 von Eckardt, Ein unordentliches Leben, S. 330 f.

85 Adenauer an Gerstenmaier, 17. 11. 1954, in: Gerstenmaier, Streit und Friede, S. 357–359.
86 Blücher an Adenauer, 28. 2. 1955. BA, NL Blücher, 80 (81).
87 Blankenhorn, Tb. 24.–26. 2. 1955 – NZZ, 1. 3. 1955.
88 Bundestag, Sten. Berichte, 25. 2. 1955, S. 3690.
89 ibd.
90 Krone, Tb. 14. 2. 1955.
91 Blankenhorn, Tb. 7. 3. 1955.
92 Adenauer an Dehler, 1. 4. 1955. BA, NL Blücher, 80 (82).
93 ibd.
94 Dehler an Adenauer, 1. 4. 1955. BA, NL Blücher, 80 (82).
95 Adenauer an Dehler, 12. 4. 1955. BA, NL Blücher, 80 (82).
96 NZZ, 8. 2. 1955.
97 Lahr, Zeuge von Fall und Aufstieg, S. 229.
98 Ad, Er II, S. 433 f.

Anfänge der Entspannung

1 Krekeler an AA, 2. 5. 1955. BA, NL Blankenhorn, 351/45 a.
2 Dulles an Eisenhower, 9. 5. 1955. FRUS 1955–57, V, S. 174.
3 Protokolle des CDU-Bundesvorstandes 1953–1957, 2. 5. 1955, S. 434.
4 ibd.
5 Blankenhorn, Tb. 10. 2. 1955.
6 ibd.
7 ibd.
8 ibd.
9 ibd.
10 ibd.
11 Blankenhorn, Tb. 9. 3. 1955.
12 ibd.
13 Conant an Merchant, 25. 4. 1955. FRUS 1955–1957, V, S. 147–151.
14 Telegramme von Londoner Arbeitsgruppe an das State Department, 28. und 29. 4. 1955. FRUS 1955–1957, V, S. 155 f.
15 Conant an Merchant, 25. 4. 1955. FRUS 1955–1957, V, S. 147.
16 Aufzeichnung über Unterredung Adenauer – Dulles in Paris, 11. 5. 1955. BA, NL Blankenhorn, 351/21 + 41 b.
17 Conant an Merchant, 25. 4. 1955. FRUS 1955–1957, V, S. 149.
18 Aufzeichnung Blankenhorn, Tb. 27./28. 4. 1955.
19 Blankenhorn, Tb. 25. 4. 1955. Aufzeichnung Tb. 27./28. 4. 1955.
20 Blankenhorn, Tb. 25. 4. 1955.
21 AdG, 22. 5. 1955, 5178 B 1 – Ad, Er, II, S. 443 f.
22 Blankenhorn, Tb. 15. 6. 1955.
23 Protokoll über Bespr. Adenauer, Blankenhorn, von Herwarth, Krekeler auf Bühlerhöhe, 25. 5. 1955. BA, NL Blankenhorn, 351/41b.
24 ibd.
25 ibd.
26 ibd.
27 ibd.
28 ibd.
29 Memorandum of a Conversation, 13. 6. 1955. FRUS 1955–1957, V, S. 225 f.
30 Protokoll, 25. 5. 1955. BA, NL Blankenhorn, 351/41 b.
31 Interne Aufzeichnung, 11. 6. 1955. BA, NL Blankenhorn, 351/22 und 41 a.
32 ibd.
33 Karte bei Haftendorn, Abrüstungs- und Entspannungspolitik, S. 47.
34 Memorandum, 15. 6. 1955. FRUS 1955–1957, V, S. 229.
35 Aufzeichnung, Adenauer – Macmillan, 17. 6. 1955. StBKAH III 82. *Geheim.*
36 Compte rendu de la conversation de M. Soutou avec Blankenhorn, 16. 6. 1955. Ministère des Affaires Etr., Tome I, S. 787 ff.
37 Memorandum of Conversation, 1. 7. 1955. FRUS 1955–57, V, S. 252–258.
38 ibd., S. 258.
39 ibd., S. 257.
40 Aufzeichnung des Gesprächs Adenauer – Eden, 19. 6. 1955. StBKAH III 54. *Streng geheim.*
41 Ad, Er II. S. 447.
42 *Bulletin* BPA, 11. 6. 1955, S. 877 f.
43 So v. Welck an Blankenhorn, 12. 6. 1955. BA, NL Blankenhorn, 351/41 a.
44 Aufzeichnung über Gespräch

Anmerkungen

Adenauer – Eden 19. 6. 1955. StBKAH III 54. *Streng geheim.*

45 Memorandum of Conversation, 13. 6. 1955. FRUS 1955–1957, V, S. 224.

46 Memo Merchant, 15. 6. 1955. FRUS 1955–1957, V, S. 228 Aufzeichnung über Gespräch Adenauer – Eden, 19. 6. 1955. StBKAH III 54. *Streng geheim.*

47 Schäffer an Adenauer, 9. 6. 1955. BA, NL Schäffer, 168 (43). *Streng geheim.*

48 Aufzeichnung von Brentanos. 22. 6. 1955. StBKAH III 40.

49 Krone, Tb. 30. 6. 1955 – 8. 8. 1955.

50 Aufzeichnung Globkes für Adenauer, 12. 7. 1955. ACDP, NL Globke, I – 070 – 59/5.

51 Aufzeichnung vom 2. 5. 1955. ACDP, NL Globke, I – 070 – 049/2.

52 Aufzeichnung Globkes, 12. 7. 1955. ACDP, NL Globke, I – 070 – 59/5.

53 Globke an Kroll, 4. 7. 1955. ACDP, NL Globke, I – 070 – 027/3.

54 Besprechung Heuss – Adenauer, 25. 4. 1955. BPräsAmt. *VS – Vertraulich.*

55 Blankenhorn, Tb. 6. 4. 1955.

56 Krone, Tb. 2. 6. 1954.

57 Blankenhorn an Brentano, 26. 3. 1955. BA, NL Blankenhorn, 351/44 b.

58 Blankenhorn, Tb. 3. 3. 1955.

59 ibd., 17. 3. 1955.

60 Krone, Tb. 19. 4. 1955.

61 ibd.

62 Blankenhorn an Brentano, 26. 3. 1955. Materialien Tagebuch Blankenhorn.

63 Ulrich de Maizière, Dienstliches Tagebuch, 11. 12. 1954, BA-MA, N 673/v. 19.

64 Besprechung Heuss – Adenauer, 7. 1. 1955. BPräsAmt. *VS – Vertraulich.*

65 ibd., 6. 6. 1955. BPräsAmt. *Geheim.*

66 Krone, Tb. 9. 2. 1955.

67 Krone, Tb. 19. 2. 1955.

68 Krone, Tb. Juni 1955.

69 Krone, Tb. 29. 4. 1955.

70 Protokolle des CDU-Bundesvorstandes 1953–57, 2. 5. 1955, S. 467, 476 – 3. 6. 1955, S. 508.

71 Adenauer an Rust, 16. 10. 1955. Kopie im Besitz des Verfassers.

72 Krone, Tb. 5. 10. 1954.

73 Aufzeichnung Heuss, 1. 11. 1955. BPräsAmt. *VS – Vertraulich.*

74 Krone, Tb. 14. 2. 1955.

75 ibd., 6. 5. 1955.

76 Adenauer an Brentano, 23. 5. 1955. Cit. nach Baring, Sehr verehrter Herr Bundeskanzler, S. 151.

77 Adenauer an Heuss, 22. 5. 1955, in: Heuss/Adenauer, Unserem Vaterlande zugute, S. 183.

78 Blankenhorn, Tb. 16. 7. 1955.

79 Besprechung Heuss – Adenauer, 14. 7. 1955. BPräsAmt. *VS – Vertraulich.*

80 Adenauer an Frau Emma Adenauer, 4. 11. 1911. In Privatbesitz.

81 Adenauer an Heineman, 1. 8. 1955. StBKAH 10. 13.

82 Adenauer an Heineman, 13. 8. 1955. StBKAH 10. 13. – Ebenso Adenauer an Heineman, 1. 8. 1955. StBKAH 10. 13.

83 So Heineman an Adenauer, 24./28. 8. 1955, aufgrund eines Berichts von Georg von Lilienfeld. StBKAH 10. 13.

84 Blankenhorn, Tb. 18. 7. 1955.

85 Blankenhorn, Aufzeichnung vom 20. 7. 1955. BA, NL Blankenhorn, 351/22 und 49 b.

86 Blankenhorn an Adenauer, 18. 7. 1955. BA, NL Blankenhorn, 351/49 b.

87 Blankenhorn an Adenauer, 20. 7. 1955. BA, NL Blankenhorn, 351/49 b.

88 ibd.

89 Dulles an Adenauer. 21. 7. 1955. FRUS, 1955–1957, V, S. 465.

90 Blankenhorn an Adenauer, 23. 7. 1955. BA, NL Blankenhorn, 351/22.

91 ibd.

92 Lenz, Tb. 12. 8. 1955.

93 Adenauer an Dulles. 9. 8. 1955. StBKAH III 2. *Streng geheim.* Größter Teil an Briefen in Ad, Er II, S. 478–480. Dort – wohl fälschlich – datiert auf 9. 8. 1955.

94 Ad, Er II. S. 480.

95 Memorandum, 11. 8. 1955. FRUS 1955–1957, V, S. 546.

96 Dulles an Adenauer, 15. 8. 1955. Ad, Er II, S. 480–484.

Moskau – eine Reise ins Ungewisse

1 Noelle-Neumann, Adenauer und die öffentliche Meinung 1948–1976, in: KA Zeit II, S. 552.
2 von Eckardt, Ein unordentliches Leben, S. 383 f.
3 Krone, Tb. 8. 9. 1955.
4 Aufzeichnung von Merkatz, 22. 6. 1955. ACDP, NL von Merkatz, I – 148 – 041/01.
5 Peckert, Zeitwende. S. 47.
6 von Eckardt, Ein unordentliches Leben, S. 386.
7 Kiesinger im CDU-Vorstand, 30. 9. 1955. Protokolle des CDU-Bundesvorstandes 1953–1957, S. 600.
8 Ad, Er II, S. 509.
9 ibd.
10 Ad, Er II, S. 512.
11 Protokolle des CDU-Bundesvorstandes 1953–57, 30. 9. 1955, S. 599.
12 ibd.
13 ibd., S. 590.
14 ibd.
15 ibd., S. 586.
16 ibd., S. 586 f.
17 ibd., S. 587.
18 Etwas anders von Eckardt, Ein unordentliches Leben, S. 402 f. – Grewe, Rückblenden, S. 242 – Boris Meissner, der gleichfalls zugegen war, bestätigt Adenauers Schilderung. Ad, Er II, S. 529 f.
19 von Eckardt, Ein unordentliches Leben, S. 413.
20 Protokolle des CDU-Bundesvorstandes 1953–57, 30. 9. 1955, S. 599.
21 Blankenhorn, Tb. 8. 9. 1955.
22 von Eckardt, Ein unordentliches Leben, S. 382.
23 Protokolle des CDU-Bundesvorstandes 1953–1957, 30. 9. 1955, S. 587.
24 Peckert, Zeitwende, S. 44.
25 von Eckardt, Ein unordentliches Leben, S. 378.
26 Ad, Teegespräche 1955–1958, 20. 9. 55, S. 7.
27 Memorandum of a Conversation, 31. 8. 1955. FRUS 1955–1957, V, S. 567 und S. 569. Siehe dazu auch den Drahterlaß des AA vom 23. 8. 1955. Grewe, Rückblenden, S. 248.
28 Memorandum, 31. 8. 55. ibd., S. 569 f.
29 Aufzeichnung von Merkatz, 31. 8. 1955. ACDP, NL von Merkatz, I – 148 – 041/01.
30 Besprechung Heuss – Adenauer, 5. 9. 1955. BPräsAmt.*VS – Vertraulich*
31 Peckert, Zeitwende, S. 50.
32 Bohlen an Dpt. of State, 10. 9. 1955. FRUS 1955–1957, V, S. 574.
33 Protokolle des CDU-Bundesvorstandes 1953–57, 30. 9. 1955, S. 611.
34 Blankenhorn, Tb. 13. 9. 1955.
35 Telegram from Dpt. of State to Embassy in Moscow, 13. 9. 1955. FRUS 1955–57, V, S. 581.
36 Bohlen to Dpt. of State, 14. 9. 1955. FRUS 1955–57, V, S. 583 f.
37 Blankenhorn, Tb. 13. 9. 1955.
38 Protokolle des CDU-Bundesvorstandes 1953–57, 30. 9. 1955, S. 611.
39 ibd., 30. 9. 1955, S. 595.
40 Peckert, Zeitwende, S. 61 und 66–71 – Grewe, Rückblenden, S. 241 f.
41 Ad, Er II, S. 550.
42 Aufzeichnung von Merkatz, 15. 9. 1955. ACDP, NL von Merkatz, I – 148 – 041/01.
43 Protokolle des CDU-Bundesvorstandes 1953–1957, 12. 7. 1956, S. 926.
44 ibd., 30. 9. 1955, S. 587.
45 ibd., S. 596.
46 ibd.
47 ibd., S. 594, 596.
48 ibd., S. 591.
49 ibd., S. 597, ebenso S. 606.
50 ibd., S. 590.
51 Ad, Er II, S. 528.

Konsolidierung der Bonner Demokratie 1955–1957

Das wundersame Debakel der Adenauerschen Saarpolitik

1 Krone, Tb. 30. 9. 1955 – Protokolle des CDU-Bundesvorstandes 1953–57, 30. 9. 1955, S. 636.
2 Krone, Tb. 14. 5. 1956.
3 Jahrbuch der öffentl. Meinung 1965–1967, Faltblatt zwischen S. 198 und 199.

4 von Eckardt, Ein unordentliches Leben, S. 428–440.
5 Adenauer an Heineman, 24.2. 1957. StBKAH 10. 13.
6 Lenz, Tb. 5.8., 6.8., 8.8. und 9.8.
7 Adenauer an Lenz, 4.8. 1955. ACDP, NL Lenz, I – 172–5812.
8 Adenauer an Altmeier, 11.8. 1955. ACDP, NL Globke, I – 070–023/3.
9 Jahrbuch der öffentlichen Meinung 1947–1955, S. 328.
10 Note du Département, 1.4. 1955. DDF 1955, Tome I, S. 379.
11 nach *NZZ*, 31.8. 1955.
12 Laut Terminkalender Besprechungstermine am 1.8. und 8.8. 1950 in der Schweiz sowie am 30.8., 8.9., 18.9. 1950. Besucherliste StBKAH.
13 *Die Rheinpfalz*, 2.9. 1955. ACDP, NL Globke, I–070–53/2.
14 *Die Rheinpfalz*, 2.9. 1955 – *NZZ*, 5.9. und 7.9., 8.9., 9.9. 1955.
15 Schneider, Das Wunder an der Saar, S. 463.
16 Siehe Briefe Kindt-Kiefers an Adenauer vom 21. 11. und 2. 12. 1955. ACDP, NL Globke, I – 070–53/2.
17 Aufzeichnung von Merkatz, 7.9. 1955. ACDP, NL von Merkatz, I–148–041/01.
18 ibd.
19 Globke an Kindt-Kiefer, 6.9. 1955. ACDP, NL Globke, I – 070–53/2.
20 *NZZ*, 7.9. 1955.
21 Kindt-Kiefer an Adenauer, 21. 11. 1955. ACDP, NL Globke, I–070–53/2.
22 Adenauer an Kindt-Kiefer, 24. 11. 1955. ACDP, NL Globke, I – 070–53/2.
23 Kindt-Kiefer an Adenauer, 2. 12. 1955. ACDP, N Globke I – 070–53/2.
24 Globke an Kindt-Kiefer, 6. 1. 1956. ACDP, NL Globke, I – 070–53/2.
25 Strauß, Erinnerungen. S. 218.
26 Adenauer an Heck, 24.8. 1955. StBKAH 11. 06. – DUD, 26.8. 1955.
27 Schneider, Das Wunder an der Saar, S. 456.
28 Cit. nach Schneider, Das Wunder an der Saar, S. 457 – *Bulletin* BPA, 6.9. 1955, S. 1390.
29 Lenz, Tb. 4. 10. 1955.
30 Lenz, Tb. 4. 10. 1955.
31 Lenz, Tb. 5. 10. 1955.
32 Adenauer über die Luxemburger Gespräche am 5./6. 10. 1955 vor dem CDU-Vorstand, 10. 3. 1956. Protokolle des CDU-Bundesvorstandes, 1953–57, S. 855.
33 Tel. Ministère des Affaires Étrangères, 7. 10. 1955. DDF 1955, Tome II, S. 627.
34 Lahr, Zeuge von Fall und Aufstieg, S. 237.
35 Adenauer an Brentano, 22. 10. 1955. StBKAH 11. 02.
36 Telegramm von de Margerie an Pinay, 22. 10. 1955. DDF 1955, Tome II, S. 705 f.
37 Lahr, Zeuge von Fall und Aufstieg, S. 252–254.
38 ibd., S. 253.

Irritationen

1 Briefliche Mitteilung von Botschafter a. D. Rolf Lahr an den Verf., 20. 7. 1984.
2 Krone, Tb. 11. 4. 1955.
3 ibd., 15. 2. 1956.
4 Vgl. Krone, Tb. 17.2. 1956.
5 ibd., 15.2. 1956.
6 Krone, Tb. 14.5. 1956.
7 Blankenhorn, Tb. 26. 10. 1955.
8 *Der Spiegel*, 4. 4. 1956, S. 15–25.
9 Protokolle des CDU-Bundesvorstandes 1953–1957, 13. 1. 56, S. 730.
10 ibd., 10. 3. 56, S. 846.
11 Blankenhorn, Tb. 2. 11. 1955.
12 Siehe Schwarz, Adenauer I, S. 554.
13 Aufzeichnung Adenauers mit Taviani, 5. 7. 1956. StBKAH III 54. *Geheim*.
14 Aufzeichnung eines Gesprächs Adenauers mit Segni, 3. 7. 1956. StBKAH III 54. *Geheim*.
15 Aufzeichnung von Merkatz, 22. 6. 1955. ACDP, NL von Merkatz, I–148–041/01.
16 Aufzeichnung eines Gesprächs von Adenauer mit Senator Greene am 16. 11. 1956. BA, NL Blankenhorn, 351/69.
17 Protokolle des CDU-Bundesvorstandes 1953–1957, 23. 11. 1956, S. 1113.

18 Nicht abgesandter Brief an Dulles, März 1956. StBKAH III 2.
19 Aufzeichnung Globkes, November 1955. ACDP, NL Globke, ACDP, I – 070 – (3/2,1).
20 Blankenhorn, Tb. 13. 11. 1955.
21 Nach AdG, 4. 4. 1956, S. 5705 D.
22 Blankenhorn, Materialien Tb. 5. 4. 1956.
23 Ad, Er III, S. 119. AdG, 19. 3. 1956, S. 5685 A.
24 Ad, Er III, S. 119.
25 Aufzeichnung. Betr.: Die Londoner Abrüstungsverhandlungen, 27. 4. 1956. BA, NL Blankenhorn, N 351, Bd. 2.
26 Besprechung am 9. 4. 1956 in Ascona.
27 Blankenhorn, Tb. 9. 11. 1955.
28 Protokolle des CDU-Bundesvorstandes 1953–1957, 10. 3. 1956, S. 848.
29 ibd., 12. 7. 1956, S. 926.
30 Ad, Teegespräche 1955–1958, 9. 6. 1956, S. 96.
31 Lenz, Tb. 22. 2. 1956.
32 Blankenhorn, Tb. 2. 11. 1955.
33 Protokolle des CDU-Bundesvorstandes 1950–1953, 6. 9. 1951, S. 59.
34 Memorandum of conversation, 28. 10. 1954. FRUS 1952–1954, VII, 1, S. 593.
35 de Maizière, In der Pflicht, S. 218.
36 ibd.
37 ibd., S. 133.
38 Schmückle, Ohne Pauken und Trompeten, S. 133.
39 Horst Mühleisen: Hellmuth Stieff und der deutsche Widerstand, *VfZ* 39/1991, S. 339–377.
40 de Maizière, In der Pflicht, S. 209.
41 Protokolle des CDU-Bundesvorstandes 1953–1957, 20. 9. 1956, S. 1079.
42 Pauls am 25./26. 10. 1989 in Rhöndorfer Gespräche, Bd 11, Adenauers Regierungsstil, S. 115.
43 Walter Henkels, ... gar nicht so pingelig, m. D. u. H., S. 68.
44 Ulrich de Maizière, Dienstliches Tagebuch, 25. 5. 1955. BA-MA, N 673/v.20.
45 Adenauer an Blank, 7. 11. 1955. StBKAH 11. 02.
46 Schmückle, Ohne Pauken und Trompeten, S. 105–107.
47 Protokolle des CDU-Bundesvorstandes 1953–1957, 30. 9. 1955, S. 617.
48 Bericht von General Ulrich de Maizière, Adenauers Regierungsstil, S. 202 f. In der keimfreien Sprache des Besprechungsprotokolls liest sich dasselbe wie folgt:
»Der Kanzler weist einleitend auf die politischen Schwierigkeiten hin, eine 18-monatige Dienstzeit durchzusetzen und erklärte, daß Bundestag und Bundesrat nicht bereit seien, mehr als 12 Monate anzunehmen.« (Kurzaufzeichnung über das Gespräch mit dem Herrn Bundeskanzler über die Dauer des Grundwehrdienstes, 14.9.1956. In Privatbesitz.)
49 Protokolle des CDU-Bundesvorstandes 1953–1957, 20. 9. 1956, S. 1088.
50 Ulrich de Maizière, Dienstliches Tagebuch, 11. 9. 1956, BA-MA, N 673/v.22.

Bruch mit der FDP

1 Dehler an Adenauer, 9. 3. 1955. ADL, NL Dehler, (N1–2219).
2 Globke an Dehler, 15. 3. 1955. ibd.
3 Dehler an Adenauer, 15. 3. 1955. ibd.
4 Adenauer an Dehler, 16. 3. 1955. ibd.
5 Dehler an Adenauer, 17. 3. 1955. ibd.
6 So in einem Schreiben Dehlers an Adenauer, 7. 4. 1955. ibd.
7 Adenauer an Dehler, 12. 4. 1955. ibd.
8 Dehler an Adenauer, 13. 5. 1955. ADL, NL Dehler, (N1–2220).
9 Ad, Er III, S. 76 f.
10 ibd., S. 77 f.
11 ibd., S. 79.
12 Euler an Adenauer, 23. 11. 1955. ADL, NL Becker, (N11–78).
13 Cit. nach Ad, Er III, S. 75 f.
14 Vermerk mit Paraphe Globkes vom 29. 10. 1955. Dem Herrn Bundeskanzler vorzulegen. ACDP, NL Globke, I – 070 – (7/1,3).
15 So Minister Preusker auf einer Vorstandssitzung vom 10. 1. 1956 – ADL, NL Dehler, (N1–2225).
16 Adenauer an Dehler, 22. 11. 55. BA, NL Blücher, 80 (825).
17 Sachliche Fragen in der Koalition, Dez. 1955. ADL, NL Dehler, (N1–2223).

18 Adenauer an Brentano, 6. 12. 55.
ACDP, NL Globke, I – 070–052/3.
19 Dehler an Globke, 15. 12. 55. ACDP,
NL Globke, I – 070–016/2.
20 Dehler an Schumacher-Hellmold,
18. 11. und 3. 12. 1963. Privatarchiv
Sch.-H.
21 Mende, Die neue Freiheit 1945–61,
S. 361 f.
22 Koalitionsbesprechung, 6. und 7. 12. 55.
ACDP, NL Globke, I – 070–062/2.
23 Protokolle des CDU-Bundesvorstandes
1953–57, 13. 1. 1956, S. 755.
24 Mende, Die neue Freiheit, S. 366.
25 Protokolle des CDU-Bundesvorstandes
1953–57, 13. 1. 1956, S. 754.
26 Abschrift des Vorstandsbeschlusses
v. 10. 1. 1956 – ADL, NL Becker,
(N11–78).
27 Mende, Die neue Freiheit, S. 365.
28 Protokolle des CDU-Bundesvorstandes
1953–57, 13. 1. 1956, S. 764 f.
29 ibd., S. 762.
30 Krone, Tb. 1. 2. 1956.
31 Heuss, Tagebuchbriefe, 7. 2. 1956,
S. 143.
32 FDP-Informationsbrief v. 27. 2. 1956 –
ADL, NL Becker, (N11–77).
33 Mende, Die neue Freiheit, S. 368.
34 Krone, Tb. 21. 2. 1956.
35 Vermerk Globkes vom März 1956.
ACDP, NL Globke, I – 070 – (7/1,3).
36 Heuss, Tagebuchbriefe, 7. 2. 1956,
S. 143.
37 Vermerk Globkes vom März 1956.
ACDP, NL Globke, I – 070 – (016/2).
38 Interview mit Schmucher-Hellmold,
26. 3. 1990.
39 Erinnerungsvermerke für Minister
Blücher, 29. 2. 1956, BA, NL Blücher,
80 (83).
40 Jahrbuch der öffentlichen Meinung
1965–67, Grafik S. 198/199.
41 Mende, Die neue Freiheit, S. 440 f.
42 Protokoll, 7. 12. 55. ACDP, NL Globke,
I – 070–002/2.
43 »Politische Malaise in Bonn«, NZZ,
24. 3. 1956.

Koalitionsspekulationen und Kabinettskräche

1 Krone, Tb. 1. 2. 1956.
2 Besprechung Heuss – Adenauer,
23. 1. 1956. BpräsAmt.
VS – Vertraulich.
3 Protokolle des CDU-Bundesvorstandes,
1953–1957, 30. 9. 1955, S. 616.
4 ibd., 10. 3. 1956, S. 847 f.
5 Globke an Adenauer, 7. 4. 1956.
StBKAH III 17.
6 Adenauer an Globke, 12. 4. 1956.
ACDP, NL Globke, I – 070–052/2.
7 Notiz Globkes vom 26. 6. 1956. ACDP,
NL Globke, I – 070–001/1.
8 Adenauer an Heineman, 16. 2. 1956.
StBKAH 10. 13.
9 *NZZ*, 24. 3. 1956. *Spiegel*, 4. 4. 1956,
S. 15–25.
10 Adenauer an Ria Reiners, 11. 4. 1956.
In Privatbesitz.
11 Seewald, Die Zeit befiehlt's, S. 309.
12 ibd., S. 310.
13 Adenauer an Kanzleirat Adenauer,
14. 5. 1894. In Privatbesitz.
14 Grewe, Rückblenden, S. 230.
15 Adenauer an Ria Reiners, 6. 3. 1957. In
Privatbesitz.

Strauß wird Verteidigungsminister

1 Vermerk vom 4. 2. 1956. BA, NL
Blücher, 80, (299).
2 Von seiten der CDU nehmen teil:
Seidel, Strauß, Stücklen, Wacher,
Höcherl.
3 Blank an Adenauer, 13. 1. 1954. ACDP,
NL Blank, I – 098–005.
4 Blank an Adenauer, 13. 5. 1955. ACDP,
NL Blank, I – 098–005.
5 Schmückle, Ohne Pauken und Trompeten, S. 132.
6 Strauß, Erinnerungen, S. 271 f.
7 Schmückle, Ohne Pauken und Trompeten, S. 134.
8 Strauß, Erinnerungen, S. 272.
9 Adenauer an Blank, 13. 8. 1956.
StBKAH III 22.
10 Protokolle des CDU-Bundesvorstandes
1953–1957, 20. 9. 1956, S. 1062 f.
11 Krone, Tb. 27. 9. 1956.
12 ibd.

13 Blankenhorn an Adenauer, 9.10.1956. Blankenhorn, Materialien zum Tagebuch.
14 Adenauer an Arnold, 10.10.1956. StBKAH 11.05.
15 Strauß, Erinnerungen, S. 274.
16 ibd., S. 274–276.
17 ibd., S. 276.
18 de Maizière, In der Pflicht, S. 209.
19 Fernschreiben 14.12.1956, Blankenhorn an Auswärtiges Amt. BA, NL Blankenhorn, 351/72 a.
20 Protokolle des CDU-Bundesvorstandes 1953–1957, 20.9.1956, S. 1029.
21 siehe seine Erwiderung zu Adenauer, ibd., S. 1079–1083.
22 Besprechung Heuss – Adenauer, 9.10.1956. BPräsAmt. *VS – Vertraulich.*
23 Adenauer an Seidel, 2.8.1956. StBKAH 11.06.
24 Lenz, Tb. 27.9. und 4.10.1956.
25 CDU/CSU-Fraktionsprotokolle, 16.10.1956. ACDP.
26 Denkschrift, 16.9.1956. ACDP, NL von Merkatz, I–148–006/02.
27 ibd.
28 Heuss, Tagebuchbriefe, 19.9.1956, S. 189.
29 Besprechung Heuss – Adenauer, 9.10.1956. BPräsAmt *VS – Vertraulich.* Arnold an Adenauer, 10.10.1956. StBKAH 11.05.
30 Arnold an Adenauer, 10.10.1956. StBKAH 11.05.
31 CDU/CSU-Fraktionsprotokolle, 16.10.1956. ACDP.
32 Protokolle des CDU-Bundesvorstandes 1953–1957, 23.11.1956, S. 1104.
33 ibd., S. 1127.
34 ibd., S. 1127 f.
35 Schäffer an Adenauer, 21.2.1957. BA, NL Schäffer, 168 (40).
36 Adenauer an Schäffer, 21.2.1957. BA, NL Schäffer, 168 (40).
37 Schäffer an Adenauer, 3.4.1957. BA, NL Schäffer, 180 (41).
38 Protokolle des CDU-Bundesvorstandes 1953–1957, 20.9.1956, S. 1059.
39 Krone, Tb. 4.6.1957.

Die Adenauersche Rentenreform

1 Cit. nach Hockerts, Sozialpolitische Entscheidungen, S. 424 f.
2 Rede Adenauers im baden-württembergischen Landtags-Wahlkampf in Stuttgart, 3.2.1956. StBKAH 02.14. Cit. nach Hockerts, Sozialpolitische Entscheidungen, S. 282 und 334.
3 Protokolle des CDU-Bundesvorstandes 1953–1957, 10.9.1953, S. 13.
4 Jahrbuch der öffentlichen Meinung 1965–1967, S. 198/199.
5 Hockerts, Adenauer als Sozialpolitiker, in: KAZeit 2, S. 471.
6 ibd., S. 476.
7 nach Hockerts, Adenauer als Sozialpolitiker, in: KAZeit 2, S. 468.
8 Protokolle des CDU-Bundesvorstandes 1953–1957, 23.11.1956, S. 1146.
9 ibd., S. 1145.
10 Wilfried Schreiber: Existenzsicherheit in der industriellen Gesellschaft. Vorschläge des Bundes Katholischer Unternehmer zur Reform der Sozialversicherungen, Schriftenreihe des Bundes Katholischer Unternehmer NF 3, 1955.
11 Hockerts, Sozialpolitische Entscheidungen, S. 320.
12 Aufzeichnungen zur Kabinettsitzung am 17.10 und 24.10. ACDP, NL von Merkatz, I – 148–041/1.

Gründung der EWG im Schatten der Weltkrise von 1956

1 So Adenauer am 21.2.1957 im Kabinett nach Aufzeichnung von Merkatz. ACDP, NL von Merkatz, I – 148 – 041/1.
2 Kanzler-Tee, 22.2.1957. Ad, Teegespräche 1955–1958, S. 179–184.
3 Niederschrift über Besprechung Adenauer mit Pinay, 30.4.1955. BA, NL Blankenhorn, 351/45 a.
4 Laloy an François-Poncet, 7.4.1955. DDF 1955, Tome I, S. 421 f.
5 Ad, Er III, S. 30.
6 Spaak, Memoiren eines Europäers, S. 311 f.
7 An die Herren Bundesminister, 19.1.1956. Ad, Er III, S. 253 ff.

8 Erhard an Adenauer, 21. 3. 1956. StBKAH III 23.
9 Aufzeichnung eines Gesprächs Adenauers mit Segni, 8. 2. 1956. StBKAH III 54. *Geheim.*
10 Aufzeichnung einer Besprechung Adenauers mit Taviani, 5. 7. 1954. StBKAH 54. *Geheim.* Ad, Er III, S. 260 f.
11 Ad, Er III, S. 261.
12 Jean-François Deniau, L'Europe interdite, S. 13 f.
13 Adenauer an Erhard, 13. 4. 1956. StBKAH III 23.
14 Ad, Er III, S. 169.
15 Adenauer an Dulles, 22. 6. 1956. StBKAH III 2. *Geheim.*
16 Ad, Er III, S. 197.
17 Erler am 4. 7. 1956 und 6. 7. 1956. Bundestag, Sten. Berichte, S. 8585–8588 und S. 8772–8782.
18 Aufzeichnung von Merkatz, 20. 7. 1956. ACDP, NL von Merkatz, I – 148–041/1.
19 Grewe, Rückblenden, S. 277 f.
20 von Eckardt, Ein unordentliches Leben, S. 451–460.
21 Adenauer an Dulles, 22. 7. 1956. StBKAH III 2. *Geheim.*
22 Ad, Er III, S. 206 f.
23 Memorandum of telephone conversation Dulles – Conant, 4. 8. 1956. Princeton Library, Dulles Files from the Eisenhower Library, White House Memo Series, Box 5.
24 Memorandum of conversation with the President, 11. 8. 1956. ibd.
25 Dulles an Adenauer, 11. 8. 1956. Text in Auszügen in Ad, Er III, S. 207–211.
26 Aufzeichnung über Gespräch Adenauers mit Dulles am 25. 8. 1956. StBKAH III 54. *Geheim.* Inhalt der Unterredung größtenteils wiedergegeben in Ad, Er III, S. 211–214.
27 Abschrift einer Aufzeichnung über ein Gespräch Adenauers mit Quarles am 10. 9. 1956. BA, NL Blankenhorn, 351/67.
28 Blankenhorn an AA, 23. 11. 1956. BA, NL Blankenhorn, 351/69.
29 Aufzeichnung über Gespräch Adenauers mit Couve de Murville, 9. 10. 1956. StBKAH III 54. *Geheim.*
30 Aufzeichnung über Gespräch Adenauers mit Senator George am 28. 9. 1956. StBKAH III 54. *Geheim.* – Memorandum John Foster Dulles for the President, 1. 10. 1956. Princeton Library, Dulles Files from the Eisenhower Library, White House Memo Series, Box 3.
31 Aufzeichnung über Gespräch Adenauers mit Quarles am 10. 9. 1956. BA, NL Blankenhorn, 351/69.
32 Aufzeichnung über Gespräch Adenauers mit Gaitskell am 19. 9. 1956. StBKAH III 54. *Geheim.*
33 Rede vor den »Grandes Conférences Catholiques«, 25. 9. 1956. Ad, Reden 1917–1967, S. 328.
34 ibd., S. 329.
35 ibd.
36 ibd.
37 ibd.
38 ibd., S. 331.
39 Aufzeichnung über ein Gespräch Adenauers mit Fulbright am 11. 12. 1956. StBKAH III 54. *Geheim.*
40 Auszug aus dem Kurzprotokoll der 155. Kabinettsitzung am 5. 10. 1956. BA, NL Etzel, 254 (84).
41 Aufzeichnung von Merkatz, 19. 9. 1956. ACDP, NL von Merkatz, I – 148–041/1.
42 ibd.
43 Auszug aus dem Kurzprotokoll der 155. Kabinettssitzung am 5. 10. 1956. BA, NL Etzel, 254 (84).
44 Aufzeichnung von Merkatz, 5. 10. 1956. ACDP, NL von Merkatz, I – 148–041/1.
45 Kurzprotokoll der Kabinettsitzung vom 5. 10. 1956, BA, NL Etzel, 254 (84).
46 Erhard an Adenauer, 29. 10. 1956. BA, NL Etzel, 254 (84).
47 Erhard an Etzel, 16. 11. 1956. BA, NL Etzel, 254 (85).
48 ibd.
49 Carstens, »Das Eingreifen Adenauers in die Europa-Verhandlungen 1956«, in: KAZeit 2, S. 595.
50 Brentano an Adenauer. ACDP, NL Globke, I – 070–052/6.
51 Protokolle des CDU-Bundesvorstandes 1953–1957, 23. 11. 1956, S. 1113.

52 Aufzeichnung vom 7. 11. 1956. ACDP, NL von Merkatz, I – 148 – 041/1.
53 Protokolle des CDU-Bundesvorstandes 1953–1957, 23. 11. 1956, S. 1110.
54 ibd., S. 1111.
55 Ausführungen Adenauers im Kabinett, 9. 11. 1956. StBKAH III 54. *Geheim.*
56 ibd.
57 ibd.
58 von Eckardt, Ein unordentliches Leben, S. 466.
59 Protokoll über Ausführungen Adenauers bei der Kabinettsitzung am 9. 11. 1956. StBKAH III 54. *Geheim.*
60 von Eckardt, Ein unordentliches Leben, S. 467.
61 Aufzeichnung von Merkatz zur Sitzung am 7. 11. 1956. ACDP, NL von Merkatz, I – 148 – 041/1.
62 Grewe, Rückblenden, S. 286–289.

Staatsbesuche

1 von Eckardt, Ein unordentliches Leben, S. 282.
2 Mitteilung an den Verf. von Ernst Majonica – Ähnlich Kreisky, Zwischen den Zeiten, S. 449.
3 Kreisky, Zwischen den Zeiten, S. 449.
4 ibd., S. 448–451.
5 von Eckardt, Ein unordentliches Leben, S. 333.
6 Protokolle des CDU-Bundesvorstandes 1953–1957, 26. 4. 1954, S. 153.
7 von Eckardt, Ein unordentliches Leben, S. 340.
8 Protokolle des CDU-Bundesvorstandes 1953–1957, 26. 4. 1954, S. 154.
9 Aufzeichnung eines Gesprächs Adenauers mit Segni, 3. 7. 1956. StBKAH III 54. *Geheim.*
10 Aufzeichnung von Merkatz, 4. 4. 1957. ACDP, NL von Merkatz, I – 148–041/1.
11 Memorandum of Conversation Adenauer with Dulles et. al. re Middle East, 4. 5. 1957. Abilene, D.D. Eisenhower Library, Dulles – Herter Series, Box 6.
12 ibd.
13 Unterredung Adenauers mit Bruce, 21. 7. 1958. *Streng geheim.* StBKAH Tresor 3/862.
14 Unterredung Adenauers mit Ben Gurion, 14. 3. 1969. *Geheim.* StBKAH 58.
15 Ad, Teegespräche 1955–1958, 10. 6. 1956, S. 100 f.
16 Ad, Er III, S. 177 f.
17 Aufzeichnung von Merkatz, 11. 7. 1956. ACDP, NL von Merkatz, I – 148–041/1. Protokolle des CDU-Bundesvorstandes 1953–1957, 12. 6. 1956, S. 927.
18 Ad, Er III, S. 177–179.
19 ibd., S. 193.
20 Ad, Er III, S. 193 f.
21 Ad, Er III, S. 195.
22 ibd., S. 188.
23 ibd., S. 195.
24 Weltreise im Frühjahr 1960. Memoiren-Materialien. In Privatbesitz.
25 Aufzeichnung v. Merkatz, 20. 1. 1960. ACDP, NL Merkatz, I – 148 041 02.

Alternativplanungen und Rückwendung zur NATO

1 Vgl. Aufzeichnung von Lilienfeld. Blankenhorn, Tb. 1956.
2 Aufzeichnung über ein Gespräch Adenauers mit Greene am 16. 11. 1956. BA, NL Blankenhorn, 351/69.
3 Handschriftliche Aufzeichnung von Eckardts vom September 1956. ACDP, NL von Eckardt, I – 010–019/4.
4 Blankenhorn, Tb. 5. 10. 1956.
5 Aufzeichnung von Eckardts vom September 1956. ACDP, NL von Eckardt, I – 010–019/4.
6 ibd.
7 Blankenhorn, Tb. 3. 1. 1957.
8 Entwurf eines Briefes an Präsident Eisenhower vom Januar 1957, Fassung I. BA, NL Blankenhorn, 351/73.
9 ibd.
10 Blankenhorn, Tb. 7. 1. 1957.
11 ibd., 9. 1. 1957.
12 ibd., 10. 1. 1957.
13 ibd., 17. 1. 1957.
14 Lahr, Zeuge von Fall und Aufstieg, S. 261.

Vom Atomschock zum Wahlsieg

1 Protokolle des CDU-Bundesvorstandes 1953–1957, 20. 9. 1956, S. 1073.
2 ibd., S. 1081.
3 Fernschreiben Blankenhorns an Auswärtiges Amt, 14. 12. 1956. Materialien Tagebuch Blankenhorn.
4 Kurznotiz über Gespräch Adenauers mit Guy Mollet am 19. 2. 1957. StBKAH III 54.
5 Blankenhorn, Tb. 16. 3. 1957.
6 Siehe Schwarz, Adenauer I, S. 556f.
7 Ad, Er III, S. 296.
8 AdG, 12. 4. 1957, S. 6385.
9 ibd. Stellungnahme des Bundesministers Strauß zur Erklärung der Atomwissenschaftler vom 13. 4. 1957. Bulletin BPA, 16. 4. 1957, S. 634.
10 AdG, Bd. 27, 19. 4. 1957, S. 639.
11 Protokolle des CDU-Bundesvorstandes 1953–1957, 11. 5. 1957, S. 1224.
12 Jahrbuch der öffentlichen Meinung 1958–1964, S. 471.
13 Memorandum of Conversation Adenauer with Dulles et. al. re Middle East, 4. 5. 1957. Abilene, D. D. Eisenhower Library, Dulles – Herter Series, Box 6.
14 Strauß, Erinnerungen, S. 323.
15 Niederschrift über eine Besprechung Adenauers mit Macmillan am 7. 5. 1957. BA, NL Blankenhorn, 351/84.
16 Strauß, Erinnerungen, S. 324.
17 Adenauer vor dem Plenum am 10. 5. 1957. Bundestag, Sten. Berichte, 10. 5. 1957, S. 12062–12065.
18 Aufzeichnung über ein Gespräch Adenauers mit John Foster Dulles am 1. 5. 1957. BA, NL Blankenhorn, 351/75 a.
19 Protokolle des CDU-Bundesvorstandes 1953–1957, 11.5.1957, S. 1224.
20 ibd., S. 1225.
21 ibd., S. 1236.
22 Ad, Reden 1917–1967, S. 366.
23 Protokolle des CDU-Bundesvorstandes 1953–1957, 11. 5. 1957, S. 1241.
24 Thielicke, Zu Gast auf einem schönen Stern, S. 362.
25 ibd., S. 364.
26 Protokolle des CDU-Bundesvorstandes 1953–1957, 11. 5. 1957, S. 1236f.
27 Thielicke, Zu Gast auf einem schönen Stern, S. 364.
28 Blankenhorn, Tb. 10. 5. 1957.
29 Aufzeichnung eines Gesprächs Adenauers mit Dulles, 1. 5. 1957. BA, NL Blankenhorn, 351/75 a.
30 Blankenhorn, Tb. 21. 5. 1957 – Aufzeichnung eines Gesprächs Adenauers mit Norstad am 21. 5. 1957. StBKAH III 54. Geheim.
31 *Der Spiegel*, 14. 8. 1957, S. 10.
32 Blankenhorn, Tb. 9. 7. 1957.
33 Kreisky, Zwischen den Zeiten, S. 448.
34 Heineman an Adenauer, 15. 9. 1957. StBKAH 10.14.
35 Siehe Schwarz, Adenauer I, S. 180–186.
36 Adenauer an Heineman, 27. 9. 1957. StBKAH 10.14.
37 Adenauer an Heineman, 8. 10. 1957. StBKAH 10.14.

Aufmarsch der Diadochen

1 Verlaufsprotokoll der Fraktionssitzung am 22. 10. 1957. ACDP.
2 Protokoll des CDU-Bundesparteivorstandes, 19. 9. 1957, ACDP.
3 ibd.
4 ibd.
5 ibd.
6 CDU/CSU-Fraktionssitzung, 15. 10. 1957. ACDP.
7 Besprechung Heuss – Adenauer am 18. 10. 1957. BPräsAmt. *VS – Vertraulich.*
8 Besprechungen Heuss – Adenauer am 16. 9., 18. und 22. 10. 1957. BPräsAmt. *VS – Vertraulich.*
9 Krone, Tb. 27. 9. 1957.
10 Adenauer an Schäffer, 21. 10. 1957. BA, NL Schäffer, 168 (37). – Besprechung Heuss – Adenauer am 18. 10. 1957. BPräsAmt. *VS – Vertraulich.*
11 Adenauer an Schäffer, 23. 10. 1957. StBKAH III 23 Schäffer an Adenauer, 23. 10. 1957. BA, NL Schäffer, 168 (37).
12 Besprechung Heuss–Adenauer, 18. 10. 1957. BPräsAmt. *VS–Vertraulich.*
13 Besprechung Heuss – Adenauer am 8. 7. 1958, BPräsAmt. *VS-Vertraulich.*

14 Gedenkrede Adenauers auf von Brentano, 17. 11. 1964. StBKAH 02. 33/02.34.
15 Besprechung Heuss – Adenauer am 18. 10. 1957. BPräsAmt. *VS – Vertraulich*.
16 ibd., 8. 7. 1958.
17 ibd., 16. 9. 1958.
18 »Fünf-Punkte-Programm für Entspannung und Wiedervereinigung«, in: Politisch-Soziale Korrespondenz, Febr. 1958. Vgl. AdG, 25. 2. 1958, S. 6914 A. – Schmückle, Ohne Pauken und Trompeten, S. 199–202.
19 Adenauer an Strauß, 20. 6. 1958. Krone, Tb.
20 Besprechung Heuss – Adenauer am 8. 7. 1958. BPräsAmt. *VS – Vertraulich*.
21 Krone, Tb. 21. 11. 1956.
22 ibd., 12. 6. 1958.
23 Ansprache Gerstenmaiers auf dem Landesparteitag der württembergischen CDU, 1. 2. 1958, in: Dok.z. Dtpolitik, III/4, S. 478–497.
24 Adenauer an von Brentano, 7. 2. 1958. ACDP, NL Globke, I – 070–052/1.
25 Besprechung Heuss – Adenauer am 11. 3. 1958. BPräsAmt. *VS – Vertraulich*.
26 Krone, Tb. 7. 3. 1958.
27 Heuss, Tagebuchbriefe, 12. 12. 1958, S. 375.
28 Krone, Tb. 9. 7. 1956.
29 Besprechung Heuss – Adenauer, 16. 9. 1957. BPräsAmt.
30 ibd.
31 Adenauer an Krone, 8. 10. 1960. ACDP, NL Krone, I – 028–008/1 Krone an Adenauer, 8. 10. 1960. ACDP, NL Krone, I – 028–008/1.
32 Krone, Tb. 8. 10. 1960.
33 ibd., 14. 10. 1960.
34 Heuss, Tagebuchbriefe 1955/1965, 4. 10. 1958, S. 347.
35 Mitteilung von Heinrich Krone an den Verf.
36 Krone, Tb. 25. 11. 1957, 19. 7. 1961, 5. 4. 1963.

»Ganz Europa ist noch nicht in Ordnung« 1957–1960

Zielkonflikte und Machtkämpfe

1 Protokoll des CDU-Bundesparteivorstandes, 19. 9. 1957. ACDP.
2 Protokolle des CDU-Bundesvorstandes 1953–1957, 11. 10. 1954, S. 258.
3 Protokoll des CDU-Bundesparteivorstandes, 19. 9. 1957. ACDP.
4 Blankenhorn, Tb. 19. 5. 1958.
5 Aufzeichnung von Merkatz, 22. 4. 1958. ACDP, NL von Merkatz, I – 148–041/02.
6 Besprechung Heuss – Adenauer am 5. 4. 1958. BPräsAmt. *VS – Vertraulich*.
7 Besprechung Heuss – Adenauer am 25. 4. 1955. BPräsAmt. *VS – Vertraulich*.
8 Blankenhorn, Tb. 30. 6. 1957.
9 Blankenhorn, Aufzeichnung Tb. 4. 10. 1957.
10 Schwarz, Ära Adenauer 1957–1963, S. 33–36.
11 Adenauer an Brentano, 4. 12. 1957. ACDP, NL Globke, I–070–052/6.
12 Blankenhorn, Tb. 18. 11. 57.
13 Aufzeichnung von Merkatz, 8. 1. 1958. ACDP, NL von Merkatz, I – 148–041/02.
14 Aufzeichnung der Unterredung Adenauers mit de Gaulle in Rambouillet. 29. 7. 1960, nachmittags. StBKAH III 25. *Streng geheim*. Hier textidentisch mit Ad, Er IV, S. 61.
15 Blankenhorn, Tb. 6. 1. 1958.
16 Krone, Tb. 6. 1. 1958.
17 Blankenhorn, Tb. 25. 1. 1958.
18 ibd.
19 Krone, Tb. 7. 3. 1958.
20 Blankenhorn, Tb. 30. 6. 1958.
21 Besprechung Heuss – Adenauer, 8.9.1958. BPräsAmt. *VS – Vertraulich*.
22 Krone, Tb. 12. 6. 1958.

In der Defensive – Hallsteindoktrin und Kampf gegen den Rapacki-Plan

1 Baring, Sehr verehrter Herr Bundeskanzler, S. 189 f.
2 Bundestag, Sten. Berichte, 22. 9. 1955, S. 5643–5647.
3 Grewe, Rückblenden, S. 263.

4 Ad, Teegespräche 1955–1958,
   24. 10. 1956, S. 153.
5 Ad, Teegespräche 1955–1958,
   5. 11. 1956, S. 158.
6 Protokolle des CDU-Bundesvorstandes
   1953–1957, 7. 2. 1957, S. 1183.
7 Aufzeichnung der Unterredung Adenauers mit Mikojan am 26. 4. 1958, vormittags. StBKAH III 55. *Geheim.*
   In den Erinnerungen, 1955–1959,
   S. 381–390, wird dieses Detail nicht
   erwähnt.
8 Carlo Schmid, Erinnerungen, S. 633 f.
9 Fernsehinterview mit Adenauer,
   23. 9. 1957. Nach *FAZ*, 23.9.1957.
10 *Neues Deutschland*, 11. 9. 1957 – Marija
   Anic de Osona, Die erste Anerkennung
   der DDR, S. 21–38.
11 de Osona, ibd., S. 37 f.
12 Aufzeichnung von Merkatz,
   17. 10. 1957. ACDP, NL von Merkatz,
   I–148–041/1.
13 ibd.
14 Blankenhorn, Tb. 16. 10. 1957.
15 Aufzeichnung von Merkatz,
   17. 10. 1957. ACDP, NL von Merkatz,
   I–148–041/1.
16 ibd.
17 Blankenhorn, Tb. 18. 10. 1957.
18 von Eckardt, Ein unordentliches Leben,
   S. 529 f.
19 Blankenhorn, Tb. 8. 10., 10. 10.,
   17. 10., 18. 10. 1957.
20 ibd., 15. 10. 1957.
21 von Eckardt, Ein unordentliches
   Leben, S. 529 f. Blankenhorn, Tb.
   17. 10. 1957.
22 Grewe, Rückblenden, S. 253 f.
23 Aufzeichnung von Merkatz,
   15. 11. 1957. ACDP, NL von Merkatz,
   I–148–041/1.
24 Adenauer an Blankenhorn,
   14. 2. 1958. ACDP, NL Globke,
   I–070–092/1.
25 Die Internationale Politik, 1956–57,
   S. 518 f.
26 Protokoll der 3. Arbeitssitzung Adenauers mit Macmillan, 18. 4. 1958.
   BA, NL Blankenhorn, 351/87.
27 CDU/CSU-Fraktionssitzung,
   21. 1. 1958. ACDP.
28 Gespräch Adenauers mit Mikoyan,
   26. 4. 1956. Ad, Er III, S. 393.
29 Adenauer an Globke, 4. 2. 1958.
   StBKAH III 17.
30 Adenauer an Brentano, 17. 2. 1958.
   ACDP, NL Globke, I–070–052/3.
31 Adenauer an Blankenhorn,
   19. 2. 1958. ACDP, NL Globke,
   I–070–092/1.
32 Adenauer an Blankenhorn,
   14. 2. 1958. ACDP, NL Globke,
   I–070–092/1.
33 Adenauer an von Brentano,
   21. 4. 1959. ACDP, NL Globke,
   I–070–(3/1,8).
34 Besprechung Heuss–Adenauer,
   9. 1. 1958. BPräsAmt. *VS–Vertraulich.*
35 Heuss, Tagebuchbriefe, 1955–1963,
   19. 9. 1956, S. 189; 1. 12. 1955, S. 105;
   7. 2. 1956, S. 143.
36 Adenauer an Heuss, 21. 12. 1957;
   Heuss an Adenauer, 22. 12. 1957.
   Unserem Vaterland zugute, S. 243 f.
37 Adenauer an Heuss, 2. 1. 1958, ibd.,
   S. 248.
38 Heuss an Adenauer, 3. 1. 1958, ibd.,
   S. 248.
39 Unterredung mit Joseph Alsop,
   24. 1. 1958. Ad, Teegespräche
   1955–58, S. 251.
40 Besprechung Heuss–Adenauer,
   9. 1. 1958. BPräsAmt. *VS–Vertraulich.*

*Der Zweifel an den USA und das geheime
Atombombenprojekt mit Frankreich*

1 Heuss, Tagebuchbriefe, 14. 12. 1957,
  S. 291.
2 Aufzeichnung Bleeks, 17. 10. 1957,
  BPräsAmt. *VS – Vertraulich.*
3 Unterredung mit Gehlen lt. Tageskalender Adenauers am 13. 11. 1957.
  StBKAH.
4 Aufzeichnung der Unterredung
  Adenauers mit Norstad, 21. 5. 1957.
  StBKAH III 54. *Geheim.*
5 Gehlen, Der Dienst, S. 167.
6 ibd., S. 178.
7 Bericht Bachmann am 25./26. 10. 1989,
  in: Rhöndorfer Gespräche, Bd. 11,
  Konrad Adenauers Regierungsstil, S. 73.
8 Eine auch nur vorläufige wissenschaftliche Erhellung der vielfältigen Einflüsse Gehlens und seines Apparats
  auf die Adenauersche Ost- und Sicher-

heitspolitik ist derzeit nicht möglich und dürfte noch auf längere Zeit zu den Desiderata der Adenauer-Forschung gehören.
9 Informationen über die Nuklearpotentiale, die Trägersysteme und die Abrüstungsverhandlungen aus zeitgenössischer Sicht sind zusammengestellt, in: Die Internationale Politik, 1958–1960, S. 116–140. Einen Überblick über das westliche Nuklearpotential aus heutiger Sicht vermittelt Robert A. Wampler, NATO Strategic Planning and Nuclear Weapons, 1950–1957 (= NHP, Occasional Paper 6), University of Maryland 1990.
10 Aufzeichnung der Unterredung Adenauers mit Norstad, 21. 5. 1957. StBKAH III 54. *Geheim.*
11 Siehe z. B. Anm. 1 sowie Teegespräche, 1955–1958, 14. 10. 1957, S. 243, und Teegespräche, 1959–1961, 15. 1. 1960, S. 161.
12 Adenauer an Dulles, 21. 2. 1958. Princeton Library, J. F. Dulles Papers, Box 125. Dulles an Adenauer, 28. 2. 1958, Adenauer an Dulles, 21. 3. 1958, Dulles an Adenauer, 2. 4. 1958, Dulles an Adenauer, 17. 4. 1958. StBKAH III 2. *Geheim.*
13 Aufzeichnung der Unterredung zwischen de Gaulle und Adenauer, 14. 9. 1958. StBKAH III 71. *Geheim.*
14 Aufzeichnung der Besprechung Adenauers mit McCloy am 19. 11. 1957. StBKAH III 55. *Geheim.*
15 Adenauer an Dulles, 19. 11. 1957. StBKAH III 2. *Geheim.* Blankenhorn, Tb. 19. 11. 1957.
16 Dulles an Adenauer, 24. 11. 1957. BA, NL Blankenhorn, 351/81 b.
17 Blankenhorn, Tb. 24. und 25. 11. 1957. – Dulles an Adenauer, 29. 11. 1957. Princeton Library, Dulles Files from Eisenhower Library, Tel. Conversation, Box 7.
18 Aufzeichnung der Unterredung Adenauers mit Dulles, 14. 12. 1957. StBKAH III 55. *Geheim.* – Memorandum of conversation with Chancellor Adenauer, 14. 12. 1957. Abilene, D.D. Eisenhower Library, J. F. Dulles Papers, Gen. Corres. and Memos, Box 1.
19 ibd.
20 Krone, Tb. 6. 1. 1958.
21 Botschaft des Ministerpräsidenten Bulganin an Bundeskanzler Adenauer, 10. 12. 1957. Meissner, Moskau – Bonn, S. 312.
22 Bundestag, Sten. Berichte, 5. 11. 1957. S. 31.
23 Gespräche mit Ollenhauer nach Tageskalender Adenauers, 4. 5., 6. 7., 2. 9. 1955. StBKAH.
24 Aufzeichnung der Unterredung Adenauers mit Norstad, 21. 5. 1957. StBKAH III 54. *Geheim.*
25 Bundestag, Sten. Berichte, 4. 4. 1957, S. 11456 f.
26 CDU/CSU-Fraktionssitzung am 27. 11. 1957. ACDP.
27 CDU/CSU-Fraktionssitzung am 28. 11. 1957. ACDP.
28 Krone, Tb. 27. 11. 1957.
29 *NZZ*, 17. 12. 1957. AdG, 19. 12. 1957, S. 6800 ff.
30 *NZZ*, 20. 12. 1957.
31 Krone, Tb. 16. 12. 1957.
32 ibd., 18. 12. 1957.
33 Aufzeichnung der Unterredung Adenauers mit Dulles, 14. 12. 1957. StBKAH III 55. *Geheim.* – Ebenso Memorandum of conversation with Chancellor Adenauer, 14. 12. 1957. Abilene, D.D. Eisenhower Library, J. F. Dulles Papers, Gen. Corres. and Memos, Box 1.
34 Aufzeichnung der Unterredung Blankenhorns mit dem französischen NATO-Botschafter de Crouy-Chanel am 13. 11. 1957. BA, NL Blankenhorn, 351/80.
35 Aufzeichnung der Unterredung zwischen von Brentano und Hallstein mit Maurice Faure am 16. 11. 1957. StBKAH III 55. *Streng geheim.* – Aufzeichnung der Unterredung Adenauers mit Maurice Faure am 16. 11. 1957. StBKAH III 55. *Streng geheim.* – Siehe auch Ad, Er III, S. 324–332.
36 Aufzeichnung der Unterredung von Maurice Faure mit Brentano und Hallstein, 16. 11. 1957. StBKAH III 55. *Streng geheim.*
37 Aufzeichnung der Unterredung von

Adenauer mit Dulles, 14. 12. 1957.
StBKAH III 55. *Geheim*. – Memorandum of Conversation with Chancellor Adenauer, 14. 12. 1957. Abilene, D.D. Eisenhower Library, J. F. Dulles Papers, Gen. Corres. and Memos, Box 1.

38 Aufzeichnung über die Unterredung Adenauers mit Maurice Faure, 16. 11. 1957. StBKAH III 55. *Streng geheim*. – Ebenso in einem Gespräch mit Joseph Alsop, 24. 1. 1958. Ad, Teegespräche 1955–1958, S. 250 f.
39 Blankenhorn, Tb. 18. 11. 1957.
40 Aufzeichnung der Unterredung von Chaban-Delmas mit Strauß am 20. 11. 1957. BA, NL Blankenhorn, 351/81 b.
41 Aufzeichnung der Unterredung von Blankenhorn mit de Crouly-Chanel, 13. 11. 1957. BA, NL Blankenhorn, 351/80.
42 Aufzeichnung des Gesprächs von Chaban-Delmas mit Strauß am 20. 11. 1957. BA, NL Blankenhorn, 351/81 b.
43 ibd.
44 Aufzeichnung des Gesprächs Adenauers mit Félix Gaillard am 15. 12. 1957. StBKAH III 55. *Geheim*.
45 Tageskalender Adenauers, 21. 11. 1957. StBKAH.
46 Projet de Fondation Occidentale pour la Recherche Scientifique, Novembre 1957. Blankenhorn, Tagebuch-Materialien.
47 Aufzeichnung der Unterredung Adenauers mit Dulles am 14. 12. 1957. StBKAH III 55. *Geheim*. – Memorandum of conversation with Chancellor Adenauer, 14. 12. 1957. Abilene, D.D. Eisenhower Library, J. F. Dulles Papers, Gen. Corres. and Memos, Box 1. Siehe auch Ad, Er III, S. 339–342.
48 Aufzeichnung der Unterredung von Adenauer mit Gaillard am 15. 12. 1957. BA, NL Blankenhorn, 351/82. Große Teile davon sind wörtlich zitiert bei Ad, Er III, S. 339–342.
49 ibd. – Siehe auch Ad, Er III, S. 339–342.
50 ibd. – Siehe auch Ad, Er III, S. 342.
51 ibd.
52 Blankenhorn, Tb. 20. 11. 1957.
53 Aufzeichnung der Besprechung Adenauers mit Chaban-Delmas und Taviani am 21. 1. 1958. StBKAH III 55. *Geheim*.
54 Strauß, Erinnerungen, S. 313.
55 Aufzeichnung der Unterredung Adenauers mit Bruce vom 21. 7. 1958. StBKAH III 86. *Streng geheim*.
56 ibd.

Das deutschlandpolitische Kartenhaus

1 »Militärische Beurteilung des Rapacki-Planes einer atomfreien Zone«, 4. 1. 1958. BA, NL Blankenhorn, 351/86 a.
2 Aufzeichnung Blankenhorns über das Gespräch mit Norstad am 31. 3. 1958. BA, NL Blankenhorn, 351/86 a.
3 ibd.
4 Protokoll der 1. Arbeitssitzung in 10 Downing Street, 16. 4. 1958. BA, NL Blankenhorn, 351/87.
5 v. Brentano an Adenauer, 26. 2. 1958. ACDP, NL Globke, I – 070 – (3/1,6).
6 Schmückle, Ohne Pauken und Trompeten, S. 199–203.
7 AdG, 25. 2. 1958, S. 6914 A; Heusinger, Reden 1956–1961, S. 18–34.
8 Telegramm an Auswärtiges Amt, 29. 1. 1958. BA, NL Blankenhorn, 351/85 b; Blankenhorn an Adenauer, 13. 2. 1958. BA, NL Blankenhorn, 351/85 b.
9 Radioansprache Adenauers, 15. 1. 1958. Dok. z. Dtpolitik, III/4 (28 b).
10 Bundestag, Sten. Berichte, 23. 1. 1958, S. 304 f.
11 ibd., S. 334 f.
12 ibd., S. 307.
13 Heuss, Tagebuchbriefe, 6. 12. 1955, S. 110.
14 Bundestag, Sten. Berichte, 23. 1. 1958, S. 398.
15 Heuss, Tagebuchbriefe, 26. 1. 1958, S. 305.
16 *NZZ*, 25. 1. 1958.
17 Bundestag, Sten. Berichte, 23. 1. 1958. S. 404.
18 Grewe, Rückblenden, S. 319.
19 Ad, Er II, S. 63.

20 ibd., S. 63–131.
21 ibd., S. 131.
22 Bundestag, Sten. Berichte, 23. 1. 1958, S. 410.
23 Adenauer an Blankenhorn, 14. 2. 1958. ACDP, NL Globke, I – 070 – 052/1.
24 Grewe, Rückblenden, S. 319–328.
25 *NZZ*, 1. 2. 1958. – Zur Radioansprache siehe Dok. z. Dtpolitik, IV/1, 1. Drittelband, S. 445 ff.
26 Adenauer an Heuss, 20. 2. 1958. Unserem Vaterland zugute, S. 253.
27 Adenauer an Globke, 5. 2. 1958. ACDP, NL Globke, I –070–052/2.
28 Tageskalender Adenauers, 2. 2. 1958. StBKAH.
29 Tageskalender Adenauers, 2. 3. 1958. StBKAH. Ad, Er III, S. 398–400.
30 Tageskalender Adenauers, 13. 2. 1958. StBKAH. – Siehe Gilbert, Winston Churchill, Vol. VIII, 1251, 1261 f.
31 Adenauer an Heuss, 20. 2. 1958. Unserem Vaterland zugute, S. 253.
32 Aufzeichnung von Otto Schumacher-Hellmold, 28. 1. 1965. *Privatarchiv Sch.-H.*
33 Adenauer an Heuss, 20. 2. 1958. Unserem Vaterland zugute, S. 253.
34 ibd.
35 Adenauer an Globke, 12. 2. 1958. StBKAH III 17.
36 Adenauer an Globke, 5. 2. 1958. ACDP, NL Globke, I – 070 – 052/2.
37 Adenauer an Globke, 7. 2. 1958. ACDP, NL Globke, I – 070 – 092/1.
38 Adenauer an Blankenhorn, 14. 2. 1958. ACDP, NL Globke, I – 070 – 052/1.
39 CDU/CSU – Fraktionssitzung, 11. 2. 1958. ACDP.
40 Krone, Tb. 1. 2. 1958.
41 ibd., 18. 2. 1958.
42 ibd., 22. 2. 1958.
43 ibd., 28. 2. 1958.
44 Aufzeichnung Dr. Bach, 25. 2. 1958. ACDP, NL Krone, I – 028 – 008/4.
45 Dok. z. Dtpolitik, III/4/1958, S. 478–497 – Siehe Gerstenmaier, Streit und Frieden, S. 437–439.
46 Adenauer an von Brentano, 7. 2. 1958. ACDP, NL Globke, I – 070 – (3/1,6).

47 Adenauer an Globke, 5.2.1958. ACDP, NL Globke, I – 070–052/2 – In ähnlichem Sinn äußert er sich gegenüber Heuss. Besprechung Heuss – Adenauer, 11. 2. 1958. BPräsAmt. *VS – Vertraulich.*
48 Interview des Generalleutnants Müller für die *Berliner Zeitung*, 14. 11. 1958, in: Dok. z. Dtpolitik, IV/ 1, S. 80.
49 Interview des Generalleutnants Müller, 19. 11. 1958, ibd., S. 97.
50 Aufzeichnung von Merkatz, 12. 11. 1958. ACDP, NL von Merkatz, I – 148–041/02. – Siehe auch Erklärung des Bundesministers Schäffer, 12. 11. 1958. Dok. z. Dtpolitik, IV/1, S. 40.
51 Protokoll des CDU-Bundesparteivorstandes, 27. 11. 1958. ACDP.
52 *NZZ*, 7. 3. 1958 und *FAZ* vom 7. 3. 1958.
53 Besprechung Heuss – Adenauer, 11. 3. 1958. BPräsAmt. *VS – Vertraulich.*
54 *NZZ*, 8. 3. 1958.
55 Aufzeichnung der Unterredung von Heusss mit Adenauer, 11. 3. 1958. BPräsAmt. *VS – Vertraulich.*
56 Aufzeichnung von Merkatz, 12. 3. 1958. ACDP, NL von Merkatz, I–148–041/02.
57 Aufzeichnung der Unterredung Adenauers mit Pineau, 28. 3. 1958. StBKAH III 82. *Geheim.*
58 Lahr, Zeuge von Fall und Aufstieg, 5. und 10. 4. 1958, S. 289–293.
59 Aufzeichnung Adenauers über die Unterredung mit Mikojan, 26. 4. 1958. StBKAH III 55. *Geheim.* – Ad, Er III, S. 394.
60 Aufzeichnung der Unterredung Adenauers mit Smirnow, 7. 3. 1958. StBKAH III 55. *Geheim.* – Ad, Er III, S. 375.
61 Adenauer an Blankenhorn, 14. 2. 1958. ACDP, NL Globke, I–070–052/1.
62 Heuss, Tagebuchbriefe, 11. 3. 1958, S. 316 f.
63 Aufzeichnung der Unterredung Adenauers mit Stomma, 28. 4. 1958. StBKAH III 55. *Geheim.*
64 Protokoll des CDU-Bundesparteivorstandes, 19. 9. 1957. ACDP.
65 ibd., 17. 1. 1958. ACDP.

66 Lahr, Zeuge von Fall und Aufstieg, 5. 3. 1958, S. 290.
67 Protokoll des CDU-Bundesparteivorstandes, 17. 1. 1958. ACDP.
68 Lahr, Zeuge von Fall und Aufstieg, 5. 3. 1958, S. 290.
69 ibd., 10. 4. 1958, S. 292.
70 Protokoll des CDU-Bundesparteivorstandes, 17. 1. 1958. ACDP.
71 ibd.
72 Adenauer an von Brentano, 7. 2. 1958. ACDP, NL Globke, I – 070 – (3/1,6).
73 *FAZ*, 7. 3. 1958.
74 Fraktionssitzung 18. 3. 1958. ACDP.
75 Aufzeichnung der Unterredung Adenauers mit Smirnow, 19. 3. 1958. StBKAH III 55. *Geheim*. – Ad, Er III, S. 376–380.
76 Aufzeichnung der Unterredung v. Brentanos mit Smirnow, 20. 3. 1958. BA, NL Blankenhorn, 351/86 a.
77 Aufzeichnung der Unterredung Adenauers mit Smirnow, 19. 3. 1958. StBKAH III 55. *Geheim*. – Ad, Er III, S. 376–380.
78 Siehe Fernsehinterview mit Karl Jaspers, 10. 8. 1960. Dok. z. Dtpolitik, IV/5, S. 142–148.
79 Siehe Ad, Er III, S. 369–380.
80 Ad, Er III, S. 344.
81 Protokoll des CDU-Bundesparteivorstandes, 25. 4. 1958. ACDP. – Protokoll der Arbeitssitzung Adenauers mit Macmillan, 17. 4. 1958. BA, NL Blankenhorn, 351/87.
82 Ad, Er III, S. 366.
83 Aufzeichnung der Unterredung Adenauers mit Smirnow, 19. 3. 1958. StBKAH III 55. *Geheim*. – Ad, Er III, S. 378.
84 ibd.
85 Aufzeichnung der Unterredung Adenauers mit Smirnow, 7. 3. 1958. StBKAH III 55. *Geheim*. – Ad, Er III, S. 370.
86 Besprechung Heuss – Adenauer, 8. 7. 1958. BPräsAmt. *VS – Vertraulich*.
87 Aufzeichnung der Unterredung Adenauers mit Smirnow, 19. 3. 1958. StBKAH III 55. *Geheim*. – Ad, Er III, S. 378.
88 Aufzeichnung der Unterredung Adenauers mit Smirnow, 7. 3. 1958. StBKAH III 55. *Geheim*. – Ad, Er III, S. 375.
89 Aufzeichnung der Unterredung Adenauers mit Smirnow, 19. 3. 1958. StBKAH III 55. *Geheim*. – Ad, Er III, S. 379.
90 Ad, Er III, S. 379.
91 ibd.
92 Aufzeichnung der Unterredung Adenauers mit Smirnow, 19. 3. 1958. StBKAH III 55. *Geheim*. – Ad, Er III, S. 378.
93 Aufzeichnung der Unterredung Brentanos mit Smirnow, 20. 3. 1958. BA, NL Blankenhorn, 351/86 a.
94 *NZZ*, 22. 3. 1958. – Bundestag, Sten. Berichte, 19. 3. 1958, S. 840–847.
95 ibd., S. 1160.
96 Protokoll des CDU-Bundesparteivorstandes, 25. 4. 1958. ACDP.
97 ibd.
98 Aufzeichnung v. Merkatz, 22. 4. 1958. ACDP, NL von Merkatz, I – 148–041/02.
99 Protokoll des CDU-Bundesparteivorstandes, 25. 4. 1958. ACDP.
100 Aufzeichnung v. Merkatz, 14. 4. 1958. ACDP, NL von Merkatz, I–148–041/02.
101 von Eckardt an Adenauer, 14. 4. 1958. ACDP, NL v. Eckardt, I–010–01914.
102 von Eckardt, Ein unordentliches Leben, S. 539.
103 Telegramm Nr. 454 vom 14. 4. 1958. BA, NL Blankenhorn, 351/86 a.
104 ibd.
105 Aufzeichnung der Besprechungen Adenauers und Macmillans, 16. und 17. 4. 1958. BA, NL Blankenhorn, 351/87.
106 Protokoll der dritten Arbeitssitzung Adenauers mit Macmillan, 18. 4. 1958, NL Blankenhorn, BA.
107 Aufzeichnung der Unterredung Adenauers mit Bruce, 6. 5. 1958. StBKAH III 55. *Geheim*.
108 Aufzeichnung der Unterredung v. Brentanos mit Dulles, 5. 6. 1958. StBKAH III 49. *Streng geheim*.
109 Aufzeichnung der Unterredung Adenauers mit Bruce, 11. 6. 1958. StBKAH III 55. *Geheim*.
110 Blankenhorn, Tb. 9. 6. 1958.

111 ibd., 7. 5. 1958.
112 Aufzeichnung der Unterredung Adenauers mit Bruce, 20. 5. 1958. StBKAH III 55. *Geheim.*
113 Lahr, Zeuge von Fall und Aufstieg, 30. 4. 1958, S. 295.
114 Ad, Er III, S. 384, 395.
115 ibd., S. 394.
116 *NZZ*, 26. 3. 1958. Bundestag, Sten. Berichte, 25. 3. 1958, S. 1151.
117 Mende, Die neue Freiheit, S. 412.
118 Protokoll des CDU-Bundesparteivorstandes, 11. 7. 1958. ACDP.
119 ibd., S. 13.
120 ibd., S. 14.
121 ibd., 27. 11. 1958, S. 9, 13.
122 ibd., S. 13.
123 Blankenhorn, Tb. 24. 11. 1958.
124 Protokoll des CDU-Bundesparteivorstandes, 27. 11. 1958. ACDP.

De Gaulle

1 Aufzeichnung der Unterredung Adenauers mit Pflimlin, 2. 3. 1958. StBKAH III 55. – Ad, Er III, S. 398 f.
2 Ad, Er I, S. 34, 41.
3 Debré, Ces princes qui nous gouvernent: Lettre aux Dirigeants de la Nation, Paris 1957.
4 Blankenhorn, Tb. 19. 5. 1958.
5 ibd.
6 Blankenhorn, Tb. 1. 6. 1958.
7 Besprechung Heuss – Adenauer, 8. 7. 1958. BPräsAmt. *VS – Vertraulich.*
8 Strauß, Erinnerungen, S. 316.
9 Aufzeichnung der Unterredung Adenauers mit Bruce, 21. 7. 1958. StBKAH III 86. *Streng geheim.* – Der Bericht von Strauß erfolgt am 10. 7. 1958. Siehe Tageskalender Adenauers.
10 Blankenhorn, Tb. 19. 7. 1958.
11 Aufzeichnung der Unterredung Adenauers mit M. Violet, 15. 7. 1958. StBKAH III 87. *Geheim.*
12 Aufzeichnung der Unterredung Adenauers mit Bruce, 21. 7. 1958. StBKAH III 56. *Geheim.*
13 ibd.
14 Blankenhorn, Tb. 18. 7. 1958 – Aufzeichnung der Unterredung Adenauers mit Picard, 18. 7. 1958. StBKAH III 56. *Geheim.*
15 Dulles to Adenauer, 7. 7. 1958. Princeton Library, John Foster Dulles Papers, Box 125; der Brief ist auch in StBKAH III 2. – Ad, Er III, S. 420.
16 Aufzeichnung der Unterredung Adenauers mit Picard, 18. 7. 1958. StBKAH III 56. *Geheim.* – Ad, Er III, S. 419 f.
17 ibd., S. 420.
18 Blankenhorn, Tb. 19. 7. 1958.
19 De Gaulle, Mémoires d'espoir I, S. 184.
20 Adenauer an Pferdmenges, 5. 9. 1958. StBKAH 10.11.
21 De Gaulle, Mémoires de guerre. L'Appel 1940–1942, S. 1 f.
22 Aufzeichnung des Gesprächs Adenauers mit Pinay, 16. 8. 1958. StBKAH III 87. *Streng geheim.*
23 ibd.
24 Aufzeichnung der Unterredung Adenauers mit Violet, 15. 7. 1958. StBKAH III 87. *Geheim.*
25 Aufzeichnung der Unterredung Adenauers mit Pinay. 16. 8. 1958. StBKAH III 87. *Streng geheim.* – Ad, Er III, S. 422.
26 ibd.
27 ibd.
28 Schmückle, Ohne Pauken und Trompeten, S. 211 f. – Speidel, Aus unserer Zeit, S. 373.
29 Ad, Er III, S. 422.
30 Aufzeichnung der Unterredung Adenauers mit Violet, 15. 7. 1958. StBKAH III 87. *Geheim.*
31 Aufzeichnung der Unterredung Adenauers mit Pinay. 16. 8. 1958. StBKAH III 87. *Streng geheim.*
32 Lacouture, De Gaulle I, S. 27. Lettres, Notes et Carnets I, S. 26.
33 Lacouture, De Gaulle I, S. 73.
34 ibd., S. 76. – Quelle in Lettres, Notes et Carnets I, S. 319 f.
35 Nach Lacouture, De Gaulle I, S. 103.
36 Mitteilung von Gerhard Schröder an den Verf.
37 So Tournoux, Die Tragödie des Generals, S. 373.
38 Lacouture, De Gaulle I, S. 155 f.
39 Lettres, Notes et Carnets II, 20. 12. 1936, S. 442.

40 Tournoux, Die Tragödie des Generals, S. 42.
41 Nach Tournoux, Die Tragödie des Generals, S. 341.
42 Lacouture, De Gaulle II, S. 87.
43 Schwarz, Adenauer I, S. 700 – *Le Figaro*, 16. 3. 1950.
44 De Gaulle an Perroux, 31. 8. 1954. Lettres, Notes et Carnets VII, S. 212 f.
45 De Gaulle, Des Schwertes Schneide, S. 5, 31–35, 47 ff.
46 Cit. nach Lacouture, De Gaulle I, S. 123.
47 De Gaulle an Robert d'Harcourt, 6. 8. 1958, Lettres, Notes et Carnets, VIII, S. 65 f.
48 Tournoux, Die Tragödie des Generals, S. 342.
49 De Gaulle an Koenig, 29. 10. 1945. Lettres, Notes et Carnets VI, S. 106.
50 Schwarz, Adenauer I, S. 700.
51 De Gaulle, Interview vom 16. 3. 1950. Discours et Messages II, S. 344.
52 Lacouture, De Gaulle I, S. 122–125.
53 De Gaulle, Mémoires d'espoir II, S. 184.
54 Cit. nach *NZZ*, 15. 9. 1958. *Le Figaro*, 13./14. 9. 1958.
55 Besprechung Heuss – Adenauer, 16. 9. 1958. BPräsAmt. *VS – Vertraulich*.
56 ibd.
57 Ad, Er III, S. 434.
58 Besprechung Heuss – Adenauer, 16. 9. 1958. BPräsAmt. *VS – Vertraulich*.
59 ibd.
60 Unterredung zwischen General de Gaulle und Bundeskanzler Adenauer, 14. 9. 1958, von 16.00–18.30 Uhr. StBKAH III 71.
61 Ad, Er III, S. 424–436.
62 ibd., S. 435.
63 *NZZ*, 17. 9. 1958. AdG, 16. 9. 1958, S. 7293.
64 *NZZ*, 16. 9. 1958. Le Figaro, 17. 9. 1958, hier nicht wörtlich.
65 Unterredung de Gaulles mit Adenauer, 14. 9. 1958. StBKAH III 71.
66 Besprechung Heuss – Adenauer, 8. 7. 1958. BPräsAmt. *VS – Vertraulich*.
67 Memorandum of conversation with the President, 29. 7. 1958. Princeton Library, Dulles Files from the Eisenhower Library, White House Memo Series, Box 7. – Aufzeichnung der Unterredung Adenauers mit Dulles, 29. 7. 1958. StBKAH III 49. *Streng geheim*.
68 Aufzeichnung v. Merkatz, 23. 7. 1958. ACDP, NL von Merkatz, I-148–041/02.
69 Aufzeichnung der Unterredung de Gaulles mit Adenauer, 14. 9. 1958. StBKAH III 71.
70 ibd.
71 ibd.
72 Aufzeichnung der Unterredungen Adenauers mit Macmillan, 8./9. 10. 1958. StBKAH III 87. *Streng geheim*.
73 Aufzeichnung von Merkatz, 16. 9. 1958. ACDP, NL von Merkatz, I-148–041/02.
74 ibd.
75 Blankenhorn, Tb. 8. 10. 1958.
76 Ambrose, Eisenhower II, S. 538. – Macmillan, Memoirs IV, S. 453. – Spaak, Memoiren, S. 393–395. – Siehe de Gaulle an Adenauer, 15. 10. 1958. Lettres, Notes et Carnets VIII, S. 109 f.
77 Aufzeichnung Blankenhorns, 3. 10. 1958. BA, NL Blankenhorn, 351/91.
78 Telegramm der deutschen Botschaft in Rom, 1. 9. 1958. Materialien zum Tagebuch Blankenhorn – Aufzeichnung der Unterredung Adenauers mit Fanfani, 31. 8. 1958. StBKAH III 87.
79 Blankenhorn, Tb. 9. 9. 1958.
80 ibd., 8. 10. 1958.
81 Macmillan, Memoirs IV, S. 454.
82 ibd., S. 453.
83 ibd.
84 Blankenhorn, Tb. 8. 10. 1958.
85 Aufzeichnung der Unterredungen Adenauers mit Macmillan, 8./9. 10. 1958. StBKAH III 87. *Geheim*.
86 Macmillan, Memoirs IV, S. 453.
87 Telephone Call from Ambassador Caccia, 9. 10. 1958. Princeton Library, Dulles files from Eisenhower Library, Telephone Conversations, Box 9.
88 Memorandum of conversation with the President, 13. 10. 1958. Princeton

Library, Dulles Files from the Eisenhower Library, White House Memo Series, Box 7.
89 Telephone Call of Secretary to Mr. Elbrick, 16. 10. 1958. ibd.
90 Unterredung Adenauers mit Quaroni, 13. 10. 1958. StBKAH III 56. *Geheim.*
91 Unterredung Adenauers mit Spaak, 24.10.1958. StBKAH III 87. *Streng geheim.* – Adenauer an Dulles, 21. 10. 1958. StBKAH III 2. *Geheim.* – Adenauer an de Gaulle, 10. 10. 1958. StBKAH III 2. *Geheim.* – Blankenhorn, Tb. 9.10.1958.
92 So Pinay zu Adenauer, 16. 8. 1958. StBKAH III 87. *Streng geheim.*
93 Vernon A. Walters, In vertraulicher Mission, S. 197. – Zum Verhältnis Eisenhowers und de Gaulles siehe auch Stephen K. Ambrose, Eisenhower I, S. 240f; II, S. 539.
94 Unterredung Adenauers mit Norstad, Spaak, de Staerke, Stikker, 16. 8. 1959. StBKAH III 57. *Geheim.*
95 Aufzeichnung der Unterredung Adenauers mit Eisenhower, 27. 8. 1959. StBKAH III 57. *Geheim.*
96 Spaak, Memoiren, S. 411.
97 De Gaulle an Macmillan, 6. 10. 1958. Lettres, Notes et Carnets VIII, S. 100.
98 Blankenhorn, Tb. 8. 10. 1958.
99 De Gaulle an Adenauer, 15. und 27. 10. 1958. Lettres, Notes et Carnets VIII, S. 109 f. und 123 f.
100 Unterredung Adenauers mit Joxe, 27. 10. 1958. StBKAH III 86.
101 Unterredung Adenauers mit Seydoux, 31. 10. 1958. StBKAH III 86.
102 Aufzeichnung der Unterredung Adenauers mit Seydoux, 31. 10. 1958. StBKAH III 86. *Streng geheim.*
103 Unterredung Adenauers mit Joxe, 27. 10. 1958. StBKAH III 86.
104 Unterredung Adenauers mit Seydoux, 31. 10. 1958. StBKAH III 86. *Streng geheim.*
105 ibd.
106 Schmückle, Ohne Pauken und Trompeten, S. 205–214.
107 Unterredung Adenauers mit Pinay, 16. 8. 1958. StBKAH III 87. *Streng geheim.*
108 ibd.
109 Schmückle, Ohne Pauken und Trompeten, S. 208.
110 Unterredung Adenauers mit Joxe, 27. 10. 1958. StBKAH III 86. *Streng geheim.*
111 Protokoll des CDU-Bundesparteivorstandes, 27. 11. 1958. ACDP.
112 ibd.
113 ibd., S. 21.
114 Nach Blankenhorn, Tb. 26. 11. 1958.
115 Protokoll des CDU-Bundesparteivorstandes, 27. 11. 1958. ACDP.
116 Eisenhower, Wagnis für den Frieden, 1956–1961, S. 340.
117 Aufzeichnung der Unterredung Adenauers mit Eisenhower, 27. 8. 1959. StBKAH III 57. *Geheim.* – Siehe Eisenhower, Wagnis für den Frieden, S. 340f.
118 Blankenhorn, Tb. 26. 11. 1958.
119 *NZZ*, 28. 11. 1958.
120 Horne, Macmillan II, S. 112.
121 Erhard an Adenauer, 11. 11. 1958. Ludwig-Erhard-Stiftung, NL Erhard, I 1) 6.
122 ibd.
123 Adenauer an Erhard, 13. 11. 1958. Ludwig-Erhard-Stiftung, NL Erhard, I 1) 6.
124 Erhard an Adenauer, 21. 11. 1958. Nicht abgegangen. Ludwig-Erhard-Stiftung, NL Erhard, I 1) 6.
125 »Treffen in Bad Kreuznach«. Memoirenunterlagen. In Privatbesitz.
126 Rundtelegramm vom 27. 11. 1958. Memoirenunterlagen. In Privatbesitz.
127 Blankenhorn, Tb. 24. 11. 1958.
128 Aufzeichnung der Unterredung Adenauers mit Fanfani, 14. 12. 1958. StBKAH III 56. *Geheim.*

Das Berlin-Ultimatum

1 Protokoll des CDU-Bundesparteivorstandes, 27. 11. 1958. ACDP.
2 Aufzeichnung der Unterredung Adenauers mit Steel, 11. 11. 1958. StBKAH III 56. *Geheim.*
3 Bucerius an Adenauer, 23. 10. 1956. ACDP, NL Krone, I – 028–032/1.
4 Bucerius an Adenauer, 11. 10. 1956. ACDP, NL Krone, I – 028–032/1.

5 Vockel an Adenauer, 29. 10. 1956. ACDP, NL Krone, I – 028–032/1.
6 Protokoll des CDU-Bundesvorstandes, 1953–1957, 7. 2. 1957, S. 1184.
7 Schwarz, Adenauer I, S. 707.
8 *NZZ*, 8. 12. 1958.
9 Ansprache vor der CDU/CSU – Fraktion, 27. 1. 1959. ACDP.
10 Besprechung Heuss – Adenauer, 24. 11. 1958, BPräsAmt. *VS – Vertraulich.*
11 ibd.
12 ibd.
13 ibd.
14 Ad, Teegespräche, 1959–1961, 17. 3. 1959, S. 36.
15 Adenauer an Dulles, 11. 12. 1958, in: von Eckhardt, Ein unordentliches Leben, S. 558–561 – Originale der am 11. 12. 1958 an Dulles, Macmillan und de Gaulle gerichteten Schreiben finden sich in StBKAH III 2 und III 5. *Geheim* – Die Entwürfe sind in ACDP, NL von Eckardt, I – 010–019/4.
16 Adenauer an Dulles, 13. 12. 1958, in: von Eckardt, Ein unordentliches Leben, S. 560.
17 Memorandum for Reinhardt, Smith, Merchant, 14. 12. 1958. Princeton Library, Dulles Files from the D.D. Eisenhower Library, White House Memo Series, Box 7.
18 Blankenhorn, Tb. 9. 12. 1958.
19 Aufzeichnung von Merkatz über Ministerbesprechung vom 12. 12. 1958. ACDP, NL von Merkatz, I–148–041/02.
20 *NZZ*, 18. 12. 1958. Bulletin BPA, 20. 12. 1958, S. 2337 f.
21 Adenauer an Dulles, 20. 11. 1958. StBKAH III 2. *Geheim*.
22 Dulles an Adenauer, 24. 11. 1958. StBKAH III 2. *Geheim*. – Telephone call Dulles to Merchant, 24. 11. 1958. Princeton Library, Dulles Files from D.D. Eisenhower Library, Tel. conversations, Box 9. – Telephone call Dulles to President in Augusta, 24. 11. 1958, ibd., Box 13.
23 Eisenhower, Wagnis für den Frieden, S. 300 f.
24 Pressekonferenz von Dulles, 13. 1. 1959. Dok. z. Dtpolitik, IV/ 1, S. 596.
25 Aufzeichnung der Unterredung Adenauers mit Bruce, 14. 1. 1959. StBKAH III 57. *Streng geheim*.
26 Aufzeichnung der Unterredung Adenauers mit Steel, 22. 12. 1958. StBKAH III 56. *Geheim*.
27 Macmillan, Memoirs IV, Tagebucheintrag vom 16. 1. 1959, S. 581.
28 Houghton an Secretary of State, 20. 12. 1958. Telgr. 2305. Abilene, D. D. Eisenhower Library, Dulles-Herter Series, Box 8.
29 Aufzeichnung der Unterredung Adenauers mit Bruce, 14. 1. 1959. StBKAH III 57. *Streng geheim*.
30 Grewe, Rückblenden, S. 479.
31 Küsters, Kanzler in der Krise, in: *VfZ* 36/1988, S. 744–754.
32 Blankenhorn, Tb. 3. 2. 1959.
33 von Eckardt, Ein unordentliches Leben, S. 554.
34 Grewe, Rückblenden, S. 374.
35 Neue Dokumente zur Deutschland- und Ostpolitik Adenauers. Bearbeitet und eingeleitet von Klaus Gotto, in: Adenauer-Studien III, S. 130–209.
36 Heuss an Adenauer, 2. 1. 1959. Unserem Vaterland zugute, S. 261 f.
37 Krone, Tb. 23. 1. 1959.
38 Aufzeichnung der Unterredung Adenauers mit Macmillan, 13. 3. 1959. StBKAH III 88. *Streng geheim*.
39 Krone, Tb. 23. 1. 1959.
40 Aufzeichnung Georg Schröders, 23. 1. 1958, in: Küsters, Kanzler in der Krise, in: *VfZ* 36/1988, S. 752.
41 Aufzeichnung Max Nitsches, 23. 1. 1958, ibd., S. 749.
42 Aufzeichnung Georg Schröders, 23. 1. 1958, ibd., S. 753 f.
43 Krone, Tb. 25. 1. 1959.
44 ibd., 17. 1. 1959.
45 ibd., 4. 2. 1959.
46 ibd.
47 Aufzeichnung Krones, 6. 2. 1959. ACDP, NL Krone, I–028–031/1.
48 Krone, Tb. 5. 2. 1959.
49 Adenauer an Globke, 26. 2. 1959. ACDP, NL Globke, I–070–052/2.
50 Mercker an Globke, 28. 2. 1959. ACDP, NL Globke, I–070–052/2.

51 Aufzeichnung der Unterredung Adenauers mit Macmillan, 13. 3. 1959. StBKAH III 88. *Streng geheim.*

52 Aufzeichnung der Unterredung Adenauers mit Bruce, 13. 3. 1959. StBKAH III 57. *Geheim.* – Siehe Eisenhower, Wagnis für den Frieden 1956–1961, S. 315.

53 Krone, Tb. 16. 3. 1959.

54 Aufzeichnung der Unterredung Adenauers mit Bruce, 25. 4. 1959. StBKAH III 87. *Geheim.* – Siehe auch Ad, Teegespräche 1959 1961, 8. 5. 1959, S. 50 f.

55 Tageskalender Adenauers, 14. 5. 1959.

56 Adenauer an Globke, 9. 9. 1969. ACDP, NL Globke, I – 070–052/2.

57 2. Fassung vom 17. 11. 1960, in: Adenauer-Studien III, S. 202–209.

58 Aufzeichnung der Unterredung Adenauers mit Smirnow, 6. 6. 1962. StBKAH III 61. *Streng geheim.*

59 Aufzeichnung der Unterredung Adenauers mit Kennedy, 24. 6. 1963. StBKAH III 62. *Streng geheim.*

60 Aufzeichnung der Unterredung Adenauers mit de Gaulle, 4. 7. 1963. StBKAH III 79. *Streng geheim.*

61 Ad, Teegespräche, 1959–1961, 17. 3. 1959, S. 32.

62 Macmillan, Memoirs IV, S. 586.

63 ibd.

64 Heuss, Tagebuchbriefe, 6. 4. 1959, S. 419.

65 Aufzeichnung der Unterredung Adenauers mit Steel, 3. 2. 1959. StBKAH III 87. *Geheim.*

66 Krone, Tb. 5. 2. 1959.

67 ibd., 6. 2. 1959.

68 Heuss, Tagebuchbriefe, 5. 2. 1959, S. 392.

69 Aufzeichnung Max Nitsches, 11. 3. 1959, in: Küsters, Kanzler in der Krise, *VfZ* 36/1988, S. 764.

70 Aufzeichnung Schumacher-Hellmolds über ein Gespräch mit Adenauer, 25. 8. 1960. Privatarchiv Sch.-H. Macmillan, Memoirs IV, S. 318.

71 Aufzeichnung Schumacher-Hellmolds über ein Gespräch mit Adenauer und Dehler, 28. 1. 1965. Privatarchiv Sch.-H.

72 Horne, Macmillan 1957–1986, S. 133 f.

73 Macmillan, Memoirs IV, S. 317.

74 Aufzeichnung Adenauers zur Unterredung mit Macmillan, 12. 3. 1959. StBKAH III 57.

75 Aufzeichnung Georg Schröders, 12. 2. 1959, in: Küsters, Kanzler in der Krise, *VfZ* 36/1988, S. 760.

76 Adenauer an Dulles, 30. 1. 1959. ACDP, NL Krone, I – 028–031/1. – Teilabdruck in: Ad, Er III, S. 463–468.

77 Aufzeichnung von Ludwig von Danwitz und von Max Nitsche, 16. und 19. 1. 1959, in: Küsters, Kanzler in der Krise, *VfZ* 36/1988, S. 744–748.

78 Ad, Er III, S. 467.

79 Memorandum of conclusions of White House Conference Berlin, 29. 1. 1959. Princeton Library, J. F. Dulles Files from the D. D. Eisenhower Library, White House Memo Series, Box 7. – Eisenhower, Wagnis für den Frieden, 1956–1961, S. 303–305.

80 Krone, Tb. 6. 2. 1959. – Brentano an Adenauer, 7. 2. 1959. ACDP, NL Krone, I – 028–031/1.

81 Blankenhorn, Tb. 9. 2. 1959.

82 ibd., 3. 2. 1959.

83 Krone, Tb. 7. 2. 1959.

84 So Adenauer bei der Kabinettsitzung am 14. 1.1959. Aufzeichnung von Merkatz, 14. 1. 1959, ACDP, NL von Merkatz, I – 148 – 041/2.

85 Aufzeichnung der Unterredung Adenauers mit Dulles, 7. 2. 1954. StBKAH III 57. *Streng geheim.*

86 Aufzeichnung der Unterredung Adenauers mit Dulles, 8. 2. 1959. StBKAH III 40. *Streng geheim.* – Excerpt from a conversation between the Secretary and the President, 10. 2. 1959. Princeton Library, JF Dulles Files from the D. D. Eisenhower Library, White House Memo Series, Box 7.

87 Krone, Tb. 11. 2. 1959 – So auch Blankenhorn, Tb. 9. 2. 1959.

88 Excerpt from a conversation between the Secretary and the President, 10. 2. 1959. Princeton Library, J. F. Dulles Files from the D. D. Eisenhower Library, White House Memo Series, Box 7.

89 Ad, Er III, S. 477.
90 Adenauer an Macmillan, 11. 2. 1959. StBKAH III 5. *Geheim.*
91 Macmillan, Memoirs IV, S. 587.
92 Kommuniqué vom 3. 3. 1959, in: Dok. z. Dtpolitik, IV/1, S. 1012.
93 Aufzeichnung der Unterredung Adenauers mit Bruce, 23. 2. 1959. StBKAH III 57. *Geheim.*
94 Aufzeichnung von Merkatz, 18. 2. 1959, ACDP, NL von Merkatz, I – 148 – 041/02.
95 Ad, Teegespräche 1959–1961, 17. 3. 1959, S. 31.
96 Krone, Tb. 3. 3. 1959.
97 Aufzeichnung von Max Nitsche und Georg Schröder, 11. 3. 1959, in: Küsters, Kanzler in der Krise, *VfZ* 36/1988, S. 764 und 765.
98 Aufzeichnung der Unterredung Adenauers mit Macmillan, 12. 3. 1959. StBKAH III 88. *Streng geheim.*
99 Aufzeichnung der Unterredung Adenauers mit Bruce, 24. 3. 1959. StBKAH III 57. *Geheim.*
100 ibd. – Ebenso Aufzeichnung der Unterredung Adenauers mit Quaroni, 16. 3. 1959. StBKAH III 88. *Streng geheim.*
101 Macmillan, Memoirs IV, S. 640.
102 Ad, Teegespräche, 1959–1961, 17. 3. 1959, S. 30.
103 *NZZ*, 24. 3. 1959.
104 Ad, Teegespräche, 1959–1961, 4. 6. 1959, S. 61.
105 Heuss, Tagebuchbriefe, 6. 4. 1959, S. 419.
106 Kreisky, Im Strom der Politik, S. 12–15. Krone, Tb. 22. 3. 1959.
107 *NZZ*, 29. 3. 1959.
108 Adenauer an von Brentano, 14. 4. 1959. ACDP, NL Globke, I – 070 – 3/1,8.
109 Kreisky, Im Strom der Politik, S. 31.
110 Siehe zum ganzen Grewe, Rückblenden, S. 386–402.
111 Adenauer an Heineman, 16. 4. 1959, StBKAH.
112 Telegramm Nr. 2570/59 vom 9. 4. 1959. ACDP, NL Globke, I – 070 – (3/1,8).
113 Brentano an Adenauer, 10. 4. 1959. ACDP, NL Globke, I – 070 – (3/1,8).
114 Adenauer an von Brentano, 14. 4. 1959. ACDP, NL Globke, I – 070 – (3/1,8).
115 ibd.
116 ibd.
117 ibd.
118 Aufzeichnung der Unterredung Adenauers mit McCloy, 14. 7. 1959. StBKAH III 57. *Geheim.*
119 ibd.
120 Adenauer an Globke, 15. 4. 1959. ACDP, NL Globke, I – 070–052/2.
121 Adenauer an Globke, 16. 4. 1959. ACDP, NL Globke, I – 070 – (3/1,8).
122 Adenauer an Bech, 28. 4. 1959. StBKAH III 1.
123 Ad, Er III, S. 477 f.
124 Adenauer an Heineman, 1. 6. 1959. StBKAH 10.15.

Die Präsidentschaftsposse

1 Blankenhorn, Tb. 7. 10. 1959.
2 Globke an Krone, 21. 5. 1959. ACDP, NL Krone, I – 028–028/1.
3 Heuss, Tagebuchbriefe, 23. 1. 1962, S. 502.
4 Krone, Tb. 22. 7. 1958.
5 Heuss, Tagebuchbriefe, 15. 9. 1958, S. 340.
6 Krone, Tb. 24. 7. 1958.
7 ibd., 19. 8. 1958,
8 ibd., 27. 10. 1958.
9 Heuss, Tagebuchbriefe, 29. 10. 1958, S. 359.
10 ibd.
11 ibd.
12 ibd.
13 ibd.
14 ibd.
15 Bemerkungen zur Bundespräsidentenfrage, Ende Dezember 1958/10. Januar 1959, in: Theodor Heuss/Konrad Adenauer, Der Briefwechsel, S. 267.
16 Heuss, Tagebuchbriefe, 16. 1. 1959, S. 387.
17 ibd., 5. 2. 1959, S. 392 f.
18 ibd., 5. 2. 1959, S. 393.
19 ibd., 11. 2. 1959, S. 396.
20 ibd., S. 393.
21 Krone, Tb. 3. 2. 1959.
22 ibd., Krone, Tb. 26. 2. 1959.

23 Heuss, Tagebuchbriefe, 5., 11. und 13. 2. 1959, S. 392 f., 395 f.
24 Krone, Tb. 6. 11. 1958.
25 ibd., 20. 2. 1959.
26 ibd., 6. 1. 1959.
27 ibd., 16. 2. 1959.
28 Wagner, Die Bundespräsidentenwahl 1959, S. 15.
29 ibd., S. 15.
30 Ad, Er III, S. 495.
31 Erhard an Adenauer, 28. 2. 1959. ACDP, NL Globke, I – 070 – 003/1.
32 Vermerk über ein Telefongespräch zwischen Globke und Bleek, 3. 3. 1959. BPräsAmt.
33 Heuss, Tagebuchbriefe, 8. 3. 1959, S. 404 f.
34 ibd., 1. 3. 1959, S. 403.
35 ibd., 8. 3. 1959, S. 405.
36 Blankenhorn, Tb. 5. 10. 1956.
37 So Pferdmenges zu Krone. Krone, Tb. 7. 4. und 16. 6. 1959. Tageskalender Adenauers, 25. 3. 1959. StBKAH.
38 Heuss, Tagebuchbriefe, 29. 10. 1958, S. 359.
39 Ad, Er III, S. 496–515.
40 Heuss, Tagebuchbriefe, 7. 4. 1959, S. 420.
41 Adenauer an Heuss, 13. 4. 1959, in: Heuss/Adenauer, Der Briefwechsel, S. 278–282.
42 Wagner, Die Bundespräsidentenwahl 1959, S. 26.
43 Adenauer an Heuss, 13. 4. 1959. ACDP, NL Globke, I – 070 – 3/1,7.
44 Wagner, Die Bundespräsidentenwahl 1959, S. 27.
45 Aufzeichnung vom 4. 4. 1959. ACDP, NL Globke, I – 070 – 5/1,2.
46 Krone, Tb. 4. 4. 1959.
47 ibd.
48 Krone, Tb. 6. 4. 1959.
49 Wagner, Die Bundespräsidentenwahl 1959, S. 29.
50 Krone, Tb. 7. 6. 1959.
51 Wagner, Die Bundespräsidentenwahl 1959, S. 30.
52 Tageskalender Adenauers, 6. 4. 1959, StBKAH.
53 Heuss, Tagebuchbriefe, 6. 3. 1959, S. 420.
54 Krone, Tb. 7. 4. 1959.
55 Heuss, Tagebuchbriefe, 6. 4. 1959, S. 420.
56 ibd., 6. 4. 1959, S. 419.
57 ibd., 3. 4. 1959, S. 416.
58 So die Stenographische Niederschrift der Sitzung des »Kurvereins«, 7. 4. 1959, S. 72. ACDP, NL Globke, I – 070 – (5,1,2).
59 Gerstenmaier, Streit und Friede, S. 418.
60 So die Stenographische Niederschrift der Sitzung des »Kurvereins«, 7. 4. 1959, S. 68 f. ACDP, NL Globke, I – 070 – (5,1,2).
61 Krone, Tb. 4. 4. 1959.
62 Heuss an Adenauer, 9. 4. 1959, in: Der Briefwechsel, S. 275. – Heuss, Tagebuchbriefe, 9. 4. 1959, S. 422.
63 ibd.
64 Ad, Er III, S. 517.
65 Tageskalender Adenauers, 1. 6. 1959. StBKAH.
66 So Stoltenberg zu Hohmann. Hohmann an Erhard, 4. 6. 1959. Ludwig-Erhard-Stiftung, NL Erhard, NE 398.
67 Wagner, Die Bundespräsidentenwahl 1959, S. 39 *FAZ*, 15. 4. 1959.
68 *Der Spiegel*, 15. 4. 1959.
69 *Die Zeit*, 24. 4. 1959.
70 Krone, Tb. 27. 4. 1959.
71 *Die Welt*, 22. 4. 1959.
72 Adenauer an Erhard, 20. 5. 1959. ACDP, NL Krone, I – 028 – 028/1. Adenauer an Krone, 20. 5. 1959. ACDP, NL Krone, I – 028 – 028/1.
73 Adenauer an Krone, 19. 5. 1959. ACDP, NL Krone, I – 028 – 628/1.
74 Globke an Krone, 21. 5. 1959. ACDP, NL Krone, I – 028 – 028/1.
75 Ad, Er III, S. 526.
76 Krone, Tb. 23. 5. 1959.
77 ibd., 24. 5. 1959.
78 Krone, Tb. 25. und 26. 5. 1959. – Heuss, Tagebuchbriefe, 30. 5. 1959, S. 437. – Fraktionsprotokolle, 25. 5. 1959. ACDP.
79 CDU/CSU-Fraktionsprotokoll, 25. 5. 1959. ACDP.
80 Krone, Tb. 29. 5. 1959.
81 Besprechung Heuss – Adenauer, 1. 6. 1959. BPräsAmt. *VS – Vertraulich*. – Krone, Tb. 1. 6. 1959.

82 Wagner, Die Bundespräsidentenwahl 1959, S. 61.
83 Krone, Tb. 2. 6. 1959.
84 Jahrbuch der öffentl. Meinung 1965–1967, S. 198/199.
85 Wagner, Die Bundespräsidentenwahl 1959, S. 33.
86 Bundestag, Sten. Berichte, 3. 6. 1959, S. 3701.
87 ibd., S. 3702.
88 Ad, Er III, S. 544 f.
89 Ad, Er III, S. 545.
90 Krone, Tb. 7. 6. 1959.
91 Ad, Er I, S. 14.
92 Krone, Tb. 10. 6. 1959.
93 ibd., 1. 7. 1959.
94 So die Stenographische Niederschrift der Sitzung des »Kurvereins«, 7. 4. 1959, S. 70. ACDP, NL Globke, I – 070 – (5,1,2).
95 Ad, Er III, S. 547.
96 *Die Welt*, 6. 6. 1959.
97 Krone, Tb. 21. 6. 1959.
98 Heuss, Tagebuchbriefe, 17. 6. 1959, S. 444.
99 ibd., 13. 6. und 17. 6. 1959, S. 442 und 444.
100 ibd., 6. 6. 1959, S. 440.
101 ibd.
102 ibd., 8. 6. 1959, S. 441.
103 Heuss, Tagebuchbriefe, 17. 6. 1959, S. 444.
104 ibd., 7. 8. 1959, S. 461.
105 Heuss an Adenauer, 31. 8. 1959, in: Heuss/Adenauer, Der Briefwechsel, S. 288.
106 Burckhardt an Zuckmayer, 18. 6. 1959. Carl J. Burckhardt, Briefe 1908–1974, S. 348.

Die Gespenster der Vergangenheit

1 Erklärung Adenauers im Fernsehen, 16. 1. 1960. Bulletin, 19. 1. 1960, S. 89.
2 Protokoll des CDU-Bundesparteivorstandes, 26. 4. 1960. ACDP. – *Kölner Rundschau*, 16. 2. 1960.
3 ibd., S. 24.
4 Rücktritt 4. 5. 1960. Ehrenerklärung am 12. 4. vor dem Deutschen Presseclub nach AdG, 4. 5. 1960, S. 8372.
5 Macmillan, Memoirs V, 23. 2. 1961, S. 327.
6 Macmillan, Memoirs V, S. 98.
7 ibd., 7. 8. 1960, S. 318.
8 Siehe Heitmann, Das französische Deutschlandbild in seiner Entwicklung, in: *Sociologia Internationalis* 1/1966, S. 75–101, 2/1966, S. 165–195.
9 Macmillan, Memoirs V, 13. 5. 1960, S. 181; 29. 11. 1961, S. 419, 427.
10 ibd., 13. 3. 1960, S. 181.
11 Besprechung Heuss – Adenauer, 7. 8. 1959. BPräsAmt. *VS – Vertraulich*.
12 ibd.
13 Grewe, Rückblenden, S. 431.
14 Eisenhower, Wagnis für den Frieden 1956–1961, S. 348.
15 Protokoll des CDU-Bundesparteivorstandes, 16. 9. 1959. ACDP.
16 ibd.
17 Macmillan, Memoirs V, S. 87; 29. 12. 1959, S. 106 f. und 18. 5. 1960, S. 212.
18 Macmillan, Memoirs V., S. 242.
19 Aufzeichnung der Unterredung Adenauers mit Norstad und Spaak, 16. 8. 1959. StBKAH III 57. *Geheim*.
20 Macmillan, Memoirs V, 18. 5. 1960, S. 212.
21 Aufzeichnung der Unterredung Adenauers mit Allen Dulles, 27. 6. 1960. StBKAH III 88. *Streng geheim*.
22 AdG, 15. 3. 1960, S. 8279.
23 Cit. nach Franz Herre, »Reisende in Politik«, in: *Rheinischer Merkur*, 22. 4. 1960.
24 Memoirenmaterial in Privatbesitz.
25 ibd.
26 Ad, Er IV, 14. 3. 1960, S. 32 f.
27 ibd., S. 36.
28 ibd., S. 36.
29 Strauß, Erinnerungen, S. 344 f.
30 Aufzeichnung der Unterredung Adenauers mit Ben Gurion am 14. 3. 1960. ACDP, NL Globke, I – 070 – (2/1, 2a).
31 Aufzeichnung zur Kabinettsitzung vom 5. 4. 1960. ACDP, NL von Merkatz, I – 148–041/02.
32 Rundfunkansprache Adenauers vom 1. 9. 1959, *Bulletin* BPA, 1. 9. 1959.
33 Tageskalender Adenauers, 16./17. 7. 1959. StBKAH.
34 Aufzeichnung der Unterredung Adenauers mit Kishi, 23. 4. 1960. StBKAH III 58. *Geheim*.

35 *NZZ*, 28. 3. 1960.
36 Tageskalender Adenauers, 13. 10. 1954. StBKAH.
37 Aufzeichnung vom 5. 4. 1960. ACDP, NL von Merkatz, I – 148–041/02.
38 Aufzeichnung vom 13. 4. 1960. ACDP, NL von Merkatz, I – 148–041 02.
39 ibd.
40 Anneliese Poppinga, Konrad Adenauer und Japan. Vortrag vor der Deutsch-Japanischen Gesellschaft, 22. 11. 1982.
41 Aufzeichnung vom 13. 4. 1960. ACDP, NL von Merkatz, I – 148–041/02.
42 Aufzeichnung der Unterredung Adenauers mit Seydoux, 11. 4. 1960. StBKAH III 58. *Geheim*.
43 Memoirenmaterial in Privatbesitz.
44 ibd.
45 Memoirenmaterial in Privatbesitz.
46 Grewe, Rückblenden, S. 430 f.
47 *Flensburger Tageblatt*, 2. 4. 1960.
48 *Süddeutsche Zeitung*, 1. 4. 1960.
49 ibd. – *Rheinische Post*, 4. 4. 1960.
50 Krone, Tb. 6. 4. 1960.

Von einer Berlin-Krise zur anderen

1 *Christ und Welt*, 26. 5. 1960.
2 Adenauer an Globke, 28. 5. 1960. ACDP, NL Globke, I – 070–052/2.
3 Pressekonferenz de Gaulles, 25. 3. 1959. Dokumente zur Deutschlandpolitik, IV/1, 1958/59, 2. Hbbd., S. 1268.
4 Seydoux, Beiderseits des Rheins, S. 227.
5 Macmillan, Memoirs V, 29. 3. 1960, S. 191.
6 Aufzeichnung der Besprechung Adenauers mit Bruce, 24. 3. 1959. StBKAH III 57. *Geheim*.
7 Blankenhorn, Tb. 5. 5. 1960.
8 Aufzeichnung der Unterredung Adenauers mit Herter, 15. 3. 1960. StBKAH III 58. *Geheim*.
9 Adenauer an de Gaulle, 5. 5. 1960. StBKAH III 3. *Geheim*. Aufzeichnung Blankenhorn über Unterredung mit de Gaulle am 9. 5. 1960. Materialien zum Tagebuch Blankenhorn.
10 Aufzeichnung der Unterredung Adenauers mit de Gaulle, 14. 5. 1960. StBKAH III 58. *Streng geheim*.
11 Aufzeichnung der Unterredung Adenauers mit Segni, 21. 1. 1960. StBKAH III 88. *Geheim*.
12 ibd.
13 Aufzeichnung der Unterredung Adenauers mit Allen Dulles, 27. 6. 1960. StBKAH III 88. *Streng geheim*.
14 Aufzeichnung der Unterredung Adenauers mit McCloy, 15. 7. 1960. StBKAH III 58. *Geheim*.
15 Eisenhower, Wagnis für den Frieden 1956–1961, S. 342.
16 Vgl. Blankenhorn, Tb. 31. 12. 1959.
17 Aufzeichnung der Unterredung Adenauers mit Yoshida, 5. 6. 1960. StBKAH III 58. *Geheim*.
18 Aufzeichnung der Unterredung Adenauers mit Dowling, 8. 3. 1960. StBKAH III 88. *Streng geheim*.
19 Macmillan, Memoirs V, 19. 12. 1959, S. 103 f. – Ad, Er IV, 19. – 21. 12. 1959, S. 24 f.
20 Ad, Er IV, S. 26 f.
21 Aufzeichnung der Unterredung Adenauers mit Eisenhower, 15. 3. 1960. StBKAH III 58. *Geheim*.
22 ibd.
23 Unterredung Adenauers mit Dowling, 8. 3. 1960. StBKAH III 88. *Streng geheim*.
24 Krone, Tb. 8. 3. 1960.
25 Unterredung Adenauers mit Dowling, 8. 3. 1960. StBKAH III 88. *Streng geheim*.
26 Aufzeichnung von Merkatz, 27. 1. 1960. ACDP, NL von Merkatz, I – 148–041/02.
27 Unterredung Adenauers mit Dowling, 8. 3. 1960. StBKAH III 88. *Streng geheim*.
28 Unterredung Adenauers mit Yoshida, 5. 6. 1960. StBKAH III 58. *Geheim*.
29 Ad, Er IV, 15. 5. 1960, S. 50.
30 Unterredung Adenauers mit McCloy, 15. 7. 1960. StBKAH III 58. *Geheim*.
31 Aufzeichnung der Unterredung Adenauers mit Couve de Murville, 6. 1. 1960. StBKAH III 58. *Geheim*.
32 Vermerk von Merkatz, 13. 4. 1960. ACDP, NL von Merkatz, I – 148–041/02.
33 Unterredung Adenauers mit Dowling,

8.3.1960. StBKAH III 88. *Streng geheim*.
34 Aufzeichnung von Merkatz, 6.5.1960. ACDP. NL Merkatz I – 148–04–02.
35 ibd.
36 Blankenhorn, Tb. 12.5.1960.
37 ibd.
38 von Eckardt, Ein unordentliches Leben, S. 614.
39 von Eckardt an Adenauer, 21.6.1960. ACDP, NL v. Eckardt, I – 010–019/4 – abgedruckt in von Eckardt, Ein unordentliches Leben, S. 615–619.
40 ibd., S. 619.
41 Unterredung Adenauers mit Dowling, 8.3.1960. StBKAH III 88. *Streng geheim*.
42 Sulzberger, The Last of the Giants, 5.5.1959, S. 569.
43 Unterredung Adenauers mit Yoshida, 5.6.1960. StBKAH III 58. *Geheim*.
44 Macmillan, Memoirs V, S. 195.

Träumereien an französischen Kaminen

1 Titel der Märchensammlung von Richard von Volkmann-Leander (1871).
2 Macmillan, Memoirs V, 18.1.1960, S. 211 f.
3 Macmillan, Memoirs V, S. 241–246 – Gespräch mit Spaak, 6.9.1960. Blankenhorn, Tb. 6.9.1960.
4 Blankenhorn, Tb. 14.6.1960.
5 Unterredung Adenauers mit McCloy, 15.7.1960. StBKAH III 58. *Geheim*.
6 Blankenhorn, Tb. 14.6.1960.
7 ibd., 14.7.1960–21.7.1960.
8 Unterredung Adenauers mit Pinay, 4.7.1960. StBKAH III 58. *Geheim*. – Ad, Er IV, 4.7.1960, S. 54–58.
9 Vermerk Globkes. ACDP, NL Globke, I – 070 – (3/2,1).
10 Unterredung Adenauers mit Allen Dulles, 27.6.1960. StBKAH III 88. *Streng geheim*.
11 Unterredung Adenauers mit McCloy, 15.7.1960. StBKAH III 58. *Geheim*.
12 Ad, Er IV, S. 59.
13 AdG, 13.2.1960, S. 8213.
14 Am 26.7.1960. Materialien zum Tagebuch Blankenhorn.
15 Unterredung Adenauers mit Seydoux, 26.7.1960. StBKAH III 88. *Streng geheim*.
16 Ibd.
17 Macmillan an Adenauer. 19.7.1960. StBKAH III 5. *Geheim*. – Blankenhorn, Tb. 21.7.1960.
18 Blankenhorn, Tb. 21.7.1960.
19 Aufzeichnung Blankenhorns vom 27.7.1960. Materialien zum Tagebuch Blankenhorns.
20 Blankenhorn, Tb. 29.7.1960.
21 Unterredung Adenauers mit de Gaulle, 29.7.1960. StBKAH III 25. *Streng geheim*.
22 Ad, Er IV, S. 60.
23 Blankenhorn, Tb. 7.10.1959.
24 Persönliche Mitteilung von Dr. Franz Josef Bach an den Verfasser. Siehe dazu Konrad Adenauers Regierungsstil, S. 87 f, 100–104.
25 Note au sujet de l'organisation de l'Europe, 30.7.1960. Lettres, Notes et Carnets IX, S. 382 f.
26 Blankenhorn an Adenauer, 8.7.1960. Materialien zum Tb. Blankenhorn.
27 Aufzeichnung der Unterredung zwischen Adenauer und de Gaulle am 30.7.1960, 11 Uhr. StBKAH III 25. *Streng geheim* – Ad, Er IV, 30.7.1960, S. 62–65.
28 Aufzeichnung der Unterredung Adenauers mit de Gaulle, 30.7.1960, 15 Uhr. StBKAH III 25. *Streng geheim*. – Ad, Er IV, 30.7.1960, S. 65–67.
29 Unterredung Adenauers mit de Gaulle, 30.7.1960. StBKAH III 58. *Geheim*. – Diese Fassung des Protokolls unterscheidet sich von der Fassung in III 25. – Ebenso Unterredung Adenauers mit Anderson, 21.11.1960. StBKAH III 88. *Streng geheim*.
30 Unterredung Adenauers mit de Gaulle, 29.7.1960, 16.00 Uhr bis 18.30 Uhr. StBKAH III 25. *Streng geheim*.
31 Ad, Er IV, S. 67.
32 Blankenhorn, Tb. 29.7.1960.
33 ibd.
34 Krone, Tb. 1. und 13.8.1960.
35 Krone an Adenauer, 2.8.1960. ACDP, NL Krone, I – 028–006/4.
36 ibd.

37 Adenauer an Krone, 3. 8. 1960. ACDP, NL Krone, I – 028–006/4.
38 Blankenhorn, Tb. 5. 8. 1960.
39 Tageskalender Adenauers, 5. 8. 1960. StBKAH.
40 De Gaulle an Couve de Murville, 1. 8. 1960, Lettres, Carnets et Notes, VIII, S. 383.
41 ibd., S. 383 f.
42 Blankenhorn, Tb. 6. 8. 1960 mit Aufzeichnung über das Gespräch mit Couve de Murville.
43 Macmillan, Memoirs V, 11. 8. 1960, S. 247 f.
44 Macmillan, Memoirs V, 10. 8. 1960, S. 248 – Unterredung Adenauers mit Macmillan, 11. 8. 1960. StBKAH III 58. *Geheim.*
45 Macmillan, Memoirs V, 10. 8. 1960, S. 318.
46 ibd.
47 ibd., S. 322.
48 Blankenhorn, Tb. 9. 9. 1960.
49 ibd., 15. 8. 1960.
50 Houghton an Secretary of State, 10. 9. 1960. Telg. 1024. Abilene, D.D. Eisenhower Library, International Trips and Mtgs., Box 5.
51 Blankenhorn, Tb. 9. 9. 1960.
52 ibd.
53 Norstad: NATO: Strength and Spirit, in: NATO Letter, Jan. 1960, S. 96 f.
54 Blankenhorn, Tb. 9. 9. 1960. – Houghton an Secretary of State, 10. 9. 1960. Telg. 1024. ibd.
55 Adenauer an Globke, 9. 9. 1960. ACDP, NL Globke, I – 070–052/2.
56 Blankenhorn, Tb. 21. 9. 1960.
57 Unterredung Adenauers mit Harriman, 7. 3. 1961. StBKAH III 59. *Geheim.*
58 Unterredung Adenauers mit Acheson, 9. 4. 1961. StBKAH III 88. *Streng geheim.*
59 Unterredung Adenauers mit Kennedy, 13. 4. 1961. StBKAH III 88. *Streng geheim* – Ad, Er IV, S. 92 f.
60 Aufzeichnung Adenauers über ein Gespräch mit Speidel, 23. 9. 1960. StBKAH III 17. *Streng geheim* – Speidel, Aus unserer Zeit, S. 385 f.
61 ibd.
62 ibd. – Blankenhorn an Bundesaußenminister, 28. 9. 1960. Materialien zum Tb. Blankenhorn.
63 Macmillan, Memoirs V, 13. 3. 1960, S. 182.
64 De Gaulle an Adenauer, 22. 9. 1960. Lettres, Notes et Carnets, IX, S. 396 f.
65 Blankenhorn, Tb. 24. 9. 1960.
66 Aufzeichnung Adenauers vom 23.9.1960 über Gespräch mit Speidel. StBKAH III 17. *Streng geheim.*
67 Blankenhorn, Tb. 24.9.1960.
68 Blankenhorn an Bundesaußenminister, 28. 9. 1960. Materialien zum Tb. Blankenhorn.
69 ibd.
70 Eisenhower an Adenauer, 6. 10. 1960. StBKAH III 2. *Geheim.*
71 Eisenhower an Adenauer, 7. 10. 1960. StBKAH III 2. *Geheim.*
72 Rede de Gaulles in Grenoble, 7. 10. 1960. Nach Europa-Archiv, 1960, D 296.
73 nach Blankenhorn, Tb. 7/8. 10. 1960 – Ad, Er IV, 7.10.1960, S. 70–76.
74 Adenauer an de Gaulle, 8. 10. 1960. StBKAH III 3. *Geheim.*
75 Ad, Er IV, 9. 2. 1961, S. 84.
76 ibd.
77 Handschriftliche Notiz auf Rückseite eines Berichts des Bundespresseamts vom 19. 10. 1960. StBKAH III, 51.
78 Adenauer an Eisenhower, 7. 10. 1960. StBKAH III 2. *Geheim.*
79 Adenauer an Eisenhower, 20. 10. 1960. StBKAH III 2. *Geheim.*
80 ibd.
81 Unterredung Adenauers mit Burgess, 3. 11. 1960. StBKAH III 88. *Geheim.*
82 Unterredung Adenauers mit Dillon, 22. 11. 1960. StBKAH III 88. *Streng geheim.*
83 Adenauer an Eisenhower, 24. 11. und 26. 11. 1960. StBKAH III 2. *Geheim.*
84 Adenauer an Eisenhower, 24. 11. 1960. StBKAH III 2. *Geheim.*

»*Da sitzt man nun, und alles schwimmt einem weg!*«

1 Protokoll des CDU-Bundesparteivorstandes, 22. 11. 1962. ACDP.
2 Vermerk Adenauers für Globke vom 9. 11. 1960. StBKAH III 50.
3 ibd.

4 Protokoll des CDU-Bundesparteivorstandes, 16. 9. 1959. ACDP.
5 ibd., 29. 1. 1960. ACDP.
6 ibd., 9. 7. 1963. ACDP.
7 Aufzeichnung über ein Gespräch mit Adenauer am 25. 8. 1960. Privatarchiv Schumacher-Hellmold.
8 ibd.
9 *Das Deutsche Wort*, 1. 7. 1960.
10 Protokoll CDU-Bundesparteivorstandes, 6. 7. 1960. ACDP.
11 ibd.
12 ibd., 11. 7. 1961. ACDP. – Siehe auch *Welt*, 8. 7. 1961.
13 ibd.
14 ibd.
15 ibd.
16 Adenauer an Globke, 29. 8. 1960. ACDP, NL Globke, I – 070–052/2. – Adenauer an Krone, 29. 8. 1960. ACDP, NL Globke, I – 070–052/2.
17 Vermerk Adenauers, o. D., wahrscheinlich von Mitte Oktober 1960. ACDP, NL Krone, I – 028–032/1.
18 Protokoll des CDU-Bundesparteivorstandes, 23. 8. 1960. ACDP.
19 Protokoll des CDU-Bundesparteivorstandes, 11. 7. 1958. ACDP.
20 ibd., 11. 7. 1958. ACDP. Ebenso 7. 3. 1962. ACDP.
21 Metall Pressedienst, 5. 3. 1962, Jg. 1962, S. 59.
22 Protokoll des CDU-Bundesparteivorstandes, 7. 3. 1962. ACDP.
23 ibd.
24 ibd., 18. 11. 1960. ACDP.
25 ibd.
26 ibd.
27 Aufzeichnung v. Merkatz, 14. 1. 1962. ACDP, Nl v. Merkatz, I – 148–041–03.
28 dpa-Meldung vom 30. 10. 1959. Hauptstaatsarchiv Stuttgart, NL Wolfgang Haußmann, Q 1/22, 757.
29 Mende, Die neue Freiheit, S. 453 f.
30 Aufzeichnung über ein Gespräch mit Adenauer, 25. 8. 1960. Privatarchiv Schumacher-Hellmold.
31 ibd.
32 Rede Dörings vor dem Bundeswahlkongreß in Hannover, 24. 8. 1961. Hauptstaatsarchiv Stuttgart, NL Haußmann, Q 1/22, 766.
33 Haußmann in einem Schreiben an Erich Mende, 3. 8. 1961. Hauptstaatsarchiv Stuttgart, NL Haußmann, Q 1/22, 758.
34 Haußmann in einer Erklärung vom 2. 9. 1961. Hauptstaatsarchiv Stuttgart, NL Haußmann, Q 1/22, 758.
35 Schreiben des Bundesgeschäftsführers an die Mitglieder des Bundesvorstandes, 14. 9. 1960. Hauptstaatsarchiv Stuttgart, NL Haußmann, Q 1/22, 757.
36 Protokoll des CDU-Bundesparteivorstandes, 22. 9. 1960. ACDP.
37 Das Schlagwort geht auf einen Buchtitel von Daniel Bell aus dem Jahr 1960 zurück: The End of Ideologies. On the Exhaustion of Political Ideas.
38 Krone, Tb. 18. 9. 1960.
39 Protokoll des CDU-Bundesparteivorstandes, 10. 5. 1962. ACDP.
40 ibd., 6. 7. 1960. ACDP.
41 Protokoll des CDU-Bundesparteivorstandes, 17. 1. 1958. ACDP.
42 ibd.
43 ibd.
44 ibd.
45 Aufzeichnung Adenauers vom 22. 1. 1960. StBKAH III 17. *Streng geheim*.
46 Aufzeichnungen Adenauers vom 22. 1. und vom 4. 7. 1960. StBKAH III 17. *Streng geheim*.
47 Aufzeichnung Adenauers über die Unterredung mit Prälat von Tattenbach, 4. 7. 1960. StBKAH III 17. *Streng geheim*.
48 Aufzeichnung Adenauers vom 22. 1. 1960. StBKAH III 17. *Streng geheim*.
49 Osterheld, Ich gehe nicht leichten Herzens, 5. 8. 1963, S. 244. Aufzeichnung über die Unterredung Adenauers mit McNamara, 5. 8. 1963. StBKAH III 62. *Geheim* – Siehe auch Osterheld, Ich gehe nicht leichten Herzens, S. 244.
50 Osterheld, Ich gehe nicht leichten Herzens, 27. 5. 1963, S. 218.
51 Krone, Tb. 2./3. 7. 1960.
52 Aufzeichnung Adenauers über die Unterredung mit Prälat v. Tattenbach,

4. 7. 1960. StBKAH III 17. *Streng geheim.* – Krone Tb. 6. 7. 1960.
53 Krone, Tb. 22. 7. 1960.
54 *NZZ*, 8. 6. 1961.
55 Krone, Tb. 14. 10. 1960.
56 Siehe Schwarz, Die Ära Adenauer, 1957–1963, S. 165.
57 Osterheld, Ich gehe nicht leichten Herzens, 26. 8. 1962, S. 138.
58 Poppinga, Meine Erinnerungen an Konrad Adenauer, S. 272.
59 Protokoll des CDU-Bundesparteivorstandes, 10. 5. 1962. ACDP.
60 ibd.
61 Informationsgespräch Adenauers mit Klaus Epstein, 13. 8. 1963. StBKAH 02.31., S. 14 – Ebenso Ad, Teegespräche 1959–1961, 19. 7. 1960, S. 285 und 14.11.1960, S. 356.
62 Aufzeichnung von Merkatz, 1. 10. 1958. ACDP, NL von Merkatz, I–148–041–02.
63 Protokoll des CDU-Bundesparteivorstandes, 23. 5. 1960. ACDP.
64 ibd.
65 ibd.
66 ibd.
67 ibd.
68 ibd.
69 Aufzeichnung von Merkatz, 2. 7. 1959. ACDP, NL von Merkatz, I – 148–041/02.
70 Protokoll des CDU-Bundesparteivorstandes, 29. 1. 1960. ACDP.
71 Aufzeichnung v. Merkatz, 21. 10. 1959. ACDP, NL von Merkatz, I – 148–041/02.
72 ibd.
73 Protokoll des CDU-Bundesparteivorstandes, 22. 11. 1962. ACDP.
74 Ad, Teegespräche 1959–1961, 5. 2. 1960, S. 190.
75 Ad, Teegespräche 1959–1961, 12. 2. 1960, S. 206.
76 ibd., 19. 7. 1960, S. 286.
77 Ansprache Adenauers vor dem Zentralverband des Deutschen Handwerks, 7. 7. 1960. StBKAH 16.28.
78 Ad, Teegespräche 1959–1961, 14. 11. 1960, S. 362.
79 ibd., S. 357.
80 ibd., S. 361.
81 ibd., S. 357.
82 ibd., S. 358.
83 Protokoll des CDU-Bundesparteivorstandes, 29. 1. 1960. ACDP.
84 ibd., 27. 11. 1958. ACDP.
85 ibd.
86 ibd.
87 ibd.
88 ibd., 23. 5. 1960. ACDP.
89 ibd.
90 Unterredung Adenauers mit McCloy, 12. 4. 1961. StBKAH III 88. *Streng geheim.*
91 Krone, Tb. 14. 7. 1960.
92 Krone, Tb. 15. 7. 1960.
93 Krone, Tb. 18. 7. 1960.
94 Aufzeichnung Adenauers zum Gespräch mit Blank und Krone, 19. 7. 1960. StBKAH III 50.
95 Adenauer an Globke, 4. 7. 1960. ACDP, NL Globke, I – 070–052/2.
96 Protokoll des CDU-Bundesparteivorstandes, 22. 9. 1960. ACDP.
97 *NZZ*, 8. 6. 1961. Bundestag, Sten. Berichte, 24. 2. 1961, S. 8237.
98 Aufzeichnung von Merkatz, 8. 7. 1960. ACDP, NL von Merkatz, I – 148–041/02.
99 Ad, Teegespräche 1959–1961, 2. 3. 1961, S. 472.
100 ibd., S. 475.
101 Protokoll des CDU-Bundesparteivorstandes, 14.3.1963. ACDP.
102 Jahrbuch der öffentlichen Meinung, 1965–1967, S. 198/199.
103 Krone, Tb. 21. 3. 1961.
104 Ad, Er IV, 19. 12. 1959, S. 26 – Siehe auch CDU-Bundesparteivorstand, 6. 7. 1960. ACDP.
105 Ad, Teegespräche 1959–1961, 2. 3. 1961, S. 484.
106 ibd., S. 482.
107 ibd., S. 483.
108 Ad, Teegespräche 1959–1961, 2. 3. 1961, S. 483 f.
109 ibd., S. 482.
110 ibd., S. 484.
111 ibd., S. 482.
112 nach Protokoll des CDU-Bundesparteivorstandes, 6. 7. 1960. ACDP.

Powerplay 1961–1963

Kennedy

1 Blankenhorn, Tb. 20. 1. 1961.
2 Sulzberger, The Last of the Giants, 21. 11. 1960, S. 703.
3 Protokoll des CDU-Bundesparteivorstandes, 6. 7. 1960. ACDP.
4 Unterredung Adenauers mit Meany, 24. 6. 1960. StBKAH III 58. *Geheim*.
5 Aufzeichnung Schumacher-Hellmolds zur Unterredung mit Adenauer, 25. 8. 1961. Privatarchiv Sch.-H.
6 Osterheld, Ich gehe nicht leichten Herzens, 30. 4. 1961, S. 29.
7 Grewe, Rückblenden, S. 446.
8 ibd., S. 448.
9 Unterredung Adenauers mit McCloy, 12. 4. 1961, StBKAH III 88. *Streng geheim*.
10 Unterredung Adenauers mit Acheson, 9. 4. 1961. StBKAH III 88. *Streng geheim*.
11 Osterheld, Konrad Adenauer, S. 30 f.
12 Grewe, Rückblenden, S. 462 f.
13 Unterredung Adenauers mit de Gaulle, 20. 5. 1961. StBKAH III 88. *Streng geheim* – Siehe auch Ad, Er IV, 12. 4. 1961, S. 91.
14 ibd.
15 Unterredung Adenauers mit Meany, 15. 4. 1961. StBKAH III 58. *Streng geheim*.
16 Unterredung Adenauers mit de Gaulle, 20. 5. 1961. StBKAH III 88. *Streng geheim*.
17 ibd.
18 Grewe, Rückblenden, S. 463.
19 Ad, Er IV, 12. 4. 1961, S. 94.
20 ibd., S. 92 f.
21 Unterredung Adenauers mit Kennedy, 13. 4. 1961. StBKAH III 88. *Streng geheim*.
22 Grewe, Rückblenden, S. 461.
23 Unterredung Adenauers mit McCloy, 12. 4. 1961. StBKAH III 88. *Streng geheim*.
24 Grewe, Rückblenden, S. 466 f.
25 Unterredung Adenauers mit Kennedy, 13. 4. 1961. StBKAH III 88 – Ebenso Grewe, Rückblenden, S. 461.
26 Grewe, Rückblenden, S. 466–468.
27 Aufzeichnung Adenauers über Unterredung mit Johnson, 17. 4. 1961. StBKAH III 88. *Streng geheim*.
28 Krone, Tb. 18. 4. 1961. Aufzeichnung von Merkatz, 19. 4. 1961. ACDP, NL von Merkatz, I – 148–41/3 – Adenauer an Brentano, 5. 5. 1961. StBKAH III 41.
29 Unterredung Adenauers mit de Gaulle, 20. 5. 1961. StBKAH III 88. *Streng geheim*.
30 Macmillan, Memoirs V, 6. 4. und 11. 6. 1961, S. 351 und 358.
31 Adenauer an Brentano, 5. 5. 1961. StBKAH III 41.
32 Ad, Er IV, 9. 2. 1961, S. 84 f.
33 Macmillan, Memoirs V, S. 325–327.

Katarakt

1 Meyers Großes Konversations-Lexikon. 6. Auflage, 20. Band, Leipzig/Wien 1908, S. 408.
2 Interview mit v. Danwitz zum 85. Geburtstag im WDR, 4. 1. 1961. StBKAH 16. 29.
3 Cit. nach Zeitgeschichte in Lebensbildern, Bd. 5, S. 221.
4 Brandt, Erinnerungen, S. 40.
5 Nach *Bonner Rundschau*, 6. 1. 1961. SPD-Pressedienst, 4. 1. 1960. P/XV/2.
6 Heineman an Adenauer, 4. 1. 1961. StBKAH 10.15.
7 Heineman an Adenauer, 30. 12. 1960. StBKAH 10.15.
8 Aufzeichnung Schumacher-Hellmolds, 21. 12. 1965. Privatarchiv Sch.-H.
9 Tageskalender Adenauers, 13. 1. 1961, 17.50 Uhr. StBKAH.
10 *Der Spiegel*, 11. 1. 1961, 22. 2. 1961.
11 Adenauer an Globke, 17. 1. 1961. ACDP, NL Globke, I – 070–052/1. – Adenauer an Krone, 17. 1. 1961. ACDP, NL Krone, I – 028–007/5.
12 Stenogramm, 13. 1. 1961. ibd.
13 Protokoll des CDU-Bundesparteivorstandes, 24. 4. 1961. ACDP.
14 ibd., 11. 7. 1961. ACDP.
15 ibd.
16 ibd.
17 Krone, Tb. 3. 7. 1961.
18 Vermerk Adenauers über Gespräch mit Gerstenmaier, 5. 7. 1961. StBKAH III 50.

19 Krone, Tb. 5. 7. 1961. – (falsche Datierung im Tb.; Sitzung war am 11. 7. 1961).
20 Kroll, Botschafter in Belgrad, Tokio und Moskau, S. 299 ff. – Unterredung Adenauers mit Seydoux, 21. 1. 1961. StBKAH III 59. *Geheim.*
21 Unterredung Adenauers mit Foy Kohler, 5. 6. 1961. StBKAH III 59. *Streng geheim.*
22 Kroll, Botschafter in Belgrad, Tokio und Moskau, S. 329. Das Gespräch Adenauers mit Kroll fand am 7. 6. 1961 statt.
23 Aufzeichnung Blankenhorns über den Bericht des britischen NATO-Botschafters im NATO-Rat am 8. Juli 1961. Blankenhorn, Tb. 10. 7. 1961.
24 ibd.
25 ibd.
26 Blankenhorn, Tb. 13. 7. 1961. – Siehe auch Kroll, Botschafter in Belgrad, Tokio und Moskau, S. 335–339.
27 Kroll, Botschafter in Belgrad, Tokio und Moskau, S. 314–322 – Unterredung Adenauers mit Stikker, 27. 6. 1961. StBKAH III 87. *Streng geheim.*
28 Kroll, Botschafter in Belgrad, Tokio und Moskau, S. 329 zur Besprechung mit Adenauer am 7. 6. 1961. Die Datierung 8. 7. 1961 bei Kroll ist unrichtig.
29 Macmillan, Memoirs V, 25. 6. 1961, S. 389.
30 ibd., S. 389–392.
31 Kennedys Bericht an die Nation, 6. 6. 1961. Fernsehansprache Kennedys vom 25. 7. 1961, in: Dok. z. Dtpolitik, IV/6, S. 833–839 und S. 1348–1356. AdG, 6. 6. 1961 und 25. 7. 1961, S. 9133 u. 9241.
32 Grewe, Rückblenden, S. 485 f.
33 *New York Times*, 3. 8. 1961.
34 Aufzeichnung Adenauers zur Unterredung mit Strauß und Carstens, 3. 8. 1961. ACDP, NL Globke, I – 070 – (2, 1, 2a).
35 Strauß, Erinnerungen, S. 389.
36 Vermerk Adenauers über Gespräch am 3. 8. 1961. ACDP, NL Globke, – 070 – (2, 1, 2a).
37 Strauß, Erinnerungen, S. 389.
38 Aufzeichnung Adenauers zum Gespräch am 3. 8. 1961. ACDP, NL Globke, I – 070 – (2,1,2a).
39 ibd.
40 Blankenhorn, Tb. 6. 8. 1961.
41 Macmillan, Memoirs V, 11. 8. 1961, S. 392.
42 Nach Horne, Macmillan, 1957–1986, Brief Macmillans vom 15. 9. 1961, S. 305.
43 Unterredung Adenauers mit Rusk, 10. 8. 1961. StBKAH III 78. *Streng geheim.* – Memorandum of conversation, Adenauer, Brentano, Rusk in Cadenabbia, 10. 8. 1961. Boston, John F. Kennedy Library, National Security Files 1961–1963, Reel 5.
44 Unterredung Adenauers mit Hargrove, 20. 9. 1961. StBKAH 02.25.
45 Lemmer, Manches war doch anders, S. 372.
46 Osterheld, Ich gehe nicht leichten Herzens, 15. 8. 1961, S. 57.
47 Aufzeichnung Globkes, o.D. ACDP, NL Globke, I – 070 – (2/1,1).
48 Krone, Tb. 13. 8. 1961.
49 NZZ, 15. 8. 1961.
50 Informationsgespräch mit Charles Hargrove, 20. 9. 1961. StBKAH 02.25.
51 *NZZ*, 18. 8. 1961.
52 Wahlrede in Regensburg, 17. 8. 1961. Adenauer, Reden 1917–1967, S. 414 – Osterheld, Ich gehe nicht leichten Herzens, S. 55 f.
53 Krone, Tb. 18., 19., 20. 8. 1961.
54 Osterheld, Ich gehe nicht leichten Herzens, 16. 8. 1961. S. 59.
55 Unterredung Adenauers mit Smirnow, 16. 8. 1961. ACDP, NL Globke, I – 070 – (2/1,1).
56 Aufzeichnung der Unterredung Adenauers mit Smirnow, 16. 8. 1961. ACDP, NL Globke, I – 070 – (2/1,1).
57 ibd.
58 ibd.
59 Osterheld, Ich gehe nicht leichten Herzens, 16. 8. 1961, S. 60.
60 Aufzeichnung der Unterredung Adenauers mit Smirnow, 16. 8. 1961. ACDP, NL Globke, I – 070 – (2/1,1).
61 *Bild*-Zeitung, 16. 8. 1961. Nach Ad, Teegespräche 1959–1961, S. 545.
62 Kanzler-Tee, 17. 8. 1961. Ad, Teegespräche 1959–1961, S. 541.

63 Adenauer an Springer, 16.8. 1961. Ad, Teegespräche 1959–1961, S. 546.
64 Curtis Cate, The Ideas of August, S. 452. Cit. nach Horne, Macmillan 1957–1986, S. 312.
65 Siehe Jahrbuch der öffentlichen Meinung 1958–1964, S. 292 f.
66 Brandt auf der Kundgebung am 16. 8. 1961. Dok. z. Dtpolitik, IV/7, S. 53.
67 Jahrbuch der öffentlichen Meinung 1958–1964, S. 303.
68 Jahrbuch der öffentlichen Meinung 1965–1967, S. 198 f.
69 Informationsgespräch mit Hargrove, 20. 9. 1961. StBKAH 02.25.
70 Osterheld, Ich gehe nicht leichten Herzens, S. 61–63.
71 Strauß, Erinnerungen, S. 401. – Adelbert Schröder, Mein Bruder Gerhard Schröder, S 221.
72 Osterheld, Ich gehe nicht leichten Herzens, S. 68.
73 Protokoll des CDU-Bundesparteivorstandes, 25. 8. 1961. ACDP.
74 Mende, Die neue Freiheit, S. 477–479.
75 Krone, Tb. 27.4. und 19. 7. 1961.
76 Unterredung Adenauers mit Dowling, 6. 9. 1961. StBKAH III 60. *Geheim.*
77 Kennedy an Adenauer, 6.9.1961. StBKAH III 4. *Geheim.*
78 Unterredung Adenauers mit Norstad, 7. 9. 1961. ACDP, NL Globke, I – 070-(2/1,1)
79 Krone, Tb. 30. 8. 1961.
80 Mende, Die neue Freiheit, S. 476 f.
81 Gerstenmaier, Streit und Friede, S. 480. Karl Moersch, Kurs-Revision. Deutsche Außenpolitik nach Adenauer, S. 24 f.
82 ibd., S. 23 f.

»Der Alte ist zu allem bereit ...«

1 Mitteilung an den Verf.
2 Weyer vor dem Bundesvorstand und der Bundestagsfraktion der FDP, 29. 9. 1961. ADL, Bundesvorstand 113.
3 Mende, Die neue Freiheit, S. 482.
4 Krone, Tb. 19. 9. 1961.
5 *FAZ*, 19. 9. 1961.
6 Krone, Tb. 17./18. 9. 1961.
7 Protokoll des CDU-Bundesparteivorstandes, 19. 9. 1961. ACDP.
8 ibd.
9 ibd.
10 ibd.
11 Strauß, Erinnerungen, S. 409.
12 Krone, Tb. 25. 9. 1961.
13 ibd.
14 Notiz im NL Globke, 25. 9. 1961. ACDP, NL Globke, I – 070– (5/1,3).
15 FDP-Bundesvorstand und Bundestagsfraktion, 29. 9. 1961. ADL, Bundesvorstand 113.
16 Krone, Tb. 25. 9. 1961.
17 So vor der CDU/CSU-Fraktion am 27. 9. 1961. ACDP.
18 Krone, Tb. 2. 10. 1961.
19 Krone, Tb. 8. 10. 1961. Im gleichen Sinne Krone Tb. 4.10.1961.
20 Bericht Mendes vor FDP-Bundesvorstand und Bundestagsfraktion, 29. 9. 1961. ADL, Bundesvorstand 113.
21 Vermerk vom 26. 9. 1961. ACDP, NL Globke, I –070– (5/1,3).
22 Vermerk vom 22. 9. 1961. ACDP, NL Globke, I –070– (5/1,3).
23 Krone, Tb. 27. 9. 1961.
24 CDU/CSU-Fraktion, 27. 9. 1961. ACDP.
25 Krone, Tb. 27. 9. 1961.
26 FDP-Bundesvorstand und Bundestagsfraktion, 19. 9. 1961. ADL, Bundesvorstand 113.
27 Mende, Die neue Freiheit, 29. 9. 1961, S. 482.
28 Interner Vermerk Haußmanns vom 28. 9. 1961. Hauptstaatsarchiv Stuttgart, NL Haußmann, Q 1/22, 769.
29 Mende, Die neue Freiheit, S. 490.
30 Augstein an Flach, 16. 6. 1961. ADL, NL Dehler (N 1–2830).
31 ibd.
32 Koalitionsgrundsätze der FDP für eine außenpolitische Zusammenarbeit mit der CDU/CSU. ADL, Regierungsbildung 1961, 575.
33 Vermerk vom 5. 10. 1961. STBKAH III 15.
34 Koalitionsabkommen, 27. 10. 1961. StBKAH III 15.
35 Koalitionsgrundsätze der FDP für eine außenpolitische Zusammenarbeit der CDU/CSU. ADL, Regierungsbildung 1961, 575.

36 Aufzeichnung v. Brentanos, 30. 9. 1961, und Aufzeichnung Adenauers für die FDP-Verhandlungsführer vom 5. 10. 1961. StBKAH III 15. *Geheim.*
37 Notiz vom 5. 10. 1961. StBKAH III 15.
38 Koalitionsgrundsätze der FDP für eine außenpolitische Zusammenarbeit mit der CDU/CSU. ADL, Regierungsbildung 1961, 575.
39 ibd.
40 CDU/CSU-Fraktion, 4. 11. 1961. ACDP.
41 Siehe Prowe, »Ich bin ein Berliner«, in: Berlin in Geschichte und Gegenwart, Jahrbuch des Centerarchivs, Berlin 1989.
42 Grewe, Rückblenden, S. 501 – Osterheld, Ich gehe nicht leichten Herzens, S. 73.
43 Osterheld, Ich gehe nicht leichten Herzens, S. 73.
44 Bericht von Klaus Epstein im *Rheinischen Merkur*, 31. 8. 1962. Dok. z. Dtpolitik, IV/ 7/1961, 2. Hbbd., S. 700. *Der Spiegel*, 12. 9. 1962. – Grewe, Rückblenden, S. 503.
45 Adenauer an Kennedy, 4. 10. 1961. StBKAH III 4. *Geheim.*
46 Unterredung Adenauers mit Dowling, 6. 10. 1961. StBKAH III 60. *Geheim.*
47 ibd.
48 Aufzeichnung Adenauers vom 6. 10. 1961. StBKAH III 87. *Streng geheim.*
49 Krone, Tb. 22. 7. 1959.
50 Brentano an Adenauer, 23. 7. 1959, in: Sehr verehrter Herr Bundeskanzler, S. 270–276.
51 Aufzeichnung von Merkatz, 22. 7. 1959. ACDP, NL von Merkatz, I – 148–041/02.
52 ibd.
53 Vermerk Adenauers vom 20. 12. 1960 über Gespräch mit Beitz. StBKAH III 50. *Geheim.*
54 Vermerk Adenauers vom 19. 1. 1961 über ein Gespräch mit Beitz am 18. 1. 1961. StBKAH III 50. *Geheim.*
55 Rede Gomulkas vom 21. 1. 1961. Dok. z. Dtpolitik, IV/6, S. 218.
56 Krone, Tb. 23. 1. 1961.
57 Unterredung Adenauers mit Humphrey, 6. 10. 1961. StBKAH III 60. *Geheim.*
58 Dazu – etwas verschlüsselt – Grewe, Rückblenden, S. 503–505.
59 Grewe, Rückblenden, S. 546f.
60 Kennedy an Adenauer, 14. 10. 1961. StBKAH III 4. *Geheim.* Osterheld, Ich gehe nicht leichten Herzens, S. 73f.
61 Krone, Tb. 15. 10. 1961.
62 Rundschreiben des Parteivorsitzenden an die Mitglieder des Bundesvorstandes und der Bundestagsfraktion, 6. September 1961. Hauptstaatsarchiv Stuttgart, NL Haußmann, Q 1/22, 758.
63 CDU/CSU-Fraktion, Fraktionsvorstandssitzung, 15. 10. 1961. ACDP.
64 Krone, Tb. 16. 10.1961.
65 CDU/CSU-Fraktion, 24. 10. 1961. ACDP.
66 Aufzeichnung zum Koalitionsgespräch, 26. 10. 1961. ACDP, NL Globke, I – 070 – (5/1,3).
67 ibd.
68 ibd.
69 Nach Aufzeichnung Adenauers über die Regierungsbildung, 31. 10. 1961. StBKAH III 52.
70 Krone, Tb. 21. 10. 1961.
71 Brentano an Adenauer, 19. 10. 1961. ACDP, NL Globke, I –070– (3/1,8).
72 Brentano an Adenauer, 20. 10. 1961. Baring, Sehr verehrter Herr Bundeskanzler!, S. 360.
73 CDU/CSU-Fraktion, Protokoll der Fraktionsvorstandssitzung, 24. 10. 1961. ACDP.
74 Vermerk Adenauers, 31. 10. 1961. StBKAH III 52.
75 Krone auf der Fraktionssitzung, 24. 10. 1961. ACDP.
76 Protokoll der Fraktionsvorstandssitzung, 27. 10. 1961. ACDP.
77 ibd.
78 ibd.
79 Baring, Sehr verehrter Herr Bundeskanzler!, S. 372.
80 Brentano an Adenauer, 28. 10. 1961. Baring, Sehr verehrter Herr Bundeskanzler!, S. 363.
81 Mitteilung von Anneliese Poppinga.
82 Undatierte Aufzeichnung Adenauers wohl vom Dezember 1962. StBKAH III 52.
83 CDU/CSU-Fraktion, Fraktionsvorstandssitzung, 2. 11. 1961. ACDP.

84 Adenauer an Brentano, 3. 11. 1961. ACDP, NL Globke, I – 070 – (3/1,8). – So auch in einer undatierten Aufzeichnung wohl vom Dezember 1962. StBKAH III 52.

85 Krone, Tb. 31. 1. 1953. – Von Eckardt, Ein unordentliches Leben, S. 276.

86 Tageskalender Adenauers, 1. 11. 1961. StBKAH.

87 Mende, Die neue Freiheit, S. 487 f.

88 Gradl an Adenauer, 6. 11. 1961. ACDP, NL Krone, I – 028 – 011/5.

89 Krone, Tb. 31. 5. 1961.

90 ibd., 12. 11. 1961.

91 ibd., 13. 11. 1961.

92 Tageskalender Adenauers, 11. 11. 1961. StBKAH. Krone, Tb. 12. 11. 1961.

93 Grewe, Rückblenden, S. 509.

94 ibd.

95 Adenauer an Kennedy, 21. 10. 1961. StBKAH III 4. *Geheim*.

96 Krone, Tb. 19. 11. 1961; auch 11. 11. 1961.

97 Gradl an Adenauer, 6. 11. 1961. ACDP, NL Krone, I – 028 – 011/5.

98 Krone, Tb. 4. 11. 1961.

99 CDU/CSU-Fraktion, Fraktionsvorstandssitzung, 3. 11. 1961. ACDP.

100 Krone, Tb. 12. 11. 1961.

101 Zahlen nach *NZZ*, 9. 11. 1961.

102 Krone, Tb. 12. 11. 1961.

103 Adenauer an Krone, 8. 11. 1961. StBKAH III 15.

104 Adenauer an Mende, 8. 11. 1961.

105 StBKAH III 15.

106 Bundesparteivorstand und Bundestagsfraktion der FDP, 29. 9. 1961. ADL, Bundesvorstand 113. *NZZ*, 13. 11. 1961.

107 Strauß, Erinnerungen, S. 409 f.

108 Krone, Tb. 17. 5. 1962.

109 Bundeshauptausschuß der FDP, 21. 10. 1961. ADL, A 12 – 37.

110 Kroll an Globke, 7. 7. 1955. ACDP, NL Globke, I – 070 – 027/3.

111 Kroll an Globke, 21. 9. 1955, 31. 10. 1955. ACDP, NL Globke, I – 070 – 027/3.

112 Kroll an Globke, 27. 8. 1955. ACDP, NL Globke, I – 070 – 027/3.

113 Globke an Kroll, 25. 10. 1955. ACDP, NL Globke, I – 070 – 027/3.

114 Globke an Kroll, 31. 1.1958. ACDP, NL Globke, I – 070 – 027/3.

115 Krone, Tb. 8. 7. 1958.

116 Blankenhorn, Tb. 30. 6. 1958.

117 Nach *NZZ*, 11. 10. 1961.

118 Aufzeichnung vom 14. 11. 1961. StBKAH III 60. *Streng geheim*.

119 Kroll, Botschafter in Belgrad, Tokio und Moskau, S. 371.

120 ibd.

121 Osterheld, Ich gehe nicht leichten Herzens, S. 84.

122 Macmillan, Memoirs V, 4. 11. 1961, S. 408.

123 Grewe, Rückblenden, S. 520.

124 James Reston, Kennedy und Adenauer verfolgen einen harten Kurs, in: *New York Times*, 24. 11. 1961. Dok. z. Dtpolitik, IV/7, S. 956 f.

125 Adenauer an de Gaulle, 22. 11. 1961. StBKAH III 3. *Geheim*.

126 Macmillan, Memoirs V, 29. 11. 1961, S. 426.

127 ibd.

128 Nach Ledwidge, De Gaulle et les Américains, 13. 12. 1961, S. 123.

129 Unterredung Adenauers mit Kennedy, 20. 11. 1961. StBKAH III 89. *Streng geheim*.

130 ibd.

131 Dieter Friede, Das russische Perpetuum mobile, Würzburg 1959.

132 Aufzeichnung der Unterredung Adenauers mit Kennedy, 21. 11. 1961. StBKAH III 52. *Streng geheim*.

133 Unterredung Adenauers mit Kennedy, 20. 11. 1961. StBKAH III 89. *Streng geheim*.

134 Grewe, Rückblenden, S. 509 – 511.

135 Kroll an Globke, 27. 10. 1961. ACDP, NL Globke, I – 070 – 027/3.

136 Unterredung Adenauers mit Kennedy, 20. 11. 1961. StBKAH III 89. *Streng geheim*.

137 ibd., *Streng geheim*.

138 Osterheld, Ich gehe nicht leichten Herzens, 26. 11. 1961, S. 86.

139 Adenauer an de Gaulle, 22. 11. 1961. StBKAH III 3. *Geheim*.

140 Interview Kennedys mit Adschubej, 25. 11. 1961. Dok. z. Dtpolitik, IV/7, S. 996.

141 Grewe, Rückblenden, S. 520.

142 Osterheld, Ich gehe nicht leichten Herzens, S. 68.
143 Krone, Tb. 23. 11. 1961.

Eingekreist

1 Osterheld, Ich gehe nicht leichten Herzens, 8. 1. 1962, S. 94.
2 ibd.
3 Krone, Tb. 1. 2. 1962.
4 ibd., 21. 1. 1962.
5 Osterheld, Ich gehe nicht leichten Herzens, 18. 11. 1961, S. 85.
6 Krone, Tb. 21. 1. 1962.
7 Osterheld, Ich gehe nicht leichten Herzens, 17. 7. 1962, S. 135.
8 Krone, Tb. 8. 3. 1962.
9 ibd., 7. 4. 1962.
10 Krone, Tb. Ia, 31. 12. 1961.
11 Blankenhorn, Tb. 16. 1. 1962.
12 ibd., 13. 6. 1962.
13 ibd., 16. 1. 1962 – Krone, Tb. 19. 6., 8. 7., 11. 9., 13. 9.; 9. 10. 1962.
14 Krone Tb. 8. 7. 1962.
15 ibd., 26. 6. 1962.
16 ibd., 13. 6. 1962.
17 ibd., 26./27. 3. 1962.
18 ibd., 7. 4. 1962.
19 Protokoll des CDU-Bundesparteivorstandes, 7. 2. 1962. ACDP.
20 ibd.
21 Krone, Tb. 26./27. 3. 1962.
22 ibd., 19. 6. 1962. – Tageskalender Adenauers, 19. 6. 1962. StBKAH.
23 Krone, Tb. 19. 6. 1962.
24 ibd.
25 ibd., 7. und 8. 9. 1962.
26 ibd., 8. 9. 1962.
27 ibd., 11. 9. 1962.
28 ibd.
29 ibd., 13. 9. 1962.
30 *Kölnische Rundschau*, 16. 9. 1962. – Krone, Tb. 17. 9. 1962.
31 Krone, Tb. 17. 9. 1962.
32 Adenauer an Dufhues, 17. 9. 1962. ACDP, NL Krone, I – 028–028/6.
33 Adenauer an Krone, 20. 10. 1962. ACDP, NL Krone, I – 028–028/6.
34 Dufhues an Adenauer, 24. 9. 1962. ACDP, NL Globke, I – 070–003/4.
35 Adenauer an Dufhues, 1. 10. 1962. ACDP, NL Globke, I – 070–003/4.
36 Krone, Tb. 17. 9. 1962.
37 ibd., 20. 9. 1962.
38 Krone, Tb. I a, 20. und 21. 9. 1962.
39 Aufzeichnung Krones, 23. 9. 1962. ACDP, NL Krone, I – 028–028/6.
40 Krone, Tb. 6. 10. 1962.
41 Adenauer an Erhard, 7. 8. 1962. Ludwig Erhard Stiftung, NL Erhard, I.1/9.
42 Globke an Krone, 27. 7. 1962. ACDP, NL Krone, I – 028–030/1.
43 ibd.
44 Krone, Tb. 29. 8. 1962.
45 Guttenberg, Fußnoten, S. 45.
46 ibd., S. 50.
47 Strauß, Erinnerungen, S. 408.
48 Krone, Tb. 18. 7. 1960.
49 Ad, Teegespräche 1950–1952, 11. 7. 1952, S. 323 f.
50 Strauß, Erinnerungen, S. 409 f.
51 Krone, Tb. 9. 4. 1962.
52 ibd., 26./27. 3. 1962.
53 ibd.
54 ibd., 7. 4. 1962.
55 ibd., 1. 5. 1962.
56 ibd.

Die Hinwendung zu Frankreich

1 Unterredung Adenauers mit Smirnow, 5. 12. 1961. ACDP, NL Krone, I – 028–068/1.
2 Krone, Tb. 7. 12. 1961.
3 ibd., 15. 12. 1961.
4 ibd.
5 Macmillan, Memoirs V, 29. 11. 1961, S. 421 f.
6 Unterredung Adenauers mit de Gaulle, 9. 12. 1961. Ad, Er IV, S. 119–125.
7 ibd., S. 126.
8 ibd.
9 De Gaulle an Macmillan, 12. 12. 1961. Lettres, Notes et Carnets IX, 1961–1963, S. 172 f.
10 de Gaulle an Kennedy, 11. 1. 1962. Lettres, Notes et Carnets IX, 1961–1963, S. 194.
11 de Gaulle an Seydoux, 9. 2. 1962. Lettres, Notes et Carnets IX, 1961–1963, S. 206.
12 Osterheld, Ich gehe nicht leichten Herzens, S. 98.
13 ibd., S. 98 f.
14 Blankenhorn, Tb. 12. 2. 1962.
15 Unterredung Adenauers mit Kissin-

ger, 16.2.1962. StBKAH III 60. *Geheim.*
16 Unterredung Adenauers mit de Gaulle, 15.2.1962. Ad, Er IV, S. 140.
17 ibd.
18 de Gaulle an Couve de Murville, 16.2.1962. Lettres, Notes et Carnets IX, 1961–1963, S. 209.
19 Unterredung Adenauers mit de Gaulle, 15.2.1962. Ad, Er IV, S. 150.
20 de Gaulle an Couve de Murville, 16.2.1962. Lettres, Notes et carnets IX, 1961–1963, S. 209.
21 Unterredung Adenauers mit de Gaulle, 15.2.1962. Ad, Er IV, S. 146.
22 ibd., S. 147.
23 Unterredung Adenauers mit Fanfani, 7.4.1962. StBKAH III 61. *Streng geheim.*
24 Jean Rudolf von Salis, Grenzüberschreitungen, 5.8.1964, S. 442.
25 Aufzeichnung der Unterredung Adenauers mit Cattani, 30.5.1962. StBKAH III 61. *Streng geheim.*
26 Osterheld, Ich gehe nicht leichten Herzens, 31.5.1962, S. 120.
27 de Gaulle an Adenauer, 26.4.1962. Lettres, Notes et Carnets IX, 1961–1963, S. 234f.
28 Unterredung Adenauers mit McCloy, 4.1.1962. StBKAH II 60 (2). *Streng geheim.*
29 Unterredung Adenauers mit de Gaulle, 15.2.1962. StBKAH III 77. *Streng geheim.* – Diese Passage fehlt bei Ad, Er IV, 15.2.1962, S. 138, wo das Protokoll über das Gespräch mit de Gaulle weitgehend ungekürzt abgedruckt ist.
30 Unterredung Adenauers mit de Gaulle, 15.2.1962. Ad, Er IV, S. 139.
31 Unterredung Adenauers mit Clay, 6.3.1962. StBKAH III 61. *Geheim.*
32 Unterredung Adenauers mit Dowling, 22.2.1962. StBKAH III 89. *Geheim.*
33 ibd.
34 Unterredung Adenauers mit Robert Kennedy, 24.2.1962. StBKAH III 78. *Streng geheim.*
35 ibd.
36 Unterredung Adenauers mit Robert Kennedy, 24.2.1962. StBKAH III 78. *Streng geheim.*
37 Sulzberger, The Last of the Giants, 2.4.1962, S. 866f.
38 Unterredung Adenauers mit Sulzberger, 2.4.1962. StBKAH III 61. *Geheim.*
39 Unterredung Adenauers mit Nitze, 13.4.1962. StBKAH III 61. *Geheim.* – Osterheld, Ich gehe nicht leichten Herzens, S. 105. f.
40 Grewe, Rückblenden, S. 549.
41 Unterredung Adenauers mit Nitze, 13.4.1962. StBKAH III 61. *Geheim.*
42 Schoenbaum, Waging Peace and War, S. 353.
43 Osterheld, Ich gehe nicht leichten Herzens, S. 106.
44 ibd., S. 105.
45 Krone, Tb. 14.4.1962.
46 Mende, Von Wende zu Wende, S. 30.
47 Grewe, Rückblenden, S. 550.
48 Unterredung Adenauers mit Nitze, 13.4.1962. StBKAH III 61. *Geheim.*
49 ibd.
50 Osterheld, Ich gehe nicht leichten Herzens, 17.4.1962, S. 108f.
51 De Gaulle an Couve de Murville, 14.4.1962. Lettres, Notes et Carnets IX, 1961–1963, S. 230.
52 Aufzeichnung Adenauers vom 20.4.1962. StBKAH III 52. *Streng geheim.*
53 Grewe, Rückblenden, S. 550–554.
54 So Dowling am 14.5.1962 in einer Unterredung mit Adenauer. StBKAH III 61. *Geheim.*
55 Grewe, Rückblenden, S. 551f.
56 Osterheld, Ich gehe nicht leichten Herzens, S. 110.
57 Aufzeichnung Adenauers, 20.4.1962. StBKAH III 52. *Streng geheim.*
58 Adenauer an von Brentano, 27.3.1962. ACDP, NL Krone, I – 028–056/2.
59 Aufzeichnung Adenauers, 20.4.1962. STBKAH III 52. *Streng geheim.*
60 ibd.
61 ibd.
62 ibd.
63 ibd.
64 ibd.
65 Grewe, Rückblenden, S. 552.
66 Aufzeichnung Adenauers, 20.4.1962. StBKAH III, 52. *Streng geheim.*

67 Osterheld, Ich gehe nicht leichten Herzens, 9. 5. 1962, S. 111.
68 Unterredung Adenauers mit Clay, 7. 5. 1962. StBKAH III 87. *Streng geheim.*
69 Osterheld, Ich gehe nicht leichten Herzens, 3. 5. 1962, S. 110.
70 Erklärungen des Bundeskanzlers vom 8. 5. 1962. Dok. z. Dtpolitik, IV/8/1962, 1. Hbbd., S. 488.
71 Aus der Pressekonferenz vom 7. 5. 1962, ibd., S. 487.
72 ibd., S. 488.
73 Osterheld, Ich gehe nicht leichten Herzens, 9. 5. 1962, S. 112.
74 Unterredung Adenauers mit Clay, 7. 5. 1962. StBKAH III 87. *Streng geheim.*
75 Nach *NZZ*, 8. 5. 1962.
76 Grewe, Rückblenden, S. 553 f.
77 Pressekonferenz Kennedys vom 9. 5. 1962, Public Papers of the Presidents 1962, 375 St.
78 *NZZ*, 10. 5. 1962.
79 Osterheld, Ich gehe nicht leichten Herzens, 14. 5. 1962, S. 113 f.
80 Krone, Tb. 6. 6. 1962.
81 Unterredung Adenauers mit Smirnow, 6. 6. 1962. StBKAH III 87. *Streng geheim.* – Die *wesentlichen* Teile des Dolmetscherprotokolls sind *abgedruckt* in: Die Auswärtige Politik der Bundesrepublik Deutschland (1972), S. 472 f. – Ergänzend dazu Osterheld, Ich gehe nicht leichten Herzens, 6.6.1962, S. 121 f – Mende, Von Wende zu Wende, S. 43.
82 Unterredung Adenauers mit Smirnow, 6.6.1962. StBKAH III 87 und Aide mémoire, 2.7.1962. StBKAH III 48. *Geheim.*
83 Osterheld, Ich gehe nicht leichten Herzens, 22. 6. 1962, S. 129.
84 Unterredung Adenauers mit Clay, 7. 5. 1962. StBKAH III 87. *Streng geheim.*
85 Osterheld, Ich gehe nicht leichten Herzens, 9. 6. 1962, S. 125.
86 Krone, Tb. 6. 6. 1962.
87 Seydoux, Beiderseits des Rheins, S. 285.
88 Krone, Tb. 6. 6. 1962.
89 Kennedy an Adenauer, 9. 6. 1962. StBKAH III 4. *Geheim.*
90 Osterheld, Ich gehe nicht leichten Herzens, 14. 6. 1962, S. 128.
91 ibd., S. 127.
92 ibd.
93 Blankenhorn, Tb. 13. 6. 1962.
94 Krone, Tb. 20. 6. 1962.
95 Osterheld, Ich gehe nicht leichten Herzens, 1. 7. 1962, S. 130.
96 ibd.
97 ibd.
98 Schmückle, Ohne Pauken und Trompeten, S. 251 Speidel, Aus unserer Zeit, S. 403.
99 Speidel, Aus unserer Zeit, S. 455.
100 Schmückle, Ohne Pauken und Trompeten, S. 250.
101 ibd., S. 252.
102 Speidel, Aus unserer Zeit, S. 412.
103 ibd., S. 413.
104 ibd., S. 413–415.
105 Blankenhorn, Tb. 8. 7. 1962.
106 Seydoux, Beiderseits des Rheins, S. 293 f.
107 Tischrede de Gaulles, 3. 7. 1962. Europa-Archiv, 17/1962, D 351.
108 ibd.
109 ibd., D 352.
110 Kommuniqué vom 5. 7. 1962. Europa-Archiv, 17/1962, D 352 f.
111 Blankenhorn, Tb. 8. 7. 1962.
112 Unterredung Adenauers mit de Gaulle, 3. 7. 1962. Ad, Er IV, S. 158–167.
113 ibd., S. 165.
114 ibd., S. 164.
115 Macmillan, Memoirs VI, 19. 5. 1962, S. 118.
116 Blankenhorn, Tb. 8. 7. 1962.
117 ibd.
118 Osterheld, Ich gehe nicht leichten Herzens, 15. 7. 1962, S. 132.
119 ibd.
120 Blankenhorn, Tb. 8. 7. 1962.
121 Unterredung Adenauers mit Spaak, 26. 7. 1962. StBKAH III 61. *Geheim.*
122 Osterheld, Ich gehe nicht leichten Herzens, S. 136.
123 Krone, Tb. 8. 7.1962.
124 ibd., 6. 6. 1962.
125 Unterredung Adenauers mit de Gaulle, 5. 9. 1962. StBKAH III 78. *Streng geheim.* – Krone, Tb. 6. 9. 1962.
126 Krone, Tb. 17. 6. 1962.

127 Osterheld, Ich gehe nicht leichten Herzens, S. 138f.
128 Blankenhorn an Schröder, 2. 8. 1962. *Streng geheim*. Aus Privatarchiv Blankenhorn.
129 ibd.
130 Blankenhorn, Tb. 31. 8. 1962.
131 Krone, Tb. 3. 9. 1962.
132 Blankenhorn, Tb. 3. 9. 1962.
133 ibd.
134 Osterheld, Ich gehe nicht leichten Herzens, 12. 9. 1962, S. 141.
135 Adelbert Schröder, Mein Bruder Gerhard Schröder, S. 125. Folgendes Zitat aus der Tischrede de Gaulles, 4. 9. 1962. Europa-Archiv, 17/1962, D 455f.
136 Blankenhorn, Tb. 1. 9. 1962.
137 ibd., 1. und 10. 9. 1962.
138 Krone, Tb. 5. 9. 1962.
139 ibd.
140 Unterredung Adenauers mit de Gaulle, 5. 9. 1962. StBKAH III 78. *Streng geheim.* – Diese Passage ist bei Ad, Er IV, S. 177, nicht abgedruckt.
141 Unterredung Adenauers mit de Gaulle, 5. 9. 1962. StBKAH III 78. *Streng geheim.*
142 Unterredung Adenauers mit de Gaulle, 5. 9. 1962. Ad, Er IV, S. 178.
143 ibd., S. 177f.
144 ibd., S. 178.
145 ibd., S. 180f.
146 Unterredung Adenauers mit de Gaulle, 6. 9. 1962. Ad, Er IV, S. 182.
147 de Gaulle an Mme Cailliau, 10. 9. 1962. Lettres, Notes et Carnets IX, 1961–1963, S. 261.
148 Aufzeichnung von Merkatz, 11. 9. 1962. ACDP, NL von Merkatz, I – 148–041/3.
149 Krone, Tb. 6. 9. 1962.
150 Adenauer an de Gaulle, 28. 9. 1962. StBKAH III 3. *Geheim*.
151 Adenauer an Krone, 28. 9. 1962. ACDP, NL Krone, I – 028–008/1.
152 ibd.

»Ein Abgrund von Landesverrat«

1 Adenauer an Paul Adenauer, 1. 4. 1962. In Privatbesitz.
2 Unterredung Adenauers mit Mc George Bundy, 2. 10. 1962. StBKAH III 78. *Streng geheim* – Ebenso Osterheld, Ich gehe nicht leichten Herzens, 2. 10. 1962, S. 148.
3 Kennedy an Adenauer, 22. 10. 1962. StBKAH III 4. *Geheim*.
4 Adenauer an Kennedy, 23. 10. 1962. StBKAH III 4. *Geheim* Siehe Osterheld, Ich gehe nicht leichten Herzens, 23. 10. 1962, S. 150.
5 Krone, Tb. 23. 10. 1962.
6 Persönliche Information des Verf.
7 Gary Wills, The Kennedy Imprisonment. A Meditation on Power, S. 29, S. 103, S. 252f.
8 Krone, Tb. 24. 10. 1962.
9 Kennedy an Adenauer, 28. 10. 1962. StBKAH III 4. *Geheim*.
10 Unterredung Adenauers mit Dowling, 28. 10. 1962. StBKAH III 78. *Streng geheim* – Osterheld, Ich gehe nicht leichten Herzens, 28. 10. 1962, S. 152.
11 Osterheld, Ich gehe nicht leichten Herzens, 28. 10. 1962, S. 153.
12 Adenauer an de Gaulle, 5. 11. 1962. StBKAH III 3. *Geheim*.
13 Persönliche Mitteilung an den Verfasser.
14 Sprechzettel für Washington nach Diktat Adenauers vom 12. 11. 1962. StBKAH III 61. *Geheim*. – Osterheld, Ich gehe nicht leichten Herzens, S. 156.
15 Osterheld, Ich gehe nicht leichten Herzens, S. 156 f, 162f.
16 Unterredung Adenauers mit Kennedy, 19. 11. 1962. StBKAH III 61. *Geheim*.
17 ibd.
18 Adenauer an de Gaulle, 20. 11. 1962. StBKAH III 3. *Geheim*.
19 *Der Spiegel*, 10. 10. 1962.
20 Unterredung Adenauers mit de Gaulle, 15. 2. 1962. Ad, Er IV, S. 139
21 Krone, Tb. 9. 4. 1962.
22 ibd.
23 Strauß, Erinnerungen, S. 367.
24 ibd., S. 367f.
25 ibd.
26 Krone, Tb. 19. 7. 1962.
27 Krone, Tb. 20. 7. 1962.
28 Protokoll des CDU-Bundesparteivorstandes, 3. 12. 1962. ACDP.
29 ibd.

30 ibd., S. 14 – Das Interview Dörings wurde am 18. 11. 1962 am Rande der Parteiausschußsitzung der FDP in Nürnberg gegeben, als sie ihre Minister aus der Regierung Adenauer zurückzog. *Corriere della Sera*, 16. 11. 1962.
31 ibd.
32 Krone, Tb. 20. 7. 1962.
33 Adenauer an Strauß, 18. 9. 1962. StBKAH III 43.
34 Strauß an Adenauer, 12. 10. 1962. StBKAH III 43. *Geheim.*
35 Adenauer an Strauß, 16. 10. 1962. StBKAH III 43. *Geheim.*
36 Tageskalender Adenauers, 18. 10. 1962. StBKAH.
37 *Der Spiegel*, 14. 11. 1962, S. 44.
38 Strauß an Adenauer, 19. 11. 1962. StBKAH III 28. *Streng geheim.*
39 ibd.
40 Mende, Von Wende zu Wende, S. 70.
41 ibd.
42 ibd.
43 Strauß an Adenauer, 19. 11. 1962. StBKAH III 28. *Streng geheim.*
44 Strauß an Adenauer, 23. 11. 1962. StBKAH III 28. *Streng geheim.*
45 ibd.
46 Krone, Tb. 22. 10. 1962.
47 ibd.
48 Mende, Von Wende zu Wende, S. 58.
49 Strauß an Adenauer, 19. 11. 1962. StBKAH III 28. *Streng geheim.*
50 Krone, Tb. 24. 10. 1962
51 ibd.
52 Bundestag, Sten. Berichte, 25. 10. 1962, S. 1874 ff.
53 Nach NZZ, 28. 10. 1962.
54 Strauß an Adenauer, 19. 10. 1962. StBKAH III 28. *Streng geheim.*
55 Strauß an Adenauer, 19. 11. 1962. StBKAH III 28. *Streng geheim.*
56 ibd. *Streng geheim.*
57 CDU-Präsidium, 2. 8. 1965. ACDP. Hermann J. Abs am 26. 10. 1985 in: Rhöndorfer Gespräche, Bd. 11, Konrad Adenauers Regierungsstil, S. 212.
58 *FAZ*, 7. 11. 1962.
59 Mende, Von Wende zu Wende, S. 59 f.
60 Bericht Mendes vor Bundesvorstand und Bundestagsfraktion der FDP, 2. 11. 1962. ADL, Bundesvorstand 113.
61 Mende, Von Wende zu Wende, S. 70. 27. 11. laut Tageskalender Adenauers.
62 Mende an Adenauer, 2. 11. 1962. ACDP, NL Krone, I – 028 – 030/1.
63 Krone, Tb. 3. 11. 1962.
64 CDU/CSU-Fraktion, Fraktionssitzung, 6. 11. 1962. ACDP.
65 Von Brentano an Adenauer, 7. 11. 1962. ACDP, NL Krone, I – 028 – 030/1.
66 Krone, Tb. I a, 11. – 19. 11. 1962.
67 Bundestag, Sten. Berichte, 7. 11. 1962, S. 1984.
68 ibd., S. 1993.
69 ibd., S. 1994.
70 ibd., S. 1998.
71 Strauß an Adenauer, 19. 11. 1962. StBKAH III 28. *Streng geheim.*
72 Schmückle, Ohne Pauken und Trompeten, S. 264 f.
73 ibd., S. 266.
74 Günter Bachmann am 25./26. 10. 1989 in: Rhöndorfer Gespräche, Bd. 11, Konrad Adenauers Regierungsstil, S. 72.
75 Aufzeichnung von Norbert Mühlen, 16. 12. 1962. ACDP, NL Krone, I – 028 – 010/4.
76 Krone, Tb. 11.-12. 11. 1962. – Günter Bachmann am 25./26. 10. 1989 in: Rhöndorfer Gespräche, Bd. 11, Konrad Adenauers Regierungsstil, S. 71 f.
77 ibd., S. 71 und 75.
78 Krone, Tb. 11.-19. 11. 1962.
79 Tageskalender Adenauers, 12. 11. 1962. StBKAH.
80 siehe Grosser/Seifert: Die Spiegel-Affäre I, S. 151 f.
81 Nach Schoenbaum, Ein Abgrund von Landesverrat, S. 131 – *Der Spiegel*, 26. 5. 1965.
82 Günter Bachmann am 25./26. 10. 1989 in: Rhöndorfer Gespräche, Bd. 11, Konrad Adenauers Regierungsstil, S. 72 f.
83 Nach Grosser/Seifert, Hrsg.: Die Spiegel-Affäre, I, S. 203. *Corriere della Sera*, 16. 11. 1962.
84 Strauß an Adenauer, 19. 11. 1962. StBKAH III 28. *Streng geheim.*
85 ibd.
86 Krone, Tb. 11.-17. 11. 1962.
87 Bucerius an Erhard, 26. 11. 1962. Erhard-Stiftung, NE 299.

88 Gerstenmaier, Streit und Friede, S. 484.
89 Krone, Tb., 23. 11. 1962.
90 Jahrbuch der öffentlichen Meinung, 1958–1964, S. 305.
91 Protokolle des CDU-Bundesparteivorstandes, 22. 11. 1962. ACDP.
92 ibd., S. 14.
93 ibd., S. 18.
94 ibd., S. 14.
95 ibd., S. 34.
96 ibd., S. 46.
97 ibd., S. 76.
98 Vermerk Lückes, 26. 11. 1962. ACDP, NL Lücke, I – 077–096/III 3/3.
99 CDU/CSU-Fraktion, Fraktionssitzung, 3. 12. 1962. ACDP.
100 Krone, Tb. 29. 10. 1962.
101 CDU/CSU-Fraktion, Fraktionssitzung, 3. 12. 1962. ACDP.
102 Vermerk Lückes, 26. 11. 1962, ACDP, NL Lücke, I – 077–096/III 3/3.
103 Osterheld, Ich gehe nicht leichten Herzens, 6. 12. 1962, S. 165.
104 ibd.
105 Krone, Tb. 27. 11. 1962.
106 ibd., 3. 12. 1962.
107 Mende, Von Wende zu Wende, S. 69.
108 Vermerk Lückes, 26. 11. 1962. ACDP, NL Lücke, I – 077–096/III 3/3.
109 Krone, Tb. 26. 11. 1962.
110 Vermerk Lückes, 26. 11. 1962. ACDP, NL Lücke, I – 077–096/III 3/3.
111 Krone, Tb. 26. 11. 1962.
112 CDU/CSU-Fraktion, Fraktionssitzung, 27. 11. 1962. ACDP.
113 Krone, Tb. 27. 11. 1962.
114 Globke an Adenauer, 19. 11. 1962. ACDP, NL Krone, I – 028–030/1.
115 Krone, Tb. 27. 11. 1962 – Vermerk Lückes, 28. 11. 1962. ACDP, NL Lücke, I – 077–096/III 3/3.
116 Krone, Tb. 27. 11. 1962.
117 *FAZ*, 1. 12. 1962.
118 Vermerk Lückes, 29. 11. 1962. ACDP, NL Lücke, I – 077–096/III 3/3.
119 Tageskalender Adenauers, 29. 11. 1962. StBKAH.
120 Guttenberg, Fußnoten, S. 59.
121 Text des Legitimationsschreibens von Adenauer für Guttenberg vom 29. 11. 1962 nach einer 23 Seiten umfassenden Aufzeichnung Lückes vom 3. 12. 1962. ACDP, NL Lücke, I – 077–096/III 3/3.
122 Vermerk Lückes, 28. 11. 1962. ACDP, NL Lücke, I – 077–096/III 3/3.
123 Cit. nach dem Bericht Lückes im CDU-Bundesvorstand, 3. 12. 1962. ACDP.
124 ibd.
125 Guttenberg an Adenauer, 29. 11. 1962. ACDP, NL Krone, I – 028–030/1.
126 ibd.
127 ibd.
128 CDU/CSU-Fraktion, Fraktionssitzung, 3. 12. 1962. ACDP.
129 ibd.
130 Vermerk über Besprechung von Vertretern der CDU/CSU und FDP unter Vorsitz Adenauers am 29. 11. 1962. ACDP, NL Globke, I – 070 – (5/1,3).
131 Protokoll des CDU-Bundesparteivorstandes, 3. 12. 1962. ACDP.
132 CDU/CSU-Fraktionssitzung, 3. 12. 1962. ACDP.
133 Krone, Tb. 4. 12. 1962.
134 Vermerk über die Besprechung von Vertretern der CDU/CSU und der SPD unter Vorsitz Adernauers, 4. 12. 1962. ACDP, NL Globke, I – 070–003/3.
135 ibd.
136 Krone, Tb. 5. 12. 1962.
137 Adenauer an Ollenhauer, 5. 12. 1962. StBKAH 12.28.
138 Krone, Tb. 6. 12. 1962.
139 Gerstenmaier, Streit und Frieden, S. 484.
140 ibd., S. 482.
141 Krone, Tb. 6. 12. 1963.
142 Vermerk über die Besprechung von Vertretern der CDU/CSU und der FDP unter Vorsitz Adenauers, 4. 12. 1962. ACDP, NL Globke, I – 070–003/1.
143 Protokoll des CDU-Bundesparteivorstandes, 3. 12. 1962. ACDP.
144 ibd.
145 Krone, Tb. 7. 12. 1962.
146 Nikel, Politiker der Bundesrepublik Deutschland, S. 47.
147 Krone, Tb. 25. 11. 1962 – CDU-Präsidium, 28. 11. 1962. ACDP.
148 Krone, Tb. 14. 12. 1962 – *Bulletin* BPA, 14. 12. 1962, S. 1961.

149 Tageskalender Adenauers, 13. 12. 1962. StBKAH
150 Krone, Tb. 14. 12. 1962; 5. 1. 1963.
151 Krone, Tb. 14. 12. 1962.
152 Strauß, Erinnerungen, S. 425.
153 *Der Spiegel*, 52/1962, S. 19.
154 Nach Osterheld, Ich gehe nicht leichten Herzens, S. 168.
155 Krone, Tb. 31. 12. 1962.
156 ibd., 5. 1. 1963.

Der deutsch-französische Vertrag

1 Adenauer an Schröder, 31. 12. 1962. ACDP, NL Globke, I – 070 – 3/1,8.
2 Osterheld, Ich gehe nicht leichten Herzens, S. 170.
3 ibd., 6. 12. 1962, S. 166.
4 Unterredung Adenauers mit Ball, 14. 1. 1963. StBKAH III 62. *Geheim.* – Osterheld, Ich gehe nicht leichten Herzens, 14. 1. 1963, S. 176–180. – Ebenso Unterredung Adenauers mit de Gaulle, 22. 1. 1963. StBKAH III 62. *Geheim.*
5 Unterredung Adenauers mit de Gaulle, 22. 1. 1963. StBKAH III 62. *Geheim.* – In ähnlichem Sinne Osterheld, Ich gehe nicht leichten Herzens, S. 168 f.
6 Unterredung Adenauers mit de Gaulle, 22. 1. 1963. StBKAH III 62. *Geheim.*
7 ibd.
8 Osterheld, Ich gehe nicht leichten Herzens, S. 260. Siehe Erklärung Adenauers in *Le Figaro*, 5./6. 10. 1963.
9 Osterheld, Ich gehe nicht leichten Herzens, 2. 1. 1963, S. 175.
10 ibd., 14. 1. 1963, S. 176. – Tageskalender Adenauers, 14. 1. 1963. SBKAH.
11 Osterheld, Ich gehe nicht leichten Herzens, 14. 1. 1963, S. 179.
12 Unterredung Adenauers mit de Margerie, 11. 6. 1963. StBKAH III 79. *Streng geheim.* – Ebenso Osterheld, Ich gehe nicht leichten Herzens, 14. 6. 1963, S. 220.
13 Adenauer an Kennedy, 18. 1. 1963. StBKAH III 4. *Geheim.* Ebenso Osterheld, Ich gehe nicht leichten Herzens, S. 186.
14 Kennedy an Adenauer, 19. 1. 1963. StBKAH III 4. *Geheim.* – Osterheld, Ich gehe nicht leichten Herzens, S. 186.
15 Osterheld, Ich gehe nicht leichten Herzens, 28. 12. 1962. S. 169.
16 ibd.
17 Unterredung Adenauers mit Gilpatrick, 13. 2. 1963. StBKAH III 62. *Geheim.* – Ebenso Osterheld, Ich gehe nicht leichten Herzens, 17. und 25. 2. 1962, S. 202 f.
18 Osterheld, Ich gehe nicht leichten Herzens, 6. 8. 1963, S. 246.
19 ibd., 4. 4. 1963, S. 208.
20 Unterredung Adenauers mit Schröder, 17. 1. 1962.
21 Osterheld, Ich gehe nicht leichten Herzens, 16. 1. 1963, S. 183 f.
22 Unterredung Adenauers mit Merchant, 8. 3. 1963. StBKAH III 62. *Geheim.*
23 Unterredung Adenauers mit de Gaulle, 5. 9. 1962. Ad, Er IV, S. 177.
24 Osterheld, Ich gehe nicht leichten Herzens, S. 170.
25 *NZZ*, 17. 1. 1963.
26 Krone, Tb. 15. 1. 1963.
27 Rhöndorfer Gespräche, Adenauer und Frankreich, Bd. 7, S. 48.
28 Osterheld, Ich gehe nicht leichten Herzens, 27. 1. 1963, S. 185.
29 Mitteilung von Jaques Bariéty.
30 Acheson an Adenauer, 19. 1. 1963. StBKAH III 1. *Geheim.* McCloy an Adenauer, 19. 1. 1963. StBKAH III 5. *Geheim.*
31 Blankenhorn, Tb. 28. 1. 1963.
32 Unterredung Adenauers mit de Gaulle, 22. 1. 1963. Ad, Er IV, S. 209 f. – Ebenso Osterheld, Ich gehe nicht leichten Herzens, 22. 1. 1963, S. 190.
33 Blankenhorn, Tb. 28. 1. 1963.
34 Elysée-Konferenz am 22. 1. 1963. PA/AA, Bd. 136.
35 Rhöndorfer Gespräche, Adenauer und Frankreich, S. 48, sowie persönliche Mitteilung von P. Fischer an den Verfasser.
36 Nach Osterheld, Adenauers Abschiedsbesuch bei de Gaulle, in: KAZeit I, S. 616.
37 Blankenhorn, Tb. 28. 1. 1963.

38 ibd.
39 Unterredung Adenauers mit Dowling, 24. 1. 1963. StBKAH III 62. *Geheim*.
40 ibd.
41 Kennedy an Adenauer, 22. 1. 1963. StBKAH III 4. *Geheim*.
42 Ball, The Past has another Pattern, S. 271.
43 Telegramm Knappsteins an Adenauer, 30. 1. 1963. StBKAH III 7. *Geheim*.
44 Unterredung Adenauers mit Dowling, 4. 2. 1963. StBKAH III 62. *Geheim*. – Ebenso Osterheld, Ich gehe nicht leichten Herzens, 4. 2. 1963, S. 199 f.
45 Macmillan, Memoirs VI, 28. 1. 1963, S. 367.
46 Adenauer am Macmillan, 9. 10. 1963. StBKAH III 5. *Geheim*.
47 Unterredung Adenauers mit de Margerie, 4. 2. 1963. StBKAH III 62. *Geheim*. – Ebenso Osterheld, Ich gehe nicht leichten Herzens, 4. 2. 1963, S. 199.
48 Unterredung Adenauers mit de Margerie, 4. 2. 1963. StBKAH III 62. *Geheim*.
49 Memoirenunterlagen in Privatbesitz. Gemeint ist wohl die Plenarsitzung am 8. 2. 1963.
50 Unterredung Adenauers mit Guidotti, 28. 1. 1963. StBKAH III 62.

Der Sturz

1 Koerfer, Kampf ums Kanzleramt, S. 714–716.
2 *Süddeutsche Zeitung*, 5. 2. 1963.
3 Adenauer an Erhard, 26. 2. 1963. Ludwig-Erhard-Stiftung, NL Erhard, I 5/73.
4 Erhard an Adenauer, 27. 2. 1963. Ludwig-Erhard-Stiftung, NL Erhard, I 5/73.
5 Koerfer, Kampf ums Kanzleramt, S. 726.
6 *FAZ*, 5. 3. 1963.
7 Stichwortprotokoll der Fraktionsvorstandssitzung, 4. 3. 1963. ACDP.
8 CDU/CSU-Fraktionssitzung, 5. 3. 1963. ACDP.
9 Krone, Tb. 4./5. 3. 1963.
10 CDU/CSU-Fraktionssitzung, 5. 3. 1963. ACDP.
11 ibd.
12 Protokoll des CDU-Bundesparteivorstandes, 14. 3. 1963. ACDP.
13 ibd.
14 Krone, Tb. 9. 3. 1963.
15 ibd., 19. 12. 1962.
16 Tageskalender Adenauers, 29. 3. 1963. StBKAH.
17 Lukomski, Ludwig Erhard, S. 252.
18 Golo Mann, Zwölf Versuche. Gespräch mit Adenauer am 18./19. 4. 1966, S. 140.
19 Krone, Tb. 1. 12. 1963.
20 Jahrbuch der öffentlichen Meinung, 1965–1967, S. 198/199.
21 ibd.
22 Adenauer an Paul Adenauer, 1. 4. 1963. In Privatbesitz.
23 Interview mit Majonica, 12. 9. 1989.
24 Krone, Tb. 5. 4. 1963.
25 Adenauer an Paul Adenauer, 8. 4. 1963. In Privatbesitz.
26 Adenauer an Ria Reiners, 10. 4. 1963. In Privatbesitz.
27 Krone, Tb. 12. 4. 1963.
28 ibd.
29 Aufzeichnung Adenauers zur Unterredung mit von Brentano am 14. 4. 1963. ACDP, NL Globke, I – 070–003/4.
30 Osterheld, Ich gehe nicht leichten Herzens, 21.4.1963. S. 210.
31 ibd., 21. 4. 1963, S. 210.
32 Krone, Tb. 20. 4. 1963.
33 CDU/CSU-Fraktionsvorstandssitzung, 22. 4. 1963. ACDP.
34 ibd. und Adelbert Schröder, Mein Bruder Gerhard Schröder, S. 134.
35 Aufzeichnung Adenauers, 22. 4. 1963. ACDP, NL Globke, I – 070–052/3. – CDU/CSU-Fraktionsvorstandssitzung, 22. 4. 1963. ACDP.
36 Gerstenmaier zu Koerfer, 12. 3. 1984. Koerfer, Kampf ums Kanzleramt, S. 745 und 865.
37 CDU/CSU-Fraktionssitzung, 23. 4. 1963. ACDP.
38 ibd.
39 ibd.
40 ibd.
41 ibd.

42 Mende, Von Wende zu Wende, S. 87.
43 Bundestag, Sten. Berichte, 25. 4. 1963, S. 3418 f.
44 Osterheld, Ich gehe nicht leichten Herzens, 24. 4. 1963, S. 212.
45 Cit. nach Koerfer, Kampf ums Kanzleramt, S. 745.

»Wir sind das Opfer der amerikanischen Entspannungspolitik«

1 Ansprache Adenauers in Tutzing, 19. 7. 1963. Unkorrigiertes Mskr. StBKAH 02.31.
2 Osterheld, Ich gehe nicht leichten Herzens, 8. 1. 1963, S. 177 f.
3 Unterredung Adenauers mit Kennedy, 24. 6. 1963. StBKAH III 62. *Streng geheim.*
4 Vermerk Adenauers, August/September 1963. StBKAH III 48. *Geheim.*
5 Krone, Tb. 25. 6. 1963. – Aktennotiz Poppinga, 12. 6. 1963. StBKAH III 48. *Geheim.* – Unterredung Adenauers mit de Gaulle, 4. 7. 1963. StBKAH III 79. *Streng geheim.*
6 Unterredung Adenauers mit Kennedy, 24. 6. 1963. StBKAH III 62. *Streng geheim.*
7 Unterredung Adenauers mit de Gaulle, 4. 7. 1963. StBKAH III 79. *Streng geheim.*
8 Aufzeichnung Abeleins über Besprechung am 12. 8. 1963. ACDP, NL Krone, I – 028–033/4.
9 Kennedy an Adenauer, 23. 7. 1963. ACDP, NL Globke, I – 070–052/3. – Unterredung Hillenbrandts mit Adenauer, 23. 7. 1963. StBKAH III 62. *Streng geheim.*
10 Unterredung Adenauers mit Tyler, 30. 7. 1963. StBKAH III 62. *Geheim.* – Osterheld, Ich gehe nicht leichten Herzens, S. 243.
11 Unterredung Adenauers mit McNamara, 31. 7. 1963. StBKAH III 62. *Geheim.* – Osterheld, Ich gehe nicht leichten Herzens, 31. 7. 1963, S. 242 f. – Unterredung Adenauers mit McNamara, 5. 8. 1963. StBKAH III 62. *Geheim.* – Osterheld, S. 244 f.
12 Unterredung Adenauers mit Rusk, 10. 8. 1963. StBKAH III 62. *Streng geheim.* – Osterheld, Ich gehe nicht leichten Herzens, 10. 8. 1963, S. 248–250.
13 Adenauer an Kennedy, 24. 7. 1963. StBKAH III 4. *Streng geheim.* Adenauer an Kennedy, 17. 8. 1963. StBKAH III 4. *Streng geheim.*
14 Unterredung Adenauers mit McNamara, 31. 7. 1963. StBKAH III 62. *Geheim.*
15 Unterredung Adenauers mit de Gaulle, 4. 7. 1963. StBKAH III 79. *Streng geheim.*
16 Kennedy an Adenauer, 23. 7. 1963. ACDP, NL Globke, I – 070–052/3. Ebenso in StBKAH III 4.
17 Adenauer an Kennedy, 24. 7. 1969. ACDP, NL Globke, I – 070–052/3. Ebenso in StBKAH III 4.
18 Osterheld, Ich gehe nicht leichten Herzens, 31. 7. 1963, S. 242 f.
19 Unterredung Adenauers mit Hillenbrandt, 23. 7. 1963. StBKAH III 62. *Streng geheim* – Osterheld, Ich gehe nicht leichten Herzens, 23. 7. 1963, S. 241.
20 Unterredung Adenauers mit Tyler, 30. 7. 1963. StBKAH III 62. *Geheim.*
21 Krone, Tb. 31. 7. 1963.
22 Unterredung Adenauers mit Tyler, 30. 7. 1963. StBKAH III 62. *Geheim.*
23 Osterheld, Ich gehe nicht leichten Herzens, S. 243.
24 Unterredung Adenauers mit McNamara, 5. 8. 1963. StBKAH III 62. *Geheim.*
25 Unterredung Adenauers mit McNamara, 5. 8. 1963. StBKAH III 62. *Geheim.* – Osterheld, Ich gehe nicht leichten Herzens, 6. 8. 1963, S. 246.
26 Krone, Tb. 31. 7. 1963.
27 Osterheld, Ich gehe nicht leichten Herzens, S. 247.
28 ibd., 10. 8. 1963, S. 250.
29 ibd., 12. 8. 1963, S. 252.
30 Krone, Tb. 13. 8. 1963.
31 Osterheld, Ich gehe nicht leichten Herzens, 15. 8. 1963, S. 251.
32 ibd. – Ebenso ibd., 8. 8. 1963, S. 247 f.
33 ibd., 8. 8. 1963, S. 248.
34 Krone, Tb. 31. 7., 5. 8., 8. 8., 12. 8., 13. 8., 16. 8. 1963.
35 Mende, Von Wende zu Wende, S. 97 f.

36 Aufzeichnung Krones, 12. 8. 1963. ACDP, NL Krone, I – 028–033/4.
37 Unterredung Adenauers mit de Gaulle, 4. 7. 1963. Ad, Er IV, S. 225.
38 Unterredung Adenauers mit McNamara, 5. 8. 1963. StBKAH III 62. *Geheim.*
39 Unterredung Adenauers mit Epstein, 13. 8. 1963. StBKAH 02. 31.
40 Unterredung Adenauers mit McNamara, 5. 8. 1963. StBKAH III 62. *Geheim.*
41 Unterredung Adenauers mit de Gaulle, 4. 7. 1963. StBKAH III 79. Hier der Hinweis auf das vorhergehende Gespräch mit Kennedy. *Streng geheim.*
42 Unterredung Adenauers mit McCone, 6. 5. 1963. StBKAH III 62. *Streng geheim.*
43 ibd.
44 Informationsgespräch Adenauers mit Sulzberger, 22. 7. 1963. StBKAH 02. 31. – Sulzberger, The Last of the Giants, 22. 7. 1963, S. 999 f.
45 AdG, 19. 9. 1963, S. 10797 f.
46 Krone, Tb. 21. 9. 1963. – Tageskalender Adenauers, 2. 9., 10. 9. und 20. 9. 1963. StBKAH.
47 Osterheld, Ich gehe nicht leichten Herzens, 23. 9. 1963, S. 257 f.
48 Krone, Tb. 21. 9. 1963.
49 Unterredung Adenauers mit Rockefeller, 30. 9. 1963. StBKAH III 62. *Geheim.*
50 Unterredung Adenauers mit McCloy, 16. 10. 1963. StBKAH II 106. *Geheim.*
51 Krone, Tb. 4. und 5. 8. 1963.

Lauter Abschiede

1 Gilbert, W.S. Churchill VIII, S. 1120–1122.
2 Unterredung Adenauers mit Nixon, 26. 7. 1963. StBKAH III 62. *Geheim.*
3 Unterredung Adenauers mit Acheson, 18. 10. 1963. StBKAH II 106.
4 Tageskalender Adenauers, 8. 10. 1963. StBKAH.
5 *Bulletin* BPA, 9. 10. 1963, S. 1553.
6 Osterheld, Ich gehe nicht leichten Herzens, 9.10.1963, S. 263.
7 Unterredung Adenauers mit McNamara, 31. 7. 1963. StBKAH III 62.

Geheim. – Osterheld, Ich gehe nicht leichten Herzens, 5. 8. 1963, S. 244.
8 Osterheld, Ich gehe nicht leichten Herzens, S. 256.
9 Krone, Tb. 25. 9. 1963.
10 Osterheld, Ich gehe nicht leichten Herzens, 30. 9. 1963. S. 256.
11 Unterredung Adenauers mit de Gaulle, 4. 7. 1963. Ad, Er IV, S. 227 f. – Protokoll der Unterredung Adenauers mit de Gaulle am 21. und 22. 9. 1963 in StBKAH III 79. *Geheim.*
12 Krone, Tb., 18. 1. 1964.
13 Cit. nach Lacouture, De Gaulle III, S. 308.
14 *Bulletin* BPA, 6. 7. 1963, S. 1050 f.
15 De Gaulle an Adenauer, 22. 9. 1963. Lettres, Notes et Carnets, IX, S. 373 f.
16 Krone, Tb. 9./10.1963.
17 Brandt, Erinnerungen, S. 43.
18 Mende, Von Wende zu Wende, S. 103.
19 Osterheld, Ich gehe nicht leichten Herzens, S. 269.
20 Adenauer an Globke, 8. 8. 1963. ACDP, NL Globke, I – 070–052/2.
21 Krone, Tb. 10. 7. und 5./6. 12 .1963, 24. 2. 1964.
22 Bundestag, Sten. Berichte, 15. 10. 1963, S. 4165–67.
23 ibd. S. 4161–67.
24 ibd., S. 4165.
25 ibd., S. 4166.
26 ibd., S. 4166.
27 Henkels, Gar nicht so pingelig, m.D.u.H., S. 188 f.
28 Mitteilung von Ernst Majonica an Daniel Koerfer, Kampf ums Kanzleramt, S. 750.
29 Osterheld, Ich gehe nicht leichten Herzens, S. 270.
30 Krone, Tb. 16. 10. 1963.
31 Unterredung Adenauers mit McCloy, 16. 10. 1963. StBKAH II 106.
32 Osterheld, Ich gehe nicht leichten Herzens, S. 270.
33 de Gaulle an Adenauer, 14. 10. 1963. Lettres, Notes et Carnets IX, S. 378.
34 Bericht von Günter Bachmann am 25./26. 10. 1989 in: Rhöndorfer Gespräche, Bd 11, Konrad Adenauers Regierungsstil, S. 72.
35 Interner Vermerk des Bundesrats zur Verteilung der Dienstzimmer vom

24. 1. 1950. Bundesratsarchiv, AZ 6600; Vermerk des Bundesratsdirektors vom 10. 7. 1963. Bundesratsarchiv, AZ 6685.
36 *Der Spiegel*, 9. 10. 1963.
37 *Die Zeit*, 18. 10. 1963.

Im Unruhestand 1963–1967

Der Frondeur

1 Aktennotiz Schumacher-Hellmolds, 21. 12. 1965, über ein Gespräch mit Adenauer am gleichen Tag. Privatarchiv Sch.-H.
2 ibd.
3 II. Band Erinnerungen, Anlage 3. Memoirenunterlagen in Privatbesitz.
4 *FAZ*, 16. 10. 1963.
5 Vertrag mit Hachette, 28. 11. 1963. Memoirenunterlagen in Privatbesitz.
6 DVA an Globke, 10. 2. 1964. ACDP, NL Globke, I – 070–070/2.
7 Multhaupt an Adenauer, 3. 9. 1963. In Privatbesitz.
8 Vgl. Kapitel Katarakt, Fußnote 6.
9 *FAZ*, 14. 3. 1964.
10 Krone, Tb. 10. 7. und 14./15. 11. 1963, 28. 2. 1964.
11 Adenauer an Ilse Stolte, 14. 12. 1963. In Privatbesitz.
12 Krone, Tb. 6. 4. 1965.
13 CDU-Präsidium, 9. 6. 1964. ACDP.
14 ibd., 1. 7. 1966. ACDP.
15 Krone, Tb. 23. 7. 1964.
16 ibd., 7. 3. 1964.
17 Gespräch mit Adenauer, 20. 1. 1965. Privatarchiv Sch.-H.
18 Krone, Tb. 16. 6. 1965.
19 Osterheld, Ich gehe nicht leichten Herzens, 24. 4. 1963, S. 212.
20 Informationsgespräch, 8. 6. 1961. Ad, Teegespräche 1959–1961, S. 524.
21 von Eckardt, Ein unordentliches Leben, S. 374f.
22 Informationsgespräch mit Marguerite Higgins, 30. 10. 1963. StBKAH 02. 32.
23 *FAZ*, 6. 11. 1963. Tatsächlich hat diese Große Anfrage jedoch nach Ausweis der Bundestagsprotokolle nicht stattgefunden.
24 *FAZ*, 4. 11. 1963.
25 McGhee, Botschafter in Deutschland, S. 182.
26 Nach *FAZ*, 13. 11. 1963.
27 ibd.
28 Jahrbuch der öffentlichen Meinung, 1965–1967, S. 198/199.
29 Heuss an Adenauer, 8. 9. 1963. Briefwechsel Heuss – Adenauer, S. 334.
30 Cit. nach Adenauer – Heuss, Der Briefwechsel, S. 487.
31 Krone, Tb. 2. 12. 1963.
32 ibd., 5./6. 12. 1963.
33 ibd., 6. 6. 1964.
34 ibd., 9. 12. 1963.
35 ibd., 3. 12. 1963.
36 Mende, Die neue Freiheit, S. 27f.
37 Krone, Tb. 15. 1. 1964.
38 *FAZ*, 4. und 5. 1. 1964.
39 *FAZ*, 16. 3. 1964.
40 Mende, Von Wende zu Wende, S. 125.
41 ibd., S. 128 – Krone, Tb. 6. 6. 1964.
42 Krone, Tb. 13. 5. 1964.
43 ibd.
44 ibd., 15., 22., 23., 25. 5. 1964.
45 ibd., 23. 5. 1964.
46 Mende, Von Wende zu Wende, S. 129.
47 Krone, Tb. 19. 11., 11. und 21. 12. 1963, 19. 1. und 8. 5. 1964.
48 ibd., 21. und 22. 12. 1963.
49 *FAZ*, 6. und 13. 5. 1964.
50 *FAZ*, 1. 7. 1964.
51 *FAZ*, 24. 6. 1964.
52 ibd.
53 *Rheinischer Merkur*, 3. 7. 1964.
54 *FAZ*, 10. 7. 1964.
55 Krone, Tb. 30. 6. 1964.
56 ibd., 3. und 4. 7. 1964.
57 Interview mit Saliger, 13. 5. 1966. Wortprotokoll. StBKAH 02. 37.
58 ibd.
59 II. Band Erinnerungen, Anlage 3. Memoirenunterlagen in Privatbesitz.
60 Aufzeichnung von Schumacher-Hellmold, 28. 1. 1965. Privatarchiv Sch.-H. Die folgenden Zitate sind aus Krone Tb. 16. 7. 1964 und Adelbert Schröder, Mein Bruder Gerhard Schröder, S. 136. Das Gespräch fand laut Tageskalender Adenauers am 24. 6. 1964 statt.
61 Krone, Tb. 8. und 10. 7. 1964.
62 ibd., 10. 7. 1964.
63 *FAZ*, 9. und 10. 7. 1964.
64 *FAZ*, 10. 7. 1964.
65 ibd.
66 Diktat Adenauers in Cadenabbia,

20. 9. 1964. Memoirenunterlagen in Privatbesitz.
67 ibd. – Ähnlich Krone, Tb. 10. 7. 1964.
68 Krone, Tb. 10. 7. 1964.
69 ibd., 28. 7. 1964.
70 ibd., 12. und 13. 7. 1964.
71 *FAZ*, 13. 7. 1964. *Die Welt*, 13. 7. 1964.
72 *FAZ*, 21. 7. 1964.
73 Krone, Tb. 16. 9. 1964 – Die Vorschläge der Bundesregierung zur Europapolitik werden am 4. 11. 1964 vorgelegt. Siehe EUROPA-Archiv 19/1964, D 562–572.
74 Jahrbuch der öffentlichen Meinung, 1965–1967, S. 198 f.
75 *FAZ*, 5. 8. 1964.
76 *FAZ*, 18. 9. 1964.
77 *Bild am Sonntag*, 1. 11. 1964.
78 Wortlaut Rede Adenauers am 9. 11. 1964. *FAZ*, 11. 11. 1964.
79 Unterredung Adenauers mit de Gaulle, 12. 6. 1965. StBKAH II 106.
80 Tonbandaufnahme über Gespräche am 8. und 10. 11. 1964. StBKAH II 106.
81 Unterredung Adenauers mit de Gaulle, 9. 11. 1964. StBKAH II 106.
82 ibd.
83 ibd.
84 Tonbandaufnahme der Gespräche am 8. – 10. 11. 1964. StBKAH II 106.
85 ibd.
86 ibd.
87 Krone, Tb. 29. 11. 1964.
88 Vermerk Adenauers vom 11. 12. 1964. Memoirenunterlagen in Privatbesitz.
89 Tageskalender Adenauers, 16. 11. 1964. StBKAH.
90 Krone, Tb. 16. 11. 1964.
91 Unterredung Adenauer mit Schumacher-Hellmold, 20. 1. 1965. Privatarchiv Sch.-H.
92 Sulzberger, An Age of Mediocrity, 5. 2. 1965, S. 153.
93 Krone, Tb. 30. 12. 1963.
94 Aufzeichnung Schumacher-Hellmolds über ein Gespräch mit Adenauer in Gegenwart von Thomas Dehler, 28. 1. 1965. Privatarchiv Sch.-H.
95 Sulzberger, An Age of Mediocrity, 5. 2. 1965, S. 154.
96 ibd., S. 156.
97 Siehe *FAZ*, *NZZ* und *Welt* vom 11. 2. 1965.
98 Sulzberger, An Age of Mediocrity, 5. 2. 1965, S. 156.
99 Pressekonferenz vom 4. 2. 1965. Europa-Archiv, D 87 ff.
100 Cit. nach *NZZ*, 29. 3. 1965.
101 Unterredung Adenauers mit Vendroux, 31. 3. 1965. StBKAH II 106.
102 ibd.
103 ibd.
104 *FAZ*, 20. 4. 1965.
105 Adenauer an de Gaulle, 13. 4. 1965. StBKAH II 46.
106 De Gaulle an Adenauer, 13. 4. 1965. Lettres, Notes et Carnets X, S. 146 f.
107 Krone, Tb. 5. 5. 1965.
108 Europa-Archiv, 25.–30. 4. 1965, 20/1965, D 247 f und 250 f.
109 Krone, Tb. 30. 4. – 2. 5. 1965.
110 De Gaulle an Erhard, 13. 4. 1965. Lettres, Notes et Carnets X, S. 147 f.
111 Krone, Tb. 12. 3. 1965.
112 Auszug aus dem Protokoll über das Gespräch Schumacher-Hellmolds mit Adenauer, 18. 8. 1965. Privatarchiv Sch.-H.
113 Krone, Tb. 12. 3. 1965.
114 Unterredung Adenauers mit de Gaulle, 2. 6. 1965. STBKAH II 106.
115 Strauß, Erinnerungen, S. 342 f.
116 Bericht Erhards im Bundestag, 17. 2. 1965. Bundestag, Sten. Berichte, S. 8103–8105. – Adenauer am 16. 2. 1965 im Vorstand der CDU/CSU-Fraktion. Tageskalender Adenauers, 16. 2. 1965. StBKAH. Gerstenmaier, Streit und Friede, S. 498.
117 *Frankfurter Rundschau*, 26. 10. 1964.
118 *NZZ*, 18. 2. 1965.
119 *Christ und Welt*, 5. 2. 1965.
120 Adenauer an Erhard, 3. 3. 1965. Ludwig Erhard Stiftung, NL Erhard, I 1) 10–11.
121 Gerstenmaier, Streit und Friede, S. 497.
122 Jahrbuch der öffentlichen Meinung, 1965–1967, S. 198 f.
123 ibd.

Abstieg

1 Krone, Tb. 5. und 15. 3. 1965.
2 Krone, Tb. 9. 3. 1965 – in ähnlichem Sinne auch Tb. 8., 9., 12. 3., 13. 4., 9. 5., 1., 4., 16. und 28. 6., 5. und 9. 7. 1965.

3 Krone, Tb. 16. 6. 1965.
4 Blankenhorn, Tb. 6. 4. 1965 – Krone, Tb. 4. 7. 1965.
5 Krone, Tb. 14. 6. 1965.
6 ibd., 1. 6. und 9. 7. 1965.
7 ibd., 19. 8. 1965.
8 ibd., 6. 3. 1965.
9 ibd., 11. 5. 1965.
10 ibd., 19. 8. 1965.
11 Tageskalender Adenauers, 21. 5. 1965. StBKAH.
12 Krone, Tb. 24. 5. 1965.
13 ibd., 4. 6. 1965.
14 ibd., 4. 6. 1965.
15 ibd., 4. 7. 1965.
16 ibd., 6. 9. 1965.
17 ibd., 22. 11. 1965.
18 Cit. nach Eschenburg, Zur politischen Praxis, II, S. 262. *FAZ*, 25. 9. 1965 – Krone, Tb. 6. 9. und 26. 9. 1965.
19 Krone, Tb. 19. 8. 1965.
20 Guttenberg an Lücke, 20. 5. 1965. ACDP, NL Lücke, I – 077–096/III 3/3.
21 Guttenberg an Lücke, 20. 5. 1965. ACDP, NL Lücke, I – 077–106/5.
22 Ungezeichneter Vermerk über die Besprechung mit Guttenberg, Wehner und Leber in Deidesheim am 26. 7. 1965. ACDP, NL Lücke, I – 077–106/5.
23 Tageskalender Adenauers vom 3. und 11. 5. 1965. StBKAH.
24 Krone, Tb. 4. 6. 1965.
25 ibd.
26 Protokoll des CDU-Bundesparteivorstandes, 20. 9. 1965. ACDP.
27 *FAZ*, 14. 8. 1965.
28 Europa-Archiv, 20/1965, D 511 ff.
29 *FAZ*, 21. 8. 1965.
30 ibd.
31 Hillenbrand an State Dpt., 30. 8. 1965. Boston, John F. Kennedy Library, National Security Files 1963–69. Reel 5.
32 ibd.
33 Pressekonferenz vom 9. 9. 1965. Europa-Archiv, 20/1965, D 486 ff.
34 ibd., D 494.
35 Interview für die *Bild*-Zeitung, 8. 10. 1965. StBKAH 02. 36.
36 Krone, Tb. 6. 9. 1965.
37 ibd., 6. 9. 1965.
38 ibd., 13. 9. 1965.
39 Auszug aus dem Protokoll über das Gespräch mit Adenauer, 18. 8. 1965. Privatarchiv Sch.-H. Im gleichen Sinn Krone, Tb. 19. 8. 1965.
40 Gerstenmaier, Streit und Friede, S. 530.
41 Krone, Tb. 23. 8. 1965.
42 ibd., 19. 8. 1965.
43 ibd., Tb. 1. 10. 1965.
44 ibd., Tb. 19. 8. 1965.
45 ibd., 1., 6., 7., 8., 9., 11., 12., 13. und 26. 10. 1965.
46 *WamS*, 10. 10. 1965.
47 Adenauer an Lübke, 19. 10. 1965. StBKAH II 50. *Geheim*.
48 Krone, Tb. 26. 10. 1965.
49 ibd., 6. 10. 1965.
50 Tageskalender Adenauers, 25. 10. 1965. StBKAH.
51 Krone, Tb. 26. 10. 1965.
52 *FAZ*, 22. 12. 1965. *Christ und Welt*, 24. 12. 1965.
53 Aktennotiz Schumacher-Hellmold über Besprechung mit Adenauer, 21. 12. 1965. Privatarchiv Sch.-H.
54 Rasner zu Globke, 31. 1. 1966. Aufzeichnung Globkes: »Parteivorsitz 1966«. ACDP, NL Globke, I – 070–04/2.
55 Aktennotiz Schumacher-Hellmolds über Besprechung mit Adenauer, 21. 12. 1965. Privatarchiv Sch.-H.
56 Krone, Tb. 26. 10. 1965.
57 Dufhues an Adenauer, 30. 1. 1966. ACDP, NL Lücke, I – 077–140/2.
58 Aufzeichnung Globkes: »Parteivorsitz 1966«, 13. 1. 1966. ACDP, NL Globke, I – 070–04/2.
59 ibd.
60 ibd.
61 Aufzeichnung Globkes: »Parteivorsitz 1966«, 31. 1. 1966. ACDP, NL Globke, I – 070–04/2.
62 Krone, Tb. 13. 1. 1966.
63 ibd.
64 Protokoll des CDU-Bundesparteivorstandes, 20. 9. 1965. ACDP.
65 ibd.
66 Krone, Tb. 1. 12. 1964.
67 Krone, Tb. Ia 18. 2. 1966.
68 ibd.
69 ibd.
70 Aufzeichnung Globkes: »Parteivorsitz 1966«, 31. 1. 1966. ACDP, NL Globke, I – 070–04/2.

71 Krone, Tb. 11. 2. 1966.
72 ibd., 10. 2. 1966.
73 Adenauer an Erhard, 14. 2. 1966. StBKAH II 51.
74 Erhard an Adenauer, 15. 2. 1966. StBKAH II 51.
75 Vermerk Adenauers vom 15. 2. 1966. StBKAH III 52. – Pörtner, Kinderjahre der Bundesrepublik, S. 359.
76 Krone, Tb. 14./15. 11. 1963.
77 Rede vor dem 14. Bundesparteitag, Bonn, 21. 3. 1966. Adenauer, Reden 1917–1967, S. 479 und 481.
78 ibd., S. 481.
79 Nach Filmer/Schwan, Helmut Kohl, S. 425.
80 Rede vor dem 14. Bundesparteitag, Bonn, 21. 3. 1966. Adenauer, Reden 1917–1967, S. 482.
81 *FAZ*, 24. 3. 1967. Siehe auch die Ausgabe vom 22. 3. 1967.
82 Krone, Tb. 21./22./23. 3. 1966.
83 Tête-à-tête entre de Gaulle et Adenauer, 10. 3. 1966. Lettres, Notes et Carnets X, S. 272.
84 Protokoll der 11. Präsidiumssitzung der CDU, 27. 8. 1966. ACDP, NL Lücke, I–077–140/2.
85 Unterredung Adenauers mit de Gaulle, 21. 7. 1966. StBKAH II 106.
86 Ad, Er II, S. 19.
87 Sulzberger, An Age of Mediocrity, 2. 8. 1966, S. 279.
88 ibd., S. 281.
89 ibd., S. 282.
90 Von Salis, Grenzüberschreitungen, 10. 8. 1966, S. 441.
91 ibd., S. 439.
92 Mitteilung Eugen Gerstenmaiers.
93 *FAZ*, 27. 1. 1966.
94 Zum Tode Winston Churchills, 24. 1. 1965. Bayer. RF/24. 1. 65. StBKAH 02. 35/02. 36.
95 Interview mit *Christ und Welt*, 17. 9. 1965.
96 Rede im Ateneo, 16. 2. 1967. Adenauer, Reden 1917–1967, S. 488.
97 Rede vor den Grandes Conférences Catholiques, 25. 9. 1956. Adenauer, Reden 1917–1967, S. 327. – Siehe das Kapitel Die Gründung der EWG im Schatten der Weltkrise von 1956.
98 Unterredung Adenauers mit Maître Violet, 12. 12. 1966. StBKAH II 106.
99 Von Salis, Grenzüberschreitungen, 10. 8. 1966, S. 440.
100 ibd., S. 442.
101 *FAZ*, 11. 7. 1966.
102 Lieselotte Pulver, »... wenn man trotzdem lacht.« Tagebuch meines Lebens, 20. 7. 1966, S. 225–230.
103 Krone, Tb. Ia 19. 7. 1966.
104 ibd.
105 Nach Krone, Tb. Ia 30. 10. 1966.
106 Protokoll des CDU-Bundesparteivorstandes, 8. 11. 1966. ACDP.
107 Aufzeichnung von Otto A. Friedrich für Flick, 16. 3. 1967, über ein Gespräch mit Adenauer am 15. 3. 1967. ACDP, NL Friedrich, I–093–012/1.
108 Gespräche am 12.,15.,22.,26. 11. 1966. Tageskalender Adenauers, StBKAH.
109 Tageskalender Adenauers, 27. 10. 1966. StBKAH.
110 Krone, Tb. Ia 20./21. 11. 1966.
111 Augstein an Adenauer, 19. 11. 1965. StBKAH II 23.
112 Adenauer an Augstein, 1. 12. 1965. StBKAH II 23.
113 Augstein an Adenauer, 10. 12. 1965. StBKAH II 23.
114 Konrad Adenauer 1876/1976, S. 39.
115 Krone, Tb. Ia 26. 1. 1967.
116 Aufzeichnung von Schumacher-Hellmold über ein Gespräch mit Adenauer, 23. 2. 1967. Privatarchiv Sch.-H. Ebenso Krone, Tb. Ia 23. 2. 1967.
117 Aufzeichnung von Otto A. Friedrich für Flick, 16. 3. 1967, über ein Gespräch mit Adenauer am 15. 3. 1967. ACDP, NL Friedrich, I–093–012/1.
118 ibd.
119 Adenauer an Kiesinger, 2. 12. 1966. ACDP, NL Kiesinger, I – 226–001.
120 Adenauer an Kiesinger, 26. 12. 1966. ACDP, NL Kiesinger, I – 226–001.
121 Konrad Adenauer 1876/1976, S. 39.
122 Notiz Otto A. Friedrich für Flick, 16. 3. 1967. ACDP, NL Friedrich, I–093–012/1.
123 Krone, Tb. Ia 26. 1. 1967.
124 ibd., 16. 6. 1969.
125 Notiz Otto A. Friedrich für Flick,

16.3.1967. ACDP, NL Friedrich, I-093-012/1.
126 Sulzberger, The Age of Mediocrity, 2.8.1966, S. 278.
127 Aufzeichnung Schumacher-Hellmolds über ein Gespräch mit Adenauer, 23.2.1967. Privatarchiv Sch.-H.

Die Memoiren-Fron

1 Lenz an Adenauer, 4.8.1952. ACDP, NL Lenz, I-172-58/2.
2 von Reutern an Globke, 27.2.1953. Privatarchiv Noelle-Neumann.
3 Ad, Teegespräche 1950-1954, S. 622.
4 Mai an Adenauer, 7.6.1952. Privatarchiv Noelle-Neumann.
5 ibd.
6 Vermerk für Hans Kilb, 1.8.1952. Privatarchiv Noelle-Neumann.
7 Von Reutern an Globke, 27.2.1953. Privatarchiv Noelle-Neumann.
8 Gerigk an Neumann, 24.2.1953. Privatarchiv Noelle-Neumann.
9 ibd.
10 ibd.
11 ibd.
12 ibd.
13 Fernschreiben Beer an Gerigk, 13.3.1953. Privatarchiv Noelle-Neumann.
14 Lenz, Im Zentrum der Macht, 2.-6.4.1953, S. 605.
15 Thiel an Neumann, 8.4.1953. Privatarchiv Noelle-Neumann Lenz, Im Zentrum der Macht, 2.-6.4.1953, S. 605.
16 Adenauer an Lenz, 5.6.1953. Ad, Briefe 1951-1953, S. 656. In ähnlichem Sinn Adenauer an Heck, ibd., S. 408.
17 Von Reutern an Globke, 27.2.1953. Privatarchiv Noelle-Neumann.
18 Ad, Briefe 1951-1953, S. 648.
19 Ad, Briefe 1951-1953, 30.5.1953, S. 644. – Roswitha Theile-Schlüter, »Wie die Kanzler-Biographie entstand«, in: *Deutsches Monatsblatt*, Jg. 6 (1956), Nr. 1.
20 Adenauer an Kindler, 30.5.1953. Ad, Briefe 1951-1953, S. 382.
21 Adenauer an Pribilla, 30.5.1953. Ad, Briefe 1951-1953, S. 649.
22 Adenauer an Ria Reiners, 6.6.1953. Ad, Briefe 1951-1953, S. 384.
23 Adenauer an Kindler, 30.5.1953. Ad, Briefe 1951-1953, S. 383.
24 ibd.
25 ibd.
26 Adenauer an Ria Reiners, 6.6.1953. Ad, Briefe 1951-1953, S. 384.
27 Adenauer an Kindler, 30.5.1953. Ad, Briefe 1951-1953, S. 382.
28 Adenauer an Giesen, 26.5.1953. Ad, Briefe 1951-1953, S. 373f.
29 Adenauer an Ria Reiners, 6.6.1953. Ad, Briefe 1951-1953, S. 384.
30 Wagner, Konrad Adenauer, S. 12.
31 ibd., S. 71-81, 153-156, 177-185.
32 Adenauer an Konrad Adenauer jr., 2.4.1962. In Privatbesitz. – Siehe Schwarz, Adenauer I, S. 58f.
33 Ad, Er I, S. 13.
34 ibd.
35 Poppinga, Meine Erinnerungen an Konrad Adenauer, S. 218.
36 ibd., S. 121.
37 Verlags-Vertrag, 10.2.1964. ACDP, NL Globke, I-070-070/2.
38 ibd.
39 Verlags-Vetrag mit Hachette, 28.11.1963. Memoirenunterlagen in Privatbesitz.
40 Adenauer an Multhaupt, 1.2.1964. In Privatbesitz.
41 Tageskalender Adenauers, 22.4.1964. StBKAH. – Poppinga, Meine Erinnerungen an Konrad Adenauer, S. 92.
42 Adenauer an Paul Adenauer, 27.4.1964. In Privatbesitz.
43 Poppinga, Meine Erinnerungen an Konrad Adenauer, S. 97.
44 Aufzeichnung Schumacher-Hellmolds über ein Gespräch mit Adenauer am 18.8.1965. Privatarchiv Sch.-H.
45 Aufzeichnung Schumacher-Hellmold über ein Gespräch mit Adenauer, 20.1.1965. Privatarchiv Sch.-H.
46 Ambrose, Eisenhower II, S. 509.
47 ibd., S. 559, 592.
48 ibd., S. 191, 633.
49 Poppinga, Meine Erinnerungen an Konrad Adenauer, S. 99, 209. Gespräch von Schumacher-Helmold mit Adenauer, 20.1.1965. Privatarchiv Sch.-H.
50 Poppinga, ibd., S. 93.
51 ibd., S. 93.
52 ibd., S. 99.

53 ibd., S. 99.
54 ibd., S. 147 f, 219.
55 ibd., S. 148 f.
56 Ad, Er I, S. 15–26.
57 Poppinga, Meine Erinnerungen an Konrad Adenauer, S. 223.
58 Ad, Er I, S. 14.
59 Anlage zum Konzept Bd. II Erinnerungen, wohl Herbst 1964. Memoirenunterlagen in Privatbesitz.
60 Poppinga, Meine Erinnerungen an Adenauer, S. 163.
61 ibd., S. 163.
62 ibd., S. 137, 163, 178.
63 Aufzeichnung von Schumacher-Hellmold über ein Gespräch mit Adenauer, 20. 1. 1965. Privatarchiv Sch. H.
64 Poppinga, Meine Erinnerungen an Konrad Adenauer, S. 178.
65 ibd.
66 ibd., S. 222–224.
67 Tageskalender Adenauers, 20. 2. 1965. StBKAH.
68 Poppinga, Meine Erinnerungen an Adenauer, S. 217.
69 ibd., S. 221.
70 *WamS*, 18. 7. 1965.
71 ibd.
72 Poppinga, Meine Erinnerungen an Konrad Adenauer, S. 232 f.
73 ibd., S. 232.
74 Manchester, The Last Lion I, S. 768.
75 *FAZ*, 18. 2. 1965.
76 *Die Zeit*, 5. 11. 1965.
77 Golo Mann, Zwölf Versuche. Gespräch mit Adenauer am 18./19. 4. 1966, S. 144.
78 ibd., S. 136 f.
79 ibd., S. 146 f.
80 ibd.
81 Poppinga, Meine Erinnerungen an Adenauer, S. 268 f.
82 ibd., S. 270 f.
83 Ad, Er II, S. 556.
84 Poppinga, Meine Erinnerungen an Adenauer, S. 299.

Letzte Reisen

1 Poppinga, Meine Erinnerungen an Konrad Adenauer, S. 283.
2 Kokoschka, Oskar: Briefe IV, 1953–1976. Hrsg. von Olda Kokoschka und Heinz Spielmann, Düsseldorf 1988, S. 194.
3 ibd., S. 195.
4 Golo Mann, Zwölf Versuche. Gespräch mit Adenauer am 18./19. 4. 1966, S. 135.
5 ibd., S. 146.
6 Poppinga, Meine Erinnerungen an Konrad Adenauer, S. 286.
7 ibd., S. 273.
8 ibd., S. 274.
9 ibd., S. 276.
10 ibd., S. 279.
11 ibd., S. 279.
12 ibd., S. 280.
13 Adenauer an Britta Roemer, 4. 10. 1966. StBKAH II 85.
14 Poppinga, Meine Erinnerungen an Konrad Adenauer, S. 290.
15 Gespräch mit Alfred Wolfmann am 17. 9. 1966. *Allgemeine Wochenzeitung der Juden*, 8. 4. 1966.
16 Poppinga, Meine Erinnerungen an Konrad Adenauer, S. 288.
17 ibd.
18 Nach *NZZ*, 7. 5. 1966.
19 Interview mit Schreiber, *Der Spiegel*, 13. 5. 1966. Unkorr. Mskr. StBKAH 02. 37.
20 ibd.
21 Hans Ulrich Kempski, *Süddeutsche Zeitung*, 11. 5. 1966 – Interview mit Schreiber, *Der Spiegel*, 13. 5. 1966. Unkorr. Mskr. StBKAH 02. 37.
22 Interview mit Schreiber, *Der Spiegel*, 13. 5. 1966. Unkorr. Mskr. StBKAH 02. 37.
23 ibd.
24 ibd. – Ebenso in Sulzberger, The Age of Mediocrity, 2. 8. 1966, S. 279.
25 Interview mit Saliger, *Welt am Sonntag*, 13. 5. 1966. Wörtliche Niederschrift in StBKAH 02. 37.
26 Cit. nach Poppinga, Meine Erinnerungen an Konrad Adenauer, S. 291 f. *Die Welt*, 5. 5. 1966.
27 Poppinga, Meine Erinnerungen an Konrad Adenauer, S. 291 f.
28 Interview mit R. Appel, *Stuttgarter Zeitung, Tagespost*, 20. 5. 1966.
29 Hans Ulrich Kempski, *Süddeutsche Zeitung*, 11. 5. 1966.

30 Interview mit Schreiber, *Der Spiegel*, 13. 5. 1966. Unkorr. Mskr. StBKAH 02. 37.
31 Sulzberger, The Age of Mediocrity, 2. 8. 1966, S. 279.
32 Gespräch mit Alfred Wolfmann, *Allgemeine Wochenzeitung der Juden*, 8. 4. 1966.
33 *NZZ*, 7. 6. 1966.
34 Sulzberger, The Age of Mediocrity, 2. 8. 1966, S. 279.
35 Krone, Tb. *10. 5. 1966*.
36 Tageskalender Adenauers, 17. 5. 1966. StBKAH.
37 Krone, Tb. 18. 5. 1966.
38 CDU-Präsidium, 1. 7., 14. 7. und 23. 7. 1966. ACDP.
39 Gespräch Adenauers mit de Gaulle, 21. 7. 1966. StBKAH II 106.
40 Tageskalender Adenauers, 3. 9. 1966. StBKAH.
41 Poppinga, Meine Erinnerungen an Konrad Adenauer, S. 272 f.
42 ibd., S. 295. – Tageskalender Adenauers, 28. 10. – 15. 11. 1966. StBKAH.
43 *Quick*, 5. 3. 1967.
44 *Augsburger Allgemeine*, 20. 2. 1967.
45 Interview mit QUICK, 5. 3. 1967 – Poppinga, Meine Erinnerungen an Konrad Adenauer, S. 319.
46 Adenauer, Reden 1917–1967, S. 488.
47 ibd., S. 489.
48 ibd., S. 490.
49 Nach Poppinga, Meine Erinnerungen an Konrad Adenauer, S. 338 f.
50 *Der Spiegel*, 27. 2. 1967.
51 ibd.
52 *Die Welt*, 25. 2. 1967.
53 Adenauer an Kiesinger, 27. 2. 1967. ACDP, NL Kiesinger, I – 226 – 001.
54 Kiesinger an Adenauer, 28. 2. 1967. ACDP, NL Kiesinger, I– 226–001.
55 Krone, Tb. Ia 2. 3. 1967.
56 Poppinga, Meine Erinnerungen an Konrad Adenauer, S. 309.
57 Mskr. Rede vom 28. 2. 1967. StBKAH.
58 Rede im Ateneo, 16. 2. 1967. Adenauer, Reden 1917–1967, S. 489.
59 Unterredung Adenauers mit Nixon, 13. 3. 1967. StBKAH II 106.
60 Unterredung Adenauers mit Kishi, 17. 3. 1967. StBKAH II 106.
61 ibd.
62 ibd.
63 Aufzeichnung von Otto A. Friedrich über eine Unterredung mit Adenauer, 16. 3. 1967. ACDP, NL Friedrich, I – 093 – 012/1.
64 ibd.
65 ibd.
66 Adenauer an Kiesinger, 22. 3. 1967. Oberndörfer, Begegnungen mit Kurt Georg Kiesinger, S. 380 f.
67 Adenauer an de Gaulle, 31. 3. 1967. ACDP, NL Kiesinger, I – 226 – 001.
68 De Gaulle an Adenauer, 4. 4. 1967. Oberndörfer, Begegnungen mit Kurt Georg Kiesinger, S. 383.
69 Adenauer an Kiesinger, 4. 4. 1967. ibd., S. 382.
70 Goethe, Faust II, Zeile 11585 f.
71 Adenauer an seine Eltern, 14. 5. 1894. In Privatbesitz.
72 Joachim Braun, Der unbequeme Präsident, S. 149 ff.
73 Gilbert, W. S. Churchill, VII, S. 1360–1364.
74 Krone, Tb. Ia 21. 4. 1967.
75 Nahum Goldmann, Mein Leben, S. 418.
76 Rede von Strauß auf dem Landesparteitag der CSU 1965 in Nürnberg, 15.– 17. 7. 1965, 17. 7. 1965. ACDP.
77 Golo Mann, Zwölf Versuche. Gespräch mit Adenauer, 18./19. 4. 1966, S. 141.
78 De Gaulle an Lübke, 19. 4. 1967. Lettres, Notes et Carnets XI, S. 97.
79 Golo Mann, Zwölf Versuche. Gespräch mit Adenauer, 18./19. 4. 1966, S. 141.
80 Gräfin Werthern, Von Weimar nach Bonn, S. 153.
81 McGhee, Botschafter in Deutschland, S. 332.
82 Informationsgespräch Adenauers mit Sulzberger, 22. 7. 1963. StBKAH 02. 31 – Sulzberger, The Last of the Giants, 22. 7. 1963, S. 1001.
83 ibd.
84 ibd.
85 ibd. – Im Text heißt es »mit uns«. Sulzbergers Bericht, ibd., S. 1000, macht aber deutlich, daß Adenauer »gegen uns« gemeint hat.
86 Carl J. Burckhardt, Briefe, S. 474.

Quellen

1. Archivalische Quellen

Stiftung Bundeskanzler-Adenauer-Haus Rhöndorf (StBKAH)

- Nachlaß und Sammlungen Konrad Adenauer
- Bestand Dannie N. Heineman

Bundespräsidialamt (BPräsAmt)

- Besprechungen Heuss – Adenauer, 1952–1959

Archiv für Christlich-Demokratische Politik Sankt Augustin (ACDP)

- Protokolle des CDU-Bundesparteivorstandes, 1957–1967
- Protokolle des CDU-Präsidiums, 1962–1967
- Protokolle der CDU/CSU-Fraktionssitzungen und des Fraktionsvorstandes, 1953–1967
- Akten der CDU-Bundesgeschäftsstelle, 1953–1967
- Nachlaß Theodor Blank
- Nachlaß Felix von Eckardt
- Nachlaß Hermann Ehlers
- Nachlaß Otto A. Friedrich
- Nachlaß Hans Globke
- Nachlaß Kurt Georg Kiesinger
- Nachlaß Heinrich Krone und Tagebuchaufzeichnungen Krone [= Krone Tb. und Tb.* (handschriftlich)]
- Nachlaß Otto Lenz
- Nachlaß Paul Lücke
- Nachlaß Hans-Joachim von Merkatz

Archiv des Deutschen Liberalismus (ADL)

- Protokolle des Bundeshauptausschusses der FDP, 1961
- Protokolle des FDP-Bundesvorstandes, 1953 und 1961
- Regierungsbildung 1961, Koalitionsgrundsätze der FDP für eine außenpolitische Zusammenarbeit mit der CDU/CSU
- Nachlaß Max Becker
- Nachlaß Thomas Dehler

Bundesarchiv Koblenz (BA)

- Nachlaß Herbert Blankenhorn
- Nachlaß Franz Blücher
- Nachlaß Franz Etzel
- Nachlaß Fritz Schäffer

Hauptstaatsarchiv Stuttgart

- Nachlaß Wolfgang Haußmann

J. F. Kennedy Library, Boston

- National Security Files, 1961–1963

Princeton University Library, Princeton

- J. F. Dulles Papers, Sel. Correspondence
- John Foster Dulles Oral History Project
- Dulles Files from the Eisenhower Library, Tel. Conversations
- Dulles Files from the Eisenhower Library, White House Memo Series

Public Record Office, London (PRO)

- Foreign Office, London. General Political Correspondance, 1952–1954

Privatarchive

- Tagebuchaufzeichnungen und Materialien Blankenhorn (= Blankenhorn, Tb.), Privatarchiv Blankenhorn
- Privatarchiv Noelle-Neumann
- Privatarchiv Otto Schumacher-Hellmold
- Nachlaß Ludwig Erhard, Ludwig-Erhard-Stiftung, Bonn

2. Veröffentlichte Quellen, Memoiren und Bibliographien

Adenauer, Konrad. Briefe 1951–1953. Hrsg. von Rudolf Morsey und Hans-Peter Schwarz, bearb. von Hans Peter Mensing. (Rhöndorfer Ausgabe). Berlin 1987.

Adenauer, Konrad: Erinnerungen 1945–1953. Stuttgart 1976; Erinnerungen 1953–1955. Stuttgart 1966; Erinnerungen 1955–1959. Stuttgart 1967; Erinnerungen 1959–1963. Fragmente. Stuttgart 1968. (= Ad, Er I–IV).

Adenauer: »Es mußte alles neu gemacht werden«. Die Protokolle des CDU-Bundesvorstandes. 1950–1953. Bearb. von Günter Buchstab. (Forschungen und Quellen zur Zeitgeschichte, Bd. 8). Stuttgart 1986.

Adenauer: »Wir haben wirklich etwas geschaffen«. Die Protokolle des CDU-Bundesvorstandes. 1953–1957. (Forschungen und Quellen zur Zeitgeschichte, Bd. 16). Düsseldorf 1990.

Adenauer, Konrad. Reden 1917–1967. Eine Auswahl. Hrsg. von Hans-Peter Schwarz. Stuttgart 1975.

Adenauer. Teegespräche 1950–1954. ²Berlin 1985; Teegespräche 1955–1958. Berlin 1986; Teegespräche 1959–1961. Berlin 1988. Alle hrsg. von Rudolf Morsey und Hans-Peter Schwarz. Bearb. von Hanns Jürgen Küsters. (Rhöndorfer Ausgabe).

Quellen

Auriol, Vincent: Journal du Septennat. 1947–1954. Tome VII. (7 Bde., Journal I–VII, Paris 1970–1979). Paris 1979.

Ball, George W.: The Past has another Pattern. Memoirs. New York 1982.

Baring, Arnulf: Sehr verehrter Herr Bundeskanzler! Heinrich von Brentano im Briefwechsel mit Konrad Adenauer 1949–1964. Hamburg 1974.

Bibliographie zur Geschichte der CDU und CSU, 1981–1986. Mit Nachträgen 1945–1980. Erstellt von Brigitte Krahe. Stuttgart 1990.

Bidault, Georges: Noch einmal Rebell. Von einer Resistance in die andere. Berlin 1966.

Brandt, Willy: Erinnerungen. Frankfurt a. M. 1989.

Brandt, Willy: Begegnungen und Einsichten. Die Jahre 1960–1975. [2]München 1978.

Brandt, Willy: Begegnung mit Kennedy. München 1964.

Burckhardt, Carl J.: Briefe 1908–1974. Hrsg. vom Kuratorium Carl J. Burckhardt, besorgt von Ingrid Metzger-Buddenberg. Frankfurt a. M. 1986.

Couve de Murville, Maurice: Außenpolitik 1958–1969. München 1973.

Dokumente zur Berlin-Frage 1944–1966. Hrsg. vom Forschungsinstitut der Deutschen Gesellschaft für Auswärtige Politik e. V. Bonn, in Zusammenarbeit mit dem Senat von Berlin. [4]München 1987.

Dokumente zur Deutschlandpolitik. Reihe III. 1955–1958 (4 Bde.). Hrsg. vom Bundesministerium für Gesamtdeutsche Fragen Bonn/Berlin. Frankfurt a. M.–Berlin 1963–1969.

Dokumente zur Deutschlandpolitik. Reihe IV. 1958–1963. (9 Bde.). Hrsg. vom Bundesministerium für Innerdeutsche Beziehungen Bonn, Frankfurt a. M. 1971–1978.

Eckardt, Felix von: Ein unordentliches Leben. Lebenserinnerungen. Düsseldorf–Wien 1962.

Eisenhower, Dwight David: Die Jahre im Weißen Haus. 1953–1956. Übertr. aus dem Amerikan. von Horst Jordan. Düsseldorf–Wien 1964.

Eisenhower, Dwight David: Wagnis für den Frieden. 1956–1961. Aus dem Amerikan. von Otto Kolberg. Düsseldorf–Wien 1966.

Europa. Dokumente zur Frage der europäischen Einigung. Hrsg. im Auftrag des Auswärtigen Amtes. 3 Teilbände. Bonn 1962.

Foreign Relations of the United States 1952–1954. Vol. V. Western European Security. Part 1 and 2. Washington 1983.

Foreign Relations of the United States 1952–1954. Vol. VII. Germany and Austria. Part 1 and 2. Washington 1986.

Foreign Relations of the United States 1955–1957. Vol. V. Austrian State Treaty; Summit and Foreign Ministers Meetings 1955. Washington 1988.

Gaulle, Charles de: Lettres, Notes et Carnets. Band 1: 1905–1918. Paris 1980; Band 2: 1919–Juin 1940. Paris 1980. Band 3: Juin 1940–Juillet 1941. Paris 1981. Band 4: Juillet 1941–Mai 1943. Paris 1982; Band 5: Juin 1943–Mai 1945. Paris 1983; Band 6: Mai 1945–Juin 1951. Paris 1984; Band 7: Juin 1951–Mai 1958. Paris 1985; Band 8: Juin 1958–Décembre 1960. Paris 1985; Band 9: Janvier 1961–Décembre 1963. Paris 1986; Band 10: Janvier 1964–Juin 1966. Paris 1987; Band 11: Juillet 1966–Avril 1969. Paris 1987; Band 12: Mai 1969–Novembre 1970. Paris 1988.

Gaulle, Charles de: Memoiren der Hoffnung. Die Wiedergeburt 1958–1962. Wien–München–Zürich 1971.

Gerstenmaier, Eugen: Streit und Friede hat seine Zeit. Ein Lebensbericht. Frankfurt a. M.–Berlin–Wien 1981.

Gerstenmaier, Eugen: Reden und Aufsätze. 2 Bde., Stuttgart 1956–1962.

Goldmann, Nahum: Mein Leben als deutscher Jude. München–Wien 1980.

Goldmann, Nahum: Mein Leben. USA–Europa–Israel. München–Wien 1981.

Grewe, Wilhelm G.: Rückblenden 1976–1951. Aufzeichnungen eines Augenzeugen deutscher Außenpolitik von Adenauer bis Schmidt. Frankfurt a. M.–Berlin–Wien 1979.

Hausenstein, Wilhelm: Pariser Erinnerungen. Aus fünf Jahren diplomatischen Dienstes 1950–1955. [3]München 1961.

Heuss, Theodor, Konrad Adenauer: Unserem Vaterland zugute. Der Briefwechsel 1948–1963. Bearb. von Hans Peter Mensing. (Rhöndorfer Ausgabe). Berlin 1989.

Heuss, Theodor: Tagebuchbriefe 1955–1963. Eine Auswahl aus Briefen an Toni Stolper. Hrsg. und eingel. von Eberhard Pikart. (Theodor Heuss Archiv Stuttgart). Tübingen–Stuttgart 1970.

Jäckel, Eberhard (Hrsg.): Die deutsche Frage 1952–1956. Notenwechsel und Konferenzdokumente der vier Mächte. Frankfurt a. M. 1957.

Jahn, Hans Edgar: An Adenauers Seite. Sein Berater erinnert sich. München–Wien 1987.

Jahrbuch der öffentlichen Meinung 1947–1955. Hrsg. von Elisabeth Noelle und Erich Peter Neumann. Allensbach 1956.

Jahrbuch der öffentlichen Meinung 1958–1964. Hrsg. von Elisabeth Noelle und Erich Peter Neumann. Allensbach 1965.

Jahrbuch der öffentlichen Meinung 1965–1967. Hrsg. von Elisabeth Noelle und Erich Peter Neumann. Allensbach 1968.

Die Kabinettsprotokolle der Bundesregierung. Hrsg. für das Bundesarchiv von Hans Booms. Bd. 5: 1952, bearb. von Kai von Jena; Bd. 6: 1953, bearb. von Ulrich Enders und Konrad Reiser. Boppard a. Rh. 1989.

Keesings Archiv der Gegenwart. Wien 1952 ff.

Kennan, George Frost: Memoiren 1950–1963. Frankfurt a. M. 1973.

Kreisky, Bruno: Im Strom der Politik. Erfahrungen eines Europäers. Berlin 1988.

Kreisky, Bruno: Zwischen den Zeiten. Erinnerungen aus fünf Jahrzehnten. Berlin 1986.

Kroll, Hans: Lebenserinnerungen eines Botschafters. Köln 1967.

Lahr, Rolf: Zeuge von Fall und Aufstieg. Private Briefe 1934–1974. Hamburg 1981.

Lemmer, Ernst: »Manches war doch anders...« Erinnerungen eines deutschen Demokraten. Frankfurt a. M. 1968.

Lenz, Otto: Im Zentrum der Macht. Das Tagebuch von Staatssekretär Otto Lenz 1951–1953. Bearb. von Klaus Gotto, Hans-Otto Kleinmann und Reinhard Schreiner. (Forschungen und Quellen zur Zeitgeschichte, Bd. 11). Düsseldorf 1989.

Macmillan, Harold. Memoirs. Band III: Tides of Fortune 1945–1955, Baltimore 1969; Band IV: Riding the Storm 1956–1959, Baltimore 1971; Band V: Pointing the Way 1959–1961. Baltimore 1972; Band VI: At the End of the Day 1961–1963. London 1973. (Memoirs III–VI).

Maier, Reinhold: Erinnerungen 1948–1953. Tübingen 1966.

Maizière, Ulrich de: In der Pflicht. Lebensbericht eines deutschen Soldaten im 20. Jahrhundert. Herford 1989.

McGhee, George: Botschafter in Deutschland 1963–1968. Aus dem Amerikan. von Konrad Dietzfelbinger. Esslingen–München 1989.

Meissner, Boris (Hrsg.): Die deutsche Ostpolitik 1961–1970. Dokumentation. Köln 1970.

Meissner, Boris (Hrsg.): Moskau–Bonn. Die Beziehungen zwischen der Sowjetunion und der Bundesrepublik Deutschland 1955–1973. Dokumentation. 2 Bde., Köln 1975.

Mende, Erich: Von Wende zu Wende. 1962–1982. München–Berlin 1986.

Mende, Erich: Die neue Freiheit. 1945–1961. München–Berlin 1984.

Meyers, F.: gez. Dr. Meyers. Summe eines Lebens. Düsseldorf 1982.

Monnet, Jean: Erinnerungen eines Europäers. München–Wien 1978.

Moran, Lord: Churchill, Taken from the Diaries of Lord Moran: The Struggle for Survival 1940–1965. Boston 1966.

Osterheld, Horst: »Ich gehe nicht leichten Herzens...« Adenauers letzte Kanzlerjahre – ein dokumentarischer Bericht. (Adenauer-Studien V; Veröffentlichungen der Kommission für Zeitgeschichte, Reihe B: Forschungen, Bd. 44). Mainz 1986.

Poppinga, Anneliese: Meine Erinnerungen an Konrad Adenauer. Stuttgart 1970. Neuere Ausgabe: Freiburg i. Br.–Basel–Wien 1983.

Regierung Adenauer 1949–1963. Hrsg. vom Presse- und Informationsamt der Bundesregierung. Bonn 1963.

Schmid, Carlo: Erinnerungen. Bern–München–Wien 1979.

Schmückle, Gerd: Ohne Pauken und Trompeten. Erinnerungen an Krieg und Frieden. Stuttgart 1982.

Schröder, Adelbert: Mein Bruder Gerhard Schröder. Privatdruck 1991.

Seydoux, François: Beiderseits des Rheins. Frankfurt a. M. 1975.

Spaak, Paul-Henri: Memoiren eines Europäers. Hamburg 1969.

Speidel, Hans: Aus unserer Zeit. Erinnerungen. ³Berlin–Frankfurt a. M.–Wien 1977.

Springer, Axel: Von Berlin aus gesehen. Zeugnisse eines engagierten Deutschen. Hrsg. von Hans Wallenberg. ²Stuttgart-Degerloch 1982.

Stikker, Dirk U.: Bausteine für eine neue Welt. Gedanken und Erinnerungen an schicksalhafte Nachkriegsjahre. Wien–Düsseldorf 1966.

Strobeck, A. C.: Die Regierungen des Bundes und der Länder seit 1945. München 1970.

Strauß, Franz Josef: Erinnerungen. Berlin 1989.

Sulzberger, Cyrus Leo: An Age of Mediocrity. New York 1973.

Sulzberger, Cyrus Leo: Auf schmalen Straßen durch die dunkle Nacht. Erinnerungen eines Augenzeugen der Weltgeschichte 1939–1945. Wien–München–Zürich 1971.

Sulzberger, Cyrus Leo: The Last of the Giants. New York 1970.

Verhandlungen des Deutschen Bundestages. Stenographische Berichte. Bonn 1949 ff.

Zeitgenössisches Schrifttum und wissenschaftliche Studien

Adenauer, Konrad. 1876/1976. Hrsg. von Helmut Kohl. Wissenschaftliche Beratung: Eberhard Pikart. Stuttgart–Zürich 1976.

Adenauer und die Presse. Hrsg. v. Karl-Günter Hase. (Rhöndorfer Gespräche Bd. 9). Bonn 1988.

Adenauers Regierungsstil. Hrsg. v. Hans-Peter Schwarz (Rhöndorfer Gespräche Bd. 11). Bonn 1991.

Adenauer-Studien I–V. Hrsg. von Rudolf Morsey und Konrad Repgen. Mainz 1971, 1972, 1974, 1977 und 1986.

Adenauer, Konrad und seine Zeit. Politik und Persönlichkeit des ersten Bundeskanzlers. Bd. 1: Beiträge von Weg- und Zeitgenossen. Hrsg. von Dieter Blumenwitz, Klaus Gotto, Hans Maier, Konrad Repgen und Hans-Peter Schwarz. Stuttgart 1976. (= KAZeit 1).

Adenauer, Konrad und seine Zeit. Politik und Persönlichkeit des ersten Bundeskanzlers. Bd. 2: Beiträge der Wissenschaft. Hrsg. von Dieter Blumenwitz, Klaus Gotto, Hans Maier, Konrad Repgen und Hans-Peter Schwarz. Stuttgart 1976 (= KAZeit 2)

Anfänge westdeutscher Sicherheitspolitik 1945–1956. Bd. 1: Von der Kapitulation bis zum Pleven-Plan. Von R. G. Foerster u. a. München–Wien 1982; Bd. 2: Die EVG-Phase. Von Lutz Köllner u. a. München–Wien 1990. Hrsg. vom Militärgeschichtlichen Forschungsamt.

Die Ära Adenauer. Einsichten und Ausblicke. Frankfurt a. M. 1964.

Barbier, Colette: Les négotations franco-germano-italiennes en vue de l'établissement d'une coopération militaire nucléaire au cours des années 1956–1958, in: *Revue d'histoire diplomatique*, nos. 1–2/1990, S. 81–113.

Baring, Arnulf: Machtwechsel. Die Ära Brandt – Scheel. ⁴Stuttgart 1983.

Baring, Arnulf: Der 17. Juni 1953. Köln 1965. ³Stuttgart 1983.

Baring, Arnulf: Außenpolitik in Adenauers Kanzlerdemokratie. Bonns Beitrag zur Europäischen Verteidigungsgemeinschaft. München–Wien 1969.

Bark, Dennis L. and David R. Gress: A history of West Germany. 1. From shadow to substance. 1945–1963. Oxford 1989; 2. Democracy and discontents. 1963–1988. Oxford 1989.

Beschloss, Michael R.: Mayday: Eisenhower, Khrushchev and the U-2 Affair. New York 1986.

Bischoff, D.: Franz Josef Strauß, Die CSU und die Außenpolitik. Meisenheim 1973.

Bracher, Karl Dietrich: Europa in der Krise. Innengeschichte und Weltpolitik seit 1917. Frankfurt a. M. 1979.

Buchheim, Hans: Deutschlandpolitik 1949–1972. Der politisch-diplomatische Prozeß. Stuttgart 1984.

Camps, Miriam: Britain and the European Community 1955–1963. Princeton (New Jersey)–London 1964.

Carstens, Karl. Das Eingreifen Adenauers in die Europa-Verhandlungen im November 1956, in: Konrad Adenauer und seine Zeit. Bd. 1. S. 591–602.

Catudal, Honoré M.: Kennedy in der Mauer-Krise. Berlin 1981.
Cioc, Mark: Pax atomica. The nuclear defense debate in West Germany during the Adenauer era. New York 1988.
Conze, Eckart: La coopération franco-germano-italienne dans le domaine nucléaire dans les années 1957–1958: un point de vue allemand, in: *Revue d'histoire diplomatique*, nos. 1–2/1990, S. 115–132.

Dexheimer, Wolfgang F.: Koalitionsverhandlungen in Bonn 1961, 1965, 1969. Bonn 1973.
Doering-Manteuffel, Anselm: Strukturmerkmale der Kanzlerdemokratie, in: *Der Staat*, Heft 1, Bd. 30, 1991, S. 1–18.
Doering-Manteuffel, Anselm: Die Bundesrepublik Deutschland in der Ära Adenauer. Außenpolitik und innere Entwicklung 1949–1963. Darmstadt 1983.
Doering-Manteuffel, Anselm: Katholizismus und Wiederbewaffnung. Die Haltung der deutschen Katholiken gegenüber der Wehrfrage 1948–1955. Mainz 1981.
Domes, Jürgen: Mehrheitsfraktion und Bundesregierung. Aspekte des Verhältnisses der Fraktion der CDU/CSU im zweiten und dritten Deutschen Bundestag zum Kabinett Adenauer. Köln–Opladen 1964.

Eschenburg, Theodor: Zur politischen Praxis in der Bundesrepublik Deutschland. 3 Bde., München 1964–1972.

Fischer, Alexander u. a.: Entmilitarisierung und Aufrüstung in Mitteleuropa 1945–1956. Herford 1983.
Fischer, Per: Die Saar zwischen Deutschland und Frankreich. Politische Entwicklung von 1945–1959. Frankfurt a. M. 1959.
Foschepoth, Josef: Adenauer und die Deutsche Frage. Göttingen 1988.
Frank-Planitz, Ulrich: Konrad Adenauer. Eine Biographie in Bild und Wort. Stuttgart 1990.
Freymond, Jacques: Die Saar 1945–1955. München 1961.

Geyer, Dietrich (Hrsg.): Osteuropa-Handbuch. Sowjetunion. Außenpolitik 1955–1973. Köln–Wien 1976.
Gilbert, Martin: Churchill, Winston Spencer. Never despair 1945–1965 (Bd. VIII). London 1988.
Glatzeder, Sebastian J.: Die Deutschlandpolitik der FDP in der Ära Adenauer. Konzeption in Entstehung und Praxis. Baden-Baden 1980.
Gotto, Klaus (Hrsg.): Der Staatssekretär Adenauers. Persönlichkeit und politisches Wirken Hans Globkes. Stuttgart 1980.
Gotto, Klaus: Adenauers Deutschland- und Ostpolitik 1954–1963, in: Adenauer-Studien III. Untersuchungen und Dokumente zur Ostpolitik und Biographie. Hrsg. von Rudolf Morsey und Konrad Repgen. Mainz 1974, S. 3–91.
Gotto, Klaus: Adenauer, die CDU und die Wahl des Bundespräsidenten 1959, in: Konrad-Adenauer-Stiftung (Hrsg.): Konrad Adenauer – Ziele und Wege. Mainz 1972, S. 97–144.
Grabbe, Hans-Jürgen: Unionsparteien, Sozialdemokratie und Vereinigte Staaten von Amerika 1945–1966. Düsseldorf 1983.
Greiner, Christian: Die Dienststelle Blank. Regierungspraxis bei der Vorbereitung des deutschen Verteidigungsbeitrages von 1950–1955, in: MGM 17 (1975), S. 99–124.
Grewe, Wilhelm G.: Deutsche Außenpolitik der Nachkriegszeit. Stuttgart 1960.
Groeben, Hans von der: Aufbaujahre der Europäischen Gemeinschaft. Das Ringen um den Gemeinsamen Markt und die Politische Union (1958–1966). Baden-Baden 1982.
Gross, Johannes: »Adenauer oder die Größe des Augenblicks«, in: Schwarz, Hans-Peter: Die Ära Adenauer. Epochenwechsel 1957–1963. (Geschichte der Bundesrepublik Deutschland, Bd. 3). Stuttgart–Wiesbaden 1983, S. 7–16.

Grosser, Alfred: Das Bündnis. Die westeuropäischen Länder und die USA seit dem Krieg. München–Wien 1978.
Grosser, Alfred, Jürgen Seifert: Die Staatsmacht und ihre Kontrolle. Die Spiegel-Affäre. (Texte und Dokumente zur Zeitgeschichte, 2 Bde.). Olten–Freiburg 1966.
Grosser, Alfred: La politique extérieure de la Ve République. Paris 1965.
Grosser, Alfred: La IVe République et sa politique extérieure. Paris 1961.

Hacke, Christian: Weltmacht wider Willen. Die Außenpolitik der Bundesrepublik Deutschland. Stuttgart 1988.
Hacker, Jens: Der Ostblock. Entstehung, Entwicklung und Struktur 1939–1980. Baden-Baden 1983.
Haftendorn, Helga: Sicherheit und Entspannung. Zur Außenpolitik der Bundesrepublik Deutschland 1955–1982. Baden-Baden 1983.
Hanrieder, Wolfram F.: Bundesrepublik Deutschland, Europa und Amerika: die Außenpolitik der Bundesrepublik Deutschland 1949–1989. Paderborn 1991.
Hildebrand, Klaus: Der provisorische Staat und das ewige Frankreich. Die deutsch-französischen Beziehungen 1963–1969, in: *HZ (Historische Zeitschrift)* 240/1985, S. 283–311.
Hildebrand, Klaus: Von Erhard zur Großen Koalition 1963–1969. (Geschichte der Bundesrepublik Deutschland, Bd. 4). Stuttgart–Wiesbaden 1984.
Hillgruber, Andreas: Die Forderung nach der deutschen Einheit im Spannungsfeld der Weltpolitik nach 1949, in: Einheit – Freiheit – Selbstbestimmung. Die Deutsche Frage im historisch-politischen Bewußtsein. Hrsg. von Karl-Ernst Jeismann. Frankfurt a. M. 1988.
Hillgruber, Andreas: Deutsche Geschichte 1945–1982. Die »deutsche Frage« in der Weltpolitik. ^{5}Stuttgart 1985.
Hockerts, Hans Günter: Sozialpolitische Entscheidungen im Nachkriegsdeutschland. Alliierte und deutsche Sozialversicherungspolitik 1945–1957. (Forschungen und Quellen zur Zeitgeschichte Bd. 1)
Horne, Alistair: Macmillan. Vol. II of the Official Biography 1957–1986. London 1989. (Macmillan II).
Hornung, K.: Staat und Armee. Studien zur Befehls- und Kommandogewalt und zum politisch-militärischen Verhältnis in der Bundesrepublik Deutschland. Mainz 1975.
Hürten, Heinz: Der Patriotismus Konrad Adenauers. Bonn 1990.
Hüwel, Detlev: Karl Arnold. Eine politische Biographie. Wuppertal 1980.

Jahrbücher des Forschungsinstituts der Deutschen Gesellschaft für Auswärtige Politik e. V. Bonn. Die Internationale Politik 1955 bis 1966/67 (8 Bde.). München–Wien 1958–1973.
Jesse, Eckhard: Wahlrecht zwischen Kontinuität und Reform. Eine Analyse der Wahlsystemdiskussion und der Wahlrechtsänderungen in der Bundesrepublik Deutschland 1949–1983. Hrsg. von der Kommission für Geschichte des Parlamentarismus und der politischen Parteien. (Beiträge zur Geschichte des Parlamentarismus und der politischen Parteien, Bd. 78). Düsseldorf 1985.
Jouve, Edmond: Le Général de Gaulle et la construction de l'Europe (1940–1966). 2 Bde., Paris 1967.

Kaiser, Karl: EWG und Freihandelszone. England und der Kontinent in der europäischen Integration. Leiden 1963.
Der Kampf um den Wehrbeitrag. 1. Halbbd. Die Feststellungsklage. München 1952; 2. Halbbd. Das Gutachtenverfahren (30. 7.–15. 12. 1952). München 1953; Ergänzungsband. München 1958.
Klingl, Friedrich: »Das ganze Deutschland soll es sein!« Thomas Dehler und die außenpolitischen Weichenstellungen der fünfziger Jahre. Eine Analyse der außenpolitischen Konzeption und des außenpolitischen Verhaltens Thomas Dehlers. München 1987.

Klotzbach, Kurt: Der Weg zur Staatspartei. Programmatik, praktische Politik und Organisation der deutschen Sozialdemokratie 1945 bis 1965. Berlin–Bonn 1982.

Köhler, Henning (Hrsg.): Deutschland und der Westen. Berlin 1984.

Koerfer, Daniel: Kampf ums Kanzleramt. Erhard und Adenauer. Stuttgart 1987.

Kosthorst, Erich: Jacob Kaiser. Bundesminister für gesamtdeutsche Fragen 1949–1957. Stuttgart–Berlin–Köln–Mainz 1972.

Küpper, J.: Die Kanzlerdemokratie. Voraussetzungen, Strukturen und Änderungen des Regierungsstils in der Ära Adenauer. Frankfurt a. M. 1985.

Küsters, Hanns Jürgen: Kanzler in der Krise. Journalistenberichte über Adenauers Hintergrundgespräche zwischen Berlin-Ultimatum und Bundespräsidentenwahl 1959, in: *Vierteljahrshefte für Zeitgeschichte*, 36. Jg. (1988), S. 733–768.

Küsters, Hanns Jürgen: Konrad Adenauer, die Presse, der Rundfunk und das Fernsehen, in: Konrad Adenauer und die Presse. (Rhöndorfer Gespräche Bd. 9), S. 13–31.

Küsters, Hanns Jürgen: Adenauers Europapolitik in der Gründungsphase der Europäischen Wirtschaftsgemeinschaft, in: *Vierteljahrshefte für Zeitgeschichte*, 31. Jg. (1983), S. 646–673.

Küsters, Hanns Jürgen: Die Gründung der Europäischen Wirtschaftsgemeinschaft. Baden-Baden 1982.

Lacouture, Jean: De Gaulle. Band I: Le Rebelle 1890–1944. Paris 1984; Band II: Le Politique 1944–1959. Paris 1985; Band III: Le Souverain 1959–1970. Paris 1986.

Lacouture, Jean: Pierre Mendès-France. Paris 1981.

Laitenberger, Volkhard: Ludwig Erhard. Der Nationalökonom als Politiker. Göttingen–Zürich 1986.

Loewenberg, Gerhard: Parlamentarismus im politischen System der Bundesrepublik Deutschland. Tübingen 1969.

Loth, Wilfried: Blockbildung und Entspannung. Strukturen des Ost-West-Konflikts 1953–1956, in: Zwischen Kaltem Krieg und Entspannung, hrsg. von Bruno Thoß und Hans-Erich Volkmann. Boppard a. Rh. 1988.

Luchsinger, Fred: Bericht über Bonn. Deutsche Politik 1955–1965. Zürich 1966.

Mahnke, Dieter, T. Jansen (Hrsg.): Persönlichkeiten der Europäischen Integration. Bonn 1981.

Mahnke, Dieter: Adenauer und die Hauptstadt Berlin: Das Verhältnis Berlins zum Bund 1949 bis 1956, in: KAZeit II, S. 402–426.

Mahnke, Dieter: Berlin im geteilten Deutschland. München–Wien 1973.

Mahnke, Dieter: Nukleare Mitwirkung. Die Bundesrepublik Deutschland in der atlantischen Allianz 1954–1970. Berlin–New York 1972.

Maier, Hans u. a. (Hrsg.): Politiker des 20. Jahrhunderts. Bd. 2: Die geteilte Welt. München 1971.

Majonica, E.: Bonn–Peking. Die Beziehungen der Bundesrepublik Deutschland zur Volksrepublik China. Stuttgart 1971.

Majonica, E.: Deutsche Außenpolitik. Stuttgart 1965.

Mann, Golo: Zwölf Versuche. Gespräch mit Adenauer, 18./19. 4. 1966.

Matz, Klaus-Jürgen: Reinhold Maier (1889–1971). Eine politische Biographie. (Beiträge zur Geschichte des Parlamentarismus und der politischen Parteien, Bd. 89). Düsseldorf 1989.

May, Ernest R.: Die Grenzen des »Overkill«. Die amerikanische Nuklearrüstung von Truman zu Johnson, in: *Vierteljahrshefte für Zeitgeschichte*, 36. Jg. (1988), S. 1–40.

McArdle Kelleher, Catherine: Germany and the Politics of Nuclear Weapons. New York–London 1975.

Meyer-Landrut, Nikolaus: Die Haltung der französischen Regierung und Öffentlichkeit zu den Stalin-Noten 1952. München 1988.

Morsey, Rudolf: Die Deutschlandpolitik Adenauers. Alte Thesen und neue Fakten. (Rheinisch-Westfälische Akademie der Wissenschaften, Vorträge G. 308). Opladen 1991.

Morsey, Rudolf: Die Bundesrepublik Deutschland. Entstehung und Entwicklung bis 1969. (Oldenbourgs Grundriß der Geschichte, Bd. 19). München 1987.
Morsey, Rudolf: Adenauer und der Deutsche Bundestag, in: Adenauer und der Deutsche Bundestag. Hrsg. von Hans Buchheim. (Rhöndorfer Gespräche Bd. 8). Bonn 1986, S. 13 ff.
Morsey, Rudolf: Heinrich Lübke, in: Walter Först (Hrsg.): Städte nach zwei Weltkriegen. Köln 1984. S. 143–191.
Morsey, Rudolf: Die Rhöndorfer Weichenstellung vom 21. August 1949. Neue Quellen zur Vorgeschichte der Koalitions- und Regierungsbildung nach der Wahl zum ersten Deutschen Bundestag, in: *Vierteljahrshefte für Zeitgeschichte*, 28. Jg. (1980), S. 508–542.
Müller-Roschach, Herbert: Die deutsche Europapolitik. Baden-Baden 1974. (Neue Auflage Bonn 1980).

Noack, Paul: Das Scheitern der Europäischen Verteidigungsgemeinschaft. Entscheidungsprozesse vor und nach dem 30. August 1954. Düsseldorf 1977.

Oberndörfer, Dieter: John Foster Dulles und Konrad Adenauer, in: KAZeit II, S. 229–248.
Osterheld, Horst: Konrad Adenauer. Ein Charakterbild. [4]Bonn 1974.

Pikart, Eberhard: Theodor Heuss und Konrad Adenauer. Die Rolle des Bundespräsidenten in der Kanzlerdemokratie. Stuttgart–Zürich 1976.
Planck, Charles R.: Sicherheit in Europa. Die Vorschläge zur Rüstungsbeschränkung und Abrüstung 1955–1965. München 1968.
Pörtner, Rudolf (Hrsg.): Kinderjahre der Bundesrepublik. Von der Trümmerzeit zum Wirtschaftswunder. Düsseldorf–Wien 1989.
Poettering, Hans-Gert: Adenauers Sicherheitspolitik 1955–1963. Ein Beitrag zum deutsch-amerikanischen Verhältnis. Düsseldorf 1975.
Poppinga, Anneliese: Konrad Adenauer. Geschichtsverständnis, Weltanschauung und politische Praxis. Stuttgart 1975.
Prowe, Diethelm: »Ich bin ein Berliner«. Kennedy, die Mauer und die »verteidigte Insel« West-Berlin im ausgehenden Kalten Krieg im Spiegel amerikanischer Akten, in: Berlin Geschichte und Gegenwart 1989, S. 143–167.
Pruessen, Ronald: John Foster Dulles. The Road to Power. New York–London 1982.

Repgen, Konrad: Finis Germaniae: Untergang Deutschlands durch einen SPD-Wahlsieg 1957?, in: KAZeit II, S. 294–315.
Richardson, James L.: Deutschland und die NATO. Strategie und Politik im Spannungsfeld zwischen Ost und West. Opladen 1967 (amerikanische Ausgabe 1966).
Riklin, Alois: Das Berlinproblem. Historisch-politische und völkerrechtliche Darstellung des Viermächtestatus. Köln 1964.

Schlarp, Karl-Heinz: Alternativen zur deutschen Außenpolitik 1952–1955. Karl Georg Pfleiderer und die Deutsche Frage, in: Wolfgang Benz und Hermann Graml (Hrsg.): Aspekte deutscher Außenpolitik im 20. Jahrhundert. Stuttgart 1976, S. 211–248.
Schlesinger, Arthur M.: Die tausend Tage Kennedys. Bern–München–Wien 1965.
Schmidt, Robert H.: Saarpolitik 1945–1957. 3 Bde., Berlin 1959–1962.
Schmidtchen, Gerhard: Protestanten und Katholiken. Soziologische Analyse konfessioneller Kultur. [2]München 1979.
Schneider, Heinrich: Das Wunder an der Saar. Ein Erfolg politischer Gemeinsamkeit. [2]Stuttgart 1974.
Schoenbaum, David: Ein Abgrund von Landesverrat. Die Affäre um den »Spiegel«. Wien–München–Zürich 1968.

Schulz, Eberhard: Die sowjetische Deutschlandpolitik (1955–1973), in: D. Geyer (Hrsg.). Osteuropa-Handbuch. Sowjetunion: Außenpolitik 1955–1973. Köln 1976, S. 229–293.

Schumacher-Hellmold, Otto: Konrad Adenauer – ein Portrait. In: Demokraten-Profile unserer Republik. Hrsg. von Claus Hinrich Casdorff. Königstein/Ts. 1983, S. 11–25.

Schwarz, Hans-Peter: Adenauers Kanzlerdemokratie und Regierungstechnik, in: Aus Politik und Zeitgeschichte, B 1–2/89, S. 15–17.

Schwarz, Hans-Peter: Adenauer. Der Aufstieg 1876–1952. (Band I). Stuttgart 1986.

Schwarz, Hans-Peter (Hrsg.): Adenauer und Frankreich. Die deutsch-französischen Beziehungen 1958–1969. Bonn 1985.

Schwarz, Hans-Peter (Hrsg.): Berlin-Krise und Mauerbau. Bonn 1985.

Schwarz, Hans-Peter: Die Ära Adenauer. Gründerjahre der Republik 1949–1957. (Geschichte der Bundesrepublik Deutschland, Bd. 2). Stuttgart-Wiesbaden 1981.

Schwarz, Hans-Peter. Die Ära Adenauer. Epochenwechsel 1957–1963. (Geschichte der Bundesrepublik Deutschland, Bd. 3). Stuttgart–Wiesbaden 1983.

Schwarz, Hans-Peter: Adenauer und Rußland, in: Friedrich J. Kroneck/Thomas Oppermann (Hrsg.). Im Dienste Deutschlands und des Rechts. Festschrift für Wilhelm G. Grewe zum 70. Geburtstag am 16. Oktober 1981. Baden-Baden 1981, S. 365–389.

Schwarz, Hans-Peter: Adenauer und Europa, in: *Vierteljahreshefte für Zeitgeschichte*, 27. Jg. (1979), S. 471–523.

Schwarz, Hans-Peter (Hrsg.): Entspannung und Wiedervereinigung, Deutschlandpolitische Vorstellungen Konrad Adenauers 1955–1958. Stuttgart 1979.

Schwarz, Hans-Peter (Hrsg.): Handbuch der deutschen Außenpolitik. ²München 1976.

Seebacher-Brandt, Brigitte: Ollenhauer. Biedermann und Patriot. Berlin 1984.

Seydoux, François: Beiderseits des Rheins. Frankfurt a. M. 1975.

Siebenmorgen, Peter: Gezeitenwechsel. Aufbruch zur Entspannungspolitik. Bonn 1990.

Soell, Hartmut: Fritz Erler, 2 Bde. Berlin 1976.

Sorensen, Theodore C.: Kennedy. ²München 1966.

Spotts, F.: Kirchen und Politik in Deutschland. Stuttgart 1976 (amerik. Ausgabe 1973).

Staritz, Dieter: Von der »Befreiung« zur »Verantwortungsgemeinschaft«. Die Deutschlandpolitik der Bundesrepublik und der DDR, in: Aus Politik und Zeitgeschichte B 37 (1987), S. 39.

Steininger, Rolf: Deutsche Geschichte 1945–1961. Darstellung und Dokumente in zwei Bänden. Frankfurt a. M. 1983.

Stern, Carola: Ulbricht. Eine politische Biographie. Köln–Berlin 1963.

Stöss, Richard (Hrsg.): Parteien-Handbuch. Die Parteien der Bundesrepublik Deutschland 1945–1980. 2 Bde., Opladen 1983–1984.

Stützle, Walther: Kennedy und Adenauer in der Berlin-Krise 1961–1962. Bonn–Bad Godesberg 1973.

Thoß, Bruno/Hans-Erich Volkmann (Hrsg.): Zwischen Kaltem Krieg und Entspannung. Boppard a. Rh. 1988.

Tournoux, Jean-Raymond: Die Tragödie des Generals. Düsseldorf 1968.

Vaisse, Maurice: Le rôle de l'Italie dans les négotations trilatérales 1957–1958, in: *Revue d'histoire diplomatique*, nos. 1–2/1990, S. 133–158.

Verteidigung im Bündnis. Planung, Aufbau und Bewährung der Bundeswehr 1950–1972. Hrsg. vom Militärgeschichtlichen Forschungsamt. ²München 1975.

Vogel, Rolf (Hrsg.): Deutschlands Weg nach Israel. Eine Dokumentation. Zweite ergänzte Auflage Stuttgart–Degerloch 1967.

Wagner, Wolfgang: Die Bundespräsidentenwahl 1959. (Adenauer-Studien II; Veröffentlichungen der Kommission für Zeitgeschichte Reihe B: Forschungen Band 13). Mainz 1972.

Zeitgenössisches Schrifttum und wissenschaftliche Studien

Weber, Jürgen (Hrsg.): Die Republik der fünfziger Jahre. Adenauers Deutschlandpolitik auf dem Prüfstand. München 1989.

Weidenfeld, Werner: Konrad Adenauer und Europa. Bonn 1987.

Weilemann, Peter: Die Anfänge der Europäischen Atomgemeinschaft. Zur Gründungsgeschichte von EURATOM 1955–1957. Baden-Baden 1983.

Wengst, Udo: Staatsaufbau und Regierungspraxis 1948–1953. Zur Geschichte der Verfassungsorgane der Bundesrepublik Deutschland. Düsseldorf 1984.

Wettig, Gerhard: Entmilitarisierung und Wiederbewaffnung in Deutschland 1943–1955. München 1967.

Weymar, Paul: Konrad Adenauer. Die autorisierte Biographie. München 1955.

Wilker, Lothar: Die Sicherheitspolitik der SPD 1956–1966. Zwischen Wiedervereinigungs- und Bündnisorientierung. Bonn–Bad Godesberg 1977.

Zeitgeschichte in Lebensbildern. Bd. 5: Aus dem deutschen Katholizismus des 19. und 20. Jahrhunderts. Hrsg. von Jürgen Aretz, Rudolf Morsey und Anton Rauscher. Mainz 1982.

Personenregister

Abs, Hermann Josef 103, 250, 647, 692, 694, 783
Achenbach, Ernst 254
Acheson, Dean 59, 580, 632f., 727, 771f., 820, 823, 855, 867f.
Adams, Sherman 185
Adenauer, August 646
Adenauer, Emma, geb. Weyer 410, 939, 987
Adenauer, Gussie, geb. Zinsser 939, 987
Adenauer, Konrad (jun.) *413*
Adenauer, Libet siehe Werhahn, Libet
Adenauer, Lotte siehe Multhaupt, Lotte
Adenauer, Max 980
Adenauer, Paul *101, 202*, 284, 769, 795, 833f., 952, 979f., 987
Adenauer, Ria siehe Reiners, Ria
Adschubej, Alexej 707, 730, 740, 856
Ahlers, Conrad 614, 781, 783, 791, 793, 976
Albers, Johannes 643
Alexander, Harold Lord 151
Alphand, Hervé 306
Altmeier, Peter 228, 231, 234, 594
Amelunxen, Rudolf 948
Amrehn, Walter 468, 588, 659, 694
Anderson, Robert B. 585
Arenz, Elisabeth 953
Argoud, Antoine 135
Armand, Louis 373

Arndt, Adolf 515
Arnold, Karl 78, 137, 226, 252, 260, 262, 265f., 273, 275-277, 350f., 434
Asmussen, Hans Christian 32
Attlee, Clement 151
Augstein, Rudolf 12, 106, 254, 276, 344, 409, 614, 680, 724, 776, 781, 784f., 787f., 868, 931f., 934
Auriol, Vincent 97

Bach, Ernst 92, 351
Bach, Franz Josef 567
Bachmann, Günter 867
Baden, Max von 949
Bahr, Egon 841
Bailey, George 615
Balke, Siegfried 119, 353, 663
Ball, George 728, 812-814, 823
Barrès, Philippe 448
Barth, Heinrich 709, 795
Baruch, Bernhard 59
Barzel, Rainer, 599, 603, 609, 726, 799, 808f., 833, 850, 877, *878*, 879f., 885f., 888, 891, 900-903, 910, 912, 914-916, 918-920, 928-930, 972
Bebber-Buch, Ella 514, 709, 711, 977
Bech, Joseph 152f., *164*, 501
Becker, Max 173, 175, 261
Becker, Richard 133
Beer, Karl Willy 941
Beitz, Berthold 686

Ben Gurion, David 317, 462, 541f., *543*, 544, 965f., 968, *969*, 983
Berg, Fritz 643, 675, 692
Bergson, Henri 53
Berija, Lawrentij 71, 75
Bernhardis, Friedrich von 447
Bethmann Hollweg, Theobald von 657, 949
Beyen, Johan Willem 152, 286
Bidault, Georges *27*, 57, 64, 71, 88, 90f., 124, 126, 134-136, 138f., 167, 230, 410, 440
Billotte, Pierre 58f.
Birrenbach, Kurt 722f., 826
Bismarck, Otto Fürst von 97, 106, 280f., 525, 610, 699, 760, 848, 854, 862, 887, 920, 948
Blank, Theodor 28, 111f., 186, 196-198, 243, 245f., 248, 271-273, 276f., 350f., 391, 600, 617, 621, 675, 677, 715, 803, 833, 838, 876
Blankenhorn, Herbert 9, 15, 19-22, 29f., 33, 41, 59, 64, 72, 74, 84-90, 92, 97f., 103, 105, 108f., 122, 131, 140, 142-144, 151, 156, 160, 162, 165, 170, 172, 180f., 184-186, 188, 194-196, 200f., 202, 203f., 213f., 216-218, 238, 242, 249f., 273, 321, 323-326, 359, 368, 371-375, 381-383, 389, 393, 397, 399, 405, 409f.,

413, 420, 426, 438, 440, 457f., 463, 465f., 470, 477f., 504, 512, 559, 564f., 568, 572, 574f., 578, 583, 585, 588, 629, 657, 700, 712, 721, 753, 756, 759, 764f., 820–823, 954

Bleek, Karl-Theodor 513, 515, 525

Blücher, Franz 26, 41, 78f., 88, 109, 112, 114f., 118f., 169f., 172, *235*, 237, 260, 262, 270f., 276f., 283, 808

Blüthgen, Fritz 646f.

Blumenfeld, Erik 47, 614

Böckler, Hans 98, 599

Böhm, Franz 512

Böll, Heinrich 931

Bohlen, Charles 186, 216f.

Born, Max 334

Bott, Hans 506

Bowles, Chester 631, 633

Brandt, Willy 39, 434, 468, 588, 595f., *597*, 598, 600, 630, 643, 652, 659, 661f., 664–668, 671, 675, 680, 747, 761, 816, 828, 841, 855, 860, 905, 918, 932, 934, 949

Braun, Sigismund von 689, *741*

Brenner, Otto 595, 904

Brentano, Heinrich von 10, 21, *27*, 28–31, 108f., 118, 129, 140, 154, 165, 169, 191, 194–196, 199–201, *202*, 203, 214, 218, 226, 233, 236f., 242, 249, 255, 266, 300f., 306, 328, 338, 355–358, 360, 363f., 372–375, 378–381, 384, 394, 396, 404, 407f., 410, 412, 414f., 422, 425, 428, 432, 434, 437, 440, 464, 473f., 476f., 482, 491, 499–501, 520, 544, 553, 570, 572f., 585, 630, 637f., 650, 658, 662f., 667, 669, 673, 677, 681, 686, 689–695, 698, 713, 716, 718–721, 744, 747, 751, 756f., 761, 777, 787, 791, 793, 796f., 799, 808f., 820, 825, 828–832, 835–838, 846, 850, 852, 879, 883–885, 953

Breschnew, Leonid Iljitsch 651, 895

Bretholz, Wolfgang 958

Brockdorff-Rantzau, Ulrich Graf von 699

Bruce, David 23, 85, 87, 90, 109, 316, 432f., 442, 474, 476, 484, 495, 497, 553, 560

Brüning, Anton Paul 646f.

Bucerius, Gerd 468, 608, 791, 868

Bucher, Ewald 601, 808

Bülow, Bernhard Fürst von 955

Bulganin, Nikolai A. 177, *211*, 213, 218–221, 241, 291, 302, 306, 318, 328, 371, 390, 393, 421, 433

Bumke, Erwin 40

Bundy, McGeorge 769f.

Burckhardt, Carl Jacob 525f., 988

Burgbacher, Fritz 610

Burgess, John L. 589

Byrnes, James F. 147

Caccia, Sir Harold 459

Carstens, Karl 300f., 306, 466, 564, 655f., 658, 690, 702, 712, 720, *738*, 743f., 756, 781, 813, 820, 958

Casey, William Francis 9

Castro, Fidel 561, 771–773

Catani, Attilio 737

Chaban-Delmas, Jacques 394f., 397–399, 401

Challe, Maurice 581

Chamberlain, Neville 489, 495

Cheysson, Claude 24

Chruschtschow, Nikita 196, 205, 208f., *211*, 213f., 218, 220f., 291, 317–319, 328, 368, 371, 385f., 402, 419, 433f., 437–439, 466, 468, 471f., 474f., 484, 486f., 490–492, 495, 497, 536–538, 550–552, 555–557, 559–561, 563, 565, 589, 598, 630, 632, 635f., 638, 646, 651–653, 656, 658f., 663f., 669, 677, 683f., 700–703, 705, 730f., 734, 740, 750, 753, 758, 767, 772f., 776, 840, 843f., 846, 850–852, 856, 882, 895, 897

Churchill, Sir Winston 56, 59f., 70–75, 84, 87f., 91, 94, 106, 122, 125, 142f., 146f., 150–153, *155*, 158, 189, 238, 241, 332, 350, 410, 460, 525, 688, 841, 854, 893, 925, 947, 958, 981

Cillien, Adolf 522

Clappier, Bernard 465

Clay, Lucius D. 51, 492, 667, 693, 746f., 749f., 948

Clemenceau, Georges 760, 939

Clive, Sir George Sidney 475

Conant, James 23, *63*, 84f., 88, 102f., 109, 125, 129, 143f., 182f., 295, 320

Coty, René 440, 503

Coudenhove-Kalergi, Richard Graf 297, 816

Couve de Murville, Maurice 296, 394, 441, 444, 464, 558, 568, 571, 574, 586, 735, 745, *766*, 816f., 824, 826, 909

Cromwell, Oliver 616

Custodis, Wilhelm 269, 979

Cyrankiewicz, Józef 686

D'Hardcourt, Rudolf 449

Dahlgrün, Rolf 807, 914f.

Dayan, Moshe 965

Danwitz, Ludwig von 640

Daussault, Maurice 463

Debré, Michel 440, 443, 539, 564, 583–587

Dechamps, Bruno 907

De Gasperi, Alcide 31, 64, 89f., 94, 137, 308

Dehler, Thomas 39, 41–43, 79, 107, 112–114, 120,

Personenregister

165, 172–175, 189, 199, 226, 249–251, *253*, 254–256, 258, 260f., *263*, 264, 266, 275f., 359, 385, 406–408, 413f., 425, 527, 602, 679, 785, 808, 986
Deist, Heinrich 434, 595
Delcassé, Théophile 909
Dewey, Thomas E. 54
Dibelius, Friedrich Karl Otto 603, *641*, 642
Dichtel, Anton 915
Diehl, Günther 58, 93
Diels, Rudolf 948
Dillon, Clarence Douglas 589
Dittmann, Herbert 478
Dixon, Sir Pierson 73
Dobrynin, Anatoly F. 743, 745
Dodd, Thomas J. 660
Döpfner, Julius 113, 603, 609, 725
Döring, Wolfgang 254, 262, 275, 436, 600f., 669, 680, 696, 714, 776f., 785, 790, 801, 807f.
Dollinger, Werner 516, 677, 799, 808f., 850
Donnelly, Walter J. 23
Douglas-Home, Sir Alexander F. 854
Dowling, Walter 553, 556–558, 584, 667, 685, 739, 743, 745, 749, 772f., 780, 823, 836, 882
Dresbach, August 786
Duckwitz, Georg von 499
Dudek, Walter 198
Dufhues, Josef Hermann 644, 714–719, 777, 793, 802, 830f., 835f., 838, 867, 874–876, 884, 886, 888, 890, 904, 912, 915, 918
Dulles, Allen Welsh 295, 320, 494, 537, 554, 564
Dulles, John Foster 36, 44, 47, 52–62, *63*, 64, 66, 71, 84f., 87, 89, 102, 122f., 125f., 131, 138, 145, 148–151, 153f., 157f.,

164, 165f., 177, 179, 182, 184f., 187, 190f., 199–201, 204–206, 214f., 241–243, 268, 291f., 295f., 299, 303, 315f., 320, 333, 337–339, 341f., 344, 384f., 388f., 393, 395f., 399f., 402, 404, 422, 432f., 442, 445, 455f., 459f., 472f., 475, 482, 490–494, 499, 502, 515, 518, 520, 534, 550, 556, 560, 564, 633, 635, 658, 707, 742, 815, 823, 856

Eban, Abba 966
Eckardt, Felix von 10f., 46, 59, 91–93, 99, 103, 108, 122, 140, 142, 195f., 201, 207, 209, 226, 250, 292, 304, 307, 321–326, 359, 372–375, 381, *392*, 393, 413, 425f., 430, 433, 469f., 472, 477f., 480, 492, 536, 540, 559, 615, 643, 647, 702, 722, 756, 936, 941f.
Eden, Sir Anthony 56, 64, 70f., 74, 138, 145–147, 149–151, 153f., 156, 165f., 182, 189f., 204f., 238, 306, 534, 948
Edward VII., König von Großbritannien 759, 909
Ehard, Hans 107, 110
Ehlers, Hermann 23, 31–33, 170f., 862
Eichmann, Karl Adolf 529
Eisenhower, Dwight D. 23, 36, 44, 51, 56, 59–62, 64, 70f., 74, 84f., 87, 94, 122f., 126, 131, 142, 149f., 159, 166, 184–186, 206f., 217, 291f., 296, 302, 304, 306, 315, 320f., 323f., 326, 337, 341f., *343*, 344, 354, 385f., 388f., 433, 457, 460f., 464f., 467, 473, 491, 533f., *535*, 536, 538–540, 550–557, 559–562, 565,

575f., 579f., 584f., 588f., 629, 633, 651, 683, 742, 758, 777, 854, 893, 948, 954
Eisenhower, John 954
Eisenhower, Milton 185, 388, 554
Elisabeth II., Königin von Großbritannien *369*, 903
Engelhard, Edgar 680
Epstein, Klaus 610, 687
Erhard, Ludwig 31, 103, 109, 111f., *119*, 161, 196, 226, 236, 275f., 278, 284, 287–289, 291, 300f., 352, 354f., 357, 360, 363, 414, 443, 465f., 470, 503–506, 509–511, 513–515, 517–520, *521*, 522f., 545, 567, 574, 608, 613, 617–619, 621, 630, 640, 642f., 669, 671, 673f., 677–679, 688, 691, 695f., 698, 710, 713–721, 726, 728, 752, 761, 764, 777, 783, 789, 791, 793, 795, 798f., 802, 807–811, 813f., 818f., 825f., 828–833, 835–838, 849, 854, 857, 862, 864f., 867f., 874–877, 879–888, *889*, 890–893, 896, 898–908, 910–912, 915f., *917*, 918–920, 924, 927–930, 934, 936, 954, 957f., 965, 970, 981
Erler, Fritz 264f., 292, *293*, 353, 358, 415, 430, 434, 482, 497, 514, 522, 544, 629, 674f., 691, 723, 761, 782, 800, 802, *804*, 805, 900
Eschenburg, Theodor 225, 518
Eschkol, Levi 966, 968
Etzel, Franz 237, 301, 351, 357, 359f., 506, 515, 518f., 523, 698, 837, 914
Eugénie, Kaiserin der Franzosen 160
Euler, August-Martin 107, 250, 252
Ewald, Harvard William 954

Personenregister

Falkenhorst, Nikolaus von 96
Fanfani, Amintore 458, 467, *577*, 659, 664, 736f., 763
Faure, Edgar 203f., 232, 394–397
Fay, Wilhelm 644
Felfe, Heinz 387, 789
Figl, Leopold 192f.
Finletter, Thomas K. 684
Fischer, Per 821
Flach, Karl-Hermann 601
Foertsch, Friedrich 775, 813
Forster, Prälat 603, 609
Foster, John Watson 53
Fouchet, Christian 737
Franco, Francisco 290, 562, 972
François-Poncet, André 13, 23f., 57, 59, *164*, 172, 231f., 451, *766*, 893
Franz I., König von Frankreich 565, 858
Frederike, Königin von Griechenland 312
Freitag, Walter 599
Friede, Dieter 705, 923
Friedrich Wilhelm IV., König von Preußen 531
Friedrich, Otto A. 934, 936, 977
Frings, Josef 606, 609, 622, 982
Frondizi, Arturo 548
Fulbright, James William 298, 631, 654, 656, 658, 660, 704, 751
Furler, Hans 391, 886
Furtsewa, Jekaterina 651

Gagarin, Jurij A. 637, 656
Gaillard, Félix 394, 396, 399–401, 410, 440, 454
Gaitskell, Hugh 296
Galbraith, Kenneth 631, 633
de Gaulle, Charles 47, 135, 207, 244, 299, 319, 368, 374, 388, 395, 401, 410, 438–447, 449–452, *453*, 454–467, 472, 475f., 487, 489, 496, 517, 533f., 537–540, 551, 553, 556f., 560, 562–576, 578–580, 582–588, 590, 624f., 630, 632, 635, 638f., 658, 704, 712, 716f., 721f., 727–730, 732–737, 739, 745, 750–753, *755*, 756–759, 761–765, *766*, 767f., 773f. 811–816, 818–825, 829, 834, 839, 844, 846f., 850, 854–858, 865, 867, 882, 887f., 890–895, 897–899, 905, 908f., 913, 923–927, 933, 948, 970, 974, 976–978, 982f.
de Gaulle, Yvonne 857
de Gaulle, Marie-Agnes 768
Gehlen, Reinhard 118, 386f., 782, 788–790, 867
George, amerik. Senator 185
Gerigk, Alfred 94, 940f.
Gerlach, Walther 336
Gerstenmaier, Eugen 15, 21, 32, 35, 109, 129, 134, 143, 171, 195, 251, 266, 275f., 339, 352f., 358f., 374f., 381, 391, 408, 414f., 418, 438, 470, 472, 506, 511, 514, 516f., 520, 524, 527, 573f., 585, 599, 603f., 610–612, 621, 642, *648*, 649f., 669, 671–675, 678, 688f., 692, 713, 717, 719, 791, 802, 807, 829, 833, 838, 858, 862, 868, 876, 880, 886, 902f., 905, 910–913, 925, 928–930, 932
Giesen, Josef 943
Gladstone, William Ewart 407
Globke, Hans 29, 43, 91f., 108, 118, 120, 142, 192, 194f., 199, 201, 230f., 236f., 249f., 254f., 266f., 272f., 326, 336, 354, 356f., 361, 363f., 372, 374, 383, 387, 405, 410, 412f., 415, 417, 468, 470, 478–480, 482f., 486f., 491, 500f., 504, 506, 509, 511, 513f., 516f., 520, 528f., 550, 557f., 573, 580, 591, 621, 642f., 645–647, 659, 661, 663, 669, 673, 675, 677f., 692, 696, 699–702, 710–712, 716, 719, 721f., 724f., *738*, 746f., 751, 758, 768, 771, 776, 781, 786, 789, 795, 797f., 800, 807, 811, 813f., 820, 835f., 838, 850, 861, 865, 895, 914, 916, 918, 928, 937f., 941f., 952, 980
Goebbels, Heinrich 118, 469
Goerdeler, Carl 948
Goethe, Johann Wolfgang von 978
Goldmann, Nahum 928, 965f., 972, 981
Goltz, Colmar Freiherr von der 313
Gomulka, Wladyslaw 377–379, 381f., 420, 686
Goodpaster, Andrew 534
Göring, Hermann 96, 668, 979
Görlinger, Robert 22
Gradl, Johann Baptist 406, 514, 793, 914
Grandval, Gilbert 175, 233
Greene, amerik. Senator 239, 320
Grewe, Wilhelm G. 126, 195f., 201, *202*, 203, 377, 407, 409, 470, 477, 501, 534, 549, 631, 635–637, 706, *708*, 709, 745f., 749, 813, 949
Groeben, Hans von der 25, 287, 290, 300f., 843
Gromyko, Andrej A. 328, 382, 432, 502, 651, 653, 683, 685, 687, 733, 898, 908
Grotewohl, Otto 217
Gruber, Karl 308f.
Grüber, Heinrich 32
Gruenther, Alfred 123, 185, 248
Guidotti, Gastone 824
Guillaumat, Pierre L. 401, 441, 444, 463
Gumbel, Karl 356

Gutermuth, Heinrich 619
Guth, Karl 470
Guttenberg, Karl Theodor Freiherr von und zu 676f., 722f., 726, 794, 798–801, 806f., 888, 905f., 908, 934, *935*

Haeger, Robert 9
Hahn, Otto 334, 336
Hallstein, Walter 10, *27*, 29, 40f., 57, 59, 62, 64, 72, 85f., 103, 108, 125, 131, 134, 140, 142, 144, 154, 165, 175, 181, 184f., 194–196, 201, *202*, 203, 214, 216, 218f., 233, 237, 286, 289f., 298, 300, 328, 336, 367, 372–374, 380f., 394, 397, 490, 567, 693, 721, 820f., 823, 843, 901
Hamspohn, Johannes 348
Hansen, Hans Christian 309
Hargrave, Charles 667
Harriman, Averell 580, 632f., 840
Harrison, Benjamin 53
Hase, Karl-Günter von 722, 756, *866*
Hassel, Kai-Uwe von 266, 351, 509, 514–516, 523, 611, 623, *648*, 718f., 726, 797, 809, 811, 813, 821, 831, 876f., 900f., 906, 918, 929, 970
Hausenstein, Wilhelm 142, 949
Haußmann, Wolfgang 11, 601, 680
Haydn, Joseph 860
Heath, Edward 769, 824
Heck, Bruno 92, 231, 267, 351f., 611, 726, 808, 821, 850, 876, 904, 912, 928, 930, 981
Heile, Wilhelm *263*
Heimer, Professor 977
Heine, Fritz 723
Heineman, Dannie 57, 79, 203, 227, 267, *347*, 348, 502, 644–647, 872

Heinemann, Gustav 33, 84, 194, 359, 407, 413–415, 434
Heisenberg, Werner 334
Hellwege, Heinrich 77, 115, *119*, 260, *263*, 349
Hellwig, Fritz 133, 232, 611, 696
Henkels, Walter 246, 864, 872
Herter, Christian Archibald 534, 553f.
Herwarth, Hans von 184, 565
Heusinger, Adolf 87, 158, 180f., 186–188, 243–245, 273, 292, 321, 324, 326, 336, 338, 356, 386, 388f., 403, 405, 491, 553, 566, *641*, 739, 814, 896
Heuss, Ernst Ludwig 507
Heuss, Theodor 35, 38, 41f., 52, 57, 67, 69, 78, 113f., *119*, 138f., 194, 200, 216, *259*, 260–262, 265, 274, 276f., 307, 354f., 357, 360, 362, 370, 375, 384f., 390, 406, 420, 441, 452, 454f., 470f., 480, 488f., 498, 502–508, 510–513, 515–517, 522, 524f., 527, 531, 536, 614, 616f., 792–794, 861f., 883, 946f., 981
Higgins, Marguerite 881 f.
Hillenbrandt, Martin J. 847, 908
Hindenburg, Paul von 688
Hitler, Adolf 51, 97, 106, 150, 242, 244f., 276, 302, 309, 358, 387, 446, 503, 528, 653, 688, 752, 765, 922
Höcherl, Hermann 391, 409, 412, 514, 517, 522f., 677, 697, 716, 771, 781, 787, 797, 809, 837
Höffner, Joseph 284
Hoegner, Wilhelm 266, 948
Höpker Aschoff, Hermann 34–36, 113f., 808

Hoffmann, Johannes 25, 132–134, 175, 228–233
Hohenlohe-Schillingsfürst, Chlodwig Fürst zu 949
Hohmann, Karl 511
Hoogen, Matthias 518
Hopf, Volkmar 356, 779–781, 783f., 786
Hopkins, Harry 185
Horten, Helmut 669
Hugo, Victor 857
Humphrey, Hubert 591, 656, 658, 660, 687, 704, 978

Iljitschew, Ivan 193

Jaeger, Richard 113, 265f., 391, 677
Jahn, Hans Edgar 644
Jansen, Josef 500, 551, 817
Jantz, Kurt 284
Jaspers, Karl 426
Johannes XXIII., Papst 604–606, *607*, 856f.
John, Otto 29, 137, 170, 191f., 417, 722
Johnen, Wilhelm 714
Johnson, Lyndon Baines 461, 637f., 667f., 887, 896, 908, 934, 982f.
Joxe, Louis 462
Juan Carlos, König von Spanien 973
Jungk, Robert 222

Kaisen, Wilhelm 67
Kaiser, Jakob 19, 22, 25f., 32, 111, *119*, 133, 172, 199, 231, 236, 242, 266, 271, 275f., 353, 358, 469, 527, 937, 940
Karl V., röm.-dt. Kaiser 760, 973
Karl der Große, röm. Kaiser 760, 762
Katz, Rudolf 34, 36, 864
Katzer, Hans 599, 689, 727
Kaufmann, Theophil 186
Kempski, Hans Ulrich 826
Kennan, George F. 16f., 185f., 384f., 480

Personenregister

Kennedy, John F. 461, 487, 494, 534, 538f., 551f., 570, 580, 588f., 629–633, *634*, 635–640, 651–654, 658f., 665–667, 669f., 672, 684f., 687, 693–695, 699, 702–704, 706f., *708*, 727–729, 733, 739f., *741*, 742, 745–751, 758, 762, 770–776, 818, 823, 833, 840, 844, *845*, 846f., 849–853, 855, 882f., 887, 895
Kennedy, Joseph P. 631 f.
Kennedy, Robert 740
Kessel, Albrecht von 322
Kesselring, Albert 96
Kielmansegg, Johann Adolf Graf von 154, 157 f.
Kiesinger, Kurt Georg 33, 92, 195, *211*, 242, 352, 355, 358, 391, 408, 414, 418, 437, 470, 472, 528, 594, 689–692, 694, 880, 883, 886, 912, 915f., 918, 929f., 932–934, 974, *975*, 976–978
Kilb, Hans 943, 972
Kindler, Helmut 95, 942 f.
Kindt-Kiefer, Jakob 229–231
Kirkpatrick, Sir Ivone 19, 56f., 78, 88, 150, 205, 562
Kishi, Nobosuke 546, 976
Kissinger, Henry 193, 632, 635, 734
Klaiber, Manfred 41, 67, 69, 88
Klein, David 675
Kliesing, Georg 837
Kluck, Alexander von 448
Knappstein, Karl-Heinrich 823
Knoeringen, Waldemar von 723
Koenig, Alexander 809
Koenig, Pierre 450
Köster, Lucie 953
Kohl, Helmut *917*, 918, 922, 930
Kohler, Foy 651
Kohut, Oswald 679 f.

Kokoschka, Oskar 510, 609, 962, *963*, 964, 970
Kolb, Louis-Philippe 768
Kollek, Teddy 965
Konjew, Ivan S. 693
Kopf, Hinrich 77
Kossygin, Aleksej N. 651, 933, 974
Kraft, Waldemar 26, 77, 116f., *119*, 277
Kraske, Konrad 649, 876
Krause, Alfred 643
Kreisky, Bruno 308f., 346, 498 f.
Krekeler, Heinz 78, 184 f.
Kroll, Hans 193f., 196, 547, 557, 589, 651, 653, 663, 699–703, 706, 731, 740, 844, 846, 850, 952
Krone, Heinrich 28–31, 76, 108, 118, 129, 170, 195–197, 207, 225f., 232, 236f., 249, 256–258, 260, 264, 266, 280, 353f., 356f., 360–364, 374, 391, 393, 407, 413f., 468–470, 477f., 480, 482, 491, 494, 496, 499, 504, 506, 508, 510, 513–515, 517, 519–524, 527, 544, 550, 556, 573, 585, 591, *592*, 593f., 602, 606, 621, 624, 630, 637, 645–647, 650, 661, 663, 669, 673–675, 677f., 687–689, 692, 694–697, 696f., 701, 711–713, 715–717, 719, 721, 723–726, 732, 744, 747, 751, 761, 763f., 768, 771, 775–777, 781, 786f., 790f., 794–796, 798, 800, 803, 806f., 810, 819f., 829, 831, 834–837, 846, 849f., 852f., 860, 865, 872–877, 879, 884, 886, 888, 890f., 895, 898, 902, 904, 906, 910, 912, 914, 918, 923, 928f., 932, 936, 970, 981
Krueger, Werner 92
Kubitschek de Oliviera, Juscelino 548
Kuby, Erich 409

Kuhn, Albin 790
Kunst, Hermann *641*, 642, 835
Kuntzen, General 813
Kurz, Eugen 957, *959*

Lahr, Rolf 131, 133, 166, 233, 328, 371, 418f., 421, 427, *738*
Laloy, Jean 440, 449, 500, 574
Lange, Halvard 596
Laniel, Joseph 124, 134
Lansing, Robert 53
Laue, Max von 334, 336
Leber, Georg 906
Leclerc, Jacques Philippe Marie 565
Lefèvre, Theo 855
Lehr, Robert 41, 75, 110, 527
Lemass, Seán 780
Lemmer, Ernst 171, 277, 353, 380, 470, 527, 660, 664, 808, 881
Lensing, Lambert 943
Lenz, Hans 601, 698, 808
Lenz, Otto 25f., *27*, 29–30, 32, 36, 39f., 44, 46, 61, 66, 77, 84, 88, 91f., 94f., 99, 117f., 120, 205, 228f., 232, 353, 469f., 527, 937, 940 f.
Lersch, Heinrich 133
Lightner, Edwin Allan 693
Lilienfeld, Georg von 93
Lippmann, Walter 472, 488, 496 f.
Lloyd, Selwyn 497, 533
Löbe, Paul 948
Löwenthal, Richard 949
Lojewski, Werner von 192
Luce, Henry 45, 93
Lucet, Jean 817
Luchsinger, Fred 264, 393, 418
Ludendorff, Erich 448
Ludwig XIV., König von Frankreich 757, 760
Lübke, Friedrich Wilhelm 509
Lübke, Heinrich 112, *119*, 351, 470, 503, 505, 508,

617, 624, 626, 630, 642, 669, 694, 724, 758, 765, 792, 800, 803, 858, 877, 884, 886, 888, 903f., 911–914, 920, 928, 982f.
Lücke, Paul 351, 617, 676f., 715, 726, 793–796, 798f., 802f., 805–807, 819, 861, 876f., 903, 905f., 912, 915f., *917*, 918
Lüders, Marie Elisabeth 385
Lukaschek, Hans 26
Luns, Joseph 737, 753, 825, 855, 927
Luther, Hans 948f.

MacArthur, Douglas 548
Macmillan, Harold 56, 188, 329, 338, 395, 432, 447, 457–462, 465, 467, 472, 474f., 484, *485*, 488–490, 494–497, 532–534, 536–540, 550–552, 556f., 560–565, 573, 575f., 582, 584, 588, 630, 632, 635, 638–640, 652–654, 658, 665f., 702–704, 732f., 750, 758, 762, 813f., 818, 824, 854f., 983
Mai, Hans 938, 940f.
Maier, Reinhold 11f., 21, 61, 67, *68*, 69f., 77, 79, 96, 108, 115, 346, 405, 808, 883, 949
Maillard, Pierre 751
Maintenon, Françoise Marquise de 160
Maizière, Ulrich de 166, 196, 243, 247
Majonica, Ernst 391, 833f.
Malan, Daniel Francois 239
Malenkow, Georgij Maximilianowitsch 71
Malinowski, Rodion J. 909
Malraux, André 443f.
Maltzan, Vollrath Freiherr von 184, 189, 193, 241, 304
Mann, Golo 958, 960, 962
Mansfield, Michael Joseph 656, 658, 660, 704
Manstein, Erich von 96

Margerie, Christian de 233
Margerie, Roland de 165, 606, 758, 764, 824, 891
Marjolin, Robert 301, 306
Marlborough, John Churchill Earl of 60, 71
Martin, Berthold 614, 792f.
Marx, Karl 407, 939
Mayer, Jean 452, 454
Mayer, René 59, 64
Mayr, Rudolf 540
McCloy, John J. 22f., 51f., 57, 60, 62, 388, 501, 554, 557, 562, 564, 620, 632, 636, 659, 739, 820, 853, 865, 867, 895
McCone, John A. 851f.
McGhee, George 882, 928, 986
McNamara, Robert Strange 605, 775, 847f., 851, 856
Meany, George 631
Mehnert, Klaus 949
Mellies, Wilhelm 99
Mende, Erich 114, 198, 243, 255f., 262, 405, 436, 482, *597*, 600–602, 670–672, 674, 676–681, 683, 688f., 693, 696, 698, 714, 717, 744, 761, 777, 779, 786, 795f., 802, 807, 819, 834, 838, 849, 879, 883, 885f., 918
Menderes, Adnan 312
Mendès-France, Pierre 45, 134, 136–140, 144f., 148–154, 156f., 160–167, 171f., 229, 287
Menzel, Walter 39, 168
Menzies, Sir Robert Gordon 317, 548
Merchant, Livingston 188, 215f., 491, 534, 815
Mercker, Reinhold 483
Merkatz, Hans-Joachim von 77, 115, 275, 349, 380, 457, 470, 545f., 809
Messmer, Pierre 582
Metternich, Klemens Wenzel Fürst von 962
Meyer, Franz 237, 351, 514, 516, 523, 594, 600, 619, 714f., 724, 835

Meyer, Kurt 96
Middelhauve, Friedrich 78, 107, 137, 252, 254
Mikojan, Anastas 371, 378, 383, 419, 421, 428, 433f., *435*, 474, 476, 478, 651, 700
Millar, Hoyer 130, 145
Mischnick, Wolfgang 698, 808f.
Mitzenheim, Bischof von Thüringen 32
Mochalski, Pastor 32
Möller, Johann 697
Moeller van den Bruck, Arthur 448
Mollet, Guy 234, 240f., 289, 296, 300f., *305*, 306, 318, 332, 395, 440f., 443f., 454, 462
Molotow, Wjatscheslaw M. 70f., 125f., 131, 145, 161, 219
Mommer, Karl 163 , *164*
Monnet, Jean 54f., 57, 90, 286–288, 290, 298, 360, 443, 463, 722, 820, 823, 825, 855
Montgomery, Bernhard 151, 248, 338
Moran, Charles McMoran Lord 70
Mossadegh, Mohammed 315
Müller, Gebhard *68*, 69, 115, 352f., 886, 914
Müller, Josef 192f.
Müller, Vinzenz 190–193, 416f.
Müller-Armack, Alfred 287, 828
Multhaupt, Heribert 872, 950
Multhaupt, Lotte, geb. Adenauer 28, *101*, 313, 443, 540, 938
Murphy, Robert D. 145, 241, 534
Mussolini, Benito 245, 879

Napoleon I., Kaiser der Franzosen 565, 760, 833, 879

Napoleon III., Kaiser der Franzosen 160
Nasser, Gamal Abd el- 239, 291, 301, 900 f.
Naters, Goes van 131, 134
Naumann, Friedrich 78
Nebgen, Elfriede 199
Nehru, Jawaharlal 317–319, 343, 548
Nellen, Peter 425
Neumann, Erich Peter 831, 940 f.
Neumann, Franz 39
Neumann, Paul 44
Neumayer, Fritz 114 f., *119*, 172, 174, 199, 271, 277, 808
Ney, Hubert 132, 229, 234
Nicolson, Harold 66
Niederalt, Alois 808
Niemöller, Martin 32 f., 334 f.
Niklas, Wilhelm 26, 30, 112
Nikolaus II., Zar 909
Nitsche, Max 481
Nitze, Paul 742–744
Nixon, Richard M. 588, 631, 855, 976
Noelle-Neumann, Elisabeth 44, 207, 828
Nonn, Karl-Leo 711
Nordhoff, Heinrich *279*
Norstad, Lauris 248, 338, 341, 343, 386 f., 391, 404, 461, 534, 537, 539, 552–554, 576, *577*, 578–581, 584, 670, 743, 776
Noske, Gustav 198
Nuschke, Otto 31

Oberländer, Theodor 116 f., *119*, 199, 528–530, 686
Ohnesorg, Benno 530
Ollenhauer, Erich 80, 82, 128, 163, *164*, 198, 346, 348, 391, 415, 470, 497, 595, 629, 674 f., 744, 795, 800, 802, *804*, 805 f., 883, 981
Oncken, Hermann 949
O'Neill, Sir Con Douglas Walter 74

Ophüls, Carl Friedrich 142, 196
Oppenheim, Freiherr von 266
Orengo, Charles 952, 957
Oster, Hans 783
Osterheld, Horst 605 f., 659 f., 663 f., 668, 709, 712, 734, 748, 751, 771–773, 775, 811, 813–815, 817, 852, 857, *866*, 928
Osterloh, Edo 611

Pacelli, Eugenio siehe Pius XII.
Papagos, Alexandros 312
Papen, Franz von 948
Pappritz, Erika 314
Patterson, John K. 637
Paul I., König von Griechenland 312
Paul VI., Papst 857
Pauls, Rolf 246, 965, 967 f., *969*
Paulsen, Jens-Peter 643
Peckert, Joachim 219
Peres, Shimon 544, 965
Perroux, François 449
Pferdmenges, Dora 29, 986
Pferdmenges, Robert 29, 39, 109, 172–174, 236, 250, 258, 267, 275 f., 351, 443, 512, 518, 602, *641*, 644, 678, 696, 769 f.
Pfleiderer, Kurt Georg 11 f., 15, 19, 370, 373
Pflimlin, Pierre 368, 410, 439–441, 444
Picard, Präfekt 442 f.
Pilsudski, Józef 447
Pinay, Antoine 10, 25, 45, 58 f., 188, 204 f., 228, 232 f., 240, 287, 368, 440, 442–446, 463 f., 563 f.
Pineau, Christian 240 f., 289, 300, *305*, 318, 394 f., 418
Pius XII., Papst 464, 604–606
Pörtner, Rudolf 919
Poincaré, Raymond 759, 815, 909

Pompadour, Jeanne Antoinette Marquise de 160
Pompidou, Georges 443 f., 766
Pont, Pierre 270
Poppinga, Anneliese 540, 547, 609, 702, 711, 837, 857, 945, 947 f., *951*, 952–958, *959*, 960 f., 964, 979
Preusker, Viktor Emanuel 78, 115, *119*, 169, 172, 260, 617, 808
Pribilla, Max 941 f.
Prinz, Joachim 541
Prokofieff, Sergej 212
Pünder, Hermann 22
Pulver, Liselotte 928
Purwin, Hilde 890
Puschkin, Georgi 191 f., 416

Quarles, Donald A. 295, 320
Quaroni, Pietro 460

Raab, Julius 419 f.
Rademacher, Willy Max 601, 680
Radford, Arthur 291 f.
Rahn, NS-Botschafter 254
Rapacki, Adam 382
Rasner, Will 362, 678, 689, 713, 776, 834 f., 864, 885, 902
Raven, Wolfram von 405
Reber, Samuel 59 f.
Regnery, Henry 972
Reiners, Ria, geb. Adenauer 106, 201, 443, 820, 834, 857, 943
Renner, Viktor 67
Resa Pahlawi, Mohammed, Schah von Iran 314 f.
Reston, James 703
Reuter, Ernst 595, 948
Reutern, Gerhard von 938, 941
Reves, Emery 410
Reynaud, Paul 751–753
Rezzonico, ital. Faschistenführer 267
Ribbentrop, Joachim von 528

Personenregister

Richards, Arthur L. 316
Richelieu, Armand Jean du Plessis, Herzog von 955
Richter, Willi 643
Ridgway, Matthew 243, 248
Riese, israel. Major 967
Riezler, Wolfgang 334, 336
Rings, Johannes Baptist 361
Ritter, Gerhard 948f.
Roberts, Sir Frank 73f., 88, 651 f.
Robertson, Brian Hubert 458, 562
Rockefeller, Nelson 853
Roda, Paolo 986
Röchling, Hermann 133
Roemer, Brita 964
Rommel, Erwin 244
Roosevelt, Franklin D. 22, 71, 570
Rosenthal, Philipp 723
Rostow, Walt W. 633
Rothfels, Hans 949
Rubin, Hans-Wolfgang 254
Rueff, Jacques 444
Rühl, Lothar 118, 152 f.
Rumbold, Sir Anthony 458
Rusk, Dean 658f., 683, 704, 740, 743, 745f., 750, 771, 847, 849
Rust, Josef 29, 198f., 271f., 287, 336, 356, 386, 399, 513

Salinger, Pierre 633
Salis, Jean Rodolphe von 924 f., 927
Salisbury, Robert Arthur Lord 88
Sandys, Duncan 332
Schacht, Hjalmar 56, 948
Schäfer, Hermann 78, 115, *119*, 121, 128, 172, 277, 808
Schäffer, Fritz 30, 65, 75 f., 107, 109, 111, *119*, 169f., 190-193, 200, 226, 236, 266f., 271, 277f., *279*, 284f., 341, 352-355, 416f., 437, 471
Scharnberg, Hugo 257
Scharley, Hugo 99
Scheel, Walter 254, 262, 436, 691, 693, 696, 698, 714, 801, 808f., 849
Scheffel, Joseph Viktor von 269
Scherpenberg, Hilger van 375, 443, 499-501, 574f.
Schiller, Friedrich 105
Schiller, Karl 434
Schlesinger, Arthur 633
Schlüter, Roswitha 95, 941 f., 944
Schlüter-Hermkes, Maria 95, 941 f.
Schmid, Carlo 163, *164*, 167, *211*, 217, 353, 358, 379, 420, 497, 505, 508, 511, 514, 595, 642, 644, 691
Schmidt, Helmut 98, 434
Schmidt, Staatssekretär 939
Schmittmann, Ella 943
Schmitz, Wim J. 22
Schmücker, Kurt 726, 799, 829, 906
Schmückle, Gerd 244, 246, 271, 405, 788 f.
Schneider, Heinrich 133, 168, 172, 230f., 250, 679
Schnez, Albert 775
Schotte, Professor 938
Schreiber, Staatssekretär 26
Schreiber, Hermann 967 f.
Schreiber, Wilfried 283 f.
Schröder, Georg 476, 481
Schröder, Gerhard 28, 43, 110, *119*, 170, 266, 275 f., 351, 356-358, 360, 375, 391, 414, 447, 470, 508 f., 574, 585, 663, 668, 673, 677f., 689, 692-697, 702f., 713, 716, 720-723, 726, 729, 737, *738*, 743 f., 746-750, 756, 761 f., 764f., 771, 781-783, 791, 793-795, 808-811, 813-820, 825 f., *827*, 831-833, 835-838, 841, 846, 849, 852, 874, 876 f., 879f., 886, 888, 890-892, 894, 899-903, 905-914, 918, 927, 929f., 932, 954, 957 f., 970
Schroth, Heinrich 99
Schubert, Hans 26
Schulze, Peter H. 956
Schulze-Vorberg, Max 476
Schumacher, Kurt 79 f., 174, 881
Schumacher-Hellmold, Otto 78, 114, 261 f., *263*, 595, 600 f., 631, 645, 871, 879, 899, 911, 914, 952, 986
Schuman, Robert 13, 23 f., 45, 47, 59, 64, 94, 124, 146 f., 167, 410, 440, 443, 454, 893, 926
Schumann, Maurice 131
Schwarzhaupt, Elisabeth 699 f.
Schweitzer, Albert 239, 317, 341
Seebohm, Hans-Christoph 34, 41, 77, 115 f., *119*, 261, 349, 612, 809
Seewald, Richard 268
Segni, Antonio 238, 289, 308, 314, 503, 554, 856
Seidel, Hanns 271, 275, 354, 360, 668
Seiffert, Presseattaché 192
Selassie, Haile 317
Selbach, Josef 954, 956
Semjonow, Wladimir 88, 192, 219, 421
Sethe, Paul 254, 409
Seydoux Fornier de Clausonne, François 462, 548, 564, 583, 759, *766*, 928, 978
Shinnar, Felix 965
Siegel, Hannelore 540, 953
Simons, Walter 41
Sirikit, Königin von Thailand *310*
Smirnow, Andrej 327, 371, 390, 393, 419, 420, 425, 427 f., *435*, 437 f., 480, 487, 558, 663-665, 731 f., 750, 773, 844
Solon, griech. Staatsmann 644
Sonnenhol, Gustav Adolf 58
Sophia, Prinzessin von Griechenland 973

Personenregister

Soraya Esfandiari, Kaiserin von Iran *310*, 314
Soutou, Jean-Marie 160, 162, 165, 188
Spaak, Paul-Henri 89, 137–139, 143, 152, 154, 157f., 286–289, 324, 457f., 460f., 473, 502, 537, 539, 563, *577*, 578f., 737, 753, 756, 763, 825, 855
Speidel, Hans 158, 185, 244f., 273, 336, 442, 445, 581–583, 757f.
Spennrath, Friedrich 103
Springer, Axel 486, 665, 852, 961
Staerke, André Marie de 537, *577*
Stalin, Josef 15, 44, 47, 70f., 80, 130, 208, 245, 391, 433, 449, 449, 922
Stammberger, Wolfgang 698, 779, 785f., 789f.
Starke, Heinz 275, 698, 717, 801
Stassen, Harold 242, 386
Stauffenberg, Claus Graf Schenk von 244
Steel, David 332, 458, 465, 468, 475, 488, 495, 614
Stein, Rechtsanwalt 675, 692
Steinhoff, Fritz 260, 275f.
Stevenson, Adlai Ewing 337, 630f., 633
Stikker, Dirk 461, *577*, 952, 954, 972
Stolper, Toni 362, 420, 508, 512
Stoltenberg, Gerhard 350, 611, 829, 918
Stomma, Stanislaw 420f.
Stone, Shepard 61
Storch, Anton 41, 111, *119*, 197, 199, 271, 276f., 283
Strack, Hans 373
Strang, Sir William 73
Strauß, Franz Josef 21, 29f., 35, 65, 110, *119*, 168–170, 197–199, 231, 244, 266f., 270–274, 276–278, 280, 288, 299f., 327, 331, 334–336, 338f., 354, 356f., 386, 397–399, 401, 405, 422f., 430, 441f., 443, 445, 466, 476, 516, 544, 553, 566, 573, 585, 596, 631, 655f., 668f., 671–674, 676–678, 680f., 683, 690, 694, 697, 703, 713, 717, 719, 723–726, 742, 757, 761, 764, 771, 774–784, 786–791, 793, 795, 797–799, 801, 803, 809f., 831–833, 838, 850, 860, 879f., 886, 888, *889*, 890f., 899f., 907f., 911f., 918, 977, 982
Strauß, Marianne 777, 783
Strauß, Walter 41, 779, 784, 786
Stresemann, Gustav 939, 949
Strobel, Robert 476
Ströhm, Gustav 24
Stroomann, Prof. Dr. med. 94, 140
Struve, Detlef 799
Stücklen, Richard 197, 256, 353, 809, 850, 861
Süsterhenn, Adolf 838
Sukarno, Achmed 317
Sulzberger, Cyrus L. 17f., 93f., 122–124, 318, 742, 852, 896f., 924, 936, 987f.

Taft, Robert 51
Tardini, Kardinal 605
Tattenbach, S. J. Prälat von 606
Taviani, Paolo Emilio 238, 289f., 397, 401
Taylor, Maxwell D. 248, 635, 896
Teitgen, Pierre-Henri 134, 440
Thedieck, Franz 129
Thielicke, Helmut 340f.
Thompson, Llewellyn E. 706, 740
Tillmann, Robert 26, 32, 39, 110f., *119*, 129, 265, 353
Tito, Josip Broz 184, 317, 368, 379–381
Touré, Sekou 317
Trendelenburg, Friedrich Adolf 893
Truman, Harry 548, 856, 948
Tschiang Kai-schek, Madame 502
Tubman, William V. S. 317
Tuchatschewski, Michail Nikolajewitsch 414, 447
Tüngel, Richard 254
Tumler, Marian 419
Tyler, William R. 847f.

Ulbricht, Walter 82, 415, 437, 471, 474, 488, 705, 848, 900

Valluy, Jean Etienne 248, 445, 581
Vendroux, Jacques 897f.
Verdi, Giuseppe 348
Vockel, Heinrich 514

Walters, Vernon A. 460
Walther, Gebhard von 684
Weber, Korrespondent 798
Weber, Heinz 62, 852, *708*
Wehner, Herbert 128, 153, 163, 321, 362, 391, 403, 470f., 474, 498, 522, 585, 595f., 598, 629, 644, 675f., 723, 794–802, *804*, 805f., 816, 882, 885, 905f., 932, 934, 960, 977
Weizsäcker, Carl Friedrich von 334, 336
Weizsäcker, Ernst von 334
Welck, Wolfgang von 186
Wellhausen, Hans 78, 109, 256, 258
Wendel, Joseph 419, 606
Wenger, Paul Wilhelm 868
Werhahn, Libet, geb. Adenauer *101*, *141*, 313, 834
Westrick, Ludger 287, 875, 936
Weyer, Emma 645, 986
Weyer, Willi 262, 275, 436, 600, 668f., 672, 680f., 683, 693, 714
Weygand, Maxime 447
Weymar, Paul 95, 941–946

1080

Personenregister

White, Theodore H. 93
Wicht, Adolf 783, 788 f.
Wildermuth, Eberhard 808
Wiley, amerik. Senator 143 f.
Wilhelm I., Deutscher Kaiser 980
Wilhelm II., Deutscher Kaiser 73, 150, 312 f., 464, 760, 765
Wilson, Harold 386, 855, 899, 983
Winogradow, Sergej 215, 897
Wirsing, Giselher 900
Wischnewski, Hans-Jürgen 464
Wlassow, Andrej A. 116
Wolff, Dr. 942
Wormser, Olivier 465
Wuermeling, Franz-Josef 110, *119*, 391, 527, 699
Wyschinski, Andrej J. 391

Yoshida, Shigeru 547, 549, 555, 561, 880

Zehrer, Hans 409
Zimmermann, Elisabeth 953
Zimmermann, Friedrich 669
Zinsser, Ferdinand 528
Zoglmann, Siegfried 802
Zuckmayer, Carl 526, 988

Bildnachweis

Bilderdienst Süddeutscher Verlag, München: 804
Bundesbildstelle Bonn, Presse- und Informationsamt der Bundesregierung:
101 (oben), 211 (oben), 311 (oben), 429, 521, 535, 543, 577 (oben), 592, 627, 641 (3),
741, 755, 845 (oben), 917 (unten), 971 (oben), 975, 984 (2), 985
dpa: 37, 83, 235, 279, 311 (unten), 343, 597 (oben), 708
Hase, Karl-Günter von: 866 (unten)
Keystone Pressedienst, Hamburg: 119, 293, 453, 878, 971 (unten)
Osterheld, Horst: 866 (oben)
Schumacher-Hellmold, Otto: 263
Stiftung Bundeskanzler-Adenauer-Haus, Rhöndorf: 2, 7, 27 (2), 63, 100, 141, 155 (2),
164 (2), 202 (2), 210 (2), 211 (unten), 253, 259, 305, 310 (2), 345 (2), 347, 365,
369, 392, 411, 435, 485, 577 (unten), 597 (unten), 607, 634 (2), 648, 738, 754, 766 (2),
827, 845 (unten), 859, 863, 869, 873, 889 (2), 917 (oben), 921, 935, 951,
959, 963, 969
Ullstein Bilderdienst, Berlin: 68

Die Auswärtige Politik der Bundesrepublik Deutschland, hrsg. vom Auswärtigen Amt.
Köln 1972: 223
Weymar, Paul: Konrad Adenauer. München 1955: 101 (unten)
Wundshammer, Benno: Deutsche Chronik 1954. Stuttgart 1955: 48/49

Die Chronik der Familie Weizsäcker ist der Bericht eines glanzvollen Aufstiegs über Generationen hinweg. Kaum eine andere Familie ist seit anderthalb Jahrhunderten so eng mit der Politik und dem Geistesleben Deutschlands verbunden.

Martin Wein
Die Weizsäckers
Geschichte einer
deutschen Familie
540 Seiten mit 30 Abbildungen,
DM 48,-

Von einer Pfälzer Mühle in die Villa Hammerschmidt

Richard von Weizsäcker genießt Ansehen, ja Popularität wie kein zweiter Politiker in Deutschland. Sein langjähriger Mitarbeiter und Pressesprecher von 1984 bis 1989 zeichnet ein Portrait des Mannes, der bis 1994 unser Staatsoberhaupt sein wird – eine politische Nahaufnahme.

Friedbert Pflüger
Richard von Weizsäcker
Ein Portrait aus der Nähe
480 Seiten mit 22 Abbildungen
DM 39,80

Deutsche Geschichte der neuesten Zeit
vom 19. Jahrhundert bis zur Gegenwart

Originalausgaben, herausgegeben von Martin Broszat, Wolfgang Benz und Hermann Graml in Verbindung mit dem Institut für Zeitgeschichte, München

Peter Burg:
Der Wiener Kongreß
Der Deutsche Bund im europäischen Staatensystem
dtv 4501

Wolfgang Hardtwig:
Vormärz
Der monarchische Staat und das Bürgertum
dtv 4502

Hagen Schulze:
Der Weg zum Nationalstaat
Soziale Kräfte und nationale Bewegung
dtv 4503

Michael Stürmer:
Die Reichsgründung
Deutscher Nationalstaat und europäisches Gleichgewicht im Zeitalter Bismarcks
dtv 4504

Wilfried Loth:
Das Kaiserreich
Liberalismus, Feudalismus, Militärstaat
dtv 4505 (i. Vorb.)

Richard H. Tilly:
Vom Zollverein zum Industriestaat
Die wirtschaftlich-soziale Entwicklung Deutschlands 1834 bis 1914
dtv 4506

Helga Grebing:
Arbeiterbewegung
Sozialer Protest und kollektive Interessenvertretung bis 1914
dtv 4507

Hermann Glaser:
Bildungsbürgertum und Nationalismus
Politik und Kultur im Wilhelminischen Deutschland
dtv 4508

Michael Fröhlich:
Imperialismus
Deutsche Kolonial- und Weltpolitik 1880 – 1914
dtv 4509 (i. Vorb.)

Gunther Mai:
Das Ende des Kaiserreichs
Politik und Kriegführung im Ersten Weltkrieg
dtv 4510

Klaus Schönhoven:
Reformismus und Radikalismus
Gespaltene Arbeiterbewegung im Weimarer Sozialstaat
dtv 4511

Horst Möller:
Weimar
Die unvollendete Demokratie
dtv 4512

Peter Krüger:
Versailles
Deutsche Außenpolitik zwischen Revisionismus und Friedenssicherung
dtv 4513

Corona Hepp:
Avantgarde
Moderne Kunst, Kulturkritik und Reformbewegungen nach der Jahrhundertwende
dtv 4514

Deutsche Geschichte der neuesten Zeit
vom 19. Jahrhundert bis zur Gegenwart

Fritz Blaich:
Der Schwarze Freitag
Inflation und
Wirtschaftskrise
dtv 4515

Martin Broszat:
Die Machtergreifung
Der Aufstieg der NSDAP
und die Zerstörung der
Weimarer Republik
dtv 4516

Norbert Frei:
Der Führerstaat
Nationalsozialistische
Herrschaft 1933 bis 1945
dtv 4517

Bernd-Jürgen Wendt:
Großdeutschland
Außenpolitik und
Kriegsvorbereitung des
Hitler-Regimes
dtv 4518

Hermann Graml:
Reichskristallnacht
Antisemitismus und
Judenverfolgung
im Dritten Reich
dtv 4519

Hartmut Mehringer/
Peter Steinbach:
**Emigration und
Widerstand**
Das NS-Regime
und seine Gegner
dtv 4520 (i. Vorb.)

Lothar Gruchmann:
Totaler Krieg
Vom Blitzkrieg zur
bedingungslosen
Kapitulation
dtv 4521

Wolfgang Benz:
Potsdam 1945
Besatzungsherrschaft
und Neuaufbau
dtv 4522

Wolfgang Benz:
**Die Gründung der
Bundesrepublik**
dtv 4523

Dietrich Staritz:
**Die Gründung
der DDR**
Von der sowjetischen
Besatzungsherrschaft
zum sozialistischen
Staat. dtv 4524

Kurt Sontheimer:
Die Adenauer-Ära
Grundlegung der
Bundesrepublik
dtv 4525

Manfred Rexin:
**Die Deutsche
Demokratische
Republik**
dtv 4526 (i. Vorb.)

Ludolf Herbst:
Option für den Westen
Vom Marshallplan bis
zum deutsch-französischen Vertrag
dtv 4527

Peter Bender:
Neue Ostpolitik
Vom Mauerbau bis zum
Moskauer Vertrag
dtv 4528

Thomas Ellwein:
Krisen und Reformen
Die Bundesrepublik seit
den sechziger Jahren
dtv 4529

Helga Haftendorn:
**Sicherheit und
Stabilität**
Außenbeziehungen
der Bundesrepublik
zwischen Ölkrise
und NATO-Doppel-
beschluß
dtv 4530

Gesellschaft
Politik
Wirtschaft

Jewgenia Albaz:
Das Geheimimperium
KGB
Totengräber der
Sowjetunion
dtv 30326

Timothy Garton Ash:
Ein Jahrhundert
wird abgewählt
Aus den Zentren
Mitteleuropas
1980-1990
dtv 30328

Fritjof Capra:
Wendezeit
Bausteine für ein
neues Weltbild
dtv 30029

Das neue Denken
Ein ganzheitliches
Weltbild im
Spannungsfeld
zwischen Naturwissen-
schaft und Mystik
Begegnungen und
Reflexionen
dtv 30301

Alfred Grosser:
Verbrechen und
Erinnerung
Der Genozid im
Gedächtnis der Völker
dtv 30366

Graf Christian von
Krockow:
Politik und
menschliche Natur
Dämme gegen die
Selbstzerstörung
dtv 30321

Heimat
Erfahrungen mit
einem deutschen
Thema
Aktualisierte Ausgabe
dtv 30321

Dagobert Lindlau:
Der Mob
Recherchen
zum organisierten
Verbrechen
dtv 11709

John R. MacArthur:
Die Schlacht der Lügen
Wie die USA den
Golfkrieg verkauften
dtv 30352

Gérard Mermet:
Die Europäer
Länder, Leute,
Leidenschaften
Mit zahlr. Tabellen,
Karten u. Abbildungen
dtv 30340

Witold Rybczynski:
Verlust der
Behaglichkeit
Wohnkultur im
Wandel der Zeit
dtv 11439

Hans Jürgen Schultz:
Trennung
Eine Grunderfahrung
des menschlichen
Lebens
dtv 30001

Dorothee Sölle:
Gott im Müll
Eine andere
Entdeckung
Lateinamerikas
dtv 30040

Zeitbombe Mensch
Überbevölkerung und
Lebenschance
Hrsg. v. Reymer Klüver
dtv 30375